Trutz Hardo

Das große Handbuch der Sexualität

TRUTZ HARDO

DAS GROSSE HANDBUCH DER SEXUALITÄT

WAS TRANCERÜCKFÜHRUNGEN OFFENBAREN

SILBERSCHNUR

Dieses Buch möchte ich dem Medizinprofessor, Heiler
und Rückführungstherapeuten Dr. Eli Lasch widmen.
Er hatte den Mut, neue Wege der Medizin zu beschreiten.

ISBN 3-89845-074-0

1. Auflage 2004

Gestaltung & Satz: XPresentation, Boppard
Druck: Finidr, s.r.o. Cesky Tesin, Tschech. Rep.

Verlag „Die Silberschnur" GmbH · Steinstraße 1 · D-56593 Güllesheim

www.silberschnur.de
e-mail: info@silberschnur.de

INHALT

Einleitung

Ich begrüße Sie, liebe Leserin und lieber Leser, zu diesem Buch. Dieses will nicht Ratschläge zu höherer Lust darbieten, denn zu diesem Thema gibt es genügend Literatur, sondern es will aufzeigen, wieso wir Menschen sexuelle Probleme haben, woher diese stammen und zugleich eine wirkungsvolle Methode vorstellen, diese Probleme sehr schnell zu lösen. Unser sexuelles Verhalten und Ausgerichtetsein setzt sich aus allen sexuellen Erlebnissen aus diesem und aus früheren Leben zusammen. Unser heutiges Sexualverhalten besteht also aus den Programmierungen der Vergangenheit, wo immer sich die Seele gerade aufgehalten hat. Doch wo diese Erfahrungen am extremsten waren, haben sie sich am tiefsten in den Emotionalkörper, welcher der Seele zugeordnet ist und mit seinen Inhalten von Leben zu Leben mitgebracht wird, eingekerbt. Die Ursachenforschung mittels der Rückführungstherapie geht in größere Tiefen als die bisherige Schulpsychologie samt deren Therapien, denn sie stößt bis zu den Wurzeln der Probleme vor – und meistens reichen diese bis tief in längst verflossene Leben zurück.

Dieses Buch mag Ihr bisheriges Wissen über die Ursachen sexueller Störungen möglicherweise vollkommen auf den Kopf stellen. 1997 hat der Psychiater Professor Ian Stevenson die Reinkarnation als Faktum bewiesen. Und dieses Ihnen nun vorliegende Buch unternimmt nichts Geringeres, als zu beweisen, dass die meisten sexuellen Probleme aus Situationen stammen, die in früheren Leben stattgefunden haben. So gehen zum Beispiel viele sexuelle Verhaltensstörungen und Ängste auf Vergewaltigungen zurück, die vor langer Zeit, oft vor Jahrhunderten geschehen waren. Diese Therapie, die den Klienten zu den Ursachen seines wirklichen Problems zurückführt, ganz egal in welcher Zeit dieses stattgefunden hat, ob in der Vergangenheit dieses oder eines früheren Lebens, wird Rückführungstherapie genannt. Und das Besondere der Rückführungstherapie im Allgemeinen ist, dass oft schon nach einer einzigen Sitzung von einigen Stunden das zu behandelnde Problem samt den daran angekoppelten Problemen behoben sein kann. Und dies gilt auch für alle sexuellen Störungen, worüber dieses Buch berichtet. Und da die Rückführungstherapie Erfolge verbucht, die wegen ihrer Wirkung und wegen ihrer schnellen Erreichbarkeit von einigen Stunden frappierend sind und andere Therapien „alt" aussehen lassen, kommt diese Therapie einer Revolution in der ganzen weltweiten therapeutischen Anwendung gleich.

Die Rückführungstherapie stammt aus Amerika. Sie wurde in ihren Anfängen schon in den fünfziger Jahren des zwanzigsten Jahrhunderts „zufällig" entdeckt, benötigte aber über dreißig Jahre, um sich zu verbreiten. In den Vereinigten Staaten, aber auch in vielen anderen Ländern gibt es schon eine ganze Reihe von Rückführungstherapeuten, die erfolgreich arbeiten. Und es existieren Bücher von namhaften Psychologen und Psychiatern[1] über diese außerordentliche Therapieart. Denn das Besondere dieser Therapie liegt darin, dass sie allen Problemen und Störungen, wo immer ihre Ursachen liegen, auf den Grund zu gehen, das Problem dort zu erkennen und aufzulösen vermag, jedoch unter der Voraussetzung, dass Klienten sich tief genug in den Trancezustand versetzen lassen können, was bei etwa 50 Prozent von ihnen gleich beim ersten Mal gelingen wird. Bei Patienten, die schon häufig meditiert haben oder das Autogene Training beherrschen, dürften nahezu 95 Prozent aller Klienten gleich beim ersten Mal einen Erfolg verbuchen. So könnten Ehepaare, die ein sexuelles Problem miteinander haben, dieses durch solch eine Rückführungstherapie lösen und damit weiteren Frust, der oft in einer Scheidung münden mag, verhindern. Frauen, die unregelmäßige Blutungen, Unterleibsschmerzen, vaginale Krämpfe, Schwangerschaftsprobleme, Horror vor Sexualität, Ekel vor männlichem Sperma oder auch grundsätzliche Abscheu vor Männern u.s.w. haben, könnten diese mentalen, psychischen, psychosomatischen und somatischen Störungen mittels der Rückführungstherapie in kürzester Zeit auflösen. Männer, die Erektionsschwierigkeiten, Angst vor Sexualität, Scheu vor Frauen, Unfruchtbarkeit des Samens und viele andere Probleme mit ihrer Sexualität erleben, können nun versuchen, diese unliebsamen Störungen und Beeinträchtigungen ihrer Lebensfreude durch eine Rückführungstherapie aufzulösen, um dadurch wieder ihr Sexualleben genießen zu können. So sind die im heutigen Leben disharmonischen sexuellen Einstellungen, Störungen und Verhaltensweisen Auswirkungen jener vormals erfahrenen Erlebnisse, seien diese im heutigen oder – was noch viel häufiger der Fall ist – in früheren Leben geprägt worden.

Die Anschauungen und Erklärungsweisen der bisherigen Psychologie und Sexualwissenschaft sind viel zu eng, da sie sich ja nur mit den Erklärungen beschäftigen, die sich aus Ursachen des jetzigen Lebens ergeben könnten. Aber, wie ich meine, sind die Ursachen bei 95 Prozent aller sexuellen Störungen in früheren Leben zu finden, auch wenn Teil- oder Nebenursachen eindeutig auf das heutige Leben verweisen. Alles in früheren Leben Erlebte ist in unserem Unterbewusstsein gespeichert und kann darum vor allem im Trancezustand hervorgeholt und wiedererlebt werden, um eine Auflösung des jetzigen Problems zu bewirken. Um eine Befreiung eines Problems herstellen zu können, ist es notwendig, die eigentliche Ursache desselben aufzudecken. Hier stimme ich Sigmund Freud, der der gleichen Meinung ist, voll zu. Doch seine Theorien und seine entwickelte Psychoanalyse als therapeutisches Hilfsinstrument beziehen sich nur auf das heutige Leben, weshalb das Wesentliche in der Ursachenermittlung ausgeklammert bleibt. Die Psychoanalyse ist als Therapie mühselig, äußerst zeitaufwendig und oft in ihrem Erfolg mager, um es gelinde auszudrücken. Würde man aber die Rückführung auf alle Patienten anwenden, die zur Psychoanalyse kommen, könnten jene eventuell schon nach einer einzigen Sitzung als geheilt entlassen werden, ohne diese Patienten noch über Jahre hin zu weiteren Sitzungen kommen lassen zu müssen. Was das für die Krankenkassen bedeutet, liegt auf der Hand. Und da sich das deutsche Gesundheitswesen in finanziellen Nöten befindet, wäre es für das Gesundheitsministerium von größter Dringlichkeit, sich über die Qualitäten der Rückführungstherapie zu informieren, um grundsätzliche Reformen einzuleiten.

Dieses Buch beschäftigt sich hauptsächlich mit den Ursachen sexueller Störungen, die in früheren Leben aufgedeckt wurden. Denn über das Auffinden von sexuellen Ursachen im heutigen Leben sind bereits Tausende von Büchern und wissenschaftlichen Abhandlungen geschrieben worden, sodass ich mich nur am Rande auf sexuelle Ursachen des heutigen Lebens und diesbezügliche Theorien beziehe. Man stellte und stellt immer noch in der gängigen Sexualwissenschaft die absurdesten Theorien auf, um die Ursachen von sexuellen Störungen und Verhaltensweisen zu ergründen, durchforscht das jeweilige Leben des betreffenden Patienten und fischt doch in den meisten Fällen in Teichen, in denen kaum ein wirklicher Fang gelingen kann, während man sich nur umzudrehen bräuchte, um dann das Meer der früheren Leben zu entdecken, in welchem die Netze auszuwerfen sich in großartigster Weise lohnt. Für die bisherige Psychologie, Sexualwissenschaft und Psychotherapie ist also ein grundsätzlicher Paradigmawechsel angesagt.

Mit dem nun vorliegenden Buch beabsichtige ich, dem Leser einen Blick hinter die sexuellen Kulissen zu verschaffen, die das heutige von den früheren Leben bisher ferngehalten haben. Dadurch ergeben sich völlig neue Perspektiven, die vieles von dem nun in einem neuen Licht zeigen, was bisher in der Dunkelheit gelegen hatte. Und das, was ich hier schreibe, gründet nicht auf Spekulationen oder esoterischen Glaubensvorstellungen. Sondern es basiert allein auf empirischer Forschung, die sich mit den aufgedeckten Fakten, welche das Unterbewusstsein mittels Trancerückführung freigibt, befasst. Somit wird auch gleichzeitig ein ganz neuer perspektivischer Ansatz zur Ontologie, Theologie, Medizin, Philosophie, Psychologie, aber auch zur Sexologie geschaffen.

Jeder, der an der nun endgültig bewiesenen Grundwahrheit der Reinkarnation interessiert ist – ob Wissenschaftler, Akademiker oder nicht –, sollte, nein muss (!!!) das Buch von Ian Stevenson, Professor der Psychiatrie an der Universität von Virginia,[2] gelesen haben, will er nicht bald zu den „Ignoranten“ zählen. An dem Faktum der Reinkarnation wird keiner mehr vorbeikommen. An dieser Stelle möchte ich ein Beispiel aus seinen vorgelegten und erforschten Fällen nennen, um dem allgemeinen Vorurteil vorzubeugen, dass man die Reinkarnation niemals beweisen könne.

Ein türkischer Junge wird mit einem verkrüppelten Ohr geboren, um das sich einige kleine weiße runde Punkte auf der Haut befinden. Dieser Junge erzählt seinen Eltern mit Zunahme seines Sprachvermögens immer mehr über ein früheres Leben als Bauer namens Selim, dem sein damaliger Nachbar namens Isa mit einer Schrotflinte ins rechte Ohr geschossen hatte. Der Junge verstarb an den Folgen. Er berichtet darüber, dass er eine Frau namens Katibe und erwachsene Söhne hatte. Auch nennt er den Namen des Dorfes, in welchem er vormals wohnte. Und da dieses nicht weit von dem jetzigen Wohnort gelegen ist, bringt der Vater seinen Sohn auf dessen Bitten dorthin. Der Junge zeigt ihm sein früheres Haus. Dort anklopfend, erkennt er in der schwarz gekleideten Witwe seine frühere Frau sofort wieder, nennt sie beim Namen, und, in das Haus hineingebeten, kann er über alle Vorfälle in der Familie zu seiner damaligen Lebenszeit sprechen und sich dann auch seinen erwachsenen Söhnen als deren verstorbener Vater beweisen.

Nachdem Stevenson von jenem Fall hörte, reiste er in die Türkei, um diesen wissenschaftlich exakt zu untersuchen. Nachdem er viele Leute, denen dieser kleine Junge von seinem früheren Leben erzählt hatte, sowie auch den Jungen selbst ausgiebig befragt hatte, suchte er das Krankenhaus auf, in welches der von den Schrotkugeln niedergestreckte damalige Bauer eingeliefert wurde und aus dem Koma nicht mehr erwachend verstorben war. Tatsächlich lag noch ein Autopsiebericht des damals verstorbenen Bauern vor, den man ihm als Mediziner aushändigte. Diesem Bericht des damaligen Arztes war eine Skizze beigefügt, aus der man erkennen konnte, an welchen Stellen er die Schrotkugeln vorgefunden hatte. Einige von diesen waren direkt ins Ohr gegangen, woraus sich das heutige verschrumpelte Ohr erklären lässt. Doch um dieses Ohr herum waren die übrigen Schrotkugeleinschläge genauestens markiert. Stevenson nahm diese Zeichnung mit, begab sich wieder zu dem Jungen und hielt diese neben dessen Ohr. Und zu seinem Erstaunen musste er feststellen, dass genau an den Stellen, an denen sich die schrotkugelgroßen weißen Punkte befanden, auch die Einschläge dieser Geschosse auf der Skizze platziert waren. Dies ist nur einer der vielen Beweise, die er zur Beweisführung der Reinkarnation anführt. Aber Sie, verehrte Leserin und verehrter Leser, werden die Bedeutung dieser Entdeckung sicherlich verstehen.[3]

Als Galileo Galilei mit seinem neuen holländischen Fernrohr die Monde des Jupiters erkennen und damit den Beweis erbringen konnte, dass diese sich um ihren Planeten in gleicher Weise drehen wie unser Mond sich um die Erde bewegt, da wollte er auch die gescheitesten Gelehrten seiner Umgebung durch dieses Teleskop schauen lassen, damit sie sich selbst von der neuerkannten und nun optisch beweisbaren Wahrheit überzeugen konnten. Man brauchte ja nur die Augen aufzumachen und hindurchzuschauen. Doch diese wiesen ihn ab. Sie wollten nicht die Wahrheit sehen, die ihr ganzes bisheriges Schulsystem, wonach sich alle Planeten einschließlich der Sonne um die Erde drehten, in Frage stellen oder gar umwerfen würde. Ebenso wird es mit den neuen Wahrheiten durch die Entdeckungen von Prof. Stevenson gehen. Und mit der Rückführungstherapie wird es sich ähnlich verhalten. Da hat man jahrelang Psychologie, Medizin „und leider auch ..." studiert, und da kommt einer an und sagt: „Ihr befindet euch auf dem Holzweg. Hier geht's lang. Geht diesen Weg. Er wird euch zum erwünschten Ziel führen." Doch genauso wie Galilei die studierten Herren aufforderte, durch das Fernrohr zu sehen, so fordere ich die Schulmediziner und Therapeuten auf, selbst diese Rückführungstherapie einfach einmal auszuprobieren. Man bräuchte sich nur mein Buch *Das Große Handbuch der Reinkarnation – Heilung durch Rückführungen* zu besorgen. Dort im zweiten, dem praktischen Teil, steht der ganze durchzuführende Verlauf Schritt für Schritt aufgeschrieben. Man lese diesen Text (einer Partitur vergleichbar) dem in Trance versetzten Klienten Seite für Seite vor. Und ich bin überzeugt, dass diejenigen, die sich mutig mit dieser Therapie beschäftigen, größere Erfolge damit erzielen werden als mit den Methoden, mit denen sie zuvor gearbeitet hatten. Mein Wort! Denn was ich vermag, vermögen Sie auch. Die Rückführungstherapie kann jeder erlernen. Dazu bedarf es keines ausgedehnten Studiums, auch wenn in einigen Jahrzehnten die Rückführungstherapie zum Lehrstoff an den Universitäten zählen wird.

Auch dem Leser, der ein sexuelles Problem hat, möchte ich raten, nachdem er dieses Buch gelesen hat, es einmal mit der Rückführungstherapie zu versuchen. Das Resultat mag für ihn überwältigend sein.

I. Einführung in die Rückführungstherapie

Das Unterbewusstsein als Informationsspeicher

Wie wir noch im Einzelnen erfahren werden, besteht der Mensch aus Geist, Seele und Körper. Jedes dieser drei Prinzipien hat eine ganz bestimmte Funktion im Schöpfungsplan. Da wir im Eigentlichen reiner Geist (nicht zu verwechseln mit dem Verstand) sind, der sich mit einer Seele ausgestattet hat, der wiederum für die einzelnen Inkarnationen jeweils ein Körper beigegeben wurde, ist der Geist das Wesensprimat des Menschen. Dieser Geist schafft durch Gedankenkraft Informationsfelder, deren darin enthaltene Inhalte die Seele in ihrem Verhalten und den Körper in seiner Struktur bestimmen. Die Informationsfelder dienen als Übermittler von darin eingegebenen Programmierungen, die für die Seele und den Körper bestimmt sind. Diese Informationsfelder könnte man mit einem unsichtbaren Chip vergleichen, auf welchem Informationen als Programmierungen verzeichnet sind. Es gibt solche Informationen, die von höherer Geisteskraft auf den Chip geladen wurden, aber es gibt auch einen Chip, in welchen die Informationen der eigenen Geistseele eingegeben werden, nach denen sich das Verhalten der Seele und des jeweiligen Körpers, in welchen sie inkarniert, ausrichtet.

Einige dieser Programmierungen auf dem Seelenchip sind so tief eingeschrieben, dass sie über viele Leben hin wirksam bleiben, andere lösen sich schon nach einem weiteren Leben auf, und wiederum andere verlöschen ganz allmählich in den weiteren Leben. Untersuchungen werden später sicherlich über den Ablauf/Verlauf von Programmierungen und deren Auflösungen bzw. Konstanz oder gar Verhärtung über die verschiedenen Leben angestellt werden samt den sie verändernden Einwirkungen.

Hat zum Beispiel eine Geistseele – ich spreche im Folgenden außer von Geistseele auch gerne von Seele und meine damit immer die Seele, die viele Inkarnationen durchgeht und alle Erlebnisse dabei in sich aufnimmt – in einem Leben als verkörperte Frau eine Vergewaltigung erlebt, so werden diese Erlebnisse wie auf einem Chip in der Speicherkapazität des Unterbewusstseins der Seele von Inkarnation zu Inkarnation mitgetragen und können in jeder Inkarnation wieder aktiviert werden, sei es, dass sie von Anfang an sich bemerkbar machen, z. B. durch Neurodermitis oder durch Lungenprobleme, sei es, dass sie im Laufe des Lebens zu einer bestimmten Zeit (oft zeitsynchron mit dem früheren Erlebnis in einem bestimmten Alter) auftreten, oder sei es, dass die gespeicherten Informationen auf eine Ähnlichkeitsresonanz durch eine gegenwärtige Schwingung, die mit der Schwingung aus früherem Leben ähnlich oder gleich ist, aus dem Unterbewusstsein hervorgerufen wird.

Alle Erlebnisse dieser Vergewaltigung werden im Unterbewusstsein, in diesem Informationsspeicher der Seele, festgehalten, was optisch, taktil, emotional, akustisch oder durch das Geschmacks- und Geruchsempfinden erlebt und dementsprechend festgehalten wurde.

Und je heftiger die Seele dabei gelitten hat, das heißt, mit je mehr Empfindung und Reizung der Gefühle die Seele dabei involviert war, desto ausgeprägter und nachhaltiger ist das gespeicherte Informationsmaterial. Hat eine Frau nach einer Penetration zusätzlich den Samenerguss des Vergewaltigers im Mund erleben müssen, so wird sie über viele Leben hin einen Horror gegen Samen und Fellatio haben. Diese Negativprogrammierung kann sich über viele Leben hin allmählich auflösen. Hat die Seele während dieser Vergewaltigung nicht nur ein emotionales Abwehrverhalten gezeigt, sondern sich eventuell auch mit dem Unterkörper gewehrt oder versucht, den Vaginaleingang durch Verkrampfung zu verschließen, kann sich automatisch in ihrem heutigen Leben vor oder beim Koitus eine Verkrampfung einstellen. Diese früheren Erlebnisse können auch generell eine Angst vor Männern bewirken oder eine Orgasmushemmung beim Geschlechtsaustausch, die jedoch bei der Masturbation nicht auftaucht. Hat diese Vergewaltigung auf einer Wiese zur Frühlings- oder Sommerzeit stattgefunden, dann kann das im Nachhinein Heuschnupfen bewirken. Wenn dieses furchtbare Erlebnis unter einem Lindenbaum, einer Buche, einer Eiche stattgefunden hat, mag sich eine Allergie gegen diese Bäume entwickelt haben. Und ist dieser Vergewaltiger ein älterer Mann mit weißen Schläfen, einem Vollbart und mit einer Schramme auf dem Gesicht gewesen, der eine rote Jacke samt goldenen Knöpfen trug, dann wird diese Frau in den weiteren Leben eine Aversion gegen Männer mit weißen Schläfen oder Vollbart, mit einer Schramme im Gesicht und zusätzlich eine Aversion gegen rote Jacken oder gar die Farbe Rot als solche samt einer Abneigung gegen goldene Knöpfe mit in dieses Leben gebracht haben. Dieses abweisende oder sogar Angst bereitende Verhalten erklärt sich aus dem Resonanzprinzip.

Da alles Schwingung ist, berühren diese von außen an sie kommenden Schwingungen jene in ihrem Unterbewusstsein gespeicherten Schwingungen und wecken die gespeicherten Informationen, die mit der damaligen Vergewaltigung zu tun hatten, sodass Ängste und Abwehrverhalten in ihr als Reaktion hervorsteigen. Der vergewaltigte Mensch – und natürlich nicht nur dieser – ist Opfer seiner im Unterbewusstsein mitgetragenen Erlebnisse aus früheren Leben. Und diese Erlebnisse können sich in mannigfacher Weise als mentale, psychische, psychosomatische oder somatische Blockaden oder Störungen äußern, wie wir solche im folgenden Teil dieses Buches geschildert finden werden.

Wie wir an dem soeben genannten Beispiel gesehen haben, beruht auch unser sexuelles Verhalten auf Programmierungen, seien diese im heutigen oder in früheren Leben entstanden. Doch sind wir, so möchte ich fragen, nicht alle der Ausdruck unserer Erfahrungen und Programmierungen, sei es nun im geschlechtlichen, im gesellschaftlichen Verhalten, in unseren Ängsten, ja sogar: Ist der Körper mit allen seinen Störungen, sprich Krankheiten, nicht Ausdruck oder Spiegelbild unserer Programmierungen, wo immer sie herstammen?

Unser sexuelles Verhalten geht bis in die Vorlieben und Abneigungen auf Programmierungen zurück. Alles hat seinen Grund. Und diese Gründe sind meistens in früheren Leben zu finden.

Man braucht beim Therapieren von sexuellen Störungen von nun an nicht mehr im Ungewissen und Nebligen herumzuirren. Die Rückführungstherapie deckt deren Ursachen auf und ist zugleich in mindestens der Hälfte aller Fälle in der Lage, zugleich das damit verbundene Symptom aufzulösen.

Die Vorgehensweise der Rückführungstherapie

Es ist für das Verstehen der sich im nächsten Teil anschließenden Fälle von Wichtigkeit, dass Sie, verehrte Leserin und verehrter Leser, einen Einblick in den Vorgang der Rückführungstherapie erhalten, um die einzelnen Zusammenhänge und therapeutischen Schritte verstehen zu können, die bei der Beschreibung der Fallgeschichten zur Sprache kommen.

Nachdem die Anamnese, das heißt die protokollierte Problem- und eventuelle Krankheitsgeschichte des Klienten aufgenommen worden ist, bietet man ihm an, sich auf eine Liege oder einen Sessel zu setzen und beginnt mit der hypnotischen Induktion. Es gibt viele Arten eines solchen Vorgehens, die man in jedem Lehrbuch der Hypnose finden kann. In meinem *Das Große Handbuch der Reinkarnation – Heilung durch Rückführung* habe ich drei Methoden beschrieben. Wer immer als Therapeut eine Rückführungstherapie mit einem Klienten durchführen will, kann sich in der Vorgehensweise an den in diesem Buch ausführlich beschriebenen Text halten, sodass er mit diesem, ihn wie eine Partitur lesend, den Klienten in seine früheren Opfer- und Täterleben geleiten wie auch die Befreiung von seinem Problem durchführen kann.

In dem Alphazustand (Trancezustand) befindlich, wird der Klient erst über eine Wiese geführt, um durch suggerierte katathyme Bilder seine bildliche Vorstellungskraft zu mobilisieren. Er wird schließlich in ein Wolkenbett gelegt, wo er seinem Höheren Selbst begegnet. Dieses ist, wenn man so will, unser göttliches Bewusstsein, unsere innewohnende göttliche Essenz jenseits von Zeit und Raum. Das *Höhere Selbst* weiß alles über uns, über unsere früheren Leben und auch über unsere Herkunft, und es weiß auch um die höheren Zusammenhänge, zu denen wir mit unserer eingeschränkten Vorstellungskraft kaum Zugang haben. Das Höhere Selbst weiß, in welches Leben es den Klienten zu führen hat, um die Ursachen seines Problems aufzudecken und wenn möglich, ihn gleich von seinem jetzigen Problem ganz oder teilweise zu befreien. Hat ein Klient z. B. Angst vor seiner Sexualität und möchte sich von dieser befreien, so kann es sein, dass sein Höheres Selbst ihn in ein bis fünf oder gar noch mehr frühere Leben, in denen die Ursache begründet liegt, zu führen hat, weshalb eine Rückführungstherapie einschließlich der Anamnese drei bis sechs oder gar sieben Stunden dauern kann. Das Höhere Selbst führt, nachdem im Wolkenbett nochmals genau der Wunsch ausgesprochen worden ist, von welchem Problem man sich befreien möchte, den Klienten zu einer Wolkenwand, in der viele Tore zu erkennen sind. Denn hinter jedem Tor befindet sich eines seiner früheren Leben. Das Höhere Selbst wählt das erste zu durchschreitende Tor aus, hinter welchem sich ein *Opferleben* befindet, in welchem eine Ursache oder gar die eigentliche Hauptursache für das betreffende Problem zu finden ist. In jenem Leben befindlich, wird erst eine Verankerung in dieses aufgesuchte Leben vorgenommen, sodass der Klient genau weiß, wer er ist, wo er ist, was er macht. Meist wird vorgegeben, dass er sich zuerst einen Tag vor einer wichtigen Begebenheit in jenem Leben einfindet, die mit seinem heutigen Problem zusammenhängt. Nachdem alles von Wichtigkeit wie Ort (Land, Gegend), Zeit (Jahr oder Jahrhundert), Name und Familienverhältnisse genannt worden ist, wird gesagt: „Es wird jetzt bis drei gezählt, und dann befindest du dich einen Tag weiter bei einem wichtigen Ereignis. Eins, zwei, drei. Jetzt bist du da." Und sofort wird er sich in der Situation einfinden, welche die Ursache für sein heutiges Problem ist. Dieses wird in möglichst allen Details wiedererlebt. Nach diesem Wiedererleben, wenn es nicht gleich mit einem Tod endet, wird weiterhin erforscht, ob noch andere Erlebnisse in dem betreffenden Leben anzutreffen sind, die mit seinem Problem in der damals vorausgegangenen oder in der nachfolgenden Zeit zusammenhängen. Schließlich führt man ihn in den Zustand kurz nach seinem damaligen Tod, der meistens als erlösend und befreiend geschildert wird, und fragt: „Wenn du nun auf dein Leben zurückschaust und würdest jetzt sagen: ‚Ich will nie wieder ...', was würdest du jetzt sagen?"

Und meist kommt sofort ein Satz, der nach einem Vergewaltigungsleben lauten könnte: „Ich will mich nie wieder von einem Mann berühren lassen." Diese Programmierung gilt es späterhin aufzulösen, da hier die Formulierung genannt worden ist, die sich als Kernursache des Ausgangsproblems darstellt.

Wenn es sich bei einem Ausgangsproblem um eine Person handeln sollte, mit der man sexuell Probleme hat, wird es in den meisten Fällen so sein, dass man diese Person schon aus früheren Leben kannte. Somit wird das Höhere Selbst ein Leben aussuchen, in welchem eine Begegnung mit dieser Seele in einem anderen Körper stattgefunden hatte. Und sobald nun der Klient durch das Wolkentor geführt worden ist, steht dann diese Person in einer anderen Gestalt und in einer anderen Zeit unmittelbar vor einem, sodass man in dem betreffenden Leben nicht erst lange nach der aufzusuchenden Person zu forschen hat.

Hat der Klient in dem früheren Leben ein grauenvolles Ende erfahren, lasse ich meistens den Betreffenden die Erlebnisse nach seinem Tode im Jenseits erleben, damit diese seine unschönen irdischen Erlebnisse vorerst vergessen lassen. In den meisten Fällen wird er von einer ihm vorher bekannten und verstorbenen Person abgeholt und dann in die Herrlichkeiten der jenseitigen Welt eingeführt.[4] Dort begegnet er oft den schon vor ihm verstorbenen Familienmitgliedern und ihm Nahestehenden und kommt auch mit seiner jenseitigen Familie zusammen. Mit vielen von ihnen hat er schon einige frühere Leben gemeinsam verbracht. Man kann ihn auch zu einer jenseitigen Begegnung führen, wo er Auskunft darüber erhält, warum er dieses grausame Schicksal auf Erden erleben sollte. Dies sind oft große Offenbarungen, die ihm die Notwendigkeit des auf Erden zu Erlebenden erklären, sodass er sich schon hier in diesem Leben mit dem grässlichen Erlebnis aussöhnen kann.

Schließlich wird er wieder zurück zu seinem Höheren Selbst vor das Wolkentor geführt. War sein Erdenleben und vor allem sein Tod von Entsetzlichem geprägt, reicht ihm das Höhere Selbst ein Schälchen mit einer Heilflüssigkeit, sodass er nach Einnahme dieses Getränkes sich geistig, emotional und körperlich ganz wiederhergestellt findet. Zuerst erfährt er dann, wer jene Personen, die er im früheren Leben getroffen hatte, im heutigen Leben sind, so er diesen dort wieder begegnen sollte. Daraufhin wird das Höhere Selbst befragt, ob es noch ein anderes Leben von Wichtigkeit gibt, das mit dem Ausgangsproblem, also mit seiner Angst vor Sexualität zusammenhängt. Bei einem Ja führt ihn das Höhere Selbst vor ein weiteres Wolkentor, woraufhin ein anderes Leben erkundet wird. Und wenn es erforderlich ist, dann werden verschiedene Opferleben hintereinander aufgesucht. Wenn dies geschehen ist, wird das Höhere Selbst gebeten, ihn nun in ein Leben zu führen, wo die Ursache dafür liegt, dass er in den verschiedenen Opferleben so viel Schmerzliches erfahren sollte. Dann geleitet ihn das Höhere Selbst in ein *Täterleben*, wo seine Seele die Ursache für seine karmische Verschuldung gelegt hatte. In solch einem Täterleben ist er meistens ganz der „coole" Typ, der eventuell schon mehrere Verbrechen, Vergewaltigungen und andere Vergehen hinter sich gebracht hat. Dieses Leben wird in einigen Erlebnissen und in seinen Berichten darüber wiedererlebt. Danach wird er in die Situation unmittelbar nach seinem Tod gebracht. Und auf sein Leben zurückschauend wollen wir herausfinden, ob er seine Taten bereut oder wie er im Ganzen über sich und sein Handeln urteilt. Doch oft ist von Reue keinerlei Spur zu entdecken. Manches Mal bleibt er erst eine ganze Zeit lang (als unsichtbarer Geist) erdgebunden, um irgendwelchen Wünschen nachzukommen. War er ein Trinker, so wird er einen anderen Trinker aufsuchen und bei ihm einkehren als ein Besetzer, um durch ihn den eingenommenen Alkohol genießen zu können. Will er sich noch an jemandem rächen, wird er versuchen, diesen Rachegefühlen nachzukommen. Ist er noch sexbesessen, mag es sein, dass er versucht, einen Mann zu finden, den er dazu bringen kann, Frauen zu beschlafen und eventuell auch vor Gewalt nicht zurückzuschrecken. Denn ihm ist es egal, ob sein Gast, also jener von ihm Besessene und zu dieser Tat Genötigte, nun ergriffen und gehängt oder anderweitig verurteilt wird. Er kann ja den Körper dieses von ihm Manipulierten jeder Zeit verlassen und sich einen neuen Gast suchen, bei dem er einkehrt. Irgendwann wird er allerdings ebenfalls in die jenseitige Welt zurückkehren und sich vorerst in düsterer Umgebung befinden. Ihm werden die Szenen seiner Untaten immer wieder vor Augen gestellt, bis er für diese bösen Taten Reue empfindet. Gemäß seiner Reue kommt er nach und nach in eine immer lichtvollere Umgebung, bis er bereit ist, seine bösen Untaten wieder gutmachen zu wollen.

Wieder vor das Wolkentor zu seinem Höheren Selbst zurückgebracht, wird über das Vorgefallene gesprochen und auch geklärt, ob Personen, an denen er sich verging oder denen er Gewalt angetan hatte, sich auch in seinem heutigen Leben in seiner Nähe befinden. Oft ist der Klient über das von ihm im früheren Leben Verübte selbst entsetzt.

Daraufhin führt ihn das Höhere Selbst auf den von mir so genannten *Berg der Erkenntnis*. Von dort oben werden die von ihm in dieser Rückführung aufgedeckten Leben vor ihm ausgebreitet, indem sie nochmals kurz vom Rückführungstherapeuten benannt werden. Hier werden jetzt die Zusammenhänge erkannt, wie es zu dem heutigen Problem Angst vor Sexualität (oder um was immer es sich bei dem Ausgangsproblem handeln mag) gekommen ist. Der Klient erkennt nun das *Gesetz von Ursache und Wirkung* (*Karmagesetz*), weiß nun, dass das, was er in den Opferleben erfahren musste, von ihm selbst im Täterleben verursacht und der geschehene Ausgleich von ihm so gewollt war. Ihm wird jetzt auch klar, welche Probleme, Symptome und sonstigen Störungen weiterhin in diesem Leben sich für ihn manifestierten und in welchem Zusammenhang sie mit dem Vorgefallenen stehen. So kann sein heutiger beständiger Hustenreiz und seine Aversion, sich von jemandem am Hals berühren zu lassen oder enge Rollkragenpullover oder irgendeine Krawatte oder Kette um den Hals zu tragen von einer bei der Vergewaltigung erfahrenen Erwürgung herrühren. Oder die Unterleibsschmerzen samt den dort schon in heutigen Leben vorgenommenen Operationen wie

Entfernung von Zysten, Konisation bis zur Eierstockentfernung und Totalexstirpation gehen auf die damalige Vergewaltigung zurück, und selbst Dauerblutungen, Vaginalkrämpfe und Geschlechtskrankheiten mögen in diesem Zusammenhang stehen. Außerdem mögen mit dem Geschehen in den Opferleben emotionale Probleme oder Verhaltensweisen als Nachwirkungen entstanden sein, sodass man nicht nur allgemein Angst vor Sexualität hat, sondern diese sich spezifiziert. Diese Person kann eine Angst haben, allein durch einen Wald zu gehen, da diese damalige Vergewaltigung in einem solchen stattgefunden hatte. Sie kann eine besondere Angst vor Männern mit einem dunklen Bart haben, da ein solcher Mann sie früher vergewaltigte. Aber schon das Land oder die Sprache eines solchen mag eine Aversion hervorrufen. Und sollte die Vergewaltigung im Beisein eines schwarzen Hundes stattgefunden haben, wird man immer einen unerklärlichen Schrecken bekommen, wenn man einem Hund mit gleichem oder ähnlichem Aussehen begegnet. Endete die Vergewaltigung mit dem Durchschneiden der Kehle, so könnte man möglicherweise eine Phobie vor Messern mitgebracht haben. Aus den Opferleben könnten sich eine ganze Reihe von Begleiterscheinungen ergeben haben, die sich außer dem Hauptproblem ebenfalls als Problem, Symptom oder störende Verhaltensweisen darstellen. In den nach diesem Kapitel angeführten Fällen kommt es häufiger vor, dass das Ausgangsproblem anfangs eventuell gar nicht mit sexuellen Störungen im Zusammenhang gesehen wird. So kann der Klient wegen eines Problems mit seiner Mutter zu mir kommen, wobei das Thema Sexualität gar nicht in dem Vorgespräch erwähnt wird. Erst bei der Rückführung stellt sich möglicherweise ein enger Zusammenhang her. Oder jemand möchte die Ursache seiner Bauchschmerzen erkunden und sich von diesen befreien. Erst in der Rückführung stellt sich dann die eigentliche Ursache, die mit Sexualität zu tun hat, heraus. Wiederum ein anderer mag seine Schlafprobleme auflösen wollen. Und dann stellt sich heraus, dass eine sexuelle Begebenheit in einem früheren Leben die Ursache dafür ist, dass er nachts nicht schlafen kann und zu einer ganz bestimmten Zeit immer aufwacht, oft in Verbindung mit einem Gefühl der Angst. Oder eine Frau möchte wissen, warum sie keine Kinder bekommt oder warum sie nachts immer wieder aufsteht, um sich zu vergewissern, dass alle Türen abgeschlossen und alle Fenster gut geschlossen sind.

Nachdem die ganzen Bezüge aus den früheren Leben untereinander und dann in Verbindung mit dem heutigen Leben erkannt und auch die darin waltende höhere Gerechtigkeit eingesehen wurde, reicht das Höhere Selbst dem Klienten einen *goldenen Kelch*, angefüllt mit einer goldenen Flüssigkeit. In dieser befindet sich die Kraft der Liebe, der Vergebung, der Leid- und Schuldauflösung. Und nun begibt er sich zuerst in sein Täterleben und reicht der Person oder den Personen, denen er Leid zugefügt hat, diesen Kelch und bittet diese oder diesen, ihm zu vergeben. Danach steht er vor sich selbst, der er damals dieser Lieblose und Schuldiggewordene gewesen war und sagt zu ihm: „Ich befreie dich jetzt von deiner ganzen Schuld. Trinke daraus, damit du von aller Schuld befreit bist." Dieser Akt der Selbstvergebung ist von größter Wichtigkeit, blieben doch in seinem Unterbewusstsein diese Schuldgefühle von damals immer präsent und tauchten bei verschiedenen Gelegenheiten immer wieder auf.

Anschließend auf den Berg zurückgekehrt, füllt das Höhere Selbst den Kelch wieder voll mit dieser goldenen Flüssigkeit und fordert den Klienten auf, nun in sein Opferleben zu gehen und dort demjenigen oder denjenigen, die ihm Leidvolles angetan haben, den Kelch der Liebe, der Vergebung und der Leid- und Schuldauflösung zu reichen. Und das fällt dem Klienten jetzt relativ leicht, da er nun eingesehen hat, dass dieser oder diese Übeltäter ihm den karmischen Ausgleich gebracht hatte(n), da er ja ein Ähnliches oder Gleiches in einem früheren Leben selbst ausgeführt hatte. Und am Ende dieser Vergebung steht er immer vor sich selbst und sagt in etwa: „Trinke aus diesem Kelch, damit nun deine ganze Angst vor Sexualität aufgehoben ist.“ Nachdem er in jedes der aufgedeckten Opferleben den Kelch mit den entsprechenden Worten gebracht hat und der Kelch nach Rückkehr auf den Berg der Erkenntnis wieder mit der goldenen Flüssigkeit angefüllt worden ist, begibt er sich in sein heutiges Leben. Dort bringt er all den Personen den Kelch, die in den früheren Leben mit ihm involviert waren. Entsprechend dem damals oder in dem heutigen Leben bereits Vorgefallenen sagt er: „Ich vergebe dir, was du mir im früheren Leben (und wenn zutreffend „auch im heutigen Leben“) angetan hast.“ Und im umgekehrten Fall, so er jemanden um Vergebung nachträglich bitten möchte, sagt er: „Bitte vergebe mir, was ich dir in einem früheren Leben (oder auch „im heutigen Leben“, falls zutreffend) angetan habe.“ Und am Schluss steht er vor sich selbst, der er heute ist, und reicht sich den Kelch und sagt: „Ich vergebe dir alles, was du früher (oder „im heutigen Leben“) getan hast. Und trinke nun aus diesem Kelch, damit all deine Probleme, die mit deiner Sexualität und mit ... (hier werden noch die anderen aufgedeckten Probleme genannt) zu tun haben, nun aufgelöst sind. Ich liebe dich.“

Danach kehrt er auf den Berg der Erkenntnis zu seinem Höheren Selbst zurück, das ihn auffordert, nun den ganzen Rest aus diesem Kelch auszutrinken. Nachdem dieser zurückgereicht worden ist, gibt das Höhere Selbst ihm einen großen *Kiefernzapfen* und sagt: „Stopfe nun alles dort hinein, wovon du dich jetzt befreien möchtest. Hole es heraus wie schwarze Klumpen von Ton und knete es hinein. Und während du das tust, sage: Ich befreie mich ...“ Und nun nennt der Klient alle die aufgedeckten Dinge, von denen er sich befreien will. Nachdem er dies dreimal gesagt hat, übergibt er diesen Zapfen einem Lichtfeuer, in welchem sich dieser samt seinem Inhalt nun auflöst. Und daraufhin sagt der Klient, wovon er jetzt befreit ist: „Ich bin jetzt frei von meiner Angst vor Sexualität, von ... und von allen Schuldgefühlen.“ Diese *Befreiungsaffirmation* wird noch einige Male an bestimmten Stellen bis zu seiner endgültigen Rückkehr ins Hier und Jetzt wiederholt. Nachdem das Höhere Selbst ihn in einen Lichtkokon, in welchem sich eine hohe Liebesschwingung befindet, gehüllt hat, verabschiedet sich der Klient von seinem Höheren Selbst und liegt auf einmal wieder in dem Wolkenbett. Anschließend befindet er sich wieder auf der Wiese, kommt zu einer Heilquelle und nimmt dort ein Heilbad. Über die Wiese kehrt er wieder zurück in die Gegenwart.

Obwohl diese Trancerückführung drei oder vier Stunden gedauert haben mag, kam ihm diese Zeit relativ kurz vor. Meistens strahlt sein Gesicht vor Freude, und eine große Erleichterung ist ihm anzusehen, als ob Tonnen von Steinen von seiner Seele genommen worden wären. Und welch Wunder! In über 50 Prozent der Fälle ist das Problem gelöst. Die Angst vor Sexualität ist weg. Und auch die meisten oder alle Begleitsymptome, die während der Therapie in den Ursachen mit aufgedeckt worden waren wie z. B. Asthma, Heuschnupfen, Unterleibsbeschwerden, Schlaflosigkeit, Ängste, Phobien, Verhaltensstörungen u.s.w. sind ebenfalls verschwunden. Und wer nicht glaubt, dass so etwas oft mit einer einzigen Rückführungstherapie möglich ist, der probiere sie aus, und er wird meine Feststellung bestätigen müssen. Auf dem Gebiet der sexuellen Störungen kann nun diese Therapie in kürzester Zeit Wunder bewirken, wovon einige der im nächsten Kapitel dargestellten Fälle berichten können.

Doch an dieser Stelle möchte ich noch einige Hinweise für die Durchführung der Rückführungstherapie geben. Es ist nicht gut, mit dieser Therapie bruchstückweise, sagen wir jeden Tag oder gar jede Woche eine Stunde vorzugehen, da man dann als Therapeut genötigt ist, den Klienten nach einem Therapieabschnitt, also nach dem Erleben eines Opfer- oder Täterlebens, nach Hause zu schicken. Dieser trägt jetzt die inneren und oft sehr dramatischen Erlebnisse unaufgelöst mit sich herum, die ihn heftig bewegen können, sodass sich eine Angst entwickeln könnte und er demzufolge den nächsten Termin absagen möchte oder gar nicht mehr an weiteren Therapien interessiert ist. Und hier gilt die Faustregel: Eine Rückführungstherapie muss immer in sich abgeschlossen werden, ganz egal, wie lange sie dauert, und wenn sie sich über sechs bis sieben Stunden ausdehnen sollte.

Der Klient nimmt während der Rückführung ein doppeltes Bewusstsein ein, das man als *elliptisches Bewusstsein* bezeichnen kann. Denn eine Ellipse hat zwei Brennpunkte. Und übertragen auf dieses doppelte Bewusstsein befindet er sich sowohl in dem einen Brennpunkt, der sein augenblickliches Hier und Jetzt neben dem Therapeuten darstellt, während sich der andere Brennpunkt auf das im Augenblick Erlebte in den jeweils früheren Leben bezieht. Er weiß, dass er jetzt neben dem Therapeuten sitzt oder liegt und bleibt trotzdem in seinen Vorstellungen ganz in den früheren Erlebnissen verstrickt. Deshalb fällt es ihm auch leicht, vor dem Wolkentor oder auf dem Berg der Erkenntnis von den Erlebnissen der früheren Leben auf das heutige Leben zu schließen oder umgekehrt. Nur manchmal ist er so tief in dem einen Brennpunkt verhaftet, dass er selbst auf des Therapeuten Frage, ob er, der sich zum Beispiel gerade im Mittelalter befindet, weiß, was eine Atombombe ist, antworten würde, dass er nicht wisse, was damit gemeint sein könnte.

Das „berühmte" therapeutische Nachgespräch, in welchem der Therapeut üblicherweise nun seine Version des Ganzen darlegt und offene Fragen klärt, mag in den meisten Fällen hinfällig sein, denn alles Wichtige ist schon vor dem jeweiligen Wolkentor und vor allem auf dem Berg der Erkenntnis geklärt worden, und zwar mit Hilfe des Höheren Selbst, dessen Wissen und Einsichten oft jene von irdischen Therapeuten übertreffen dürften. Und der Therapeut lernt während dieser Rückführungspraxis sehr viel durch diese Mitteilungen seitens des Höheren Selbst, denn er kann den Klienten zusätzlich bitten: „Frage einmal dein Höheres Selbst, ob du vor deiner jetzigen Inkarnation im Jenseits dein Vergewaltigtwerden über dich aus karmischen Gründen selbst verhängt hast?" Oder: „Stimmt das, was Sigmund Freud über den Penisneid von jungen Mädchen sagt?" Eine Ausbildung als Rückführungstherapeut würde ein Psychologiestudium um gewaltige Dimensionen bereichern, da man die Dinge jetzt nicht nur aus irdisch-psychologischer Perspektive wahrnimmt, sondern auch aus höherer Sicht. Und manches Mal, um bescheiden zu bleiben, wird es wohl auch sein, dass die Ansichten des Höheren Selbst den gängigen psychologischen Erklärungen diametral entgegenstehen. Hat das Höhere Selbst angegeben, dass noch eine zweite Rückführungstherapie anberaumt werden sollte, wird man sich auf einen neuen Termin einigen.

Auch sollte jede Rückführung auf eine Kassette aufgenommen werden, denn manches Mal ist der Klient so tief im Alphazustand, dass er trotz der Affirmation, dass er alles behalten wird, was aufgedeckt worden ist, Teile davon vergessen haben könnte. Und sicherlich wird er diese Kassette seinen Nächsten zum Anhören ausleihen, sodass diese dann ebenfalls an einer Rückführung einschließlich Therapie interessiert sein könnten.

Wahrheitsvermittlung und Verhaltensveränderung während der Therapie

Für viele Therapeuten ist es egal, ob bei der Rückführungstherapie die vermittelten Darstellungen und Erlebnisse aus früheren Leben wirklich der Wahrheit entsprechen oder nicht. Hauptsache ist für sie, dass die Rückführungstherapie hilft, und oft in einer Weise, dass man dem schnellen und anhaltenden Erfolg nicht trauen möchte, scheint sie doch in den meisten Fällen allen anderen Therapien meilenweit voraus zu sein. Befindet sich der Klient in einer tiefen Trance, dann führt ihn das Höhere Selbst auf seine Bitte hin zuerst meist in das Leben, das als die oder eine der Hauptursachen für sein gegenwärtiges Problem zutreffend ist.

Die geschilderten Erlebnisse hängen in ihrer Wahrhaftigkeit von der Tiefe des Alphazustandes ab. Denn wenn der Klient sich nur in einer leichten Trance befindet, kann immer noch der heutige Brennpunkt in der Ellipse einwirken und die Dinge verändern oder beeinflussen. Er könnte z. B. etwas ausblenden, was er lieber nicht sehen möchte, wobei es sich gerade hierbei um das Kernerlebnis handeln könnte, das es aufzudecken gilt. Doch etwa 50 Prozent aller Klienten bekommen gleich bei der ersten hypnotischen Rückführung klare und meist auch wahrheitsvolle Bilder, die wirklich in früheren Leben so, wie sie wiedergegeben und erfühlt werden, erlebt worden sind. Diese 50 Prozent der Klienten werden dann auch bei einer einzigen Rückführung schon totalen Erfolg oder großen Erfolg mit einer wesentlichen Besserung ihres Problems verbuchen können. 20 Prozent kommen nur in eine mittlere Trance und die Erfolge sind mittelmäßig. Bei diesen ist eine Wiederholung der Rückführungstherapie angesagt. Wiederum 20 Prozent benötigen erst eine Einübung des Sichfallenlassenkönnens in den Alphazustand, was mit direkter Übung seitens des Therapeuten oder mit Hilfe von Kassetten oder CDs allmählich erreicht werden kann. Etwa 10 Prozent der Klienten lassen sich nicht in den Alphazustand versetzen und bleiben darum weiterhin auf die gängigen Therapien angewiesen. Bei diesen Prozentangaben meinerseits handelt es sich um Schätzungen, die bei späteren genaueren Erforschungen eventuell revidiert werden müssen.

Prof. Helen Wambach hat den Wahrheitsgehalt von erlebten früheren Leben bei Gruppenrückführungen erforscht. Sie musste feststellen, dass die wiedererlebten Ereignisse in den geschilderten Jahrhunderten und deren Beschreibung mit den tatsächlichen kulturgeschichtlichen Gegebenheiten von damals übereinstimmten. Zum Beispiel wurden die Versuchspersonen in den jeweiligen früheren Leben gefragt, mit welchem Besteck sie essen. Und keiner von ihnen, der eine gewisse hypnotische Tiefe erreicht hatte, machte falsche Angaben. Und diese in Trance befindlichen Studenten und Studentinnen hatten nie die beim Essen benutzte dreizackige Gabel vor 1400 (diese kam erst über Venedig nach Europa) und die vierzackige vor 1790 (diese Kreation ist ein Produkt der Französischen Revolution) auf ihren nachträglich auszufüllenden Fragebögen erwähnt.[5] Wer jedoch zu jenen anderen 20 Prozent gehört, die nicht tief genug in den Alphazustand kommen, wird manches Mal gespeichertes Material, das in seinem Gedächtnis schlummert, mit in die erlebten Schilderungen hineinbringen, weshalb hier der Wahrheitsgehalt oft den wirklichen Erlebnissen aus früheren Leben ganz oder nur teilweise oder überhaupt nicht entspricht. Doch manches Mal möchte das Höhere Selbst jemandem noch nicht das betreffende Opfer- oder Täterleben zeigen und könnte deswegen ein symbolisches Erleben erzeugen, das eher einer Phantasieschöpfung oder einem Märchen entsprechen könnte, wohinter sich natürlich auch ein symbolischer Inhalt verbirgt, den es zu entschlüsseln gilt.

Während des erfolgreich durchgeführten Rückführungsverlaufs erlebt der Klient alle Erlebnisse „hautnah", das heißt, alle seine fünf Sinne und seine Gefühle sind geöffnet.

Die tief in Trance sich Befindenden erleben ihre Begebenheiten so, wie wir heute ein Ereignis erleben würden. Bei Schmerzen verzieht sich das Gesicht, man kann möglicherweise schreien, weinen, stöhnen, in Wut ausbrechen oder auch, wenn man nach dem Tod seinen Zustand erlebt, zufrieden und glückbeseelt lächeln. Selbst ein Gefoltertwerden kann wiedererlebt werden, und obwohl man vor Schmerzen schreit, ist dieses Wiedererleben abgedämpft. Es ist nicht so, als ob man nun dieses Ereignis wirklich voll auslebt. Tränen fließen aus Schmerzerleben und seelischem Leid oder aus Freude.

Bei erlebter Kälte beginnt der Klient sich auf einmal zu schütteln und mit den Händen seinen Körper zu reiben. Ein heutiger Professor spricht bei einem Sicherleben als Bauer ganz anders, als er normalerweise sprechen würde. Und sein Bildungsstandard steht hinter dem heutigen dann weit zurück.

Bei manchen Klienten bleiben die Gesichtzüge ohne jegliche Veränderungen. Bei anderen sind jedoch große äußere Veränderungen zu bemerken. Das Gesicht, die Gestik, die Sprache, der Wortschatz, alles kann sich verändern. Täter sind wirklich Täter. Sie sprechen oft rau und abweisend. „Wer bist du eigentlich?" „Warum willst du das wissen?" „Ich? Reue? I wo!" So mancher Täter würde gerne nochmals solch ein Leben führen. Und wenn man ihn auf seine begangenen Vergewaltigungen hinweisen sollte, mag er entgegnen: „Frauen sind sowieso nur Ware. Die sollen sich nicht so anstellen."

Ist man Kind in einem früheren Leben, redet man oft so, wie Kinder es tun. (Wir werden dies im Fall 15 erleben.) Man sollte sich dann als Therapeut ebenfalls auf einen Dialog mit einfachen Worten umstellen und kein abstraktes Vokabular benutzen. Eventuell könnte ein Klient plötzlich in der Sprache sprechen, die er damals gesprochen hatte. Wenn dem Therapeuten diese Sprache geläufig ist, kann er in dieser fragend vorgehen. Der in Trance Befindliche versteht auf einmal, was er sagt, und antwortet entweder weiterhin in der damaligen Sprache oder wechselt in die heutige zurück. Auch Akzente oder gar Dialekte können gelegentlich auftauchen.

Zahlen und Daten wie auch Namen sind nicht immer zu erhalten und können auch manchmal undeutlich sein. So kann ein in Trance Befindlicher im früheren Leben als Italiener Alberto heißen, nennt sich aber Albert, da die elliptische andere Hälfte ja ebenfalls bei der Namensuche mitüberlegt haben mag. Manches Mal kann man den Namen, das Geburtsdatum und den Wohnort aufschreiben lassen. Der Klient schreibt dann so, wie er damals geschrieben hatte.

Interessant ist, dass die Inhalte immer die gleichen bleiben, auch wenn der Klient nach längerer Zeit wieder in dasselbe frühere Leben zurückgeführt werden sollte und die damals erfahrenen Inhalte schon längst der Vergessenheit anheimgefallen sind. Und man vermag als Therapeut seinem Klienten nichts zu suggerieren, was nicht in dessen Unterbewusstsein aus dem betreffenden früheren Leben auch wirklich verzeichnet ist. Wenn man fragen würde: „Du hast aber eine Schwester. Wie heißt sie denn?", so wird er antworten, dass er keine Schwester habe, wenn diese nicht tatsächlich in jenem Leben vorhanden ist.

Kaum ein Schauspieler könnte dieses Erleben so wirklichkeitsgetreu wiedergeben. Und der Therapeut kann jederzeit ein furchtbares Erleben schnell zu einem Ende bringen, indem er sagt: „Ich zähle nun bis drei, dann befindest du dich unmittelbar nach deinem Tod und kannst deinen Körper unter dir sehen. Eins, zwei, drei. Jetzt bist du da." Und sofort wechseln die Gemütsäußerungen in ein Gefühl der Erleichterung über. Nun kann man sich alles Weitere, was nach jenem schlimmeren Ereignis passiert war, berichten lassen. Doch viele Klienten wollen selbst ein schmerzliches Erleben ausleben, damit alle gestauten Energien, die man in seinem Emotionalkörper mit sich vielleicht schon seit Jahrhunderten herumgetragen hat, ganz herausfließen, weshalb diese Gefühlsausbrüche wie eine große Befreiung empfunden werden.

Doch die größten Verhaltensveränderungen erlebt der Klient an sich selbst nach Beendigung der Therapie. Oft ist man noch von allem ein wenig benommen. Das Gesicht ist oft verklärt vor Verwunderung über sich selbst, dass man sich auf einmal so erleichtert und befreit fühlt. Auch wenn die Rückführung einige Stunden gedauert haben könnte, kommt einem die Dauer als relativ kurz vor. Und, wie Sie, verehrte Leserin und Leser, gleich den beschriebenen Fällen entnehmen können, hat in vielen Fällen solch eine Rückführungstherapie vollen und bleibenden Erfolg, sodass die sexuellen Probleme und Ängste auf einmal wie Zauberei verschwunden sind.

II. Fallbeispiele zur Ursachenforschung sexuellen Verhaltens

Im Folgenden werden 47 Fälle aus der Rückführungstherapie geschildert, bei denen die Ursachen von heute auftretenden sexuellen Störungen klar ermittelt und diese in vielen Fällen spontan behoben werden konnten. Wo nachträglich ein Erfolgsfeedback eingeholt wurde, wird dieses auch angefügt. Doch leider konnten mehrere der Klienten nicht mehr kontaktiert werden, sei es, dass ich nicht deren Adresse oder Telefonnummer notiert hatte oder dass sie mit unbekannter Anschrift verzogen waren.

Die Darstellungen der beschriebenen Fälle beruhen auf meinen Mitschriften. Die vom Klienten erlebten und unmittelbar verbal wiedergegebenen Ereignisse aus seinen früheren Leben sind auf Tonkassetten aufgenommen worden und wurden ihm mitgegeben. Von manchen Kassetten erstellte ich mit Erlaubnis des Zurückgeführten eine Kopie. Von diesen Kopien habe ich manches Mal wörtliche Wiedergaben in dieses Buch mit eingeflochten, um dem Leser/der Leserein einen unmittelbareren Eindruck des Vorgegangenen vermitteln zu können.

Selbstverständlich sind die Namen der heutigen Personen verändert, um deren Anonymität zu wahren. Auch werden manches Mal die Länder oder Gegenden der betreffenden Klienten nicht angegeben, um mögliche Identitätsverletzungen zu vermeiden. Jedoch die Namen und Orte aus früheren Leben wurden beibehalten. Die meisten Fälle stammen aus den deutschsprachigen Ländern.

Es geht hier nicht darum, ein umfassendes Buch über das Spektrum der Sexualität zu schreiben, sondern die neue Sicht über die Herkunft sexueller Störungen und Verhaltensweisen an einer Reihe von Beispielen aufzuzeigen.

In den meisten meiner Rückführungen war die Sexualität nur Nebenthema oder diese wurde bei dem Aufsuchen der Ursachen anderer Symptome rein zufällig mit ihrer Problematik mitaufgedeckt. Nur in einigen der hier geschilderten Fälle stand von Anfang an ein sexuelles Problem im Vordergrund.

Heterosexualität

Wenn es im Bett nicht mehr klappt

1. Wenn die sexuelle Potenz versagt

Bogan ist fünfundvierzig Jahre alt und seit einem Jahr in zweiter Ehe mit Rita verheiratet. Mit seiner ersten Ehefrau Walburga hatte er das Problem, dass er schon, bevor er in die Vagina eindrang oder kurz darauf, seinen Samen ergießen musste. Er arbeitete damals in einer Fabrik und lernte sie mit fünfundzwanzig Jahren dort als achtzehnjährige Arbeitskollegin kennen. Schon der erste Koitus war mit einer verfrühten Ejakulation verbunden. Trotz seiner sexuellen Unzulänglichkeit heiratet Walburga Bogan. Aus dieser Ehe entstammen zwei Kinder. Dieses unbefriedigende sexuelle Verhältnis endet nach achtjähriger Ehe in Trennung und dann in Scheidung. Bogan zieht sich von allen weiteren Frauenbegegnungen zurück und hat ein kurzes, jedoch unbefriedigendes sexuelles Verhältnis mit einem Mann. Auch bei seiner zweiten Frau stellt sich sexueller Frust ein. Denn er bekommt trotz ihrer vollweiblichen Erscheinung im Bett keinerlei Erektion. Seine große Angst besteht im Scheitern seiner sexuellen Potenz. Und seine an das Höhere Selbst gestellte Frage lautet auch deshalb: „Bitte führe mich zu der Ursache, warum ich ein sexueller Versager bin."

Bogan war in einem früheren Leben im Mittelalter im deutschen Rheinland der Sohn des Herren der „Wolfsburg". Er, mit Namen Gernot, ist mit seinen siebenundzwanzig Jahren noch unverheiratet. Er kehrt soeben von einem siegreichen Feldzug heim. Nachdem er umjubelt von der Burgbevölkerung empfangen worden ist, zieht er sich in seine Privaträume zurück, entledigt sich seiner Rüstung und seiner übrigen Kleidungsstücke und nimmt ein warmes Bad, wobei eine neunzehnjährige Magd namens Maria seinen nackten Körper abzuschrubben hat. In seinem sexuellen Übermut stürzt er sich auf die sich wehrende Jungfrau und vergewaltigt sie. Während diese in eine totale Erstarrung verfällt, sagt er noch zu ihr: „Stell dich doch nicht so an." Nach einigen Stunden entsteht auf dem Hof ein großes Geschrei. Maria hat sich erhängt. Gernot kann ihr Verhalten überhaupt nicht begreifen, denn er empfand sein Handeln doch als etwas ganz Selbstverständliches.

Gernots Vater ist über das Vorgehen seines Sohnes sehr ungnädig. Damit so etwas nicht nochmals passiert, verheiratet er ihn an eine etwas ältere Frau namens Brunhilde. Gernot fügt sich in sein Los, doch empfindet er seine Angetraute als ein hässliches Gerippe, sodass er im Bett keine Erektion bekommen kann. Sie hingegen schaut ihn spöttisch an und sagt: „Ich dachte, du seiest ein großartiger Liebhaber." Er ist über seine eigene sexuelle Unfähigkeit, über das ihm durch die Heirat zugeteilte Los und über den Spott der Ehefrau dermaßen erzürnt, dass er sein Schwert nimmt und Brunhilde den Kopf abschlägt. Daraufhin zieht er sich schnell an und verlässt bei Dunkelheit die Burg. Als am nächsten Tag die Bluttat entdeckt wird, setzt der Vater einen Kopfpreis auf seinen Sohn aus. Einige der nach allen Seiten ausscherenden Männer können ihn einholen und durch einen Pfeil in den Rücken töten.

Nach seinem Tod, von mir danach gefragt, was er nie wieder tun würde, antwortet er: „Ich will mich nie wieder sexuell hinreißen lassen." *(Ist man in einem früheren Leben als Mann durch eine sexuelle Tat während dieser oder im Nachhinein zu Tode gekommen, dann wird dadurch eine Programmierung geschaffen, die sich selbst in noch viel späteren Leben, wie wir gleich sehen werden, als sexuelle Hemmungen auswirken kann.)* Interessant ist, dass Gernot nach seinem Tod im Jenseits Maria begegnet, die er um Vergebung bittet. Und sie antwortet ihm: „Ich hatte ebenfalls Schuld an deinem Tod gehabt. Denn hätte ich mich nicht aufgehängt und vielmehr über das Vorgegangene geschwiegen, dann hättest du nicht Brunhilde heiraten müssen und wärest auch nicht zu ihrem Mörder geworden, der dann selbst getötet wurde."

Das Höhere Selbst gibt den Hinweis, dass es für seine Untaten in der Folge noch drei Leben gebe, in welchen er den Ausgleich erfahren muss.

In der ersten Hälfte des neunzehnten Jahrhunderts war Bogan in Marokko ein Schafhirte namens Pierre. Er war dreiunddreißig Jahre alt, als sich seiner Wiese zwei Kutschen näherten, denen drei Männer und vier Frauen entstiegen. Sie waren in ausgelassenster Laune. Als die beschwipste Gesellschaft den verschüchterten Hirten bei seiner Herde erblickte, wollte man sich den Spaß erlauben, ihn zu verführen. Die Damen hoben ihren Rock hoch und lockten mit ihrem entblößten Vorder- und Hinterteil. Doch Pierre wendet sich entsetzt ab, was die Männer unter dem Lachen der Frauen dazu veranlasst, ihn bei den Händen zu packen und ihn mit dem ganzen Körper auf eine halbnackte am Boden niedergestreckte Frau zu legen.

Und dann?

Ich fange an zu schreien. Die lachen sich kaputt über mich. Ich kann aufspringen und weglaufen. ... Sie lachen einfach nur.

Und er läuft wie ein von allen Teufeln Gejagter in die Berge, während ihm noch das verstärkte Lachen der wieder in den Kutschen Davonfahrenden nachtönt.

Pierres Herde, ebenfalls durch sein Davonrennen verschreckt, zerstreut sich in alle Richtungen. Da er weiß, dass er diese nicht mehr zusammentreiben kann und deswegen von den Besitzern dieser Schafe bestraft werden wird, geht er mit einem seiner Hunde in die Wüste. „Ich will einfach nur alleine sein, sodass keine Menschen mehr über mich lachen können." Zu einer Wasserstelle, wo er sich länger aufhält, gelangt eine Karawane. Einer von den Männern namens Oman ist ein vormaliger Besitzer von einigen der Schafe, die Pierre damals im Stich gelassen hatte. Jener erkennt den Schäfer wieder, zieht seine Peitsche über dessen Rücken und sagt: „Ich hätte diese Schafe für die Hochzeit meiner Tochter gebraucht." Pierre bekennt seine Schuld. Sein Hund wird ihm abgenommen. Er versinkt immer mehr in seine Schuldgefühle, geht deprimiert weiter in die Wüste hinein, wo er bis zu seinem Tod ohne Essen und Trinken verbleibt.

Nach seinem Tod gelangt er ins Jenseits, wo Gestalten in weißen Gewändern auf ihn zukommen und ihn umarmen. Er hält sich nicht für wertvoll genug, so erfreut empfangen zu werden. Eine schöne Frau führt ihn auf eine Wiese. Er setzt sich neben sie und merkt zu seiner Verwunderung, dass er ein sauberes Hirtengewand trägt. Sie nimmt seine Hand und sagt, dass sie sich freue, dass er wieder zurückgekommen sei. „Wir gehören zusammen. Wir werden auf Erden nochmals ein gemeinsames Leben haben und verheiratet sein." Vor dem Wolkentor erfährt Bogan, dass diese Frau im Jenseits einstmals seine jetzige Frau Rita sein wird. *(Wie wir daraus ersehen können, werden oft gemeinsame Leben schon von langer Hand vorausgeplant. Denn erst nach zwei weiteren Leben wird er diese Frau in Deutschland ehelichen, sodass dann diese Voraussage eingetroffen sein wird.)*

In seinem nächsten Leben in der zweiten Hälfte des neunzehnten Jahrhunderts ist Bogan ein schwedischer Briefträger namens Ole. Im Winter muss er seine Post durch Schnee und über Eis zu den oft entlegenen Bauernhöfen bringen, wozu er abwechselnd Skier oder Schlittschuhe anlegt. Er sieht gut aus und wird oft zu einem Drink auf den Höfen eingeladen. Einmal legt ihm eine Neunzehnjährige die Hand auf seinen Schoß. Schließlich führt sie ihn in ihr Schlafgemach und beginnt ihn leidenschaftlich zu küssen. Sie streift ihm die Hosen herunter, aber er bekommt plötzlich vor ihrem ungezügelten Temperament Angst. Sie schimpft ihn deswegen aus und schickt ihn „wie einen geprügelten Hund" davon. Die übrigen Anwesenden auf dem Hof haben die misslungene Verführung des Postboten mitverfolgt, und ihr Gelächter schallt nun dem Davoneilenden hinterher. Auch als er später in diese Gegend die Post bringt, merkt er, dass man über ihn immer wieder kicherte. Ole hat in jenem Leben nie geheiratet.

Die Angst, sich vor einer Frau zu blamieren, hatte sich in diesem Leben noch verstärkt. Wird er sich in dem nun folgenden Leben von dieser verklemmten Sexualität befreien können, wird diese genauso wieder in Erscheinung treten oder wird sie eventuell noch verstärkt werden?

Zu Beginn des zwanzigsten Jahrhunderts ist er ein österreichischer Berghüttenwart, der, wenn Wanders- oder Jägersleute kommen, dort die Hütte für die Besucher oder Übernachtenden in Ordnung hält, Feuer zu machen und auch zu kochen hat. Er heißt Dieter, ist zweiundvierzig Jahre alt.

Bist du verheiratet?

Nein.

Liebst du eigentlich Frauen, begehrst du sie?

Nur von weitem.

Mit wie vielen Frauen hast du denn schon Erfahrungen gehabt?

Mit gar keiner.

Woran liegt es denn, dass du mit Frauen noch kein Erfahrung hattest?

Ich trau mich nicht. Ich traue mich nicht, ihnen näher zu kommen oder mit ihnen zu sprechen.

Bedauerst du das eigentlich?

Manchmal ja, und manchmal nein.

Warst du schon einmal bei einer Prostituierten?

Nein.

Eines Abends kommen drei Frauen auf ihrer Bergwanderung zu seiner Hütte, um dort zu übernachten. Am nächsten Morgen muss er das Feuer anmachen und das Frühstück zubereiten. Die Frauen befinden sich in einer ausgelassenen Stimmung und haben noch ihre Nachtgewänder an oder tragen ungenierlich ihre Unterwäsche.

Wo ich das so sehe, bin ich natürlich erregt. Die sehen das. Sie halten die Hände vor den Mund und kichern und lachen. Sie necken mich und rufen: „Na, wen willst du zuerst?" Und sie merken, dass ich gar nicht will.

Und wie geht es dann weiter?

Ich verlasse die Hütte und gehe in die Berge.

(Er wird von der in ihm seit langer Zeit nistenden Angst hinausgetrieben, die sowohl aus dem Leben als Gernot stammt mit der Programmierung, sich nie wieder sexuell unbeherrscht hinzugeben, als auch von jener Angst, die er sowohl als Schafhirte Pierre wie auch als Briefträger Ole verspürt hatte.) Er rennt fluchtartig in die Berglandschaft hinein. Auch am Morgen kehrt er nicht zu den drei Frauen zurück, um sie wieder in das Dorf hinunterzugeleiten. Als Dieter später allein wieder ins Dorf zurückkehrt, schimpft der Bürgermeister ihn aus, warum er sich davongestohlen habe und die drei Frauen den schwierigen Pfad allein hinuntergehen ließ. Er verliert demzufolge seine Anstellung als Berghüttenwart. Seine Programmierung aus jenem Leben lautet: „Ich will nie wieder mit Frauen zu tun haben."

Man kann sich denken, weshalb Bogan aufgrund seiner vorausgegangenen Leben im heutigen Leben Angst vor sexuellem Versagen, ja wie auch im Allgemeinen Angst vor Sex überhaupt hat. Nachdem er all diese Ängste in einen Kiefernzapfen gesteckt und sie dem Feuer der Verwandlung übergeben hatte, konnte er die Reprogrammierung sagen: „Ich bin nun befreit von allen Versagensängsten. Ich bin frei von aller Angst vor Sexualität, ich bin frei von allen Schuldgefühlen (eben jenen aus dem Leben als Gernot), und ich bin frei von allen Minderwertigkeitsgefühlen."

Einige Monate später begegneten wir uns wieder. Er versicherte mir, dass er hinsichtlich seiner Sexualität eine wesentliche Verbesserung erfahren habe.

Sexologen würden sicherlich seine sexuellen Ängste auf eine überstarke Mutter zurückführen wollen, die er auch wirklich gehabt hatte. Denn diese hatte ihn lange zu dominieren gesucht und, wie er mir im Nachgespräch berichtete, ihm kirchlich bedingte sexuelle Schuldgefühle vermittelt, wenn er heimlich onanierte. *(Diese Mutter, wie Bogan aus einer anderen Rückführung bereits wusste, war in einem früheren Leben, in welchem er Nonne war, seine Oberin, die strengste Sittenzucht bewahrte.)* Als er mit siebzehn mit einer Freundin ausgehen wollte, sagte seine Mutter ihm im Beisein seiner jungen Begleiterin: „Pass auf, dass du nicht mit einem Kind zurückkommst."

Der Leser/die Leserin wird wohl verstanden haben, dass sexuelles Versagen und sexuelle Ängste nicht allein auf das heutige Leben zurückzuführen sind, sondern vor allem auf jene Begebenheiten, die in früheren Leben vorgefunden werden können. Wir – so betone ich – sind in unserem Verhalten, in unseren Ängsten und auch oft in unseren Ansichten geprägt von Ereignissen, die in der Vergangenheit stattgefunden haben, und lägen diese noch so weit in früheren Leben zurück.

2. Wenn bei der sexuellen Berührung ihr ganzer Körper erstarrt

Silvia ist wie ihre Schwester Melanie (siehe den nächsten Fall) deutschsprechende Italienerin. Sie ist achtunddreißig Jahre alt und lebt seit acht Jahren mit dem sechs Jahre älteren Lucio zusammen. Mit ihrem fünfundzwanzigsten Lebensjahr begann ihre Migräne, die sich regelmäßig während ihrer Menstruation zur Zeit des Vollmondes einstellt. Doch vor einem Jahr erlitt sie bei einem Verkehrsunfall eine Gehirnerschütterung, sodass sie seitdem täglich unter leichten bis schweren Kopfschmerzen zu leiden hat. Unter ihren vielen anderen Leidenssymptomen seien an dieser Stelle außer ihren verschiedenen Allergien, dem Haarausfall und dem Heuschupfen ihre Magen-, Leber-, Atem-, Rücken-, Knie-, Herz- und Halsprobleme genannt. Letzteres Symptom ist so stark, dass sie sich von niemandem am Hals anfassen lassen kann, da sie dort oft ein Würgegefühl empfindet, das es ihr schwer macht, manchmal überhaupt ein Wort hervorzubringen. Außerdem wird sie von „unbestimmten" Ängsten heimgesucht, sodass sie beim Spazierengehen oder beim Einkaufsbummel aus unerklärlichen Ängsten erstarrt und keinen Schritt mehr gehen kann, bis diese Erstarrung sich nach einigen Minuten allmählich wieder auflöst. Aber seitdem sie mit Lucio zusammenlebt, erstarrt sie jedes Mal, wenn er sie mit seinen Händen an den Brüsten oder zwischen den Beinen berührt, was vordem mit anderen Männern nie passiert war. Doch sobald er seine Hände zurückzieht, löst sich sogleich ihre Erstarrung. Lucio ist sehr nachsichtig mit Silvia und geht mit ihr behutsam und liebevoll um. Wie wir erkennen können, würde Silvia wohl ein Dutzend Rückführungstherapiebehandlungen benötigen, um sich nach und nach von allen Leidenssymptomen lösen zu können. Doch ihr vordringlichstes Thema waren ihre Kopfschmerzen, deren Ursachen wir aufzuspüren uns vornahmen, um dann eine Befreiung dieses Leidens zu bewirken. Da bei dieser Ursachenaufdeckung das Thema Sexualität deutlich zum Tragen kam, habe ich diesen Fall mit in dieses Buch aufgenommen.

Im Jahre 1493 erlebt sich Silvia als ein zehnjähriger französischer Straßenjunge namens Pierre, der als Waisenkind vom Mundraub und Diebstahl lebt.

Wo bist du jetzt?
Ich bin da, wo ich immer schlafe, und seh was.
Was siehst du denn da?
Wie ein Mann eine Frau vergewaltigt.
Hast du dich versteckt?
Ich bin da irgendwie erstarrt.
Wo findet denn das statt?
Es ist in einem alten Gebäude. Da lebt niemand. Es ist verlassen.
Willst du der Frau helfen?
Ich bin erstarrt.
Wie sieht denn dieser Mann aus?

Er ist ein vornehmer Mann.

Und die Frau?

Sie ist eine Bürgerliche.

Und weiter?

Ich bin so fixiert auf die Frau. Sie schreit und wehrt sich. Sie hat ihre Zöpfe im Gesicht.

Wie weit bist du vom Geschehen entfernt?

Etwa zehn Meter. Der Mann schaut mich so höhnisch an. ... Er lacht. ... Ein höhnisches Lachen.

Und wie reagiert die Frau?

Sie wehrt sich schon. Aber sie hat keine Chance. Das Gesicht der Frau zeigt so ein innerliches Aufgeben. Es stirbt was in ihr.

Und wie geht es dann weiter? Kommst du allmählich aus der Erstarrung heraus?

Er vergewaltigt sie und geht weg. Er lässt sie liegen. Sie schaut sich an. Dann sieht sie mich.

Was sagt sie zu dir?

Ich laufe weg, weit weg.

Hast du einen dieser zwei gekannt?

Nein.

Mit sechzehn lebt Pierre zumeist im Wald, wo er Tierschlingen legt und sich von der Beute ernährt. Seit jenem schrecklichen Erlebnis vor sechs Jahren sieht er immer noch das entsetzte Gesicht der vergewaltigten Frau vor sich. Seitdem will er keinem Menschen mehr begegnen und hat sich in den Wald zurückgezogen. Er hat Schuldgefühle, dieser Frau nicht geholfen haben zu können. Eines Tages wird er von zwölf Reitern überrascht, die ihn mit ihren Pferden umzingeln, ihn ausfragen und ihn „Herumtreiber" nennen. Mit Stöcken schlagen sie auf ihn ein. Einer trifft ihn am Kopf, sodass Blut hervorquillt. Er fällt zu Boden. Sie binden ihn an ein Pferd und schleifen den nur noch Halbbewussten im Galopp hinter sich her. Schließlich stößt er mit dem Kopf gegen einen Stein. Er ist sofort tot. Danach sieht er von oben seinen am Kopf blutenden Körper unter sich im Wald liegen. Er ist dankbar, nun von seinem dürftigen Leben erlöst zu sein. Und seine Programmierung lautet: „Ich will nie wieder leben." Dann wird er von „Lichtwesen" abgeholt. Vom Höheren Selbst erfährt Silvia, dass jene vergewaltigte Frau ihre heutige Schwester Melanie ist, während der adlige Vergewaltiger sich als ihr heutiger Lebenspartner Lucio herausstellt. Nun wird auch schon klar, warum Silvia erstarrt, wenn Lucio sie sexuell berührt. Automatisch fällt sie in die Erstarrung zurück, die sie als Pierre beim Zusehen jener früheren Vergewaltigung durch den Adligen erfahren hatte. Unerklärliche Ängste haben, so man keinerlei heutige Ursachen dafür vorfindet, mit früheren Begebenheiten zu tun. Allein schon ein unbewusster Ähnlichkeits- oder Wiedererkennungseffekt kann ein ähnliches oder gleiches Verhalten auslösen, wie es in einem früheren Leben bei einer bestimmten Situation aufgetreten war.

Schon beim Aufsuchen einer weiteren Ursache für Silvias Kopfschmerzen führt ihr Höheres Selbst sie in ein Täterleben. Sie ist ein grausamer europäischer Herrscher namens Ferdinand, der aus anerzogenem Mutwillen schon mit fünf Jahren einer gefesselten Frau unter dem Gelächter der Herumstehenden den Kopf abschlägt. *(Im heutigen Leben leidet sie (aus karmischen Gründen!) auch unter Verspannungskopfschmerzen, die aus dem Nacken hervorsteigen und meist mit guten Massagen schnell beigelegt werden können.)*

Dieser Ferdinand avanciert mit dem Älterwerden zu einem ausgemachten Schurken, dem nur die Vermehrung seiner Länder und Gelder und die Ausübung seiner sexuell-sadistischen und brutalen Auswüchse im Sinne zu stehen scheinen. Mit dreiunddreißig lockt er eine fünfzehnjährige Adlige in ein Zimmer und bedrängt sie sexuell. Sie wehrt sich. Er lacht sie aus und sagt: „Du bist als Frau nichts wert. Du bist nur Dreck. Ich kann machen mit dir, was ich will!“ Sie kann jedoch seinen kräftigen Armen nicht widerstehen und gerät in eine Erstarrung, wobei sie heftig aufschluchzt. Wegen ihrer Erstarrung und Unterleibsverkrampfung hat er Schwierigkeiten, sein Glied in ihre Vagina einzuführen. Er gibt ihr eine Ohrfeige. Unzufrieden mit ihrem Verhalten verlässt er wütend das Zimmer und befiehlt anderen Männern zu ihr zu gehen, um sie ebenfalls zu vergewaltigen. Später erzählen sie unter Gelächter dem Herren auf dessen Fragen, was sie alles mit dieser jungen Frau angestellt haben.

Zwei Jahre später reitet Ferdinand mit etwa tausend Soldaten zu einem Dorf, wo auf sein Geheiß hin die gesamte Bevölkerung zu töten ist, ausgenommen jedoch alle Jungfrauen ab dem dreizehnten Lebensjahr. Er beobachtet nun mit sadistischem Wohlbehagen das Gemetzel, bei welchem, begleitet von Schreien und Schmerzenslauten, selbst Kinder brutal ermordet werden. Danach gibt er den Befehl, alle Jungfrauen zu vergewaltigen, an deren Schrecken und Schreien er sich voyeuristisch ergötzt. Mit achtunddreißig Jahren wird er im betrunkenen Zustand von einer Frau mit einem Messerstich in den Bauch tödlich verletzt.

Man kann sich denken, welche schrecklichen Opferleben dieses sadistische Herrscherleben in der Folge zeitigen muss. Und die vielen Symptome, unter denen Silvia heute leidet, sind sicherlich Nachwirkungen der Leiden aus den karmisch vollzogenen Opferleben, ja, selbst ihr heutiges Leben ist noch ein Leben als Opfer. Hat sie, so können wir uns fragen, sich vorgenommen, in dem heutigen Leben alle noch ausstehenden karmischen Lasten zu tragen, um sich durch deren Ausagieren endlich von diesen zu befreien? Denn sie möchte in diesem Leben eine Heilerin und ein Medium werden, das in Liebe den anderen Menschen dienend zur Verfügung steht, indem sie mit ihnen auch den Kontakt zu höheren Wesen herstellt, damit auch sie die Grundwahrheiten ihrer Schicksale samt den geistigen Hintergründen kennen lernen, um ein bewussteres und liebevolleres Leben zu führen.

Schon in dem anschließenden Leben um 1400 in den Pyrenäen war sie eine Heilerin, die durch schwerstes Leid vieles ausgleichen konnte, was sie in dem vorausgegangenen Leben als Ferdinand an Menschen verbrochen hatte. Sie ist fünfundzwanzig Jahre alt und heißt Marga. Sie ist als Heilerin in ihrer Gegend bekannt, denn außer dem Verkauf ihrer Heilkräuter legt sie den Schmerzgeplagten die Hände auf, und Schmerzlinderung stellt sich in den meisten Fällen augenblicklich ein. So wurde sie auch als zweite Hebamme oft hinzugezogen. Bei einer in den Wehen liegenden Gebärenden wollen die beiden Zwillinge, deren Nabelschnüre sich wohl um die Körper verworren hatten, nicht aus dem Bauch herauskommen. Die Mutter verstirbt unter großen Schmerzen, und die Zwillinge bleiben ungeboren.

Der anwesende Ehemann der Verstorbenen gibt nun Marga die alleinige Schuld am Tode seiner Frau und der Ungeborenen. In seiner Wut schlägt er sie und beschuldigt sie, seine Frau verflucht zu haben. Marga rennt zurück in ihr Haus. Doch bald schon kommen Soldaten und führen sie ins Gefängnis. Jener Ehemann hatte sie beschuldigt, eine Hexe zu sein. Im Kerker wird sie von den Soldaten vergewaltigt. Andere Schergen und Folterknechte tun ein Gleiches oder masturbieren in ihren Mund, was bei den Dabeistehenden Gelächter oder Ermutigung zur Nachahmung hervorruft. Auf der Folterbank ausgestreckt schiebt man ihr Holzpflöcke in die Scheide. *(Wenn diese Unmenschen mit Gewissheit damals gewusst hätten, dass ihnen gemäß des karmischen Gesetzes einmal ein Gleiches oder Ähnliches passieren muss, dann hätten sie sich sicherlich nicht in den berauschenden Strudel des Sadistisch-Bestialischen hineinreißen lassen. Darum werden die Leser dieses Buches wohl verstehen können, wie wichtig es ist, das Karmagesetz in seiner logischen Konsequenz erfasst zu haben. Und sie werden auch den Autor verstehen, wenn er sich mit aller Macht für die Verbreitung des Reinkarnationswissens in Verbindung mit dem Gesetz von Ursache und Wirkung einsetzt.)*

Über mehrere Tage hinweg lassen diese Männer ihre schlimmsten sadistischen Ambitionen an Marga aus. Auf der Streckbank werden ihr die Glieder nahezu ausgerissen, der Rücken erfährt schlimmste Verletzungen. Ihr Hals wird von einer eisernen Manschette eingeklemmt. *(Dies wird auch mit ein Grund für ihre heutige Enge im Hals sein.)* Man zertrümmert ihr die Knie. Der Mund wird ihr derart aufgerissen, dass der Kiefer aus seiner Verankerung gerät. *(Im heutigen Leben hat sie große Zahn- und Kieferprobleme.)* Man verletzt ihren Bauch und ihren Unterleib. Und jedes Mal wird sie in ihren Kerker zurückgebracht mit dem Bescheid, dass sie am nächsten Tag mit weiteren Folterungen zu rechnen habe, bis sie zugibt, eine Hexe zu sein und Schuld am Tode jener Frau und deren Kinder zu tragen. Und in der Erfindung weiterer Qualen wollen sich diese Folterer gegenseitig hervortun. Schließlich wird ihr auf der Streckbank der Kopf zertrümmert. Lichtwesen holen sie, die plötzlich von allen Schmerzen Befreite, ab und bringen sie auf eine Wiese in der jenseitigen Welt, wo sie von jener in den Wehen verstorbenen Mutter und von ihren als Kinder sich nun präsentierenden Zwillingen freudig empfangen wird. Und von ihrem Höheren Selbst erfährt sie, dass einer dieser Folterer ihr heutiger Partner Lucio gewesen war. Und nun wird wiederum klar, warum Silvia im Bett mit Lucio bei seinen sexuellen Berührungen unwillkürlich erstarrt. Unbewusst wird sie an jene sexuellen Scheußlichkeiten erinnert, die er und andere ihr damals zugefügt hatten.

Was für einen schlimmen Ausgleich für ihr Vergehen als Ferdinand musste diese Seele im Körper von Marga erleben! Und sicherlich hat sie mit diesem ungeheuren Opferleben vieles wieder ausgleichen können von dem, was sie als Ferdinand in Bezug auf den Verstoß gegen die Nächstenliebe begangen hatte. Auf meine Frage hin, ob es noch ein anderes Leben gäbe, das mit ihren Kopfschmerzen zusammenhängen könnte, führte sie ihr Höheres Selbst in ein Leben, in welchem Silvia im neunten Jahrhundert nach Christi Geburt ein Wikingeranführer mit dem Namen Wichingar war. Auf seine Frau ist er äußerst eifersüchtig. Er lebt in dem Wahn, dass sie ein heimliches Verhältnis mit einem anderen Mann habe. Diesem schlägt er mit der Keule den Kopf ein. *(Dieser ist der heutige Lucio.)* Und ein Gleiches vollzieht er an seiner Frau, die er eigentlich sehr liebt. *(Sie ist Silvias heutige Schwester Melanie.)*

Doch als Anführer seiner Sippe muss er sie für ein derartiges Vergehen töten. Mit sechzig Jahren wird er im Kampf von einem Speer im Bauch tödlich getroffen.

Nach seinem Tod wird er im Jenseits in eine dunkle Kapelle geführt, wo er über sein Leben nachdenkt, bis ihn schließlich Reue für viele seiner Untaten ergreift. Und vom Höheren Selbst erfährt Silvia, wer jener angebliche Liebhaber seiner damaligen Frau und wer diese im heutigen Leben ist. Auf dem Berg der Erkenntnis werden Silvia die karmischen Zusammenhänge klar, weshalb sie die Kopfschmerzen noch im heutigen Leben austrägt und weshalb sie die vielen anderen Schmerzen noch erfühlen muss. Sie weiß nun, woher ihre Abneigung kommt, den Penis ihres Mannes in den Mund zu nehmen oder gar den Samen dort zu schmecken. Und sie erkennt nun auch die Zusammenhänge, warum sie sich von Lucio nicht sexuell berühren lassen kann, ohne in Erstarrung zu geraten, und weshalb sie sich ihm dienend für alle Belange zur Verfügung stellen möchte (Helfersyndrom) als ein Ausgleichen früherer Schuld, während Lucio als ihr früherer Folterknecht ebenfalls ihr gegenüber von einem Wiedergutmachungssyndrom angetrieben wird. Die gegenseitigen Verschuldungen an ihren Seelen haben sie in diesem Leben wieder zusammengeführt, um in Liebe das wieder gutzumachen, was sie sich gegenseitig in früheren Leben als Täter oder Opfer angetan haben.

Drei Monate später suchte mich Silvia in Begleitung ihrer Schwester Melanie bei Salzburg auf, um herauszufinden, warum sie sich scheute, ihre Medialität anderen Menschen zugute kommen zu lassen. Sie berichtete mir erfreut, dass hinsichtlich ihrer Kopfschmerzen eine wesentliche Besserung eingetreten sei, tauchten diese doch nur noch gelegentlich und mit weniger Intensität auf. Ich konnte mir denken, dass bei dem, was alles in ihren früheren Leben hinsichtlich ihrer Kopfverletzungen geschehen war, sicherlich noch ein oder zwei therapeutische Rückführungen angebracht sein müssten. Auch hatte sich das Engegefühl am Hals wesentlich gebessert.

Während dieser erneuten Rückführungstherapie befand sie sich in einem früheren Leben im Alten Ägypten. Silvia war ein Magier und Astrologe. Er verstand es, sich durch mentale Kraft Frauen gefügig zu machen, und war als Sterndeuter dafür bekannt, den genauen Zeitpunkt für günstiges Handeln bestimmen zu können. In letzterer Eigenschaft half er einem Usurpator, den Pharao zu stürzen, wodurch der Machtwechsel vollzogen werden konnte. Dieser neue Pharao missbraucht jedoch sein Amt und hält sich auch nicht an die Versprechungen, die er dem Magier für seine Hilfe gab, vielmehr bedroht er ihn. So scheidet dieser denn durch selbst eingenommenes Gift aus jenem Leben mit der Programmierung: „Ich will mich nie wieder mit Astrologie beschäftigen, um keine Entscheidungen zu treffen.“ *(Und tatsächlich ist es bei dieser Programmierung bis heute geblieben, denn trotz allen Interesses an Esoterik wird Silvia von einer inneren Blockade zurückgehalten, sich mit Astrologie zu beschäftigen.)*

In einem skandinavischen Leben im Mittelalter ist Silvia wiederum ein Magier, der seine Zauberformeln einer Magierin *(ihre heutige Schwester Melanie)* weitergibt, die diese nun zum Schaden anderer Menschen anwendet. Nach seinem Herztod spricht er die Programmierung aus: „Ich will nie wieder magische Fähigkeiten besitzen.“

Doch was sie in ihrem Leben als ägyptischer Magier hinsichtlich sexueller Manipulationen angestellt hatte, kommt nun in dem folgenden Leben als karmischer Ausgleich auf sie zurück. Sie, mit dem Namen Margot, ist mit neunzehn Jahren einem Schwarzmagier hörig geworden, der sie sexuell beherrscht und sie, obwohl er sie heiratet, auch anderen Magierfreunden als Sexobjekt zur Verfügung stellt. Denn er weidet sich daran, sie vor seinen Augen von anderen vergewaltigen zu lassen. Margot versucht verschiedentlich, sich das Leben zu nehmen, doch kann er, der ihre Gedanken liest, sie jeweils davon abhalten. Er bekommt durch ihre Angst eigenartigerweise vermehrte magische Kraft, denn in diesem Zustand kann er am leichtesten ihre Lebensenergie aufsaugen. Als sie fünfunddreißig Jahre alt ist, verliert sie auf einmal alle Angst vor ihrem Ehemann, wodurch er seine Macht über sie verliert. Nun kann er sie nicht mehr manipulieren oder mental kontrollieren. Sie nimmt sich dennoch durch Pflanzengift das Leben. Nach ihrem Tod fühlt sie sich erleichtert und sagt, auf ihr Leben zurückschauend: „Ich will nie wieder jemandem die Macht über mich geben und mich kontrollieren lassen."

Und vom Höheren Selbst erfährt sie, dass jener Ehemann ihr heutiger Partner Lucio ist.

Auf dem Berg der Erkenntnis wird ihr nun ganz klar, woher ihre heutige Angst vor Sexualität unter anderem kommt. Sie hat beim Sex Angst, ihre Kontrolle zu verlieren, denn wenn sie ihre Sexualität nicht kontrollieren kann, könnte wieder der gleiche Zustand eintreten wie bei Margot, die zu einem willenlosen Sexobjekt durch manipulatives Einwirken von magischen Kräften geworden war. Sie würde dann zu Dingen getrieben werden, die sie ja eigentlich gar nicht mag. Dies ist auch der Grund, warum sie sich im heutigen Leben bei Kopulationen nicht richtig fallen lassen kann und infolgedessen nur seltenst einen Orgasmus erreicht, und wenn, dann unter vorherigem Konsum von Alkohol, diesem „herrlichen" Ausblender bzw. Übertüncher aus dem Unterbewussten hervorsteigender Gefühle. Und sie weiß nun auch, dass ihr jetziges Leben noch einem Selbstbestrafungsprozess unterliegt, da sie sich für all ihre schlimmen Vergehen – auch hinsichtlich ihrer Sexualität – selbst peinigen will. Sie verbietet sich darum jegliche Freude am Leben. Das eigene Lachen gilt ihr als Verbot. Ihr Leben hat dazu zu dienen, dass sie leidet. Denn sobald sie Freude im Allgemeinen, aber auch in sexueller Hinsicht empfindet, stellen sich wieder ihre Kopfschmerzen ein, damit sich ihr Leidensprogramm weiterhin fortsetzt. Und ihre Angst, die ihr bewussten medialen Fähigkeiten wieder anzuwenden, resultiert aus dem Missbrauch derselben in ihren früheren Leben. Ich hoffe, dass diese Rückführung durch das Aufdecken der relevanten Ursachen sie nun von ihrem Bestrafungs- und Leidenskomplex wie auch von ihrer sexuellen Zurückhaltung und ihrer Angst, als Medium den Menschen zu dienen, befreit hat.

Doch wenden wir uns jetzt den Leben ihrer Schwester Melanie zu.

3. Wenn man Sexualität ablehnt und doch ein Kind haben möchte

Melanie, die Schwester Silvias, ist einundvierzig Jahre alt und lebt mit Rudolfo „in wilder Ehe". Als sie zweiunddreißig Jahre alt und er noch verheiratet war, wurde Melanie von ihm schwanger. Er überredete sie, das Kind abtreiben zu lassen. Sie kam seinem Wunsch nach, was sie späterhin sehr bereute. Die Abtreibung war mit heftigen Blutungen verbunden. Melanie fühlte sich sehr schuldig und hatte auch eine panische Angst, dass ihre katholischen Eltern etwas gemerkt haben könnten. Denn ab dem fünfunddreißigsten Jahr setzte die Menstruation aus, und die Ärzte sprachen von verfrühten Wechseljahren. Inzwischen war Rudolfo geschieden und beide wollten ein Kind, aber Melanie konnte nicht mehr schwanger werden. Sie hatte schon über längere Zeit Zysten im Unterleib gehabt. Und obwohl sie unbedingt ein Kind haben wollte, lehnte sie den Sex ab. Sie gab sich Rudolfo im Bett eigentlich nur noch deshalb hin, damit er sie nicht verließ.

In einem Leben in der Steinzeit ist Melanie ein siebenjähriger Junge, der von einem älteren Mann missbraucht wird. Bei einer Fellatio bekommt er keine Luft mehr und verstirbt. Aus diesem Leben hat Melanie einen Horror gegen Samen und orale Berührung des Penis behalten.

In einem Leben im Mittelalter am Mittelmeer ist sie eine junge Frau namens Martha, die sich in einen Fischer verliebt hatte. Obwohl sie nicht verheiratet sind, wohnen sie zusammen. Doch während ihrer Schwangerschaft entdeckt sie, dass ihr Geliebter eine andere Frau liebt. Sie möchte am liebsten sofort sterben. Sie trennt sich von ihm und bringt ihr Kind mit Hilfe einer Frau zur Welt. Jetzt wird sie von den anderen Leuten des Dorfes ausgeschlossen, denn die Frauen hetzen gegen sie. Als ihre Tochter zwei Jahre alt ist, kommt ein fremder Mann in ihre Hütte. Sie ist auf einmal wie erstarrt und kann sich seines sexuellen Draufgängertums nicht erwehren. Sie wünscht, es wäre alles schnell vorbei. Dieser Mann gibt ihr anschließend Geld, und sie sieht ihn nie wieder. Doch sie wird nun zum zweiten Mal schwanger und bringt einen Sohn zur Welt. Sie fühlt sich, wie sie sagt, „dreckig“ und voller Schuldgefühle. Und die Leute sehen sie „scheel“ an. Als der Junge fünf Jahre alt ist, kommen mehrere Frauen und werfen Steine auf sie. Diesen Verletzungen erliegt sie. Und ihre Programmierung lautet folgendermaßen: „Ich will nie wieder von einem Mann berührt werden, den ich nicht liebe.“

In einem anderen Opferleben ist Melanie in Südamerika 1840 ein fünfzehnjähriges Hausmädchen namens Lora, die von einem älteren dickbäuchigen Fünfzigjährigen eingestellt worden ist, der auch bald in ihr nicht zu verriegelndes Schlafzimmer eindringt und dessen sexuellem Begehren sie, die auf einmal völlig gelähmt ist, sich nicht widersetzen kann. Sie empfindet beim Koitus überhaupt nichts, denn sie hat das Gefühl, gar nicht in ihrem Körper zu sein. Und trotzdem hat sie späterhin Zorn auf sich, dass sie diesen Beischlaf zugelassen hat. Und diese nächtlichen Besuche wiederholen sich oft. Sie weiß, dass sie diese ihr verhassten sexuellen Belästigungen zulassen muss, würde dieser Dickbäuchige sie doch sonst sofort entlassen. Auch hört sie von der alten Köchin, dass er es immer so mit seinen jungen Hausangestellten machte. Doch sobald sie sich weigerten oder schwanger wurden, mussten sie gehen. Und Lora glaubt, woanders keine Anstellung finden zu können. Obwohl dieser Mann zärtlich mit ihr verfährt, möchte sie ihn am liebsten umbringen, denn sie ekelt sich vor ihm. Und immer, wenn sie ihn sich ihrem Zimmer nähern hört, bittet sie Gott um Hilfe, dass dieser Mann doch von ihr ablassen möchte. Schließlich ist sie schwanger geworden. Sie schlägt sich mit ihren Fäusten auf den Bauch. Und tatsächlich erlebt sie auf der Toilette den Abortus. Sie vergräbt den Fötus heimlich in einem Graben. Sie beschließt nun, sich ihrem Hausherren zu verweigern. Sie versteckt sich im Haus. Und als er sie endlich findet, schlägt er sie. Bei jeder weiteren sexuellen Berührung verfällt sie in eine den ganzen Körper ergreifende Lähmung, während sie keine seiner Betätigungen mehr verspürt, da sie sich, wie schon gesagt, dann so fühlt, als ob sie gar nicht im Körper wäre. Schließlich verlässt sie das

Haus. Er kommt hinter ihr her, will sie zwingen zurückzukehren. Er schlägt wie besessen auf sie ein, trifft sie auch so unglücklich am Kopf, dass sie blutend in einen Graben fällt, wo sie verstirbt. „Ich will nie wieder eine Frau sein", so lautet ihre letzte Programmierung.

Und das Höhere Selbst, nach der Ursache dieser beiden weiblichen Opferleben gefragt, führte Melanie in ein Leben, das vor diesen beiden stattgefunden hatte. Sie nimmt sich als einen Landstreicher namens Ulmer wahr. Er klopft an die einsam gelegenen Häuser und bittet um ein Stück Brot. Doch sobald er herausfindet, dass die Frau allein ist, dringt er ins Haus ein und vergewaltigt sie, während er die Kinder, so vorhanden, vorher in ein anderes Zimmer sperrt. Denn er weiß, die Frauen trauen sich nicht, späterhin ihren Männern von dem Vorgefallenen zu berichten. Schon mit siebzehn hatte Ulmer eine Siebenjährige missbraucht und dann sich doch entschlossen, sie zu erwürgen, damit diese ihn späterhin nicht verraten könnte. Mit siebzig Jahren erfriert er als Halbverhungerter im Schnee. Er bereut, dass er jenes Mädchen erwürgt und etwa dreißig Frauen vergewaltigt hat.

Auf dem Berg der Erkenntnis erkennt Melanie, dass ihre Seele als jener Landstreicher in der Folge ihre beiden Opferleben verursacht hatte. Und in den Kiefernzapfen steckt sie nun folgende Deprogrammierungen hinein: „Ich befreie mich von meiner Kinderlosigkeit, von meiner Weigerung, Frau zu sein, von meiner Abwehr gegen Sex und von meinem Zorn auf mich selbst. Ich befreie mich von allen körperlichen Kältegefühlen, und ich befreie mich von all meinen Schuldgefühlen."

Ich rief Melanie zwölf Monate später an, um mich nach ihrem Befinden und eventuellen Veränderungen zu erkundigen. Die Zysten, wie der Arzt ihr versicherte, waren nahezu ganz verschwunden, und ebenso hatte sich dieses Kältegefühl, das sie sicherlich aus dem Leben als Ulmer in ihr heutiges mitgebrachte hatte, aufgelöst. Die Menstruation hatte sich aber noch nicht wieder eingestellt.

Hat sich mit deiner Sexualität etwas verändert?

Ja, in der Sexualität hat sich vieles verbessert.

Was zum Beispiel?

Meine Lust ... eben die Lust.

Du schläfst jetzt häufiger mit Rudolfo?

Mit mehr Genuss.

Also hat sich der Sex mit Rudolfo wesentlich verbessert?

Ja. Seit einigen Monaten.

Verspürst du noch irgendeine Abwehr gegen Sex?

Nein, ich habe jetzt mehr Lust und Freude daran. (lacht) ... Es hat sich was gelöst. ...

Hast du noch Ekel vor Samen?

Ein bisschen schon.

4. Wenn vor dem Koitus das Glied streikt

Marcel ist Hochschulprofessor für Klavier. Seit fünf Jahren lebt er nach zwei Scheidungen mit einer fünfundzwanzig Jahre jüngeren Studentin in Partnerschaft zusammen. Obwohl

Marcel in seiner ersten Ehe eine Tochter zeugte, war schon die Hochzeitsnacht ein Fiasko, sodass die Frischvermählte in Tränen ausbrach. Sein großes Problem besteht darin, obwohl beim Schmusen und Petting sein Glied stark erigiert, dass sich dieses, sobald es in die Scheide eindringen will, zurückzieht, sodass eine Kopulation nicht zustande kommen will. Da er ein überaus attraktiver und charmanter Pianist und Lehrer ist, böten sich ihm viele erotische Anbahnungsmöglichkeiten. Doch die Angst vor sexuellem Versagen hält ihn meist davon ab, selbst den verlockendsten Angeboten nachzukommen. Da seine jetzige Partnerin selbst in diesem Leben schon vergewaltigt worden und daher eine Abneigung gegen Sexualverkehr entstanden ist *(sie brauchte ebenfalls eine Rückführungstherapie!)*, entwickelte sich bei beiden ein vornehmlich geistig-seelisches Band, das von großem Einfühlungsvermögen und gegenseitiger Achtung vor dem pianistischen Können des anderen samt einer tiefen Liebesbindung bestimmt ist. Doch nachdem Marcel mein Buch *Das Große Karmahandbuch* gelesen hatte, rief er bei mir an, um sich trotz der großen Entfernung für eine Rückführungstherapie anzumelden, da ihm nun klar geworden war, dass sein sexuelles Problem mit früheren Leben zusammenhängen musste. Zwar litt er schon mit sechzehn an einer massiven Hodenentzündung. Auch fühlt er seit seiner Pubertät bis zum heutigen Tag auf der Unterleibsdecke kurz oberhalb seines Gliedes immer dann Schmerzen, wenn er heterosexuellen Gedanken nachgeht. Diese unerklärlichen Schmerzen plagen ihn dermaßen, dass er manchmal sogar gekrümmt gehen muss. Und sie lassen erst nach, wenn er masturbiert hat.

Seit gut zwanzig Jahren musste er seine Pianistenlaufbahn aufgeben, da der rechte Mittelfinger steif geworden war und sich die ganze Hand beim Spielen verkrampfte. Auch bereitet ihm der rechte Oberarm nach einem Skiunfall Schmerzen bis hin zu verminderter Beweglichkeit. Für diese beiden Körpersymptome wurden in der anschließenden Rückführungstherapie die Ursachen klar aufgedeckt.

Im Alten China war er aufgrund seiner ungewöhnlichen Größe und Stärke ein Henker, der die zum Tode Bestimmten mit der rechten Hand erwürgte. Den karmischen Ausgleich erlebte er als napoleonischer Soldat, der, um nicht mehr Gegner erschießen zu müssen, mit der Axt seine rechte Hand verstümmelte. Trotzdem musste er als Kanonier weiterhin den Kriegsdienst versehen, wobei sein Körper wenig später aufgrund einer Explosion zerfetzt wurde. Die heutigen Schmerzen des rechten Armes stammen aus einem Leben als Mongole, als er als Krieger mit den Horden Dschingis Khans fremde Länder und Völker unterwarf. Dies war zugleich sein Täterleben, aus welchem sich mehrere Opferleben ergaben, die maßgeblich für seine heutigen sexuellen Probleme werden sollten. Denn dieser Krieger namens Ulo vergewaltigte, tötete und raubte nach Herzenslust. Seine letzten Jahre verbrachte er als einsamer Jäger, der von einem Bären tödlich angefallen wurde, wobei seine rechte Schulter noch bei lebendigem Leibe ausgerissen worden war. Letzteres, wie das Höhere Selbst bemerkte, ist der Grund für die heutigen Schulterschmerzen, während seine heutigen Probleme mit der rechten Hand sich aus dem Leben als chinesischer Henker und jenem Ausgleichsleben als französischer Soldat ergeben.

In einem weiteren Leben in Spanien ist er ein reicher Mann, der sich durch bezahlte Schergen mit Gewalt Jungfrauen bringen lässt, die er vergewaltigt. Jedoch eine von diesen namens Lucretia ergreift eine Schere und stößt ihm diese in den Bauch, und zwar genau in jene Stelle oberhalb des Penis, welche ihm im heutigen Leben so viele Schmerzen bereitet. Allein schon der Gedanke an Sex mit Frauen, wie wir oben angeführt haben, löst diese Schmerzen aus. Natürlich hängen diese mit den Schuldgefühlen samt dem tödlichen Scherenstich zusammen, hatte er doch damals, wie er nach seinem Tod bekannte, zweiunddreißig Mädchen und Frauen gegen ihren Willen genommen, wobei die Jüngste erst sieben Jahre alt war. Und seine nachtodliche Programmierung lautete demzufolge: „Ich will nie wieder Frauen etwas zuleide tun." Interessant ist noch die Bemerkung, dass jene ihn mit der Schere tötende Frau seine heutige Mutter ist, mit der er sicherlich ein ungutes Miteinander von unbewussten Schuldgefühlen und Wiedergutmachung durchlebt hatte.

In einem anschließenden Opferleben war er ein in Abhängigkeit lebender Landarbeiter namens Philipp, den die Bäuerin verführte. Ihr Mann überraschte die beiden in der Scheune und stach mit der Sense in den Bauch seiner Frau, während er das Glied seines Knechtes mit der Sense dermaßen verunstaltete, dass dieses aufgespalten und auch der Hodensack verletzt war, sodass dieser ihm noch später ganz abgenommen werden musste. Philipp wurde dann verkauft und gelangte auf Umwegen in den Orient, wo er die bevorzugte Stellung eines Eunuchen einnahm, der über etwa zwanzig Frauen eines Scheichs Aufsicht zu führen hatte. Diese neckten ihn seiner verlorenen Mannhaftigkeit und seiner hohen Stimme wegen, doch schien sich eine dieser Frauen, die wie er der christlichen Religion zugehörte, in ihn verliebt zu haben. Mit dieser floh er aus dem Palast. Jedoch wurden beide von den Häschern eingeholt, die auf das umschlungene Liebespaar ihre tödlichen Pfeile regnen ließen.

Hier, wie wir unschwer erkennen können, liegt eine der entscheidenden Ursachen für die heutige sexuelle Problematik Marcels. Der Beischlaf mit der Bäuerin hatte ihn in der Folge zu einem Entmannten werden lassen. In seinem Unterbewusstsein hat sich also die Programmierung eingraviert, dass der Koitus zu einer Zerstörung des Gliedes führt. Automatisch verweigert das heutige Glied den Eintritt in eine weibliche Scheide, um nicht wieder zerstückelt zu werden.

Doch ein anschließendes weiteres Opferleben, in welchem die Seele des heutigen Marcel aus karmischen Gründen eine missbrauchte Frau werden sollte, intensivierte noch weiterhin die heutige Angst vor der Penetration.

Sie ist eine Siebzehnjährige, die von ihrem Vater missbraucht und vergewaltigt wird.

Ist die Mutter auch da?
Sie lebt in einem hinteren Raum der Hütte. Sie schaut verrückt aus.
Hat dein Vater dich schon öfter vergewaltigt?
Immer wieder. Deshalb ist die Mutter verrückt geworden.
Sag einmal, wann hat es denn begonnen?
Mit fünf.

Konntest du dich nie entfernen? Musstest du dem Vater immer zur Verfügung stehen?

Er ist ein Riese. ... Er ist ein Köhler.

Hast du noch Geschwister?

Nein.

Gehst du zur Schule?

Es gibt keine Schule. Wir leben im Wald.

Wie heißt du?

Franziska.

Komm nun zu deinem nächsten wichtigen Erlebnis. Bei drei bist du da. Eins, zwei, drei. Wo bist du jetzt? Was passiert?

Ich flüchte. Ich laufe durch den Wald.

Bist du irgend einmal schwanger geworden?

Ich sehe eine Leiche unter dem Erdboden. Verscharrt.

War es ein gesund geborenes Kind?

Ja. Mein Vater hat es umgebracht.

Wie alt warst du damals, als dies geschehen ist?

(Marcel beginnt heftig zu weinen.)

Fünfzehn.

Und nun bist du wieder siebzehn und befindest dich gerade auf der Flucht. Wohin fliehst du denn? ... Wo kommst du schließlich an?

Auf einem Fels. Ich sitze dort.

Und an was denkst du?

Ich stürze mich jetzt da hinunter.

Ich zähle jetzt bis drei, dann schwebst du über deinem Körper. Eins, zwei, drei. Kannst du deinen Körper noch irgendwo sehen?

Er ist zerschellt an den Klippen. Jetzt fliege ich über das Meer.

Was geschieht weiterhin?

Engel sind da. Ich schwebe mit ihnen.

Vor dem Wolkentor gefragt, ob jene Seele des vergewaltigenden Vaters in dem heutigen Leben wieder auftauchte, sagt Marcel spontan, dass jener frühere Vater seine heutige erste Frau gewesen sei. Wie wir schon oben anfügten, war beider Sexualleben eine Katastrophe. Dies ist auch darauf zurückzuführen, dass seine Ehefrau als der damalige Vater Schuldgefühle gegenüber Marcel, seiner einstigen Tochter, haben musste mit der Programmierung, nie wieder seine Tochter zu vergewaltigen oder zum Sex zu nötigen. Ihre heutigen sexuellen Hemmungen kamen den seinen entgegen, weshalb sie so viele Jahre ein Paar sein konnten, bis sie sich dennoch nach anderen Männern umsah, sodass schließlich eine Trennung samt einem „Rosenkrieg“ folgte, der in die Scheidung mündete. Aber die heutige Ehefrau war auch jene Bäuerin, die ihn als Philipp verführte, woraufhin er als Kastrierter zum Eunuchen wurde. Wir sehen, wie verwirrend oft Partnerschaften miteinander verstrickt sind aufgrund von gemeinsamen Erlebnissen in längst abgelebten Zeiten. Und auch ihre Sexualität bedingt sich durch vergangene Erlebnisse, die sich auch oftmals aus gegenseitigem Erleiden und Verschulden im Emotionalkörper eingeprägt haben, sodass sie mit gleichen oder anderen Vorzeichen eine Fortsetzung im heutigen Leben finden. Und wenn es nicht die Rückführungstherapie als Aufdeckung und Befreiung dieser Zusammenhänge gäbe, würden solche sexuellen Verstrickungen oft auch noch über das jetzige Leben hinaus bestehen bleiben.

Fünf Tage später rief mich Marcel an. Er war sehr erfreut, dass sich nun auf einmal alle seine Ängste aufgelöst hatten. Er fühle sich, als ob er über allem schwebe. Ein Zustand der Indifferenz zu allem Vergangenen und Zukünftigen habe ihn erfasst. Er ist weder traurig noch heiter. Er hat keinen Hass mehr auf seine Exfrau. Auch das Klavierspielen bereite ihm wieder vermehrte Freude. „Ich genieße es sehr, an nichts zu denken. Und ich kann endlich wieder tief und fest durchschlafen, was vorher lange nicht mehr geschehen war. Im Ganzen ist mein Zustand mehr als angenehm.“ Ich erklärte ihm, dass er sich jetzt in einem Zustand der Neuorientierung für sein Leben befinde, nachdem er sich von Anheftungen der Vergangenheit und von den Sorgen über die Zukunft befreit habe. Ihm werden in allernächster Zeit neue Eingebungen von seinem Höheren Selbst oder von seinem Geistführer zufließen. Auf die Aufhebung seiner sexuellen Probleme wollte ich noch nicht zu sprechen kommen, denn sicherlich bedarf es noch der Zeit, um die großen Unterschiede zu seinem Zustand vor der Rückführung mit Sicherheit feststellen zu können. Aber ich nahm mir vor, ihn in den nächsten Wochen anzurufen und dann auf dieses Thema zu sprechen zu kommen. Doch diesen Anruf konnte ich mir sparen. Denn fünf Wochen nach dieser Therapie erhielt ich eine SMS-Botschaft, die folgendermaßen lautete und meine Partnerin, die sich während der von mir an ihm durchgeführten Rückführungstherapie um seine junge Partnerin bemühte, mit einschloss: „Ich danke euch nochmals für alles. Das waren die wichtigsten tausend Kilometer meines Lebens. Ich bin endlich ich selbst. Viele liebe Grüße. Marcel.“

5. Wenn Inzest aus früherem Leben immer noch die sexuelle Abneigung bestimmt

Eine meiner von mir ausgebildeten Rückführungstherapeutinnen aus Österreich (Fall 10) übersandte mir ein halbes Jahr nach der Ausbildung ihre Diplomarbeit. Darin beschreibt sie zwei Fälle, die sie in der Zwischenzeit mit Klienten erfolgreich abgeschlossen hatte. Einer dieser Fälle handelt von einer Klientin namens Isabella, die seit der Geburt ihres vierten Kindes immer mehr sexuelle Abstinenz lebt, wodurch Frust bei ihrem Lebenspartner, dem Vater ihrer vier Kinder, entstanden ist, der zur Trennung führen könnte. Sie hat mit der Zeit einen geradezu ausgeprägten Ekel gegen Sex entwickelt, der eigentlich schon latent seit dem ersten Beischlaf mit diesem Mann vorhanden war, den sie aber unterdrückte, um ihre ehelose Lebensgemeinschaft nicht zu gefährden. Zu dieser Abstinenz von Sex gesellten sich immer heftigere Bauchschmerzen, die sich bei jeder Kopulation vermehrt einstellten. Medizinische Untersuchungen konnten keine Ursachen für diese Schmerzen finden.

Nach den eigentlichen Ursachen dieser Bauchschmerzen gefragt, führte Isabellas Höheres Selbst sie in ein Leben, in welchem sie sich als ein sechsjähriges Mädchen namens Sofia in Italien einfand. Auf die Frage der Therapeutin, ob sie ihren Vater mag, antwortet sie mit einem entschiedenen Nein.

Warum magst du ihn nicht?

Ich habe solche Angst vor ihm. ... Ich glaube, er stellt mir nach. Er will etwas von mir.

Was ist mit dir und deinem Vater passiert?

Er will mich wieder kitzeln.

Kitzelt er dich nur, oder tut er noch etwas anderes mit dir?

Oh ja, er tut mir unten ganz weh, wenn er mich ausgezogen hat. Er hält mir den Mund zu. Und dann steckt er seinen Penis unten hinein. Und es tut fürchterlich weh. Und ich will schreien, aber er hält mir den Mund zu.

Und was passiert jetzt weiter? ...

Endlich ist er weg.

Bist du nackt oder bist du angekleidet?

Er hat mir den Rock hinaufgeschoben und die Hose ausgezogen. Ich bin ganz starr und bewegungslos. Ich kann es nicht fassen.

Was war denn am schlimmsten?

Am schlimmsten war der Ekel und die Angst vor meinem Vater, und dass es jemand erfahren könnte, was er da mit mir macht.

Wiederholt sich das noch mal?

Ja, ich liege im Bett, und er sagt mir, dass ich das, was passiert, niemandem sagen dürfe.

Wo ist denn deine Mutter?

Sie schläft im Elternschlafzimmer.

Droht dir dein Vater, wenn du jemandem davon erzählen würdest...

Ja, dass er mich töten würde. ...

In ihrem einundzwanzigsten Lebensjahr erlebt sich Sophie auf ihrer Hochzeit.

Ich tanze mit meinem Mann. Alles ist so leicht und beschwingt. Und das Tanzen macht mir große Freude. Und keine Sorgen sind da. Der Vater ist auch nicht da.

Wie stehst du zu deinem Vater, ist er noch in deinem Leben?

Ich bin weggegangen. ...

Erinnerst du dich noch, was geschehen war, als du ein kleines Mädchen warst und dein Vater dich sexuell missbraucht hatte? Was ist weiterhin passiert?

Als ich älter war, kam er mindestens einmal wöchentlich in mein Bett.

Wann war es das letzte Mal?

Ich war ungefähr fünfzehn. Dann ist er gestorben.

Und eine Woche vor ihren Tod geführt, fragt die Therapeutin sie, ob sie Kinder habe.

Ja, ich habe eine Tochter.

Liebst du das Leben?

Nicht so.

Warum nicht?

Weil ich große Probleme mit meinem Mann habe. Er war nie zufrieden mit mir. Ich litt ständig unter Bauchschmerzen, und ich wollte keine Sexualität. Ich habe keine Freude daran.

Ließest du deinen Mann überhaupt noch mit dir schlafen?

Nein, er konnte mit mir überhaupt nicht mehr schlafen, nachdem meine Tochter geboren wurde.

Hattest du deshalb keine Freude an der Sexualität, weil dein Vater dich als Mädchen missbraucht hatte?

Ja, es war immer Ekel, Angst und ein schlechtes Gewissen dabei. Es war ein Gefühl, als müsste ich mich übergeben.

Und wie ist dein Mann damit umgegangen?

Zuerst war er noch gut. Und dann wurde er immer unzufriedener. Er machte mir Vorwürfe. Und dann haben wir uns auseinander gelebt.

Und wieder vor dem Wolkentor befindlich, wurde Isabella aufgefordert, ihr Höheres Selbst zu fragen, was sie in jenem Leben als Sofia lernen sollte.

Ich sollte trotz allem, was ich erlebt habe mit dem Vater, eine Verbindung *(mit dem Lebenspartner)* schaffen zwischen Liebe und Sexualität.

Nun frage dein Höheres Selbst, was jenes Leben mit deinem heutigen Leben zu tun hat. Ist das der Auslöser für deine jetzige problematische Partnerschaft?

Ja, dieser Ekel vor Männern, auch vor meinem jetzigen Mann *(Partner)*, obwohl ich von ihm vier Kinder habe. Mit jedem Kind wurde es schlimmer und schlimmer. Ich spüre immer Abneigung gegen ihn.

Das Höhere Selbst offenbart ihr, dass der damalige Ehemann auch in diesem Leben wieder ihr Ehepartner ist, während ihr damaliger Vater sich ebenfalls als ihr heutiger Vater herausstellt. Und weiterhin das Höhere Selbst gefragt, was der Sinn jenes Lebens gewesen sei, erhält sie als Antwort, dass sie lernen muss, in Liebe mit Sexualität richtig umzugehen, Vertrauen aufzubauen und in Liebe auch verzeihen zu können.

Nach der Ursache für dieses Opferleben gefragt, führt ihr Höheres Selbst sie in ein Täterleben. Isabellas Seele steckte im vierzehnten Jahrhundert in Deutschland in einem Knecht, dem alle nachsagten, dass er „dumm und einfältig“ sei, weshalb sich auch keine Frau mit ihm einlassen mochte. In seinem vierzigsten Lebensjahr wird er von einem Stier schwer verletzt. Nach seiner Genesung nimmt er sich vor, sein Leben zu genießen. Er beobachtet ein nacktes Nachbarmädchen beim Schwimmen.

Und plötzlich kommt es über mich. Ich zerre sie aus dem See ins Gebüsch.

Was machst du mit dem Mädchen?

Ich packe sie und halte ihr den Mund zu. Und ich mach ganz fürchterliche Dinge mit ihr. Sie ist ja noch so klein. Ich glaube, sie ist zehn Jahre alt oder so.

Nachdem alles geschehen ist, was machst du dann?

Ich befinde mich jetzt im Wald. Ich werde ertappt vom Vater des Mädchens. Er brüllt wie verrückt. Dann rammt er mir ein Messer in den Bauch.

Und nach der Programmierung nach seinem Tod befragt, sagt dieser Knecht: „Ich will nie wieder meinem sexuellen Drang, meiner Lust nachgehen."

Auf dem Berg der Erkenntnis werden Isabella die Zusammenhänge ganz klar. Das Täterleben musste in dem Opferleben als Sofia seinen Ausgleich finden, da das Karmagesetz es so verlangt. Ihre heutige sexuelle Abstinenz resultiert einmal von der Programmierung „Ich will nie wieder meinem sexuellen Drang, meiner Lust nachgehen" und zum zweiten aus jenem Inzest, den Sofia mit ihrem Vater durchleiden musste. Jedoch die Bauchschmerzen, die sowohl Isabella als auch Sofia ertragen mussten, stammen von jenem Dolchstich her, den der Knecht nach seiner üblen Tat vom Vater des Mädchens erhalten hatte.

Es ist nun leicht zu ersehen, weshalb Isabella in das heutige Leben eine Abscheu vor Sexualität mitgebracht hat. Warum sie sich für dieses Leben wieder den Ehemann Sofias als Lebenspartner auserwählte, wird sicherlich damit zusammenhängen, dass sie ihre sexuelle Zurückhaltung ihm gegenüber auflösen sollte.

Und die Befreiungsaffirmation lautet: „Ich befreie mich von meinen sexuellen Ängsten und Blockaden, meinen Bauchschmerzen und meinen Partnerschaftsproblemen. Ich befreie mich von sexueller Unlust und von allem Groll und Ekel gegen meinen Vater."

Obwohl die mir zu diesem Fall vorliegende Diplomarbeit mir nichts über das frühere Verhalten Isabellas mit ihrem heutigen Vater offenbart, so kann ich mir aufgrund meiner Erfahrung denken, dass sie ihm gegenüber oft Angst und/oder Misstrauen, Groll und Ekel gehabt haben mag, während er hingegen alles versucht haben mochte, durch Herzensliebe an ihr wieder gutzumachen, was er an Unheilvollem damals mit seiner Tochter Sofia ausgeführt hatte.

Ich habe diesen Fall in dieses Buch integriert, um zu zeigen, dass jeder zum Rückführungstherapeuten Ausgebildete schon nach kurzer Zeit sehr effektiv zum Heil des Klienten therapieren kann. Dieses Know-how kann sich jeder durch mein Buch *Das große Handbuch der Reinkarnation – Heilung durch Rückführungen* oder noch besser durch Ausbildungskurse aneignen.

Ein Jahr nach Einreichen dieser Diplomarbeit rief ich Valentina an, um mich danach zu erkundigen, ob sie hinsichtlich ihrer Rückführungstherapie eine Rückmeldung von Isabella habe. Und Valentina sagte mir, dass Isabella nun eine vorher nie gekannte Toleranz gegen ihren alkoholkranken Vater habe. Ihre Bauchschmerzen seien nun „komplett weg". Ihren Partner, dem Vater ihrer vier Kinder, mag sie auch weiterhin nicht (*hier wäre dringend eine diesbezügliche Therapie vonnöten*), doch kann sie sich jetzt ihm sexuell ganz hingeben, ja, sie findet nun den Sex mit ihm „total toll". Sie könne mit ihm schlafen, aber nicht mit ihm leben. Jedoch den vier Kindern zuliebe trennt sie sich nicht von ihm.

Was für ein Wunder! Vor ihrer Therapie bei Valentina konnte Isabella nicht mehr mit ihrem Mann schlafen. Ja, sie ekelte sich vor dem Sex mit ihm. Nachdem Isabella sich jedoch in dieser Rückführungstherapie von allen sexuellen Ängsten und Blockaden samt aller sexuellen Unlust gelöst hatte, konnte sie sich ihrem Partner sexuell voll hingeben. Solche Wunder bin ich seit langem gewohnt. Aber ich freue mich immer besonders darüber, wenn einer meiner Schüler ebenfalls erfolgreich mit der Rückführungstherapie arbeitet und „Wunder" bewirken kann. Auch Sie, liebe Leserin und lieber Leser, so Sie therapeutisch arbeiten, können sicherlich ebenfalls solche und ähnliche Wunder bewirken. Und Ihre Klienten werden Ihnen ewig dafür dankbar sein!

6. Nach dreiunddreißigjähriger Ehe endlich wieder erfüllter Sex

Gero, 55, ist ein erfolgreicher Synergetik-Therapeut und verfügt über eine große Praxis in seinem eigenen Haus. Er hatte mit Begeisterung mein Buch *Das Große Karmahandbuch – Reinkarnation und Heilung* gelesen und nahm nun an einem meiner Gruppenrückführungsseminare teil. Im Anschluss daran erzählte er mir, dass er seit 33 Jahren verheiratet sei, jedoch sich im Bett mit seiner Frau so gut wie nichts mehr abspiele, hatte sie ihm doch anlässlich ihres fünfzigsten Geburtstages gesagt: „Du, ich bin jetzt 50. Das mit dem Sexuellen kannst du dir abschminken. Das wird nichts mehr." Er bat mich, ob ich eventuell seine Frau zurückführen könnte, denn er vermutete, dass in einem ihrer früheren Leben irgendetwas zwischen ihnen gewesen sein müsste, weshalb sie ihn im Bett zurückwies. Ich willigte ein unter der Voraussetzung, dass sie aus freien Stücken zu solch einer Rückführung auch bereit sei. Er möge mich also, nachdem er sie gefragt hatte, anrufen. Nachdem er ihre Zustimmung eingeholt hatte, rief er mich wieder an, und wir verabredeten einen Termin.

An dem betreffenden Abend kamen beide zu dem Hotel, in welchem ich tagsüber ein Ausbildungsseminar abhielt. Er wollte als Therapeut unbedingt bei dieser Rückführung zugegen sein. Ich war dagegen, da ich meinte, seine dann in Trance befindliche Frau könne sich nicht richtig auf die hochsteigenden Erinnerungen aus früheren Leben einlassen, wenn sie gleichzeitig wisse, dass er zuhöre. Doch möge Berta, wie ich sie nennen möchte, selbst entscheiden, ob sie ihrem Mann erlaube, dass er während der Rückführung dabei sein dürfe. Sie willigte ein. Nun gut.

In der Anamnese erfuhr ich von beiden mehr über ihr Eheleben und ihre sexuellen Probleme.

Berta verbrachte lange Jahre in einem Internat bei katholischen Schwestern. Daher hatte sie einen abgründigen Hass gegen Nonnen und – wie sie sich ausdrückte – „ihr verlogenes Getue" entwickelt. Danach ließ sie sich als Krankenschwester ausbilden. Mit neunzehn lernte sie Gero kennen und lieben. Ihr erster Sex mit ihm war für beide enttäuschend. Nach eineinhalb Jahren heirateten sie, obwohl Berta noch eine Woche davor sagte, dass sie ihn doch nicht heiraten wolle. In der Hochzeitsnacht passierte im Bett gar nichts. Sie wehrte seine Annäherung ab und sagte ihm: „Ich bin müde. Ich will von dir nichts wissen." Nur wenn Berta etwas getrunken hatte – wie z. B. in der Sylvesternacht –, konnte sie sich ihm frei hingeben und sogar Orgasmen bekommen. Während der Schwangerschaft wies sie ihn ganz zurück. Wenn er im Bett sich selbst befriedigte, wendete sie sich von ihm ab und weinte. Und wenn er sie fragte, warum sie weine, antwortete sie, dass sie auch nicht wisse, warum. Und bei anderen Gesprächen über ihr gemeinsames sexuelles Problem sagte sie ihm: „Ich fühle mich richtig missbraucht", „Ich bin doch keine Nutte", oder – zu ihrem Mann gewendet – „Du hast ja nur eins im Kopf". Wenn er versuchte, trotz ihrer Gegenwehr im Bett in sie einzudringen, presste sie die Oberschenkel zusammen. Und Berta ergänzte ihr offenbarendes Gespräch, indem sie hinzufügte: „Wenn ich mich ihm zuweilen hingab, dann tat ich es nur ihm zuliebe." Jedoch auf Schiffsreisen oder nach dem Genuss von Champagner fiel es ihr leichter, sich sexuell zu öffnen. Und so unglaublich es auch klingen mag, dachte keiner von beiden je an eine Scheidung.

Als Berta sich auf eine Liege gelegt hatte, sagte Gero, dass er sich gerne daneben auf eine Decke legen wolle. Und da er das so mit seiner Frau verabredet hatte, erlaubte ich es ihm.

Das Höhere Selbst führte Berta, um herauszubekommen, warum sie an der Sexualität kein Interesse habe, zuerst in ein orientalisches Leben um das Jahr 1700. Sie war achtzehn Jahr alt und hieß Kasa. Sie nahm sich zuerst in einem Kreis von 15 Frauen wahr, die sie zur Hochzeit schmückten. Sie fürchtete sich vor diesem Hochzeitstag als dem Tag ihrer schmerzlichen Entjungferung. Denn bei diesem Volksstamm war es Sitte, dass sie an diesem Fest nicht nur ihrem Bräutigam, sondern allen Männern in dem betreffenden Familienclan gehörte. So musste sie es sich gefallen lassen, dass, nachdem ihre Augen verbunden worden waren, viele Männerhände sie zuerst streichelten und dann auszogen. Die Männer waren angetrunken. Sie durfte sich, als diese hintereinander in sie eindrangen, nicht wehren. Denn jede Frau dieses Stammes musste sich an ihrem Hochzeitstag solch einer Besamung durch mehrere männliche Familienmitglieder hingeben. *(Solch ein perverses Vorgehen, das die Gefühle der Frauen ignorierte, konnte nur von Machomännern erdacht worden sein! Ein Verhalten, das sicherlich von Generation zu Generation weitergegeben worden war. Und Männer würden eine solche „alte und ehrwürdige" Tradition nicht geändert haben wollen, es sei denn, alle Frauen würden sich massiv dagegen auflehnen.)* Anschließend kamen Frauen, streichelten und trösteten sie. Kasa lebte nun in dieser erweiterten Familiengemeinschaft und musste auch weiterhin mit den Männern der Großfamilie schlafen. Auch ihre vier Kinder gehörten der Gemeinschaft. Das Wort LIEBE gab es gar nicht, wenigstens wurde es nie ausgesprochen. Sie musste sich den Beischlaf der verschiedenen Männer gefallen lassen. Doch bekam sie nie einen Orgasmus.

Das Höhere Selbst führte sie danach in ein anderes früheres Leben, wo sie sich in Holland um das Jahr 1800 in einen Seemann verliebt hatte, mit dem sie auf seinem Schiff und an Land wunderbaren Sex genoss. Doch dann kehrte dieser von einer weiteren Reise nicht zurück. Ihr Vater, der eine Mühle besaß, verheiratete sie an einen fünfzehn Jahre älteren Mann namens Jan, den sie jedoch überhaupt nicht liebte. Sie lehnte ihn in jeder Beziehung ab und bekam auch keine Kinder. *(Interessant ist, dass die heutige Berta auf Schiffsreisen mit Gero sich sexuell öffnen und mit ihm zum Höhepunkt gelangen kann. Und warum weinte wohl Berta im Bett, während Gero neben ihr masturbierte? Denn ihr kamen immer wieder die Gefühle hoch, die sie als Holländerin gehabt hatte, als ihr Ehemann Jan neben ihr masturbierte, sie aber an ihren geliebten und nicht zurückgekehrten Seemann dachte, mit welchem sie eine beglückende Sexualität erlebt hatte.)*

In dem anschließenden Leben war Berta in Italien in einem Stift eine vierzehnjährige Küchenhilfe namens Gitta. Mit achtzehn verliebte sie sich in einen jungen Geistlichen. Für ihn war es eine Todsünde, als Diener Gottes, der sein Keuschheitsgelübde vor Gott abgegeben hatte, eine Frau unsittlich zu berühren. Darum musste ihrer beider unkeusches Verhältnis streng geheim bleiben, obwohl beide wussten, dass Gott alles sehen kann und sei es in noch so großer Finsternis. So lebte sie in heißer Begierde nach wiederholten sexuellen Genüssen und zugleich mit der Angst, dass jemand ihrer beider Verhältnis entdecken könnte. Der junge Geistliche versprach ihr, so sie schwanger werde, dass er das Kloster mit ihr verlassen und sie ehelichen würde. Doch als sie einen dicken Bauch bekam, ließ er sich an einen anderen Ort versetzen. Und Gitta wurde mit Schande aus dem Stift gejagt. *(Denn sie war gemäß altkirchlicher Auffassung ja eine „Eva", die die Männer zur Sünde verführt. Und nicht etwa umgekehrt!)*

Das Kind kam tot zur Welt. Und ihre Programmierung war: „Ich will nie wieder ungeliebt schwanger werden."

Das Höhere Selbst offenbarte nun, dass jener junge Priester ihr heutiger Gatte Gero sei. Auf dem Berg der Erkenntnis reichte sie auch Gero den goldenen Kelch mit der goldenen Flüssigkeit der Liebe, der Vergebung und der Leid- und Schuldauflösung und sagte zu ihm: „Ich vergebe dir, dass du mich damals verlassen und somit unsere Liebe verraten hattest." Und ihre Befreiungsaffirmation lautete: „Ich befreie mich von meiner sexuellen Abwehr Gero gegenüber und von aller Angst vor Sexualität."

Als ich Berta aus ihrer tiefen Trance wieder herausgeholt hatte, erhob sich zugleich Gero von seiner am Boden liegenden Decke und sagte: „Jawohl, ich war dieser Priester. Ich habe alles genau miterlebt. Ich habe genau gesehen, wo wir uns heimlich trafen, wie wir uns Schwüre der Liebe gaben, wie ich sie beschwichtigte, wenn sie Angst vor dem Schwangerwerden äußerte." Er beschrieb den Stift, die Umstände ihrer Begegnungen und die gemeinsamen Erlebnisse, die sie nun ergänzend bestätigte. Dann standen beide auf und umarmten sich, während Tränen über ihre Backen rollten. Sie sahen aus wie zwei jung Verliebte und hielten sich weiterhin bei der Hand. Schließlich fuhren sie in der Dunkelheit – es war bereits nach Mitternacht – zurück in ihren hundert Kilometer entfernten Wohnort.

Drei Tage später läutete mein Handy. Es war ein aufgezeichnetes Gespräch von Gero. Er sagte: „Es ist ein Wunder passiert. Bitte rufe mich zurück." Am nächsten Tag rief ich zurück, und ich vernahm seine vor Glück überschäumende Stimme: „Ja, es ist ein Wunder passiert. Nachdem wir von jenem Abend bei dir zurückgekehrt waren, gingen wir ins Bett. Wir hatten den schönsten Sex seit dreiunddreißig Jahren. Ich weiß jetzt, warum meine Frau mich so lange sexuell abgelehnt hatte, denn ich war der Übeltäter, der sie damals als junger Geistlicher im Stich gelassen hatte. Das konnte sie mir nicht vergeben, bis eben in jener sensationellen Rückführung bei dir. Und seitdem haben wir jeden Tag erfüllenden Sex. Ich danke dir. Du hast mir den Lebenstraum erfüllt." Und selbst als wir uns nach einem halben Jahr am Telefon sprachen, bestätigte er, dass seine sexuelle Beziehung weiterhin erfüllend geblieben sei. Und wie er mir weiterhin berichtete, hatten seine Therapeutenkollegen, denen er begeistert von diesem „therapeutischen Wunder" erzählte und denen er anriet, die

Rückführungstherapie als ein zweites Standbein ebenfalls zu erlernen, entschieden diese Idee abgelehnt. Sie konnten oder wollten nicht glauben, dass es eine bessere, gründlichere und vor allem schnellere Therapie geben könnte als die von ihnen praktizierte.

Es ist nicht auszurechnen, wie viele in Disharmonie lebende Paare wieder in Harmonie zusammen leben könnten, wenn sie sich einer Rückführungstherapie – und oft nur einer einzigen „Sitzung"! – unterziehen würden. Unser sexuelles Verhalten erweist sich wiederum als ein Resultat von vorausgegangenen Programmierungen, und lägen diese noch so weit in der Zeit zurück. Gero hatte sicherlich verstanden, dass nicht seine Frau Schuld an beider sexueller Disharmonie trug, sondern dass er – wenn man überhaupt von Schuld reden will – in ihrem gemeinsamen früheren Leben diese späterhin sich auswirkende beiderseitige Disharmonie durch sein verwerfliches Verhalten als Geistlicher initiiert hatte. Wie oft gibt man dem Partner im Ehebett die Schuld an sexueller Zurückweisung, während man doch eigentlich selbst eventuell der Schuldige dafür in einem früheren Leben war. Und wären beide vor zwanzig, nein vielleicht schon vor dreißig Jahren in eine aufdeckende Rückführungstherapie gekommen, wie viel sexuellen Frust hätten sie sich dann ersparen können!

Wenn Schuldgefühle die Sexualität verhindern

7. Wenn die Erektion zum Problem wird

Göran ist zweiundzwanzig Jahre alt und hat noch nie mit einer Frau geschlafen. Obwohl er in Hülya eine liebe Freundin hat, traut er sich nicht, mit ihr zu schlafen. Denn sobald sein Glied steif wird, fängt es an zu schmerzen, wonach es sehr schnell wieder klein wird. Er hat Angst, dass Hülya über sein kleines Glied lachen könnte, weshalb er sich ihr auch bisher nie nackt gezeigt hatte. Als seine türkische Mutter in zweiter Ehe einen Türken heiratete, setzte dieser es durch, dass der elf Jahre alte Göran endlich beschnitten wurde, da es sich für einen echten Moslem so gehöre. Obwohl diese Operation unter Narkose in einer Klinik stattfand, war sie für ihn ein Alptraum. Die Schmerzen setzten unmittelbar nach dem Ende der Betäubung ein, sodass sich vor Schreck sein Urin in den Verband ergoss, was nicht nur ihm allein Verdruss und Peinlichkeit bereitete. Und jedes Mal danach hatte er beim Urinlassen über Jahre hin Schmerzen. Anscheinend war bei der Operation eine Unvorsichtigkeit begangen worden. *(Aber wie wir wissen, gibt es keine Zufälle. Alles hat sicherlich, wie wir noch beim Aufsuchen seiner früheren Leben sehen werden, einen tieferen Grund.)* Jedoch ein anderes Übel stellte sich als Nachwirkung dieser Operation ein. Göran kann kein Wasser lassen, selbst auf der Toilette nicht, sobald sich jemand in seiner Nähe befindet. Dieses gelingt ihm nur, wenn er sich in einem abgeschlossenen Raum aufhält, wo er sich vollkommen unbeobachtet weiß. Sobald er in der Wand ein kleines Guckloch entdeckt, fühlt er sich beim Urinieren behindert. Letzteres Symptom würden die Psychiater als Zwangsneurose bezeichnen und diese auf die verunglückte Beschneidung zurückführen. Mit neunzehn begann er eine Gesprächstherapie, die ihm jedoch keine Behebung seines Problems brachte. Er hat Angst, dass er mit einem steifen Glied eine Frau verletzen könnte. Doch weiß er nicht, woher diese unbegründete Angst kommen könnte. Auch trägt er Schuldgefühle in sich, deren Herkunft ihm ebenfalls unbekannt sind.

In der Rückführung nimmt er sich als einen achtundzwanzig Jahre alten Mann wahr. Er trägt Samtschuhe, aufgepuffte Hosen und ein armloses Oberteil, während seine Arme mit Reifen geschmückt sind. Er heißt Abdul Rassad und ist des Sultans Folterer. Er selbst hat sich einen kleinen Harem zugelegt und geht mit seinen Frauen sehr grob um. Im Augenblick befindet er sich dabei, einem Angeketteten seinen Penis in die Länge zu ziehen. (An dieser Stelle sagt Göran: „Das kann ich mir nicht vorstellen. Ich foltere und ziehe ihm den Penis lang.“ *Wie wir oben ausgeführt haben, verfügen wir in den Rückführungen über ein elliptisches Bewusstsein, sodass wir sowohl der heutige Betrachter sind als auch der in jenem früheren Leben Befindliche.)* Dieser nun Gefolterte hatte sich an einer Frau des Sultans vergangen, und Rassad bekam den Auftrag, ihn derart zuzurichten, dass er nie wieder mit einer Frau schlafen könne. Doch kostet der Sadist den Schmerz des von ihm Gemarterten samt dessen Schreien genüsslich aus. Mit einem Stock und dann auch mit einer Eisenstange schlägt er auf dessen Glied. Schließlich schneidet er ihm die Hoden ab und lässt ihn laufen.

Sieben Jahre später schleicht sich der von ihm Kastrierte in den Palast und stößt Rassad ein Messer in den Genitalbereich. Herbeieilende Wachen schlagen auf den Eindringling ein. Beide liegen in ihrem Blut danieder und sterben gleichzeitig.

In einem folgenden Leben ist Göran ein Mädchen namens Kaschmina, das mit vierzehn Jahren von ihren Eltern an den reichen Scheich Ümür verkauft wurde, nachdem dieser sie zufällig beim Tanzen beobachtete und sich in sie verliebte. Sie ist eine von achtzehn Haremsfrauen, wobei die beiden jüngsten erst acht und neun Jahre zählen. Doch muss Kaschmina schnell lernen, dass dieser Scheich sie nur als Sexualobjekt begehrt, dachte sie doch, er sei wirklich in sie verliebt. Auch unterblieb die ihr versprochene Hochzeit. Sie fühlt sich betrogen. Und nun von mir aufgefordert, zu dem nächsten wichtigen Erlebnis mit Ümür zu kommen, befindet sie sich mit ihm allein in dessen Zimmer. Er hat sie ausgezogen und bereitet ihr in ihrem Genitalbereich Schmerzen. Dann stellt er sich über sie und uriniert über ihren nackten Körper. Er fordert sie auf, ebenfalls nun über seinen Bauch ihr Urin spritzen zu lassen. Sie verweigert ihm diesen Wunsch. Nun schlägt er sie und zwingt sie zu dieser Perversion. Bei einer seiner anderen für sie schmerzhaften Perversionen beißt sie ihn in seinen Penis, sodass er stark blutet. Sie sagt, dass er verbluten wird, wenn sie ihm nicht jetzt helfen würde, das Blut zu stillen. Sie wolle aber nur Hilfe leisten, wenn er ihr verspräche, sie für ihre Tat nicht zu bestrafen. Er gibt ihr das Versprechen. Er überlebt. Von nun ab hat er großen Respekt vor ihr, jedoch wird sie nie mehr in sein Schlafgemach zugelassen. Als dessen Lieblingssohn verstirbt, kommt Ümür zu Kaschmina, um sich von ihr trösten zu lassen. Doch sie wendet sich von ihm ab. Mit dreiunddreißig öffnet sie sich mit einem Messer die Pulsadern und stirbt.

Da Rassad, des Sultans Folterer, mit seinen eigenen Haremsfrauen grob und verletzend umgegangen war, musste er in dem Folgeleben als Kaschmina vieles von dem ausgleichend erleiden, was Rassad verursacht hatte. Doch hatte sie den Scheich in den Penis gebissen. Sollte dieses ebenfalls noch karmische Konsequenzen haben?

Am Ende des neunzehnten Jahrhunderts ist Göran ein fünfundzwanzigjähriger Soldat namens Gustav Meyer. Er hat ein heimliches Verhältnis mit der Frau des Militärarztes Dr. Ludwig. Eines Tages wird er zu diesem befohlen, der ihm mit dem Stock in der Hand den Befehl gibt: „Hosen runter!“ Mit seinen Handschuhen reibt er an Gustavs Penis, bis dieser steif geworden ist. Dann schlägt er mit aller Macht mit einem Stock auf das in der Hand gehaltene Glied. Gustav schreit auf. Und bei dem wiederholten Ausholen ruft der Arzt aus: „Das hast du verdient. Du hast mit meiner Frau geschlafen.“ Und als er dem Gepeinigten den Stock in den After schieben will, entreißt ihm dieser das Marterinstrument, stellt sich nun hinter den Weißbekittelten und zieht den Stock mit aller Macht von hinten gegen dessen Kehle, bis dieser erstickt zusammensackt. Alsdann gelingt es ihm nach ersten vergeblichen Bemühungen, auf den am Boden Liegenden zu pinkeln mit dem Ausruf: „Ich piss auf dich!“ (Und wieder ist jetzt Göran der Beobachter seiner früheren Taten und sagt entsetzt: „So etwas mach ich doch nicht. Das kann ich mir nicht vorstellen.“ *Wir können uns oft nicht vorstellen, was wir alles an Schrecklichem in früheren Leben begangen haben.*)

Gustav flieht nach Belgien: Dort vertauscht er seine Identität gegen den Namen Pierre Rousseau. Im Ersten Weltkrieg ist er belgischer Soldat, der mit Leidenschaft deutsche Soldaten im Kampf tötet und den verwundet oder schon tot am Boden liegenden „Feinden“ mit sadistischer Lust sein Bajonett in deren Genitalbereich sticht, indem er sich vorstellt, den damals von ihm getöteten Dr. Ludwig vor sich zu haben. Doch wird er schließlich selbst von einem Bajonett im Schambeinbereich verwundet. Er versucht, dieses, das auch seinen Penis verletzt hat, noch herauszuziehen, verblutet aber wenig später unter größten Schmerzen. Dann, seinem Erdenkörper entstiegen, betrachtet er sich das Kriegsgemetzel von oben. Und von mir befragt, was er nie wieder tun wolle, kam seine Antwort: „Ich will nie wieder einen anderen mit seiner Ehefrau betrügen.“ *(Er weint nun aus Reue.)* „Und ich will auch keinen Toten mehr entweihen.“ *(Er meint das Anpinkeln des toten Dr. Ludwig.)*

Im Jenseits begegnet er dem Dr. Ludwig wieder.

Erlebe einmal ganz genau, was mit euch passiert.

Wir umarmen uns. Wir kennen uns eigentlich.

Woher kennt ihr euch?

Wir waren einmal Brüder.

Woher?

Aus Ägypten. Er hat die Frau geheiratet, die ich haben wollte. Er hat sie mir ausgespannt, obwohl ich ihm erzählt habe, dass ich sie liebe. Jetzt können wir darüber lachen.

Habt ihr beide nun alles von damals ausgeglichen?

Nein, wir haben noch was.

Und?

Wir verabreden uns ... für das jetzige Leben. „Wir werden uns aber nicht begegnen", sagt er (= Dr. Ludwig). „Aber ich werde trotzdem eine wichtige Rolle darin spielen. Denn ich werde dann meine Frau als Tochter bekommen. Und du willst sie dann heiraten. Doch ich werde sie dir nicht geben. Aber es ist zu deinem Besten", sagt er. Und ich versteh das. Wir umarmen uns. Irgendwie ist das jetzt ganz anders. Wir wissen, dass da noch etwas ist, aber wir hassen uns gar nicht. Wir sind eigentlich Freunde. Wir lieben uns eigentlich.

Merkst du, dass du in dem vergangenen Leben eine Rolle gespielt hast und er auch?

Ja, ja. Irgendwie ist uns das klar.

In gewisser Weise, was die Frauen anbelangt, habt ihr nun alles ausgeglichen. In Ägypten hat er dir damals die Geliebte ausgespannt, und als Gustav hast du dich mit seiner Frau vergnügt.

Ja, das ist richtig.

In seinem folgenden Leben ist Göran ein siebenundzwanzigjähriger Engländer namens Thomas Mitchell, der in London um eine Geliebte mit Blumen wirbt. Aber sie will nichts mehr von ihm wissen. Daraufhin fährt er in ein Bordell. Doch hier zeigt sich sein Manko, weshalb jene Umworbene ihn wohl nicht mehr sehen wollte. Er kann keine Erektion bekommen. Doch liebt er die Frauen und muss sich mit dem Schmusen begnügen. Denn die Frauen suchen seines guten Aussehens wegen seine Nähe, doch sobald sie seiner mangelnden Männlichkeit gewahr werden, verlassen sie ihn. Auch schon in diesem Leben kann Thomas nicht pinkeln, sobald jemand anderes in seiner Nähe ist. 1975 ist sein Leben im einundfünfzigsten Lebensjahr als kinderloser Ehemann zu Ende gegangen.

Ein Jahr darauf wurde dessen Seele als Göran geboren. Heute liebt er Hülya. Wird ihr Vater, der vormalige Dr. Ludwig, sie ihm nun wirklich verweigern? Oder wird sie sich, nachdem sie seine genitalen Defizite entdeckt hat, von ihm abwenden?

Wie wir nun erkennen können, sind Görans Probleme mit seinem Glied nicht allein auf seine unheilvolle Beschneidung zurückzuführen. Dass diese auch im Nachhinein ihm noch so viele Schmerzen bereitet, hängt sicherlich noch mit einem „Nachschlag" von Karma zusammen, hatte er doch in vorausgegangenen Leben die Zeugungsglieder von Gefangenen und dann auch von sterbenden Soldaten in sadistischer Manier schmerzvoll misshandelt.

Leider habe ich keine Möglichkeit, Görans Adresse ausfindig zu machen, um nachzuforschen, ob seine Urinalprobleme und seine Erektionsschwierigkeiten behoben sind. Doch wenn sein diesbezügliches karmisches Ausgleichen in diesem Leben beendet sein darf, dann wird sicherlich einer Verbesserung oder einer gänzlichen Heilung seines Problems nichts mehr im Wege stehen dürfen.

8. Wenn der Samen zu schnell kommt

Ralph blieb bisher trotz seiner neununddreißig Jahre unverheiratet. Obwohl er gut aussieht und Diplomingenieur ist, trennten sich seine Freundinnen wieder bald von ihm. Denn er leidet unter dem Manko, dass sein Samen sich zu schnell ergießt (ejaculatio praecox), sodass er die Frauen nicht sexuell befriedigen kann. Wegen dieser Angst vor sexuellem Versagen suchte er keine weiteren Kontakte zu Frauen. Und da er keine homoerotischen Interessen hat, kam es zu keinem weiteren partnerschaftlichen Sexaustausch. Doch hat er eine platonische Beziehung zu einer verheirateten „Langzeitfreundin“ namens Ronda, die sich wie Ralph für Parapsychologie interessierte, sich jedoch mit schwarzmagischen Versuchen abgab und dadurch „besessen“ wurde, weshalb sie genötigt war bzw. genötigt wurde, zwischenzeitlich Hilfe in der Psychiatrie zu suchen.

Ralph nahm an einem meiner Gruppenrückführungsseminare teil. Er erlebte sich in einem seiner früheren Leben als Frau, deren Ehemann ihr keine sexuelle Beglückung schenken konnte, da sich sein Samen immer zu schnell ergoss. Trotzdem unterhielt er mit einer Magd ein Intimverhältnis, bei dem beide anscheinend sexuelle Befriedigung fanden. Denn meist hat der voreilige Samenerguss mit Schuldgefühlen zu tun. Dabei ist zu unterscheiden, ob dieser sich bei allen Beischläferinnen einstellt oder eben nur bei einer Person wie zum Beispiel bei der Partnerin oder Ehefrau. Denn so Ersteres zutrifft, handelt es sich bei solch einem Mann um ein generelles Problem mit Frauen. Trifft jedoch Letzteres zu, dann hat er ein Problem mit der betreffenden Partnerin. Und in den meisten Fällen handelt es sich um unerfreuliche schuld- oder angstbeladene Erlebnisse aus früheren Leben, deren Programmierungen die Seele mit in das heutige Leben gebracht hat.

1812 ist Ralph ein zwanzig Jahre alter buddhistischer Mönch in der Mongolei. Er heißt Chöé. Mit vier Jahren wurde er schon von den Eltern in das Kloster gebracht. Die meiste Zeit verbringt er im Kreise der etwa zweihundert Mönche. Doch gelegentlich kommt er auch ins Dorf und sieht Frauen, die ihn in seinen Gedanken sehr beschäftigen, sodass er auch heimlich masturbiert. Anlässlich einer kriegerischen Auseinandersetzung sind viele Soldaten gefallen und viele sind verwundet und brauchen Hilfe. Alle Mönche helfen nun bei der Versorgung der Verwundeten mit. Doch gibt es dort auch einige Russinnen, die als Krankenschwestern ihren Dienst tun. Eine von diesen namens Marika wurde, obwohl ihr Mann als Arzt ebenfalls dort sehr beschäftigt ist, von der Schönheit Chöés angezogen und suchte immer seine Nähe, die nun leicht durch die Umstände bei der Verwundetenversorgung hergestellt werden konnte. Ihr gelingt es, den jungen Mönch auf einen Heuboden zu geleiten und ihm ihre Liebe und ihr Begehren für ihn auszudrücken. Chöé kämpft lange mit sich, ihren Wünschen nachzukommen. Denn das Verbot der Sexualität für ihn als Mönch steht mit an oberster Stelle. Doch sein Begehren dieser Frau überwiegt alle Bedenken der Mönchsmoral. Und immer wieder treffen sie sich heimlich, ist Marikas Mann doch mit seiner Arbeit zu beschäftigt, um feststellen zu können, wo seine Frau oft so lange verweilt. Und da sich Chöé offenbar in sie verliebt hat und sich dahingehend äußert, so sie nicht verheiratet sei, sein Mönchsdasein aufzugeben, um ihr Ehemann zu werden, schmiedet Marika nun Pläne, wie sie ihren Mann loswerden könne.

Ihr gelingt es, ihren Mann eines schweren Verbrechens zu beschuldigen, und sie bringt auch Chöé dazu, einen Meineid abzulegen, der diese Anschuldigung bestätigt. Marikas Mann wird öffentlich gehängt. Dieser Hinrichtung wohnt auch Chöé bei. Ihn packt nun eine große Reue. Wie konnte er sich nur so von der Sexualität dieser Frau blenden lassen, dass er mitschuldig am Tod eines Menschen wurde? Trotz seiner Versprechen wendet er sich jetzt vollkommen von Marika ab. Reue und Schuldgefühle begleiten ihn nun bis zu seinem Tod, der mit vierundsechzig Jahren erfolgt. Und die Programmierungen, die er nach seinem Tode ausspricht, lauten folgendermaßen: „Ich will nie wieder jemanden fälschlich anklagen. Ich will nie wieder mit einer verheirateten Frau etwas zu tun haben. Ich will mich nie wieder durch eine Frau in Unannehmlichkeiten verstricken lassen. Ja, ich will mich nie wieder mit einer Frau einlassen."

Vor dem Wolkentor erfährt nun Ralph, dass seine Freundin Ronda jene Marika war, während ihr früherer Ehemann ebenfalls ihr heutiger Ehemann ist, mit dem sie *(verständlicherweise)* in einem disharmonischen Verhältnis lebt, sodass oftmals eine Scheidung im Gespräch war.

Ronda liebt Ralph, und er fühlt sich zu ihr aufgrund ihrer früheren Liebe hingezogen. Doch seine Schuldgefühle lassen es nicht zu, mit ihr ein sexuelles Verhältnis zu beginnen, hatte er doch vormals geschworen, mit einer verheirateten Frau nie wieder eine Beziehung zu haben, ja, sich auch überhaupt mit einer Frau nicht mehr einzulassen. Und Ronda bleibt trotz aller Disharmonien bei ihrem Mann, um an ihm vieles wieder gutzumachen, während dieser wegen dem damals Vorgefallenen zu ihr ein zwiespältiges Verhältnis haben dürfte, in welchem einmal seine frühere Liebe zu ihr sich hin und wieder manifestieren könnte, zum anderen aber Misstrauen, Angst und sicherlich auch Zorn hochsteigen wird, war er doch in jenem früheren Leben wegen ihrer Anklagen zu Tode gekommen. Seelen kommen immer wieder in neuen Körpern miteinander zusammen, bis alle Disharmonien sich zwischen ihnen in Harmonien verwandelt haben. Und sicherlich haben beide diese jetzige Ehegemeinschaft im Jenseits miteinander abgesprochen, um gegenseitig Verstehen und Toleranz zu üben und trotz allem wieder Liebe zwischen ihnen aufkeimen zu lassen. In einer Rückführungstherapie könnte wahrscheinlich ihr Eheproblem gelöst werden.

Aus einem Täterleben, das in dieser Rückführung ebenfalls noch aufgedeckt worden war, ist zu ersehen, dass Ralph im Jahre 1397 ein spanischer Beamter war, der bei der Erstürmung eines Ortes mit den Soldaten zusammen tötete, plünderte und vergewaltigte. Nach seinem Tode 1428 bereute er seine Untaten und sprach die Programmierung aus: „Ich will nie wieder andere überfallen und vergewaltigen." Auch wirkt sich diese Programmierung noch auf das heutige Leben aus, wird er doch bei Intimitäten mit einer Frau unbewusst an diese Programmierung erinnert. Und seine Befreiungsaffirmation lautet dementsprechend: „Ich befreie mich von allen sexuellen Blockaden und Komplexen, und ich befreie mich von allen Schuldgefühlen."

Vier Jahre später rief ich Ralph an. Er lebt mit einer Partnerin zusammen, die zwanzig Jahre lang als Prostituierte arbeitete. Wie er meinte, hat er ihr zu verdanken, dass er sich von allen sexuellen Problemen lösen konnte. Doch er räumt ein, dass die damalige Rückführungstherapie ihm sehr geholfen habe. Auf jeden Fall hat er nun keine Probleme mehr mit seiner Sexualität, kann er doch nun auch seinen Samen in der Vagina ergießen.

Wenn Missbrauch und Vergewaltigungen aus früheren Leben das heutige Leben noch verleiden

9. Wenn die Periode von entsetzlichen Krämpfen begleitet wird

Hilda, 31, ist seit zehn Jahren verheiratet und hat zwei Kinder. Sie bekam mit zwölf Jahren ihre erste Periode, begleitet von entsetzlichen Krämpfen und Bauchschmerzen. Diese stellten sich bei jeder weiteren Periode regelmäßig ein und erstrecken sich oft über drei bis vier Tage. Trotz ärztlicher Betreuung und vielen ausprobierten Medikamenten wurde es bis zum heutigen Tag nicht besser. Sie hat nie eine Verhütungspille genommen. Mit zwanzig lag sie nach der Sylvesterfeier neben ihrem Freund. Dessen alkoholisierter Freund legte sich auf ihre andere Seite und begann, sie im Schambereich zu berühren. Hilda war auf einmal wie gelähmt. Sie konnte weder ein Wort oder eine Bewegung der Abwehr hervorbringen, noch ihren schlafenden Freund darauf aufmerksam machen, was dessen Freund mit ihr gerade vorhatte. Schließlich drang dieser mit seinem Glied in sie ein. Am nächsten Tag berichtete sie ihrem Freund über das Vorgefallene. Er war schockiert und hatte Schuldgefühle für seinen Freund. Für Hilda bestand das Entsetzliche nicht allein darin, missbraucht worden zu sein, sondern vor allem darin, dass sie alles mit sich machen lassen musste, da sie in eine totale Erstarrung verfallen war. Solch ein Ausgeliefertsein hatte sie noch nie erlebt. Dieses Erlebnis hat ihr das Vertrauen in ihre Sexualität genommen.

Hilda ist Teilnehmerin eines von mir geleiteten Ausbildungskurses zum Rückführungsleiter. Wie sie mir später sagte, dachte sie noch einen Tag vor Beginn des fünftägigen Seminars des zweigeteilten Kurses, nicht anreisen zu können, da sie wieder unter den Schmerzen der begonnenen Periode zu leiden hatte. Trotzdem setzte sie sich ans Steuer ihres Autos und legte die zweihundert Kilometer bis zum Seminarort zurück. Da jeder meiner Teilnehmer zu Beginn eines solchen Seminars einen Anamnese-Fragebogen ausfüllt, aus dem ich die Geschichte und die jetzige Verfassung der körperlichen und seelischen Leiden ersehen kann, nahm ich mir vor, sie in einer Demonstration vor allen anderen Teilnehmern, unter welchen sich auch ein Oberarzt eines großen Krankenhauses befand, von ihren Unterleibsschmerzen zu befreien.

Aus dem Anamnesebericht konnte ich ersehen, dass sie unter großen Schuldgefühlen unerklärlicher Herkunft litt, dass sie außer den Bauch- und Menstruationsschmerzen unter Knie- und Hüftbeschwerden zu leiden hatte und manches Mal vor Rückenschmerzen sich nicht bewegen konnte. Außerdem wurde sie oft von der Angst vor Hilflosigkeit heimgesucht und hatte Minderwertigkeitsgefühle gepaart mit Selbstzweifeln. Als ich sie also fragte, ob sie sich, damit die anderen Teilnehmer aus meiner therapeutischen Vorgehensweise lernen könnten, als Demonstrationsperson zur Verfügung stellen wolle, erklärte sie sich spontan dazu bereit, mir aber verheimlichend, dass sie gegenwärtig immer noch unter heftigen Menstruationsschmerzen litt.

Das Höhere Selbst bittend, sie zu der Ursache für ihre Bauch- und Menstruationsschmerzen zu führen, erlebte sie sich als eine zwanzigjährige Magd namens Irina, die im Jahre 1840 im österreichischen Tirol alleine in die Berge geht. Sie entdeckt an einem steileren Hang ein Edelweiß. Sich an den Felsspalten entlangtastend versucht sie, zu jenem zu gelangen, als plötzlich der Stein unter ihr nachgibt und sie einige Meter tief hinabstürzt. Dort liegt sie eine ganze Weile bewusstlos, bis sie wieder erwacht und vor Schmerzen stöhnt, sich aber nicht aufrichten kann. Aus dem Oberschenkel ragt ein großes Stück des gebrochenen Knochens hervor und der Rücken schmerzt unerträglich. Blut und Schürfwunden überall. Schließlich wird sie von einem Almhirt, den sie als „Knecht“ bezeichnet, gefunden. Dieser bringt sie, die vor Schmerzen Wimmernde, auf seinem Rücken in eine Hütte. Sie bittet ihn, sofort ins Dorf hinabzulaufen, um Hilfe zu holen. Doch dieser scheint sie nicht verstehen zu wollen, denn er spricht auch in einer anderen Sprache (*eventuell rätisch oder italienisch*). Vielmehr nutzt er ihre Hilflosigkeit aus und berührt sie mit seinen Händen zwischen den Beinen und an den Brüsten. Schließlich masturbiert er vor der vor Schmerzen auf dem Lager Schreienden. In ihr steigen zudem Wut und Scham hoch. Sie fordert den ekelhaften Kerl immer wieder auf, Hilfe zu holen, fleht ihn deshalb auch an, doch dieser scheint sich auch noch an ihren Schmerzen und ihrem ihm Ausgeliefertsein zu ergötzen und frönt immer wieder seinen sexuellen Genüssen.

Warum holt er keine Hilfe?
Er sagt, da ist keiner, der mir helfen kann.
Wie heißt denn dieser Knecht?
(Sie stöhnt vor Schmerzen.)
Wie fühlst du dich dabei, so ausgenutzt zu werden?
Ich schäm mich so. Aber ich hab auch so eine Wut auf ihn. Ich würd ihn am liebsten schlagen oder ...
Was macht er denn, wenn du auf die Toilette musst?
Er bringt da so was. Ich kann ja nicht hingehen. Der Fuß ist ja total offen. Der andere Fuß ist auch gelähmt. Ich kann mich überhaupt nicht mehr bewegen. (*trotzig*) Ich kann mich nie mehr bewegen.
Hast du große Schmerzen an beiden Beinen?
Ja, und das ganze Rückgrat, *(weinend)* das ist total taub.
Wo sind deine Schmerzen am größten?
(Stöhnend) Am Oberschenkel.
Hast du ihm denn nicht gesagt: Hol einen Arzt.
Der versteht mich, glaub ich, nicht. Ich hab das Gefühl, als ob er eine andere Sprache spricht.
Was für eine Sprache?
Die kenn ich nicht.
Wie heißt denn der Ort, in welchem du wohnst?
Es ist nur ein kleines Dorf, ja nur ein Hof.
Wie heißt du denn mit Nachnamen?
Hof, Irina Hof.
Wie heißt denn der Hof, auf dem du wohnst?
Meierhof.
Kannst du überhaupt schreiben?

Nah (nein).

Arbeitest du da auf dem Hof?

Ich bin dort eine Magd.

Kennt eigentlich dieser Knecht deinen Hof?

Nein.

Warum bist du denn so weit von deinem Hof weggegangen?

Ich wollte Blumen holen und verkaufen.

Was sind denn das für Blumen?

Diese Alpenblumen, dieses Edelweiß wollt ich holen. Und da bin ich ganz weit gegangen. Ich wollt es holen, weil ich Geld gebraucht hab.

Wie lange bleibst du denn bei diesem Knecht in der Hütte?

Zwei Wochen.

Und hat er dich öfter missbraucht?

Dann nicht mehr, weil es immer schlimmer wird.

Hast du Fieber?

Ja. Und es blutet so stark. Das ganze Bein, es blutet. Alles ist total voll Blut.

Meinst du, da ist was gebrochen? Kannst du was erkennen?

Bei dem Oberschenkel steht der ganze Knochen raus. Alles irgendwie. Es tut so weh.

Der Knecht versteht dich doch, auch wenn er eine andere Sprache spricht. Kannst du dir vorstellen, dass vielleicht deine Leute dich suchen?

Ja, aber ich bin so weit weg, und die finden mich nicht. Ich bin einen ganz anderen Weg gegangen.

Ich zähle nun bis drei, und dann bist du dort, wo sich an deiner Situation was verändert. Eins, zwei, drei. Was verändert sich nun für dich?

Jetzt hab ich keine Schmerzen mehr.

Bist du gestorben?

Ja.

Ich zähl bis drei, dann kannst du alles von oben betrachten. Eins, zwei, drei. Was nimmst du jetzt wahr?

Der Körper liegt immer noch auf dem Bett.

Wie fühlst du dich denn jetzt?

Ganz gut.

Wo ist der Knecht?

Der kommt jetzt, und der will mich jetzt loswerden. ... Und der verbuddelt mich jetzt.

Wo?

Im Wald unter Bäumen.

Was empfindest du jetzt für diesen Knecht?

Ich bin so erleichtert jetzt, dass das vorbei ist. Wenn er aber jemand geholt hätte, dann wäre es vielleicht anders gewesen.

Und ich zähle bis drei, dann weißt du, was unmittelbar danach nun passiert. Eins, zwei, drei. Was geschieht?

Da kommt jetzt ein Engel.

Wie sieht er aus?

Ganz schön. Ganz große Flügel hat er. Er hat ein ganz weißes Gewand an. *(Geistwesen zeigen sich oft in Engelsgestalt mit Flügeln, so der Betreffende an solche Gestalten geglaubt hat und nun am ehesten diesen vertrauen kann.)*

Verwundert es dich, dass ein Engel dich abholt?

Nein.

Wenn du auf dein Erdenleben zurückblickst und du würdest sagen: Ich will nie wieder ... Was wäre es denn?

Ich will nie wieder ... hochklettern. ... Nie wieder jemandem ausgeliefert sein.

Ich führte sie dann in ihre jenseitigen Erlebnisse. Dort schwebt sie. Sie betrachtet sich Glashäuser, die wie aus Kristallen zusammengefügt sind. Ihr begegnen Lichtwesen, doch kann sie noch keine Gesichter erkennen. Schließlich begegnet ihr ein alter Mann auf einer Lichtung. Dieser begrüßt sie mit den Worten: „Schön, dass du wieder da bist." Ihn nach dem, was ihr zuletzt auf Erden passiert ist, fragend, erfährt sie, dass sie die Schmerzen kennen lernen sollte, damit sie die Leichtigkeit des jetzigen Zustandes schätzen lernen kann. Sie sollte sich in jenem Leben mit ihrem Körper auseinander setzen. Dieser weise Mann verrät ihr noch nicht die eigentlichen karmischen Hintergründe, warum sie sich aus eigenem Entschluss jene schrecklichen Ereignisse ausgesucht hatte.

Auf den Berg der Erkenntnis zurückgekehrt, führt das Höhere Selbst sie in ein anderes Leben. In diesem heißt Hilda nun Maximilian Meyer. Er ist zwanzig Jahre alt, war Student, ist aber nun als Soldat an der Front (eventuell Erster oder Zweiter Weltkrieg). Er, hinter einem Felsen verborgen, schießt mit seiner Pistole auf einen feindlichen Soldaten. Er trifft ihn in den Bauch. Schließlich hat Maximilian seine ganzen Patronen verfeuert. Er wirft seine Waffe weg. Doch dann stolpert er. Ein Geschoss trifft ihn in den Unterleib. Seine Gedärme quellen nun aus dem Bauch heraus. Er will diese wieder hineindrücken und ruft um Hilfe. Doch dann ereilt ihn der Tod.

Wieder vor dem Wolkentor angelangt, bitten wir ihr Höheres Selbst, sie zu der eigentlichen Ursache zu führen, warum sie die zwei soeben wiedererlebten Leben ansehen sollte. Und sogleich wird sie zu einem Täterleben geführt, in welchem sie sich als Hohe Priesterin der Liebesgöttin in Ägypten wahrnimmt. Sie ist zugleich auch Medium, durch das die Götter sprechen. Sie kann mit ihren Blicken Menschen gefügig oder willenlos machen und vermag es sogar, andere zu hypnotisieren und ihnen bevorstehende Schmerzen wegzusuggerieren, was natürlich nicht immer gelingt. Sie hat die Freiheit, nach ihrer Wahl mit Männern oder Jünglingen zu schlafen, um zuvor herauszufinden, ob sie es wert sind, den Göttern geopfert zu werden. Diese Auserwählten müssen bei dem öffentlichen Ritual mit ansehen, wie sie das Messer nimmt und ihnen den Bauch aufschneidet, sodass die Gedärme hervorquellen. Priester und Priesterinnen stehen während dieser Opferzeremonie um sie herum. Nach dem Tod des Geopferten sind die Götter besänftigt. Mit achtzig Jahren lässt sie sich in einem Ritual von einer Schlange beißen, da ihre Zeit zu gehen gekommen ist. Ihre Tochter hatte schon seit Jahren ihre Nachfolge angetreten.

In diesem Leben als Priesterin des Alten Ägyptens hat sich die Seele der heutigen Hilda negativ karmisch aufgeladen, sodass sie in vielen anderen Leben ebenfalls grausame Schmerzen erleiden musste. Auf dem Berg der Erkenntnis werden Hilda die Zusammenhänge ganz klar. Sie weiß, dass ihre jetzigen Bauchschmerzen von jenem Leben in Ägypten stammen, in welchem sie sich vor ihrer Seele mit Schuld aufgeladen hat. Nun wird ihr auch bewusst, woher ihre unerklärbaren Schuldgefühle im heutigen Leben kommen. Und in dem Leben als Maximilian musste sie erleben, wie die Gedärme aus seinem Bauch hervorquollen. Sie weiß nun, weshalb das alles geschehen sollte. Denn das Karmagesetz ist unerbittlich, aber auch bis ins Kleinste gerecht. Und ebenfalls lag sie in dem Leben als Irina hilflos da wie jene Geopferten im Ägypterland und musste mit ansehen, was man mit ihr anstellte. Ihre Rückenschmerzen wie auch ihre Knieschmerzen kommen, wie das Höhere Selbst erklärte, aus dem Leben als Irina, ebenso ihre Angst vor Hilflosigkeit. Die Erstarrung in diesem Leben als Zwanzigjährige in jener Sylvesternacht ist eine Wiederholung jener Unbeweglichkeit, die sie ebenfalls als zwanzigjährige Irina (*Zeitsynchronizität!*) auf jener Berghütte erleben musste. Diese erfahrene und erlittene Hilflosigkeit gehört ebenfalls noch zu dem Karmaausgleich, als sie als Priesterin den wehrlosen Männern den Bauch aufschnitt. Ihre heutigen Menstruationskrämpfe hängen jedoch nicht nur mit den an anderen verübten Bauchverletzungen sowie der eigenen Bauchverletzung zusammen, sondern ergeben sich aus der Hilflosigkeit der missbrauchten Irina in Verbindung mit dem Frausein als solchem, die sich wehrlos den monatlichen Menstruationszyklen ausgesetzt sieht. Dieses Ausgeliefertsein als Frau erinnert sie unbewusst an das Ausgeliefertsein an jenen Almhirten samt den dabei erlittenen Schmerzen. Somit krampft sich alles in ihrem Unterleib zusammen.

Nach der Beendigung dieser Rückführungstherapie strahlte ihr Gesicht. Am letzten Tag der Ausbildung sagte sie zu uns allen, dass sie eigentlich schon vor der Abreise zu Hause große Unterleibsschmerzen hatte und deswegen nicht kommen wollte. Und diese Schmerzen hatte sie auch am Tag der mit ihr vorgenommenen Demonstration. Doch nach Beendigung der Therapie waren diese wie Zauberei verschwunden und sind dann zu ihrer Verwunderung und entgegen dem sonstigen Verlauf weiterhin auch nicht mehr aufgetreten. Einige Monate später traf ich sie mit ihrem Mann auf einer Esoterikmesse in Düsseldorf, und sie sagte, dass sie seit jener Rückführung keinerlei Unterleibskrämpfe oder Bauchschmerzen mehr gehabt habe.

Wie vielen Millionen von Frauen, die ebenfalls gleiche oder ähnliche Probleme haben, könnte durch eine Rückführungstherapie geholfen werden, nachdem man die Ursachen hierfür in den Vergangenheiten aufgedeckt und aufgelöst hat!

10. Wenn die Menstruationsschmerzen das Frausein verleiden

Valentina war ebenfalls Teilnehmerin in dem Ausbildungsseminar, an welchem Hilda teilgenommen hatte. Durch deren Spontanerfolg ermutigt, bat sie mich bei dem ein halbes Jahr später erfolgenden Supervisionsseminar, ob ich sie ebenfalls von ihren grässlichen Menstruationsbeschwerden befreien könnte, hätten diese doch gerade begonnen. Diese Krämpfe stellten sich immer eine Woche vor ihrer Periode ein. Während dieser Zeit ist sie, die Dreiundvierzigjährige, sehr gereizt und aggressiv, ja geradezu ungerecht gegenüber anderen, was ihr Ehemann am meisten zu spüren bekommt. Sie ist Mutter von zwei Kindern und wollte als praktizierende Masseurin die Rückführungstherapie noch hinzuerlernen, da sie aus den Gesprächen mit ihren Klienten weiß, dass viele von ihnen mit Problemen behaftet sind, die tief in die Vergangenheit früherer Leben zurückreichen. Sie kann oft an den Druckschmerzen und Verspannungen der zu massierenden Körperteile feststellen, dass an diesen Stellen irgendetwas einprogrammiert worden ist, dessen Ursachen ihr bis dahin unerklärlich waren. Sie weiß nun, dass viele dieser körperlichen Problemstellen in Ereignissen aus früheren Leben zu finden sind und mittels der Rückführungstherapie nun aufgelöst werden können. Ihr Wunsch ist daher, ihren Kunden und Klienten bei der Auffindung der Ursachen und bei der Auflösung dieser sich körperlich manifestierenden Probleme zu helfen. Denn sie weiß, dass sie als Masseurin mittels der Rückführung ihre Klienten nun viel schneller und gründlicher von deren Beschwerden heilen kann, als es durch Massagen allein möglich sein könnte.

Schon in der Pubertät begannen diese Krämpfe, die meistens eingeleitet wurden von Fressattacken. Als Kind spielte Valentina immer mit Jungen, und die Mutter sagte zu ihr: „Du bist ja ein Bub und gar kein Mädchen." Da schon eine ältere Schwester vorhanden war, hatte sich der Vater einen Sohn gewünscht. Er war sehr liebevoll zu seinen beiden Töchtern, doch sobald er getrunken hatte – und das geschah immer öfter –, schlug er mit allem, was ihm gerade zur Verfügung stand, auf seine Frau und die beiden Mädchen ein. Mehrere Male versuchte er, sich sexuell an seinen Töchtern zu vergehen. So nötigte er Valentina mit acht Jahren, sich umzudrehen und sich gegen den geöffneten Kühlschrank zu stellen, während er ihr das Höschen auszog und seinen Penis aus der Hose holte. Ihr gelang es immer wieder, dann doch noch davonzulaufen. Auch mit ihrer älteren Schwester stellte der Vater ähnliche Dinge an. Beide hassten ihn dafür. *(Man könnte sich auch vorstellen, dass er in seinem Suff jeweils von einer erdgebundenen und trunksüchtigen Wesenheit besessen war, die ihn auf seine Töchter ansetzen wollte.)* Valentina, wie sie gestand, hatte mit acht Jahren als streng katholisch erzogenes Mädchen zu Jesus gebetet, dass ihr Vater „krepieren" möge. Später haben beide Töchter ihrer Mutter vorgeworfen, warum sie sich nicht von diesem Mann hatte scheiden lassen. *(Eine Möglichkeit wäre, dass sie sich diesen Ehepartner ausgesucht hatte, um sich aus karmischen Ausgleichsgründen selbst bestrafen zu wollen.)*

Mit fünfzehn lernt sie ihren späteren Ehemann kennen, der sich aber bereits in ihre Schwester verliebt hatte. Zu dieser steht sie seit je in einem Konkurrenzkampf. Doch als diese sich wieder im Internat aufhält, verführt sie ihn. Es kommt zum ersten Schwangerschaftsabbruch. Doch lässt sie sich über zwei Jahre lang in ein heimliches Verhältnis mit einem Mann ein, den ihr Freund besonders hasst. Dieses erfährt dieser aber erst später beim Lesen ihrer Tagebücher. Valentina hat nie die Pille genommen, sodass bis heute vier Schwangerschaftsabbrüche erfolgten, die ihr als guter Katholikin jeweils große Schuldgefühle bereiteten. Sie liebt es, Männer zu manipulieren und sie in koketter Weise auch heiß auf sich zu machen. In ihrer Schwangerschaft bekannte sie sich ganz zu ihrer Fraulichkeit. Doch jeweils zwei Wochen vor ihrer Periode weist sie ihre Frauenrolle von sich und schreit gar in den Spiegel: „Ich bin doch der Mann!" Und dann trägt sie sich viel von dem Rasierwasser ihres Mannes auf die Wangen.

In der Beschreibung ihrer drei früheren Leben, die für ihre Unterleibsschmerzen zuständig sind, beginne ich mit der Darstellung ihres Täterlebens, das wie so oft in den Rückführungstherapien wieder einmal im Römischen Reich stattgefunden hatte. *(Es kommt mir oft so vor, als ob wir Menschen in jener Zeit uns an unserer Seele ausgiebigst versündigt hatten, indem wir etwa als Mann besonders Grausames verübten, während das Ausgleichen dieser Untaten den nächsten Jahrhunderten vorbehalten wurde, wo wir als Opfer das durchleiden mussten, was wir als Täter in römischen Zeiten in gleicher oder ähnlicher Art anderen angetan hatten. Und interessant ist es auch zu bemerken, dass endlich nach den rund zweitausend Jahren die Auflösung durch die Rückführungstherapie geschehen darf.)*

Valentina ist ein römischer Sklavenhändler. Er vermittelt darüber hinaus die schönsten seiner Sklavinnen an die Meistbezahlenden. Er überredet arme Leute, ihnen ihre schönen Töchter zu verkaufen, die er ebenfalls weitervermittelt. Er nimmt sich in seiner Rohheit jede, die ihm gefällt. Mit der Peitsche geht er sehr großzügig um, und für seine Freunde gibt er Gelage, wobei er einem jeden von ihnen eine der Schönen zur Verfügung stellt. Doch wie es für viele Römer damals Sitte ist, hat er auch für Knaben eine Vorliebe, die er oft gegen ihren Willen zu sexuellen Praktiken zwingt. Mit vierzig Jahren dringt er in ein Haus ein, in welchem eine junge Unverheiratete wohnt, und zerrt sie wider ihren Willen nach draußen. Doch deren Vater tritt dazwischen und trifft ihn tödlich mit dem Speer zwischen die Schulterblätter. Daraufhin bringen des Ermordeten Häscher alle jene Familienmitglieder um. Und des Römers Nie-wieder-Satz nach seinem Tod lautet: „Ich will nie wieder jemanden missbrauchen."

Das schlimmste Ausgleichsleben jenes Täterlebens als Sklavenhändler musste Valentina zu Beginn des achtzehnten Jahrhunderts in Toulouse erleben. Sie ist ein achtjähriger Junge namens Jean, der für seinen Vater betteln muss, da dieser ein Trinker ist, der jedes Geldstück in Alkohol umsetzt. Jean hat sich im Wald verlaufen und sieht in der Dämmerung eine Höhle, der er sich nähert. Auf einmal hält ihm von hinten jemand den Mund zu und schleppt ihn zu einem Lagerfeuer, wo einige rohe Gesellen Platz genommen haben. „Schaut, was ich gefunden habe", ruft er diesen zu und stößt ihnen den Jungen vor ihre Füße. Man treibt mit Jean erst verschiedene Späßchen. Er muss deren Füße küssen. Schließlich, als der Alkohol wohl bei ihnen weiter zu Kopf gestiegen ist, ziehen sie ihn ganz aus und hängen ihn mit ausgespreizten Beinen an eine Wand, während einer dieser Rohlinge sagt: „Schade, dass es kein Mädchen ist." Und nun nimmt einer ein Kohlestück und drückt es an den Körper des schreienden Jungen. Und unter dem Gelächter seiner Gesellen hält er es längere Zeit an dessen Penis und verstümmelt diesen. Vor Schmerz wird Jean ohnmächtig. Als er am Morgen aufwacht, sind alle Männer fort. Sein ganzer Körper schmerzt, besonders der Bauch und sein Glied. Er kriecht mehr oder weniger auf allen Vieren nach Haue. Als der betrunkene Vater ihn sieht, gibt er ihm noch einen Tritt und sagt: „Stell dich nicht so an." Und seine Mutter wagt nicht zu glauben, was jene Männer mit ihm alles angestellt haben sollten, doch kümmert sie sich um seine Wunden.

Mit vierundzwanzig Jahren verliebt er sich in eine Frau, die ihm auch sehr zugeneigt ist. Doch das Problem bei ihm ist, dass ihm als Achtjährigem damals der Penis derart verletzt worden war, dass er im weiteren Verlauf seines Lebens vor Schmerzen zu keiner Erektion fähig ist. Er möchte es seiner Geliebten nicht antun, dass sie in ihm keinen vollwertigen Mann bekommen soll. Er verlässt Frankreich und geht nach England, nachdem er seiner fassungslosen Geliebten vorgelogen hat, sie nie geliebt zu haben.

Dort verdingt er sich mit Handlangerarbeiten, bis er einer Frau bei der Gärtnerarbeit hilft, die ihn verführen will. Doch bei dem ersten Versuch zum Beischlaf merkt sie, dass er zu keiner Erektion fähig ist. Sie lacht ihn schließlich aus und sagt: „Du bist kein Mann!" Nachdem er diese Frau verlassen hat, schwört er sich: „Ich fasse keine Frau mehr an!"

Nun geht er in Männerkneipen. Und da er sich der Schmerzen wegen nicht selbst befriedigen kann, möchte er dieses sexuelle Erleben wenigstens bei anderen Männern nachvollziehen, um zu erfahren, wie es sich anfühlen muss, einen Orgasmus zu bekommen. Er bietet sich als Stricher an und hat dabei ein gutes Einkommen. Doch nach einiger Zeit ekelt ihn sein Treiben an. Er sucht sich andere Arbeit. Als er dieser aufgrund einer sich anbahnenden Krankheit nicht mehr nachkommen kann, greift er wieder auf jene von ihm so verachtete Tätigkeit zurück. An einer Lungenkrankheit mit schweren Hustenanfällen und Spucken von Blut ist er im Alter von vierundfünfzig Jahren gestorben. Und seine Programmierung nach seinem Tod lautet: „Ich will mich nie wieder homosexuell betätigen."

Im Jenseits nimmt er sich in einem Kreis von etwa zwanzig Frauen und Männern wahr, die alle in weiße Gewänder gekleidet sind. Auch jenen Mann, der ihm den Penis verstümmelt hatte, erkennt er unter ihnen wieder. Dieser kommt auf ihn zu und umarmt ihn und sagt: „Ich musste das tun." Jean ist ihm gar nicht mehr böse. Und, wie er sagt: „Ich musste in jenem Leben lernen, dass Liebe keine Bedürfnisbefriedigung ist."

In der Mitte des neunzehnten Jahrhunderts wird Valentina wieder in Frankreich geboren. Als Waise wird sie mit sechzehn Jahren mit anderen Waisenmädchen im etwa gleichen Alter von einer Frau, die sie alle „Tante" zu nennen haben, nach Mexiko gebracht, wo sie als Tänzerinnen ausgebildet werden sollen, um daraufhin dort öffentlich aufzutreten. Doch diese Tante erweist sich als Bordellinhaberin. Dieses junge Mädchen, der man den Namen Schitschi gibt, muss wider ihren Willen durchschnittlich mit fünf bis sechs Männern jeden Tag schlafen. Sie hasst diese Tätigkeit. Doch eine Woche vor ihrer Periode bekommt sie schlimmste Unterleibskrämpfe, sodass sie das Bett zu hüten hat. Sie weiß, dass sie mit vierzig Jahren ausgetauscht werden wird gegen eine Jüngere. Nach einigen Jahren nimmt sie sich vor, bis dahin genug Geld gespart zu haben, um dann ein eigenes Bordell zu eröffnen. Nun will sie mit so vielen Männern wie möglich schlafen. Sie lernt, die Männer zu manipulieren, sie sich gefügig zu machen, sodass sie sich hauptsächlich mit ihr und nicht mit den anderen beschäftigen wollen. Mit ihrer „Tante" versteht sie sich immer besser.

Als ein höher gestellter Mann nach Beendigung ihrer Liebesdienste nicht bezahlen will, nimmt sie bei einer beiderseitigen handgreiflichen Auseinandersetzung den schweren Aschenbecher und schlägt ihn auf seinen Kopf, sodass er tot umfällt. Die „Tante" kann den Leichnam unauffällig verscharren lassen. Späterhin wird Schitschi selbst Betreiberin eines Bordells und holt sich wiederum für ihr horizontales Gewerbe junge Prostituierte und Waisenmädchen aus Frankreich, ohne lesbische Beziehungen zu ihnen zu haben. Mit achtundsiebzig stirbt sie in einem „schönen" Bett.

Im Jenseits wird Schitschi liebevoll von jener „Tante“ empfangen. Sie trifft auch den von ihr erschlagenen Freier wieder, der, als er ihr Schuldbewusstsein erfühlt, sie umarmt und sagt: „Macht ja nichts!“ *(Es ist immer wieder interessant, wie im Vergleich zum irdischen Leben man sich im Jenseits ganz anders verhält. Dort hat man mittlerweile eingesehen, warum alles so kommen musste, wie es kam. Somit kann man dort selbst den größten Widersachern im Erdenleben meistens sehr schnell vergeben.)* Alle sehen so jung aus. Auch sie hat sich verjüngt. Diese Personen haben farbige Kleidung an. Die von ihr gesehenen Blumen sind anders als auf der Erde. Sie geht zu einem Wasserfall und badet dort. Später erfährt sie vom Höheren Selbst, dass der Totgeschlagene im heutigen Leben ihr Vater ist, der unbewusst in ihr immer noch die damalige Prostituierte sah, die er einerseits missbrauchen wollte, vor der er andererseits aber doch Angst hatte, dass wieder etwas Furchtbares mit ihm geschehen könnte.

Vom Höheren Selbst erfährt sie, dass jener von ihr getötete Mann ihr heutiger Vater ist, während die „Tante“ als ihr heutiger Mann reinkarnierte. Mehrere ihrer heutigen Klienten, die zu ihren Massagen kommen, sind ehemalige Freier oder auch Prostituierte aus ihrem Leben in Mexiko.

Auf dem Berg der Erkenntnis erkennt Valentina ganz genau die Zusammenhänge, die zu ihren heutigen Störungen geführt haben. Als römischer Sklavenhändler hatte sie sich ein sich über mehrere Leben hinziehendes schweres Karma aufgeladen, wozu sicherlich noch andere Leben gehörten. Die Vergewaltigungen, die dieser Sklavenhändler an Frauen und Knaben ausgeübt hatte, kamen auf diese Seele als Jean und Schitschi zurück. In diesen beiden aufgedeckten Leben spiegeln sich viele ihrer heutigen Problematiken wieder. Ihre verführerische Koketterie stammt aus dem Leben als Prostituierte. Ihre Unterleibskrämpfe stellen eine Verweigerung der Sexualität dar. Denn auf der einen Seite will sie keine Frau sein, auf der anderen Seite ist sie willentlich die Verführerin. Beide Seiten hatte sie als Prostituierte an den Tag gelegt. Oft wird widersprüchliches Verhalten aus verschiedenen, einander entgegengesetzten Programmierungen aus früheren Leben bestimmt. Ihr Helfersyndrom entspringt einmal ihrem damaligen Gefühl, allen als Animier- und Liebesdame zu Diensten zu sein, um deren Anerkennung und Geld zu erhalten, aber dann entspringt es auch aus ihren Schuldgefühlen als jener Römer, der sich an so vielen Knaben, Mädchen und Frauen vergangen hatte. Solche Schuldgefühle halten einen unbewusst dazu an oder zwingen gar, wieder etwas gutzumachen oder sich auch selbst zu bestrafen oder beides. Somit können diese Unterleibsschmerzen einmal mit dem Leiden von Jean zusammenhängen, aber zum anderen auch als eine Art Bestrafungsmechanismus zu einem selbstbestimmten Leidensprogramm gehören.

Ihre Befreiungsaffirmation lautete: „Ich befreie mich von allen Schuldgefühlen. Ich befreie mich von meiner Metallallergie (das Höhere Selbst erklärte ihr, dass diese von jenem Speerstich als Römer her stammt). Ich befreie mich von meinen Menstruations- und Bauchschmerzen. Ich befreie mich von aller Aggression gegen mich und andere. Ich befreie mich von meinem Trieb, andere zu manipulieren, von meiner Gefühlskälte, meiner Ungeduld und meinem Widerwillen, Frau zu sein.“

Und nach dieser Rückführung, die ich vor allen demonstrierte, sagte sie, dass sie jetzt wisse, woher das große Muttermal auf der Rückseite zwischen den Schulterblättern komme.

Es könne nur von diesem großen Lanzenstich herrühren, der ihr Leben damals als Sklavenhändler beendete. Und dann legte sie ihren Rücken frei und zeigte uns dieses Mal, das sich neben dem Schulterblatt auf der Herzensseite ihres Körpers befand.

Da jene Woche vor ihrer Menstruation mit all den erwähnten Krämpfen und Aggressionen am Vortag des Seminars begonnen hatte, erwähnte sie einen Tag nach dieser Rückführung, dass es ihr schon wesentlich besser ginge. Und wiederum einen Tag später teilte sie uns Teilnehmern mit, dass zu ihrer Verwunderung die Krämpfe plötzlich ganz aufgehört hätten, dass sie keinerlei Gereiztheit oder Aggression auch beim Telefonat mit ihrem Mann mehr verspürt habe, ja, dass sie sich einfach „super" fühle. Acht Monate später rief ich sie wieder an, um mich zu erkundigen, ob sich inzwischen ihre Krämpfe wieder eingestellt hätten, und sie berichtete mir voller Freude, dass diese seit jener Rückführung nie wieder aufgetreten seien und dass auch ihre der Menstruation vorausgegangenen Aggressionen vollkommen aufgehört hätten.

Schon als Prostituierte in Mexiko hatte Valentina ebenfalls eine Woche vor ihrer Periode jene sie auch noch im heutigen Leben quälenden Unterleibskrämpfe gehabt. Und diese würden sicherlich in einem nächsten Leben, so sie dann wiederum eine Frau gewesen war, wieder vorhanden gewesen sein. Die Rückführungstherapie erweist sich bei einer erfolgreichen Behandlung auch als Prophylaxe, damit in kommenden Leben nicht nochmals ein gleiches Problem im körperlichen oder seelischen Bereich entstehen kann. Wie wir in diesem Buch nachweisen, haben die meisten sexuellen Störungen im Genitalbereich bei Männern oder Frauen ihre Ursachen in früheren Leben.

11. Wenn man sich als Frau von keinem Mann anfassen lassen will

Laura, 48, ist eine unverheiratete Frau, die immer noch bei ihrer Mutter wohnt. Ihr Ledigsein begründet sie damit, dass sie sich von keinem Mann anfassen lassen kann. Auch an ihrem Hals darf sie noch nicht einmal ihre Mutter berühren, wie sie dort auch nichts Enganliegendes – wie z. B. einen Pulloverkragen – tragen kann. Sie geht nie allein in einen Wald, und wenn, dann nur in Begleitung ihres großen Hundes. Sie hat außerdem Angst, vor anderen reden zu müssen. Ebenfalls hat sie eine Aversion gegen Frankreich und Spanien.

Nachdem das Höhere Selbst gebeten worden ist, Laura in jenes Leben zu führen, wo die Ursache zu finden ist, warum sie sich nicht von Männern anfassen lassen mag, befindet sie sich in dem Körper eines siebenjährigen Mädchens namens Maria und lebt vor einigen hundert Jahren bei ihrer verwitweten Mutter im Wald bei Waldshut am Rhein. Sie geht wie auch an diesem Tag oft allein in den nahe liegenden Wald, um dort Holz zu sammeln.

Was erlebst du jetzt?
(Sie beginnt zu weinen.) Ich habe Angst ... Da sind unsere Soldaten, ... sechs von ihnen.
Was machen die dort im Wald?
Sie haben jemanden getötet. ... Es ist ein Mann, der dort wohnt. ... Ich habe alles gesehen.

... Ich war im Baum. ... Sie haben ihn mit Stöcken getötet ... Er hat noch geschrien. ...

Wie hast du denn reagiert, als dieser Mann geschrien hat?

Ich habe auch geschrien. Und dann haben sie mich gesehen.

Und, was haben sie mit dir gemacht?

Die nehmen mich mit auf einen Hof.

Was geschieht mit dir auf jenem Hof?

Sie halten mich fest. ... Dann stehe ich dort ... Sie zertrampeln mich mit den Pferden.

Nach ihrem Tod nach der Programmierung gefragt, sagt sie: „Ich will nie wieder allein in den Wald gehen, nie wieder etwas Grauenhaftes mit ansehen müssen, mich nie wieder von Männern anfassen lassen."

In ihrem nächsten Leben ist sie im Jahre 1790 eine achtzehnjährige Lehrerin in Frankreich unweit von Paris und heißt Jeannette. Sie lebt auf dem Gut eines wohlhabenden Adligen names De Chelly, dessen sieben Kinder sie unterrichtet.

Ich weiß, dass für uns eine Gefahr entsteht. ... Man will uns entführen.

Wer will euch denn entführen?

Wir haben Angst. ... Wir sehen manchmal Männer im Garten.

Und nun komme zu einem wichtigen Ereignis. Eins, zwei, drei. Jetzt bist du da.

Ich bin mit den Kindern in einem kleinen Raum. Wir hören Lärm. Man sucht uns. ... Eins von den Kindern fängt an zu schreien.

Was geschieht?

Man nimmt uns hinaus. Ich wollte die Kinder retten. Und sie sagen, dass ich dafür nun sterben muss.

Wo sind die Kinder?

Die sind weg.

Und was geschieht jetzt mit dir?

Sie reißen mir die Kleider ab und schmeißen mich zu Boden ... und werfen sich über mich. Sie vergewaltigen mich.

Wie viele Männer sind das?

Ich habe aufgehört zu zählen.

Was empfindest du dabei?

Ekel.

Schreist du, oder lässt du dies alles über dich ergehen?

Ich habe aufgehört zu schreien.

Was geschieht, nachdem die Männer dich vergewaltigt haben?

Der eine hat ein großes Messer. Jetzt muss ich aufstehen. Dann packt er mich an den Haaren und zieht meinen Kopf nach hinten. Und schneidet meine Kehle durch.

Was erlebst du danach?

Ich habe das Gefühl, ich gehe nach oben.

Wenn du jetzt sagen solltest, ich will nie wieder, was wäre das?

Ich will nie wieder nach Frankreich. Ich will nie wieder vergewaltigt werden. Ich will mich nie wieder von Männern berühren lassen.

Wie der Leser sofort feststellen kann, ist diese damalige Programmierung für ihre heutige Angst vor Männern verantwortlich, wie auch ihre Abwehr, sich von irgendjemandem am Hals berühren zu lassen, sich aus dem damaligen Geschehen erklären lässt. Nachdem sie das Höhere Selbst gefragt hatte, warum sie diese beiden Leben mit dem jeweiligen schrecklichen Ende erfahren musste, wurde sie in ein Täterleben geführt.

Sie ist eine verheiratete achtundzwanzigjährige kinderlose Frau namens Anna und lebt in Spanien im Jahre 1571. Sie ist als Hausgehilfin bei einer dreiundzwanzigjährigen Sängerin namens Antonia beschäftigt. Zu dieser kommen des Nachts Männer – auch solche von höherem Rang –, worüber Anna wegen des Geredes und aller Peinlichkeiten und vor allem wegen der Inquisition größtes Stillschweigen bewahren muss. Anna beneidet ihre Geldgeberin. Der Oberste in dieser kleinen Stadt, der bei allen verhasst ist, kommt ebenfalls nachts ins Haus. Anna geht zu dessen Frau und berichtet ihr, wo ihr Mann sich gerade aufhält. Antonia und jener Mann werden festgenommen. Dieser wird gevierteilt, während man die Sängerin ertränkt. Das schlechte Gewissen gibt Anna keine Ruhe mehr. Sie erhängt sich. Danach wird sie von einer Geistgestalt abgeholt und in eine dunkle jenseitige Gegend geführt, wo ihr mehrere finstere Menschen begegnen. Ihre letzten Programmierungen waren: „Ich will nie wieder jemanden verraten. Ich will nie wieder nach Spanien."

Auch hier, wie leicht zu ersehen ist, waltet wieder das Karmagesetz. Als sie sich als Jeanette mit den Kindern im Hause vor den sie suchenden Männern versteckte, musste ein Kind schreien, womit sie entdeckt wurde. Und gleichfalls als Maria, die aus ihrem Baumversteck den Totschlag des Mannes miterlebte, musste sie sich durch ihr Schreien selbst verraten, wodurch sie ebenfalls zu Tode kam. Ihre Phobie, sich am Hals nicht berühren lassen zu wollen, ist einmal durch das erlittene Durchschneiden ihrer Kehle, aber auch durch den Erhängungstod bestimmt. Ihre heutige Angst, vor einer Gruppe von Menschen zu sprechen, bedingt sich sicherlich auch zu einem Teil aus den hier aufgeführten Leben, während wahrscheinlich noch andere frühere Leben als Ursachen dafür aufzufinden wären. Doch ihre Hauptangst, sich nicht von Männern anfassen zu lassen, liegt in ihren zwei Opferleben begründet.

In den großen Kiefernzapfen steckte sie dementsprechend alles Aufgedeckte, von dem sie sich trennen wollte, hinein, indem sie formulierte: „Ich befreie mich von meiner Angst, mich anfassen zu lassen. Ich befreie mich von meiner Abneigung gegen Spanien und Frankreich. Ich befreie mich von meiner Phobie davor, mich am Hals berühren zu lassen oder etwas Enges am Hals zu tragen. Ich befreie mich von allen sexuellen Ängsten. Und ich befreie mich von allen Schuldgefühlen."

Da ich leider ihre Telefonnummer nicht aufgeschrieben hatte, konnte ich nicht nachforschen, wie diese Rückführung hinsichtlich ihrer Probleme ihr Leben daraufhin verändert hatte. Ich hoffe jedoch, dass sie nun trotz ihres schon fortgeschrittenen Alters noch einen liebevollen Lebenspartner gefunden hat und mit ihm eine harmonische sexuelle

Beziehung leben kann. Und vielleicht verbringen diese beiden nun ihre Ferien in Spanien oder in Frankreich.

12. Wenn die Fettschichten von Sexualität abhalten sollen

Diane ist mit ihren vierunddreißig Jahren noch unverheiratet und arbeitet als Sekretärin. Sie wiegt 30 Kilo über ihrem Normalgewicht und leidet deswegen und aus anderen Gründen unter Minderwertigkeitsgefühlen und Selbstmitleid. Und obwohl sie sich nach einem Partner sehnt, geht sie Annäherungen von Männern aus dem Weg, da sie sich nie wieder von einem Mann anfassen lassen möchte. Denn mit achtzehn Jahren wurde sie von einem Mann, der sie nach dem Diskoabend mit dem Auto nach Hause bringen wollte, auf dem Autobahnrastplatz brutal vergewaltigt. Vier Jahre lebte sie bis zu ihrem zweiundzwanzigsten Lebensjahr mit einem Mann zusammen, der sie schlug und auch während des Beischlafes sadistische Spielchen vornahm. Dieses Verhältnis endete ihrerseits mit einem missglückten Suizid. Sie konnte sich diesem Mann nie richtig anvertrauen, denn für sie allein war ihr Vater, wie sie sagte, der „King", den sie über alles verehrte. Er war für sie der Inbegriff eines Mannes, für den sie sich auch immer schön machte, auf ihre Figur achtete, sodass sie für ihn eine Augenweide war. Doch vor zwei Jahren erlebte sie einen schweren Autounfall, und wenig später verstarb ihr Vater an einer Krankheit. Der Tod ihres geliebten Vaters veränderte Diane total. So zog sie sich mit Depressionen in ihre vier Wände zurück, ließ den ganzen Abend den Fernseher laufen, um sich abzulenken, und begann nun, Schokolade, Chips und Käsegebäck in sich hineinzustopfen. Sie wurde zunehmend dicker, sodass sie sich wegen dieser Fettsucht in eine Verhaltenstherapie begab, die jedoch bei ihr nur wenig Wirkung erzielte. Denn Therapien haben, wie wir noch sehen werden, nur dann wirklichen Erfolg, wenn auch das Unterbewusstsein bereit ist, Fehlprogrammierungen aufzugeben. Doch ihre diesbezüglichen Programmierungen stammen aus früheren Leben. Und ohne dass dort eine Auflösung vorgenommen wird, bleiben die meisten der herkömmlichen Psychotherapien nur Teil- oder weiterhin Misserfolge.

In der ersten Hälfte des achtzehnten Jahrhunderts erlebt sich Diane als ein fünfjähriges schwedisches Mädchen mit dem Namen Kirstin Michaels, das in Köresund zu Hause ist. Ihre Eltern sind wohlhabend. Vor ihrem Haus spricht sie ein fremder Mann an und sagt: „Komm mit, ich zeige dir etwas ganz Schönes." Er führt sie in eine abgelegene Hütte und beginnt dort, die Kleine auszuziehen. Als diese auf einmal Angst bekommt und weglaufen will, hält er sie zurück und missbraucht sie. Nachdem er seinen Trieb befriedigt hat, sagt er: „Wenn du jemandem was sagst, bringe ich dich um." *(Wenn jener Täter vor seiner Tat gewusst hätte, dass ihm ein Gleiches in einem späteren Leben passieren muss, hätte er sicherlich nicht diese üble Tat begangen.)* Kirstin verlässt nun eiligst diese Hütte. In ihr rumort nun das Gefühl „Ich bin schlecht!" und „Ich darf niemandem darüber etwas sagen". Zu Hause angekommen bemerken die Hausangestellte und die Mutter ihre zerrissenen Kleider. Die Mutter hält sie fest und bedrängt sie, ihr zu sagen, was passiert sei. Doch die Fünfjährige lügt und sagt, dass sie an dem Heckenzaun hängen geblieben sei. Sie weiß, dass sie nicht mehr leben will. Sie geht zu einem Brunnen und hängt ihren Kopf hinein in der Hoffnung, dann keine Luft mehr zu bekommen und zu sterben. Doch die Mutter kommt hinzu, zieht ihren Kopf aus dem Wasser und gibt ihr eine Ohrfeige. Dann wird sie gewaschen und ins Bett geschickt. Obwohl sie mit der Zeit den ganzen Vorfall verdrängt, hat sich doch das Gesicht dieses Mannes genau in ihr eingeprägt.

Als sie fünfzehn Jahre alt ist, entdeckt sie diesen Mann auf einem Fest. Dieser will sich ihr nähern, doch läuft sie in Panik in den Garten. Er kommt ihr hinterher. Doch klopfenden Herzens und zitternd vor Angst kann sie sich dort gut verstecken, sodass der nach ihr Suchende sie nicht findet. Aber ihr Freund Ole kommt ebenfalls in den Garten, in den er Kirstin laufen sah. Er findet sie in ihrem Versteck und will sie daraus hervorholen. Doch sie weigert sich mitzukommen aus Angst, wie sie ihrem Freund sagt, vor einem schrecklichen Mann. Woraufhin Ole entgegnet: „Da ist niemand, komm mit." Und es gelingt ihm, die noch immer vor Angst Zitternde ins Haus zurückzuführen. *(Es ist interessant festzustellen, dass Kirstin in den Garten rannte, während sie doch in der Gesellschaft anderer besser vor dem Vergewaltiger geschützt gewesen wäre. Denn wenn wir aus karmischen Gründen eine Vergewaltigung erleben müssen, dann begeben wir uns unvernünftigerweise von allein an die Gefahrenplätze, wo solche Ausgleichsgeschehnisse, wie z.B. eine Vergewaltigung, stattfinden können. Dass jener Unhold sie nicht fand und sie wiederum sexuell missbrauchte, hat seinen Grund darin, dass dieses Ausgleichsgeschehen wahrscheinlich schon mit dem Erlebnis als Fünfjährige abgegolten war. Ansonsten wäre sie unweigerlich vergewaltigt worden. Denn seinem Schicksal kann man nicht entgehen, es sei denn, man habe seine Umsetzung vorher aufgelöst.)*

Im Jahre 1742 ist die zweiunddreißigjährige Kirstin mit Björg verheiratet. Sie ist die stolze Mutter einer siebenjährigen Tochter, die sie *(aus verständlichen Gründen)* keinen Schritt aus ihren Augen lässt. Mutter und Tochter fahren allein in einer Kutsche, gezogen von einem Pferd, dessen Zügel Kirstin in den Händen hält. Plötzlich sieht sie jenen furchtbaren Mann in abgetragenen Kleidern vor sich auf der Wiese, der, als er sie erkennt, auf die Kutsche winkend zugerannt kommt. Kirstin überfällt plötzlich größte Panik. Sie peitscht auf das Pferd ein, das nun auf dem holprigen Weg mit größter Eile davonprescht, wobei sie nicht mehr so weit bei klaren Sinnen ist, um das Pferd beherrscht lenken zu können. Die Kutsche überschlägt sich in einem Graben. Die Tochter ist auf der Stelle tot, während sie eine langwierige Beinverletzung davonträgt. Kirstin gibt sich die alleinige Schuld an diesem Unfall. Auch ihr Mann wirft ihr vor, durch Unbedachtsamkeit die Mörderin ihrer beider Tochter zu sein. Zwischen beiden kommt es zum Zerwürfnis. Er verlässt seine Frau. Fünf Jahre später ist Kirstin, die sich mit Selbstvorwürfen und in Depressionen zurückgezogen hatte, verstorben. Und ihre Programmierungen sind: „Ich will mich nie wieder jemand Fremdem anvertrauen" und „Ich will niemals mehr ein Kind haben".

Und anschließend das Höhere Selbst befragend, warum sie dieses schlimme Erlebnis des Kindsmissbrauches erleben musste, führte es Diane in ein vorher gelebtes Leben als Schmied namens John Dunbar in Glasgow. Er ist verheiratet und hat zwei Töchter. Seine Lieblingsbeschäftigung ist es, in den Pub zu gehen und dort sein mühseliges Leben zu verdrängen. Doch arbeitet bei ihm ein sehr schön aussehender Junge, der mit acht Jahren zu ihm aus dem Waisenhaus als Gehilfe kam und nun als Zwölfjähriger ihm immer besser zur Hand gehen kann. Diesen zwingt er nun unter Androhung von Schlägen, ihm den Hosenlatz zu öffnen und ihn mit dem Mund zu befriedigen. Doch Peter, so heißt jener, weigert sich, dieser Aufforderung nachzukommen, woraufhin er mit der Hand geschlagen wird. Und seitdem geschieht es öfter, dass er seinen Herren oral befriedigen muss. Als Peter als Vierzehnjähriger etwas zerbrochen hat, nimmt der Schmied ein glühendes Eisen und drückt dieses auf seinen Arm. Peter rennt nun davon und kehrt nicht mehr in die Schmiede zurück.

Etwa zehn Jahre später treffen sich die beiden in einer dunklen Gasse. Peter drischt auf den Schmied ein und sticht sein Messer in dessen Rücken. Drei Tage später erliegt John Dunbar dieser Verletzung.

Auf dem Berg der Erkenntnis wird Diane klar, warum sie als Kirstin und dann in ihrem heutigen Leben als Achtzehnjährige vergewaltigt werden sollte. Denn als John Dunbar hatte sie ein Ähnliches mit jenem Peter getrieben, den sie nun als einen früheren Freund wiedererkennt. Und auf die Frage, warum sie so „fett" sei, erklärt ihr das Höhere Selbst, dass sie jetzt noch immer der Programmierung unterliegt, sich von keinem Mann anfassen zu lassen, dass also ihr Fett dazu da sei, sich in den Augen der Männer unattraktiv zu machen. Und außerdem, so fügt ihr Höheres Selbst hinzu, dienen ihre Fettschichten dazu, die Möglichkeit auszuschließen, ein Kind gebären zu können, falls sie sich dennoch einem Mann hingeben und sich von ihm schwängern lassen sollte. Ihre Fettpolster sollen sie also in doppelter Hinsicht vor etwas bewahren. Und ich forderte Diane nun auf, ihr Höheres Selbst zu fragen, ob sie sich von ihrer Dickleibigkeit befreien dürfe samt ihrer Angst vor Schwangerschaft, und ob sie sich öffnen könne für Männerbekanntschaften, und es antwortete mit einem Ja. Und ich forderte Diane weiterhin auf zu fragen, wie viele Kilo sie pro Monat abnehmen dürfe, bis sie ihr Idealgewicht wieder eingenommen habe, und die Antwort war „vier Kilo pro Monat". Und in den Kiefernzapfen steckte sie all das hinein, was sie ablegen wollte, indem sie sagte: „Ich befreie mich von meiner Angst, ein Kind zu gebären, ich befreie mich von meiner Dickleibigkeit, ich befreie mich von dem Mangel an Selbstwertgefühl, ich befreie mich von meiner Fresssucht, und ich befreie mich von allen Schuldgefühlen. Und von nun ab nehme ich pro Monat vier Kilo ab, bis ich wieder mein Idealgewicht von 56 Kilo erreicht habe."

Der erste Erfolg zeigte sich bereits nach zwei Monaten, in welchen sie tatsächlich schon acht Kilo abgenommen hatte. Ich bin mir sicher, dass sie auch bald wieder für Männerbegegnungen offen sein wird und – so es in ihrem Lebensplan vorgesehen sein sollte, wird sie auch als stolze Mutter ein Baby zur Welt bringen können.

13. Wenn man beim Partner keinen Orgasmus bekommt

Jacqueline ist eine fünfundvierzigjährige diplomierte Schulpsychologin. Sie lebt seit vielen Jahren von ihrem Mann getrennt, mit dem sie zwei Kinder gezeugt hatte, die beide bei ihr wohnen. In ihrer Pubertät war sie magersüchtig, wog nur noch 38 Kilo und war deswegen längere Zeit in psychiatrischer Behandlung. Sie entwickelte eine heftige Depression mit Suizidgedanken, weshalb sie sich vielen verschiedenen Therapien unterzog, ohne wesentliche Hilfe dadurch erfahren zu haben. Sie leidet unter Neurodermitis, lässt sich von niemandem am Hals anfassen und hat oft Panik, das Leben nicht bewältigen zu können mit dem entsprechenden oft verbal oder in Gedanken ausgesprochenen Negativmantra „Das schaffe ich nicht!“. Jacqueline fühlt sich für alles schuldig. Außer ihren Minderwertigkeitskomplexen wird sie von einem Perfektionszwang heimgesucht. In Höhlen überkommt sie eine Platzangst.

Sie hat Schwierigkeiten, sich sexuell hinzugeben. Mit einem Partner kann sie keinen Orgasmus bekommen, denn wenn eine Kopulation stattfindet, glaubt sie, dass der Mann von ihr den Orgasmus erwartet. Sobald sich der Erwartungsdruck einstellt, wird bei ihr ein – wie sie sagt – „Ausschaltknopf“ betätigt. Sie glaubt, deswegen Männer beim Sex zu enttäuschen, und würde am liebsten „wegrennen“. Ein Mann warf ihr einmal vor, dass sie keine richtige Frau sei. Seit sechs Jahren geht sie allen Männerbeziehungen aus dem Wege. Zwei Eileiterschwangerschaften wurden schon vor Jahren operativ behandelt. Hinzu kam im letzten Jahr die Entfernung eines Tumors im Eierstock.

Im Ganzen wurden bei dieser Rückführungstherapie sechs Leben aufgedeckt, wobei die Ursachen für ihre Halsphobie (Schlag mit einem Morgenstern gegen den Hals), Höhlenangst (in Höhle einsam gestorben), Neurodermitis (Aussatz), Anorexie (zweimal verhungert) und für ihre Orgasmushemmung aufgefunden werden und – wie ich annehme – behoben werden konnten. Für Letztere waren drei Leben maßgeblich, die ich nun darstellen möchte, wobei ich mit dem Täterleben beginnen werde.

Jacqueline ist in der zweiten Hälfte des neunzehnten Jahrhunderts ein deutscher Bauer namens Arthur. Er ist trotz seiner fünfunddreißig Jahre unverheiratet und beschäftigt auf seinem Hof eine achtzehnjährige Magd namens Maya, die er umwirbt. Doch diese lässt ihn merken, dass er bei ihr keine Chance hat. Als er eines Tages getrunken hat, stellt er sich ihr in der Scheune in den Weg und packt sie mit beiden Händen. Als sie sich losreißen will, reißt er ihr die Kleider vom Leib und vergewaltigt die wild sich Wehrende. Er bekommt den erwünschten Orgasmus. Sie rennt über die Wiese davon. Doch kehrt sie wieder zurück, da sie sonst keine andere Stelle bekommen kann. Arthur wird nach dieser Gewalttat von Schuldgefühlen heimgesucht. Um sich weiterhin nicht an das Vorgefallene erinnern zu müssen, schickt er Maya davon. Er verfällt der Trunksucht und stirbt unverheiratet mit siebzig Jahren im Jahre 1901. Seine Programmierung nach seinem Tod lautet: „Ich will nie wieder jemandem etwas zu Leide tun und mich auch niemals von sexueller Begierde dahinreißen lassen.“

In ihrem nächsten Leben war Jacqueline eine achtzehnjährige schöne Polin namens Irena. Sie wurde von SS-Männern mit anderen Frauen aus ihrem Ort abgeführt und mit einem Viehwaggonzug in das Konzentrationslager Sachsenhausen gebracht. Hier hinter Stacheldraht mussten sie außer der Gefangenentracht ein Kopftuch tragen. Sie behauptet, keine Jüdin zu sein, trotzdem wird sie wie eine solche behandelt. Eine Aufseherin schlägt sie, zieht sie bei den Haaren. Und dann sagt diese eines Tages zu ihr: „Komm, du musst einen Raum putzen.“ Sie bringt sie zu den Räumen, wo die Wachmannschaft wohnt. Sie öffnet dort eine Tür und stößt sie hinein. Acht Männer der Wachmannschaft scheinen wohl schon auf sie gewartet zu haben, denn die Aufseherin erweist ihnen anscheinend öfter solch kleine Gefälligkeiten. Als Irena sich weigert, sich auszuziehen, wenden sie Gewalt an. Da sie sich wehrt, wird sie von den anderen festgehalten, während sich einer nach dem andern über sie legt. Auch wird sie von einem Gegenstand am Kopf getroffen, sodass sie sich plötzlich außerhalb des Körpers befindet. Jetzt kann sie alles von oben betrachten, sieht, wie diese Männer ihren Leichnam aus dem Gebäude ziehen. Schließlich wird dieser zu einem Krematorium gebracht und dort verbrannt. Im Jenseits begegnet sie ihrem Vater. Doch ihre Programmierung nach ihrem Tod lautete: „Ich will nie wieder einem Mann ausgeliefert sein. Ich will mich immer vor Männern in Acht nehmen.“

In diesem Leben als Irena hatte sie den karmischen Ausgleich erlebt für ihr Täterleben als Bauer Arthur.

Schon bald nach ihrem Tod ist Jacqueline 1945 in Holland als Tochter eines Buchhändlers wiedergeboren worden. Sie heißt Katinka und ist das einzige Kind ihrer Eltern. Die Mutter ist sehr gefühlskalt mit beiden, weshalb sie sich gegenseitig trösten, wenn diese wieder einmal hässlich zu ihnen war. Schon als sie neun Jahre alt war, berührte ihr Vater sie zwischen den Beinen. Diese Berührungen wiederholte er hin und wieder, obwohl sie sich dagegen sträubte. Doch er kehrt sein Leid hervor und sagt: „Ich habe doch niemand. Mutter ist eiskalt. Du bist die Einzige, die ich liebe.“ Er macht ihr viele Komplimente, was ihr gefällt. Schließlich lässt sie ihn gewähren, obwohl seine körperlichen Annäherungen ihr Angst bereiten, zusätzlich zu der Angst, die sie vor der Mutter hat, dass diese sie beide bei ihren sexuellen Betätigungen überraschen könnte. Als Katinka elf Jahre alt ist, entdeckt die Mutter beide in jenem Augenblick, als er mit der Zunge die Schamlippen der Tochter berührt.

Meine Mutter ist wütend auf mich. Sie reißt mich vom Bett herunter und schmeißt mich aus dem Zimmer. Sie sagt, ich soll verschwinden.

Und?

Ich gehe ganz schnell raus.

Hast du vorher schöne Gefühle gehabt?

Ja.

Habt ihr solche Liebesspiele öfter gemacht, dass dein Vater dich unten oral berührte?

Ich glaube nicht.

Und wie geht es weiter?

Ich hau ab.

Wohin gehst du?

Ich gehe die Straße entlang. Ich schäme mich so.

Bist du wütend über die Mutter oder über dich selbst?

Nein, über mich.

Gehst du zu jemandem, den du kennst?

Nein.

Was machst du, wenn es Nacht wird?

Ich sitze im Wald. ... Ich fühl mich schrecklich.

Hast du nicht Angst, allein im Wald zu sein?

Ja. Aber ich habe das Gefühl, ich darf nirgendwo mehr hin.

Schläfst du dort im Wald?

Ja.

Was machst du, nachdem du wieder aufgewacht bist?

Ich will nicht mehr leben. Ich fühl mich fürchterlich.

Nun komm zu deinem nächsten wichtigen Ereignis.

Ich steh an einer Straße. Ich weiß nicht wohin.

Und du willst auf keinen Fall mehr nach Hause?

Nein.

Wir machen nun einen Sprung vorwärts. Ich zähle jetzt bist drei, und dann bist du gerade gestorben und kannst deinen Körper unter dir sehen. Eins, zwei, drei. Was siehst du?

Ich hatte einen Autounfall. Ich bin vor ein Auto gelaufen.

Und ihre Programmierung nach ihrem Tod ist: „Ich will nie wieder schöne Gefühle haben." Im Jenseits trifft sie auch ihren Vater wieder. Dieser hatte sich aufgehängt, nachdem er erfuhr, dass sie sich vor ein Auto geworfen hatte. Schon ein Jahr nach ihrem Tod wird sie wiedergeboren mit ihrem heutigen Namen. Auch der Vater von damals wird in diesem Leben für zwei Jahre ihr Freund und war auch der Grund, warum sie sich von ihrem Ehemann trennte. Er spielte in dem heutigen Leben wieder die Rolle des Schwachen und Bedürftigen und erweckte in ihr wieder Mitleidsgefühle. Doch ihr fiel es schwer, sich ihm im Bett ganz hinzugeben. Weder er noch ihr Mann, noch andere Liebhaber haben es vermocht, ihr einen Orgasmus zu ermöglichen. Ihre Programmierung aus dem vorausgegangenen Leben „Ich will nie wieder schöne Gefühle haben" und jene aus dem Leben als Irena „Ich will nie wieder einem Mann ausgeliefert sein" sowie diejenige aus dem Leben als Arthur „Ich will mich niemals mehr von sexueller Begierde dahinreißen lassen" haben es verursacht, dass sie sich bei Männern nie ganz fallen lassen kann, um einen Orgasmus erleben zu können. Löst man diese Programmierungen in ihren Ursachen auf, dann geschehen oft die größten Wunder, und langwährende Probleme, die sich oft über viele Leben hingestreckt hatten und sich eventuell noch über viele weitere Leben ausdehnen würden, sind auf einmal behoben.

14. Wenn die Frau beim Sex die Männerrolle übernimmt

Amanda besuchte bei mir das Ausbildungsseminar zum Rückführungstherapeuten. Sie ist fünfundzwanzig Jahre alt und wiegt, wie sie sagt, zwanzig Kilo über ihrem Normalgewicht. Sie ist verheiratet. Vor einem Jahr verlor sie im dritten Schwangerschaftsmonat ihr Kind. Ihr Problem heißt: Orgasmushemmung. Sie benötigt sehr lange, bis sie zum Orgasmus gelangt, wenn überhaupt. Während des sexuellen Vorspiels möchte sie unten nicht geküsst werden. Sie ist die Dominierende im Bett. Sie duldet es nicht, unter dem Mann zu liegen, denn solch eine Missionarsstellung verleidet ihr alle sexuellen Gefühle. Sie will immer auf dem Mann sitzen oder liegen. Schon als Fünfjährige wollte sie lieber ein Junge sein. Sie neidete es dem Bruder, dass er einen Penis hatte und beim Urinieren stehen durfte und sie nicht. *(Dies erinnert an den berühmten „Penisneid" in der Freudschen Theorie.)* In jenem Jahr bekam sie im Nebenzimmer mit, wie der Freund ihres Kindermädchens dieses bedrängte. Dieses wehrte sich und rief: „Nein, lass mich!" Die kleine Amanda überkam auf einmal eine große Angst.

Sie begann zu weinen, denn sie ahnte, dass dieser Mann mit ihrem Kindermädchen etwas „Schreckliches" vorhatte, wusste aber nicht, um was es sich handelte. Schließlich verließ dieser, die Tür laut zuknallend, das Zimmer. Als sie sechzehn Jahre alt war, sagte die Mutter zu Amanda: „Die Frau muss zugleich eine gute Hure und eine gute Hausfrau sein."

Mit achtzehn Jahren hatte Amanda ihren ersten festen Freund namens Alexander, nachdem ein anderer sie versetzt hatte. Sie hatte sich diesem zu sehr verweigert, weshalb sie es sich jetzt vorgenommen hatte, Alexander auf keinen Fall durch sexuelle Zurückhaltung zu verlieren. Sie hat eigentlich nur wenig Freude an der Sexualität, weil er sie wie eine Frau behandelt. Und sie zwingt sich dazu, diese Rolle im Bett zu erfüllen, eben gemäß dem Ratschlag ihrer Mutter, eine gute Hure zu sein. Doch hat sie eine Abscheu davor, Alexander oral zu befriedigen. Hinzu kommt der Ekel vor männlichem Samen. Alexander beträgt sich ihr gegenüber wie ein echter Macho: „Ohne mich bist du nichts! Wenn du nicht mit mir schläfst, mache ich Schluss!" Für sie ist es eine Qual, wenn er auf ihr liegt. Deshalb trennt sie sich sehr rasch wieder von ihm. Doch in ihrem späteren Ehemann findet sie endlich den richtigen Partner, der ihre sexuellen Eigenheiten samt ihrer Dominanz auch in der Sexualität akzeptiert. Dieser hat auch „Gott sei Dank" keine Haare auf der Brust, denn diese findet sie bei einem Mann sexuell abstoßend. Sie zwingt sich nun häufig, mit ihrem Mann zu schlafen, da sie unbedingt ein Kind haben möchte. Doch selbst wenn sie auf ihrem Mann sitzt oder liegt, erreicht sie nur selten den von ihr ersehnten Orgasmus. Und manches Mal fühlt sie im Unterleib beim Verkehr Schmerzen.

In das Leben der Ursache für ihre heutige Orgasmushemmung zurückgeführt, erlebt sich Amanda als eine siebzehnjährige Zigeunerin namens Norma im norddeutschen Mecklenburg des Jahres 1573 auf einer Durchreise mit ihrem Vater, ihrer Schwester, ihrem Bruder und ihrer eigenen Tochter. Sie alle wollen mit einem Schiff nach Spanien. Während sie auf ein Schiff warten, wird ihr Bruder wegen angeblichen Diebstahls verhaftet und in einen Kerker gesperrt. Zu seinen Saitenklängen hatte sie getanzt, um sich so etwas Geld zu verdienen. Ihr wird erlaubt, den Bruder im Kerker zu besuchen, wohin sie ihm Essen bringt. Wegen ihrer Schönheit fällt sie einem verheirateten Kaufmann auf, der ihr anbietet, bei ihm im Haus zu arbeiten. Doch eines Tages drängt dieser blonde Langhaarige sie hinter die Treppe, zieht seine Hosen herunter und öffnet seinen dicht behaarten (!) Brustkorb und vergewaltigt die sich heftig Wehrende, die er derart dabei verletzt, dass sie sich gerade noch in ein Waldstück schleppen kann, wo sie verblutend stirbt.

Aus dem Körper herausgekommen, schwebt Norma zuerst in das Gefängnis, um ihren Bruder zu besuchen. Sodann begibt sie sich zu jenem Kaufmann zurück. Sie hat solch einen Hass auf diesen, dass sie ihn unbedingt bestrafen will. Sie kauert über viele Jahre hin in dessen Wohnung in einer Ecke. Ihr Hass bindet sie an diesen Mann. Dieser wird, als er betrunken nachts auf der Straße geht, erschlagen. Endlich kann sie sich von der Erdgebundenheit lösen und ins Jenseits hinüberwechseln. Dort wird sie von mehreren ihr von der Erde her Bekannten begrüßt mit den Worten: „Schön, dass du endlich kommst." Auf ihr Erdenleben zurückblickend sagt sie: „Ich will nie wieder vergewaltigt werden. Ich will nie wieder verbluten. Ich will nie wieder ohnmächtig gegenüber einem Mann sein." Durch die letzte Programmierung wird auch ihr heutiges Verhalten, sich nie von einem Mann beherrschen zu lassen und unter ihm zu liegen, verständlich. Vom Höheren Selbst erfährt sie, dass jener Kaufmann im heutigen Leben Alexander, ihr früherer Freund, ist. Und weiterhin teilt ihr das Höhere Selbst, auf die Frage hin, was der Sinn dieses Lebens gewesen sei, mit, dass sie lernen sollte, wie es ist, Gewalt zu spüren. Und warum sie diese Gewalt aus karmischen Gründen spüren musste, geht aus einem der vorausgegangenen Leben klar hervor, das – was könnte man anderes vermuten – ein deftiges Täterleben war.

Amanda ist der junge Kapitän eines Piratenschiffes, das er mit seinen Männern aus einem Hafen gestohlen und für die Piraterie umfunktioniert hat. Mit diesem überfällt er ein anderes nach Marokko segelndes Schiff, auf dem sich außer der Mannschaft zwanzig Frauen befinden. Er befiehlt, die Männer tot oder lebendig über Bord zu werfen, während er anschließend die Frauen unter seinen Mannen verteilt, wobei er die fünf schönsten für sich selbst heraussucht.

Was machst du mit deinen fünf Frauen?

Ich sperre sie in meine Kabine.

Was machen denn deine Männer mit den anderen fünfzehn Frauen? Würfeln sie um sie, wer sie bekommt?

Nein. Sie treiben einander an, wer besser ist und länger auf ihnen liegt.

Schaust du zu? Ergötzt dich das?

Ja.

Was machst du denn mit deinen fünf Frauen?

Ich spar mir sie auf. ... Ich muss noch lernen. Ich habe noch nie mit einer Frau geschlafen. ... Deshalb schau ich den anderen zu.

Musst du nicht als der Kapitän den anderen zeigen, was für ein hundertprozentiger Kerl du bist?

Sie wissen ja nicht, (dass ich keine Ahnung habe).

Wie kommt es denn eigentlich, dass du noch nie mit einer Frau geschlafen hast?

Ich war immer auf einem Schiff. Ich war noch nie an Land. *(Er hatte vorher gesagt, dass sein Vater Kapitän eines Piratenschiffes war, auf welchem er seine Kindheit und Jugend und sein Leben bis zur Übernahme jenes gestohlenen Schiffes verbrachte.)* ... Ich hab Angst vor Land.

Warum?

Da kann man nicht weg.

Was machst du nun mit diesen Frauen?

Ich nehme eine, schmeiß sie aufs Bett.

Sind das käufliche Frauen gewesen?

Nein, nein, nein. Sie sind ganz edel. ... Ich zieh ihr den Rock hoch über den Kopf und bind ihn oben zusammen. Ich ergötz mich zuerst an einer Frau. Ich schau mir erst einmal an, was da so alles ist. ... Die anderen sind auch noch da.

Schauen diese zu? Haben sie große Angst?

Hmn. ... Die kauern in einer Ecke. Die haben Angst.

Was machst du dann?

Ich küsse sie. ... Sie kann sich nicht wehren.

Begehrst du sie sexuell?

Ja. Aber ich weiß immer noch nicht so recht, was ich machen soll. ... Ich kann mich doch nicht ausziehen vor den anderen Frauen. ... Ich schmeiß die anderen vier raus. Einer soll auf sie aufpassen. ... Ich versuch nun, in die Frau einzudringen. Erst mit dem Finger, um zu sehen, wie weit es da rein geht. Nicht dass es schnappt nach innen.

Und jetzt geh mal weiter, nachdem du mit dieser Frau wahrscheinlich geschlafen hast. Wie war denn das für dich?

Schön. Aber jetzt hatte ich sie gebraucht. Ich schmeiß sie von Bord. *(Das heißt, er gibt den anderen den Befehl, sie über Bord zu werfen.)* Ich hol die nächste rein. Ich probier sie wieder aus. Ich bind ihr auch wieder den Rock über ihrem Kopf zusammen, damit sie mich nicht anschauen kann. Und ich muss ihr dann auch nicht in die Augen sehen. Das stört. Dann schmeiß ich sie weg. ... Dann geh ich raus. Da war einer, der eine Frau vor sich hatte. Diese musste ihn mit dem Mund befriedigen. Das möchte ich nun auch ausprobieren. Dann nehm ich die nächste. Ich sag, sie soll keine Angst vor mir haben.

Zwingst du sie?

Ja.

Bedrohst du sie?

Ich sag, wenn sie das nicht tut, schmeiß ich sie von Bord. Und sie macht es einfach.

Ist es schön für dich?

Anders.

Wir machen nun einen kleinen Zeitsprung. Bei drei befindest du dich einen Tag später. Und du kannst mir berichten, was alles noch am heutigen Tag passiert ist. Eins, zwei, drei. Nachdem du die Zweite hattest, was ist mit den anderen Frauen geschehen?

Die zwei ersten habe ich über Bord schmeißen lassen. Die sind verbraucht. Jene, die mich mit dem Mund befriedigt hatte, die kann ich behalten. Die ist noch nicht verbraucht. Die bind ich an. Neben dem Bett am Hals. Und die nehm ich, wenn ich Lust habe. ... Damit sie immer wieder das Gleiche macht.

Und die anderen beiden?

Die hab ich verteilt.

Wie fühlst du dich denn jetzt, nachdem du das erste Mal mit einer Frau geschlafen hattest?

Stolz. ... Ich habe jetzt noch mehr Macht.

Es wird bis drei gezählt, und dann befindest du dich eine Woche vor deinem Tod. Eins, zwei, drei. Wie alt bist du?

Neunundsiebzig.

Warst du verheiratet? Hast du Kinder?

Nein. Aber ich hab die Frau immer mitgenommen, die ich an das Bett angekettet hatte.

Warum gefiel dir denn diese Frau so?

Weiß nicht. Sie war wie ein Hund. Sie lief mir auch nach.

Wie viele Schiffe hattest du denn gekapert?

Sechs, sieben.

Wie viele Menschen hast du eigentlich über Bord geworfen?

Ich kann nicht so gut zählen.
Na, was schätzt du denn?
Über hundert. Aber nie selbst über Bord geworfen.
Hast du auch einmal jemanden selbst umgebracht?
Einmal. Ich habe jemanden erwürgt.
Wer war das denn?
Jemand von einem anderen Schiff. Ich hatte Ekel vor ihm. Er war blond. Das war der Grund.

Wie wir uns denken können, wird Amanda danach außer ihrem Leben als Zigeunerin noch einige andere Opferleben zu durchleiden haben, um das Unmaß ihrer lieblosen Täterakte auszugleichen, die Gewaltausübung, Mord, Vergewaltigungen, Machtgehabe, Demütigung anderer, besonders der Frauen, und Brutalität beinhalteten. Und ganz klar wird uns nun ihre heutige Haltung, sich nicht vom Mann unten küssen zu lassen und auch nicht das Glied des Mannes in den Mund zu nehmen. Ihre unbewussten Schuldgefühle aus dem Leben als Pirat hindern sie, sich in der Sexualität total hinzugeben oder total aktiv zu sein. Doch unser gestörtes Verhalten – und ganz besonders in der Sexualität – setzt sich aus den Schuldgefühlen in den Täterleben und den durchlittenen Erlebnissen aus den Opferleben (oder auch aus dem heutigen Leben) zusammen.

15. Wenn sie glaubt, der Vater habe sie missbraucht

Barbara ist eine verheiratete Dreiunddreißigjährige und hat zwei Töchter. Sie ist sich sicher, dass ihr Vater sie als Pubertierende missbraucht hatte, hat aber wohl diese Begebenheiten verdrängt, da sie sich an keine Situation mehr erinnern könne, in welcher dieser sexuelle Missbrauch stattgefunden habe. Mit ihrem Mann finde schon seit langem so gut wie kein sexueller Austausch mehr statt. Sie habe seit je Angst vor Sex gehabt, ja sogar einen richtigen Ekel davor. Und sie lehnt alle jene Männer ab, die ihre weibliche Seite nicht zeigen können. Sie gehört mit ihrer Familie einer neuchristlichen Sekte an, was zusätzlich viel zu ihrer feindlichen Einstellung der Sexualität gegenüber beigetragen haben könnte. Schon dreimal hatte sie im vierten Monat einen Abortus gehabt. Sie hat Angst, dass bei Dunkelheit sich jemand hinter ihr befinden könnte, der ihr ein Messer in den Rücken stechen könnte. Deshalb schläft sie immer mit dem Rücken zur Wand. Sie leidet oft unter starken Rücken-, Bauch- und Halsschmerzen. Weiterhin hat sie Angst, zu sehr geliebt zu werden. Und eigenartigerweise spürt sie Angst vor ihrer eigenen Macht, dass sie Männer um den Finger wickeln könnte. In ihrer Jugend hat sie seitens der Familie nie wirkliche Liebe erfahren. Mit achtzehn versuchte sie einen Suizid. Nach einem der Aborte während eines einwöchigen Aufenthaltes in einem Kloster erschien ihr Jesus. Diese Christus-Erlebnisse wiederholten sich. Sie gaben ihr das Gefühl, dass alles in Ordnung sei. *(In der Psychiatrie wird solches Erleben als krankhaftes Halluzinieren abgetan.)* Auch begegnete sie im Wald einer weiblichen Lichtgestalt, die ihr sagte: „Wir wollen uns wieder vereinigen." Diese teilte ihr auch mit, dass sie schon öfter in früheren Leben vergewaltigt worden sei, jedoch auch Frauen geschändet habe. Barbara kam also zu mir, um durch eine Rückführung herauszufinden, wer zum einen diese Lichtgestalt war, und zum anderen, was es mit diesen Vergewaltigungen auf sich hatte.

In dem ihr vom Höheren Selbst zuerst aufgedeckten Leben befand sie sich einen Tag vor einer Ursache für ihre heutige Ablehnung von Sexualität als siebenjähriges Mädchen auf einer Soirée, die ihre Eltern auf ihrem großen Gut in Österreich im Jahre 1862 gaben. Vor den vielen eingeladenen Gästen aus vornehmen Familien musste sie, die Mathilda von Blaschowski hieß, unter der Klavierbegleitung ihrer Mutter in Ballettschuhen und Tanzkleid vortanzen. Sie schien ein unbekümmertes Leben zu führen und wurde von einem Privatlehrer unterrichtet. Und dann sagte ich: „Ich zähle jetzt bis drei, dann bist du einen Tag weiter, bei einem sehr wichtigen Ereignis. Eins, zwei, drei. Jetzt bist du da.“ Plötzlich beginnt sie heftig zu seufzen und weint. Sie spricht nun wie ein siebenjähriges Mädchen.

Es ist dunkel. Ich bin alleine.
Wo bist du denn da?
Da ist ein Bett. Aber ich bin in irgendeiner Ecke alleine. ... Ich sitz auf der Erde. ... Aber es ist nicht Nacht. Die Fenster sind zugezogen und die Tür ist zugeschlossen. Und da ist gerade was passiert.
War jemand bei dir im Zimmer?
(Sie wimmert.)
Ist dir Gewalt angetan worden? ... Wer war es denn? ... Ist es jemand aus der Verwandtschaft?
Ja.
Wer ist es denn? Ist es dein Vater gewesen? ... Dein Onkel? ...
Mein Bruder. ... (*aufseufzend*) Mein großer Bruder.
Wie alt ist er?
Siebzehn.
Was hat er gemacht?
Ich darf nicht darüber reden.
Tut dir etwas weh?
Ja, zwischen meinen Beinen.
Hat dein Bruder schon vorher so etwas mit dir gemacht?
Nein, noch nie.
Hat er Gewalt angewendet?
Er wollte mit mir spielen. ... Aber es hat so weh getan.
Und hattest du dich ausziehen müssen?
(Weiterhin weinend) Ich hab noch mein rosa Kleid an.
Hat er das Kleid hochgehoben und ist er dort eingedrungen?
Ja.
Hat es dort wehgetan? Blutet es da unten auch?
(Sie nickt.)
Hat er dir etwas angedroht, als er sagte, du darfst es niemandem verraten?

Dass er Mama was sagt.

Was hast du denn eigentlich gemacht, was er der Mama hätte sagen können?

(Das Weinen hört plötzlich auf.) Ich habe ihr was gestohlen. ... Ich habe ihr aus einer Vase einen Schlüssel für einen Sekretärschrank gestohlen. Da sind viele Fächer drinnen ... Ich bin neugierig. ... Ich bin daran gegangen. Ich habe was gesucht.

Hast du was gefunden?

Ein ... Papier.

Wolltest du etwas stehlen, oder warst du einfach nur neugierig?

Einfach nur neugierig.

Und hast du dann den Schlüssel wieder zurückgelegt?

Ja. Und mein Bruder hatte es gesehen.

Wie heißt dein Bruder?

Felix.

Magst du eigentlich deinen Bruder?

Ne.

Warum nicht?

Der ... der ... der lacht mich aus, wie ich tanze. Manchmal spielt er mit mir.

Was für Spiele macht er mit dir?

Früher hat er mit mir ... Pferd gespielt.

Nun sitzt du da vor deinem Bett. Es ist alles abgedunkelt. Was fühlst du denn jetzt?

Traurig. Nein, nicht traurig. Ich bin einfach kaputt. Und ich kann Mama nichts sagen. Mama schläft noch.

Glaubst du, dass du es der Mama irgendwann sagen wirst?

Nein ... Sie ist der einzige Mensch, der mich lieb hat.

Und wenn der Felix deiner Mutter das mit dem Schlüssel sagen würde, glaubst du, dass deine Mutter dann von dir enttäuscht sein würde?

Ja.

Und das willst du auf jeden Fall vermeiden?

Ja.

(Es handelt sich hierbei um einen klassischen Fall von Missbrauch. Der Junge sah, wie er aufgrund der Schuldgefühle des Mädchens wegen eines geteilten Geheimnisses dieses für seine Lust nötigen konnte, ohne dabei für seine Untat späterhin von Erwachsenen zur Rechenschaft gezogen werden zu können, da er sich sicher fühlte, dass die Jüngere nichts verraten würde.)

Ich zähle jetzt bis drei. Und wenn es noch zu einem anderen ähnlich schlimmen Erlebnis mit deinem Bruder oder mit jemand anderem kommt, dann befindest du dich dort. Eins, zwei, drei. Wo bist du jetzt?

Lange kommt keine Antwort. Barbara scheint jenes Leben im Schnellgang durchsucht zu haben. Doch ihr Unterbewusstsein hatte dort nichts gespeichert, was mit meiner Fragestellung zu tun hatte. Plötzlich befand sich Barbara in einem anderen Leben.

Sie ist eine dreißigjährige Priesterin namens Kailach. Sie besucht eine ältere Frau, die sie früher aufgezogen hatte. Diese ist krank. Kailach will sie mit ihren Händen und Kräutern heilen. Dort befindet sich auch deren Sohn, der ebenfalls dreißig Jahre alt ist. Trotz ihres Besuches lässt er seinen Oberkörper unbedeckt. Er kommt ihr wie ein verrohtes Tier vor. Doch bevor ich das sicherlich bevorstehende schlimme Ereignis sie wiedererleben lassen wollte, fragte ich sie, was für eine Priesterin sie sei. Sie antwortete, sie sei eine Keltin. Das Jahr gab sie mit 538 an. Christen seien in ihrem Land (Irland?) noch keine, es gäbe sie aber schon im Nachbarland. Da ich nun interessiert war, über das Leben einer keltischen Priesterin mehr zu erfahren, teilte sie auf mein Befragen hin mir Folgendes mit: Sie war schon als Kind zu Priesterinnen gekommen. Als sie sechzehn Jahre alt war, wurde sie auserkoren, die „Heilige Hochzeit", jeweils im Frühling stattfindend, mit einem Priester durchzuführen. Sie als Jungfrau vertrat die Göttin, während er Zerulus, den Waldgott, symbolisierte, der mit zwei Hörnern auf dem Kopf sie nun in den Wald geleitete, um dort die Entjungferung durchzuführen. Sie liegt auf einer Decke im Waldmoos. Er steigt über sie und dringt mit seinem Glied in sie ein. Es tut ihr furchtbar weh. Des Priesters anfängliches Begehren verwandelt sich in Verlegenheit, als er ihr schmerzverzerrtes Gesicht sieht. Sie wissen, dass es sich hierbei um ein Ritual handelt und dass man außerhalb des Waldes auf sie wartet. Bei ihrer Rückkehr wird sie von den Männern und Frauen in die Mitte genommen und gefeiert. Sie lässt sich nicht anmerken, wie schrecklich diese Entjungferung war. Denn hätte sie diesbezüglich etwas verlauten lassen, wäre das einer Entweihung dieses göttlichen Rituals gleichgekommen und man hätte sie ausgestoßen. Mit achtzehn wurde sie zur Priesterin geweiht.

Und nun zähle ich bis drei, dann bist du wieder bei deiner kranken Ziehmutter in ihrer Hütte. Eins, zwei, drei. Jetzt bist du da. Wie heißt sie?

Nachdem sie den Namen „Bela" nannte, sprach sie über deren Sohn. Er habe sie immer ausgelacht, wenn sie mit den Bäumen und mit der Quelle sprach. Sie hat eine große Abscheu gegen diesen Mann. Als sie nun wieder die Hütte verlässt, kommt er ihr hinterher. Er fasst sie am Hals, würgt sie, und wirft sie schließlich auf die Erde und vergewaltigt sie. Sie kann sich nicht gegen dessen Kraft wehren. Er lacht nur. Als er schließlich gegangen ist, fühlt sie Schmerzen in ihrem Unterleib. Und nach ihren Gefühlen gefragt, antwortet Kailach: „Ich möchte sterben. Ich hasse ihn." *(Und dann laut:)* „Ich verfluche ihn. Ich verfluche ihn, dass er kein Mann mehr sein kann, dass er keine Frau findet, dass sein Glied verdorren soll und er daran stirbt."

Nach diesem schrecklichen Erlebnis hat sie ihre Kraft des Heilens verloren. Sie vernimmt auch keine Stimme mehr von ihrer Göttin. Die Leute suchen sie nicht mehr als Heilerin auf. Sie stirbt mit sechzig Jahren vereinsamt. Sie hatte bemerkt, dass jener Vergewaltiger seit einiger Zeit zu den Christen, die in der Nähe nun eine Kirche gebaut hatten, hinübergegangen war. Ihr Fluch hatte sich nicht manifestiert.

Nach dem Tod wird sie von Bela empfangen. Diese führt sie durch die Schönheiten der jenseitigen Welt und beide lauschen der himmlischen Musik. Beide sind verjüngt. Bela spricht mit ihr das vergangene Leben durch. Bei der Verfluchung angekommen, bringt sie Kailach zu der Einsicht, dass sie mit dieser Verfluchung etwas Dunkles getan hatte. Sie betreten schließlich einen Palast in Regenbogenfarben. Im Inneren überwiegt das Lila. Dort in einem großen Kristallsaal stehen sie vor einem erhöhten Thron. Und Kailach weiß auf einmal: „Das ist der Thron meiner Göttin. Und diese Göttin bin ich ja selbst!“ Sie ist über diese Erkenntnis erschrocken und korrigiert sich: „Sie ist ein Teil von mir.“ Und sie erkennt nun ihre große Schuld. Denn nach ihrer Heiligen Hochzeit hatte sie die Göttin nicht mehr angerufen und um Schutz und Hilfe gebeten. Deshalb habe sich diese allmählich zurückgezogen, was mit sich führte, dass das Christentum sich in ihrem Land ausbreiten konnte. „Meine Schuld ist, dass die Menschen die Göttin vergessen hatten.“

Auf mein Befragen hin sagte Kailach, dass diese beiden furchtbaren sexuellen Erlebnisse ihre einzigen sexuellen Begegnungen mit Männern waren. Und die Leser können sich denken, dass diese beiden Begebenheiten ihr heutiges sexuelles Verhalten in vielem schon verständlich erscheinen lassen. Hinzu kommt ihr Schuldgefühl, anlässlich der Entjungferung und der Vergewaltigung nicht ihre Göttin als ihre Beschützerin angerufen zu haben.

Und plötzlich befindet sich Barbara in einem noch früheren Leben in Germanien. Sie ist eine dreißig Jahre alte Seherin mit Namen Veleda. *(Ist sie etwa die berühmte Seherin Veleda, über die Tacitus berichtete?)* Römische Soldaten haben ihren Ort überfallen. Sie wurde weggeschleppt und schließlich in einen dunklen Raum eingesperrt. Fünf Soldaten vergewaltigen sie. Schließlich stechen sie mit Messern in ihren Bauch und in ihren Rücken. Und einer schneidet ihr die Kehle durch. Sie sieht danach ihren Körper unter sich liegen. Die Soldaten lachen. Nach dem Grund ihrer Festnahme und Ermordung befragt, gibt sie mir zur Antwort, dass sie von „oben“ den Auftrag erhalten hätte, zwischen Germanen und Römern Frieden zu stiften. Doch irgendjemand hatte in absichtlicher Verdrehung der Tatsachen den Römern berichtet, dass sie es sei, welche die Germanen zum Krieg gegen sie aufgestachelt hätte.

Nun wieder vor das Wolkentor geführt, bat ich sie, das Höhere Selbst zu bitten, sie zu der Ursache zu führen, warum sie in diesen drei Leben vergewaltigt werden musste.

Sie nahm sich als einen vierzigjährigen Mann wahr, der sich Hai-Nu-U nannte. Er arbeitete mit anderen Männern zusammen für die Priester. Der Pharao hatte durch seine Kriegszüge in den Süden viele schwarze Sklaven und Sklavinnen erobert. Er war des Glaubens, dass viele dieser Frauen schwarze Magie betrieben und als Sklavinnen mit ihren Zaubereien großen Schaden anrichten könnten. Wenn sie jedoch zuerst vergewaltigt worden wären, würde ihnen dadurch die Macht genommen werden. Hai-Nu-U ist nun einer dieser beauftragten Männer, die diese Nubierinnen in einem Lager vergewaltigten. Viele der Vergewaltigten bringen sich um. Die Männer betrinken sich und ermuntern sich unter Gelächter gegenseitig bei der Erfüllung ihres Auftrages. Hai-Nu-U hat zuerst Mitleid. Doch die anderen hänseln ihn, reichen ihm alkoholische Getränke, bis er sich schließlich rücksichtslos an den Vergewaltigungen beteiligt. Er wird für seine Schändlichkeiten reich belohnt, verfällt jedoch mehr und mehr der Trunksucht. Nach Erledigung dieses Auftrages geht er in die Stadt und verschleudert sein Geld in kürzester Zeit. Alle Freude ist aus seinem Leben gewichen. Mit vierzig liegt er im Sterben. Und von mir befragt, was er nie wieder tun wolle, antwortet er: „Ich will nie wieder einer Frau weh tun.“ Im Ganzen hatte er „zwanzig, dreißig, viele, viele“ Frauen vergewaltigt. Und er fügt hinzu: „Ich will das irgendwie wieder gutmachen.“

Nach seinem Tod läuft sein ganzes Leben vor ihm ab.

Ich muss jetzt angucken, was ich getan habe. ... Was für ein Wahnsinn!
Empfindest du Reue?
Ja.
Was geschieht dann?
Da ist jemand und sagt, dass er mir hilft. ... Meine Schwester ist wieder da. Die kenne ich. Es ist Bela. *(Es handelt sich um jene Seele, die im Leben als Kailach ihre erkrankte Ziehmutter war und im heutigen Leben ihre Schwester ist. Wenn sich der Leser verwundert, wie Hai-Nu-U Personen aus zukünftigen Leben wiedererkennt, dann sei nochmals darauf hingewiesen, dass man bei Rückführungen meist ein elliptisches Bewusstsein hat mit den zwei Fokussierungspunkten.)* Sie nimmt mich und tröstet mich jetzt. Und sie sagt, ich könne jetzt erst einmal ausruhen. ... Sie hilft mir jetzt, meinen Körper zu verlassen. ... Sie zieht mich heraus. *(Stöhnt vor Erleichterung.)* Das war gut.
Wo ruhst du dich denn aus?
Hier war ich schon einmal, in diesem Kristallsaal. *(Vgl. ihr nachtodliches Leben als Kailach.)* ... Hier bin ich alleine. ... Ich muss etwas sagen. ... Dort sage ich jetzt: „Ich nehme das auf mich." Ich will nicht, dass Frauen das erleiden müssen. Ich werde das jetzt auf mich nehmen. Und ich weiß, dass das schwer wird.
Erkläre einmal genauer, was du darunter verstehst.
Es ist so sinnlos. ... Männer müssen das nicht tun. Sie müssen Frauen gar nicht wehtun.
Aber du als Hai-Nu-U hast es ja selbst gemacht.
Ich will wissen, wie es den Frauen dabei ergeht, damit ich das ändern kann. Damit ich lernen kann, dass das sinnlos ist, was Männer tun. Damit ich lernen kann, wie Frauen das verhindern könnten. Ich will lernen, wie Frauen verhindern können, dass Männer ihnen wehtun. ... Ich muss es selber erfahren, wie schlimm es für Frauen ist, damit sie sich wehren.
Und wie können sich Frauen wehren?
Sie können sich wehren, wenn sie die Göttin in sich entdeckt haben.
Um welche Göttin handelt es sich denn?
Das ist egal. Sie hat viele Namen.

Wieder vor dem Wolkentor angekommen, erfährt Barbara von ihrem Höheren Selbst, dass sie für ihre Vergehen an Frauen im Ganzen zehnmal vergewaltigt werden sollte. Achtmal ist sie in den schon aufgedeckten Leben vergewaltigt worden, zweimal ist es in einem Leben als Nonne geschehen. Sie erfährt auch weiterhin, dass ihr heutiger Ehemann jener Priester war, der sie in der Heiligen Nacht entjungfert und sie in dem späteren Leben als Veleda an die Römer verraten hatte. Jedoch der Sohn von Bela, der sie als Kailach vergewaltigte, ist ihr heutiger Vater. Daher stammt ihr Gefühl, dass sie von ihrem heutigen Vater im jetzigen Leben missbraucht worden war. Ihre heutige Mutter war eine von jenen Nubierinnen, die sie als Hai-Nu-U vergewaltigt hatte. Und auf dem Berg der Erkenntnis wird ihr klar, woher ihre Angst vor Männern, vor Gewalt und Sexualität stammt, wie auch jene Angst, durch einen dunklen Wald zu gehen. Und sie weiß nun, dass ihre heutigen Rücken-, Bauch- und Halsschmerzen von der Ermordung durch die fünf Römer herstammen. Ihre heutige Angst, dass ihr jemand ein Messer in den Rücken stechen könnte, hat ebenfalls ihre Ursache in jenem Leben als Veleda. Sie erkennt das Karmagesetz, wonach sie ein Gleiches erleben muss, was sie anderen angetan hatte, dass sie also ebenfalls die Vergewaltigungen als Frau in späteren Leben erfahren musste, um ihre Verfehlungen als Kai-Nu-U auszugleichen. Jene frauliche Lichtgestalt, die ihr im heutigen Leben im Wald begegnete, war jene Göttin, der sie als Kailach gedient hatte.

Und bei ihrer Befreiungsformel steckt sie nicht nur ihre Angst vor Männern, vor Sexualität, vor Gewalt und ihre Rücken-, Magen- und Halsschmerzen in den Kiefernzapfen hinein, sondern auch die Angst vor ihren eigenen Fähigkeiten und ihrer Macht samt allen angestauten Schuldgefühlen.

Diese Rückführungstherapie hatte etwa fünf Stunden gedauert. Vier Tage später begegnete ich Barbara wieder. Sie strahlte und sagte, dass sie sich „super" fühle, und sie könne sich im Bett ihrem Mann wieder voll hingeben. Auch ihr Physiotherapeut erklärte ihr zu seinem Erstaunen, dass der Verspannungspunkt auf ihrem Rücken auf einmal verschwunden sei. Und sie fügte hinzu: „Ich sehe jetzt alles leichter."

16. Wenn jeglicher Orgasmus ausbleibt

Jessica ist das vierte von sechs Kindern, die streng katholisch erzogen werden. Schon als Kind fürchtete sie sich vor dem Vater, der seine Kinder schlug. Seine Ausstrahlung machte ihr Angst. Jedoch als sie acht Jahre alt war, verstarb er. Und da sie sich späterhin nur mit Männern eingelassen hatte, die bedeutend älter als sie gewesen waren, glaubte sie bisher, dass sie immer noch in den Männern nach ihrem Vater suche. Die meisten Psychologen würden ihr in dieser Annahme bestimmt zustimmen. Auch heute hat sie eine Beziehung zu einem achtzehn Jahre älteren verheirateten Mann namens Mike. Sie treffen sich selten, da er dreihundert Kilometer entfernt wohnt, doch telefonieren sie täglich zweimal miteinander. Die Mutter hatte Jessica negativ programmiert mit Sätzen wie: „Das schaffst du niemals" (z.B. das Abitur). All diese Äußerungen addierten sich zu ihren sich verstärkenden Minderwertigkeitsgefühlen. Doch noch schlimmer waren moralische Infiltrierungen ihrer Mutter wie „Sex ist etwas sehr Schmutziges" und „Junge Mädchen, die mit Jungen anbändeln, sind Flittchen". Mit sechzehn hatte Jessica ihren ersten Beischlaf mit einem zwanzig Jahre älteren Mann. Sie verweigerte sich ihm lange, doch als sie merkte, sie würde ihn deswegen verlieren, gab sie sich ihm hin. Sie hat mit Männern, wie sie sagt, am liebsten kameradschaftliche Beziehungen. Nur wenn diese sich wieder von ihr entfernen könnten, weil sie sich ihnen gegenüber sexuell abstinent verhält, gibt sie deren sexuellem Verlangen nach. Ihre Verlustängste überwiegen dann ihre Abstinenzängste. Doch sie tat es widerwillig, obwohl sie sich bemühte, die Libido der Männer zufrieden zu stellen. Auch ließ sie, bis sie den bereits verheirateten Mike kennen lernte, keine emotionale Bindung zu, sodass sie auch heute mit ihren vierunddreißig Jahren noch nicht verheiratet ist. Ihre Männerfreundschaften erstrecken sich auf solche älteren Männer, die ihr gegenüber eine Art Lehrer-Schüler-Verhältnis bilden und möglichst schon anderweitig gebunden sind. Auch Mike ist für sie ein Ratgeber und Lebenslehrer.

Jessica hatte nie eine lesbische Neigung verspürt, obwohl sie sich als junges Mädchen nicht für Puppen interessierte, sondern lieber nur mit Jungen spielte. Späterhin stellte eine Ärztin bei ihr fest, dass sie zu viele männliche Hormone habe, weshalb ihr weibliche Hormone verschrieben wurden. Jessica will auf keinen Fall ein Kind bekommen. *(In einer meiner Gruppenrückführungen hatte sie erfahren, dass sie einst an einer Kindsgeburt gestorben war.)*

Sie hatte bisher noch nie einen Orgasmus gehabt, weder mit einem Mann noch durch Masturbation. Bei sexuellen Vorspielen mit einem Mann kann sie sexuell erregt werden, doch sobald dieser mit seinem Glied in sie eingedrungen ist, reagiert ihr ganzer Körper mit Abwehr. Seit ihrer ersten Menstruation stellten sich häufige Zwischen- und auch Dauerblutungen ein. Immer wieder wurden bei ihr späterhin Zysten im Unterleib festgestellt, und einmal musste sie sich deswegen operieren lassen. Häufig wird sie von Bauchkrämpfen heimgesucht. In und außerhalb ihrer Scheide macht sich oft ein heftiger Juckreiz bemerkbar. Und von ihrem Schambereich bis zum Bauchnabel hin ist der Unterleib mit einer Psoriasis bedeckt, jener unangenehmen Schuppenflechte, die sie seit vielen Jahren quält und gegen die noch kein Mittel geholfen hatte.

Für die nun bevorstehende Rückführungstherapie stellten wir die Ursachenaufdeckung und die Heilung ihrer Schuppenflechte in den Vordergrund. Doch da die aufgedeckten Leben ebenfalls mit ihrer Ablehnung von Sexualität zu tun haben, sollen diese hier kurz erwähnt werden.

In dem zuerst aufgedeckten Leben im siebzehnten Jahrhundert ist Jessica eine neunzehnjährige Schweizerin holländischer Vorfahren namens Annerike, die Ziegen und Kühe auf der Alm zu melken und Käse herzustellen hat. Manchmal besucht sie ein Bauernsohn, der allgemein als Tölpel verlacht wird. Dieser stürzt sich eines Tages auf sie, die Jungfräuliche, und vergewaltigt sie. Sie ist geschockt. Sie hatte ihm nie diese Untat zugetraut, sondern ebenfalls im überheblichen Ton über seine Tölpeleien lachen müssen. Einen Tag später befindet sie sich im Wald und denkt an Suizid. Sie fühlt sich beschmutzt. Sie ekelt sich vor sich selbst. Ihre Großmutter hatte ihr gepredigt, dass eine Braut immer unbefleckt in die Ehe zu gehen habe. Zwei Tage später stürzt sie sich von einer Anhöhe hinunter. Sie sieht ihren blutigen Körper auf Steinen liegen. Ein Engel erscheint ihr, der sie abholt.

Das Höhere Selbst führt sie anschließend in ein früheres Täterleben hinein. Jessica war damals ein fünfundzwanzigjähriger Soldat namens Kaschini, der in Palästina zur Zeit der Kreuzzüge von seiner Truppe als Kundschafter ausgebildet worden war. Mit seinen Kumpels sitzt er eines Abends in einer Taverne, wo sie von einer Siebzehnjährigen namens Sabbi bedient werden. Diese hatte bisher allen Annäherungen der Gäste widerstanden. Als alle Männer betrunken sind, geht man eine Wette ein, ob oder nicht der Weiberheld Kaschini die Widerspenstige zähmen könne. Selbst der Wirt ist mit von der Partie, könnte er doch sicherlich mit einer Gefügigen mehr Geld verdienen. Kaschini zieht Sabbi in einen Hinterraum und vergewaltigt die sich Wehrende und laut Schreiende, während die Männer erst lauschen und dann lachen. Er sagt noch zu dem Mädchen: „Stell dich nicht so an. Du kannst damit viel Geld verdienen.“ Als er nun zu den anderen zurückkehrt, wird er von ihnen mit

Gejohle empfangen. Man klopft ihm auf die Schultern. Kaschini fühlt sich wie ein Held, der eine wilde Stute gezähmt und eingeritten hat. Während sich Sabbi nicht mehr blicken lässt, bedient der Wirt seine immer wieder lachenden Gäste weiter.

Mit vierunddreißig wird Kaschini von Feinden gefangen genommen. Man bindet ihn an einen Pfahl. Mit Speeren sticht man ihn in den Unterleib und in den Bauch. Man weidet sich an seinen Todesqualen, bis ein letzter Stich ins Herz ihn von den Torturen befreit. Und von mir nach seinem Tod befragt, ob er Reue wegen seiner Schandtat an Sabbi fühle, verneint er dieses, und fügt in echter Schurkenmanier hinzu: „Frauen sind doch sowieso nichts wert."

Das Höhere Selbst vor dem Wolkentor wies darauf hin, dass Jessicas Unterleibsprobleme samt der Zystenbildung unter anderem von jenen Speerstichen in den Unterleib kämen sowie auch von der Vergewaltigung als Annerike, da ein karmischer Ausgleich zu erfolgen hatte. Und auf meine Bitte hin, Jessica zu der Ursache für ihre Psoriasis auf dem Unterleib zu führen, wurde sie in ein Leben geleitet, das im antiken Griechenland stattfand.

Sie heißt nun Antonis und ist ein siebzehnjähriger Jüngling, der an einer Philosophenschule in Saloniki Rhetorik bei seinem vierzigjährigen Meister Saroniki studiert. Dieser ist stolz auf seinen Lieblingsschüler, da er die ihm beigebrachte Ironie in seine Redekunst einzuflechten weiß. Er kann wunderbar seinen Spott über andere zum Ausdruck bringen, was ihn bei anderen Mitschülern in Missgunst bringt. Die Gunst des Lehrers weiß er sich auch durch erotische Gefälligkeiten zu sichern, was ebenfalls zum Neid der anderen beiträgt, die sich zurückgesetzt fühlen. Homosexualität gehört wie selbstverständlich zur jugendlichen Ertüchtigung. Anlässlich eines Redewettbewerbs in einer anderen Stadt bekommt der nun neunzehnjährige Antonis plötzlich Bauchkrämpfe. Er wälzt sich auf dem Boden und ringt nach Luft. Dann sieht er seinen Körper von oben unter sich liegen. Er beobachtet diejenigen, die sich um seinen Leichnam scharen. Er kann deren Gedanken lesen. Er weiß nun, dass er von seinen Neidern vergiftet worden ist. Er hatte sie immer als seine Freunde und Liebeskumpanen angesehen und ist nun von ihnen sehr enttäuscht. Und am meisten ist er über sich selbst enttäuscht, dass er ihnen so blindlings in allem vertraut hatte.

Vor dem Wolkentor erfährt Jessica von ihrem Höheren Selbst, dass ihre Seele sich einst in Afrika in dem Körper eines Stammeshäuptlings befunden hatte, der seinen ältesten Sohn vergiftete, weil er nicht ihm, sondern seinem Lieblingssohn die Nachfolge zusichern wollte. Aus karmischen Gründen musste sie nun selbst einen Vergiftungstod erleben. Die Seele des von Antonis so verehrten Rhetoriklehrers Saroniki ist heute im Körper von Mike wiedergeboren. Diesem sei sie schon in drei anderen früheren Leben begegnet. Ihre gegenseitige heutige Anziehungskraft komme aus diesen vier Leben. *(Jessicas Verhältnisse mit älteren Männern haben also nichts mit der Suche nach dem Vater zu tun, sondern sind Ausdruck ihrer Suche nach Männern, die ihr gegenüber eine Art Lehrerfunktion ausüben. Und vielleicht suchte sie unbewusst immer noch nach ihrem damaligen Lehrer Saroniki, der nun als Mike wiedergeboren worden ist und den sie endlich wiedergefunden hat.)*

Und nach der Ursache für die Psoriasis auf Jessicas Bauch befragt, weist ihr Höheres Selbst sie darauf hin, dass ihre Schuppenflechte unter anderem mit dem damals eingenommenen Gift zusammenhinge, da ihr Körper versucht habe, dieses Gift durch die Bauchwand nach außen abzustoßen. *(Und wie wir noch im Weiteren erkennen werden, ist diese Psoriasis auf dem Unterleib aufgrund ihrer Programmierung, nie wieder einen Mann über sich steigen zu lassen, eine sichtbar gewordene Abwehr gegen kopulationssuchende Männer, um ihnen durch die abschreckenden und oft blutig aufgekratzten Hautverunstaltungen Ekel einzuflößen, der sie davon abhalten könnte, weiterhin sexuell mit ihr zu verkehren.)*

Nachdem Jessica in den Kiefernzapfen all ihre Bauch-, Unterleibs- und Hautprobleme hineingesteckt und dem Lichtfeuer übergeben hatte, führte ich sie allmählich in das Hier und Jetzt zurück. Ein halbes Jahr später hielt ich mich wieder in ihrer Stadt auf, wo sie nochmals die Chance, einer Rückführungstherapie nachkommen zu können, wahrnahm. Als Erstes sagte sie mir, dass innerhalb von drei Tagen nach unserer letzten Therapie ihre hässliche Psoriasis auf ihrem Unterleib vollkommen verschwunden sei. Auch fühle sie, wie sich ihre Zysten zurückbildeten. Dieses Mal sei sie wiedergekommen, um die Ursachen herauszufinden, warum sie noch nie einen Orgasmus bekommen habe und warum sie sich sexuell nicht völlig hingeben könne.

Jessica ist jetzt eine siebzehnjährige Animierdame namens Linde, die in einem Etablissement ihres Onkels in München im Jahre 1564 arbeitet. Dieser hatte sie bei ihrer allein stehenden Mutter abgeholt mit dem Versprechen, ihr eine gute Anstellung zu verschaffen. Linde hatte es bisher immer verstanden, die aufdringlichen Freier derart betrunken zu machen, dass sie deren weiteren Wünschen nicht mehr nachzukommen brauchte. Nun fand sich aber ein Mann namens Herold ein, der dem „Oheim" schon Geld für den Beischlaf mit seiner Nichte gegeben hatte. Somit geht ihr Onkel zu ihr und sagt, dass sie sich nun entjungfern lassen müsse, hätte er doch schon einem Freier diesbezüglich ein Versprechen gegeben. Linde ist bestürzt und weigert sich, eine Prostituierte werden zu sollen. Doch sie kann sich den drohenden Gebärden des Onkels nicht widersetzen und lässt sich in ein Zimmer führen, in das alsbald Herold, ein fünfunddreißig Jahre alter Mann mit Bart, hereinkommt. *(Der Leser wird jetzt sicherlich schon ahnen, dass nun der karmische Ausgleich für jenes Leben bevorsteht, welches Jessica als der Weiberheld Kaschini erlebte, als er Sabbi vergewaltigte.)* Linde wird von großer Angst gepackt. Doch dann denkt sie an die Worte ihrer Mutter, die sagte, dass eine Frau alles den Männern zuliebe machen müsse. Auch den Beischlaf müsse man über sich ergehen lassen. Er fordert sie auf, mit ihm Likör zu trinken. Als er ihr unter den Rock greifen will, entzieht sie seiner sich vortastenden Hand ihre Beine. „Ich habe für dich bezahlt. Wenn du nett bist, dann bin ich nett zu dir. Wenn nicht, muss ich dir wehtun." Dann fordert er sie auf, sich vor ihm auszuziehen. „Das mach ich nicht", entgegnet sie. Jetzt gibt er ihr eine Ohrfeige und entkleidet sie. Er holt seinen Penis hervor und zwingt die sich Weigernde dazu, diesen in den Mund zu nehmen. Da sie so widerwillig damit umgeht, stößt er sie zurück, legt sie auf eine Bank und dringt mit seinem Glied in ihre Vagina ein. Sie entflieht gedanklich ihrer räumlichen Gegenwart und befindet sich bei ihrer Mutter, sich vorstellend, was diese jetzt wohl denken würde, wenn sie das sähe. Sie verdrängt derart die Gegenwart, dass sie nichts von dem weiteren Vorgang verspürt. Ihre Augen bleiben die ganze Zeit über verschlossen. Schließlich steigt er von ihr herunter und sagt: „Du hast ihm *(seinem Glied)* keine Freude bereitet. Es ist schad ums Geld. Aber ich werd es dir noch beibringen." Nachdem er Schnaps getrunken hat, verlässt er das Zimmer mit der Androhung, sich erst beim Oheim beschweren zu wollen, bevor er es nachher mit ihr nochmals versuchen wolle. Sie möge ihm unten in der Stube einstweilen das Essen auftragen.

Sie versucht, ihn betrunken zu machen, doch hat er ihren Plan durchschaut und will nur Wasser trinken. Bei der wiederholten Kopulation wird es Linde ganz schwarz vor den Augen. Sie verliert ihr Bewusstsein. *(Wie wir noch sehen werden, tritt manches Mal die Seele bei schlimmen Vorkommnissen aus dem Erdenkörper heraus – was oft bei sexuellem Missbrauch von Minderjährigen geschieht – und kehrt erst nach dem schrecklichen Geschehen in diesen zurück.)* Als sie wieder zu sich kommt, ist sie allein in der Stube. Sie möchte schreien, aber sie kann nicht. Sie hat nur den einen Gedanken, sterben zu wollen. Ihr Oheim, der die Beschwerde von Herold wohl über sich ergehen lassen musste, kommt zu ihr und gibt ihr eine Ohrfeige. Dann schickt er sie in ihr Zimmer. Linde fühlt sich entehrt. Sie möchte sich aus dem Fenster stürzen. Alles erscheint ihr so sinnlos. Alles dreht sich ums Geld. Am nächsten Tag macht der Onkel ihr Vorwürfe. Er sei enttäuscht, da er so viel Geld in sie investiert habe. Für sie gebe es jetzt zwei Möglichkeiten, entweder übergebe er sie nun in ein anderes Etablissement oder sie nütze bei ihm eine zweite Chance. Doch Linde ist in ihrem Stolz fest entschlossen, sich lieber das Leben zu nehmen, denn als Prostituierte zu arbeiten.

Anlässlich eines Spaziergangs mit anderen jungen Frauen des Etablissements bringt sie diese auf die Idee, den Burgturm zu besteigen. Vor diesem dort angekommen, sagt sie: „Ich gehe schon voraus und warte oben auf euch." Oben angekommen, stürzt sie sich vom Turm hinab. Und ihre Programmierung nach dem Tod lautet: „Ich will mich nie wieder für Geld verkaufen. Ich will nie wieder ‚das' *(das Eindringen des Penis)* spüren. Sexualität ist schmutzig." *(Wir können wiederum erkennen, wie sehr durch diese Programmierung ihre später im Leben der Jessica auftretende „schmutzige" Psoriasis gefördert wurde. Und viele Geschlechtskrankheiten mögen aus ähnlichen Programmierungen sich in den späteren Leben manifestiert haben. Auch erkennen wir, dass durch diese Programmierung, nie wieder das Eindringen des Penis spüren zu wollen, ihr Abwehrverhalten bei der Kopulation bestimmt wird.)*

Vom Höheren Selbst erfährt sie, dass jener Herold im heutigen Leben einer ihrer früheren Vorgesetzten war, während jener Oheim ihr heutiger Vater ist. Jetzt wird ihr klar, warum sie schon als junges Mädchen vor ihrem nun verstorbenen Vater solche Angst hatte. Und es wird auch dem Leser klar sein, dass die verbalisierte Programmierung ihrer Mutter, Sex sei schmutzig, eine Verstärkung dieser ursprünglichen Programmierung aus dem soeben erfahrenen Leben war.

Nach einem weiteren Leben als mögliche Ursache für ihre Orgasmushemmung und Sexunlust gefragt, führte sie ihr Höheres Selbst in ein Leben, in welchem Jessica als eine sechzehnjährige Novizin in einem benediktinischen Nonnenkloster in Oberbayern im Jahre 1237 lebte. Sie heißt Isabella. Ihre Eltern konnten die zahlreichen Kinder nicht mehr verköstigen und waren froh, ihre Tochter zu den Nonnen geschickt haben zu können. Dort fühlt sich Isabella sehr eingeengt, alles erscheint ihr „so düster" und alles ist „so falsch". Es gibt bei all dieser observierten Strenge nichts Liebevolles. Liebe ist nur Schein. Nur die

Hälfte der Novizinnen und Nonnen hatten sich freiwillig für die Klostermauern entschieden. Die Kleidung muss immer lang genug sein, sodass noch nicht einmal die nackten Knöchel zu sehen sind, selbst bei der Gartenarbeit. Jedes auch nur kurze Offenlegen der Beine bedeutet unzüchtiges Verhalten, das gerügt oder aber auch bestraft wird. Die Äbtissin hält strengste Wacht. Und hin und wieder kommt ein Abt zu Besuch, um nach der rechten Ordnung zu sehen. Nach der Ankündigung des bevorstehenden Besuchs dieses hohen Würdenträgers müssen alle putzen oder den Garten in Ordnung bringen. Sie fürchten alle diesen gestrengen Geistlichen.

Am folgenden Tag kommt der kleine glatzköpfige Abt. An seiner Robe hängt ein großes Christuskreuz. Alle Novizinnen müssen sich vor ihm aufstellen. Er prüft eine jede mit seinen stechenden Augen. Und er kündigt an, dass er mit jeder ein Einzelgespräch führen möchte, um zu sehen, ob sie für die Zwischeneinweihungen bereit seien. Dann fragt er die Äbtissin, wer von ihnen ungehorsam war oder sich gar „unzüchtig" verhalten habe. Diese nennt zehn Namen, unter denen sich auch der von Isabella befindet. Diesen droht er an, dass er ihnen Gehorsam beibringen werde. Sie müssen vor der Tür des Abtes warten. Jede, die vor Isabella bisher hineingerufen wurde, kommt mit verweinten Augen wieder raus. Sie ist die Vorletzte, die hineinzitiert wird. Sie hat Angst.

Und berichte, was geschieht, als du hineingehst.

Es ist kalt. Und er sagt: „Komm her zu mir, mein Kind." Ich muss mich vor ihm hinknien. Er schaut mich an und sagt, dass die Äbtissin nicht immer mit mir zufrieden war, dass ich nicht immer aufpasse und dass ich ungehorsam sei, dass ich nicht auf meine Kleidung achte. Er sei die Vertretung Gottes auf Erden und er müsse mich bestrafen.

Worin besteht die Strafe?

Er hat eine Rute. Ich muss mich nach vorne beugen. Und er sagt, er müsse mich jetzt mit zehn Schlägen bestrafen. Und zu diesem Zweck muss ich mich über den steinernen Tisch beugen. Er kommt nun auf mich zu. Ich sehe, wie er die Rute in der Hand hat. Ich denke, es kann ja nicht so schlimm werden. Und auf einmal spür ich, wie er meine Kutte hochhebt. Und er sagt, er müsse das machen, damit er fest zuhauen kann. Aber ich spüre, da stimmt was nicht. Denn er berührt mich und greift überall herum.

Berührt er deine Geschlechtsgegend?

Hm. ... Und er sagt, er müsse mich bestrafen. Dann sagt er, ich müsse mich umdrehen. Und dann berührt er mich vorne überall.

Hat er die Kleider runtergerissen?

Nein, der hat alles hochgehoben bis zum Hals. Er berührt mich und sagt, ich solle die Beine spreizen. Und er sagt dann, er müsse mich schlagen. Und dann schlägt er zu.

Wohin?

Vorne auf den Schambereich. Und er schaut mich an, wie ich zucke. Es tut mir eigentlich weh. Jetzt schlägt er mich am Po und wieder am Vorderteil. Und er fragt mich, ob ich das versteh, dass er mich strafen müsse. Denn Unzüchtigkeit werde bestraft. Und er werde sich erkundigen, ob diese Strafe ausgereicht habe, sonst käme er wieder. ... Ich hab das schon bei den Knechten gesehen *(diese wurden ebenfalls gezüchtigt)*, und ich glaub, dass das ihm Spaß macht. ... Und er sagt, dass ich in Zukunft züchtig sein und mich benehmen müsse. Und als Strafe gibt er mir auf, den Rosenkranz zu beten. Damit soll ich Gott um Verzeihung bitten. Und bevor ich entlassen werde, muss ich mich nochmals vor ihm hinknien und ihm die Hand küssen, und somit ihm Ehrerbietung erweisen ... Er berührt nochmals meinen Kopf und sagt, dass ich mich an ihn erinnern soll. Dann bin ich entlassen.

Gehst du ebenfalls weinend hinaus?

Nein. Ich hab mir gedacht, ich bin stark, ich steh das durch. Ich hab mir fest vorgenommen, dass ich ihm das nicht zeig, was ich gefühlt und gedacht habe.

Unter der Aufsicht der Äbtissin muss sie mit den anderen kniend einige Male den Rosenkranz in der Kapelle beten. Sie nimmt sich vor, nie wieder in irgendeiner Weise aufzufallen, sodass sie keiner weiteren Einzelbegegnung mit dem Abt entgegensehen muss. Dreißig Jahre später ist sie an einer Lungenentzündung gestorben. Ihre nachtodliche Programmierung lautete: „Ich will nie wieder eingesperrt sein. Ich will nie wieder diese Scheinheiligkeit erleben. Ich will nichts mehr mit Männern zu tun haben." Vom Höheren Selbst erfährt Jessica, dass die Äbtissin einer ihrer früheren Arbeitskollegen ist, während der damalige Abt ihr als ein Freund begegnet war. *(Wir wissen, dass man oft Übeltätern aus einem früheren Leben in heutiger Gestalt wiederbegegnet, damit man ihnen die Chance gibt, wieder etwas an einem gutmachen zu können. Trotzdem wird man mit solchen Menschen meist nicht warm werden können, da immer noch ein ungutes Gefühl spürbar sein dürfte.)*

Dem Abt war es nur allzu angenehm, von der Äbtissin „unzüchtige" Novizinnen genannt zu bekommen, die er in sadistischer Manier sexuell berühren und zugleich züchtigen konnte. *(Auch er wird in einem späteren Leben ein gleiches Gezüchtigtwerden erleben müssen. So erfordert es das Gesetz.)* Und Isabella hatte sich vorgenommen, sich keine Gefühlsregungen bei diesen Begrapschungen und Rutenschlägen anmerken zu lassen. Dies wird mit ein Grund dafür sein, dass sie sich einem Mann auch im heutigen Leben noch nicht voll hingeben kann, um ihn keine Gefühlsregungen merken zu lassen.

In einem anderen Leben um 1703 ist Jessica ein französischer Baron namens Igo (Hugo?), der in Straßburg mit seinen Freunden Frédéric und Gustave ein Herrenetablissement besucht. Nicht nur sie, auch die Damen tragen Perücken, während ihr tiefer Ausschnitt die Oberpartien der Busen freilegt. Die junge Dame, mit der Igo tanzt, führt er in ein Seitenzimmer. Nicht ahnend, dass sich in diesem Etablissement auch unbeschuldete Animierdamen, die nicht dem horizontalen Gewerbe nachgehen, befinden und diese junge Dame noch Jungfrau ist, zwingt er die sich Wehrende und Schreiende mit all seiner Kraft zum Sexualverkehr. Er bekommt einen Orgasmus. Dann sieht er, wie sie weint. Auf einmal wird ihm schwindelig. Er verlässt fluchtartig das Haus und geht mit einem schlechten Gewissen durch die Straßen. Mit siebenundfünfzig Jahren stürzt er vom Pferd und verstirbt. Danach gefragt, was er nie wieder machen würde, antwortet er: „Ich will nie wieder in einen Sexrausch verfallen." *(Dies war, wie ich meine, ein vorgeschriebener Test, um zu prüfen, ob seine Seele aus dem Leben der Linde, die einhundertdreiundsiebzig Jahre zuvor vergewaltigt worden war, gelernt habe. Denn diese habe die Schrecklichkeit des Vergewaltigtwerdens an sich erfahren.*

Dieses Erlebnis hätte eigentlich reichen müssen, um nie wieder, so er als Mann geboren werden würde, solch eine Vergewaltigungstat an einer Frau durchzuführen. Doch seine augenblickliche Sexgier oder seine Eroberungssucht hatten diese Erlebnisse in den Hintergrund geschoben. Erst als Igo die Tränen von der Vergewaltigten sieht, kommen in ihm Schreckensgefühle über das Entsetzliche seiner gegenwärtigen Tat hoch. Mit Schuldgefühlen läuft er davon. Er hat den Test nicht bestanden. Und sicherlich wird diese Seele nochmals in jenem oder in einem zukünftigen Leben einem ähnlichen Test unterzogen werden müssen. Doch bin ich sicher, dass er diesen dann aufgrund seiner Schuldgefühle bestehen wird.)

Wir können sehen, dass solche Arten von Programmierung gepaart mit einem Schuldgefühl selbst noch über Jahrhunderte nachwirken können. Und werden sie nicht aufgelöst, können diese noch weitere Jahrhunderte an uns haften und auch in zukünftigen Leben unser Sexualleben negativ beeinflussen. Ich ließ Jessica ihr Höheres Selbst fragen, ob es noch irgendetwas von Wichtigkeit in Bezug auf ihre heutige sexuelle Abstinenz gebe. Und auf eine bejahende Antwort führte dieses sie in ein Täterleben hinein, das sie als Wikinger mit dem Namen Iwangor geführt habe. Diese Männer von den Westküsten Skandinaviens fahren mit ihren Schiffen an die Küsten anderer Länder, überfallen meistens nachts bewohnte Orte, plündern, töten, vergewaltigen. Manche Männer werden mit fortgeschleppt, um sie als Sklaven im Bergbau arbeiten zu lassen. Iwangor scheint einer der Eifrigsten zu sein. So erlebt er sich bei der Vergewaltigung einer Fünfundzwanzigjährigen, die er zuerst mit dem Schwert bedroht, um sie gefügig zu machen. Vergewaltigungen sind, wie er gesteht, an der Tagesordnung. Zwei Jahre später wird er bei einem Raubüberfall von einem Speer im Bauch tödlich getroffen. *(Auch dieser Speerstich ist ein Grund für ihre heutigen Unterleibsschmerzen und Zysten.)*

Das Höhere Selbst, nach der Ursache für ihre Orgasmushemmungen gefragt, erklärt, dass sie sich deshalb Orgasmen versagt, da diese in ihr wieder die Lust zur Sexualität hervorrufen würden. Sie habe Angst, diese Lust wieder zu spüren, da sie somit wieder zur Triebhaftigkeit verleitet werden könnte, wodurch sie sich durch Untaten weiterhin versündigen würde.

Nach dem Tode als Iwangor hatte dieser erfahren, dass zwei der von ihm Vergewaltigten sich daraufhin das Leben genommen hatten, während eine andere wahnsinnig geworden sei. Diese daraus entstandenen Schuldgefühle haben auch bewirkt, dass dieser in einem Folgeleben als Nonne wiedergeboren werden wollte, um somit nicht mehr der Versuchung zur sexuellen Triebhaftigkeit ausgesetzt sein zu können. Wir als Seelen gleiten oft von einem Extrem in ein anderes. Der sexuelle Übeltäter wird zur Nonne. Und oft ist danach wieder ein Leben angesagt, in welchem man wieder das nachholen möchte, worauf man Verzicht zu leisten genötigt war. Der Grund, wie mir scheint, dass nun Isabella die Rutenschläge samt den unsittlichen Berührungen, die eine extreme Entwürdigung ihrer Keuschheit und Fraulichkeit darstellten, ohne Gegenwehr hinnahm, liegt wohl darin, dass wir Seelen meistens nach einem Täterleben einem Selbstbestrafungsmechanismus unterliegen, sodass wir automatisch jene Situationen anziehen, die für uns Bestrafung oder Entwürdigung bedeuten.

Jessicas Befreiungsformel beinhaltete ihre Lossagung von dem sich nicht völligen Hingebenkönnen im Sexualakt, samt der Befreiung von Orgasmushemmungen und dem Gefühl, dass Sexualität etwas Schmutziges sei.

Zwei Jahre nach der letzten Rückführung konnte ich Jessica telefonisch erreichen. Bei ihr hat sich seitdem Erstaunliches ereignet. Ihre Minderwertigkeitsgefühle, die wir natürlich auch in den Kiefernzapfen gesteckt hatten, waren verschwunden. Hatte sie vorher Minderwertigkeitsgefühle Männern gegenüber, die auch noch dadurch gefördert wurden, dass man ihre Meinungen nicht respektierte und sie nicht ernst nahm, so ist sie jetzt in einer Firma Prokuristin, die in dieser leitenden Stellung die Achtung der Männer genießt und deren Meinung und Rat man akzeptiert. „Ich bin dabei, mich selbst zu behaupten. Ich bin selbstbewusster geworden. Ich bin nicht mehr das Mädchen, sondern eine Frau.“ Sie kann sich auch außerhalb des Berufslebens besser mit Männern unterhalten und sie hat hin und wieder sogar eine sexuelle Begegnung, was vorher nahezu ausgeschlossen war, da sie vor Sexualität Angst hatte und sich dabei verkrampfte. Und sie fügte hinzu, dass sie sich jetzt ganz sexuell hingeben kann, auch wenn sie dabei noch keinen Orgasmus bekommen habe. Von den Zysten sei nichts mehr vorhanden. Auch die Bauchkrämpfe wie auch die Zwischen- und Dauerblutungen hatten sich aufgelöst. „Auch seelisch geht es mir wesentlich besser. Die Rückführungstherapie hat mir sehr geholfen.“

17. Wenn sich Heuschnupfen und Angst vor Sexualität vereinen

Kevin ist neunzehn Jahre alt. Er spielt mehrere Instrumente und interessiert sich trotz seines jugendlichen Alters für Esoterik, was ihn zu meinen Büchern und schließlich zu mir führte. Von Mai bis September leidet er wie viele Millionen Menschen auf der nördlichen Halbkugel unserer Erde an Heuschnupfen, wobei sich Blüten- und Getreidepollen als besonders aggressiv zeigen. Die üblichen Symptome wie Niesreiz, Tränen in den Augen bis hin zu beschwertem Atemholen sind die Begleiterscheinungen. Er hat deswegen viele schulpsychologische und alternative Therapien an sich und über sich ergehen lassen, einschließlich Desensibilisierung und Akupunktur. Doch brachten ihm alle Therapien keine anhaltenden Besserungen. Nun wollte er es mit der Rückführungstherapie als letzter therapeutischer Möglichkeit probieren, hatte er doch in meinem Buch *Das Große Handbuch der Reinkarnation – Heilung durch Rückführung* über die Erfolge bei dieser neuen Therapieform gelesen. Auf meine Frage, ob er beobachtet habe, dass bei der Begegnung mit bestimmten Menschen sich seine Symptome verschlimmerten, bestätigte er, dass das, wenn er sich bei seiner Mutter befinde, genau der Fall sei. Doch als zweitwichtigstes Problem nannte er seine sexuellen Ängste. Er habe noch nie mit einer Frau geschlafen, denn die Angst davor, mit einer nackten Frau zusammenzuliegen, versage ihm von vornherein eine Annäherung an eine Frau. Er habe, wie er weiterhin ausführte, keine homosexuellen Wünsche, vielmehr fürchte er sich vor starken Männern.

In dem zuerst aufgedeckten Leben ist er ein fünfjähriger holländischer Bauernsohn namens Junga. Als er von zu Hause losgeschickt worden ist, Milch zu holen und dabei ein Waldstück zu durchqueren hat, wird er von einem großen ihm unbekannten Mann angesprochen, der den Unwilligen ins Gebüsch zerrt. Hier wird er aufgefordert, sich ganz nackt auszuziehen. Als er sich weigert, reißt ihm dieser Mann die Kleider vom Leib. Er berührt nun den ganzen Körper des Jungen, ergreift auch dessen Glied, das zu schmerzen beginnt. Dann zieht jener seine eigenen Hosen herunter und versucht, sein erigiertes Glied in den

After des Jungen zu stoßen. Schließlich legt er den bibbernden Kleinen auf den Boden und ergießt seinen Samen über dessen Körper, taucht auch noch sein samenfeuchtes Glied in dessen Mund. Der Mann streift sich seine Hosen hoch und sagt dem Weinenden, dass er ja nichts zu Hause erzählen soll, sonst käme er wieder. Dieser zieht sich seine zerrissenen Kleider wieder an und geht nach Hause. Zum Glück sind alle auf dem Feld. Er legt sich in sein Zimmer. Diesem Mann ist er nie wieder begegnet.

Doch jedes Mal, wenn er durch dieses Waldstück gehen muss, rennt er, von Angst getrieben, hindurch. Als er mit zehn Jahren den ersten Samenerguss hat, denkt er sofort mit Entsetzen an diesen pädophilen Mann. Seitdem ist jedes Masturbieren tabu. Als er mit dreiundzwanzig mit einer Frau schmust, diese aber bald mehr von ihm will, versagt er sich ihr, da die Angst vor Sex überwiegt. Mit sechsunddreißig heiratet er. Doch auch in der Hochzeitsnacht wie auch noch ein Jahr darauf will sein Glied nicht steif werden. Mit siebenunddreißig gelingt ihm die erste Penetration. Doch seine Frau Marie bleibt immer unzufrieden und macht ihm wegen seiner mangelnden Mannbarkeit heftige Vorwürfe, sodass ihn zeit seines weiteren Lebens ihr gegenüber Schuldgefühle plagen. Er kann sich über nichts mehr freuen und lässt seinen Unmut durch Schläge an seinem Sohn aus.

Nach seinem Tod spricht er folgende Programmierung aus: „Ich will nie wieder mit einer Frau zusammen sein, weil ich sie nicht glücklich machen kann." Er sieht seine beiden Söhne an seinem Leichnam weinen. Und ihn überkommt die Reue, sie so schlecht behandelt zu haben. Er gelangt schließlich ins Jenseits, wo er sich in einem Saal mit vielen Betten ausruht. Er trifft dort auch jenen Mann, der ihn als Fünfjährigen missbraucht hatte. Dieser bittet Junga um Vergebung. Und er vergibt ihm. *(Wie wir erkennen können, ist es wichtig, nicht nur im Jenseits, wo alles Verzeihen leichter fällt, zu vergeben oder um Vergebung zu bitten, sondern diesen Akt der gegenseitigen Vergebung durch Rückführungen in die früheren Leben und im heutigen Leben durchzuführen.)*

Vor dem Wolkentor erfahren wir vom Höheren Selbst, dass jener starke Mann seine heutige Mutter ist. Und dem bereits wissenden Leser wird nun klar, warum sich seine Heuschnupfenallergie, wenn er sich in der Nähe seiner Mutter befindet, verschlimmert. Wie ich in meinem Buch *Das Große Handbuch der Reinkarnation – Heilung durch Rückführung* darlegte, speichert der Emotionalkörper alle Vibrationen, die vor allem mit einem schrecklichen Erlebnis oder Tod verbunden sind. Der Missbrauch, der dem Fünfjährigen sehr wehgetan hatte, war verbunden mit dem Samenerguss jenes Mannes. Der Emotionalkörper will aber den Körper einer Seele schützen, damit nicht nochmals ein gleiches Erlebnis passieren könnte. Sobald eine ähnliche Schwingung von diesem aufgenommen wird, beginnt er Abwehrmechanismen auf dem Körper oder Angst zu bewirken, um die Seele vor einer möglichen Gefahr zu bewahren. Der Samen des Mannes hat anscheinend eine ähnliche Schwingung wie die männlichen Pollensamen, die im Frühling und Sommer milliardenfach herumfliegen. Sobald sich solche Pollen nahen, alarmiert der Emotionalkörper die betreffende Seele im Erdenkörper durch Symptome, um diese Person aufzurufen, sich sofort von dieser „Gefahr" zu entfernen. Dies sind die Gründe für Kevins Pollen- bzw. Heuschnupfenallergie. Doch der Emotionalkörper hat auch die Sexualität als etwas Grauenhaftes gespeichert, weshalb Kevin von der Angst vor Sexualität gepackt ist. Und der Emotionalkörper hat auch die

Schwingungen *(Wir erinnern uns: jede Seele hat über die Leben hinweg eine ihr ganz eigene Schwingung)* jenes Übeltäters registriert. Dies ist der Grund, warum er Kevin, sobald er sich in der Nähe seiner Mutter, dem früheren Übeltäter, befindet, besonders heftig mit gesteigerter Symptomatik alarmiert. Denn er unterliegt einer Schwingungslogik und keiner menschlichen Logik. Natürlich stellt im heutigen Leben Kevins Mutter keine Gefahr für ihren Sohn dar, ja sie ist sogar sehr liebevoll mit ihm. *(Wiedergutmachungsmuster!)* Aber das weiß der Emotionalkörper nicht. Denn er reagiert auf die eingespeicherten Programmierungen, wo immer sie herkommen mögen.

Aber für die heutige Angst vor Sexualität wird noch ein weiteres Leben aufgedeckt. Kevin ist 1868 in Frankreich eine fünfundzwanzig Jahre alte Frau namens Agneta, die als frommes Kindermädchen bei einer reichen Familie angestellt ist. Der Hausherr möchte jedoch mit ihr schlafen. *(Diese Dienstabhängigkeit als Frau, die von dem Hausherren zur Sexualität genötigt wird, ist ein „Leitmotiv" und meist auch ein „Leidensmotiv" für Opferleben, da die Frau somit in die Situation gedrängt wird, in welcher sie den Ausgleich für ähnlich verübte Taten in einem Täterleben erfährt. Meist werden diese Situationen von der betreffenden Seele für eine nächste Inkarnation selbst ausgesucht.)* Eigentlich ist dieser Monsieur sehr nett. Trotzdem verweigert sie sich ihm. Er lässt aber nicht von seinem Vorhaben ab, sagt auch: „Stell dich nicht so an." *(Für einen Mann ist eine Sexaffäre oft nur ein schönes Spiel, während diese für eine Frau meist etwas sehr Ernstes ist, da sie nicht wie der Mann „punktbezogen" fühlt, sondern mit ihrem ganzen Sein.)* Schließlich wendet er auch noch Gewalt an, um zu seinem Ziel zu gelangen. Sie fühlt sich danach wie leer. Doch nach dem fünften erzwungenen Beischlaf nimmt sie eine Vase und schlägt sie auf den Kopf ihres Brotherren. Sie verlässt sein Haus für immer.

Doch macht sie einen großen Fehler. Sie geht zur Beichte und bittet den Priester um Absolution ihres Vergehens, mit diesem Hausherren geschlafen zu haben. Dieser sagt ihr, dass sie für diese Sünden in der Hölle zu „schmoren" haben werde. Von nun ab fühlt sie sich als eine von Gott Verworfene, die sich unwert fühlt, einen Mann zu ehelichen, weshalb sie bis zu ihrem Tod mit achtundfünfzig Jahren ledig bleibt, jedoch jeden Tag zu Gott fleht, ihr dennoch vergeben zu wollen.

Im Jenseits liegt sie wieder nach ihrem langen irdischen Siechtum in einer Halle auf einem Bett. *(Meist ruht man sich zuerst einmal nach einer langen Krankheit auf einem Bett in einem Sanatorium aus, um sich von einem schrecklichen Lebensende zu erholen.)* Nach ihrer Genesung begegnet sie auch jenem Hausherren, der sie aufsucht mit der Bitte, ihr für seine Missetaten verzeihen zu wollen. Jenem Hausherren, wie sie dann vom Höheren Selbst vor dem Wolkentor erfährt, wird sie jedoch in diesem Leben nicht wieder begegnen. *(Doch sicherlich wird eine Wiederbegegnung irgendwann noch einmal stattfinden, ist es doch wichtig, dass entstandene Disharmonien zwischen den Seelen der Menschen in den weiteren Leben irgendwann zu Harmonien geführt werden, wobei es egal ist, wie viele Erdenleben man dazu benötigen wird.)*

Und natürlich hatte Kevin ein den beiden anderen Leben vorausgegangenes Täterleben. Er war im Nordwesten Afrikas ein moslemischer Herrscher namens Haschmir. Sein Harem ist immer gut mit Frauen bestückt, die ihm bis zu seinem Tode dreißig Kinder bescheren. Doch war er gegenüber seinen Frauen ein richtiger Sadist und hat sich eine Freude daraus gemacht, vor allem die neuen Frauen zu vergewaltigen. Gelegentlich zwang er auch einige seiner Sklaven zum homoerotischen Austausch. Mit fünfundfünfzig Jahren ist er verstorben.

Die Befreiungsaffirmation für Kevin lautet: „Ich befreie mich von allem Heuschnupfen, von aller Angst vor Sexualität, von aller Angst vor starken Männern und von allen Schuldgefühlen."

18. Wenn man auf jeglichen Sex ganz verzichten will

Larissa (45) ist mit einem älteren Mann verheiratet und lebt mit ihm wie Mönch und Nonne zusammen. Ihre Einstellung ist: „Sex ist nur was für Huren." Sie leidet seit über siebenundzwanzig Jahren unter heftigster Migräne und hat alles Erdenkliche versucht, um davon loszukommen. Ihre schlimmsten und häufigsten Migräneanfälle hatte sie in dem Alter zwischen siebzehn und dreiunddreißig. Zwei vorausgegangene Rückführungstherapien haben ihre Kopfschmerzen schon etwas reduzieren können. In einem sehr weit zurückliegenden Leben als Schwarzmagier im Alten Ägypten hatte sie Kinder missbraucht und diese dann in bestialischer Weise getötet, um durch ihre Seelen, die der Magier an sich band, seine magischen Kräfte zu erhöhen. Und die Programmierung, die sie nach diesem Leben über sich ausgesprochen hatte, lautete: „Für das, was ich getan habe, will ich ewig in der Hölle rösten." Und die Migräne ist für sie die Hölle. Wir deckten noch einige frühere Leben auf, in denen sie meist Opfer gewesen war, auch einige solche, in denen sie sexuell missbraucht worden war. Denn wie man sich denken kann, hatte jenes Magierleben viele Ausgleichsleben zur Folge.

Doch jetzt kam sie zum dritten Mal zu mir, um nicht nur weitere Ausgleichsleben anzuschauen, die mit ihrer heutigen Migräne zusammenhingen, sondern auch der Frage nachzugehen, warum sie, die eine ausgemacht schöne Frau ist, derart sexabstinent lebt, obwohl sie aus „klugen" Büchern weiß, dass ungelebter Sex sich im Kopf als Schmerzen manifestieren kann.

Das erste Leben, in welches ihr Höheres Selbst sie führte, fand in England zu Beginn des siebzehnten Jahrhunderts statt. Sie war ein vierundzwanzigjähriger Mönch, der als Findelkind vor einem Kloster gefunden worden war und zeit seines Lebens mit diesem verbunden bleiben sollte. Sein Name ist Arthur. Er ist ein sehr schöner Mann, der sich deswegen auch von seinen Mitmönchen manch lüsternen Blicken ausgesetzt findet. Denn in diesem Kloster herrscht absolutes Rede- und Singverbot, sodass Wortwechsel untereinander überhaupt nicht stattfinden können. Ein älterer Mitbruder namens Melchior widersteht allen strengen und sittlichen Klosterregeln und gibt Arthur unzweideutig zu verstehen, dass er gerne mit ihm Intimitäten austauschen wolle. Und als jener ihn nun berühren will, stößt er ihn zurück. Melchior stiehlt nun eine der kostbaren Hostien, die er versteckt, und behauptet dem Abt gegenüber, dass er wisse, dass Arthur diese gestohlen habe. Doch obwohl dieser die Beschuldigungen von sich weist, wird er in ein Verlies gebracht, wo er an Hals, Armen und Füßen im Stehen angekettet bleiben soll, bis er gesteht, wo er die Reliquie verborgen habe. Doch Melchior hat den Schlüssel zu diesem Kerker. Er versucht nun, Arthur zu überreden, mit ihm außerhalb des Klosters eine homoerotische Beziehung einzugehen, dann wolle er ihm helfen, mit ihm durch einen geheimen Gang das Kloster auf immer verlassen zu können. Arthur ist jedoch von diesem Mönch derart angewidert, dass er lieber sterben will, als sich mit ihm zu verbünden. So bleibt er zweiundvierzig Tage in diesem kalten Kellerloch angekettet stehen, bis er daraus befreit wird. Denn Melchior wurde plötzlich sehr krank und hatte in seiner letzten Beichte bekannt, dass Arthur unschuldig sei und er selbst diese Reliquie an einem Ort, wo man diese bald fand, versteckt habe. Und nach dem mit achtundneunzig Jahren erfolgten Tod spricht Arthur folgende Programmierung aus: „Ich will nie wieder ein hübscher Mann sein" und: „Ich will nie wieder ein Mönchsgelübde ablegen". *(Ich könnte mir denken, dass ihr heutiger Ehepartner dieser Melchior sein könnte, doch hatte Larissa auf die Frage, wer dieser damalige Mönch gewesen war, vom Höheren Selbst keinen Hinweis erhalten, was bestimmt einen tieferen Grund haben dürfte.)*

In ihrem nächsten Leben ist Larissa im Jahre 1820 eine siebzehnjährige Pariserin namens Marie-Louise aus gutbürgerlichem, wohlhabendem Hause. Die Eltern sind streng katholisch. Es wird viel gebetet. Sie hat sich mit dem Küchenmädchen namens Lou-Lou, die nur einige Jahre älter ist, angefreundet, die ihr über ihre heimlichen Liebschaften erzählt. Als Marie-Louises Eltern herausfinden, dass Lou-Lou mit dem Gärtner ein Verhältnis hat, wird sie entlassen. Sie sagt zu Marie-Louise: „Dies hier ist kein Leben für dich. Komm mit." Und sie verlässt heimlich ihr Elternhaus und wohnt nun mit ihrer neuen Freundin bei deren Mutter. Diese aber sagt zu den beiden nach einigen Tagen: „Ihr beide müsst jetzt Geld verdienen gehen." Und sie verspricht Marie-Louise eine Anstellung in einem Salon. Nichtsahnend lässt sich die Siebzehnjährige darauf ein, mitzukommen. Doch nachdem der freundliche Wirt den beiden mehrere Gläser Wein eingeschenkt hat, führt sie Lou-Lous Mutter auf ein Zimmer und sagt, dass gleich ein ganz besonderer Gentleman komme, der sie nur küssen wolle und sie dafür auch gut bezahle. Doch anstatt eines solchen kommt ein fetter, hässlicher Mann herein, der gleich zur Sache kommen will. Doch Marie-Louise rennt zur Türe, öffnet sie. Dort steht jene Mutter und drängt sie ins Zimmer zurück und verschließt die Tür von außen. Nach dieser ihrer ersten sexuellen Begegnung mit einem Mann, der sie vergewaltigte, weigert sie sich, nochmals dorthin zu gehen, worauf die Mutter den Vorschlag macht, dass sie mit Lou-Lou nachts unter die Laternen an der Seine gehen solle, kann sie sich doch dann dort jeweils die Freier selbst aussuchen. Doch bald wird die eher mollig geratene Lou-Lou auf Marie-Louise neidisch, denn sie nimmt sich all die nett aussehenden Freier, während sie sich mit den unattraktiven abzugeben hat.

Nach fünfzehn Jahren kehrt sie in das Elternhaus zurück, das nun nach dem Tod der Eltern von ihrem Bruder bewohnt wird. Beide standen sich in ihrer Jugend schon immer nah. Er wusste, was sie in Paris während ihres Fernbleibens von Zuhause getan hatte. Denn einige seiner Freunde hatten sie entdeckt und auch mit ihr als Edelprostituierter geschlafen. Beide verlieben sich nun ineinander. Er will alles mit ihr teilen, jedoch nicht mit ihr schlafen. Doch ihren Künsten kann er nicht widerstehen. Sie schlafen miteinander. Und wenig später entdecken beide, dass sie Syphilis haben. Seine Schwester hatte ihn angesteckt. Martin, so heißt ihr Bruder, nimmt eine Pistole und erschießt sich. Marie-Louise hat seitdem mit keinem Mann mehr verkehrt. Martin war, wie sie sagt, der einzige Mensch auf der Welt, den sie wirklich geliebt hat. Sie fühlt sich für seinen Tod verantwortlich. Ihre Kopfschmerzen nehmen nun gewaltig zu. Die Nase beginnt zu faulen, aus der Scheide kommt ein ekelhafter Gestank. Auch der Rücken wird faul durch Eiterungen. Der sie behandelnde Arzt, der selbst früher einmal ihr Freier war, gibt ihr große Dosen von Morphium. Lou-Lou jedoch ist gesund geblieben. Sie kommt an das Krankenbett ihrer früheren Freundin. Sie fühlt sich an allem mitschuldig, war sie es doch, welche die damals Siebzehnjährige in den Abgrund geführt hatte. Aber die Sterbende fühlt sofort, dass jene nur gekommen war, um von ihr Geld zu bekommen. Im Jenseits trifft Larissa ihren Vater, der sich über ihre Ankunft sehr freut. Er war in ihrer Jugend fast nie zu Hause gewesen.

Auf dem Berg der Erkenntnis wird ihr klar, dass sie aus jenem Leben große Schuld trägt, und zwar nicht allein wegen dem Tod ihres Bruders. Ihre heutige Migräne geht zum Teil auf diese Schuldgefühle zurück. Und interessanterweise wurde sie im heutigen Leben genau in jenen Jahren von den schlimmsten Migräneanfällen geplagt, in welchen sie damals als Prostituierte gearbeitet hatte. *(Oft treten Schmerzen in diesem Leben alterssynchron auf mit den Schmerzen oder Begebenheiten aus früheren Leben.)* Und sie sagt: „Wenn ich mich in diesem Leben sexuell zurückhalte, dann kann ich keine Schuld mehr auf mich laden. Ich lasse die Sexualität dann lieber im Kopf ablaufen." Und dies, wie wir oben sahen, bewirkt bei ihr, wie sie meint, ihre Migräne.

Doch das Selbstbestrafungsmuster wegen ihres Täterlebens als Ägyptischer Magier und Kindmissbraucher und Kindsmörder ist noch nicht zu Ende. Denn schon in ihrem nächsten Leben wird sie in der Schweiz als Anni wiedergeboren, die ihren Vater mit vier Jahren verlor. Nun ist sie sieben, und der Bruder des Vaters hält sich jetzt immer öfter bei ihrer Mutter auch über Nacht auf. Eines Tages bringt er Anni einen roten Ball als Geschenk und schlägt ihr vor, zusammen im Garten mit diesem zu spielen. Die Kleine geht auf diesen Vorschlag ein, doch eigentlich mag sie diesen Onkel nicht. Dort führt er sie bald in eine Laube und berührt sie an verschiedenen Körperstellen. Sie mag es nicht und beginnt zu weinen. Er sagt: „Hör doch auf zu weinen, sonst muss ich auch weinen." Dann zieht er ihr das Kleid über den Kopf und führt seine Hände auch zwischen ihre Beine. Anni hat Angst. Er holt nun sein Glied hervor. Sie beginnt wieder heftiger zu weinen. Er hält ihr nun mit der einen Hand den Mund zu. Sie bekommt kaum Luft. Sie beißt ihn in die Hand. Stärker die Hand auf ihren Mund pressend, setzt der Onkel ihren Körper nun auf seinen Unterleib und dringt mit dem Penis in sie ein. Es tut ihr schrecklich weh. Nachdem er ejakuliert hat, zieht er sich und dann auch sie wieder an und sagt: „Wenn du Mutter was sagst, dann brichst du ihr das Herz. Du wärest dann schuld an ihrem Tod." Sie ist jedoch ganz erstarrt „wie ein Eisklotz". Sie spürt nichts mehr. Er verlässt die Laube und sagt, sie solle etwas später nach oben in die Wohnung nachkommen.

Der Onkel kommt immer wieder zu ihnen. Er schläft auch mit der Mutter und finanziert großenteils ihrer beider Unterhalt. Doch sobald er mit Anni allein in der Wohnung ist, missbraucht er sie wieder. Als sie in die Pubertät kommt, werden diese sexuellen Nötigungen immer weniger, weil sie sich ihnen zu widersetzen weiß. Ihre Mutter hat inzwischen herausgefunden, was ihr Schwager mit ihrer Tochter macht. Aber sie tut so, als ob sie nichts wisse, hängt sie doch finanziell von ihm ab. Und dann entdeckt Anni, dass sie die Syphilis von ihm bekommen hat. Und sie schwört sich: „Eines Tages werde ich ihn umbringen." Als sie zweiundzwanzig Jahre alt ist – und die Mutter schon *(wahrscheinlich an Syphilis)* gestorben, kommt ihr Onkel wieder auf einen Besuch zu ihr. Sie bittet ihn, sie in den Keller zu begleiten, um etwas mit heraufzutragen. Dort schlägt sie ihm mit einem Eisen auf den Kopf und bindet den Bewusstlosen mit Stricken fest. Sie versichert sich noch, dass sein Puls geht. Dann schließt sie die Kellertür ab, packt ihren Koffer und verlässt das Haus für immer. Den Schlüssel wirft sie weg. Sie reist nach Paris und eröffnet dort 1910 ein Bordell. Sie hat außer mit diesem Onkel nie mit einem anderen Mann geschlafen. Und Frauen hatte sie wohl beschäftigt, doch nie lesbische Neigungen gezeigt. Trotz ihrer Syphilis stirbt sie erst mit sechsundfünfzig Jahren. Wie sie erfuhr, hatte keiner herausbekommen, wo der Onkel verblieben war. Sein Tod im Keller blieb allen verborgen. Anni hatte sich gerächt.

Nun können wir auch verstehen, wenn sie vor der Rückführung mir gegenüber äußerte, Sex sei nur für Huren da. Und ihre heutigen sexualfeindlichen Einstellungen kommen von den Schuldgefühlen her. Sexualität hatte ihr nur Unglück gebracht. Also gilt auch im heutigen Leben unbewusst die Devise: „Hände weg von Sexualität." Da sie nun in den Kiefernzapfen ihre sexuelle Unlust und ihren karmischen Selbstbestrafungsmechanismus aufgrund jenes Täterlebens als ägyptischer Magier gestopft hatte, hoffe ich nun, dass sie von ihrer sexuellen Abstinenz geheilt ist. Doch sie lebt bisher mit ihrem Mann weiterhin wie Nonne und Mönch. Sicherlich haben die beiden eine Schicksalsgemeinschaft hinsichtlich sexueller Enthaltsamkeit zu tragen. Und es wäre das Beste, wenn er auch zu einer Rückführungstherapie käme, um zu erforschen, warum er sexualfeindlich orientiert ist. Erst dann wäre beiden die Möglichkeit gegeben, Sexualität als etwas Göttliches und Schuldfreies zu erleben. Sexueller Missbrauch aus diesem und aus früheren Leben verstümmelt und blockiert unsere Sexualität. Doch Gott sei Dank gibt es die Rückführungstherapie.

19. Wenn sie nach dem Beischlaf Blut spuckt

Ivonne ist neunundzwanzig Jahre alt. Mit ihrer außergewöhnlichen Schönheit und sprühenden Schlagfertigkeit könnte sie ein Fernsehstar sein, wenn, ja wenn ... Dabei lief sie noch als Teenager mit Brille und Pickeln im Gesicht herum und hatte Gewicht angesetzt. Ihre Oma hatte sie immer wieder vor den bösen Jungs gewarnt. Bis zu ihrem siebzehnten Lebensjahr hat sie keinen Jungen an sich herangelassen. Und wenn immer sie ein Mann umarmen wollte, verschränkte sie ihre Arme über ihrer Brust. Von einigen kurzen Kuss- und Pettingbekanntschaften abgesehen, war sie den Männern gegenüber sehr zurückhaltend eingestellt. Mit einundzwanzig schlief sie zum ersten Mal mit einem Mann, weil man es doch schon längst getan haben musste. Diese erste Erfahrung „war überhaupt nicht schön". Es stellte sich während der Kopulation ein Blutgeschmack im Munde ein. Und sofort danach schlüpfte sie schnell aus dem Bett, um das in ihrem Mund angesammelte Blut im Bad auszuspucken. Dieses Phänomen stellte sich auch bei allen weiteren sexuellen Intimitäten mit Männern ein. Des Nachts zieht sie nie ein Nachthemd an, sondern immer einen Schlafanzug, dessen Unterteil fest verschnürt ist. Und sie legt sich dann auf diese Verschnürung. Sie hat schon immer eine große Angst vor Männern gehabt. Besonders wird ihr diese Angst bei Waldspaziergängen bewusst. Noch vor zwei Jahren überkam sie eine Panik, als sie in der Dämmerung allein durch einen Wald ging. Es war die Angst, dass aus dem Dunkel plötzlich Männer kommen könnten. Schon als junges Mädchen lief sie, wenn sie allein durch einen Wald gehen musste, oft rückwärts, um sicher zu sein, dass ihr kein Mann folgte. Sie nahm an meinem Ausbildungskurs zum Rückführungstherapeuten teil, weniger deswegen, um späterhin selbst therapeutisch zu arbeiten, sondern vielmehr, um über ihre Vergangenheiten mehr herauszufinden, wobei ihr durch Gruppenrückführungen, Partnerrückführungen und eine von mir durchgeführte Rückführungsdemonstration mehrere Gelegenheiten gegeben wurden.

Ivonne hat von je her einen Druck auf ihrer Brust, der ihre Atmung behindert. Oft ist es auch zu asthmatischen Anfällen gekommen und sie musste Schleim erbrechen. Vom siebzehnten bis zu ihrem einundzwanzigsten Lebensjahr litt sie unter Heuschnupfen, der durch eine Eigenblutbehandlung geheilt werden konnte. Sie hat Angst davor, sich zuviel Wissen durch Bücher anzueignen. In einer Gruppenrückführung bei mir nahm sie sich als eine alte Frau wahr, die ihr Wissen von einer Zigeunerin vermittelt bekommen hatte. Sie selbst konnte Menschen mittels einer Glaskugel wichtige Dinge offenbaren. Doch wurde sie späterhin angezeigt und zu Tode gebracht. In der Rückführung, die ich mit ihr vor den anderen Teilnehmern demonstrierte, konzentrierten wir uns jedoch auf ihr Thema: „Warum sammelt sich beim Sex bei mir Blut im Munde an, das ich dann ausspucken muss?"

Das Höhere Selbst führt sie vor ein schweres schmiedeeisernes Tor, hinter dem sich das nun aufzusuchende frühere Leben befindet, in welchem die Ursache für ihr Problem zu finden ist. *(Meist ist schon die Beschaffenheit dieses sich noch in den Wolken befindenden Tores ein Indikator dafür, was einen hinter diesem erwarten wird.)*

Zuerst nimmt sie sich in dem Körper einer fünfundzwanzigjährigen Frau wahr, die alleine wohnt. Sie befindet sich in Deutschland im Jahre 1730 und heißt Louisa. Als ich sie fragte, warum sie nicht verheiratet sei, entgegnete sie, dass sie lieber alleine sein möchte.

Warum willst du alleine leben? Hast du schlechte Erfahrungen mit Männern gemacht?

Als Kind.

An was erinnerst du dich? Wie alt warst du da etwa?

Vier.

Was ist da denn geschehen?

Ich spiele auf einer Wiese. ... Da ist ein Mann, der hat einen spitzen Bart. ... Er kommt von hinten zu mir. Er schleicht sich an. ... Er sagt, er will mit mir spielen.

Berührt er dich irgendwo?

An meinem Oberteil. Er befühlt meinen Brustkorb. ... Ich habe eine weiße Bluse an. Er fasst von oben rein.

Und? Wie empfindest du das denn?

Ich mag das nicht.

Warum läufst du nicht weg?

Er sagt mir: Liebe Kinder müssen stillhalten.

Und hältst du still?

Hm.

Wie geht es denn weiter?

Ich spiele da im Sand.

Ist er immer noch da?

Hm.

Was macht der Mann da? Spielt er mit dir im Sand?

Nein.

Berührt er dich noch irgendwo?

An den Beinen.

Und?

Irgendwo an den Innenseiten. Er spricht nicht. Er schaut mich nur an.

Was empfindest du dabei?

Ich merke, wie er mit der Hand immer höher geht. ... Ich hab da so eine Rüschenhose an. Und da fasst er rein.

Wie empfindest du das?

Nicht schön.

Ist er gewalttätig dabei, oder ist er zart?

Nein, er ist nicht gewalttätig. Er schaut mir in die Augen, und ich guck in seine Augen. Und lass ihn weitermachen.

Seid ihr ganz allein auf der Wiese?

Ja.

Was macht er denn weiter?

Er sagt, ich soll die Hose ausziehen. ... Ich frag, warum soll ich die Hose ausziehen?

Was antwortet er?

Er sagt, weil er es gerne möchte. ... Ich mach das dann auch. ... Und ich schäm mich. ... Ich komme mir entblößt vor. ... Ich soll mich jetzt breitbeinig vor ihn setzen.

Macht er auch bei sich etwas? Mit seiner Hose, oder?

Nein.

Was macht er dann?

Mit seinem Finger geht er zwischen meine Beine. ... Und steckt ihn rein. ... Und er hat Spaß dabei. Er lacht.

Was empfindest du dabei, als er den Finger da hineinsteckt?

Es tut weh.

Und wie verhältst du dich dabei?

Ich bin da irgendwie wie festgewachsen. ... Jetzt macht er weiter. ... Ich habe das Empfinden, er soll weitermachen. Dann lässt er mich in Ruhe.

Und was macht er denn weiter?

Er nimmt mehr Finger. Dann sehe ich Blut daran.

Erschreckt dich das?

Nein. Dann nimmt er die Finger wieder weg. Und er leckt das Blut ab.

Was fühlst du dabei?

Ich versteh das nicht, warum er das Blut ableckt.

Wie sieht er dabei aus, als er das macht?

Er hat Spaß daran.

Und wie geht es weiter? Geht er jetzt?

Er sagt, ich könnte die Hose wieder anziehen. Er sei jetzt fertig.

Und sagt er zu dir noch irgendwas?

Hm. „Bis bald."

Wie fühlst du dich denn jetzt, als er gegangen ist? Zwischen den Beinen, merkst du noch etwas?

Ich hab die Hose wieder angezogen. Blut sehe ich da nicht. Ich spiele weiter, so als ob nichts gewesen wäre.

Denkst du noch an das, was gerade vorgefallen war?

Ich hab ein beklemmendes Gefühl.

Hast du Eltern?

Eine Mutter.

Wie ist die Begegnung mit deiner Mutter? Merkt sie irgendetwas an dir?

Nein. Ich komme nach Hause, es ist Abend. Und ich erzähl ihr auch nichts.

Vielleicht ist ja noch etwas Blut in deinem Unterhöschen. Sieht das deine Mutter?

Ja. Ich zieh mich abends aus und dann lege ich die Sachen auf den Stuhl. Und da ist Blut. Und ich sage ihr, dass ich mich irgendwo gestoßen habe. Und hab das dann abgeputzt.

Nimmt dir deine Mutter das so ab?

Hm.

Warum sagst du deiner Mutter nicht, was passiert ist?

Es ist mir unangenehm.

Sag einmal, Louisa, begegnest du dem Mann mit dem Spitzbart irgendwo wieder? Wenn du ihn wiedertreffen solltest, dann bist du bei drei bei einer Wiederbegegnung. Eins, zwei, drei.

Als Louisa siebzehn Jahre alt ist, arbeitet sie in einem Wirtshaus. Da kommt dieser Mann mit dem Spitzbart plötzlich herein. Er ist in Begleitung von zwei Männern. Sie erkennt ihn sofort wieder. Und sie denkt: „Hoffentlich lässt er mich in Ruhe." Sie trägt eine Bluse mit einem tiefen Ausschnitt. Und dieser fremde Gast macht ihr Komplimente über ihre Schönheit und den prachtvollen Busen. Louisa fühlt sich von ihm und den anderen ausgelacht. Dieser Fremde mit seinen beiden Kumpeln bleibt, bis alle anderen Gäste gegangen sind. Dann fasst er sie am Arm und sagt, sie solle noch mehr Wein bringen. Sie zögert. Er sagt, dass er den doppelten Preis bezahlen wolle. Sie holt also noch mehr Wein. Alle sind schon angetrunken, und jener Mann fordert sie auf, mitzutrinken. Nur zögernd kommt sie dieser Aufforderung nach. Schließlich fordert sie die drei Gäste auf, da es schon sehr spät geworden ist, zu gehen, denn sie wolle das Wirtshaus abschließen. Nachdem diese gegangen sind, begibt sie sich auf ihren Weg nach Hause, der durch ein Waldstück führt. Plötzlich hört sie Stimmen hinter sich. Es sind jene drei Männer. Nun sind sie bei ihr. Sie bleibt wie angewurzelt stehen. Und jener Mann mit dem Spitzbart fragt sie, ob sie keine Angst habe, allein durch den dunklen Wald zu gehen. Sie bejaht es. Er lacht auf einmal auf und packt sie an den Haaren. Dann wirft er sie auf den Boden. Die beiden anderen lachen. Daraufhin setzt er sich auf ihren Bauch, reißt ihr die Bluse auf und das Mieder auseinander und knetet an ihren Brüsten. Und da sie schreit, hält ihr ein anderer den Mund zu.

Alle drei vergewaltigen sie schließlich. Sie kann sich nicht wehren und muss alles mit sich geschehen lassen. Sie riecht zum ersten Mal männlichen Samen. Sie empfindet Ekel und Erniedrigung. Der letzte von den drei Männern hat ihr auch noch das ganze Kleid zerrissen. Und als sie ihre Hosen wieder angezogen haben, verabschieden sie sich lachend mit den Worten, dass sie gerne noch einmal wiederkommen wollen. Nur mit Mühe gelingt es ihr, zu ihrem einsam gelegenen Haus hinter dem Wald zu gelangen, wo sie nach dem Tod der Mutter alleine wohnt. Und als sie auf ihrem Bett liegt, denkt sie: „Ich habe es wohl verdient. Denn ich habe im Wirtshaus die Männer mit meinem tiefen Ausschnitt animiert."

Als sie achtundzwanzig Jahre alt ist, arbeitet sie immer noch in jenem Wirtshaus und muss bei Dunkelheit nachts durch den Wald nach Hause gehen. Als sie am Tag zu ihrer Arbeit zum Wirtshaus gehen will, versperrt ihr plötzlich jener Mann mit dem Spitzbart den Weg: „Da bist du ja wieder", so spricht er sie grinsend an. Er packt sie, drängt sie gegen eine Tanne, drückt sie auf ihre Knie, öffnet seine Hose und steckt seinen Penis in ihren Mund. Sie schluckt ungewollt seinen Samen hinunter. Dann schließt er wieder seinen Hosenstall und sagt: „Bis nachher also im Wirtshaus." Außer diesen sexuellen Tätigkeiten mit diesem Mann und jenen zwei Begleitern damals hatte sie bisher noch mit keinem weiteren Mann sexuelle Erfahrungen gemacht, da sie sich vor Männern fürchtete. Doch auf dem Wege zum Wirtshaus denkt sie: „Es muss so sein", dass sie diese schlimmen Begegnungen mit diesem Mann erleben sollte. *(Dies ist auf das Gefühl zurückzuführen, dass wir unbewusst oft bei Schicksalsschlägen fühlen, dass das, was in unserem Leben geschieht, seine Richtigkeit hat, dass es eine Bestimmung ist. Denn wir haben es ja selbst vor Antritt einer neuen Inkarnation über uns so verfügt. Und weshalb dies alles Louisa geschehen musste, werden wir gleich aufzudecken haben.)*

Mit sechsunddreißig Jahren wird sie von zwei Männern aus dem Wirtshaus abgeholt. Ihre Hände werden vorne zusammengebunden. Sie steht unter der Anklage, Männer zu verhexen, obwohl sie mit keinen weiteren Männern irgendeine Beziehung eingegangen war. Man bringt sie in einen Kerker und zieht ihr ein Sackkleid an. Dort werden ihr an Füßen und Händen Eisenketten angelegt. Sie kann durch eine Luke draußen den Marktplatz überblicken und sieht, wie man ihren Scheiterhaufen aufschichtet. Der Henker in einer schwarzen Kapuze holt sie am folgenden Tag aus dem Kerker. Sie erkennt an dessen Stimme, dass es der Mann mit dem Spitzbart sein muss. Eine größere Menge hat sich auf dem Platz versammelt. Die Menschen johlen und Frauen schreien: „Sie hat unsere Männer verhext!" Sie wird auf dem Scheiterhaufen an einen Pfahl gebunden. Sie ruft noch in die Menge: „Ich habe doch gar nichts getan!" *(Dieses Erleben, sich vor einer Menge von Menschen verhöhnt und verachtet zu sehen, hat es mit sich gebracht, dass Ivonne im heutigen Leben eine große Scheu hat, vor mehreren Menschen zu stehen und zu ihnen sprechen zu sollen. Dieses Problem hätte ihr auch bestimmt im Wege gestanden, so sie jemand für öffentliche Auftritte im Fernsehen entdeckt hätte.)*

Nach ihrem Tod durch Verbrennung sieht sie das ganze Szenario von oben. Die Menschen schauen noch auf den verbrennenden Körper und viele freuen sich. Dann entdeckt sie auf einmal ihre verstorbene Mutter neben sich. Diese umarmt und küsst sie. Sie nimmt

Louisa an die Hand und führt sie in ein sehr helles Licht. Dieses ist für die Neuangekommene so blendend, dass sie zuerst nichts als dieses Licht wahrnimmt, und es kommt ihr vor, als ob sie in der Sonne stünde. Doch sie fühlt sich frei und leicht. Dann erkennt sie die dort ihr begegnenden Wesen, und sie kann an dem Grad ihrer jeweiligen Helligkeit unterscheiden, wer von ihnen zu den höheren, das heißt, zu den weiter entwickelten Seelen gehört. Und von sieben höheren Wesen erfährt sie, dass sie als Louisa zu viel auf ihre Schönheit gegeben habe. *(Es scheint so, als ob sie im heutigen Leben deswegen wieder mit außerordentlicher Schönheit begnadet ist, um sie zu prüfen, ob sie sich wegen ihres Aussehens wieder bewusst von staunenden Männeraugen betrachten lassen will. Doch hält sie sich mit ihrem Äußeren eher zurück. Auch hat sie einen Beruf erwählt, bei welchem sie als Kosmetikerin nur mit Frauen zusammenkommt.)* Und späterhin das Höhere Selbst befragend, ob dieser Mann mit dem Spitzbart ihr im heutigen Leben wiederbegegnet, erhält sie zur Antwort, dass diese Seele ihr noch in diesem Leben wieder begegnen wird. Ihre damalige Mutter sei ihre heutige Großmutter, während ihr heutiger Vater einer der Männer von damals war, der den Scheiterhaufen mit angezündet hatte. Und dann baten wir das Höhere Selbst, uns dorthin zu führen, wo die Ursache für dieses schlimme Opferleben zu finden war.

Ivonne ist nun im Jahre 1659 ein deutscher unverheirateter Tuchhändler mit dem Namen Martin Boettger aus Köln. Er ist vierunddreißig Jahre alt, als er sich wieder einmal in Frankreich aufhält. Seine große Leidenschaft sind die Frauen, an die er sich oft mit Dreistigkeit heranwagt. So reitet er einmal zu einem Fluss und entdeckt dort eine junge Wäscherin. Mit ihr beginnt er ein Gespräch, erfährt, dass sie Monique heiße, zwanzig Jahre alt sei und die Kleidungsstücke ihres Mannes wasche. Er steigt vom Pferd und fragt sie nonchalant, ob sie mit ihm schlafen wolle. Sie verneint. Sie nimmt den Wäschekorb in die Hand und schickt sich an zu gehen. Martin hält sie zurück. Jetzt will sie sich losreißen und weglaufen. Er wirft sie zu Boden. Sie schreit um Hilfe. Er sagt, dass sie hier keiner hören könne, hält ihr aber trotzdem den Mund zu. Dann vergewaltigt er sie. Danach knöpft er der in einem Schockzustand sich Befindenden das Kleid wieder zu und sagt, während er auf sein Pferd steigt, sie solle niemandem etwas davon erzählen, sonst komme er wieder und mache es mit ihr noch einmal.

Sechs Jahre später bringt er für Amerika bestimmte Stoffe in ein Lagerhaus im Hafen, als er in einem Schuppen die Schreie einer Frau vernimmt. Er stürzt hinzu und entdeckt, dass drei Männer eine Frau vergewaltigen. Er drischt mit seinen Fäusten auf diese Männer ein, während es der Frau gelingt, halbnackt aus dem Schuppen davonzurennen. In seinem Leben hat sich viel verändert. Er bereut seine schlechten Taten. Und am Ende seines Lebens – er ist achtundsechzig – von mir befragt, wie viele Frauen er in seinem Leben gegen deren Willen genommen hatte, gibt er die Zahl zehn an. Er genoss es, die Überlegenheit in sich zu fühlen, eine sich wehrende Frau trotzdem zu besiegen. Jetzt vor seinem Tode bedauere er seine lieblosen Taten und er habe auch Angst vor einer höheren Gerechtigkeit. Und seine Nie-wieder-Affirmation lautet: „Ich will nie wieder anderen Menschen Unrecht zufügen oder ihnen Gewalt antun."

Und ihre Auflösungsformel heißt: „Ich befreie mich von Schuldgefühlen, von meiner Angst vor Dunkelheit, von meiner Abneigung gegen Männer. Ich befreie mich von meiner Enge im Brustbereich, von meiner Hemmung, vor mehreren Menschen zu sprechen. Ich befreie mich von der Entstehung von Blut in meinem Mund während des Sexualverkehrs, und ich befreie mich von aller Angst vor Sexualität."

Nachdem Ivonne aus dem Alphazustand wieder zurück in das Hier und Jetzt getaucht war, blickte sie sich verwundert um. Sie wirkte ganz entspannt. Und dann sagte sie tief aufatmend: „Mein ganzer Druck auf meiner Brust ist auf einmal weg." Wie das Höhere Selbst ihr auf dem Berg der Erkenntnis mitgeteilt hatte, rührten ihre heutigen asthmatischen Anfälle von jener Scheiterhaufenverbrennung als Louisa her. Denn nicht die Flammen, sondern der stechende Qualm hätten ihr damals die größere Todesnot bereitet, woran sie dann auch erstickt sei, bevor die Flammen ihren Körper verzehren konnten. Und späterhin ergänzte sie, dass sie nun wisse, warum sie gegen Männer mit Bärten und vor allem mit Spitzbärten eine horrende Abneigung habe.

Ein Jahr später traf ich sie in Begleitung ihrer Mutter auf der Frankfurter Buchmesse. Natürlich fragte ich sie gleich, indem ich sie den Umständen entsprechend leise sprechen musste, was jene Rückführung, die ich mit ihr durchführte, gebracht hätte. Und ihre Augen leuchteten, und sie sagte: „Ich habe keinerlei Probleme mehr."

Nochmals drei Jahre später anlässlich der Niederschrift ihres Falles rief ich sie an, um festzustellen, welche Verbesserungen oder Veränderungen sie nach unserer Rückführungstherapie an sich feststellen könne. – Sie habe nun keine Angst mehr, auch bei Dämmerung durch einen Wald zu gehen. Sie könne jetzt auch nackt schlafen, was vorher eine Unmöglichkeit war. Sie schlafe jetzt zwar noch auf dem Bauch, aber nicht mehr aus dem Grunde, dass sie bei einer Rückenlage plötzlich vergewaltigt werden könnte, sondern weil sie sich an die Bauchlage gewöhnt habe. Sie habe keinen Ekel mehr vor Sexualität und auch keine Abneigungen mehr gegen Männer, obwohl sie Männer mit Bart immer noch nicht möge, aber sie empfinde keine Ablehnungsgefühle mehr gegen sie. Sie kann nun ihre Weiblichkeit voll annehmen und liebt nun *(endlich!)* ihren Körper, was sie vor der Rückführung nicht gekonnt hat. Alles habe sich in dieser Hinsicht sehr positiv gestaltet. Der ganze Druck auf der Brust sei nun weg, was sich ja schon sofort nach der Rückführung einstellte, doch tauche er in ganz wenigen Ausnahmesituationen noch auf, wenn großer Stress angesagt sei. Sie habe einige Wochen nach der Rückführung vor einer größeren Gruppe von Menschen sprechen müssen und hatte nicht die geringsten Schwierigkeiten damit. Nach dieser Rückführung habe sich nie wieder Blut bei oder nach Sexualverkehr im Munde gesammelt. Ihre ganze Angst vor Sexualität ist verschwunden. Zudem, wie sie sagte, haben sich viele Dinge, die nicht in der Rückführung zur Sprache kamen, bei ihr ebenfalls verändert. Ihr ganzes Leben sei leichter und freudvoller geworden. *(Dies ist oft ein Nebeneffekt der Rückführungstherapie, dass sogar die nicht behandelten Dinge sich auf einmal ebenfalls mit auflösen, da sie mittelbar oder unmittelbar mit den Problemen in irgendeinem – wenn auch noch nicht aufgedeckten – Zusammenhang standen.)* Kurz nach der Rückführung lernte sie einen Mann kennen, mit dem sie noch immer verbunden ist. Auch von Heirat wurde schon gesprochen. Man kann sich vielleicht vorstellen, wie sich ein Schultherapeut nach wochen-, monate- oder jahrelanger Behandlung freuen würde, solch ein Gesamtergebnis von seiner Patientin erfahren haben zu können. Aber dass dies alles nach einer einzigen Rückführung geschehen sein sollte – dafür gibt es einfach keine Worte, sondern nur fassungsloses Erstaunen! Und Rückführungstherapeuten werden oft solche an das Phantastische grenzenden Erfolgsergebnisse mit nur einer einzige Rückführung erzielen können. Wer von den Therapeuten, die dieses lesen, müsste jetzt nicht sagen: „Diese Rückführungstherapie will ich zum Wohle meiner Patienten ebenfalls schnellstens erlernen."

Das oben erwähnte Schuldgefühl Louisas, das sie sich selbst wegen ihres tiefen Ausschnitts zumaß, haben wir zum einen erklärt mit ihrer vorbewussten Festsetzung im Jenseits, wo sie die Koordinaten für ihr anzutretendes Leben gesetzt oder diese doch bejaht hatte. Doch gehen solche Eigenschuldzuschreibungen oft noch auf das unbewusste Wissen um das Täterleben zurück, in welchem, wie wir sahen, sie als Martin ein gemeiner Vergewaltiger von schutzlosen Frauen war.

Es wird nun ganz klar geworden sein, wieso Ivonne bis zu dieser Rückführung beim Sexualverkehr im Munde Blut ansammelte. Jener Spitzbärtige hatte aus ihrer Scheide beim Durchtrennen des Schamhäutchens Blut an den Händen gehabt, das er seinem Mund zuführte. Dieses Erlebnis hatte sie trotz ihrer damaligen vier Jahre späterhin niemals vergessen können. Dieser Mann wie auch seine beiden Kumpel drangen bei der Vergewaltigung mit ihrem Penis genau dort ein, woher er damals das Blut entnahm. Und späterhin hatte dieser Mann sie auch noch dazu genötigt, seinen Samen herunterzuschlucken. In ihrem Unterbewusstsein ist Sex mit Ekel und Blut verbunden, etwas, was man auszuspucken hat. Die Programmierungen aus dem Unterbewusstsein geben ihre gespeicherten Informationen an die Physis weiter, wo sie physiologisch umgesetzt werden.

Und was würde wohl ein Mediziner antworten, der nach der Ursache für die Entstehung ihrer Mundblutung beim Sexualakt gefragt würde? Eventuell könnte er physiologische Erklärungen für solche Symptome im Mund anführen und auf einen psychosomatischen Zusammenhang hinweisen. Aber damit ist eigentlich nichts beantwortet. Und was würde ein Psychologe wohl antworten? Er würde zu ergründen suchen, ob eventuell in ihrem heutigen früheren Erleben ein Missbrauch stattgefunden habe, der mit einem blutigen Erlebnis verbunden war, welches Ivonne bereits verdrängt haben könnte. Doch wenn er ehrlich ist, müsste er sagen: „Ich weiß auch keine Antwort darauf. Es ist mir ein großes Rätsel." Solche und vielleicht auch noch viel schwerere Rätsel können jedoch mittels der Rückführungstherapie gelöst werden. Die Ursachenforschung mittels Rückführungen wird aus der Psychologie und Medizin in der Zukunft gar nicht mehr wegzudenken sein. Und der Rückführungstherapeut und Psychologe *Dr. Garret Oppenheim* meint, dass die Rückführungstherapie nicht nur die eigentlichen Ursachen aufzeige, sondern auch bei der Erstellung von Diagnosen beste Hilfe geben kann.[6]

Wenn Missbrauch und Vergewaltigungen noch im heutigen Leben stattfinden

20. Als Mädchen vom Internatsleiter und Erzieher missbraucht

Sandra ist eine dreiundvierzigjährige Hausfrau und in zweiter Ehe mit Remo verheiratet. Aus ihrer ersten Ehe stammen zwei Kinder. Nach der Trennung von ihrem ersten Mann lebte sie sechs Jahre lang ohne eine Beziehung, bis sie Remo kennen lernte, der ihr zuerst wie ein „Märchenprinz" erschien. Fünf Monate später war sie mit ihm verheiratet, doch bald kamen schon die ersten Zweifel an dieser Partnerschaft auf. Denn sie merkte, dass er sie nur als sexuelles Objekt behandelte, sie sich aber dazu hergab, um keine unliebsamen Spannungen in ihrer Ehe aufkeimen zu lassen. Hatten sie in den ersten Monaten zweimal am Tag miteinander geschlafen, verringerte sich dieser sexuelle Austausch immer mehr, sodass beide nun schon mehr als ein Dreiviertel Jahr nicht miteinander verkehrt hatten. Die Scheidung steht bevor.

Sandra kam immer mit Männern zusammen, die fremdgingen, so auch ihr erster und dann vor allem ihr zweiter Mann. Schon bevor sie erfuhr, dass ihr erster und dann auch ihr zweiter Ehemann anderen Frauen nachstellten, entwickelte sie einen heftigen Husten, der sich beim sexuellen Verkehr regelmäßig einstellte, sodass auch aus diesem Grund das gemeinsame sexuelle Interesse immer mehr versiegte.

Sandra hatte nie einen Orgasmus mit einem Mann bekommen können. Doch durch Selbststimulierung der Klitoris konnte sie sich ihre Höhepunkte verschaffen. Jede Nacht fast pünktlich um drei Uhr wacht sie auf und geht zur Toilette. Schon als Kleinkind wollte ihre Mutter – wie sie sich einmal ihr gegenüber geäußert hatte – sie „am liebsten gegen die Wand klatschen", da sie immer gegen drei Uhr morgens fürchterlich zu schreien begann.

Als Kind schon ekelte ihr Vater sie an. Sie hatte späterhin keinen Respekt vor ihm, denn er las in Pornoheften und war in jeder Hinsicht für sie ein aufgeschwemmter Feigling. So war Sandra froh, endlich mit vierzehn auf ein Mädcheninternat geschickt zu werden. Sie wollte auf keinen Fall zurück ins Elternhaus. Der Internatsleiter verstand es, unter der Androhung, sie zurück ins Elternhaus zu schicken, sie sich sexuell gefügig zu machen. Dessen Kompagnon, der Internatserzieher, war schon lange in die Machenschaften des Internatsleiters eingeweiht, denn beide nötigten schon seit einigen Monaten verschiedene Mädchen mit Gunsterweisungen, Versprechungen oder auch mit Drohungen, ihnen sexuell zur Verfügung zu stehen. Diese ihnen willigen fünf bis sechs Mädchen aus der größeren Mädchenschar kannten sich untereinander sehr gut und hielten ihre Erlebnisse mit den beiden Männern vor anderen Gleichaltrigen strikt geheim. Über viele Monate hin musste Sandra diese beiden Männer im Durchschnitt zweimal wöchentlich sexuell befriedigen. Ihre Gefühle waren ein Durcheinander von Scham, Schuldgefühlen, ein Geheimnis bewahren müssen um jeden Preis, von Angewidertsein und Abscheu vor sich selbst, und vor allem von der Angst, bei Nichtgefügigsein aus dem Internat ausgewiesen zu werden, das heißt: zu den Eltern zurückkehren zu müssen.

Nachdem sie ein knappes Jahr dort verbracht hatte, hatte eines der missbrauchten Mädchen durch ihre Eltern Anzeige gegen die beiden Männer im Internat erstattet. Doch diese hatten sich plötzlich ins Ausland abgesetzt und konnten trotz der Mitarbeit von Interpol nicht gefunden werden, sodass der öffentliche Prozess gegen die Täter ohne ihr Beisein stattfand. Mehrere Mädchen sowie auch Sandra wurden in den Zeugenstand gerufen. Ihr war alles ungeheuer peinlich, ja erniedrigend, vor allem schämte sie sich, weil sich ihr Vater unter dem zuhörenden Publikum eingefunden hatte.

Kurz nachdem sie das Internat verlassen hatte, verliebte Sandra sich in einen zwölf Jahre älteren unglücklich verheirateten Mann namens Bert, der ihr zum ersten Mal wirklich Zärtlichkeit, Verstehen und Liebe schenkte. Er war auch in ihre Internatserlebnisse eingeweiht und konnte ihr den Glauben an sich selbst und ihre Weiblichkeit zurückgeben. Doch schon ein Dreiviertel Jahr später verunglückte er tödlich. Dieser Tod des Geliebten bedeutete für sie, wie sie zu mir sagte, „das Fürchterlichste, was mir im Leben passiert ist“.

Mit neunzehn heiratete sie ihren ersten Mann. Sie bekamen zwei Kinder, doch schon nach der Geburt des zweiten Kindes begann sie ihren Mann im Bett zurückzuweisen, bekam Migräne und zudem diesen schrecklichen Husten, wenn sie sich mit ihm sexuell vereinigen sollte. Zudem stellte sich noch ein Herzstolpern ein. Wegen ihrer sexuellen Zurückgezogenheit ließ er sich mit anderen Frauen ein. Nach vier Jahren Ehe trennten sie sich. Neben ihren vielen Allergien (Heuschnupfen, Haselnuss-, Birken-, Hausstaub- und Seifenallergie) litt sie unter einer Schilddrüsenkrankheit. Ihr großer Trost in all dem Leid wurde ihr verstorbener früherer Liebhaber Bert, der sich oft bei ihr im Schlafzimmer einfand und sich neben ihrem Bett zeigte.

In der Rückführung wurde die Ausgangsfrage gestellt: „Warum wurde ich im heutigen Leben so oft von Männern missbraucht?“

Sie sah sich in dem zuerst aufgedeckten Leben als eine Orakelpriesterin namens Samira, die einen Schlangentempel betreute. In einem Ritual wurde sie von einem Priester geschwängert.

Der geborene Sohn sollte ihr dann mit sechs Jahren wieder weggenommen werden. Sie wehrte sich mit aller Macht gegen diese priesterliche Verfügung. Sie wachte auch des Nachts bei ihm, dass man ihn ihr nicht wegnehmen möge. Doch dann geschah es. In der Nacht um drei (!), als sie kurz eingeschlafen war, kam man heimlich und entführte ihr das Kind. Sie wachte sofort auf, doch konnte sie das Geschehene nicht mehr verhindern. Daraus, wie das Höhere Selbst späterhin erklärte, war ihre bis ins heutige Leben hinein reichende Programmierung entstanden, die darauf hinauslief, dass sie immer um drei Uhr aufwachte und schon als Kleinkind jede Nacht um drei Uhr zu schreien begann. Im Jenseits begegnete sie ihrem verlorenen Sohn wieder, der im heutigen Leben als Bert inkarniert war und den sie wieder so schnell verlieren sollte.

In jenem Leben wurde sie als Priesterin aus rituellen Gründen sexuell missbraucht. Aus diesen sexuellen Vereinigungen entstand ihr sehr geliebter Sohn, der ihr in für sie schmerzvollster Weise weggenommen wurde, weshalb sie sich programmierte: „Ich will nie wieder mit einem Mann schlafen.“

In einem ihrer nächsten Erdenleben war sie im Jahre 1635 in England ein Soldat namens Rudolf. Er begegnete einer Frau, die einen Holzkarren zog. Sie gefiel ihm derart, dass er sie, die sich wehrte und ihm versicherte, dass sie verheiratet sei, dennoch vergewaltigte. Jedoch fiel sie mit dem Kopf so unglücklich dabei auf einen Stein, dass sie an der Kopfwunde verstarb. *(Dies ist eine Ur-Verursachung für Sandras Kopfschmerzen und Migräne im heutigen Leben. Denn was wir im Täterleben an anderen verursachen, kommt als Ursache für unser heutiges Symptom auf uns zurück.)* Die tote Frau wird von anderen Soldaten gefunden. Der Verdacht fällt auf Rudolf. Alle blicken ihn an. Man packt ihn schließlich und hängt ihn auf. *(Daher resultiert ihr noch im heutigen Leben verspürter Druck um den Hals.)* Seine im Tod formulierte Programmierung war: „Ich will nie wieder eine Frau anfassen." Nach seinem Tod wird er von seinem Höheren Selbst belehrt, dass man eine Frau nie gegen ihren Willen anfassen darf.

In seinem nächsten Leben wird die Seele von Sandra erneut auf die Probe gestellt, ob sie aus dem Leben von Rudolf genug gelernt hat, um allen sexuellen Versuchungen bei wehrlosen Frauen zu widerstehen. Sie ist dieses Mal wieder ein Soldat namens Hassan und befindet sich in Jordanien im Jahre 1728. Sich vor den anderen als Draufgänger hervortuend, tötet er viele Männer und vergewaltigt nach Belieben Frauen. Mit dreißig wird er tödlich von einem Schwert im Rücken verwundet. *(Daher stammen, wie das Höhere Selbst später sagt, ihre heftigen Kreuzschmerzen in diesem Leben.)*

Nach seinem Tod gibt er zu, im Ganzen über fünfzig Frauen und Mädchen vergewaltigt zu haben.

Bist du stolz auf deine Taten gewesen?

Ich glaube ja.

Was war denn die jüngste Frau oder das jüngste Mädchen, die du vergewaltigt hattest?

Sechs oder sieben.

Und du hast auch besonders viele junge Mädchen vergewaltigt?

Ja.

Und andere haben es auch so wie du gemacht?

Ja. Ich war in der Truppe geachtet.

Wie viele Menschen hast du umgebracht?

Sieben.

Wie hast du sie getötet?

Mit dem Schwert.

Hast du auch eine Frau umgebracht? Sei mal ganz ehrlich.

Nein.

Ich zähle bis drei, dann bist du wieder vor dem Wolkentor. Eins, zwei, drei. Und wenn du jetzt auf dein Leben zurückblickst, was würdest du jetzt sagen?

Ich will nie wieder töten. Ich will nie wieder Frauen anfassen.

(Auf dem Berg der Erkenntnis.) *Kannst du dir vorstellen, dass du dir dein heutiges Schicksal, von Männern missbraucht zu werden, aufgrund deines Lebens als Hassan über dich selbst verhängt hast, um dich für deine Untaten von damals zu bestrafen?*

Ja.

Hast du dich als Mädchen im Internat deswegen nicht gegen die beiden Männer aufgelehnt, weil du unbewusst wusstest, durch dieses Erdulden der sexuellen Nötigung etwas ausgleichen zu müssen?

Ja.

Kannst du einsehen, dass das, was dir geschehen war, gerecht war?

Ja.

Und hast du dir deswegen den jetzigen Mann, der dich gegen deinen Willen zum Sex zwang, ausgesucht, um noch ausgleichend für das damalige Geschehen zu erfahren, wie es ist, missbraucht zu werden?

Ja.

Hast du dir deshalb solche Männer ausgesucht, die dich drangsalierten, dir nichts gestatteten, weil du dich vor deiner jetzigen Inkarnation für die zu erduldenden sexuellen Erniedrigungen im Internat und in der Ehe entschieden hattest?

Ja.

Möchtest du dich jetzt von diesem Bestrafungsmechanismus und all den sexuellen Nötigungen auf immer befreien, um ein freies und glückliches Leben zu führen?

Ja.

Die damalige Seele der heutigen Sandra wurde also nochmals als Hassan einem Test unterzogen, ob sie unter härteren Bedingungen in einem erneuten Leben als Soldat ihre Lektion gelernt hatte oder ob sie wieder versagen würde. Letzteres war der Fall. Im heutigen Leben musste sie das, was sie als jener Hassan anderen Frauen angetan hatte, selbst am eigenen Leib verspüren, indem sie resonanzfähig wurde, im heutigen Leben zur Sexualität gezwungen zu werden. Nichts geschieht auf Erden zufällig. Alle die wichtigen Schicksalsschläge haben wir in einer früheren Zeit selbst verursacht und erleben dann, wann immer wir dies über uns verhängt haben, den gerechten karmischen Ausgleich.

Die Frage blieb noch offen, ob sie mit den erlebten Fällen als Missbrauch alle karmischen Verschuldungen schon aufgelöst hat, oder ob noch etwas in einem oder mehreren Leben für sie aufgeschoben bleibt. Diese Frage blieb leider noch ungeklärt. Meistens jedoch ist es so, dass wenn eine Seele im heutigen Leben das Bedürfnis hat, ihre karmischen Verwicklungen als Altlasten abzulegen, dann auch der Weg gezeigt wird, wie diese endgültig aufgelöst werden können.

Doch manches Mal sind trotz all dem Begehren, diese Altlasten endlich aufzulösen, sämtliche Bemühungen vergeblich, da die einstige Schuldaufladung so groß war, dass es vieler Leben bedurfte und noch bedarf, um endgültig allen Nachwirkungen ein Ende zu setzen. Das folgende Beispiel wird es erläutern.

21. Wenn der Großonkel seinen Neffen als Lustknaben herumreicht

Ein hoher angesehener geschiedener Akademiker, den ich Roger nennen möchte, hatte in seiner Karriere schon die höchsten beruflichen Ziele erreicht. Er litt seit vielen Jahren unter Hämorrhoiden. Als seine Probleme mit der Ehefrau anfingen, bekam er Psoriasis im Nacken, am After und an den oberen Fußgelenken. Während einer Therapiesitzung wurde ihm bewusst, dass er als junger Knabe sexuell benutzt, ja sogar gequält worden war. Wenn diese Ahnungen aus seiner Kindheit früher hervorbrechen wollten, hatte er sie immer wieder verdrängt. Nun kam er zu mir, um durch eine Rückführung genau herauszufinden, was damals wirklich geschehen war.

Roger ist fünf Jahre alt. Sein Großonkel Christopher, der Bruder seines Großvaters, holt ihn bei seiner Mutter ab, die mit ihm in diese Großstadt gereist war, um zum einen ihren verschwägerten Onkel wiederzutreffen, zum anderen sich dort einer Gallenoperation zu unterziehen. Roger hat Angst vor diesem Großonkel, der ihm gegenüber so „schleimi" nett ist. Dieser bringt ihn zu einer vornehmen Villa, die Roger schon aus dem vorausgegangenen Jahr bekannt ist. Der Junge weigert sich, dort mit hineinzugehen. Er beginnt furchtbar zu weinen. Ich reiche ihm ein Tempotaschentuch. Dann fordere ich ihn auf, zum nächsten wichtigen Ereignis zu kommen.

Er befindet sich jetzt mit „Onkel" Christopher in jenem Haus auf der Toilette. Und dieser zwingt ihn nun dazu, seinen Penis in den Mund zu nehmen. Danach führt er seinen Großneffen in einen Saal. Dort entdeckt der Fünfjährige Männer und auch Frauen. Und unter diesen befinden sich auch Buben und Mädchen, die den Erwachsenen als Lustobjekte zur Verfügung stehen müssen. Es scheinen Leute aus den wohlhabendsten Kreisen zu sein, die sich dieses Edeletablissement viel Geld kosten lassen. Roger hat den Verdacht, dass er gedopt worden ist, um bei dieser Orgie eigene schöne Gefühle zu haben. Mehrere Männer nähern sich ihm und führen ihn in irgendeine Ecke oder auf die Toilette und lassen sich von dem Fünfjährigen oral befriedigen. Diese Kinder stehen allen zur freien Verfügung. Sein „Onkel" bringt ihn schließlich zu zwei Tanten in die Stadt zurück, wo Roger so lange wohnen bleibt, bis seine Mutter genesen aus dem Krankenhaus zurückkehrt und ihn wieder mit nach Hause nimmt. Er hat eine Wut auf seine Mutter, weil er den Verdacht nicht los wird, dass sie mit diesem Verwandten unter einer Decke steckt. Und auch der spätere Roger hat den Verdacht, dass dieser Großonkel sein eigentlicher Vater sei, der mit seiner Mutter über viele Jahre hin ein heimliches Verhältnis unterhalten hatte.

Ich fordere dann den in Trance befindlichen Roger auf, in seinem Unterbewusstsein weiterhin zu forschen, wo vorher schon sexueller Missbrauch an ihm begangen worden war. Und er sieht sich nackt mit eineinhalb Jahren auf dem Schoß des Großvaters, des Bruders jenes „Onkels" sitzen, der versucht, mit seinem Penis in seinen After einzudringen.

Bei einem anderen Erlebnis war er wieder fünf Jahre alt. Der siebzehnjährige Nachbarsjunge und seine Schwester kamen, als Rogers Eltern nicht zu Hause waren, in ihre Wohnung. Dort hielt sich auch noch seine zwei Jahre ältere Schwester auf. Sie machten mit den beiden Minderjährigen Spiele, wobei sich alle auszogen. Roger musste den Penis des Nachbarjungen erst kneten, dann ablutschen, während dieser späterhin auch seine siebenjährige Schwester sexuell „bespielte" und dessen Schwester sich nun mit ihm beschäftigte. Alles wurde als ein „Erwachsenenspiel" hingestellt, jedoch mit der Ermahnung, dass die Eltern nie etwas davon erfahren durften. Schon mit drei Jahren war Roger von seinem älteren Bruder und dessen Freund sexuell missbraucht worden. Bei einem dieser Spiele hatte er ein außerkörperliches Erlebnis. Er schwebte auf einmal über seinem Wohnort. Er kam sich wie ein kleiner Engel vor, der dort auch anderen Engeln begegnete. Bei einem anderen sexuellen Zusammentreffen mit seinem älteren Bruder und dessen Freund tat dem Kleinen nachher der Hintern sehr weh, während er durch den eindringenden Penis in den Mund fast erstickt worden war.

Auf die Frage, warum er in seiner heutigen Kindheit sexuell missbraucht werden sollte, antwortete das Höhere Selbst, dass er einst mit anderen als französischer Kreuzritter Kinder und Frauen missbraucht hätte. Die jetzige Kindheit sei Teil eines noch nicht ausgeglichenen Karmas gewesen. Und auf meine Frage hin, ob Rogers Hämorrhoiden und seine Psoriasis ebenfalls mit jenem Leben als Kreuzritter zusammenhingen, antwortete er, dass dies hauptsächlich mit seinem Leben im alten Germanien zusammenhinge. Er sei damals ein Krieger gewesen, der, als die Horden eines feindlichen Stammes über seine Siedlung herfielen, bei der Flucht gestolpert und in ein Feuer gefallen sei. Man habe ihn dann gefangen genommen, ihn anschließend mit einem glühenden Eisen genau an jenen Stellen gefoltert, an denen er im heutigen Leben unter seiner Psoriasis leide und ihm schließlich dieses glühende Eisen in den After gesteckt, was der Grund für seine heutigen Hämorrhoiden sei.

(Was für Täterleben müssen diesem vorausgegangen sein!)

22. Wenn der karmische Ausgleich schon in der Kindheit beginnt

Saskia ist fünfzig Jahre alt und lebt in dritter Ehe mit ihrem Mann Tilo zusammen wie Schwester und Bruder. Schon seit langem enthalten sie sich jeglicher gemeinsamer Sexualität. Mit fünfzehn heiratete sie schon ihren ersten Mann, um möglichst schnell das unheilvolle Elternhaus zu verlassen. Sie wurde als Kind vom Vater geschlagen, der bereits bei ihrer Geburt seinen Unwillen darüber äußerte, dass er den von ihm gewünschten Sohn nicht bekommen hatte. Schon während der Schwangerschaft seiner Frau ging er fremd. Saskias erster Mann, der ebenfalls häufig fremd ging und mit dem sie über sechs Jahre bis zur Scheidung zusammenlebte, schlief nur mit ihr, wenn er betrunken war. Doch brachte er seine oft ebenfalls angetrunkenen Freunde mit nach Hause und ließ sie mit seiner jungen Frau schlafen. Aus dieser Ehe ging ein Sohn hervor, während in der zweiten Ehe eine Tochter und ein Sohn gezeugt wurden. Saskia war von der Sexualität angewidert, ließ diese aber lange Jahre über sich ergehen, da sie sich „schmutzig“ fühlte und sich so selbst bestrafen wollte. Mit siebzehn ließ sie sich von einem neuen Nachbarn zum Beischlaf nötigen, da er sie bedrohte, gewisse Geheimnisse von „nebenan“ preiszugeben. In ihren Ehen wurde sie immer ausgenutzt – und sie ließ es sich gefallen. Sie leidet unter einem ausgeprägten Helfersyndrom samt Selbsthass gepaart mit Schuldgefühlen. Oft quälen sie noch heftige Rücken- und Schulterschmerzen, die sie auf einen an ihr begangenen Kindesmissbrauch in diesem Leben zurückführt, worüber sie aber nur Ungenaues weiß.

In der Rückführung ließ ich sie dieses Ereignis wiedererleben. Dabei kam Folgendes heraus: Als sie viereinhalb Jahre alt ist, gibt ihr der einarmige Nachbar gelegentlich ein Bonbon. Nachdem er ihr Zutrauen gewonnen hat, führt er sie in den Keller und legt sie mit dem Rücken auf einen Stoß Holz. Er zieht der nun ängstlich gewordenen und Wimmernden das Höschen runter. Schließlich beginnt sie laut zu schreien. „Sei ruhig! Es dauert nicht lange!“, so herrscht er sie an. Und da sie weiterhin heftig weint, sagt er: „Warum hast du kein Taschentuch bei dir. Ein gutes Mädchen hat eines zu haben." Sie fühlt nun seine Bartstoppeln an ihrem Körper. Sie wagt kaum noch zu atmen. Der Rücken tut sehr weh. Als er mit den Fingern oder mit dem Penis in ihre Scheide *(genau konnte sie es nicht sagen)* eindringt, schreit sie auf. Er schüchtert sie sofort wieder ein: „Sei nicht so laut!" Und als sie äußert, dass sie dringend „muss", entgegnet er: „Wenn du hier pinkelst, sag ich es deinen Eltern." Schließlich ergießt er seinen Samen über ihren Unterleib. Dann hebt er sie von dem Holzstoß herunter und wischt ihr den Samen ab. Zwischen ihren Beinen fühlt sie ein Brennen. Und während sie wieder die Kellertreppen hinaufgeht, ruft er ihr noch nach, ja nichts ihren Eltern zu erzählen. Zuhause entdeckt sie, dass sich in ihrem Unterhöschen Blutflecken befinden. Wiederholt hatte dieser Nachbar die kleine Saskia mit Bonbons zu sich herüberlocken wollen, doch Scham, Schrecken und Angst ließen sie einen großen Bogen um diesen pädophilen Kriegsinvaliden machen. Wenig später zogen die Eltern mit ihr an einen anderen Ort.

Die meisten Psychologen und Sexologen würden nun Saskias sexuelle Abstinenz in ihrem gegenwärtigen Eheleben samt ihrem Gefühl, schmutzig zu sein und Sexualität als etwas „Dreckiges" zu empfinden, auf dieses Schockerlebnis zurückführen. Weiterhin würden sie ihre sexuelle Verfügbarkeit mit verschiedenen Männern während ihrer ersten Ehe mit einem Selbstbestrafungsmechanismus und Unwertgefühl aufgrund des Kindsmissbrauchs in Verbindung bringen, der sie, von Schuldgefühlen geplagt, späterhin zur sexuellen Abstinenz führte. Doch, so muss sich der Rückführungstherapeut fragen, liegen die Zusammenhänge nicht eventuell tiefer? Greifen nicht noch frühere Leben karmisch in das heutige Leben ein, sodass sie solchen Missbrauch in ihrer Kindheit erleben musste?

Im Jahre 1780 war Saskia ein österreichischer Soldat namens Albert. Dieser hatte sich in die Prostituierte namens Lilli verliebt. Sie war der Star in dem kleinen, aber pompös ausgestatteten Wiener Etablissement. Viele Männer bemühten sich um ihre Gunst. Als Albert, der vor Liebe blind Gewordene, sie in einem Zimmer auffordert, mit ihm zu gehen und seine Frau zu werden, lacht sie ihn aus. Er fühlt sich gedemütigt, schlägt sie, schleudert sie dann gegen die Wand, wo sie zusammenbricht und mit einem Genickbruch liegen bleibt. Albert läuft in seinem Schrecken davon. Doch er wird aufgegriffen und vom Militärgericht zum Tode durch Erschießen verurteilt. Diese Kugeln dringen in seine Stirn und Augen ein. *(Heute ist Saskia Brillenträgerin.)* Das Höhere Selbst sagt Saskia vor dem Wolkentor, dass Lilli im heutigen Leben ihr jetziger Gatte sei. *(Später bemerkte sie mir gegenüber, dass dieser immer wieder über Nackenschmerzen klage.)*

Ihr jetziges asexuelles Verhalten resultiert aus jenem Leben. Saskia fühlt sich ihrem Mann gegenüber an seinem Tode als frühere Lili schuldig, und ihr Mann hatte Albert in dem früheren Leben durch ihre sexuellen Reize derart eingenommen, dass dieser sie in einem Anfall von Eifersucht misshandelte, wobei sie den Tod fand. In dem heutigen Leben soll die Liebe frei von sexueller Leidenschaft gelebt werden. Auch erkennt sie in dem späteren Nachgespräch, dass Tilo sie ebenso wie Lilli mit Reizen lockt, sich dann jedoch wieder völlig zurückzieht und keinerlei sexuelle Annäherung zulässt. Tilo wird also noch von zwei Programmierungen bestimmt. Einmal kommt noch seine „anmachende" Koketterie zum Vorschein, die er als frühere Lilli bewusst ausspielte, um die sexuellen Reize in den Freiern zu stimulieren, und zum anderen steht dieser die andere Programmierung entgegen, die ihm verbietet, nochmals sexuelle Verführungsspiele auszuführen. Letztere ist sicherlich stärker als Erstere, käme es doch wahrscheinlich im umgekehrten Fall trotzdem noch zu sexuellen Praktiken. Programmierungen aus früheren Leben bestimmen oft unser widersprüchliches Verhalten, was sich eben auch in der Sexualität zeigt, je nachdem, welche Programmierung gerade vorwaltet. So kann eine Frau sich einem Mann gegenüber an einem Tage sehr freizügig verhalten, am anderen Tag aber wieder sich halb oder ganz ihm verschließen. Solches Verhalten stößt oft auf Unverständnis. Doch versteht man mehr über das Einwirken vorausgegangener Programmierungen aus früheren Leben, wird das Unverständliche verständlich, besonders nachdem die entsprechenden früheren Leben, wo diese Programmierungen in den Emotionalkörper „eingekerbt" wurden, aufgedeckt werden.

Doch schon in dem anschließenden Leben war Saskia wieder ein Soldat, der 1812 mit der Grande Armée des Napoleon nach Russland zog. Er heißt Corin und beteiligt sich an all den Schandtaten, nachdem das zügellos gewordene Heer auf dem Rückzug durch die Schneelandschaften des weiten Russlands dem Westen entgegenflieht. Man raubte, verbrannte Dörfer und Städte, vergewaltigte. Corin war bei vielen dieser Unmenschlichkeiten dabei. Wie die meisten von ihnen hatte er auch die Syphilis bekommen, hungerte und fror, bis er kraftlos im Schnee liegen blieb und verstarb. Er selbst hatte vier Frauen vergewaltigt. Ihr Schreien war ihm noch lange in den Ohren geblieben. Aber da alle anderen vergewaltigten – wollte er dazugehören und kein Außenseiter sein. Und Corins Programmierung nach seinem Tode lautete: „Ich will nie wieder einer Frau etwas zu Leide tun. Ich will nur noch aus Liebe mit einer Frau schlafen." Den Ausgleich für dieses Leben als Gewalttäter und Vergewaltiger erfuhr Saskia noch in dem heutigen Leben, als sie als verheiratete „Hure" den Freunden ihres ersten Mannes zur Verfügung stehen musste – und auch einwilligte, da sie sich für ihre früheren Vergehen an Frauen selbst bestrafen wollte.

Als ich Saskia bat, ihr Höheres Selbst zu befragen, warum sie in dem heutigen Leben schon als Vierjährige missbraucht werden musste, wies dieses sie darauf hin, dass sie in anderen früheren Leben ebenfalls kleine Mädchen missbraucht habe und dafür schon in einem anderen Leben einen Teilausgleich erlebt hatte. In jenem Opferleben war sie eine Siebenjährige, die von mehreren Männern vergewaltigt worden war und schließlich an ihren Verletzungen starb. Diese samt ihrer damaligen Syphilis sind wiederum maßgeblich für ihre Unterleibsschmerzen im heutigen Leben. Wir können hier wie aus allen in diesem Buch angeführten Beispielen sehen, dass es keine zufälligen Misshandlungen, Schmerzen oder Schicksalsschläge gibt, dass alles seinen tieferen Grund hat. Die sexuellen Eigenartigkeiten und Rätselhaftigkeiten des Lebens können durch Rückführungen aufgedeckt und oft enträtselt werden.

Eineinhalb Jahre später rief ich sie an. Sie berichtete mir, dass sich in ihrem Verhalten gegenüber der Sexualität vieles gebessert habe. Trotzdem werde sie sich bald von ihrem Mann trennen. Er sei ihr einfach zu geizig. Ihre sexuellen Schuldgefühle seien verflüchtigt wie auch der daraus resultierende Selbsthass.

Wenn die Sexualität aus früheren Leben noch den heutigen Schlaf beeinträchtigt

23. Wenn man nachts vor Angst nicht schlafen kann

Catherine ist verheiratete Mutter und hat einen siebzehnjährigen Sohn. Sechs Jahre vor dessen Geburt hatte sie alles versucht, um mit ihrem Mann ein Kind zu bekommen. Dann, unter Einnahme von Hormonen, klappte es schließlich. Doch sobald sie befruchtet war, begannen ihre Schlafstörungen. Obwohl sie müde ins Bett ging, wachte sie schon nach kurzem Schlaf wieder auf und lag stundenlang wach, bis sie erst in den ersten Morgenstunden wieder tief einschlafen konnte. Während jener Stunden des nächtlichen Wachseins wurde sie von einer Unruhe gepackt, als ob irgendetwas Schreckliches passieren müsste. Aber nichts passierte. Nun war sie Teilnehmerin während einer von mir geleiteten Ausbildung zum Rückführungstherapeuten und nahm die Chance wahr, durch eine Rückführung herauszufinden, warum sie nachts so lange wach blieb.

Ihr Höheres Selbst geleitete sie in ihr Leben in Italien im Jahre 1285. Sie heißt Marianna, ist achtzehn Jahre alt und dient als Magd am Hofe der Burg (Castello) des Grafen Alberto Gonzales. Als sie in der Wäschekammer zu tun hat, kommt der Graf, packt sie um die Hüften und wirft die Zeternde auf einen Berg mit schmutziger Wäsche und sagt: „Wenn du nicht willst, kannst du heute noch gehen." Und sie ergibt sich ihm. Marianna weiß, dass er dies mit allen schönen weiblichen Angestellten so gemacht hat. Ihre Angst besteht nicht so sehr darin, nun ihre Unschuld verloren zu haben, sondern eventuell schwanger geworden zu sein, denn ihr ist klar, dass sie, sobald sie einen dicken Bauch bekommt, davongeschickt werden würde. Dann würde sie wohl nirgends eine Anstellung mehr finden und wäre vielmehr als Frau diffamiert, würde keinen Ehemann mehr bekommen und man würde sie „Hure" schimpfen. Ihr ganzes Leben wäre dann verpfuscht.

Und tatsächlich wird sie schwanger. Sie versucht durch weite Kleidungsstücke ihren dicker werdenden Bauch zu verdecken. Doch als sie in einem Raum den angetrunkenen Burgsoldaten das Essen bringt, hebt einer von ihnen ihr Kleid hoch und ruft aus: „Die hat ja einen dicken Bauch!" Jetzt entsteht ein großes Gelächter und Gejohle. Jeder weiß, dass der Graf sie geschwängert haben muss. Er will immer der Erste sein, der eine neue Angestellte beschläft. Nun wissen sie, dass er sicherlich kein Interesse mehr an ihr hat. Jetzt dürfen sie mit ihr machen, was sie wollen. „Wir wollen doch mal sehen, ob es klappt, mit einer Frau bei einem so dicken Bauch zu schlafen." Und wieder ertönt großes Gelächter. Sie halten sie bei den Armen fest. Je mehr sie sich wehrt und um Hilfe schreit, desto lauter wird das Lachen. Sie ziehen sie aus und mehrere vergewaltigen sie. Diese Männer ekeln sie an. Auch in den nächsten Tagen machen sie Witze über sie. Als der Graf ihren dicken Bauch entdeckt, sagt er geringschätzig: „Du siehst nun aus wie eine dicke Kuh." Als dessen Frau entdeckt, dass sie bald ein Kind zur Welt bringen wird, verbietet sie ihr, sich in der Gesellschaft zu zeigen. In einer Waschküche, in der sie sich nun verbirgt, bringt sie ganz allein ihr Kind zur Welt. Instinktiv durchtrennt sie die Nabelschnur. Auf einmal überkommt sie ein großes Gefühl der Liebe für ihr gesund zur Welt gekommenes Kind. Angst und Freude vermischen sich. Doch die Gräfin schickt ihre Leute aus, sie zu suchen. Sie erfährt von der Niederkunft. Sie kommt in die Waschküche, sieht das Baby und sagt entsetzt: „Um Gottes willen, dieser Balg *(=Bastard)*!“ Sie ordnet an, dass man der Mutter zu essen bringt. Und weiterhin sagt sie zu ihr: „Das Kind kann nicht hier bleiben.“ Und in der anschließenden Nacht erwürgt Marianna unter Tränen ihr Kind. Sie verscharrt es in aller Heimlichkeit und verlässt das Kastell. In ihr schlägt immer lauter werdend ihr Gewissen: „Ich bin eine Mörderin! Ich habe das Liebste, was ich hatte, ermordet!“ Wie eine Irre läuft sie durch den Wald.

Ein paar Monate später findet sie bei einer Familie als Putzmädchen eine Anstellung. Doch eines Nachts kommt der dicke, widerliche und angetrunkene Hausherr – ihre Tür war nicht abzuschließen – und vergewaltigt die aus dem Schlaf plötzlich Aufgewachte brutal. Und von mir gefragt, warum sie sich nicht wehre, antwortet sie: „Ich kann mich ja nicht wehren!“ Und nun schleicht sich dieser Widerling über mehrere Wochen hinweg so manche Nacht meist im betrunkenen Zustand in ihr Zimmer, um sie zu beschlafen. Die Angst, ihm immer wieder sexuell hörig sein zu müssen, lässt sie nicht schlafen. Das ganze Leben ist ihr zu einem einzigen Horror geworden. Nach einer solchen schlaflosen und als Dirne missbrauchten Nacht geht sie in den Morgenstunden zum Fluss und ertränkt sich. Danach im Jenseits befindlich, begegnet sie ihrem erdrosselten nun etwa einjährigen Baby, das sie mit Freude im Arm hält.

Und ihre Programmierungen aus jenem Leben sind: „Ich will nie wieder unter solchen Verhältnissen ein Kind haben. Ich will mich nie wieder vergewaltigen lassen.“ Und vor dem Wolkentor erklärt ihr das Höhere Selbst auf die Frage, warum sie das erleben musste, dass sie aus karmischen Gründen erfahren sollte, wie es ist, wenn man anderen total ausgeliefert ist, die über einen verfügen und mit einem machen können, was immer sie wollen.

Aus den Ereignissen dieses Lebens in Italien wird schon klar, warum Catherine so lange kein Baby bekommen konnte, war sie sich doch über die Sicherheit ihrer Partnerschaft lange nicht im Klaren. Und es wird nun auch verständlich, warum sie des Nachts kaum schlafen kann, denn die Stunden nach Mitternacht waren die Zeit, in welcher sie ihr Baby zur Welt brachte und es auch eine Nacht später erwürgte. Ihr schlechtes Gewissen weckt sie des Nachts immer wieder auf. Und interessant ist der Umstand, dass ihre mitternächtliche Schlaflosigkeit genau dann in diesem Leben ansetzte, als sie mit ihrem heutigen Sohn schwanger geworden war. Doch kam auch damals der Hausherr nach Mitternacht immer wieder zu ihr ins Zimmer und zwang sie zum Beischlaf. Ihre Angst, dass nachts irgendetwas Schlimmes mit ihr passieren könnte, lässt sie nicht schlafen, denn sie muss wachsam bleiben, um notfalls Unvorhergesehenes abzuwehren. Ihr nächtliches Aufwachen samt ihren sexuellen Ängsten haben wir in den Kiefernzapfen gesteckt. Und ich bin überzeugt, dass diese Rückführung sich sicherlich erfolgreich bei ihr auswirken wird.

24. Wenn man von Vergewaltigungen träumt

Daniela ist dreiunddreißig Jahre alt, sie ist verheiratet und hat mit ihrem Mann drei Kinder. Mit sieben Jahren litt sie unter einer Skoliose, und der sie behandelnde Arzt prophezeite, dass sie mit vierzehn im Rollstuhl säße und nie Kinder gebären könne. Doch Gott sei Dank trafen seine Voraussagen nicht zu. *(Alles hat im Leben einen Sinn. Vielleicht war es wichtig, dass der Arzt eine Falschdiagnose stellte, um den Eltern Angst zu machen, sollten diese doch eventuell aus karmischen Gründen in Schrecken versetzt werden, da sie zum Beispiel in einem früheren Leben einem Kind Ungutes wünschten. So sind alle Fehlurteile von Ärzten, Juristen usw. immer aus „höherem" Verstehen richtig, auch wenn diese aus irdischer Sicht sich als vollkommen falsch herausstellen sollten. Der Arzt oder Jurist, der eine Fehldiagnose bzw. ein Fehlurteil fällt, ist aus höherer Sicht immer schuldlos, es sei denn, er habe es mit Absicht getan, um Vorteile für sich oder andere daraus zu gewinnen.)* Schon als Kind litt sie unter Atembeschwerden, die sich nach der Geburt ihres Sohnes bis zu asthmatischen Anfällen steigerten. Sie hat eine unreine Haut auf beiden Wangen, wobei die rechte Gesichtsseite mehr juckt als die linke. Und schon seit der Schulzeit muss sie sich bis heute dauernd im Gesicht kratzen. Es ist wie ein Zwang. Deshalb kam sie auch zu mir in die Rückführungstherapie, um herauszufinden, woher dieser Kratzzwang komme, und sich dann für immer davon befreien zu können. Obwohl sie sich mit ihrem Mann gut versteht, bereitet ihr Sex wenig Spaß, ja sie hat, wie sie gestand, noch nie einen Orgasmus gehabt, über den ihre Freundinnen ihr vorschwärmten. Selbstbefriedigung ist für sie ebenfalls tabu. *(Sicherlich Einfluss der Mutter oder der Kirche – eventuell auch aus früherem Leben.)* Sie habe sich schon als Mädchen öfter in Freundinnen oder später in Frauen verliebt, doch kam es außer zu zarten Annäherungen nie zu einer Intimität. Sie hält sich für bisexuell. Doch das Schlimmste, was ihr passiert ist, ist dass sie häufig von schrecklichen Träumen heimgesucht wird, in welchen sie Männer vergewaltigen. Und sie fragte mich, ob es dafür eine Erklärung gäbe. Eine Rückführung sollte ihr die erwünschte Antwort bringen.

Im Jahre 1635 nimmt sich Daniela als einen vollbärtigen fünfundvierzigjährigen Mann namens Arnold bei Bingen am Rhein wahr, der für seinen Landesherren die Steuern in Form von Geld oder meist von landwirtschaftlichen Produkten einzuziehen hat. Jemand hat eine Scheune angezündet, in welcher die eingesammelten Abgaben an den Landesherren gespeichert waren. Arnold ist für die genormte Ablieferung verantwortlich. Er ist außer sich vor Wut. Er und seine Gehilfen schlagen mit der Peitsche auf Leute ein, die ihren Abgaben nicht nachkommen können. Arnold hatte ein Hausmädchen mit dem Namen Nina bei sich angestellt. Diese hatte er vormals schon unter den Leuten gesehen, und als sie sich allein begegneten, warf er sie in den Schnee und vergewaltigte sie. Derlei Vergewaltigungen hatte er schon öfter praktiziert, weshalb er verhasst und gefürchtet ist. Trotz der Vergewaltigung von Nina überredet er diese, in seinem Haushalt die Wirtschaft zu führen. Sie nimmt an. Eines Tages wird ihm hinterbracht, dass Nina eine heimliche Affäre mit einem anderen Mann habe. Er stellt sie zur Rede. Sie streitet diese Anschuldigungen ab. Arnold wirft ihr vor zu lügen. Er nimmt seinen Degen und zerschneidet damit ihr Gesicht, auf dass sie niemand mehr anschauen mag. In die rechte Wange ist ein Kreuz eingekerbt. Und trotz dieser Verstümmelung im Gesicht bleibt nun Nina weiterhin als Wirtschafterin in seinem Haus, wo sie gezwungen wird, sich Arnold sexuell nach dessen Lust und Willen zur Verfügung zu stellen. Jede dieser geschlechtlichen Vereinigungen ist für sie wie eine erneute Vergewaltigung. Ihr ist bewusst, dass jeder weiß, dass sie die Geliebte dieses entsetzlichen Wüstlings ist. Niemand würde sie ehelichen wollen oder ihr gar eine Stellung anbieten, gilt sie doch jetzt als die Hure mit dem Fratzengesicht. Welcher Mann würde sonst noch mit ihr schlafen wollen? Arnold ist und bleibt über weitere Jahre hin ihr einziger Beischläfer, wenn er sich nicht gerade mit einer anderen im Bett aufhält. Mit dreiundsechzig Jahren stirbt Arnold. Er zeigt keine Reue darüber, was er Nina *(Danielas heutiger Tochter)* angetan hatte, doch bedauert er, über hundert Menschen heftig geschlagen und einen Mann *(Danielas Ehemann)* den Abhang heruntergeworfen zu haben, worauf dieser verstarb.

Doch schon bald darauf wird Daniela in ein Leben als Frau inkarniert, in welchem sie den karmischen Ausgleich für ihr Leben als Arnold erfahren sollte. Sie heißt Aiche und ist eine fünfzehnjährige Afrikanerin, die von ihrem Vater an einen dreißig Jahre alten und für sie hässlichen Mann verkauft wird. Sie empfindet ihn vom ersten Augenblick an als widerlich. Doch gegen den Willen des Vaters kann sie nichts unternehmen. Eine Frau hat sich in allem zuerst dem Vater und dann dem Ehemann zu fügen. Beim Abschied von den ihren weint sie. Ihr Bräutigam bringt sie in sein Dorf, wo die Hochzeit stattfindet. Aiche ist todunglücklich. Denn ihre schlimmsten Befürchtungen bewahrheiten sich. Ihr Mann ist gefühllos. Jeder Beischlaf kommt ihr wie eine Vergewaltigung vor. Und sie denkt mit Wehmut an ihren jugendlichen Geliebten zurück, mit dem sie gerne verheiratet gewesen wäre. Bei einem Besuch im Dorf des Vaters trifft sie diesen wieder und sie schlafen heimlich miteinander. Sie weiß, falls sie dabei ertappt werden würde, dass sie dann öffentlich auf dem Dorfplatz angebunden, bespuckt und mit Abfall oder kleinen Steinen beworfen werden würde, wie sie solch eine öffentliche Anprangerung einer Frau, die außerehelichen Verkehr gehabt hatte, schon als Kind miterlebt hatte. Doch werden ihre heimlichen Treffen mit ihrem früheren Geliebten nie entdeckt. Im Ganzen bringt sie ihrem Mann sieben Kinder zur Welt. Mit fünfundfünfzig Jahren ist sie verstorben. Ihre letzte Programmierung ist: „Ich will nie wieder dazu gezwungen werden, einen Mann zu heiraten.“ *(Auch aus diesem Grund kann man sich vorstellen, dass Daniela sich eher nach einer Frauenbeziehung sehnt.)*

Doch Daniela erfuhr in einem anderen Leben den karmischen Ausgleich dafür, dass sie als Arnold die junge Nina im Gesicht verunstaltet hatte. Sie lebt 1920 in England als Frau namens Anna, die mit einem Bergmann verheiratetet ist, dem sie drei Kinder zur Welt bringt. Ihr ganzes Gesicht ist von einem hässlichen Ausschlag mit Beulen verunstaltet. Und immer wieder muss sie wegen des unerträglichen Juckens mit ihren Fingernägeln kratzen, sodass neben dem Eiter auch noch Blut fließt. Niemand will sie sehen. Und sie zieht sich auch freiwillig in ihr Zimmer zurück, um die anderen durch ihren Anblick nicht zu erschrecken. Und wenn sie einmal nach draußen geht, weichen ihr die Leute aus. Ihr Ehemann ist traurig über ihre Verunstaltungen und fordert sie mit Milde, dann aber auch mit Strenge auf, sich nicht immer wieder zu kratzen. Mit fünfundfünfzig Jahren ist sie von ihrem Leiden erlöst. In diesem Leben als Anna hat sie den Hauptteil ihrer karmischen Schulden, als Arnold die damalige Nina im Gesicht verunstaltet zu haben, ausgeglichen. Einen Rest davon hat sie noch in dieses Leben mitgebracht.

Und das Höhere Selbst befragend, ob es noch ein weiteres früheres Leben gäbe, in welchem eine Ursache für ihre Vergewaltigungsträume zu finden sei, wurde Daniela in ein Leben in

Polen geführt, in welchem sie ein vierzigjähriger unverheirateter Bauer namens Pavlow war, der sich als Wüstling und Trunkenbold einen unrühmlichen Namen gemacht hatte. Es gelang ihm wiederholt, Frauen zu vergewaltigen. Daniela sieht, wie sie als Pavlow eine junge Frau an den Haaren in seine Scheune zieht und sie dort vergewaltigt. Mit fünfzig Jahren gerät er unter die Räder eines Fuhrwerks, sodass er die drei letzten Jahre seines Lebens als humpelnder Invalide lebt, der, um zu überleben und seinem Alkoholbedarf gerecht zu werden, seinen Hof verkaufen muss und schließlich als Bettler im freien Feld erfriert. Und seine letzte Programmierung lautet: „Ich will nie wieder trinken und vergewaltigen."

Jetzt wird noch klarer, warum Daniela am liebsten eine lesbische Beziehung eingegangen wäre, dann bräuchte sie wohl keine Angst zu haben, von einem Ehemann oder Partner vergewaltigt zu werden. Die Sehnsucht nach lesbischer Homosexualität stammt oft aus dem Gefühl, vor einem noch unbewusst anstehenden Vergewaltigungsausgleich ausweichen zu wollen. Die nächtlichen Vergewaltigungsträume Danielas haben eine vierfache Ursache. Einmal erlebt sie, wie sie vergewaltigt worden war, zum zweiten sind es ihre Schuldgefühle (schlechtes Gewissen), die sie unbewusst aus ihrem Leben als mehrmaliger Vergewaltiger mitgebracht hatte und die in ihrem Unterbewusstsein noch rumoren, und drittens sind es mögliche Ängste, dass ihr noch eine Vergewaltigung aufgrund von noch nicht ausgeglichenen Täterleben als Vergewaltiger bevorstehen könnte, wobei diese Ausgleichserlebnisse nicht unbedingt noch im jetzigen Leben anzustehen haben. Das Unterbewusstsein weiß aber um diese noch möglichen ausstehenden Vergewaltigungen als Ausgleich. Und viertens mag es auch so sein, dass man in den Träumen selbst karmisches Geschehen ausgleichen kann, ohne dass man es im wirklichen Leben auszuleben hat. Doch kann solches Ausgleichsgeschehen im Traum fast ebenso schlimm sein wie solches bei Tagesbewusstsein, wacht man doch manches Mal schreiend und in Schweiß gebadet auf, und es mag dann lange dauern, bis man sich wieder beruhigt. Es mag dann auch eine Angst entstehen, dass solche Träume immer wieder auftauchen könnten. Das Karma geht manchmal eigenartige Wege und wird dabei oft auch nicht die Schlafenden verschonen.

25. Wenn man den Samen nicht verlieren darf

Dieses Mal zäumen wir das Pferd von hinten auf. Ich werde Ihnen jetzt einen Fall aus dem früheren Leben eines meiner Klienten schildern, und Sie können einmal raten, welche Probleme sich daraus für die betreffende Person im heutigen Leben manifestiert haben.

Jern hat in Schottland in der ersten Hälfte des neunzehnten Jahrhunderts in einem vornehmen Haus die Anstellung eines Dieners bekommen. Seine sehr wohlhabende Herrin ist eine in den vierziger Jahren befindliche dicke Frau mit großen Brüsten. Ihr Kammerdiener befiehlt ihm, dem einundzwanzigjährigen schönen jungen Mann, eines Nachts mitzukommen.

Wir gehen durch einen großen Gang (und gelangen in ein Zimmer). ... Eine dicke Frau ist da. Die lacht. Und sie sagt: „Komm mal her."

Was will sie von dir? Warum hat sie dich nachts holen lassen?

Ich bin jetzt allein mit ihr. ... Komisch. Sie schaut mich an und dann lacht sie. Sie sitzt im Bett. ... Sie klopft jetzt aufs Bett. Ich soll auch aufs Bett steigen. ... *(Er lacht.)* Sie hat dicke Brüste. ... Sie hat die Brüste raushängen. Ich fasse diese schönen dicken Brüste an. *(Er wiederholt enthusiastisch die Schönheit dieser dicken Brüste und lacht immer wieder.)* Sie will, dass ich diese Brüste anfasse.

Mag sie das?

Ich auch. Sie ist viel älter als ich.

Hast du vorher schon mal mit Frauen intimen Kontakt gehabt?

Nein. Es ist das erste Mal. ... Jetzt will sie Geschlechtsverkehr mit mir haben.

Wie ist das für dich?

Angenehm. Sie ist mollig.

Und kommst du zum Orgasmus?

Ich lieg einfach darauf. Sie lacht und hält mich ganz fest mit ihren Händen auf meinen Rücken. ... Jetzt kommt sie. Jetzt schreit sie. Sie schreit, sie schreit. ... Ich komme nicht. ... Dann zeigt sie mit der Hand, dass ich mich neben sie legen solle. ... Ich schlafe jetzt.

Kannst du bis in den Morgen hinein schlafen?

Nein. Die Dicke fasst mich wieder unten an. Sie will, dass ich mit meinem Glied wieder in sie eindringe. Ich muss wieder über sie steigen. ... Mein Glied ist wieder steif. Es tut gut. Sie kommt wieder. Ich komme nicht.

Nach dieser zweiten Kopulation hat er in sein Zimmer zurückzugehen. Er hat den Auftrag, nicht zu masturbieren, damit er jeder Zeit für die Herrin sexuell zur Verfügung stehen kann. Doch schon nach einer Stunde klopft der Kammerdiener wieder energisch gegen seine Zimmertür und ruft: „Komm, komm!" Er hat sofort aufzustehen und sich wiederum in das Schlafzimmer seiner wieder munter gewordenen sexsüchtigen Dickbusigen bringen zu lassen. Und schon beginnt die gleiche Prozedur. Ihm wird nun bewusst, dass er, der seinen Samenerguss gut zurückzuhalten weiß, der dicken Hausherrin jederzeit zu deren Genuss bereitzustehen hat, so er seine Anstellung bei ihr als Diener behalten will. Und er möchte sich ihr gegenüber als ein vorzüglicher Liebhaber beweisen, um in eine bevorzugte Stellung zu geraten. Jede Nacht wird er einige Male von jenem Kammerdiener durch ein energisches Klopfen aufgeweckt und in das bewusste Schlafzimmer gebracht. Das Gebot, seinen Samen nicht von sich geben zu dürfen, sei es in ihrer Gegenwart oder auch in seinem Zimmer, bewirkt, dass er im Unterleib Krämpfe bekommt. Er kann kaum noch schlafen, denn sobald er eingeschlafen ist, klopft dieser rabiate Lakai wieder an seine Tür und schreit sein „Komm! Komm!". Und die Herrin achtet darauf, dass ihre sexuellen Gelüste mit diesem ihr Lust bereitenden Diener geheim bleiben, obwohl sie vor Wollust jeweils laut aufschreit. Über zwanzig Jahre muss Jern sie jede Nacht besuchen, und zwar nicht nur einmal, sondern oft mehrere Male. Verständlicherweise stieg er in ihrer Gunst, bekam immer vornehmere Kleider und wurde anscheinend in ihrem Testament großzügig bedacht. Und von mir nach seinem Tod, der mit achtundsiebzig Jahren eintraf, gefragt, was er nie wieder tun oder haben wolle, antwortet er spontan: „Ich will nie wieder aus dem Bett gerufen werden."

Und nun meine Frage an Sie, verehrte Leserin, verehrter Leser: Welche Symptome zeigen sich wohl in dieser Seele, die fünfundvierzig Jahre später wiedergeboren wird und in ihrem erneuten Erdenleben ein sehr erfolgreicher Manager eines weltweit bekannten Großbetriebes wird?

Ja, Sie haben Recht. Dieser Mann, den ich Fernando nennen möchte, hat enorme Schlafprobleme. Schon als Kind konnte er nie durchschlafen. Bis zu seinem fünfzigsten Lebensjahr vermochte er, wie er sagt, keine drei Stunden zu schlafen. Ständig wachte er des Nachts auf, war aber während des Tages top fit. Seinen stets unterbrochenen Schlaf mit langem Wachliegen führte er auf seine übergroßen Unterleibsschmerzen zurück, die sich jede Nacht einstellten. Medizinische Untersuchungen samt Röntgenaufnahmen führten zu keiner erklärbaren Diagnose. Schlaf- und Schmerztabletten brachten nur wenig Hilfe, sodass er diese bald wieder absetzte. Jene aus dem früheren Leben mitgebrachte Furcht, sobald er eingeschlafen war, wieder aufgeweckt zu werden, hinderte ihn daran, durchzuschlafen.

Und was meinen Sie wohl, welche sexuellen Probleme Fernando aus jenem Leben als Jern mit in dieses Leben gebracht haben könnte?

Mit dreizehn Jahren hatte er seinen ersten Koitus, aber trotz stärkster Erektion bekam er keinen Orgasmus, wie auch kein Samenausfluss festzustellen war. Mit siebzehn beschläft er eine Frau, die vier Orgasmen hintereinander erlebte, während es bei ihm nie zu einer Ejakulation kam. Er litt, wie man medizinisch sagt, unter einer ejakulatio retans. Und da er auch nie zu masturbieren wagte, unterband er seinen Samenerguss. Doch diese Samenzurückhaltung verursachte große Schmerzen in der Lendengegend, die mit siebzehn einsetzten und ihn nachts aufwachen ließen. Und alles verkrampfte sich in seinem Unterleib noch mehr, wenn seine Beischläferin zu ihm sagte: „Komm! Komm!" Doch mit zwanzig geschah ein für ihn bis dahin unvermutetes Wunder. Mit der vierten Freundin bekam er beim Koitus seinen ersten Orgasmus mit vollem Erguss. „Ich dachte damals", so gestand er mir, „ich könnte vor Glück sterben. So schön war es." Und wir wissen, dass oft beim Liebesakt ein lang zurückgehaltener oder lang verzögerter Orgasmus das Erleben desselben intensiviert. Wie aber muss dieses Erleben eines solchen sein, wenn man ihn freiwillig oder unfreiwillig sieben Jahre zurückgehalten hatte! Erst mit vierundzwanzig Jahren wagt Fernando zu masturbieren.

Diese im Leben als Jern tief eingeprägten Programmierungen „Ich darf beim Sex keinen Samen kommen lassen und ich darf nicht masturbieren" haben sich bis in das heutige Leben fortgesetzt. Erst mit zwanzig erlebte er einen Orgasmus. Doch das war etwas Einmaliges. Denn auch weiterhin beim Beischlaf mit Partnerinnen oder dann mit seiner Frau, die er in seinem sechsundzwanzigsten Lebensjahr heiratete (*natürlich eine Dickbusige!*), hatte er zwar immer ein erigiertes Glied, aber der Orgasmus wollte sich nur ganz selten einstellen. Doch seine Schmerzen im Lendenbereich nahmen, je länger der Orgasmus ausblieb, proportional zu. Ja, er hatte auch ein übergroßes sexuelles Verlangen, wobei ihn die großen Brüste besonders animierten. Und er konnte auch zum Leidwesen seiner Frau sein Glied sehr lange in ihrer Vagina bewegen, sodass seine Beschlafene ihm oft zu verstehen geben musste, dass es jetzt genug sei, sie ihren Orgasmus oder einige Orgasmen gehabt habe, sie jetzt müde sei oder gar als Ausrede auf Kopfschmerzen hindeutete.

Und, wie wir schon erwähnten, wachte er mehrere Male in der Nacht vor Schmerzen auf. Diese Programmierungen von damals, Angst davor zu haben, wieder aus dem Bett gerufen zu werden, riefen auch die in seinem Emotionalkörper eingravierten Schmerzerleben wieder hervor, die er damals schon wegen seines Ejakulationsverbotes verspürt hatte. Sein heutiges Schlafproblem setzt sich also zusammen zum einen aus dem früheren wiederholten Aufgewecktwerden mitten in der Nacht und dem beim Aufwachen verspürten Schmerz aus dem Nichtloslassenkönnen des Samenstaus, was sowohl in jenem früheren Leben als auch in diesem Leben der Fall war. Somatische Medizin wird in diesem Fall kaum etwas auszurichten vermögen. Und selbst die herkömmlichen Psychotherapien hätten sicherlich viel und längeren Einsatz erfordert, um Fernandos Probleme zu lösen. Aber Gott sei Dank kam ihm die Rückführungstherapie zu Hilfe. Als Fernando nach drei Stunden wieder aus der Trance herauskam, strahlte sein Gesicht. Zu Beginn dieser Rückführung spürte er noch in der Lendengegend jene Druckschmerzen. Doch diese waren auf einmal verschwunden.

Am nächsten Morgen begegnete er mir und berichtete ganz aufgebracht, dass er zum ersten Mal sechs Stunden geschlafen habe, ja, dass er das erste Mal von seinem Wecker geweckt worden war, habe er doch gewöhnlicherweise bisher immer schon lange, bevor dieser klingelte, wach gelegen. Und er habe, wie er weiterhin vor Staunen enthusiastisch versicherte, die ganze Nacht keinerlei Schmerzen mehr gehabt.

Und als ich ihn zwei Monate später wieder traf, erzählte er mir begeistert, dass die nächtlichen Schmerzen nie wieder aufgetreten seien, dass er jetzt doppelt so lange schlafen könne, dass er jetzt weiterhin mit seiner Frau fast jede Nacht kopuliere, er jedoch so lange warte, bis sie gekommen sei, während er dann ungehindert seinen Orgasmus erlebe. Alle Blockaden aus jenem früheren Leben seien verschwunden. Die Leserin, der Leser wird nun verstehen, dass einer meiner Lieblingsvorträge den Titel führt „Die Wunder der Rückführungstherapie".

Wenn sexuelles Verhalten von der Mutter übernommen wird

26. Wenn man nach der Kopulation weinen muss

Anne ist fünfunddreißig Jahre alt und in zweiter Ehe seit vier Jahren verheiratet. Zu ihrem Leidwesen hatte sie bis zu ihrem vierunddreißigsten Lebensjahr kein Kind gebären können, vielmehr achtmal einen Abortus erleben müssen. Dann kam sie vor einem Jahr in meine Rückführungstherapie und wir konnten ihre Ursache für Kinderlosigkeit auflösen, sodass sie vor zwei Monaten einem gesunden Jungen das Leben schenken konnte. In einem lange zurückliegenden Leben hatte sie Kinder geschändet und getötet. Sie hatte durch ihr heutiges Problem, keine Kinder zu bekommen, die Sehnsucht nach einem Kind und folglich die Wertschätzung eines Kindes erfahren müssen, was sie in jenem früheren Leben überhaupt nicht kannte. Und da die vorjährige Therapiesitzung für sie derart erfolgreich gewesen war, kam sie nun wieder, um sich von ihren Rückenschmerzen zu befreien. Zudem litt sie unter Verspannungskopfschmerzen und ihrer wöchentlichen Migräne. *(Diese*

Leiden stammen sicherlich ebenfalls noch als karmische Nachwirkungen aus jenem brutalen Täterleben.)

Vor sechs Jahren nahm sie längere Zeit an einer Gesprächstherapie teil. Daraus ergab sich der Hinweis auf einen Missbrauch als Kind. Doch hat sie keinerlei Erinnerung daran. Sie spürt beim Sex sofort Rückenschmerzen und muss nach jeder Kopulation heftig weinen.

Ich führte mit ihr ein *Life Scanning* durch, um zu sehen, ob in ihrem heutigen Leben irgendwelche Ursachen für ihre Rückenschmerzen zu finden seien. Nachdem Anne sich im Alphazustand befand, baten wir ihr Höheres Selbst, sie zu einer Situation in ihrem heutigen Leben zu führen, in welcher vermutlich eine Ursache für ihr Rückenleiden zu finden sein könnte.

Sie nahm sich als Erstes als Sechsjährige wahr, die von einem fremden Mann ganz nackt ausgezogen wird. Sie selbst ist wie versteinert und zu keiner Reaktion fähig. Sie lässt alles mit sich geschehen, ohne zu schreien oder sich zu wehren. Dieser Mann zieht ihren Körper an den seinen heran, wobei er seine Fäuste in ihren Rücken drückt. Dann kehrt er sie mit dem Rücken zu sich herum, zieht sie dabei kräftig an den Armen, wobei er sein Glied in ihre Scheide zwängt und kräftig zustößt, bis er stöhnend seinen Orgasmus erlebt. Er zieht dann wieder seine Hose hoch und verlässt sie. Sie steht und weint hemmungslos. Ihr ist, als ob das alles ein Alptraum gewesen wäre. Der Unterleib und der Rücken schmerzen. Nachdem sie sich wieder angekleidet hat, kehrt sie nach Hause zurück. Sie schämt sich und nimmt sich vor, niemandem etwas von dem Vorgefallenen zu sagen. Die Eltern, wie sie sagt, haben sowieso keine Zeit für sie. Und von mir nach ihrem weiteren Empfinden gefragt, antwortet Anne: „Ich bin schlecht!“ und „Ich will nie wieder daran denken!“. In ihrem Unterbewusstsein sind jedoch, wie wir hier wieder deutlich erkennen können, alle vergangenen Erlebnisse gespeichert. Ihre Programmierung „Ich will nie wieder daran denken!“ hat dieses Erlebnis verdrängen lassen. Doch im Alphazustand führte sie das Höhere Selbst zu diesem Ereignis zurück, das sie nun in allen Einzelheiten wiedererleben konnte.

Bei ihrem nächsten Erlebnis ist sie sieben Jahre alt und wird wiederum von diesem Mann auf einer Wiese überrascht und in ein Gebüsch gezogen. Sie hatte schon vorher geahnt, dass dies wieder mit ihr passieren sollte. *(Diese Erlebnisse wurden ja schon im Jenseits von ihr ausgesucht, um bestimmte Ausgleichserfahrungen zu machen. Oft wissen wir unbewusst, dass etwas Schlimmes auf uns zukommt, da wir noch eine ungefähre Erinnerung oder Ahnung an die vorgenommenen jenseitigen Programmierungen behalten haben.)* Dieses Mal liegt sie nackt auf dem Rücken und dann auch auf dem Bauch. Seine Fäuste und seine Daumen hat sie wieder schmerzhaft in ihrem Rücken zu spüren bekommen nebst all den anderen Schmerzen. Nachdem er wieder gegangen ist, kommt sie aus ihrer Erstarrung. Sie bleibt noch länger in der Seitenlage am Boden liegen und muss heftig weinen.

Das nächste Ereignis ihres heutigen Lebens, in das sie das Höhere Selbst zurückführte, fand in ihrem fünfundzwanzigsten Lebensjahr statt. Sie befindet sich mit ihrem ersten Ehemann im Bett. Er nimmt ihre Arme, drückt sie nach hinten, und sie empfindet den gleichen

Schmerz, den sie damals als Sechs- und Siebenjährige bei jenem Kindesmissbrauch erlebt hatte. Da solche Situationen schon öfter stattgefunden haben, hat sie Angst, von hinten genommen zu werden. Sobald ihr Gatte seinen Erguss gehabt hat, beginnt sie zu weinen. Erst verhalten, damit er nichts merkt, dann aber heftig, sodass er das Bett verlässt. *(Später erzählte sie mir, dass sie auch bei ihrem zweiten Mann nach jedem Akt weinen muss.)*

Und als viertes Ereignis ihres heutigen Lebens *(und es handelt sich ja hier nur um wenige von den sicherlich oft sich wiederholenden Erlebnissen)* führte sie das Höhere Selbst in den Bauch der Mutter. Diese liegt mit ihrem Mann im Bett, der seine Fäuste in ihren Rücken drückt oder, nachdem er sie umgedreht hat, sie grob an den Händen nach hinten zieht und kräftig mit seinem Glied zustößt. Die noch ungeborene Anne bekommt alle Gefühle der Mutter mit, die Angst vor dem Akt hat, schon allein deswegen, weil ihrer Leibesfrucht etwas passieren könnte. Die Mutter findet den Sex als solchen abstoßend und Schmerz bereitend, weshalb sie nach jedem Beischlaf zu weinen beginnt. Es ist ihre Ohnmacht, sich dem Stärkeren unter gefühlten oder auch eingebildeten Schmerzen fügen zu müssen, das heißt auch, sich als Ehefrau vergewaltigen lassen zu müssen. Der Fötus, der die Gefühle und die Gedanken besonders der Mutter im Detail erspürt und erfasst, übernimmt dann gern die Eigenarten und das Verhalten der Mutter samt ihrer Einstellung zur Sexualität. Ist die Mutter sexfeindlich eingestellt, wird oft ihre Tochter späterhin ein gleiches Verhalten zeigen. Anne kommen immer die Tränen nach einem Akt mit ihrem jeweiligen Ehemann, auch dann, wenn der Betreffende ihr keinen Schmerz zufügt. Denn sie hat von ihrer Mutter die Programmierung übernommen, dass der Beischlaf mit einem Mann Rückenschmerzen verursacht, weshalb sie nach dem Geschlechtsakt zu weinen hat. Der Sex wird von Anne wie bei ihrer Mutter als Vergewaltigung empfunden.

Und anscheinend soll er auch von ihrer Seele so empfunden werden, da sie sich noch immer bestrafen will für das, was sie im früheren Leben als grausamer Täter den Kindern zugefügt hatte. Und das Motto könnte man bezeichnen mit: Sex als Martyrium für noch nicht ausgeglichene Taten der Lieblosigkeit aus früheren Leben.

27. Wenn der katholische Glaube der Sexualität im Wege steht

Angelika wurde im zweiten Kriegsjahr 1940 in Köln geboren. Ihre Mutter ist streng katholisch, sodass sie erst in der Hochzeitsnacht ihre erste sexuelle Erfahrung mit einem Mann erlebte. In diesem Glauben verhaftet, konnte sie sich auch nie richtig wollüstig hingeben, da doch jegliche Wollust ein Instrument des Teufels war, der dieses anwandte, um eine gottesfürchtige Christin auf dem Pfad der reinen Tugend abtrünnig werden zu lassen. Diesem großen Versucher des Bösen galt es zu widerstehen. Der Beischlaf durfte nur zur Zeugung stattfinden, ohne irgendwelche Lustgefühle dabei hochkommen zu lassen. Angelika hatte offenbar diese Angst von ihrer Mutter übernommen. Denn in der Rückführung wollten wir wissen, ob und wo Ursachen ihrer Angst, sich total sexuell hinzugeben, in ihrem heutigen Leben aufgefunden werden könnten.

Ich bat die in Trance Befindliche, so sie der Zeugung ihres Erdenkörpers beigewohnt haben sollte, diese wieder zu erleben und mir darüber zu berichten. Denn nicht alle Seelen finden sich unsichtbar bei der Grundsteinlegung ihres Erdenkörpers ein. Aber für die meisten ist es ein wichtiges Ereignis, das sie miterleben möchten. Und manches Mal kann es passieren, dass man mit Erschrecken feststellen muss, dass derjenige, den man später für seinen Vater hält, gar nicht der eigentliche Erzeuger ist. Und konfrontiert man später seine Mutter mit dem in Trance Gesehenen, dann wird sie wohl, wenn auch zögernd, diese Wahrheit meist bestätigen.

Angelika beobachtet ihre Eltern im Ehebett. Beide haben Nachthemden an. Er tastet sich mit der Hand zwischen ihren Beinen vor. Sie klemmt ihre Beine eng aneinander und macht ihm deutlich, dass sie keinerlei Lust verspüre. Er äußert seinen Unwillen. Schließlich schreit er die sich spröde Zeigende an, was das Zusammenpressen ihrer Beine samt ihrer Angst, diese dennoch öffnen zu müssen, noch verstärkt. Nun schüttelt er sie und zwängt dann ihre Beine auseinander und stößt sein Glied in ihren Schoß. Sie hat sich derweil demonstrativ mit ihrem Gesicht abgewendet, um ihre Empörung und Abscheu über dieses teuflische Vorgehen zu demonstrieren. Angelika kann mit ihrem holistischen Bewusstsein erkennen, wie ein Spermium schneller als die anderen seinen Weg zum Ovulum findet und dort eindringt. Nun zieht der Vater seinen Penis aus der Scheide heraus. Die Mutter dreht sich nun vollends zur Seite und beginnt leise zu weinen. Ihre Gedanken, welche die spätere Angelika jetzt als Geistwesen lesen kann, sind: „Hoffentlich ist nichts passiert!“ Denn die Mutter hat Angst, jetzt im Krieg noch ein zweites Kind zu bekommen, weiß man doch nicht, ob ein Kind in dieser Zeit einer gesicherten Zukunft entgegenschauen kann. Doch während die Mutter verängstigt und der Vater gefrustet ist über die katholische Störrigkeit seiner Frau – denn sicherlich suchte sie auch schon vor Beginn des Krieges bei jedem vorgenommenen Beischlaf mit ihrem Mann Ausflüchte, um sich nicht einer zwanghaft unterdrückten Lust hingeben zu müssen – ist Angelika glücklich, dass ihr Körper nun im Entstehen ist.

In den ersten drei Monaten besuchte sie als Unsichtbare ihre Eltern und beobachtete das Heranwachsen ihres Körperchens, konnte in dieses sogar nach Belieben hinein- und wieder hinausgehen. Doch dann entschied sie sich, ab dem dritten Monat nun in ihrem neuen Körper zu bleiben. Die Mutter ist nun froh, schwanger zu sein, da sie ihrem Mann nun vorgeben kann, um der Leibesfrucht willen jeden weiteren Beischlaf bis zur Geburt zu unterlassen. Viele Frauen, wie die Forschung weiß, haben während der Schwangerschaft keinerlei sexuelles Verlangen mehr, was zu einer Ehekrise führen kann. *(Und wir haben gesehen, dass gerade in dieser Zeit Männer fremdgehen oder eine Prostituierte aufsuchen.)* Die Seele im Fötus kann jeden Gedanken und auch die Gefühle zwischen den Eltern aufnehmen, womit in seinem Unterbewusstsein Programmierungen entstehen können, die sich später als Ängste und Minderwertigkeitskomplexe manifestieren. So ist auch Angelikas Vater gar nicht erbaut darüber, dass seine Frau schwanger ist und äußert seinen Missmut, während auch die Mutter sich nicht eingestehen kann, dass sie sich über die heranwachsende Leibesfrucht freut. Diese übertragenen Gefühle und Gedanken erzeugen in der späteren Angelika den Komplex des Ungeliebtseins. Doch auch hier im Mutterleib wird die Ursache dafür gelegt, dass sie von der Mutter die sexuelle Abwehr gegen den Mann übernimmt samt der Abscheu vor allem Sexuellen im

Allgemeinen. Solange Angelika in den ersten drei Monaten nach ihren Kurzbesuchen im Mutterleib jeweils wieder im Jenseits verweilte, blieb ihr das jeweilige Verhalten der Eltern verständlich. Doch sobald sie nun ganz in der hiesigen Welt verweilte, war sie als Fötus Opfer der Gefühle und Gedanken ihrer Erzeuger.

Anschließend schildert Angelika noch im Detail ihre Geburt und weiß auch auf einmal den Namen des Gynäkologen, nimmt doch das Neugeborene mit seinem noch andauernden holistischen Bewusstsein alle Eindrücke samt Worten und Gefühlsäußerungen genauestens wahr, woraus sich wiederum für diese Seele nachteilige Programmierungen ergeben können.

Vor dem Wolkentor erfährt nun Angelika auf ihre Frage, warum sie von ihren Eltern nicht gewollt war, dass sie lernen sollte, in ihrem Leben die Nähe selbst zu leben und nicht zu erwarten, dass sie ihr gebracht wird. Und auf die weitere Frage, warum sie sich eine solche sexuell durch den katholischen Glauben verklemmte Mutter ausgesucht hatte, vernimmt sie vom Höheren Selbst, dass sie sich für dieses Leben vorgenommen hatte, sich trotz aller Programmierungen von ihrer Angst und Abscheu vor Sexualität zu befreien. Hier erkennen wir, dass die Sexualität in sich selbst zur Aufgabe werden kann, zu einem vorgegebenen Ziel, diese voll zu leben – und sie als Gottesgeschenk anzunehmen und nicht als eine leidige Bedingung des Teufels zu betrachten.

Wenn widersprüchliches Verhalten die Sexualität bestimmt

28. Wenn sie beim Koitus stöhnt und beim Orgasmus schreit

Franziska ist fünfunddreißig Jahre alt und leitet mit ihrem Mann einen Großhandel. Sie sind seit zehn Jahren verheiratet und haben einen Sohn, nachdem sie dreimal eine Abtreibung vornehmen ließ, denn sie war von Panik besessen, ein Kind zur Welt bringen zu müssen. Vor der Ehe war sie heiterer. Denn sie hatte schnell herausgefunden, dass ihr Mann fremdging. Dies bewirkte in ihr außer einer vermehrten Eifersucht eine oft langandauernde Depression. Franziska ist die jüngste von vier Töchtern. Ihr dem Alkohol verfallener Vater, der zehn Jahre jünger als seine Ehefrau ist, hatte seine ersten drei Töchter sexuell belästigt. Als er ein Gleiches mit ihr als der damals Zwölfjährigen vornehmen wollte, wehrte sie sich energisch, sodass er von weiteren Versuchen absah. Auch widersetzte sie sich durch kräftiges Schreien seinen Schlägen, die nicht nur alle Töchter, sondern auch die Mutter erhielt. Die Mutter, der die sexuellen Spielereien (oder mehr) ihres Mannes mit seinen drei älteren Töchtern nicht entgehen konnten, entwickelte ihnen gegenüber eine Eifersucht, die wiederum in Streitereien mündete. So wuchsen die Kinder in beständiger Angst vor dem unberechenbaren Terror ihres Vaters auf. Dessen offene Art, seine Töchter sexuell zu betatschen und unzweideutige „Spielchen“ zu veranstalten, widerte Franziska derart an, dass sie die Männer als „Schweine“ betrachten musste. Und das Urteil ihrer Mutter, dass Sex etwas „Schmutziges“ sei, prägte sich in die Pubertierende tief ein.

Doch durch die Begegnung mit Männern vor ihrer Ehe änderte sich allmählich ihre Einstellung. Sie konnte sich dem Rausch der sexuellen Lust derart hingeben, dass sie beim Kopulieren laut stöhnte und bei den sich wiederholenden Orgasmen laut aufschrie. So riefen einmal Nachbarn die Polizei an mit dem Hinweis, dass in der Nachbarwohnung die allein stehende junge Frau von einem fremden Mann entsetzlich gequält werde. Ein andermal, als sich ihre Lust in Stöhnen und Schreien Luft machte, hörte sie Stimmen unterhalb ihres Balkons. Es hatten sich dort mehrere Männer eingefunden, die dem Lustgeschrei wie gebannt lauschten. Als sie sich über den Balkon hinauslehnte, um nachzusehen, was es wohl dort gebe, wurde sie von einem dieser Männer entdeckt, der zu ihr heraufrief: „Du Sau!“ Von nun an kontrolliert sie sich beim Sex, was bedeutet, dass sie sich nicht mehr in ihre spontanen Lustgefühle fallen lassen kann, sodass der Sex mit ihrem Mann kaum noch Beglückung bringt. Doch sehnt sie sich weiterhin nach diesem totalen Einswerden mit den als göttlich empfundenen Lustgefühlen. Und dieser Wunsch verleitet sie, wenn auch nur selten, mit einem fremden Mann diese Lust wieder lebendig werden zu lassen. Aber hierzu benötigt sie einen einsamen Ort, z.B. eine Wiese oder ein entlegenes Waldstück, um ihre orgiastischen Lustgefühle in die Natur hinauszuschreien. Doch für solche Eskapaden als verheiratete und vom Ehemann kontrollierte Frau und Mutter den passenden Partner en passant zu finden, ist nicht leicht. Und ihr Thema, weshalb sie zu mir in die Rückführung kam, lautet: „Warum sehne ich mich nach totaler Sexualität und habe doch zugleich dabei auch Schuldgefühle?“

Das Höhere Selbst führte Franziska in ein Leben in Afrika. Sie war ein Mann namens Egti. Mit siebzehn Jahren verliebt er sich in eine Fünfzehnjährige, die von ihm geschwängert wird. *(Ich hielt mich bei verschiedenen Stämmen in Afrika auf. Und bei einigen scheint es Sitte zu sein, dass das pubertierende Mädchen sich Freier sucht, die es schwängern. Denn sobald sie einen dicken Bauch hat, weiß man, dass sie Kinder gebären kann. Jetzt erst ist sie als Frau wertvoll geworden, und ihr Vater kann sie mit einem ihm beliebigen und meistbietenden Käufer verheiraten, auch wenn dieser schon andere Ehefrauen besitzen sollte.)* Er ist sich sicher, dass er der Vater des Kindes in ihrem Bauch ist. Doch bei den einsetzenden Wehen stirbt unter entsetzlichen Qualen und herzzerreißenden Schreien in seinem Beisein die Geliebte samt ihrem ungeborenen Kind, das den Geburtskanal nicht passieren konnte. Egti gibt sich die Schuld an ihrem Tod. Und seine Programmierung lautet: „Ich will nie wieder mit einer Frau schlafen.“ Doch als er dreiundzwanzig Jahre alt ist, wird er von seiner Familie genötigt, eine Frau zu heiraten. Der Nachbarsvater stellt ihm seine sechzehnjährige Tochter in Aussicht, jedoch unter der Bedingung, dass er auf der Jagd als Mutprobe einen Leoparden erlegt. Solch eine Mutprobe wird von allen heiratswilligen jungen Männern gefordert, da man somit sichergestellt zu haben glaubt, dass der Betreffende als guter Jäger seine Frau samt Nachwuchs ernähren kann. Doch kehrt Egti ohne die als Mutprobe benötigte Beute heim. Der Vater der Braut verweigert ihm diese. Er gilt nun als ein Feigling und Versager. Er hält sich selbst für minderwertig und verfällt der Depression. Er zieht sich von der übrigen Dorfgemeinschaft zurück und ernährt sich durch den Verkauf von handgeflochtenen Körben. *(Auch in ihrem jetzigen Leben leidet Franziska noch gelegentlich unter Minderwertigkeitskomplexen.)*

Vor dem Wolkentor erfährt Franziska, dass Egti keinerlei Schuld am Tod seiner Geliebten getragen habe, da aus karmischen Gründen ihr Tod bereits vorher feststand. Ihr Stöhnen und Schreien bei der Kopulation habe mit dem Leben als Egti zu tun, da er den Liebesakt als Schuldigwerden am Tod der Geschwängerten und somit als Beihilfe zum Mord empfunden hatte. Wenn sie also mit einem Mann schläft, kommen in ihr unbewusst jene schrecklichen Schreie wieder hoch, die sie damals als Egti bei seiner in Todesqualen sich windenden Geliebten schmerzlichst miterlebt hatte.

Welcher Psychologe wäre auf solch eine Erklärung gekommen? Rückführungen decken oft Zusammenhänge von gegenwärtigen Zuständen in den Ursachen der früheren Leben in einer Weise auf, an die man vorher nie gedacht haben könnte. Das ganze Spektrum in der Ursachenforschung von Symptomen und psychischen Verhaltensweisen erweitert sich somit kolossal und führt die Wissenschaft zu immer wieder neuen und oft erstaunlichen Erkenntnissen.

Franziska wurde auch klar, warum sie im heutigen Leben solch eine Panik vor dem Gebärenmüssen hatte, hing diese doch mit Egtis Erlebnis zusammen, dass seine Liebste bei der Geburt so grausem vom Tod überwältigt worden war. Und das Höhere Selbst fragend, warum sie einerseits beim Sex Schuldgefühle und andererseits großes Verlangen nach Sexualität habe, führte es sie in eines ihrer früheren Leben, in welchem sie als achtzehnjährige Magd namens Jessie auf einem französischen Gutshof lebte, dessen unverheirateter vierundvierzigjähriger Besitzer Henry hieß und sehr autoritär mit seinen Bediensteten umzugehen pflegte. Doch die schöne Jessie hat sich in den Kopf gesetzt, die Zuwendung und Liebe dieses Gutsherren zu erringen. Sie beobachtet ihn und sucht eine Gelegenheit, sich ihm zu nähern. Als er sich allein in der Scheune aufhält, begegnet sie ihm wie „zufällig“ und scheut sich nicht, ihm Komplimente zu machen und unverblümt sich ihm anzubieten, hatte sie doch schon mit anderen Männern sexuellen Kontakt gehabt. Sie hebt ihren Rock hoch und zeigt ihm sich bückend ihr entblößtes Hinterteil, sodass er nicht widerstehen kann und mit ihr kopuliert. Dann zieht sie ihn ins Heu hinein. Er weiß mit ihrem schnellen Vorgehen nicht so recht umzugehen und weicht vorerst weiteren Begegnungen aus. Doch schon nach einer Weile bestellt er sie unter einem Vorwand in sein Haus. Sie versteht es, ihn ihr sexuell hörig zu machen, sodass er ihr als seiner Geliebten bald neue Kleider kauft. Schließlich bringt sie ihn dazu, sie zu heiraten. Die übrigen Angestellten auf dem Hof – besonders die Frauen – neiden ihr die bevorzugte Stellung und bringen ihren Hass auf sie unverhohlen zum Ausdruck. Jessie wirft nun ihrem Mann vor, ein schlechter Liebhaber zu sein. Und tatsächlich sehnt sie sich nach dem Sex, den sie vor der intimen Begegnung mit Henry gehabt hatte. Mit einem von ihr verführten Knecht findet sie ihre volle Lustbeglückung. Sie und ihr Mann, dem ihre Sexgier mit anderen Männern nicht entgangen ist, ruhen nun in getrennten Schlafzimmern. Mit fünfundfünfzig Jahren ist sie verstorben. Und ihre Einstellung für jenes Leben spricht sie in dem Satz aus: „Ich will immer wieder Sex im Leben haben.“

Und in den Kiefernzapfen steckt sie folgende abzulegenden unliebsamen Psycholasten (psychic burdens): „Ich befreie mich von allen Minderwertigkeitsgefühlen und von allem Selbstbetrauern, ich befreie mich von allen sexuellen Blockaden und falscher Scham, und ich befreie mich von allen sexuellen Schuldgefühlen." Und die Psycholasten aus früheren Leben haben sich vermehrt und intensiviert durch jene, die sich in ihrem heutigen Leben manifestiert haben. Wir erinnern uns: „Du Sau!" und: „Sex ist schmutzig!", Sätze, die ihr Schuld- und Schamgefühl vermehrten.

In Franziskas sexuellem Verhalten stehen sich zwei frühere Leben diametral gegenüber und wirken beide auf sie ein. Einmal überwiegen die Programmierungen des einen Lebens als Jessie, dann aber auch wieder jene des anderen Lebens als Egti. Und man könnte nun davon ausgehen, dass ihre übermäßigen Lustschreie im Liebesakt eine Addition zum einen von der aller Kontrolle ledigen Lustäußerung sind und zum anderen aber von jener durch wildeste Schreie empfundenen Schmerzenserfahrung herrühren. Der indische Lebenslehrer *Osho* sagt in seinen Vorträgen, dass eine wirkliche Erfahrung mit dem Sex zugleich auch eine Erfahrung mit dem Tod sei. Denn in der sexuellen Ekstase und im Orgasmus gehe es wie im Sterben darum, alle Kontrolle abzulegen. Denn wo der Orgasmus beginne, sei man nicht mehr da, denn dann sei man zugleich vom Leben und Tod besessen. Und die meisten Menschen hätten Angst vor solch einem ekstatischen Todeserlebnis, weil sie dann ihre Kontrolle und ihren Verstand aufgeben müssten, was sie daran hindert, sich voll sexuell hingeben zu können.

Inzest

Wenn Sex in der Familie stattfindet

29. Wenn man sich als Inzestopfer selbst schuldig fühlt

Kerstin ist vierunddreißig Jahre alt. Sie trägt eine Brille. Kein Make-up verschönert ihr Gesicht, und man könnte sie auf den ersten Blick mit ihren kurzen Haaren für einen Jungen halten, wenn sie nicht Frauenkleider trüge. Und sie gesteht auch: „Ich bin als Frau eher ein Mann." Sie hat sich vor einem Jahr von ihrer zwölfjährigen unbefriedigenden Beziehung zu ihrem Freund getrennt, kurz nachdem sie sich bei mir zum Rückführungsleiter ausbilden ließ. In dieser Ausbildung wurde sie wegen ihres Minderwertigkeitskomplexes behandelt. So traute sie sich auch nie, ungefragt in der Gruppe irgendetwas zu sagen. „Ich fühle mich nichts wert" war ihr bis dahin unausgesprochenes Lebensmotto. Eineinhalb Jahre später kam sie zu meinem Supervisionsseminar, das eine Voraussetzung ist für angehende Diplomanden. Man merkte ihr die große Veränderung seit unserem letzten Treffen an. Sie trat selbstbewusst auf. Aller Anflug von Minderwertigkeitskomplexen war verschwunden. Und da ich von dem Ausbildungsseminar her wusste, dass sie unter heftigen Störungen in ihrer Sexualität litt, fragte ich sie, ob sie erlaube, sie zu diesem Thema vor allen übrigen Teilnehmern zu Demonstrationszwecken zurückzuführen. Sie willigte spontan ein. Noch vor dem ersten Ausbildungsseminar hätte sie nicht den Mut für solch eine Offenlegung eines gehüteten Geheimnisses gehabt, fehlte ihr doch damals noch das Vertrauen in andere Menschen. Zitat: „Ich lebe ständig versteckt und ich traue niemandem."

In der nun vorgenommenen Anamnese offenbarte sie, dass sie mit dem Onkel, dem Bruder ihrer Mutter, zwischen dem 14. und 18. Lebensjahr sexuellen Kontakt gehabt habe. Dabei handelte es sich um Oralverkehr. Sie fühle sich seitdem schuldig, denn sie hätte nein sagen müssen, doch sie hatte nicht die Kraft dazu, steckte sie doch in einem Nicht-Nein-Sagen-Komplex, weshalb sie sich ja auch lange nicht von ihrem Freund trennen konnte. Auch schien der Onkel der Einzige zu sein, der sie, die in sich Zurückgezogene, beachtete, ihr Komplimente machte und sie mit Geschenken bedachte. Denn vorher litt sie unter dem Gefühl, von niemandem geliebt zu werden. Auch mit ihrem Bruder lebte sie in Disharmonie. In einer Gesprächstherapie wurde ihr klar, dass ihr Großvater sie schon als Dreijährige missbraucht hatte.

Sie leidet unter starken Menstruationsschmerzen, und jedes Mal schon vor einem Geschlechtsverkehr mit ihrem früheren Freund stellten sich Vaginalkrämpfe ein. Während einer versuchten Kopulation mit ihrem Freund zog sich alles in ihrer Vagina krampfhaft zusammen, sodass er mit seinem Glied gar nicht eindringen konnte. Somit blieb auch ein Kinderwunsch unerfüllt. Bei versuchtem Eindringen mit seinem Penis in ihren Mund, versperrte sich auch dieser. Kerstin wird es schon bei dem Gedanken an Oralverkehr übel. Unter den Achseln und im Gesicht hat sie einen Ausschlag, um, wie sie sich ausdrückte, „Männer wegzuhalten". Denn sie hat eine große Angst vor Sexualität. Dabei wollte sie ihrem Freund auch sexuell entgegenkommen, aber sie konnte es nicht. Es war eine regelrechte Blockade vorhanden.

Das erste frühere Leben, das ihr das Höhere Selbst aus ihrem Unterbewusstsein hervorholte und sie somit wiedererleben ließ, war ein Leben im Jahre 1910 in Vietnam. Sie ist fünf Jahre alt und heißt Chi. Sie lebt als Waise bei einer Frau und deren Mann, den sie Onkel nennt. Er bringt ihr schon in ihrem vierten Lebensjahr bei, wie sie Männer oral befriedigen muss. So öffnen manchmal Männer ihr Auto und lassen sich von ihr bedienen. Sie verdient somit für das Ehepaar und sich den spärlichen Lebensunterhalt. Doch ein Mann zerrt sie in sein Auto und fährt mit ihr in einen Wald. Er steckt ihr seinen Penis in den Mund, bleibt aber mit ihr unzufrieden. Er zerrt sie aus dem Auto heraus, schlägt sie und schließlich vergewaltigt er sie, wobei er sie, die Schreiende, am Halse packt und würgt, sodass sie tot liegen bleibt. Nach dem Tod begegnet sie ihren leiblichen Eltern, die sie durch die Schönheiten des Jenseits hindurch zu ihrem Haus führen.

Und von mir gefragt, warum sie dieses Leben als Opfer erleben musste, befand sie sich in einem Leben um 1812 in Marokko. Sie war ein Pascha, der vor allem Knaben, aber auch junge Mädchen missbrauchte. Er ließ sie einfach durch seine Garde den Eltern entwenden. So diese sich darüber empörten, wurden sie getötet. Sobald die Kinder ein gewisses Alter hatten, schickte er sie wieder nach Hause. Infolge einer Palastrevolte wurde er geköpft.

Ich bat dann Kerstin, ihr Höheres Selbst zu fragen, ob es noch ein oder einige andere Leben gebe, die mit ihrer sexuellen Verweigerung zusammenhingen. Und ihr Höheres Selbst führte sie daraufhin in ein Leben in Irland um das Jahr 1700. *(Ich könnte mir vorstellen, dass diese Jahreszahl nicht stimmt, da dieses Leben in Irland höchstwahrscheinlich als Ausgleichsgeschehen des Paschalebens nach diesem erfolgt sein dürfte. Doch vielleicht ist auch die Jahreszahl 1812 aus dem Paschaleben nicht richtig. Denn bei Jahreszahlenangaben werden oft die Ziffern vertauscht oder die Jahrhunderte nur geschätzt.)* Sie ist zehn Jahre alt und heißt Sheila. Sie kommt bei einem Spaziergang an einen Waldrand. Auf einmal stürzt ein Mann, vor dem sie gewarnt worden war, unter den Bäumen hervor, hält der Schreienden den Mund zu und trägt sie zu seiner Hütte. Dort erklärt er ihr, dass seine Frau verstorben sei und sie jetzt seine Frau zu sein habe. Sobald er die Hütte verlässt, schließt er Sheila ein. Im Bett zwingt er sie, gegen ihren Willen die Beine breit zu machen und dringt mit seinem Glied in sie ein. Ein paar Tage später wird sie dort gefunden. Der einsiedlerisch lebende „Waldschrat" wird gefesselt und ins Dorf gebracht. Da die Eltern zwischen den Beinen ihrer Tochter Blut entdeckt haben, wissen sie, was passiert ist. Der Vergewaltiger wird gehängt. *(Auch hier mag schon im Unterbewusstsein der damaligen Kerstin ein Schuldgefühl entstanden sein. Denn der Zehnjährigen war bewusst – trotzdem sie keinerlei Schuld an dem Geschehen trug –, dass ihretwegen ein Mann hingerichtet worden war.)*

Mit fünfzehn Jahren wird Sheila verheiratet. Dieser viel ältere Mann macht mit ihr, was er will. Da er weiß, was vorgefallen ist, verachtet er sie, schlägt sie. Auch nimmt er sich hin und wieder andere Frauen. Und da sie ihm kein Kind gebären kann, wird er immer wütender und misshandelt sie immer häufiger. Doch als ihm hinterbracht wird, seine Frau hätte einen anderen Mann geküsst, ist er dermaßen außer sich, dass sie, um sich seiner Wut zu entziehen, nur noch den allerletzten Ausweg sieht. Sie springt von einer Klippe. Nach ihrem Tod von mir befragt, was sie wohl rückblickend auf ihr Leben sagen würde, wenn sie den Satz „Ich will nie wieder..." beenden würde, entgegnet sie: „Ich will nie wieder mit einem Mann zu tun haben." *(Und wir erkennen schon, dass diese Programmierung sich in ihrem heutigen Leben in der Weise auswirkt, dass sie wie ein Junge herumläuft und nichts für Männer Attraktives nach außen projiziert. Somit wird sich wohl kein Mann auf der Straße nach ihr umdrehen. Dass sie trotzdem zwölf Jahre lang einen Freund hatte, hat sicherlich mit anderen Voraussetzungen und anderen früheren Leben zu tun, ließ sie doch in den letzten Jahren ihres Zusammenseins keinerlei sexuelle Berührungen mehr zu.)*

In einem anderen Leben in Frankreich ist sie ein vierjähriger Junge namens Jacques, der von vier Männern in einem Zimmer durch Afterpenetrierung missbraucht wird. Er wird schließlich der Lieblingsknabe eines Burgherren, bis er dort mit fünfzehn Jahren verstirbt.

Nach der Ursache dieser Opferleben befragt, lässt Kerstins Höheres Selbst sie das Leben als ein ebensolcher Burgherr wiedererleben, der im Ganzen etwa fünfzig Knaben missbraucht hat, bis seine Feinde seine Burg erobern, ihn in den Kerker bringen, wo man ein glühendes Eisen in seinen After steckt. Seine Programmierung lautete: „Nie wieder Sex mit Jungen."

Nach seinem Tod befindet er sich auf einmal in einer dunklen Zelle. Dort sucht ihn ein Mann mit einem weißen Bart auf. Sie sprechen über sein vergangenes Leben. Er, der vormalige Burgherr, werde so lange in dieser Zelle bleiben, bis er seinen Groll auf seine Peiniger abgelegt habe. Als dieser nun mehr und mehr Reue für seine Taten zeigt, führt ihn der Weißbärtige nach draußen. Jener ist bereit, alle seine Vergehen besonders an den Knaben wieder gutzumachen. Er möchte einst als Frau wieder inkarnieren, um allen Knaben, die missbraucht worden waren, zu helfen. *(Dieser Wunsch wird in diesem Leben in Erfüllung gehen können, da Kerstin als Rückführungsleiterin bestens geeignet seien dürfte, Menschen, die als Kind oder Jugendliche missbraucht oder vergewaltigt worden waren, zu helfen, wie ihr sicherlich auch durch diese Rückführungstherapie selbst geholfen worden ist.)*

Ihre Befreiungsaffirmation lautete: „Ich befreie mich von allen Schuldgefühlen, vor meiner Angst vor Sexualität, von allen Minderwertigkeitskomplexen, von meiner Abneigung vor Männern, von meinem Ausschlag im Gesicht und unter den Achseln und von allen Unterleibsschmerzen."

Vier Monate später rief ich Kerstin an und nahm dieses Gespräch auf Band auf. Hier sind einige Ausschnitte davon:

Sag mal, wie ist es dir eigentlich nach der Rückführungstherapie ergangen? Hat sich danach etwas bei dir verändert?

Ja. Mit Männern noch nichts, denn da ist noch keiner aufgetaucht. So an sich habe ich eigentlich keine Probleme mehr.

Das heißt auch, dass Ängste vor Sexualität nicht mehr da sind?

Ja.

Und wenn du einen Freund hast, wirst du auf ihn zugehen können.

Ja.

Glaubst du, dass du dich jetzt nicht mehr so verschließt wie vorher, als du zum Beispiel die Beine bei der Sexualität zusammengepresst hast?

Ja, das glaube ich.

Ich hoffe, dass du bald einen neuen Freund hast. Und dann die Veränderung auch merkst.

(lachend) Ja genau.

Was machst du denn, um einen Freund zu kriegen?

Ich geh nicht auf die Suche. Ich denk, der kommt von alleine.

Bist du jetzt ein wenig mehr fraulich geworden? Du hattest ja kurzes Haar getragen und dich nicht geschminkt. Glaubst du, dass du jetzt anders geworden bist?

Die Haare sind auf jeden Fall länger. Und das Oberteil habe ich jetzt immer ganz eng an. Abgenommen habe ich auch. Ich sehe jetzt eigentlich eher weiblich aus. *(Sie lacht.)*

Lässt du dich auch von Männern ansehen?

Ja schon, ich flirte jetzt. Das hab ich früher nie gemacht.

Und was ist mit deinen Menstruationsschmerzen?

Die sind weg. *(Lacht wieder erfreut.)*

Und du bist auch im Ganzen lockerer geworden mit Menschen?

Auf jeden Fall, ja.

Was ist mit dem Ausschlag?

Also, der ist schon noch da. Hauptsächlich unter dem Arm. *(Hier wäre jetzt noch eine spezifische Rückführungstherapie durchzuführen, um sie auch von diesem Makel endgültig zu befreien, mögen dafür doch noch andere frühere Leben zuständig sein.)*

Und im Gesicht?

Weniger. ... Es ist meistens noch da, wenn ich meine Tage bekomme. Danach geht es eigentlich wieder weg. ... Aber dann muss ich kratzen. ... Ja, es juckt. ... Ich nehme keine Medikamente.

Aber ich höre aus dem Ganzen heraus, dass du dich nach dieser Rückführung toll verändert hast.

(Sie lacht.)

Ich wünsche dir nun bald einen neuen Freund.

Der kommt schon. Da bin ich mir ganz sicher.

30. Warum ein junges Mädchen den Sex mit ihrem Stiefvater genießt

Nicole, eine dreiundfünzigjährige verheiratete Frau war vor einem Jahr schon zu einer Rückführung zu mir gekommen, um ihre Angst, vor Leuten zu sprechen, abzulegen. Sie sagte mir nun, dass diese Angst um 80 Prozent abgenommen habe. Dieses Mal sei sie zu mir gekommen, um ihren tiefeingewurzelten Glauben, hässlich zu sein, abzulegen. Ich war erstaunt, dass sie überhaupt solch einem Unsinn aufsitzen konnte, denn mir erschien sie als eine selbstbewusste und durchaus ansprechend aussehende Frau, wenn sie auch zehn bis zwanzig Kilo über ihrem Normalgewicht wiegen dürfte, was aber ihrer Weiblichkeit überhaupt keinen Abbruch tat, im Gegenteil. Schon als Kleinkind kam sie in ein Kinderheim, da die Mutter lange krank war. Der alkoholkranke Vater hatte Nicole abgelehnt, wie sie überhaupt auch von niemandem Liebe erfuhr. In der Schule äußerten sich Mitschüler über sie, dass sie hässlich aussehe. All das bestärkte ihre zunehmende Programmierung, hässlich zu sein. Als sie zehn Jahre alt war, ließen sich ihre Eltern scheiden. Zwei Jahre später hatte die Mutter einen neuen Partner, dessen Bein teilamputiert war, weshalb er eine Prothese tragen musste. Auch hatte er im Krieg ein Auge verloren, das durch ein Glasauge ersetzt worden war. Trotz aller äußerlichen Mängel liebte ihn die Mutter, sodass er bald ihrem Wunsch nachgab, zu ihnen in die kleine Wohnung zu ziehen und sie zu ehelichen.

Doch während die Mutter ganztägig ihrer Arbeit nachkam und erst am Abend nach Hause zurückkehrte, begann der arbeitslose und kriegsinvalide Stiefvater sich für die dreizehnjährige Nicole zu interessieren, sobald sie am Mittag aus der Schule heimgekehrt war. Da sie davon überzeugt war, dass aufgrund ihrer Hässlichkeit kein Mensch sie je lieben könnte, war sie erstaunt, dass der dreißig Jahre ältere Stiefvater ihr Komplimente wegen ihres Aussehens machte und dann auch bald von Liebe sprach. Und nun entwickelte sich über mehrere Jahre hin ein sexuelles Verhältnis, das der Mutter immer geheim geblieben war. Wie Nicole mir gestand, hatten sie auch alle sexuellen Perversionen ausprobiert, und sie war trotz ihres schlechten Gewissens der Mutter gegenüber auf jede erneute sexuelle Begegnung gespannt. Sie erfuhr in ihrem Alter sexuelle Beglückung, wovon ihre viel besser aussehenden Schulkameradinnen wohl nur träumen konnten. Ihr Selbstbewusstsein nahm immer mehr zu. Obwohl er ihretwegen die Mutter kaum noch beschlief, heiratete er diese dennoch, als Nicole siebzehn Jahre alt war, um, wie er dieser gestand, immer nahe bei ihr sein zu können. Doch wollte Nicole herausfinden, ob sie trotz ihrer Hässlichkeit – auch ihre Zähne sahen abstoßend aus – andere Männer verführen könnte. Sie näherte sich den Männern und gab unmissverständliche Hinweise, sodass sie nun immer häufiger sehr spät nach Hause kam, weshalb ihr Stiefvater immer eifersüchtiger wurde. Diese Verstimmungen trugen nun dazu bei, dass Nicole sich mit achtzehn von ihm lossagte, weshalb er seine Frau davon überzeugte, die eigene Tochter aus dem Haus zu werfen. Und obwohl nun Nicole mit einer ganzen Reihe von Männern schlief, hatte sie nie wieder diese sexuelle Erfüllung gefunden wie jene mit ihrem Stiefvater.

Das Thema der Rückführung lautete: „Warum glaube ich, hässlich zu sein?" Ihr Höheres Selbst führte uns in ein Leben, in welchem Nicole ein polnischer Großgrundbesitzer war, dem viele Leibeigene unterstanden. Er durfte mit ihnen machen, was er wollte, könnte er sie doch, wenn sie gegen ihn aufbegehrten, entlassen, bestrafen oder gar töten. Er befriedigte seine sexuellen Gelüste in allen denkbaren Formen, und zwar nicht nur mit Mädchen, Frauen und Männern, sondern auch mit Kindern und sogar mit Tieren. Alle, die mehr oder minder freiwillig mitmachten, bekamen bessere Kleidung und besseres Essen. Und ganz besondere Lieblinge wurden mit Geschenken bedacht oder bevorzugt behandelt. Und so manche von seinen leibeigenen Frauen suchten sogar seine Nähe, da er gut aussah und sich für deren sexuelle Willigkeit großzügig zeigte. Besonders gerne schlug er mit seiner Peitsche auf die nackten Hintern, bevor er mit seinem Glied in anale oder orale Körperöffnungen eindrang. Doch er hatte einen Widerwillen gegen alle hässlichen Menschen. Diese wurden von ihm von seinen Gütern verjagt. Mit einundvierzig Jahren verliebte er sich in eine Adlige aus der Stadt, die er bald heiratete. Er ließ von all seinen Untaten ab. Darüber freute sich die Bevölkerung. Doch hatte er sich durch sein früheres Verhalten viele Feinde geschaffen, die sich an ihm dadurch rächten, dass sie seine beiden Kinder vergifteten. Seine Frau verließ ihn, und er sagte zu seinen Untergebenen: „Jetzt kommen wieder die alten Zeiten. Ihr wolltet es nicht anders." Ja, er trieb es jetzt sogar noch schlimmer als früher. Er schlug seine Leute mit der Gerte, behandelte sie ungerecht, nötigte Frauen zum Beischlaf, sodass ihn viele seiner Untertanen verließen. Er wurde schließlich zu einem Trinker, der dann einsam verstarb.

Diese Verachtung gegen alle hässlichen Menschen musste natürlich karmische Konsequenzen nach sich ziehen, denn worin immer eine Seele lieblos sich gegenüber anderen Seelen zeigt, muss sie zwecks Eigenerfahrung in eine ähnliche Rolle oder Situation hineingestellt werden. Nicole erlebte sich zur Zeit der Französischen Revolution als ein Zwerg, das heißt, als ein sehr kurz gewachsener Mann, der von einem Zirkusdirektor eingestellt worden war, um mit seinem hässlichen Buckel und seiner kleinen Gestalt die Menschen durch seine einstudierten Darbietungen anzulocken. Er musste sich vor der Menge zur Schau stellen, wodurch er Gelächter, Spott und hässliche Worte erntete. Und der Zirkusdirektor behandelte ihn lange Zeit aufs Schäbigste. Er bekam nur Abfälle zu essen und lebte schlimmer als ein Hund. Einige Leute machten sich eine Gaudi daraus, ihn anzupinkeln. Und der Zirkusdirektor und seine Frau ließen ihn nach einiger Zeit in ihren Wohnwagen kommen und stellten alle möglichen sexuellen Perversitäten und Spielchen mit ihm an. Man band ihn fest und vergewaltigte ihn. Bediente er wiederum diese beiden mit all ihren erwünschten perversen Gelüsten gut, so erfuhr er eine gute Behandlung. Und er fand auch Gefallen an dieser Rolle, die sich zwischen sexueller Erregung und unterwürfigster Demut bewegte. Schließlich ereilte ihn die Syphilis. Zu seiner äußerlichen Hässlichkeit kamen nun auch noch Eiterbeulen hinzu. Mit sechzig Jahren ist er einsam verstorben. Und seine Programmierung nach seinem Tod lautete: „Ich will nie wieder durch meine Hässlichkeit derart ausgeliefert sein."

Dieser Bucklige musste, wie Nicoles Höheres Selbst erklärt, in härtester Weise jene karmische Verschuldung ausgleichen, die er durch sein liebloses Verhalten hässlichen Menschen gegenüber in seinem Leben als Großgrundbesitzer in Polen auf sich gezogen hatte. Auch seine sexuelle Nötigung durch das Zirkusehepaar samt der unterwürfigen Rolle, um dadurch für sich Vorteile zu erringen, gehörte mit zu diesem Ausgleichen. Und sicherlich wurde dieser Krüppel nur deswegen angepinkelt, weil er in früheren Leben – wenn nicht sogar in dem Leben als jener Großgrundbesitzer – andern ein Gleiches zugefügt hatte. Das Karmagesetz ist unerbittlich – und äußerst gerecht. Aber darüber habe ich in meinem *Das Große Karmahandbuch* ausführlich geschrieben.

Am Ende des neunzehnten Jahrhunderts ist Nicole ein Universitätsprofessor der Medizin in Berlin, der seine Frau und seine beiden Kinder nur oberflächlich liebt, denn dem Max, wie er mit Vornamen heißt, steht seine Karriere samt der Reputation als großer Chirurg allein im Sinn. So wirkt er anderen gegenüber als sehr arrogant. Doch er hat einen Kollegen, der ihm, wie er meint, seine Vorrangstellung an der Universitätsklinik streitig machen könnte, ist jener doch noch fähiger als er selbst. Und das Schicksal fügt es, dass jener Kollege am Bein eine große Verletzung erfährt. Max weiß, dass er diesem Professor das Bein amputieren müsste, um dessen Leben zu retten. Doch er unterlässt diesen Eingriff. Sein Konkurrent stirbt, was ihn mit Genugtuung erfüllt, bis ihn späterhin doch Reue überkommt. So sagt er nach seinem im hohen Alter erfolgten Tod: „Ich will nie wieder so hässlich sein." Und, wie das Höhere Selbst vor dem Wolkentor offenbart, ist dieser Professor der heutige Stiefvater von Nicole.

Dieser Professor hatte sich seinem Kollegen gegenüber innerlich und äußerlich in hässlichster und verachtungswürdigster Weise verhalten. Diese beiden Programmierungen „Ich bin hässlich!" aus dem Leben als bucklige Missgestalt und jene aus dem Leben als Professor haben sich in der heutigen Nicole wieder unbewusst manifestiert zu dem Glauben: „Ich bin hässlich!", wozu noch als Verstärkung die abfälligen Bemerkungen der Schulkameraden und -kameradinnen kamen.

Jener damals an der nicht vollzogenen Beinoperation verstorbene Professor hat als heutiger Stiefvater nicht zufällig eine Beinprothese. Wissen wir doch durch Professor Ian Stevenson, dass wir häufig Verwundungen aus früheren Leben als Geburtsmakel mit in dieses Leben bringen. Doch jener Stiefvater verlor diesen Teil seines Beines in dem heutigen Leben an der Kriegsfront. Und es bleibt anscheinend egal, ob man mit einer Verstümmelung auf die Welt als Folge einer im früheren Leben vorausgegangenen Verletzung (meist mit Todesfolge) kommt, oder ob man diese im Verlaufe seines gegenwärtigen Lebens erhält. Denn solch ein körperliches Zeichen will nicht nur auf ein vorausgegangenes Opferleben hinweisen, sondern auch auf das Täterleben, das es noch aufzudecken und zu erlösen gilt, dessen karmische Auswirkungen eben auch noch in das gegenwärtige Leben hineinreichen.

Doch warum verfällt Nicole ihrem heutigen Stiefvater, indem sie sich sexuell von ihm derart angezogen fühlt? Zum einen hat sie unbewusst aus dem Leben als polnischer Großgrundbesitzer noch Schuldgefühle den hässlichen Menschen gegenüber, die sie durch demutsvolle Zuwendung zu verstümmelten oder hässlichen Menschen auszugleichen gewillt ist. Zum anderen weiß sie aus dem Leben als jener Bucklige, dass Hässlichkeit nicht sexuelle Enthaltsamkeit bedeuten muss, dagegen aber zu perversen Reizen Anlass geben kann, und drittens – und das scheint mir an dieser Stelle am Entscheidendsten zu sein – möchte sie an dem früheren Kollegen und heutigen Stiefvater wieder etwas gutmachen, sich ihm in Demut zur Verfügung stellen, indem sie allen seinen Wünschen nachkommt – und seien diese noch so pervers. Wie wir sehen, können sexuelle Hörigkeiten – in welchem Alter auch immer – unbewusst Schuldmechanismen in Form von Wiedergutmachungsprogrammen unterliegen, die bis zu Selbstbestrafungen – seien sie lustvoll oder nicht – ausarten können, wie wir noch an einigen anderen Beispielen aufweisen werden.

Da wir bei der Rückführungstherapie im letzten Jahr nicht ihr Leben als hässlicher Buckliger aufgesucht hatten, in welchem dieser vor den Augen der anderen wie ein dressierter Hund unter Spott sich darstellen musste, hatte auch dieses Leben mit zu ihrer Angst, vor Leuten zu sprechen, eine negative Programmierung bewirkt. Somit könnte es jetzt wohl geglückt sein, am Ende nicht nur 80 Prozent ihrer diesbezüglichen Angst aufgelöst zu haben, sondern 100 Prozent. Und Nicole, wie ich inzwischen erfuhr, hat sich jetzt von einer Friseuse *(andere schön machen)* zu einer Therapeutin entwickelt, die anderen Menschen *(eventuell noch Wiedergutmachungssyndrom)* hilft, mit dem Leben besser fertig zu werden.

Ein Jahr nach dieser letzten Rückführung rief ich Nicole an.

„Ich bin mit mir einig. ... Ich habe nun eine innere Sicherheit gewonnen. ... Ich bin auch ganz ruhig bei meinen Prüfungen. Die Ängste sind weg. Ich kann sogar einen Tag vor einer Prüfung auf den Weihnachtsmarkt gehen. Auch meine Lernblockade ist weg. Ich habe mir auch ein Buch zur Selbsthypnose besorgt und arbeite ebenfalls damit." Sie will sich nun weiterhin nach der bevorstehenden Endprüfung zur Ergotherapeutin zu einer Psychopraktikerin ausbilden lassen. Ihre Angst, vor fremden Menschengruppen zu sprechen, hat sich weiterhin verbessert. Und ihre Minderwertigkeitskomplexe haben sich nahezu ganz verflüchtigt. Sie führt weiterhin aus:

„Aber diese kann man auch hinsichtlich der Sexualität ausleben. Der Zwang zur Unterwürfigkeit ist vorbei. Denn man kann diese in Rollenspielen überwinden. Ich lebe meine Sexualität nicht in der Realität aus, jedoch in verbal geistigen Rollenspielen. Und zwar über Telefonsex.(!) Das mache ich jetzt schon seit einigen Monaten. (*lacht*) Das hat mir eine Bekannte beigebracht. Sie hatte diese Verdienstmöglichkeit für sich herausgefunden und fand es ganz lustig. Dann hat sie mich darin eingearbeitet. Ich arbeite nur in der Nacht. ... Da wir getrennte Zimmer haben, weiß mein Mann nichts von meinen nächtlichen Gesprächen.

Wie gehst du mit dem Telefonsex um?

Damit kann ich sehr gut umgehen, denn es ist ja nur gedanklich. Und ich merke in diesen Telefonaten, dass es vielen ebenso ergeht. ...

Wenn diese dich fragen, wie alt du bist, was sagst du dann?

Ich taste mich erst einmal heran, um herauszufinden, was der betreffende Herr hören möchte. (*lacht*) Für einen bin ich die strenge Mutter, für den anderen die Geliebte, und für den, der sich als Schüler vorstellen will, bin ich die Lehrerin, je nachdem, was gerade zutreffend ist. ... Aber das gibt mir auch meinen Kick." *(lacht)*

Späterhin möchte sie sich noch bei mir zur Rückführungstherapeutin ausbilden lassen. Und sie hat nun vor, sich von ihrem Nebenverdienst trotz ihres fortgeschrittenen Alters durch Operationen verschönern zu lassen. Die Rückführungstherapie hat ihr in erstaunlicher Weise geholfen, all ihre Minderwertigkeitskomplexe abzulegen und sich von allen sexuellen Hemmungen zu befreien. Und vielleicht wird sie sich auch mit dem ein oder anderen Anrufer verabreden wollen, um nicht nur telefonische Intimität, sondern auch hautintensive Sexualität zu genießen.

Wer hätte das gedacht? Innerhalb eines Jahres oder sogar weniger ist aus einer mit Minderwertigkeitskomplexen und sexueller Abstinenz behafteten Frau eine selbstbewusste Telefonsexanbieterin geworden, die sich neben ihren therapeutischen Ausbildungen noch Taschengeld durch nächtliche Telefonate verdient. Ihr Horror vor Sex ist vollkommen verschwunden. Sie geht nun mit ihrem Leben spielerischer um. Und sie bekennt sich zu ihrer Libido und lebt diese – wenn auch bisher nur in der Phantasie – genießerisch aus.

31. Vom eigenen Großvater mit Wissen der Großmutter missbraucht

Tina ist eine dreiunddreißigjährige kinderlose kaufmännische Angestellte mit etwa zwanzig Kilo Übergewicht. Sie lebte mit ihrem ersten Partner Manfred zehn Jahre zusammen, davon vier Jahre als Ehepaar. Dieser behandelte sie „wie Dreck". Sie, wie sie sagte, heiratete ihn, um nicht alleine zu leben. Denn sie dachte, wenn er sie verlassen würde, dann sterben zu müssen. Er war, was seine Körperpflege anging, „ein Schwein". Alles musste er kontrollieren, sogar ihre Unterwäsche. Er war grundlos eifersüchtig bis hin zu den letzten Monaten, wo sie sich nach anderen Männern umsah. Dann fiel er vor ihr auf die Knie nieder und bat sie inständig zu bleiben. Doch sie blieb hart trotz seiner vielen Tränen. Danach lebte sie zwei Jahre allein. Sie befand sich in einem tiefen Loch und begab sich deswegen in klinische Behandlung, an welche sich eine Gruppentherapie anschloss. Während dieser Zeit lernte sie einen Mann selben Vornamens kennen, mit welchem sie nun schon seit vier Jahren in Partnerschaft zusammenlebt. Obwohl er nicht ihr Idealmann ist, vermittelt Manfred II ihr Sicherheit. Doch ihrer beider Problem besteht darin, dass er von ihr mehr Sexualität einfordert, als sie ihm zu geben bereit ist. So hatten sie schon wochenlang keinen sexuellen Austausch mehr gehabt. Manfred II geht auch nicht fremd, doch er schaut sich Pornos und Sexvideos an und sucht auch gelegentlich Sexvideokabinen in Erotikshops auf. Einerseits lässt sie ihn darin gewähren, andererseits empfindet sie darüber Wehmut. Sie hat Schuldgefühle, ihm zu wenig sexuelles Entgegenkommen zu zeigen.

Als Tina ein Jahr alt war, ließen sich ihre Eltern scheiden. Ihre Urgroßmutter betreute sie zwei Jahre lang, worauf die Dreijährige in die Obhut ihrer Großeltern übergeben wurde. Vom dritten bis zum dreizehnten Lebensjahr wurde Tina von ihrem Großvater missbraucht. Und zwar musste sie ihn oral befriedigen. Er war Alkoholiker. Manches Mal nahm ihre Großmutter sie abends mit in diverse Lokale, um nach ihrem Mann zu suchen, den sie dann halb oder voll betrunken mit der Kleinen nach Hause führte. Dieser Mann in seinem Suff schlug auch gelegentlich den Hund und auch sein Enkelkind, wobei er gerade das zur Hand nahm, was ihm gerade gelegen kam, sei es ein Gürtel, ein Hausschuh, oder er benutzte seine Fäuste und schleuderte auch einmal den Sessel. Er war auf alles aggressiv. Und zu Tina sagte er manchmal: „Wenn du was sagst, kommst du in ein Heim." Diese Androhung schüchterte sie sehr ein. Er war, wie Tina erfuhr, früher ein gut aussehender „Weiberheld" gewesen. Meistens führte er mit Tina „Spielchen" durch, die dann aber mit oraler Befriedigung seinerseits endeten. Seine Frau wusste von seinen Perversitäten und zog sich immer in ein anderes Zimmer zurück, damit sie nichts mit ansehen musste und folglich auch, weil sie davon „nichts wissen wollte". Tina begann bald ihre Großmutter zu hassen, weil sie ihr Enkelkind dem verhassten Opa auslieferte. Sie entwickelte sehr bald einen Ekel vor dem sich in ihren Mund ergießenden Samen. Schließlich, als sie älter wurde, wusste sie ihren Großvater derart oral zu befriedigen, dass sie den Samenerguss immer anderswo hinlenken konnte. Gemeinsam wuschen sie dann den Samen ab. Als sie dreizehn Jahre alt war, wollte er sie zum ersten Beischlaf verführen. Sie wehrte sich und drohte ihm: „Wenn du mich anfasst, bringe ich dich um."

Die ganzen zehn Jahre war sie dem Großvater, der vor einem Jahr verstorben war, ausgeliefert. Ihre Mutter ließ sich kaum noch sehen, weshalb sich gegen diese ein ansteigender Groll entwickeltet hatte, sie verlassen und somit den Großeltern ausgeliefert zu haben. Doch als sie vierzehn Jahre alt war, erwähnte sie ihr gegenüber diesen vom Großvater an ihr vollzogenen Missbrauch. Und sie erfuhr nun, dass dieser es mit seiner Tochter mit Wissen ihrer Mutter ebenso getan hatte. Tina machte nun ihrer Mutter die größten Vorwürfe, was ihr beiderseitiges Verhältnis verschlimmerte. Und bald darauf warf Tina auch ihrer Großmutter vor, sie ihrem Mann gänzlich ausgeliefert zu haben. Doch diese hielt ihr vor, dass sie, Tina, selbst es doch gewesen sei, die den Großvater verführt habe. Und sie musste sich eingestehen, dass diese Vorwürfe teilweise berechtigt waren, konnte sie sich doch als Mädchen für diese Gefälligkeiten an ihrem Großvater manche Dinge unbestraft erlauben oder auch Wünsche äußern, die dann erfüllt wurden. So schwankte sie lange zwischen Hass und Zuneigung. Und späterhin tat er ihr sogar Leid, sie vermied aber weitmöglichst alle Besuche. Sie hat, wie sie mir sagte, ihm schon seit einiger Zeit verzeihen können, da sie den Hass gegen ihn aufgearbeitet hat; doch diesen Hass hat sie jetzt auf sich selbst gelenkt.

Mit sechzehn schlief sie zum ersten Mal mit einem Jungen. Doch sie konnte dabei keinerlei erotische Gefühle empfinden, was ihr sonst auch nur bei Selbstbefriedigung gelang. Sie glaubt, dass sie zwei Seiten in sich habe. Die eine Seite ist empfindsam, die andere völlig empfindungslos. Vom dreizehnten Lebensjahr an bis heute hätten die Männer in ihr nur ein Sexualobjekt gesehen. „Ich habe es nie anders erlebt“, so äußerte sie sich. Doch ebenfalls mit dreizehn Jahren begannen mit einer Eierstockentzündung ihre Unterleibsbeschwerden, die meistens eine Woche vor ihrer Periode auftretend bis heute noch andauern. Manches Mal hat sie zwei Wochen lang Blutungen. Ebenfalls mit dem Auftreten der Pubertät begannen sie häufig Kopfschmerzen bis hin zur Migräne zu plagen.

Tina wird oft von Alpträumen heimgesucht, in welchen sie abgeschnittene Penisse sieht, die in den Scheiden von lebenden oder toten Frauen stecken. Sie leidet seit jeher unter einem Selbstbestrafungskomplex gepaart mit Minderwertigkeitskomplexen. Und ihre Fragestellung bei meiner Rückführungstherapie lautet: „Warum gelingt es immer wieder jemandem, mich zu unterdrücken? Warum lasse ich das alles mit mir machen?“

In dem zuerst aufgedeckten Leben um das Jahr 1800 ist sie eine achtzehnjährige Amerikanerin, die mit ihrem Mann und einem Kind in einer weit abseits gelegenen Hütte lebt. Drei verwahrloste Männer kommen. Sie bringen das Kind und den Mann um, während einer der Ruchlosen die junge Frau vor den Augen der anderen vergewaltigt. Danach, um sie als Zeugin zu töten, schlagen sie mit Knüppeln auf ihren Kopf, auf den Unterleib und den Rücken. *(Offenbar hatte man sie alle deshalb nicht mit Kugeln erschossen, um bei späteren Untersuchungen den Verdacht auf Indianer als deren Mörder lenken zu können.)* Dem Leser wird schon klar geworden sein, dass die bei der Vergewaltigung erfahrenen Todeswunden zu ihren heutigen Kopf- und Rückenschmerzen beigetragen haben, ganz zu schweigen von den sexuellen Nachwirkungen, die durch dieses schreckliche Erlebnis im Unterbewusstsein gespeichert sich dann auswirken werden. Doch das als Nächstes aufgedeckte Leben erklärt vieles mehr zu ihrem jetzigen gestörten sexuellen Verhalten.

Tina nimmt sich im Zweiten Weltkrieg als ein fünfundzwanzigjähriger japanischer Soldat in einem Tropendschungel eines feindlichen Landes *(Burma oder Malaysia)* wahr. Er heißt Hoka und hat seine Heimat schon einige Jahre nicht mehr gesehen. Mit anderen Soldaten überfallen sie Ortschaften oder Festungen, wobei nicht nur Männer, sondern auch Frauen und Kinder den Tod finden. Er hat aber Gewissensbisse, auf Menschen zu schießen. Dies wird seinem General hinterbracht. Hoka wird mit fünf anderen festgenommen, die sich ebenfalls geweigert hatten, bei Exekutionen teilzunehmen. Er wird dem General vorgeführt, der ihn wegen seiner Feigheit ausschimpft. Als Hoka auf dessen Frage, warum er nicht auf die Feinde schieße, antwortet, es mache keinen Sinn, andere zu töten, herrscht ihn der General an: „Befehle sind Befehle. Solche Männer wie du haben in der Armee nichts verloren. Du erhältst noch einmal die Chance, dich zu bewähren, sonst wirst du erschossen."

Bei dem nächsten Einsatz gegen britische Soldaten stößt er einem Feind das Bajonett in den Bauch. Er sieht diesen vor sich niederfallen. Tränen kommen ihm in die Augen, es wird ihm schlecht. Doch schon sind seine Soldaten da, die ihn auffordern, mit ihnen weiter nach vorn zu laufen. Nun kommt es ihm vor, als ob er gar nicht mehr in seinem Körper sei, sondern wie eine Marionette handele. Er schießt, stößt mit seinem Bajonett zu und tötet einige Feinde, ohne selbst verwundet zu werden. Alles kommt ihm so vor, als ob er unter dem Einfluss von Drogen stehen würde.

Und nun komm zu dem nächsten wichtigen Erlebnis. Bei drei bist du da. Eins, zwei, drei. Wo bist du jetzt?

Dieser Krieg ist noch nicht zu Ende. Mein Wille ist gebrochen. Mir ist es egal, ob ich töte oder nicht. Ich spür mich nicht. Es ist mir, als ob ich mir selbst dabei zuschauen würde, während ich nichts dabei empfinde. Es ist alles so weit weg, so tot, so leer.

Wie viele Leute hast du im Ganzen getötet bis zu deinem Tode?

Viele, viele, viele.

Auch Zivilisten?

Hmh.

Auch Frauen und Kinder.

Hmh.

Hast du auch vergewaltigt?

Nein.

Bei einer Aktion hatte man alle Männer eines Dorfes erschossen und dann deren Penisse abgeschnitten und den teils toten, teils lebenden Frauen in die Scheide geschoben. Er beteiligt sich an diesen Perversitäten und anderen grausamen Folterungen. Diese wurden ohne Befehle von oben durchgeführt. Er wollte bei all diesen Grausamkeiten dabei sein, um dazuzugehören, hatte aber im Gegensatz zu den anderen kein perverses Vergnügen an diesen abscheulichen Handlungen. Nachdem er in mehreren Einsätzen nicht nur Soldaten, sondern auch wehrlose Männer, Frauen und Kinder getötet hatte, will er sein Gewehr weglegen. Er wünscht sich seinen Tod. Bei einer nächsten Kampfhandlung stellt er sich einem sich nahenden feindlichen Soldaten derart in den Weg, dass dieser nur noch abzudrücken braucht.

Der Schuss trifft ihn mitten ins Herz. *(Später ergänzte Tina, dass sie noch oft Herzschmerzen habe.)*

Und das Höhere Selbst vor dem Wolkentor bittend, Tina nun in ein Leben zu führen, wo die Ursache für den Missbrauch zu finden sei, den sie durch den Großvater erlebt habe, führt es sie in ein Leben im Alten Rom. Sie ist ein fünfzigjähriger wohlhabender Schreiber, dessen Arbeitsräume sich im kaiserlichen Palast befinden. Er heißt Carnus und hält sich für seine sexuellen Genüsse als Unverheirateter Sklavinnen. Er ist gerade dabei, eine fünfzehnjährige sich ihm verweigernde neue Sklavin zu vergewaltigen. Als dies geschehen ist, schickt er die Weinende davon. Mit zweiundfünfzig Jahren weilt er bei einem kaiserlichen Bacchanal. Frische Ware in Gestalt von zehn- und elfjährigen Mädchen ist hereingeführt worden. Er greift sich eine von ihnen und führt sie in ein Seitengemach, wo er sie zwingt, ihn oral zu befriedigen.

Auf dem Berg der Erkenntnis erkennt Tina die karmischen Zusammenhänge. Was ihr Großvater mit ihr gemacht hatte, hatte sie einst als Carnus mit jungen Mädchen ebenfalls verübt. Ihr wird klar, dass sie sich den Missbrauch ihres Großvaters selbst ausgesucht hatte, um endlich ihre karmischen Verschuldungen aus früherem Leben auszugleichen. Ihr Selbsthass kommt sowohl aus diesem römischen Leben als auch ganz besonders aus dem Leben als japanischer Soldat. Ihr Gefühl, nichts wert zu sein, sich erniedrigen und unterdrücken zu lassen, weiterhin ihr Gefühl, sich für andere aufopfern zu müssen, kommen samt ihren Schuldgefühlen im Besonderen aus diesem Leben als Hoka. Mit diesen Schuldgefühlen ist auch ihre Abscheu vor Sexualität verbunden.

Nachdem sie sich durch die Befreiungsaffirmation von Unterleibs-, Kopf- und Rückenschmerzen, von Abscheu vor Sexualität wie auch von Selbsthass und allen Schuldgefühlen befreit hatte, ergänzte sie auf meinen Vorschlag hin in der Absichtsaffirmation, wie sie und was sie ab jetzt sein möchte: „Ich bin von nun ab eine glückliche, begehrenswerte, erfolgreiche, liebende und fröhliche Frau."

Zwölf Tage nach dieser Rückführung rief ich sie an und sie sagte: „Vor dieser Rückführung habe ich nie fest schlafen können. Jetzt kann ich wieder gut schlafen. Die Rückführungstherapie hat mir sehr viel gebracht." Wenn die Ursachen für Ängste, Schreckensereignisse und Schuldgefühle endlich durch eine Rückführungstherapie aufgedeckt und behoben werden, stellt sich meistens wieder ein gesunder Schlaf ein, da diese im Unbewussten gespeicherten Ereignisse oft in Alpträumen wieder hochsteigen, einen aufwecken und ein Weiterschlafen verhindern können.

Zweieinhalb Monate nach diesem Telefonat rief ich Tina nochmals an. Sie hat nun zu einer gesunden Sexualität mit ihrem Partner gefunden, auch wenn ihre Libido nicht derart ausgeprägt ist wie die seine. Doch kann sie sich jetzt ihm freier hingeben und erlebt auch hin und wieder durch ihn einen Orgasmus, der vorher nur durch Masturbation erreicht werden konnte. Die Unterleibsschmerzen sind ganz weg, auch wenn sie diesen Erfolg nicht allein der Rückführungstherapie zuschreibt, sondern auch einem Heiler, den sie einige Wochen nach meiner Therapie aufgesucht hatte. An ihr Leben als japanischer Soldat hatte sie nur in den ersten Tagen noch zurückgedacht, während sie jetzt gar nicht mehr daran denkt. Die Beziehung zu ihrer Mutter hat sich gewaltig verbessert. Sie kann diese nun so annehmen, wie sie ist, und all ihr Vorwurfsverhalten samt der Wut auf sie ist wie eine Seifenblase zerplatzt. Sie können sich nun beim Grillen im Garten ganz entspannt unterhalten. Auch mit ihrem Chef kommt sie auf einmal gut aus. Das Mobbing hat ganz aufgehört, obwohl eine Frau noch dort ist, die alle gegeneinander ausspielen will. Man hat diese als Intrigantin akzeptiert, ohne sich von ihr noch beeinflussen zu lassen. Tina geht es jetzt sehr gut, und sie sprüht vor Lebensfreude. Von ihren früheren Depressionen ist nichts mehr zu spüren.

Jedoch ist ihr Übergewicht noch vorhanden, weshalb ich ihr eine erneute Rückführungstherapie empfahl, um die Ursachen ihrer zu vielen Pfunde aufzudecken, müssten diese doch nicht unbedingt mit dem Inzestgeschehen in diesem Leben zusammenhängen. Denn deckt man selbst für Übergewicht die Ursachen in früheren oder in diesem Leben auf, kann eine allmähliche Herbeiführung ihres Idealgewichtes wieder erreicht werden. Viele als Kind oder als Jugendliche missbrauchte und jetzt körpergewichtige Frauen haben ihre Fettschichten als Schutz- und Abschreckungsmechanismus angenommen, um nicht wieder Männern zu gefallen, die sie wieder nötigen oder missbrauchen könnten. Aber diese Panzerungen nach außen sind zugleich Schutzwälle, hinter denen man sich verstecken will, weil man sich minderwertig, schmutzig und unschuldigerweise (bewusst oder unbewusst) schuldig fühlt. Werden aber die Ursachen in allen Einzelheiten aufgedeckt und aufgelöst, haben diese Schutzwälle keinerlei Sinn mehr und fallen allmählich zusammen, sodass man wie ein Phönix aus der Asche steigt, frei von allen Schlacken der Vergangenheit.

32. Wenn Brüder die jüngere Schwester missbrauchen

Dagmar ist sechsundvierzig Jahre alt und geschiedene Mutter von drei Kindern. Schon als Kleinkind war sie übergewichtig. Doch in der Schule begann das eigentliche Martyrium, da sie von ihren Mitschülern wegen ihres übergewichtigen Körpers gehänselt wurde. Schlimm war für sie der Sportunterricht. Beim Kurz- und Langlauf trudelte sie immer als die Letzte ein, und das Springen über den Bock endete meist in einer Katastrophe. Vermehrte Minderwertigkeitsgefühle führten zu einem anhaltenden Komplex. Bei einer Körpergröße von 163 cm wog sie mit sechsunddreißig Jahren 147 Kilo. In den letzten zehn Jahren hat sie vierzig Kilo abgenommen. Von ihren acht Geschwistern sind vier übergewichtig. Ihre Mutter mit ihren ca. 145 kg und ihr Vater mit ca. 115 kg waren ebenfalls fettleibig. Dagmar heiratete einen ebenfalls fettleibigen Mann, und zwei ihrer beiden Kinder sind stark gebaut, während der Jüngste 135 kg wiegt. Man könnte nun meinen, dass die Fettleibigkeit innerhalb der Familie über Generationen aufgetreten sein und sich gemäß den Mendelschen Gesetzen in den Nachkommenschaften als Muster immer wieder darstellen muss. Jedoch war niemand von Dagmars Großeltern fettleibig.

Dagmars Mutter war sehr warmherzig und konnte nie Nein sagen. Dagmar litt unter der rabiaten Art ihres Vaters, der in der Kindererziehung mit drakonischen Maßnahmen durchgriff, sodass außer der Hand auch Gürtel, Stock und Reitgerte zum üblichen Bestrafungsinstrument wurden, die nicht nur die fünf Söhne, sondern auch die Töchter reichlich zu spüren bekamen. Sie befand sich über fünf Jahre in psychotherapeutischer Behandlung, angefangen von Gruppentherapie bis hin zur Gesprächstherapie. Man hatte ihr gesagt, dass ihr Vater sie sicherlich als kleines Mädchen missbraucht habe, weshalb sie sich mit den Jahren einen körperlichen Schutzmantel in Form von Fettschichten zulegte. Doch kann sie sich nicht daran erinnern, als kleines Mädchen von ihrem Vater unsittlich berührt worden zu sein. Erst in der von mir durchgeführten Rückführung nimmt sie sich als Fünfjährige wahr, die sich mit ihrem Vater allein in einem Zimmer befindet. Er hebt sie auf seine Knie und spielt mit ihr Hoppe-Hoppe-Reiter, wobei ihr Körper jeweils nach hinten fällt. Diese Augenblicke benutzt er, um sie zwischen den Beinen zu berühren. Sie mag das gar nicht. Von nun ab ist ihr, als ob der Vater sie eigenartig ansieht. Als er einige Monate später mit seinem Traktor aufs Feld fährt, holt er sie nach vorn zu sich, während zwei seiner Söhne im Wagen hinter ihnen bleiben. Er hebt nun Dagmar auf den Schoß und lässt sie das Gefährt lenken. Diesen Augenblick, von seinen Söhnen unbemerkt, nutzt er, um ihr wiederum zwischen die Beine zu greifen. Doch bei diesen zwei in ihrem Unterbewusstsein schlummernden Übergriffen scheint es in ihrer Kindheit geblieben zu sein. Als sie dreizehn Jahre alt ist, berührt er sie wie aus Versehen am Busen und schaut sie dabei wieder „so komisch" an. Sie fühlt, dass er sie ansieht, als ob er sie am liebsten ausziehen würde. Er sieht in ihr nicht die eigene Tochter, sondern ein junges Sexobjekt. Als Dagmar mit fünfzehn einen Freund hat, ist der Vater sehr eifersüchtig und versucht, jedes ihrer Treffen mit Freunden zu unterbinden. Als Dagmar nach ihrer gescheiterten Ehe mit 30 wieder in das Elternhaus zurückzieht, greift ihr Vater, der seit kurzem Witwer ist, ihr an den Busen. Sie gibt ihm daraufhin eine Ohrfeige. Doch der daraufhin Beleidigte sucht jede Gelegenheit, um sie wie unbeabsichtigt zu berühren. Und schließlich rückt er mit der Sprache heraus: „Du bist doch jetzt ohne Mann und ich bin ohne Frau. Warum trösten wir uns nicht gegenseitig im Bett?" Doch Dagmar lässt sich selbst von seinen inständigsten Bitten nicht zum erneuten Inzest bewegen. Denn sie hatte den Inzest mit ihren älteren Brüdern lange genug erfahren, sodass sie von beständigen Schuldgefühlen heimgesucht wurde.

Otto, als der älteste Bruder, ist sieben Jahre älter als Dagmar. Sie hatte mit acht Jahren schon gewaltige Körperdimensionen samt Busenansätzen und bekam auch mit neun Jahren schon ihre erste Menstruation. Der Fünfzehnjährige begann am Körper der erst Achtjährigen herumzufummeln, indem er den Onkel Doktor spielte, der eine Untersuchung vornahm. Und er nutzte auch weiterhin jede Gelegenheit, wenn sie allein waren, ihr körperlich näher zu treten, sodass sie sich nach der für sie ersten schmerzhaften Kopulation immer öfter körperlich vereinigten. Ihr war bewusst, dass dies verboten war, und ihr Bruder ließ sie wissen, dass sie mit niemandem darüber sprechen dürfe. Doch er war lieb zu ihr. Sie wurde zum ersten Mal von jemandem beachtet und als etwas Besonderes angesehen. Er machte ihr auch kleine Geschenke. Dennoch wollte sie sich einerseits seinen sexuellen Annäherungen entziehen, aber andererseits sehnte sich ihr Körper danach, obwohl sie bei diesen inzestuösen Kopulationen nie einen Orgasmus erlebte. Einerseits hasste sie Otto für seine sexuellen Absichten, andererseits mochte sie ihn, weil er so lieb zu ihr war – und weil sie bei diesen heimlichen Treffen in der Scheune oder auf dem Feld auch schöne Gefühle erfuhr. Doch ihre Treffen und Absichten konnten einigen der anderen Brüder nicht geheim bleiben. Der Zweitälteste wollte seinem älteren Bruder nicht nachstehen, begrapschte ihren Busen und verführte sie zum Petting. Doch gelang es ihm nie, sie zum Beischlaf zu verführen. Der vierte Bruder, der es ebenfalls mit ihr versuchen wollte, von ihr aber immer zurückgewiesen worden war, nutzte die Gelegenheit, als die damals Zwölfjährige krank im Bett lag, sie zu vergewaltigen. Er zog die Decke weg und warf sich auf sie. Ihr Schreien wurde von niemandem gehört. Obwohl der Pubertierende alle Kraft aufwandte, gelang es ihm nicht, mit seinem Glied in sie einzudringen.

Mit fünfzehn lernte die nun hundert Kilo Wiegende ihren Freund und späteren Ehemann kennen. Sobald einer der Brüder sie sexuell berühren wollte, sagte sie, dass sie das ihrem Freund erzählen würde. Sofort ließen sie von ihr ab, denn es galt als das oberste Gesetz, dass dieser Familieninzest als strengstes Geheimnis gehütet werden musste. Als Dagmar vierzehn Jahre alt war, hatten die Eltern herausgefunden, was die Söhne mit ihr trieben. Der Vater stellte seine Söhne zur Rede, während die Mutter mit ihrer ältesten Tochter sprach und ihr dabei auch noch die Schuld gab, dass sie die Brüder verführt hätte. Jedem der Beteiligten wurde nun eingebläut, nie etwas nach außen hin über das Geschehene in der Familie verlauten zu lassen. Selbst als Dagmar schon verheiratet war, versuchte Otto, sie bei jeder passenden Gelegenheit wie unbeabsichtigt zu berühren. Und jedes Mal erstarrte sie dabei. Als er neben ihr im Auto saß, erstarrte sie wieder vor Angst. Und bei einer dieser Gelegenheiten fasste er sie, deren Scheidung bevorstand, am Bein an und sagte: „Wir können doch miteinander wieder dort anfangen, wo wir aufgehört haben." Nun aber platzte es aus ihr heraus, was ihm einfiele, an so etwas zu denken. Seitdem hat er davon Abstand genommen, ihr körperlich zu nahe zu treten.

Wir baten nun ihr Höheres Selbst, sie zu der Ursache zurückzuführen, weshalb sie sich als Achtjährige von ihrem ältesten Bruder verführen ließ.

Sie erlebte sich als zwanzigjährige Französin namens Claudette im Jahre 1463 im Garten, in welchem sie nackt über die Wiese ging. Vor kurzem hatte sie Franco, ihren wohlhabenden Gatten mit italienischer Abkunft, geheiratet, der sie, die schöne, schlanke Bauerntochter, auf dem Lande entdeckt und lieben gelernt hatte. Und wie sie gesteht, hat sie ihn eigentlich nur seines Geldes wegen geheiratet. Denn er ist äußerlich überhaupt nicht der Mann ihrer Träume.

Ich zähle jetzt bis drei, und dann bist du bei einem wichtigen Erlebnis. Eins, zwei, drei. Jetzt bist du da. Wo bist du jetzt gerade?

Wir sind im Bett.

Wie fühlst du dich dort?

Ich liebe zwar meinen Mann. Aber nicht so, wie man einen Mann lieben sollte. Er liebt mich mehr. Ich bin mehr berechnend und ihn teilweise auch benutzend.

Erfüllt er dir jeden Wunsch?

Ja, alles, was ich mir wünsche, gibt er mir. Und trotzdem, irgendwo langt es nicht.

Und wie ist es denn im Bett mit ihm?

Schön. Er ist zärtlich. Er ist liebevoll.

Und kommst du zum Orgasmus?

(Tief aufatmend) Na ja, schwer.

Und er?

Ja, für ihn ist es leichter, als für mich.

Was passiert noch weiterhin?

Ich habe irgendwie Sehnsucht nach anderen Männern.

Hast du dich vorher schon mal verliebt gehabt?

Nein, nicht richtig.

Hattest du schon einmal Sex mit einem anderen Mann?

Nein. Und irgendwo fehlt mir was. Ich bin auf der Suche.

Was glaubst du, was dir fehlt?

Irgendwo fehlt mir ein Mann. Mein Mann gibt mir ja sehr viel. Aber irgendwo ist da trotzdem noch der Wunsch nach einem anderen Mann.

Wie müsste denn der andere Mann sein?

Stark. Auch etwas kraftvoller. Auch in sexueller Hinsicht. ... Er müsste stärker, heftiger, leidenschaftlicher sein, ein Mann, der mich auch bezwingt. ... Und da gibt es auch einen Mann in der Nähe. Er ist so was wie ein Wächter. ... Er ist bei uns angestellt. ... An den denke ich manchmal. Und der ist so ganz anders als Franco. Der ist viel grober.

Ist er verheiratet?

Nein, er ist ganz jung, noch jünger als ich. Er beschützt unser Haus. Er trägt eine Lanze.

Ich zähle jetzt bis drei, dann bist du bei einem nächsten wichtigen Erlebnis, das mit Sexualität zusammenhängt. Eins, zwei, drei. Jetzt bist du da.

Ich verführe diesen Wächter.

Wo?

Es geschieht bei uns im Garten. ... Es ist morgens. Am Rande des Gartens ist ein Steinrondell. ... Er darf ab und zu in den Garten gehen, um nachzusehen. ... Ich bin jetzt fünfundzwanzig ... Wenn ich nackt im Garten war, hab ich so getan, als ob er mich nicht sieht. Ich habe so mit ihm gespielt.

Erzähle, wie du ihn jetzt verführst.

Ich komme (in das Steinrondell). Und irgendwie ist es wie eine zufällige Berührung meinerseits, denn ich will ihn ja. Und er fühlt sich total hilflos. Er ist aber absolut nicht abgeneigt. Er hat Angst, dass jemand kommt. Aber meine Gier ist so groß. Ich will ihn einfach. ... Ich berühre ihn und ... ja ich küsse ihn auch. Und da ist er total perplex. Er weiß gar nicht, was er machen soll. Ich übernehme die Initiative und verführe ihn. ... Ich benutze ihn. Er ist der Willenlosere, er ist der passive Teil. Ich setze mich auf ihn. ... Ich hab einen Rock an, da hab ich nichts drunter, und dann setze ich mich einfach auf ihn. Ich hole seinen Penis hervor und führ ihn bei mir ein. Und (ich bewege mich) ganz nach meinem Rhythmus und bekomme einen Orgasmus. Er natürlich auch. Es ist aber auch wild und leidenschaftlich. Und dann lauf ich weg.

Und wie entwickelt sich euer Verhältnis weiterhin?

Ich spiele weiterhin mit ihm. ... Ich forciere gewisse Situationen, dass ich mit ihm ab und zu alleine bin. Er wird dann mit der Zeit auch aktiver. Es ist eigentlich nur eine sexuelle Beziehung. Es hat nichts mit Liebe zu tun. ... Ich stehe irgendwie dazwischen. Ich liebe meinen Mann – und will doch mit einem fremden Mann die sexuelle Liebe leben.

Wird es dadurch mit deinem Mann im Bett besser?

Ja, weil ich manchmal an den anderen denke. Ich würde meinen Mann auch nie verlassen. Aber irgendwie fühle ich mich auch nicht gut, dass ich das mit einem anderen tue. Da ist einfach mehr Leidenschaft. Und das Verbotene. *(Hier können wir vermuten, dass der Reiz des Verbotenen ein Merkmal für ihre heutige Inzestbereitschaft gewesen sein kann.)*

Was würde denn passieren, wenn ihr entdeckt würdet?

Mein Mann würde mich verstoßen.

Jetzt geh einmal weiter zu deinem nächsten wichtigen Erlebnis.

Das hat schon wieder etwas mit Sexualität zu tun. Aber dieses Mal fängt es mit einer Frau an.

Claudette will in ihrer sexuellen Neugier auch noch erfahren, wie es sich anfühlt, mit einer Frau Intimitäten auszutauschen. Somit nähert sie sich körperlich ihrer schönen jungen Zofe, indem sie dieser zuerst über die Wangen streichelt, dann über die Arme und bald auch über den Busen. Nach einigen Wochen liegen beide nackt miteinander im Bett. Claudette erfährt nun mit ihrer Zofe eine erfüllende Sexualität *(was damals natürlich wieder etwas moralisch Unerlaubtes war)*, die, auch nachdem diese verheiratet ist, bis zu ihrem eigenen Tod mit neunundfünfzig Jahren fortgesetzt wird. Und in den ersten Jahren ihres gemeinsamen lesbischen Liebeserlebens hatte sie trotzdem noch nebenbei ihre sexuellen Zusammenkünfte sowohl mit dem Wächter, als auch mit dem Gärtner und Dienern, die sie mit Geld zum Schweigen verpflichtete, sodass ihr Mann bis zu seinem Lebensende nie von den sexuellen Eskapaden seiner über alles geliebten Ehefrau erfahren hat.

Und ihre Programmierung am Ende des Lebens lautete: „Ich will nie wieder einen Mann wegen seines Geldes heiraten." Jedoch war von irgendeiner Reue bei ihr keine Spur. Im Gegenteil, sie war mit ihrem Leben voll zufrieden.

Vor dem Wolkentor erfährt sie von ihrem Höheren Selbst, dass jener Wärter ihr heutiger Ehemann ist, die Zofe in ihrem zweitältesten Bruder wieder inkarnierte, während Franco, ihr damaliger Ehemann, im heutigen Leben Otto, ihr ältester Bruder, ist. Dieser hatte in jenem Leben in Frankreich seine Claudette so sehr geliebt, sie mit Geschenken überhäuft, während sie ihm die perfekte Geliebte vorspielte, um bei ihm nie den Verdacht aufkommen zu lassen, dass sie sich etwa für jemand anderen interessieren könnte. Und diese Seele trifft nun im heutigen Leben in Dagmar seine frühere angebetete Frau wieder. Zu dieser fühlt er sich, der Fünfzehnjährige, wieder hingezogen, während die Achtjährige ihm wieder zu Gefallen ist und sich wieder von ihm beschenken lässt. Und der Zweitälteste war damals jene Zofe. Dieser hat nie die Absicht gehabt, sein Glied in seine junge Schwester einzuführen, jedoch mit ihr zärtlichere Liebesspielchen auszuführen, wie er diese damals als Zofe mit Claudette ebenfalls erfahren hatte. Wie wir daraus ersehen, fahren wir in weiteren Erdenleben auch hinsichtlich unserer sexuellen Ausrichtungen wieder mit jenen gewohnten Eigenheiten fort, die wir vormals ausübten. Auch handelt es sich hierbei um eine Wiederholung des Reizes von etwas Unerlaubtem. Damals war es die geheime lesbische Liebe, heute ist es der geheime Inzest. Und dass Dagmar sich bei der Wiederbegegnung damals so sehr mit dem sexuell begehrten Wächter, der nun als Mann in anderer Gestalt vor ihr stand, wieder mit begehrender Sehnsucht verliebte und ihn ehelichte, liegt nun auf der Hand. Trotzdem dauerte es bei ihr lange, bis sie bei diesem während der Kopulation zum Orgasmus kam, war doch die Sexualität bei ihr mit Sünde und Schuldgefühlen aus dem heutigen Leben belastet.

Dagmars Übergewicht stammt, wie wir im Weiteren bei dieser Rückführung aufdecken konnten, aus einem Leben, in welchem sie 1731 als schottischer Wilderer in ein dunkles Verlies geworfen wurde, wo sie mit anderen den Hungertod erleiden musste. Dort wurde ihre Programmierung formuliert, die ihre heutige Fettleibigkeit bestimmt: „Ich will nie wieder hungern." Und als ich sie bat, ihr Höheres Selbst zu fragen, ob sie wieder schlank werden dürfe, sträubte sie sich. Auf meine Frage hin antwortete sie mir, dass sie dann ja wieder so wie die sexbesessene Claudette werden könnte. Und sie fügte hinzu: „Ich will nie wieder meine Schönheit und meinen Körper einsetzen, um andere gefügig zu machen." Und das Höhere Selbst gibt ihr den Hinweis, dass sie lernen solle, sich selbst zu lieben. In diesem Leben opfert sie sich für andere auf. Denn ihr Helfersyndrom wird von der Angst genährt, dass sie nur geliebt und geachtet werden kann, wenn sie anderen hilfreich zur Seite steht.

Man könnte in diesem Fall auch von einem „Happyend" sprechen, denn nach mehreren Jahrhunderten bekommt sie als heutigen Ehemann den Mann, den sie damals so sehr begehrt hatte. Aber es war damals nur ein sexuelles Begehren. Trotzdem reichte es, um eine Anbahnung zu ihrem heutigen Mann herzustellen. Erst in der Ehe offenbarte sich wiederum die Tatsache, dass ihr etwas fehlte. Auch hierin bleibt sie einem Muster verhaftet. Ebenso darin, dass der von ihr Geschiedene und mit einer neuen Partnerin Verheiratete sich heimlich mit ihr trifft, um sich sexuell wieder zu vereinen. Und es ist wiederum der Reiz des Verbotenen, gepaart mit dem sexuellen Trieb. Viele Menschen bekommen nur den so genannten sexuellen „Kick", wenn ihre Sexualität sich mit dem Geheimen, Unmoralischen und Verbotenen verbindet. Und solche Muster, die sich über Jahrhunderte dahinziehen können, sind nur schwer aufzugeben – es sei denn durch gezielt geführte Rückführungen.

Doch dem Leser und der Leserin darf ich versprechen, dass ein unglücklich Liebender oder eine unglücklich Liebende irgendwann doch noch das „Happyend" erleben wird, auch wenn es noch einige Erdenleben lang auf sich warten lassen könnte. Denn die wirkliche Liebe – wenn auch oft auf unliebsamen Umwegen – findet schließlich immer das Ziel in der vollkommen glücklichen Vereinigung mit dem geliebten Partner.

Perversität

Warum man sexuell abartig ist

33. Wenn man vom Zwang zur Pädophilie besessen ist

Bei diesem nun folgenden Bericht sollten die Leser erst einmal tief Luft holen.

Adrian ist ein gut aussehender hagerer Mann von fünfundvierzig Jahren. Er kam zu mir in die Rückführungstherapie, um nach den Ursachen seiner Pädophilie zu forschen und eventuell auch von dieser befreit zu werden, wenn es denn überhaupt eine bleibende Befreiung für ihn geben könnte. Er hat einen unehelichen Sohn, ohne zu ihm oder dessen Mutter noch irgendwelche Beziehungen zu pflegen. Er war bis vor kurzem mit einer Ausländerin vier Jahre lang verheiratet. Sexuelle Abstinenz stellte sich bei ihm zum Leidwesen der ihn Liebenden jedoch schnell ein, „sobald ihr Kindliches verschwunden war“. Er ist Vertreter einer Firma und befindet sich die meiste Zeit mit seinem Wagen auf Reisen. Er ist beständig auf der Suche nach vorpubertären Mädchen mit dem Wunsch, ihnen zwischen die Beine zu fassen und dabei – wenn möglich – zu masturbieren.

Ein Jahr vor seiner Geburt ist seine Schwester Lissi mit zwölf Jahren ums Leben gekommen. Die Eltern waren todunglücklich. So offenbarte ihm die Mutter später: „Wenn Lissi nicht gestorben wäre, dann hätten wir dich nicht gezeugt.“ Die Eltern, wie er mir sagte, hätten sich nur gestritten und sich nie umarmt. Die Mutter ist zu ihm sehr streng gewesen, während der Vater auch späterhin immer der Freund seines Sohnes sein wollte. Adrian gesteht, dass er keine Liebe kennt, auch kein Glücksgefühl in sich aufkommen lassen kann, wobei er sich dennoch ständig auf der Suche nach Glück befindet. Traurigkeit überkommt ihn, wenn er ein ganz junges Liebespärchen beobachtet, das sich an der Hand hält, sich selig zulächelt oder gar miteinander schmust. Und zugleich stellt sich bei ihm ein Wutgefühl ein, eine Wut darüber, dass er nicht dieses Glück mit einer solch jungen Freundin teilen kann. Immer wieder hat er kurze Liebesbeziehungen mit Frauen, doch sexuell bleiben diese unerfüllt. Besonders aber geht er gerne Verhältnisse mit Frauen ein, die eine vorpubertäre Tochter haben.

Alle schönen und besonders „feenhaften“ Mädchen zwischen sechs und zwölf/dreizehn Jahren ziehen ihn magisch in ihren Bann. Wie Adrian sagt, sucht er, „über den Sex die Seele zu erlangen“. Jeden Tag ist er von dem Wahn besessen, einem Mädchen zwischen die Beine zu fassen. Er kann an kaum etwas anderes denken. Farbige Mädchen interessieren ihn nicht, es müssen weiße sein. Kleine Mädchen spricht er manchmal, so er in deren Gegend ein Fremder ist, direkt an: „Willst du dir zwei Euro verdienen?“ Aber diese „Unschuldigen“, wenn sie überhaupt sich auf sein Angebot einlassen, wissen eigentlich gar nicht, was er von ihnen will.

In seinem Auto hat er die verschiedensten Verkleidungen stets zur Hand, sodass er sich im Nu eine Perücke aufsetzen kann und sich damit das Aussehen einer Frau verschafft, um nicht als Mann erkannt zu werden. Auch hat er einen Arztkittel, denn manchmal geht er nachts in Kinderkliniken, öffnet die Türen und hält seine Hand zwischen die Beine eines schlafenden Mädchens, während er dabei masturbiert. So er von einer Krankenschwester überrascht und angesprochen werden sollte, sagt er, er habe von einem Kollegen den Auftrag erhalten, nach diesem Mädchen zu sehen. Oder er gibt sich als Pfleger aus, der wegen einer am Tag vergessenen Sache nochmals nachsehen will. Nachtschwestern kennen oft nicht die in der Klinik tagsüber Beschäftigten, sodass er mit einer einfallsreichen Ausrede die Zimmer der schlafenden Kinder aufsuchen kann. Eine dieser Schwestern schöpfte einmal Verdacht und rief die Polizei an, die ihn auch stellte und ihn mit auf die Wache nahm. Doch erfand er eine Ausrede, sodass man ihn wieder laufen ließ. Er ist dennoch schon mehrere Male festgenommen worden und wurde auch zu Bewährungsstrafen verurteilt.

Besonders gern fährt er in die Nähe von Schulhöfen und betrachtet durch einen Feldstecher die in der Pause auf dem Hof weilenden Mädchen. Oft geht er in große Kaufhäuser und schaut sich nach jungen Mädchen um. Hat er ein solches erspäht, geht er ihm nach. Er bleibt dann irgendwo, das Mädchen heimlich beobachtend, in einer Ecke stehen und masturbiert, ohne seine Hose dabei zu öffnen. Seine Lieblingsaufenthalte sind die öffentlichen Bäder und Nacktbadestrände, wo er die Mädchen in ihrer halben oder ganzen Nacktheit mit seinen Augen abtasten kann. Sein größter Wunsch ist, dass eines dieser jungen Mädchen zu ihm kommt und ihn in den Arm nimmt. Nie hat er, laut seiner Aussage, Gewalt angewandt, und nie habe er ein Mädchen mit seinem Penis bedrängt. Denn: „Gewaltlosigkeit ist (bei ihm) oberste Priorität." Einem solchen jungen Mädchen, das schüchtern ist – also nicht den laut schreienden und sich vor anderen inszenierenden –, zwischen die Beine zu fassen, vielleicht auch selbst berührt zu werden und dabei zu masturbieren, ist für ihn die sexuelle Erfüllung. Nach jeder Ejakulation ist aller sexueller Zwang plötzlich wie Zauberei verschwunden, und er hat dann ein Gefühl, als ob diese Sexsucht nie da gewesen sei. Diese ist ihm auf einmal unverständlich. Doch schon wenige Stunden später baut sie sich wieder auf, um ihn am nächsten Tag wieder zwanghaft als Voyeur oder viel seltener als Anfasser nach einem neuen Objekt seiner Begierde fahnden zu lassen. Seine Phantasien beschäftigen sich zum Beispiel damit, ein kleiner Junge zu sein, der mit Mädchen „Doktorspiele" durchführt, indem man abwechselnd gegenseitig die Körperstellen aufdeckt und untersucht.

Mit fünf Jahren begann bei ihm die Kleptomanie, die ihn über zwanzig Jahre lang ebenfalls in der Gewalt hatte. Manches Mal wurde er ertappt und zu Geldstrafen verurteilt. Er ärgerte sich dann oft über seine Unvorsichtigkeit, sich erwischt haben zu lassen. Inzwischen ist ihm klar geworden, dass er einem Selbstbestrafungsmechanismus unterliegt. Und vielleicht ist dieser auch an seine Sexsucht gekoppelt.

Wegen seines Zwangs zur Pädophilie war er schon bei mehreren Therapeuten und verbrachte „tausend Stunden", wie er sagt, in Gruppentherapien. Aber tief im Inneren weiß er, dass er sich ja gar nicht ändern will. So hatte selbst eine Hypnotherapie keinen bleibenden Erfolg. Das Gericht verurteilte ihn einmal zu einer Therapie bei einem Psychiater, der ihm aber nach kurzer Zeit bescheinigte, dass er keine Gefahr für Kinder und Jugendliche darstelle. Und Adrian kommentierte: „Wie dumm er doch ist." Ich fragte ihn, ob er sich auch Videos besorgt habe, auf denen kleine Mädchen nackt zu sehen wären. Und er verneinte dieses, fügte aber hinzu, dass er „leider" nicht wisse, wo er sich solche besorgen könne. Denn solche Videos hätten ihn eventuell davon abgehalten, jungen, „reinen", „unschuldigen" und „engelhaften" Mädchen nachzustellen.

Wie würde man seine Pädophilie psychologisch erklären wollen? Etwa so: Der Tod seiner Schwester habe die Eltern dazu gebracht, ihn als Ersatz für diese anzusehen. Das Berührenmüssen von jungen Mädchen ist das unbewusste Verschmelzenwollen mit diesen, um ein solches zu werden wie sie. Oder aber: Seine Suche nach jungen Mädchen ist die unbewusste Suche nach seiner Schwester, um sie zu finden und ihren Eltern zurückzuführen, damit sie diese wieder bei sich haben und er endlich er selbst sein kann.

Doch selbst, wenn man eine „treffsichere" Diagnose gestellt hat, wie will man an solch einen Fall therapeutisch herangehen? Etwa mit Medikamenten, die die Sexpotenz betäuben? Wie wir schon gesagt haben, fruchteten bisher alle durchgeführten Therapien nicht. Und wie oft liest man, dass Pädophile nach einer oft langen therapeutischen Behandlung wieder rückfällig geworden sind.

Als Rückführungstherapeut konnte ich mir denken, dass sicherlich die Ursachen für sein abartiges Verhalten in früheren Leben aufzufinden sein könnten. Doch vermutete ich zugleich, dass eventuell noch eine erdgebundene Wesenheit in ihm zusätzlich ihr Unwesen trieb. Deshalb entschloss ich mich, vor einer Rückführung erst einmal zu überprüfen, ob er von einem Verstorbenen, der sich in ihm niedergelassen haben könnte, in Besitz genommen worden war.

Tatsächlich meldete sich, als Adrian sich im Alphazustand befand, ein Mann von etwa fünfunddreißig Jahren, der sich schon seit vielen Jahren im Körper des von ihm „Besessenen" bzw. Besetzten niedergelassen hatte. Obwohl er seine Identität nicht preisgeben wollte, einigten wir uns darauf, dass ich ihn René nennen durfte. Er hat Adrian deshalb begleitet, da er endlich jemanden gefunden hatte, der ebenfalls wie er in seinem körperlichen Leben pädophil veranlagt ist und nach jungen Mädchen Ausschau hält. Nach seinem Tode blieb er weiterhin von seinem Trieb besessen, junge Mädchen anfassen zu wollen. Doch er fasste durch sie hindurch. Da er mit Adrian, der dem gleichen Zwang unterlag, nun jemanden gefunden hatte, dem es gelang, Mädchen unter den Rock zu fassen, trieb er ihn auch weiterhin, so er zauderte, dazu an, ihrer beider Gier nachzukommen.

Ich machte nun René begreiflich, dass er ja ein Verstorbener sei, der seinen eigenen Erdenkörper schon längst abgelegt hatte. Er müsse, so erklärte ich ihm, nun in die jenseitige Welt, in welcher er vor seiner letzten Reinkarnation geweilt hatte, zurückkehren. Ich schilderte ihm die Schönheit und Vorzüge des Jenseits, das mir selbst sehr vertraut ist. Und schließlich glaubte ich ihn auch davon überzeugt zu haben, dass er auf seinen eigenen Wunsch hin sich von Adrian lösen wolle, um sich von einem Jenseitigen in dessen Welt geleiten zu lassen. Denn eine unerzwungene Befreiung kann nur dann erfolgreich vollzogen werden, wenn der betreffende Besetzer aus freiem Willen in die jenseitige Welt gehen möchte. Ich verabschiedete mich also von ihm und hoffte, dass er auch wirklich den Körper seines Gastgebers verlassen habe. Dieses Vorgehen nennt man Befreiungs- oder Releasingtherapie. Diese kann man bei einigen Ausbildern erlernen.[7] Auch gibt es dazu Literatur.[8]

Nachdem nun der zusätzliche Grund für die Pädophilie Adrians gefunden und aufgehoben war, führte ich ihn zu der eigentlichen Ursache seines sexuellen Zwangs, jungen Mädchen nachzustellen. Denn René sagte ja, dass er in Adrian jemanden gefunden habe, der ebenso veranlagt war, wie er selbst. Was war also die eigentliche Ursache für sein abartiges Verhalten?

Das Höhere Selbst zeigte ihm sein Leben als ein kanadischer elfjähriger Junge namens Steven, der, nachdem seine Eltern verstorben waren, bei einer alten Tante untergekommen war. In der Nachbarschaft wohnte ein junges Mädchen namens Sabine, die er schon länger kannte und insgeheim liebte. Vor zwei Jahren hatte er sie zum ersten Mal geküsst. Häufig trafen sich die Liebenden nun in einer Scheune, liebkosten sich, berührten ihre Körper und erlebten die intimsten seelischen und körperlichen Gefühle, ohne dass er mit seinem Glied in sie eingedrungen wäre.

Eines Abends, es war schon dunkel, trafen sie sich wieder heimlich in der Scheune und lagen halbnackt beieinander. Durch eine Armbewegung fiel jedoch die Petroleumlampe um, und plötzlich begann das Stroh zu brennen. Schnell schlugen die Flammen hoch, und dann waren die beiden im Nu von ihnen umgeben. Steven kletterte schnell die Leiter hinunter, rief ihr zu, ihm nachzukommen. Doch sie war irgendwo mit ihrem Kleid hängen geblieben. Sie schreit: „Hilf mir! Ich verbrenne!" Steven klettert wieder hoch. Obwohl die Flammen ihm entgegenkommen, versucht er, ihre Hand zu fassen, aber sie bekommt ihren Fuß nicht los. Sie schaut ihn noch mit entsetzten Augen an und ruft: „Hilf mir doch bitte!" Dann brennt ihr Kleid, ihr Haar, ja ihr ganzer Körper. Ihre Hand löst sich von der seinen. Er selbst ist von den Flammen erfasst worden und fällt die Leiter hinunter. Er läuft nach draußen und wälzt sich auf der Erde, um die Flammen zu ersticken. Dann sieht er, wie die Scheune brennt und schließlich in sich zusammenfällt.

Sein ganzes weiteres Leben verbrachte er in Trauer und Schuldgefühlen, denn er warf sich immer vor, schuldig an ihrem Tod gewesen zu sein. Er hätte darauf achten sollen, dass die Petroleumlampe nicht umfallen konnte, ja, er hätte Sabine vielleicht doch noch aus den Flammen erretten können. Er hatte nie geheiratet, blieb immer allein und verstarb 1930 in seinem sechsundsiebzigsten Lebensjahr.

Nach solch fürchterlichen Erlebnissen begleite ich den jeweiligen Zurückgeführten in sein Leben nach dem Tod, denn aus vielerlei Erfahrungen weiß ich, dass sich Liebende dort wieder begegnen. Somit sagte ich: „Es wird gleich bis drei gezählt, und wenn du Sabine nach deinem Tod wieder begegnet bist, dann erlebst du jetzt diese Wiederbegegnung. Eins, zwei drei."

Adrian nimmt sich auf einem Fest in einem hellen Mantel wahr. Viele Gestalten, die er zuerst nur als Schemen erkennt, tanzen. Sie fordern ihn auf, mitzutanzen. Und plötzlich steht Sabine vor ihm, und zwar in der gleichen jugendlichen und „feenhaften" Gestalt, wie er sie auf Erden gekannt hatte. Auch er ist auf einmal wieder elf Jahre alt. Sie umarmen und küssen sich. Und dann befinden sich die beiden allein bei einem Felsen und unterhalten sich über alles, was damals und seitdem mit ihnen geschehen war. *(Es ist eine der schönsten göttlichen Einrichtungen, dass sich Liebende immer wieder nach dem Tode begegnen dürfen. Ich darf auch allen um einen geliebten Verstorbenen Trauernden versichern, dass dieser nur für einige Zeit von einem getrennt ist, dass man ihm jedoch in den meisten Fällen wieder begegnet. Und oft ist es auch derjenige, der einen nach dem Tode abholt.)*

Nachdem Adrian seine Traurigkeit, seine Wut, seine Einsamkeit, seinen Zwang, nach jungen Mädchen Ausschau zu halten und sich dabei sexuell befriedigen zu müssen, in den Kiefernzapfen gesteckt hatte, holte ich ihn aus seiner Trance zurück. Er fühlte sich wie ein neuer Mensch. Seine Augen strahlten. Ja, ich hoffte, ihn von all seiner Pädophilie befreit zu haben. Eine Woche später rief er an und sagte, dass er sich seitdem von allem Zwang befreit fühle. Doch Wochen später hörte ich von ihm, dass er wieder – wenn auch nicht so schlimm wie vorher – diesen unausweichlichen Zwang in sich spüre. Leider ist er nicht mehr zu einer weiteren Therapie gekommen. Ich könnte mir denken, dass die eigentliche Ursache, die in dem Leben als Steven zu finden war, aufgedeckt und somit auch aufgelöst war. Doch glaube ich, dass René oder ein anderer wieder in ihn zurückgekehrt war und ihn weiterhin aufforderte, nach kleinen Mädchen Ausschau zu halten. Wenn dies nicht geschehen wäre, wäre er – so bin ich der festen Überzeugung – ganz von seiner Pädophilie befreit gewesen.

Die Rückführungstherapie könnte sich als bestes Hilfsmittel erweisen, um so genannte Perversionen sexuellen Verhaltens in ihren Ursprüngen aufzuweisen und auch heilen zu können.

34. Warum sie sich beim Sex am liebsten fesseln lässt

Patricia ist eine attraktive unverheiratete Frau von fünfunddreißig Jahren. Sie studierte Judaistik und reist öfter nach Israel, sodass sie Tel Aviv schon wie ihre zweite Heimatstadt empfindet. Schon im dritten Monat wurde sie von Neurodermitis geplagt, sodass man sie späterhin in der Kinderklinik ans Bett fesseln musste, damit sie sich nicht kratzte. Diese widerliche Krankheit verbreitete sich besonders in der Zeit von ihrem elften bis zum fünfzehnten Lebensjahr über den ganzen Körper. Mehrere Male musste sie durch den Notarzt ins Krankenhaus transportiert werden. Als Kind und dann als Pubertierende war sie im Sommer regelmäßig am Meer, wo sich ihr Gesundheitszustand jeweils etwas verbesserte. Oft und über Monate hin konnte sie keine Schule besuchen. Zu ihren Rückenschmerzen stellten sich mit sieben Jahren heftige Kopfschmerzen ein, die sich allmählich zur Migräne steigerten, die auch heute noch immer mehr zunimmt, sodass sie sich oft tagelang in ihr Zimmer zurückzieht. Schon mit fünfzehn Jahren musste sie wegen ihrer Kurzsichtigkeit eine Brille tragen. Und dann kamen die ersten asthmatischen Anfälle. Außer starker Pollenallergie bekam sie eine Allergie gegen Felltiere jeglicher Art. Ihre Liste von den ihr eigenen Allergien ist lang. Vor allem kann sie kein Obst essen und ist gegen alle Parfums empfindlich. Auf Chemikalien, in welchen sich Formaldehyd befindet, und auf Penicillin reagiert ihr Körper vehement. Nierenbeckenentzündung, Blasenentzündungen und Zysten an der Gebärmutter sind einige der vielen anderen Symptome, die ich an dieser Stelle nicht alle noch anführen möchte. Den LeserInnen wird schon klar sein, dass sie sich wohl für dieses Leben vorgenommen haben dürfte, alle noch anstehenden karmischen Lasten mit einem Male durchzustehen, um vieles davon auszugleichen.

Gott sei Dank haben sich außer der Migräne bis heute viele ihrer lästigen Symptome reduziert, sodass auch die Neurodermitis nur noch 10 Prozent ihrer schlimmsten Auswüchse ausmacht. Und die leichten Ausschläge auf ihrem Gesicht kann sie durch Make-up überdecken, sodass sie nun die begehrlichen Blicke der Männer auf ihren Körper und ihr Gesicht genießen kann.

Hinsichtlich ihrer Sexualität fühlt sie sich zu Macho-Männern hingezogen, besonders zu solchen, die auch noch Humor haben. Sie mag die Angebertypen. Ja, die „kalte“ Aggressivität von Männern gebe ihr den „Kick“, wie sie sich ausdrückt. Sie mag gerne von hinten genommen werden, und eventuelle Schmerzen erhöhen ihre Lustbereitschaft. Am liebsten hat sie es, wenn der Mann sie an das Bett fesselt und mit ihr macht, was immer er will. Sie mag das totale Ausgeliefertsein an sexbesessene Männer. Sie, wie sie gesteht, fühlt sich selbst sehr männlich-dominant und aggressiv, hat aber kein sexuelles Verlangen nach Frauen. Während ihrer Pubertät und auch noch späterhin wurde sie von den Männern ihrer Neurodermitis wegen gemieden. So war sie ganz auf die Masturbation angewiesen, wobei sie sich in ihren Gedanken gern vergewaltigen ließ. Trotz ihrer empfindlichen Haut hat sie ihre Eltern durch ihre „unberechenbare Art“ oft in Wut versetzt, sodass sie viel geschlagen wurde. Ja, Patricia hatte sie herausgefordert, denn sie wollte, wie sie sagte, Schläge bekommen. Auch wagten ihre Eltern sie manchmal nicht anzuschauen, da sie angewidert waren von ihrem durch sie selbst oft blutig zerkratzten Gesicht.

Das Thema dieser Rückführungstherapie war ihre Migräne. Gegen diese, die sie manchmal in einem Monat zehnmal heimsuchte, nahm sie starke Medikamente ein, die jedoch wiederum Depressionen verursachten. Doch da bei der Ursachenforschung ihrer Kopfbeschwerden sehr viel über ihre jetzige Sexualität offenbart wurde, will ich diesen Fall etwas ausführlicher darstellen.

Beginnen wir mit der Darlegung ihres Täterlebens. Patricia hieß damals Reuven und war ein Krieger höheren Ranges auf der Burg seines Herren in der Gegend von Manchester um das Jahr 1400. Er bildete die Truppen aus und zog sich gerne sein Metallhemd an, auch wenn kein Kampf bevorstand. Eine seiner Leidenschaften bestand darin, in die Folterkammern zu gehen und den Delinquenten zusätzlich noch schreckliche Qualen zuzufügen. Seine andere Leidenschaft ist Sex mit minderjährigen Knaben und Mädchen bis zum Alter von vierzehn Jahren, wobei zu seinen bevorzugten Sexobjekten Kinder vom sechsten bis zum achten Jahr zählen. Diese werden oft von seinen Soldaten auf seinen Wunsch hin auf die Burg gebracht, wobei sich Reuven den Spaß macht, vor den Augen der voyeuristischen Adligen und auch mancher Kirchenmänner und anderer Kerkergesellen Minderjährige zu missbrauchen, ihnen Qualen zuzufügen und Perversitäten aller Art an ihnen durchzuführen. Andere eifern ihm nach. So züchtigt er auch einmal einen angeketteten nackten Vierzehnjährigen, der irgendetwas angestellt hatte, treibt mit diesem vor den Augen der anderen Sexperversitäten und schlägt ihm anschließend eine Keule mit Stacheln auf den Kopf. Bei der vergeblichen Erstürmung der Burg durch die Schotten wird er im Rücken von einem Pfeil tödlich getroffen *(heutiges Symptom Rückenschmerzen)* und anschließend von den Seinen über die Mauer hinuntergestürzt. Von mir nach seinem Tod gefragt, ob er irgendwelche Reue für seine Untaten empfinde, verneint er dieses und fügt vielmehr hinzu, dass er am liebsten nun auch weiterhin seinen perversen Bedürfnissen nachkommen wolle, denn er liebe die „kleinen Ärsche“. Auch wolle er weiterhin seinen Rotwein trinken. *(Wie man weiß, treiben solche Verstorbenen oft als unholde Geister ihr Unwesen und versuchen, in solche Menschen einzudringen, die ähnliche Veranlagungen haben wie sie, um ihre Gelüste und Angewohnheiten weiterhin auszuüben. Er wird sich sicherlich zu einem pädophil veranlagten Mann hingezogen fühlen, und möglichst zu einem, der auch noch ein Rotweintrinker ist. Irgendwann gelangen auch alle diese Bösewichte in die jenseitigen Ebenen, die für die Betreffenden vorerst sehr düster aussehen.)*

Man wird sich denken können, dass solch ein Täterleben eine ganze Reihe von Opferleben nach sich ziehen dürfte, um Gleiches oder Ähnliches körperlich und seelisch von dem zu erfahren, was man anderen vormals zugefügt hatte. Zwei von diesen Opferleben wurden in dieser Rückführungstherapie aufgedeckt. Doch war das Thema der Sitzung ja die „Migräne“.

In einem Leben um 1800 ist Patricia ein österreichischer Offizier, der gegen die Franzosen kämpft. Als ihm sein Gewehr aus der Hand gefallen ist, steht ihm ein französischer Soldat gegenüber. Dieser schlägt mit dem Gewehrkolben auf den Kopf und in die Rippen *(heutiges Symptom Rückenschmerzen)* des wehrlos am Boden Liegenden. Aus dem Körper ausgestiegen entdeckt er herunterblickend, wie aus der Nase und aus dem Kopf Blut fließt. Dann wird er „wie eine silberne Figur“ durch die Wolken nach oben gezogen.

In dem Leben, das dem heutigen vorausgegangen war, ist Patricia im Jahre 1954 eine norddeutsche Springreiterin namens Agathe, deren Liebe ganz ihren Pferden gehört. Als sie fünf Jahre alt war, folgte ihr der Priester, der sich immer am Sonntag zum Essen bei ihren Eltern einstellte, in den Lagerraum vor dem Stall. Wegen seiner kalten Ausstrahlung hatte sie schon immer Angst vor ihm gehabt.

Was hältst du von ihm?

Er kann sich gut verstellen. Meine Eltern machen gerne einen auf „fromm“.

Und was passiert nun?

Er drängt mich in die Ecke. Und er schlägt mich mit so einer kurzen Peitsche mit mehreren Lederbändern. Er schlägt mich damit auf den nackten Hintern. Und dann nimmt er mich von hinten.

Tut es dir sehr weh? ... Dringt er in dich ein?

Ja, er nimmt mich von hinten. ... Es ist in die Scheide. ... Und ich muss sagen, dass es mich auch irgendwie „anturnt“.

Sagt er dir irgendwas? ... Zum Beispiel: Du darfst nichts sagen.

Nein. Er sagt es nicht. Er ist ganz schadenfroh, weil er sowieso weiß, dass ich so etwas niemals meinen Eltern sagen könnte. *(Denn sie würden ihr ja doch nicht glauben.)*

Grinst er?

Ja, er hat immer so ein Lächeln, so ein hämisches Lächeln. Er hat so schräge Lippen, die er auf einer Seite so hochzieht.

Ziehst du dich jetzt wieder an, oder was machst du?

Ja. Er geht dann fröhlich beschwingt raus. Ich zieh mich an.

Hast du geschrien? Wie hast du reagiert? Oder hast du das alles schweigend über dich ergehen lassen?

Nein, ich hab das Schreien unterdrückt.

Hat das alles sehr wehgetan?

Es hat teilweise wehgetan, aber teilweise hatte ich das Gefühl, dass ich das verdient hab. Dass ich darüber so eine insgeheime Freude habe.

Was wusstest du schon über Sexualität?

Na ja, ich war ja auf dem Land. Ich wusste es ja von den Pferden.

Vielleicht hattest du ja auch schon Neugier zu erfahren, wie es ist, wenn das männliche Glied in den Unterleib eindringt?

Ja, das fand ich interessant.

Ist das noch öfter passiert mit diesem Priester?

Ja, der ist immer sonntags gekommen und hat es auch meistens mit mir gemacht.

Wie viele Jahre dauerten diese Besuche?

Zwei, drei Jahre. Und dann war ich auch immer weg, da ich sonntags trainieren war. Und dann konnte er ja dort nicht hinkommen.

Hast du Angst gehabt, ihm zu begegnen?

Ja, ich hatte Angst vor ihm. Es war mir unheimlich.

Hast du dich vor ihm versteckt? Wie konnte er dich immer wieder finden?

Er konnte sehr gut beobachten. Er hat mich immer belauert. Er konnte mich immer finden.

Hast du es dann immer über dich ergehen lassen?

Ja. Ich hatte auch immer große Angst vor ihm. Ich hab nicht geschrien. Er hätte mir vielleicht die Kehle zugedrückt, wenn ich geschrien hätte.

Hat er dich auch hingelegt?

Nein. Aber er hat mich an die Wand gedrückt. Doch als ich älter war, hat er mich auch hingelegt. Da war ich dreizehn.

Also ist er doch hin und wieder gekommen und hat dich zu fassen bekommen?

Ja, doch meistens war ich beim Training. Aber dann hat er mich manchmal doch noch erwischt.

Und du hast es dann geschehen lassen?

Hmn.

Bist du eigentlich, wenn er kam, weggelaufen? Oder hast du das geschehen lassen, indem du dir sagtest: Jetzt bin ich wieder dran?

Jetzt bin ich wieder dran. Aber er lauerte mir immer auf. Ich konnte es gar nie vorherwissen.

Hast du immer die Angst verspürt, er könne dir wieder auflauern?

Ich hab das jedes Mal verdrängt. Und dann war ich immer wieder erschrocken, wenn er plötzlich da war.

Ist es irgendwann auch einmal schön gewesen? Hast du dann auch Lustgefühle dabei gehabt?

Ja, irgendwie hatte ich das ja die ganze Zeit, glaub ich.

Was gefiel dir denn dabei?

Die Selbstzerstörung. Weil es mir ja wehtut.

Du hast vorhin gesagt, dass du es verdient hättest. War immer das Gefühl dabei: Das geschieht mir recht?

Ja. Ich glaube, ich hatte daran schuld, dass mein kleiner Bruder gestorben war. Ich habe den fallen lassen. Auf jeden Fall war ich daran schuld.

Wie alt warst du denn da?

Ich glaub, da war ich sechs. *(Wahrscheinlich war sie damals fünf, also noch bevor sie der Priester zum ersten Mal missbrauchte.)* Aber er war noch ein Baby.

Und dann dachtest du, jetzt wirst du dafür bestraft?

Genau.

Und dieser Priester, hat er dich auch geküsst oder sonstiges gemacht?

Nein, geküsst überhaupt nicht. Aber immer mit den Händen mich begrapscht.

Und jetzt zähle ich bis drei, und dann erlebst du, wo du ihm das letzte Mal in einer intimen Situation begegnet bist. Eins, zwei, drei. Wo bist du, was erlebst du?

Ich weiß gar nicht, ob es ein letztes Mal gab. *(Sie versucht auszuweichen.)* Er ist immer wieder mal aufgetaucht. Er hat mich auch oft bei den Turnieren beobachtet.

Nun geh aber einmal zu dem allerletzten intimen Verkehr mit ihm. Eins, zwei, drei. Jetzt erlebst du es. Wo bist du mit ihm? Wie alt bist du?

Fünfundzwanzig. Und ich hab meine Haustür aufgemacht. Und er stand vor meiner Tür und hat mich gleich reingedrängt. Und er hat mich auch gleich im Flur an der Wand ... Damals war ich verheiratet. Mein Mann war aber nicht da oder er bekam es nicht mit.

Und was geschah danach?

Er wollte mein ganzes Haus sehen. Ich hab mich aber so geschämt. Mein Mann war hinten in seinem Arbeitszimmer. Und er wollte auch meinen Mann kennen lernen. Doch ich wollte es überhaupt nicht.

Und hast du ihm deinen Mann vorgestellt?

Hmn.

Dies war ihre letzte Begegnung mit jenem Priester. Von ihrem Mann hat sie sich bald darauf getrennt. Zwei Jahre später schlägt sie bei einem Ritt durch den Wald frontal mit dem Kopf gegen einen überhängenden Ast. Auch ihr Rückgrat wurde durch den Fall gebrochen. *(Ein weiterer Grund für ihre heutigen Rückenschmerzen.)* Sie sieht dann von oben auf ihren Körper herab, der auf dem Boden liegt. Aus der Nase fließt Blut. Das Pferd steht neben ihr. „Das arme Pferd!“, sind ihre ersten Worte. Und dann sagt sie weiterhin: „Ich habe das Pferd benutzt, um zu sterben. Ich habe den Tod gesucht.“ Und auf meine Frage hin, was sie wohl sagen würde, wenn sie den Satz „Ich will nie wieder ...“ beendete, meint sie: „Ich will nie wieder etwas mit der Kirche zu tun haben.“

Nach dem Aufdecken dieser drei Leben ergaben sich für Patricia auf dem Berg der Erkenntnis viele Einsichten und Bezüge zu ihrem heutigen Leben. Hier nun einige Auszüge.

Wie wirken sich denn die sexuellen Neigungen des Reuven noch in deinem heutigen Leben aus?

Erst einmal stehe ich in meinem heutigen Leben auf die (Sex-)Positionen von hinten. Dann gefällt mir auch so eine gewisse Anonymität und auch Aggressivität.

Warum musste dieser Priester, als du die Agathe warst, immer wieder kommen und dich missbrauchen?

Ja, weil ich das ja *(als Reuven)* auch gemacht habe.

Erkennst du das Gesetz: Was du anderen tust, kommt auf dich zurück?

Ja, ja, das hab ich verstanden. Was ich nicht verstanden hab, ist, warum das jetzt immer noch nachhallt, warum es nicht mit dem Leben dort *(als Agathe)* beendet war. Das versteh ich nicht.

Kannst du dir denken, dass du als Reuven so viel Schlimmes getan hast, dass vielleicht ein einziges Ausgleichsleben gar nicht genügt hat?

Verdammt noch mal. Ja.

Und dass jener Ausgleich auch noch in dein heutiges Leben hineinreicht? Willst du dich von diesen – wie würdest du es nennen? – diesen Perversitäten des Reuven befreien?

Ja. Ich weiß nicht, wie ich das nennen soll. Ja, es handelt sich auch dabei um eine Zerstörung.

Die du an dir selbst spüren möchtest?

Ja. Andere Seelen zu verletzen und auch an mir selbst. Es ist beides. *(Typisches Sado-Maso-Verhalten!)*

Kannst du dir vorstellen, dass ein Mann dich fesselt und mit dir kopuliert?

Ja, ja, das kann ich mir gut vorstellen. Diese Vorstellung finde ich ganz angenehm.

Hast du das schon mal ausprobiert?

Nicht so richtig.

Kannst du dir denken, dass du durch solche Bestrafungsmechanismen diese Dinge an dir selbst auszugleichen suchst?

Ja. Ich habe ja anfangs nicht besonders viel Spaß an Sex gehabt. Das kam ja erst später.

Sag einmal: Möchtest du dich jetzt von deinen ganzen Kopfschmerzen befreien?

Ja.

Frag einmal dein Höheres Selbst, ob das nun geschehen darf ... Oder darf eine wesentliche Besserung der Migräne eintreten? Frag dein Höheres Selbst. Und intuitiv erhältst du Antwort. (Kopfnicken) ... Und frage auch: Darf ich mich von diesem sexuellen Zwang befreien, genötigt sein zu wollen?

Ja, ich glaub, das ist in Ordnung. Aber mit den Kopfschmerzen ist es so, als ob ich diese noch irgendwie brauche, auch wenn ich nicht weiß, wozu.

Vier Wochen später kam Patricia wieder zu einer Rückführungstherapie zu mir. Sie berichtete, dass sich ihre Migräne nach dieser ersten Rückführung wesentlich reduziert habe. Und ich schlug vor, noch weitere Ursachen für die Migräne zu suchen, damit diese sich vollständig auflösen könne. Aber dann fiel mir ein, dass ihr Höheres Selbst ja gesagt hatte, dass sie in dieser Hinsicht wohl eine Verbesserung erfahren, aber noch keine vollständige

Heilung haben dürfe. Sie sei aber, wie sie mir jetzt sagte, gekommen, um sich nun von ihrer Angst, vor Publikum zu sprechen, zu befreien. Ich glaube, dass sie mindestens noch zehn Rückführungstherapiesitzungen benötigt, um sich von ihren vielen Problemen und Symptomen endgültig lossagen zu können.

Eines dürfte nun ganz klar geworden sein. Das Täterleben als Reuven, in welchem die Seele von Patricia sich damals schwer versündigt hatte, musste eine ganze Reihe von Opferleben, in welchen sie Kopfverletzungen, Vergewaltigungen und vieles mehr zu erleben hatte, nach sich ziehen. Für ihr heutiges Leben scheint sie sich im Jenseits vor Antritt ihrer Wiedergeburt vorgenommen zu haben, möglichst alle ihre noch anstehenden Verschuldungen ausgleichen zu wollen. Deshalb wird sie von einer ungeheuren Last von Symptomen und Problemen heimgesucht. Normalerweise nimmt sich eine Seele für ein erneutes Erdenleben nur einige karmisch aufzulösende Altlasten vor. Patricia jedoch hatte den Mut gehabt, sich ungeheuer viel in ihr Reisegepäck einzuladen. Muss man sie nun wegen ihrer vielen Leiden bedauern, oder muss man sie eigentlich beglückwünschen, dass sie wahrscheinlich bei Beendigung des jetzigen Lebens einen großen Teil ihrer karmischen Schulden aufgelöst haben dürfte? Aus höherer Sicht sehen die Dinge auf Erden oft ganz anders aus. Man muss diese nur einmal aus dem rechten Licht heraus betrachten, wie ich es auch in meinem vierbändigen Farbroman „*Molar*“ darzustellen versucht habe.

35. Warum er sich zwecks sexueller Stimulation von einer Frau auspeitschen lässt

Gino ist vierundvierzig Jahre alt und arbeitet als Elektriker bei einer großen Firma. Nach einer siebenjährigen kinderlosen Ehe, in welcher es oft Streit und gegenseitige (!) Schläge gab und auch viel Alkohol konsumiert wurde, lebte er als Hetero zehn Jahre lang ohne Partnerschaft. Da er vom Aussehen her ein richtiger Frauentyp ist, wird er selbst auch von äußerst attraktiven Frauen umworben. Erst vor kurzem hatte sich ihm eine sehr schöne Frau genähert und lehnte ihren Kopf an seine Schultern. Doch er bekam einen Schreck und verließ die Diskothek. Denn Gino hat Angst vor schönen Frauen.

Aber in seinen Phantasien lässt er sich von schönen Frauen, die nicht ganz nackt sein dürfen, auspeitschen, damit er beim Masturbieren zum Orgasmus gelangen kann. So besorgt er sich auch sadomasochistische Pornohefte. Bis zum Kennenlernen von Gina vor fast zwei Jahren übte er keinerlei Sex mit einer Frau aus – auch mit keiner käuflichen Domina. Gina ist zehn Jahre jünger als er. Sie lebt in einer normalen Partnerschaft, trifft aber häufig Gino, zu dem sie eine „schwesterliche“ Freundschaft unterhält, denn dieser vertraute ihr als einzigem Menschen sein ganzes sexuelles, masochistisch geprägtes Problem an. Gino stellte sie sogar seiner Mutter als seine „Freundin“ vor, die darüber gar nicht entzückt war, sah sie jene doch nun als Konkurrentin an, die ihr den Sohn wegnehmen wolle, über den sie bisher immer noch strikt verfügt hatte. Denn jeden Tag musste er sie anrufen. Und blieben ihre Anrufe über einige Stunden unerwidert, rief sie aus Besorgnis, dass „ihrem“ Gino etwas passiert sein könnte, die Polizei an, um nach ihm fahnden zu lassen.

Jedoch kommt es zwischen diesen beiden „Geschwistern“ zu keiner normalen Liebesbeziehung, denn sie küssen sich nicht und schlafen auch nicht miteinander. Aber sie erfüllt seinen

Wunsch, sich als Domina auszustaffieren und mit einer Peitsche auf seinen nackten Körper zu schlagen und auch sein Glied mit der Hand zu bewegen, bis er zum Orgasmus gelangt. „Nicht", wie er sagt, „der mir zugefügte Schmerz erregt mich, sondern die Situation als solche." Sie gehen oft miteinander ins Kino oder in ein Lokal, doch es bleibt bei flüchtigen Umarmungen ohne Kuss. Nur bei den gelegentlichen sadomasochistischen Spielen kommt es zu einseitigen Berührungen, denn Gino darf Gina nie anfassen. Und sein Beweggrund, weshalb er zu mir zur Rückführungstherapie kam, war, herauszufinden, warum er zum einen Angst vor schönen Frauen habe und zweitens, warum er nur bei masochistischer Phantasiespielerei oder tatsächlich ausgeübter Praxis zur sexuellen Erfüllung gelangen könne.

In dem ersten offenbarten früheren Leben ist Gino ein fünfundzwanzigjähriger römischer Legionär namens Ariel(us), der seinem reichen und einflussreichen Herren dient, für welchen er den erforderlichen Kriegsdienst stellvertretend ausübt. Dient er nicht im Heer, dann verweilt er im stattlichen Hause seines Gönners, in dessen junge Frau namens Natalia er sich „unsterblich" *(man ermesse die Bedeutung dieses letzten Wortes im Zusammenhang mit der Reinkarnation)* verliebt. Sie erscheint ihm als die schönste Frau, der er je begegnet ist. Und sie erwidert seine unausgesprochene Liebe, vor der er Angst hat, sie ihr einzugestehen, ist sie doch verheiratet und dazu noch mit seinem Gönner, dem er alles zu verdanken hat. Aber an ihren Blicken und Gesten erkennt er auch ihre Liebe zu ihm. So dauert es lange, bis beide sich einander nähern. Ihr Ehemann überrascht nun die beiden und beschuldigt seine Frau, ihn mit Ariel betrogen zu haben. Er lässt sie festnehmen und ordnet an, sie zu töten. Ariel kann entkommen. Er macht sich Vorwürfe, den Ehemann nicht sofort getötet zu haben, doch hielt ihn seine Ergebenheit jenem gegenüber von dieser Tat ab. Er fühlt sich nun schuldig an dem Tod Natalias. Er geht zurück zu den Legionen, um im Kampf den Tod zu finden, weshalb er ohne Schild gegen die Feinde kämpft. Sieben Jahre später wird er, der von Depressionen und Selbstvorwürfen heimgesucht war, endlich durch einen tödlichen Dolchstich in den Rücken von allen Seelenqualen befreit. Zum Wolkentor zurückgekehrt, erfährt Gino, dass Natalia im heutigen Leben seine Freundin Gina ist, während sein damaliger Gönner und Ehemann Natalias sich als Ginas heutiger Partner herausstellt, mit dem sie schon jahrelang zusammenlebt.

In diesem Leben zeichnet sich die Ursache ganz deutlich ab, warum Gino Angst hat, sich schönen Frauen zu nähern, da er sich in diese wieder verlieben und somit wiederum unbewusst ein Unglück heraufbeschwören könnte. Doch bei Gina, die nicht auf den ersten Blick schön zu nennen ist, machte er eine Ausnahme. Fühlte er sich doch ihrer Seele gegenüber für schuldig, sie durch seine damalige Liebe in jene Situation gebracht zu haben, die ihren Tod heraufbeschwor. Nun will er sich von ihr für sein Vergehen bestrafen lassen, indem er sich von ihr schlagen lässt, wobei er wiederum durch Schmerzverursachung seine sexuellen Bedürfnisse auslebt. Doch erstaunlicherweise fasst er sie nicht an. Denn sicherlich bestand die letzte Programmierung von Ariel in jenem Gedanken: „Ich will nie wieder eine verheiratete Frau anfassen" und „Ich will mich nie wieder in eine sehr schöne Frau verlieben".

Zum Ausgang des fünfzehnten Jahrhunderts lebte die Seele von Gino in dem Körper eines Bauern namens Jakob in Deutschland. Er ist verliebt in Selma, eine äußerst schöne

Nachbarstochter. Sie küssen sich. Aber sie möchte die zarten Annäherungen auch zu vermehrten Gelüsten übergehen lassen. Doch plötzlich bekommt er Angst. Und als sie ihm zu verstehen gibt, mit ihr zu schlafen, blockt er ab. Sie ist darüber sehr enttäuscht, hatte sie sich doch in ihn sehr verliebt und wollte ihn unbedingt zum Manne haben. Aus Trotz entschließt sie sich umgehend, einem anderen ihrer Verehrer das Jawort zur Ehe zu geben, mit dem sie jedoch zeitlebens nie glücklich wird. Denn Jakob verfällt in Depressionen über sein Missgeschick, dieser seiner geliebten „Traumfrau“ durch seine unerklärliche Angst verlustig gegangen zu sein. Er bleibt sein ganzes weiteres Leben ledig. Und obwohl sie in ein und demselben Ort wohnten, hat sie ihm nie wieder in die Augen geschaut.

Und Selma ist wiederum im heutigen Leben Gina. Eventuell trägt sie unbewusst in sich ein aus jenem Leben mitgebrachtes Rachegefühl, da Gino sich als Jakob ihr gegenüber abweisend verhalten hatte, weshalb sie einen ungeliebten Mann heiratete, der sie nicht beglücken konnte. Gino hat also Schuld an ihrem damals so unglücklich verlaufenen Leben. Und wenn sie nun auf ihn lospeitscht, ihm dadurch die sexuellen Gefühle gibt, die er ihr damals nicht geben konnte, spürt sie doch auch unbewusst zugleich Rachegelüste bei diesem Auspeitschen. Es ist interessant, wie solche durch bestimmte Ereignisse verwobenen Seelen in den weiteren Leben immer wieder zusammengeführt werden, um gemeinsame Prozesse aus früheren Leben fortzusetzen oder gar auszuleben. Aber Ginos Angst vor schönen Frauen resultiert noch aus anderen Leben.

Denn schon in dem darauffolgenden Leben war er ein Gefängniswärter in Frankreich mit dem Namen Isaak, der als Strafversetzung zu dieser ungeliebten Tätigkeit genötigt wurde. Er hatte sich meistens in diesen feuchten und dunklen Gewölben aufzuhalten und die dort Gefangenen zu beaufsichtigen und zu verpflegen. Und er wusste, dass alle diejenigen, die in die von ihm verwalteten Zellen hineingebracht wurden, nur sehr selten wieder das Tageslicht sahen. So wurde einst eine sehr schöne und vornehme Dame in eine Zelle gesperrt, die sicherlich aus welchem Grund auch immer den Unwillen eines Gewaltigen – wenn nicht gar ihres Ehemannes – erregt hatte. Isaak wagte nicht, sie anzusprechen, aus Respekt und Bewunderung ihrer Schönheit, ihrer Stärke und ihrer Vornehmheit. Er empfand großes Mitleid mit dieser Frau. An drei aufeinander folgenden Tagen wurde sie von Schergen aus ihrer Zelle in eine Folterkammer geholt. Von dort her klangen die schrecklichsten Schreie an sein Ohr. Denn sicherlich folterte man sie, und – was meist auch mit gefolterten Frauen geschah – man vergewaltigte sie. In der letzten Nacht erlag sie ihren Wunden. Und Isaak packte eine Wut über die Männer, die so etwas einer Frau, und dazu noch so einer schönen und vornehmen Dame, antun konnten. Er hätte nie Hand an eine so schöne Frau, was immer sie verbrochen haben könnte, anlegen können. Er verachtete die Männer, die so etwas vermochten. Und es bleibt zu überlegen, ob Ginos heutige masochistische Neigung, sich von einer Frau auspeitschen zu lassen, gekoppelt ist an den Willen, sich durch die Frau als solche bestrafen zu lassen für alle Gemeinheiten, die Männer an Frauen verübten. Tragen also zum Masochismus neigende Männer, die sich von Dominas oder anderen Frauen schlagen lassen, die Schuld aus, die sie im Persönlichen oder aber als Männer im Allgemeinen an Frauen begangen haben? Sicherlich trifft in vielen Fällen sowohl das eine wie das andere zu.

Und das Höhere Selbst weist Gino noch auf zwei weitere Leben hin, die eine Antwort geben auf seine Frage: Warum habe ich Angst vor schönen Frauen?

Er nimmt sich im siebzehnten Jahrhundert als ein französischer Graf wahr, dem, obwohl schon sich dem sechzigsten Lebensjahr nähernd, eine Partie mit einer fünfundzwanzigjährigen Adligen aus vornehmstem und reichem Haus angeboten wird. Sie mit dem Namen Amelie ist von einer derart ihn betörenden Schönheit, dass er es gar nicht fassen will, dass sie an einer Heirat mit ihm interessiert ist. Sicherlich ist er trotz seines Alters ein gut aussehender, aber auch wohlhabender Mann, dem viele Väter gerne ihre jungen Töchter als Ehefrauen angeboten haben würden. Er stimmt dieser Vermählung zu und kann sein Glück noch gar nicht fassen, mit dieser Schönheit bald ein Bett teilen zu dürfen. Ihr Vater kommt zu ihm und nötigt ihm einen zu unterschreibenden Vertrag auf, gemäß welchem seine ihm zu vermählende Tochter nach seinem Tod die alleinige Erbin seines gesamten Vermögens sein solle. Und er, in Vorfreude des zu Erwartenden, unterschreibt.

Doch diese Vorfreude findet ein grausames Ende, als Amelie sich ihm in der Hochzeitsnacht verweigert. Auch sagt sie ihm unumwunden, dass sie ihn nur des Geldes wegen geheiratet habe und auch kein Kind von ihm wolle. Er fühlt sich nun als der Hintergangene, den die Schönheit dieser jungen Frau verblendete und zu einem Toren gemacht hatte. An eine Scheidung ist nicht zu denken, zumal Gott das Versprechen vor dem Traualtar gegeben worden war, zusammen zu leben, bis der Tod sie scheide. Der Graf sinnt auf Rache. Da seine Frau eine Schwäche für die Dichtung hat, lässt er junge Dichter auf sein Schloss laden in der Hoffnung, dass sie sich in einen von ihnen verliebt und er dann die beiden in flagranti überführt, sodass er einen Grund hat, seine Frau rechtens zu töten. Seine Rechnung geht auch tatsächlich auf. Er entdeckt sie unter Zeugen mit einem dieser Dichter im Bett und tötet beide mit seinem Degen. Doch Amelies über diesen Mord wütender Vater ist am Hofe des Königs sehr einflussreich. Auf sein Wirken hin verliert der Graf seinen Titel wie auch sein gesamtes Vermögen. Um sein Leben bangend, flieht er von seinem Schloss und hält sich bis zu seinem Tode unerkannt unter der Landbevölkerung auf. Und seine letzte Programmierung lautet: „Ich muss mich vor schönen Frauen in Acht nehmen.“ Jetzt wird sicherlich ganz klar, warum er sich auch im heutigen Leben vor schönen Frauen in Acht nimmt und ihnen ausweicht.

Interessant ist der Hinweis seines Höheren Selbst, dass jene Amelie im heutigen Leben seine Mutter sei. Aus diesem Grunde hat er im heutigen Leben ihr gegenüber ein Schuldbewusstsein, gekoppelt an einen Wiedergutmachungskomplex, während sie ihn aus Rache an sich bindet, ihn bevormundet, überwacht und ihm keine Freiheiten zugesteht. Denn beide hatten sich ja damals als Brautpaar geschworen, zusammenzubleiben, bis der Tod sie scheide. Diese Programmierung scheint sich auch im heutigen Leben noch erfüllen zu wollen, denn von der Mutter wird er, trotz seiner Freundschaft mit Gina, in diesem Leben nicht loslassen können. Durch diese Bindung an sie als seine Mutter übt sie Rache dafür, dass er sie damals getötet hatte. Und sie will ihm auch nicht gönnen, dass er sich mit einer Freundin vergnügt, hatte er doch als der frühere Graf ihr als Amelie auch nicht ihre „erweiterten“ Freundschaften gegönnt.

Und das Höhere Selbst weist Gino noch auf ein weiteres früheres Leben hin, in welchem er im Mittelalter in Deutschland ein junger Ritter war, der um der Gunst der schönen

Herzogstochter willen sich bei einem Turnier beteiligte, das für ihn als Verlierer schmachvoll endete, woraufhin er sich beschämt zurückzog, Minderwertigkeitsgefühle bekam, sich selbst verachtete und sich sagte, dass er zu schwach und zu mutlos sei, um wegen der Anerkennung und Gunst von schönen Frauen zu kämpfen. All diese Programmierungen aus früheren Leben ergeben Ginos heutige Angst, mit schönen Frauen in näheren Kontakt zu treten.

Homosexualität bei Frauen

Wenn der Körper im falschen Geschlecht verankert ist

36. Wenn der Mann aus früherem Leben im heutigen Leben als Frau die ehemalige Geliebte sucht

Romy, 44, sieht mit ihrem Bubikopf aus wie ein Mann von Mitte dreißig. Nur beim genaueren Hinsehen entdeckt man unter ihrem T-Shirt die leichten Wölbungen der Brüste. Sie hatte bei mir schon zwei Gruppenrückführungen besucht und dabei einige ihrer früheren Leben wiedererfahren können. Nun kam sie aber zu einer Einzelsitzung, um herauszubekommen, warum sie lesbisch ist. Schon als kleines Mädchen habe sie sich, wie sie sagte, immer zu Jungen hingezogen gefühlt, spielte und raufte mit ihnen und interessierte sich am wenigsten für Puppen. Auch heute noch spielt sie in einer Frauenfußballmannschaft. Doch mit den Jahren schaute sie sich heimlich immer mehr nach schönen Frauen um. Mit siebzehn hatte sie einen Freund, der „wie ein Mädchen" war. Jedoch kam es zu keinem sexuellen Austausch. Mit fünfundzwanzig lernte sie eine dreizehn Jahre ältere Frau namens Bela kennen, die es nach einer enttäuschenden Ehe einmal mit einer Frau versuchen wollte und dabei die männliche Rolle übernahm. Sie verführte Romy. Diese Beziehung dauert bis zum jetzigen Zeitpunkt noch an, obwohl beide schon seit vier Jahren nicht mehr miteinander geschlafen hatten, trotzdem aber noch gemeinsam eine Wohnung teilen. Denn Romy hatte sich schon seit einiger Zeit in eine ältere Wahrsagerin „unsterblich" verliebt, von der sie meint, ihre Dualseele zu sein, also eine solche Seele, mit der man immer wieder in den verschiedenen Erdenleben zusammenkommt und eine Art Einheit bildet. Diese Dualseele, so will es die Theorie, inkarniert zumeist im jeweils entgegengesetzten Geschlecht, und man sucht sie in einem jeden Erdenleben aufs Neue. Sie versuchte, ihre jetzt endlich gefundene Dualseele mit Geschenken zu überhäufen, während diese ihren lesbischen Annäherungen nicht entgegenkam und weiterhin zu Romys Leidwesen mit Männern verkehrte. Wie oft verlieben sich Homosexuelle und Lesben in oft tragischer Weise in „Heteros" und weisen die eindeutigen Annäherungen von Gleichgesinnten zurück. Die Antwort darauf ist aus der Reinkarnationsperspektive leicht zu erklären: Sie verlieben sich nicht unbedingt in ein Geschlecht, sondern in eine Seele, die sie aus einem früheren Leben kennen und die nun tragischerweise im unpassenden Geschlecht zu Hause ist. Doch alles hat einen tieferen Grund. Und die Gründe dafür herauszufinden, dazu soll ja dieses Buch dienen.

In einem Leben im Mittelalter war die heutige Romy ein schwuler Knabe, der seinem geliebten Herren *(die heutige Dualseele)*, einem Heerführer, in jeglicher Hinsicht als Knappe zur Verfügung stand. Als dessen Frau davon erfuhr, ließ sie den „Lustknaben" ermorden. In einem anderen Leben war Romy ein Kreuzritter, der sich im Orient in eine Bauchtänzerin, *(ebenfalls die heutige Dualseele)* verliebte. Doch entscheidend für ihr heutiges Lesbischsein ist das dritte vom Höheren Selbst ihr aus dem Unterbewusstsein hervorgeholte und ihr gezeigte Leben. Romy hieß Frank und lebte am Ende des 15. Jahrhunderts in Deutschland. Er war der Adoptivsohn eines wohlhabenden Mannes. Frank verliebte sich in seine überaus schöne Halbschwester namens Anita. Im Wald kamen sie oft heimlich zusammen und liebten sich mit aller Intimität. Ein anderer Halbbruder beobachtete die beiden sich Liebenden und verriet ihre geheimen nackten Zusammenkünfte. Anita wurde daraufhin getötet, während man Frank in den Kerker warf und ihm schließlich den Penis abschnitt, infolgedessen er verblutete.

Die entsprechende Programmierung, die sich diese Seele nachträglich gegeben hatte, kann man sich denken: „Ich will mich nie wieder mit einem Penis zur Sexualgier hinreißen lassen." Diese Programmierung wirkt sich noch heute dahingehend aus, dass sie ohne Penis, also mit einem weiblichen Körper behaftet, geboren worden ist, jedoch die seelischen Eigenschaften – in vielem gekoppelt mit einem Überschuss an männlichen Hormonen (Bartwuchs) – eines Mannes besitzt.

Würde man in einer Rückführungstherapie nun ihre aus früheren Leben stammenden Programmierungen umfunktionieren und dementsprechend eine neue Programmierung eingeben, sodass sie sich von nun ab ganz als Frau akzeptieren kann, so könnte es sein, dass solch eine Umprogrammierung, so es das Höhere Selbst gestattete, zwar tatsächlich herbeigeführt werden könnte. Doch ist sie ja im heutigen Leben auf der Suche nach ihrer Dualseele, die sich eben in einem weiblichen Körper befindet. Romy würde sich dann sicherlich total als Frau fühlen, aber in keinem Mann die gesuchte Dualseele finden können, weshalb sich ein Desinteresse an aller männlichen Partnerschaft, ja an aller sexuellen Annäherung zum anderen Geschlecht einstellen könnte. Somit wirbt sie nun weiterhin mit ihrer innewohnenden männlichen Seite um jene heterogen veranlagte Dualseele. Sie hofft immer noch, dass sie deren Liebe gewinnen kann. Wenn nun diese angebetete Dualseele in Romy ihren früheren Liebhaber aus dem Leben, wo er als Feldherr mit ihr als dem Lustknaben verkehrte, und aus jenem Leben, wo sie als Anita mit ihrem Halbbruder Frank in verzehrender Liebe ihre Körper genoss, wiedererkennen sollte, dann könnte es für beide zu einer seelischen und sexuellen Harmonie kommen. Doch wird es noch dazu kommen? Es ist interessant festzustellen, dass das Liebesleben der beiden als Bruder und Schwester tragisch für beide endete. Kann es sein, dass Romy, um nicht wieder ein tragisches Unglück heraufzubeschwören, sich deshalb ihrer Dualseele in einem gleichen Geschlecht nähert?

Die Tragik menschlicher Gefühle für andere Seelen hat in den meisten Fällen in längst verflossenen Vergangenheiten ihren Ursprung. In vielen Fällen können wir als Rückführungstherapeuten auflösende Hilfestellung geben. Doch oft können wir nur die verwirrten Knoten in ihren Ursprüngen aufzeigen und keinerlei Auflösungen anbieten.

37. Wenn sie nach sexuellem Missbrauch die Zuflucht in lesbischer Liebe findet

Leonore ist einundvierzig Jahre alt. Sie hatte nie geheiratet und lebt seit neun Jahren mit einer Frau zusammen, weist aber seit fünf Jahren jegliche Art von Sexualität zurück. Bis vor zwei Jahren war sie medikamentenabhängig. Sie arbeitet im Altersheim, denn ihr macht es

Freude, alten Menschen Gutes zu erweisen. Nachts wird sie manchmal von Herzrasen heimgesucht. Wenn sie sich aufregt, bekommt sie Schweißausbrüche. Niemand darf sie am Hals anfassen, denn dort erlebt sie oft ein Engegefühl, als ob sie erwürgt würde. Sie kann deswegen auch keinen Rollkragenpullover tragen. Ein Knoten in der Schilddrüse wurde operativ entfernt. Fünfmal wurde sie bereits wegen Leistenbruch operiert. Und ein Bandscheibenvorfall lässt sie oft Schmerzen im Rücken empfinden. Aber beginnen wir nun damit, kurz ihre Lebensgeschichte zu schildern.

Ihre Mutter hatte in erster und zweiter Ehe je drei Kinder geboren. Als die Eltern sich trennten – der Vater war Alkoholiker –, war Leonore, die Älteste von allen Geschwistern, sieben Jahre alt. Mit zwei ihrer Brüder kam sie zu einem Pflegeelternpaar, das verschiedene Kinder in ihrem großen Haus aufnahm, um ihnen in familiärer Atmosphäre ein Ersatzzuhause bieten zu können, das auf jeden Fall besser sein sollte, als alle anderen Internate. Mit ähnlichen Worten hatte es auch die Kinderfürsorgestelle den Eltern angepriesen. In diesem Pflegeheim legte man auf die Ausübung des streng katholischen Glaubens großen Wert. Es wurde vor jeder Mahlzeit gebetet, und am Sonntag war der Gottesdienst Selbstverständlichkeit. Doch ging es in diesem Haus sehr unchristlich zu. Schläge gehörten zum Alltag, und manches Mal griff der Pflegevater zum Ochsenziemer, den auch Leonore oft zu spüren bekam. Als sie sich deswegen einmal bei der Kinderfürsorge beschwerte, war die Antwort: „Du bist undankbar." Wie konnte man denn solch einer Göre Glauben schenken, waren doch die Pflegeeltern schon öfter wegen guter Kinderpflegschaft ausgezeichnet worden. Und somit wagte sich Leonore auch weiterhin nicht über das zu beschweren, was der Pflegevater mit ihr in sexueller Hinsicht alles durchführte. Man hätte ihr sowieso nicht geglaubt.

Mit dreizehn kehrte Leonore zurück zu ihrer Mutter. Diese hatte inzwischen eine Anstellung in einer Gärtnerei gefunden. Deren siebzigjähriger Besitzer hatte sich mit ihr näher eingelassen und kam deswegen oft in ihre Wohnung. Er überredete die Mutter, ihm ihre älteste Tochter gelegentlich als Beischläferin zu überlassen, was er mit gutem Geld begleichen wolle. Und die Mutter gab nach. Leonore und später auch die jüngere Schwester mussten diesem alten Mann über Monate hinweg sexuell zur Verfügung stehen. Und wenn eine der Töchter aufbegehrte, sagte die Mutter, dass ihr und den Kindern einfach nichts anderes übrig bliebe, um zu überleben. Und als Leonore sich unwillig zeigte, drohte sie ihr, sie zurück zu den Pflegeeltern zu schicken. Doch als Leonore fünfzehn Jahre alt war, starb der Gärtnereiinhaber.

Im selben Alter noch schnitt sie sich die Pulsader auf. Dreimal plante sie ernsthaft, sich zu erhängen. Und einmal hatte sie schon den Strick aufgehängt und legte den Kopf in die Schlinge, doch dann zögerte sie, den Stuhl, auf welchem sie stand, wegzustoßen. Dann forderte sie das Schicksal heraus, sie umzubringen. Sie ging oft, ohne auf den starken Verkehr zu achten, über die Straßen. Doch nichts geschah. Sie sollte anscheinend weiterleben.

Mit zwölf vergötterte sie eine Freundin. Sie war total in sie verliebt. Mit fünfzehn wusste sie, dass sie lesbisch war, ohne allerdings körperlichen Kontakt mit einem Mädchen oder einer Frau herzustellen. Dies geschah erst im Alter von sechsundzwanzig Jahren. Mit dieser ersten Beziehung lebte sie sechs Jahre zusammen, war aber daraufhin auch andere lesbische Kontakte eingegangen. Mit fünfundzwanzig hatte sie eine Beziehung mit einem impotenten Mann geknüpft, der sie aber körperlich nicht anfassen oder gar küssen durfte. Schon mit sechzehn hatte sie für kurze Zeit einen Freund, um sich und anderen zu demonstrieren, dass sie „normal" sei. Doch verweigerte sie ihm jegliche sexuelle Annäherung. Leonore gestand mir, dass sie Schuldgefühle lange mit sich herumgetragen habe dafür, dass sie manches Mal, wenn der Pflegevater oder der alte Gärtner sexuell mit ihr verkehrten, dabei Lust empfunden und sogar Spaß dabei gehabt habe.

Unser Thema bei dieser Rückführung war: Warum bin ich lesbisch?

Leonore erlebte sich als Sohn einer vornehmen römischen Familie. Diese hofft, dass er in eine einflussreiche Familie hineinheiraten wird. Doch Gaius will zu den Soldaten. Gönner ermöglichen es ihm, dass er schon mit sechzehn Jahren beim Militär angenommen wird. Die Kameraden laden ihn zu einem großen Gelage ein. Jedem wird außer Wein eine Sklavin zugeteilt. Mit ihr erlebt er den ersten Beischlaf. Danach wird sie an andere weitergereicht. Die nächsten zwölf Jahre verbringt er beim Heer, wobei sich oft Gelegenheiten bieten, Mädchen und Frauen mittels Geld oder mit Gewalt zu beschlafen. Nach einer Schiffsreise und anschließendem langen Marsch durch Wüstensand in den weiten Osten jenseits der Grenze des Römischen Reiches wird er, der nun Achtundzwanzigjährige, mit sechs anderen Soldaten gefangen genommen. Der orientalische Potentat findet Gefallen an Gaius und bestimmt ihn zum Aufseher seines Harems. Ihm werden die Hoden herausgeschnitten, wobei er keinerlei Schmerz empfindet. Als Eunuch bewacht er die Haremsdamen dieses kleinen, dicken und hässlichen Herrschers. Gaius hat kein geschlechtliches Verlangen mehr. Doch er hat große Sehnsucht nach Hause. Seine freie Zeit verbringt er mit Würfelspielen. Einmal, als sein Gegenspieler verloren hat, macht er sich über diesen lustig. Daraufhin stürzt sich dieser Betrunkene auf den Römer und erwürgt ihn mit seinen mächtigen Händen. Nach seinem irdischen Tod beobachtet Gaius, wie sein Körper im Wüstensand verscharrt wird. Dem Herrscher meldet man, dass Gaius geflüchtet sei. Doch dieser ist froh, dass nun alles vorbei ist. Er hegt keinerlei Rachegefühle gegenüber seinem Mörder. Seine Programmierung, die er sich aus diesem Leben mitnimmt, lautet: „Ich will nie wieder Soldat sein." Vor dem Wolkentor erklärt das Höhere Selbst, dass Gaius sich keine Frau nehmen durfte, wenn es nicht mit deren Einwilligung aus Liebe geschehen ist. Die Entmannung war ein karmischer Ausgleich *(Sofort-Karma)* für das, was er den Frauen als Soldat angetan hatte.

In dem folgenden Leben ist Leonore im Orient ein junger Schreiber namens Hamabab. Eine verheiratete fünfzehn Jahre ältere Frau namens Sirikere hat mit ihm ein sexuelles Verhältnis begonnen, dem sie in aller Heimlichkeit im nahe gelegenen Wald nachkommen. Er liebt sie über alles. Als der Ehemann nun über ein Gerücht erfährt, dass seine Frau ein heimliches Verhältnis hat, droht er ihr, sich ja nicht noch weiterhin mit ihrem Liebhaber zu treffen. Somit lässt sie Hamabab wissen, dass sie sich von ihm verabschiedet und fügt hinzu, dass er für sie nur ein schönes Spielzeug war. Er ist wütend und enttäuscht, dass sie ihm vorgaukelte, sie liebe ihn. Seinen Frust und seine Wut über diese Gefühlstäuschung schlägt in einen Zwang um, eine junge Frau, die er allein im Wald trifft, zu vergewaltigen. Nach dieser Schreckenstat läuft er weit weg und findet schließlich eine Höhle, in der er zurückgezogen lebt. Er schämt sich für das, was er getan hat. Mit vierzig Jahren wird er von einem Blitz erschlagen, der eine Brandwunde im Unterleib verursacht hat. Seine letzte Programmierung lautet: „Ich will nie wieder jemandem wehtun."

Das Höhere Selbst erklärt Leonore vor dem Wolkentor, dass man niemals jemandem mutwillig Leid zufügen darf. Der Blitz war der karmische Ausgleich für das, was er mit seinem Unterleib an jenem Mädchen im Wald verübt hatte. Was sie damals als Gaius und Hamabab an Lieblosigkeit begangen hatte, musste noch in dem heutigen Leben ausgeglichen werden. Ihre Bindungsangst kommt auch aus jenem Leben als Hamabab, denn sie möchte niemals mehr wie damals in der Liebe getäuscht werden.

Interessant ist, dass jene Sirikere sich in Leonores Leben heute wieder inkarnierte, um ihre Freundin zu werden, und ihr somit jene Liebe zu geben, die sie damals angeblich nur vorgetäuscht hatte.

Diese Programmierung von damals „Ich will nie wieder jemandem wehtun" hatte sich anscheinend mit den Jahrhunderten wieder aufgelöst. Denn Leonore ist zu Beginn der zweiten Hälfte des siebzehnten Jahrhunderts ein achtzehnjähriger Bauernsohn und Kosak mit dem Namen Gorki Roman. In seinem Dorf befinden sich einige ältere Männer, die die jüngeren „Waschlappen" nennen. Sie hingegen hätten in jugendlichen Jahren schon Dörfer überfallen, geraubt, vergewaltigt. Es sei ein großartiges Leben gewesen. Die Jugendlichen wurden durch diese Reden angespornt, es den Alten nachzumachen. Schon bei dem ersten Überfall auf ein Dorf mit wehrlosen Leuten plündert er, zündet Hütten an und vergewaltigt zuerst eine Siebzehnjährige, dann aber auch noch eine Zwölfjährige. Ein alter Mann, der diesem Frevel entgegentreten will, wird erstochen. Er ist der einzige Mann, der dort war. Nachher betrinkt sich diese Mörderbande und sie prahlen über ihre wilden Taten.

Warum habt ihr das alles getan?

Es war eine Mutprobe. Und wir hörten, dass Soldaten so etwas machen.

Später geht Gorki zu den Soldaten.

Nach ein paar Jahren kampiert seine Einheit in einem Dorf. Hier lernt er auf eine eigenartige Weise in einem Dorf einen weisen alten Mann namens Kasimir kennen.

Dieser hatte ihn mit den Worten angerufen: „He, du Nichtsnutz! Schaust blöd in der Gegend herum." Sie kommen ins Gespräch, und der Alte fährt fort: „Mein Sohn, wenn du so alt bist wie ich und so viele Lebenserfahrungen gesammelt hast wie ich, dann kann dich nichts mehr erschüttern." Nach einigen Tagen, denn Gorki kehrt jeden Tag zu ihm zurück, spricht der Alte mit dem nun Fünfundzwanzigjährigen über das Jenseits und die Rückkehr der Seele in immer wieder neue Erdenleben. Denn man kommt immer wieder zurück, um etwas auszugleichen oder wieder gutzumachen. Und Gorki erkennt nun, was er damals als Mutprobe und späterhin als Soldat an Lieblosigkeiten begangen hat, und fragt ihn, ob er noch in dem jetzigen Leben alles wiedergutmachen könne. „Alles nicht", so entgegnet dieser Weise, „aber wenn du in Armut lebst, alles verschenkst und den Armen hilfst, dann bringt dich das einen ganzen Schritt weiter." Durch solche Gespräche beginnt er seine Untaten zu bereuen. Das ewige Tötenmüssen erscheint ihm sinnlos. Er weiß, dass er als Soldat immer wieder gezwungen wird, anderen Leid zuzufügen. Jedoch ist es verboten, aus dem Waffendienst zu scheiden, solange man nicht seine Verpflichtungszeit erfüllt hat. Er beschließt, heimlich das Militär zu verlassen, obwohl er weiß, dass auf Desertierung die Todesstrafe steht. Doch auf seiner Flucht kommt er nicht weit. Der Deserteur wird gefunden, später an einen Pfahl gebunden und dann von sechs Soldaten auf Kommando durch Kugeln zu Tode gebracht. Das geschah im Jahre 1683.

Nach seinem Tod sieht er seinen am Pfahl zusammengesackten Körper. Dann schwebt er durch eine Art Tunnel in die Höhe, und vor seinem geistigen Auge gleitet sein gesamtes Leben nochmals an ihm vorbei. Er fühlt sich „fürchterlich" schuldig. Er beobachtet dann, wie sich „schwarze geometrische Formen" zu einer schwarzen Pyramide gestalten. Nachdem ich ihn wieder vor das Wolkentor geführt hatte, fragt Leonore ihr Höheres Selbst, was diese schwarzen Figuren zu bedeuten hätten. Und dieses erklärt ihr, dass jene Figuren alle die verschiedenen Untaten waren, die ihre Seele in dem Leben als Gorki begangen hatte. Diese formten sich dann zu jener schwarzen Pyramide, um ihr zu verdeutlichen, welchen Berg an Schuld sie auf sich geladen hatte. Diesen habe sie irgendwann wieder abzutragen. Ein Teil von diesem wird von ihr in dem heutigen Leben noch abgetragen. Und sicherlich würde dieser Schuldenberg noch viel schneller abgetragen werden können, wenn sie eine Mutter Theresa werden würde oder sich als Entwicklungshelfer engagierte. Außerdem dürfe sie nicht mehr ungeduldig sein. Sie solle allen vergeben, anderen helfen und sich auch mit ihren Geschwistern wieder versöhnen.

Und auf dem Berg der Erkenntnis erfährt sie vom Höheren Selbst, warum sie in dem heutigen Leben lesbisch ist. Sie wollte nicht mehr Mann sein, da sie in früheren Leben Frauen Gewalt angetan hatte. Jedoch als Frau könne sie im sexuellen Bereich keiner anderen Frau Gewalt antun. Auch ihre jetzige Abstinenz von Sexualität geht auf das Leben als Gorki noch zurück.

Seit jenem Leben als Kosak hatte sie noch drei andere Leben gelebt. Eines davon war ein Frauenleben. Doch wurde sie in jenem Leben nicht vergewaltigt. Ihre Leistenbrüche und ihre Eierstockbeschwerden sind noch Nachwirkungen von jenem Blitzeinschlag. Doch ihr Engegefühl am Hals kommt von der Strangulierung als Gaius.

Ihre Befreiungsformel lautete: „Ich befreie mich von Schuldgefühlen, von meinen Angstzuständen, Schweißausbrüchen, Atembeschwerden, Unterleibs- und Rückenschmerzen, meiner Enge am Hals und von allem sexuellen Desinteresse."

Diese letzte Aussage ist von Wichtigkeit. Denn würde sie weiterhin sexuell uninteressiert sein, könnten sich diese Programmierungen im nächsten Leben fortsetzen. Wie wir wissen, können Programmierungen oft über viele Leben hinweg andauern.

Leonores Grund für ihre lesbischen Neigungen stammt aus der Programmierung als Gorki: „Ich will nie wieder ein Mann sein. Ich will nie wieder vergewaltigen und plündern." Erst das zweitstärkste Motiv für ihre homosexuelle Neigung mag – was die Psychiater in diesem Fall als den wichtigsten Grund annehmen würden – sein, dass sie durch den in ihrer Jugend erlebten Missbrauch eine Abneigung, eine Wut oder gar auch eine Angst vor Männern hat, weshalb sie sich von allen Männern fern hält und sich somit automatisch zum gleichen Geschlecht hingezogen fühlt. Die Rückführungstherapie deckt also noch tiefer liegende Gründe für andersartiges Verhalten auf, die eventuell die Hauptgründe sind, während die Schulpsychologie oft nur solche Ursachen, die sich aus dem heutigen Leben ergeben, als Hauptgründe darstellt, die in Wirklichkeit aber nur Nebengründe sind. Und sind keine Gründe für eine spezielle Verhaltensweise für eine Person ersichtlich, dann werden gelehrige Gründe konstruiert, die sich oft abstrus anhören. Wie viel leichter würden es die Psychiater haben, wenn sie, nachdem sie die Rückführungstherapie erlernt hätten, die betreffenden Personen einmal selbst zu den Ursachen in deren Vergangenheiten zurückführen würden. Dann ergäben sich viele einsichtige und plausible Gründe, die auch jeder nachvollziehen kann. Und ich glaube, dass es eines Tages zu den Selbstverständlichkeiten psychiatrischen Vorgehens gehören wird, durch Rückführungen die eigentlichen Gründe von auftauchenden Problematiken des gegenwärtigen Lebens aufzudecken – und zu heilen (!!), soweit Heilung geschehen darf.

Homosexualität bei Männern

Wenn der Mann seine sexuelle Erfüllung nur im Mann findet

38. Wenn man das frühere Frauenleben verlängern will

Julian ist dreiundvierzig Jahre alt. Nach einer Schauspielausbildung nahm er gelegentliche Bühnenengagements wahr, studierte einige Semester Psychologie und ist jetzt Sozialarbeiter. Zu seinem Vater hatte er eine sehr enge Bindung. In seinem dreizehnten Lebensjahr verstarb dieser. Danach wurde Julian bewusst, dass er selbst schwul ist. Vielen Psychologen wäre sein Schwulsein sofort klar. Seine starke Vaterbindung bewirkte, dass er in den Männern immer seinen Vater suchte. Schluss. Punkt. Der Fall ist eindeutig. Doch so leicht dürfen wir es uns nicht machen. Wir müssen den Dingen eben tiefer auf den Grund gehen. Und dieses Tiefergehen ermöglicht die Rückführung. Als wir das Höhere Selbst von Julian baten, ihn zu der eigentlichen Ursache seiner Homoerotik zu führen, befand er sich am Hofe von Versailles. Er war Maitresse und wurde „Belle“ genannt. Sie hatte mit den verschiedensten Männern von Stand sexuelle Verhältnisse, vor allem mit einem Mann, der Jean-Pierre hieß, den sie jedoch immer „Duc“ nannte. Dieser war mit einer Prinzessin verheiratet. Als diese von seiner Affäre mit Belle hörte, musste Belle sich vom Hofe entfernen. In dieser vorrevolutionären Zeit in der zweiten Hälfte des achtzehnten Jahrhunderts genoss sie die sexuellen Ausschweifungen mit den vornehmen Männern. Es machte ihr Spaß, immer wieder Männer zu verführen. Diese Sucht, Männer zu verführen, sollte für sie nie aufhören. Wie das Höhere Selbst Julian erklärte, war dieses Leben als Belle das sexuell aufregendste von allen seinen früheren Leben. Deshalb war es auch für dieses Leben sein Wunsch, jenes aufregende damalige Leben fortzusetzen, um wieder – obwohl in einem männlichen Körper – Männer zu verführen. Somit ist sein heutiges Leben eine unbewusste Fortsetzung dieses früheren Lebens als Maitresse.

Vielleicht hatte sich Julian auch im Jenseits vor Antritt in sein heutiges Leben programmiert, seine homoerotische Tendenz erst dann zum Vorschein kommen zu lassen, wenn sein Vater gestorben war, um ihn nicht zu enttäuschen und ihm weh zu tun, und um nicht dadurch seiner Liebe verlustig zu gehen. Julian, wie er mir sagte, hatte in der Folge dreimal mit Frauen sexuelle Kontakte gehabt. Aber sie erfüllten ihn nicht. Er fühlte sich immer als Frau, und er brauchte den Mann mit dessen erigiertem Glied, um seine Sexualität voll genießen zu können.

Seine Homoerotik wurde ihm nicht leicht gemacht. Denn seine Mutter kämpfte gegen diese mit aller Macht an. Als er neunzehn Jahre alt war, zerschnitt sie ihm seine eng anliegenden Hosen. Und sie scheute sich auch nicht, nachts in eine Schwulenkneipe zu gehen, um ihn dort herauszuzerren. Nach meiner Schätzung haben über die Hälfte aller Schwulen eine enge und oft sehr innige, aber auch manchmal eine äußerst strapazierende Mutterbindung. Julian gehört in die zweite Kategorie. Seine Mutter spielte die Rolle einer strengen

Gouvernante. Julians Leid bestand darin, dass es ihn immer wieder zu heterosexuellen Männern hinzog und ihn deshalb eindeutig Schwule gar nicht oder doch viel weniger interessierten. Für viele Schwule entstehen dadurch größte seelische Schmerzen, die bis zur Vereinsamung führen können. Pornographische Abbildungen von schönen Männern müssen dann als Ersatz herhalten, um sich sexuell ergießen zu können. Doch die unerfüllte Sehnsucht nach einem richtigen Sexualpartner bleibt weiterhin bestehen.

In Julians Fall ist seine Neigung zu heterosexuellen Wunschmännern darin begründet, dass er ja in jenem Leben als Maitresse nur mit Heteros sexuell zusammenkam. Und da er sich in diesem Leben wiederum ganz als Frau fühlt, ist es nur allzu verständlich, dass er nach heterosexuellen Männern Ausschau hält, um sie wiederum wie damals zu verführen. Und vielleicht sind andere schwule Männer, die sich hauptsächlich oder gar ausschließlich für Heteros interessieren, solche, die ebenfalls einer ähnlichen Programmierung aus einem früheren Leben ausgeliefert sind. Hinsichtlich der Ursachenforschung für die homoerotischen Ausrichtungen gibt es also noch sehr viel zu ergründen. Ja, die Rückführung weist sogar auf ein ganz neues Forschungsfeld der Sexualität hin, das man bisher noch gar nicht aus wissenschaftlicher Sicht wahrgenommen hat. Vielleicht ist es notwendig, gewisse Scheuklappen vom Gesicht zu nehmen, um neue Forschungsfelder, die den bisherigen völlig zu widersprechen scheinen, in Augenschein zu nehmen.

Ein weiterer Punkt dafür, dass viele Homosexuelle in den Partnerschaften die weibliche Rolle einnehmen, liegt wohl darin begründet, nicht allein, dass sie in früheren Leben oder in jenem dem jetzigen vorausgegangenen Leben eine Frau waren, sondern eher in dem Umstand, dass sie als Frauen, wie wir es am Beispiel von Julians früherem Leben als Maitresse sahen, die Lust an der Verführung des Mannes genossen haben und diese Lust auch in diesem Leben wieder auskosten wollen.

39. Wenn es trotz Erektion zu keinem Orgasmus kommt

Karl ist achtunddreißig Jahre alt. Er ist Fahrzeugbauer und Lackierer. In der Schule stellte er sich vor, mit Lehrern sexuelle Abenteuer zu erleben. Doch erst mit dreißig Jahren hat er seinen ersten sexuellen Kontakt mit einem Partner. Bei diesem und allen weiteren Männern strafft sich wohl sein Glied, aber es kommt zu keiner Ejakulation, geschweige denn zu einem Orgasmus. Er kann sich jedoch selbst befriedigen. Sein Vater war Alkoholiker. Seine Mutter hat ihn und ihren Sohn voll beherrscht. Ja, wie Karl sagte, war er selbst ein „Muttersöhnchen". Mit siebzehn und achtzehn Jahren geht er platonische Beziehungen mit Mädchen ein. Sie scheinen ihm seelenverwandter zu sein als Jungen seines Alters. Einer seiner ersten Freunde, mit dem er in Partnerschaft ein Jahr zusammenlebte, verstarb plötzlich an Hirnhautentzündung. Als Karl ihn im Krankenhaus besuchte, wachte jener aus seinem langen Koma wieder auf und sagte zu seinem Freund: „Wir werden uns in einem anderen Leben wiedersehen." Karl erschrak bei diesen Worten, denn er wusste mit ihnen nicht viel anzufangen. Er glaubte nicht an eine Wiedergeburt der Seele in einem anderen Körper in einer anderen Zeit. Einige Jahre später hörte er eine innere Stimme, die ihm sagte: „Warte noch. Du wirst bald einen Mann, dessen Sonne im Zeichen des Krebses ist, kennen lernen." Und tatsächlich war dieser fünfzehn Jahre ältere Mann, dem er bald begegnete, ein an Esoterik interessierter „Krebs", der Karl bald selbst in die Geheimnisse der Astrologie einweihte. Karl liebt und begehrt diesen Mann, aber – auch mit ihm bekommt er keinen Orgasmus.

Wir baten nun das Höhere Selbst, nachdem ich Karl in den Alphazustand versetzt hatte, ihn zu den Ursachen seiner Orgasmushemmung zu führen und zuerst einmal nachzuforschen, ob in dem heutigen Leben eine Ursache zu finden sei. Und ich würde auch den Sexologen und Therapeuten raten, so sie nicht an frühere Leben glauben, jeden ihrer Klienten mittels der Rückführung auf jeden Fall die Vergangenheit des heutigen Lebens ausloten zu lassen, um eventuell auf triftige Ursachen zu stoßen. Denn es könnte ja auch sein, dass die eigentliche Ursache für ein Störsymptom in dem gegenwärtigen Leben begründet ist.

In einem Ferienort hatte sich Karl als Zehnjähriger in seinem heutigen Leben verlaufen. Es wurde schon dunkel. Er machte sich Sorgen, dass seine Eltern über seinen Verbleib besorgt sein würden. Er nähert sich einem einsam gelegenen Haus, in welchem Licht brennt. Er klopft. Man bittet ihn herein. Dort wohnt als Feriengäste ein Ehepaar. Man überredet ihn, doch besser bis zum nächsten Morgen hier zu bleiben, da es der Dunkelheit wegen kaum möglich ist, den Pfad durch den Wald zu seiner Unterkunft bei den Eltern zu finden. Das Paar unterhält sich mit Karl. Er duscht und wird dann gebeten, sich in das große Bett zu legen, nicht wissend, dass auch die anderen beiden sich bald ebenfalls dort zur Nachtruhe niederlegen werden. Obwohl Karl sich mit klopfendem Herzen zur Wand gedreht hat, bekommt er mit, wie das Paar sich neben ihm begattet. Er tut so, als ob er schliefe, ist aber ganz Ohr. Später, nachdem er schon eingeschlafen ist, wacht er wieder auf und fühlt, wie die Hand des Ehemannes plötzlich sein Glied berührt und es streichelt. Eine große Angst überfällt ihn. Er möchte am liebsten weglaufen. Doch sein Glied strafft sich ein wenig. Lustgefühle stellen sich trotz seiner Angstgefühle vor dem Ungewissen bei ihm ein. Und während des Streichelns vermehrt sich das leise Stöhnen dieses Mannes, der sich selbst zum Orgasmus bringt. Dann nimmt er Karls Hand und legt sie auf seinen glitschig nassen Penis. Und gleichzeitig reibt jener an dem Glied des Zehnjährigen. Er will ihn ebenfalls zum Orgasmus bringen. Anfangs empfindet Karl ein wunderbares prickelndes Entzücken. Doch dann, als dieser Mann immer energischer mit der Hand seinen Penis berührt, stellen sich Schmerzen ein. Er möchte am liebsten schreien. Wagt es aber nicht, um die Frau auf der anderen Seite des Bettes nicht aufzuwecken. Doch deren Ehemann umschließt nun mit seiner Hand Karls Glied immer fester und reibt energischer. Schließlich lässt er von ihm los, dreht sich um und schläft ein.

Viele würden jetzt sagen, dass dieses Erlebnis ihn zu einem Homosexuellen gemacht hat, denn er hat ja zum ersten Mal Lustgefühle dabei empfunden, indem eben ein Mann diese bei ihm ausgelöst hatte. Doch seine Orgasmushemmung entstammt ebenfalls diesem Erlebnis, da er zu unsanft angefasst worden war, sodass er nur Schmerzen anstatt volle Freude empfinden konnte. Aber lässt sich mit diesem vorpubertären Ereignis seine ganze Homosexualität samt der Orgasmushemmung erklären? Sicherlich nicht. Deshalb baten wir auch sein Höheres Selbst, so es noch einen anderen weiter zurück liegenden Grund für sein Schwulsein gäbe, ihn dorthin zu geleiten.

Karl ist zwanzig Jahre alt. Er ist Engländer und heißt Max. Er befindet sich mit seiner Mutter auf einem Fest eines wohlhabenden Gutsherren, dessen Leidenschaft die Imkerei ist. So nimmt er sich auch dabei wahr, als man aus den Bienenkörben die Honigwaben herausnimmt, wobei jemand gestochen wird. Einige Jugendliche scheinen sich lustig über Max zu machen, denn er ist zierlich und seine Gesten scheinen affektiert zu sein, als ob er eben „anders" sei. Am Abend gibt es ein großes Fest, zu welchem ein Schwein geschlachtet worden ist. Doch bei diesem Fest fließt viel Alkohol, der Max schnell zu Kopf steigt. Als er etwas in seinem Gang taumelt, fragt ihn der Hausherr, ob er sich hinlegen wolle. Auf dessen Bejahung führt er den jungen Mann in sein Schlafzimmer, wo er sich in dessen Bett niederlegt. Doch schon bald kehrt der Mann, der sich Josef nennt, wieder zurück und legt sich neben Max nieder. Diesem ist es nicht recht, dass ein Mann neben ihm liegt. Doch Josef antwortet: „Hab keine Angst, du brauchst dich vor nichts zu fürchten." Er fragt Max, ob er eine Freundin habe, was dieser verneint. Dann berührt Josef seinen Penis. Max ist erschrocken. Aber sein Glied wird steif, neue und schöne Gefühle stellen sich ein. Vorher hatte er erst einmal in seinem Leben ein steifes Glied gehabt. Und plötzlich bekommt er seinen ersten Orgasmus. Josef ist ebenfalls erschrocken, dass Max so schnell ejakuliert und schüttelt wohl etwas enttäuscht den Kopf. Doch nun fordert er den Jüngeren auf, ein Gleiches bei ihm zu machen. Als dieser zögert, legt er dessen Hand trotz dessen Widerwillen auf seinen Penis. Schließlich erlebt er mit einem Schrei der Lust ebenfalls seinen Höhepunkt. Späterhin mahnt er Max, nichts der Mutter zu sagen, da es sonst großen Ärger geben würde. Und dieser hat auf einmal das Gefühl, etwas Falsches getan zu haben, etwas Verbotenes, Sündiges. Er äußert nun Josef gegenüber seine Ängste, doch dieser beruhigt ihn und fordert ihn auf, einzuschlafen.

Erst fünf Jahre später trifft Max auf einem Fest Josef wieder. Er hatte sich auf dieses Wiedersehen gefreut, war dieser doch derjenige, mit dem er seine bisher höchste Sinneslust genossen hatte. Und später, nachdem wieder viel Alkohol geflossen war, befinden sich beide wieder im Bett. Josef sagt, er wolle ihm etwas Neues und Schönes zeigen, er solle aber keine Angst haben. Er fordert ihn auf, sich mit dem Rücken zu ihm gewandt auf seinen Penis draufzusetzen. Max zögert, und Josef spricht ihm wieder Mut zu und sagt, dass das ihm höchste Lust bereite. Er reibt ihm nun den After mit einer Salbe ein und lenkt den Hintern auf sein Glied, das in diesen nun eintaucht. Und während er Max auffordert, sich mit seinem Unterkörper gefühlvoll hin und her zu bewegen, fasst er dessen Glied und streichelt es, bis beide zur gleichen Zeit zum Orgasmus kommen. Max ist überglücklich. Josef bietet ihm später an, dass er sein Freund sein wolle. Doch nur noch zweimal in diesem Leben kommt es zwischen beiden zu Intimitäten, denn Josef ist schon bald danach in seinem fünfundvierzigsten Lebensjahr verstorben. Max heiratet in seinem vierzigsten Lebensjahr und bekommt eine Tochter. Mit einundsechzig Jahren, als er schon am Krückstock gehen musste, ist er 1818 verstorben.

Das Höhere Selbst lässt ihn nach seinem Tod zur Einsicht kommen, warum er heute Orgasmusschwierigkeiten hat. Damals hatte er als Max den Gutsherren Josef enttäuscht, weil er zu schnell gekommen war. Deshalb hatte er die Programmierung aufgenommen, nie zu früh einen Orgasmus zu bekommen. Auch glaubte er als Max, dass, so seine Mutter seine homosexuelle Beziehung entdeckt hätte, sie sich von ihm distanziert hätte. Und wäre es auch an die Öffentlichkeit gekommen, dass er sich homosexuell betätigt hatte, hätte man ihn, so glaubte er wenigstens damals, getötet. Diese tief eingegrabenen Schuldgefühle, gepaart mit der Angst, lassen ihn auch heute nicht mit einem Partner zum Orgasmus kommen. Seine heutige Angst, vor anderen zu sprechen, kommt daher, dass er damals als Max Angst hatte, irgendetwas aus Versehen über seine Beziehung mit Josef auszuplaudern.

Und deshalb lautete seine Befreiungsaffirmation: „Ich befreie mich von all meiner Angst vor Sexualität und auch von meiner Angst, vor anderen zu sprechen, ich befreie mich von meiner Orgasmushemmung, und ich befreie mich von allen Schuldgefühlen."

Wie wir erkennen können, ist sein Erlebnis im Bett mit dem Ehepaar des heutigen Lebens für sein Schwulsein nur ein Auslöser für seine in dieses Leben schon mitgebrachte frühere Homosexualität.

40. Weshalb man sexuell unersättlich ist

Anton wächst in einer streng katholischen Familie auf. Mit dreizehn hat er homoerotische Träume. Jedes Masturbieren ist mit Schuldgefühlen verbunden. Denn was könnte der „liebe" Gott dazu sagen. Die katholische Kirche ist, wie wohl die meisten monotheistischen Glaubensrichtungen, sexfeindlich orientiert. Und die katholische Kirche verurteilt den Sex, so man nicht durch den Bund der Ehe den Segen der Kirche für den ausschließlichen Akt zur Fortpflanzung bekommen hat. Alle sexuelle Lust ist des Teufels. Und wer ihr nachkommt, ist mit dem Teufel im Bunde und wird lange oder gar für ewig in der Hölle schmoren. Wenn auch die heutige Menschheit nicht mehr an diese Auswüchse irrer Phantasien von geistlichen Sündbewussten *(diese Einstellung stammt meistens aus deren früheren Leben)* glaubt, ist die gläubige Gesellschaft oft trotzdem noch aus den unbewussten Erfahrungen früherer Leben oder sogar aus diesem Leben von diesen sexualfeindlichen Gedanken geprägt.

Anton hat mit achtzehn seinen ersten homosexuellen Kontakt. Bis dahin hinderte ihn seine Schüchternheit, Jungen oder gar Männer kennen zu lernen, denn seine diesbezüglichen Ambitionen begnügten sich mit den durch Masturbationen abzureagierenden Wunschgefühlen. Nachdem er diese Scheu überwunden hatte, fiel es ihm schwer, bei einem einzigen Partner länger zu bleiben. Er steigerte sich in eine Sexgier hinein, so als ob er irgendetwas nachzuholen hätte. Er wechselte von einer Begegnung zur anderen. Schon mit dreißig hatte er über hundert Sexualpartnerschaften ausgekostet. Heute ist er vierundvierzig Jahre alt. Seine Sexgier hat beträchtlich nachgelassen, doch ist er weiterhin offen für neue Abenteuer, so diese auf ihn zukommen sollten. Er hat nicht mehr den Drang, auf Männerjagd gehen zu müssen.

Auf der Suche nach der Ursache für seine gelebte Sexgier führte ihn das Höhere Selbst in das betreffende in seinem Unterbewusstsein aufzufindende frühere Leben. Anton hat auf einmal eine Samtweste an. Er heißt Antonio Perez und ist im Jahre 1791 Beamter in einer Präfektur in Frankreich. Sein Vater ist Spanier. Er ist eine von seinen Eltern arrangierte Ehe eingegangen, aus welcher bereits zwei Kinder hervorgegangen sind. Doch bleiben seine sexuellen Wünsche in der Ehe unerfüllt. Mit dreißig hat er zum ersten Mal eine homoerotische Begegnung mit einem jüngeren Mann, ihre Wege trennten sich jedoch schon nach drei Stunden für immer. Zum ersten Mal erlebt er eine total erfüllende Erotik. Für ihn als Beamter ist es schwer, in der katholischen Gesellschaft seinen geheimsten Wünschen nachzukommen. Nicht nur sein Ruf und seine Ehe stehen auf dem Spiel, sondern auch seine Anstellung. Trotzdem gelingt es ihm, wenn auch selten, bei Reisen in die Stadt einige kurze homoerotische Begegnungen einzugehen. Es ärgert ihn mächtig, dass er alles in Heimlichkeit ausführen muss, ständig in der Angst, entdeckt und geächtet zu werden. Die Gesellschaft, die Familie und die Religion empfindet er als Zwangsjacke, die ihn hindert, nach Wunsch seiner Sexualität nachzukommen. Wenn er doch bloß keine Familie hätte samt der Verantwortung für diese, dann könnte er sich in eine Stadt begeben und dann, wenn auch in Heimlichkeit, homoerotische Begegnungen eingehen. Er hasst nun seine Gefangenschaft. Er hasst die Gesellschaft, die Kirche, ja sogar seine Kinder und seine Frau. Schon längst schlafen beide in getrennten Zimmern. Sex mit immer derselben Frau ist für ihn langweilig. Nichts reizt ihn mehr am Körper seiner Ehehälfte. Sexuell bleibt er abgestumpft. Doch er sehnt sich immer wieder nach jener sexuellen Erfüllung, die er mit dem jungen Mann hatte, der nur wenige Stunden seine erfüllendste Beglückung teilte. Aber am meisten hasst er sich selbst, dass er den ungestillten Trieb hat, seine Sexualität frei ausleben zu wollen und nicht zu können. Mit einundachtzig ist er verstorben. Seine letzte Programmierung war: „Ich will nie wieder heiraten und Kinder haben. Denn eine Ehe hindert mich an der Möglichkeit, woanders Spaß zu haben."

Auf der Suche nach den Ursachen für seine heutige Sexgier deckte das Höhere Selbst in Antons Unterbewusstsein noch ein anderes Leben auf, in welchem er ein siebzehnjähriger Junge namens Miguel Torres ist, der sich mit anderen Gleichaltrigen rangelt, wobei man auch des anderen Glied berührt. Diese erotischen, jedoch harmlosen Spiele bereiten ihm ein prickelndes Vergnügen. Als er einundzwanzig Jahre alt ist, wohnt er in einem Zimmer mit einem Gleichaltrigen zusammen, und beide lassen ihrer homoerotischen sexuellen Lust freien Lauf. Während seiner Studentenzeit schläft er auch mit der ein oder anderen Frau, ohne aber die Erfüllung dabei zu finden, die er mit jenem Freund als Zwanzigjähriger gehabt hatte. Nach seinem Jurastudium wird er Rechtsanwalt. Er heiratet 1870. Und bald ist er Vater von drei Kindern. Seiner Frau offenbart er nach einigen Jahren der Ehe, dass er eine homoerotische Neigung habe, und sie gestattet ihm aus Liebe, dieser in Heimlichkeit nachkommen zu können. Mit achtundsechzig liegt er auf seinem Totenbett. Und ich frage ihn: „Was bereust du am meisten in deinem Leben?" Und er antwortet: „Ich bereue, meine Sexualität nicht ausgelebt zu haben. Ich hätte gerne noch mehr erotische Begegnungen mit Männern gehabt."

Und auf dem Berg der Erkenntnis werden ihm ganz klar die Ursachen seiner Sexgier vor Augen gestellt. Er habe sich in dem heutigen Leben deshalb ganz der Homoerotik ergeben, da er nicht mehr mit Frauen zusammenkommen will. Denn diese haben ihn in früheren Leben eingeengt, haben ihn kontrolliert und somit seine Freiheit beschnitten. Durch sein Schwulsein kann er den Anklammerungen durch eine Frau entgehen. Er ist endlich frei von der Ehegefangenschaft und möchte in diesem Leben alles in sexueller Hinsicht nachholen, was er in früheren Leben als Verheirateter nicht erleben konnte. Die Frauen wollten ihn in den früheren Leben zwingen, nur für sie da zu sein. Er will aber nun ein Leben führen, in welchem er nur für sich verantwortlich ist und alle seine Wünsche ungehindert erfüllen kann. Aus diesem Grunde geht Anton auch allen Bindungen mit Männern aus dem Wege, sobald diese ihn vereinnahmen wollen.

Dies scheint mir ein plausibler Grund für die meisten jener Homoerotiker zu sein, die sich gegen eine feste Partnerschaft sträuben, da diese sie darin einengen könnte, sich mittels vieler Begegnungen mit den unterschiedlichsten Männern sexuell austoben zu können, da man doch in früheren Leben durch Ehe, Kirche oder Gesellschaft zu sehr blockiert war in der Auslebung aller geheimen Wünsche. Wie gut, dass diese Sexgierigen in der heutigen Gesellschaft leben und nicht in einer durch die Kirche reglementierten Gesellschaft, wie diese zum Beispiel in Europa nach der Römerzeit bis in die Neuzeit hinein vorherrschend war. Doch auch sexbesessene Heterosexuelle haben in heutiger Zeit, in welcher kirchliche Bevormundungen nur noch wenig Durchsetzungskraft haben, ebenfalls beste Möglichkeiten, ihre Wünsche, die in früheren Leben meist nie ausgelebt worden waren, nun voll auszuleben. Eventuell müssen wir alle irgendwann einmal all unsere ungestillten sexuellen Wünsche ausgelebt haben, bevor wir für höhere Bestrebungen reif werden können. In diesem Sinne ist auch der weltweise Lehrer *Osho* zu verstehen, wenn er seine Sannyasins aufruft, ihre zurückgehaltenen sexuellen Wünsche auszuleben, um dann erst befähigt zu sein, spirituell schneller zu wachsen. Denn alles, was man unterdrückt, hält einen in seiner seelischen Entwicklung zurück.

41. Wenn man schon in mehr als 350 Leben schwul gewesen ist

Jede Seele kann frei entscheiden, in welchem Geschlecht sie wiedergeboren werden möchte. Die meisten Seelen wollen in beiden Geschlechtern in die Schule des Lebens inkarnieren, um alle Schatten- und Schokoladenseiten auf Erden zu erfahren. Deshalb ist bei schätzungsweise 90 Prozent der Reinkarnierten das Geschlecht über ihre Leben hin etwa gleich verteilt. Doch bei Siegfried, genannt Siggi, bestehen seine Erdinkarnationen zu 99 Prozent aus Männerleben. Denn von den 360 früheren Leben befand er sich nur zweimal in einem Frauenkörper.

Siegfried ist dreiunddreißig Jahre alt. Er hat eine um fünf Jahre jüngere Schwester. Mit sieben Jahren verliebt er sich bei einem Ferienaufenthalt am Meeresstrand in einen gleichaltrigen Jungen ohne körperlichen Kontakt. In seinem neunten Lebensjahr lassen sich seine Eltern scheiden. Mit zwölf Jahren onaniert er zum ersten Mal mit einem Gleichaltrigen. Doch dann hört jeglicher Kontakt zu einem Jungen oder einem Mann bis zu seinem einundzwanzigsten Lebensjahr auf. Ein halbes Jahr davor knüpft er eine Beziehung mit einer Frau doppelten Alters. Ihr gesteht er, dass er schwul sei. Sie akzeptiert es, ja sie hält ihn dazu an, seine Homosexualität zu leben. Noch schüchtern knüpft er seine ersten Kontakte mit Schwulen. Doch die einschlägige Szene ist ihm zu direkt. Erst nach einigen Jahren hat er seine Schüchternheit überwunden und, wie er sagt: „Dann habe ich mich ausgetobt."

Mit dreißig lernt er seinen jetzigen Freund Frank kennen. Sie sind ineinander verliebt, fühlen sich seit drei Jahren als Paar und waren in dieser Zeit nur einmal drei Monate getrennt. Doch teilen sie keine gemeinsame Wohnung, wohnen aber nur 300 Meter voneinander entfernt.

Siegfried befand sich unter jenen, die ich in der Akademie der Künste in Berlin zurückgeführt hatte. In dieser Gruppenrückführung erlebte er sich im ersten der beiden aufgesuchten Leben im Jahre 1658 als ein englischer Messerschleifer namens Edwin. Er ist unverheiratet und schwul. In dem anderen Leben war er ein SS-Mann, der, obwohl strengstens verboten, sich heimlich mit anderen Männern traf. Er war Sadist und weidete sich an den Qualen der von ihm Gefolterten. Später ist er durch einen Messerstich ermordet worden. An jener Stelle befinden sich heute noch zwei kleine Muttermale. Er hatte mich nach der Rückführung gefragt, ob er zu einer Einzelsitzung in meine Wohnung kommen könnte, um mehr über seine früheren Leben zu erfahren.

In dieser Einzelrückführung nimmt er sich zuerst in Ritterrüstung auf einem Pferd wahr. Er ist vierundzwanzig Jahre alt und heißt Lothar. Er lebt im Jahre 1241 in der südfranzösischen Languedoc. Ihm begegnet ebenfalls in Ritterrüstung ein Mann, in welchem er seinen ihm verhassten langjährigen Vormund und Onkel erkennt. Er entdeckt an dessen Hals eine goldene Kette, die seiner Mutter gehörte, welche mit ihrem Mann durch Brandstiftung ums Leben gekommen war. Lothar wird durch dieses Erlebnis an ein Ereignis zurückerinnert, das er mit dreizehn Jahren miterleben musste. Er befand sich mit seiner Mutter auf einem Spaziergang im Wald. Plötzlich wurden sie von einigen maskierten Männern umringt. Er bekam einen Schlag auf den Kopf, konnte aber noch erkennen, dass einer der Männer seine Mutter vergewaltigte, doch war dessen Gesicht verdeckt geblieben. Nach dieser Vergewaltigung fehlte der Mutter diese Halskette. Jetzt ist Lothar klar, wer der Vergewaltiger war. Er fordert ihn zum Kampf heraus und tötet seinen Onkel. Mit seiner drei Jahre älteren Schwester lebt er jahrelang im Inzest. Mit fünfunddreißig heiratet er eine Adlige, und sie bekommen einen Sohn und eine Tochter. Aber seine Schwester hat ihm ebenfalls einen unehelichen Sohn geboren. Als dieser acht Jahre alt ist, missbraucht er ihn. Zu diesem unterhält er auch weiterhin eine homoerotische Beziehung, und Lothar meint, dass seinem Sohn dies gefalle. Nicht jedoch seiner Schwester. Diese ist eifersüchtig und wütend darüber, dass er eine Frau geheiratet hat und nicht bei ihr geblieben ist. Sie versucht ihn anzuschwärzen. Doch er entledigt sich ihrer, indem es ihm gelingt, dass seine Schwester als Hexe angeklagt und dann erhängt wird. Lothar scheint ein richtiger Wüstling gewesen zu sein, der es mit Frauen und Männern trieb. Wegen Vergewaltigung einer Dame aus gehobenen Kreisen wird er in den Kerker eingesperrt, wo er dreißig Jahre lang bis zu seinem Tode verbleibt.

Von seinem Höheren Selbst erfährt Siegfried, dass seine damalige Schwester auch im heutigen Leben wieder seine Schwester ist, zu der er, wie er sich ausdrückt, ein „ambivalentes" Verhältnis hat. Doch sein damaliger Sohn ist seine heutige Mutter. Und deren Liebhaber ist jener frühere verhasste Onkel, den er im Kampf umbrachte.

In einem seiner nächsten Leben, zu welchem ihn sein Höheres Selbst führt, ist er im Jahre 1647 ein reicher siebenundzwanzigjähriger, in Flandern wohnender Kaufmann namens Erik van Ackeren. Er wohnt in einem schlossartigen Gebäude, in welchem er als Unverheirateter Gelage mit Männern abhält. Alle sind schwul. Dorthin hat er auch einen dreiundzwanzigjährigen Maler eingeladen, von dem er schon ein Bild gekauft hatte. Sie küssen sich. Und jener Maler willigt ein, bei Erik nun zu leben. Beide führen hinfort ein dandyhaftes Leben. Sie reisen viel, und der Jüngere vernachlässigt immer mehr sein Talent, bis er seine Malerei ganz aufgibt. Sie scheinen miteinander sehr glücklich zu sein, halten sich länger in Venedig und Rom auf. Als Erik mit vierundsiebzig Jahren auf dem Totenbett liegt, hält ihm sein Freund die Hand. Von mir nach seinem Tod befragt, welche Überschrift er seinem Leben geben würde, antwortet er: „Ein vergeudetes Leben." Nach dem Warum gefragt, sagt er, dass er immer ein Buch schreiben wollte, es aber nie begonnen hatte, wie er auch seinen Freund vom Malen abgehalten hatte. Sie hatten allein ein Leben in Ausschweifungen verbracht.

Und wieder vor dem Wolkentor beim Höheren Selbst angekommen, erfährt er, dass dieser Freund von damals sein heutiger Freund Frank ist. Beide blockieren wiederum ihre kreativen Talente. Denn Siegfried möchte ein Drehbuch schreiben und Frank möchte malen. *(Durch diese Rückführung wurde aufgedeckt, dass sie sich im heutigen Leben wieder gegenseitig hindern, ihre kreativen Talente zu aktivieren. Denn wenn man ihnen nicht nachkommt, fühlt man, dass man einen selbst gesetzten Auftrag nicht erfüllt, und bleibt daher mit seinem Leben unzufrieden. Ihre Beziehung müsste eine sich auch gegenseitig im kreativen Bereich unterstützende sein. Dann würden sie ihre Zufriedenheit finden. Denn bisher zogen sie nicht – wie ich vermute – in eine Wohnung zusammen, weil sie unbewusst Angst davor hatten, sich wieder gegenseitig von ihren kreativen Ambitionen fern zu halten.)*

In dem vom Höheren Selbst ihm als Nächstes gezeigten Leben befindet er sich wieder in jenem Leben, das er schon in der Gruppenrückführung gesehen hatte. Er heißt Robert Paulsen. Er ist im Jahre 1937 siebzehn Jahre alt. Mit anderen Gymnasiasten haben sie sich aus einer Garderobe die schwarze Uniform von SS-Männern besorgt und sind in einen Keller gegangen. Hier holen sie „ihre Schwänze" heraus und onanieren. *(Anmerkung: Auch heute noch findet Siegfried schwarze Uniformen „sexy".)* Nach seinem Abitur 1939 geht er zur SS, um dort die Offizierslaufbahn einzuschlagen. Dort lernt er ebenfalls Uniformierte kennen, mit denen er in Heimlichkeit Intimitäten austauscht. Schon mit fünfzehn hatte er in einem Zeltlager mit einem Gleichaltrigen sexuell verkehrt. 1942 ist er in der Waffen-SS zu einem Führer einer Panzereinheit aufgestiegen. Sein Panzer wird von einer Granate getroffen. Als er im Hospital wieder aufwacht, entdeckt er, dass man ihm ein Bein amputiert hat. Er wird hinfort als Schreiber eingesetzt, da er trotz seiner Prothese kriegsuntauglich bleibt. Als man ihn jedoch mit einem anderen Mann im Bett ertappt, gibt es für beide ein Spießrutenlaufen, das sein Freund nicht überlebt. Er jedoch wird aus der SS entlassen. Vor dem Wolkentor erfährt Siegfried, dass jener Junge, den er in dem heutigen Leben als Siebenjähriger liebte, eben jener Freund war, der zu Tode geprügelt wurde.

Doch zeigt ihm sein Höheres Selbst noch ein Leben, in welchem er schwul war. Er war im Jahre 271 v. Chr. Geburt ein Römer namens Flavius, der schon mit sechzehn Jahren als Schreiber bei einem Philosophen namens Patros in Alexandria eingestellt wurde und seitdem mit diesem fünfzehn Jahre älteren Mann eine erfüllende sexuelle Beziehung und Freundschaft pflegte. Als Flavius siebenunddreißig Jahre alt war, starb Patros. Flavius nahm sogleich selber Gift, denn er meinte, ohne diesen Freund nicht weiterleben zu wollen. Man legte beide Leichname armumschlungen in einen Sarg. Jene Seele von Patros ist, wie er vom Höheren Selbst erfährt, heute eine von ihm sehr verehrte homosexuelle Persönlichkeit. Doch dieser Mann ist sehr viel älter als Siegfried. Er selbst, wie er weiterhin erfährt, war schon in seinem ersten Erdenleben schwul gewesen. Wir Menschen kommen immer wieder in die Schule des Erdenlebens, um uns von egoistischen Ausrichtungen hin zu liebevollen Menschen durch die Situationen, in die wir gestellt sind, und durch die Personen, mit denen wir konfrontiert werden, zu entwickeln. In welchem Geschlecht wir nun diese Erdenschule besuchen, ist egal. Denn der zu lernende Stoff, den wir bis zum Ende unserer Erdenschulzeit erlernt haben sollten, heißt LIEBE. Jeder bekommt genau die Aufgaben zugeteilt, die er gerade benötigt, um in die jeweilige nächste Klasse nach erneuter Reinkarnation versetzt zu werden. Doch oft gibt es Sitzenbleiber, ja auch solche, die viele Male die gleiche Klasse wiederholen müssen. Aber man wird nie in eine niedrigere Klasse zurückversetzt.

Siegfried erzählte Frank von seiner Rückführung bei mir. Dieser rief einige Monate später an, und wir verabredeten einen Termin.

42. Warum er als Junge am liebsten Mädchenkleider trug

Frank ist mit Siegfried gleichaltrig. Er wuchs in der ehemaligen DDR, dem östlichen Teil des nach dem Zweiten Weltkrieg geteilten Deutschland, in einer Ostseestadt auf. Schon im Kindergarten spielte er nur mit Mädchen und legte sich gerne Mädchenkleidung an. Puppen interessierten ihn, jedoch keine Autos. Mit fünfzehn Jahren hatte er den immer größer werdenden Wunsch, mit einem Mann intim zu werden. Er näherte sich trotzdem einigen Mädchen, doch endete seine erste sexuelle Erfahrung unbefriedigend, ja, wie er sich ausdrückt, „desaströs". Mit achtzehn hatte er mit zwei Männern sexuellen Kontakt. In den einen verliebte er sich heftig. Dies war seine erste große Liebe, die leider nicht lange andauerte. Es war schwer für ihn, gleichgesinnte Männer zu finden. Erst später erfuhr er, dass der Pastor schwul gewesen sein sollte. Wer hätte das für möglich gehalten. Doch schließlich findet er einen Freund, zu dem er zieht. Frank wollte immer die DDR verlassen. Er stellte daraufhin einen Antrag, ohne seine Eltern davon unterrichtet zu haben. Doch wer sich dazu bekannte, nicht in der DDR leben zu wollen, und gar danach trachtete, in die „faschistische", „imperialistische", „klassenfeindliche" Bundesrepublik Deutschland „ausgebürgert" zu werden, wurde als ein Volksverräter gebrandmarkt. Frank wusste also nicht, ob seinem Antrag stattgegeben würde, oder ob er möglicherweise, wie es einigen schon gelungen war, die Erlaubnis zur Auswanderung erhielt, verdiente doch die DDR bei dem Verkauf von unerwünschten Personen an den Westen wertvolle D-Mark. Doch Frank merkte, dass er von nun an überwacht wurde.

Sein Vater bekam von der Stasi *(Staatsicherheitsdienst)* einen Anruf mit der Frage, ob er eigentlich wisse, dass sein Sohn ein „Stricher" sei, der nach dem Westen wolle. Der Vater stellte Frank nun zur Rede. Und um die Liebe seines Vaters nicht zu verlieren, stritt er jegliche homosexuelle Neigung ab. Frank hatte sich geweigert, der Aufforderung zum Wehrdienst nachzukommen. Dies wurde als großes Vergehen angesehen, denn in der DDR durfte sich keiner diesem Dienst entziehen. Er wurde daraufhin unter dem Vorwand einer Musterung zu einem Verwaltungsgebäude zitiert. Dort offenbarte man ihm, dass er seine Wehrdienstverweigerung nur dadurch wieder gutmachen könne, indem er sich als geheimer Mitarbeiter der Stasi anwerben ließe. Und als er sich weigerte, einem solchen Angebot nachzukommen, drohte man, seine Schwulenkontakte an die Öffentlichkeit zu bringen.

Ein Jahr vor der Wende 1989 ist er nach Westberlin gekommen, dem damaligen El Dorado der Homosexualität. Denn dort hatte sich die Schwulenszene sehr ausgebreitet. Es gab sogar einschlägige Lokale, in deren Keller man sich mit seinem Liebhaber nach Lust und Laune sexuell vergnügen konnte. Und einige Jahre später wurde dort ein sich zur Homosexualität bekennender Politiker zum Oberbürgermeister gewählt. Frank konnte endlich dort alles nachholen, was der Osten nur in sehr eingeschränktem Maße zu bieten hatte.

Fünf Jahre später lernte er Siegfried kennen. Trotzdem sich sehr bald eine enge Partnerschaft entwickelte, überkam ihn eine „rasende Eifersucht“, als Siegfried eine Nebenbeziehung einging.

In der Rückführung offenbart ihm sein Höheres Selbst, dass er in den vorausgegangenen sechs Leben schon schwul gewesen ist. Davon begegnete er in zwei früheren Leben der Seele von Siegfried in einem männlichen Körper. Während er nur kurz einige Einblicke in andere Leben hatte, wo er homoerotische Begegnungen eingegangen war, wurde ihm ausführlicher sein dem heutigen vorausgegangenes Leben gezeigt.

Frank hieß damals Josef und verdiente zu Beginn der zwanziger Jahre des zwanzigsten Jahrhunderts in Chicago sein Geld als Börsenmakler. Er hatte schon mit einundzwanzig Jahren einen Freund namens Mike, mit dem er sexuell sehr intim gewesen war. Doch dann lernt er Karl kennen, der einige Jahre älter ist als er. Beide werden aber bald von der Polizei gesucht. Josef sagt auf meine Nachfrage hin, dass man sie wegen homoerotischer Unzucht hinter Gitter bringen will. Ich vermute jedoch, dass dies nur eine Ausrede war, wollte er doch eventuell nicht das Geheimnis preisgeben, dass er Geld unterschlagen haben könnte. Denn beide setzten sich nach Bolivien ab, wo sie in Wohlstand lebten. Mit Karl hatte er immer guten Sex gehabt. Beide sind dann auch in ihrer neuen Heimat verstorben. Interessant ist, dass in diesem Leben Frank wiederum Angst vor der Polizei haben musste, dass er wiederum den Drang hatte, sein Land zu verlassen. Und er glaubte auch, in einem anderen Land, in anderer Gesellschaft seine Homosexualität ungehindert ausleben zu können wie damals in Bolivien mit Karl und im heutigen Leben mit Siegfried und anderen. Oft wiederholen sich Lebensmuster und auch Verhaltensmuster, da aus einem oder mehreren früheren Leben Prägungen vorliegen, die noch auszuleben sind, um ganz bestimmte Erfahrungen zu machen. Und oft unterliegt eine aus früherem Leben wiederholte Homosexualität ebenfalls einem bestimmten Erlebnis- oder Lernmuster.

Aus den Forschungen des Psychiaters Professor Ian Stevenson haben wir Erkenntnisse vermittelt bekommen über Kinder, welche sich nicht ihrem Geschlecht spezifisch verhalten. Vielen der Kinder, die sich daran erinnern, im vorausgegangenen Leben zum anderen Geschlecht gehört zu haben, kann man ihr atypisches Verhalten anmerken. Mädchen, die im vorausgegangenen Leben Jungen, bzw. Männer waren, pinkeln manchmal lieber im Stehen, halten sich schon als Kinder lieber bei Jungen auf, spielen lieber mit Autos anstatt mit Puppen, kleiden sich wie Jungens oder beginnen als Teenager sexuelle Freundschaften mit Mädchen oder Frauen herzustellen. Doch diese homoerotische Tendenz stellt sich nicht bei allen diesen Kindern späterhin ein. Manche werden zu ganz normalen Heteros.[9] Warum die einen zu Heteros, die anderen zu Homos werden, bleibt noch eine Angelegenheit der Forschung. Sollten diese Forschungen mittels Rückführungen in den nächsten Jahren durchgeführt werden, dann müssen wahrscheinlich die meisten der Bücher, die sich auf die Ursachenforschung von Homosexualität beziehen, neu geschrieben werden. Eine Vorahnung darüber leistet schon dieses vorliegende Buch.

43. Wenn man seine frühere Ehefrau im Freund wiederfindet

Werner ist sechsunddreißig Jahre alt und lebt seit über einem Jahr eine Freundschaft mit dem vier Jahre jüngeren Bodo. Sie haben sich über eine Suchanzeige getroffen. Beide hatten zur gleichen Zeit in derselben Zeitschrift eine Anzeige geschaltet. *(Wir erinnern uns: Es gibt keine Zufälle. Ganz egal, wie man sich findet, es ist immer genau vorher so geplant gewesen.)* Schon beim ersten Treffen fühlen die beiden ein großes Vertrauen zueinander. Sie telefonieren zwei bis drei Mal pro Woche miteinander, und obwohl sie sich häufig besuchen, haben sie sich noch nie sexuell berührt. Denn Werner hat eine große Angst vor einengender Partnerschaft. Eine Wahrsagerin, die Werner um aufklärenden Rat für ihre Beziehung aufsuchte, meinte, dass beide eine tiefe karmische Verknüpfung miteinander hätten. Werner fühlt jeweils, wenn Bodo an ihn denkt. Natürlich wollte er auch in der Rückführung bei mir wissen, woher sich beide kannten und wie er mit Bodo, den er innig, jedoch mit Misstrauen liebe, umgehen sollte.

In dem ersten aufgedeckten Leben ist er ein achtzehnjähriger Bauernsohn in dem kleinen polnischen Dorf Roncovice im Jahre 1625. Er heißt Pewil. Eine enge Freundschaft verbindet ihn mit einem Gleichaltrigen namens Sewan aus dem Nachbarort, der im Gegensatz zu ihm lesen und schreiben kann und schon eine Anstellung als Schreiber eingenommen hat. Beide treffen sich häufig und liegen nebeneinander und scherzen. Beide haben noch keinerlei Erfahrungen mit Mädchen gemacht. Drei Jahre später gibt es im benachbarten Städtchen ein Fest. Dort lernt Pewil ein neunzehnjähriges Mädchen mit dem Namen Julinka kennen. Daraus entwickelt sich eine innige Zuneigung, sie treffen und küssen sich. Die Eifersucht in Sewan wächst von Tag zu Tag. Es kommt zwischen den beiden wegen Julinka immer wieder zum Streit.

Eines Tages kommt Sewan zu ihm und bittet ihn, mit ihm in die Kirche zu kommen, da dort oben in dem Inneren der Kirche etwas zu reparieren sei. In der Kirche angekommen, gehen sie eine hölzerne Wendeltreppe hinauf. Sie bleiben beide auf einem oberen Podest stehen. Und Sewan ist auf einmal ganz ernst und sagt: „Ich muss dir was erzählen. Ich liebe dich. Warum sind wir nicht mehr so miteinander wie früher? Es war doch immer so schön." Sewan macht ihm Vorhaltungen, was er denn an dieser Julinka finde. Er möchte seinen Freund nicht verlieren. Und Pewil antwortet: „Es ändert sich doch nichts." Aber jener glaubt es nicht. Dann zeigt Sewan ihm die losen Holzschindeln, die wieder in die richtige Lage zu bringen sind. Pewil muss, um an diese heranzukommen, etwas balancieren. Er kann sich nicht richtig festhalten. Sewan sagt noch: „Das schaffst du schon." Doch dann verliert Pewil die Balance und stürzt hinab. Er ist sofort außerhalb seines Körpers. Er sieht, wie Sewan aus der Kirche herausrennt und um Hilfe ruft. Schließlich kommen Leute herbeigerannt, und der Pfarrer beugt sich über seinen Körper. Man rüttelt an diesem, um zu sehen, ob noch Leben in ihm wäre. Dann fühlt jemand an seinem Puls und sagt, dass er tot sei. Sewan weint.

Pewil hält ein Ende der zerrissenen Silberschnur *(das Band, das den irdischen Körper mit dem Astralkörper verbindet)* in seiner Hand, die ebenfalls wie sein Körper ihm nun nahezu durchsichtig erscheint. *(Dies sind sein Ätherkörper und sein Astralkörper, die beide jetzt noch vereint sind. Ersteren wird er ablegen, sobald er in die Jenseitige Welt aufgestiegen ist.)*

Pewil schwebt nun immer weiter nach oben. Er nähert sich einem hellen Licht, und eine schöne Musik wird immer hörbarer. Und dann durchströmt ihn ein Glücksgefühl. Um ihn herum befinden sich andere Wesen, die er aber noch nicht genau erkennt. Er kann ihre Gedanken wahrnehmen und fühlt sich hier sehr geborgen. Dann nähert sich ihm eine Jesus ähnliche Gestalt im weißen Gewand, nimmt ihn bei den Händen und sagt: „Es ist alles gut." Er solle sich erst einmal ausruhen. Alsdann wird er in einen großen mit Marmor ausgelegten Raum geführt, in welchem Wasserrinnsale plätschern. Er trägt nun einen weißen togaartigen Umhang und nimmt Gestalten wahr.

Und dann erlebt er die Beerdigung seines Erdenkörpers. Er befindet sich für alle Irdischen unsichtbar auf dem Friedhof. Sewan ist ebenfalls anwesend. Er weint. Pewil möchte ihm zurufen: „Es ist nicht schlimm. Mir geht es doch gut!" Auch Julinka ist zugegen. Aus dem Jenseits bekommt er mit, wie die Schweden mordend durch Polen ziehen, alles verwüsten, ganze Dörfer und Kirchen in Brand stecken. Und Sewan findet in diesem Krieg gegen die Schweden den Tod. Auch begegnet er seinen Eltern wieder, die ihn erfreut umarmen. Diese waren an einer Pest nach seinem Tod verstorben.

Was ist denn dein schönstes Erlebnis, das du im Jenseits erlebst?

Es ist, als ob ich mit jemand anderem verschmelze. Wir durchdringen uns.

Wer ist denn diese andere Person?

Es ist Sewan nach seinem Tod. *(weinend)* Und er freut sich so, dass er mich wieder hat.

Beschreib doch einmal diese Verschmelzung.

Wir wissen alles, was wir denken und fühlen, es ist alles so ehrlich. Und er weiß, dass ich ihm nichts Böses wollte.

Und fühlt ihr, als ob ihr schon immer zusammengehört habt?

Wir wollen uns nicht mehr verlieren.

Ich zähle jetzt bis drei, und dann erfährst du, warum ihr beide euch so nahe seid. Eins, zwei, drei.

„Ihr seid für einander bestimmt."

Wer sagt es denn?

Ich sehe niemanden. Es ist so eine ... „Er gehört zu dir", wird mir mitgeteilt. „Du musst immer gut auf ihn aufpassen."

Überträgt dir jemand telepathisch diese Gedanken? Wer sagt dies wohl zu dir?

Eine Instanz, die über uns beide wacht.

Triffst du irgendwann dort einen weisen Lehrer, der dir über euch beide was erzählt? Wenn ja, dann erlebst du jetzt bei drei diese Begegnung. Eins, zwei, drei.

Da ist ein Mann. Er sieht aus wie ein Mönch mit einem kahlen Schädel. Er erzählt uns einiges über das Leben, wie die Menschen leben sollen, miteinander umgehen sollen. Liebevoll und ehrlich zueinander. Und er sagt auch, dass wir beide nochmals eine Chance bekommen würden.

Was erfährst du denn noch über dich und Sewan?

Sewan gibt sich die Schuld an meinem Tod. Er wusste, dass es da oben gefährlich ist. Er hätte mich anbinden oder festhalten müssen. Er war so eifersüchtig, und es tut ihm alles so Leid. Er wollte mich nicht umbringen, aber er wollte ... aber ... er war wütend auf mich und hat mich dort oben dann alleine arbeiten lassen. „Wie kann ich (schluchzend) das wieder gutmachen?", sagt er.

Vielleicht kannst du von diesem Mönch erfahren, ob Sewan schuld an deinem Tod war, oder ob es vorausbestimmt war, dass du dort sterben solltest?

Sewan hat meinen Tod in Kauf genommen. Er hat ihn herbeigeführt.

War das denn wirklich seine Schuld? Oder wie war das alles?

Er hätte es verhindern können, wenn er es gewollt hätte. Es war seine Schuld, seine Eifersucht nicht zu überwinden. Wir müssen beide noch viel lernen. Es wird viel Zeit vergehen, bis wir uns wiedersehen werden.

Warum muss denn so viel Zeit bis zum nächsten Wiedersehen vergehen? Warum seht ihr euch nicht schon im nächsten Erdenleben wieder?

Es wäre zu schlimm für mich. Ich soll erst mal lernen, mit einem Menschen zu leben, den ich liebe und der gut mit mir umgeht. Damit ich später so auch mit ihm umgehen kann.

Frage einmal den Weisen, ob ihr euch beide schon aus früheren Leben kennt. Was sagt er darüber?

„Er war mal deine Frau. Sie liebte dich sehr. Und wollte dich wieder haben." Sewan war eifersüchtig auf die andere Frau. Es war doch seine Stelle, die eingenommen werden sollte. Er hätte mich damals gerne in den Arm genommen und geküsst. Aber er traute sich nicht. Der Weise erzählt mir, dass wir damals, als Sewan meine Frau war, plötzlich auseinandergerissen wurden. Und sie hat damals um mich getrauert. Sie wollte mich wieder haben.

Frage einmal: Warum wurdet ihr so plötzlich auseinandergerissen?

Ich bin gestorben an einer Krankheit mit vielen Blasen am Körper.

Frag einmal, in welchem Land und wann das gewesen war.

In Russland. 1490. Ich war Schmied.

Nachdem du das alles erfahren hast, was sagst du dem Sewan?

„Ich vergebe dir. Mach dir keine Vorwürfe. Wir haben schon so vieles vorher mit einander erlebt." Doch er glaubt mir nicht. Er denkt, ich müsste ihm das doch übel nehmen. (schluchzend) Das will ich doch gar nicht.

Frage doch jetzt noch diesen weisen Mönch, warum ihr noch über dreihundert Jahre lang warten müsst, bis ihr euch wiederbegegnet. Warum solltet ihr beiden noch einige andere Leben bis dahin haben?

Wir müssen beide noch viel lernen. Und es ist besser, wenn wir das mit anderen Seelen erst lernen. Und dann, wenn wir reifer geworden sind, werden wir uns erst wieder begegnen.

Wie reagiert Sewan nun, als du ihm mitteilst, dass du jetzt ohne ihn reinkarnieren wirst?

Er will mich nicht verlieren. „Wieso darf ich nicht mitkommen?" Ich sage ihm, dass uns versprochen worden ist, dass wir wieder zusammenkommen. „Aber werde ich dich dann überhaupt erkennen?“, fragt er. „Und wirst du mir dann auch nicht böse sein? Wirst du denn dann nicht noch alles wissen?“ Ich versuche, ihn zu trösten.

In seinem nächsten Leben erlebt sich Werner als eine verheiratete Frau in Toulouse. Sie bringt Kinder auf die Welt und stirbt mit fünfundvierzig Jahren. Danach im Jenseits trifft sie(er) wieder den weisen Mönch, und dieser sagt: „Du hast dir Mühe gegeben. Der Herr sieht es gern.“ Und auf die Frage, wo Sewan jetzt weilt, antwortet er, dass er weit weg von hier lebe.

In seinem dem heutigen vorausgegangenen Leben ist Werner ein Rechtsanwalt in Boston. Er heißt Gordon McClairen, ist verheiratet und verstarb 1958. In der Jugend hatte er mit Gleichaltrigen sexuelle Spiele durchgeführt. Doch als er mit dreiundzwanzig Jahren June kennen und lieben lernte, war alles diesbezügliche Interesse an homosexuellen Spielen vorbei.

Wieder den Mönch nach seinem Tod im Jenseits treffend, sagt dieser ihm: „Jetzt bist du reif, Sewan im nächsten Leben wiederzutreffen.“ Ihm wird auch schon im Jenseits mitgeteilt, dass er Sewan in Berlin treffen würde. Und er würde allein deswegen nach Berlin ziehen, um ihm dort zu begegnen. Dort wird seine Bestimmung sein. Er wird als Junge geboren, obwohl sich seine Eltern eine Tochter wünschen. Doch ging er davon aus, dass Sewan nun wieder eine Frau sein würde.

Und jetzt gehe einmal zu jenem Zeitpunkt im heutigen Leben als Werner, wo du Sewan wiedertriffst. Eins, zwei, drei, jetzt bist du da.

Endlich *(jubelnd)* hab ich dich wieder. Wieso schaust du denn so ungläubig? Erkennst du mich denn nicht? ... Wir sitzen beieinander. Endlich strahlt er mich wieder an. Es ist wie früher.

Hat denn Bodo dir gegenüber noch irgendein Schuldgefühl?

Er hat irgendwie Angst vor mir. Er weicht mir aus. Was soll ich nur tun? Hoffentlich wird Werner mir nicht wehtun, denkt er. Ich trau mich noch nicht, denkt er. Ich will ihn aber. Ich weiß, er fühlt es.

Ich zähle nun bis drei, dann stehst du wieder vor dem Wolkentor bei deinem Höheren Selbst. Eins, zwei, drei. Frage nun dein Höheres Selbst: Warum mussten wir beide uns als Männer wiederbegegnen?

Wir sollten so sein wie damals, als ich als Pewil starb. Wir sollen wissen, dass der Körper egal ist, wenn man sich liebt.

Hast du schon, bevor du mit Bodo zusammenkamst, Erotik mit Jungen oder Männern ausgeübt?

Ich kann mir von klein auf gar nichts anderes vorstellen. Er ist vom Typ her genau so jemand, den ich immer gewollt habe.

Kannst du dir überhaupt keine Beziehung mit Frauen vorstellen?

Ich mag Frauen. Doch fühle ich mich bedrängt, wenn sie mehr von mir wollen. Ich fühl mich überfordert. Ich weiß, dass es nicht das ist, was ich soll.

Frage einmal dein Höheres Selbst, warum du mit Sewan damals keine intime Männerfreundschaft eingegangen bist.

Die Kirche verbietet es.

Und jetzt in der heutigen Zeit ist auf einmal die Freiheit da. War das ein Grund, warum ihr so lange warten musstet, bis ihr euch wiederbegegnet seid?

Ja. Man muss jetzt keine Angst mehr haben. Man muss sich zwar vorsehen, aber es ist möglich.

Und nachdem er den goldenen Kelch der Liebe, der Vergebung, der Leid- und Schuldauflösung gereicht bekommen hat, begibt er sich in jenes Leben mit Sewan und steht vor ihm, indem er ihm diesen Kelch gibt und sagt: „Wenn du diesen Kelch leerst, dann ist alles vergeben, was du mir je angetan hast."

Und nun stehe auch vor dem heutigen Bodo. Was möchtest du ihm nun sagen, indem du ihm den Kelch reichst?

„Ich liebe dich. Als Zeichen meiner Liebe nimm diesen Kelch, leere den Inhalt." Er leert ihn. Jetzt umarmt er mich.

Bodo war also in einem früheren Leben die Frau des jetzigen Werner. In dem Leben als Sewan befand diese Seele sich in einem Männerkörper. Seelen erkennen sich an einer ganz bestimmten seelenspezifischen Schwingung wieder. Sewan fühlte sich wiederum hingezogen zu ihrem früheren geliebten Ehemann, dessen Seele jetzt den Körper von Pewil bewohnte. Und dieser fühlte sich ebenfalls magisch zu Sewan hingezogen. Gegenseitige Attraktionen von gleicher Stärke bei zwei Seelen lassen immer darauf schließen, dass sie sich schon in früheren Leben liebend nahe gestanden hatten oder in Liebe verehelicht waren. In Bodo findet Werner nicht nur Sewan wieder, sondern auch seine frühere Ehefrau. Wäre diese nun im heutigen Leben eine Frau gewesen, dann hätte Werner diese Frau lieben müssen. Aber er ahnte ja schon, dass es nicht seine Bestimmung war, sich mit einer Frau einzulassen. Beide sollten in diesem Leben dort ihr enges Liebesleben wieder fortsetzen, wo es unerfüllt aufgehört hatte, um in dem heutigen Leben die Erfüllung zu leben. Werner ist also im heutigen Leben schwul, weil es von höherer Seite so bestimmt worden war. Denn sie sollten ihre volle Liebe leben, ganz egal, in welchem Körper man gerade zu Hause ist. Denn die Liebe soll höher stehen, als alle anderen Bedenken. Dies ist fürwahr ein großer Lernschritt, den wir eventuell alle in der Schule des Lebens noch vor uns haben, so wir ihn nicht schon hinter uns gebracht haben. Und es ist ein Trost für alle, deren Liebe auf einmal durch einen Schicksalsschlag beendet werden sollte. Nicht nur, das man sich im Jenseits wieder liebend umschlungen hält, sondern unterbrochene Liebesbeziehungen werden irgendeinmal auf Erden noch zu einem harmonischen Ende geführt werden, ganz egal, in welchem Geschlecht man selbst oder der andere sich befindet.

Es gibt bestimmt noch viele andere Gründe, warum man homosexuell veranlagt ist. Die hier angefügten Beispiele wollen nur einen Eindruck vermitteln, was alles möglich sein kann.

Doch nun kommen wir in den zwei nächsten Berichten zu den dunklen Seiten der Homosexualität.

44. Wenn man mit AIDS seine Lebensangst überwunden hat

Antoine lebt schon seit einigen Jahren an der französischen Côte d´Azur. Er ist zweiundfünfzig Jahre alt. Vor einigen Jahren entdeckte man, dass er HIV positiv ist, dass er also von der meist tödlich verlaufenden Schreckenskrankheit AIDS befallen wurde, gegen die bisher noch kein wirkungsvolles Gegenmittel gefunden worden ist. Jene, welche die Gesetze der Schöpfung studieren und gelernt haben, hinter die Schleier des Verborgenen zu schauen, wissen, dass jede Krankheit in der Schule des Lebens dem Lernen dient. Meistens bedingt sie sich aus karmischen Gründen.[10] Sie kann aber – was äußerst selten vorkommt – auch aus freiwilliger Entscheidung getroffen worden sein, ohne dass eine karmische Notwendigkeit diese Entscheidung bedingt haben müsste. Die medizinische Wissenschaft – und das ist ihre Pflicht – versucht jeglicher Krankheit Herr zu werden. Viele ehemalige oft oder meist tödliche Krankheiten sind dank der medizinischen Forschung nicht oder kaum noch existent. Zu ihnen gehören Syphilis, Pocken, Polio, Wundstarrkrampf, Gelbfieber und viele andere. Doch einige Krankheiten konnte die Medizin bisher noch nicht völlig oder auch gar nicht besiegen wie z.B. MS, Ebola, Krebs oder auch AIDS. Da Krankheiten für die davon Betroffenen aus höherer Sicht notwendig sind – und die Seele hatte meistens vor der Inkarnation die Notwendigkeit dafür eingesehen und ihre Einwilligung dafür gegeben –, werden immer wieder neue Krankheiten entstehen müssen, so die bisherigen durch die medizinische Forschung besiegt worden sind. Krankheiten dienen nicht zum Wohle des Körpers, jedoch fördern sie den seelischen Weg zum Heil. Nichts geschieht zufällig. Alles, wie wir schon öfter sagten, dient dem seelischen Wachstum. Solange wir Krankheit als Feind sehen, haben wir niemals die Einsicht in ihre eigentliche Absicht gehabt, da sie doch dem Seelenheil dient. Solange wir uns gegen eine Krankheit stemmen, desto schwerer wird es uns werden, diese zu akzeptieren. Haben wir aber die Einsicht gewonnen, dass sie nicht zufällig vorhanden und dass ein tieferer Sinn damit verbunden ist, ja dass jede Krankheit in Wirklichkeit uns dienen soll, seelisch wachsen zu können, dann ersparen wir uns viel seelisches Leid. Das Akzeptieren einer Krankheit aus unbewusstem oder erworbenem Wissen ist ein Gradmesser für den Reifegrad einer Seele. Und oft geschieht durch die Akzeptanz einer Krankheit die Heilung.

Antoine ist ein solcher Mensch, der seine tödliche Krankheit voll akzeptiert. Er weiß, dass jederzeit ein verschlimmernder Krankheitsprozess eintreten kann, an dessen Ende der Tod wartet. Er ist seit seiner Jugend interessiert an den Schriften Rudolf Steiners und leitete längere Zeit eine esoterische Buchhandlung, um spirituell Suchenden die verschiedenen Wege zu höherer Erkenntnis zu weisen. Er interessierte sich für die Ausbildung zum Rückführungstherapeuten und besuchte einen meiner Kurse. Er ist, wie er sagte, schon so lange er denken kann, schwul gewesen und hat sich nie sexuell zu Frauen hingezogen gefühlt. Bei meiner Partnerin erlebte er seine erste Rückführung, in welcher er sich als ein versklavter Jude namens Scutos im Römischen Reich sah, der schließlich für treue Dienste von seinem Herren aus der Sklavenschaft freigekauft wurde. Nach einem mystischen Erlebnis, in welchem er das Kreuz als Symbol des Christentums umarmte, wurde er ein Christ. Meine Partnerin und ich besuchten Antoine in seinem in den Bergen in der Nähe des Mittelmeeres gelegenen Häuschen, wo ich mit ihm zwei Rückführungen durchführte, um herauszufinden, warum er schwul ist. Antoine, an dessen Körper sich bisher noch keine Krankheitssymptome zeigten, war immer heiterer Zuversicht und sprühte voller schöpferischer Ideen. Er hatte zu jener Zeit einen jüngeren Freund, der ebenfalls schon vor ihrer Freundschaft vom AIDS-Virus befallen war.

Antoine im Zeitalter des Perikles ist ein sechzehn Jahre alter Jüngling auf dem Peloponnes. Er heißt Nicäus und befindet sich mit etwa zwanzig bis dreißig anderen Schülern in einer Sportschule. Er geht nach Beendigung der Übungen dorthin, wo seine Kleider sind. Der Sportlehrer namens Lukios folgt ihm. Nicäus ist ganz begeistert von der Schönheit seines Körpers, denn die Körpererziehung ist verbunden mit der Wertschätzung und Betastung des männlichen Körpers. Und es ist etwas ganz Normales, dass man als Schüler mit seinem Lehrer eine homoerotische Beziehung unterhält. Lukios reibt nun den Körper von Nikäus mit einem Öl ein. Dann betasten beide ihre Körper und auch ihre Geschlechtsteile. Beider Glied erigiert. Man darf sein Glied an den Körper des anderen pressen und auch daran reiben. Doch das Ejakulieren gilt als unschick. Man hat sich streng zu kontrollieren, dass es möglichst zu keinem Orgasmus kommt. Man könnte deswegen ausgelacht werden. Man darf auch nicht mit dem Mund an den Penis kommen, wenigstens nicht, wenn andere dabei sind. Die Kunst der homoerotischen Liebe besteht in dem Anhalten und in der Steigerung der sexuellen Spannung, im Hinauszögern – oder besser gesagt –, in dem Vermeiden des Orgasmus. Für jeden Schüler ist es eine Ehre, durch einen erfahrenen Lehrer diese körpererotischen Ertüchtigungen in aller Nacktheit erlernen zu dürfen. Noch oft kommt Nicäus mit diesem Lehrer in körperliche Berührung, aber nicht nur mit ihm. Es gibt mehrere Lehrer, und vor allem so viele andere Jungen, mit denen man das Erlernte ausprobiert. Nahezu alle Knaben, die einen schönen Körper haben, dürfen diesen in dem Miteinander mit anderen voll genießen.

Mit zweiundzwanzig Jahren geht Nicäus nach Athen. Er hat von Sokrates viel Rühmliches gehört und möchte einer seiner vielen Schüler werden. Bei ihm als Schüler angenommen, ist Nicäus begeistert von seinen Lehren, besonders aber von dem, was dieser große Philosoph über die Männerliebe zu sagen weiß, die er nahezu als etwas Heiliges darstellt. Für ihn, wie Nicäus vernimmt, gibt es drei Formen der Liebe: die Liebe von Mann zu Mann, dann die Liebe von Mann zu Frau und schließlich die Liebe von Frau zu Frau. Alle drei haben ihre Berechtigung. Doch der Liebe von Mann zu Mann erteilt dieser Philosoph das höchste Lob. So wenigstens gibt Nicäus das von jenem Vernommene wieder. Obwohl Sokrates mit einigen seiner Schüler homoerotische Kontakte hatte, gehörte Nicäus zu seinem Leidwesen nicht zu diesen Auserwählten. Für seine Schüler war die Ehe nur dazu da, um Kinder zu bekommen. Denn weit über die Vorzüge der Erotik mit einer Frau wurde die der Homoerotik gestellt. Sie war die edlere Form, körperliche Gefühle empfinden zu können. Jedes homoerotische Miteinander nahm man als ein gegenseitiges Beschenken an. Und bei allen Berührungen ging es immer um die Verehrung der körperlichen Schönheit als ein Ausdruck des Göttlichen.

Nicäus hat nie mit einer Frau geschlafen. Als er fünfunddreißig Jahre alt war, besuchte er seinen Freund Kenos, den er ebenfalls als Schüler des Sokrates in Athen kennen gelernt hatte. Dieser ist wohlhabend und hat ein großes Landgut. Sie reiben sich wieder die Körper mit Öl ein und vollführen in aller Nacktheit eine Art Ringkampf, ohne zu kämpfen. Es gilt einfach, des anderen Körper in aller seiner Schönheit bewusst zu spüren. Küssen war verpönt. Man rieb Nase gegen Nase. Der Penis wurde nicht in den Mund genommen. Dieser durfte nur durch Reibungen des Körpers gereizt werden. Man versuchte, einen Orgasmus lange hinauszuzögern. Doch wenn er kam, dann sollten ihn beide gleichzeitig erleben. Analsex war verpönt, kam aber vor.

Nicäus ist späterhin gefangen genommen worden und wurde auf einem persischen Schiff als Rudersklave eingesetzt. Mit dem Untergang des Schiffes endete, wie er dann vom Höheren Selbst erfährt, sein erstes Leben als homosexueller Mann. Und es sollte bis zum heutigen Leben sein einziges homosexuelles gewesen sein, von einem Leben als lesbische Frau in Spanien abgesehen. Und das Höhere Selbst sagt ihm auch, dass jede Seele wenigstens einmal homoerotische Erfahrungen als Mann oder Frau durchleben wird.

Nun, wenn diese Nachricht an die Weltöffentlichkeit geraten sollte, was für ein (schein)-„heiliger" Protest wird dann von den Kanzeln der Geistlichen und anderer Moralprediger prasseln! Und wer dort am lautesten schreit, wird sicherlich mit diesem Thema entweder insgeheim im heutigen Leben oder ganz bestimmt in früheren Leben damit etwas zu tun haben oder gehabt haben. Alles, was man mit Vehemenz von sich weist, hat in irgendeiner Weise mit einem selbst zu tun. Wenn jeder einmal ein Homo oder eine Lesbe in einem oder gar in mehreren Erdenleben gewesen ist oder noch sein wird, dann darf man wegen dieser Form der Geschlechtsliebe niemanden mehr verurteilen, denn der bisher ausgestreckte Finger der Anklage müsste dann auf sich selbst gerichtet werden. Mit der allgemeinen Akzeptanz dieser Wahrheit wird sich das Denken der Menschheit hinsichtlich der Homosexualität komplett ändern müssen. Niemand braucht dann noch irgendwelche Angst bei homoerotischen Ausübungen zu haben. Und eventuell wird man in einigen Jahren genauso locker am Abend in eine homoerotische Körperschule gehen, wie man bisher zum Fitnesstraining gegangen ist, um seinen Körper gesund zu halten, seine Muskulatur zu stärken oder sein Übergewicht abzuspecken.

Aber das Höhere Selbst vertraut Antoine auf die Frage, warum er AIDS habe, noch mehr an. In seinen anderen früheren Leben habe Antoine sein Schicksal nie annehmen können. Er habe versucht, ihm auszuweichen. Für dieses Leben habe er sich AIDS ausgesucht, um sich der Prüfung zu unterziehen, sein Schicksal annehmen zu können. Der freie Schritt zu AIDS sei die Antwort auf all die anderen Leben. Dadurch habe er jetzt keine Angst mehr vor dem Tod, denn er hat sein Schicksal voll akzeptiert. Hierdurch sei ihm eine Freiheit zuteil geworden, denn jeder Tag werde ihm nun zu einem geschenkten Tag. AIDS sei der Anfang, um aus Freiheit zu handeln, und man schließe mit den äußeren Lebenseinflüssen Frieden. Dies wiederum sei die Voraussetzung für die innere Freiheit. AIDS mache frei. Sie lehre einen, über den Dingen zu stehen.

Fünfeinhalb Jahre später rief ich ihn in Südfrankreich an.

Wie geht es dir mit deiner Aidskrankheit?

Mir geht es so gut wie selten zuvor. Ich nehme zur Zeit noch nicht mal Medikamente. ... Ich fühl mich besser als vorher.

Er hat jetzt einen Kreis von Aidserkrankten gegründet, zu dem auch zwei Frauen gehören, die sich bei ihm zu Hause treffen.

Bisexualität

Wenn man sexuell beiden Geschlechtern zugetan ist

45. Wenn man sich von Männern und Frauen in gleicher Weise erotisch angezogen fühlt

Nachdem Steffen bei mir eine Gruppenrückführung erfolgreich miterlebt hatte, bat er um einen Termin für eine Einzelsitzung. Er ist verheirateter Gastronom und hat zwei Kinder im Alter von acht und zehn Jahren. Vor vier Jahren hatte er seiner Frau Verena gebeichtet, dass er bisexuell sei und schon mit anderen Männern „geschlafen" habe. Er ist elternlos aufgewachsen, weiß nur, dass seine Mutter in einer „Bar" gearbeitet und noch fünf andere Kinder zur Welt gebracht hat. Der Vater ist unbekannt. Später hat Steffen den Namen der Mutter vom Jugendamt erfahren, doch konnte er sie nicht ausfindig machen. Die ersten fünf Jahre verbrachte er in Kinderheimen. Dort habe er sehr gehungert. Dies sei auch der Grund, warum er Koch gelernt habe. *(Es trifft auch auf viele solcher Personen zu, die im früheren Leben gehungert haben, dass sie sich im heutigen Leben einen Beruf wählen, in welchem sie möglichst nie in Hungersnöte geraten, oder sie legen sich körperliche Speckreserven an.)* Mit fünfeinhalb Jahren übernahmen ihn Pflegeeltern. Die Pflegemutter hatte ihm nichts gegönnt, sie gab alles ihrem eigenen Sohn. Dieser durfte essen, so viel er wollte, und Steffen musste oft hungrig zusehen. Trotzdem musste er sie wie ihr eigener Sohn „Mutter" nennen. Sie flößte ihm als Frau Angst ein. Es wurde überall gespart. Die Butter durfte man sich nur aufkratzen. Und der Gedanke festigte sich: „Wenn ich groß bin, werde ich Koch. Dann brauche ich nicht mehr zu hungern." Mit fünfzehn beginnt er seine Lehre als Koch und wohnt die nächsten zweieinhalb Jahre in einem Jugendheim, bevor er ein eigenes Zimmer bezieht. Im Jugendheim macht er seine ersten homoerotischen Erfahrungen und beginnt dann von Männern zu träumen, mit denen er sexuellen Verkehr hat. Mit sechzehn küsst er sein erstes Mädchen. Mit fünfundzwanzig heiratet er Verena. Bis dahin hatte er fünf bis zehn homoerotische Begegnungen und eine fünfmonatige und eine dreimonatige Beziehung mit einer Frau. Diese Beziehungen mit Frauen blieben sexuell unerfüllt, da er zu schnell ejakulierte und somit Frust bei ihnen heraufbeschwor, weshalb sie ihn bald wieder verließen. Er entwickelte zusätzlich zu seiner Angst vor Frauen auch den Komplex, bei ihnen sexuell zu versagen. Das ist auch heute noch das große Problem mit seiner Frau. Zudem hat seine Liebe zu ihr beträchtlich abgenommen, um nicht zu sagen, sie ist gleich null. Sie streiten sich häufig, und er meint, dass 95 Prozent dieses Streits von ihr ausgelöst werden. Sie drängt ihm für vieles Schuldgefühle auf. Sie hatte ihn damals gegen seinen Willen zur Heirat genötigt, als sie vorgab, schwanger zu sein. Sie wollte ihn unbedingt haben und bezeichnete ihn als ihren „Traummann". Sie, wie er meint, hat das ganz berechnend getan. Sie hat sich inzwischen einen geschiedenen Freund zugelegt, den Steffen mittlerweile auch akzeptiert. Immer wieder träumt er von nackten Männern, sieht sich jedoch keine Pornos an. Er war dann ebenfalls eine neunmonatige Männerfreundschaft eingegangen, kam aber mit dieser auch nicht klar. Nun hat er eine sechs Jahre ältere Freundin.

Er ist als Gastronom finanziell gut gestellt, denn schon früh stand für ihn die Losung für sein heutiges Leben fest: „Ich zeige euch, dass ich auch ohne Eltern alles erreichen kann und zu Geld und Ansehen komme!“ Außer seinen chronischen Schmerzen um die Leistengegend herum, seiner Schlecht-Wetter-Migräne und seinen Rückenschmerzen wollte er vor allem seine Angst vor Frauen verlieren, und weiterhin möchte er gerne seine Neigung zu Männern loswerden, und er hat zudem den Wunsch, dass seine Ejakulationen sich hinauszögern. Noch nie ist zu mir ein Homosexueller gekommen, um sich von seiner Homosexualität befreien zu lassen. Doch bei einem bisexuellen Menschen ist es verständlich, dass er sich, um Klarheit in sein Leben zu bekommen, von einer sexuellen Ausrichtung befreien möchte. Wir begannen also mit dem Thema: „Woher kommt meine Angst vor Frauen?“

Steffen befindet sich in der Position eines österreichischen Finanzbeamten aus Adelskreisen im Jahre 1875. Er heißt Philipp von Krohn und hat mit seiner Frau Maria drei Kinder.

Auf einem Ball in einem Privathaus tanzt er mit der Hausherrin, einer Adligen namens Martha, die sich in den Kopf gesetzt hat, diesen Mann, obwohl verheiratet, für sich zu gewinnen oder zumindest zu verführen. Ihr gelingt es, ihn in ihr Schlafzimmer zu führen. Ihn überkommt eine Angst. Er wehrt sich. Er will nichts Intimes mit ihr zu tun haben. Er liebt seine Frau. Und trotzdem bringt sie ihn dazu, sich auszuziehen und sich mit ihr ins Bett zu legen. Doch ihm versagen alle Manneskräfte. Sie reagiert empört und fragt, warum sein Penis nicht erigiert. Sie ist dermaßen ungehalten über sein Versagen, dass sie sogar mit den Händen auf ihn einschlägt. Und er erklärt, warum er nicht mit ihr schlafen kann: „Du bist nicht mein Typ. Du bist zu lieblos, zu streng.“ Dann beginnt sie zu weinen und gesteht ihm, dass er der Mann ihrer Träume sei. Er verlässt sie und geht in den Ballsaal zurück. Auf die Frage seiner Frau, wo er gewesen sei, erfindet er eine Ausrede.

Eines Tages geht Philipp mit seiner Frau im Park spazieren. Ihnen kommt Martha in Begleitung eines Mannes entgegen. Philipp denkt: „Nicht schon wieder diese Frau.“ Der Förmlichkeit wegen begrüßt man sich höflich. Doch er will weitergehen. Seine Frau wird von Martha zurückgehalten und zu einem Dinner mit ihrem Mann eingeladen. Maria sagt zu. Während dieses Abends gelingt es der Hausherrin wieder, Philipp in ein Seitenzimmer zu führen. Sie legt ihre Arme um seinen Hals. Er reißt sich verärgert los und stürmt hinaus, während sie ihm noch nachruft: „Ich bekomm dich aber.“ Ein paar Jahre später – er ist inzwischen vierundfünfzig geworden – trifft er Martha plötzlich wieder. Sie ist ihm zum ersten Mal sympathisch, sodass er ihrer Einladung, zu ihr nach Hause zu kommen, Folge leistet. Beim Teetrinken setzt sie sich neben ihn auf die Couch, streichelt ihn und küsst ihn. Und dieses Mal kann er sich ihren Blicken und Berührungen nicht entziehen und lässt sich freiwillig in ihr Schlafzimmer führen. Das Glied wird zwar steif, aber sein Samen kommt schon nach der ersten Berührung, bevor er in sie eindringen kann. Danach wird das Glied wieder klein. Sie ist wütend, schreit wie eine Hysterische: „Ich will mehr! Ich brauche viel Sex.“ Doch er zieht sich wieder an und sagt, dass er leider nicht mehr geben kann und auch hinfort nicht mehr geben will.

Als er mit Freunden und Bekannten in einem Saal steht, taucht Martha plötzlich wieder auf und nennt ihn vor allen andern lauthals einen Versager. Philipp gibt ihr eine gehörige Ohrfeige. Er kommt zu den anderen zurück und beruhigt diese, indem er ihnen sagt, dass sie hysterisch sei und mit anderen Männern die gleichen Sprüche von sich gibt. Doch eines Tages gibt er bei sich eine Soiree. Plötzlich erscheint dort Martha. Er will sie auffordern, sofort sein Haus zu verlassen. Doch sie schreit ihn an: „Du bist ein Versager. Du taugst nichts im Bett. Du kannst mir gestohlen bleiben." Seine Frau hat diesen Dialog mitbekommen. Sie sagt ihrem Mann: „Schmeiß sie raus!" Nachdem dies getan ist, muss er sich jetzt seiner Frau gegenüber erklären. Sie reagiert gelassen. Und in ihm steigen wieder die Schuldgefühle über seine Untreue hoch.

Und vor dem Wolkentor erfährt Philipp nun, dass diese Martha im heutigen Leben seine Frau Verena ist. Sie hatte das damalige Versprechen „Ich krieg dich doch" in diesem Leben verwirklicht, wenn auch mit dem Trick, vorgegeben zu haben, schwanger zu sein. Jetzt weiß Philipp auch, woher seine Angst vor seiner Frau und vor Frauen im Allgemeinen kommt. Die Anschuldigung „Du bist ein Versager" hat sich tief in sein Unbewusstes einprogrammiert. Denn er war im doppelten Sinn bei Martha ein Versager. Das erste Mal erigierte er nicht, und das zweite Mal kam alles viel zu schnell. Dies sind nun seine beiden heutigen Bettprobleme. Und die Angst vor Frauen hatte ihn dahin getrieben, seine Sexualität bei Männern auszuprobieren, doch blieb diese dort ebenfalls unerfüllt.

In seinem nächsten Leben vor Christi Geburt war Steffen ein junger zwanzigjähriger Landarbeiter in Israel. Ich will ihn Ben nennen. Er muss die Pflugscharte in die Erde drücken, während er dem Ochsen hinterhergeht. Sein Arbeitgeber ist doppelten Alters. Er sagt eines Tages zu ihm: „Du bist ein hübscher Junge." Er nimm Ben mit ins Dampfbad, in welchem sich nur Männer aufhalten. Und dort bietet er ihm an: „Wenn du dich mit mir einlässt, bekommst du eine bessere Tätigkeit zugeteilt." Und Ben lässt sich mit diesem Mann ein. Für jeden Juden bedeutet Homosexualität eine Übertretung des Gebotes Gottes, denn Jehova hat geboten, dass solche Männer, die bei Männern liegen, getötet werden müssen. Sicherlich hat er allein schon deswegen ein schlechtes Gewissen.[11] Er muss auch den Penis des älteren Mannes in den Mund nehmen, was ihn anekelt. Schließlich verlässt er seinen Arbeitgeber und geht zu einem anderen Gehöft. Und er nimmt sich vor: „Ich will nie wieder mit einem Mann schlafen." Und vom Höheren Selbst vor dem Wolkentor nach dem Sinn dieses Lebens gefragt, bekommt er zu hören, dass er in diesem lernen sollte, nein zu sagen.

Dies ist ein interessanter Hinweis auch für die Sexualität im Allgemeinen. Sex mit einem unerwünschten Partner als Test, um zu lernen, nein zu sagen. Wir werden also als Menschen öfter in sexuelle Situationen geführt, in denen wir geprüft werden, wahrhaftig zu unseren Gefühlen zu stehen. Für Ben gab es vom Verstand her einen Grund, sich mit dem Mann einzulassen, um eine bessere Anstellung zu bekommen. Aber es machte ihn nicht glücklich, ja hinterließ ihm sogar ein unschönes Gefühl. Überall, wo wir gegen unsere Gefühle uns sexuell nötigen lassen, handeln wir falsch. Denn wir haben in uns ein ungutes Gefühl. Meistens versuchen wir, ein solches Verhalten späterhin zu verdrängen.

Doch in jenem Leben als Ben hat er bald sein Vorhaben wieder vergessen. Denn bald lernt er einen anderen Mann kennen, mit dem er für drei Jahre eine homoerotische Beziehung eingeht. Er hat sich von dem Gedanken, vor Gott ein Sünder zu sein, frei gemacht und knüpft auch noch andere Beziehungen mit Männern, ja er verführt auch Jünglinge, und er prostituiert sich selbst gegen gute Bezahlung.

Es scheint so, als hätte Ben sich gesagt: Nun habe ich mich vor Gott versündigt. Und dann macht es auch nichts mehr aus, da ich nun mal schon ein Sünder bin, noch weiterhin zu sündigen. Viele Menschen, die mit solcher Logik weiterhin Dinge ausüben, die eigentlich gegen ihr Gewissen sprechen, vermehren dadurch ihre karmische Last, die sie auf jeden Fall wieder auszugleichen haben, da sie mit dieser in einem oder in mehreren Leben in der Schule des Lebens konfrontiert werden.

In den Kiefernzapfen stopft nun Steffen all das hinein, von dem er sich trennen will: „Ich befreie mich von meiner Homosexualität, von meiner Angst vor Frauen, von meinem sexuellen Versagen und von meinem zu schnellen Samenerguss."

Diese Rückführung dauerte dreieinhalb Stunden. Und nachher, als er seine Augen wieder auftat, fragte ich, wie viel Zeit er wohl hier gelegen habe. Und er antwortete: „Eine halbe Stunde."

46. Wenn man von seiner Homosexualität befreit sein will

Guntram ist dreißig Jahre alt und ein erfolgreicher Manager in einer internationalen Firma. Er ist über zwei Meter groß und hatte vor zwei Jahren noch ein Körpergewicht von über 160 Kilo. Doch dann habe er, wie er sagte, wie ein Mönch gelebt und nur noch flüssige vegetarische Nahrung zu sich genommen, sodass er bis jetzt über sechzig Kilo abnahm. Sein Magen bereitet ihm seit dem zwölften Lebensjahr große Probleme. Nach dem Essen hat er jeweils einen unangenehmen Druck im Magen, und nach dem Konsumieren von Pommes Frites und Paella überfällt ihn manchmal ein Blackout. Erst nach etwa fünf Minuten kehrt er jeweils in sein volles Bewusstsein zurück. Mit seiner Nahrungsumstellung sei alles besser geworden, doch seien die Magenprobleme immer noch störend, vor allem lasse die Verdauung zu wünschen übrig. Eine Gallensteinoperation hat er bereits hinter sich. Fast ständig hat er, begleitet von gelegentlichen Schwindelanfällen, leichte Kopfschmerzen, als ob ihm die Schläfen zusammengedrückt würden. An seine Mutter ist er eng gebunden und versucht, ihr jeden Wunsch von den Augen abzulesen. Sie hatte ihm immer Vorwürfe gemacht und ihn in seiner Jugend auch oft geschlagen und ihm gesagt: „Ohne mich kannst du nichts machen." Guntram bekam den Streit zwischen seinen Eltern schon in seiner Kindheit mit, sodass er froh war, schon mit zehn Jahren ins Internat gekommen zu sein. Inzwischen sind die Eltern schon lange geschieden. Da er oft miterlebte, dass der Vater die Mutter schlug und sie dem Jungen gegenüber diesen in jeder Hinsicht als einen gemeinen Kerl darstellte, war es für ihn selbstverständlich, als einziges Kind seiner Eltern nach der Scheidung ganz zur Mutter zu halten. Doch unangemeldet traf Guntram bei der Feier zum sechzigsten Geburtstag seines Vaters ein, und beide lagen sich weinend in den Armen.

Guntram hat eine Freundin namens Franka. Er liebt sie sehr und würde sie auch gerne heiraten, aber er kommt von seiner Homosexualität nicht los. Er meinte mir gegenüber, dass er bisexuell sei, doch mehr zur Homosexualität neige. Doch sei er bereit, seine homosexuellen Neigungen aufzugeben, um als treuer Ehemann mit Franka eine Familie zu gründen. In seiner Internatszeit ging er sehr bald mit einem Gleichaltrigen eine homoerotische Beziehung ein. Wegen seiner Übergröße wurde er von einigen Schülern zum Kampf herausgefordert, wobei sich jeweils mehrere über ihn hermachten. Er wusste um seine Körperstärke, aber er hatte sich vorgenommen, nie jemanden zu schlagen. Und einmal lag er am Boden, und einige Jungen schlugen mit Fäusten in seinen Magen. Diese Szene lässt ihn sein Höheres Selbst in der von mir durchgeführten Rückführung wiedererleben, als es gefragt wird, ob auch in diesem Leben Ursachen für Guntrams Bauchschmerzen zu finden seien. Auch solle gemäß der Auskunft des Höheren Selbst der Hass gegen seinen Vater auf seinen Magen geschlagen haben. Doch lägen die eigentlichen Ursachen für seine Magenprobleme in früheren Leben.

Guntram erlebt sich im Alten Ägypten als ein Hoher Priester, Astrologe und Magier namens Mara, dessen Künste und Wissen auch von dem ihm befreundeten Pharao sehr geschätzt sind, weshalb er sich in der Priesterschaft viele Neider zugezogen hat. Unter den Knaben und Jungen, die ihm zur Unterrichtung übergeben werden, sucht er sich die ihm am schönsten erscheinenden heraus und kostet mit ihnen die Sexualität in allen Variationen aus. Und wer von diesen Jungen ihm nicht gefügig sein will, den bindet er mit seinen hypnotisierenden Blicken, sodass ihm kein Wunsch unerfüllt bleibt. Doch verliebt sich der vierunddreißigjährige Mara in ein junges Mädchen, das sich aber seinen Liebeswünschen widersetzt. Er will, dass sie ihn wirklich liebt, doch sie sagt ihm, dass sie ihn hasse. Unter seinen hypnotischen Blicken fällt sie in Trance. Er schneidet ihr dann den Kopf ab und trinkt ihr Blut. „Endlich habe ich sie in mir." Der andere ihm verfeindete Oberpriester, dem dieser Mord an dem Mädchen nicht entgangen war, vergiftet nun Mara. *(Dies ist einer der vielen Gründe für seine heutigen Magenprobleme!)* Und vor dem Wolkentor erfährt Guntram, dass jener Oberpriester seine heutige Mutter ist, während er dem getöteten Mädchen noch in diesem Leben als wiedergeborene Frau begegnen werde. *(Sicherlich wird er an dieser sehr viel wieder gutzumachen haben und sich mit ganzer Liebe ihr hingeben wollen. Ist das der eigentliche tiefere Hintergrund, warum er sich von seiner Homosexualität befreien möchte?)*

In dem nächsten vom Höheren Selbst auserwählten Leben ist Guntram eine neunundzwanzigjährige Jüdin namens Joanna, die mit ihrem Gatten *(der heutigen Franka)*, einem Zimmermann, im Heiligen Land wohnt. Sie ist kräuterkundig und hilft vielen Menschen, die gesundheitliche Probleme haben. Doch eines Tages kommen moslemische Krieger in ihr Dorf. Der Anführer wählt sie unter den gefangen genommenen Frauen für sich aus und vergewaltigt sie. Dann überlässt er sie den anderen Männern. Einige schlagen mit Fäusten in ihren Bauch *(wieder ein Grund für seine heutigen Bauchschmerzen)*, und einer von ihnen wühlt mit seiner Hand durch die Vagina in ihren Unterleib hinein. An all diesen Verletzungen stirbt sie. Sie wird nach ihrem Tod von Jenseitigen in hellblauen Kleidern abgeholt, die ihr sagen: „Sorge dich nicht, du wirst belohnt werden."

Im Jahre 1786 ist Guntram ein irischer Bauer, der mit seiner Frau im Bett dermaßen grob umgeht und mit seinem Glied in sie eindringt, dass sie an den Folgen verstirbt. Er, der seine Frau sehr liebte, rührt seitdem keine Frau mehr an. Und seine Programmierung ist: „Ich will nie wieder Sex mit einer Frau haben." Diese Frau, wie das Höhere Selbst ihn auf dem Berg der Erkenntnis aufklärt, ist im heutigen Leben seine Mutter. *(Deshalb sein Helfer- und Wiedergutmachungssyndrom ihr gegenüber.)* Dies sei nun ein weiterer Grund für seine bevorzugte Homosexualität, da er durch diese Art der sexuellen Lustausübung keiner Frau mehr ein Leid zuzufügen brauche. *(Nun wird auch klar, warum er im Bett mit Franka sexuelle Skrupel hat.)*

In zwei weiteren Leben werden ihm die Ursachen für seine heutigen Kopfschmerzen gezeigt. In dem einen wurde er als Bettler von einer Mauer gestürzt und erlitt dadurch eine tödliche Kopfverletzung, und in einem anderen Leben war er ein tibetischer Mönch, dem die mongolischen Eindringlinge vergeblich ein Geheimnis entlocken wollten, indem sie ihm den Kopf einklemmten, woran er allmählich verstarb. Und anschließend steckt nun Guntram all seine Magen- und Darmprobleme, seine Kopfschmerzen, seine Schwindelgefühle, seine Angst, Wut, seinen Neid und Hass in den Kiefernzapfen und fügt auch noch hinzu: „Ich befreie mich von allen Schuldgefühlen, und ich befreie mich von meiner Homosexualität."

In der nächsten Rückführung wird dem Betreffenden die Entscheidung zwischen Homosexualität oder Heterosexualität noch viel schwerer gemacht, als es bei Steffen und Guntram der Fall war.

47. Wenn AIDS das Ehe- und Familienglück bedroht

Als Rückführungstherapeut wird man gelegentlich nicht nur mit harten gegenwärtigen Schicksalen seiner Klienten konfrontiert, sondern zusätzlich noch mit denen aus deren früheren Leben. Man kann sich vorstellen, dass man sich keine Action- oder Krimifilme mehr ansehen will, denn diese erscheinen im Vergleich zu den Begebenheiten, die man durch die Erlebnisse seiner Klienten erlebt, völlig harmlos, ja eher sogar langweilig. Ich bin zehn Jahre lang als Abenteurer per Anhalter um die Welt gefahren und habe nie gewusst, was mir der nächste Tag bescheren und wo ich die nächste Nacht verbringen würde. Und ebenso ergeht es mir mit der Rückführungstherapie. Wer wird als Nächstes in meine Behandlung kommen, und was werden seine Probleme, Krankheiten und Schicksale sein, und was sind die Ursachen dafür in seinen früheren oft sehr dramatischen Leben? Doch wegen der Vielzahl der zu mir kommenden Klienten kann ich mich meistens schon nach kurzer Zeit nicht mehr an sie oder das von ihnen Erlebte erinnern. Aber hin und wieder kommt ein Klient zu mir, dessen Schicksal samt seinen früheren Leben bei mir unauslöschlich bleibt. Einer von diesen ist Daniel.

Daniel ist zweiunddreißig Jahre alt. Seit neun Jahren ist er mit Andrea verheiratet, und sie haben einen achtjährigen Sohn und eine sechsjährige Tochter. Seine Frau kennt er schon aus seiner Schulzeit. Er ist gut verdienender Leiter einer größeren Firma und nun Besitzer eines stattlichen Hauses. Mit Andrea hatte er bis auf zwei Male nie Streit gehabt, und diese beiden Male bezogen sich auf die Kindererziehung. Seine Schwiegermutter hatte ihn nie gemocht, bis er in den Stadtrat gewählt wurde. Auf einmal prahlte sie anderen gegenüber, was für einen „super Schwiegersohn" sie habe. Doch schon nach der Geburt des ersten und vor allem nach der Geburt des zweiten Kindes zeigte Andrea immer weniger Interesse am Sex. Sie schien ihm gegenüber auf einmal gehemmt zu sein, wollte auch, dass er beim Beischlaf das Licht ausknipste. Daniel hatte sich schon als Schüler heimlich nackte Männerkörper angeschaut, während pornographische Bilder von Frauen ihn nie ansprachen. Die in ihm schlummernde Homosexualität wurde unterdrückt. Durch Suche im Internet fand er, als er siebenundzwanzig Jahre alt war, nicht nur die Abbildung nackter Männerkörper, sondern auch diverse Telefonnummern. Er verabredete sich also mit einem Mann. Doch diese erste homosexuelle Begegnung war „furchtbar". Und die Gewissensbisse seiner Frau gegenüber ließen ihn lange nicht los. Ein Jahr darauf ging er zum ersten Mal in einen Puff. Er wollte bei seiner erotischen Identitätsfindung wissen, wo er eigentlich stand. War er hetero, homosexuell oder beides? Letzteres war sicherlich der Fall. Doch seine bisher ungelebte Homosexualität, von jenem einmaligen enttäuschenden Erlebnis abgesehen, meldete sich mit immer größer werdender Vehemenz. Wiederum ein Jahr später versuchte er es nochmals mit einem Mann, dessen Adresse er dem Internet entnahm. Mit ihm traf er sich in der Folge alle paar Wochen über anderthalb Jahre lang, bis dieser ebenfalls Verheiratete ein Kind bekam und dann weitere Kontakte erst einmal aussetzen wollte.

Nach einem Besuch in einem Schwulenkino, in welchem er sich unwohl fühlte, wurde Daniel von einem vier Jahre älteren Mann namens Gilbert angesprochen. Dieser lud ihn gleich zu sich nach Hause ein. Beide verliebten sich spontan ineinander. Gilbert war immer schwul gewesen. Diese Begegnung kam etwa ein Jahr vor unserer ersten Rückführung zustande. Sie trafen sich so oft wie möglich, telefonierten fast jeden Tag oder sandten sich per Handy SMS-Botschaften. Schon zwei Wochen später entdeckt Andrea solch eine eindeutig sexuell gefärbte Botschaft. Sie glaubt, dass er ein Verhältnis mit einer Frau oder Prostituierten habe. Sie stellt ihn zur Rede. Und nun beichtet ihr Daniel, dass er einen Mann liebe. Die Stimmung während der Weihnachtstage ist für das Ehepaar bedrückt, obwohl er ihr versprochen hat, jeglichen Kontakt zu Gilbert abzubrechen. Andrea versucht ihrerseits, ihren Mann durch Sexualität wieder enger an sich zu binden. Doch dieser denkt nur an seinen Freund. Wenn er ihn anruft, müssen beide am Telefon weinen. Im Februar treffen sich beide wieder, und es kommt erneut zur körperlichen Erotik. Auch vermehren sich wieder die Telefonate, die SMS-Botschaften und gelegentlichen Treffen. Immer wieder stellt sich bei ihm das schlechte Gewissen ein, hatte er doch seiner Frau versprochen, jegliche Kontakte zu Gilbert einzustellen. Auf der einen Seite bekennt er sich zu seiner Liebe zu Gilbert, und diese beteuert er ihm gegenüber immer wieder, auf der anderen Seite stehen seine geliebte Frau und vor allem die Kinder, die er auf keinen Fall aufgeben möchte.

Im April wird er sehr krank. Das Thermometer steigt auf über vierzig Grad. Gilbert wird von Schüttelfrost und Erbrechen heimgesucht, und der Hals schwillt an. Er kommt ins Krankenhaus. Dort werden, um die Ursache seiner noch ungeklärten Krankheit zu finden, verschiedene Untersuchungen angestellt. Dann steht es fest. Daniel hat AIDS. Dieses Ergebnis teilen die Ärzte zuerst Andrea mit, die ihm dann diese Schreckensbotschaft am Bett überbringt. Zuerst wollte er gar nicht an diese Mitteilung glauben. Er hatte doch damals im Puff ein Präservativ benutzt, und auch bei dem Analverkehr mit Gilbert oder mit dem vorherigen Partner hatte er sich immer geschützt. Wer könnte ihn denn angesteckt haben? Gilbert doch sicherlich nicht. Er ist auch kerngesund. Vielleicht ist ein Fehler unterlaufen. Um ganz sicher zu sein, will er, dass man nochmals einen Test in dem Universitätslabor durchführen solle. Doch das nach vierzehn Tagen eintreffende Ergebnis ist das gleiche: HIV positiv. Andrea kommt jeden Tag ins Krankenhaus, um dem tief in Depressionen steckenden Ehemann Mut zu machen. Sie sagt: „Wir schaffen es!" Im Krankenhaus wird ihm bewusst, wie sehr seine Frau ihn liebt. Seine größte Sorge ist, dass er sie auch angesteckt haben könnte. Als Gilbert anruft und ihn besuchen will, bittet Daniel ihn unter Tränen, nicht zu kommen. Und irgendwo kam in ihm die Ahnung hoch, dass alles so sein sollte, wie es nun gekommen war. Und er sagte zu mir: „Es ist, als ob Gott damals gefragt habe: Einer von euch muss AIDS bekommen. Wer meldet sich freiwillig? Und ich habe dreimal laut gerufen: Hier! Hier! Hier!"

Nach fünf Wochen wird er aus dem Krankenhaus entlassen, muss aber weiterhin Medikamente einnehmen. Er fühlt sich so weit wieder hergestellt und kann auch bald wieder seinen Stressberuf aufnehmen. Er war offiziell fünf Wochen krank geschrieben wegen Grippe. Niemand ahnte im Geschäft, was wirklich mit ihm passiert war, bis auf einen Kollegen, den er eingeweiht hatte.

Doch phasenweise fällt Daniel immer wieder in tiefe Depressionen. Besonders wenn sich der Durchfall und der starke Schnupfen wieder einstellen. Doch nach einigen Wochen kann er es nicht mehr aushalten. Er trifft Gilbert in dessen Wohnung. Beide weinen. Alle Versprechungen, die er Andrea gegeben hatte, sind auf einmal aufgehoben, wenn er bei seinem geliebten Freund ist. Und er verspricht ihm, dass er sich von seiner Familie trennen wird, um mit ihm nach Kanada zu gehen. Doch Gilbert erwidert, dass kein Mann mit Aids nach Kanada auswandern darf. Trotzdem wolle er mit ihm wegziehen, ganz egal wohin. Die Hauptsache ist, dass sie sich nie wieder trennen. Doch sobald Daniel im Fernsehen Kinder sieht, verabschiedet er sich sofort und kehrt zu seiner Familie zurück. Andrea ist sehr verständnisvoll. Sie sagt ihm, da sie sieht, wie er unter der unglücklichen Liebe zu Gilbert leidet: „Wenn du gehen willst, dann geh." Und ein andermal sagt sie: „Ich liebe dich wie immer, vielleicht jetzt sogar noch mehr." Gerüchte haben sich in der Verwandtschaft verbreitet. Der Schwiegermutter wird nun gestanden, dass Daniel AIDS habe, man verschweigt aber, dass er homosexuell sei. Er habe sich im Puff irgendwo angesteckt, so lautet jetzt die Familieninformation. Mit Andrea kommt es zu keinem sexuellen Austausch mehr, obwohl sie ihn dazu ermuntert. Seine Liebe zu Gilbert lässt solches einfach nicht mehr zu. Und außerdem hat er Panik, sie noch anstecken zu können. Somit einigen sie sich, dass sie offiziell sich weiterhin als heile Familie hinstellen und auch ihren Kindern gegenüber das ideale Elternpaar abgeben wollen. Doch immer wieder besucht er Gilbert, was Andrea nicht entgehen kann. Sie scheint nun jene Besuche zu tolerieren. Gilbert will nach England, und Daniel will mitkommen. Die Koffer werden schon gepackt. Doch dann denkt der Infizierte wieder an seine Kinder. Gilbert fliegt nun nicht nach England, sondern nach Kanada. Nach einigen Monaten kehrt er zurück. Sie treffen sich, und er sagt: „Ich bin nur deinetwegen zurückgekommen." Sie liegen sich in den Armen und weinen hemmungslos. Und nun setzt sich das bereits begonnene Hin und Her weiterhin fort. In dieser Situation kommt er zu mir, der ich gerade in seiner Gegend ein Seminar gebe. Eine seiner Verwandten, die schon wegen einer Rückführungstherapie zu mir gekommen war, hatte ihm empfohlen, mich unbedingt aufzusuchen, um ebenfalls eine Rückführungstherapie mit sich durchführen zu lassen und dabei herauszufinden, warum er AIDS habe. Er hatte, wie er mir sagte, sich noch nie mit Esoterik beschäftigt, und dass ein Mensch schon mal gelebt haben sollte, war ihm bisher ganz neu gewesen. Bin ich bei jemandem nicht sicher, ob er sich gleich beim ersten Treffen in ein früheres Leben führen lässt, da Skepsis und Aufregung ihn daran hindern könnten, so führe ich ihn oft zuerst in die Vergangenheiten des heutigen Lebens, kommen doch dann auch Begebenheiten zu Tage, an die man sich sonst nicht mehr erinnern kann.

Somit wird aufgedeckt, wann er zum ersten Mal den Wunsch hatte, mit einem Jungen oder Mann körperlich zusammenzukommen. Er ist damals zwölf Jahre alt. In der Fußballmannschaft ist ein Mann, der einen wunderschönen Körper hat. An ihn muss Daniel immer wieder denken. Doch erst mit vierzehn bewundert er mit lustvollen Blicken den schönen Körper seines Klassenfreundes. Wenn er allein im Bett liegt und an diesen denkt, dann onaniert er. Mit sechzehn hat es der Körper eines Turnlehrers ihm angetan, obwohl er den Lehrer selbst ekelhaft findet. Mit sechsundzwanzig befreundet er sich mit einem Geschäftskollegen. Er kommt dann oft in sexuelle Erregung und masturbiert heimlich, wenn er an ihn denkt, doch ist er bisher noch nie mit einem Mann oder Jungen in sexuelle Berührung gekommen. Danach führte ich ihn wieder vor das Wolkentor, und wir baten das Höhere Selbst, ihn in ein Leben zu führen, wo er mit der Seele von Gilbert zusammengelebt hatte.

Gilbert war in einem früheren Leben in Frankreich seine Frau. Sie heirateten 1520 und bekamen eine Tochter. Seine Frau verstarb früh, während er noch bis zu seinem fünfzigsten Lebensjahr in Einsamkeit lebte. Anschließend erfährt Daniel, dass er mit Gilbert im ganzen fünf, mit Andrea aber bereits schon sieben frühere Leben gehabt hatte. Und wir baten das Höhere Selbst, Daniel nun auch noch in jene anderen Leben mit Gilbert zu führen.

Daniel ist dreißig Jahre alt und heißt Max. Er gehört zur SS und ist 1939 in Warschau stationiert. Dort lernt er einen jungen polnischen Mann kennen, der häufig zu ihm ins Zimmer kommt, wo sie sich körperlich lieben. Eines Tages wird die Tür aufgestoßen und beide werden in flagranti entdeckt. Sein polnischer Liebhaber wird sofort erschossen. Ihm selbst legt man Handschellen an und führt ihn ab. Einige Tage später wird er standrechtlich erschossen. Das Höhere Selbst erklärt ihm, dass jener Pole im heutigen Leben Gilbert sei. Der Grund, warum Daniel so lange gezögert habe, sich in dem jetzigen Leben zu seiner Homosexualität zu bekennen, liege in der Angst begründet, wiederum bei einer homoerotischen Begegnung überrascht und getötet zu werden.

In seinem nächsten ihm vom Höheren Selbst präsentierten Leben ist Daniel ein einundzwanzigjähriger Adelssohn aus hohem österreichischem Haus. Er heißt Stefan. Er befindet sich im Jahre 1785. Er trägt eine Perücke. Er ist ein Eigenbrötler und hält sich bei den Festen im Hintergrund. Seine Mutter ist die eigentliche Herrin, die im Schloss das Sagen hat. Auch der Vater steht unter ihrer Fuchtel. Über Stefan, wie er weiß und jetzt wieder merkt, rümpft man die Nase und lacht auch hinter seinem Rücken über ihn. Er ist auf alle Welt zornig, vor allem auf seine Mutter. Er entfernt sich von diesem Fest, geht auf sein Zimmer und baut seine Zinnsoldaten auf. Diese Spielzeugsoldaten haben symbolisch alle Lacher und vor allem seine Mutter immer wieder zu bekämpfen und schließlich umzubringen. Die Gesellschaft glaubt, er sei in seiner Kindheit stehen geblieben. Nachdem seine Eltern gestorben sind, ist er mit vierzig endlich der Schlossherr. Er hat noch mit keinem Menschen sexuellen Kontakt gehabt. Alle meiden ihn, so weit es geht. Er ist gefürchtet wegen seiner üblen Launen, ja man hasst ihn. Er ist kalt und berechnend und spielt mit den Menschen. Doch ein junger homosexueller Mann scheint ihn zu mögen und sucht seine Nähe. Auch Stefan fühlt sich von ihm angesprochen und hat insgeheime Wünsche mit ihm. Doch jagt er ihn davon. Die Nähe zu einem Menschen hat er nie gekannt, sie erscheint ihm unheimlich. Denn da er sich selbst hasst und alle anderen ebenfalls, kann er keine Liebe zulassen. Mit fünfzig kommt der befreiende Tod. Und als ich ihn frage, was er nie wieder tun oder sein würde, antwortet er: „Ich will nie wieder allein sein." Und gefragt nach dem, was er bereut, sagt er: „Ich bereue, keine Liebe gezeigt zu haben. Ich bereue, nie Sex mit einem anderen Menschen gehabt zu haben." Ja, er habe damals homoerotische Gefühle zu jenem Mann verspürt, sich aber nicht getraut, diesen darauf anzusprechen. Das Höhere Selbst erklärt ihm, dass er den Mangel an Liebe in jenem Leben erleben musste. Und im heutigen Leben, so erkennt jetzt Daniel selbst, ist er im Grunde wieder alleine, denn alles, was er liebt, wird ihm genommen durch diese Krankheit. Und alles, was er sich wünsche im heutigen Leben, ist Liebe. Und er weiß, er wird durch seine Krankheit seine Liebe zu Gilbert nicht ausleben dürfen. Erst durch den bevorstehenden Verlust der Liebe erkennt er den Wert der Liebe. Denn tiefe Herzensliebe ist die größte Kostbarkeit auf Erden.

In seinem nächsten Leben, das sein Höheres Selbst ihm aus seinem Unterbewusstsein zeigt, ist er im ersten Jahrhundert vor Christi Geburt in Griechenland ein fünfzehnjähriger schwarzer Sklave, der alle Männer in jeglicher Hinsicht zu bedienen hat. Er hat allen auch in sexueller Hinsicht Tag und Nacht zur Verfügung zu stehen, und wenn er die Gesellschaft am Tisch bedient, betatschen ihn viele Hände. Er ist aufgrund seiner Hautfarbe und seines ausgezeichneten Körperbaus eine viel beachtete und gefragte erotische Besonderheit. Doch je mehr er sich dem dreißigsten Lebensjahr nähert, desto mehr sinkt das Interesse an ihm als sexuelles Objekt, da es ja zu viele andere schöne Knaben und Jünglinge gibt. Er ist immer weniger als Lustknabe gefragt. Ihm werden nun niedrige Arbeiten zugeteilt. Er hat eine Wut auf die Gesellschaft und würde sie am liebsten alle erwürgen. Mit fünfunddreißig Jahren unternimmt er auf einem kleinen, heimlich vorbereiteten Segelboot die Flucht. Im hohen Alter ist er dann in der Freiheit verstorben. Seine letzte Programmierung lautete: „Ich will nie wieder Sklave sein." Seine Homosexualität hatte er als Jüngling mit seinesgleichen genossen, nicht aber mit den alten, meist betrunkenen Männern.

In jenem Leben war es das erste Mal, dass er mit Homosexualität konfrontiert worden war. Noch aber hatten wir nicht den Grund für seine AIDS-Erkrankung gefunden. Dieser wurde vom Höheren Selbst nun in dem vorletzten früheren Leben aufgedeckt.

Daniel ist nun eine Frau Bon, ist vierzig Jahre alt und arbeitet in Berlin im Kriegsjahr 1917 als Laborantin. Sie macht die Entdeckung eines bisher unbekannten Bazillus. Ihre Kollegen und die Ärzte halten sie für verrückt, denn er ist durch das Mikroskop nicht zu sehen. Aber sie sieht ihn. Keiner will ihr glauben. Sie trägt ihre Entdeckung in ein Tagebuch ein. Um die Richtigkeit ihrer Entdeckung dieses kaum wahrnehmbaren aggressiven Bazillus zu demonstrieren, impft sie sich diesen selbst ein und stirbt daran. Vom Höheren Selbst wird Daniel erklärt, dass er als Frau Bon für diese Entdeckung hätte kämpfen müssen. Er sei damals zu feige gewesen und hätte aufgegeben, indem er sich das Leben genommen hätte. Und er erkennt nun, dass er in dem heutigen Leben diese Krankheit von damals wieder in sich hat. Er muss lernen, sie zu besiegen, indem er gegen sie ankämpft. Und seine Auflösungsformel lautet: „Ich befreie mich von meiner HIV-Krankheit, von meiner Angst, von meinen Schuldgefühlen, von meiner Einsamkeit, meinem Misstrauen, meiner Wut, meinem Selbstzweifel und von meiner Immunschwäche."

Ich weiß, dass solche im Alphazustand gesprochenen Affirmationen sehr mächtig sind und wirkliche Wunder bewirken können, nachdem die Ursachen eines Problems aufgedeckt worden sind und der Kelch der Vergebung allen in der Rückführung aufgetauchten Personen von Wichtigkeit gereicht worden ist. Ich habe in den weiteren Monaten immer wieder an das Schicksal Daniels denken müssen. Eventuell war er dennoch gestorben. Doch wie erstaunt war ich, als ich ein halbes Jahr später wiederum in seiner Gegend ein Seminar abhielt, ihm zu einer erneuten Rückführung wieder begegnen zu dürfen. Er machte einen sehr deprimierten Eindruck. Und dann sagte er, während ihm die Tränen kamen: „Gilbert ist letzten Freitag an AIDS gestorben." Und nach und nach berichtete er mir, was sich in der Zwischenzeit alles zugetragen hatte. Nach der Rückführung bei mir vor einem halben Jahr war er „absolut euphorisch" gewesen. Er besuchte Gilbert oft und telefonierte mit ihm jeden Tag. Die Beziehung zu seiner Frau verschlimmerte sich. Sie habe seit Februar einen neuen Freund. Zum Jahreswechsel bekam Gilbert plötzlich eine Grippe, die zwei Wochen anhielt. Und drei Monate später stellte sich bei ihm eine Lungenentzündung ein. Daniel, der sich kerngesund fühlt, sagte ihm, dass er doch nochmals einen AIDS-Test machen solle, obwohl jener, den er im letzten Mai nach der Erkrankung von Daniel erstellen ließ, negativ ausgefallen sei. In Wirklichkeit, wie Daniel später feststellte, hatte er sich noch überhaupt keinem Test unterzogen. Er hatte dieses nur seinem Freund gesagt, um ihn zu beruhigen und ihn wissen zu lassen, dass er von ihm nicht angesteckt worden sei. Da sich zu seiner Lungenentzündung auch andere Symptome gesellten, brachte man ihn ins Krankenhaus. Daniel besuchte ihn von dieser Zeit an fast einen Monat lang täglich und nahm in Kauf, dass er nach seiner zehnstündigen Arbeit – denn es ging ihm weiterhin körperlich sehr gut – sich in sein Auto setzte und eineinhalb Stunden für den Hinweg und die gleiche Zeit für den Rückweg benötigte. Er musste mit ansehen, wie der Körper von Gilbert von Tag zu Tag mehr verfiel.

Schließlich lag er mit Schläuchen in Nase und Mund auf der Intensivstation. Er schien in einem langen Koma zu sein, denn er sprach kein Wort, bewegte sich nicht und zeigte keinerlei Reflexe. Trotzdem redete Daniel mit ihm jedes Mal eine Viertelstunde lang und glaubte, dass jener ihn verstehen würde. Und eines Nachts bekam er aus dem Krankenhaus einen Anruf, dass es mit seinem kranken Freund sicherlich in kürzester Zeit zu Ende gehe. Daniel setzt sich sofort ins Auto. Um zwei Uhr erreicht er die Klinik. An Gilberts Bett angekommen, nimmt er dessen Hand in die seine und lässt sie nicht mehr los. Zwanzig Minuten später ist sein Freund entschlafen.

In den frühen Morgenstunden kehrt Daniel nach Hause zurück. In der Küche bereitet er sich einen Kaffee und zündet sich eine Zigarette an. Dann stellt er die Lieblingsmusik von Gilbert an und spricht mit ihm, als ob er zugegen sei. Wie er meinte, fühlte er seine Nähe. *(Wie wir wissen, können uns die Verstorbenen noch verstehen. Sie kehren oft zu den Hinterbliebenen zurück und versuchen, sie zu trösten. Wie Frau Dr. Kübler-Ross sagt, können wir auch nach dem Tod uns mit dem Verstorbenen unterhalten und, so wir noch um Vergebung bitten wollen, sollten wir dies auch tun.*[12]*)*

Und eine Stunde später betritt Andrea die Küche und erfährt, was passiert war. Sie umarmen sich und weinen beide. Mit ihr hatte er jetzt ein Jahr lang keinen sexuellen Kontakt mehr gehabt.

In der Rückführung bittet er sein Höheres Selbst, noch mehr über seine früheren Leben mit Gilbert zu erfahren. Daniel ist ein adliger Herr namens Deli, er ist verheiratet und hat zwei Kinder. Er hat das Amt eines französischen Steuereintreibers, der zu seiner Sicherheit von einigen Soldaten begleitet wird. Die Leute haben Angst vor ihm, ja sie hassen ihn. In einem Wirtshaus lernt er eine Prostituierte namens Elisabeth kennen. Sie treffen sich jetzt häufiger. Sie hat sich in ihn verliebt, wie er sich auch in sie. Sie will ihn ganz für sich. Aber er hat Familie und will die Kinder nicht verlieren. Sie versucht einen Suizid, der noch verhindert werden kann. Er weiß nicht, ob er sich für seine Familie oder diese Geliebte entscheiden soll. Schließlich verlässt er diese Frau. Sie wählt nun den Freitod. Deli ist darüber erschüttert und gibt sich die Schuld. Obwohl er seine weiteren Jahre zu Hause bei seiner Familie verbringt, ist er vereinsamt. Er denkt jeden Tag mit Wehmut an Elisabeth, seine große Liebe.

Und nach seinem Tod, der ihn mit achtundsechzig Jahren ereilt, sagt er: „Wenn ich nochmals Elisabeth begegne, dann will ich bedingungslos zu ihr stehen." Und nachdem er ins Jenseits gekommen ist, begegnet er seiner Geliebten wieder. Sie erscheint ihm jetzt noch schöner als auf Erden. Sie gehen durch die Herrlichkeiten der jenseitigen Welt spazieren. Sie können sich mit Gedankenkraft unterhalten. Doch manches Mal denkt er an seine Kinder. Und sogleich ist er für sie unsichtbar bei ihnen. Das Höhere Selbst offenbart ihm, dass diese beiden Kinder auch im heutigen Leben wieder seine Kinder sein werden, wie auch seine Ehefrau die heutige Andrea sein wird, während Elisabeth als Gilbert wiedergeboren werden wird.

Was Deli eventuell davon abgehalten haben könnte, sich trotz Familienverantwortung und eventuellem Kirchenbann zu Elisabeth zu bekennen, mag die Tatsache sein, dass sie vor ihrem gegenseitigen Kennenlernen als Prostituierte gearbeitet hatte. Die Lektion bestand darin, dass er zu einer Seele, die er wirklich liebt, in was für einem Körper sie sich befindet und mit welchen Vorgeschichten auch immer, bedingungslos hält.

Denn in der Reue, die wir nach dem Tod empfinden, erkennen wir, was wir eigentlich hätten besser tun können. Indem Deli sich für die Familie entschied, trauerte er sein ganzes Leben um die verlorene Geliebte. Seine Familie und besonders seine Frau ist dadurch ebenfalls nicht glücklich geworden. Andrea hatte die Größe, Daniel für Gilbert freizugeben. Sie hat damit sicherlich ihre Lektion in diesem Leben gemeistert und somit Seelengröße gezeigt.

Doch gehören solche Entscheidungen zu den größten und schmerzlichsten, die jemand im Leben zu fällen hat, nämlich die Entscheidungen zwischen Pflicht und Liebe. Und jeder von uns Menschen wird einmal in der Schule des Lebens mit solch einer Lektion konfrontiert werden, denn diese gehört zum Lernstoff. Wer immer eine Familie zu betreuen hat wie Daniel, trägt ihr gegenüber eine große Verantwortung. Wie hätten Sie sich, liebe Leserinnen und Leser, an der Stelle von Daniel entschieden? Für Gilbert oder für die Familie? Dies ist eine schwere Gewissensfrage. Man stelle sich vor, Andrea hätte aus Verzweiflung Suizid begangen, dann wäre Daniel sein ganzes Leben lang mit Schuldgefühlen belastet gewesen. Und auf die Frage am Ende seines Lebens, was er am meisten bereue, wäre dann zu hören gewesen, „dass ich mich von Andrea getrennt habe“. Wenn alle Seiten einsichtig, beziehungsweise große Seelen gewesen wären, hätte man einen Kompromiss finden können. Vielleicht hätte Gilbert mit in die Familie von Daniel integriert werden können. Und Daniels Kinder hätten den zweiten Vater eventuell auch lieben gelernt, denn ihr Vater wäre jetzt glücklich gewesen. Und Andrea hätte eventuell auch einen neuen Partner ebenfalls mit in die Familie gebracht. Man hätte gegenseitig durch vermehrte Vielseitigkeit sich erweitern und somit sicherlich auch seelisch noch schneller wachsen können. Warum muss man sich oft für das eine und gegen das andere entscheiden? Warum versucht man zum mindesten nicht, zusammen zu wachsen, anstatt immer sich trennen zu müssen? Wir Menschen sind doch in Wirklichkeit alle eins. Nur die Welt der Illusionen, in der wir leben, lässt uns glauben, wir seien getrennt voneinander. Die Liebe durchbricht diese Illusionen, denn sie bindet die Menschen aneinander. Zuerst erlernt man dieses Gefühl der Bindung durch Liebe zu einem einzelnen Nächsten. Doch dieses Gefühl, dass wir alle eins sind und alle Menschen so lieben, als ob jeder der/die Geliebte wäre, wird kaum einem in der Erdenschule gelingen. Diese Lektionen lernen wir erst in den höheren Liebesschulen des Jenseits. Große Meister – wie zum Beispiel Jesus – lieben alle Menschen gleichermaßen bedingungslos, und zwar so, wie man eine Geliebte oder einen Geliebten liebt. Ihre Liebe ist ohne Grenzen. In ihrer Liebe offenbart sich die Liebe Gottes. Und – wir werden einstmals ebenfalls solche Liebende sein. Wer von uns damit schon auf Erden beginnt, beschleunigt den Kreislauf seiner Reinkarnationen um viele Leben, wenn er nicht sogar dadurch jetzt schon sein letztes Erdenleben leben darf und dann diese Erdenschule als Abiturient mit Bravour beendet.

In einem anderen Leben ist Daniel ein französischer Landstreicher namens Jean. Er tut sich mit einem anderen seinesgleichen namens Philippe zusammen. Sie stehlen, klettern bei Dunkelheit über Zäune, scheuen sich auch nicht, in die Kirche einzudringen, um dort was immer aufzufinden ist, mitzunehmen. Sie werden eines Tages von Soldaten verfolgt. Philippe wird verwundet und gefangen, während sich Jean verstecken kann. Sie schleifen den Verwundeten hinter einem ihrer Pferde her. Jean hat nie erfahren, was mit seinem Freund geschehen ist. Auch er wird eines Tages beim Stehlen erwischt und gehängt. Und jener Freund ist im heutigen Leben Gilbert.

In einem anderen Leben im siebten Jahrhundert nach Christi Geburt ist Gilbert ein Magier in England und Daniel sein Schüler namens George, der von ihm die schwarze Kunst erlernt. Er wird mit den Jahren neidisch auf seinen so erfolgreichen und darum auch wohlhabenden Meister. Dieser besitzt wertvolle Bücher der Magie, die er auswendig lernt. Sein Meister wird schließlich als Hexer öffentlich verbrannt. George kann den Häschern entkommen samt den kostbaren Büchern, die er jedoch bald verbrennt, damit man sie nicht bei ihm findet und er nicht ebenfalls auf dem Scheiterhaufen endet. Er lässt sich an einem anderen Ort nieder und beginnt seine magischen Künste auszuüben. Da er in die Zukunft sehen kann, wird er schnell ein gefragter Mann. Er versteht es auch, die Frauen zu betören und zu verführen. Er kennt jedoch keine Herzensliebe. Er wird an die hundert Jahre alt und endet sein Leben durch die Einnahme von Gift.

Während Daniel noch auf einem Bett liegend sich im Alphazustand befindet, merkt er, dass Gilbert im Zimmer ist und auf der Couch sitzt. Dieser habe alles mitbekommen, was jetzt von ihm erlebt worden ist. Dies ist für Daniel ein großer Trost, dass sein Freund bei ihm ist und somit ihm zu verstehen gibt, dass er ihn auch weiterhin an seiner Seite durch dieses Leben begleitet. Sicherlich wird er ihn auch nach seinem Tod abholen. Liebende vereinigen sich im Jenseits wieder. Denn wahre Liebe stirbt nicht mit dem Tod, sie geht über den Tod hinaus. Dies sollten alle Menschen wissen, die eine sehr geliebte Person verloren haben. Sie werden sich wieder treffen und dann auch erfahren, warum der eine von ihnen früher in die jenseitige Welt hinüberwechselte als der andere. Denn – und wir können es nicht oft genug wiederholen – es gibt keinen Tod, da wir unsterblich sind. Und alles hat einen Sinn, den wir meistens erst nach dem Tod – oder auch in einer Rückführung – erfahren können.

III. Die Bedeutung der Sexualität im Schöpfungsplan

Sex als Erinnerung an die Urliebe

Das, was ich Ihnen jetzt als Nächstes darzustellen versuche, betrachten Sie bitte als Hypothese. Doch diese hier vorgestellten Gedanken ergeben sich aus der Beschäftigung mit Rückführungen. Denn wenn man den Menschen mittels der Trance in sein erstes Erdenleben zurückführt und ihm dann sagt, dass er sich nun dorthin begeben solle, wo er vor seiner ersten Erdinkarnation als Mensch lebte, dann können verschiedene Rückmeldungen kommen. Der eine erlebt sich als Tier, der andere als Pflanze, wieder einer als Stein, als Lichtgestalt, als geballte Energie, als Außerirdischer oder als jemand, der sich in einer ganz anderen Dimension jenseits unserer Vorstellungskraft befindet. Über die Hälfte der Zurückgekehrten erleben sich in einem oder – dann weiter zurückgeführt – in einigen Tierleben. Davor mögen sie sich in verschiedenen Pflanzenleben befunden haben. Es gibt also sowohl das eine, als auch das andere. Die Variationsarten sind groß. Doch liegt bei allem eine stetige Entwicklung vor. Ein Tier wird nicht wieder eine Pflanze und ein Baum nicht wieder zu einer Alge oder gar zu einem Stein. Und so wird auch ein inkarnierter Mensch nicht zurückversetzt in einen Affen oder in ein Insekt, obwohl seine Seele in vorausgegangenen Inkarnationen sich in diesen Tierkörpern befunden haben könnte. Führt man aber die in Trance Befindlichen zum Ursprung allen Seins, woher wir alle stammen, zurück, dann erleben sie sich in einem Zustand reinen Geistes, ohne Körper und ohne Seele. In diesem Zustand des *All-Geistes* hat man keinerlei Individualität mehr. Es ist, als ob der Wassertropfen wieder zurück zum Meer gefunden hat und eins geworden ist mit seinem eigentlichen Element. Doch diese *All-Einheit* wird pulsiert von ungenannter Freude, Liebe und *All-Wissen*. Es ist der Zustand, in welchem wir, wenn wir es so bezeichnen wollen, mit und in Gott vereint sind. Doch wenn wir in dieser göttlichen All-Einheit nur dieser ewigen Freude und Liebe ausgesetzt wären, könnten wir diese irgendwann gar nicht mehr würdigen, weil sie uns allen zu etwas Selbstverständlichem geworden wäre und wir keine Vergleichsmöglichkeiten hätten. Darum war es angebracht, Vorstellungswelten zu kreieren, in denen das Gegenteil von dieser göttlichen Harmonie erlebt werden kann. Und so haben sich aus dieser All-Einheit Milliarden von beseelten Teilen gebildet, die es als „*Geistseele*“ unternahmen, in diese Vorstellungswelten hineinzuwechseln, um dort das Gegenteil der göttlichen Einheit zu erleben und anschließend mit den gesammelten Erfahrungen in die Einheit zurückzukehren, um wissen zu lassen, dass es auch Leid und Schmerzen, Lieblosigkeit, Trauer, Hunger, Tod und vieles mehr gibt, was in der All-Einheit nicht vorhanden ist.

Und dieses Gegenteil von der göttlichen Liebes-Harmonie kann man in den verschiedensten Ebenen der kreierten Vorstellungsräume des Daseins erleben, ob als *Stein* (Langeweile, Bewegungslosigkeit), als *Pflanze* (Angst vor Verwelken, Zerstörung, Tod), als Tier (Angst vor Lebensbedrohung durch Feinde, Unwetter, Hunger, Angst vor Verletzung, Schmerzen, Bedrohung der Arterhaltung, Angst, vertrieben zu werden) oder besonders als *Mensch*. Die Mannigfaltigkeit, das Gegenteil der göttlichen All-Einheit in einer menschlichen Inkarnation zu erleben, sei es im geistigen, emotionalen oder im körperlichen Bereich, ist nahezu unerschöpflich. Und es scheint so, als ob wir, bevor wir diese Einheit verlassen haben, uns ein Programm aus freier Entscheidung ausgesucht haben, wo wir dieses Gegenteil, das ja auch immer von positiven und schönen Erfahrungen als Aufmunterung unterbrochen wird, erfahren wollen, als ob wir auch als Stein, als Pflanze oder als Tier vor einer menschlichen Inkarnation dieses Gegenteil erleben wollten (dies könnte man als *Langzeitprogramm* ansehen) oder nur in einer einzigen vormenschlichen Form oder in allen und zu vielen Malen in der einen oder in der anderen Daseinsform, oder als ob wir gleich als Erstes mit unserer Seele in einen menschlichen Erdenkörper hineingeboren zu werden uns vornehmen.

Um als *reiner Geist*, der wir im Ursächlichen sind, Erfahrungen in Vorstellungswelten zu sammeln, benötigen wir eine Seele, die diese Erfahrungen von Verkörperung zu Verkörperung speichert. Und so bewohnt die Seele viele Körper und befand sich als jetzige menschliche Inkarnation in den meisten Fällen schon in vielen vorausgegangenen Inkarnationen als Mensch. Da wir im Eigentlichen reiner Geist sind, der sich für seine Verkörperungen eine Seele angeeignet hat, spreche ich gerne von einer Geistseele oder verwende auch nur das Wort „*Seele*“, die in vielen Inkarnationen Erfahrungen sammelt, die zumeist etwas oder sogar viel vom Gegenteil der göttlichen Harmonie beinhalten.

Während für eine Geistseele auch andere Dimensionen zur Erfahrung des Gegenteils vorhanden zu sein scheinen, die sich jenseits des Dualitätsprinzips befinden und somit für unser Verstehen nicht begreifbar sein mögen, sind wir in die Dimension der Dualität eingetaucht. Deren Prinzip beruht auf der Zweiheit in der Gegensätzlichkeit. Die ganze Erdenschöpfung und wohl auch jene des wahrnehmbaren Universums ist zweipolig ausgerichtet. Alles beruht auf positiven und negativen Impulsen, die sich in gegenseitiger Spannung halten. In diesem *Dualitätsprinzip* ist auch die Arterhaltung der lebenden Natur enthalten. Das männliche Prinzip bei Pflanzen, Tieren und Menschen muss sich mit dem weiblichen vereinigen, um das Fortbestehen seiner Art zu sichern. Dies ist eine göttliche Einrichtung.

Während diese gottgegebene Einrichtung von Pflanzen und Tieren instinktmäßig und meistens problemlos gelöst wird, schaffen sich Menschen bei der geschlechtlichen Vermehrung oft große Schwierigkeiten, die sich nachträglich in vielerlei Formen von Ängsten, geistigen, körperlichen und emotionalen Störungen manifestieren können. Aber dass die Sexualität auch als Mittel für Schmerz- und Leidzufügung erfahren werden kann, liegt als „*Vorsehung*“ in der Entscheidung der Geistseele begründet, das Gegenteil von dieser All-Harmonie in der All-Einheit in sich aufzunehmen, um diese Erfahrungen mit in die

All-Harmonie zurückzubringen. Wie wir ersehen, dient alles einem höheren Zweck. Nichts ist sinnlos. Und es gehört auch zu der vermehrten Leiderfahrung, dass wir den Sinn derselben nicht verstehen. Denn wenn wir diesen erkennen würden, wäre das Leid oft um vieles verringert. So hat auch das Sprichwort „Irren ist menschlich“ eine höhere Bedeutung.

Aber da alles polar im Leben ausgerichtet ist, wohnt auch der Sexualität eine polare Komponente inne. Während das Tier Sex[13] instinkthaft ausübt, ohne offenbar dabei Lustgefühle zu entwickeln, und Säugetiere von der Befruchtungszeit der Weibchen abhängig sind, welche dann einen bestimmten Duft ausströmen, dürfen die Menschen als Gottesgeschenk die Kopulation uneingeschränkt von einer periodischen Begrenzung als etwas Lustvolles und Schönes erfahren, welches durch Sublimierung und vermehrte Liebesfähigkeit zu höherer Sinnenfreude steigerungsfähig bleibt. Denn im Orgasmus als Moment der geschlechtlichen Vereinigung dürfen wir Zeit und Raum vergessen und ganz des Gefühles inne werden, das uns in der göttlichen All-Einheit als ein andauerndes Glücksgefühl beschieden ist. Denn so wir den Orgasmus in der Dualität erleben, kehren wir für ganz kurze Momente in die Gefühle jener All-Einheit zurück. Somit erfahren wir unsere Sexualität als ein uns unbewusstes Nostalgikum, als eine in unserem Unterbewusstsein einprogrammierte Erinnerung an diese göttliche Ur-Liebe, den Ursprung unseres ganzen Seins. Die geschlechtliche Vermehrung ist mit der Erinnerung an unser totales Glücklichsein in der göttlichen All-Einheit verwoben. Und somit ist der Orgasmus, wenn auch nur für Sekunden, eine Wiederanbindung an diesen göttlichen Urzustand, der uns daran gemahnen mag, welche Glücksgefühle wir einst als Dauerzustand hatten, und der uns auch Antrieb verleihen kann, wieder zu diesem Urzustand zurückzukehren. Sexualität wird somit zur Sehnsucht nach jener gewesenen und zugleich nach dieser für uns wieder einst bereit stehenden Glückseligkeit in der Ur-Liebe als unserem eigentlichen Zuhause.

Auf diesem Weg durch die vielen Inkarnationen ist es dem Menschen vergönnt, Zwischenaufenthalte der Erholung und der Vorbereitung auf eine erneute Inkarnation einzulegen. Diese Zwischenstationen benennt man *Zwischenleben* oder *Jenseits*. Wie der nächtliche Schlaf, welcher der Erholung von einem Tag zum anderen dient, so haben diese jenseitigen Aufenthalte in vieler Hinsicht selbst für die Sexualität wichtige Funktionen.

Das Jenseits ist wie die materielle Welt eine Schöpfung aus der göttlichen All-Einheit. Beide sind Illusionswelten, in denen sich die Seelen die Erfahrungen holen, die ihnen auf dem Weg zurück in die göttliche All-Einheit behilflich sind. Denn das ist der Weg für uns Seelen: Verstoß aus dem Paradies, dieser All-Einheit, in die Höllen der vielen Erdenleben hinein und Rückkehr in die göttliche All-Liebe. Und der Sexus ist außer der Zeugungskraft ein wichtiges Vehikel, auf dem Weg durch manche Höllen zurück in die *Ur-Liebe* zu finden.

Von den vier Arten der Seeleneinstellung

Es gibt vier Arten der Programmierung
1. die Ureinstimmung = Primäreinstellung
2. die Sekundäreinstellung
3. die Tertiäreinstellung
4. die Quartäreinstellung

a.) Die ***Primäreinstellung*** ist die Ureinstimmung, die der Geistseele mitgegeben worden ist, bevor sie die erste Inkarnation als Mensch angetreten hat. Diese Einstimmungen hat sie bereits in ihrem Leben als Tier erhalten. Hierzu zählen der Geschlechtstrieb bzw. der Trieb der Arterhaltung, der Überlebenstrieb und der Todestrieb. Unter Letzterem verstehe ich das Aufwachsen, Älterwerden und Sterben, eine Programmierung, die allen Geschöpfen eingegeben worden ist, damit das Absterbende dem Neugeborenen Platz einräumt. Der Geschlechtstrieb dient der Arterhaltung, wobei das Yin-Yang-Prinzip zur Geltung kommt. Der männliche Teil hat den weiblichen zu befruchten. Wenn ein männliches Säugetier den Duft der weiblichen Geschlechtsdrüse als Zeichen ihrer Empfängnisbereitschaft riecht, fühlt es sich automatisch aufgerufen, seinen Samen dort einströmen zu lassen, wo dieser Duft entströmt. Nimmt man diese weibliche Drüsenausscheidung und besprüht damit ein Männchen, besteigen andere Männchen dieses automatisch. Wenn man so will, kann man die Ureinstellung mit einer vorprogrammierten Software beim Computer vergleichen. Das Männchen kann sich gegen diese Ureinstellung gar nicht wehren, es hat wie unter einer posthypnotischen Programmierung dieser Folge zu leisten. Es ist von der Schöpfung so vorgesehen.

Neben dieser Geschlechtseinstellung ist auch sein Unbewusstes mit der Einstellung seines Überlebens für sich und seine Nachkommen programmiert worden. Das Weibchen wie das Männchen wehren sich automatisch gegen alles, was ihr Leben in Gefahr bringen könnte. Und Ersteres im Besonderen kämpft auch um das Überleben seiner unmittelbaren Nachkommen. Zu diesem Überlebenstrieb gehört auch die Art der Nahrungsbeschaffung samt dem diesbezüglichen Verhalten.

Der Mensch hat mit seiner ersten Inkarnation wie auch mit allen weiteren Inkarnationen als homo sapiens diese drei Ureinstellungen übernommen. Man kann auch hierbei von den Urtrieben sprechen, während ich die Ureinstellungen im Ganzen als Primäreinstellung bezeichne. Doch im Gegensatz zu den Tieren, die sich dem Todestrieb ergeben, wehrt sich der Mensch meist gegen das Älterwerden und vor allem gegen den Tod, da er nicht weiß, was nach diesem auf ihn zukommen könnte oder ob seine Geistseele für immer ausgelöscht ist. Es ist die Angst vor dem Ungewissen. Und als solches ist sie ein menschenspezifisches Produkt des Denkens. Auch der Mensch ist auf die Vermehrung seiner Art vorprogrammiert worden. Doch es ist nicht im Gegensatz zu den Säugetieren ein Duftstoff, der den Mann zur Kopulation auffordert, sondern eine von der Frau ausgehende Schwingung, die noch nicht ganz erforscht ist, jedoch einer magnetischen Ausstrahlung zu vergleichen wäre. Hinzu kommen die optisch wahrgenommenen oder erfühlten weiblichen Exponate, vor allem die Brüste und im geringeren Maße der Hintern, dann aber weiter das Becken samt dem Geschlechtszentrum. Diese fordern den Mann auf, dem Geschlechtstrieb nachzukommen. Die Scheide ist der Eingang zu einer Höhle. Somit repräsentiert die Frau das Innere, während der Penis Symbol für das nach außen Gerichtete ist.

Doch dem Mann ist mit dieser Ureinstellung auch die Bestimmung eingegeben worden, um die Artvermehrung zu garantieren, sein Glied so oft wie möglich in die Scheide der Frau einzutauchen und damit durch den Samen neues Leben zu schaffen. Die Frau ist programmiert, den männlichen Samen in sich aufzunehmen, um neues Leben in sich entstehen zu lassen. Sie ist visuell und taktil auf seine Körperkräfte, die ihr Schutz für sich und die zu Gebärenden und dann Aufzuziehenden garantieren, eingestellt und auf sein vor allem steifes Glied als Garant für die Zeugung. Ist sie schwanger, hat sich ihr Trieb, befruchtet werden zu müssen, um die Art zu erhalten, vorerst erfüllt. Sie braucht sich auch äußerlich nicht mehr „schön" und „reizvoll" für den Mann zwecks Anlockung darzustellen, denn sie hat ihrem Triebauftrag vorerst Genüge getan. Aus diesem Grunde wehren sich viele Frauen in der Schwangerschaft und nach der Geburt des von ihnen erbrachten Nachwuchses gegen den Beischlaf, weil sie während dieser Zeit der Schwangerschaft und oft danach kein Bedürfnis nach zusätzlicher Besamung haben. Doch der Mann hat gemäß seiner Ureinstellung das weitere Bedürfnis, seinen Samen zur Artvermehrung in das dafür vorgesehene Ziel zu bringen. Diesem Urtrieb sind die Männer ausgesetzt. Und so die Frau sich diesem verweigert, suchen sie Ersatzlösungen. Hieraus entsteht ein Spannungsfeld zwischen den Geschlechtern, das zu großen Disharmonien führen kann. Aber all diese Spannungen sind von der „göttlichen" Intention vorgesehen, da in diesen der Auftrag an den Menschen gestellt ist, durch Liebe und Toleranz aufeinander zuzugehen, Verständnis füreinander aufzubringen und zu Kompromissen bereit zu sein. Doch die Schöpfung hat anscheinend etwas ganz Besonderes mit den Menschenseelen vor. Sie dürfen wohl als einzige Primaten besonders ausgeprägte erogene Zonen haben und Lust und Freude an dem sexuellen Miteinander empfinden. Bei den „menschlichen Weibchen" sind diese erotischen Zonen auf dem ganzen Körper verbreitet, jedoch besonders an den Stellen, die zur Vermehrung und zur Aufzucht dienen, also im Genital- und Brustbereich, während sich beim „Männchen" diese erogene Zone im Wesentlichen auf sein Genital konzentriert. Diese Gabe des *homo sapiens*, Sex als etwas Lustvolles zu empfinden, ist ein spezielles Geschenk der Schöpfung an den Menschen.

Diese Ureinstellung oder Urimprägnierung ist wie auf einem unsichtbaren Chip programmiert, dessen Informationen sich dann, wenn der Körper zur Geschlechtsreife herangewachsen ist, automatisch auf den Körper, die Emotionen und den Geist übertragen. Diesen unsichtbaren Chip, da er nicht nur die kognitiven, sondern auch die emotionalen Erlebnisse gespeichert hält, könnten wir auch als *Emotionalkörper* bezeichnen, der diese Informationen in sich trägt und diese bei jeder Inkarnation automatisch als anhaftende Programmierungen an Körper, Geist und Seele weitergibt.

Diesen Primäreinstellungen sind wir alle unterworfen. Jedes Verneinen derselben schafft Disharmonie. Und Disharmonie mit sich oder mit anderen schafft Leid. Wenn wir unsere eingestellten Urtriebe nicht verneinen und sie als von Gott gewollte Gegebenheiten akzeptieren, schaffen wir eine der Grundvoraussetzungen für Harmonie mit der Schöpfung und Harmonie mit unserem Dasein, indem wir ja zur Schöpfung und zu unserer Inkarnation und vor allem auch ja zu unserer Sexualität sagen.

b.) Während diese Ureinstimmungen auf unserem Chip imprägniert und somit objektiver Natur sind und diese sich uns als solche aufdrängen, beruht die ***Sekundäreinstellung*** auf Selbstverursachung und ist somit subjektiver Art. In sexueller Hinsicht ergibt sich diese aus unseren positiven wie negativen Erfahrungen und unserem Verhalten mit unserer Sexualität in den vorausgegangenen Zeiten, sind diese Erfahrungen doch in diesem oder in früheren Leben auf unseren geistigen Chip, das heißt in unser Unterbewusstsein und in unseren Emotionalkörper imprägniert worden.

Wenn man in einem Leben vergewaltigt worden ist, dann ist dadurch das weitere Verhalten der Sexualität gestört, ja man fürchtet sich vor einer Wiederholung. Und das Maß dieser Störung hängt von dem Maß der direkten oder im Nachhinein erlebten indirekten Leidenserfahrung ab. Hat man aber mit seiner Sexualität Schönes, Erfüllendes, ja vielleicht Göttliches erlebt, so bleibt auch diese Erfahrung im Unterbewussten verhaftet, und man sehnt sich immer wieder nach solchem Erlebnis. Je extremer im Positiven oder im Negativen Sexualität erlebt wird, desto nachhaltiger sind in der Folge die sexuellen Verhaltensweisen. Hat eine Geistseele in drei Inkarnationen schöne Erlebnisse mit dem Sexus gehabt, können diese Erlebnisse revidiert oder gar ganz ausgelöscht werden durch eine widerliche oder gar todbringende sexuelle Erfahrung. Im umgekehrten Sinne kann eine negative sexuelle Erfahrung durch positive in den weiteren Leben allmählich ausgelöscht, das heißt in positive umprogrammiert werden. Wir sind im jetzigen Zustand die Summe aller unserer sexuellen Erfahrungen, die wir je gemacht haben. Die sekundäre Einstellung beruht also auf Eigenerfahrungen, welche die Geistseele in ihren verschiedenen Leben sammelte und als Vorprägungen mit in eine neue Inkarnation bringt.

c.) Die ***Tertiäreinstellung*** erfolgt in der jenseitigen Welt vor dem Eintritt in eine erneute Inkarnation. Da es in der Schule des Lebens darauf ankommt, immer mehr Liebe in sich zu entwickeln mit dem Ziel, ganz Liebe zu werden, wird für ein nächstes Erdenleben vorgeplant und programmiert, was nun als nächster Schritt zu erlernen wäre. Bei dieser Vorbereitung stehen uns jenseitige Berater zur Verfügung. Zusammen spricht man durch, was für die Seele jetzt am günstigsten wäre, als Lerngepäck mit in das anzutretende Leben zu nehmen. Wenn jemand in dem vorausgegangenen Leben eine Vergewaltigung begangen hatte, wird meistens geraten, dem Drang einer Wiedergutmachung nachkommen zu können. Vielleicht will der Betreffende Menschen oder Kindern helfen, die vergewaltigt oder missbraucht worden sind. Er schiebt also erst noch seinen karmischen Ausgleich auf. Doch dieser wird irgendwann in einer der folgenden Inkarnationen nachgeholt werden müssen, denn wir lernen eben hauptsächlich am schnellsten und nachhaltigsten durch Eigenerfahrung. Diese Seele wird sich in dem Wiedergutmachungsleben schon vor einer möglichen Vergewaltigung fürchten, da sie unbewusst weiß, dass diese irgendwann ansteht. Doch dieses mag erst in der nächsten oder einer der nächsten Inkarnationen stattfinden. Trotzdem ist die Angst davor schon vorhanden. Doch im Jenseits wird das geplante Programm programmiert. Wenn eine Seele AIDS bekommen sollte, dann ist dieses schon vorgesehen, um eine bestimmte Erfahrung damit zu machen, mag man sich nun diese aus karmischen Gründen – was meistens der Fall sein dürfte – oder aus Erfahrungsgründen ausgesucht haben. Im Jenseits schauen wir sozusagen in das Logbuch unserer Seele und sehen, was wir noch nicht gelernt haben oder was noch auszugleichen ist. Hier wird auch schon bestimmt, welchem Partner oder welchen Partnern wir begegnen. Oft haben wir das schon mit den betreffenden Seelen abgesprochen, da sie auch zu dieser Zeit inkarnieren wollen. Meist kennen wir die Seelen, mit denen wir enger zusammenkommen wollen, schon aus vorausgegangenen Leben. Diese gehören oft zu der gleichen jenseitigen Familiengruppe. Das zu erlernende Programm in der seelischen Entwicklung ist die Liebe. Das ist das Endziel aller auf der Erde zu erlernenden Aufgaben. Carl Gustav Jung nennt dieses persönliche Endziel Individuation. Es geht also auf Erden darum, sein inneres Selbst durch Liebewerdung als göttliche Liebe wiederzuerkennen.

Hat jedoch eine Seele Angst vor Männern aufgrund früherer Misshandlungen und Entwürdigung seitens der Männer, so mag diese Angst sie etwa davon abhalten, als Krankenschwester in Männerabteilungen von Hospitälern zu arbeiten. Da das aber der Wunsch der betreffenden Seele ist, muss diese frühere Programmierung vorerst wie durch eine Hypnose überprogrammiert werden durch eine Suggestion, die lauten könnte: Arbeit mit kranken Männern bereitet mir Freude. Wie auch jede Hypnose nur eine Überdeckung von einer Störung ist – und sie kann ein Leben lang anhalten –, wird diese Wirkung sich irgendwann wieder allmählich verflüchtigen. In dem Fall würde also diese Überdeckung einer sekundären Einstellung durch eine tertiäre bewirkt werden. Ebenso verhält es sich mit Personen. Soll ich eine Person wieder heiraten, die mich in einem vorausgegangenen Leben vergewaltigt hat, dann würde mich normalerweise bei der ersten Begegnung mit dieser Person ein Widerwille gegen sie oder sogar eine Angst befallen. Da ich mir aber diese Person als Partner aus Gründen des Lernens und Verzeihens ausgesucht habe, wird mir sozusagen eine Liebesspritze eingegeben. Ich bezeichne diese Art der tertiären Programmierung gerne als den Pfeil Amors. Denn es ist wichtig, mit dieser Person eine Annäherung zu schaffen, was durch diese Liebesinjektion ermöglicht wird. Allerdings nimmt dieses Serum, nachdem es anfänglich seine Wirkung getan hat, allmählich wieder ab, wodurch die Programmierung aus der sekundären Einstimmung wieder hervortritt samt den Gefühlen, die man im vorausgegangenen Leben für diese Person gehabt hatte. Doch danach beginnt das eigentliche Lernprogramm.

Ebenfalls wird hier im Jenseits der „Rucksack“ für ein bevorstehendes Leben gepackt und dabei das für die vorgesehene Reise notwendige oder weniger notwendige Libidoprogramm nicht vergessen. Soll jemand als Mann wiedergeboren werden, der als Sexfotograf auf die Probe zu stellen ist, um nach einigen Leben des Missbrauchs und der Ausnutzung von Frauen nun zu beweisen, dass er inzwischen behutsam und liebevoll mit Frauen umzugehen gelernt hat, dann benötigt er eine gehörige Portion Libidoenergie als eine sexuelle Kraft, die ihn anspornt, sich Frauen nähern zu wollen. Diese tertiäre programmierte Zuteilung an Libidoenergie mag eine frühere Programmierung, die geheißen haben könnte: „Ich will nie wieder mit Frauen zusammenkommen“ überdecken. Die primären Einstimmungen können von den sekundären Einstimmungen überlagert werden und die sekundären von den tertiären. Dies sind die drei Einstimmungen, die eine Seele mit in ihr neu anzutretendes Leben nimmt.

Zu dieser tertiären Einstellung gehört auch die Zuweisung für die Geschlechtlichkeit in einem nächsten Erdenleben. Wenn diese Seele sich im vorausgegangenen Leben programmiert haben sollte, „ich will nie wieder Frau sein", so wird meistens dieser Programmierung auch stattgegeben. Doch könnte durch weises Dafürhalten ihr angeraten werden, doch nochmals erst als Frau zu inkarnieren, um ein bestimmtes Erfahrungsprogramm abzuschließen, sodass diese sekundäre Entscheidungsprogrammierung noch durch eine vorläufige tertiäre überdeckt wird.

d.) Alle Programmierungen, die eine Seele innerhalb eines einzelnen Erdenlebens erfährt und die von diesen ebenfalls bestimmt werden können, möchte ich als eine ***Quartäreinstellung*** bezeichnen. Diese hat die Eigenschaft, zu einer sekundären für das nächste Leben zu werden. Wenn ein Junge sexuell von seinem Vater missbraucht wird, dann kann das die Programmierung einer Angst bewirken, die ein Leben lang (und darüber hinaus) andauert und eine Disharmonie zwischen diesen Seelen schafft.

Es kann auch vorkommen, dass eine Seele irgendwann in ihrem Erdenleben einen oder sogar mehrere Besetzer aufgeladen bekommt, die den Willen dieser Seele beeinflussen und sie nicht mehr so sein lassen, wie sie selbst gerne sein und handeln möchte. Deren Gewohnheiten und Willensäußerungen können sie fremdbestimmen, weshalb ich diese Variation des Programmiertwerdens ebenfalls zu der Quartäreinstellung rechnen möchte. Solche Fremdbestimmungen sind von unterschiedlicher Dauer oder können sich auch durch Schübe mit zwischenzeitlichen Intervallen bemerkbar machen. Diese treffen bei weitem nicht auf alle Menschen zu, kommen aber häufiger vor, als man meinen möchte. In einem späteren Kapitel komme ich ausführlich auf dieses Phänomen der Fremdbesetzung zurück.

Mit Freud könnte man bei diesen drei ersten Einstimmungen als vom „Es" sprechen, dem sich das „Ich" innerlich ausgesetzt sieht. Jedoch das Freudsche von außen auf die Seele einwirkende „Über-Ich" wäre das Umfeld samt den Personen und Situationen, mit denen das Individuum konfrontiert wird. Und viele Situationen mögen in dem nun hineingestellten Lernfeld ähnlich jenen in vorausgegangenen Leben sein, um nun durch die sich wiederholenden Situationen zu beweisen, diesmal die richtigen Entscheidungen treffen zu können. Und richtig ist immer, was aus Liebe entschieden wird. Und eine reinkarnierte Seele wird wahrscheinlich auch mit Seelen aus gemeinsamen früheren Leben, wenn auch in einem anders aussehenden Körper, oft wieder zusammenkommen, um mit diesen Unerledigtes zu erledigen oder auch Neues zu lernen.

Karma und Sexualität

Obwohl Sex dazu dient, die Vermehrung der Art zu erhalten und beim Menschen mit dem Gefühl der Freude gepaart ist, unterliegt jeder mutwillige und lieblose Verstoß gegen die Sexualität dem unerbittlichen Karmagesetz, das da heißt: „Was du einem anderen antust, sollst du selbst an dir erleben." Wenn ich sexuell liebevoll mit einem Partner umgehe, schaffe ich die Voraussetzung, dass mir ein Gleiches begegnen wird, sei es in demselben oder aber in den folgenden Erdenleben. Behandele ich aber eine Person oder einen Partner sexuell lieblos oder gar mit Gewaltanwendung, wird mir ein Gleiches geschehen. Da es das Ziel der menschlichen Entwicklung ist, durch die vielen Inkarnationen letztendlich ganz Liebe zu werden, eignet sich die Sexualität bestens als Instrument, sich immer mehr in wahrer Liebe zu üben. Wir werden durch Herausforderungen von sexuellen Situationen mit den verschiedensten Partnern oder Menschen getestet, wie weit wir unsere Liebe in der Sexualität mit einbringen.

Uns Menschen ist der *freie Wille* zuerteilt worden. Wir sollen aus eigener Entscheidung unter Anwendung unseres freien Willens zurückfinden in die Ur-Liebe. Jede Verletzung des freien Willens eines anderen (z.B. durch Vergewaltigung) ist eine Missachtung der Respektierung des Gottes, der auch in dem anderen wohnt, da wir alle mit, von und in Gott sind. Und die Übertretung des freien Willens eines anderen erfordert einen karmischen Ausgleich, und zwar in dem gleichen oder ähnlichen Maß, wie wir gegen des anderen freien Willen verstoßen haben.

Zu dem „schlafenden Propheten" *Edgar Cayce* (gestorben 1946), durch den höhere Wesenheiten sich kundgaben, kam eine Achtzehnjährige, die nach der erlittenen sexuellen Verführung seitens eines Neununddreißigjährigen unter lang anhaltenden Depressionen litt und nun um einen Rat von „oben" nachsuchen wollte. Und die Antwort durch den Mund des schlafenden Mediums lautete: „In deinem augenblicklichen Leben wirst du Enttäuschungen durch Personen erleben, und zwar in gleicher Weise, wie du einst andere enttäuscht hattest. Was du säst, das wirst du ernten. Dies ist ein unumstößliches Gesetz! Leid und Enttäuschung hast du bei anderen in früheren Leben bewirkt. Und in diesem Leben musst du ein Gleiches durch andere erleben." [14] Ganz einfach übersetzt, heißt das: Wenn ich als Mann eine Frau vergewaltige, werde ich wieder vergewaltigt werden müssen, sobald ich als Frau wiedergeboren sein sollte. Da dieses Gesetz, wie wir gerade gelesen haben, „unumstößlich" ist, können wir bei einem Verstoß gegen dasselbe dem karmischen Ausgleich nicht entgehen.

Und ich möchte gleich an dieser Stelle noch ein anderes Beispiel dieses großen Mediums anführen. Zu *Edgar Cayce* reiste ein zwanzigjähriger homosexueller Student, der wissen wollte, warum er sich sexuell nur zu Männern hingezogen fühlt. Und dieser bekam durch den in Trance Befindlichen zur Antwort, dass er sich als Zeichner über Homosexuelle am französischen Königshof lustig gemacht und sie dadurch diffamiert hatte. Und die Trancebotschaft schloss mit den Worten: „Verurteile niemanden, damit du nicht verurteilt wirst. Denn ... was du in einem anderen verurteilst, wirst du einst selbst erleben." [15]

Hier ist ganz deutlich das so genannte Bumerang-Karma angesprochen. Was wir anderen zufügen – im Guten wie im Bösen –, kommt auf uns zurück. Wenn ich einen anderen beleidige, verhöhne, hintergehe, bestehle, verunglimpfe, schikaniere, töte, hintergehe u.s.w., werde ich gemäß dem Gesetz des Karmas ein Gleiches erleben. Und ebenso, wenn ich einem anderen Gutes erweise, ihm helfe, Freude bringe, ihn aufrichtig lobe, liebe, beschenke, geistig beglücke und auch sexuell beglücke u.s.w., wird mir ein Gleiches widerfahren. Denn diese mitmenschlichen Handlungen und Zuwendungen zum anderen werden in meinem Unterbewusstsein gespeichert samt den karmischen Auswirkungen. Und über die verschiedenen Inkarnationen hinweg lernt der Mensch durch diese Konditionierung, nur noch das mitmenschlich Gute auszuüben – auch in sexueller Hinsicht. Und das Gute entspringt immer der Quelle der Liebe. Und wenn wir ganz Liebe geworden sind, uns durch viele Leben zur reinen Liebe hin konditioniert haben, dann haben wir die Schule des Lebens mit dem Hauptfach Liebe absolviert und brauchen nicht mehr zu inkarnieren.

Alle sexuellen Störungen gehen als ihre eigentliche Basis auf Täterleben zurück, die sich meistens schon in Opferleben karmisch teilweise oder ganz ausgeglichen haben, und trotzdem sind Überbleibsel aus diesen Leben noch vorhanden, die auf unser heutiges Leben als sexuelle Störungen einwirken. Auch kann selbstverständlich das heutige Leben noch ein faustdickes Opferleben sein, man denke nur an die Beispiele bei unseren dargestellten Fällen, was zum Beispiel den Inzest, den Missbrauch und die Vergewaltigungen betrifft.

Ganz deutlich zeigt sich das Karmagesetz im Fall 24. Daniela – wir erinnern uns – leidet im heutigen Leben unter einer unreinen Haut auf beiden Wangen, weshalb sie sich noch häufig dort kratzen muss. Wie es sich bei der Rückführung herausstellte, war sie im Täterleben ein Steuereintreiber, der die Angestellte und zum Beischlaf Gezwungene aus Eifersucht mit seinem Degen im Gesicht entstellte. Im anschließenden Opferleben ist ihr ganzes Gesicht von einem hässlichen Ausschlag mit Beulen verunstaltet. Und immer wieder muss sie sich wegen des unerträglichen Juckens mit ihren Fingernägeln dort kratzen, sodass neben dem Eiter auch noch Blut fließt. Niemand will sie ansehen. Und sie zieht sich auch freiwillig in ihr Zimmer zurück, um die anderen durch ihren Anblick nicht zu erschrecken. Und wenn sie einmal nach draußen geht, weichen ihr die Leute aus. Ihr Ehemann ist traurig über ihren Gesichtszustand und fordert sie mit Milde, dann aber auch mit Strenge auf, sich nicht immer wieder zu kratzen. Hier zeigt sich das Karmagesetz ganz deutlich: „Was du anderen antust, wirst du einst selbst erfahren." Und Nachwirkungen aus jenem Opferleben erstrecken sich bis in das heutige Leben hinein, indem sie immer noch an einem juckenden Ausschlag auf den Wangen zu leiden hat.

Wenn wir uns in Täterleben niemals gegen die Liebe sexuell verschuldet hätten, dann gäbe es auch keine sexuell auszugleichenden Opferleben und demzufolge hätten wir heute keinerlei Probleme mit der Sexualität. Ich schätze, dass über 60 Prozent der Menschen in den westlichen Industrieländern in irgendeiner Form sexuelle Probleme, sei es mit sich selbst oder mit einem Partner, haben.

Erfahren wir Liebe und sexuelle Beglückung, so fördert das die Sehnsucht nach der göttlichen Liebe und die Verschmelzung mit der All-Liebe. Doch auch wenn wir in Opferleben das Gegenteil erfahren, dann wächst ebenfalls aus dem erfahrenen Mangel an Liebe und

Sexualität die Sehnsucht nach dieser All-Liebe und All-Harmonie, auch wenn durch eine negative Programmierung diese Sehnsucht vorerst verdrängt wird durch Programmierungen wie „Ich will mich nie wieder verlieben", „Ich will nie wieder etwas mit Sex zu tun haben" oder gar „Ich hasse alle Männer". Die uns inne wohnende Sehnsucht zurück zur bereits erfahrenen Liebe in der All-Einheit wird nie ganz in uns sterben können. Sie bleibt als Erinnerung an die höchste Glückseligkeit im Einssein mit Gott.

Und ich möchte noch ein drittes Mal eine Durchsage von *Edgar Cayce* anführen. „Der körperliche Sex ... ist zugleich Versuchung und Gelegenheit, eine Strafe und ein Geschenk, ein Probierfeld und ein Spielfeld der Seele. Die gemachten Erfahrungen, welcher Art sie auch sein mögen, dienen dem Lernen. Durch Sex können wir sowohl Freudiges als auch Entsetzliches erfahren, doch beide Erfahrungen sind notwendig für die Bereicherung und Perfektionierung der Seele. Und es wird darüber hinaus auch aus dem erweiterten Blickwinkel der Reinkarnation ganz klar, dass es einen universellen Code für ethisches Sexverhalten gibt, der sich in den verschiedensten Gegenden der Welt in den Moralgesetzen widerspiegelt. Und jeder Verstoß gegen dieses kosmische ethische Gesetz wird rigoros von dem unfehlbaren Karmagesetz geahndet." [16]

Und dieser ethische Code ist schon im Alten und Neuen Testament festgelegt: „Liebe deinen Nächsten wie dich selbst." Solange wir noch unsere eigenen Belange und Interessen vor die der anderen stellen und uns mehr oder weniger egal ist, ob dem anderen Leid zugefügt wird oder nicht, sind wir noch weit entfernt von unserem Ziel, ganz Liebe zu sein. Wenn wir ganz Liebe in unserem Denken, Sprechen und Handeln geworden sind, haben wir uns in der Schule der Erde für die Rückkehr in die All-Einheit qualifiziert. Aber dieses Gesetz „Liebe deinen Nächsten wie dich selbst" bezieht sich auch auf die Sexualität. Wenn ich als Liebhaber nur meiner Lust mittels eines Partners nachkommen möchte, mir aber egal ist, ob ich diesen damit auch beglücke, bin ich ebenfalls noch weit entfernt von dem eigentlichen Ziel, ganz Liebe zu sein. Je rücksichtsloser mein Ego bei der Stillung seiner sexuellen Triebe vorgeht und womöglich Gewalt anwendet, desto weiter bin ich von der göttlichen Liebe in mir entfernt.

Durch unser Ego, den Feind der wirklichen Liebe, haben wir die Sexualität oftmals in früheren und vielleicht noch im heutigen Leben missbraucht. Wir haben dieses Gottesgeschenk oft mutwillig mit Füßen getreten und müssen alles, was wir lieblos behandelt haben, durch liebloses Behandeltwerden wieder ausgleichen. Aber indem wir uns von unserem egoverhafteten Mutwillen zu Akten der Lieblosigkeit – besonders in der Sexualität – hinreißen ließen, schaffen wir die Voraussetzung für die leidvollen Erfahrungen, die wir in die All-Einheit zurückbringen. So können wir nun zusammenfassend sagen: Die Sexualität verhilft erstens dazu, in den Erdenleben die Erfahrung des Gegenteils der göttlichen All-Harmonie und der All-Liebe zu sammeln. Zweitens ist sie Bestandteil der Fortpflanzung und somit der Arterhaltung, und drittens ist sie eines der wichtigsten Lern- und Lehrmittel zur Erziehung des Menschengeschlechts.

Die Bedeutung der Zwischenleben für die sexuelle Ausrichtung

Das Jenseits, wie wir sahen, ist ebenso wie die diesseitige Welt eine Welt der Illusionen oder eine Welt des Maya, wie die Inder gerne sagen. Sie ist wie die materielle Welt geschaffen, um uns als Lern- und Entwicklungsmöglichkeit zu dienen. In dieser jenseitigen Welt, der Welt zwischen den Erdenleben, deshalb auch das *Zwischenleben* genannt, sind folgende Entwicklungsstufen der Seele vorherrschend: a.) Empfang der von der Erde geschiedenen Seelen, die in ihrem Astralkörper ankommen, b.) Einführung in die neue Umgebung des Jenseits, c.) Wiederbegegnung mit Mitgliedern der jenseitigen Familie und auch mit Seelen, die man noch von der Erde her kannte, d.) Rückblick auf das Erdenleben und Durchgehen von dem, was man dort gemäß der Aufgabenbewältigung und Liebesanwendung richtig oder falsch gemacht hat, meistens von einem Lehrer oder Meister durchgeführt, e.) Besuche als unsichtbarer Geist auf Erden, wo man die Hinterbliebenen aufsucht, um ihnen eventuell beizustehen, vor allem wenn diese den Betreffenden dazu angerufen oder gebeten haben, oder Erdenbesuche oft in Begleitung einer fortgeschrittenen Seele, die ihn die Menschen in ihrem Tun und Denken beobachten lässt, um daraus selbst zu lernen, was falsch und was richtig ist, f.) Gruppenunterricht mit der eigenen oder auch mit anderen Gruppen durch einen Lehrer, der über die Schöpfung Gottes und deren Sinn spricht und dabei die Gesetze und die Liebe erklärt, die von dieser Schöpfung vorgegeben sind, g.) Übernehmen von Aufgaben in der jenseitigen Welt (z. B. Empfang und Einführung von Neuankömmlingen; Aufträge, die man als Geist in der materiellen Welt durchführt; Beschäftigung in der jenseitigen Kinderbetreuung, in den Bibliotheken oder Beteiligung bei der Planung von Projekten, die für das Jenseits bestimmt sind oder die auch an Erdenbewohnern durch Inspiration weiterzugeben sind, usw.), h.) Vorbereitung für das nächste Erdenleben.[17]

Mit Letzterem, besonders in Bezug auf die Sexualität, wollen wir uns jetzt beschäftigen.

Jenseitige Berater helfen bei dieser Vorbereitung für eine bevorstehende Reinkarnation und achten auch darauf, dass die sich vorbereitende Seele sich nicht zu viel auflädt, wobei dann die wichtigen zu erlernenden Aufgaben oder die karmisch auszugleichenden Geschehnisse verdrängt werden könnten. Für ganz junge Seelen, die also noch wenige Erdinkarnationen zurückgelegt haben und sich noch nicht trauen, selbst die besten Lernmöglichkeiten und Ausgleichsgeschehen auszusuchen, wird meistens mit deren Einverständnis das nächste Erdenleben geplant. Bei solchen, die schon mehrere Erdenleben absolviert hatten und in die geistigen Gesetze eingeweiht wurden, aber sich noch nicht im Wissen, was eigentlich für sie als Folgendes zu erlernen wäre, sicher genug fühlen, wird gemeinsam der Plan für die nächste Inkarnation entworfen. Jedoch jene, die schon „alte“ Seelen sind, also schon viele Male die Erde besucht hatten, wissen genau, was sie noch zu lernen haben und können deshalb ohne Beratung ihren nächsten Erdenweg vorbereiten und alle Situationen bestimmen und sich auch die Personen, so diese zustimmen, aussuchen, von denen sie und mit denen sie lernen wollen. Doch bei allen drei Vorbereitungsvariationen herrscht der freie Wille vor.[18] Jeder stimmt dem vorbereiteten Plan zu. Und es wird immer wieder das *Logbuch der Seele*, wie ich es in meinem Buch *Das große Karmahandbuch* benannt habe, eingesehen, um zu erkennen, was eigentlich noch ansteht, ausgeglichen zu werden. Denn darin ist alles verzeichnet, was aufgrund von lieblosem Verhalten in früherem Leben karmisch noch als Eigenerfahrung gemäß dem Karmagesetz zu erfüllen ist.

Zuerst wird man sich in der Vorbereitung auf die zu bewältigenden Aufgaben konzentrieren, die man erlernen will samt den Personen, die man hierzu auswählen möchte. Bei dieser Auswahl wird gleichzeitig das Geschlecht ausgesucht, in welchem man am besten diese Aufgaben zu erledigen gedenkt. Bei der Geschlechtsauswahl gibt es eine ganze Reihe von Gründen, warum man sich zum Beispiel ein bestimmtes Geschlecht aussucht oder gar einen Geschlechtswechsel vornehmen will. Professor Wambach führt dafür eine ganze Reihe von Beispielen an, die sie von ihren vielen in Trance zurückgeführten Probanden zusammentrug. So sagte eine Studentin: „Ich wollte wieder Frau sein, denn mein Partner wollte, dass wir wieder so waren wie in unserem Leben 1503“, oder eine andere: „Ich wollte wieder Frau werden, denn meine Eltern würden mich dann leichter akzeptieren können.“ Und eine dritte sagte: „Ich wollte eine Frau werden, denn so wäre ich leichter in der Lage, geben zu können.“[19]

Im Fall 22 erleben wir sogar einen doppelten Geschlechterwechsel. Saskia war ein österreichischer Soldat namens Albert. Dieser hatte sich in die Prostituierte namens Lilli verliebt und sie bei einem Streit ungewollt getötet, was ihm dann selbst zum Verhängnis wurde. Um diese Disharmonie in dem heutigen Leben wieder auszugleichen und sich nicht wieder zu verderblicher Leidenschaft hinreißen zu lassen und somit ein Leben in Liebe, frei von sexueller Leidenschaft zu führen, haben sie sich ausgesucht, ein Ehepaar zu werden, wobei Saskia als ehemaliger Mann nun eine Frau und die frühere Prostituierte Lilli jetzt ihr Ehemann werden sollte. Denn ein solcher Geschlechteraustausch würde dazu dienen, dass die frühere Lilli und jetziger Ehemann kaum sexuelle Leidenschaft für eine Frau und umgekehrt Saskia als früherer Mann kaum sexuell erregt werden kann durch einen Mann. Wie wir sehen, geschieht die Geschlechterverteilung aus übergeordneten Lerngründen.

Im Fall 47 hat sich Daniel, der an AIDS erkrankt ist, damals nicht restlos zu seiner vormaligen Geliebten bekannt, weshalb er nach seinem Tod die Programmierung aussprach: „Wenn ich nochmals Elisabeth begegne, dann will ich bedingungslos zu ihr stehen.“ Nun nach einigen anderen Erdenleben in der Zwischenzeit soll er schließlich getestet werden, ob er bereit ist, dieses programmierte Selbstversprechen auch wirklich erfüllen zu können. Doch es wird ihm schwer gemacht. Denn er wird als verheirateter Familienvater Elisabeth als homosexuellen Gilbert wiedertreffen und von gleicher Liebe erfasst sein. Nun besteht die Prüfung für ihn darin, ob er diese Programmierung bzw. dieses Versprechen an seine eigene Seele, bedingungslos zu der Seele von Elisabeth, dem heutigen Gilbert, zu stehen, auch wirklich einzuhalten bereit ist. Und Daniel steht nun im Konflikt zwischen seiner Familie und seiner Liebesleidenschaft mit Gilbert. Und ich könnte mir vorstellen, dass Daniel in einem noch früheren Leben einen Partner oder eine Partnerin gehabt hatte, der oder die ebenfalls in solch einem Konflikt gestanden hatte und seine Seele damals kein Verständnis für das Verhalten dieser Person aufgebracht hatte. Denn das Besondere bei der Planung eines bevorstehenden Lebens ist, dass möglichst viele der noch anstehenden karmischen Ausgleichungen samt den übrigen Lernprogrammen miteinander verknüpft werden. Es scheint mir fast, als ob man himmlische Computer bei der Erstellung der bestmöglichen Planung zur Hilfe nimmt, in welchen alle früheren Leben und das noch zu Erlernende verzeichnet stehen, um die ergiebigste Planung zu erreichen.

Ganz richtig sagt deshalb auch einer meiner irdischen Lehrer: „Aus der spirituellen Perspektive ist es egal für die Wahl des karmischen Ausgleichs, ob wir homosexuell, bisexuell oder normal ausgerichtet sein wollen. Denn wir wählen uns, bevor wir geboren werden, genau das Geschlecht aus, das uns die beste Gelegenheit gibt, spirituell zu wachsen.“[20]

Es sind wissenschaftliche Untersuchungen von Prof. *Wambach* und von Prof. *Stevenson* unternommen worden, um festzustellen, bei wie vielen Menschen vom vorausgegangenen Erdenleben zum heutigen ein Geschlechterwechsel stattgefunden hat. Stevenson geht davon aus, dass bei 26 Prozent der von ihm in Myanmar (Burma) untersuchten Fälle die Kinder ihr Geschlecht aus dem früheren Leben gewechselt haben[21], während *Wambach* diese Prozentzahl bei den von ihr untersuchten Fällen auf 13 Prozent reduziert.[22] Meiner Schätzung nach dürfte die richtige Prozentzahl etwa in der Mitte liegen, was bedeuten würde, dass man im Durchschnitt nach jeder fünften Inkarnation sein Geschlecht für ein neues Erdenleben ändert. Anscheinend machen wir alle als Seelen Geschlechterwechsel durch, wenn es auch Ausnahmen geben dürfte wie im Fall 41, in welchem Thomas angibt, in allen seinen dreihundertfünfzig Leben immer ein Mann gewesen zu sein. Ersteres bestätigt auch der australische Rückführungstherapeut *Peter Ramster*: „In Trance Zurückgeführte berichten mir, dass, so wir nicht unser Geschlecht wechseln würden, wir nicht alles verstehen könnten von dem, was verstanden werden muss, ... Sie berichten mir weiterhin, dass die Erfahrung in beiderlei Geschlecht von Notwendigkeit ist, so alles auch wirklich gelernt werden soll ... Jedoch scheint es, dass wir alle Erfahrungen durchmachen müssen, die erfahren werden können, und dass es davon kein Entrinnen über die Dauer der vielen Leben gibt.“[23]

Die Seele ist weder männlich noch weiblich, denn sie ist eine Geistseele, die an sich kein Geschlecht hat oder gar als Mensch bisexuell veranlagt ist, wie Wilhelm Fließ es noch behauptete. Das Geschlecht ist nur in der Dualität der Erde von Wichtigkeit, um die Fortpflanzung zu sichern und um zu lernen. Im Jenseits behalten wir zumeist die Äußerlichkeiten einer Frau, eines Mädchens oder eines Mannes oder Jungen, also das geschlechtliche Aussehen, das wir im soeben gelebten Erdenleben eingenommen hatten. Allerdings, so wir im hohen Alter gestorben sein sollten, nehmen wir unser Aussehen wieder an, das wir in der Blütezeit unseres Erdenlebens gehabt hatten. Doch können wir in unserem Zwischenleben, so es uns passt, auch in dem anderen Geschlecht erscheinen, da wir möglicherweise gerne jenes Aussehen wieder annehmen, das wir in einem vormaligen Erdenleben gehabt hatten, in welchem wir uns besonders gefielen.

Wir suchen uns bei der Vorbereitung unseres neuen Lebens nicht nur Partner aus, mit denen wir uns vorher verabreden, so sie ebenfalls wieder inkarnieren wollen, sondern auch unsere Eltern. Und zwar richtet sich diese Wahl nach dem zu erlernenden Programm. Passen solche Eltern dazu, deren Seele wir schon in früheren Leben gekannt hatten und die zu unserer jenseitigen Familie bzw. Gruppe gehören, dann wählen wir uns diese Eltern aus, so unsere karmischen Berater und Mitplaner dieses für angebracht halten. Doch manches Mal lassen wir uns von unseren Beratern Eltern empfehlen, mit deren Seelen wir noch nie in Kontakt gekommen waren. Und möglicherweise wählen wir uns einen Vater aus, von dem wir im Voraus wissen, dass er uns missbrauchen wird, da wir einen solchen karmischen Ausgleich benötigen. Von solch einem Vorfall berichtet die Nestorin der Rückführungstherapie *Dr. Hazel Denning*.

Eine junge Frau kam zu ihr und offenbarte, dass sie brutale Eltern habe und dass auch Missbrauch stattgefunden habe. Sie wollte nun herausfinden, warum ihr dieses Schicksal aufgebürdet werden musste. Es stellte sich in der Rückführungstherapie heraus, dass sie in einem früheren Leben ein Bettler in Deutschland war, den Kinder hänselten. In seiner Wut auf Kinder konnte er sich eines Tages nicht zurückhalten und schlug auf ein Kind derart ein, dass dieses starb. Dann wurde der heutigen jungen Frau bewusst, dass sie sich diese Eltern ausgesucht hatte, um karmische Schuld von damals abzutragen. Und sie sagte dann am Ende dieser Rückführung: „Ich sollte meinen Eltern dafür dankbar sein, dass ich, indem sie sich dafür zur Verfügung gestellt haben, meine Schuld ausgleichen konnte." Und mit dieser Erkenntnis war ihr Hass auf ihre Eltern verschwunden. Und Frau *Denning* fügt hinzu: „Wenn es Individuen gelingt, ihre eigenen Schicksalsmuster zurückverfolgen zu können und zu erkennen, dass sie tatsächlich wegen eines bestimmten Lernprogramms für eine negative Erfahrung selbst verantwortlich sind, dann werden sie nicht mehr andere für ihr erlittenes Leid verantwortlich machen. Denn was zuerst als eine vollkommen lieblose Behandlungsweise angesehen worden war, wird nun als eine Notwendigkeit für das eigene seelische Wachstum erkannt." [24]

Und dies ist einer der ganz großen Trümpfe der Rückführungstherapie, dass Klienten, die mit den Eltern oder mit anderen Personen schlimme Erlebnisse gehabt haben, dann in der Rückführung möglicherweise einsehen, dass ihnen mit dieser leidvollen Behandlung im Grunde nur Rechtes und somit „Gutes" widerfahren ist, da sie ja sich selbst für diese Eltern oder diese Personen entschieden haben, waren diese doch bereit, ihnen den betreffenden Ausgleich zu geben. Indem wir uns Misshandlungen aus karmischen Gründen selbst ausgesucht haben, stehen wir vor der Frage, inwieweit der Missbraucher und Misshandelnde dann eigentlich schuld sein soll, ist man sich doch nach der Rückkehr in die jenseitige Welt, nachdem man dort lernt, die eigentlichen Zusammenhänge und Hintergründe des Geschehenen zu erkennen, darüber im Klaren, dass ein solcher Übeltäter einem doch wunschgerecht entgegengekommen war, und wird sich deshalb möglicherweise bei diesem sogar noch bedanken.

Und deshalb kann es sein, das man sich im Jenseits schon mit einer Person verabredet und sie dahingehend gebeten hat, an einem etwas Widriges zu vollziehen, damit man seine karmische Schuld aufzulösen vermag. Und so diese Person einwilligt und sie es nur in der bevorstehenden Inkarnation allein aus diesem Grunde tut, trifft sie dann aus höherer Sicht keinerlei Schuld. Diese Person mag eine überaus anständige Person sein, die dann trotzdem diese widrige Tat an uns verüben wird, da diese ihr einprogrammiert wurde, weshalb sie wegen dieser Programmierung dann auch so handeln muss. Es könnte einem solchen Täter auch eine erdgebundene Person beigesellt werden, die ihn dann zu dieser Untat verführt. Alle diese Zusammenhänge werden sicherlich durch weitere Forschungen noch aufgedeckt werden, denn wir entschleiern immer mehr die geheimen Gesetze und Zusammenhänge, in die wir Menschen aus welchen Gründen auch immer verwoben sind. Doch manches Mal braucht es dazu Mut, stoßen solche kühnen Entdeckungen doch meist auf Widerwillen der bisherigen Meinung und könnten für den Enthüller sogar juristische Folgen haben. Doch solchen kühnen Forschern habe wir es zu verdanken, dass neue Pfade, die zu einem erweiterten Wissen führen, entdeckt werden können.

Oft verabreden sich solche Seelen im Jenseits wieder für eine neue Inkarnation miteinander, die sich in früheren Leben gegenseitig Schmerzen bereitet haben. So wurde in dem Fall 37 die heutige Leonore im früheren Leben im Orient als junger Schreiber von einer verheirateten Geliebten getäuscht in der Annahme, sie liebe ihn wirklich, während sie ihm dann offenbarte, ihn nur als Spielzeug benutzt zu haben. Im heutigen Leben, obwohl Leonore eine Frau ist, hat sich jene Geliebte von damals dazu entschieden, ebenfalls wieder als Frau zu inkarnieren, um ihre Freundin zu werden, die sich, um alles wieder gutzumachen und ihr echte Gefühle der Liebe entgegenzubringen, nun ihr ganz hingeben möchte, auch was die Sexualität anbelangt. Denn wo immer wir Disharmonien zu Personen bewirkt haben, müssen wir diese meistens mit eben diesen Personen wieder ausgleichen.

Wir suchen uns im Jenseits bei der Planung des nächsten Lebens genau das aus, was notwendig ist, noch gelernt, das heißt auch aufgelöst, zu werden. Wir erinnern uns vielleicht noch an Werner (Fall 43). Dieser hieß damals in Polen Pewil und wurde von seinem eifersüchtigen Freund Sewan durch beabsichtigte Leichtsinnigkeit zu Tode gebracht. Im Jenseits bereut dieser Freund seine Tat. Und als sich Pewil wieder zu einer neuen Inkarnation anschickt, will Sewan ebenfalls inkarnieren, um mit ihm zusammen zu sein und alles an ihm wieder gutzumachen. Doch für Pewil sind andere Erlebnisse mit anderen Menschen vorgesehen. Und auf die dringende Frage Sewans: „Wieso darf ich nicht mitkommen?“ wird ihnen geraten, erst mit anderen Seelen in den verschiedenen Leben wichtige Aufgaben zu lernen, bevor sie beide wieder zusammen inkarnieren dürfen. Aber es wird ihm versprochen, dass er Pewil einst wiedersehen wird. Und er wird ihn dann als seinen Freund wiedererkennen. Im heutigen Leben sind sie schließlich wieder inkarniert und führen eine homoerotische Partnerschaft. Seelen erkennen sich an einer spezifischen Schwingung wieder. Das Wiedererkennen wird, wie Michael Newton in seinen Büchern schreibt, vorher wie ein Posthypnotikum eingegeben, indem man z.B. ein bestimmtes Wiedererkennungszeichen, sei es ein Emblem, ein Kleidungsstück oder auch ein bestimmtes Wort oder einen Satz, vorher vereinbart hat, welche dann zur richtigen Zeit in dem betreffenden Leben aktiviert werden, sodass man sich daraufhin dem anderen nähert. Hierbei handelt es sich also wieder um eine tertiäre Einstellung.

Und eine solche kann auch durch die eigene Entscheidung bewirkt werden.

Professor Whitton beschreibt eben einen solchen Fall bei einer seiner in Trance zurückgeführten Klientinnen. „Weniger hoch entwickelte Persönlichkeiten brauchen augenscheinlich einen solchen bis in alle Einzelheiten ausgearbeiteten Plan. Höher entwickelte Seelen folgen nur einer bestimmten Grundrichtung, sodass sie mehr Eigeninitiative entwickeln müssen, wenn sie in schwierige Situationen geraten. Ein Mann, der während mehrerer Inkarnationen in einem depressiven, zurückgezogenen Zustand gelebt hatte, musste (im Jenseits) erkennen, dass es für seine Entwicklung notwendig war, im nächsten Leben stärker der Sexualität und der Erotik ausgesetzt zu werden. Er entschloss sich daher nur, als stark erotische Frau geboren zu werden, lehnte es aber ab, künftige Ereignisse in anderer Weise zu beeinflussen als durch die Grundentscheidung hinsichtlich des Geschlechts und der Veranlagung.“[25] Nun können wir auch begreifen, dass aus Gründen der Ganzheitserfahrungen aller Gegensätze eine Nonne oder ein Mönch sich für das kommende Leben ein Leben als Prostituierte aussuchen könnte, während wiederum eine solche sich für ein Klosterleben entscheidet. Doch im ersteren Fall müssten die Enthaltsamkeits- und Keuschheitsgelübde als Sekundäreinstellung, die man als Mönch oder Nonne abgelegt hat, durch eine tertiäre Programmierung überdeckt werden, damit auch ein Prostituiertenleben möglich werden kann. Und in vielen Fällen der von mir Zurückgeführten ist der vormalige Sexualtäter im anschließenden Leben ein sexuell enthaltsamer Mensch, auch wenn ihn dort schon der karmische Ausgleich treffen sollte.

Die tertiäre Einstellung hinsichtlich der Verteilung der Libido (Sexualtrieb) wird auch außerhalb von Partnerschaften in bestimmten Fällen angewandt. Denn wenn jemand in einem Leben ein Sexualverbrecher war, wird er sich möglicherweise dazu entscheiden, um aller Wiederholung vorzubeugen, sein nächstes Leben in einem Kloster oder in sonstiger sexueller Enthaltsamkeit zu verbringen. Und damit er noch nicht einmal in Gedanken wieder rückfällig wird, bittet er darum, dass er von seinem Drang nach Sexualität weitgehendst befreit wird. Hatte er als Sexualtäter eine Libido von 100 Prozent, so wird ihm vielleicht nun eine solche von nur fünf Prozent zugeteilt. Eine solche Zuteilung erfolgt gemäß des zu erfüllenden Programms. Diese Zuteilung ist steuerbar und wird mittels einer Art Hypnose vorher auf jenen unsichtbaren Chip programmiert, auf welchem sich die Verhaltensprogramme für eine Seele befinden. Diese Libidozuteilung wird vorher genau ausgewogen, dient sie doch dazu, bestimmte Prozesse zur Liebeserweiterung und somit zur Entwicklung der Seele in Bewegung zu setzen.

So kann es sein, dass für den einen Ehepartner eine Libidozuteilung von 90 Prozent vorgesehen ist, jedoch für den anderen eine solche von nur 20 Prozent. Ihrer beider Lebensaufgabe besteht nun darin, trotz aller Gegensätzlichkeit miteinander in Liebe auszukommen. Falls dem Mann dieser große Libidoüberschuss zuerteilt worden war, ist es an ihr, ihm gegenüber verständnisvoll zu sein, wenn er diesem Libidodrang nachkommen muss, sei es, dass er häufig masturbiert, dass er dieses unter Zuhilfenahme von Pornographie durchführt oder dass er gelegentlich zu einer Prostituierten geht. Einsichtige und liebende Frauen wissen darüber, aber sie schweigen, um aus Liebe zu ihrem Mann die Ehe nicht zu gefährden.

Sie wissen, dass er mehr Sexualität braucht, als sie selbst. Sie lassen ihn gewähren. Denn sie wissen, dass er ihnen im Herzen hundertprozentig treu ist. Und für ihn besteht die Aufgabe darin, seiner Frau gegenüber tolerant zu sein, sie nicht zu beschimpfen oder ihr mit Frust zu begegnen, da sie sich vielleicht höchstens ein- bis zweimal im Monat beschlafen lassen will. Und sehr einsichtige Frauen, obwohl sie keinerlei oder nur sehr wenig Lust auf den Beischlaf haben, geben dem Drängen des lusterfüllten Mannes nach, damit er sich nicht anderweitig nach Frauen umsieht.

Aber diese Libidoverteilung kann natürlich genau umgekehrt sein. Und sollte ein Mann merken, dass er seiner Frau im Bett nicht genügen kann und sie sich vielleicht nach einem heimlichen Liebhaber umsieht, so mag er vielleicht sich in diese Situation finden, da er weiß, seine Frau liebt ihn, doch wenn er ihr diese gelegentlichen Seitensprünge untersagt, trennt sie sich von ihm. Von beiden Seiten einer Partnerschaft ist also bei ungleicher Libidoverteilung ein großes Maß an Verständnis, Toleranz und Nachsicht angesagt. Zu solchen Tugenden wird man sicherlich nicht leicht gelangen können, denn es bedarf einer großen Seelenreife, die man sich durch viele Leben erst errungen haben muss, weshalb reife Seelen sich gerne in so eine unausgewogene Sexualpartnerschaft hineinbegeben, um sich selbst zu testen, ob sie zu solcher Toleranz schon gereift sind. Und eventuell bedarf es einer erneuten Wiederholung solch einer Konstellation, sollte es bei jenem ersten Test nicht gelungen sein, das vorgenommene Ziel in einer sexuell unausgewogenen Partnerschaft zu erreichen.

Doch nicht nur bei gereiften Seelen kommen derlei unausgeglichene Sexualpartnerschaften zustande. Jede Auseinandersetzung mit dem Partner führt dazu, dass man in Liebe aufeinander zugehen sollte. Solche Unausgeglichenheiten hinsichtlich der Sexualität – ob sie nun auf eine sekundäre oder tertiäre Programmierung zurückgehen, spielt dabei keine Rolle – werden meistens von „Normalseelen“ nur schwer gehandhabt. So kommt es bei ihnen oft zu schlimmsten Auseinandersetzungen, die in Beschimpfung, Demütigung und sogar Schläge ausarten mögen und möglicherweise in einer Scheidung enden. Denn die meisten partnerschaftlichen Probleme sind auf sexuelle Disharmonien zurückzuführen. Doch selbst wenn man sich von einem Partner auf Nimmerwiedersehen getrennt hat, heißt das noch lange nicht, dass man von dieser Seele auf ewig geschieden ist. Man wird sich sicherlich wiedertreffen und immer wieder zusammen inkarnieren, bis man zur Harmonie gefunden hat. Und eine Harmonie hat man nicht nur hergestellt, indem man bis zum Lebensende eine glückliche Ehe führt, sondern auch dann, wenn man weiß, dass ein Zusammenleben weiterhin nicht mehr zufriedenstellend ist, sodass man sich dann in Freundschaft voneinander trennt.

Aber auch Spannungen in Partnerschaften können aus karmischen oder Lerngründen eingeplant werden mit dem Ziel, sich trotzdem immer wieder zu versöhnen und allmählich Verstehen, Toleranz, Vergebung und vor allem immer wieder Liebe einzuüben.

Nachdem die Vorbereitungen im Jenseits für eine erneute Inkarnation abgeschlossen sind, werden wir in die Erdenschule hineingeboren, in welcher wir meist schon im Bauch der Mutter mit Sexualität konfrontiert werden – bekommen wir doch als Fötus genau mit, wenn der Vater mit dem Glied in die Scheide stößt, er uns also mit diesem zu nahe tritt, oder wenn er mit seinem Körper auf unserer Mutter liegt und uns einengt, oder aber, wenn wir fühlen, dass die Mutter sich gegen diesen Sex sträubt und den Beischlaf nur widerwillig geschehen lässt, oder wenn der Vater sich beleidigt oder schimpfend abwendet, da sie nicht zulässt, dass er sie beschläft. Als Fötus werden wir oft der Sexualität näher ausgesetzt als in unserem ganzen späteren Leben, so wir uns dann ihr gegenüber ängstlich, zurückhaltend oder versagend verhalten sollten. Doch erst mit unserer Geschlechtsreife und unserem Erwachsenwerden wirken die Tertiäreinstellungen samt der Libidoverteilung auf unser Leben ein. Hier in dieser Lebensschule, die eigentlich eine Liebesschule ist, da alle Fächer als Ziel die Liebesvermehrung beinhalten, werden wir in Situationen hineingestellt, in denen wir lernend uns immer mehr zur Liebe hin vervollkommnen. „Der Reinkarnationsprozess ist oft mit einer Schule für die Seelen verglichen worden, in welcher jedes Leben einer Klasse zugeordnet wird, wo wir entweder unser Klassenziel erreichen oder sitzen bleiben. Die Lektionen, die wir hier lernen, haben damit zu tun, wie wir unsere Mitmenschen behandeln, wie wir unsere Liebe, unsere kreativen Kräfte, unsere Stärke und unsere Sexualität anwenden und inwiefern wir aufrichtig, vertrauensvoll und liebevoll miteinander umgehen. ... Jene Klassen, in denen wir sitzen bleiben, müssen wiederholt werden. Doch die Klassen, die wir bestanden haben, führen allmählich zu einem erfolgreichen Schulabschluss.“ [26]

Und sobald wir unserer Sexualität bewusst geworden sind und sie einsetzen, beginnen unsere Lernaufgaben. Und wir unterstreichen nochmals: Sexualität ist eines der wichtigsten Instrumente zum Erlernen der Liebe. Und wir wenden diese in verschiedenster Form an, sei es in liebender oder in manipulativer Form. Und außer von unseren inneren Programmierungen werden wir von der kirchlichen Moral, die allzu freies Umgehen mit der Sexualität zur Sünde erklärt, und der sozialen Moral in unserer Anwendung der Sexualität beeinträchtigt, so wir uns beeinträchtigen lassen. Im Einzelnen wird dieses Thema gleich zu Beginn des nächsten Teils dieses Buches behandelt.

Doch zum Schluss dieses Teils möchte ich den irdischen Lehrmeister *Osho* zu Wort kommen lassen: „Wenn Gott Sex zur Sünde erklärt hat, ist Gott der größte Sünder auf der Welt, der größte Sünder im ganzen Universum.“ Denn alles Leben, wie er es geschaffen hat, kann nur weiterhin bestehen durch Sex, durch Besamung. Und Besamung ist nichts anderes als Sex. Und er fährt fort: „Sex ist göttlich. Die ursprüngliche sexuelle Energie ist eine Reflexion Gottes. Es ist ganz offensichtlich, denn sie erzeugt neues Leben. Und das ist die mysteriöseste, die größte Kraft, die es gibt.“ [27]

Das Geheimnis der Menschheit liegt in ihrer Seelenentwicklung. Während das Tier bestimmt bleibt durch die Primäreinstellung, wird diese beim Menschen immer weniger einwirkend, da die Sekundäreinstellung mittels des Karmagesetzes immer mehr sein Ausgerichtetsein bestimmt. Diese Sekundäreinstellung wird zunehmend aus freier Entscheidung durch die Tertiäreinstellung beeinflusst, sodass sie allmählich die führende Beeinträchtigung wird, die den Menschen leitet, sobald er die karmischen Unausgewogenheiten, die sich durch begangene Lieblosigkeit ergeben, aufgelöst hat. Am Ende seiner irdischen Seelenentwicklung auf Erden wird er ganz seine Quartäreinstellung auf seine Tertiäreinstellung eingerichtet haben, sodass beide kaum noch voneinander zu unterscheiden sind. Auf dem Weg der Seele vom ersten Menschsein bis zu ihrer vollkommenen Seelenverwirklichung geht es um die Liebe. Das ganze seelische Menschsein ist ein großes Liebesspiel. Und die Verkörperung ist nur Mittel zum Zweck.

Die Geschlechtlichkeit ist einmal das Mittel, um die Körperlichkeit in ihrem Fortbestand zu garantieren, zum anderen ist sie Instrument der seelischen Liebeserziehung. Und der Reiz der Sexualität besteht in der Antriebskraft, die Menschenseelen in ihrer Verkörperung zum Handeln aufzufordern, sie zu motivieren, sich in den Strom der Liebeserziehung einzubringen. Doch alles ist ein göttliches Liebesspiel, das wir als Teile Gottes in unserer Gesamtheit ausgedacht haben. Und solange wir unser Göttlichsein vergessen haben, bleiben wir in der erschaffenen Illusionsschöpfung verhaftet. Und dieses Innesein des Einsseins mit dem Göttlichen kann nur durch vollkommene Liebewerdung herbeigeführt werden. Das ganze Menschendasein ist eine Comedia amoris divinis.

Der Mensch, der seine Rolle in dieser göttlichen Liebeskomödie erkannt hat, wird sich des Spielenden im Spiel bewusst. Er weiß, welcher Intention dieses Bühnenstück unterliegt. Und er wird als Wissender seine Rolle zu Ende spielen im Bewusstsein, nie gegen die Gesetze der Liebe zu verstoßen, da er sonst genötigt ist, wieder auf der Weltbühne in einem neuen Stück auftreten zu müssen. Gloria in excelsis.

IV. Einwirken und Auswirkungen der Sexualität auf den Menschen

In den folgenden Ausführungen unter dieser Kapitelüberschrift habe ich einige Schwerpunkte der Sexualität herausgegriffen, um dem Leser eine breitere Sichtweise zu vermitteln. Weitere kurze Darstellungen zu diesem großen Gebiet der Sexualität finden Sie in alphabetischer Anordnung im *„Lexikon der Sexualität"* im hinteren Teil dieses Buches. Und nochmals der Hinweis: Bei allen Ausführungen geht es nicht so sehr darum, die Ursachen sexueller Probleme im heutigen Leben nachzuweisen, denn dazu gibt es eine nahezu nicht mehr zu übersehende Literatur, sondern das zu vermitteln, was in früheren Leben als Ursachen aufgetaucht oder als solche zu vermuten ist und was sich dementsprechend im heutigen Leben auswirkt.

Die Bedeutung der Sexualität allgemein

Die Anbindung des Menschen an sein Geschlecht und die Ausübung desselben verläuft nach einer von der Schöpfung codierten Programmierung. Die entgegengesetzten Geschlechter haben sich wie Magneten energetisch anzuziehen. Selbst bei Homosexuellen strahlt meist der eine Partner mehr weibliche Energie aus als der andere. Auf dieser seelisch-körperlichen Anziehungskraft beruht die Erhaltung der Schöpfung. Diese ist von dem Schöpfer – wie immer wir ihn uns vorstellen oder benennen wollen – mit weisem Vorbedacht erschaffen worden. Wir führen also durch den Koitus den Willen Gottes aus.

Zugleich hat er aber mit der Sexualität aus großer Liebe zu den Menschen ihnen das besondere Geschenk gemacht, sich an der Sexualität erfreuen zu dürfen, ein Geschenk, das er in dieser Weise keinem anderen Wesen in der Schöpfung gewährt hat. Und wir dürfen, nein wir sollen uns an unserer Geschlechtlichkeit erfreuen. Jede in Freude und Liebe ausgeübte sexuelle Handlung sollte ein Dankeschön an den Schöpfer sein. Doch mit diesem Gottesgeschenk wurde viel Missbrauch getrieben, es wurde als solches verkannt, verfemt, verurteilt, ja sogar als Entfernung von Gott dargestellt und als Machtinstrument eines erfundenen Widersachers gesehen. Dabei verbindet die Menschen nichts mehr als Liebe und Sexualität. Während die Sexualität in der körperlichen Berührung ihren Höhepunkt findet, kommt die Liebe ohne eine solche aus. Die Sexualität, selbst wenn sie nur von Vorstellungen genährt ist, bedingt die reale oder vorgestellte Körperlichkeit (sexuelle Phantasien und Träume). Sie ist fixiert auf eine körperliche Schwingung, auf einen Energieaustausch. Die Liebe hingegen beruht auf einer seelischen Schwingung, sie gehört nicht dem materiellen Prinzip an, sondern dem seelischen. Dieses erstreckt sich nicht nur auf bestimmte Menschen, sondern kann sich auf alles ausweiten, auf Personen, Tiere, Pflanzen, Gegenstände, auf Orte, Gegenden, Länder, Völker, auf Kunst, Musik, Sport und vor allem auf religiöse oder verehrte Vorbilder und auf Gott. Man kann seine Mutter, den Vater, die Schwester, den Bruder oder sogar jemanden vom anderen Geschlecht, den man verehrt, lieben, ohne diese Liebe an Sexualität zu binden. Doch wenn sich Liebe und Sexualität vereinigen, verbindet sich das Seelische mit dem Körperlichen. Das Erlebnisvolumen des Menschen erlebt dann eine Steigerung. Und da der Orgasmus eine Begegnung ist mit dem Göttlichen, ein Eintauchen und Verschmelzen (wenn auch nur für Sekunden) mit der All-Harmonie, die Liebe aber selbst göttlichen Ursprungs ist, begegnet sich das Göttliche mit sich selbst, das in den Menschen aus der Liebe Gottes heraus in ihn hineingelegt ist, um mit ihm ewig verbunden zu sein. Und die Sexualität sucht die Liebe, und die Liebe sucht die Sexualität. Denn das Körperliche will sich mit dem Seelischen vereinigen, um dadurch in eine höhere Schwingung zu geraten. Und Ziel und Wunsch eines jeden Menschen ist es, diese beiden vereint zu erleben. Erst wenn diese Sehnsucht herbeigeführt werden konnte, sublimiert sich die Liebessehnsucht, sie transzendiert die Sexualität und nimmt in sich die Schwingungen der All-Liebe als ein bleibendes seligmachendes Glücksempfinden im Bewusstsein und im Gefühl des Einsseins mit dem Göttlichen an.

Doch Sexualität und Liebe mögen zwei ganz verschiedene Wege gehen und sich nur selten überkreuzen. Oft erkennen sie einander nicht. Und erst im Nachhinein mag es jemandem bewusst werden, dass in einer bestimmten Person, die er körperlich liebte, eigentlich auch die wahre Liebe für ihn zu finden gewesen war. Doch die körperliche Liebe, die *Sinnenliebe*, hielt ihn in Bann und ließ ihn weiterhin in einer anderen Richtung nach dieser Liebe suchen. Die Sexualität wird zum antreibenden Motor nach der wahren Liebe. Und oft sucht man im heutigen Leben nach dieser Liebe, der man in einem früheren Leben begegnet war. Und man sucht auch nach der erfüllten sexuellen Vereinigung, die man vor langer Zeit einmal erlebt haben mag. *(Oder ist gar die Sehnsucht nach erfüllter Sexualität eine menschenspezifische Primäreinstellung, damit wir diese irgendwann in einem der zu durchlaufenden Leben anzustreben versuchen?)* Hat man also in einem früheren Leben mit einer Seele eine erfüllende Beziehung erlebt, die vor allem sexuell fundiert war, dann wird man sich wieder nach dieser sehnen. Und jeder Mensch, der dieser früheren Geliebten oder dem Geliebten ähnlich ist oder eine annähernd gleiche Ausstrahlung oder Schwingung hat, erregt seine Aufmerksamkeit, die sich auch auf erotische Gefühle erstrecken kann.

Und wenn jemand nach einer sehr enttäuschten Liebe sich programmiert: „Ich will nie wieder lieben“, wird irgendwann diese Programmierung sich auflösen und der uns allen eingegebene *Liebestrieb* wieder hervorbrechen und uns mit umso größerer Sehnsucht nach dieser Liebe wieder suchen lassen. Gerade in jenen Leben, in denen wir keine oder nur geringe Liebe erfahren oder wo wir sogar um der Liebe willen viel Schmerz erleiden, steigert sich die Sehnsucht nach Liebe. Und ebenso ergeht es uns mit unserer Sexualität. Ist eine Frau vergewaltigt worden und programmiert sich mit den Worten oder Gedanken: „Ich will nie wieder irgendetwas mit Sex zu tun haben“, wird diese Programmierung sich irgendwann, und sollte sie über einige Leben wirksam bleiben, wieder auflösen, wonach dann im Besonderen das Verlangen nach Sexualität wieder stark in den Vordergrund gestellt sein dürfte. Und je mehr wir die Sexualität verdrängen, umso mehr mag sie sich unterschwellig bemerkbar machen. Sie kann uns möglicherweise besessen machen, sodass wir nur noch an Sex denken, selbst wenn wir als Mönch oder Nonne so tun, als ob wir über das Thema Sex erhaben sind, es uns nicht tangieren kann.

Unausgelebter Sex, vor allem wenn die Libidoeinstellung hoch ist, schafft Disharmonie entweder, so man alleine lebt, mit sich selbst oder, so man sich in Partnerschaft befindet, mit dieser und sich selbst. Die betreffenden Menschen strömen ihre unguten Schwingungen auch auf andere Menschen aus, seien es die eigenen Kinder, die diese zu spüren bekommen, oder die Kollegen auf der Arbeitsstelle oder sonstwo im Berufsleben oder im sozialen Umfeld. Und eine Person, die ein ausgeglichenes, zufriedenstellendes Sexualleben führt, verbreitet ein Feld von Harmonie um sich. Ersteres trifft auch auf einen Menschen zu, der Hass, Egoismus und Lieblosigkeit in sich verspürt, und Letzteres trifft auf jenen zu, der die Liebe im Herzen trägt. *Dr. Ben Ard* führt sexuelle Disharmonie mit dem Partner auf den Umstand zurück, dass sie nie miteinander über Sex sprechen. „Ich habe Klienten bei mir gehabt, die in zwanzig- bis dreißigjähriger Ehe regelmäßigen und häufigen Sex miteinander ausführten, die jedoch niemals über Sex miteinander gesprochen hatten. So viele Paare haben miteinander Sex und nehmen an, dass alles so, wie es ist, auch richtig ist. Ich muss dann meine Klienten dahinbringen, dass sie aufhören ‘anzunehmen’ und stattdessen Fragen stellen. Leute, die gewöhnlichen Sex praktizieren, sollten herausfinden, was ihr Partner oder ihre Partnerin wirklich beim Sex am liebsten mag.“[28]

Liebe darf nie mit Sexualität verwechselt werden, und Sexualität nicht mit Liebe. Sie gehören ganz anderen Schwingungsbereichen an. Wenn jemand zu dem anderen sagt „Ich liebe dich“ und meint im Grunde aber nur „Ich begehre dich. Ich möchte mit dir schlafen“, dann betrügt man nicht nur den anderen, sondern vor allem sich selbst. Das Äußere ist immer nur die Verpackung, das Innere jedoch das Wesen des Menschen samt seiner Seele. Und vor allem Männer verlieben sich in die Verpackungen, die äußere Aufmachung der Frau, die sich auch deshalb Mühe gibt, sich äußerlich vorteilhaft darzustellen. Denn sie weiß aus Erfahrungen, die sich unbewusst auch auf frühere Leben erstrecken können, dass die Männer besser sehend als erfühlend durchblicken können. Doch sollte der Mann dann das ihm präsentierte Geschenk öffnen dürfen, kann es sein, dass er sehr erfreut über dessen Inhalt ist. Oder im umgekehrten Fall kann er sehr enttäuscht sein, hatte er sich doch in seinem Wunschdenken selbst über einen erfreulichen Inhalt betrogen. Und die Sexualität ist eine der in diesem Paket versteckten Überraschungen, ja sogar die Hauptüberraschung. Sollte diese sich aber als eine enttäuschende Angelegenheit herausstellen, möchte er sich ihr wieder schnellstens entziehen. Das Äußere dient der Anbahnung eines sich Kennenlernens, die Sexualität aber der möglichen intimen Verstrickung. Jedes Öffnen dieses Pakets bietet aber die Möglichkeit, die Liebe, die sich darin unsichtbar versteckt, zu erfühlen. Wenn man jedoch nur die Inhalte besieht, nicht aber die Liebe erkennt, wird man sich auch irgendwann von diesen Inhalten wieder verabschieden wollen.

Die Existenz unserer Seele erstreckt sich über viele Leben. Man könnte jedes Erdenleben mit einer Buchseite im umfangreichen Lebensbuch der Seele vergleichen. Und in der Rückführung kann man beliebig darin herumblättern, vorwärts oder rückwärts. Der Inhalt einer Seite ist nur dann voll verständlich zu verstehen, wenn auch die vorhergehenden Seiten gründlich gelesen worden sind. Und auf jeder Seite gibt es etwas über gelebte oder gemiedene Sexualität zu lesen. So ergibt sich die heutige Sexualität aus den Einstellungen und dem Verhalten, den Einwirkungen und Reaktionen unserer Seele auf die sexuellen Situationen und Konstellationen aus dem heutigen und vor allem aus den vorausgegangenen Leben. Unsere sexuelle Einstellung und Prägung ist das Produkt aller Erfahrungen aus dem heutigen (Quartäreinstellung), dem jenseitigen (Tertiäreinstellung) und im besonderen Maße aus den früheren Leben (Sekundäreinstellung).

Man vergleicht gerne den Mann mit dem Planeten Mars und die Frau mit dem der Venus. Und der Sexualforscher John Gray stellt ganz deutlich klar, dass beide, weil sie von ganz unterschiedlichen Planeten herstammen, auch vollkommen anders ausgerichtet sein müssen, wobei die einen von den anderen nicht verstehen können, dass sie nicht genauso denken und sich ebenso verhalten wie sie selbst. Doch eigentlich müssten sie sich gut verstehen, gehörten doch sicherlich beinahe alle in abgelebten Zeiten öfter dem anderen Geschlecht an. Aber diese Erinnerungen an frühere andersgeschlechtliche Zugehörigkeit wurden durch die Primäreinstellung überdeckt, damit ein Spannungsfeld zwischen den Geschlechtern entstehen kann. Diese unterschiedlichen Verhaltens- und Denkweisen aus der geschlechtsspezifischen vormenschlichen Phase werden jedoch nur bei jenen, die eine homosexuelle Sexualität erleben wollen oder sollen, durch Sekundär- und Tertiäreinstellungen zurückgedrängt. Doch gerade diese geschlechtsspezifischen Unterschiede zwischen Mann und Frau schaffen ein Lernfeld, in welchem zur Herstellung von Harmonie gegenseitiges Verstehen und Liebe angesagt ist.

Unser sexuelles Verhalten stammt hauptsächlich aus den vergangenen Erdenleben, die vor allem in der europäischen Geschichte der letzten zweitausendfünfhundert Jahre zu vielen Malen durchlebt wurden, weshalb ich es für nützlich halte, eine kurze Einführung in die Geschichte der Sexualität dieser vergangenen Jahrhunderte zu geben.

Kurze Geschichte der Sexualität

Schon die ersten uns erhaltenen Piktogramme der Steinzeit geben Fruchtbarkeitssymbole wieder. Göttinnen haben übergroße Busen und Götter einen großen Penis. Diese wurden verehrt, um die Fruchtbarkeit der Frau und die Zeugungskraft des Mannes günstig zu beeinflussen. Doch über das eigentliche Geschlechtsleben dieser vorgeschichtlichen Menschen wissen wir nur wenig. Doch wissen wir aus dem *Codex Hammurabi*, der auf Tontäfelchen vor ca. 4000 Jahren niedergeschrieben wurde, dass ein Mann, der eine Jungfrau vergewaltigte, mit dem Tode bestraft wurde, während ein Mann, der eine Verheiratete vergewaltigte, mit dieser zusammen den Tod durch Ertränken fand, da man sie ebenfalls als schuldig annehmen musste. Von den Ägyptern ist uns bekannt, dass zumindest die Pharaonen und sicherlich auch Männer der gehobenen Kreise ihre Schwestern oder sogar Töchter heiraten konnten, was späterhin auch in den Königshäusern der Perser vorkommen sollte. Die Vielehe hat es bestimmt schon bei vielen Völkern gegeben, und bei den Tibetern war es bis in die Gegenwart hinein noch Sitte, dass eine Frau auch mit mehr als einem Mann gleichzeitig verheiratet sein durfte. Wo immer Menschen enger miteinander leben, entstehen automatisch Verhaltensvorschriften, besonders auf sexuellem Gebiet. Und jeder Verstoß kann geahndet werden, kann Bestrafung, Verbannung oder gar Tod bedeuten. Durch solche Verstöße gegen die Sitte entstehen bei dem Betreffenden zumindest nach seinem Tode Schuldgefühle. Und hier setzt das karmische Rad von Ursache und Wirkung, von Schuldaufladung und Schuldentladung ein. Die Tiere verhalten sich in ihrem Sexualleben dem ihnen eingegebenen Instinkt entsprechend. Bei den Primaten gibt es verschiedene Rangordnungen, die zu beachten sind. Aber ihnen ist jede Art von Schuldbewusstsein unbekannt. Doch die Menschen haben hinsichtlich der Sexualität oft strikte Verhaltsregeln eingeführt. Die bekanntesten und wohl in ihrer Ganzheit am besten uns erhalten gebliebenen Gesetze zum moralischen Verhalten eines Volkes finden wir in der Gesetzgebung Moses (ca. 1200 vor Chr.) im Alten Testament. „Wer die Ehe bricht mit jemandes Weib, der soll des Todes sterben, beide, Ehebrecher und Ehebrecherin." (3. Mose, 20,10). Doch wenn der Mann ein Mädchen vergewaltigt, muss er dafür eine Buße an den Vater zahlen oder die Vergewaltigte ehelichen (5. Mose, 22, 28). Dieses Gesetz sieht schon vor, dass der Mann sich verschulden kann, indem es ihm erlaubt ist, Gewalt anzuwenden. Auch wenn er dafür zur Rechenschaft gezogen wird, kann er sich durch eine Summe Geldes davon lösen. Auch darf er sich unter den gefangenen Frauen eine, auf welche er Lust hat, zur Frau nehmen, doch sobald die Lust auf sie nachgelassen hat, darf er sie wegschicken (5. Mose, 10-14). Doch seine Seele, so können wir mittels der Erkenntnisse der Rückführungstherapie sagen, hat sich vor dem Gesetz der Nächstenliebe („Du sollst deinen Nächsten lieben wie dich selbst" 3. Mose, 19,18) verschuldet. Er wird spätestens im Jenseits einsehen müssen, worin er gegen die Nächstenliebe Schuld auf sich geladen hat, und wird auch eine ähnliche Vergewaltigung in einem der Folgeleben an sich selbst erleben müssen. Außerdem setzen diese Gesetze strikte Maßregeln im weitesten Sinne gegen Verstöße des Inzest (3. Mose, 18, 6-18), sodass es dem Mann nicht einmal erlaubt ist, die Ehefrau seines verstorbenen Bruders zu ehelichen, was bei manchen anderen Völkern geradezu Pflicht ist. Das spätere Christentum hat sich in seinem sexuellen Verhaltenskodex vorerst an diese Vorgaben des Alten Testaments gehalten, bis jene Verteufelung der Sexualität immer mehr in den Vordergrund trat.

Im klassischen Griechentum war man, was die Sexualität anging, sehr frei, zumindest was die Männer betrifft, während die Ehefrau mit keinem anderen Mann schlafen durfte, ihr jedoch offen stand, lesbischer Liebe nachzugehen. Doch der Mann konnte mit Sklavinnen geschlechtlich verkehren, durfte fremdgehen und vor allem, er durfte mit pubertierenden Knaben seinen homoerotischen Neigungen nachkommen. Ja, es galt fast für einen älteren Mann als Anerkennung, einen jungen Liebhaber zu haben, den er in jeglicher Art zu fördern suchte, wofür der Jüngling ihm gerne seinen Körper als Gegenstand der Lust anbot. Wie wir noch sehen werden, haben einige der heute Inkarnierten damals diese Homoerotik genossen und haben sich vermehrt dazu entschieden, gerade in der heutigen Zeit wiedergeboren zu werden, um diese freie Homoerotik wieder wie im Alten Griechenland ins Leben zu rufen.

Wie die Griechen – unter ihnen Männer wie *Sokrates* und *Äschylos* – übernahmen auch die Römer diese homoerotische Freizügigkeit, zu der sich auch Caesar wie viele andere des Klassischen Altertums bekannten. Das ganze riesige Römische Weltreich wurde unter Anwendung von Gewalt gegründet. Viele hundert Völker wurden besiegt und unterjocht. Die Besiegten tötete man oft, so sie nicht für die Sklaverei zu gebrauchen waren. Wer als Soldat (centurio) Karriere machen wollte, musste sich vor allem durch Unerbittlichkeit dem Feind gegenüber auszeichnen. In den gut tausend Jahren des Römischen Reiches hatten sich sicherlich einige Millionen Kämpfer oft grausamst am Gegner vergangen und sicherlich ebenso viele Frauen vergewaltigt. Und in der Rückführungstherapie erleben wir immer wieder, dass sich die Seelen vieler Klienten und Klientinnen aufgrund von Brutalität und Vergewaltigungen gerade in dieser Zeit der römischen Machtentfaltung als Soldaten Schuldgefühle aufgeladen haben, die immer noch in ihnen rumoren, obwohl der Ausgleich für diese Täterleben schon im christlichen Mittelalter herbeigeführt worden war. Dort waren ihre Seelen meistens in Frauenkörpern inkarniert. Und diese so genannten Hexen mussten oft nach Folterung und Vergewaltigung den Feuertod erleiden. Die römische Expansion war eine Brutstätte für Täter, während das mittelalterliche Christentum mit all seiner Sexfeindlichkeit die Austragungsstätte für den karmischen Ausgleich inszenierte. Und die Täter waren auch hier zumeist Männer, während ihre Seele für diesen Ausgleich sich einen Frauenkörper aussuchte.

Das historische Christentum ist noch in anderer Hinsicht die moralische Folge des Römertums. Denn die Täterseelen, so sie im Jenseits mit ihren bösen Taten und ihren Vergewaltigungen konfrontiert werden, laden sich dann oft eine Programmierung auf, die in etwa geheißen haben mag: „Ich will nie wieder Sex mit einer Frau (oder mit einem Knaben) haben." Für solche Programmierungen musste das danach folgende Christentum auch das richtige Umfeld schaffen. Es gab auf einmal überall Anachoreten, Einsiedler, Weltverneiner, und mit der Zeit wurden Klöster erbaut, in denen diese ehemaligen und nun wiedergeborenen Sünder durch drastische Regeln für ihre einstigen Verfehlungen Buße leisten konnten, was diese Seelen natürlich nicht davor bewahrte, in den Folgeleben auch noch den karmischen Ausgleich hautnah zu spüren. Denn wenn man, was oft bei den römischen Legionen in Feindesland geschah, die Behausungen der Bekriegten anzündete und diese in den Flammen umkommen ließ, musste ihnen selbst irgendwann noch ein Flammentod beschieden werden. Das Ausmaß der im christlichen Mittelalter verübten Unmenschlichkeiten lässt erahnen, welche Grausamkeiten in den römischen Zeiten vorausgegangen sein müssen. Und natürlich waren diese christlichen Weltverneiner strenge Gegner der Sexualität. Und Kirchenväter wie der Heilige Augustin verdammten jegliche Lust beim Geschlechtsakt, durfte dieser doch nur zu dem einzigen Zweck der Fortpflanzung ausgeübt werden. Für Augustin war die sexuelle Lust eine Folge des Sündenfalls, die sich dann als *Erbsünde* unter den Menschen etablierte. Denn für ihn hat Gott Adam und Eva vornehmlich deshalb aus dem Paradies geworfen, da sie sich der sexuellen Lust hingaben. Also verurteilt Gott alle sexuellen Lustgefühle. Doch wer diesen entsagt, gewinnt wieder seine Liebe und kann irgendwann zurück ins Paradies.

Verhütungsmittel wurden mit der Zeit zu Instrumenten des Teufels, dessen Einfluss überall auflauerte, um durch Sex den Menschen vom rechten gottesfürchtigen Pfad der Tugend abzulenken. Die geschlechtliche Lust, Gottes Geschenk an die Menschheit, wurde abgelehnt und als Versuchungsinstrument des Teufels dargestellt. Und dieser Teufel konnte schon durch den Gedanken an sexuell Lustvolles herbeigerufen werden und die Frau beschlafen oder auch einen Mann von hinten nehmen.

Schon der Apostel Paulus legte die Richtlinien für die kirchliche Sexmoral. Er rät Unverheirateten und Witwen, nicht zu heiraten. Wer aber dennoch mit seiner Sexualität Schwierigkeiten habe, solle dann eine Ehe eingehen, damit man nicht unzüchtig werde.[29] Und der Heilige Hieronymus predigte, dass man seine Frau nicht lieben dürfe, denn nur Gott allein gebühre die Liebe. Die Kirchenmoral wurde von Männern geprägt, die, wie ich meine, in den vorausgegangenen Leben mittels der Sexualität große Schuld auf sich geladen hatten und nun als Wiedergeborene auf keinen Fall wieder in eine gleiche Versuchung geführt werden wollten, weshalb sie sich und damit den Menschen strikteste sexuelle Verhaltensregeln auferlegten. Mit Fanatismus wurde die Lust als Werkzeug des Teufels gebrandmarkt. Und jeder, der dieser Lust nachkam, würde beim Jüngsten Gericht keine Gnade vor Gott und seinem Sohn finden. Denn beide würden einen Sünder, welcher der Lust gefrönt hatte, in die Hölle schicken, wo ihm ewige körperliche Qualen bereitet werden. Der sexuellen Lust wurde der Todesstich verpasst.

Und da bei vielen Rückführungen und bei einigen der oben angeführten Fälle die kirchliche Moral einen großen, unguten Einfluss durch Verurteilung und Schuldzuweisung hatte, wollen wir noch eingehender auf diese eingehen.

Der Einfluss der Kirche auf die christliche Sexmoral

Im christlichen Mittelalter wurde die Frau als Eva, als die Verführerin dargestellt. Ihr gegenüber stand Maria, die reine Jungfrau. Eine Frau, die etwas wert sein wollte, musste sich nach Möglichkeit nach Maria ausrichten. Das bedeutete Keuschheit bis in die Ehe und dort auch nur Sex, wenn wirklich Kinder gezeugt werden sollten. Denn jede Unkeuschheit konnte Gott, der überall seine Augen hatte, erspähen. Aber er konnte auch die Gedanken lesen. Also war es geboten, auch in Gedanken keusch zu sein und keinerlei erotische Gedanken oder gar sexuelle Gefühle aufkommen zu lassen. Als Vorbild für eine in Keuschheit lebende Frau wurde die Mutter Jesu hochstilisiert. Denn Maria als die Mutter 'Gottes' durfte sogar noch nicht einmal Sex gehabt haben. Denn, so will es die kirchliche Auslegung, sie hat Jesus sexlos empfangen.

Die Erfindung der „unbefleckten Empfängnis" war der Verrat an Gott und seiner Schöpfung. Was er geschaffen hatte, wurde verneint. Die Natur ist Gottes Schöpfung in seiner schönsten Herrlichkeit. Die Kirche verneint die Natur – und damit Gott. Diesen Verrat an Gott müssen wir wieder gutmachen. Die „unbefleckte Empfängnis" ist geradezu eine antigöttliche (ich möchte das Wort „teuflische" vermeiden) Erfindung, die uns hindert an der vollen Akzeptanz der Schöpfung, ja sogar am Einssein mit Gott. Diese Idee der unbefleckten Empfängnis kommt mir wie ein zweiter Sündenfall vor, ein Abfall von Gott und eine Ohrfeige für seine Schöpfertaten. Denn die Sexualität ist in gewisser Weise die Krönung seiner Schöpfung, da sie ja seine Schöpfung erhält und somit bewahrt vor ihrem Zerfall. Im Orgasmus dürfen wir seine Herrlichkeit wahrnehmen, dürfen Zeit und Raum vergessen, alles Denken abschalten, wir dürfen in diesen Sekunden eins mit ihm werden. Denn indem wir durch die Kopulation seine Schöpfung weiterhin am Leben erhalten, hat er als Dankeschön uns den Orgasmus geschenkt. Und in ihm dürfen wir etwas von der Liebesherrlichkeit Gottes erahnen.

Und nun beginnt das sexuelle Lügenspiel, sich immer mehr im Christentum auszubreiten. Die Sexualität wird unterdrückt. Doch diese fordert ihre Rechte, auch das Recht, über den ehelichen Beischlaf zur Nachkommenschaftserzeugung hinaus Lust erleben zu dürfen. Jeder, der die von der Kirche vorgeschriebenen Moralgesetze überschritt, war vor Gott, der alles sieht, ein Sünder oder eine Sünderin. Nur wenigen gelang es, wirklich alle Gebote der vorgeschriebenen Enthaltsamkeit zu leben, denn schon das Masturbieren war eine Sünde, von der man sich nur durch die Beichte befreien konnte, wie bei aller Überschreitung der christlichen Moral, vorausgesetzt, dass das sexuelle Vergehen nur ein minimales wie die Masturbation war, die nicht als Todsünde angesehen wurde. Denn wer eine sexuelle Todsünde begangen hatte, war vor den ewigen Höllenqualen nicht mehr zu retten. Und natürlich waren solche Seelen, die gegen diese Gesetze massiv verstoßen hatten, in ihrer nächsten Inkarnation die eifrigsten Verfechter gegen die Sexualität. Und somit gebe ich *Osho* Recht, der sagte: „Genau die Leute, die so gegen den Sex gewettert haben, sind schuld daran, dass die

Menschheit derartig vom Gedanken an Sex besessen ist. Diese Hypersexualisierung verdankt sie den perversen traditionellen Lehrmeinungen.“ [30]

Summa summarum war im orthodoxen Judentum und im katholischen Christentum alles verboten, was auf dem sexuellen Bereich nicht der Fortpflanzung in der Ehe diente. Außerhalb der Ehe war Sex nicht erlaubt. Jeder Verstoß gegen diese Regeln war ein Verstoß gegen Gott und bedeutete als solcher ein sündhaftes Verhalten, was den Übertreter dieser Gebote mit Schuldgefühlen belastete. Und diese Schuldgefühle aus früheren Leben sind Mitursache für alle sexuellen Störungen im heutigen Leben.

Und es gab immer wieder neue Inkarnierte, die im vorausgegangenen Täterleben – ob als Hunne, Mongole, christlicher Krieger, Wikinger, Kreuzritter, als Räuber, Pirat, Wüstling, Marodeur – schlimmste Übeltaten auf dem Gebiet der Sexualität verübt hatten und sich daraufhin ein Leben in Keuschheit vorgenommen hatten, um diese Übeltaten von einst auszugleichen durch Buße und Demut, was dann oft zu Heuchelei führte. Und Nonnen- und Mönchsklöster verbreiteten sich über ganz Europa, um diese Büßenden alle aufzunehmen. Trotzdem hatte die Kirche es schwer, sich in allen Ländern und bei allen Völkern mit ihren moralischen Verordnungen durchzusetzen, lebten doch viele Völker noch in ihren alten sexuell viel freieren Traditionen. Doch wo immer die Kirche festen Zugriff hatte, wurden diese Freiheiten zurückgedrängt. Denn das Erdenleben durfte keine Freude sein, sollten doch alle mitleiden am Tode dessen, der für alle Menschen die Sünden auf sich geladen hatte und dafür seinen eigenen grausamen Tod schon voraussehend in Kauf genommen hatte. Und so wurde das Christuskreuz ein Symbol dafür, dass man ewig mit Jesus mitzuleiden habe und sich am Leben nicht erfreuen dürfe. Mit der Inquisition verschärfte sich der Eingriff der Kirche in das Sexualleben der Menschen. In Spanien wirkte sich diese am verheerendsten aus, und zwar nicht nur gegen Juden und andere Minderheiten, sondern auch gegen solche, die die kirchlichen Moralgesetze verletzt hatten.

Doch in der Renaissance zeigten sich vor allem die Adligen und die Reichen von kirchlichen Doktrinen unbeeindruckt. Sie lebten in jeder Hinsicht ein ausschweifendes Leben, auch und besonders in sexueller Hinsicht. Dieses färbte ebenfalls auf das Bürgertum ab. Von diesem Zeitgeist wurden auch viele Geistliche angesteckt, zumal Papst Alexander VI. sich Konkubinen hielt und einmal fünfzig nackte Frauen bei einem Gelage im altrömischen Stil vor seinen geladenen geistlichen Würdenträgern die vor ihnen ausgebreiteten Nüsse aufsammeln ließ. Anschließend durften sich diese „frommen und keuschen“ Herren der sexuellen Ausschweifung mit diesen Nackten hingeben.[31] Solcherlei sexuelle Unmoral lockerte auch die Zucht in den Klöstern und bei anderen Geistlichen. Zweifel verbreitete sich unter den Christen an der bisher gültigen Sexmoral. Somit wurde es den Reformatoren leicht gemacht, auf die Unzucht der Kirchenoberen hinzuweisen und dem Bürgertum ein neues reformiertes Christentum anzubieten.

Durch die „ketzerischen“ Reformatoren wie Luther, Zwingli, Calvin fühlten sich viele zu diesen neuen Auslegern der Bibel hingezogen. Luther war nicht sexfeindlich eingestellt. Er heiratete als ehemaliger Mönch eine Nonne und empfahl seinen Glaubensanhängern zwei bis drei Mal in der Woche den ehelichen Beischlaf. Ja, er forderte geradezu die Männer auf, bald zu heiraten, damit sie ihre Lust nicht anderswo befriedigten. Die Ehe war zwar kein Sakrament mehr, denn wenn die Frau sich nicht sexuell hingab, konnte er sich von ihr scheiden lassen, während es im katholischen Glauben keine Möglichkeit einer Scheidung gab. Luther war auch gegen die sexuelle Enthaltsamkeit. Dies war also eine strikte Abkehr vom bisherigen katholischen sexfeindlichen Glauben. Die Calvinisten mussten sich jedoch mit noch strengeren sexuellen Enthaltsamkeitsregeln abfinden als mit denen, welche die katholische Kirche vorgegeben hatte. Eine Ehefrau durfte noch nicht einmal die Genitalien ihres Mannes ansehen, geschweige denn berühren. Später wurden einige Ideen Calvins und Luthers von den Puritanern und noch später von John Wesley in England übernommen und kamen dann nach Amerika, wo viele dieser sexualfeindlichen Ideen Eingang in neue christliche Religionen bis in unsere Zeit fanden.

Im Zuge der katholischen Gegenreformation, die die Abtrünnigen wieder in die Arme der katholischen Kirche zurückführen sollte, wurde die Sexualität immer wieder verteufelt. Die Hexenverbrennungen nahmen ständig zu. *Papst Paul IV.* ließ 1559 sogar einige der nackten Gestalten *Michelangelos* in der Sixtinischen Kapelle übermalen.

Viele hunderttausend Gläubige wurden jedoch während des Dreißigjährigen Krieges in Deutschland, als durch die Kriegswirren ein Drittel der Bevölkerung den Tod fand, aus ihrem kirchenmoralischen Gleichgewicht geworfen. Denn wo überall vergewaltigt wurde und die kirchlichen Aufpasser selbst oft das Weite suchen mussten, trauten sich viele, ihre Enthaltsamkeit abzulegen und das in sexueller Hinsicht nachzuholen, von dem sie immer geträumt hatten. Und eine Frau, die schon einige Male vergewaltigt worden war, zog nun selbst mit den Soldaten.

Moral ist Konvention. Doch die Moral ist nie etwas Festgesetztes für alle Zeit, auch wenn die christliche Moral über Jahrhunderte die Menschen im Griff hatte, worunter die Frauen im christlichen Zeitalter am meisten zu leiden hatten. So wurde das Betrachten des nackten Körpers als Sünde hingestellt, und man durfte noch nicht einmal seinen eigenen nackten Körper im Spiegel betrachten. Jeder Anflug von Begehrlichkeit, und sei es nur in Gedanken, war eine Verführung des Teufels. Und gab man weiterhin diesem erfundenen Gegenspieler Gottes und sexuellen Versucher Macht über seine Gedanken, dann war einem nicht mehr die Rückkehr in das jenseitige Paradies erlaubt, sondern man war, so man nicht noch rechtzeitig Buße tat, unter ewigen entsetzlichen Qualen in die Hölle verdammt.

Einige Frauen beichteten sogar ihrem Beichtvater, wenn sie sich selbst einmal unten „unsittlich" berührt hatten. Und Selbstbefriedigung war für Frauen und Männer eine Sünde. Ja, man durfte als Unverheiratete noch nicht einmal etwas Unsittliches denken, also sich in Gedanken zu jemandem von anderem Geschlecht legen. Alles musste gebeichtet werden, und wenn man es aus verständlichen Gründen nicht tat, kam man sich vor Gott als Sünder vor. Und die Beichtväter *(und diese konnten – durch ihre eigenen Keuschheitsgelübde sexuell verklemmt – geradezu zu passiven Lüstlingen werden)* drangen in die Geheimnisse einer Person, hauptsächlich in die der Frauen, um zu erfahren, ob sie etwas Unkeusches getan oder auch nur gedacht hatten. So erzählten einige der von mir in der Rückführungstherapie Behandelten mir im Vorgespräch, dass sie, um dem Bohren des betreffenden Beichtvaters entgegenzukommen, damit dieser sich zufrieden gab, etwas erfunden, also vorgelogen haben, wie z.B. „Ich habe in Gedanken den Körper eines halbnackten Mannes berührt". Die Strafe bestand dann meistens in der Auflage, so und so viele „Vaterunser" oder „Ave Maria" zu beten. Diese Restriktionen der Kirchenmoral hinsichtlich der Sexualität verführten zur Verlogenheit der Menschen. Denn wenn man erst einmal den Beichtvater belogen hatte und Gott hatte einen daraufhin nicht mit einer sofortigen schweren Krankheit bestraft, dann konnte man auch immer wieder lügen, und zwar nicht nur im Beichtstuhl, sondern auch anderswo.

Die Ehe gilt als Sakrament, denn Gott hat zwei Menschen zusammengefügt, bis der Tod sie scheidet. Jede Auflösung des Ehebundes ist ein Akt gegen Gott und somit eine Sünde. In einem Buch[32] sammelte *Eva Rossmann* Gespräche mit katholischen Frauen. Eine verheiratete Frau und Mutter von zwei Kindern ließ sich lange Zeit nicht scheiden, obwohl sie wusste, dass ihre Ehe schon lang nicht mehr funktionierte und ihr Mann häufig fremdging. Denn man durfte sich nicht scheiden lassen. Schließlich ließ sie sich nach langem Ringen dennoch scheiden. Einige Jahre später heiratete sie einen Mann, mit dem sie glücklich war. Als sie einen ihrer Söhne zu seiner Erstkommunion begleitete und dann auch nach vorne ging, um die Hostie zu empfangen, verweigerte der Pfarrer ihr diese und sagte laut, sodass alle es hörten: „Sie wissen ohnehin, dass Sie keine bekommen." Denn Gott würde ihre Scheidung nie gutheißen, sie ist eine Sünderin, die einst in der Hölle rösten wird auf Ewigkeit. Es ist schlimm, immer wieder feststellen zu müssen, das jene Institution, die stellvertretend für Jesus fungiert, der die Liebe in den Vordergrund seiner Lehre gerückt hatte, in vielerlei Hinsicht immer noch nichts von seiner Botschaft begriffen hat, nämlich Liebe.

Die Kirche bestimmte, wann Ehepaare kopulieren durften, z. B. durfte man nicht am Donnerstag (im Angedenken an die Festnahme Jesu), nicht am Freitag im Gedenken an seine Kreuzigung, nicht am Samstag (im Angedenken an seinen Tod), nicht am Sonntag (im Angedenken auf seine Auferstehung) miteinander kopulieren und schon gar nicht in den vierzig Tagen vor Ostern. Wer sich an diese Gebote nicht hielt, versündigte sich, und zwar vor Gott, der natürlich seine Augen überall hatte, auch unter der Bettdecke. Und in den Klöstern durfte man sich selbst beim Waschen oder in den gemeinsamen Schlafsälen nicht unbekleidet zeigen, weshalb man auch im Bett bekleidet zu schlafen hatte.[33] Aber auch unter den christlichen Laien wurde diese Praxis üblich, sodass man bekleidet ins Bett ging und die katholische Ehefrau, wenn es denn unbedingt zur Kinderzeugung sein musste, im Bett bei ausgelöschtem Kerzenlicht nur das Nachthemd für eine kurze Kopulation hochzog, während sie sich selbst ihrem Mann nie nackt zeigte. Nur absolute Keuschheit, von den wenigen widrigen Ehepflichten abgesehen, garantierte einen Platz im Himmel, wo einen ewige Freuden himmlischer Art – ohne Sex natürlich – erwarteten. Wenn diese Menschen wüssten, dass die Keuschheitsgesetze von denen in die Welt gesetzt wurden, die in früheren Leben sich gerade durch ihre wilden Sexeskapaden und womöglich Vergewaltigungen schuldig gemacht hatten, was würden sie dann wohl sagen? Doch vielleicht gehörten sie ja selbst zu solchen Sexualdelinquenten, die sich deshalb ein Lernfeld mit der entsprechenden Religion für dieses Leben ausgesucht haben, um sexuell sozusagen strafversetzt zu sein. Und nachdem dieses Leben ausgestanden und damit alle sexuelle Schuldaufladung aus früheren Leben getilgt sein dürfte, werden ihre Seelen in neuen Körpern zurückkehren und sich für ein freies Sexualleben einsetzen. Viele von diesen sind schon zurückgekehrt und propagieren eine freie Sexmoral mit der einzigen Auflage, Kinder und Minderjährige zu schützen und niemanden zur Sexualität zu zwingen oder gegen dessen Willen sexuell vorzugehen. Und vielleicht, liebe Leser, waren auch Sie einmal oder mehrere Male in diese sexuelle Kirchenzwangsjacke hineingeboren worden und leiden immer noch an irgendwelchen Überbleibseln dieser widernatürlichen Enthaltsamkeit. Trotzdem muss man auch wieder bedenken, dass durch die strikte katholische Moral viele Männer, die gern an ihren eigenen Kindern oder an einem im Wald ihnen allein begegnenden Mädchen sexuell gesündigt hätten, dann doch von ihren Untaten abgehalten wurden, da sie sich ja vor der sie dann erwartenden Hölle fürchteten. Wer will eigentlich aufwiegen, was durch die Kirchenmoral an Gutem und was an Schlechtem geschehen ist? Im Grunde musste alles so geschehen, wie es geschehen ist. Denn unsere Übeltaten fordern ein Lernfeld, wo genau das auf uns zukommt, was wir aus Lieblosigkeit an anderen vormals begangen hatten. Die katholische Kirche bedingt sich aus unseren Untaten. Und sie erwies sich in ihrer Grausamkeit als bestes Lern- und Ausgleichsfeld.

Seit 1495 hatte sich von Italien her die „Lustseuche" Syphilis über ganz Europa verbreitet *(anscheinend wurde sie aus Frankreich, wo sie 1494 zuerst auftauchte, mit den französischen Soldaten dorthin geschleppt, weshalb sie „morbus gallicus" oder auch „Franzosenkrankheit" genannt wurde)*, die von der Kirche als Strafe Gottes für alle die hingestellt wurde, die sich durch Unzucht außerhalb der Ehe angesteckt hatten. Die Ausbreitung dieser Krankheit versetzte vielen Männern und Frauen einen Schock ähnlich dem, den in den achtziger Jahren des zwanzigsten Jahrhunderts AIDS bewirkte. Mit Beginn des achtzehnten Jahrhunderts kamen die Vorläufer der Kondome in Mode, natürlich nur bei solchen, die wussten, wo man sich diese Ware besorgen konnte. Die Syphilis bis zur Entdeckung des Penicillins um die Mitte des zwanzigsten Jahrhunderts war die große sexuelle Geißel, die trotzdem die Männer nicht davon abhielt, Bordelle zu besuchen und dann womöglich ihre Ehefrauen anzustecken. 1830 soll es in New York etwa zwanzigtausend Prostituierte gegeben haben, und man rechnet nun hoch, dass wenn jede von ihnen drei Freier pro Tag hatte, die Hälfte der Männer im Durchschnitt dreimal pro Woche eine solche „Lebedame" aufsuchte.[34] Doch in dem Maße, wie es auch für noch nicht Verheiratete möglich war, vorehelichen Geschlechtsverkehr zu haben, sank prozentual gesehen der Bedarf an Prostituierten. Waren noch um 1900 86 Prozent aller Frauen als Jungfrauen in die Ehe gegangen, so waren es 1930 nur noch 64 Prozent.[35] Hier kündigte sich schon die allmähliche Entwicklung der sexuellen Revolution an, die in der zweiten Hälfte des zwanzigsten Jahrhunderts zum Erfolg führte, sodass nicht nur Homosexuelle in einigen europäischen Staaten Ehen schließen konnten, sondern auch ein sich zur Homosexualität bekennender Priester der Anglikanischen Kirche im Jahre 2003 in Amerika zum Bischof gewählt wurde, wenn auch unter heftigen Protesten. Ein Priester etwa äußerte sich entsetzt darüber und meinte, dass diese Kirche jetzt Gott endgültig den Rücken gekehrt habe, da gemäß der Bibel Sex außerhalb der Ehegemeinschaft Sünde sei. Wie wir sehen, ändert sich sehr viel auf dem Gebiet der Sexualität. Wer hätte noch vor wenigen Jahrzehnten geglaubt, dass solch ein Umschwung in orthodoxen Kirchen stattfinden könnte? Wir dürfen also noch mit einigen großartigen Überraschungen hinsichtlich der Liberalisierung der Sexualität rechnen.

Eine andere Kuriosität vor allem des prüden neunzehnten Jahrhunderts bestand darin, dass die Ärzteschaft aufgrund ihrer Beschäftigung mit der Sexualität des Menschen sich immer mehr Gewichtigkeit anmaß hinsichtlich des Sexualverhaltens der Menschen aus wissenschaftlicher Sicht. So war es eine „wissenschaftliche" Tatsache, dass Masturbation zu Geisteskrankheiten, Wahnsinn und anderen Krankheiten führen könnte, weshalb diese mit aller Strenge zu unterbinden sei. Heute kann man nur über diese Mediziner von damals den Kopf schütteln. Aber werden einst die zukünftigen Menschen, wenn sie an unsere heutigen Mediziner zurückdenken, ebenfalls einmal den Kopf schütteln? Und was werden die zukünftigen Menschen zurückblickend über die Anfänge der Rückführungstherapie denken? Ich möchte gerne noch einmal auf der Erde reinkarnieren, um den Fortschritt auf dem Gebiet der Medizin, der Psychologie und vor allem auf dem Gebiet der Sexualität miterleben zu können.

Dieser kleine geschichtliche Überblick über die Geschichte der Sexualität soll der Leserin und dem Leser einen kurzen Einblick verschaffen, um die Hintergründe besser zu verstehen, welche die inkarnierten Seelen vor allem in den Zeiten des Christentums hinsichtlich ihrer Sexualität zu durchleiden hatten. Und wie wir in den geschilderten Fällen gesehen haben, stiftete der sexfeindliche Einfluss der katholischen Kirche und des Christentums für viele Seelen größte Pein.

Denken wir nur an das Leid der Millionen unschuldiger Frauen, die als Hexen bezeichnet und von der durch die Kirchenmoral aufgehetzten Menge noch beschimpft wurden, bevor man den Scheiterhaufen anzündete. Man schätzt die Hinrichtung der Hexen in Europa, sei es durch Verbrennungen, Ertränkung, Erhängung oder erfolgten Tod schon bei der Folterung zwischen dem Ende des fünfzehnten bis zur der Aufklärung in der Mitte des achtzehnten Jahrhunderts auf etwa eine bis acht Millionen. Deshalb sprechen auch Feministinnen vom „Holocaust an Frauen".[36] Die an den unschuldigen Frauen vorgenommenen Torturen waren unvorstellbar. Man konnte mit ihnen machen, was einem beliebte. Man konnte ihnen nach und nach alle Glieder abschneiden oder abhacken. Und man versuchte während der Folter, noch andere Namen von möglichen Hexen herauszubekommen. Selbst vor Kindern schreckte man nicht zurück, indem man glaubte, sie seien mit dem Teufel im Bunde. Auch gab es meist keine richterliche Verordnung. Denn erst kam die Folter. Bei diesen Torturen gestand man alles, was immer die Peiniger hören wollten. Und wenn eine Gefolterte sich als Buhlerin des Teufels bekannt hatte, warum dann noch einen Richterspruch? Es war doch alles klar. *(Wenn wir bedenken, dass jede Seele, die damals im*

Körper einer Frau hingerichtet wurde, in einem vorausgegangenen Leben in dem Körper eines Mannes war, dann kann man sich ausmalen, was von solchen Männern an Grausamkeiten Frauen gegenüber schon alles begangen worden sein muss.)

Wir erinnern uns an jene unschuldige Frau (Fall 19), welche schon an einen Pfahl angebunden auf dem Scheiterhaufen steht, während die Frauen schreien: „Sie hat unsere Männer verhext!“ Männer, die ihre Frauen loswerden wollten, konnten sich dieses kirchlichen Aberglaubens immer wieder bedienen, ohne sie selbst umbringen zu müssen, denn die Kirche tat es für sie. Sie brauchten nur zu sagen, dass ihre Frau eine Hexe sei, die den Teufel in sich habe, der ihn, ihren Ehemann, zur sexuellen Lust verführen wolle, war doch die Hexe die Braut und Buhlerin des Teufels, wie die Nonne als die Braut des Erlösers Jesus Christus angesehen wurde. Und eine solche vom eigenen Ehemann bezichtigte Hexe wurde festgenommen, wie wir es im zweiten Fall geschildert haben. Sie wurde gefoltert, bis sie gestand, den Tod einer gebärenden Frau samt ihrem Kind absichtlich herbeigeführt zu haben. Diese erzwungenen Geständnisse dienten als Rechtfertigung für die „frommen“ Männer, eine von Gott Abtrünnige und dem Teufel Zugehörige durch ihren Tod von der Menschheit rechtens, das heißt dem (angeblichen) Willen Gottes entsprechend, befreit zu haben. In meiner Rückführungstherapie stoße ich bei meinen Klienten immer wieder auf ihre vormaligen Hinrichtungen als Hexen. Oft sind die Folgen nicht nur sexuelle Störungen, besonders wenn sie vor ihrer Verbrennung gefoltert und geschändet wurden, sondern sie sind Asthmatiker/Innen oder solche, die von anderen Lungenproblemen befallen sind.

Neben diesen Einschüchterungen der Menschen im großen Stil gab es auch den ebenso verheerenden sexfeindlichen Einfluss im privaten Bereich. Erinnert sei an den Fall 17, in welchem ein Dienstmädchen dem Priester beichtet und um Absolution dafür bittet, dass sie mit ihrem Hausherren gegen ihren eigenen Willen schlafen musste. Und dieser antwortet ihr ganz im Sinne der orthodoxen Kirchenmoral, dass sie für diese Sünden in der Hölle zu „schmoren“ haben werde. Von nun ab fühlt sie sich als eine von Gott verstoßene Sünderin, die trotzdem versucht, vor Gott noch Gnade zu finden, indem sie für ihr ganzes weiteres Leben keinerlei Verbindung mit einem Mann eingeht, sondern für ihre einmal geschehene geschlechtliche Gesetzesübertretung bis an ihr Lebensende Buße tun will.

Und selbst noch in der zweiten Hälfte des zwanzigsten Jahrhunderts, als die sterbende katholische Kirche immer noch, wenn auch in abgeschwächter Form, die Keuschheit zumindest bis zur kirchlichen Eheschließung postuliert und kategorisch Verhütungsmittel als Aufforderung zur Unzucht untersagt, sind noch viele Gläubige den kirchlichen Gedanken weiterhin verhaftet. Wir erinnern uns an den Fall 18, wo der heutigen Larissa von der Mutter eingetrichtert wird, dass Sex nur etwas für Huren sei. Und da sie diese Programmierung voll übernommen hat, galt für sie die Devise: „Hände weg von Sexualität.“ Und in der Anamnese berichtet uns eine andere Frau, wie sie, ganz von ihrer katholischen Mutter geprägt, sich erst in der Hochzeitsnacht dem Mann hingibt, und dann auch nur mit Kontrolle, damit man sich nicht der Wollust ergibt, da sich dann der Teufel einschleichen könnte und somit den Weg zur Hölle vorbereitet. (Fall 27)

Als *Sigmund Freud* vor hundert Jahren mit seinen Sexualtheorien aufwartete, schüttelten viele seiner Kollegen mit Unverständnis ihren Kopf. *(So wird es auch diesem Buch ergehen.)* Doch allmählich diskutierte man über seine Ansichten, machte sich diese zu Eigen und baute sie weiter aus.

In den zwanziger Jahren des zwanzigsten Jahrhunderts erschien das Buch *Die vollkommene Ehe* des holländischen Gynäkologen *Hendrik van de Velde*, in welchem er ausführlich über alle der Freude dienenden Sexpraktiken für Eheleute (selbstverständlich nur für diese!) samt allem, was man über Sex wissen musste, ausführlich darstellte. Solch ein explizites Werk war eine Sensation und wurde in viele Sprachen übersetzt. Dieses Buch fand auch in Amerika große Verbreitung. Doch das Buch, das eine Wende in der Einstellung über Sexualität brachte, war das Werk von *Alfred C. Kinsey* mit seinem Erstlingsbestseller *Sexual Behavior in the Human Male*, dem fünf Jahre später der Band folgte *Sexual Behavior in the Human Female*. Ersteres Buch stützte sich nicht auf Theorien, sondern basierte auf Intensivinterviews mit 12.000 Befragten. So wurde festgestellt, dass 37 Prozent aller Männer homoerotische Erfahrungen meist als Pubertierende hatten, dass weiterhin 40 Prozent aller Männer fremdgingen und dass 62 Prozent aller Frauen masturbierten.[37] Hier wurde der amerikanischen Bevölkerung ihr Sexspiegel vorgehalten. Viele wurden dadurch von ihren Schuldgefühlen befreit oder zum freieren Sex ermuntert, denn wenn so viele andere das tun, dann darf man doch auch ebenfalls seiner Lust nachkommen. Und dieser Drang, endlich seiner oft unterdrückten und mit Schuldgefühlen belasteten Sexualität nachzukommen, ließ das Interesse nach Büchern über Sexologie und sexueller Erfüllung immer größer werden, ja einige wurden zu Bestsellern wie jene Bücher von *Kinsey*, *Masters/Johnson*, *Kite* und *Reuben*. Und so hatte sich das sexuelle Klima bis zur Jahrtausendwende drastisch verändert.

Dick Sutphen fasst das Ergebnis der großen Untersuchungen von Kinsey, Masters/Johnson, Kite und anderen zusammen, indem er den gemeinsamen Nenner dafür ermittelt hat. Dementsprechend masturbieren 82 Prozent aller Frauen und 83 Prozent aller Männer. Acht Prozent von diesen Männern masturbieren mehrere Male am Tag, neun Prozent einmal pro Tag, 28 Prozent mehrere Male in der Woche und 22 Prozent von ihnen einmal alle zwei Wochen. Weiterhin hatten 20 Prozent aller Frauen einen Orgasmus mit oder durch eine Frau erlebt, während ein Drittel aller Männer solches mit oder durch einen Mann erlebten.[38]

Wenn man so will, hat das erosfeindliche Mittelalter bis in das frühe zwanzigste Jahrhundert hineingereicht. Und als Rückführungstherapeut wage ich aufgrund meiner vielen Klientenfälle zu behaupten, dass die meisten psychischen und psychosomatischen Störungen Relikte aus den vergangenen Jahrhunderten in Europa sind, wobei kirchliche Moralvorstellungen direkter oder indirekter Art oft maßgeblich involviert waren. Wenn man nun aber deswegen behaupten würde, ohne das Christentum in der europäischen Vergangenheit würden wir heute keine Sexualtherapien benötigen, dann hat man eines nicht verstanden. Denn wir brauchten das Christentum oder ein anderes religiöses Vehikel, das uns die Erlebnisfelder schuf, um karmischen Ausgleich zu erleben. Heute entsteht eine vollkommene Umkehrung dieser vom Christentum initiierten sexuellen Restriktionen durch die sexuelle Revolution, beginnend mit den sechziger Jahren des zwanzigsten Jahrhunderts. Und es ist bestimmt kein Zufall, dass zu dieser Zeit die Verhütungspille entdeckt und dann von dieser auch fleißig Gebrauch gemacht wurde. Angesichts der immer freizügiger ihren Siegeszug fortsetzenden sexuellen Befreiung versinkt allmählich die Kirche samt ihren Moralvorstellungen wie die Titanic im Ozean. Trotzdem wird es noch lange dauern, bis die Millionen von Menschen, die in den Zeiten der kirchlichen sexuellen Restriktion gelebt haben und mit sexuellen und seelischen Schäden daraus hervorgegangen sind, sich ganz von diesen mitgeschleppten Programmierungen befreien können. Aber alles, was auf Erden geschieht, hat seinen tieferen Sinn. Die Kirche, und das war ihre große Bedeutung, schuf diese Erlebnisfelder, in denen der Karmaausgleich im großen Stil mit Millionen von Opfern über Jahrhunderte stattfand. Herzlichen Dank! Aber nun nichts mehr davon. Nun kann die sexuelle Renaissance beginnen. Doch was ist, wenn diese außer Rand und Band gerät, wenn wir wieder wie frühere Völker andere unterdrücken und die Frauen sexuell misshandeln? Geraten wir dann wieder in ein „finsteres Mittelalter", in welchem uns eine moralische Institution zum ausgleichenden Leiden zwingt?

Heterosexualität

Unterschiedliche Aspekte der Sexualmoral

Bei der Weltbevölkerung dürfte die heterogene Sexualität sich auf über 97 Prozent der Geschlechter belaufen, bei einigen Völkern kommt die Homosexualität so gut wie gar nicht vor, bei einigen Stadtbevölkerungen dürfte Letztere kaum die acht Prozentgrenze übersteigen. Darum wollen wir uns zuerst dieser großen Prozentzahl zuwenden, um ihr sexuelles Verhalten hinsichtlich ihrer Ursachen zu betrachten.

Eigentlich sollte der Sex ein natürliches, schönes, freudiges, aufmunterndes, selbstbestätigendes, gesundes, erholsames Vergnügen sein, frei von Verpflichtung und Stress. Und bei den Naturvölkern mag es auch so gewesen sein. Nur die zivilisierte Gesellschaft scheint damit ganz besondere Probleme zu haben, sodass meiner Schätzung nach mindestens 60 Prozent der heutigen Menschen der westlichen Industrieländer in irgendeiner Weise Probleme mit ihrem Sexus haben. Doch woher stammen diese? Sind sie Produkte aus dem gegenwärtigen Leben? Wie wir an den vielen Beispielen aus der Rückführungstherapie ersehen haben, kommen die meisten der heutigen sexuellen Probleme aus den früheren Leben. Und wir haben gesehen, unter welchen oft widrigsten Umständen diese Erlebnisse mit dem Sexus sich negativ im Unterbewussten eingenistet haben und heute den betreffenden Seelen in ihren gegenwärtigen physischen, psychischen und geistigen Wesensbestandteilen des erfahrbaren Ichs noch sehr zu schaffen machen. Jede sich selbst verwaltende Gesellschaft schafft ihre eigenen Gesetze, besonders jene, die das Verhalten der Geschlechter zueinander betrifft. Was bei der einen Gesellschaft als absolut verboten gilt, mag bei einer anderen wieder statthaft oder sogar erwünscht sein. Während es bei vielen der vor allem religiös ausgerichteten Gesellschaften für eine Frau absolut unerlaubt ist, vor der Hochzeit mit dem Verlobten und zukünftigen Gatten und schon gar mit einem anderen Mann zu schlafen, trifft bei einigen afrikanischen Stämmen anscheinend das Gegenteil zu. Ich traf in Gabun (Afrika) eine Vierzehnjährige, die ganz wild danach war, mit Männern zu schlafen, damit sie einen dicken Bauch bekam. Nur dann konnte ihr Vater sie an einen heiratswilligen Mann verkaufen, auch wenn dieser schon einige andere Ehefrauen haben sollte. Denn ein Brautwerber möchte, bevor er eine Frau kauft, auch wissen, ob sie Kinder gebären kann. Denn was nützt es ihm, viel Geld für eine neue Frau auszugeben, wenn sie unfruchtbar bleibt. Also dringt der eigene Vater in seine Tochter, sich möglichst bald, von welchem Mann auch immer, schwängern zu lassen. Das ausgetragene Kind kommt dann als Geschenk mit in die neue Ehe. Kinder gehören immer dem Ehemann seiner Frau, ganz egal, wer der eigentliche Erzeuger ist. Denn je mehr Kinder ein Afrikaner hat, desto angesehener ist er. Ich traf in Kenia einen Medizinmann, der, wie sein ältester Sohn mir erzählte, ungefähr zweihundertfünfzig Frauen besaß und über tausend Kinder hatte. Mit seiner ihm Neuvermählten (meistens noch pubertierende Mädchen) verbrachte er nur die ersten vierzehn Tage, dann bekamen sie und deren Eltern ein Grundstück mit Feldern zugewiesen, dessen Erträge mit ihm, dem Ehemann, geteilt werden mussten. Nur selten sah er eine seiner Ehefrauen wieder. Doch alle Kinder derselben, mit wem sie diese auch immer gezeugt haben mochte, galten als seine Kinder. Jene afrikanischen Stammesgesellschaften haben ihre eigenen Sittengesetze, und wer dagegen verstößt, wird sicherlich auch hart bestraft. War es in Afrika vor der Christianisierung und auch späterhin noch selbstverständlich, dass der Oberkörper der Frau unbekleidet blieb, so galt das in den christlich-europäischen Zivilisationen als absolutes Verbot. Noch in den sechziger Jahren des zwanzigsten Jahrhunderts war es in Mittel- und Nordeuropa (und in Südeuropa und den Vereinigten Staaten noch lange danach) verboten, dass eine Frau ihre Brüste öffentlich zeigte. Doch dann fand in Skandinavien und etwas später auch in Deutschland die sexuelle Revolution statt, sodass der Nacktkultur immer mehr Platz an Badestränden eingeräumt wurde und man schon dreißig Jahre später in den unzensierten Zeitschriften auf der Titelblattseite halbnackte Frauenkörper bewundern konnte. Und ab den sechziger Jahren wurde es in den meisten westlichen Industrieländern nach und nach immer selbstverständlicher selbst für junge Frauen, auch vor der Ehe Geschlechtsverkehr erfahren zu haben, zumal die Verhütungspille meist sicheren Schutz („safer sex" – der Begriff wird seit AIDS besonders in Zusammenhang mit dem Gebrauch von Kondomen verwendet) vor unerwünschter Schwangerschaft garantierte.

Zu viel Sex oder zu wenig Sex wird individuell verschieden gewertet. Ein Mann mag von sich behaupten, er sei sexuell sehr aktiv, und meint damit, dass er jede Woche einmal mit seiner Frau schläft. Ein anderer meint, dass er sexuell nicht sehr aktiv sei, da er nur jeden zweiten Tag mit seiner Frau kopuliert. Und es gibt solche Männer und Frauen, die mehrere Male am Tag Sex haben müssen, und sei es durch Masturbation. Diese mögen ihr sexuelles Verhalten ganz normal finden. Dies mag mit der Verteilung der Sexenergie zusammenhängen, die jede Seele mit in ein neues Erdenleben bringt, um damit umgehen zu lernen. Darum darf man niemanden verurteilen, der zu wenig oder zu viel Libidoenergie mit in sein Leben gebracht hat. Doch Probleme kommen auf, wenn bei Paaren die Libidoverteilung sehr ungleich ist. Dann ist es die Lernaufgabe, für den jeweilig anderen Verständnis zu haben und aus Liebe zu Kompromissen bereit zu sein.

Was für den einen sexuell normal und selbstverständlich ist, kann für den anderen genau das Gegenteil sein. Diese unterschiedlichen Einstellungen basieren auf unseren mitgebrachten Prägungen. Liebt jemand den Analverkehr, so kennt er diesen höchstwahrscheinlich schon von früheren Zeiten her, wo er ihn genossen hatte. Ist aber der Partner grundsätzlich dagegen, mag dieser durch ein schlimmes Erlebnis bei einer solchen Praxis ertappt und zu Schaden gekommen sein, oder er mag noch Indoktrinationen aus dem heutigen oder früheren Leben im Unterbewusstsein gespeichert haben, in welchen die kirchliche Moral die schlimmsten Höllenstrafen für einen solchen Todsünder prophezeite. Eventuell hat er miterlebt, wie ein des Analverkehrs (succubi) Überführter öffentlich hingerichtet worden war. Doch alles hat seinen Sinn. Und so dient unterschiedliches Verhalten bei Personen, Religionen und bei Völkern der Aufforderung, tolerant und verständnisvoll ohne Verurteilung des anderen aufeinander zuzugehen.

Funktionen der Sexualität

Mit der Verbreitung der Antibabypille in den sechziger Jahren des zwanzigsten Jahrhunderts beginnt eine in den letzten Jahrhunderten nie gekannte sexuelle Offenheit und promiskuitive Bereitschaft. Diese Verhütungspille hat wesentlich zu dieser sexuellen Revolution beigetragen. Immer mehr protestierten die Homosexuellen und auch die Lesbierinnen für sexuelle Freiheit, fern von jeglicher Diskriminierung seitens der Gesellschaft. Proteste gegen den Vietnamkrieg wurden mit der Parole vereint „Make love, not war." Die Drogenwelle mit Marihuana, LSD, Amphetaminen und später mit Ecstasy enthemmte sexuelle Bedenken. Und das Alter für die Entjungferungen verschob sich immer mehr nach vorn.

Die Variationsmöglichkeiten in der angewandten, tendierten oder verweigerten Sexualität sind sehr groß. Die angewandte gewaltlose Sexualität kann sich aus dem Lustprinzip ergeben, oder sie kann auch manipulierender Natur sein, oder das eine wird mit dem anderen verbunden. Aber oft ist sie einfach nur Ausdruck von Zuwendung und Liebe.

Sex kann als *Auftragserfüllung* der Natur, geprägt durch die Primäreinstellung, verstanden und ausgeführt werden, wobei der Mann der Programmierung folgt, möglichst viel Samen in den Schoß einer Frau zu ergießen, während die Frau der Programmierung unterliegt, durch die Befruchtung Nachkommenschaft entstehen zu lassen. Sex ist auch zugleich *Energieaustausch* der geschlechtlichen Polarität, der sich ebenfalls aus der Primäreinstellung bedingt.

Der sexuelle Trieb ist meist mit einer *Orgasmussehnsucht* verbunden. Man sehnt sich nach diesen wenigen Sekunden des orgiastischen Rausches, in welchem alles Denken plötzlich ein Ende nimmt und man durchpulst wird von einem sonst nie zu erfahrenden Glücksgefühl. Dieses göttliche Glücksgefühl ist eine unbewusste Ahnung oder eine Wiederanbindung an den vorexistenziellen Zustand der göttlichen All-Liebe, All-Harmonie und All-Einheit. In dieser Hinsicht kann der Orgasmus als *Gotterfahrung* verstanden werden.

Der Sexus kann neben dem Trieb und der Sehnsucht nach Einheit auch als *Lustgewinn* vom lustvollen Spiel bis hin zur Abenteuerlust eingestuft werden. Er kann in Verbindung stehen mit dem *Reiz am Neuen*, an der Abwechslung, genährt von Neugier, Rastlosigkeit und Lust an der Verführung. Diese *Eroberungslust* kann einem *Nachholbedürfnis* unterliegen, da man in früheren Leben sexuelle Enthaltsamkeit gelebt hatte oder leben musste. Dem Sexus kann man auch vermehrt nachkommen, aus *Imponiersucht*, den anderen zu zeigen, wie erfolgreich man ist in der Eroberung anderer Sexualpartner.

Doch diese Art der Sexualität vermischt sich schon mit der *Manipulation*, hinter der sich eine nicht sexuelle Absicht verbirgt, während Sex nur ein Instrument für das Erreichen des intendierten Ziels ist. Eine junge Frau, die Frust in ihrem Elternhaus erlebt, mag alles unternehmen und sich deswegen auch sexuell hingeben, um möglichst schnell einen Partner zu finden, der sie heiratet, damit sie endlich den Eltern entzogen wird. Oder sie drängt einen Freund, den sie liebt, oft zum Beischlaf in der Berechnung, dadurch schwanger zu werden und durch die Schwangerschaft diesen an sich durch Ehe zu binden. Diese manipulationsgepaarte Sexualität kommt auch häufig in der Ehe vor. Man stellt den Partner sexuell zufrieden, damit dieser einem alle (meist materiellen) Wünsche erfüllt.

Sex findet in der Ehe oft als *Pflichterfüllung* und als *notwendiges Übel* statt, hat doch angeblich der Ehemann das Recht auf die sexuelle Pflichterfüllung der Frau. Doch selbst wenn sie keine oder kaum Lust an der Kopulation hat, mag sie aus *Ergebenheit und Liebe* sich dem Partner sexuell hingeben. Es kann auch ein Sichergeben vor der Kraft des Stärkeren gepaart mit einer Haltung der *Unterwürfigkeit* sein. Hier kann es zum negativen Sexverhalten kommen, etwa indem man sich der Kopulation aus *Angst vor Frustvermittlung* seitens des Partners, die sogar durch Schläge verursacht sein kann, hingibt.

Doch Sexualität bewirkt bei fast allen künstlerisch veranlagten Menschen eine *Kreativstimulierung*. Man denke nur an die Literaten und an ihre Werke wie Shakespeares *Romeo und Julia*, Goethes *Die Leiden des jungen Werther*, an Flauberts *Madame Bouvary,* man denke bei den Künstlern an Rubens' vollbusige und oft halbnackte oder sogar vollnackte Frauen, an die Plakate von Toulouse-Lautrec, an die Gemälde von Renoir und Picasso, in der Musik an die vielen Liebeslieder und Opern wie Verdis Oper *La Traviata* und natürlich an all die Songs der Popmusik, die sich sogar nicht scheuen, Melodien zu sehr sexuell betonten Texten zu komponieren, man denke z. B. bei den Beatles an *„happiness is a warm gun“*. In der Mehrzahl ihrer kreativen Schöpfungen steht die Frau und die damit verbundene Erotik im Vordergrund. Man könnte fast behaupten, dass ohne das Element der Erotik und die diese verbreitenden Frauen die ganze Kunst schal wäre. Die Erotik verleiht dem Künstler die für seine Kunst benötigte Antriebskraft.

Wie wir oben in den siebenundvierzig Fällen beschrieben haben, gehen die meisten unserer sexuellen Neigungen oder Abneigungen auf frühere Leben zurück.

Wir erinnern uns an die übergewichtige Dagmar (Fall 32), die damals als verheiratete Claudette mit der bei ihrem Mann erlebten Sexualität unzufrieden war und sich deshalb in Heimlichkeit mit anderen Männern einließ und schließlich auch aus Neugier mit ihrer Kammerzofe ein sexuelles Verhältnis einging. Bei ihr vereinigte sich der hohe Libidoanteil als unersättlicher Sexualtrieb mit ihrer sexuellen Neugier und Abenteuerlust und dem zusätzlichen *Reiz des Verbotenen* als ergänzendem Spannungskitzel. Diesen damals ausgekosteten sexuellen Spannungskitzel hat sie mit in ihr heutiges Leben gebracht, sodass sie schon als Achtjährige bereit war, mit ihrem sieben Jahre älteren Bruder ein inzestuöses Verhältnis zu beginnen, das einerseits mit Schuldgefühlen beladen war, aber andererseits von ihr körperlich begehrt und genossen wurde. Denn damals hatte sie in Frankreich ein erfülltes sexuelles Leben geführt. Und diese Sehnsucht nach einer Wiederholung des einmal Genossenen lässt uns diesem wieder nachgehen, und besonders werden wir uns dann wieder ganz sexuell öffnen, sollten wir jemandem begegnen, mit dem wir damals diese verbotene Lust geteilt hatten.

Auch Franziska (Fall 28) hatte als vormalige Jessie vor und während ihrer Ehe außerehelichen Sex genossen. So programmiert sie sich auch nach ihrem Tod: „Ich will immer wieder Sex im Leben haben.“ Und nach diesem Sex, der sich im heutigen Leben bei ihr in wollüstigem Lustgestöhn austobt und den sie im früheren Leben auskosten durfte, sehnt sie sich immer wieder. Denn wer einmal diese höchste Lust in diesem oder in früheren Leben erfahren durfte, bleibt ein für lange Zeit Gefangener dieser sehnsuchtsvoll verlangenden Lust.

Doch diese Franziska hatte sich den ledigen Bauernsohn durch ihre *Verführung*skünste hörig gemacht, sodass er diesen nicht ausweichen konnte oder wollte und sie schließlich ehelichte. Ihr sexueller Einsatz ist zu verstehen als *Eroberungslust* und berechnende *Manipulation*. Sie wusste um ihre Reize auf Männer und nutzte diese natürlichen Gaben zu *sexuellem Genuss* und auch als *Selbstbestätigung*, *Machtausübung* und aus *Stolz und Prahlerei* vor den anderen Mägden und Knechten, diesen Gutsbesitzer erobert zu haben. Wie wir sehen, kann eine einzige Person gleich mehrere Trumpfkarten und Spielarten der Sexualität einsetzen, um ihre Ziele zu erreichen.

Auch Dagmar (Fall 32) in ihrem früheren Leben als Claudette gesteht, dass sie ihren Ehemann eigentlich nur seines Geldes wegen geheiratet habe. Denn er sei äußerlich überhaupt nicht der Mann ihrer Träume gewesen. „Ich liebe zwar meinen Mann. Aber nicht so, wie man einen Mann lieben sollte. Er liebt mich mehr. Ich bin mehr berechnend und ihn teilweise auch benutzend." Und ihre berechnenden Verführungskünste weiß sie auch weiterhin einzusetzen, indem sie nackt durch den Garten spaziert, wohl wissend, dass der Gärtner als heimlicher Voyeur sie beobachtet und für sie begehrliche Gefühle entwickelt, die sie dann auch zum Ziele führen. Und sie bekennt: „Ich habe so mit ihm gespielt." Dieser *Spieltrieb* mit der Berechnung, einen Mann sexuell zu erobern, wurde für sie eine Leidenschaft. Doch oft wird dieses Spiel mit der Sexualität aus *Koketterie* gespielt, und zwar nicht mit dem Trieb der geschlechtlichen Vereinigung, sondern allein um das Machtgefühl zu genießen, dabei jedoch jeder Annäherung aus dem Weg zu gehen. Hier kann aus einem früheren Leben ein *Revanchegefühl* mitschwingen, das als unbewusste Programmierung gelautet haben könnte: „Ich habe früher vergeblich um die Liebe zu einem Mann gerungen. Er hat mit meiner Liebe nur gespielt. Jetzt werde ich ebenfalls mit den Männern spielen, werde sie verrückt nach mir machen, und dann werde ich ihnen kalt den Rücken kehren."

Die Sexualität kann auch *aus unbewusster Rache* ausgeführt werden. Z.B. könnte in einem früheren Leben die Schwester einer Frau ihr den Liebhaber weggenommen haben. Und im heutigen Leben nimmt sie ihr den Geliebten weg. Oder ein Mann war im früheren Leben eine Frau, die von ihrem Liebhaber, als sie schwanger war, sitzen gelassen wurde. Und im heutigen Leben trifft er diese Seele, die im heutigen Leben eine Frau ist, schwängert sie und verlässt sie auf Nimmerwiedersehen. Unbewusst gleicht er auch an dieser anderen Person deren Karma aus, wobei er sich wieder erneutes Karma aufladen könnte, so man diesen Karmaausgleich nicht im jenseitigen Leben miteinander verabredet hatte.

Sex kann auch als *Suche nach Luststeigerung* Anlass geben. So könnte eine Person in einem früheren Leben die tantrische Liebeskunst erlernt haben und dadurch zu höheren Lustgefühlen gekommen sein. Diesen mag sie wieder nachkommen wollen und begibt sich zu wirklichen oder „angeblichen" Tantrameistern, um ehemals Erlebtes wiederzuerleben oder um damals noch nicht Erreichtes in der Lusterfüllung nun bei einem wiederholten Versuch zu vervollkommnen.

Doch der zumindest am Anfang eingesetzte Sex gilt einmal der *sexuellen Erfahrung* als solcher, weiterhin *der Neugierbefriedigung* und dann vor allem der *Partnerbindung*, da der Partner sich bei sexueller Verweigerung von einem trennen könnte.

Aus der großen Fülle der möglichen Motivation, warum man sich sexuell engagiert, habe ich nur einige Beispiele genannt, wobei vieles wie z. B. der *Kinderwunsch* unerwähnt bleiben musste, um den Rahmen dieses Buches nicht zu überschreiten. Doch ist das Hauptaugenmerk dieses Buches darauf gerichtet, den sexuellen Störungen nachzugehen, um diese in ihren Ursachen aufzufinden und Lösungsvorschläge zu unterbreiten. Somit kommen wir jetzt zu den negativen Erfahrungen mit der Sexualität, die oft über Jahrhunderte hinweg sexuelle Ängste, Blockaden, Störungen und auch anders gelagerte Krankheitssymptome geistiger, psychischer, psychosomatischer und somatischer Art ausgelöst haben.

Doch leider dient Sex auch dazu, aus welchen tieferen Gründen auch immer, Leid zu erfahren.

Zur Verursachung von Leid gehören wenigstens immer zwei Menschen, einer, der dieses Leid verursacht – meist ist es ein Mann –, und einer, der dieses Leid erträgt. Und meistens ist Letzterer eine Frau. Jede sexuelle Gewaltanwendung hinterlässt Spuren, die oft über viele Leben hin sich deutlich in den Menschen abzeichnen. Derjenige, der diese Gewalt anwendet, wird einst genau derjenige sein, der ein Gleiches an sich erfährt. Und diese als ehemalige Täter selbstverursachten Karmaaufladungen wollen wir in seinen Opferleben in einem Überblick summarisch darstellen, bevor wir an einigen Beispielen in größere Details gehen.

Sex als Problemverursachung

Der amerikanische Psychologe, Sexologe und Eheberater *Dr. Ard* hat ein sicherlich längst bekanntes und treffendes Bonmot zitiert: „Es ist gesagt worden, dass Frauen Liebe wünschen und den Sex dazu benutzen, diese zu bekommen, während der Mann von Liebe spricht, um Sex zu bekommen.“[39] Und beide können in ihren Hoffnungen betrogen werden, woraus sich viele Probleme auch außerhalb des Bettes ergeben können.

Während Sex Stimulus ist, sich nach einem Partner umzusehen und sich deswegen auch sozial einzubinden, kommunikativ zu sein, Entscheidungen zu treffen und zu handeln und auch Emotionen entstehen zu lassen wie Liebe und sexuelles Begehren, kann der nichterfüllte Sex zu einem Blocker werden, der die Physis und die Emotionen stagnieren lässt, so man sich nicht gerade dadurch innerlich aufgerufen fühlt, gegen diesen Sexualfrust energisch vorzugehen.

Bei dieser kurzen Darstellung, wie sich sexuelles Geschehen aus früheren Leben auf das heutige auswirken kann, möchte ich als Erstes mit dem häufig auftretenden *Selbstbestrafungsmechanismus* beginnen, den sich viele ehemalige Täter aus eigener jenseitiger Entscheidung aufgeladen haben. Als gutes Beispiel dient uns der Fall 20. Sandra – wir erinnern uns bestimmt daran – ist die Frau, die als Vierzehnjährige mit anderen Mädchen vom Internatsleiter und dem Erzieher sexuell missbraucht wurde. In einem früheren Leben im Orient war sie ein Soldat, der viele Frauen und Mädchen vergewaltigt hatte. Ihr weiteres heutiges sexuelles Leben in zwei Ehen war zerrüttet, da ihre Männer fremdgingen. Sandra erkennt in der Rückführung, dass das heutige Schicksal, als Jugendliche missbraucht zu werden und ein schwieriges Leben mit sexuellem Frust zu leben, von ihr selbst im Jenseits als Bestrafung ausgesucht worden war, um von der Schuld wieder auszugleichen, die sie als jener Soldat anderen zugefügt hatte. Und auf meine Frage hin, ob sie ihr heutiges Schicksal, in dem sie sich die Eltern, die sie drangsalierten und ihr nichts gestatteten, samt den sexuellen Erniedrigungen im Internat und in der Ehe ausgesucht hatte, als gerecht ansieht, antwortet sie mit einem spontanen Ja.

Diesen Selbstbestrafungsmechanismus im sexuellen Bereich trifft man besonders häufig bei Frauen an. Haben sie selbst bei Betrunkenheit in früheren Leben Frauen vergewaltigt, mögen sie im heutigen Leben mit einem Alkoholiker als Partner zusammenleben. Sie mögen sich sogar schlagen lassen und durch bestimmte unbewusste Handlungen immer wieder den Partner herausfordern, sie zu schlagen. Dasselbe, wie wir noch sehen werden, trifft man in Sadomaso-Beziehungen an. Und diese Frau trennt sich nicht von diesem Mann, trotz den an ihr ausgeführten Erniedrigungen und Schlägen samt groben Vergewaltigungen, denn unterbewusst ist er ja gerade der Richtige, der ihr genau das zufügt, was sie gemäß ihrer Sekundär- und Tertiäreinstellung will. Wir schütteln über solche Frauen mitleidig den Kopf, da wir nicht verstehen können, dass sie weiterhin bei diesem Partner bleiben. Und oft spielen sich diese Partnerschaften im sozialen untersten Milieu ab, weil sich dort Arbeitslosigkeit, Zukunftslosigkeit und sozialer Frust am weitesten verbreitet finden. Und das milieugeschädigte Umfeld kommt ebenfalls diesem Bestrafungsmechanismus entgegen.

Bei Saskia (Fall 22) treten neben dem Selbstbestrafungsmechanismus noch andere Mechanismen auf. Sie wurde schon als Vierjährige missbraucht und ebenfalls von einem Nachbarn, als sie siebzehn war. Doch in diesem Alter war sie schon mit ihrem ersten Mann verheiratet, der sie hauptsächlich nur beschlief, wenn er betrunken war. Und manches Mal brachte er seine Freunde mit und ließ diese vor seinen Augen Saskia sexuell missbrauchen. Und sie schien sich gar nie dagegen gewehrt zu haben, denn für sie war Sex schmutzig und fühlte sich schon seit dem Missbrauch als Vierjährige „schmutzig“ an. Unbewusst war ihr klar, dass sie sich für irgendetwas selbst bestrafen wollte. Erst in der Rückführung wurde ihr bewusst, dass sie als französischer Soldat mehrere Frauen und Mädchen auf dem Russlandfeldzug unter Napoleon vergewaltigt hatte. Jetzt hatte Saskia endlich erfahren, warum sie immer dieses Gefühl hatte, sich durch dieses sexuelle Ausgenutztwerden bestrafen zu müssen. Dieses Gefühl war zum einen gekoppelt an ihren Minderwertigkeitskomplex, nichts wert zu sein, und zum anderen an ihr Helfersyndrom. Letzteres ist ein typisches Zeichen für Menschen, die etwas wiedergutmachen wollen, was sie – im heutigen Leben ihnen unbewusst – in früheren Leben an Schuld auf sich geladen hatten. Doch ihr Minderwertigkeitsgefühl ist bei ihr mit einem tiefen Selbsthass verbunden. Immer, wenn sie sexuell sich hingibt, wehrt sie sich nicht dagegen, denn unbewusst will sie, dass sie durch lieblosen Sex bestraft wird. Und in der Bereitschaft, als verheiratete Hure zu dienen, lebt sie ihren Selbsthass aus. Hierin, wie wir noch sehen werden, kommt sie der inneren Bereitschaft zur Selbstbestrafung nahe, die bei Prostituierten oft vorzufinden ist.

Ein anderes sehr häufig in Partnerschaften auftretendes sexuelles Verhalten geht auf ein *Wiedergutmachungssyndrom* zurück. Ein gutes Beispiel dafür beschreibt *Dick Sutphen* in einem Fall über eine vierunddreißigjährige Frau, die mit ihrem Partner seit drei Jahren zusammenlebt, obwohl er nur einmal in drei Wochen mit ihr schläft, sie aber jeden zweiten Tag Sex haben möchte. Und trotzdem bleibt sie mit ihm zusammen, obwohl sie sexuell nicht erfüllt ist. In einem früheren Leben, wie es sich herausstellte, war sie eine verführerische Zigeunerin, die einen jungen Mann mit ihren Blicken verliebt machte. Als dieser nun total in sie verliebt sich ihr nähern wollte, ließ sie ihn abblitzen. Daraufhin beging er Selbstmord. Dieser junge Mann ist nun ihr heutiger Partner. Er fühlt sich ihr gegenüber von damals noch herabgesetzt, was sich durch sein abwehrendes *(wenn nicht sie noch bestrafendes)* und wahrscheinlich eingeschüchtertes Sexverhalten ihr gegenüber ausdrückt, während sie noch voll ihre Sexualität ausleben möchte, doch sich *(wahrscheinlich im Jenseits)* geschworen hat, alles an diesem Partner wieder gutzumachen, was sie durch ihr damaliges Verhalten an ihm verursacht hatte.[40] Somit kann auch die Bereitschaft zur sexuellen Hingabe nicht auf sexuelles Verlangen zurückgehen, sondern auf einer Wiedergutmachung begründet sein. Und diese wiederum basiert auf den Schuldgefühlen aus früheren Leben. Unbewusste *Schuldgefühle* aus Täterleben sind der Beigeschmack für erlittene sexuell widerwärtige Erfahrungen.

Bei Tina (Fall 31) vereinigen sich in ihrem heutigen Leben alle diese Mechanismen wie Selbsthass, Minderwertigkeitskomplex, Helfer- und Wiedergutmachungssyndrom sowie Schuldgefühle. In der Rückführung erlebt sie sich als reicher Römer, der viele Sklavinnen, vor allem die jungen unter ihnen, missbrauchte. Jetzt wurde Tina klar, warum sie von ihrem Großvater sexuell in ähnlicher Weise missbraucht wurde. In ihrem Leben als japanischer Soldat im Zweiten Weltkrieg hat ihre Seele Schrecklichstes miterleben müssen und sich zu vielen Morden hinreißen lassen. Und heute ließ sie sich von ihrem ersten Gatten, diesem „Schwein“(!), wie „Dreck“ behandeln. Doch zu diesen ganzen Mechanismen kommt die *Angst vor dem Alleinsein*. Viele Partner trennen sich deshalb nicht voneinander, da sie trotz ihrem partnerschaftlichen Martyrium Angst haben, alleine leben zu müssen. Und dieses Angstgefühl hat meistens seine Wurzeln in früheren Leben, selbst wenn diese Angst zusätzlich in dem heutigen Leben begründet sein mag. Tina erlebte sich als achtzehnjährige verheiratete Frau mit ihrem Mann und ihrem Kind um das Jahr 1800 in einer einsamen Hütte im „Wilden Westen“ Amerikas. Verwahrloste Strolche töten ihren Mann und ihr Kind. Und sie, die nun ohne Schutz ist, wird vergewaltigt und dann ebenfalls umgebracht. Und ihre heutige zusätzliche Angst zu all den übrigen sexuellen Verhaltensstörungen bewirkt, dass sie auf keinen Fall ohne den Schutz eines Mannes leben möchte, auch wenn dieser sie misshandeln sollte. Denn so sie alleine leben müsste, könnte sie wiederum schutzlos Vergewaltigern ausgesetzt sein, die sie dann auch noch womöglich wieder töten. Frauen, die von solchen oder ähnlichen Ängsten aus vergangenen Eigenerfahrungen programmiert sind, werden alles tun, um ihren Partner zu behalten, sie werden, so er äußert, für immer weggehen zu wollen, vor diesem auf den Boden fallen, ihn anflehen, nicht zu gehen, und sie werden bereit sein, ihm nun alle Zugeständnisse zu machen, damit er sie nicht verlässt, und sei es, dass er sie auf den Strich schicken kann.

Anne (Fall 26) erlebt in ihrem Leben den *Sex als Martyrium*. In diesem Leben wurde sie als Sechs- und als Siebenjährige missbraucht, wobei sie zusätzlich die schlimmsten Rückenschmerzen durchzustehen hatte. Späterhin wurde jeder Beischlaf mit ihrem Mann ein Wiedererinnern dieser Vergewaltigungen, die sofort die Rückenschmerzen wieder wachriefen, sodass sie vor Schmerzen selbst bei problemlosen Kopulationen in heftiges Weinen ausbrach. Und sie erfuhr schon in der ersten Rückführung, dass sie in einem weit zurückliegenden früheren Leben Kinder missbraucht hatte und nun in dem heutigen Leben den Ausgleich für jene Taten am eigenen Körper erfahren musste. Deshalb hat sie in diesem Leben schon als missbrauchtes Mädchen die Einstellung von sich gehabt: „Ich bin schlecht!"

Aber der *Sex als Leiderfahrung* kann sich auch in einer ganz anderen Weise ausdrücken. Denn wie man unter zu wenig Sex leiden kann, kann man auch wegen zu viel Sex Leid erfahren. Sex kann nämlich auch *als Sucht* entarten und deshalb als leidvoller Zwang erlebt werden.

Dr. Francesca Rossetti hat Sexsüchtige in die Ursachen ihrer Sucht zurückgeführt. Und sie musste erkennen, dass einige von ihnen in einem früheren Leben inmitten eines Aktes unterbrochen wurden, sei es durch Erdbeben oder durch Mord. Darin eingebunden war die Programmierung, das nicht Beendete noch nachzuholen. Eine Nymphomanin kam eines Tages zu ihr in die Praxis. Sie hatte eine nicht zu befriedigende Sucht, mit vielen Männern zu schlafen und litt unter dieser Sexmanie. Wie es sich in der Rückführung bei der Ermittlung der Ursache für die Sexsucht herausstellte, befand sie sich in Pompei beim plötzlichen Ausbruch des Vesuvs, 70 nach Christus, mit ihrem Ehemann bei der Kopulation, als sie auf einmal von diesem Ausbruch überrascht wurden. In einem anderen Leben wurde ihr Ehemann plötzlich im Liebesakt von einbrechenden Männern festgenommen, ins Gefängnis gebracht und dann getötet. Nach dieser Rückführungstherapie war sie in der Folge von dieser Sucht befreit.[41]

Einen ähnlichen Fall hatte ich auch unter den von mir durchgeführten Rückführungen erlebt. Der Zurückgeführte befand sich mit einem fremden Mann während des Krieges in einem noch nicht zerbombten Teil eines Kellers als einzige Überlebende. Sie standen sich gegenüber und wussten, dass das Haus über ihnen brennt, die Kellertreppe hinauf zusammengestürzt ist und sie nur noch wenige Minuten zu leben haben. In dieser todesbedrohlichen Situation öffneten beide ihren Hosenstall und, obwohl sie bis dahin nicht homosexuell waren, befriedigten sich gegenseitig. Und im heutigen Leben ist dieser Klient homosexuell. Die letzten schönen Eindrücke nimmt man mit in das nächste Leben und will sie wieder Wirklichkeit werden lassen, während man die schlechten Ereignisse nie wieder erleben möchte. Und auch dieser junge Mann erlebte eine Phase der unersättlichen Homoerotik.

Sexuelle Stimulationen

Während Säugetiere zum größten Teil nur zu den bestimmten Zeiten der Geruchsbildung der weiblichen Geschlechtsdrüsen zur Kopulation getrieben werden, der Geruch also das Männchen antreibt, sexuell zu reagieren (zum Beispiel besteigen männliche Ratten ein Männchen, wenn man es mit den weiblichen sexualen Drüsenausscheidungen versieht), können Menschen beiderlei Geschlechts von vielen sexuellen Stimulationen zum Wunsch nach Kopulation animiert werden. Und die Autoren *Donn Byrne* und *Lois Byrne* meinen, dass wenigstens ein Teil der Menschen von fast allem, was man sich vorstellen kann, sexuell stimuliert werden können, handele es sich dabei um Kleidungsstücke, Körperteile des anderen oder desselben Geschlechts, das Ende eines amputierten Beins, angebunden zu sein oder unterdrückt zu werden, Schmerzen zu empfangen oder anderen zu geben, ein Klistier einzuführen, Champagner zu trinken, eine Toilette auf einem Busbahnhof zu betreten, den Geruch von Rosen, Musik von den Rolling Stones zu hören, das Lesen eines Hinweises auf einer Hoteltür „Nicht stören" und vieles andere. Und die Autoren fügen hinzu: „Für die Menschen sind die erotischen Stimulationen auf keinen Fall nur auf den Partner des anderen Geschlechts beschränkt." [42]

Wenn wir also auf der Toilette eines Busbahnhofes zum ersten Mal auf der Innenseite der Tür pornographische Zeichnungen mit schlüpfrigem Text gesehen und gelesen haben, wird in unserem Unterbewusstsein durch dieses Schock- oder Animiererlebnis, das uns sexuell abstieß oder stimulierte, die Programmierung entstanden sein, auf derartigen Toiletten wird man mit rüder Sexualität konfrontiert. Und sobald man sich einer solchen Busbahnhofstoilette nähert, könnte der Penis steif werden, ohne dass man bewusst an das frühere Erlebnis gedacht hat. Hier wie bei den meisten der oben angegebenen Beispiele wird klar, dass diese im Unterbewusstsein etablierten Schablonen aus Erfahrungen aus dem gegenwärtigen Leben stammen. Doch viele sexuelle Stimulierungen mögen nicht aus diesem Leben, sondern aus früheren Leben kommen, da diese ebenfalls noch im Unterbewussten vorhanden sind und ebenfalls zu plötzlichen oder allmählichen sexuellen Reizen Anlass geben. Hat man im früheren Leben als Frau einen Liebhaber gehabt, der einem durch ein Dienstmädchen eine rote Rose aufs Kopfkissen legen ließ als Zeichen, dass er in derselben Nacht wieder mittels der Leiter in ihr Schlafzimmer steigen würde, dann kann das Symbol der Rose auch noch im heutigen Leben sexuell stimulieren, da unbewusst die schönen Nächte mit jenem heimlichen Liebhaber samt den dabei empfundenen herrlichen Gefühlen wieder zu stimulieren beginnen. Aber nicht nur die Rose wird sie sexuell stimulieren können, selbst eine Leiter kann nun das Gleiche bewirken oder auch nur das Erscheinen eines Dienstmädchens im Film, das genauso ausgesehen hatte, wie jene, die ihr die Rosen im Auftrag des Liebhabers aufs Bett gelegt hatte. Oder diese Frau übernachtet während eines Besuches in einem alten Haus, und das Schlafzimmer sieht fast genauso aus wie jenes, in welchem sie im früheren Leben ihren Rosenkavalier empfing. Und wenn zufällig in diesem Raum auch noch eine Rose in der Vase an ihrem Bett steht, dann könnte sie schon derart sexuell stimuliert sein, dass sie den Wunsch zur Masturbation verspürt. Und eventuell hat sie im heutigen Leben noch eine Vorliebe für rote

Rosen, kauft sich Gardinenmuster oder Bettwäsche mit eben deren Abbildungen. Dies alles trägt zu ihrem körperlichen und seelischen Wohlbefinden bei. Und war dieser heimliche Liebhaber, bei dessen Besuchen sie die schönsten Orgasmen verspürte, groß, muskulös und blauäugig, dann wird sie heute genau diese Vorliebe für derartig aussehende Männer haben. Dies sind alles unbewusste Handlungs- und Reaktionsweisen, die aus unserem immer präsenten Unterbewusstsein hochsteigen. In unseren Vorlieben und Abneigungen sind wir bestimmt durch das, was in unserem Unterbewusstsein als gravierendes Erlebnis im Positiven oder Negativen vermerkt ist, ganz egal, aus welchen Vergangenheiten diese Erlebnisse stammen.

Jede Seele hat durch die ganzen Leben hindurch eine eigenspezifische Resonanz, an der die eine Seele die andere unbewusst wiedererkennt. Wird also jene oben erwähnte Frau die Seele des vormaligen Liebhabers in einem heute wiedergeborenen Körper eines anderen Menschen wiedererkennen, so wird eine positive Resonanz für diesen entstehen, selbst wenn dieser in seinem Äußeren nun gar nicht mehr jenem gut aussehenden früheren Liebhaber gleicht. Und sollte dieser andere der verheiratete Nachbar sein, dann sind sicherlich große Probleme angesagt, denn auch jener Nachbar wird sie, die früher Heißgeliebte, unbewusst wiedererkennen.

Erotische Erlebnisse aus früheren Leben wirken noch sehr stark in unser heutiges Leben ein, und Dinge, die damals mit diesen sexuellen Erlebnissen verbunden waren, können in uns wieder erotische Gefühle auslösen.

Doch auch negative sexuelle Erlebnisse wirken oft stark in unser Leben ein. Ist jemand in einem früheren Leben von einem Mann mit dickem Bauch, struppigen blonden Haaren und einer Narbe auf der Stirn als Frau vergewaltigt worden, so hat sie heute als Frau oder als Mann eine Abneigung gegen alle die Männer, die ähnlich aussehen. Schon der Anblick eines solchen im Fernsehen kann ein ungutes Gefühl bewirken. Und wenn sie dann mit ihrem Mann im Bett liegt, können diese unguten Gefühle noch nachschwingen, sodass sie seine sexuellen Wünsche zurückweist. Wenn er sie dann fragen sollte, weshalb sie sexuell nicht aufgelegt ist, dann wird sie sagen, dass sie es selbst nicht weiß. Doch sollte die damalige Vergewaltigung in einem Keller stattgefunden haben, vielleicht auf Kartoffelsäcken, aus welchen noch zwei Ratten sprangen, so hat sie im heutigen Leben darüber hinaus noch einen Horror, in den Keller zu gehen, und der Anblick von Ratten im Fernsehen bewirkt bei ihr ein antierotisches Gefühl, das noch Tage lang anhalten könnte.

Wir sind also in unserer Erotik auch abhängig von Erlebnissen aus früheren Leben, eben – wie ich schon sagte – im Positiven oder auch im Negativen. Und die mit diesen Situationen involvierten Gegenstände können jene Gefühle wieder auslösen, die wir bei jenen Erlebnissen gehabt haben. Und wenn die Autoren *Byrne* sagen, dass sexuelle Stimulationen nicht unbedingt mit Personen des anderen Geschlechts zu tun haben müssen, dann haben sie nur bedingt Recht. Denn wenn diese Gegenstände im heutigen Leben auch keinen Bezug zu einer Person haben, so hatten sie dennoch im früheren Leben einen direkten oder indirekten Bezug zu sexuell involvierten Personen – im Negativen wie im Positiven.

Jetzt wird man auch den *Fetischismus* – so sich keine triftigen Gründe aus Erlebnissen in diesem Leben dafür nachweisen lassen – durch diesen erweiterten Sinn besser verstehen können. Die sexuelle Stimulation durch den Beinstumpf eines Versehrten kann damit zusammenhängen, dass man in einem früheren Leben als Krieger nach einem Gemetzel eine Frau vergewaltigte, während man beim Akt vor sich einen toten oder noch stöhnenden Mann sah, dem das Bein abgehauen worden war und dessen Beinstumpf ihm dort entgegenragte. Somit können wir sagen, dass fetischistische Gegenstände einen Bezug zu vergangenen erotischen Erlebnissen haben und der Anblick oder das Berühren dieser Gegenstände uns wieder sexuell animieren. Damit scheidet auch die gewissen Gegenständen angedichtete sexuelle Symbolik weitestgehend aus. Denn diese Gegenstände haben unmittelbaren individuellen Bezugscharakter und können nicht verallgemeinert werden. Die Freudschen Schornsteine müssen also keinen allgemeinen symbolischen Bezug zum Phallus haben, es sei denn, eine vormalige Lustbeglückung oder Vergewaltigung hat in der Nähe eines solchen stattgefunden, woraus nun die Schornsteine für die wiedergeborene Person positive oder negative individuelle Eindrücke mit in dieses Leben gebracht haben.

Aber für die Sex-Stimulierung werden nicht nur Gegenstände verwendet wie Dildos, Vibratoren etc., sondern vor allem die Phantasie, das heißt, vorgestellte Bilder helfen, den Orgasmus zu fördern. Diese Phantasien bestehen meistens aus sexuellen Szenen oder pornographischen Fotos, an die man sich noch erinnern kann. Doch auch vieles, das im Unterbewussten aus früheren Leben stammt, kann hervorkommen und sich in der damaligen oder in moderner Fassung präsentieren. Vieles erscheint den nüchtern das Ganze Beurteilenden als pervers und „weithergeholt". Letzteres trifft auch genau zu, denn vieles stammt eben manchmal aus sehr weit zurückliegenden Leben. So sind meiner Meinung nach viele sexuelle sadomasochistische Praktiken samt deren Zubehör in längst vergangenen Zeiten zu suchen.

Die in den Vorstellungen sich oftmals aufdrängenden erotischen Phantasien, die Lustgefühle stimulieren, stammen oft aus einem oder verschiedenen früheren Leben. Dick Sutphen berichtet von einem Mann, der ein großes Verlangen nach Sex hat, denn er würde jeden Tag Sex haben wollen, während seiner Frau einmal Beischlaf pro Woche reicht. Somit spielen sich die meisten seiner sexuellen Wünsche in seinen Vorstellungen ab, in welchen er mit Homosexuellen verkehrt, z. B. als Frau mit zwei Männern im Bett liegend oder sich an Gruppensex beteiligend. In der Rückführung stellte es sich heraus, dass er damals in einem Leben in Frankreich um 1890 eine Frau war, die von ihrer in der langen Abwesenheit ihres Mannes fremdgehenden, sexsüchtigen Mutter schon in jungen Jahren dazu animiert worden war, mit Männern zu schlafen und sich bei ihren Sex- und Gruppensexspielen zu beteiligen. Nach dem Tod der Mutter war die nun Zwanzigjährige derart von diesem Lasterleben angewidert, dass sie ins Kloster ging. In einem anderen Leben war sie ein Junge in England, der als Chorsänger in frühen Jahren kastriert wurde und mit älteren Jungen diesen und vor allem dem Chorleiter als Lustknabe zur Verfügung stehen musste. Seine sexuellen Vorstellungen setzen sich also auch aus seinen Erlebnissen aus den früheren Leben zusammen. Und warum dieser Mann seine starke Libido nicht anderweitig auszuleben versucht, liegt darin begründet, dass er Angst hat, bei der Umsetzung seiner Vorstellungen mit anderen Partnern seine geliebte Frau verlieren zu können.[43] Und vielen Ehepartnern geht es ebenso. Die in diesem Leben unerfüllten sexuellen Wünsche werden kompensiert durch sexuelle Phantasien, die sich aus heutigen direkten oder indirekten Erfahrungen zusammensetzen und vor allem aus jenen aus dem Unterbewusstsein hervorsteigenden Erlebnissen, die man in anderen Leben durchlebte. Sexuelle Phantasien sind der Spielladen für unerfüllte sexuelle Lüste, ein Laden, den man gerne und häufig aufsucht, um sich nach Herzenslust darin auszutoben. Und sexuelle Phantasien gehören zu den schönsten Spielzeugen, die die Schöpfung der Menschheit zur Eigenausstattung beschert hat. Mein Dank an die Schöpfung für diesen gigantischen Spielzeugladen, in welchem für jeden genau jene Spielzeuge vorhanden sind, die er sich je erdenken kann!

Prostitution

Man sagt, dass die Prostitution das „älteste Gewerbe der Welt" sei. Doch außer den Darstellungen im Alten Testament haben wir nur wenig alte Quellen über dieses Gewerbe. Man weiß, dass es früher in einigen Kulturen die Tempelprostitution gab. Die Liebesdienerinnen vertraten die Göttin, der dieser zugehörige Tempel geweiht war. Diese dienten unentgeltlich mit der Voraussetzung, dass der diese Dienerin Beschlafende der Göttin ein Geschenk darbrachte. Somit konnten die Priester, Priesterinnen und Tempeldienerinnen ihren Lebensunterhalt bestreiten. *(Ein ketzerischer Gedanke: Könnte es nicht sein, dass die Tempelprostitution eine Erfindung der im Tempel weilenden Priester war, die zum einen sich Mädchen und Frauen in ihre unmittelbare Nähe für ihre eigenen sexuellen Bedürfnisse holten und zum anderen diese für sich arbeiten ließen, indem sie vorgaben, dass diese Stellvertreterinnen der zugehörigen Göttin seien und ein Beischlaf mit ihnen einer Kopulation mit der Göttin gleichkäme, welche ihnen dann bei allen Unternehmungen günstig gestimmt sei, weshalb genug genarrte Freier oft kostbare Geschenke brachten, von denen sich gut leben ließ?)* Auch wenn es nicht gern von Jahwe gesehen wurde, stand den Männern des alten Israels der Besuch bei Prostituierten offen, wenn auch einer Jüdin, die diesem Gewerbe nachging, größte Erniedrigung widerfuhr.

Im alten Griechenland und Rom gab es Freudenhäuser, Straßen- und Hafendirnen und auch Hetären. Letztere waren oft musisch und sogar philosophisch gebildet und wurden sogar von Noblen geheiratet. *Aspasia*, die Mileterin, war als Hetäre wegen ihrer Schönheit und Klugheit berühmt. *Sokrates* schätzte es, sich mit ihr auch über philosophische Themen zu unterhalten. Sie wurde dann die Gemahlin des obersten Feldherren und Regenten *Perikles*.

Die Kirche, welche die Sexualität über den kurzen Beischlaf im Ehebett hinaus anprangerte, ging gegen die Prostitution als Werkzeug des Teufels vor, wobei weniger die Prostituierten verteufelt wurden als die Freier. Erst mit dem Aufkommen der Syphilis um 1500 wurden die „Huren" als Verbreiterinnen dieser Seuche gebrandmarkt, was die Ausübung der Prostitution sicherlich einschränkte, aber nie auflöste. Je mehr etwas verboten wird, umso größer ist die Sehnsucht nach dem Verbotenen. Erst 1927 wurde die Strafbarkeit der Prostitution in Deutschland aufgehoben. Vor 1989 lebten in Deutschland etwa eine viertel bis eine halbe Million Prostituierte, die halb- oder vollberuflich dieser Verdienstmöglichkeit für eine unterschiedliche Dauer von Jahren nachkamen und nur zur Hälfte deutschstämmig waren, kamen doch viele Prostituierte vom Balkan, von Südamerika und vor allem aus den Philippinen und Thailand. Doch mit dem Fall der Mauer in dem bis dahin geteilten Deutschland fluteten viele Tausend junge Frauen aus den kommunistischen Ländern, meist von Schleuserbanden angeworben und Zuhältern übergeben, nach Deutschland, die den Sexualmarkt revolutionierten, die Preise oft unterboten und die Anzahl der Bordelle oder auch die Zeitungsannoncen für Hausbesuche dimensionierten.

Über die Beweggründe, warum eine Frau Prostituierte wird, gibt es viele Theorien, aber auch Tausende von Aussagen der zu ihrem Gewerbe Befragten. Doch im eigentlichen Sinne wissen sie es selbst nicht, da sie keine Erinnerungen an die eigentlichen Gründe haben, die in früheren Leben liegen und/oder bei der Vorbereitung im Jenseits festgelegt wurden. Wie die Homosexuellen hatte man die „Hure" noch vor hundert Jahren und oft noch bis in die jüngste Zeit als psychisch krank hinstellen wollen, die einen „moralischen Defekt" hat und psychiatrisch betreut werden müsste. Und wer sich einmal richtig in das Rätselraten über die Beweggründe eines Einstieges zur Ausübung des Prostitutionsgewerbes informieren möchte, dem empfehle ich, die Schriften der Psychoanalytiker zum Thema Prostitution zu lesen.

Aber es ist eine Tatsache, dass die meisten Frauen, die diesem Beruf nachkommen, aus dem sozial untersten Milieu stammen, wo Geldmangel und Neid auf die Geldbesitzenden vorgeherrscht haben könnten. Alkoholismus ist oft bei einem oder mehreren Mitgliedern zu finden, Missbrauch oder sogar Inzest können gelegentlich vorgekommen sein, außerdem Streitereien der Eltern, Schläge für die Kinder durch den betrunkenen Vater, Stiefvater, Onkel. In sozial geschädigten Familien geht man öfter leichter mit dem Sex um. Da man schon sozial zu den Außenseitern gehört, lebt man ungenierter. Man mag sich auch vor Kindern nicht scheuen, über sexuelle Themen mit entsprechenden Ausdrücken zu sprechen. Jedoch gibt es viele andere Gründe, warum man sich zur Prostitution entschieden hat. Doch bei aller Überlegung liegt die erste Entscheidung bei der Vorbereitung für dieses Leben aufgrund der zu erlernenden Erfahrungen und karmischen Ausgleichungen. Und man überlegt sich reiflich vor einer Wiedergeburt, bei welchen Eltern und in welchem Milieu man inkarnieren will. Sucht man sich für eine solche Inkarnation eine verwahrloste und milieugeschädigte Familie aus, so unterliegt diese Entscheidung sicherlich einem Bestrafungsmechanismus, der für die meisten Prostituierten zutreffend sein könnte. Man will möglicherweise einen Alkoholiker zum Vater haben, der sich einem gegenüber genauso aufführt, wie man in einem früheren Leben vielleicht ebenfalls mit seinen Kindern oder anderen Kindern umgegangen war, indem man sie schlug, sie bedrohte, klein machte oder aber auch sexuell missbrauchte. Die Auswahl der Eltern und des Milieus, in welchem man aufwächst, ist von jeder Seele vor einer Inkarnation selbst getroffen oder gut geheißen worden.

Oft haben Frauen, die sich für die Prostitution entschließen, keinen höheren Schulabschluss oder wollen dringend aus dem sie unterdrückenden Elternhaus entkommen, haben aber kein Geld und versuchen es einmal mit dem „leichten" Geldverdienen, indem sie sich Männern durch Zeitungsannoncen mit Handynummer anbieten. Haben sie anfangs Erfolg, mögen sie weiterhin dieser anonymen Tätigkeit nachgehen. Oder sie werden wie „zufällig" zu einem Freund geführt, der sie als Zuhälter zur Prostitution verleitet. Auch eine solche Vermittlungsperson wurde im Jenseits schon vorgestimmt. Und möglicherweise gerät man an einen Zuhälter, der schlägt, erniedrigt und vergewaltigt. All diese Untaten seitens eines anderen wünscht man sich, um sich selbst zu bestrafen. Diesen Hang zur Selbstbestrafung durch andere finden wir ebenfalls beim Sadomasochismus wieder. Nur sehr wenige Prostituierte dürften ihrem Beruf mit Freude nachkommen, doch einige sind mit ihrer Tätigkeit zufrieden, vor allem, wenn die „Kasse stimmt". Doch die meisten von ihnen hassen ihren Beruf. Es ist der Selbsthass, der sich gegen ihre eigene Seele richtet. Denn in diesem Leben müssen sie das ausgleichen, was sie in vorausgegangenen Leben an ihrer Seele „verschuldet" haben. Und der Hass auf Männer ist der Hass gegen sich selbst, als sie in früheren Leben selbst ein Mann waren, der lieblos und brutal gegen Prostituierte vorgegangen war, sie vielleicht verfolgt, verhöhnt, bespuckt, als Richter verurteilt, als Geistlicher diffamiert oder als Gefängniswärter missbraucht hatte. Denn, wie wir wissen, alles, was ich einem anderen in Gedanken, mit Worten oder Taten antue, kommt als Eigenerlebnis auf mich zurück. Und die Menschen, die immer noch verächtlich über Prostituierte sprechen, sie abfällig als Dreck, Huren, Nutten bezeichnen, können gewiss sein, dass ihnen noch in irgendeiner Form ein Ausgleich bevorsteht. Und jede Prostituierte, die nicht erneutes negatives Karma durch Lieblosigkeit an anderen angesammelt hat, kann nach ihrem Ableben sicher sein, dass sie im Jenseits von ihren Gruppenmitgliedern freudig begrüßt wird, da man ihr gratuliert, ihr schweres Karma nun endlich aufgelöst zu haben. Sie kommt also nicht in die „christliche" Hölle, wie das einige übereifrige Kirchenfanatiker behaupten wollen.

Die Prostituierte war vor allem in den vergangenen Jahrhunderten die Überträgerin von Krankheiten, vor allem Geschlechtskrankheiten wie Tripper, Syphilis, Herpes, Hepatitis, Trichomonaden und in jüngster Zeit von AIDS. Doch keine Prostituierte und kein Freier erhält „zufällig" eine Krankheit, wie auch immer diese zu ihr oder zu ihm gelangen mag. Alle Schicksalsschläge inklusive die verschiedenen Krankheiten sind vorher ausgewogen und aus höheren Gründen zugemessen worden. Und alles, wie wir sagten, dient in der Schule des Lebens der Liebeserweiterung. Und erlittene Lieblosigkeit vermehrt die Sehnsucht nach Liebe.

Eine ganze Reihe von Klienten und Klientinnen kommen zu mir zu Rückführungen, die in einem ihrer früheren Leben Prostituierte waren und aus diesen und anderen Leben sexuelle Probleme und andere Symptome mitgebracht haben, die oft auf Programmierungen zurückgehen wie: „Ich will nie wieder etwas mit Sex zu tun haben" oder „Ich will mich von keinem Mann mehr anfassen lassen".

Dick Sutphen fragt gewöhnlich seine Klienten, wie sie ihre eigene Sexualität auf einer Skala von 1 bis 10 einstufen würden. Dies ist natürlich kein genereller Maßstab, da jemand bei solch einer geschätzten Selbsteinstufung eine 3 angeben würde, während ein anderer bei gleichen Voraussetzungen sich eine 8 geben würde. So berichtet er den Fall einer seiner Klientinnen, die im heutigen Leben hin und wieder als Verheiratete auch fremdgeht, dass sie in Wirklichkeit kein großes Verlangen nach Sex habe, dass es ausreicht, zwei, drei Mal im Monat mit ihrem Mann Sex zu haben, und sie darauf dringt, dass er auch sehr bald befriedigt ist, während ihr Mann jeden Tag mit ihr Sex haben möchte. Trotzdem stuft sie ihre Sexualität auf 5 ein, in der Meinung, dass dies für sie vollkommen in Ordnung sei und sie somit ein ganz normales Sexleben führe. Und trotzdem hat sie beim Sex Vorstellungen, angebunden zu sein und geschlagen zu werden. In der Rückführung, wie es sich dann herausstellte, war sie eine Prostituierte, die 1904 mit vierzehn Jahren unwissentlich in San Francisco in ein Bordell geriet. Als sie nach dieser ersten Vergewaltigung ganz geschockt nach unten zu den anderen Mädchen kam, lachten diese sie aus und überredeten sie zu bleiben. Somit blieb sie viele Jahre dort, um auch ihrer verarmten und kranken Mutter auszuhelfen, der sie nie die Wahrheit über ihre Tätigkeit mitzuteilen wagte. Und sie sagte in der Therapie, dass sie nun verstünde, woher ihre Scham vor Sexualität komme, denn sie schämt sich noch für das, was sie früher getan hat. Sie habe damals eine Aversion gegen Männer entwickelt, die sie mitgebracht habe und die noch auf ihr Sexleben einwirke. Doch vor allem habe sie den Wunsch nach einer spirituell ausgerichteten Liebe und nicht nach körperlichem Sex.[44] Und wie wir wissen, schwingt sicherlich wiederum aus diesem Leben als Prostituierte eine damals oder im Jenseits gefasste Programmierung mit: „Ich will nie wieder meinen Körper für fleischliche Lust hergeben." Im Jenseits sehen wir die Einseitigkeiten und unser Fehlverhalten ein und wollen es korrigieren, indem wir oft genau eine entgegengesetzte Position einnehmen. Diese Frau ist zwar nicht Nonne geworden, aber sie führt ein ziemlich enthaltsames Sexleben. Und trotzdem hat sie beim Sex die Vorstellung, sich noch für das, was sie früher getan hat, bestrafen lassen zu müssen, und sei es auch nur in Gedanken. Unsere vielfältige Sexualität setzt sich aus unseren diesbezüglichen früheren Erfahrungen zusammen, ganz egal, in welchen Zeiten und Leben diese stattgefunden haben. Diese Aversion und vielleicht noch diese unterschwellige Wut auf Männer haben ihre Ursache in jenem Leben als Prostituierte.

Auch in diesem Buch haben einige meiner in Trance Befindlichen über ihre früheren Leben als Prostituierte berichtet. Larissa (Fall 18) lebt mit einem älteren Mann zusammen, der sie sexuell nicht bedrängt, denn ihre Einstellung zur Sexualität lautet: „Sex ist nur etwas für Huren." Sie war als Marie-Louise 1820 mit siebzehn durch die entlassene Hausangestellte ihrer Eltern über deren Mutter in Paris in das Prostituiertenleben eingeführt worden. Nach Jahren kehrt sie in das Elternhaus zurück, wo ihr Bruder nach dem Tod der Eltern die Betreuung des Anwesens übernommen hatte. Zwischen ihnen beginnt eine Liebesbeziehung, die aber ein erschreckendes Ende findet, als beide entdecken, dass sie Syphilis haben. Daraufhin erschießt sich der Bruder. Und verständlicherweise hat sie danach mit keinem Mann mehr verkehrt. Und ihre Programmierung für dieses Leben lautete: „Wenn ich mich in diesem Leben sexuell zurückhalte, dann kann ich keine Schuld mehr auf mich laden. Ich lasse die Sexualität dann lieber im Kopf ablaufen." *(Migräne!)* Ihr Leben als damalige Prostituierte geht als karmischer Ausgleich auf ein Täterleben zurück, in welchem sie Kinder missbraucht und auch getötet hatte. Dieses Leben als Prostituierte war nur eines von vielen aus diesem Täterleben resultierenden anderen Opferleben. Sie wollte sich wegen ihres Selbstbestrafungssyndroms gepaart mit Selbstverachtung als Prostituierte erniedrigen lassen. Und interessant ist, dass sie vor der Rückführung sagte: „Sex ist nur etwas für Huren", ohne zu wissen, dass sie anschließend ein Leben als Prostituierte erleben würde. Und ebenfalls fühlt sie sich unbewusst schuldig am Tod ihres damaligen Bruders. Sexualität hatte ihr damals nicht nur Abscheu vor Sex gebracht, sondern Syphilis und vor allem, wie gesagt, Schuldgefühle wegen des Todes ihres Bruders. Kein Wunder also, dass sie sich allem Sex entzieht.

Valentina (Fall 10), die vor der Rückführungstherapie noch an heftigen Unterleibsschmerzen litt, war Mitte des neunzehnten Jahrhunderts schon als Sechzehnjährige von Frankreich nach Mexiko gebracht und dort zur Prostitution gezwungen worden, wo sie bis zur Eröffnung eines eigenen Bordells den Freiern zur Verfügung stehen musste. Dieses Leben, wie das Höhere Selbst ihr offenbarte, war eines der Ausgleichsleben für ihr Täterleben als römischer Sklavenhändler, der viele seiner Sklavinnen vergewaltigte, bevor er sie an Privatpersonen oder zur Prostitution verkaufte. Und hier wird wieder ganz deutlich, dass ein Prostituiertenleben meist auf ein Täterleben zurückgeht, in welchem man sich gegen Frauen in schrecklichster Weise verhalten hatte. Und manche Frauen gehen dann auch solch einem Ausgleichsleben mit Eifer, wenn auch nicht mit Freude nach, da sie unbewusst fühlen, dass dieses Leben, in welchem sie der Verachtung und Demütigung ausgesetzt sind, trotzdem einen für sie jedoch unerklärlichen Sinn haben muss, der dann durch eine Rückführung aufgedeckt werden kann. Und ich könnte mir vorstellen, dass so manche heutige Prostituierte, die dieses Buch liest, gern durch eine Rückführung erfahren möchte, warum sie diesem Beruf des „horizontalen Gewerbes" nachkommt.

Prof. med. *Brian Weiss* hatte als Psychiater eine dickleibige verheiratete Frau namens Emily in seiner Praxis, die zwar ihr Alkoholproblem schon in den Griff bekommen hatte, aber weiterhin unter unrealistischen Ängsten litt. Hinzu kommt, dass sie Angst vor Sex hat, besonders aber einen Ekel vor männlichem Samen. In einem früheren Leben im neunzehnten Jahrhundert in Frankreich war Emily eine allein stehende Mutter, die, um ihre Kinder zu ernähren, als Prostituierte das notwendige Geld verdienen musste. Sie hasste diesen Beruf und verachtete sich selbst, dass sie diesem nachging. Aber es schien ihr der einzig mögliche Ausweg aus ihrer Situation zu sein, um nicht mit ihren Kindern zu verhungern. Doch die Freier behandelten sie wie Dreck. Sie erniedrigten sie durch ihr Benehmen und ihre Worte, und einer spuckte ihr auch ins Gesicht. Schließlich begann sie zu trinken und nahm sich späterhin das Leben.

Emily hatte sich über Jahre hin der Psychoanalyse unterzogen. Doch diese brachte keine erhoffte Besserung. Denn ihr Problem lag ja außerhalb des Rahmens, in welchem diese Therapie operierte. Nach dieser Therapie bei Dr. *Weiss* stellte sich eine wesentliche Besserung in ihrer Einstellung zu Sex ein, und sie hat auch keine Furcht mehr davor, so sie es bei ihrem Mann doch nicht weiterhin aushalten sollte, sich scheiden zu lassen und auf neue Partnersuche zu gehen.[45]

Ihre Angst stammt aus jenem Leben samt ihrem Ekel vor männlichem Samen. Doch brachte sie aus jenem in ihr heutiges Leben eine Selbstverachtungshaltung mit. Und ihre Fettpolster waren Schutzpolster, um keinen Mann zu dicht an sich heran zu lassen, vielmehr die Männer lieber abzuschrecken. Aber eigenartigerweise ging sie auch wieder als Ehefrau fremd. Hier taucht noch eine Neigung, mit fremden Männern zu verkehren, aus früheren Leben trotz aller andersartigen Programmierung wieder empor. Unbewusst wollte sie sicherlich auch feststellen, ob sie noch Männer „aufreißen" könnte. Das Gleiche trifft auch auf die vorhin erwähnte Klientin von *Dick Sutphen* zu. Obwohl Hauptprogrammierungen aus früheren Leben andere Programmierungen überdecken, können trotzdem noch Gewohnheiten aus dem früheren Leben hervortreten, die sogar im Widerspruch mit Ersterer stehen mögen. Ihre Aussage, dass Männer sie wie Dreck behandelten, legt uns nahe, nun einmal diese Freier, die Prostituierte aufsuchen, uns näher zu betrachten.

Dieses verachtende Verhalten der Männer gegenüber Prostituierten ist zum einen Selbstverachtung, dass man zur Prostituierten gehen muss und sich nicht genug bei seiner Partnerin sexuell befriedigen lassen kann, und zum anderen sind es Relikte des angestauten Verhaltens und Denkens einer Prostituierten gegenüber, die sich aus mehreren Leben durch kirchliche Verurteilungen angesammelt haben.

Warum, so fragen wir uns, ermorden Männer Prostituierte? Der *Mörder von Prostituierten*, abgesehen von Besessenheit, ermordet in ihm selbst das, was die Prostituierte ihm in diesem oder besonders in früheren Leben angetan hat. Anders gesagt: Entweder ermordet er seine Sexsucht oder seine Abhängigkeit, zu Prostituierten gehen zu müssen, oder er ermordet das, was er in früheren Leben durch die Prostitution an persönlichem Schaden erlangt hatte. Und er mag außerdem einmal selbst eine Prostituierte gewesen sein und sich geschworen haben „Ich will nie wieder solch ein Leben führen". Vielleicht hatte er in dieser Eigenschaft in früheren Leben jemandem sehr wehgetan, hatte Liebhaber ermordet oder ermorden lassen, um an ihr Geld zu kommen, oder litt unter Syphilis und hatte bewusst aus Rache andere Männer damit angesteckt. Und sicherlich hatte sie später vor oder auch erst nach ihrem Tod sich für ihre bösen Taten gehasst. Der *Sexualmörder* mag also im Mord an einer heutigen Prostituierten sich selbst bestrafen wollen durch Vernichtung. Das wäre die eine Möglichkeit. Die andere wäre die, dass er in einem früheren Leben Opfer einer Prostituierten gewesen sein könnte. Sie hatte ihn durch einen Hinterhalt oder Gift ermordet oder ermorden lassen, oder er hatte durch sie eine tödliche Geschlechtskrankheit erhalten. Dann wäre sein Tötungsmotiv Rache gewesen, vielleicht sogar Rache des Mannes stellvertretend für alle Männer a.) wegen der Abhängigkeit von ihr, b.) wegen den Komplikationen, die durch diese Abhängigkeit in der Familie, Partnerschaft und der Gesellschaft entstanden sind, c.) und auch Rache wegen der Geschlechtskrankheiten, die sie von Prostituierten empfangen hatten und eventuell selbst dann an „unschuldige" Personen weitergaben. Aber die eigentlichen tieferen Gründe für einen Sexualmörder und Prostituiertenmörder liegen im Unterbewusstsein dieser Männer selbst verborgen. Eine spätere neue Sexualwissenschaft wird Forschungen auch auf diesem Gebiet anstellen und Wissenschaftler in die Gefängnisanstalten schicken, um diese Sexualverbrecher dort mittels Trance offenbaren zu lassen, was die eigentlichen Gründe für ihre bösen Taten waren. Und, so könnte ich mir denken, dass man noch mit ganz anderen Tatmotiven aufwarten wird, als den von mir hier geschilderten Möglichkeiten.

Der große Nachteil der Prostitution besteht darin, dass die Prostituierte oft die negativen Energien der Männer aufnimmt, sodass sie dann selbst von diesen Energien übermannt werden kann und vielleicht schlechter Laune ist oder auch die abfälligen Gedanken und

Äußerungen der Männer übernimmt und diese nun aus Abwehrverhalten umkehrt in Fäkalausdrücke. Schlimmer ist es, wenn Prostituierte Besetzungen übernehmen und diese dann an einen anderen Freier weitergeben. So kann eine Prostituierte zum Umsteigebahnhof werden für unsichtbare Gäste, die bei nächster Gelegenheit in einen anderen Körper einsteigen.

Und der indische Meister *Osho* weiß auch, wer eigentlich an der Prostitution und der weltweiten Verrohung der Sexualität schuld ist: „Diejenigen sind schuld, die dem Menschen beigebracht haben, seine Sexualität zu unterdrücken, anstatt sie zu verstehen. ... Die ganze menschliche Gesellschaft ist krank und todunglücklich, und wenn wir diese krebskranke Gesellschaft ändern wollen, ist es unabdingbar, dass wir die Energie des Sex als göttlich erkennen – und dass die Anziehungskraft des Sex ihrem Wesen nach religiös ist.“[46] Die Prostitution ist auf jeden Fall nicht religiös. Sie ist eine Ersatz- und Pseudobefriedigung.

Aber gäbe es keine Prostitution, dann wüsste die Männerwelt gar nicht, wohin mit ihrem Libidodrang, so viel Samen wie möglich in den durch die Primäreinstellung vorgegebenen Ort, also die Vagina, einzuspritzen, hat doch die Partnerin meist schon genug von gelegentlicher Kopulation, womit sie ihrer Primäreinstellung, sich bereitzustellen, den Samen des Mannes in sich aufzunehmen, gerecht wird. Doch der Mann ist anders programmiert. Er muss so viel Samen wie möglich und so oft wie möglich in die Vagina einer Frau eingeben. Das ist der „gesunde“ Auftrag, der ihm von der Schöpfung einprogrammiert worden ist. Denn Masturbation ist nur eine Ersatzlösung, sie entspricht nicht dem eigentlichen Ziel. Die Vagina ist das instinktbezogene Ziel der Samenentleerung mit dem Zweck der Zeugung neuen Lebens. Insofern ist auch die Vagina einer Prostituierten nur ein vorgetäuschtes Zielobjekt, denn Samenerguss in deren Vaginahöhle wird den von der Natur vorgegebenen Gebärvorgang nicht in Bewegung setzen. Somit ist der Geschlechtsverkehr mit einer Prostituierten, die eine Befruchtung vermeidet, nur eine getäuschte Vorhaltung, die sich gegen die Vermehrung des Menschengeschlechts richtet. Aber dem Mann wurde nur mit der Primäreinstellung der Auftrag einprogrammiert, seinen Samen in die Höhle der Frau einzugeben. Daher erfüllt die Prostituierte genau diese Zielgerichtetheit.

Die Prostituierte wäre also eine „Erbarmerin“ der „Not der Männer“, die ihrem Geschlechtstrieb nachzukommen haben. *(Jetzt könnte eine Leserin sagen: „Typisch, solche Gedanken können nur von einem Mann stammen!“ Doch bitte, lesen Sie weiter.)* Denn erfüllen die Männer ihren Auftrag nicht, dann können sich Frust, Unbehagen, Grantigkeit, Gereiztheit, Wut, Aggression aufstauen, die sich im privaten Kreis, besonders der Partnerin gegenüber, auswirken. Sozial gesehen kann die Sexualfrustenergie der Männer sich zu einem allgemeinen Aggressionspotenzial formieren, das einen Anlass finden will, diese Energie loszuwerden. Und dann kommt es zu Kriegserklärungen. Mir als ehemaligem Geschichtslehrer kommt es so vor, als ob gerade diese aus dem neunzehnten Jahrhundert angesammelte Sexualfrustenergie Auslöser des Ersten Weltkriegs war, jubelten doch die meisten jungen Männer der kriegsbeteiligten Länder begeistert, als die Kriegsproklamationen verbreitet wurden. Sie waren sicherlich in der Mehrzahl jene, die als Wiedergeborene diesen Frust aus dem vergangenen Leben im neunzehnten Jahrhundert mit in das zwanzigste hineintrugen.

Überspitzt formuliert könnte man jetzt sagen: Die Prostituierten sind die Blitzableiter überschüssiger männlicher Sexualpotenz. Als solche dienen sie dem „Verpuffen" männlicher Aggression und mögen dadurch der Anstauung von männlichem Sexualfrust vorbeugen, wodurch Kriege und andere Aggressionen seitens der Politiker vermieden werden können. *(Und verhinderte Kriege ersparen auch den Frauen viel, viel Leid, sind sie doch oft die eigentlichen Verlierer von Männer-Kriegen. So gesehen ist die Prostituierte eine Freundin der Frau.)* Und wenn man noch einen Schritt weiter gehen wollte, könnte ein mutiger Denker dem norwegischen Friedenspreisverleihungskomitee den Vorschlag machen, einmal den Prostituierten in ihrer Gesamtheit den Friedensnobelpreis zu überreichen.

Es wird höchste Zeit, dass das Gewerbe der Prostitution genauso anerkannt und von dem Geschmack des Unanständigen befreit wird wie andere „Frauenberufe" auch. Ich könnte mir auch eine staatliche Ausbildung als Prostituierte vorstellen, also Prostitution als anerkannten Beruf. *(Doch wir Menschen sind noch zu sehr von der christlichen Moral, die wir in vielen Jahrhunderten in uns aufgesammelt haben, infiltriert, sodass ein solcher Gesellschaftsprozess noch lange auf sich warten lassen dürfte.)* Denn durch die staatliche Anerkennung dieses Berufszweiges würde eine Diffamierung sofort unterbunden sein und die Überbleibsel der kirchlichen Einflüsse hinsichtlich einer Verdammung der Prostitution versiegen. Ein Denker, der kühne Vorschläge für eine harmonischere und friedlichere Gesellschaft unterbreitet, muss es sich auch gefallen lassen, heftig angegriffen zu werden. Und so ist auf den Autor dieses Buches tatsächlich auch schon geschossen worden.[47]

Ich könnte mir vorstellen, dass in einigen Jahren Diplomanden oder auch Doktoranden der Sexologie Prostituierte oder auch einsitzende Sexualverbrecher aufsuchen werden, um diese, nachdem sie diese in Trance versetzt haben, zu den eigentlichen Ursachen der Ausübung ihres Gewerbes oder ihrer Gewalttat zurückzuführen. Dann bekommen wir zur Herkunft von sexuellem Verhalten Hinweise aus erster Hand und nicht solche, die hinter dem Schreibtisch entstanden sind.

Programmierungen

Immer wieder sind wir auf Programmierungen zu sprechen gekommen. In diesem Abschnitt wollen wir uns zuerst eingehender mit den *Sekundäreinstellungen* vergangener Leben befassen, die wir von den Primäreinstellungen (Ureinstellung), von den Tertiäreinstellungen (jenseitige Einstellung) und von den Quartäreinstellungen (momentanes Leben) unterschieden haben. Denn jene können besonders tief in die momentanen Leben eingreifen, wenn in den vergangenen Leben furchtbare Dinge passiert sind, die oft den Körper und besonders die Seele betreffen. Jede Vergewaltigung wird als ein schreckliches Geschehen erlebt, das körperliche Verletzungen hervorrufen kann, aber vor allem seelische Verletzungen. Der Mensch, ob Frau oder Mann, Junge oder Mädchen, ist einer karmisch sich auswirkenden Situation gegenüber ohnmächtig ausgeliefert. Ohnmachtsgefühle, Hilflosigkeit, Erniedrigung, körperliche

Schmerzen, vor allem, wenn sie einem von jemand anderem zugefügt werden, sind Erlebnisse, die sich in den der Seele beigegebenen *Emotionalkörper* einprägen. Diese werden aktiv, a.) wenn die Prägungen so tief verwurzelt sind, dass diese gleich schon bei und mit der Geburt sich zu erkennen geben (Neurodermitis, Angst vor Alleinsein, vor Dunkelheit, vor Berührtwerden), b.) durch Alterssynchronizität oder c.) dadurch, dass sie im weiteren Verlauf des Lebens durch eine mit einer ähnlichen Schwingung behaftete Situation, Begebenheit, Person oder einen Gegenstand aktiviert werden.

Wenn eine Frau mit siebzehn Jahren in einem früheren Leben, das vielleicht noch nicht zu lange zurückliegt, vergewaltigt worden ist, mag sie sich heute im selben Alter vor einer Vergewaltigung fürchten und deshalb versuchen, nie allein ohne Begleitung eines ihr Vertrauten irgendwo hinzugehen. Dieses Gefühl mag sich ein Jahr später schon verflüchtigt haben. Hier tritt das Phänomen der *Alterssynchronizität* ein. Wenn sie sich aber einen Film im Fernsehen ansieht, in welchem plötzlich eine Vergewaltigungsszene gezeigt wird, dann mag sie gar in Panik den Fernseher ausstellen, aus dem Zimmer laufen und irgendwo in der Wohnung zitternd in Schluchzen ausbrechen. Und es mag lange dauern, bis sie sich wieder beruhigen kann. Möglicherweise kann sie die ganze Nacht nicht schlafen. Und Ähnliches könnte eintreten, wenn ihr eine Freundin von einer Vergewaltigung erzählen sollte. Je heftiger ein Ohnmachtserlebnis erlebt worden ist, umso nachhaltiger und vehementer mag es wieder durch eine ähnliche Begebenheit, auch wenn diese nur indirekt erlebt wird durch einen Film oder ein Gespräch, in Erscheinung treten. Die betreffende Person hat keinerlei Erklärung dafür, dass sie bei dem Thema Vergewaltigung derart emotional heftig reagiert. Und Psychologen wissen darauf auch keine befriedigende Antwort trotz aller psychoanalytisch geschulten Erklärungsformulierungen.

Der Mensch ist in seinen Gefühlen, Ahnungen, Ängsten, Vorlieben und Abneigungen Spielball seiner Programmierungen. Und die stärksten Programmierungen aus früheren Leben, so sie nicht durch eine Tertiäreinstellung teilweise, vorübergehend oder ganz überdeckt worden sind, wirken auf ihn ein. Wird er sich derer bewusst und löst sie auf, braucht er nicht mehr Spielball zu sein, sondern er wird zum Spieler seines Lebens. Und dieser Bewusstmachungsprozess kann durch die Rückführungstherapie eingeleitet werden.

Doch sehen wir uns einige dieser Programmierungen aus früheren Leben und deren Einwirkungen auf das heutige Leben anhand der hier im Buch geschilderten Fälle an.

Isabella (Fall 5) ist in Partnerschaft lebende Mutter von vier gemeinsamen Kindern. Schon seit Beginn ihrer Ehe hat sie einen latenten Widerwillen, mit ihrem Mann zu schlafen. Diese sexuelle Abneigung wird mit der Geburt jedes weiteren Kindes stärker, und sie lässt sich nur beschlafen, um die Ehe nicht zu gefährden. Sie bekommt beim Sex Bauchschmerzen, und der Ekel vor Samen begleitet sie bei jedem Beischlaf. Im früheren Täterleben war sie ein Knecht in Deutschland, der eine Zehnjährige vergewaltigte. Durch deren Vater ist er späterhin mit einem Messerstich in den Bauch getötet worden. Und seine Nie-Wieder-Programmierung lautete: „Ich will nie wieder meinem sexuellen Drang, meiner Lust nachgehen." In dem ausgleichenden Opferleben wird sie als Mädchen bis in das fünfzehnte Lebensjahr von ihrem Vater sexuell missbraucht. Sicherlich hat Isabella im Jenseits sich die Partnerschaft mit ihrem heutigen Mann ausgesucht. Sie wusste, was auf sie zukommen würde. Und damit sie Liebe für ihren Mann in ihrem heutigen Leben haben würde, hatte man ihr sicherlich eine Liebesinjektion, von der ich schon gesprochen habe *(eine „Liebesspritze" wird nur eingesetzt, um Prozesse in Gang zu setzen und ein Aufeinanderzugehen zu bewirken),* gegeben, die vorerst allen sexuellen Frust bei den Kopulationen milderte. Doch allmählich nahm die Wirkung dieser Liebesinjektion immer mehr ab, und schließlich trat der sexuelle Frust in den Vordergrund, sodass die Ehe jetzt gefährdet ist. Diese Abscheu vor der Kopulation *(nicht zu verwechseln mit der Abscheu vor Sex, denn solche Frauen können meist mit Hingabe masturbieren)* stammt aus den Schuldgefühlen des Knechts gemäß seiner Programmierung „Ich will nie wieder meinem sexuellen Drang, meiner Lust nachgehen". Denn diese Lust, die ihn zur Vergewaltigung dieser Zehnjährigen trieb, hatte zudem zu seinem Tod durch jenen erlittenen Bauchstich geführt. Der Emotionalkörper der damaligen Seele von Isabella hat diesen Stich im Zusammenhang mit der Vergewaltigung in sich gespeichert. Immer wenn sie mit ihrem Partner schläft, wirkt die verbale Programmierung und zusätzlich die körperlich schmerzlich empfundene Todeswunde gleichzeitig. Interessant ist, dass die sie wegen ihrer Bauchschmerzen untersuchenden Ärzte nichts finden können, denn diese Schmerzen sind an den Emotionalkörper gebunden, der diese als Information in sich trägt. Doch eine Information kann bisher noch nicht röntgenologisch ermittelt werden. *(Meinem Denken nach wird sich in diesem Jahrhundert noch ein Hauptinteresse der Medizin und der Psychologie mit der Entdeckung und Beschaffenheit der unsichtbaren Informationsfelder beschäftigen. Im kommenden Jahrhundert wird man zu ergründen versuchen, wer diese Informationsfelder initiierte, und man wird Wege suchen, mit diesem/diesen in Verbindung zu treten. Und im übernächsten Jahrhundert werden die Wissenschaftler es unternehmen, diese und andere Informationsfelder selbst herzustellen. Mais on verra.)* Und selbstverständlich stammt ihr Ekel vor Samen aus jenem Inzestleben, wo sie sicherlich den Samen des Vaters schlucken musste, ein Erleben, das ebenfalls in ihrem Emotionalkörper gespeichert worden ist. Das heutige Sexualverhalten, von einer zusätzlichen Tertiäreinstellung einmal abgesehen, setzt sich immer zusammen aus den vormals bewussten oder unbewussten Programmierungen, die im Täterleben und vor allem im Opferleben geprägt worden sind. Und diese Programmierungen sind zum einen im Unterbewusstsein und zum anderen im Emotionalkörper gespeichert. Und die eine Programmierung kann die andere zusätzlich aktivieren.

Auch im Fall von Marcel (Fall 4), dem Pianisten, hat die mentale Programmierung „Ich will nie wieder Frauen etwas zuleide tun" nach jenem Leben als spanischer Vergewaltiger von Jungfrauen bis ins heutige Leben gewirkt, senkt sich doch sein erigiertes Glied vor jedem Koitus und verweigert somit den Eintritt in die Vagina. Doch dieser damaligen Programmierung ging der Scherenstich in den Unterleib voraus, der ihm den Tod brachte. Und interessant ist, dass Marcel, sobald er auch nur in Gedanken sexuellen Vorstellungen nachgeht, genau an jener Stelle, in welcher die Scherenspitze eindrang, Schmerzen bekommt. Auch hier müsste jede medizinische Untersuchung kapitulieren. In der Medizin hat man sich bei solchen unnachweisbaren Schmerzen als „Befund" den Begriff „psychisch bedingte Schmerzen“ zu eigen gemacht. Bei solchen Schmerzen hilft nach meiner bisherigen Erkenntnis nur eines: Rückführungstherapie! Und diese hat Marcel auch geholfen, seine Schmerzen zu überwinden. Aus jenem Leben als chinesischer Henker, in welchem er viele Verurteilte mit seiner großen rechten Hand erwürgte, brachte er eine Verkrampfung derselben mit in dieses Leben, sodass er nun beim Klavierspielen sehr behindert war und zeitweilig gar nicht mehr spielen konnte. Ich schätze, dass hier ebenfalls eine Zeitsynchronizität vorhanden ist, sodass er in diesem Leben die Handverkrampfung genau in dem Alter bekommen hat, als er mit seiner Tätigkeit als Henker begonnen hatte. Schuldgefühle, die sich im Emotionalkörper festgesetzt haben und noch nicht aufgelöst sind, lassen der Seele keine Ruhe. Und sie sind die hartnäckigsten Programmierungen, welche die anderen ebenfalls im Emotionalkörper und im Unterbewusstsein festsitzenden Programmierungen anfeuern, bei passenden Gelegenheiten hervorzutreten. Darum ist es bei jeder Rückführungstherapie von größter Wichtigkeit, die Täterleben aufzudecken, in denen diese Schuldgefühle begründet liegen, damit sie endlich dem Emotionalkörper entzogen und somit aufgelöst werden können.

Bei Jessica (Fall 16), wie wir gleich im nächsten Kapitel noch näher uns betrachten wollen, kommen mehrere Programmierungen in diesem Leben zusammen, die sie an den Freuden des Sexus hindern. Hinzu kommen die sexualfeindlichen Infiltrierungen seitens der heutigen katholischen Mutter wie „Sex ist etwas sehr Schmutziges“. *(Ich habe es zwar noch nicht überprüft, doch meine ich behaupten zu dürfen, dass die meisten mit sexuellen Problemen zu mir Kommenden katholisch erzogen worden sind. Anscheinend hat sich die Seele im Jenseits dazu entschlossen, in einem katholischen Erziehungsumfeld (Eltern, Schule, Internat) aufzuwachsen, damit die alten Programme aus früheren Leben, die meist ebenfalls in solch einem Umfeld beheimatet waren, besonders heftig zur Resonanz kommen, sodass man aufgefordert wird, in die Seele zu schauen und herauszubekommen, woher diese sexfeindlichen Programmierungen stammen.)* Jessicas Mutter bestärkt die Programmierungen, die ihre Tochter aus ihren früheren Leben mit in ihr heutiges brachte. Somit ergibt sich ihr heutiges anorgasmisches Leben aus der Sekundär- und der Quartäreinstellung.

Aber Quartäreinstellungen können auch schon im Mutterleib programmiert werden. Denn hier ist der Mensch für Programmierungen sehr empfänglich. Und manche der sexuellen Probleme sind als Ursachen im Bauch der Mutter zu finden. Wenn die schwangere Mutter mit Schrecken feststellt, dass sie schwanger geworden ist und den letzten Beischlaf mit ihrem Bettpartner verwünscht, indem sie eventuell verbal oder in Gedanken äußert: „Ich hab es doch geahnt, Sex bringt Unglück“, dann übernimmt die im Fötus sich befindende Seele diese Programmierung und hat Angst, sich sexuell ihrem späteren Partner einmal hinzugeben. Außerdem mag solch eine weiblich Geborene, wie Francesca Rossetti einen Fall schildert[48], sogar späterhin gegenüber der Mutter eine unerklärliche Abneigung haben, die also nicht aus einem früheren Leben stammen muss, sondern in der Schwangerschaftsphase zu finden ist. Und die Rückführung zu der betreffenden Ursache im Mutterbauch brachte auch in diesem Fall eine völlige Harmonisierung mit der Mutter und ließ diese Klientin auf einmal zu einer Frau werden, die ihre femininen Energien nun voll akzeptieren konnte.

Im pränatalen Zustand hat die Seele in dem neu heranwachsenden Körper ein holistisches Bewusstsein. Sie bekommt alles mit, was besonders die Mutter, aber auch der Vater, fühlt, denkt, sagt und tut. Hat die Mutter die Einstellung, sie selbst sei „sündig", und fürchtet sie sich vor jedem Beischlaf mit ihrem Mann, dann übernimmt die im Bauch befindliche Tochter möglicherweise die gleichen Gedanken und Gefühle als Programmierungen, die ihr weiteres Leben hinsichtlich der Sexualität behindern. Diese pränatale Quartäreinstellung ist meistens ein Intensivum der mitgebrachten Sekundäreinstellung.

Der Mensch, und ganz besonders der sexuelle Mensch, ist eine wandelnde Blaupause, auf welcher alle Programmierungen notiert sind und bei passender Gelegenheit aktiviert werden können. Über die Ätiologie der verschiedensten Programmierungen und ihre Einwirkungsarten könnte man ein vielbändiges Werk schreiben. Aber ein solches wird auch sicherlich von Wissenschaftlern noch geschrieben werden.

Doch wollen wir uns nun aus dem nahezu unerschöpflichen Bereich sexuellen Verhaltens einigen Ängsten vor Sexualität zuwenden.

Die sexuellen Ängste des Mannes

Das Spektrum sexueller Ängste ist sehr groß, sodass ich mich nur auf einige Aspekte beschränken werde. Eigentlich sollte man sich über die Sexualität freuen, an ihr Spaß haben, sie als Geschenk Gottes dankbar annehmen und diese je nach Verlangen allein oder mit einem Partner in Liebe genießen. Aber leider ist dem oft nicht so. Sicherlich gibt es viele Menschen, die Sex vorbehaltlos genießen können, andere verstehen sich an ihrem Sexus nur bedingt zu erfreuen, und wiederum für andere – und deren Zahl geht in die Millionen der Erdbevölkerung – bedeutet Sexualität Verpflichtung, Frust, Schmerzen, Ekel, Abscheu, ja sogar Angst und Horror.

Ist eigentlich die Angst etwas dem Menschen Existenzielles, ihm Anhaftendes, Eingegebenes, aus einer Primäreinstellung Kommendes, von aller Überlebens- und Todesangst einmal abgesehen? Wird man von einer Angst begleitet, wenn man dem Trieb der Arterhaltung nicht nachkommt? In einem Buch habe ich den Satz gelesen, dass der sexuelle Instinkt in der Angst des Menschen vor der Einsamkeit wurzele.[49] Also wäre der Sex ein Vehikel, um dem Alleinsein zu entgehen. Und die Angst vor dem Alleinsein ist sicherlich eine Primäreinstellung, genauso wie der Trieb zur Arterhaltung. Beide bedingen sich gegenseitig. Und wäre dann nicht eine Angst vor Sexualität eine Pervertierung dieser Ureinstellung? Ist nicht die Sexualität, sondern *die Angst vor Sexualität* die eigentliche Verweisung aus dem Paradies? Und welche Gefühle nimmt man nach solch einer Ausweisung mit? Schuldgefühle! Und wo werden diese erzeugt? In Täterleben! Und was ist die Konsequenz? Opferleben! Und was ist deren Resultat? Symptome und vor allem sexuelle Ängste! Und in sexueller Hinsicht ist die Angst vor der Konfrontation mit der Sexualität des anderen Geschlechts die größte Angst und als solche die wahre Vertreibung aus dem Garten Eden. Und die Rückführungstherapie unternimmt es, diese Vertriebenen und Verängstigten wieder in den Paradiesgarten zurückzuführen.

Doch schauen wir uns die sexuellen Ängste des Mannes vor der Frau und dann umgekehrt, die der Frau vor jenen des Mannes genauer an.

Wir hatten gerade im Zusammenhang mit Programmierungen über Marcel (Fall 4), den Pianisten, gesprochen. Sobald sein erigiertes Glied sich der entblößten Scheide einer Frau naht, senkt es sich. Marcel hat daher eine *Penetrationsangst* entwickelt, sich vor Frauen zu blamieren. Deshalb geht er den sexuellen Annäherungen selbst der schönsten Frauen aus dem Weg. Und diese unerklärliche Primärangst wird begleitet von der erklärlichen Sekundärangst, nämlich der *Angst vor der Angst*, dass Erstere sich bei einer erneuten sexuellen Annäherung wieder einstellen könnte. Und, wie wir gesehen haben, stammt diese primäre Angst aus jenem Täterleben als reicher Spanier, der sich von seinen Schergen Jungfrauen bringen ließ, die er vergewaltigte. Damit hat seine Seele sich damals aus dem Paradies sexueller Freuden geworfen, da er für seine sexuellen Freuden die Schmerzen und die Leiderfahrung der anderen in Kauf nahm. Und dies scheint das Gesetz für den Hinauswurf aus dem Paradies zu sein: Verstößt du gegen die Liebe im sexuellen Verkehr, indem du lieblos gegen den Willen des mit dir sich sexuell Vereinigenden handelst, ist dir das Paradies der Sexualität vorerst versagt. Erst hast du alles zu erleiden, was du dem oder den anderen in sexueller Hinsicht an körperlichen und seelischen Schmerzen angetan hast. Dann darfst du wieder zurückkehren, auf dass du dich nicht wieder erneut „versündigst" *(Sünde kommt von sinden und heißt scheiden)* und wiederum aus dem Paradies der Sexualität ausgeschieden wirst. Und mit dem Ausgeschiedensein beginnt der Weg der Angst, da die Seele unbewusst weiß, dass etwas Schlimmes auf sie zukommen wird. Im Falle von Marcel wurde in einem Opferleben sein Glied von dem ihm beim Koitus mit dessen Frau ertappenden Ehemann mit der Sense versehrt samt einer Abtrennung seiner Hoden, sodass er hinfort zu keiner Erektion mehr fähig war, wobei er sich als späterer Eunuch und Haremswärter unter den schönsten Frauen befand, die ihn seiner Impotenz wegen verspotteten. Doch dieses „außerparadiesische" Leben fand noch seine karmische Fortsetzung in einem anderen Leben, in welchem die Seele von Marcel als damaliges Mädchen von ihrem Köhlervater bis zum siebzehnten Jahr missbraucht wurde samt eines ermordeten gemeinsamen Babys *(sicherlich hatten einige der von dem Spanier vergewaltigten Jungfrauen ebenfalls Schwangerschaften mit allen leidvollen Folgen zu überstehen gehabt)*, bis sie sich dann aus Verzweiflung und Schuldgefühlen selbst das Leben nahm, also wahrscheinlich ein gleiches Schicksalsende erfahren musste, welches auf die ein oder andere der damals Vergewaltigten zutraf.

Bei Männern, die ein ähnliches Problem haben, sei es, dass das Glied vor Eintritt in die Vagina streikt (Penetrationsverweigerung), dass der Samen vorher schon kommt (ejaculatio praecox) oder dass das Glied überhaupt nicht steif wird, oder auch, dass der Samen samt eines Orgasmus gar nicht kommt, können ähnliche Ursachen vorliegen. Wenn das Glied gar nicht steif werden kann, glaubt man, dass eine hormonelle oder funktionelle Störung vorliegen könnte. Doch bei allen sexuellen Störungen, ganz egal ob sie nur psychisch oder zusätzlich somatisch bedingt sind, ist der entscheidende Faktor der, dass eine Programmierung zugrunde liegt, die dieses Symptom bewirkt. Und diese das Symptom verursachende

Programmierung hat diese Seele in dieses Leben mitgebracht. Selbst wenn die Mediziner nachweisen können, dass hier ein Vererbungsfehler vorliegt, da der Vater oder der Großvater dasselbe Problem hatte, ist es kein Zufall, dass diese Seele sich diesen Vater ausgewählt hat, um genetisch diese Störung vererbt zu bekommen.

Kevin, der geplagt ist von Heuschnupfen – wir mögen uns an seinen Fall (Fall 17) erinnern –, hat als Neunzehnjähriger bisher noch mit keiner Frau geschlafen, weil er *Angst vor der Nacktheit der Frauen* hat, während er jedoch kein Verlangen nach Homosexualität zeigt, vielmehr ebenfalls Angst vor starken Männern verspürt. In einem früheren Leben in Holland war er als Fünfjähriger von einem ihm unbekannten Mann missbraucht worden, den er zwar nie wiedersah. Doch die Androhung, so er etwas sage, werde dieser wieder kommen, verpasste diesem Jungen namens Junga solch eine Angst, dass er späterhin beim ersten Masturbationsversuch sofort wieder an diesen Mann dachte. Und die wiederum aufsteigende Angst lässt sein Glied gleich wieder sinken. Danach versagt er sich jegliche Masturbation. Und als Junga schließlich mit sechsunddreißig Jahren heiratet, hat er Angst vor dem Orgasmus, denn sofort stellt sich diese als Kind erfahrene Angst wieder ein. Trotz ganz seltener Ejakulationen in die Vagina seiner Frau bleibt er sexuell ein Versager, was ihn seine Frau deutlich spüren lässt. Seinen Sexfrust lässt er an seinen zwei Söhnen durch Schläge aus, was den Gedanken aufkommen lässt, dass viele Kinder aus nämlichen Gründen von ihren Vätern geschlagen werden. Und seine Nie-wieder-Programmierung lautet: „Ich will nie wieder mit einer Frau zusammen sein, weil ich sie nicht glücklich machen kann." Nun wird verständlich, woher seine Angst vor nackten Frauen stammt. Unbewusst hat diese Angst aus früherem Leben sich wieder seinen gegenwärtigen Gefühlen zugesellt. Und diese Angst wird täglich wachgehalten durch seine heutige Mutter, die eben jener frühere Vergewaltiger war. Diese hat sicherlich ein *Wiedergutmachungsprogramm* bei ihm zu erfüllen, während in ihm besonders durch ihre Gegenwart dieses vergangene Leben als Holländer samt den frühen Missbrauchserfahrungen unbewusst lebendig gehalten wird. Und – wie könnte es anders sein – es geht diesem Opferleben ein Täterleben voraus, in welchem er als tyrannischer und sadistischer Haremsbesitzer mit seinen Frauen äußerst lieblos umging und sich an ihren Schmerzen, die er ihnen zufügte, ergötzte.

Wir begegnen nun Bogan (Fall 1) wieder, der unter der *verfrühten Ejakulation* (ejaculatio praecox) leidet, das heißt, sein Samen kommt schon bei den ersten sexuellen Berührungen, sodass sein Glied schon vor Eintritt in die Vagina wieder ermattet ist. Seine erste Ehe wurde dann auch geschieden. Er fühlte sich im Bett als Versager und ging allen weiteren sexuellen Begegnungen mit Frauen aus dem Weg, versuchte es einmal mit einem Mann, doch da er in seinem Wesen nicht homosexuell ausgerichtet ist, brachte auch diese Erfahrung keine Erfüllung. Nach vielen Jahren heiratete er wieder, doch auch bei seiner zweiten Frau stellte sich bald sexueller Frust ein. *(Und als „Versager" ist man glücklich, eine Partnerin zu finden, die sich gar nichts aus Sexualität macht, die schon darüber steht, ja, die überhaupt keinen Sex will. Solche Frauen sind oft spirituell ausgerichtet und sehen Sexualität als etwas an, das ihrer Vergangenheit angehört und nun keine Bedeutung mehr hat, sondern vielmehr sie von wichtigeren Dingen abhält. Bei solch einer Partnerin verliert man seine Ängste und kann sich wieder als vollwertiger Mann wohl fühlen und sich von ihrer spirituellen Suche anstecken lassen.)* Bogans *Angst vor sexuellem Versagen*[50] stammt aus drei Leben. In allen drei Leben wurde er ausgelacht. Das erste Leben war zugleich ein Täterleben. In jenem hatte er als heimkehrender Ritter und Burgherrensohn eine junge Magd vergewaltigt, die sich daraufhin erhängte, was zur Folge hatte, dass sein Vater ihn mit einer älteren, für ihn hässlichen Frau vermählte, die jedoch über sein sexuelles Versagen spottete („Ich dachte, du seiest ein großartiger Liebhaber"), weshalb er ihr in einem Zornesanfall mit dem Schwert den Kopf abschlug. Dies hatte wiederum seinen eigenen Tod zur Folge. Und seine Affirmation nach seinem Tod lautete: „Ich will mich nie wieder sexuell hinreißen lassen." Dass er sich sexuell bei der Vergewaltigung von Maria hinreißen ließ, wie er es vielleicht schon vorher als Soldat gewohnt war, wurde nun zur Ursache für alle weiteren Ausgleichsleben bis zum heutigen. Doch hätte sich diese Magd nicht das Leben genommen und sich hingegen still verhalten oder wäre der Burg enteilt, könnte dieser Ritter weiterhin Frauen und Jungfrauen nach Willkür genommen haben. Die Reaktion der Vergewaltigten hatte ihm jedoch offenbar einen mächtigen Schock versetzt und ihm zu denken gegeben. Da er des Grafen Sohn war, würde ihn keiner wegen dieser Tat bestraft haben, denn der Adel konnte sich erlauben, was dem Bürger und Bauern nicht gestattet war und Strafe fand. Doch die Heirat mit einer hässlichen Adligen, um vermeintlich sein ungezügeltes sexuelles Wesen durch eine Heirat zu unterbinden, schlug gänzlich fehl. Vielleicht wäre ihm der Tod dieser Magd als Folge seiner Handlung auch gar nicht auf längere Zeit nahe gegangen und er hätte seine Untat nach diesem ersten Schock verdrängt, wenn sich nicht letztlich aus dieser sein eigener Tod ergeben hätte. Hier wurde er sich seiner Schuld bewusst, Schuld, die aus seiner sexuellen Gier resultierte. Und seine Programmierung, sich nie wieder sexuell hinreißen zu lassen, begründete seine bis ins heutige Leben auftretende Angst vor dem sexuellen Versagen und Verhöhntwerden. Denn als marokkanischer Schafhirte schickten sich einige Damen an, ihn im Beisein von zuschauenden Begleitern zu verführen. Er aber suchte in Panik das Weite, während das gellende Gelächter hinter ihm herdröhnte. Auch die sich aus dieser Situation ergebenden Umstände führten zu seinem Tod. Ebenso schlimm, wenn nicht für seine Seele noch schlimmer, war jenes Leben als schwedischer Postbote, der auf einem Bauernhof von einer jungen Frau verführt wurde, aber vor Angst vor ihrem ungezügelten Temperament versagte, worauf sie ihn „wie einen geprügelten Hund" davonschickte. Alle auf diesem Bauernhof erfuhren von seinem Versagen, und immer wenn er die Post dorthin bringen musste, war auf allen Gesichtern dieses unterdrückte spöttische Lachen zu bemerken. Somit wurde jedes Aufsuchen jenes Bauernhofes für ihn ein Leidensweg. Und noch in einem weiteren Leben als Bergführer und Berghüttenwart wird er von drei Frauen, die sich mit ihm allein in der Hütte aufhalten, zum Sex aufgefordert. Auch hier läuft er Hals über Kopf unter dem Gelächter der Zurückbleibenden davon. Denn die Angst vor Sexualität aus jenem Leben als Ritter hält ihn immer noch in Bann. Hinzu kommen jene Leben, in denen er wegen seiner sexuellen Angst ausgelacht worden war. Und folgende Programmierung senkt sich in sein Unterbewusstsein: „Ich will nie wieder mit Frauen zu tun haben." Seine Angst vor Sexualität hat sich in eine *Angst vor Frauen* erweitert. Und ich könnte mir denken, dass er in dem heutigen

Leben zweimal geheiratet *wurde*, da er ein prächtiger Mann ist, mit dem man gerne zusammenleben möchte in der Hoffnung, dass sich seine sexuellen Probleme mit der Zeit schon beilegen. *(Frommes Hoffen!)* Und in diesem Leben addieren sich beide Ängste aus dem Täter- und den drei Blamageleben. Die Rückführungstherapie erweist sich als idealer Auflöser von verwirrten Knäueln sexuell ausgerichteter Störungen, deren Entwirrung vielen Therapeuten bisher oft große Schwierigkeiten bereitet. Und manchmal wird es so gewesen sein, dass man bei allen Entwirrungsversuchen das Knäuel noch mehr verwirrte.

Viele Probleme gehen auf mentale Programmierungen des heutigen Lebens zurück. Wenn man schon bei einem ersten Beischlaf vor Aufregung, Alkoholeinfluss oder Angst vor Schwangerschaftsverursachung kein steifes Glied bekommt, überfällt einen die Angst, dass dies beim nächsten Mal wieder passieren könnte. Hier helfen kognitive Hilfen, wie sie zum Beispiel *Ben Ard* beschrieben hat. „Die Angst, zu versagen, initiiert einen Teufelskreis, der den Mann daran hindert, nach seinem ersten Versagen, das vielleicht ganz normal war, erfolgreich Sex zu haben.“ [51] *Angst vor sexueller Blamage* ist für jeden Mann eine der größten partnerschaftsbezogenen Ängste überhaupt. Jedes sexuelle Versagen bedeutet für den Mann eine Niederlage. Und für ihn ist es eine große Schmach, seine Manneskraft nicht unter Beweis stellen zu können und möglicherweise deswegen verachtet oder gar „Schlappschwanz“ genannt zu werden. *(Solch ein von einer Frau dem Mann an den Kopf geworfenes Wort kann sich unbewusst als Quartäreinstellung festsetzen und den Mechanismus der Impotenz zusätzlich verstärken.)* Doch nun dürfen Männer, deren sexuelle Impotenz nicht auf organische und funktionale Störungen oder auf mentale Blockierungen des jetzigen Lebens zurückzuführen sind, wieder hoffen, ihre sexuelle Potenz „repariert“ zu bekommen, indem sie in der Rückführungstherapie diesem unleidlichen Umstand einer behinderten Libidoausübung auf den Grund gehen, dort ihre Schuldgefühle erlösen, den jeweiligen Tätern in den Opferleben vergeben, um dann als normaler Adam daraus hervorzugehen, der in der Lage ist, seine Eva nun problemlos sexuell zu beglücken.

Die bisherigen psychoanalytischen Erklärungen für die verfrühte Ejakulation scheinen aus ihren Kinderschuhen noch nicht herausgewachsen zu sein. Immer noch wird der für alles herhaltende Ödipuskomplex zu Hilfe genommen. So schreibt auch Professor *Alexander Lowen*: „Dem Phänomen der ejaculatio praecox liegt das Problem der ungelösten ödipalen Bindung an die Mutter zugrunde.“ [57] Der Ödipuskomplex ist nach meiner Meinung einer der größten Bäume im illusorischen Irrgarten der bisherigen Sexologie. Sobald man aus diesem labyrinthischen Garten herausgefunden hat, wird kaum noch ein Psychologe auf diesen Garten zurückblicken oder dessen Bestandteile erwähnen wollen.

Welcher Mann könnte wohl *Angst vor schönen Frauen* haben, also nicht vor Frauen als solchen, sondern vor „schönen“ Frauen? Denn alle Männer sehnen sich doch nach der Partnerschaft mit einer „Schönheit“ oder einem Intimaustausch mit einer schönen Frau. In dieser erkennen die Männer, so scheint es, einen Ausdruck der göttlichen Schönheit. In dem Menschen ist ebenfalls als menschenspezifische und den Tieren nicht eigene

Primäreinstellung die Sehnsucht nach dem Schönen eingegeben. Je sensibler der Mensch ist, desto größer wird diese Sehnsucht nach Harmonie, nach dem Vollendeten. Sie macht sich bei Künstlern besonders bemerkbar, die sie in ihren schriftlichen, künstlerischen und musikalischen Werken zum Ausdruck bringen wollen. Und der schöne Mensch und ganz besonders die schöne Frau steht symbolisch für die göttliche Schönheit in ihrer vollendeten Harmonie. Die ganze kommerzielle Werbung spielt mit dieser Sehnsucht der Menschen nach Schönheit, denn ein schönes Gesicht und einen vollendeten Körper besieht sich jeder Mensch gerne. Und ganz besonders möchte man als Mann von einer schönen Frau berührt oder gar begehrt sein. Doch damit haben einige Männer Probleme. Und einer von diesen ist Gino.

Gino (Fall 35) ist trotz seiner vierundvierzig Jahre allein stehend, neigt aber nicht der Homosexualität zu. Jeder Begegnung mit einer schönen Frau weicht er, der äußerlich ein richtiger Frauentyp ist, aus, als ob ihn eine unsichtbare Kraft davon zurückhält. In der Rückführung stellt sich nun heraus, warum er diese anormale Angst vor schönen Frauen hat, denn fünfmal ist er durch schöne Frauen zu körperlichem und/oder zu seelischem Schaden gekommen. Alles beginnt mit seinem Leben im Alten Rom, als er sich in seines reichen Gönners junge Ehefrau namens Amalia, die ihm als die schönste Frau begegnet, die er sich vorstellen kann, verliebt und sexuell in aller Heimlichkeit mit ihr verkehrt. Beide werden bei diesen Intimitäten ertappt. Seine Geliebte wird hingerichtet, er muss Rom verlassen und sucht in der Schlacht erfolgreich seinen Tod. Die Schönheit dieser Frau hat ihn dermaßen bestrickt, dass er das, was er am wenigsten tun durfte, nämlich die Frau seines ihm wohl gesonnenen Gönners zu begehren, außer Acht ließ. Und dieser Verstoß gegen dieses moralische Gesetz brachte nicht nur letztlich seinen von ihm gesuchten Tod, sondern durch sein moralisches Vergehen hatte er auch ihren Tod verschuldet. Somit hat er seine Seele mit einer schweren Schuld belastet. Denn wäre seine Geliebte nicht so äußerst schön gewesen, hätte er sich bestimmt nicht den Kopf verdrehen lassen. *(Doch wenn diese Geliebte schon in einem noch früheren Leben seine große Liebe gewesen sein sollte und als Amalia nur halb so schön ausgesehen hätte, wäre wohl ein Gleiches passiert.)*

In einem Leben im deutschen Mittelalter ist er ein junger Ritter, der, um die Gunst des schönen Burgfräuleins zu erringen, an einem Turnier teilnimmt, in welchem er als siegender Held hervorzugehen hofft. Unbewusst, so will mir scheinen, sucht er in den weiteren Leben immer noch nach seiner Amalia. Und in einer schönen Frau könnte sich ja ihre Seele inkarniert haben. Und er sucht deshalb die Aufmerksamkeit dieses schönen Burgfräuleins zu erregen, damit ihre Augen auf ihn fallen, und, so diese Schönheit seine frühere Geliebte wäre, diese sich vielleicht an ihn erinnern könnte. *(Jetzt verfalle ich auch schon in Mutmaßungen, wie Psychoanalytiker es gerne tun...)* Doch der junge Ritter verliert schon gleich im ersten Stechen, und zwar gar nicht heldenhaft. Er, so fühlt er, hat sich mit Schmach beladen, verlässt so schnell wie möglich die ritterliche Gesellschaft, verfällt in Depressionen und hält sich weiterhin für nicht wert genug, um die Gunst einer schönen Frau zu kämpfen. Er hat sich von der Schönheit einer Frau verblenden lassen und sich dadurch wieder ins Unglück gebracht.

In einem nächsten Leben ist er deutscher Bauer und verliebt sich in Selma, die äußerst schöne Nachbarstochter. Doch als sie mit ihm schlafen möchte, überkommt ihn auf einmal eine Angst, und er verweigert sich ihr. Sie deutet seine Ablehnung als mangelndes Interesse an ihrer Person und ihrer Liebe zu ihm, wendet sich ab und verlobt sich mit einem anderen Mann. Nun lebt Jakob sein ganzes weiteres Leben im selben Ort wie seine Traumfrau, die er, der nun sein ganzes Leben über seine Dummheit Schmollende, aus für ihn unerklärlichen Gründen zurückgewiesen hatte. Doch uns wird sicherlich verständlich, warum er Selma aus einer urplötzlich in ihm aufsteigenden Angst zurückwies, wenn wir erfahren, dass sie eben jene wiedergeborene Amalia war, die um ihrer beider Liebe willen den Tod gefunden hatte. Denn beide wurden bei ihrer Liebesintimität ertappt mit all ihren Folgen. Plötzlich stieg dieses in seinem Emotionalkörper und in seinem Unterbewusstsein gespeicherte vormalige Erlebnis wieder hoch, dass solch eine sexuelle Vereinigung wiederholt größtes Unheil anrichten könnte, weshalb für Selma so enttäuschend er sich ihr entsagte. Wie viele Menschen haben durch eine für sie unverständliche törichte Tat einen anderen Menschen, den sie eigentlich liebten, von sich gestoßen, sodass sie späterhin in Trauer und vielleicht auch in Wut über sich selbst verfielen. Und vielleicht wurden sie bei diesem späterhin lange bereuten Verhalten ebenfalls von Programmierungen gelenkt, die vor langer Zeit sich in ihrer Seele niedergelassen hatten.

Gino hatte in jenem Leben seine geliebte Amalia als schöne Frau in Selma unbewusst wiedererkannt. Somit wurde in einem weiteren Leben seine Seele aufgerufen, nach ihr zu suchen, um diesmal nicht nein zu sagen. Und er suchte sie als französischer Graf in der schönen Tochter eines beim König einflussreichen Adligen. Doch von ihrer Jugend und äußerst ansprechenden Schönheit berauscht *(vielleicht hatte sie sogar Ähnlichkeit mit Amalia)*, unterschreibt er die von ihrem Vater vorgelegten Verträge, dass seine Tochter einmal Alleinerbin seines Vermögens werden solle. Doch diese begehrliche Frau, wie er schon in der Hochzeitsnacht feststellen muss, hat überhaupt kein Gefühl des Begehrens für ihn, denn sie heiratete ihn, den viel älteren Mann, allein seines Vermögens wegen.

Er sinnt auf Rache, und es gelingt ihm, sie mit einem anderen Mann in flagranti zu ertappen und beide zu töten. Durch Flucht kann er sich vor Nachstellung und Todesstrafe retten. Er hat sein ganzes Vermögen und sein Ansehen durch diese schöne Frau verloren und ist sogar zum Mörder geworden, was seine Seele mit Schuldgefühlen beschwerte. Wiederum hat eine schöne Frau sein Leben aus den Bahnen geworfen. Und seine damalige Programmierung „Ich muss mich vor schönen Frauen in Acht nehmen“ wirkt dermaßen einschneidend selbst noch in sein heutiges Leben hinein, dass er – für ihn selbst unverständlich – allen schönen Frauen aus dem Wege geht. Die Rückführung schafft Klarheit über unser unverständliches Handeln und die späterhin bereuten Spontanreaktionen. Wenn wir die tieferen Zusammenhänge erkannt und aufgelöst haben, können wir uns von unliebsamen Wiederholungen derselben befreien.

Männer kommen mit ihren sexuellen Problemen weniger häufig zu einem Therapeuten und suchen dort Hilfe. Meistens versuchen sie mit ihrem Problem selbst fertig zu werden oder ertränken es in Alkohol. Frauen sind eher bereit, auf die Suche nach Lösungen ihrer sexuellen Probleme zu gehen, weshalb prozentual gesehen die Frauen bei weitem die Therapiewilligeren sind. Sie scheinen, oberflächlich gesehen, eher oder mehr Probleme mit ihrer Sexualität zu haben. Ob das stimmt, werde ich am Ende des nächsten Kapitels zu beantworten versuchen.

Die sexuellen Ängste der Frau

Auf den ersten Blick weniger erklärlich ist eine Angst einer nicht lesbisch ausgerichteten Frau, keinen Mann zu bekommen, da es doch aufgrund ihrer Primäreinstellung naturgemäß ist, die Nachkommenschaft zu garantieren durch die Kopulationsbereitschaft eines Mannes. Großes Rätselraten bereitet daher den Sexologen das Phänomen, warum man als Frau keinen Mann bekommen will. Einen solchen Erklärungsversuch über die *Angst der Frauen vor Männern* unternimmt Frau Professor *Kaplan*.[53] In ihrer Darstellung von Sexualphobikern beschreibt sie den Fall einer erfolgreichen Geschäftsfrau, die trotz ihrer zweiundfünfzig Jahre nie geheiratet hatte, ja, die allen Männerbegegnungen aus dem Weg geht, obwohl sie beim Masturbieren mit Orgasmus gerne an Männer denkt. Die Sexualpsychologin erklärt deren Sexualaversion mit ihrem Vater, der in ihrem fünfzehnten Lebensjahr verstarb. Denn dieser Mann, den die Klientin als „psychotisch" beschreibt, saß den ganzen Tag in der Küche in Unterwäsche herum, schimpfte nur und schüchterte die Mutter und die sieben Kinder mit seiner Gewalttätigkeit ein. Hier entwickelte das Mädchen, so die Erklärung, einen unaufgelösten Hass gegen ihren Vater. Dieser ist nun schuld an ihrer jetzigen Sexualphobie. Diese Erklärung wird auch noch durch die Tatsache unterstützt, dass die Schwester dieser Klientin ebenfalls unverheiratet blieb, während alle fünf Brüder Familien gegründet hatten. Sicherlich, so würde ich Frau Kaplan zustimmen, kann die Sexualaversion bei beiden Töchtern mit dem Vater zusammenhängen. Aber die ohne Inzest erlebte Kindheit mit dem Vater kann meines Erachtens nicht allein ausschlaggebend für die spätere Sexualvermeidung mit Männern sein. Doch sicherlich, so könnte ich mir vorstellen, war die Seele des Vaters schon in früheren Leben ihrer beider Seele in einer früheren Inkarnation begegnet und könnte ihnen damals etwas Sexualwidriges angetan haben, das diese sexuelle Aversion gegen Männer in ihrem heutigen Leben begründete. Ich würde dieser Sexualwissenschaftlerin empfehlen, diese beiden Schwestern einmal in Trance zu versetzen und deren Unterbewusstsein zu befragen, wo denn wirklich ihre Abneigung gegen Männer begründet liegt. Doch, wie wir aus den in diesem Buch beschriebenen Fällen ersehen haben, gehen solche Sexualaversionen auf oft ganz handfeste Erlebnisse aus früheren Leben zurück. Und in Beantwortung der Frage von Frau *Kaplan*, warum Frauen vor Männern Angst haben können, möchte ich an dieser Stelle nochmals auf den Fall 15 zurückkommen.

Barbara hat nicht nur Angst vor Männern, sondern auch einen Ekel vor Sex, der auch jede in Gedanken vorgestellte Sexpraktik von sich weisen würde. Auch sie hat wie jene oben erwähnte Geschäftsfrau eine Angst und einen Abscheu vor ihrem Vater, von dem sie vermeinte, dass er sie als Mädchen sexuell missbraucht haben könnte, woran sie aber keinerlei Erinnerung mehr hat. Ihr Ehemann zeigt Verständnis für ihre sexuelle Abneigung, sind doch beide Anhänger einer neuchristlichen Wiedertäufergemeinschaft, welche die Sexualität auf ein Mindestmaß reduziert sehen will, sodass sie schon lange nicht mehr nach der Geburt ihrer zwei Kinder mit ihrem Gatten kopuliert hatte. Barbara lehnt alle jene Männer ab, die ihre weibliche Seite nicht zeigen können. In ihrem Täterleben war sie ein dem Priesterkreise zugehöriger Mann, der den Auftrag bekam, mit einigen anderen seinesgleichen die gefangenen Nubierinnen zu besteigen, um ihnen zum einen durch diesen Akt die magische Kraft zu nehmen und sie zum anderen gefügig zu machen, als Sklavinnen für ihre Käufer willige Bettgenossinnen zu werden. Und die Männer, nachdem sie sich Mut angetrunken haben, beginnen ihr Werk. Einige dieser Vergewaltigten und auch Deflorierten töten sich. Doch noch vor seinem Tode packt ihn die Reue über seine Untaten, denn er hatte eine ganze Reihe von Frauen vergewaltigt. Und seine Programmierung lautete: „Ich will nie wieder einer Frau weh tun. ... Ich will das irgendwie wieder gutmachen."

Diese Wiedergutmachung erfolgt als eine Seherin namens Veleda, die ihrem Volk ergeben dient. Jedoch durch Verrat wird sie von römischen Legionären gefangen genommen. Und zudem erfolgt schon in diesem Leben der erste Ausgleich für ihr Vergehen als jener Ägypter, denn sie wird von fünf römischen Soldaten vergewaltigt. In einem der Folgeleben ist sie eine junge keltische Priesterin namens Kailach, die als Vertreterin ihrer Göttin durch einen Priester – so war es Brauch – in einem Ritual die Jungfernschaft verlieren sollte. Dies war für sie eine schmerzliche Erfahrung. Noch in demselben Leben wird sie von einem Mann im Wald vergewaltigt. Das Höhere Selbst erklärt Barbara, dass ihre Seele insgesamt zehnmal ein Vergewaltigungserlebnis als karmischen Ausgleich erfahren sollte, worunter sich zwei Vergewaltigungen als Nonne befanden. Weiterhin erfuhr sie, dass ihr heutiger Vater sie nicht sexuell belangt hätte, aber er sei jener Mann gewesen, der sie als keltische Priesterin vergewaltigt hatte. Nun wird auch verständlich, warum Barbara späterhin das Gefühl mit sich herumtrug, ihr Vater hätte sie missbraucht. Ihre Angst vor Männern kommt eindeutig von den Vergewaltigungserlebnissen. Und ihre Angst, dass wieder ein Gleiches passieren könnte, lässt sie allen starken Männern aus dem Wege gehen. Die Aversionen der beiden Schwestern gegen ihren Vater, um auf *Prof. Kaplans* Fall zurückzukommen, hatten bestimmt mit gemeinsamen früheren Leben zu tun, in welchen er ihnen Verletzendes zugefügt hatte. Doch ihrer beider Ablehnung von Männern an sich ist sicherlich auf vormalige Vergewaltigungen zurückzuführen. Wie gut, dass man mittels Transrückführungen nicht mehr im Trüben zu fischen hat, sondern handfeste Erklärungen für sexuelles Fehlverhalten in den Tiefen der Vergangenheit findet.

Viele Frauen haben eine Angst, von einem Mann oder irgendwem am Hals angefasst zu werden. Hier ist zu unterscheiden, ob diese *Halsphobie* mit einem bösen früheren sexuellen Geschehen zusammenhängt oder mit anderen grausamen Dingen. Auf Laura (Fall 11) trifft beides zu. In dem einen Leben wurde ihr nach der Vergewaltigung von einigen Männern die Kehle durchschnitten, während sie sich in einem anderen Leben erhängte. Bei Jacqueline (Fall 13) stammt ihre Angst, sich von irgendjemandem an den Hals fassen zu lassen, aus einem Leben, wo sie von einem Morgenstern am Hals tödlich getroffen wurde. Ebenfalls lässt sich Leonore (Fall 37) von niemandem am Hals berühren, selbst eng anliegende Rollkragenpullover verursachen ihr Engegefühle am Hals. Diese Halsphobie geht auf ein römisches Leben zurück, wo sie als Gaius bei einem Würfelspiel von einem Soldaten erwürgt worden war. Auch Silvia (Fall 2) kann sich von keinem Mann am Hals berühren lassen, ja sie empfindet dort oft ein Würgegefühl, das es ihr schwer macht, manchmal überhaupt ein Wort hervorzubringen. Doch hier hängt ihre Halsphobie mit sexuellem Geschehen in früheren Leben zusammen.

Außer ihrer Halsphobie erstarrt ihr Unterkörper jedes Mal, wenn ihr Partner Lucio sie mit seinen Händen an den Brüsten oder zwischen den Beinen berührt, was vordem mit anderen Männern nie passiert war. Doch sobald er seine Hände zurückzieht, löst sich sogleich ihre Erstarrung. In einem früheren Leben wurde sie als Hexe angeklagt und ins Gefängnis gebracht. Dort sollte sie so lange gefoltert werden, bis sie gestand, Hexe zu sein. Ihr Hals wird durch eine eiserne und schmerzhaft drückende Manschette, die ihr fast den ganzen Atem unterbindet, auf der Folterbank festgehalten. Im Kerker wird sie mehrfach vergewaltigt, die Folterknechte masturbieren in ihren Mund und fordern andere unter Gelächter auf, ein Gleiches zu tun. Zwischen ihren ausgestreckten Beinen schiebt man Holzpflöcke in ihre Scheide. Schließlich zertrümmert man ihr den Kopf *(im heutigen Leben hat sie Migräne!)*. Ihre heutigen Halsschmerzen wie auch ihre Vaginalverkrampfungen, sobald sich ihr Mann mit seinem Penis ihrem nackten Unterleib nähert, kommen aus diesem furchtbaren Erlebnis. Und selbstverständlich hat sie einen Horror vor dem männlichen Glied und vor Samen. Und – man kann es kaum für möglich halten – einer dieser niederträchtigen Folterer ist ihr heutiger Lebenspartner, der, obwohl er von ihr hinsichtlich der Sexualität nichts bekommen kann, trotzdem zu ihr hält, hat er doch sicherlich an ihr viel wieder gutzumachen. Und ich glaube, dass jede Frau, der sich der reinkarnierte Vergewaltiger aus einem früheren Leben sexuell naht, sich vaginal automatisch und sofort verschließt. Und Silvias Angst vor Männern allgemein erklärt sich ebenfalls aus diesem „Hexenleben". Natürlich hatte ihre Seele sich in früheren Leben verschuldet, indem sie als Adliger Frauen vergewaltigte und sadistisch handelte. So vergewaltigte dieser einst eine Fünfzehnjährige, der er vorher noch sagte: „Du bist als Frau nichts wert. Du bist nur Dreck. Ich kann machen mit dir, was ich will!" Sie verkrampfte bei seinem Vorgehen am ganzen Körper, sodass er mit seinem Glied nicht in ihre Scheide eindringen konnte. Nun, wir kennen ja das Gesetz, das man jetzt umformulieren könnte: „Was du einer Frau an Leid zufügst, musst du einst selbst als Frau erleben." Und dementsprechend wurde ihre Seele von den Vergewaltigern im Kerker wie Dreck behandelt, die alles mit ihr anstellten, was immer sie wollten.

Was hätte Frau *Professor Kaplan* wohl gesagt, wenn sie bei Silvia diese Rückführung durchgeführt hätte und alle Dinge hätten sich so dargestellt, wie in der von mir praktizierten Rückführungstherapie? Und was hätte sie wohl gesagt, wenn Silvia ihr einige Tage später meldete, dass ihre Halsphobie und die sexuellen Unterleibsverkrampfungen ein Ende gefunden hätten? Die Rückführungstherapie wird sich auch bald in der allgemeinen therapeutischen Praxis durchsetzen müssen. Und die Bücher über Ursachenaufdeckungen von sexuellen Problemen werden zu 90 Prozent über frühere Leben berichten. Doch was wird mit den abertausend anderen bisherigen Büchern der Sexualkunde passieren?

Auch bei Hilda (Fall 9) verkrampfte sich noch lange Zeit in der Ehe ihr ganzer Körper, wenn sich ihr Mann im Bett ihr sexuell nähern wollte. Und wenn wir uns erinnern, wissen wir, dass sie beim Edelweißpflücken abstürzte und mit Knochenbrüchen von einem Almhirt in dessen Hütte getragen wurde, wo die Wehrlose noch dazu seinen sexuellen Gelüsten ausgeliefert war. Und unbewusst verfällt sie im heutigen Leben noch in die gleichen Verkrampfungen wie damals, sobald der Mann eine Penetrierung versucht.

Auch Kerstin (Fall 29) hat große Angst vor Sex. Denn wenn ihr damaliger Freund mit seinem Glied in ihre Vagina eintauchen wollte, verkrampfte sich ihr ganzer Unterleib. Außer diesen *Vaginalkrämpfen* wird sie von unleidlichen *Menstruationsschmerzen* heimgesucht. Und als dieser Freund ihr seinen Penis in den Mund stecken wollte, stellte sich eine von ihr ungewollte Mundsperre ein. Diese doppelte Penetrationssperre geht auf eine Vergewaltigung zurück, die diese Seele vor dreihundert Jahren als Zehnjährige über sich ergehen lassen musste.

Auch eine der Klientinnen des bekannten Rückführungstherapeuten und Jungianers *Roger Woolger* litt, wie er beschreibt, unter der *Penetrationsangst.* Im früheren Leben war sie eine unfruchtbare Bauersfrau, die einen Säugling stahl. Ihr Diebstahl wurde aufgedeckt. Nach ihrer Festnahme verbrannte man mit einem glühenden Eisen ihre Geschlechtsteile. Danach steckte man sie in ein Verlies, wo sie viele Jahre bis zu ihrem Tod bei wenig Brot und Wasser ein einsames Leben fristete.[54] Und ich könnte mir denken, dass diese Frau außer der Penetrationsangst noch unter anderen Ängsten zu leiden hat und ebenfalls an ihrem Körper sich Symptome zeigen könnten wie Reizungen, Anschwellungen, Entzündungen an den äußeren und inneren Schamlippen, wenn nicht in der ganzen Vagina.

Sexuelle Ängste der Frauen und die meisten der Unterleibsprobleme gehen nach meiner langjährigen Erfahrung als Rückführungstherapeut und wohl auch gemäß den Erfahrungen meiner Kollegen auf Misshandlungen und Vergewaltigungen in früheren Leben zurück. Doch können solche Penetrationsängste und Horror vor dem Penis auch aus diesem Leben stammen, was ebenfalls durch Rückführungstherapie aufgedeckt und aufgelöst werden kann. Einen solchen Fall schildert die amerikanische Psychologin *Dr. Winafred Blake Lucas*, eine der bekanntesten Rückführungsnestorinnen und Herausgeberin des zweibändigen Standardwerkes über Rückführungstherapie *Regresssion Therapy – a Handbook for Professionals.* Sie berichtet, dass sie selbst einen unbeschreiblichen Horror vor einem Penis hatte, der erst allmählich abnahm, als sie als amerikanische Studentin im München der Nazizeit mit einem Kommilitonen Petting hatte, ohne den von ihr gefürchteten Koitus. Ihren Vater hasste sie, denn er hatte sie in der Kindheit geschlagen, weshalb sie ihm viele Jahre lang nicht aus Deutschland schrieb. Doch erst in einer Rückführung klärte es sich auf, dass er, der nicht mehr mit seiner Frau schlafen wollte, da sie immer gleich schwanger wurde, zu seiner dreijährigen Tochter Winafred ging und sie dazu brachte, seinen Penis in den Mund zu nehmen.[55] Wie wir sehen, wird man in der Rückführung, wenn wir nach der Ursache für ein Problem suchen, immer dorthin geführt, wo es entstanden ist. Doch, wie schon öfters erwähnt, sind die meisten Ursachen für sexuelle Probleme im früheren Leben zu finden.

Wenn eine Seele sich in einem früheren Leben als Mann sexuell vergangen hat, wird er im Jenseits zuerst zu der Erkenntnis gebracht, was er an Leid einer Frau oder Frauen zugefügt hatte. Dann packt ihn die Reue. Und er will alles wieder gutmachen. Somit wird oft das karmische Ausgleichsleben auf eine spätere Inkarnation aufgeschoben, aber nicht aufgehoben. In einem Wiedergutmachungsleben, so er eine Frau sein sollte, hat diese sicherlich Angst, vergewaltigt werden zu können. Obwohl für das betreffende Leben solch ein Ausgleich nicht vorgesehen ist, weiß ihre Seele unbewusst, dass noch eine oder mehrere Vergewaltigungen bevorstehen. Die Angst vor der Vergewaltigung kann also auf einen noch ausstehenden karmischen Ausgleich ausgerichtet sein, oder diese Angst kann auch auf eine im Opferleben erlittene Vergewaltigung zurückgehen. Hierbei handelt es sich um eine *Wiederholungsangst.* Doch so die Seele einer Frau unbewusst weiß, dass in dem jetzigen Leben eine Vergewaltigung bevorsteht, kann sie ebenfalls eine Angst vor Vergewaltigung entwickelt haben. Meist ist für solch ein Ausgleichsleben eine Tertiäreinstellung vorgenommen worden, sodass sie ahnungslos gerade dorthin geführt wird, wo dieser Ausgleich stattfinden kann.

Warum kommen mehr Frauen zu einer Sexualtherapie als Männer? Offenbar sind Frauen offener für Veränderungen ihres Lebens, während die Männer eher dem alten Trott anhängen und alles Verändernde wegschieben wollen. Frauen forschen eher nach Antworten für Probleme und sind eher als Männer bereit, diese durch äußere Hilfen zu verändern. Und es gibt sicherlich noch einige andere offensichtliche Erklärungen. Aber aus reinkarnationstherapeutischer Perspektive mag es auch damit zusammenhängen, dass Frauen in der Mehrzahl eher Opfer sind als Männer, die sich wiederum eher als Täter manifestieren. Wiedergeborene Frauen bringen, so ihr heutiges Leben nicht unbedingt wiederum ein Opferleben sein sollte, aus früheren Leben noch ihre ungelösten Probleme mit, gerade was den sexuellen Bereich angeht (Fall 3). Vergewaltigungen und Missbrauch aus diesem oder vor allem aus früheren Leben beeinträchtigen das heutige Leben. Und bei Seelen, die als Frauen wiedergeboren sind, zeigen sich diese Nachwirkungen häufiger als bei Männern. Deshalb wird es auch in Zukunft so bleiben, dass etwa Zweidrittel der Klienten in der Sexualtherapie oder in der Rückführungstherapie Frauen sein werden.

Viele Frauen leiden unter Verlustängsten, sodass sie sich, um den Partner nicht zu verlieren, sexuell ihm hingeben, jedoch überhaupt kein Interesse am Sex empfinden, vielmehr von diesem angewidert sind. Trotzdem geben sie sich Mühe, ihre wahren Gefühle nicht zu offenbaren. Und solche Frauen sind zufrieden, wenn der Partner nur gelegentlich dem Beischlaf nachkommen will, oder aber sie finden sich mit der Tatsache ab, dass er gelegentlich zu einer Prostituierten geht.

Doch beschäftigen wir uns nun mit der Frage, warum man beim Koitus nicht zum Orgasmus kommen kann, ein Phänomen, das bei Frauen viel häufiger vorzufinden ist als bei Männern.

Orgasmushemmung bei Frauen

„Orgasmus heißt, alle Kontrolle verlieren, ... allen Verstand verlieren, ... (so)dass der ganze Körper vor Ekstase pulsiert, mit jeder Faser und Zelle. Der ganze Körper feiert in einer unbekannten Seligkeit, und der Verstand ist nicht mehr der Kontrolleur und der Manipulator.“ Während der Mann nur einen lokalen Orgasmus erreichen kann, kann dieser von einer Frau so erlebt werden, dass sie vor Ekstase „verrückt" sein kann. Doch lesen wir noch weiter, was *Osho*, der rebellische und einst weltweit geschmähte Meister Indiens über den Orgasmus sagt: „Wenn zwei Liebende in tiefem Orgasmus sind, verschmelzen sie ineinander, dann hört die Frau auf, Frau zu sein, und der Mann hört auf, Mann zu sein ..., es ist ein Zusammentreffen im Innersten, ein Sich-Auflösen, ein völliges Vergessen aller Identität. Das ist es, was die Liebe so anziehend macht." ... Im Orgasmus „dringt das Yin in das Yang ein und das Yang in das Yin. ... Jetzt bilden sie einen Kreis und pulsieren gemeinsam, werden zu einem gemeinsamen Rhythmus ... diese Schwingung von Zwei-in-Einem ist Orgasmus. Wenn das Gleiche nicht mit einem Menschen, sondern mit der ganzen Schöpfung eintritt, dann ist es der 'Große Orgasmus'."[56]

Wenn man so will, kann man sagen, dass der Orgasmus das Zurückkehren in das verlorene Paradies ist – wenn auch nur für Sekunden. Und jeder möchte dieses Gefühl haben, ja es am liebsten verlängern. Und ein jeder, der nicht durch frühere negative sexuelle Erlebnisse geprägt ist, möchte diesen Orgasmus gemeinsam in dem Verschmelzen von Yin und Yang erleben. Doch nur wenige Paare erleben ihn gleichzeitig, denn meistens ist es der Mann, der die Ziellinie als Erster durchläuft, während sie hinterherläuft und dann womöglich aufgibt. Darum wäre es für ihn als Liebender wichtig, mit der Frau Gleichschritt zu halten, um gemeinsam das Ziel, eben den Orgasmus, zu erreichen. Doch Gott hat in seiner Liebe Einsicht mit all den Menschen gehabt, die aus welchen Gründen auch immer nicht zu einer Yin- und Yang-Verschmelzung finden können. So hat er den Frauen die Möglichkeit gegeben, durch den selbstbewirkten „kleinen", den *klitoralen Orgasmus,* ebenfalls für Sekunden „paradiesisch" zu fühlen, während der Mann durch die Masturbation diesen „kleinen" Orgasmus herbeiführen kann. Und die meisten Menschen, zumal sie ohne feste Partnerschaft leben, machen von diesem *kleinen Orgasmus* Gebrauch, und zwar in unterschiedlichsten Intervallen und verschiedenster Häufigkeit. Es gibt Männer und Frauen, die mehrere Male am Tage masturbieren, und es gibt einige, die ein solches nur gelegentlich, manchmal nur jeden Monat einmal ausführen. Und es gibt andere, die noch nie einen Orgasmus erlebt haben, da er ihnen aus religiöser Einstellung heraus verboten ist *(denn nach ihrer Religion hat die Rückkehr ins Paradies ganz anders zu erfolgen).* Weiterhin gibt es relativ wenige, die aus körperlichen funktionellen Gründen keinen Orgasmus bekommen können. Auch gibt es solche, die zwar den kleinen Orgasmus für sich herzustellen wissen oder ihn außerkoital von anderen bewirken lassen, da er in der koitalen Vereinigung nicht funktioniert, und weiterhin gibt es viele, die weder den *Yin-Yang-Orgasmus* noch den kleinen Orgasmus erleben können trotz aller Bemühungen, sodass sie oft gar nicht wissen und auch empfinden können, wenn andere ihnen einen Orgasmus mit Worten beschreiben wollen.

Die britische Zeitschrift *Women's Own* veröffentlichte nach einer Umfrage, dass Frauen unter dreißig im Durchschnitt zwei bis dreimal pro Woche kopulieren und dass über die Hälfte von ihnen dabei auch einen Orgasmus erlebt. Und viele gaben zu, den Orgasmus zu simulieren, um ihren Partner zufriedenzustellen. Außerdem ergab sich aus dieser anonymen Umfrage, dass 36 Prozent der Frauen nie masturbierten.[57] Zuerst wollen wir uns den Frauen zuwenden, die noch nie einen Orgasmus erlebt hatten, um zu sehen, was die Hintergründe dafür wohl sein können. Rückführungen offenbaren schonungslos die Ursachen, und Rückführungstherapien können, wenn es sich um Sekundäreinstellungen handelt, mit Erlaubnis des Höheren Selbst dieses Manko beheben.

Jessica (Fall 16) hatte bisher noch nie einen Orgasmus gehabt, weder mit einem Mann noch durch Masturbation. Bei sexuellen Vorspielen mit einem Mann kann sie sexuell erregt werden, doch sobald dieser mit seinem Glied in sie eingedrungen ist, reagiert ihr ganzer Körper mit Abwehr. Und für diese *Anorgasmie* zeigen sich gleich mehrere Leben verantwortlich, die in zwei therapeutischen Rückführungen von mir aufgedeckt werden konnten.

Ihre Verweisung aus dem „Paradies“ vor etwa tausend Jahren begann, als die Seele der heutigen Jessica ein Mann war, der während der Kreuzzugszeit in Palästina eine Siebzehnjährige vergewaltigte, während seine Genossen ihm zum „Einreiten“ der jungen Stute gratulierten. Da alle Männer so etwas guthießen und ihn lobten, war er sich auch beim Tode rückblickend keiner Schuld bewusst, vielmehr bestätigte er noch die damals weitverbreitete Männeransicht: „Frauen sind doch sowieso nichts wert.“ Somit ist es auch nicht verwunderlich, dass er schon im nächsten Leben als Wikinger, wie bei diesen auf Seefahrten zu fremden Küsten üblich, brandschatzte, mordete und vergewaltigte. Nach dem Tod erfuhr er, dass zwei der von ihm Vergewaltigten sich das Leben nahmen und eine andere durch seine Schändung wahnsinnig geworden war. Um seine bösen Taten zu sühnen und nicht mehr in Versuchung zu kommen, als Mann Frauen Leid zuzufügen, wählte er für das nächste Leben eine Inkarnation als benediktinische Nonne, die von dem visitierenden Abt auf entwürdigendste Art behandelt wurde, indem dieser mit einer Rute auf ihre entblößten Schamteile schlug. Aber dieses Leben in klösterlicher Abgeschiedenheit war nur ein Vorspiel zu dem, was sie in einem der nächsten Leben als Karmaausgleich erwartete. Denn unter falschen Versprechungen eines „Onkels“ wurde sie in der Mitte des sechzehnten Jahrhunderts in ein Münchner Bordell gebracht, wo sie, die Siebzehnjährige *(man beachte die Zeitsynchronizität mit der von dem Soldaten in Palästina vergewaltigten Frau)*, durch eine Vergewaltigung in das Gewerbe eingeführt wurde. Doch schon nach kurzer Zeit stürzte sie sich von einem Turm. Und ihre Programmierungen aus diesem Leben lauteten unter anderem: „Ich will nie wieder ‚das‘ *(das Eindringen des Penis)* spüren. Sexualität ist schmutzig.“

Das Höhere Selbst nach der Ursache für ihre Orgasmushemmungen gefragt, erklärt, dass sie sich deshalb Orgasmen versagt, da diese in ihr wieder die Lust zur Sexualität hervorrufen würden. Sie habe Angst, diese Lust wieder zu spüren, da sie somit wieder zur Triebhaftigkeit verleitet werden könnte, wodurch sie sich durch Untaten weiterhin versündigen würde.

Mit diesem Vergewaltigungsleben als junge Prostituierte sollte sie eigentlich ihre *karmische* Verschuldung aus den beiden Täterleben ausgeglichen haben. Aber ihre Seele wird erneut getestet, ob sie, so sie wieder in einem männlichen Körper inkarniert ist, einer abermaligen Versuchung widerstehen kann. Doch als französischer Baron lässt sich ihre Seele wieder hinreißen, mit seinem Glied in eine Jungfrau trotz deren heftiger Gegenwehr einzudringen, wobei er zum Orgasmus kommt. Doch als er danach bemerkt, wie heftig sie über dieses Geschehen weint, steigen aus dem Unterbewusstsein seine ganzen Schuldgefühle wieder hoch samt dem, was er selbst einst als Siebzehnjährige erleben musste.

Fluchtartig verlässt er das Haus. Und nach seinem Tod spricht er die Formulierung aus: „Ich will nie wieder in einen Sexrausch verfallen.“ Doch dieser Rückfall in eine Vergewaltigungstat hat gemäß dem Karmagesetz ein Ausgleichserlebnis zur Folge. Und dieses erlebt die Seele von Jessica in einem Leben in der Schweiz, in welchem sie von einem Bauernsohn auf der Alm vergewaltigt wird. Und da ihre Großmutter ihr eingeflößt hatte, dass man in eine Ehe nur „unbefleckt“ als Jungfrau gehen darf, weiß sie, dass ihr Leben für alle weitere Zukunft ruiniert ist, weshalb sie sich das Leben nimmt. Und in ihrem heutigen Leben werden diese Programmierungen aus ihrem früheren Leben wieder verstärkt durch jene, die ihr die Mutter „eintrichtert“: „Sex ist etwas sehr Schmutziges“ und „Junge Mädchen, die mit Jungen anbändeln, sind Flittchen“. Jetzt verstehen wir auch, dass alle diese Programmierungen und besonders jene „Ich will nie wieder in einen Sexrausch verfallen“ sie zu einer festsitzenden *Anorgasmie* verurteilten. Denn jedes sexuelle Entzücken und Berauschtsein könnte sie wieder zu Untaten verführen, die ihre Seele dann wieder als Erleidende auszugleichen hätte. Aber vor solch einem Rückfall will sie sich bewahren, weshalb sie von vornherein sich jeder sexuellen Freude entzieht und sich auch deshalb Männern zuneigt, die schon viel älter sind, in der Hoffnung, dass diese sie nicht mehr zu sexuellen Gelüsten verleiten können. Anorgasmie ist hier nun als Blockade und Sicherheitsschloss gegen den Rückfall in vormals erlebte und missbrauchte sexuelle Lust zu verstehen.

Daniela (Fall 24) hat in dem heutigen Leben nie einen Orgasmus erlebt, von dem ihre Freundinnen ihr so gerne vorschwärmten, denn auch Selbstbefriedigung ist ihr aus religiösen Motiven heraus tabu. Trotzdem hat die verheiratete Dreiunddreißigjährige drei Kindern das Leben geschenkt. *(Jede Erdgeburt ist ein Geschenk für die im Körper befindliche Seele, da sie ihr eine erneute Möglichkeit gibt, seelisch zu wachsen.)*

Danielas Anorgasmie hat ihre tiefsten Wurzeln in dem Täterleben als ein deutscher Steuereintreiber, der seine bevorzugte Stellung dazu ausnutzt, Leute bestialisch zu behandeln und Mädchen und Frauen auch gegen deren Willen zu beschlafen. So vergewaltigt er auch seine junge Hausgehilfin und verunstaltet sie mit seinem Degen im Gesicht. Nach seinem Tod bereut er zwar die Gemeinheiten und was er den Männern mutwillig angetan hat, empfindet aber keinerlei Reue für die Vergewaltigungen, da das seiner Meinung nach ganz in Ordnung gewesen sein musste, taten es doch sicherlich andere in seiner Position genauso, und der Adel machte in der Beziehung keine Ausnahme, galt es doch zu dieser Zeit des früheren siebzehnten Jahrhunderts noch als ungeschriebenes Gesetz, dass der Adlige über alle seine untergebenen Frauen das Recht der ersten Nacht hatte *(lex primae noctis)*, das heißt, dass eine Jungfrau und Braut vor der von ihrem adligen Herren zu genehmigenden Heirat von ihm auf seiner Burg entjungfert werden musste. *(Diese Akte gegen die Menschenliebe wurden von der Kirche stillschweigend geduldet, da sie sich ja die Gunst der Adligen und Reichen erhalten wollten – ein stilles Komplott also zur Ausnutzung beider Interessen. Und die Frau wird wiederum Opfer dieser Männerinteressen. Doch war sie doch sicherlich vormals auch ein Mann, der diese Interessen zum Vorteil für sich ausnützte.)*

Und dessen Seele wird als ein polnischer Bauer wiedergeboren, der als Alkoholiker einige Frauen vergewaltigte und als späterer Invalide vor seinem Tode die Programmierung aussprach: „Ich will nie wieder trinken und vergewaltigen." Und schon in dem nächsten Leben ist diese Seele in Afrika wiedergeboren, wo sie als junge Frau ihrem Gelieben entrissen und einem viel älteren Mann vermählt wird, dessen Beischlaf sie jeweils als eine Vergewaltigung empfindet.

Die Programmierung als polnischer Bauer, nie wieder zu vergewaltigen, was er wie dieser damalige Steuereintreiber aus Lust und Willkür ausgeführt hatte, ist so tief in das Unterbewusstsein von Daniela eingeprägt worden, dass sie sich jeglichen Orgasmus' enthält, um nicht wieder Lust zu empfinden und wiederum rückfällig zu werden. Und ihre Vergewaltigungsträume stammen wohl aus diesen beiden Täterleben und womöglich noch anderen, sodass sie unbewusst immer daran gemahnt wird, was sie in früheren Leben aufgrund von rücksichtslosem Lustgewinn an Furchtbarkeiten ausgeführt hatte. Die totale Anorgasmie geht bei Daniela auf unbewusste und bewusste Verweigerung zurück. Hier liegt keine hormonelle oder nervenbedingte Störung vor, sondern Programmierungen, die sich aus Schuldgefühlen in den Täterleben und dem Ausgleichserleben als Opfer herleiten. Doch sehen wir uns jetzt einmal Beispiele aus der partiellen Anorgasmie an, wo Frauen sich wohl selbst durch den klitoralen Orgasmus befriedigen können, jedoch der vaginale und der klitorale Orgasmus bei einer Kopulation mit dem Mann ausbleibt.

Jacqueline (Fall 13) ist Mitte vierzig, hat zwei Kinder und lebt seit einigen Jahren getrennt von ihrem Mann. Sie glaubt als geschulte Psychologin, dass ihre Orgasmushemmung bei der Kopulation allein davon abhängt, dass der Mann von ihr den Orgasmus erwartet, jedoch sie sich dadurch unter Erfolgszwang gestellt sieht, der wiederum ihre Orgasmusbereitschaft verhindert. Der *Erwartungsdruck als Orgasmusverhinderung* ist eine beliebte Erklärung für Anorgasmie. Doch, so fragen wir uns, liegen eigentlich selbst für diesen offensichtlichen Grund nicht auch noch tiefere Ursachen vor?

Im neunzehnten Jahrhundert ist die Seele von Jacqueline in dem Körper eines deutschen Bauern inkarniert, der seine achtzehnjährige Magd vergewaltigt, wobei er einen Orgasmus bekommt. Danach wird er sich seiner Gewalttat bewusst und schickt die Magd, um nicht immer wieder an seine Schande erinnert zu werden, davon. Und seine nach dem Tod erfolgte Programmierung lautet: „Ich will mich niemals (wieder) von sexueller Begierde hinreißen lassen." Doch während der Nazizeit kommt diese wiedergeborene Seele als junge Frau in ein Konzentrationslager, wo sie von den Wachmannschaften vergewaltigt wird. Nach ihrem Tod spricht sie die Programmierung aus: „Ich will nie wieder einem Mann ausgeliefert sein. Ich will mich immer vor Männern in Acht nehmen." Doch schon 1945 wird sie wiedergeboren als Katinka, die sich dem sie bedrängenden Vater zu heimlichem Oralsex ergibt. Dabei werden die beiden von der Mutter überrascht, welche die nun Elfjährige aus der Wohnung wirft. Katinka, mit Schuldgefühlen und Scham beladen, wirft sich vor ein sie überfahrendes Auto. Und ihre Programmierung nach diesem Suizid lautet: „Ich will nie wieder schöne Gefühle haben." Diese schönen Gefühle hatte ihr Vater mit seiner Zunge an ihrer Klitoris bewirkt. Die daraus resultierenden Schuldgefühle samt der Programmierung bewirken bei Jacqueline, dass sie nie wieder schöne sexuelle Gefühle durch einen Mann empfinden will. Und sie schiebt nun ihre Anorgasmie allein auf den den Orgasmus verhindernden Erwartungsdruck.

Doch die Rückführungstherapie deckt die wirklichen Sachverhalte auf und schafft oft in einer einzigen Sitzung die Auflösung eines solchen Problems.

Auch *Dr. Fancesca Rossetti* konnte bei einer ihrer Klientinnen in einer einzigen Sitzung deren Anorgasmieproblem lösen. Der ganze untere Beckenbereich dieser Frau war gefühlstot, sodass sie auch keinen Orgasmus verspüren konnte. Auch blieb ihr die Erfüllung ihres Kinderwunsches versagt. In einem früheren Leben war diese Frau eine junge Indianerin, die ein heimliches Verhältnis mit einem weißen Mann unterhielt, was ein totales Tabu bei ihrem Stamm war. Diese Dreizehnjährige wurde nun dahingehend bestraft, dass man zwischen den Beinen beginnend ihren Körper auseinanderriss. Nachdem die Engel diesen Unterkörperteil geheilt hatten *(eine wunderbare Idee, diese bei der Heilung mitwirken zu lassen, z.B. im Wolkenbett!)*, stellten sich nach dieser Rückführungstherapie bald große Veränderungen ein. Ihre Sexualität veränderte sich zunehmend positiv, und tatsächlich kam sie auch nach einiger Zeit mit einem gesunden Kind danieder.[58]

Auch Sandra (Fall 20), die im Internat missbraucht wurde, hatte nicht ein einziges Mal beim Eindringen eines Penis einen Orgasmus bekommen. Und ihre Orgasmusverweigerung bei einem Mann kommt sicherlich zum einen aus dem Leben als Hassan, der als Soldat im Vorderen Orient vor zweihundert Jahren mehrere Dutzend Frauen und Mädchen vergewaltigt hatte, und zum anderen aus jener hundert Jahre vorher gelebten Inkarnation in England, wo er eine Frau vergewaltigte, die dabei so unglücklich fiel, dass sie an den Verletzungen starb. Und seine Formulierung nach seinem Tod lautete: „Ich will nie wieder eine Frau anfassen." Sein Höheres Selbst belehrt ihn, dass man eine Frau nie gegen ihren Willen anfassen darf. Dieses damalige Leben als Hassan war ein Test, ob er seine Programmierung aus dem Leben in England auch wirklich umsetzen würde, indem er keine Frau mehr gegen ihren Willen unsittlich berührte. Aber als Soldat wurde er sicherlich von den anderen Soldaten angefeuert und ergab sich dem allgemeinen Brauch, die Frauen des Feindes zu vergewaltigen. Und hatte man erst eine Frau gegen ihren Willen genommen, dann kam es auch auf weitere Zurückhaltung bei Vergewaltigungen nicht mehr an. Ein schlechtes Gewissen, das aus früheren Leben wieder hochsteigen wollte, konnte man mit Rauschmitteln verdrängen. Doch seine Programmierung nach seinem Tode lautete: „Ich will nie wieder beim Geschlechtsakt Lust empfinden." Nun kann man sich vorstellen, weshalb Sandra im heutigen Leben keinen Orgasmus mit einem Mann bekommen kann. Und sie gesteht, in dem heutigen Leben sich einem *Selbstbestrafungsmechanismus* als Reue für ihre früheren Vergehen unterzogen zu haben, sodass sie auch als Vierzehnjährige von dem Internatsleiter und seinem Kompagnon sich willig missbrauchen ließ, um immer noch karmische Schuld aus jenem Leben als Hassan abzuladen. Denn es stand ihr ja frei, sich diesem Missbrauch zu entziehen, auch wenn eine Verweigerung ihr Nachteile gebracht haben dürfte. Auch suchte sie sich für ihre Kindheit ein disharmonisches Elternhaus aus.

Der Arzt *Dr. David Reuben* behauptet in seinem Bestsellerbuch *Alles, was Sie schon immer über Sex wissen wollten,* dass es noch keinem Psychiater begegnet sei, dass eine Frau mit Orgasmusschwäche nicht aus einem disharmonischen Elternhaus gekommen sei. Frauen mit

Orgasmusproblemen hätten in ihrer Kindheit schwere seelische Schäden erlitten.[59] Sicherlich wird es viele Fälle geben, in welchen es sich anders verhält. Aber aus der Perspektive der Rückführungstherapie muss ich ihm Recht geben. Denn wenn eine Frau noch in dem gegenwärtigen Leben sich freiwillig einem *Bestrafungsmechanismus*, für den sie sich im Jenseits entschieden haben dürfte, unterzieht, dann hat sie sich ein disharmonisches Leben ausgesucht, das schon in der Kindheit gegen Harmonie gerichtet war. Es könnten dann auch Missbrauch und Schläge und Diffamierungen stattgefunden haben. Aber die Orgasmusschwäche allein auf die Gegebenheiten der Kindheit und weiteren Jugend zurückzuführen, trifft nicht den Kern der Sache, wie wir es in dem Fall von Sandra ganz deutlich erkennen können. Und in demselben Buch einige Abschnitte weiter erklärt *Reuben*, dass Anorgasmie auch auf das Einschalten des Kopfes während der Kopulation zurückzuführen sei. Wenn eine unverheiratete junge Frau während eines Aktes an die ihr eingetrichterten Verhaltensmuster denkt, dass Sex vor der Ehe etwas Unmoralisches und Schlimmes sei, lenken solcherlei Gedanken sie von einem möglichen Orgasmus ab. Denn ihr Geschlechtsverkehr ist ein Verbrechen, und die Strafe folgt sofort durch den nicht erreichten Orgasmus, sodass die Vagina der Richter und Verurteiler in einem sei.

Und tatsächlich können *Nebengedanken* das Sichfallenlassen in einen Orgasmus verhindern, sodass nicht jedes Ausbleiben eines solchen mit früheren Leben zu tun haben muss. Andererseits können zusätzliche erotische Nebengedanken den Orgasmus beim Koitus herbeiführen, so er ohne diesen Rückgriff auf derlei Gedanken nicht erfolgen kann. Die Frau oder der Mann können während des Beischlafes an andere ihnen sexuell anziehend erscheinende Personen denken, die ihnen vertraut oder auch fremd sind. Bilder aus Pornoheften oder sonstige Abbildungen wie auch Personen aus Film und Fernsehen mögen während des Aktes zur Erhöhung der sexuellen Stimulation bis zum Erreichen des Höhepunktes dienen. Und manches Mal, so wage ich zu behaupten, mögen sich auch unbewusst erotische Erlebnisse und Gefühle aus früheren Leben einschleichen, die gemäß eines Resonanzgesetzes aus dem Unterbewusstsein wieder hervorsteigen. Die Zuhilfenahme der gedanklichen erotischen Stimuli ist vor allem der Masturbation eigen. Da man keinen greifbaren Partner hat, muss der in Gedanken Vorgestellte diesen ersetzen. Doch wenden wir uns nun den Orgasmusschwierigkeiten der Männer zu.

Orgasmushemmung bei Männern

Einige Gründe für Orgasmusschwierigkeiten bei Männern haben wir schon unter dem Kapitel *Die sexuellen Ängste des Mannes* abgehandelt.

Einer der bekanntesten Sexualforscher und Orgasmustheoretiker war Professor *Wilhelm Reich*, der als Freudschüler von Wien über Berlin und Norwegen 1939 nach Amerika gelangte, wo er 1942 in New York das *Orgoninstitut* und 1949 in Maine seine *Wilhelm Reich Foundation* begründete, was den sittenstrengen Bürgern ein Dorn im Auge war. Da er wegen eines Nichterscheinens vor Gericht aufgrund einer Klage der *Federal Food and Drug Administration* zu einer zweijährigen Gefängnisstrafe verurteilt wurde, musste er diese in Pennsylvania absitzen, wo er als Inhaftierter nach eineinhalb Jahren verstarb. In seinem berühmten Buch *Die Funktionen des Orgasmus* in dem Kapitel *Die Entwicklung der Orgasmustheorie* berichtet Reich über einen seiner ersten Langzeitpatienten, einen Kellner, der unter einer *„kompletten Erektionsunfähigkeit"* litt. Mit den Werkzeugen der gerade sich ausprobierenden Freudschen Psychoanalyse konnte *Reich* schließlich den offensichtlichen Grund für dessen Erektionsstörung ermitteln. Als Zweijähriger habe dieser impotente Mann aus dem Nebenzimmer seine gebärende Mutter heimlich beobachten können, wobei sich ihm der Eindruck des großen blutigen Loches zwischen deren Beinen scharf einprägte. Dadurch sei bei ihm der Eindruck einer „Leere" im Genitalbereich entstanden. Dies ist also der Grund für sein Leeregefühl in den Genitalien, das sich auf seine Erektionsfähigkeit übertragen hat. Und als *Wilhelm Reich*, der Student, diese Entdeckung und Begründung im Technischen Seminar darstellte, lobte man ihn allgemein. Man war also auf den plausiblen Grund für die *erektive Impotenz* gestoßen. Eine sicherlich große Entdeckung, die bestimmt auch Freuds Zustimmung gefunden hatte. Man suchte also für Erektionsschwierigkeiten wie für alle psychischen Störungen damals allein den Grund im gegenwärtigen Leben, da man an die Möglichkeit, dass die Seele mit ihren Erfahrungen durch viele Leben geht und ihre gespeicherten Erfahrungen mit in das gegenwärtige gebracht hat, nicht glauben konnte, gab es doch bisher keinen wissenschaftlichen Beweis für die Wiedergeburt des Menschen. *Reich* musste den von ihm behandelten Kellner nach drei Jahren als ungeheilt entlassen. Wie konnte es auch anders sein! Lagen doch die Ursachen der *Erektionsprobleme* dieses impotenten Mannes sicherlich in seinen früheren Leben. Man fischte also, wie ich schon sagte, in trüben Teichen, anstatt sich umzudrehen und den Ozean der Reinkarnation hinter sich zu entdecken, der volle Netze beim Fangen seelischer Zusammenhänge gebracht hätte. Ich bin mir sicher, dass man das Erektionsproblem dieses „braven" und „realitätsangepassten" therapiewilligen Kellners wahrscheinlich mit einer einzigen Rückführung behoben haben könnte. Doch wie viele tausend Menschen sind durch Freud und Leid gegangen und haben keine oder doch nur wenig Besserung dadurch erhalten?

Es kommt mir fast so vor, dass *Reich*, um mit dem Fahrrad von Beverly Hills nach dem Meeresstrand von Santa Monica zu gelangen, den Weg über Maine und Pennsylvania gewählt hatte, wo er, der Inhaftierte, dann, ohne an seinem Ziel angekommen zu sein, von seinem Fahrrad absteigen musste. Doch möglicherweise ist seine Seele schon wieder inkarniert, und vielleicht wird er wieder in Beverly Hills ein Fahrrad besteigen, um in kürzester Zeit in Santa Monica das Ziel erreicht zu haben, um dort in dem Pazifischen Ozean des Unterbewusstseins den größten Entdeckungen der menschlichen Seelenentwicklung auf den Grund zu gehen. Doch wir Rückführungstherapeuten fischen nicht mehr im Trüben. Unsere Netze sind voll von reichen Erträgen.

Doch verweilen wir noch einen Augenblick an der Pazifischen Küste Kaliforniens. Denn ich möchte gleich an dieser Stelle einen berühmten Rückführungstherapeuten anführen, der unweit von Santa Monica wohnt und den ich vor einigen Jahren dort aufsuchte. Ich spreche von *Dr. Bruce Goldberg*, der seine Zahnarzttätigkeit aufgab, nachdem ihn die Rückführungstherapie in ihren Bann gezogen hatte. Er berichtet in seinem Buch *Past Lives, Futures Lives*[60] über einen Klienten namens Carl, der nie Schwierigkeiten mit der Potenz bei seiner geschiedenen Frau und anderen Frauen hatte. Nun begegnet er einer neuen geschiedenen Frau namens Martha und verliebt sich in sie. Doch sein Penis wird bei ihr nicht steif genug, um in die Scheide eindringen zu können. Anatomisch ist bei ihm alles in Ordnung. Bei einer Rückführung stellt sich heraus, dass Martha in einem früheren Leben seine Frau war, die bei der Totgeburt des Sohnes ebenfalls verstarb. Und seine Programmierung lautete: „Ich will nie wieder ein Kind zeugen." Und diese geliebte Ehefrau ist im heutigen Leben Martha. Da dieser innere Schwur in der Gegenwart der sterbenden Frau gemacht wurde, kann man sich denken, dass die damalige Programmierung immer noch aktiv ist und für Carl unbewusst dessen Penis bei Martha nicht steif werden lassen kann. Und nun könnte ein *Wilhelm Reich*-Schüler, der sich durch die Forschungsergebnisse von Professor *Stevenson* überzeugen ließ, sagen: „Da haben wir doch den Beweis, dass *Reich* Recht hatte. Denn dieser Mann sah das blutende Loch, das ihm dann selbst das Gefühl der Leere gegeben hat, die sich heute noch in seinen Lenden ausbreitet." Sicherlich, so würde ich ihm antworten, hat dieser furchtbare Anblick sich in seinem Unterbewusstsein als schreckliche Erinnerung niedergelassen und hat natürlich mit zu der Formulierung seiner Programmierung „Ich will nie wieder ein Kind zeugen" beigetragen. Doch wesentlich sind dieses Mannes Schuldgefühle, dass er durch die Zeugung des Kindes den Tod seiner geliebten Frau und beider Kind verschuldet hat. Somit ist es nicht allein die unbewusste Erinnerung an jenen Tod allein, die ihn von dem Eindringen in die Vagina seiner wiedergeborenen Frau abhält, sondern es sind hauptsächlich seine damit verbundenen Schuldgefühle. Und wir sehen ganz deutlich, wie mentale Programmierungen, die aus einem Gefühl heraus formuliert werden, nicht nur gefühlsmäßig sich in einer erneuten Inkarnation manifestieren, sondern vor allem auch physisch, reagiert doch das Glied bei diesem Mann gemäß der in seinem unbewussten Informationsfeld eingegebenen Programmierung, bei dieser geliebten Frau nicht zeugen zu dürfen, sodass der Penis gar keine Chance hat, steif werden zu können. Doch hebt man diese „alte" Programmierung auf, wie es der erfahrene Dr. *Goldberg* vermag, dann hat diese sich aus dem Informationsfeld gelöst und der Penis wird nicht mehr von dieser ursprünglichen Programmierung bestimmt.

Hier streikt also der Penis, da es sich bei der Frau um dieselbe Seele handelte, die ihm damals so qualvoll vor seinen Augen verstorben war. Jede Seele hat eine bestimmte eigenspezifische Schwingung, wie wir schon sagten. Kommt man mit dieser zusammen, dann werden all die im eigenen Emotionalkörper gespeicherten Programmierungen, die mit dieser Schwingung ebenfalls gespeichert wurden, in Bewegung gesetzt durch das *reinkarnative Resonanzgesetz*.

Das gleiche Prinzip einer personenbezogenen sexuellen Abstinenz finden wir auch im Fall von Ralph (Fall 8) vor. Er leidet wie Bogan (Fall 1) unter einer verfrühten Ejakulation. Ralph ist mit fast vierzig Jahren unverheiratet. Doch pflegt er eine Langzeitliebesbeziehung mit einer verheirateten Frau namens Ronda. Aber sobald er mit ihr intim werden will, kommt schon voreilig der Samen und verhindert jegliche Penetration. In einer früheren Inkarnation in der Mongolei war er ein Mönch, der sich in eine verheiratete Russin verliebte, und zwar dermaßen, dass er bereit war, sein Mönchstum aufzugeben, um Marika zu heiraten. Diese war ebenfalls von seinen Liebesgluten derart eingenommen, dass sie seinem Vorhaben zustimmte. Sie erfanden eine Intrige gegen ihren Mann, der daraufhin unschuldigerweise hingerichtet wurde. Dann erst überkam Chöé, so heißt dieser Mönch, ein Schuldbewusstsein über diese Tat, sodass er sich von Marika entfernte. Und die in seinem Unterbewusstsein programmierte Seelenlosung war: „Ich will nie wieder mit einer verheirateten Frau etwas zu tun haben. Ich will mich nie wieder durch eine Frau in Unannehmlichkeiten verstricken lassen. Ja, ich will mich nie wieder mit einer Frau einlassen." Und gemäß dieser Losung ist sein heutiges Leben ausgerichtet. Ronda ist jene Marika. Bei einem Versuch, mit ihr zu schlafen, streikte sein Glied gemäß der früheren Programmierung, nie wieder mit einer verheirateten Frau schlafen zu wollen, sodass sein Penis dieser tief verankerten Programmierung gehorchte, während sein Herz und sein Kopf sich so sehr zu Ronda hingezogen fühlten, dass er alle früheren Vorsätze beiseite schob, um mit ihr geschlechtlich zu verkehren. Der Penis war, wenn man so will, die moralische Instanz beziehungsweise der programmierte Polizist, der aufpasste, dass er nicht gegen seinen unbewussten Vorsatz handelte. Ihn gilt es samt der ursprünglichen Programmierung, nach der er ausgerichtet ist, umzuprogrammieren. Dann wird er wieder normal funktionieren. Ein Polizist richtet sich nach Vorschriften. Und erteilt man ihm neue, dann richtet er sich auch nach diesen.

Früher, als die Frau noch als Jungfrau in die Ehe ging, hatte sie keinen sexuellen Vergleichen mit anderen Männern nachkommen können. Wenn ihr Ehemann nun mit seinem Samenerguss zu früh kam, nahm sie das als normal hin. Sie regte sich also nicht groß auf, und die Hoffnung, dass es bei den vielen Versuchen auch einmal zur Zeugung reichte, verließ sie kaum. Unerfüllter Lust konnte man zudem durch heimliche Masturbation beikommen, auch wenn diese angeblich zur Verblödung führen konnte. Doch mit der Verbreitung der Sexualpsychologie und von Büchern über die Sexualpraktiken, um zu einem maximalen Sexvergnügen zu kommen, wurde man sich erst bewusst, was einem bisher entgangen war. Dieses Bewusstsein förderte auch die Kritik an der Sexualität des Partners, löste Unzufriedenheit aus und brachte es letztendlich dazu, dass man, so aufklärende Sexualkundebücher nicht fruchteten, entweder zu einer Partnerberatung ging oder zum Scheidungsrichter.

Steffen (Fall 45) ist verheiratet und hat zwei Kinder. Doch in der Ehe herrscht großer Frust, da er seine Frau nicht zu befriedigen vermag, ergießt sich doch sein Same immer vorzeitig. Und vor jeder erneuten koitalen Begegnung stellt sich schon von vornherein die Angst ein, wieder zu versagen und den Frust der Ehefrau auszulösen. *Alexander Lowen* spricht in diesem Zusammenhang von dem „Teufelskreis der Vorzeitigkeit".[61] Doch die rückführende Therapie zu den Ursachen seines Problems deckt auf, dass er vor über hundert Jahren ein verheirateter Adliger war, dem eine Dame namens Martha aus der „feineren" Gesellschaft nachstellte. Dieser gelingt es auch, ihn, den Abwehrenden, in ihr Bett zu ziehen, doch versagen sich bei ihm alle

Manneskräfte, vor allem deshalb, da ihn die Schuldgefühle seiner Frau gegenüber belasten. Und Martha sagt, als er sich wieder entfernt: „Ich krieg dich doch." Denn sie hat sich in den Kopf gesetzt, ihn seiner Frau abspenstig zu machen. Also gibt sie nicht auf, ihn abermals zu verführen, was ihr auch nach Jahren wieder gelingt. Doch im Bett kommt sein Same schon nach der ersten Berührung. Darüber ist Martha sehr wütend, während er sich wie ein geprügelter Hund davonschleicht. Und als sie wieder einmal bei einer Soiree in seinem Landhaus erscheint, lauert sie ihm auf, um ihn erneut zu erobern. Doch er weist sie zurück, woraufhin sie ihn *à la manière hysterique* vor den versammelten Gästen und in der Gegenwart seiner Frau anschreit: „Du bist ein Versager. Du taugst nichts im Bett. Du kannst mir gestohlen bleiben." Diese Programmierung „Du bist ein Versager" hat sich tief in sein Unterbewusstsein eingekerbt. Kein Wunder also, dass diese auch im heutigen Leben noch mächtig einwirkt. Und hinzu kommt auch noch, dass seine heutige Frau diese frühere Martha ist. Denn vor ihr hatte er damals versagt, sodass diese Programmierung sich doppelt stark auswirken muss.

Wo bleibt da ein Bezug zu einem ödipalen Mutterkonflikt?, so frage ich die gescheiten Herren und Damen psychoanalytischer Schulung. Die Macht der aus früherem Leben stammenden Programmierungen ist, was die sexuellen Belange angeht, hundertmal gewichtiger als mögliche ödipale Mutterkonflikte.

Göran (Fall 7) hat zwar keine Erektionsschwierigkeiten, doch sobald sein Penis steif geworden ist, überkommen ihn unerträgliche Schmerzen, sodass sein Glied sich sofort wieder in seine Normalstellung zurückzieht. Im Täterleben hat er einem Delinquenten auf Geheiß seines Sultans den Penis verstümmelt und die Hoden abgeschnitten, in einem Opferleben als Frau beißt er dem sadistischen Haremsbesitzer in den Penis, und in dem Leben zu Beginn des zwanzigsten Jahrhunderts schlägt ihm der Arzt, den er mit dessen Frau betrogen hatte, mit einem Knüppel auf den erigierten Penis. So schnell und einfach kann man die Ursachen von sexuellen Problemen auffinden. Dazu braucht man nur einige Stunden einer transgeführten Rückführung und keine jahrelange psychoanalytische und oft fruchtlose und im Dunkeln tappende Erkundungstherapie.

Auch Fernando (Fall 25) leidet bei seinem erigierten Penis unter unleidlichen Schmerzen im Lendenbereich. Er kann zwar mühelos in die Vagina seiner Frau eindringen, doch in den meisten Fällen erfolgen weder Ejakulation noch Orgasmus. In diesem Fall tritt genau das Gegenteil einer voreiligen Ejakulation ein. Es ist die *verhinderte Ejakulation* (ejaculatio retans). Denn aus einem früheren Leben hat er die im heutigen Leben noch heftig wirksame Programmierung mitgebracht: „Ich darf beim Sex keinen Samen kommen lassen, und ich darf nicht masturbieren." Und nach einer einzigen Rückführung war Fernando von diesem unleidlichen Problem befreit. Ich habe selten einen solch enthusiastisch dankbaren Mann getroffen. Doch wie hätte nun Frau Professor *Kaplan* – um nicht von *Freud* und *Reich* zu sprechen – diesen Fall gelöst? Wäre überhaupt eine Lösung denkbar gewesen?

Penetrationsschwierigkeiten können schon allein dadurch entstehen, dass man in einem früheren Leben als Mann vergewaltigt und sich anschließend mit Schuldgefühlen beladen hatte mit einer sinngemäßen Programmierung: „Ich will nie wieder eine Frau vergewaltigen" oder noch spezifischer „Ich will nie wieder mit einer Frau schlafen". Und der Anblick des entblößten Schambereiches der Frau lässt automatisch aus dem Unterbewusstsein jene Schuldgefühle wieder wach werden, die eine Penisverweigerung zur Folge haben können. Jeder missglückte Koitus bedeutet für den Mann eine Niederlage. Und es ist die Furcht des Mannes, solch eine Niederlage beim nächsten Mal wieder erleben zu können. Doch nach den Ermittlungen des *Hite-Reports* ist die Angst vor dem Ausbleiben einer Erektion größer als die tatsächliche Erektionsverweigerung. „Fast alle Männer bestätigten, dass sie in der ein oder anderen Art diese (unnötige) Angst mit sich herumtragen." [62]

Doch für viele Erektionsprobleme sind die Nebengedanken, wie wir diese schon bei den Frauen behandelt haben, zuständig. Und für weitere viele Probleme dieser Art ist der Erfolgsdruck verantwortlich. Letzteren drückt *Albert Ellis* in seiner unverwechselbaren plastischen Art der Darstellung folgendermaßen aus: „Je mehr du daran denkst, einer Frau einen großartigen Orgasmus mit deinem heiligen Penis zu verpassen, desto eher wird er streiken. ...

Die Angst über das Funktionieren deines Penis kommt von der Willenseinstellung, dass dieser genauso zu funktionieren hat, wie du – und wahrscheinlich dein Partner/deine Partnerin – denken, dass er es auch tut." [63]

Ein anderer Grund für Potenzverweigerung kann darin bestehen, dass man im früheren Leben seiner geliebten Frau geschworen hat, mit keiner anderen Frau je sexuell verkehren zu wollen. *(Denn die Programmierungen, welche die Wörter „je", „ewig", „nie wieder", „immer" usw. enthalten, sind suggestive Anhaftungen, die, so sie nicht durch Tertiäreinstellungen behoben werden, sich in erneuten Erdenleben auswirken können.)* Und so diese Seele in einem neuen Leben als Frau nicht auftaucht, wird der Penis sich vor jedem geöffneten Schambereich einer Frau „verneigen" müssen. Kein Wunder, dass man sich dann vielleicht in die Homosexualität flüchtet. Denn dort kann der Penis auf einmal Wunder bewirken.

Sexuelle Abstinenz

Gemäß einer 1994 durchgeführten Umfrage haben 33 Prozent aller Frauen kein oder nur minimales Interesse an Sexualität. „Wenig Interesse am Sex zu haben heißt nicht, dass man den Sex als etwas Angstmachendes, Schlechtes oder Abscheuliches ansieht. Man hat eben kein Verlangen danach." [64] Es gibt ganz unterschiedliche Arten der sexuellen Abstinenz. Diese kann kurzzeitiger, zwischenzeitlicher oder langzeitlicher Natur sein oder sich sogar über ein ganzes Leben erstrecken. Aber sie kann sich auch als alters-, schmerz- oder krankheitsbedingt (z. B. bei Diabetes) erweisen. Und es gibt auch partielle Abstinenzen, zum Beispiel Horror gegen Fellatio, Cunnilingus und andere sexuelle Spielarten. Auch kann eine *zeitweilige Abstinenz* dadurch entstanden sein, dass der Mann fremdgegangen war, was die Frau sich von ihm abwenden ließ. Erst wenn er mit tausend Schwüren der

Treue reumütig vor ihr kniet, mag sie ihm vergeben und sich wieder seinen sexuellen Berührungen ergeben. *Abstinenz* also *als* sexuelles *Bestrafungsspiel.*

Viele Frauen sind allein deshalb sexuell abstinent, da sie einfach nicht den richtigen Partner finden, dem sie sich dann zweifellos hingeben würden. Hierbei handelt es sich um eine *unfreiwillige Abstinenz.* Es gibt Paare, die eine *Bruder-Schwester-Beziehung* haben und um die Sexualität einen weiten Bogen machen. Und *David Reuben* erklärt das in gewohnter Weise (*aus Mangel an anderen Perspektiven)* damit, dass die *„schwesterliche Frau"* durch die Beziehung zu einem Mann ihr ödipales Problem teilweise aufzulösen versucht. Denn sie leugnet schuldbewusst, dass ihr geliebter Partner ihr Vater ist, indem sie versichert, er sei stattdessen ihr Bruder.[65] *(Ich ordne hinfort solche ödipalen Zuweisungen und ähnliches zuzuordnendes Zwangsverhalten unter die Rubrik „psychoanalytischer Komplex" ein. Und ich bin mir bewusst, dass derartige Wissenschaftler mich als „Reinkarnationsneurotiker" bezeichnen könnten. Aber wir lieben uns alle trotz ganz entgegengesetzter Meinungen. Denn wir haben alle das gleiche Anliegen: dem Menschen zu helfen, glücklich und liebend zu sein. Und ist es nicht erholsam, wenn einmal ein ganz neuer entstaubender Wind in die Sexologie hineinweht?)* Und bei dieser schwesterlich-brüderlichen Paarbeziehung, so frage ich, kann es sich nicht einfach so verhalten, dass diese beiden in einem früheren Leben Geschwister waren, die aus den verschiedensten Gründen in diesem Leben eine asexuelle Beziehung pflegen wollen? Oder können beide nicht in früherem Leben als Mönch oder Nonne den Keuschheitsschwur abgelegt haben – zum Beispiel „für immer und ewig der Sexualität zu entsagen", sodass sie in diesem Leben eine *abstinente Notgemeinschaft* bilden, die von dieser vormaligen Programmierung noch immer betroffen ist?

Masters und Johnson weisen darauf hin, dass Ende der siebziger Jahre des zwanzigsten Jahrhunderts sich eine neue „Coming out"-Welle verbreitete, welche die sexuelle Abstinenz apostrophierte. „In" war jetzt auf einmal, sexuell enthaltsam zu sein. Dies war eine natürliche Reaktion auf die vorausgegangene sexuelle Welle, unbedingt durch Sex das persönliche Lebensgefühl zu steigern. Und viele, denen Sex ganz anders, als in den Büchern beschrieben, einfach keine Freude bereitete, atmeten nun erleichtert auf, dass sie also nicht mehr als Außenseiter zu betrachten seien, die mit sexuellen Problemen behaftet sein müssten, sondern dass ihr sexuell reduziertes oder vollkommen *abstinentes Leben* jetzt sogar als *„main stream"* anerkannt und respektiert wurde. Für viele war es, wie *Masters und Johnson*[66] es formulierten, eine „Befreiung aus dem Gefängnis", dem Gefängnis, sich sexuell profilieren zu müssen. Und selbst solche, die bisher Freude am Sex hatten, stellten sich nun in die Reihe der Abstinenzler, da ihnen die sexuelle Enthaltsamkeit als verjüngend, kräftesparend und kreativitätsfördernd erschien. Und zu ihnen gehören dann auch jene New-Age-Anhänger, die sich spirituell entwickeln wollen und die Sex als etwas ansehen, das ihnen bei ihrer spirituellen Entwicklung im Wege steht.

Aber wenden wir uns jetzt zuerst einmal denen zu, die unfreiwillig oder halbherzig sich einer sexuellen Abstinenz ergeben haben.

Angelikas Mutter (Fall 27) achtete Zeit ihres Lebens auf katholische Sittenstrenge, das heißt, dass erst in der Ehe ein erster sexueller Austausch erfolgen durfte und dann auch nur unter der Einhaltung einer Pseudojungfräulichkeit. Der Ehemann durfte sie nie nackt sehen, und wenn es mal zum Zweck der Kinderzeugung – aber nur dann – zu einem koitalen Austausch kam, durfte nur einmal kurz das lange Nachthemd von ihrem Mann hochgestreift werden. *(In früheren Zeiten war es in stockkatholischen Landen mancherorts Brauch, dass in dem alles verbergenden langen Nachthemd sich vorne ein kleines hochklappbares Loch für eine vorgesehene Penetrierung befand, sodass der Mann nie eine Chance hatte, seine Frau als Eva einmal mit den Augen Adams sehen zu können.)* Angelika hat, wie sie in der Rückführung berichtete, das ganze asexuelle Verhalten der Mutter als Fötus miterlebt und deren Einstellung somit *(als pränatale Quartäreinstellung)* „vererbt" bekommen. Und diese schon im Bauch ihr verpassten maternellen Programmierungen setzten sich als Mädchen und Pubertierende fort und ließen sexuelle Gelüste als sündig erscheinen. Späterhin durchbrach sie diese restriktiven religiösen Infiltrierungen, doch blieb sie trotzdem noch lange mit Resten von diesen behaftet. Und ihr Höheres Selbst, von mir gebeten, zu ihrer anfänglichen sexuellen Abstinenz Stellung zu nehmen, antwortete ihr, dass sie sich in diesem Leben als eine ihrer Aufgaben vorgenommen hatte, sich von ihrer Angst und Abscheu vor Sexualität zu befreien. Die *Abstinenz* wird hier also *als Aufgabenlösung* in der Schule des Lebens gesehen. Sie hat sich diese anfängliche Abstinenz ausgesucht, um sich aus ihren sexualfeindlichen Verstrickungen zu lösen. Und sicherlich hatte sie in früheren Leben sexuelle Enthaltsamkeit geübt, denn auch im heutigen Leben hatte sie noch eine „Schwäche" für Ursulinerinnen. Ebenso kann es mancher früheren Nonne ergehen, die sich in einem erneuten Leben wieder allmählich an Sexualität herantasten will. Doch wurde es Angelika in der heutigen Schule des Lebens schwer gemacht, indem sie sich diese stockkatholische Mutter, die durch ihre sexuelle Abstinenz sich einen sicheren Platz im Himmel bei Jesus und Maria sichern möchte, als Erziehungsinstrument ausgesucht hatte. Denn in der Schule des Lebens möchten wir Seelen ja gerade durch schwere Aufgaben gefordert werden, um möglichst viel und Neues zu lernen. Wenn alles nur leicht zu lösen wäre, langweilten wir uns. Doch bereiten uns viele Aufgaben, wenn wir auf der Schulbank sitzen, großes Kopfzerbrechen bzw. Herzensschmerzen, und wir wünschten uns daher oft, dass eine Schulstunde oder gar der ganze Schultag schon vorbei wäre. Doch im Jenseits hatte sich die Seele von Angelika vorgenommen, ihre Sekundäreinstellungen samt den in der pränatalen und Kind-Jugend-Phase eingesaugten Quartärprogrammierungen mutig anzugehen und entgegen allen Einprägungen die Sexualität als Gottesgeschenk anzunehmen.

Kerstin (Fall 29) ist als Vierunddreißigjährige noch unverheiratet. Sie leidet unter einer totalen sexuellen Abstinenz mit Partnern, wobei ihr zur Lustbefriedigung nur die Masturbation als „Gottes Almosen für Arme" bleibt. *(Allerdings können diese Almosen manchmal aus Gold und Edelsteinen bestehen.)* Ihr Gesicht wird durch eine Brille maskiert, und Make-up scheint für ihre versteckte Weiblichkeit ein Fremdwort zu sein *(ist es auch)*. Bei versuchtem Sexualaustausch mit einem Freund, um ihn ja nicht durch sexuelle Verweigerung zu verlieren, krampft sich ihr ganzer Unterleib zusammen, und bei einer vom Freund erwünschten

Fellatio versperrt sich ihr Mund total. Zudem hat sich auf dem Gesicht und anderen Körperteilen ein Hautausschlag gebildet, der ebenfalls sicherlich auf Programmierungen zurückgeht und dabei mithelfen soll, dass sie sexuell unattraktiv bleibt, um nicht in ein altes Muster aus vergangenen Leben zurückzufallen. Wie aus der Anamnese zu erfahren war, hatte sie der ihr Aufmerksamkeit erweisende Onkel zwei Jahre lang als Teenager zur Fellatio geführt, wobei er sicherlich auch eine Penetration versucht haben könnte, worauf sich sein Glied dann vor einem fest verschlossenen Tor befunden haben dürfte, weshalb es dann bei Lippen- und Mundberührungen des Gliedes wohl geblieben ist.

Zur Auffindung ihrer Ur-Ursache stellte es sich in einem Täterleben heraus, dass sie als ein marokkanischer Pascha Knaben und Mädchen missbrauchte. In drei folgenden Leben wurde der Ausgleich hergestellt. Einmal wurde Kerstins Seele als Junge sexuell missbraucht, zweimal als Mädchen. Und nach dem Tod eines dieser Opferleben als Mädchen spricht sie die Programmierung aus: „Ich will nie wieder mit einem Mann (sexuell) zu tun haben."

Kerstins heutige sexuelle Abstinenz, die auch der Körper durch Hautausschläge „sichtbar", also im Gesicht sich befindend demonstriert *(und Hautauschläge besonders bei Pubertierenden sind oft ein Zeichen von Angst und Zurückhaltung vor Sexualität, die ihre Ursachen meist in früheren Leben hat)*, geht also auf das typische Muster einer aus den früheren Leben entwickelten Täter-Opferhaltung zurück. Und eine erfolgreiche Rückführungstherapie wie in diesem Fall hat ihr die Angst vor Sexualität genommen. Sie ist zu einer schönen feminin betonten Frau geworden, die für eine sexuelle Partnerschaft sich zu öffnen nun bereit ist.

Ich führe in diesem Buch manchmal gerne auch Fälle von Kollegen der Rückführungstherapie an, um zu zeigen, dass diese Therapie nicht nur von mir und meinen Ausgebildeten erfolgreich durchgeführt wird. In den Vereinigten Staaten gibt es Hunderte von ausgebildeten Rückführungstherapeuten *(besonders an der Pazifikküste)*, und jeder Ausübende dieser Therapie wird eine lange Liste von Erfolgen vorweisen können. Auch kann man sich von der *International Association of Regression Research and Therapy* = IARRT *(deren Mitglied ich bin)* in Riverside/Kalifornien eine Liste von Rückführungstherapeuten weltweit zumailen lassen (pastlife@empirenet.com). Somit möchte ich nochmals auf *Dr. Francesca Rossetti* zurückkommen. Sie bestätigt die sensationellen Erfolge mittels der Rückführungstherapie, die man bei Personen mit sexueller Zurückhaltung erreichen kann.[67] Eine ihrer Klientinnen ließ sich im Bett von ihrem Ehemann nicht anfassen. In einem früheren Leben erlebte sie eine Vergewaltigung. Doch in einem noch früheren Leben war sie als Mann ein Vergewaltiger. Nach dieser Rückführung änderte sich ihr sexuelles Verhalten zum Erstaunen ihres Ehepartners komplett. Und als die Eheberaterin, bei der beide vor dieser Rückführungstherapie schon einen Termin wahrgenommen und einen nächsten miteinander abgestimmt hatten, am Telefon wissen wollte, warum sie diesen zweiten Termin absagten, meinte der Ehemann, dass ihr Problem plötzlich behoben sei. Und die Ehefrau, die daneben stand, bestätigte dies zur Verwunderung der Eheberaterin. Und als diese auf ihre Frage hin, wie das gekommen sei, die inzwischen erfolgten Ereignisse zu hören bekam, mag sich bei ihr ein Nachdenken eingestellt haben, sodass sie, wenn sie hellhörig genug gewesen sein sollte, schleunigst auch diese relativ neue Therapieform erlernt haben dürfte, möchte sie doch nicht zu den „alten Eisen“ gezählt werden, zu denen schließlich kaum noch Ehepaare kommen, haben sie doch von einer wirkungsvolleren und schnelleren Therapie erfahren, die oft ihre Probleme sozusagen über Nacht zu lösen imstande ist.

Und somit sind wir gleich beim nächsten Fall, in welchem tatsächlich über Nacht die sexuelle Abstinenz der Ehepartnerin gelöst werden konnte. Denn diese Rückführungstherapie mit Berta begann nach dem Abendbrot und endete kurz nach Mitternacht und – brachte hundertprozentigen Erfolg.

Berta (Fall 6) verhielt sich ihrem Gatten Gero gegenüber sexuell abweisend. Nur wenn sie, was selten vorkam, Sekt getrunken hatte, konnte sie sich ihm hingeben und auch zum Orgasmus kommen. In den Zeiten ihrer drei Schwangerschaften war Sex für sie sowieso tabu. Und manches Mal, wenn er mit seinem Glied in sie eindringen wollte, waren ihre Oberschenkel derart zusammengepresst, dass seine weiteren Bemühungen von vornherein sowieso aussichtslos waren. Und wenn er masturbierte, weinte sie. Auf seine Frage, warum sie weine, wusste sie auch keine Antwort. Die Tränen kamen aus ihrem tiefsten Inneren. Und wie gleich verständlich werden wird, stieg in ihr jene vormalige Trauer wieder hoch, die sie als seine verlassene Geliebte erlitten hatte. Somit sind wir in unserer heutigen unerklärlichen *Trauer* oft noch Verstrickte in jene durchlittenen Situationen, die aus unseren früheren Leben noch in uns eingekerbt sind und bei ähnlich schwingenden heutigen Situationen als unerklärliche Gefühle hochsteigen. Doch geht man diesen auf den Grund und löst sie auf, entweicht auch dieses Traurigkeitsgefühl in unserem mitgebrachten Seelengepäck. Der einzige Grund, warum Berta sich manchmal ihrem Mann sexuell ergab, war, dass sie es ihm zuliebe tat. Wie sie reagieren viele Partnerinnen, denen der Sex ein notwendiges Übel in der Ehe ist. Und wie sagte noch eine Mutter zu ihrer Tochter: „Einfach Augen zu und durch.“

Doch nicht sie hatte Schuld an dieser sexuellen Abweisung, sondern Geros Verhalten ihr gegenüber in einem früheren Leben, als sie das Dienstmädchen in einem katholischen Stift gewesen war und sich mit ihm, dem damaligen jungen Geistlichen, in ein sexuelles Verhältnis eingelassen hatte unter seinen fadenscheinigen Versprechungen einer Ehe, die er, als sie schwanger war, nicht einhielt und sich in ein anderes Stift oder Kloster versetzen ließ. Und sobald sie ihm in der Rückführung mit dem goldenen Kelch der Vergebung, der Liebe, der Leid- und Schuldauflösung vergeben hatte, war dieser Bann, sich ihm gegenüber abwehrend im Bett zu verhalten, gebrochen. Sie war nicht, wie viele Therapeuten sie vielleicht vorher eingestuft haben würden, *„frigide“*[68], sondern sie wartete über einige Menschenleben darauf, dass er sich für sein betrügerisches Hintergehen ihrer damaligen vertrauensvollen sexuellen Hingabe entschuldigen würde. Ihre Enthaltsamkeit ihm gegenüber war unbewusst an seine Entschuldigung für sein wortbrüchiges, niederträchtiges damaliges Verhalten gebunden. *(Und in dieser Spannung leben viele Ehepaare. Der eine wartet im Grunde darauf, dass der andere sich für ehemaliges Verschulden entschuldigt. Wird diese Entschuldigung in der Rückführungstherapie nachgeholt, werden oft Wunder in der gegenseitigen Zuwendung und in der Sexualität bewirkt.)* Sicherlich hatten beide schon im Jenseits miteinander abgemacht, wieder gemeinsam zu inkarnieren und sich zu ehelichen, um an dieser damals in die Brüche gegangenen Liebe ein Stück weiter zu arbeiten, kommen wir doch immer wieder *(nicht* *in jedem Leben)* mit denen zusammen, mit denen wir noch etwas aufzuarbeiten haben. Jetzt, dank der Rückführung, hat er es geschafft, dieser Bitte um Vergebung nachzukommen. Jetzt dürfen sie das Leben voll genießen, indem sie dort wieder anknüpfen, wo sie damals im Stift aufgehört hatten, und zwar ohne Ängste, nun von irgendjemand in ihrer Sexualität und Liebe daran gehindert werden zu können. Und warum hatte er sie überhaupt geheiratet oder sich nicht nach dem Dauererleben sexuellen Frusts scheiden lassen? Er *(unbewusst)* wollte jetzt das Versprechen der Ehe, das er ihr damals als Stiftsherr gegeben hatte, endlich einlösen und ihre sexuelle Abwehr, auf die er sich aus bis dahin unerklärlichen Gründen keine Antwort zurechtlegen konnte, in Kauf nehmen, fühlte er sich doch dafür selbst schuldig, auch wenn er nicht wusste, woher dieses Schuldgefühl kommen konnte. Sexuelle Unstimmigkeiten zwischen Paaren können durch die Rückführungstherapie in ihren eigentlichen Ursachen schnell aufgedeckt und auch oft sofort behoben werden. Darum rate ich jedem Eheberater, sofort die Rückführungstherapie zu erlernen.

Und ich habe immer noch seine auf das Handy gesprochene überschäumende Stimme im Ohr: „Ja, es ist ein Wunder passiert. Nachdem wir von jenem Abend bei dir zurückgekehrt waren, gingen wir ins Bett. Wir hatten den schönsten Sex seit dreiunddreißig Jahren. Ich weiß jetzt, warum meine Frau sich mir so lange sexuell ablehnend gegenüber verhalten hatte, denn ich war der Übeltäter, der sie damals als junger Geistlicher im Stich gelassen hatte. Das konnte sie mir nicht vergeben, bis eben in jener sensationellen Rückführung bei dir. Und seitdem haben wir jeden Tag erfüllenden Sex. Ich danke dir. Du hast mir den Lebenstraum erfüllt."

Welcher Therapeut würde nicht solch ein Erfolgserlebnis seiner Bemühungen, das sich über Nacht eingestellt hatte, hören wollen? Doch, bitte, man erlerne die Rückführungstherapie, wende sie an, und an Erfolgen wird es nicht mangeln, auch an solchen Erfolgen nicht, die sich über Nacht schon einstellen könnten.

Vergewaltigung

Die *Vergewaltigung* ist das sexuelle Leidenskernstück im karmischen Geschehen. Hier ist die Frau und besonders die junge Frau der Stärke des überlegenen Mannes ausgeliefert: der Mann als der Ausübende, die Frau als die Leidtragende. Verletzt wird durch Vergewaltigung das Heiligtum einer jeden sich nicht prostituierenden Frau. Wer dieses ohne Einwilligung verletzt, muss mit einer gleichen Verletzung rechnen. Für den gerechten Ausgleich sorgt das Karmagesetz, über das höhere unsichtbare Instanzen wachen.

Da die Seele ihre Geschlechtlichkeit von Zeit zu Zeit bei einer Neuinkarnation wechselt, ist jeder einmal Mann und Frau, jeder einmal der Überlegene und jeder einmal der Unterlegene. Diese Wechselbäder der Geschlechtlichkeit dienen allein der seelischen Entwicklung. Als Frau hat sie das zu erfahren, was sie als Mann Frauen angetan hat. War sie als Mann gut zu Frauen, wird sie ein Gleiches als Frau erleben. War sie hartherzig, rücksichtslos, gemein, niederträchtig, verachtend zu Frauen, wird diese Seele als Frau ein Gleiches erleben müssen.

Und sollte er als Mann eine Frau gegen ihren Willen gewalttätig genommen haben, wird diese gewalttätige Seele in einem der nächsten Leben als Frau wiedergeboren, um ein Gleiches zu erleben. Wir lernen als Seelen am besten durch Erfahrungstausch. Und im karmischen Ausgleichsgeschehen spiegelt sich das, was wir im Täterleben an Willkür ausgeübt hatten. Somit kann ein Rückführungstherapeut schon bei der Anamnese einer im heutigen Leben vergewaltigten Frau ermessen, wie das Täterleben dieser Frau wohl ausgesehen haben mag.

Jede Lieblosigkeit und Gewaltanwendung einer anderen Seele gegenüber erfordert einen dementsprechenden Ausgleich. Wir haben schon in diesem Buch davon gesprochen, dass jeder, der rücksichtslos und gewaltsam anderen gegenüber handelt und dadurch ihm eine Hölle bereitet, sozusagen sein Anrecht auf das Paradies verliert. Er muss dann durch die Höllen der Lieblosigkeit selber gehen, um am Ende von seinen Untaten durch Eigenerfahrungen gereinigt mit offenen Armen wieder im Paradiese empfangen zu werden. So ist auch jedes Opferleben zugleich ein Fegefeuer, das alle früheren Taten der Lieblosigkeit durch ausgleichendes Geschehen reinigt.

Jede Vergewaltigung ist, aus höherer Perspektive gesehen, rechtens, da sie vom Opfer im Jenseits für eine bevorstehende Inkarnation erwünscht wurde, auf Erden natürlich gefürchtet ist. Aber gerade diese Furcht ist ja in dem karmischen Prozess des Ausgleichens einer Untat mit eingeschlossen, sonst wäre der karmische Ausgleich ja harmlos und uneffektiv. Die Zumessung des Ausmaßes einer Vergewaltigung entspricht genau dem Maß der eigenen Gewaltanwendung und Leidens- und Schadensverursachung samt dem nachträglichen Erleiden dieses Geschehens, die man an einer Person vormals bewirkt hatte. Vergewaltiger und Übeltäter sind ein Teil von jener negativen Kraft, „die stets das Böse will und stets das Gute schafft“. Doch diese Feststellung hatte schon *Goethe* getroffen. Anscheinend waren wir alle einmal Übeltäter oder sogar Vergewaltiger und haben meist schon unsere Übeltaten ausgeglichen durch Eigenerfahrung, sonst würden wir im heutigen Leben möglicherweise immer noch Angst vor Bestrafung, Vergewaltigung, sexuellem Berührtwerden haben oder vor solchen Menschen uns fürchten, die jenem Täter, der uns vormals vergewaltigte, äußerlich oder schwingungsmäßig entsprechen.

Nahezu jede vergewaltigte Person war also im früheren Leben ein Vergewaltiger. Es dürfte selten eine Seele geben, die sich ein Vergewaltigungsschicksal nur um des Erlebnisses wegen aussuchen würde. Aber auch so etwas kann gelegentlich vorkommen. Wenn diese Seele als Mann (oder seltener als Frau) von Vergewaltigten gedacht oder dementsprechend geredet haben sollte: „Ach, sie soll sich nicht so anstellen. Es ist doch alles nicht so schlimm. Es ist doch weiter nichts passiert. ‚Sie ist die Erste nicht.‘ Die soll doch froh sein, dass sie endlich defloriert ist. Irgendwann kommt jede mal dran. Die dumme Kuh hat selber schuld“, dann mag diese Seele aus eigener Entscheidung sich ein Vergewaltigungserlebnis auswählen, um selbst die Erfahrung zu machen und demzufolge nie wieder in späteren Leben herzlos über Vergewaltigte zu reden.

Wenn nun eine Seele sich im Jenseits aufgrund früherer Verschuldung als Vergewaltigungstäter sich dazu entschlossen haben sollte, mit dem bevorstehenden Leben diese Schuld durch Eigenerfahrung dessen, was sie selbst anderen angetan hat, durch ein oder gar mehrere Vergewaltigungserlebnisse ausgleichen zu wollen, ist sie somit resonanzfähig geworden für eine Vergewaltigung. Ihr Lebensplan wird nun genau vorgesehen haben, wann und durch wen sie diesen Ausgleich erleben wird. Als Irdische kann sie dieses Erlebnis nicht ändern, so sie eine Ahnung haben sollte, dass dergleichen ihr bevorsteht. Sie wird eventuell verleitet sein, in das Auto eines ihr Fremden als Mitfahrerin zu steigen und sich unbewusst einer Gefahr aussetzen. Ja, sie mag unwissend sich direkt in Gefahrensituationen begeben, wo eine Vergewaltigungsgelegenheit möglich ist. Stünde in ihrem Leben keine vorher abgestimmte Vergewaltigung an, könnte sie sich in jede Gefahrenzone begeben. Kein Mann würde ihr Gewalt antun. Doch so das Schicksal eine Vergewaltigung vorgesehen hat, kann sie dieser nicht entgehen, denn ihre Seele hat es im früheren Leben verschuldet und nach Einsicht des gerechten Karmagesetzes im Jenseits für sich selbst so verfügt.

Es gibt eine ganze Menge von Vollzugsmöglichkeiten der Vergewaltigung. Diese kann zum Beispiel durch ein Familienmitglied geschehen oder durch Inzest herbeigeführt werden. Die meisten Vergewaltigungen erfolgen als Gewaltakt („power rape") oder unter Gewaltandrohung, sei es nun, dass den Ausübenden sexuelle, sadistische oder dominanzgesteuerte Motive dazu treiben. Und oft geschehen solche Vergewaltigungen, nachdem ein Mann eine Frau nach einem Dinner zu einem Drink in seine Wohnung eingeladen hat, oder auf dem Nachhauseweg im Auto oder Waldstück zu ihr zurück, nachdem sie eine Einladung in seine Wohnung abgelehnt hatte. Diese Art der sexuellen Demütigung nennt der Amerikaner „date rape" (Vergewaltigung nach vereinbartem Treffen). Von „gang rape" wird gesprochen, wenn zwei oder mehrere eine Frau vergewaltigen. Dies trifft oft auf solche Frauen zu, die als Krieger und Soldaten in früheren Leben vergewaltigt haben und sich für dieses Leben aussuchten, möglichst viel von jenen sexuellen Karmalasten loszuwerden.

Unter 3000 amerikanischen Studentinnen gaben 15 Prozent der Befragten an, dass sie schon einmal vergewaltigt worden waren, während 12 Prozent es schafften, einer versuchten Vergewaltigung noch entweichen zu können.[69] Für diejenigen also, die entkommen konnten, stand es nicht auf ihrem Lebensplan, dieses demütigende Erlebnis erleiden zu müssen. Doch jene 15 Prozent haben es durchleiden müssen. Denn sie hatten es sich vor ihrer jetzigen Inkarnation so ausgesucht.

Masters und Johnson führen die Gründe an, warum viele der Vergewaltigten nicht zur Polizei gehen und eine solche sexuelle Nötigung melden. 1.) So haben viele Opfer Angst vor Vergeltungsmaßnahmen, da der Vergewaltiger wieder entlassen werden und sich dann an ihnen rächen könnte, 2.) denken einige Frauen, dass es zwecklos ist, werden die Täter doch möglicherweise sowieso nicht geschnappt oder *(sind die Richter „naturgemäß" auf Seiten des Mannes)* werden freigesprochen oder auf Kaution laufen gelassen, 3.) haben sie Angst vor Publizität samt allen damit einhergehenden Peinlichkeiten, 4.) fürchten sie sich vor einem Gerichtsprozess *(Konfrontation mit dem Täter, mangelhafte Beweisführung)*, und 6.) wollen sie nicht das Leben eines Gewalttäters ruinieren, besonders wenn es sich um ein Familienmitglied handeln sollte.[70] Und eventuell ist es auch von höherer Seite so vorgesehen, dass dieser betreffende Gewalttäter auch noch anderen Frauen behilflich sein soll bei der

Auflösung ihrer karmischen sexuellen Verschuldungen. *(Spätestens an dieser Stelle werden leider viele Leserinnen das Buch zuklappen, denn das scheint doch zu harter „Tobak" zu sein. Letztendlich soll man auch noch dem Vergewaltiger dankbar sein? Nein, auf keinen Fall! Weg das Buch!)* Im Jenseits, wie wir noch sehen werden, tragen diese Opfer dem Vergewaltiger keine verurteilenden Gedanken nach, denn sie wissen, dass alles, wie es geschehen war auf Erden, genau richtig gewesen ist, denn sonst wäre es ja auch nicht geschehen. In Deutschland und in den damals noch zum Großdeutschen Reich gehörenden Ländern sind schätzungsweise bei und nach Kriegsende etwa zwei Millionen deutsche Frauen von den Siegersoldaten der Roten Armee und den Männern der von den Russen befreiten Ostländer vergewaltigt worden. Und nicht einer einzigen Frau ist aus höherer Sicht Unrecht geschehen, wie auch in der Schlacht keine Kugel zufällig jemanden trifft. Alles unterliegt einer höheren allgemeinen Planung und einer individuell ausgerichteten Planerstellung. Zehntausende der damals Vergewaltigten haben sich das Leben genommen, Hunderttausende waren geschlechtskrank, ebenso viele schwangere Frauen ließen abtreiben und viele kamen mit einem Russenkind zur Welt, indem man als Nichtverheiratete später unter anderem angab, der deutsche „Verlobte" und Vater des Kindes sei bei Kriegsende gefallen. Und einige Frauen und Mädchen sind Dutzende und Hunderte Male mit Gewalt genommen worden, das heißt ihre Gegengewalt hörte sehr schnell auf, da ja doch alles sinnlos war. Doch aus höherer Perspektive hat alles einen Sinn.[71]

Jede Vergewaltigte geht auch seelisch ganz individuell verschieden mit diesem Erlebnis um. Von der Verdrängung bis zum Freitod gibt es sehr viele Variationsmöglichkeiten des Umgangs mit solch einer vollzogenen Konfrontation. Sie hinterlässt meist tiefe Spuren in dem betreffenden Opferleben und auch in den Folgeleben. Aber sehen wir uns nochmals ein Leben an, wo solche Spuren aus früherem Leben mächtig in das heutige Leben eingegriffen haben.

Wenn wir uns Ivonnes Täterleben (Fall 19) anschauen, so fand dies als deutscher Tuchhändler statt, der in der Mitte des siebzehnten Jahrhunderts auch im Ausland herumreiste. Und da ihn meist niemand kannte, vergewaltigte er hin und wieder eine allein irgendwo im Freien angetroffene Frau oder ein Mädchen, war er doch nach jeder Tat mit seinem Pferd schnell wieder über alle Berge. Wer würde ihn auch je einholen und bestrafen können? Doch das Karmagesetz holt jeden ein! Und zum Schluss seiner üblen Tat drohte er der im Schock Befindlichen oder Weinenden auch noch an, nichts weitersagen zu sollen, da er sonst wiederkäme und ein Gleiches noch einmal mit ihr durchführen würde. Jede Frau, der so etwas damals vor allem in katholischen Landen geschah, wusste, dass ihr Leben ruiniert war, wenn sie irgendjemandem davon erzählte. Somit war ein Vergewaltiger ziemlich sicher, wegen mangelnder Anzeige nicht verfolgt zu werden. Doch diese Frau, wie wird sie mit diesem Erlebnis umgehen, vor allem wenn es Komplikationen wie eine Schwangerschaft nach sich ziehen sollte? Wird sie heimlich zu einer „Hexe" gehen, um abtreiben zu lassen? Oder wird sie das Kind heimlich umbringen? Oder hat sie weiterhin Angst, dass dieser Mann ihr nochmals allein auf weiter Flur begegnen könnte? Oft sind die aus einer Vergewaltigung erwachsenden Probleme schwerwiegender als das eigentliche Geschehen. Aber alles bleibt im Unterbewusstsein und im Emotionalkörper haften und zeigt sich in den weiteren Leben in mannigfacher Weise.

Die damalige Seele der Ivonne wurde in einem anschließenden Leben als Mädchen namens Louisa wiedergeboren, das schon mit vier Jahren von einem Unbekannten mit Spitzbart missbraucht wurde. Und er verabschiedete sich nach seiner Untat mit der Bemerkung, dass er bald wiederkäme. Nun lebt Louisa in Angst. Das Gesicht dieses Mannes kann sie nicht vergessen. Und tatsächlich, als sie siebzehn Jahre alt ist und in einem Wirtshaus arbeitet, taucht er mit einigen Freunden wieder auf. Auf ihrem Nachhauseweg durch den dunklen Wald lauern diese ihr auf und vergewaltigen sie. Nach dieser schlimmen Schurkerei gehen sie lachend davon und sagen, dass sie wiederkommen würden. Und sie gibt sich im Nachhinein auch noch die Schuld: „Ich habe es wohl verdient. Denn ich habe im Wirtshaus die Männer mit meinem tiefen Ausschnitt animiert." Und tatsächlich stellt sie dieser Mann nochmals im Wald und zwingt sie zur Fellatio. Und sie denkt: „Es muss so sein", auch wenn sie nicht weiß, warum sie das denkt. Denn unbewusst ist sie sich der Tatsache inne, dass sie eine Schuld durch diese widrigen Geschehnisse abzutragen hat. Späterhin wird sie angeklagt, die Männer zu behexen, sie, die nie außer diesen unheiligen Begegnungen mit Männern sexuell verkehrt hatte. Und auf dem Scheiterhaufen angebunden wird ihr klar, dass dieser Henker jener Mann mit dem Spitzbart ist.

Und was sind die Folgen aus diesem Opferleben, die sich noch heftig in dem heutigen Leben verdeutlichen? Ivonne hat als äußerst attraktive junge Frau eine ausgesprochene Angst vor Männern. Wenn sie ein Mann umarmen will, verschränkt sie die Arme vor ihrer Brust. Und wenn sie einmal einem Freund sich im Bett hingeben will, bekommt sie einen Blutgeschmack im Munde. Sie schläft immer auf dem Bauch liegend als unbewusster Schutz, um von oben nicht von einem Mann bestiegen zu werden. Im Wald, wenn sie allein durch einen solchen gehen musste, lief sie als kleines Mädchen immer rückwärts oder drehte sich dauernd um, um zu sehen, ob ein Mann ihr etwa folgen könnte. Denn unbewusst hat sie immer noch Angst, dass diese Männer, die sie damals als Louisa im Wald vergewaltigten, wie sie damals sagten, wiederkommen. Und als Teenager belagerten Pickel ihr Gesicht. Denn damals war sie in eben jenem Alter vergewaltigt worden. Auch hier spielt die Zeitsynchronizität mit. Doch der Körper setzt sich auch äußerlich für sie gemäß ihrer Programmierung ein, nie wieder solch einer Gefahr, als Teenager vergewaltigt zu werden, ausgesetzt zu sein. Wir erkennen also, dass die „Pubertätspickel" wieder einmal ein Indiz für die Abwehr gegen mögliche Wiederholung einer sexuellen Gewalttat sein können, die im nämlichen Alter vormals stattgefunden hat. Und, wie wir beschrieben haben, hatte eine einzige Rückführungstherapie alle (!) ihre sexuellen Probleme gelöst. *(Ich wage gar nicht daran zu denken, wie lange sie von den psychoanalytisch geschulten Therapeuten behandelt worden wäre. Und was wäre wohl nach mehreren Jahren wöchentlicher Behandlung herausgekommen? Der Italiener sagt: „Niente.")*

Die Anzahl der ausgeübten Vergewaltigungen als Täter bestimmt meistens ganz genau die Anzahl der selbst zu erlebenden Vergewaltigungen in Opferleben. Habe ich als römischer Soldat hundert Frauen vergewaltigt, dann muss ich nicht späterhin genau einhundert Vergewaltigungen über mich ergehen lassen. Aber das Maß an Leid und Schmerz, das ich anderen zugefügt habe, wird in komprimierter Form wieder auf mich zukommen. Es könnte sein, dass ich mit zwanzig Vergewaltigungen auskomme, wobei einige in einem einzelnen Leben erfolgen könnten, die anderen jedoch jeweils einzeln in anderen Leben, wenn nicht gar noch im heutigen Leben. Barbara (Fall 15) erfährt vor dem Wolkentor von ihrem Höheren Selbst, dass sie für ihre Vergehen als ägyptischer Priester an gefangenen nubischen Frauen im Ganzen zehnmal vergewaltigt werden sollte. Davon wurde sie fünfmal von römischen Soldaten als Germanin vergewaltigt, zweimal als keltische Priesterin, je einmal in zwei Nonnenleben, und einmal wurde sie als siebenjähriges Mädchen von ihrem älteren Bruder missbraucht.

Immer wieder werden solche Seelen, die als Frauen wiedergeboren sind, in solche Situationen gebracht, in denen sie den karmischen Vergewaltigungsausgleich finden. Eine der beliebtesten nun immer wieder in Rückführungen auftauchenden Situationen ist *Abhängigkeit* in einem Arbeitsverhältnis. Meist ist dann die Frau eine Magd, Angestellte, Sklavin, die dem Arbeitgeber, Hausherren, Käufer oder Adligen ausgeliefert ist, wobei dieser sich wie selbstverständlich ihrer sexuell bedient, während sie, um den oft einzig möglichen Arbeitsplatz nicht zu verlieren, trotz anfänglichen Sträubens sich fügen muss. So findet auch Catherine (Fall 23) in einem früheren Leben als Putzmädchen eine Anstellung. Doch eines Nachts kommt der dicke, widerliche und angetrunkene Hausherr und vergewaltigt die aus dem Schlaf plötzlich Aufgewachte brutal. Über einige Monate lang ist sie diesem Widerling, der meist im betrunkenen Zustand nachts zu ihr kommt, sexuell ausgeliefert. Das ganze Leben ist ihr zuwider geworden. Schließlich wählt sie den Freitod durch Ertrinken. Auch Melanie (Fall 3) ist solch einem sie anwidernden Hausherren ausgeliefert, dem sie sich, um ihre Anstellung nicht zu verlieren, trotzdem hingibt. Doch als sie sich entschließt, ihn zu verlassen, bringt er sie um.

Früher war es üblich, dass der Ehemann mit seiner Frau machen konnte, was er wollte. Ich habe noch auf Kreta erlebt, dass ein Ehemann seine Frau schlug und sie so laut schrie, dass man es auf der Straße hören konnte. Und man erklärte mir, dass es das Recht des Gatten sei, seine Frau zu züchtigen, dass weiterhin, wenn sich aus der Verwandtschaft niemand ihr helfend zur Seite stellte, kein Außenstehender sich anmaßen durfte, einzugreifen. Auch der Polizist zuckte nur mit den Achseln. Und in der Sexualität war sie sowieso dem Mann auf Gewinn und Verderb vollkommen ausgeliefert. Er konnte mit ihr machen, was er wollte. Keine Instanz würde ihr beistehen. Die Ehe war oft die legalisierte Vergewaltigungsanstalt (*„mate rape" nennt man im Amerikanischen die Partnervergewaltigung).* In solchen Verhältnissen, wie sie im christlichen Europa Jahrhunderte vorherrschten, war die Ehe auch die beste Lernanstalt für den karmischen Ausgleich. Misshandelte ich meine Frau, so war ich sehr bald in einem Folgeleben eine Frau, die ebenfalls misshandelt und gegebenenfalls vergewaltigt wurde. Doch seit einigen Jahrzehnten ist die Vergewaltigung in der Ehegemeinschaft in den meisten westlichen Industriestaaten ein juristisches Vergehen und wird, wenn diese zur Anzeige gebracht wird, bestraft.

Daniela (Fall 24) war in einem früheren Leben ein deutscher Steuereintreiber, der rücksichtslos mit den zu Besteuernden umging und sich, seiner Macht bewusst, der Frauen bediente, indem er sie zum Beischlaf zwang oder sie auch mit Gewalt nahm. Seine Hausangestellte missbraucht er nicht nur, sondern er verstümmelt sogar ihr Gesicht, behält sie aber als Beischläferin. Nun lebt sie hinfort ganz in seiner Abhängigkeit, wird sie doch von niemandem mehr als Arbeitskraft angeworben werden. Somit muss sie mit diesem garstigen Widerling ihr Leben und ihr Bett teilen. Doch schon in einem der nächsten Leben ereilt diese Seele der karmische Ausgleich. Als fünfzehnjährige Afrikanerin wird sie einem dreißig Jahre älteren und für ihr Empfinden abstoßenden Mann als Frau vermählt. Dieser Mann missbraucht sie, und jeder Beischlaf kommt ihr wie eine Vergewaltigung vor. Wie glücklich müssen sich Frauen schätzen, wenn sie in einer zivilisierten modernen Welt leben, in welcher es ihnen möglich ist, Vergewaltigungen in der Ehe zur Anzeige zu bringen und sich vor allem von ihrem lieblosen Partner trennen zu können. Wir leben in goldenen Zeiten – wenigstens was die sexuellen Misshandlungen in der Ehe angeht. Doch was geschieht mit jenen vielen Vergewaltigungstätern, deren Seelen bisher noch nicht den Vergewaltigungsausgleich erhalten konnten? Die Karmaplaner werden sich schon Umstände und Situationen überlegen, damit jene auch noch zu ihrem gerechten Ausgleich kommen. Der Vergewaltiger, der stolz auf seine Eroberungstat ist und sich als Sieger vorkommt, ist immer, aus höherer Perspektive gesehen, ein Verlierer, der später voller Bedauern auf seine Tat zurückblicken und seinen früheren Stolz als Verfehlung begreifen wird. Durch Fehler lernen wir. Sie sind unsere größten Lehrmeister. Und wir werden immer wieder in Situationen geführt, wo wir Fehler begehen können, bis wir in der Liebe fehlerfrei geworden sind.

Kerstins Seele (Fall 29) bewohnte in einem früheren Leben in Irland den Körper von Sheila. Mit zehn Jahren wird sie von einem Mann gezwungen, bei ihm zu wohnen und seine Beischläferin zu sein. Nachdem sie bei diesem aufgefunden worden ist, erhängt man ihn. Mit fünfzehn wird Sheila an einen älteren Mann verheiratet, da sie, die Entjungferte und daher wertlose Entweihte, sonst wohl keinen anderen Mann bekommen haben dürfte. Dieser missbraucht seine junge Frau, schlägt sie, demütigt sie in jeder Weise. Schließlich springt sie in ihrer Verzweiflung von einer hohen Klippe. Und wie wir wissen, hatte sie sich dieses Leben ausgesucht, um ihr Leben als Pascha, der besonders Jungen und Mädchen sexuell missbrauchte, auszugleichen.

Und Jessica (Fall 16) hatte sich ebenfalls in zwei frühen Leben, nachdem sie vergewaltigt worden war, das Leben genommen. Anscheinend spürten diese Vergewaltigten dann, dass sie hauptsächlich deswegen inkarnierten, um dieses Ausgleichserleben zu erfahren und danach als von dieser Karmalast Befreite ins Jenseits zurückzukehren und sich auf ein erneutes Erdenleben unter anderen sicherlich weit günstigeren Vorzeichen vorzubereiten.

Der Grund dafür, warum die Anzahl der Vergewaltigungen in den letzten Jahrzehnten gewaltig gestiegen ist[72], liegt nicht allein darin begründet, dass eine vergewaltigte Person immer mehr Mut bekam, dieses ihr zugefügte Verbrechen zu melden, sondern dass die Seele im Jenseits sich dazu entschlossen hatte, endlich eine Vergewaltigung, die aus karmischen Verursachungen noch anstand, hinter sich zu bringen, um endlich aus dieser karmischen Belastung entlassen zu sein, gab es doch in der westlichen Welt seit Ende des

Zweiten Weltkrieges keine umfassenden Kriege mehr *(außer in Jugoslawien, wo viele Frauen vergewaltigt worden waren)*, in welchen die Frauen des besiegten Volkes den Vergewaltigungsausgleich im großen Stil erfuhren. Wir werden später noch lesen, wie die Vergewaltigten im Jenseits mit dem schrecklichen Geschehen und den dieses ausgeübt habenden Tätern umgehen. Auch auf dem Berg der Erkenntnis, vor allem wenn man in der Rückführungstherapie sich sein eigenes Täterleben angesehen hat, versöhnt man sich mit dem Täter, indem man ihm den Kelch der Vergebung reicht. Worunter die Vergewaltigten am meisten zu leiden haben, ist die Unverständlichkeit des Geschehenen. „Warum gerade ich? Was habe ich verbrochen, dass mir das geschieht?“ Sobald in der Rückführungstherapie diese Fragen geklärt worden sind, löst sich der seelische Schmerz über das Erlittene auf einmal auf. Denn man erkennt die höhere Gerechtigkeit und vergibt dem Täter. Darum möchte ich allen Therapeuten, die mit Vergewaltigungsopfern zu tun haben, raten, schnellstens die Rückführungstherapie zu erlernen, um wirklich wirkungsvoll ihren Patienten und Klienten helfen zu können.

Eine Frau, die ihr Kind aus einer Vergewaltigung zur Adoption freigibt, da sie es nicht ertragen kann, durch das Kind ständig an den Vergewaltiger und dessen Untat erinnert zu werden, weiß im Grunde nicht, dass sie eine große Chance, diesem Kind Liebe zukommen zu lassen, verpasst. Wenn sie wüsste, dass dieses Kind sie ausgesucht hatte, um ihr die Chance zu geben, an ihm vielleicht wieder etwas gutzumachen, dann würde sie es sich sicherlich anders überlegen. Und wenn sie mittels einer Rückführung erfahren würde, dass sie aus karmischen Gründen vergewaltigt und schwanger werden sollte, könnte sie dem Vergewaltiger eventuell im Nachhinein dankbar sein. Spätestens wird dieser Dank dem Vergewaltiger im Jenseits erstattet. Deshalb möchte ich Frauen, die sich in solch einer Situation befinden, raten, bevor sie eine endgültige Entscheidung hinsichtlich einer Abtreibung oder einer Weggabe ihres Kindes treffen, sich einer Rückführung zu unterziehen, um nachzusehen, warum alles so geschehen sollte, wie es geschah. Denn letztendlich ist alles richtig, so wie es geschieht. Doch dies kann man nur verstehen, wenn man die irdischen Dinge auch mit den Augen der Jenseitigen zu sehen versucht oder wenn man in dem Lebensbuch seiner Seele nachgelesen hat.

Und auf noch einen anderen wichtigen Umstand möchte ich an dieser Stelle hinweisen. Viele Vergewaltiger oder Missbraucher haben sich freiwillig mit der sich auf eine erneute Inkarnation vorbereitenden Seele abgesprochen, deren Übeltäter zu sein, um ihr endlich den von ihr ersehnten Ausgleich ermöglichen zu können. Wenn man im Jenseits dann diesen wiederbegegnet, dann dankt man ihnen. Jede Frau, die in der Therapie diese Seelenprozesse erlebt, wird sich auf einmal von ihrem Vergewaltigungstrauma verabschieden können – jede! Also Therapeuten von nah und fern: Was zögert ihr noch? Probiert die Rückführungstherapie aus.

Sexueller Missbrauch

Missbrauch und Vergewaltigung sind eng miteinander verbunden. In beiden wird die Sexualität beschädigt. Haben wir im vorausgegangenen Kapitel im Zusammenhang mit der Vergewaltigung uns nur auf Frauen bezogen, so muss jetzt nachgeholt werden, dass selbstverständlich auch Männer vergewaltigt werden können. Solches kann im Gefängnis durch mehrere Insassen besonders an Neulingen geschehen. Bei dem Stichwort sexueller Missbrauch denkt man automatisch an Kindesmissbrauch oder Missbrauch an Jugendlichen beiderlei Geschlechtes. Während der Vergewaltiger, wie das Wort schon sagt, meist auch massiv Gewalt anwendet, die sich reziprok zur Gegengewalt steigern kann, bedient sich der *Missbraucher* nur in Ausnahmefällen der Gewalt. Vielmehr nützt er bei Kindern deren Unschuld aus. Über so genannte „Doktorspiele" zum Beispiel entblößt der Täter das betreffende Kind oder auch seinen eigenen Körper samt seinen Genitalien und nimmt Betastungen vor. Und diese Spielchen erfahren Steigerungen bis hin zur Fellatio oder sogar Kopulation. Dem Kind werden Belobigungen und manchmal auch Geschenke erteilt. Doch es merkt, dass der Vater, wenn es sich um einen solchen handeln sollte, nur dann mit ihm solche Spiele durchführt, wenn Mutter beim Frisör ist, wo sie mindestens zwei Stunden verweilt. Irgendetwas ist nicht in Ordnung. Und wird es gar noch ermahnt, der Mutter nichts sagen zu dürfen, dann weiß es, dass etwas Verbotenes und Unrechtes mit im „Spiel" ist. Doch manche Kinder sind sehr sensitiv. Sie ahnen bei solchen Annäherungen, dass der „freundliche" Missbraucher irgendetwas im Schilde führt, was nicht aufrichtig und daher nicht richtig ist. Oder in einigen Kindern steigt auch eine natürliche Scham hoch. Dies kann ein unbewusster *Erinnerungs-Flash* aus einem früheren Leben sein, in welchem eine unheilvolle Situation ähnlicher Art entstanden war. In beiden Fällen zögert das Kind, den Aufforderungen des Missbrauchers nachzukommen. Doch wir werden unter der Rubrik *Inzest* genauer auf die tieferen Hintergründe eingehen, warum zum Beispiel der Vater seine Tochter missbraucht. Kommen wir nun auf Fälle zu sprechen, in welchen außerfamiliäre Personen Missbrauch an Kindern durchführen.

In zirka siebzig Fällen ist der Täter dem Opfer bekannt. In zirka 25 Prozent der Fälle kommt der Täter aus der eigenen Familie. Gewalt wird in etwa 18 Prozent der Fälle angewandt, 25 Prozent der Missbrauchten sind öfter als einmal missbraucht worden. Und nur drei Prozent der Fälle werden angezeigt.[73] Letztere Aussage ist bezeichnend dafür, mit welcher Zurückhaltung man über Missbrauch jeglicher Art zu anderen spricht. Denn sobald solches Geschehen nach außen dringt und Nachbarn, die Lehrer oder gar die Mitschüler durch deren Eltern wissen, dass man von einem Erwachsenen missbraucht worden war, ist man automatisch stigmatisiert. Man wird hinfort mit anderen Augen angesehen als vorher. Und mit diesem Umstand rechnen auch die Missbraucher. Sie verdrängen die Möglichkeit, dass das Opfer sie irgendwann anzeigen könnte.

Roger (Fall 21) ist fünf Jahre alt. Er und seine sieben Jahre alte Schwester bekommen in der Abwesenheit ihrer Eltern Besuch von den befreundeten Nachbarn, dem siebzehnjährigen netten Jungen von nebenan und seiner jüngeren Schwester. Diese überreden die beiden Kinder, sich auszuziehen und das einmal zu spielen, was die Erwachsenen miteinander als Nackedeis spielen. Und in ihrer Unschuld *(diese trifft im besonderen Maße auf die junge Schwester zu, denn Roger hatte schon vorher einen Missbrauch erlebt)* lassen diese sich auch ausziehen und werden nun angeleitet, wie man einander die Körperteile berührt, sodass die Hände der Kinder den Penis des Siebzehnjährigen betasten und dann auch bekneten und schließlich ablutschen müssen, während dessen Schwester dann den Jungen ihren Körper mit allen Merkmalen ertasten lässt. Hier geht es eindeutig um pädophilen Missbrauch von Jugendlichen mit Kindern. Obwohl die beiden Jugendlichen „spielerisch" und ohne Verletzungen der Kinder vorgegangen waren, lag doch bei beiden eine geplante Absicht zur Erreichung sexueller Lust unter Ausnutzung kindlicher Unschuld vor, was natürlich karmische Konsequenzen für beide haben wird trotz ihrer noch nicht erreichten Volljährigkeit. Kinder bis zum Erreichen ihrer Pubertät sind karmafrei, insofern sie bei ihren Taten „unschuldig" sind. Ab der Pubertät kann eine Seele sich erneut karmisch verschulden. Doch Kinder können selbstverständlich wie jedes Alter von karmischem Ausgleichsgeschehen betroffen werden. Spielt aber ein Zehnjähriger mit den Genitalien seiner Schwester oder seines Bruders oder missbraucht beide spielerisch, dann bleibt er karmisch gesehen noch unschuldig. Eine sexuell bedingte karmische Verschuldung erfolgt erst dann, wenn das Bewusstsein der Schuld eine Tat bestimmt. Doch erst mit dem Beginn der Pubertät wird sich der Mensch seiner Geschlechtlichkeit in seiner Funktionsausübung bewusst. Aber ich will hier nicht ein Buch über Missbrauch schreiben, denn zu diesem Thema gibt es eine Fülle von Berichten und Abhandlungen. Mir geht es vielmehr darum, den Zusammenhang zwischen Missbrauch und früheren Leben herzustellen. Darum sehen wir uns gleich einmal ein Beispiel an.

Dianes Seele (Fall 12) war im achtzehnten Jahrhundert unter dem Namen Kirstin in Schweden geboren worden und wurde mit fünf Jahren von einem Geistlichen missbraucht unter der nachträglichen Androhung, sie umzubringen, so sie über diesen Vorfall jemandem etwas sagen sollte. Danach hat sie das Gefühl „Ich bin schlecht!". Sie will nicht mehr leben und tunkt ihren Kopf in einen Brunnen in der vergeblichen Hoffnung, dass sie dann stirbt. In jenem Leben als Kirstin erfährt Dianes Seele den karmischen Ausgleich für ihr vorausgegangenes Leben als schottischer Schmied, der seinen jungen zwölfjährigen Gehilfen zum Oralverkehr zwingt. Dieser befindet sich in der aussichtslosen Lage, als schutzloses Waisenkind keine andere Stellung zu finden, sodass ihm nichts anderes übrig bleibt, als den Schmied oral zu befriedigen, was diesen nicht davon abhält, ihn bei jeder Möglichkeit zu schikanieren und zu schlagen. Und auf dem Berg der Erkenntnis erfährt Diane, dass sie als Kirstin einen Teil des karmischen Ausgleichs für die Missetaten ihrer Seele im Leben als Schmied auszugleichen hatte, wie sie auch deswegen, um diese karmische Verschuldung ganz zu lösen, noch im heutigen Leben als Achtzehnjährige vergewaltigt werden musste. Wie wir wieder erkennen können, ereignen sich Missbrauch und Vergewaltigung aufgrund von vorausgegangener Verschuldung der Seele an der Liebe, indem wir andere gegen deren Willen zu unserem privaten Lustvorteil ausgenützt oder gezwungen haben. Jeder Missbrauch hat wie jede Vergewaltigung eine karmische Verknüpfung. Und das Gefühl der kleinen Kirstin, jetzt auf einmal „schlecht" zu sein, mag ein, wie wir es nannten, „Erinnerungsflash" an dieses frühere Geschehen sein. Und einige Opfer haben auch das Gefühl, dass ihnen „recht" geschieht. *(Im Fall 19 sagt Louisa, dass sie die Vergewaltigung „wohl verdient" habe.)*

Auf dem Berg der Erkenntnis stellt auch Diane die Frage, warum sie so dick sei. Und das Höhere Selbst antwortet ihr, dass sich diese Fettschichten aufgrund ihrer damaligen Programmierung, sich nicht von Männern mehr anfassen lassen zu wollen, als Schutzschicht angesammelt hätten. Das ist insofern für die Psychotherapie von Interesse, da bekannt ist, dass sexuell missbrauchte Kinder mit ihrem Erwachsenwerden oft auf einmal Fettschichten ansetzen können, was allgemein als Schutzreaktion richtig erkannt wird. Nun aber durch die Rückführungstherapie kommt eine Erweiterung hinzu, die auch auf fettleibige Menschen zutreffen kann, indem der Grund ihrer frühen Fettschichten nicht auf einen Missbrauch in der gegenwärtigen Kindheit zurückzuführen ist, sondern auf einen Missbrauch in vergangenen Leben. Der Mechanismus *Fettleibigkeit als Schutz gegen wiederholten Missbrauch* oder Vergewaltigung kann also bis in frühere Leben zurückgehen. Doch Dickleibigkeit ist meist nicht nur Schutz gegen wiederholten Missbrauch, sondern auch Abwehr durch Selbstbestrafung. „Man darf mich nicht mögen, ich bin hässlich. Fass mich nicht an. Lass mich in Ruhe."

Abscheu der Frau vor männlichem Samen geht meist auf erzwungene Fellatio im gegenwärtigen oder in früheren Leben zurück. Kerstin (Fall 29) wird es schon allein bei dem Gedanken an Fellatio übel. Dieser Ekel vor Samen kommt aus ihrem Leben als Chi in Vietnam, wo sie als Vierjährige von einem Onkel in den Oralverkehr eingeführt wurde, sodass sie als kleines Mädchen schon als Prostituierte für die Fellatio der dafür zahlenden Männer zur Verfügung stehen musste. In vielen Ländern war bis vor einigen Jahren die Kinderprostitution ein allgemeiner, wenn auch stillschweigend ausgeübter Brauch. Nun wird weltweit dagegen angegangen. Auch Roger (Fall 21) wurde schon mit vier und dann mit fünf Jahren dazu benutzt, sexuell in einem vornehmen Privatsalon prostituiert zu werden, brachte ihn sein Großonkel doch dorthin, wo die gehobene „perverse" weibliche und hauptsächlich männliche Gesellschaft sich lustvollen Ausschweifungen jeglicher Art ergab, natürlich verbunden mit hohen Zutrittskosten. Und auf Kindesmissbraucher, wie wir an einigen Fällen gesehen haben, kommen selbst wieder Leben zu, in denen sie ebenfalls ein Gleiches an sich selbst erfahren werden.

Ein anderes Phänomen, das in der Psychotherapie anscheinend noch gar keine Beachtung fand, ist der *Ausstieg der Seele* des misshandelten Kindes während eines Missbrauchs. Muss dieses Kind aus karmischen Gründen keinen Missbrauch mehr erleben, hat sich aber bereit erklärt, dass sein Körper in einer neuen Erdinkarnation missbraucht werden darf, um einem vormaligen Missbraucher, der wiederum getestet werden soll, möglicherweise zur Verfügung zu stehen, dann wird die Seele dieses Kindes während eines solchen Geschehens aus ihrem Körper genommen, sodass es nach Rückkehr in den Körper nicht mehr weiß, was eigentlich vorgegangen war. Deshalb haben einige Kinder nur eine Ahnung davon, dass etwas hinsichtlich eines Missbrauchs passiert sein könnte, doch können sie sich nicht an die Durchführung desselben erinnern. Mittels der Trancerückführung in dieses Erlebnis könnte nun die Situation vorher und nachher aufgedeckt werden. Was wirklich in Abwesenheit der Kinderseele geschehen war, kann jedoch durch das Höhere Selbst erfahren werden.

Im Unterschied zu Kindern wissen missbrauchte Jugendliche ganz genau, was mit ihnen geschieht. Und trotzdem sind sie oft machtlos und müssen sich der sie missbrauchenden Person oder Personen ausliefern. Manches Mal handelt es sich um einen kurzen Missbrauch, doch manchmal erstreckt er sich über Monate oder sogar Jahre. Anfängliche Abwehr schlägt nach einiger Zeit der vergeblichen Bitte um Schonung in eine von Angst und Abscheu begleitete Opferhaltung um.

Leonore (Fall 37) wurde im heutigen Leben als Siebenjährige in ein privates Kinderheim gegeben, dessen Pflegeeltern streng und ungerecht mit den Zöglingen umgingen. Doch Beschwerden seitens der Kinder stießen bei der Jugendbehörde auf taube Ohren. Und der Pflegevater nutzte auch die Mädchen für seine pädophilen Interessen aus. Als sie endlich als Dreizehnjährige zu ihrer Mutter nach Hause zurückkehrte, war diese in die finanzielle Abhängigkeit ihres sie auch sexuell missbrauchenden siebzigjährigen Arbeitgebers geraten. Dieser forderte sie nun auf, ihre Tochter zu überreden, ebenfalls mit ihm zu schlafen. Und ihrer Mutter zuliebe, wenn auch mit größtem Widerwillen, gab Leonore nach. Obwohl es von ihrer Seite her ein freiwilliger Akt war, denn sie hätte sich ja auch weigern können, wollte sie auf keinen Fall den Unwillen der Mutter herausfordern, wäre sie doch dann wiederum in ein Internat gekommen, dem sie ja endlich entwichen war. Und dennoch dachte Leonore an Suizid, ja, einmal hatte sie sich schon die Schlinge um den Hals gelegt. Und einige Male ging sie, um das Schicksal herauszufordern, ohne auf den Verkehr zu achten, über die Straßen in der Hoffnung, überfahren zu werden. Diese sexuellen freiwillig-unfreiwilligen Nötigungen erstreckten sich über zwei Jahre hin bis zum Tode dieses alten Mannes.

Doch für diese im gegenwärtigen Leben erfahrenen sexuellen Missbräuche zeichnen sich, wie aufgedeckt werden konnte, zwei frühere Leben als Täter ab. In dem einen war sie ein römischer Soldat, der Mädchen und Frauen sexuell missbrauchte, in dem anderen war sie ein Kosak, der mit Gleichaltrigen den älteren Männern in dem nacheifern wollte, was sie über ihre sexuellen Abenteuer während ihrer kriegerischen Unternehmen zu erzählen wussten. Deshalb zog er mit Gleichaltrigen los. Sie überfielen Dörfer, töteten, und vor allem, das war ihr Hauptziel, sie vergewaltigten, um ebenfalls als erfahrene Männer und Helden dazustehen und vielleicht vor ihren Söhnen oder Enkeln gleichfalls mit ihren Frauenabenteuern zu prahlen. Die Jüngste der von ihm Vergewaltigten zählte gerade zwölf Jahre. Für viele Männer lag früher der unausgesprochene Hauptgrund, sich für den Soldatendienst zu entscheiden, in dem Wunsch, mit soviel Frauen wie möglich zu schlafen, sei es durch Bezahlung oder durch ... (das Übliche). Der Soldatenberuf schien der geeignetste Beruf zu sein, der Libido freien Lauf lassen zu können. Und Leonore gestand mir nach der Rückführung, dass sie trotz allem Hass auf den Pflegevater und den Siebzigjährigen bei manchen sexuellen Handlungen hin und wieder Lustgefühle verspürt hatte. *(Eine Frau berichtete mir, dass sie in Indien mit einem vierzig Jahre älteren Tantrameister, der schon über siebzig Jahre alt war, als dessen Schülerin sexuell verkehrte in dem Bestreben, ihrer beider Kundalinienergie von Chakra zu Chakra in der Wirbelsäule hochsteigen zu lassen. Zuerst war sie angewidert, da es für sie unmöglich schien, mit einem um vieles älteren Mann derart intim verkehren zu können oder zu wollen. Doch schließlich ließ sie diese Kopulationen geschehen und musste dann sogar gestehen, diese mit ihm sehr genossen zu haben.)*

Im Gegensatz zu Leonore will Sandra (Fall 20) unbedingt im Internat bleiben, wo sie als Vierzehnjährige ebenfalls dem Internatsleiter und dem Erzieher für deren sexuelle Lust zur

Verfügung steht, dabei aber keine Lust verspürt, vielmehr von dieser Schamverletzung angewidert ist, während sie sich für all das selbst verabscheut. Doch sie hat einen Grund zur Mitbeteiligung. Diese beiden Männer haben ihr versprochen, so sie ihnen sexuell gefällig bleibt, alles zu untenehmen, dass sie im Internat bleiben darf, will sie doch auf keinen Fall zu ihren Eltern zurück. Denn widersetzte sie sich den Wünschen dieser beiden Herren, würden diese sie ins Elternhaus zurückschicken. Auch ergibt sie sich in diesen Missbrauch, sind doch noch fünf andere ihrer Freundinnen ebenfalls bei diesen geheimen Sexpraktiken Genötigte *(also „geteiltes Leid – halbes Leid“).* In der Rückführung erfährt nun Sandra, warum sie diesem Missbrauch im Internat ausgesetzt werden sollte, war es doch kein Zufall, das sie dorthin gelangt war. In einem Leben in England hatte sie als Mann eine Frau vergewaltigt, in einem darauffolgenden Leben im Vorderen Orient jedoch als Soldat „rühmlicherweise“ etwa fünfzig Frauen und Mädchen vergewaltigt. Wer als Soldat Vergewaltigungen wie Trophäen sammelt, wird in Opferleben als Sextrophäe behandelt werden müssen. Und für diese beiden Missbraucher war Sandra eine Bereicherung in ihrer Trophäensammlung.

Aber auch unter erwachsenen Frauen kommen immer wieder Missbrauchsfälle vor. Hierbei kann es sich um Selbstbestrafung handeln, wählt man sich doch deshalb den Vergewaltigungs- und Missbrauchspartner, um sich von ihm für begangenes Unrecht aus früheren Leben bestrafen zu lassen, ein Motiv, das wir bei dem Sadomaso-Phänomen in besonderer Deutlichkeit erkennen können. Viele Frauen bleiben bei ihrem Partner, obwohl er sie schlägt, demütigt und auch sexuell misshandelt. Doch alles hat seinen Grund! Und die Transrückführungen decken diese Gründe schonungslos auf. Aber in der Partnerschaft gibt es viele „Spielchen“, um sich den anderen für sexuelle Wünsche gefügig zu machen. Versprechungen seinerseits einer Reise, ein neues Kleid, Erhöhung des Haushaltsgeldes können die Partnerin dazu bewegen, trotz eigener Unlust oder gar Widerwillen sich für seine Lust zur Verfügung zu stellen. Er nutzt ihre materiellen Wünsche aus, um sich seine sexuellen Wünsche durch sie erfüllen zu lassen. Viele sprechen in dieser Angelegenheit auch von *Prostitution in der Ehe*. Selbst wenn sie sich ihm nur deshalb täglich oder auch nur wöchentlich einmal oder zweimal hingibt, damit seine Drohung, sonst fremdgehen zu wollen, nicht wahr werden mögen, ist das ein Missbrauch ihrer Ablehnung von zu häufigem Sex.

Im Fall 25 wird Fernando von der dickbusigen älteren Frau als junger Hausdiener ausgenutzt, für sie immer sexuell bereitstehen zu müssen, und zwar zu jeder Zeit, und wenn es mehrere Male in der Nacht sein sollte. Ansonsten würde er die gute Anstellung verlieren. Daniela (Fall 24) als ehemaliger Steuereintreiber verunstaltet aus Eifersucht mit dem Degen das Gesicht seiner schönen jungen Angestellten, damit kein anderer sie mehr ansehen mag, sodass nur er allein sie weiterhin für seine sexuellen Zwecke benutzen kann, wird sie doch sicherlich jetzt kein anderer Mann mehr begehren. Und diese Frau, da sie sonst keine Anstellung mehr finden kann, ist genötigt, bei diesem Scheusal von Mensch zu bleiben und ihm, den sie hasst, in jeder Hinsicht zu Diensten zu sein. Jeder Missbrauch ist eine verstoßende Beeinträchtigung des freien Willens und der Gefühle des anderen. Und jeder Missbrauch wird auch karmisch seinen Ausgleich finden müssen. Und wie wir oben beschrieben haben, ist Daniela nach diesem Leben als Unhold als Afrikanerin wiedergeboren worden, die von einem viel älteren Ehemann, dem sie verkauft wurde, sexuell und in jeglicher weiteren Hinsicht missbraucht wurde. Und auch Jacqueline (Fall 13) war einst Bauer, der es auf seine Magd abgesehen hatte, die ihm aber unzweideutig zu verstehen gab, dass sie in sexueller Hinsicht nichts mit ihm zu tun haben möchte. Dennoch vergewaltigt er sie. Sie läuft entsetzt davon. Doch dann wird ihr klar, dass sie woanders keine Anstellung finden kann. Sie kehrt zurück, um sich um des lieben Brotes willen von ihm weiterhin missbrauchen zu lassen. Doch er, um nicht mit seiner Untat konfrontiert zu sein, schickt sie in ein ungewisses Leben davon. Späterhin fühlt er Reue und programmiert: „Ich will mich niemals wieder von sexueller Begierde dahinreißen lassen." Und nach einem anderen Leben im Inzest programmiert die Seele der späteren Jacqueline sich: „Ich will nie wieder schöne Gefühle haben." Um diesen Programmierungen nachzukommen, reagiert ihr heutiger Körper gegen Sexualität abweisend. Er entwickelt frühzeitig Anorexie, Neurodermitis und Orgasmusblockade. Und ihre Psyche tut ihr Übriges: Sie lässt sich von keinem Mann berühren und geht allen Männerbekanntschaften aus dem Weg, wobei ihre Minderwertigkeitskomplexe ihr bestens zur Hilfe kommen. Alles hat sich in ihr so eingestellt, damit die Programmierungen aus diesen beiden Leben sich auch vollkommen erfüllen können. Der Mensch ist das wandelnde Produkt aller seiner aufgelösten und vor allem seiner noch nicht aufgelösten und daher noch aktiven Programmierungen. Und ganz besonders betrifft das den sexuellen Bereich seines Wesens.

Paul A. Hansen entwickelte eine spezielle Therapie für Menschen, die in ihrer Kindheit missbraucht worden sind. Das Opfer muss zuerst dahin gebracht werden, dass es das Geschehen akzeptiert und es nicht weiterhin verdrängt. Als zweiten Schritt muss das Opfer erkennen, dass es überlebt hat, wie auch weiterhin alle Schritte akzeptieren, die im Nachhinein aus diesem Kindheitsgeschehen sich im weiteren Leben ereignet haben. Und drittens wird das Opfer dahin gebracht, sich als ganze Person wieder herzustellen und sich einzugestehen, dass es keine schlechte Person ist. Diese Haltung „erfordert eine aus dem Inneren kommende Lossagung von Schuld und Scham".[74] Schließlich gelangt man zu einem inneren Frieden und wird ein „thriver", das heißt ein neuer Mensch, der das schlimme Geschehen in der Kindheit überwunden und besiegt hat und schließlich sogar gestärkt aus allem hervorgegangen ist. All das mag nach vielen Wochen der Therapie geschehen. Doch mit der Rückführungstherapie mag man schon nach einer einzigen Sitzung zum „thriver" geworden sein.

Wenden wir uns jetzt einem dem Missbrauch nahe stehenden und in vielem gleichen Gebiet sexueller Verwundung zu.

Pädophilie

Wir müssen den Kindesmissbrauch von der Pädophilie unterscheiden. Bei dem Missbrauchen eines Kindes hängt es davon ab, aus welchem Grund der Missbraucher dies tut. Erinnert die kleine Tochter an seine verstorbene Ehefrau, so mag er für seine Libidoumsetzung das Kind als Ersatz und in Erinnerung an die Verstorbene nehmen wollen. Als

Notlösung greift er zu dem jungen Mädchen. So kann es manchen Männern, vor allem Vätern gehen, die ein Mädchen sexuell missbrauchen. Sie sind im eigentlichen Sinne nicht pädophil veranlagt, die Umstände „nötigen" sie zu dieser Handlung. Das Mädchen wird zu einer Art sexuellem Ersatz.

Von eigentlicher Pädophilie kann man im Grunde erst sprechen, wenn der Mann sexuell nahezu ausschließlich auf den sexuellen Verkehr mit einem Kind ausgerichtet ist. Es gibt auch Männer, die aus Neugier mit einem vorpubertären Mädchen oder Knaben verkehren wollen. Auch diese sind im eigentlichen Sinne keine Pädophilen. Zur Pädophilie gehört die Sucht nach sexuellem Austausch mit vorpubertären Mädchen oder Knaben. Letzteres wird in dem Kapitel Homosexualität unter der Rubrik Päderastie/Knabenliebe abgehandelt.

Über die Motive, warum ein Erwachsener zu einem Kindesmissbraucher wird, ist viel gerätselt worden. Oft sind es „brave" und „unauffällige" Familienväter, die sich möglicherweise nicht an ihren eigenen, sondern an anderen Kindern vergehen, obwohl inzestuöse Pädophilie mit zu den verbreitetsten Ausartungen des Kindesmissbrauchs gehört. Kindesmissbraucher können auch eine unterschwellige Angst vor Sex mit Erwachsenen, speziell Frauen haben. Bei Kindern fühlen sie sich überlegen. Sie sind dann der „King". Diese aus Minderwertigkeitskomplexen resultierende Haltung mag aus dem jetzigen oder früheren Leben kommen, wo Sexualpartner ihnen ein Gefühl der Unterlegenheit gaben. Sie haben sich gedemütigt gefühlt und sich geschworen, sich nie wieder in ihrer sexuellen Ausübung demütigen zu lassen.

Doch die meisten pädophil geschädigten Kinder waren im früheren Leben selbst Kinderschänder mit pädophilem Einschlag. Sehen wir uns dazu ein Beispiel an.

Anne (Fall 26) hatte in einem früheren Leben als Mann Kinder geschändet. In ihrer heutigen Kindheit erfährt sie dafür noch einen Teil des karmischen Ausgleichs. Als Sechsjährige wird sie von einem Pädophilen ausgezogen, der sich an ihr, die wie in einer Erstarrung verharrt, vergeht. Nachdem er sie verlassen hat, löst sich ihre Erstarrung und sie bricht in lautes Weinen aus. Ihr kommt alles wie ein Alptraum vor, denn sie kann noch gar nicht fassen, was alles passiert ist. Und trotzdem überkommt sie eine Scham samt dem Gefühl, jetzt schlecht zu sein. Somit nimmt sie sich vor, zu Hause nichts von dem Vorgefallenen zu erzählen. Und ein Jahr später fängt sie wieder dieser Mann ab und missbraucht sie wiederum. Man kann sich denken, dass Anne wie auch die von einem Priester missbrauchte Kirstin (Fall 12) Angst vor einer Wiederbegegnung hat, eine Angst, die sie immer überkommen wird, sobald sie sich irgendwo allein im Freien aufhält, obwohl sie sich als Schutz programmiert hat: „Ich will nie wieder daran denken!" Und allmählich hat auch diese Programmierung gewirkt, sodass erst in der Psychotherapie als Erwachsene diese Ahnungen wieder geweckt und in der Rückführungstherapie wieder aufgedeckt und schließlich aufgelöst werden konnten. Denn nach jeder Kopulation mit ihren zwei Ehemännern brach sie unwillkürlich in Tränen aus. Es waren die Tränen von damals, die sich nach der Erstarrung gelöst hatten.

Wie vielen Kindern musste sie in jenem früheren Leben als Pädophile direktes und indirektes Leid, das sich als Folge ergab, zugefügt haben, um in ihrem heutigen Leben selber noch derart unter diesem aus karmischen Gründen erfolgten Missbrauch leiden zu müssen?

Ihre Programmierung „Ich will nie wieder daran denken!" diente als Selbstschutz. Und trotzdem wirkte dieses Geschehen in ihr weiter und ließ sie sexuell gehemmt sein.

Man unterscheidet in der Forschung drei Arten der Pädophilie. Zur ersten und zugleich größten Gruppe gehören diejenigen Täter, die *in ihrer Persönlichkeit unreif* sind und keine zwischenmenschlichen Verhaltensformen erfolgreich entwickeln konnten. Diese haben meist ihre Augen über eine längere Zeit auf ein bestimmtes Kind – meist Mädchen im Alter zwischen acht und elf – gerichtet, bevor sie dieses ansprechen, Bonbons reichen und somit ihr Zutrauen zu erringen versuchen. Die zweite Gruppe der Pädophilen ist der *regressiven Pädophilie* zuzurechnen. Sie haben keinerlei Schwierigkeiten im Vergleich zur ersten Gruppe, heterosexuelle Beziehungen oder auch feste Partnerschaften einzugehen. Doch anscheinend finden sie darin keine volle sexuelle Zufriedenheit. Oft versuchen sie, diese mit Alkohol zu unterdrücken. Und dann – meist wenn sie alkoholisiert sind – verfallen sie einem unerklärlichen Zwang, sich einem Mädchen oder Knaben als Pädophile zu nahen. Die dritte Gruppierung wird der *aggressiven Pädophilie* zugerechnet, wovon wir in diesem Buch schon häufiger gelesen haben. Hier wird der sexuelle Befriedigungstrieb rücksichtslos, wenn es sein muss, auch mit Gewalt durchgeführt. Man glaubt, dass diese Gewaltanwendung von einer grundsätzlichen feindlichen Einstellung der Frau gegenüber herrührt, was nach meiner Meinung nur bedingt der Fall sein dürfte.[75]

Sicherlich werden die Leser sich noch an den im Fall 33 beschriebenen Pädophilen, den ich Adrian nannte, erinnern, der zu mir in die Therapie kam, um sich von seinem Zwang, jungen Mädchen nachstellen zu müssen, zu befreien. Und wie Sie sich nun erinnern, verkleidete er sich sogar als Arzt und ging mit weißem Kittel nachts in die Kinderspitäler, gab sich beim Pförtner und bei der Nachtdienstschwester als Arzt aus, der dringend in einem Zimmer bei einem Mädchen etwas noch zu kontrollieren habe, betrat dann das ein oder andere Zimmer und fasste den schlafenden Mädchen unter der Decke zwischen die Beine, indem er bei diesen Gelegenheiten masturbierte. Er stand unter dem entsetzlichen Zwang, so zu handeln. Er hasste sich selbst dafür und suchte in mehreren Therapien Hilfe, ohne dass diese bisher irgendeinen Erfolg gebracht hatten. Und so fährt er weiterhin mit seinem Auto durch die Lande, hält an Schulplätzen, um mit dem Fernglas die Mädchen zu beobachten, wobei sein Interesse nur jenen zwischen dem sechsten und zwölften Lebensalter gilt. Andere Pädophile stehen oder sitzen an Kinderspielplätzen, da sich dort genau die Kinder befinden, die das entsprechende Alter für ihre pädophilen Präferenzen haben. Doch Adrian interessieren jüngere Kinder nicht. Manches Mal geht er in die großen Kaufhäuser oder in Freibäder und spricht ein Mädchen an, indem er es fragt: „Willst du dir zwei Euro verdienen?" Und dann geht er mit diesem in irgendeine Ecke oder einen Raum und lässt sich betasten, während er das Mädchen berührend onaniert. Doch versicherte er mir, dass Gewaltlosigkeit bei ihm das oberste Gebot sei, denn diesen „engelhaften" Wesen könne er nie ein Haar krümmen. Die vorpubertären Mädchen sind für ihn Engel, die ihn jedoch sexuell zu höchster Lust stimulieren. Warum, so könnten wir uns fragen, sucht er denn nicht in Frauen seinen Engel? Hat er, so könnten wir uns nun mit psychoanalytischer Berechtigung fragen, einen ödipalen Komplex? Ist zwischen ihm und seiner Mutter irgendetwas in seiner Kindheit durcheinander geraten? Und da Adrian gestand, dass er in seinen Phantasien mit den „reinen", „unschuldigen" und „engelhaften" Mädchen kindliche „Doktorspiele" durchführe, könnte man wiederum psychoanalytisch folgern, dass er immer noch in seiner ödipalen Phase stecken geblieben ist. Sein Körper ist wohl gewachsen, aber seine Gefühle, sein Geist sind in jenem Alter stecken geblieben, obwohl er ein intelligenter, ja, was seine Kleptomanie angeht, sogar ein durchtriebener Mann ist. Und interessant ist auch die Tatsache, dass er keinerlei Gedanken daran hat, seinen Penis in die Scheide eines Mädchens zu stecken. Denn das würde ja auch wieder einem kleinen Engel weh tun. So bedeutet es für ihn die höchste Seligkeit, die Nacktheit eines Mädchens zu spüren, von diesem umarmt oder gar geküsst zu werden. Er gehört, wenn wir auf die drei Rubrizierungen der Pädophilie zurückschauen, der zweiten Gruppierung an.

Und wie wir in der Rückführung aufgedeckt hatten, entdeckten wir zuerst in ihm eine *erdgebundene Persönlichkeit*, also einen verstorbenen Menschen, der nun mit seiner Seele in einem Geistkörper auf der Erde haften geblieben ist und versucht, da er durch die irdischen Dinge hindurchgreift, sich in einem Menschen niederzulassen, den er mit seinem Willen lenken kann. Adrian hat solch einen „Besetzer" in sich, der ebenfalls in seiner Erdverkörperung ein Pädophile war und nun einen Gleichgesinnten gefunden hat, der dem gleichen Laster ausgeliefert ist. Doch auf dieses Phänomen der Fremdbesetzung gehe ich weiter unten in Ausführlichkeit ein, zumal es besonders bei zwanghaft gesteuerten Menschen immer wieder aufzufinden ist. Es gelang uns also, mit diesem erdgebundenen Geist in Verbindung zu treten und ihn aus seiner Verhaftung in Adrian zu befreien. Ich glaube, dass viele Pädophile oder auch Missbraucher und Vergewaltiger von solchen erdgebundenen Wesen heimgesucht und zu ihrer Tat angetrieben werden. Doch da Adrians Besetzer sagte, dass er deshalb zu ihm gekommen sei, weil er ebenfalls eine pädophile Ausrichtung hatte, wollten wir nun in der Rückführung diese ergründen.

Es stellte sich heraus, dass Adrian sich in einem früheren Leben als ein Junge am Beginn seiner Pubertät sah, der ein schon seit langem ihm vertrautes Nachbarmädchen von etwas jüngerem Alter liebte, wobei es über Petting nicht hinausging. Und als sie wieder einmal bei ihren heimlichen Intimitäten im Stroh lagen, kippte die Öllampe um. Im Nu stand die ganze Scheune in Flammen. Seine Geliebte verbrannte, er blieb am Leben. Seine innere Programmierung war, dass er ihr, der er wohl ewige Liebe geschworen hatte, immer treu sein werde, weshalb er sich auch späterhin nie um andere Frauen kümmerte und sein Leben in Trauer und Selbstvorwürfen bis zu seinem Tod in Einsamkeit verbrachte. Wie uns vom Höheren Selbst erklärt wurde, sucht er auch in dem heutigen Leben immer noch nach seiner damaligen Geliebten, die er in jenem Alter zwischen sechs und zwölf Jahren geliebt hatte. Diese Feststellung ist für die gesamte bisherige Psychologie von absoluter Neuigkeit. Und man wird diese Aussage, dass Pädophilie entweder auf Besetzung oder auf frühere Leben zurückgeht, noch lange strikt bekämpfen. Aber zukünftige Psychotherapien, die mit der Rückführungstherapie arbeiten, werden diese Aussagen bestätigen müssen.

Zu ergründen wäre, ob bei Pädophilen möglicherweise in einigen oder sogar in vielen Fällen auch ein *Bestrafungsmechanismus* vorliegt für irgendwelche Vergehen, die auch in frühere Leben zurückreichen könnten. Und begibt sich ein solcher vielleicht auch deswegen leichtsinnig in Gefahren, wo er ertappt werden könnte, um eben für diese früheren Vergehen nachträglich noch bestraft zu werden? Adrian etwa wagt es, in Kinderkrankenhäuser hineinzugehen und wurde deswegen auch schon polizeilich festgenommen, verhört und an einen Psychiater verwiesen. Ebenfalls deutet seine Kleptomanie auf den unbewussten Wunsch einer Festnahme und Bestrafung hin. Interessant ist auch, dass Adrian keinerlei Penetrationswünsche hat, waren diese doch auch damals nicht mit seiner jugendlichen Geliebten erfüllt worden. Wäre dieses schon der Fall gewesen, hätte sich womöglich auch dieser Wunsch in seine pädophilen Praktiken eingestellt. Man müsste nun hundert pädophile Strafgefangene zu den Ursachen ihrer sexuell gestörten Veranlagung zurückführen, um detailliert das, was ich nur in Umrissen darstelle, genauer zu untersuchen. Im Grunde, so wir nun die früheren Leben in die zukünftige Therapie mit einbeziehen wollen, stehen wir fast in jeder psychologischen und therapeutischen Hinsicht noch ganz am Anfang. Ein ungeheures Forschungsgebiet breitet sich für die Psychologen, Sexologen und Therapeuten aus. Und wenn man dieses Buch nun liest und steht noch vor einer Berufsentscheidung, so könnte ich mir denken, dass der ein oder andere Gymnasiast von diesem hier skizzierten Thema fasziniert ist und sich daher entscheidet, unbedingt Psychologie zu studieren. Für eine Diplom- oder Doktorarbeit gibt es unzählige zu erforschen sich lohnende Gebiete.

In dem Fall von Saskia (Fall 22) begegnete uns eine so genannte *Notpädophilie*. Der einarmige kriegsversehrte Nachbar führt die viereinhalbjährige Saskia, die durch Bonbons allmählich Zutrauen gefunden hat, in seinen Keller. Er zieht der nun Verängstigten das Höschen herunter, herrscht die Wimmernde an, ruhig zu sein, denn es dauere nicht lange, legt sie über einen Holzstoß, der ihrem Rücken und den Schultern sehr große Schmerzen bereitet, defloriert sie wohl mit den Fingern und spritzt seinen Samen zwischen ihre Beine, wischt diesen danach ab und ruft der Davoneilenden noch nach, ja nichts ihren Eltern zu erzählen. Dieser einarmige Mann hat seines Armstumpfes wegen Minderwertigkeitskomplexe gegenüber Frauen. In seiner „Not“ greift er auf ein wehrloses Mädchen zurück. Er hatte wahrscheinlich vor seiner Beinamputation keine pädophilen Neigungen gehabt.

Doch dieser amputierte Pädophile dient Saskia als Karmaausgleicher, denn dieser Missbrauch, wie sie vom Höheren Selbst erfuhr, war für sie noch eine notwendige Erfahrung, da sie in anderen früheren Leben kleine Mädchen missbraucht hatte, wie auch in dem von uns noch aufgedeckten Leben als Soldat auf dem Russlandfeldzug Napoleons, auf welchem er Frauen und Mädchen vergewaltigt und vielen seine Syphilis übertragen hatte. Einen dieser Teilausgleiche habe sie schon in einem anderen Leben erfahren, als sie mit sieben Jahren vergewaltigt wurde und an den Verletzungen starb. Wenn auch dieser Mann unbewusst ihr als Karmagehilfe dienlich war, so wird ihn trotzdem nichts vor seiner karmischen Verschuldung und dem entsprechenden Ausgleich in einem späteren Leben bewahren können, es sei denn, er habe es mit der Seele von Saskia im Jenseits so abgesprochen, um ihr zu helfen, endlich ihre noch nicht aufgelösten karmischen Selbstverschuldungen auszugleichen. Die Folgen dieses

Missbrauchs zeigen sich massiv in ihrem heutigen Leben. Sie fühlt sich „schmutzig“ und entwickelt außer einem massiven Selbsthass samt Schuldgefühlen, die sicherlich unterbewusst aus den vergangenen Täterleben stammen, einen überbetonten Selbstbestrafungsmechanismus. Obwohl sie Sex als etwas „Dreckiges“ empfindet, lässt sie es zu, dass sie als Siebzehnjährige von den Freunden ihres Mannes in dessen Gegenwart beschlafen wird, dass weiterhin ein neuer Nachbar von dieser Sache erfährt und sie nun nötigt, auch mit ihm zu schlafen, würde er doch andererseits über das sexuelle Treiben von nebenan öffentlich aussagen wollen. Saskias Heiligtum, ihr Schambereich, ist schon als kleines Mädchen entweiht worden aufgrund karmischen Ausgleichsgeschehens. Doch nun, wo dieses einmal entweiht worden ist, lässt sie weitere Entheiligungen zu wie eine Prostituierte, da für sie ebenfalls die Heiligkeit ihres fraulichen Tempels entweiht worden ist. Viele Prostituierte haben in ihrer Kindheit oder Jugend ähnliche Entweihungen erleben müssen, weshalb späterhin ihr unteres Inneres für jeglichen zahlenden Besucher offen stand. Und sicherlich hätte ihr Ehemann sie auch als Prostituierte auf die Straße stellen können. Ihr hätte das jetzt auch nichts mehr ausgemacht. Denn: „Ist das Allerheiligste erst ruiniert, lebt man Männern gegenüber gänzlich ungeniert.“ *(Dies ist die Prostitutionseinstellung. Doch es gibt verschiedene aus solch einer frühen Schamverletzung sich ergebende psychische Einstellungen. Das Gegenteil der Ersteren wäre eine depressive Versagenseinstellung.)*

Die Hilflosigkeit der Opfer gegenüber Padophilen und Missbrauchern ist enorm, vor allem, wenn sie durch Drohungen eingeschüchtert werden oder wenn sie sich ihren Angehörigen gegenüber äußern oder sich jemandem anvertrauen wollen und kein offenes Ohr oder Glaubwürdigkeit für ihre Nöte finden. Man glaubt ihren Aussagen einfach nicht. Leonore (Fall 37) hat sich über die Misshandlungen und Pädophilie bei der Jugendfürsorge beschwert. Man hielt ihre Aussagen für Lügen. Es bleibt oft einem hilflosen Kind nichts anderes übrig, als sich weiterhin missbrauchen zu lassen. Ohnmacht bedeutet es für das Kind, wenn es für das, was es sagt, keinen Glauben findet. Selbst *Sigmund Freud* hielt Aussagen von Kindern über Geschlechtsverkehr mit Erwachsenen oder die Tochter mit dem Vater und der Sohn mit der Mutter für ödipale Wunschphantasien.[76] Doch heute weiß man, dass solche Aussagen meistens genau der Wahrheit entsprechen. Schon dem kleinsten Hinweis eines missbrauchten Kindes geht man nach. Pädophile werden hoch bestraft.

Kevin (Fall 17) war in einem früheren Leben ein moslemischer Herrscher, der mit seinen Untergebenen, vor allem mit seinen Frauen und Sklaven beiderlei Geschlechts, machen konnte, was er wollte. Er konnte sie nach Belieben töten, foltern oder sexuell nötigen. Keiner würde je gewagt haben, gegen sein oft von Sadismus getragenes Vorgehen aufzubegehren. Und Menschen, die solch eine Position einnehmen und charakterlich nicht fest sind und wenig Liebe in sich haben, können leicht in Versuchungen geraten, gegen die Liebe zu handeln und lieblos gegen andere gerade in der Sexualität vorzugehen. Alles kommt aber auf sie als „Retourkutsche“ zurück. Und Klienten, die in diesem Leben noch viele Probleme gerade im sexuellen Bereich mit sich herumtragen, haben als Urverursachung oft ein Machtleben in Saus und Braus genossen. Und somit hat auch die Seele von Kevin aus jenem Leben als pädophiler und „multiphiler" Herrscherwüstling vieles in den verschiedensten Leben wieder auszugleichen gehabt.

Als fünfjähriger holländischer Junge wird er von einem Unbekannten zur Fellatio gezwungen. Die Angst, dass er diesem Mann wiederbegegnet, ist so groß, dass er jeweils den Wald, in welchem der pädophile Missbrauch vorgefallen war, fortan rennend durchquert. Diese sich daraus ergebende Abscheu gegen die Sexualität bewirkt, dass er einen Schrecken vor seinem ersten mit zehn Jahren erfolgten Samenerguss bekommt, muss er doch sofort an diesen schrecklichen Mann denken. Somit, um nicht wiederum an dieses Ereignis und an diesen Mann erinnert zu werden, hält er sich sexuell vollkommen zurück, geht jeder näheren Begegnung mit einer Frau aus dem Wege, bis er mit sechsunddreißig endlich heiratet, doch ohne in der Hochzeitsnacht und danach ein steifes Glied zu bekommen, was ihm erst ein Jahr später glücken sollte. Dieses und ein folgendes anderes Ausgleichsleben in Frankreich, in welchem er als Magd von dem Hausherren zum Beischlaf gezwungen wurde, waren einige der vielen anderen Ausgleichsleben. Doch interessant ist es, dass der damalige Pädophile, der den Fünfjährigen von hinten penetrierte und ihm auch das Glied in den Mund schob, seine heutige Mutter ist. Sie hat bestimmt die Seele von Kevin im Jenseits gefragt, ob sie seine Mutter sein dürfe, um in Liebe alles an ihm wieder gutzumachen, was sie damals an Unheil angerichtet hatte. Und sicherlich hat Kevins Seele zugestimmt. Aber die Mutter, um ihn an sich zu binden und alles wieder gutmachen zu können, stellt in dem heutigen Leben daher eine enge Bindungsstruktur her. Ähnlich finden wir es im Falle von Gino (Fall 35), wo dessen Mutter, so er einmal weniger als normal anrufen sollte, gleich die Polizei einschaltet, um nach ihrem „vermissten" Sohn fahnden zu lassen. Und Kevin, so könnte ich mir denken, hat gegen seine Mutter sehr zwiespältige Gefühle. Einerseits wird er ihr dankbar sein für alles, was sie ihm zukommen lässt, andererseits wird er sicherlich auch Angst und Ohnmachtsgefühle ihr gegenüber wenigstens zeitweise haben. Auch hat er trotz seiner neunzehn Jahre noch mit keinem Mädchen geschlafen, hat er doch Angst vor der Konfrontation mit einem nackten Frauenkörper. Und hier machen sich sicherlich die Schuldgefühle aus dem Leben als moslemischer Potentat bemerkbar. Doch zeigt Kevin auch keinerlei homoerotische Neigungen, vielmehr sagt er mir, dass er eine große Angst vor starken Männern habe. Und diese Angst stammt aus jenem Leben, in welchem er als Fünfjähriger von eben solch einem starken Mann missbraucht worden war. Die Schäden, die einem missbrauchten Opfer erwachsen, können sich über viele Leben hin ausdehnen. Und dann irgendwann kann es sein, dass man mit der Seele, die einen missbraucht hat, nochmals in einer völlig anderen Konstellation konfrontiert wird, wie hier im Falle von Kevin, wo seine Mutter nun die ihm am nächsten stehende Person ist. Doch das ganze Spiel über die vielen Erdenleben hinweg dient der Liebewerdung. Wie ist das in diesem Zusammenhang zu verstehen? Gerade indem Kevins Seele dem Pädophilen aus früherem Leben die Chance gibt, alles wieder gutzumachen, kann für beide Seelen, nachdem eine Vergebung stattgefunden hat, seelisches Wachstum entstehen. Sie können einander nun beweisen, ob Kevins Seele wirklich jetzt gelernt hat, der Seele jenes Mannes zu vergeben, und ob jene Seele, die jetzt die Mutter ist, wirklich bereit ist, alles wieder durch Liebe auszugleichen.

Inzest

Bei den Themen Missbrauch und Pädophilie haben wir schon von dem Missbrauch Verwandter an Kindern oder Jugendlichen gesprochen. Doch gibt es darin einige Unterschiede. Der Missbrauch geschieht nun in der eigenen Familie. Nichts darf daraus nach außen dringen. Missbrauch unter Familienmitgliedern gehört zum am strengsten gehüteten Familiengeheimnis. Die Täter sind meist die Väter, Stiefväter, Brüder, Onkel, aber selbst Großväter sowie andere der engeren Familie Angeschlossene. Missbrauch von weiblichen Familienmitgliedern an Kindern ist sehr selten, weshalb er in diesem Buch im Weiteren keine Erwähnung findet. Die Opfer sind die Kinder und Jugendlichen beiderlei Geschlechts, wobei Inzest an Mädchen viel häufiger vorkommt. Forschungen haben herausgefunden, dass jedes dritte Mädchen und jeder sechste Junge in der Familie missbraucht worden ist.[77] Und selbst wenn andere Familienmitglieder von einem Inzestgeschehen erfahren, tun sie oft so, als ob sie nichts sehen würden. So zieht sich, wie unsere Beispiele gezeigt haben, die Mutter oder die Großmutter absichtlich in ihr Zimmer zurück, um nichts wissen zu wollen von dem, was da im Schlafzimmer mit der Tochter oder Enkelin passiert. Nichts darf über diese Geheimnisse nach außen dringen. Und das Opfer kann doch dem „lieben" Papi, Onkel oder Großvater nichts abschlagen. Außerdem „ist er doch so lieb und bringt mir Schokolade mit". Doch Kindern wird sofort bewusst, dass bei diesen sexuellen Handhabungen irgendetwas nicht stimmt, denn alles muss geheim gehalten werden. Das Kind darf nichts weitersagen, denn sonst wird Mama „böse" oder, wie wir es in einem Fall in diesem Buch schon gelesen haben, „wenn du Mutter was sagst, dann brichst du ihr das Herz. Du wärest dann schuld an ihrem Tod". (Fall 18) Das Kind wird also früh in Geheimnisse verstrickt und darf nicht mehr offen wie bisher über alles sprechen. Es gibt demnach Tabuthemen. Familiengeheimnisse nehmen meistens alle Familienmitglieder mit ins Grab. Selten dringt davon etwas nach außen. Eine Frau erzählte mir, dass sie nach vielen Jahren anlässlich des sechzigsten Geburtstags ihres Vaters im Elternhaus erschienen sei. Und als die versammelten Familienmitglieder die Gläser gehoben und auf den Gefeierten angestoßen hatten, stand sie auf und sagte laut: „Dem ihr alle jetzt zuprostet, hat mich als Mädchen über viele Jahre hin sexuell missbraucht." Dann verließ sie die erschrocken, verstört und verlegen dreinschauende Familienrunde.

Selbst bei anonymen Demoskopien weigern sich Befragte über Intrafamiliäres dieser Art auszusagen. Und Prof. Brian Weiss schätzt, dass jedes dritte Mädchen und jeder fünfte Junge als Kind (in den Vereinigten Staaten) im heutigen Leben sexuell missbraucht worden ist.[78]

Tina (Fall 31) ist von ihrem dritten bis zu ihrem dreizehnten Lebensjahr von ihrem *Großvater* missbraucht worden. Und wenn sie ihn nicht wie üblich oral befriedigen wollte, schüchterte er sie mit der Drohung ein, dass er sie dann in ein Heim schicken würde. Doch zeigte er sich von seiner wohl wollendsten Seite, wenn sie seinem Verlangen jeweils, ohne erst drohen zu müssen, nachkam, indem er ihr Gefälligkeiten in Form von Geschenken oder anderen Nettigkeiten erwies. Die Großmutter zog sich immer zurück, um ja nichts zu wissen, dabei wusste sie sicherlich genug, hatte doch ihr Mann schon mit ihrer beider Töchter ein Gleiches ausgeführt. Erst mit dreizehn fühlte Tina sich stark genug, sich ihm zu widersetzen. Sie hatte einen ihr ganzes weiteres Leben einwirkenden Ekel vor Samen behalten und ließ sich auch späterhin wegen ihrer unverarbeiteten Inzestvergangenheit therapeutisch behandeln. Doch in der Rückführungstherapie stellte sich heraus, dass sie in einem früheren Leben im antiken Rom ebenfalls junge Mädchen zur Fellatio gezwungen hatte. Hätte Tina sich nicht schon mit ihrem Großvater durch ihre spirituelle Entwicklung ausgesöhnt und ihm vergeben können, so hätte diese in der Rückführungstherapie nochmals erfolgte Vergebung sicherlich eine Aussöhnung bewirkt. Doch die meisten Inzest- und Missbrauchsgeschädigten tragen lebenslang einen Groll gegen den jeweiligen Missbraucher mit sich herum. Die Rückführungstherapie ist zugleich Beichte, Aufdeckung und Erlösung eines mitgeschleppten Traumas samt allen begleitenden Schuldgefühlen.

Larissa lebt mit ihrem älteren Mann in einer sexfremden Ehegemeinschaft. Sie hasst Sex, denn dieser sei nur etwas für Huren. Und wie wir erfahren haben, war sie in einem früheren Leben eine ebensolche, was wiederum die Erfahrung unterstreicht, dass man das, was man am energischsten von sich weist, mit sich selbst – meist aus früherem Leben stammend! – zu verarbeiten hat. Man versteckt durch solch abweisendes Verhalten seine eigenen Schuldgefühle. Und indem man andere wegen dergleichen verurteilt, verurteilt man sein eigenes früheres Verhalten. *(So sind auch manchmal die eifrigsten Naziverfolger diejenigen, die im vorausgegangenen Leben schuldig gewordene Nazis gewesen waren. Excuse me for digression.)* In eben jenem Leben als Prostituierte lebte sie anschließend mit ihrem Bruder im Inzest und steckte ihn mit der Syphilis an. In einem längst verflossenen Leben in Ägypten war sie ein Schwarzmagier, der viele Kinder missbrauchte und dann tötete. Dieses Täterleben erforderte viele Ausgleichsleben, und auch ihr heutiges Leben dient noch als ein solches. Gegen Ende des neunzehnten Jahrhunderts wird sie nach dem Tod ihres Vaters von dessen Bruder, der auch eine sexuelle Beziehung mit ihrer Mutter eingegangen ist, von ihrem siebten Lebensjahr an missbraucht. Der ausgleichende Missbrauch für in früherem Leben an Kindern durchgeführten Missbrauch kann also von Fremden oder von Familienmitgliedern vollzogen werden. Und das Opfer muss Widerwillen, Scham, Angst und manchmal auch Schmerzen dabei empfinden, hat es doch jenen damals missbrauchten Kindern ebenfalls angstbereitendes und leidvolles Geschehen beim Missbrauch zugefügt.

Interessant ist es, die Gründe herauszufinden, warum ein Vater seine Tochter missbraucht.

Bei Valentina (Fall 10) stellte es sich heraus, dass sie im früheren Leben eine Prostituierte in Mexiko war, die einem Freier, der nicht zahlen wollte, einen Aschenbecher derart an den Kopf warf, dass dieser tot umfiel. Im Jenseits trifft sie diesen Freier wieder, der ihr keine üblen Gedanken nachträgt, vielmehr sagt: „Macht ja nichts!" Anscheinend hatte sich Valentina mit ihm im Jenseits abgesprochen, seine heutige Tochter zu werden, um an ihm alles wieder gutzumachen. Und tatsächlich ist der frühere Freier ihr jetziger *Vater*. Und was macht er mit seiner Tochter? Er behandelt sie in „alter" Manier wie eine Hure, lässt die Achtjährige sich gegen den Eisschrank lehnen, zieht ihr Höschen herunter, holt seinen Penis hervor. Doch ihr gelingt es im Gegensatz zu ihrer Schwester, immer wieder zu entkommen. In einem früheren Leben war sie ein römischer Sklavenhändler, der viele Jungen, Mädchen und Frauen, die durch seine Hände gingen, missbrauchte. Und in einigen Leben erfuhr die Seele von Valentina schon einen Ausgleich. Darunter befand sich außer diesem Leben als Prostituierte in Mexiko ein Leben als Junge in Frankreich, der in die Hände von Vagabunden fiel, die ihn sadistisch quälten und sexuell missbrauchten. Zu Hause fand er für das Geschehen kein Gehör. Späterhin bekam er keine Erektion bei Frauen und arbeitete als Stricher, obwohl er sich samt seiner Tätigkeit verabscheute. Doch liebte Valentina ihren heutigen Vater überhaupt nicht, vielmehr schlug dessen Betragen ihr und der Schwester gegenüber in Hass um, sodass sie zu Jesus betete, ihren dem Trunk ergebenen Erzeuger „krepieren" zu lassen. Doch er hatte wiederum durch die Angst, die er Valentina bereitete, etwas von ihrem karmischen Ausgleich bewirkt. Auch, wenn wir uns erinnern, litt sie unter grässlichen Menstruationsbeschwerden, die ein typisches Relikt von sexueller Schuld aus dem Täterleben und erlittenen Opferleben sind. Nachdem wir diese aufgelöst hatten, waren seitdem diese Schmerzen wie Zauberei verschwunden. Und ich hoffe, dass ich noch viele Zauberer ausbilden kann. Denn das Zaubern ist ganz leicht. Man muss nur wissen, wie man dabei vorzugehen hat. Doch es handelt sich dabei nicht um Tricks, sondern um das richtige Know-how.

Jacqueline (Fall 12) war in ihrem früheren Leben ein neunjähriges Mädchen namens Katinka, die ein heimliches inzestuöses Verhältnis mit ihrem *Vater* hatte, das von der Mutter zwei Jahre später aufgedeckt wurde. Voller Schuldgefühle läuft sie aus dem Haus und läuft gezielt in ein Auto hinein. Im Jenseits begegnet sie ihrem Vater wieder, der sich, ebenfalls von Schuldgefühlen getrieben, nach ihrem Tod erhängt hatte. Und beide haben sich für dieses Leben wieder verabredet, miteinander im heutigen Leben in Freundschaft verbunden zu sein, eine Freundschaft, die zwei Jahre andauerte. Doch Jacqueline entwickelte im heutigen Leben typische Symptome, die sich oft als Nachwirkungen von Missbrauchsgeschädigten einreihen: Anorexie, Orgasmusstörung, sexuelle Apathie, Depression, Minderwertigkeitskomplexe, Unterleibsschmerzen, Vaginismus, Selbsthass, Selbstdestruktivität, Beziehungsstörungen und viele Ängste wie auch ihre Angst vor Männern, geht sie doch schon seit langem allen Männerannäherungen aus dem Wege. Und diese Symptome stammen nicht allein aus diesem Leben, sondern sind neben den Schuldgefühlen Relikte aus verschiedenen früheren Leben. Zur Erinnerung nochmals: Wir sind in unserem jetzigen geistigen, seelischen und oft auch körperlichen Zustand die Summe unserer inneren und äußeren Erfahrungen. Und diese Aussage können wir immer wieder in der Rückführungstherapie nachweisen. Selbst Muttermale am Körper sind eine deutliche Landkarte für frühere Verwundungen. Und die Flecken in und an der Seele können, wenn sie aufdeckt worden sind, ebenfalls wie eine Seelenlandkarte gelesen werden.

Der bekannte Rückführungstherapeut und Autor *Roger Woolger* schildert den Fall einer seiner Klientinnen namens Yvonne. Sie musste schon als kleines Kind ihren Vater oral befriedigen. Als sie das mit elf Jahren der Mutter erzählte, glaubte diese ihr nicht. Und der perverse *Vater*, von der Mutter zur Rede gestellt, schlug auf das Mädchen ein und erklärte, dass sie lüge. Mit vierzehn wurde sie von zwei Männern und einer Frau unter Drogen gesetzt, angebunden und zum oralen Sex gezwungen. Als Herangewachsene geriet sie in Drogenabhängigkeit. Ihr Sexualleben ist unerquicklich, und immer fühlt sie beim Sex, als ob ihr Hals eingeschnürt sei. In einem Täterleben erlebt sie sich als einen Seeräuber, der ungeheure Grausamkeiten besonders mit Frauen durchgeführt hatte. Auch unterhielt er mit dem ihm untergebenen Kapitän ein sexuelles Verhältnis, indem er ihn zwang, ihn oral zu befriedigen, bis er seiner überdrüssig wurde und ihn umbrachte. Späterhin gibt er sich als „Engelmacher“ aus, indem er Frauen bei Abtreibungen zur Seite steht und es genießt, werdendes Leben zu zerstören. In der darauffolgenden Existenz wird Yvonne eine Nonne, die von marodierenden Soldaten vergewaltigt und sexuell gequält wird, bevor man ihr die Brüste abschneidet und die Vagina verstümmelt. Yvonne erkennt nach dem Wiedererleben ihrer früheren Existenzen, dass sie diese heutigen Leiden eingeladen hatte, um ihre Schuld aus jenem Täterleben auszugleichen.[79]

Dies ist eine wichtige Feststellung für eine neue Psychologie, welche ich *Meta-Psychologie* nennen möchte, die sich aus der Rückführungstherapie ergibt. Wir haben unsere persönlichen Lebensschicksale selbst ausgesucht! Und auch unser geschlechtliches Verhalten samt der Libidozuteilung ist nicht nur das Resultat unserer früheren seelischen Verhaltensweisen, sondern es ist in ihren Auswirkungen von uns im Jenseits meistens genau geplant oder zumindest gutgeheißen worden. Denn uns liegt im Erdenleben vor allem daran, in dieser Schule zu lernen und weiterhin durch Erfahrung in der Liebe zu wachsen. Und frühere Fehler, die sich aus Fehlverhalten in der Liebe ergeben haben, müssen durch die gegenteiligen Erfahrungen ausgeglichen werden. Sie, verehrte Leserin und verehrter Leser, werden sagen, dass ich das schon einige Male so oder ähnlich formuliert habe. Doch manchmal ist es wichtig, um etwas ganz klar darzustellen, dass man es immer wieder durch Wiederholungen neu formuliert. Denn dieses Buch, wenn man so will, ist ja auch ein Lehrbuch in der Schule des Lebens und dient dem Verstehen menschlichen Verhaltens, damit wir mehr Verständnis, Toleranz und Liebe füreinander entwickeln.

Dagmar (Fall 32) ist direkt in ein inzestuöses Nest hineingefallen. Denn nicht nur der Vater versucht sich an ihr, sonder auch ihre drei *Brüder*, wobei der um sieben Jahre ältere und zugleich älteste Bruder mit ihr, der damals Achtjährigen, ein richtiges Kopulationsverhältnis beginnt, das sich über einige Jahre, bis sie ihren ersten Freund hat, hinzieht. Und ihrer aller Mutter, als sie von diesem geschwisterlichen Inzestverhalten erfuhr, gab auch noch ihrer Tochter die Alleinschuld an diesen Vorkommnissen, die natürlich strengstes Familiengeheimnis blieben.

Dagmar gibt zu, trotz aller Schuldgefühle und auch Gefühle der Unreinheit manches Mal diese Kopulationen mit dem ältesten Bruder und das Petting mit dem Zweitältesten auch voll genossen zu haben. Und der Vater, als er von den Ausschreitungen seiner Söhne erfährt, bereut wohl, nicht doch aufs Ganze gegangen zu sein, denn späterhin, als seine Frau verstorben und Dagmar geschieden war, versuchte er sich ihr wieder zu nähern in der vergeblichen Hoffnung, in ihr die verlorene Ehefrau ersetzt zu finden. Und in der Rückführung stellte es sich heraus, dass der älteste Bruder ihr früherer Ehemann war, dem sie die perfekte Geliebte vorspielte, während sie hinter seinem Rücken mehrere sexuelle

Verhältnisse mit Hausangestellten einging und auch mit ihrer Kammerzofe ein langjähriges sexuelles Intimgeheimnis pflegte. Und die Seele dieser Kammerzofe befindet sich heute in dem Körper ihres zweitältesten Bruders. Wenn diese intrafamiliären Intimverhältnisse im Spiegel der früheren Leben erkannt werden, könnte man dann nicht verstehen, dass solche Seelen, die schon im früheren Leben in Liebe, Leidenschaft und Sexualität miteinander verstrickt waren, wie Magneten auch in diesem Leben aufeinander zugehen und alte Gefühle und unbewusste Erinnerungen wieder aufleben lassen wollen? Das Pech für solche Seelen, die sich in Familienbanden wiedergeboren finden, besteht darin, dass sie nun von Tabuzonen der Konvention und sittlichen Moral eingegrenzt sind. Und jede aufgedeckte Überschreitung dieser Gesetze bedeutet Bestrafung. Man stelle sich vor, dass Inzest in einer Gesellschaft etwas ganz Normales wäre. Dann würden zwar viele Schuldgefühle weniger entstehen, aber die Möglichkeit, durch das Beziehungsknüpfen zu ganz anders gearteten Menschen zu werden, würde reduziert sein. Gefühls- und Erfahrungserweiterungen stagnierten. Und eine Inzucht könnte sich bei Erbkrankheiten besonders gravierend auswirken. Aus diesem Grund sind wohl von „oben" durch Moralgesetzgeber, wie *Mose* einer war, diese intrafamiliären Tabus als Gesetz erhoben worden. Und der Inzest eignet sich bestens, um durch Schuldgefühle zwischenmenschliches Leid zu erzeugen, das wiederum im Karmakarusell zur seelischen Entwicklung beiträgt. Denn der Mensch muss lernen, die göttlichen Gesetze zu respektieren. Dies ist der eigentliche Sinn der Verführung Adams durch Eva. Und wer gegen die göttlichen Gesetze verstößt, wird aus dem Paradies verwiesen. Denn das erste göttliche Gesetz heißt: Wer gegen die Liebe handelt, der wird in gleicher Weise lieblos behandelt werden. Und ein anderes könnte heißen: Wer einen Minderjährigen oder eine Minderjährige zum Inzest verführt, muss durch einen Missbrauch ebenfalls verführt werden. Dieser Ausgleich kann zwar lange auf sich warten lassen, aber in irgendeinem Leben hat er zu erfolgen.

Schon mit eineinhalb Jahren wurde Roger (Fall 21) von seinem *Großonkel*, einem ausgemachten Pädophilen, der allerdings auch schon mit seiner Mutter ein Verhältnis unterhielt, nackt auf dessen Schoß gesetzt. Er bekam zwar noch mit, wie jener seinen Penis in den After zwängte, konnte sich aber danach nicht an Einzelheiten erinnern, war er doch wahrscheinlich von diesem weiteren sicherlich schmerzlichen Erlebnis befreit, indem seine Seele für kurze Zeit aus seinem Körper genommen worden war. Diese Vermutung erhärtet sich, als er sich daran erinnert, schon mit drei Jahren von seinem Bruder und dessen Freund sexuell missbraucht worden zu sein. Denn plötzlich hatte er ein außerkörperliches Erlebnis (Out of Body). Er schwebte auf einmal als kleiner Engel über seinem Wohnort und begegnete anderen Engeln. All diese Phänomene müssen noch durch Forschungen mittels Trancerückführungen untersucht und dokumentiert werden.

Prof. Brian Weiss berichtet von einer übergewichtigen Klientin namens Laura, die ein gebrochenes Verhältnis zu ihren Eltern, besonders zu ihrem Vater hat und daher diese beiden kaum besucht. In der Rückführung in ihre heutige Kindheit entdeckt sie, dass sie sowohl von ihrem Vater als auch von ihrem Onkel missbraucht wurde. Beide ließen sich von dem kleinen Mädchen oral befriedigen. In früheren Leben kam sie mit der Seele ihres heutigen

Vaters öfter zusammen, und in einem verurteilte er sie, als Hexe verbrannt zu werden. Doch der Autor schreibt, dass dort, wo man schon früher gegen eine Person verstoßen hat, es einem leichter fällt, auch in diesem Leben wieder als Missbraucher aufzutreten und Tabus wie den Inzest zu brechen.[80] Eventuell ist im Unterbewussten dieses Vaters die Gewissheit verankert, dass ihm damals keinerlei Strafe folgte, als er sie missbrauchte, und ihm deshalb auch in diesem Leben nichts geschehen wird, was ihn verstärkt dazu ermuntert, mit derselben Seele inzestuös vorzugehen. Dies sind sicherlich nur Ausnahmeerscheinungen. Denn im Allgemeinen wird der damalige Vergewaltiger Reue für seine Missetaten gespürt haben und wird sich daher diese Person als Tochter wieder aussuchen, um seine Vergehen an ihr durch besondere Herzensliebe auszugleichen. Oder hatten gar Lauras Vater und ihr Onkel sich ihr zur Verfügung gestellt, um noch ausstehendes Karma auszugleichen? Man müsste also bei Laura nochmals in einer Trancerückführung nachforschen.

Noch häufiger als mit Vätern oder Brüdern kommt der Inzest mit Stiefvätern vor. Nicole (Fall 30) gesteht, mit ihrem kriegsinvaliden *Stiefvater* vom dreizehnten bis zum siebzehnten Lebensjahr ein ausgiebiges Intimverhältnis gehabt zu haben, wobei alle sexuellen Spielarten ausprobiert worden waren. Und, wie sie aussagt, genoss sie trotz aller Schuldgefühle der Mutter gegenüber diesen sexuellen Umgang. Denn sie erlebte Dinge, von denen ihre Schuldkameradinnen nur träumten. Dieser Inzest fand meistens dann statt, wenn sie aus der Schule mittags zurückgekehrt war und die Mutter sich bis zum späten Nachmittag auf ihrer Arbeitsstelle befand, sodass sie nie eine Ahnung hatte, was ihr geliebter Ehemann mit ihrer Tochter trieb. In einem Leben fünfzig Jahre zuvor war die Seele von Nicole in dem Körper eines Medizinalprofessors gewesen. Die Umstände wollten es, dass sein Kollege und Mitbewerber einer hohen Planstelle einen Unfall hatte, wobei das überfahrene Bein amputiert werden müsste. Doch der Professor sah von einer Operation ab in der heimlichen Gewissheit, den Kollegen sterben zu lassen, damit er dessen Konkurrenz bei der bevorstehenden Entscheidung für die Planstelle nicht zu fürchten brauchte. Späterhin überkommt ihn große Reue, und seine Programmierung lautet: „Ich will nie wieder so hässlich sein." Und dieser wiedergeborene Konkurrent ist Nicoles heutiger Stiefvater, der eine Prothese genau an jenem Bein trägt, welches im damaligen Leben hätte amputiert werden müssen. Und Nicole hat sich für dieses Leben vorgenommen, an ihm alles wieder gutzumachen und ihm ganz zu Diensten zu sein und, wie wir gesehen haben, auch in sexueller Hinsicht. Wer will nun, nachdem die reinkarnationsbedingten Umstände offen gelegt sind, die zu diesem Inzest führten, ein verdammendes Urteil über beide sprechen? Vor allem über Nicole, die aus Wiedergutmachungsgründen und in Liebe sich dem Stiefvater hingab? Wie werden sich in Zukunft Richter bei der Urteilsfindung verhalten, wenn vorher die tieferen Verflechtungen hinsichtlich inzestuösen Missbrauchs offen gelegt worden sind? Mit der Akzeptanz der Reinkarnation und der Rückführungstherapie wird das Denken und das Handeln der Menschheit vollkommen revolutioniert.

Barbara (Fall 15) war sich bis zu ihrer Rückführung bei mir sicher, von ihrem *Vater* in der Kindheit missbraucht worden zu sein, auch wenn ihr keinerlei Erinnerung daran mehr möglich ist. Aber sie hat ein „sicheres" Gefühl, dass dem so sein muss, hatte man doch in der Therapie sie sicherlich auf solch einen paternalen Missbrauch hingewiesen, da sie viele Symptome zeigte, die sich nach solchem Missbrauch einzustellen pflegten. In der Rückführung stellt sich dann heraus, dass ihr heutiger Vater ein Mann aus ihrem früheren Leben als keltische Priesterin war, der sie vergewaltigte. Nicht hat ihr Vater sie im heutigen Leben missbraucht, sondern im früheren Leben hatte er sie vergewaltigt. Und da sich Seelen, wie wir sagten, an einer spezifischen Schwingung immer wiedererkennen, hat sie auch beim Vater dieses „sichere" Gefühl gehabt, dass er sie missbraucht haben könnte. Die Gefühle sind oft richtig, doch sie beziehen sich in vielen Fällen auf vormals Erlebtes. Diese Erkenntnisse sollten von nun ab auch in der Psychotherapie beherzigt werden.

Um sexuellen Störungen bei einer Frau auf die Spur zu kommen, versuchen Therapeuten die Gründe in psychologischer Kleinarbeit aufzufinden ähnlich wie in der Psychoanalyse. Man nimmt oft für ihre Störungen *a priori* einen vorgefallenen Missbrauch in der Kindheit an, wenn sich die Klientin, die offenbar einem Verdrängungsmuster aufsitzt, an keinerlei Vergewaltigung zurückerinnern kann. Man bedrängt sie immer wieder mit der Frage: „Schau nach, ob dich in der Kindheit irgendwer unsittlich angefasst hat." Entweder, um diesem beständigen Bohren nachzugeben, sagt sie ja und erfindet eine „Story" oder aber, was viel häufiger sein dürfte, die Betreffende bekommt bei dem Stichwort *„Vater"* ein inneres Bild oder vielmehr ein bestimmtes Gefühl im Zusammenhang mit diesem. Und schon scheint die Lösung für das Problem gefunden zu sein. Die weiteren Gespräche kreisen jetzt um dieses Thema, denn es steht nun ganz fest, dass der Vater an der Klientin einen Missbrauch vorgenommen hat, welcher sich als Ursache aller weiteren psychischen und psychosexuellen Störungen erweist. Jetzt, nachdem sie überzeugt worden ist, dass es sich um reale Zusammenhänge handelt, wendet sie sich von ihrem Vater ab, kommt auch nicht wie üblich zu Weihnachten nach Hause. Ihr innerer Groll wächst nun gegen ihren Erzeuger, der eventuell gar nicht weiß, warum sich seine Tochter auf einmal von ihm abwendet. Am Telefon sie nun deswegen befragend, wirft sie ihm vor: „Du hast mich als kleines Mädchen missbraucht. Du bist ein Schwein. Ich will nie wieder von dir etwas hören."

Ein ebensolcher Vater, dem seine Tochter dieses vorgeworfen hatte, war bei mir in der Therapie. Er beschwört mir in erschütternden Worten, nie auch nur einen Gedanken dieser Art gehabt zu haben. Eventuell ist er beim Waschen seiner Tochter in der Badewanne einmal mit dem Schwamm zwischen ihre Beine gefahren. Aber sonst könnte wirklich nichts passiert sein.

Was war aber in der Tochter möglicherweise wie eine Ahnung innerlich aufgestiegen? Eventuell war ihr heutiger Vater im früheren Leben ihr Vergewaltiger gewesen, oder, was oft noch wahrscheinlicher sein könnte, war es ein anderer Vergewaltiger, der schwingungsmäßig oder äußerlich Ähnlichkeiten mit ihrem heutigen Vater hatte, weshalb sich bei diesem *Erinnerungs-„Flash"* sein Bild aufdrängte. Dieser Vater, der bei mir war, hatte seine Tochter geliebt, sie war sein Lieblingskind. Sie konnte mit allen Sorgen zu ihm kommen. Er war für sie immer da. Nun nach ihrer Therapie hatte sich ihr Lieblingsmensch auf einmal in ein Ungeheuer verwandelt. Diese an ihr durchgeführte Therapie hat also die Frau nicht allein in tiefere Abgründe des Hasses gestürzt, sondern auch noch den Vater in unergründliches Leid mit hineingerissen. Somit hat das Ausgangsproblem „sexuelle Störung" noch zusätzliche Probleme für sie und den Vater geschaffen. Und hier müssen wir leider von einer Therapie sprechen, die manchmal problemvermehrend vorgehen kann.

Sollte der Therapeut aber mit der Rückführungsmethode arbeiten wollen, hätte er die Klientin mittels Trance zu den wirklichen Ursachen ihrer sexuellen Störungen geführt und meistens sehr schnell in früheren Leben dann feststellen können, ob der heutige Vater seine heutige Tochter damals sexuell genötigt hatte. Auch kann man die Klientin in der Rückführung das Höhere Selbst befragen lassen, ob ihr heutiger Vater ihr in ihrer jetzigen Kindheit sexuellen Schaden zugefügt hat. Wenn dieses der Fall sein sollte und die vorgefallene Situation wiederaufgedeckt und dementsprechend durch weitere Ursachenaufdeckungen in früheren Leben bis in das Täterleben hinein aufgelöst wird, wird sie dem heutigen Vater in der Therapie auch den goldenen Kelch der Vergebung reichen können, wodurch eine neue harmonische Beziehung zwischen beiden wiederhergestellt werden kann.

Aber es gibt keine Zufälle, warum die Klientin sich zum Beispiel einen Psychoanalytiker für die Behandlung ihres sexuellen Problems aussucht. Eventuell soll sie sich noch lange mit diesem Problem auseinander setzen. Und es ist auch kein Zufall, dass Sie, verehrte(r) Leser(in), gerade dieses Buch lesen. Und für einen Patienten ist aus karmischer Sicht das Resultat seiner therapeutischen positiven oder negativen Behandlung immer richtig, ganz egal durch wen oder wie dieses herbeigeführt worden ist.

C. Lechmann fasst zusammen, welche Nachwirkungen der Missbrauch bei Opfern hinterlässt. Neben Ekel vor Samen haben sie auch oft ein abweisendes Verhalten gegenüber Sexualität. Dieses kommt daher, dass sie durch die Aktivierung von sexuellem Geschehen nicht wieder an den Missbrauch erinnert werden wollen. Im sexuellen Bereich können sich zudem Anorexia nervosa, Bulimie, Unterleibsschmerzen, Vaginismus, sexuelle Apathie, Depression, Minderwertigkeitskomplexe, Alpträume, Schlafstörungen, Suchtmittelmissbrauch, Selbsthass, Selbstdestruktivität, Beziehungsstörungen, Tendenz zur Reviktimisierung, Borderlinesymptome, multiple Persönlichkeitsstörungen, Beziehungsschwierigkeiten und viele Ängste, auch vor Männern oder Frauen, einstellen. Von 372 Missbrauchsopfern hatten laut ihren Aussagen 58 Prozent multiple sexuelle Dysfunktionen besonders in ihrem Lustempfinden, und 71 Prozent von ihnen führten dies auf den in Kindheit oder Jugend erlebten Missbrauch zurück. Außerdem wird festgestellt, dass inzestuös missbrauchte Frauen auch späterhin oft von anderen Männern vergewaltigt worden sind und oft auch in der Prostitution landeten.[81] Dies ist kein Wunder. Denn den Vergewaltigten liegt oft die im Jenseits getroffene freiwillige Absicht zugrunde, das, was man anderen einst zugefügt hat, nun selbst an sich zu erleben. Oft verteilt man diese Ausgleichsgeschehen über mehrere Leben. Jedoch ganz Ehrgeizige wollen es in einem einzigen Leben ausgleichen. Also sucht man sich dazu die Umstände vor Eintritt in den Bauch der Mutter aus. Der Vater, der solchen Inzest bereit ist zu begehen, ist also mit Vorbedacht ausgewählt worden. Und auch die anderen zukünftigen Begegnungen mit Vergewaltigern wie ebenfalls die späterhin sich anschließende hauptberufliche Beschäftigung als Prostituierte hat man sich schon vor der Inkarnation ausgesucht. Manchmal hat sich der Vater im Jenseits schon freiwillig für diesen Inzest an der Tochter zur Verfügung gestellt, womit er frei von karmischer Verstrickung bleibt, hat er doch diese Entscheidung aus Liebe zu seiner Tochter getroffen. Dennoch will er gleichzeitig karmisch mit dieser Tat etwas auflösen. Zum Beispiel könnte seine Frau davon erfahren haben, wodurch sich nun ein Ehezwist ergibt, der als Aufgabe beizulegen wäre. Die Verstrickungsmuster sind also mannigfach. Doch könnte es auch ganz anders sein. Der Vater muss wiederum getestet werden, ob er nicht wieder wie in einem früheren Leben rückfällig wird, in welchem er ein inzestuöses Verhältnis mit der Tochter hatte. Sie könnte sich jetzt im Jenseits dafür bereiterklärt haben, ihn als seine Tochter wieder auf die Probe zu stellen. So er wieder rückfällig werden würde, hatte sie diese Umstände von vornherein mit in Kauf genommen. Jede Verführungsmöglichkeit von etwas Verbotenem ist zugleich ein Test, wie der damit Herausgeforderte umgeht. Es ist auch in Amerika nachgewiesen worden, dass die meisten Missbraucher ihrer reiferen Töchter unbescholtene und respektierte Väter sind, die sich bemerkenswerterweise häufig als eifrige Mitglieder religiöser Kirchengemeinschaften erweisen.[82] Dies deutet bei ihnen auch auf ein Wiedergutmachungssyndrom hin – sicherlich für schlimme Taten in ihrer Vorvergangenheit. Doch in den meisten Fällen wird eine Seele, die weiß, dass sie durch Inzest missbraucht und vergewaltigt werden will, in eine ihr neue Familie hineingeboren werden, in welcher sich ein Vater befindet, der inzestuös prädestiniert ist. Denn dieser wird sich, obwohl er der Tochter dann dabei behilflich ist, sich ihres Karmas zu entledigen, selbst wieder Karma aufladen, das er in späteren Leben ebenfalls durch an ihn begangenen Inzest aufzulösen hat. Die vielen Verstrickungen solcher Inzestzusammenhänge in Verbindung mit den früheren Leben wird noch eine spätere Forschung detailliert entschlüsseln können, und zwar nicht durch Theoretisieren, sondern durch faktisches Erschließen anhand vieler aufgeklärter Fälle durch die Rückführungstherapie.

Die Frage bleibt: Soll man einen Vater, der seine Tochter sexuell missbraucht, dafür bestrafen, erfüllt er doch an ihr womöglich nur ihren karmischen Ausgleich? Oder soll man sein Vorgehen ignorieren? Hierauf kann ich nur Folgendes sagen: Der überführte Vater muss bestraft werden, und zwar nicht nur aus weltlicher moralischer Sicht, sondern deswegen, weil er sich ja „versündigen" muss, um dadurch wiederum in einem späteren Leben ebenfalls einen inzestuösen Ausgleich zu erleben. Er muss nach weltlicher Gerichtsbarkeit bestraft werden, denn darum ist er ja in die Versuchung, seine Tochter zu verführen, geleitet worden. Er soll ja – so die höhere Intention – bestraft werden und sich schuldig fühlen. Denn dadurch wird er – wieder im Jenseits angekommen – von selbst motiviert werden, ein gleiches Maß an Lieblosigkeit an sich selbst erfahren zu wollen. Jede erfahrene Lieblosigkeit fördert die Sehnsucht nach Liebe. Dies ist der eigentliche Sinn des ganzen großen Spiels von Karma und Reinkarnation.

Im Grunde betreiben wir Menschen alle Inzest, denn wir kommen in Partnerschaften und sexuellen Begegnungen mit anderen zusammen, die im früheren Leben eventuell unser Sohn, unsere Tochter, unser Vater, unsere Mutter, Großvater, Großmutter, Enkel, Kusine, Vetter, Nichte, Schwager, Schwägerin u.s.w. gewesen waren. Man könnte sogar sagen, dass die Seele an sich in ihren zu durchwandernden Leben inzestuös veranlagt ist, gehören doch meist die ihr als Intimpersonen begegnenden Seelen ihrer jenseitigen Familie an.

Dr. Barbara Sinor schickte 355 Fragebögen an Inzestopfer, wovon 40 Prozent beantwortet wurden. Aus diesen Antworten ergibt sich, dass die gewöhnlichen psychotherapeutischen Hilfen ihnen am wenigsten gebracht hatten, während holistische, multidimensionale Behandlungen einschließlich der Rückführungstherapie ihnen am meisten geholfen haben.[83] Auch *Prof. Brian Weiss* empfiehlt bei sexuellem Missbrauch die Rückführungstherapie, da diese für den Heilungsprozess von großer Wichtigkeit sein kann, „denn für viele überlebende Erwachsene bietet diese Methode einen schnellen und sicheren Weg, dieses Erlebnis aufzudecken und sich davon zu lösen. ... Die Behandlung sexuellen Missbrauchs durch die Rückführungstherapie, so sie von einem ausgebildeten Therapeuten durchgeführt wird, stellt keinerlei Gefahr dar.“[84]

Ich bin bereit, eine Wette einzugehen, dass man 50 Prozent aller Frauen, die unter dem Inzest oder einem sonstigen vorgefallenen Missbrauch in Kindheit oder Jugend noch immer zu leiden haben, mit einer einzigen (!) gelungenen Rückführungstherapie von allen diesbezüglichen Ängsten und Nachwirkungen befreien kann. Denn wenn die eigentlichen Ursachen dafür in der Rückführung aufgedeckt worden sind, dass die Opfer diesen Missbrauch selbst aus karmischen Gründen gewollt hatten und eventuell der Missbraucher, sei es der Vater, der Bruder oder ein Fremder, sich vorher im Jenseits dazu unter Absprache bereiterklärt hatte, diesen an dieser Person zu vollstrecken, um sie endlich von dem noch anstehenden Ausgleichskarma zu befreien, dann würde sich auf einmal ihre Wut auf den Missbraucher und auch die Wut auf sich selbst von allein auflösen. Aber, sehr geehrte Frau Therapeutin und sehr geehrter Herr Therapeut, so sie diese Zeilen lesen: Probieren geht über studieren! Was zögern Sie noch?

Sadomaso-Sexualität

Wenn also der Beweggrund für all unsere Handlungen das Streben nach Lust und das Vermeiden von Schmerz ist, wie *Alexander Lowen* meint, dann erscheint es unverständlich, dass jemand diesem Prinzip zuwider handelt und sich nach Lust durch Schmerz sehnt. *Sadomasochismus* bezeichnet das mit beidseitiger Zustimmung stattfindende Dominanz-Unterwerfungs-Prinzip einschließlich körperlicher oder seelischer Schmerzen. Vom Mann erwartet man in der bisherigen Gesellschaft die Dominanz und in sexueller Hinsicht ein Draufgängertum. Die Frau hingegen hat Abwartende zu sein und sich unterzuordnen. Beim Sadomasochismus haben sich diese Positionen zwischen Mann und Frau oft genau ins Gegenteil verkehrt. Es geht um Sex in Verbindung mit Gewaltanwendung. Wenn nun jener, der den Sadisten spielt, die Frau ist, und den gefesselten Masochisten, den Mann also, auspeitscht, dann mag dieser jeden Peitschenhieb als eine Befreiung auffassen, ja er mag die Peitschende noch anfeuern, mit vermehrten Hieben heftiger und häufiger zuzuschlagen. Denn er hat in früheren Leben ein Gleiches als Folterknecht oder bei anderen Gelegenheiten mit Frauen getan. Doch jene Untaten aus einem Täterleben sind bisher noch nicht oder noch nicht vollkommen ausgeglichen worden. Er sucht sich also aus *Selbstbestrafung* für seine ehemaligen Missetaten jemanden, der ihn nun dafür bestraft. Und keine andere Person ist dafür besser geeignet als eine Frau, eben eine, die zum gleichen Geschlecht gehört wie jene, die er vormals gezüchtigt, gequält, vergewaltigt hatte. Es wird selten vorkommen, dass er eine Frau findet, die genau die betreffende Seele ist, die er im früheren Leben auch gequält hatte. Und für jene Frau, die nun den Sadisten für den jetzt freudig Gequälten abgibt, mag es auch eine Befriedigung sein, den Mann als solchen zu schlagen, tauchen doch bei dieser Ausübung unbewusst wieder Gefühle aus diesem oder früheren Leben auf, in denen sie von Männern gequält worden war. Auch erniedrigende Worte sind für den Gepeitschten von Wichtigkeit. Er weiß ja, dass er für seine damaligen Taten ein „Wichser", ein „Schwein", ein „mieser Kerl" ‚ein „dreckiger Lump" war. Endlich wird er für seine damaligen Missetaten bestraft. Und jeder Peitschenschlag bedeutet für ihn als nachträgliche Bestrafung eine Erlösung aus dieser Schuldverhaftung. Und jede Befreiung von Schuld erzeugt ein angenehmes Gefühl der Freude, die sich eben auch in der Erektion des Penis bemerkbar macht mit eventuellem Orgasmus, vor allem, wenn bei den früheren ausgeübten Misshandlungen auch Vergewaltigungen eine Rolle spielten. Sadisten gibt es, wie *Paul H. Gebhard* darstellt[85], viel weniger als Masochisten, sodass dieser oft weite Wege zurückzulegen hat, um die richtige Domina oder die geeignete Person zu finden, die ihn züchtigt, und – wie ich nun hinzufüge – für seine ehemaligen Missetaten bestraft.

Und oft wechseln beim Sadomasochismus die Partner die Rollen, da beide sich nun gegenseitig für vergangene Übeltaten bestrafen wollen. Und jener, der die Rolle des Sadisten übernommen hat, mag in jene alten Lustgefühle wieder eintauchen, die er damals bei der Ausübung seiner Foltererdienste gehabt haben mochte. Umso mehr will er dann in der Rolle des Masochisten wieder bestraft werden. So entsteht zwischen beiden ein circulus vitiosus, der über Jahre mit zwischenzeitlichen Abständen anhalten kann.

Solch ein sadomasochistisches Verhältnis kann auch schon im Jenseits mit einer betreffenden Person abgemacht worden sein. Ist doch alles, wie wir schon sagten, ein vorher abgestecktes Spiel. Nur die Einzelheiten bleiben als Erlebnisvariationen offen.

Und Paul Gebhard stellt die Frage, warum der Sadomasochismus nur in unserer Zivilisation vorkommt und nicht – so es sich hierbei um ein allgemeines menschliches Phänomen handelt – auch bei den Polynesiern und den Indianern. Diese Frage kann sicherlich die Rückführungsforschung leicht beantworten. Diese Polynesier und Indianer waren eventuell nicht in früheren Inkarnationen in unseren „christlichen" Ländern beheimatet und haben somit keine derartigen Bestrafungsmechanismen nötig. Und die Quälereien der Indianer von feindlichen Gefangenen an Marterpfählen haben sicherlich nichts mit Sexualität zu tun gehabt.

Bei derjenigen Peson, welche die Rolle des *Sadisten* übernimmt, ist nicht auszuschließen, dass sie einen Besetzer in sich als Gast hat. *(Mehr über solche Besetzergäste können Sie später im Kapitel „Sexualität und Besessenheit" lesen.)* Ist sie eine Frau, mag sie eine erdgebundene Frau in sich haben, die Männer hasst und nun wirklich bereit ist, ihre Wut durch jene Sadistin an dem Machomann auszulassen. Somit wird sie kräftiger zuschlagen und den Mann – auch wenn er winseln und schreien sollte „Aufhören!" – noch weiterhin mit Schlägen traktieren. Eine Besetzerin bekommt also diejenige, die die peitschende Sadistin „spielt", in ihre Gewalt. Somit kann das Sadomasospiel kippen und für den Masochisten sehr blutiger Ernst werden. Doch umgekehrt kann es genauso sein, dass in einem männlichen Körper sich zusätzlich ein Besetzer niedergelassen hatte, der Frauen im Allgemeinen hasst und nun den Sadisten anspornt, besonders kräftig zuzuschlagen, ganz egal ob mit Peitsche oder auch mit Fäusten.

So weiß ich, dass eine meiner Klientinnen nach einem solchen Sadistenbesuch jeweils mit blauen Flecken am Morgen nach Hause kehrte. Doch selbst wenn dieser Sadist nachts bei ihr anrief und sagte, dass sie zu ihm kommen solle, kleidete sie sich schnell an und fuhr zu ihm. Der Drang, sich selbst für Taten aus früheren Leben noch nachträglich zu bestrafen, war wie ein Zwang, dem sie, nennen wir sie Ellen, machtlos ausgeliefert war. Denn in einem früheren Leben war sie in England eine verheiratete Frau, die mit dem verheirateten Schwager und Vater von zwei Kindern ein heimliches Liebesverhältnis eingegangen war. Als ihr Gatte das entdeckte, tötete er den Bruder, dessen Tod als Unfall dargestellt wurde. Doch Ellen offenbarte nun die eigentlichen Hintergründe und Umstände dieses Mordes ihrer Schwägerin, die nun wiederum ihr und ihrem Schwager bittere Vorwürfe machte, woraufhin dieser die Schwägerin, seine Frau und sich selbst erschoss. Ellen hatte als wiedergeborene ukrainische Jüdin einen grausamen Tod in der Gaskammer *(als Nachwirkung leidet sie heute unter Asthma)* erlebt. Doch im heutigen Leben begegnete sie jenem Mann wieder und verliebte sich in ihn, der vormals jener erschossene Schwager war, wobei ihre Liebe von damals wieder aufflackerte. Auch war sie seiner Seele schon in dem Leben als Jüdin wiederbegegnet, wo beide sich ebenfalls ewige Liebe versprochen hatten. Doch als dieser heutige Geliebte erfuhr, dass Ellen ihn mit einem anderen Mann betrogen hatte, führte er sie nachts auf den Friedhof, stellte Kerzen auf ein Grab – und erschoss sich vor ihren Augen. Wiederum fühlte sie sich wie damals in England für den Tod des Geliebten schuldig. Dies ist der Grund, warum sie dem Zwang nachkommen muss, sich bestrafen zu lassen, und zwar durch einen echten sexistischen Sadisten. Und ihre sexuelle Hingabe ist Dank an diesen Quäler, dass er sie nun so kräftig schlagend bestraft. Und – wie könnte es anders sein – sitzt sie nun einem Helfersyndrom auf, das wir auch als Wiedergutmachungssyndrom bezeichnen könnten.

Gordon Pruett ordnet das Leidenwollen einer unbewussten Schuld zu. „Die neurotischen Symptome des Patienten scheinen zu verschwinden, sobald er sich in eine Situation der Bestrafung begibt."[86] Die neurotischen Ängste lösen sich auf, wenn der Masochist endlich seine Strafe erhält. Denn das Bestraftseinwollen ist ja das Ziel seiner Erotik aufgrund von Schuldbewusstsein aus früheren Leben in Verbindung mit dem sexuell ausgerichteten Bestrafungsmechanismus.

In der *Ehe* können sich Partner finden, die für beide unbewusst das Masosado-Spiel ernsthaft betreiben. Er mag der Sadist sein, sie die Masochistin. Er mag sie beschimpfen, schlagen, missbrauchen – und sie bleibt trotzdem bei ihm, obwohl alle ihre Freundinnen sagen, dass sie sich von diesem Ekel scheiden lassen sollte. Und diese schütteln den Kopf und können ihre Entscheidung, sich weiterhin schlagen zu lassen, nicht verstehen. Auch hier unterliegt sie einem Bestrafungsmechanismus für etwas, das ihr unbewusst Schuldgefühle auflädt und sie sich für irgendetwas bestrafen lässt, für das sie keinerlei Erklärung hat. Und eventuell hat sie in ihrem Mann jenen Partner gefunden, dem sie in einem früheren Leben etwas Böses zu Leide angetan hat, vielleicht, indem sie ihn aus Eifersucht vergiftet hatte. Er bringt seinen ganzen Zorn von damals zu dieser Seele mit in das heutige Leben und kann nachträglich seine ganze Wut an ihr auslassen. Natürlich sitzt sie nicht nur einem Bestrafungsmechanismus aus jenem Leben auf, sondern unterliegt auch einem Wiedergutmachungszwang an ihrem Mann. Sie tut alles für ihn, und trotzdem kann seiner Meinung nach ihm nichts, was immer sie macht, genügen. Sie hat an allem etwas auszusetzen. Und obwohl er beim Sexualverkehr brutal zur Sache kommt und ihr auch dabei weh tut, erträgt sie alles geduldig und wird ihm jeden Wunsch erfüllen.

Es kann aber auch sein, dass sich eine Partnerschaft bildet, in welcher beide einem Bestrafungsmechanismus aus früheren Leben unterliegen. In diesem Fall werden sie sich möglicherweise gegenseitig schlimme Dinge verbal oder in handfester Weise antun.

Patricia (Fall 34) fühlt sich zu Macho-Männern hingezogen, besonders zu solchen, die „kalte“ Aggressivität ausstrahlen. Diese vermögen ihr den sexuellen „Kick“ zu geben. Eventuelle Schmerzen erhöhen ihre Lustbereitschaft. In ihren Gedanken lässt sie sich ans Bett fesseln, um diesen sexbesessenen Männern total ausgeliefert zu sein. Schon in ihrer Kindheit und dann in der Jugend zeigten sich masochistische Tendenzen, denn sie hatte den unwiderstehlichen Drang, ihre Eltern derart reizen zu müssen, dass sie diese ständig zu Schlägen herausforderte. *(In der heutigen Zeit ist das Schlagen von Kindern allgemein verboten. Gott sei Dank. Ich bekam noch mit dem Rohrstock vom Lehrer Tatzen auf die Finger. Doch wenn Kinder geschlagen werden wollen und keine Schläge bekommen, was müssen sie dann an Erfindungsreichtum in puncto Schadenverursachung und verwegenen Frechheiten aufbringen, um die Eltern derart zu reizen, dass sie trotz allen normalen Verbotseinhaltungen geschlagen oder anderweitig bestraft werden können?)* Patricia wurde in ihrem dem heutigen vorausgegangenen Leben von einem Priester mit fünf Jahren sexuell missbraucht. Und dieser Missbrauch wiederholte sich bis in ihr Erwachsenenalter hinein. Ja, sie empfand mit der Zeit, obwohl sie sich ihm immer zu entziehen suchte, bei diesem Penetrationsmissbrauch durch diesen „heiligen“ Mann Lustgefühle. Und ihr gefiel es, dass er ihr dabei auch Schmerzen bereitete, denn sie sah diese halbfreiwilligen geheimen Akte als eine Bestrafung an dafür, dass sie als kleines Mädchen ihren Bruder fallen gelassen hatte, wodurch dieser zu Tode kam. Auch schlug dieser „schadenfrohe“ Priester mit einer Peitsche auf ihren nackten Hintern. Sie suchte also einen Grund dafür, diesen Missbrauch, den sie duldete, vor ihrem Gewissen zu rechtfertigen. Und möglicherweise sah sie späterhin diesen Gottesmann als Gesandten Gottes an, der ihr durch diesen Missbrauch samt den dabei sadistisch empfangenen Schmerzen eine gerechte Strafe zuteil werden ließ. Das bei diesem Missbrauch empfundene Lustgefühl diente wiederum als Magnet, sich diesen gottgewollten Bestrafungen hinzugeben.

Erst in der Rückführung erfuhr sie, dass ihre Gefühle, für etwas bestraft zu werden, sich auf frühere Leben bezogen. Denn um 1400 war sie in England ein Folterknecht, der auch vor den Augen der voyeuristisch sich beteiligenden Männer minderjährige Knaben und Mädchen in sadistischster Weise quälte und sexuell missbrauchte. Somit erfuhr sie in jenem Leben durch diesen pädophilen Priester noch einen „Nachschlag" von diesem Ausgleichsgeschehen. Und auch im heutigen Leben mag sie es, wenn man sie im Bett fesselt und ihr Schmerzen bereitet. Alle ihre vielen Krankheiten hat sie sich durch ihre vielen Lieblosigkeiten in früheren Leben eingeladen, um als Bestrafung einzuwirken. Doch jetzt durch die Rückführungstherapie darf sie sich der Ursachen dieser vielen körperlichen und seelischen Leiden bewusst werden und sich von vielen davon zugleich verabschieden.

Im *Hite-Report* ist zu lesen, dass „eine große Anzahl von Männern aussagten, dass sie in ihrer Vergangenheit oder immer noch es gerne einmal erleben wollten, von einer aggressiven Frau beherrscht zu werden". Und einige drücken ihren Wunsch ganz eindeutig aus, indem sie gestehen: „Ich möchte gerne ihr Sklave sein."[87] Und wirklich könnten diese Menschen in früheren Leben Sklaven missbraucht, misshandelt oder vergewaltigt haben. Jetzt suchen sie den Ausgleich, um ebenfalls Sklave zu sein und sich unterjochen, demütigen, erniedrigen, schlagen und vergewaltigen zu lassen. Es handelt sich wiederum um die Sucht nach Bestrafung. Und die oft nur symbolisch erfolgte Bestrafung bewirkt seelische Erleichterung, die sich umsetzt in einen Befreiungsmechanismus, der sich wiederum in Schreien oder im Orgasmus ausdrückt. Jedes Loslassen von Schuld ist ein freudiges Empfinden.

Was Patricia sich erwünschte, bekommt Gino (Fall 35) durch eine freiwillige Domina in reichlichem Maße. Er darf seine in schwarze Lederunterwäsche drapierte Gina nicht anfassen, ist sie doch schon an eine andere feste Partnerschaft gebunden. Doch sie darf alles mit ihm machen gemäß seinem Wunsch, von ihr mit einer Peitsche auf seinen nackten Körper geschlagen zu werden, bis er einen selbstbewirkten oder durch sie bewirkten Orgasmus bekommen hat. Obwohl beide wie zwei Geschwister miteinander umgehen und keinerlei Küsse zwischen ihnen ausgetauscht werden, sind sie zwei Liebende aus einem früheren Leben, deren Liebe unerfüllt blieb. Er war in einem früheren Leben ein Bauer, der sich in eine schöne Bauerntochter namens Selma verliebte. Sie erwiderte seine Liebe, wollte aber auch schon vor der Verlobung mit ihm sexuelle Intimitäten austauschen. Als er aus einem ihm nicht verständlichen Grund ihrem Verlangen entsagte, zog sie sich von ihm abrupt zurück und heiratete einen anderen Verehrer, mit dem sie zeitlebens nie glücklich geworden war. Und sein eigenes Leben war in der Folge ein Leben als Hagestolz, in ewigen Selbstvorwürfen verstrickt, so dumm gewesen zu sein, sich diese Geliebte durch seine törichte Haltung entgehen gelassen zu haben. Nun kann man reinkarnationspsychologisch folgern, dass Gina ihn dafür bestraft, dass er damals, als sie ihn liebte und er sie haben konnte, nicht zugegriffen hatte, worauf sie einen ungeliebten Mann heiratete, während Gino seine damalige Tat bereut und sich für sein falsches Handeln bestraft sehen möchte, und zwar von eben derselben, welche er verschmäht hatte. Und Gino sagt, dass ihn nicht der zugefügte Schmerz erregt, sondern die Situation als solche, das heißt, der Akt der für ihn selbst herbeigesehnten

Bestrafung. Das Vorspiel zum Orgasmus wird zum Akt der Selbstbestrafung, während der Orgasmus als freudiges Erfüllen dieses Bestrafungsrituals angesehen werden kann. Wir werden uns in Zukunft daran gewöhnen müssen, den Sadomasochismus mit ganz anderen Augen zu betrachten. Und – das wird die Erfahrung zeigen – es könnte die Rückführungstherapie den inneren Zusammenhängen aus früheren Leben, die für solche „Perversitäten“ zuständig sind, auf den Grund gehen und sie auflösen. Die Metapsychologie geht einem neuen spannenden Abenteuer in der Entdeckung der menschlichen Seele entgegen.

Psychogramm des Täters

Über die Motive eines Sexualtäters ist viel gerätselt worden. Entweder ist die unstabile Vergangenheit, also Kindheit und Jugend, schuld, natürlich dann die Eltern, besonders die Mutter, gegen die man zwar einerseits einen Hass entwickelt hat, andererseits aber sich nicht aus der ödipalen Verstrickung heraus gegen sie direkt vorzugehen getraut, während man sich an einer anderen Frau mittels einer Vergewaltigung im Grunde an der Mutter rächt. Doch gibt es einige andere Kriterien, die als Muster für Sexualtäter angeführt werden können.

1. Der Mann möchte seine Überlegenheit, seine Stärke ausprobieren. Oder er sucht nach einem Ventil für seine Aggressionen.
2. Er möchte mit dieser Tat seinen geheimen und unausgelebten sexuellen Wünschen nachkommen.
3. Ihn reizt das Unvorhersehbare. Das Prickeln bei einem Tatvorgang. Wie wird sich die Frau/ das Mädchen verhalten? Muss er zuschlagen, oder ergibt sie sich ihm gleich?
4. Er kennt das Opfer schon. Er traute sich ihr nicht zu nahen, um keinen Korb zu bekommen. Er weiß, seine einzige Möglichkeit, an diese Frau heranzukommen, besteht darin, sie mit Gewalt zu nehmen.
5. Das Opfer hat sich ihm gegenüber schon vor einer solchen Konfrontation abweisend verhalten, sich vielleicht ihm gegenüber spöttisch gezeigt. Daher steigen in ihm Gefühle der Rache hoch wie: „Der werd ich es schon zeigen!“
6. Die günstige Gelegenheit. Spontanreaktion. Eine Frau fährt mit dem Fahrrad bei Dunkelheit allein durch ein Waldstück oder einen Park. Und der Gedanke des Täters: „Hier kann sie keiner hören, wenn sie schreien sollte. Niemand könnte ihr hier zur Hilfe eilen. Die Dunkelheit schützt mich davor, von ihr gesehen oder erkannt zu werden.“
7. Der Wiederholungstäter denkt: „Letztes Mal ist alles gut verlaufen. Niemand ist mir auf die Spur gekommen, obwohl die Zeitungen ein Phantombild veröffentlichten. Es wird mir sicherlich wieder alles gut gelingen.“
8. „Der Max hat mir im Knast beschrieben, wie er die Frauen überfallen hat. Ich werde jetzt nach seinen Vorschriften handeln. Er hätte auch damals nicht die Uhr der Vergewaltigten an sich nehmen sollen. Das war seine Dummheit. Das wird mir nicht passieren.“

9. Er ist Sadist und sucht nach einer Möglichkeit, auch auf sexuellem Gebiet seine Tendenzen zur Anwendung zu bringen.[88]

Und man könnte diese Liste noch beliebig fortsetzen. Aber treffen diese Erklärungen den Kern der Sache? Professor *Herant Katchadourian* meint deshalb auch, dass es für den Sexualtäter ebenso wie für den Mörder keine eigentliche Diagnose gebe – von Geistesgestörtheit abgesehen –, da man kein psychologisches Syndrom dafür ausfindig machen kann.[89] Doch wage ich in dem Folgenden einige Gedanken aus der Sicht eines Reinkarnationspsychologen zum Vergewaltiger anzustellen, die vielleicht dem Kern mittels einer reinkarnationspsychologischen Diagnose näher kommen. Da nichts im Leben auf Erden zufällig geschieht, muss auch bei Vergewaltigern eine höhere Absicht mit seiner Tat intendiert sein.

Es gibt verschiedene Typen von Vergewaltigern.

1. Als *Typ A* bezeichne ich denjenigen, der in seiner seelischen Entwicklung noch sehr am Anfang steht, das heißt, er hat erst wenige Inkarnationen in der Schule des Lebens absolviert. Er ist also Erstklässler. Er ist in seiner ganzen Ausrichtung sehr egoistisch. Sein Liebesvolumen ist noch sehr gering. Oft wird er in eine Familie hineingeboren, in welcher Egoismus, Disharmonie, Schadenfreude, Neid, Alkoholismus und Lieblosigkeit zu Hause sind.
2. *Typ B* ist ein Täter, der die Bestrafung sucht für eine Tat, die im früheren Leben angesiedelt ist und für die er damals noch nicht bestraft worden war. Er hat meistens schon eine ganze Reihe von Straftaten begangen und ist vielleicht schon vorbestraft. Doch da diese Strafen nicht genügten, versucht er es jetzt einmal mit Vergewaltigung oder Missbrauch. Unbewusst ist in ihm der Zwang nach Bestrafung, und er wird so lange immer wieder in verschiedenster Weise straffällig, bis das für ihn angemessene Strafmaß gefunden worden ist.
3. *Typ C* ist jener Täter, der im Jenseits mit dem Opfer eine Vergewaltigung oder einen Missbrauch abgestimmt hat. Er wollte der Seele, der ein Vergewaltigungsopfergang für die nachfolgende Inkarnation bevorsteht, helfen, ihr diesen Ausgleich zu verschaffen. Oft gehört dieser spätere Vergewaltiger derselben jenseitigen Familie an. Ihn trifft dann wegen der ausgeübten Tat keine karmische Schuld. Nach beider abgeschlossenem Erdenleben trifft man sich im Jenseits wieder, und das Opfer wird sich sogar bei dem Missetäter bedanken.
4. *Typ D* ist eine Seele, die in einem früheren Leben vergewaltigt oder missbraucht hatte. Sie muss wieder getestet werden, um festzustellen, ob sie bei einer passenden Gelegenheit rückfällig wird, oder ob sie wirklich standfest ist und eine Frau oder ein Mädchen nicht gegen deren Willen zu sexuellen Taten zwingt. Hier kann das mögliche Opfer sich im Jenseits für diesen Eventualfall zur Verfügung gestellt haben.
5. *Typ E* ist der geistesgestörte Täter. Dabei kann es sich um einen „Dorftrottel" handeln oder einen Schizophrenen. Sie sind nicht Herr ihrer Sinne und Sinnlichkeit.
6. *Typ F* ist der Mitmacher. Da alle anderen Soldaten auch vergewaltigen, will er nicht zurückstehen. Er kann sowohl Typ A, B, C oder D sein.

7. *Typ G* kann jeder der genannten sechs Typen sein, die sich zusätzlich einen Besetzer oder mehrere eingeladen haben. Diese Besetzer sind solche Seelen, die nach dem Tod ihres Körpers als unsichtbare Wesenheiten weiterhin an die Erde gebunden sind. Sie haben zwar ihren sichtbaren Erdenkörper verloren, aber alle Sinnes- und Körperleidenschaften wollen sie weiterhin ausüben. Sie benötigen den Körper eines Gastgebers, um durch ihre Gedanken das ausführen zu lassen, zu dem sie selbst nicht mehr in der Lage sind, greifen sie doch durch die irdischen Dinge, die sie zwar sehen, aber nicht mehr fühlen können, hindurch. Hatten diese als vormals sichtbare Menschen eine große Libido, der sie ausgiebig nachgekommen sind, so wollen sie dieser ebenfalls weiterhin frönen und spornen ihren Gastgeber an, ihren Wünschen nachzukommen. Dieser wird oft, so er nicht leicht zu lenken ist, durch Alkohol oder Drogen gefügig gemacht. *(Ausführlicher werde ich weiter unten noch über Besetzungen im Zusammenhang mit Sexualität zu sprechen kommen.)* Doch auch derjenige Besetzer, der in seiner einstigen Verkörperung zu wenig oder gar keinen Sex bekommen hatte, möchte diesen Mangel jetzt beheben, indem er sich einen sexuell betonten Menschen aussucht, den er so lenken kann, dass möglichst alle seine Wünsche erfüllt werden. Diese erdgebundenen Besetzer werden oft benutzt, um karmische Auflösungen bei den vergewaltigten oder missbrauchten Opfern zu bewirken. Einen Besetzer können sogar solche Menschen haben, die von ihrer gedanklichen und seelischen Ausrichtung eigentlich gar nicht für solch eine Tat in Frage kommen könnten, die vielleicht schon seelisch in ihrer Liebesentwicklung weit fortgeschritten sind, sich aber dann doch noch zu schwach zeigen, sich einem solchen Besetzer, der durch ihn die Vergewaltigung ausleben möchte, widersetzen zu können. Diese gehören meistens dem Typ C an.

Die meisten Täter handeln nicht aus sexuellen Motiven heraus, manches Mal haben sie noch nicht einmal eine Erektion oder einen Orgasmus. Bei *Master und Johnson* ist eine Liste aufgeführt über allgemeine Kriterien für verurteilte Vergewaltigungstäter. 85 Prozent waren schon vorher straffällig gewesen, 80 Prozent beendeten die Schule mit der Mittleren Reife oder dem Abitur (Highschool), 75 Prozent waren unter dreißig, 70 Prozent waren unverheiratet, 70 Prozent waren ihren Opfern nicht bekannt, 60 Prozent gehörten ethnischen Minderheiten an, 50 Prozent waren Alkoholiker und 35 Prozent waren wegen Vergewaltigung schon vorher bestraft worden.[90]

Das vergewaltigte Opfer ist immer jemand, der selbst in früheren Leben Vergewaltiger war und nun ein Gleiches durch einen Vergewaltiger erleben muss. Deshalb hat der Vergewaltiger schon eine ausgleichende Vollstreckungsrolle dem Opfer gegenüber, welches ihm meistens aus früheren Leben unbekannt ist. Nur der- oder diejenige wird vergewaltigt, die für eine Vergewaltigung auch resonanzfähig ist. Solch eine Seele hat sich diese Vergewaltigung schon im Jenseits mit Vorbedacht ausgesucht, um eine karmische Schuld damit auszugleichen, da sie selbst vorher ein Gleiches an einem Opfer ausgeübt hatte.

Der Vergewaltiger *(wie der Täter allgemein)* erfüllt also eine ausgleichende Verpflichtung. Er ist in der Gesellschaft der Erdbewohner so lange wichtig, bis es keinen karmischen

Vergewaltigungsaustausch mehr geben muss, bis – um es einmal spirituell auszudrücken – die Menschheit eine so hohe Liebesschwingung erzeugt hat, dass es einfach keine Lieblosigkeiten mehr gibt. Und das wird noch eine ganze Weile auf sich warten lassen müssen.

Shere Hite hat für ihren *Report on Males Sexuality* siebzigtausend Amerikaner befragt. Auf die Frage, ob Männer wünschen, eine Frau zu vergewaltigen, antwortete einer: „Ich habe oft gewünscht, eine Frau zu vergewaltigen. In meinen Phantasien habe ich es oft gemacht. Doch der Gedanke daran spielt mir auch wiederum einen Streich, denn er richtet sich gegen meine Gesinnung für gegenseitigen Respekt, Menschlichkeit und Achtung vor den Frauen." Und *Hite* fasst zusammen: „Die meisten Männer haben nie mit Gewalt eine Frau genommen. Aber sie haben es sich manchmal gewünscht."[91] Fast alle Seelen, die am Anfang ihrer seelischen Entwicklung auf Erden einmal Männer waren, haben irgendwann einmal oder viele Male den Wunsch verspürt, eine Frau mit Gewalt gefügig zu machen. Das kann aus Dominanzgründen oder aber aus sexueller Wollust geschehen sein. Im letzteren Fall kann der Libidoauftrag, möglichst viele Frauen zu besamen, so gewaltig geworden sein, dass man ihn den diesen Männerdrang nicht verstehenden Frauen einfach radikal aufdrängt. Es ist auch eine Wut der Männer, diesen Drang zu haben und oft nicht an dem Platz seiner Bestimmung loswerden zu können, wenn dieser einen überkommt. Denn die Frau knüpft Bedingungen an die Kopulation. Sie will Sicherheit für die zu gebärenden Nachkommen. Sie will, dass der Mann, den sie für ihre Kinder aussucht, die Garantie für eine gesicherte Aufzucht bieten kann, indem sie ihn durch Partnerschaft oder Ehe an sich bindet. Zeigt er aber sich als großes Ego und wendet Gewalt an, dann spürt die Frau, dass dieser Mann von seinem Ego beherrscht ist und auch bei einer möglichen Bindung seinem Ego weiterhin willfährt und somit keine Sicherheit für den anderen, also für die Frau und die Kinder, darstellen wird. Sie möchte, dass er, bevor sie sich ihm hingibt, zeigt, dass er sie liebt. Denn die Liebe ist für sie vorerst eine Garantie, dass er auch weiterhin zu ihr und den Kindern halten wird.

In den *Vergewaltigungsgedanken* der Männer steigen einmal die Lustgedanken aus früheren Leben wieder hoch, als sie eine Frau gegen deren Bereitschaft zum Sex gewalttätig nahmen, und zum anderen schwingt auch gleichzeitig das mit, was sie selbst als Frau in solchen Situationen als karmisches Ausgleichsgeschehen erlebt haben. Im letzteren Fall schwingen die Schuldgefühle mit. In diesem Hin und Her der Gefühle bewegen sich viele Männer. Sie wissen, dass sie keine Frau mehr vergewaltigen dürfen und wollen, haben sie doch selbst diese Vergewaltigungen in früheren Leben erfahren müssen aufgrund ihrer Vergewaltigungen als Täter in vorausgegangenen Zeiten. Doch in den Vergewaltigungsgedanken erlauben sie sich wieder, dieses egoistische „Schwein" von damals zu sein, eben jene Wut herauszulassen, diesen Libidodrang zu haben und ihn der Widerspenstigen aufzudrängen. Und jede Befreiung von einem Druck, gegen den man sich nicht wehren kann, schafft Freude. Oft haben Männer während des Beischlafs zusätzlich zu ihren gegenwärtigen Gefühlen auch diese Gedanken daran, eine Frau jetzt zu vergewaltigen, was sich in ungestümer Wildheit ausdrücken kann.

Und Frauen, die solch eine Wildheit genießen, können unbewusst an ihre früheren Männerleben gefühlsmäßig erinnert werden, als sie diese Wildheit ebenfalls gespürt haben. Doch oft nehmen die unbewussten Schwingungen aus früheren Leben überhand, in welchen sie vergewaltigt worden waren, und entwickeln in solchen Augenblicken der männlichen Wildheit eine Abwehr. Wir Menschen, wie wir schon wiederholt sagten, sind in unseren Gefühlen die Summe all unserer Erfahrungen. Und diese schwingen beim Sex unbewusst mit. Und das, was noch nicht aufgelöst ist, hat besondere Macht über uns. Die Rückführungstherapie bietet aber den Menschen die Möglichkeit, das noch nicht Aufgelöste endlich zu erlösen, sodass diese Gewaltbereitschaft – und sei es nur in Gedanken – und dieses Zurückfallen in Opfersituationen aufgelöst werden kann.

Gewalttäter vom Typ A und B, die eine Vergewaltigung planen oder auch durchführen, sind oft solche, so sie nicht zusätzlich von ihren unsichtbaren Besetzern getrieben werden, die sich für irgendein Unrecht oder eine Herabsetzung seitens der Frau – und sei es die Mutter – an ihr rächen wollen. So wird im Fall 37 ein verprellter Liebhaber namens Hamabad, dem seine Geliebte gesteht, ihn nie geliebt, sondern nur ausgenutzt zu haben, aus Frust und Rache zu einem Vergewaltiger an einer Frau, die er allein im Wald trifft. Solche Gewalttäter werden oft mit einem übergroßen Libidodrang in dieses Leben hineingeboren, um ebenfalls getestet zu werden, wie sie mit diesem umgehen können. Werden sie rückfällig wie in früheren Leben, oder werden sie in ihrem heutigen Leben diese Probe, keiner Frau Gewalt zuzufügen, bestehen können? Doch bei vielen Vergewaltigern stehen die sexuellen Motive nicht im Vordergrund. So wird ein zur Gefängnisstrafe verurteilter Vergewaltiger nach den Motiven seiner Tat gefragt, und er antwortet: „Mir ging es nicht um Sex. Mir ging es um das Gefühl, jemanden vollkommen zu beherrschen.“ [92]

Männer betrachteten eine Frau in früheren Zeiten oft wie eine Stute. Eine junge Stute, die noch keinen Mann auf sich gehabt hatte, musste „eingeritten“ werden, um sie an ihre zukünftigen Reiter zu gewöhnen. Mit solch einer Chauvinisteneinstellung konnte man sich bei der Vergewaltigung einer Jungfrau innerlich immer herausreden. „Die soll doch froh sein, dass sie jetzt eingeritten worden ist. Irgendjemand musste es doch machen. Ich war halt der Erste. Die soll sich jetzt nur nicht so dumm anstellen. Im Grunde kann sie mir doch nachträglich noch dankbar sein.“ Der Vergewaltiger sucht gern Entschuldigungen für seine Taten, indem er sich hinter den frauenfeindlichen Ansichten der Männer versteckt. Doch ganz im tiefsten Inneren weiß er, dass er unrichtig handelt. Aber er wird, um zu erfahren, was richtig und was falsch ist, auch einst als „Stute“ gegen ihren Willen „eingeritten werden“ müssen, so will es das Gesetz. Diese obigen Sätze „Sie soll doch froh sein ...“ weisen auf, dass der Mann in einem früheren Leben noch nicht Frau gewesen war, der eine Vergewaltigung widerfahren ist. Sonst würde er sicherlich nicht so denken oder sprechen. Er beschwört durch seine Tat ein Geschehen herbei, das ihm als vergewaltigte Frau genau die notwendige Selbsterfahrung beschert, die ein für allemal ausschließt, dass er wieder eine Frau vergewaltigt.

Und der Mann, vor allem der „Erstklässler“, so will es die kollektive höhere Ordnung – denn wie wir uns erinnern, wollen wir das Gegenteil der göttlichen Harmonie erfahren –, soll in die Versuchung geführt werden. Und die „leichtesten“ Versuchungen ergeben sich aus Gruppenverschuldungen. Gehört er dem Vergewaltigertyp A und B an, kann er dort hingeführt werden, wo er unter seinesgleichen ist. Und die Historie ist voll von Berichten über die begangenen Grausamkeiten an den Frauen. Piraten, Räuber, Marodeure und immer wieder Krieger und Soldaten (Typ F) nutzten an Wehrlosen das Recht des Stärkeren oder Siegreichen aus. Und die Anführer versprachen oft den Männern, dass ihnen nach dem Kampf die Frauen gehören sollten. So hatte auch die russische Propaganda des Zweiten Weltkrieges den Soldaten, um sie zum tapferen Kampf gegen den faschistischen Todfeind zu motivieren, versprochen, dass ihnen die deutsche Frau als Beute gehöre. Und zwei Millionen deutsche Frauen und Mädchen wurden geschändet. Dies war die größte Kollektivschändung der Menschheit und zugleich der größte Karmaausgleich an vergewaltigten Frauen, die vormals Vergewaltiger waren. Diese Vermutung ergibt sich aus meiner langjährigen Erfahrung als Rückführungstherapeut. Ich bin mir im Klaren darüber, dass diese Feststellung auf größten Widerspruch stoßen dürfte.

Für viele Krieger und Soldaten früherer Zeiten war es ein großer abenteuerlicher Anreiz, sich für den Soldatenberuf zu entscheiden, um die Möglichkeit zu haben, Frauen zu vergewaltigen. Was man in der Lebensgemeinschaft aus moralischen Gründen nicht durfte, war nun im Krieg oder bei kriegerischen Handlungen, wo alles sowieso drüber und drunter ging und die Moral mit Füßen getreten wurde, erlaubt. Und weil alle anderen es auch taten, war man auch von späterer Anklage befreit, denn keiner von den anderen würde einen verraten. Und konnte nicht jeder Tag im Kampf für einen selbst schon den Tod bedeuten? Warum sich also Sorgen bereiten wegen eventueller späterer Bestrafungen? Wenn ich schon mein Leben für mein Volk und Vaterland einsetze und es eventuell verliere, dann will ich auch wenigstens noch vorher so viel an Freuden mitnehmen wie möglich. Und die sexuelle Unterwerfung einer Frau des Feindes bedeutet Triumph.

Die von den Taten ihrer Väter begeisterten jungen Kosaken wollen, wie das Beispiel Fall 17 zeigt, es ihnen gleich tun, wollen sich als tapfere Männer beweisen. Und zum Mannsein gehört es, dass man sich die Frau unterjocht, zumindest jene Frauen des Feindes. Die Vergewaltigung gehört also zu einer Mutprobe und Auszeichnung eines „echten" Kriegers. Kein Erbarmen, keine Zimperlichkeit darf gezeigt werden, denn sonst könnten die anderen über einen lachen oder Verachtung zeigen. Man will vielmehr vor den anderen groß dastehen. Die Frau des verlierenden Volkes wird zur Kriegstrophäe. Ihre „Unterwerfung" ist das Symbol für den Sieg. Und es vermischen sich dabei Rachegefühle gegen die nun toten Männer des Feindes, die so viele der eigenen Männer getötet hatten. Diese Rachegefühle geben dem inneren Gewissen, falls dieses sich noch bemerkbar machen sollte, die Rechtfertigung zur Vergewaltigung.

Viele Vergewaltigungen geschehen aus einem *Angebertum* heraus. Sich vor anderen hervorzutun und vor den anderen Männern als Held dazustehen, der eine kleine Schlacht gewonnen hat, ist ein typisches Gehabe von dem Vergewaltiger des Typus A. Dabei mag es gar nicht mal so sehr um den Akt als solchen gehen, sondern im Vordergrund steht das Angebertum auf Kosten der Frau. Selbst wenn kein Samenerguss erfolgt sein sollte, hat die Frau diese „Niederlage" als entsetzliches Ereignis programmiert.

Als Pirat wollte Amanda (Fall 14) den großen Sexprotz spielen, obwohl er noch jung war und noch mit keiner Frau zuvor geschlafen hatte. Von den zwanzig auf einem gekaperten Schiff gefangen genommenen Frauen hatte er sich als Kapitän die fünf schönsten herausgesucht. Mit den ersten drei machte er in seiner Kabine heimlich die ersten sexuellen Erfahrungen. Seine Mannen durften nicht herausfinden, dass er noch mit keiner Frau geschlafen hatte. Denn sonst wäre der Respekt von ihnen verloren gewesen. Dann ließ er diese ersten beiden über Bord werfen, behielt die Dritte für sich und überließ die beiden anderen der Mannschaft. Somit stand er vor den anderen als skrupelloser echter Pirat da, die ihn deswegen achteten und bedacht waren, nie seinen Zorn auf sich zu lenken. Solch ein frauenschänderisches Leben erfordert viele Ausgleichsleben. Und in dem einen war er eine Zigeunerin, die durch eine Vergewaltigung zu Tode kam.

Jessica (Fall 16) war in einem früheren Leben Soldat im Vorderen Orient. In einem Wirtshaus sitzt er mit anderen Soldaten, die von einer siebzehnjährigen Serviererin bedient werden. Er heißt Kaschini und hat sich vor den anderen als Weiberheld schon manches Mal hervorgetan. Und solch ein Ruf verpflichtet. Man geht nun mit ihm eine Wette ein, ob er diese junge Serviererin „einreiten" könnte, haben sie doch vom Wirt erfahren, der dieser Wette nicht abgeneigt ist, dass sie noch Jungfrau ist. Kaschini weiß sie in einen Nebenraum zu führen und vergewaltigt die sich dort heftig Wehrende, während alle Männer von der Wirtsstube her lauschen. Und als er zu den anderen zurückkehrt, wird er wie ein Held mit lautem Gejohle empfangen. Man lacht und prostet diesem Held zu. Um die Nöte dieser jungen Frau kümmert sich niemand. Was aus ihr geworden ist, wurde nicht weiter berichtet. Aber wir können uns denken, dass sie ein ähnliches Ende gehabt haben könnte, wie Jessica in einem der für diese Tat ausgleichenden Leben. Denn als Linde wird sie dreihundert Jahre später von einem Onkel zur Prostitution gezwungen, worauf sie sich von einem Turm stürzt.

Sandra (Fall 20) war vormals ein jordanischer Soldat, der Männer tötete und einige Frauen und Mädchen vergewaltigte. Solche Ausschreitungen waren an der Tagesordnung. Wer von den Frauen versuchte, sich diesen Vergewaltigungen zu widersetzen, wurde bedroht, und wenn das nichts half, konnte sie den Tod finden. Und von mir befragt, ob er stolz auf seine Vergewaltigungstaten war, antwortet er mit ja. Die jüngsten waren noch Mädchen von sechs oder sieben Jahren. Und er fügt hinzu, dass alle anderen es genauso machten und er unter den Seinen sehr geachtet war – natürlich als unerschrockener grausamer Schlächter und Vergewaltiger. Für dieses und ein anderes Täterleben musste Sandra auch noch im heutigen Leben den karmischen Ausgleich durch den Missbrauch im Internat erleben. Und die Schuldgefühle, die sich aus jenen Täterleben ergaben, sind die eigentlichen Ursachen für ihre heutige koitale Anorgasmie.

Auch Patricia (Fall 34) war in einem früheren Leben ein ausgemachter Schurke und Sadist namens Reuven. Während er in den Folterkammern Mädchen und Jungen mit Torturen bedachte und sie sexuell aufs Perverseste nötigte, schauten ihm andere Männer dabei zu, die selbst nicht wagten, mit zuzugreifen, doch sich an dem grausigen Schauspiel ergötzten. Und

Reuven legte sich ins Zeug, alle möglichen Perversitäten und Qualen zu erfinden, um diesen voyeuristischen Herren, unter denen sich auch Männer der Kirche befanden, besondere Kostproben seiner sadistischen Einfälle zu geben. Hier findet er den Beifall von Zuschauenden. Aber gemäß dem Karmagesetz werden auch die Zuschauer direkt oder indirekt einen karmischen Ausgleich für ihren *voyeuristischen Sadismus* erhalten müssen. Wenn sie nicht selbst am eigenen Leibe solch einen Ausgleich erleben müssen, dann doch mindestens insoweit, als sie gezwungen sind zuzusehen, wenn eines ihrer engsten weiblichen Familienmitglieder gefoltert oder vergewaltigt wird. Und wie wir erfahren haben, hat heute Patricia die masochistische Tendenz, sich von einem Sadisten bestrafen zu lassen. Jetzt ist wohl klar, warum.

Tina (Fall 31) war in ihrem dem heutigen Leben vorausgegangenen Leben ein japanischer Soldat im südostasiatischen Dschungelkrieg gegen die Engländer. Er weigert sich, feindliche Soldaten und Zivilisten zu töten. Der General stellt ihn vor die Entscheidung, entweder tötet er, wie es sich für einen Soldaten gehört, oder er wird erschossen. Schließlich verdrängt er seine Gewissensbisse und wird zu einem Mitmacher, der ebenfalls tötet und den gefallenen Männern den Penis abschneidet und diesen den Frauen in die Scheide steckt. „Mein Wille ist gebrochen. Mir ist es egal, ob ich töte oder nicht. Ich spür mich nicht. Es ist mir, als ob ich mir selbst dabei zuschauen würde, während ich nichts dabei empfinde. Es ist alles so weit weg, so tot, so leer." Doch hält er sich im Gegensatz zu den anderen Soldaten von Vergewaltigungen zurück. Zumindest, was die Vergewaltigungen angeht, hat er den erneuten Test, ob er wieder zu vergewaltigen bereit ist, bestanden, hatte er doch als Schreiber im Alten Rom Sklavinnen, wovon die jüngste elf Jahre alt war, zur Sexualität gezwungen. Doch Tinas Vergehen in jenem Römerleben finden selbst noch in heutigen Leben ausgleichendes Geschehen, indem sie von ihrem Großvater über lange Zeit sexuell missbraucht wurde.

Viele Frauen geraten als Sklavin oder durch eine Anstellung in eine Situation, die deren Besitzer oder Arbeitgeber für seine sexuellen Belange ausnutzt. In den beschriebenen Fällen 10, 15, 31, 37 werden Sklavinnen als Sexware beliebig behandelt. Ihr persönliches Leid scheint niemanden zu interessieren. Man hat sie gekauft, und man kann mit ihnen machen, was man will. Und sträuben sie sich, dann wird Gewalt oder Bestrafung angewendet. Mägde und Hausangestellte sind oft in einer vom Arbeitgeber abhängigen Situation. Meistens gehört dieser dem Typ C an. Oft ist die Ersttat eine Vergewaltigung, während dann das Opfer, um nicht die Stellung zu verlieren, sich weiterhin missbrauchen lässt. So überredet Arnold (Fall 24) die von ihm Vergewaltigte, weiterhin bei ihm zu bleiben und seinen Haushalt zu führen. Und sie bleibt, da sie sonstwo keine Anstellung bekommen kann, und steht weiterhin ihrem Vergewaltiger als Hausgehilfin und Bettgenossin zur Verfügung. Nicole (Fall 30) war in einem früheren Leben jener Großgrundbesitzer, der mit seinen Leibeigenen machen konnte, was er wollte. Er nahm sich nach Belieben die Frauen und Jungfrauen. Denn schlimmer als eine Entjungferung oder Vergewaltigung war für sie, bei einer sexuellen Verweigerung weggeschickt zu werden. Denn dann war man als Frau jeglichen Schutzes verlustig gegangen und wurde zum Freiwild für alle Männer. Wir sehen also, wie eine Frau, die aus karmischen

Gründen Vergewaltigung oder Missbrauch erleben muss, durch das Schicksal in Lebensumstände und Situationen hineingestellt wird, wo sie den Ausgleich für ihre vormaligen Vergehen als Mann nun erfahren kann.

Wie wir beschrieben haben, gibt es auch solche Vergewaltiger, die in früheren Leben Frauen vergewaltigt haben, aber im Diesseits für ihre Taten nicht bestraft worden sind. Diese wollen unbewusst für ihr vormaliges Vorgehen noch bestraft werden und führen durch neue Gewalttaten an Frauen diese Verurteilung herbei. Und – ihnen natürlich unbewusst – sie befreien durch ihre Vergewaltigungen zugleich ihr Opfer von karmischer Verschuldung durch Ausgleichserleben. Das eine Zahnrad greift in das andere ein. Aus höherer Sicht ist alles richtig. Doch aus irdischer Sicht dürfen wir keinerlei Gewaltanwendung zulassen, denn die Unterbindung von Gewalt seitens der Täter ist für die Menschheit eine Verpflichtung, deren Zuwiderhandeln Karma verursachen kann. Jede Lieblosigkeit – und das Geschehenlassen von Gewalt ist eine solche – muss durch eine gleiche Erfahrung an Lieblosigkeit ausgeglichen werden. So will es das über uns waltende Gesetz. Auch scheint mir, dass der Nachweis, dass etwa 30 Prozent der verurteilten Sexualtäter in der Kindheit oder Jugend selbst missbraucht oder vergewaltigt worden waren[93], darauf hin deutet, dass dieser Prozentsatz an Tätern einem Bestrafungsmechanismus unterliegt. Für sexuelle Untaten in früheren Leben brauchten sie den karmischen Ausgleich, indem sie missbraucht oder vergewaltigt worden waren, und späterhin übten sie ein Gleiches an Kindern und Jugendlichen aus, um eben zusätzlich noch bestraft zu werden, weil sie die Bestrafung suchten.

Besonders tut sich jener Täter grausamst hervor, dessen Untaten von dem ihm Vorgesetzten angeordnet werden. So kann einem Folterer der Auftrag erteilt worden sein, aus dem Delinquenten ein Geständnis herauszuholen, ganz egal, welche Mittel er dabei anwendet. Und je mehr der Gepeinigte schweigt oder seine Unschuld beschwört, desto kräftiger geht der rüde Folterer voran. Es ist ja von oben ihm anbefohlen worden. Er gehorcht nur den Anordnungen. Er könnte sich auch einreden, schuldlos an dem zu sein, was den Gemarterten passiert, denn wenn er es nicht täte, würde eben ein anderer an seiner Stelle Nämliches tun.

Wir erinnern uns vielleicht noch an Göran (Fall 7), der Schwierigkeiten hatte, auf der Toilette im Beisein von anderen zu urinieren. Er war in einem Täterleben der Folterknecht seines Sultans, der ihm den Auftrag erteilte, einem Delinquenten, der mit einer seiner Frauen geschlafen hatte, den Penis so zuzurichten, dass dieser nie wieder mit einer Frau geschlechtlich verkehren könnte. Und er, um dem Auftrag übergewissenhaft nachzukommen, zieht erst diesen Penis in die Länge, schlägt dann mit einem Stock und schließlich auch mit einer Eisenstange auf dessen Glied. Zum Schluss schneidet er ihm die Hoden ab und lässt den Gemarterten laufen. Und wie wir erfahren haben, wurde in einem späteren Leben ebenfalls sein Penis schwerstens verletzt.

Doch stellen sich für solch ein *Folteramt* gerne Sadisten zur Verfügung, die sich am Leid der Gepeinigten erfreuen. Diese haben eventuell schon einige Jahre als Soldaten geplündert, erschossen, vergewaltigt. Jetzt, wo sie in die Jahre gekommen sind, ist es ihnen angenehm, für eine Arbeit, auch wenn diese von der Bevölkerung mit Angst und Abscheu betrachtet wird, belohnt zu werden. Solche Sadisten lassen gerade gerne an Frauen alle ihre erotischen und bestialischsten Vorstellungen aus und protzen vielleicht noch vor ihren Kollegen, was sie alles angestellt haben, damit diese es ihnen gleich tun. Und einige Männer, die ebenfalls Sadisten sind, mögen diese Folterknechte insgeheim um ihre perversen sexuellen Vergnügungen beneiden und würden es gerne in Kauf nehmen, auch wenn das Volk sie mit Abscheu betrachtet, solch einen Posten ebenfalls übernehmen zu können.

Nach dem ersten Mord oder nach der ersten Vergewaltigung können Schuldgefühle auftauchen. Doch dann mit den wiederholten Malen von Gewaltanwendungen verliert man dieses Gefühl einer sich vermehrenden Schuld. Nach christlich-kirchlicher Auffassung kommt man schon wegen einer einzigen Vergewaltigung in die Hölle, wo einen ewige Marter erwartet. Ob man sich nun einmal verschuldet oder hundertmal, das bleibt sich dann gleich. Die kirchliche Lehre gibt also dem Übeltäter und dem Vergewaltiger einen Freibrief für alle weiteren Mordtaten oder Vergewaltigungen. Doch die meisten herzlosen Männer verdrängen die Möglichkeit, dass es eine Hölle samt Teufel geben soll. Für sie ist das alles Pfaffengeschwafel. Und wenn doch ihr Gewissen an ihr Bewusstsein appellieren sollte, greifen sie zum Alkohol und betäuben dieses Gefühl. Einige bereuen noch am Ende ihres Lebens ihre Untaten aus Angst vor dem, was noch nach dem Tod auf sie als Strafe zukommen könnte. Andere sind bis vor und auch noch lange nach ihrem Tode weiterhin die eiskalten Verbrechertypen, bis sie in den dunklen Sphären des Jenseits allmählich zur Reue finden.

Einige Täter finden gleich nach ihrer Tat zur *Reue* oder werden sich ihrer Untat bewusst.

Jessica (Fall 16) hat im früheren Leben als Mann eine Jungfrau vergewaltigt. Nach seiner Tat bemerkt er, dass sie heftig weint. Ihn überkommt auf einmal das Bewusstsein seiner schrecklichen Tat und er verlässt schuldbewusst fluchtartig dieses Haus. *(Er wird sicherlich dem Typ C zuzurechnen sein.)* Auch Hamabad (Fall 37), den wir zuvor noch erwähnt hatten, wird sich nach seiner Vergewaltigungstat an einer fremden Frau im Wald bewusst, was er eigentlich getan hat. Er schämt sich für das Geschehene und zieht sich für den Rest seines Lebens reumütig zurück. Wer noch in seinem Leben nach einer Schreckenstat seine Tage in Reue, Buße und vielleicht sogar in Wiedergutmachung verbringt, kann seine karmische Last um einiges erleichtern, was nicht heißt, dass sie dadurch schon aufgehoben ist.

Ivonne (Fall 19) war in einem früheren Leben ein herumreisender Händler, der gern Frauen, die er allein auf dem Feld oder im Wald antraf, vergewaltigte. Nachdem er auf diese Weise zehn Frauen wider deren Einwilligung genommen hatte, wird er von Reue über seine Untaten gepackt. Und als er einige Jahre darauf aus einem Schuppen hört, wie dort Männer eine Frau vergewaltigen, eilt er sofort hinzu, um selbst durch Einsatz seines Lebens diese Frau vor ihrer Vergewaltigung zu bewahren. Sein letzter Satz vor seinem Tod lautet: „Ich will nie wieder anderen Menschen Unrecht zufügen oder ihnen Gewalt antun." Und trotzdem wird er späterhin als Mädchen und Frau missbraucht und vergewaltigt werden müssen.

Auch der Kosak Gorki (Fall 37) erlebt nach seiner Soldatenzeit eine drastische Umkehr. Er bereut alle seine Morde und Vergewaltigungen, nachdem er von einem alten weisen Mann auf seine Untaten hingewiesen worden war. Und auf Gorkis Frage, ob er alles noch in dem gegenwärtigen Leben ausgleichen könne, antwortet dieser: „Alles nicht. Aber wenn du in Armut lebst, alles verschenkst und den Armen hilfst, dann bringt dich das einen ganzen Schritt weiter." Und Gorki will fortan nie wieder töten oder vergewaltigen. Er verlässt heimlich sein Regiment und wird als Deserteur erschossen.

Doch viele Täter bereuen erst auf ihrem Totenbett oder kurz nach ihrem Tod ihre sündigen Taten. Hamabads Reue drückt sich in dem Satz, der vor seinem Tod gesprochen worden ist, aus: „Ich will nie wieder jemandem wehtun." Sandra (Fall 20) hatte in einer vorausgegangenen Inkarnation eine Frau vergewaltigt, sich dann aber nach dem Tod vorgenommen: „Ich will nie wieder eine Frau anfassen", meinend, dass er nie wieder eine Frau vergewaltigen wolle. Doch schon in einem nächsten Leben wird er als Soldat, dem alle Möglichkeiten zur Vergewaltigung offen stehen, wiederum getestet, ob jene Programmierung nachhaltig auch von seiner Seele umgesetzt worden ist. Doch er wird rückfällig, mordet und vergewaltigt sogar *en gros*. Und selbst Sandras heutige Jugend musste noch mittels sexuellem Missbrauch für den karmischen Ausgleich bereitgestellt werden.

Saskia (Fall 23) war in einer früheren Inkarnation als Soldat auf dem Russlandfeldzug Napoleons ein eifriger Vergewaltiger. Und die Programmierung nach seinem Tod lautete: „Ich will nie wieder einer Frau etwas zu Leide tun. Ich will nur noch aus Liebe mit einer Frau schlafen." Auch ihr karmischer Ausgleich hatte sich in ihrem heutigen Leben niedergeschlagen, in welchem sie mehrere Male sexuell missbraucht worden war. Und Bogan (Fall 1) sagte nach seinem Tod als Grafensohn: „Ich will mich nie wieder sexuell hinreißen lassen." Denn die von ihm Vergewaltigte hatte sich danach erhängt. Heute noch leidet er unter der Selbstbestrafung, die sich in seiner mangelnden sexuellen Potenz ausdrückt.

Und viele Täter bereuen schon nach ihrem Tod ihre Vergehen und sagen: „Ich will nie wieder Frauen etwas zu Leide tun" (Fall 4), „Ich will nie wieder andere überfallen und vergewaltigen" (Fall 8), „Ich will mich nie wieder homosexuell betätigen. ... Ich will nie wieder jemanden missbrauchen" (Fall 10), „Ich will nie wieder in einen Sexrausch verfallen" (Fall 16), „Für das, was ich getan habe, will ich ewig in der Hölle rösten" *(Und die Migräne ist für sie die Hölle.)* (Fall18), „Ich will nie wieder trinken und vergewaltigen" (Fall 24), „Nie wieder Sex mit Jungens" (Fall 29). Und das, wie wir in dem Kapitel über *Programmierungen* dargelegt haben, was wir nach solchen Leben programmieren, sitzt tief in unserem Unterbewusstsein und wirkt sich in den von uns hier geschilderten Fällen auch heute noch nachteilig auf das Sexualleben aus.

Es gibt auch Vergewaltiger, die weder vor noch nach dem Tod ihre Vergehen bereuen. Arnold (Fall 24), jener deutsche Steuereintreiber, der viele Vergewaltigungen auf dem Gewissen hat, zeigt dafür keinerlei Reue. Das, was er mit Frauen getrieben hatte, war für ihn in Ordnung. Nur seine bösen Taten an Männern bereut er. Dies ist wieder sehr bezeichnend für das Machogehabe früherer Männer. Frauen sind eben dafür da, dass man sie „besteigt". Dafür braucht man doch keine Reue zu zeigen.

Auch der Weiberheld Kaschini (Fall 16) zeigt nach dem Tod kein reumütiges Verhalten. Und von mir daraufhin angesprochen, meint er: „Frauen sind doch sowieso nichts wert.“ Daraus können wir schon entnehmen, dass er wahrscheinlich noch nie vorher Frau in einem früheren Leben war, sonst würde er sicherlich nicht derart abwertend von Frauen reden. Also wird es für ihn höchste Zeit, Frau zu werden, um ebenfalls in gleicher Manier behandelt zu werden. Und wie wir sahen, wird sie in einem der anschließenden Leben mit Erstvergewaltigung zu einer Hure gedungen, worauf sie sich das Leben nimmt. Sie wurde genauso verächtlich behandelt, wie sie als Kaschini Frauen behandelt hatte.

Und auch Patricia (Fall 34) war vormals jener Reuven in England, der in sadistischster Weise Kinder quälte und missbrauchte. Nach seinem Tod von mir gefragt, ob er irgendetwas zu bereuen habe, verneint er und gesteht vielmehr, am liebsten auch weiterhin seinen perversen Wünschen zu willfahren. Man kann sich vorstellen, wenn dieser sadistische Verbrecher als Erdgebundener weiterhin sein Unwesen treiben sollte, welchen Schaden er durch jene auszuüben im Stande wäre, derer er sich bemächtigen könnte. Aber alles hat einen Sinn. Und solche sadistischen Erdgebundenen, wie wir noch sehen werden, sind notwendig, um karmisches Ausgleichsgeschehen zu bewirken. Doch auch Reuven wird einst all das, was er anderen zugefügt hatte, an sich selbst erleben müssen.

Viele Verstorbene – nach meiner Schätzung etwa 20 Prozent – bleiben als Seele ohne Erdenkörper an die Erde gebunden. so auch meistens *Sexualverbrecher*, die noch weiterhin ihren Trieben nachkommen wollen. Doch irgendwann werden sie in die jenseitige Welt geholt. Diese hat viele Ebenen. Man wird immer automatisch in jene Ebene gezogen, die der eigenen Liebesschwingung angepasst ist. Je höher die in einem Menschen bestehende Liebesschwingung, umso heller und lichtvoller wird jene Ebene sein, in die man schließlich zurückgelangt. Meistens handelt es sich um diejenige Ebene, in der man sich vor diesem Leben schon aufgehalten hat. Doch sobald man in der Erdenschule das Klassenziel erreicht hat, was mehrere Erdenleben lang dauern kann, kommt man in die nächsthöhere Ebene des jenseitigen Daseins. Dies ist unser eigentliches Zuhause, solange die Seele auf Wanderschaft durch die verschiedenen Inkarnationen geht. Jede Inkarnation ist eine Reise, jede Rückkehr in das Jenseits ist ein Nachhausekommen. *(Der deutsche Dichter Novalis sagte: „Wohin gehen wir? Immer nach Hause!“ und „Wenn wir geboren werden, sterben wir. Und wenn wir sterben, werden wir geboren.“)*

Normalerweise werden wir nach dem Tod von einem uns Nahestehenden und schon vor uns Gestorbenen abgeholt und ins *Jenseits* geleitet. Doch jene, die sich schwer versündigt haben, die sehr lieblos mit den Menschen umgegangen waren wie Vergewaltiger, werden meistens von einem weisen Mann oder Geistführer abgeholt oder von einem Wesen in Engelsgestalt, das sich diesem aber nicht im hellen Licht zeigt. Manchmal kann es auch der eigene Vater sein. Sie werden dann in jene Ebene geführt, die ihrem inneren Licht der Liebe entspricht. Und da es in ihrem Inneren sehr finster ist aufgrund des geringen Liebeslichtes, werden sie sich in dunklen Ebenen wiederfinden, in denen das Äußere ihrer inneren Liebeseinstellung entspricht. Dort wird ihnen beliebig viel Zeit gegeben, sich mit ihren Erdentaten auseinander zu setzen. Und hin und wieder kommt ein weiser Mann vorbei und spricht mit ihnen über ihr Leben, denn er scheint über alles bestens informiert zu sein. Und allmählich „dämmert" es ihnen, wo sie es an Liebe haben fehlen lassen. Denn sobald sie Reue zeigen, werden sie in eine etwas lichtvollere Gegend geführt. Und je mehr sie bereuen, desto heller wird auch die sie umgebende Gegend. So war einst Kerstins (Fall 29) heutige Seele vor einigen Hundert Jahren im Körper eines Burgherren, der etwa fünfzig Knaben misshandelte und sexuell missbrauchte. Nach seinem eigenen schrecklichen Tod befindet er sich plötzlich in einer dunklen Zelle. Dort besucht ihn ein Mann, der ihm auch sagt, dass er so lange in dieser Zelle zu bleiben hat, bis er seinen Zorn über seine Peiniger abgelegt haben wird. Er erkennt nun allmählich, dass er das, was er anderen angetan hatte, schon am Ende seines Lebens als Karmaausgleich erfahren musste. Denn seine Todespeiniger stecken ihm ein glühendes Eisen in den After, während er selbst vormals seinen Penis in viele Ani von wehklagenden Knaben hineingezwängt hatte. Auch Laura (Fall 11) wurde im früheren Leben nach ihrer verräterischen Tat, die ihre junge Herrin und deren Liebhaber in den Tod führte, von einer Geistgestalt abgeholt und in eine dunkle Gegend geführt.

Gorki, der Kosak (Fall 37), hat schon in seinem Erdenleben große Reue gezeigt und war bereit, alles durch Uneigennützigkeit und Liebe, durch den Dienst am Menschen wieder gutzumachen. Trotzdem sieht er nach seinem Tod „schwarze geometrische Formen", die sich zu einer schwarzen Pyramide gestalten. Das Höhere Selbst klärt ihn vor dem Wolkentor darüber auf, dass diese schwarzen Formen negative Bausteine zu einer schwarzen Pyramide der Lieblosigkeit gewesen sind. Er müsse diese Bausteine in den folgenden Leben wieder abtragen. Dieser Vergleich scheint mir sehr anschaulich zu sein. Die Bausteine für eine schwarze Pyramide schaffen wir durch unsere Taten der Lieblosigkeit. Diese müssen alle wieder abgebaut werden. Es gilt also, durch unsere Taten der Liebe in den vielen Erdenleben eine weiße Pyramide der Liebe zu errichten. Und jede Liebestat ist ein Baustein dazu. Ist der Bau dieser Pyramide abgeschlossen, haben wir das Ziel der Erdenschule erreicht.

Doch diejenigen, die sich für einen anderen vorher dazu bereiterklärt hatten, ihm bei seinem karmischen Ausgleich behilflich zu sein, gelangen gleich wieder zurück auf ihre Ausgangsebene, von der sie sich vor ihrer Inkarnation weg in die Erdenschule begeben hatten. So trifft Bogan (Fall 1), der als junger Rittersmann die junge Magd vergewaltigte, woraufhin sie sich erhängt hatte, diese im Jenseits wieder. Sie kommt auf ihn zu, vergibt ihm für seine Untat und drückt auch noch ihr Bedauern aus, dass er infolge der Vergewaltigung selbst sein Leben verlieren musste. Natürlich weiß dieser Rittersmann nach seiner Rückkehr noch nicht, was die vorausgegangene Abmachung gewesen war. Deshalb kann er dem vergebenden Geschehen samt der Liebe, die ihm begegnet, wohl erst gar nicht trauen. Es kommt einem wie ein Traum vor. Denn im lichtvollen Jenseits wird die allgemeine Herzensliebe wie etwas Selbstverständliches praktiziert. Und Kevin (Fall 17), der als Fünfjähriger von einem Mann missbraucht worden ist, begegnet diesem in der jenseitigen Welt, der ihn nun von ganzem Herzen um Vergebung für seine Missetat bittet. Eventuell hatte dieser Täter schon die dunklen Sphären hinter sich, wo er allmählich zur Reue gelangte. Und es wird ihm wie ein Drang erscheinen, jene um Vergebung zu bitten, denen er Unrechtes getan hatte. Und Gustav Meyer (Fall 7), der zu Beginn des zwanzigsten Jahrhunderts den

Arzt Dr. Ludwig mit dessen Frau betrogen hatte, weshalb dieser ihm bei einer Leibesvisite als Strafe mit dem Knüppel auf den Penis schlug, woraufhin er den Arzt umbrachte, traf im Jenseits eben diesen wieder. Und anstatt dass dieser weiterhin voller Wut auf ihn zukommt, streckt er dem Neuankömmling die Hände entgegen und umarmt den Verdutzten, der sicherlich ebenfalls nicht glauben kann, dass er, der Mörder, von seinem Opfer umarmt wird. Und dann erfährt Gustav, dass sie beide sich schon seit vielen Jahrhunderten kennen und in Ägypten einst Brüder waren. Die Seele des Dr. Ludwig war damals derjenige, der dem anderen die Geliebte weggeschnappt hatte. Jetzt waren sie endlich quitt. Dann lachten beide. Und wie wir uns denken können, gehört dieser Doktor dem Tätertyp C an, denn sicherlich hatten beide vor ihrer damaligen Inkarnation dieses Ausgleichsgeschehen miteinander abgesprochen, sodass dem Mörder Gustav keine karmische Schuld entstanden sein dürfte.

Auch Sitschi (Fall 10) hatte als Prostituierte einen Freier, der nicht zahlen wollte, erschlagen. Und zu ihrem Erstaunen begegnet sie diesem im Jenseits wieder. Dieser kommt zu ihrer Verblüffung auf sie zu und umarmt sie. Und als er die darum Fassungslose ansieht, sagt er: „Macht ja nichts!" Damit gibt er ihr zu verstehen, dass er ihr gegenüber wegen des Totschlages keinen Groll mehr hegt und ihr vergeben hat. Denn sicherlich hatte er, der sich schon seit vielen Jahren im Jenseits aufgehalten hatte, bereits alle Hintergründe seines Erdenlebens einschließlich der Art und Weise seines Todes erfahren und auch die Notwendigkeit seines Ablebens eingesehen. Er weiß, dass alles seine Richtigkeit hatte. Doch für die Neuangekommene ist alles zuerst unverständlich. Allmählich wird auch sie die ganzen Zusammenhänge erfahren und vielleicht auch herausfinden, dass alles so, wie es gekommen ist, dass sie ein Leben als Prostituierte führen und diesen Freier erschlagen musste, auch vorher geplant war.

Vergewaltiger erfahren im Jenseits, dass sie ein Gleiches erleben müssen, wie jene, die sie vergewaltigt hatten. Und ihnen wurde gesagt, dass sie dieses Ausgleichsgeschehen noch auf spätere Reinkarnationen verlegen könnten, doch wurde ihnen bewusst gemacht, dass sie bei einer sofortigen Wiedergeburt nochmals den gleichen Fehler begehen könnten. Somit wird ihre karmische Last auf spätere Leben verlagert. Meistens erfolgt auf ein Täterleben ein *Wiedergutmachungsleben*. Ein sexueller Täter wird sich vielleicht für ein Leben als Frau entscheiden und sich für die Rechte der Frau engagieren. Sie mag sich dann besonders darin ereifern, gegen alle Vergewaltiger mit Vehemenz vorzugehen, damit das Gericht diese zu einer hohen Strafe verurteilt. Denn das ist ein psychologisches Gesetz: Das, was ich mit Vehemenz bekämpfe oder von mir weise, hat mit mir und meinen früheren Leben zu tun. Das andere ist der Spiegel, der mir vorgehalten wird, in dem ich mich unbewusst wiedererkenne, es ist der Spiegel dessen, was ich in meiner Vergangenheit begangen habe und nicht mehr wahrhaben will. Oder im Wiedergutmachungsleben entwickelt der einstige Sexualtäter zusätzlich ein Helfersyndrom oder gar ein Bestrafungssyndrom. Er mag im ersteren Fall bei der freiwilligen Feuerwehr, als Krankenschwester, als Sanitäter sich bewähren wollen oder im zweiten Fall sich unterwürfige Jobs z. B. als Raumpflegerin oder Kloakenreiniger aussuchen. Doch mag er einem Zwang unterliegen, bestraft werden zu müssen für irgendetwas, das ihm nicht bewusst ist. So mag er zum Kleptomanen werden allein zum Zweck, ertappt und bestraft zu werden. Oder er verstößt gegen Verkehrsregeln und wird eingedeckt mit Strafmandaten bis hin zum Führerscheinentzug.

Interessant ist folgendes Ereignis: „Nach dem Krieg *(Erster Weltkrieg)* waren Frauen maßgeblich am Zustandekommen des Kellogg-Briand-Paktes beteiligt, indem sie den Krieg für illegal erklärten. Sie gehörten dem Nationalkomitee gegen den Krieg an, welches 1932 zehn Millionen Unterschriften für eine Entwaffnungspetition sammelte."[94] Eventuell gehörten zu diesen sich gegen den Krieg als solchen stemmenden Frauen viele ehemalige mordende Soldaten, die nun als wiedergeborene Frauen sich am Ende ihres früheren Lebens geschworen hatten, nie wieder Krieg zu führen und alles dafür zu tun, dass nie wieder ein Krieg entstehen kann.

Jedoch wenn einst dieser noch ausstehende karmische Ausgleich angetreten werden sollte, werden sie trotzdem wieder geprüft bzw. getestet, ob sie nun aus der am eigenen Leib erfahrenen Vergewaltigung innerlich gefestigt sind, nie wieder zu vergewaltigen. Doch einige können wieder rückfällig werden, woraufhin sie in einem nächsten Leben wieder eine Vergewaltigung erfahren. Diese wiederholten Tests in den verschiedensten Leben werden so lange durchgeführt, bis eine Seele nie wieder vergewaltigt. Somit ist die ausgeübte Sexualität zugleich auch ein Entwicklungstest.

Jessica (Fall 16) war in einer früheren Inkarnation ein Wikingerkrieger, der viele Frauen vergewaltigt hatte. Um nicht wieder in Versuchung zu geraten, als Mann wiedergeboren und möglicherweise rückfällig zu werden, beschließt sie, eine Nonne zu werden, ohne schon in jenem Nonnenleben den karmischen Ausgleich erleben zu müssen. Sie schiebt also den karmischen Ausgleich für spätere Leben zurück. Denn als Nonne kann sie unbewusst zugleich für ihre früheren Taten Buße tun. Es ist interessant zu erfahren, dass wir oft von einem Extrem ins andere wechseln. Als Nonne wird sie mit anderen Nonnen möglicherweise entsetzt sein über jene Männer, die vergewaltigen. Sie werden diese verurteilen. Doch sind, wie wir schon sagten, Verurteilungen anderer meistens Verurteilungen unserer eigenen Seele, die in früheren Zeiten genau das ausgeführt hatte, was wir eben verurteilen.

Die Seele von Barbara (Fall 15) steckte im früheren Leben in dem Körper eines Ägypters, der auf höheren Befehl hin einige Dutzend gefangene Nubierinnen vergewaltigen musste, um ihnen ihre magischen Kräfte zu nehmen. Und er ging gewaltsam mit ihnen um. Im Jenseits überkommt ihn die Reue und er erklärt: „Ich will nie wieder einer Frau wehtun. ... Ich will wissen, wie es den Frauen dabei ergeht, damit ich das ändern kann. Damit ich lernen kann, dass das sinnlos ist, was Männer tun. Damit ich lernen kann, wie Frauen das verhindern könnten. Ich will lernen, wie Frauen verhindern können, dass Männer ihnen wehtun. ... Ich muss es selber erfahren, wie schlimm es für Frauen ist, damit sie sich wehren." Sie verordnet für sich aus eigenem Entschluss einen karmischen Ausgleich, und zwar nicht aus Strafe, sondern aus der Einsicht heraus, dass sie selbst herausfinden möchte, wie es ist, als Frau vergewaltigt zu werden. Und tatsächlich ist sie in mehreren Leben als Frau vergewaltigt worden. Und sicherlich war jede Vergewaltigung von ihr vorher über sich selbst verhängt worden. Denn im Jenseits werden vor allem die schon weiter entwickelten Seelen dahin gebracht, aus höherer Sicht die göttlichen Gesetze zu erkennen und dementsprechend zu handeln. Hierzu gehört auch die richtige Planung für das nächste Leben, um auch die Erfahrungen noch einzuholen, die noch zur Liebewerdung notwendig sind. Alles ist notwendig, was noch nicht ausgeglichen ist. Und der Ausgleich gewährt einem die notwendig zu ermittelnde Erfahrung.

Doch wenden wir uns jetzt den Opfern zu.

Psychogramm des Opfers

Wir haben im vorhergehenden Kapitel bei der Erstellung eines Psychogramms des Täters hauptsächlich vom Mann gesprochen. Doch gibt es auch Frauen als Täterinnen. Diese fallen jedoch als Sexualtäterinnen weniger ins Gewicht, weshalb ich nicht näher auf sie eingegangen bin. Auch in diesem nun beginnenden Kapitel spreche ich im Zusammenhang mit Opfern in den meisten Fällen von Frauen, obwohl auch viele maskuline Kinder und Jugendliche und seltener männliche Erwachsene Opfer sexueller Ausschreitungen sein können.

Heute wird in den westlichen Industriestaaten schätzungsweise jede siebte Frau vergewaltigt, wobei die Vergewaltigungen in der Ehe gar nicht mitgerechnet sind. *Masters und Johnson* haben eine Zusammenstellung gegeben, welche Folgen für eine Frau aus einer Vergewaltigung entstehen können.[95] Sexualaversionen und Vaginismus (Scheidenkrampf) gehören zu den gravierendsten Folgen. Weiterhin können verringertes Sexualverlangen, Abnahme von Vaginalfeuchtigkeit, Verlust der Gefühlsempfindungen im Genitalbereich, Schmerzen während des Verkehrs und Anorgasmie entstehen. All diese Symptome sind reichlich in den von mir aufgeführten Fällen dieses Buches aufgetreten, und sie alle weisen auf sexuellen Missbrauch und Vergewaltigung in früheren Leben hin, auch in den Fällen, wo diese noch im heutigen Leben vorgekommen sein sollten.

Doch fragen wir uns, wie Vergewaltigte mit diesem Geschehen umgehen. Hier gibt es eine große Variation von anschließendem Verhalten. Dieses kann reichen von der Verdrängung bis zum Suizid. Die Reaktionen hängen ganz von der individuellen Persönlichkeit der Betroffenen ab. Doch allen – von Masochistinnen einmal abgesehen *(aber auch die wollen erst ihre Zustimmung gegeben haben)* – ist gemein, dass eine gewaltsame Penetration als etwas Traumatisches und die Würde einer Frau Verletzendes empfunden wird. Eine vornehme Frau, die von einem blöden Dorftrottel vergewaltigt wird, kann wahrscheinlich schwerer damit umgehen, als eine Magd, die schon mit zig Knechten und dem Herren geschlafen hat. Ebenfalls wird eine Vergewaltigung mit Erstpenetration wohl schlimmer empfunden werden als eine Zweitvergewaltigung. Zuständig für den Grad der Traumatisierung durch eine Vergewaltigung sind die verschiedensten äußerlichen Umstände und inneren Eintellungen: 1.) der Schock, 2.) das rücksichtslose und schmerzverursachende Vorgehen des Täters, 3.) die allgemeine subjektive Einstellung, 4.) Religiosität, 5.) Ekel vor dem Vergewaltiger als Person, 6.) Angst vor der verlorenen Jungfernschaft/Entehrung, 7.) möglicherweise Angst vor Schwangerschaft, 8.) Gefühle der Ohnmacht (Hilflosigkeit, weibliche Schwäche), 9.) Zorn auf eben diesen Mann – „Was fällt diesem unverschämten Kerl eigentlich ein?“, 10.) Vorahnung: Jetzt geschieht das, was ich unbewusst befürchtet habe.

Hier wären bestimmt noch einige weitere Reaktionen hinzuzufügen. Doch der letzte Aspekt scheint mir so wichtig, ihn etwas näher in Betracht zu ziehen. Viele Opfer von Vergewaltigungen fragen sich: „Warum gerade ich?“ Und einige mögen sogar denken: „Ich habe es ja geahnt, dass mir das passieren musste.“ Unbewusst steigt dieses Gefühl hoch, welches man möglicherweise schon viele Jahre mit sich herumgetragen hatte. Es ist eine Rückerinnerung der Seele an das, was sie aufgrund früherer eigener Verfehlungen wieder auszugleichen hat und zugleich ein Erinnern an die Planung für dieses Leben, die eben eine Vergewaltigung vorgesehen hatte. Ivonne (Fall 19) war in einem früheren Leben als Louisa mit siebzehn vergewaltigt worden. Späterhin auf ihrem Bett liegend, denkt sie: „Ich habe es wohl verdient. Denn ich habe im Wirtshaus die Männer mit meinem tiefen Ausschnitt animiert.“ Sie fühlt ein inneres Schuldbewusstsein und versucht, sich dieses traumatische Geschehen mit ihrem Verhalten in dem gegenwärtigen Leben als Louisa zu erklären. Doch stammt dieses unbewusste Schuldgefühl aus einem vorausgegangenen Täterleben, in welchem ihre Seele sich in dem Körper eines Mannes befunden hatte, der aus Übermut eine ganze Reihe von Frauen vergewaltigte.

Aus diesen erzwungenen Verletzungen der intimsten Frauenehre können sich für die Vergewaltigte folgende Nachwirkungen ergeben: 1.) Hass auf Männer, 2.) Angst und Misstrauen vor Männern, 3.) Hass auf sich selbst (vielleicht zu unvorsichtig oder zu leicht angezogen gewesen zu sein), 4.) Hass auf Gott/Schicksal, 5.) Minderwertigkeitsgefühl (jetzt nichts mehr wert zu sein), 6.) Angst vor Wiederholung, 7.) ein Geheimnis hüten zu müssen/ eventuell mit einer Lüge hinfort zu leben, 8.) Beeinträchtigung der gesamten Lebensfreude, 9.) bei erfolgter Schwangerschaft: Was nun? Abtreibung?, 10.) bei Geburt des unehelichen Kindes: Werde ich es lieben können? Muss mich der Anblick dieses Kindes nicht dauernd an diese Vergewaltigung und an den furchtbaren Mann erinnern? Wird mich noch irgendein anderer Mann begehren und heiraten wollen?

Diese Aufzählung könnte ebenfalls noch erweitert werden.

Die früheren Urteilsfindungen bei Vergewaltigungen gingen immer von dem Maß der Mitschuld der Vergewaltigten aus. Wie hoch war das Maß ihrer Gegenwehr? Und die urteilenden Richter waren bis vor einigen Jahrzehnten immer Männer. In ihnen schlummerte noch manchmal das Vorurteil, dass es doch vielleicht auch für die Vergewaltigte „schön“ gewesen sein könnte, weshalb sie doch bis zu einem gewissen Maße zugestimmt oder es sogar gewollt habe. Und wir erkennen daraus, wie wichtig es für diese Männer mit solchem Denken ist, dass sie selbst einmal als eine Frau inkarnieren, um eine gleiche Vor- und Nachbehandlung zu erleben. Aber inwiefern hat eine Frau, die von einem Vergewaltiger angefallen wird, überhaupt eine Chance zur Verteidigung? Denn wenn sie plötzlich niedergeworfen wird, gibt ihr der beabsichtigte Überrumpelungseffekt keinerlei Gelegenheit zu überlegen, was sie wohl machen könnte. Sie kann möglicherweise gar nicht abschätzen, ob ihre Leibeskräfte ausreichen könnten, sich dieses Ungeheuers zu erwehren. Auch kann sie nicht im ersten Augenblick abschätzen, ob er bewaffnet ist und ob er vielleicht auch bereit ist, sie zu töten. Und falls sie sich dennoch wehren sollte, wird er sie bedrohen. Und viele Täter halten schon von Anfang an das Messer oder die Pistole bereit, um damit anzudeuten, dass jegliche Abwehr sinnlos ist. Und dann, so man nach Hilfe schreien sollte, könnte er gleich seine drohende Gebärde verschärfen. Also ist es geboten, so der Schock nicht sowieso gleich die Stimme versagen lässt, dass man nicht schreit und die „Sache“ so schnell wie möglich hinter sich bringt. „Hoffentlich ist alles schnell vorbei.“ In dieser chaotischen Situation ist von Seiten der Frau sowieso jegliches Lustgefühl von vornherein ausgeschlossen. Denn die augenblickliche Angst samt einem lähmenden Ohnmachtgefühl drängt alle anderen Gefühle außer denen des körperlichen Schmerzes weit zurück.

In unseren geschilderten Fällen finden sich viele Beispiele, wo Frauen durch Soldaten, Piraten, Einzeltäter in einer auswegslosen Situation vergewaltigt worden sind. Niemand kann ihnen helfen. Und manche, die so „dumm“ war, sich zu wehren, ist noch schwer verletzt oder gar erwürgt oder getötet worden.

Wie wir schon bei der Beschreibung des Täterpsychogramms gesehen haben, treiben die Vergewaltiger oder die Missbraucher ihre Opfer in Situationen, denen sie sich nicht oder nur unter unliebsamen Voraussetzungen entziehen oder in welchen sie nicht nein sagen können. Saskia (Fall 22) wird im heutigen Leben als Siebzehnjährige von ihrem Nachbarn zum Beischlaf aufgefordert, da er bei ihrer Weigerung an die Öffentlichkeit bringen will, was sie mit den Freunden ihres Mannes in ihrem Hause alles treibt. Aus Angst, dass ihr Ruf ruiniert werden könnte, ergibt sie sich ihm. Sie erfährt in ihrem heutigen Leben noch Missbrauch und Vergewaltigung als Ausgleich für ihr Soldatenleben unter Napoleon, in welchem sie mehrere Frauen vergewaltigt hatte.

Auch Catherine (Fall 23) befindet sich in einem früheren Leben in einer praktisch ausweglosen Situation. Denn der Graf überrascht die Achtzehnjährige in der Wäschekammer, wirft sie auf die Wäsche und droht ihr: „Wenn du nicht willst, kannst du heute noch gehen.“ Was blieb ihr anderes übrig? Denn sie war froh, diese Anstellung erhalten haben zu können. Und eventuell hatte sie schon damit gerechnet, dass der Graf, der bekanntermaßen alle seine jungen Mägde beschlief, sich auch an sie heranwagen würde. Doch das Schlimmste passiert. Sie wird schwanger. Nun ist sie für den Grafen nicht mehr interessant. Und sie wird einfach von den anderen Männern, die es dem Grafen nachtun wollen, zum Sex gezwungen. Als dieses Kind in Heimlichkeit von ihr selbst entbunden wird, kommt die Gräfin und bedroht sie: „Das Kind kann nicht hier bleiben“, womit sie sagen will: Entweder du schaffst das Kind weg oder du musst gehen. Und nun steht die junge Mutter vor der größten Entscheidung ihres Lebens. In ihrer Not erwürgt sie unter Tränen das Kind, begräbt es in Heimlichkeit und läuft aber dann wie von Sinnen durch den Wald und klagt sich als Mörderin an. Sie findet eine Anstellung als Hausgehilfin, doch der Hausherr, der sie anwidert, stellt sie unter der stillschweigenden Verpflichtung ein, mit ihr zu schlafen. Denn ihr Zimmer ist nicht abzuschließen, sodass er meist im angetrunkenen Zustand einfach, wann immer er dazu „aufgelegt“ ist, zu ihr ins Bett steigt. Ich frage sie, warum sie das zulasse, und sie antwortet: „Ich kann mich ja nicht wehren!“ Doch ihre Schuldgefühle als Kindsmörderin und die sie anwidernden Gefühle, wie eine Prostituierte benutzt zu werden, lassen sie nicht mehr schlafen.

Schließlich geht sie zum Fluss und ertränkt sich. Irgendwann wird der Herr Graf ebenfalls in ähnlicher Weise vom Schicksal eingeholt werden. Und man kann sich denken, wenn in den dunklen Ebenen des Jenseits ihm das weitere Leben dieser von ihm vergewaltigten Magd wie auch jene weiteren Leben der von ihm weiterhin Vergewaltigten immer wieder vorgestellt wird, dass er dann ebenfalls seine Vergehen anklagt und Buße tun möchte.

Die Egomanen, die machtbesessenen und libidodimensionierten Männer, kümmert es wenig, was mit ihren sexuellen „Eroberungen" im Nachhinein geschieht. Sie wollen auch gar nicht daran denken, denn das würde sie ja nur von ihren Vorhaben abbringen. Doch ihrer wird „gedacht". Alles wird in das so genannte Logbuch der Seele aufnotiert, bis alles ausgeglichen ist. Denn durch den karmischen Ausgleich werden sie in gebührender Weise dahin gebracht, nachträglich sich mit ihren vormaligen Untaten durch Selbsterfahrung auseinander setzen zu müssen. Doch die Vergewaltigte ist immer die Leidtragende. Denn sie hat das Leid, das sie in früheren Leben als Mann anderen zugefügt hatte, mit in ihr Ausgleichsleben getragen und trägt es oft noch bis in ihr heutiges Leben hinein. Nahezu alle sexuellen Probleme gehen auf Vergewaltigungen oder Missbrauch zurück. Die Verletzung des Geschlechts der Frau ist die eigentliche Ursache für die meisten sexuellen Störungen, die wir bei Frauen und Männern wiederfinden. Und 95 Prozent davon *(meine Schätzung)* gehen auf frühere Leben zurück. Selbst wenn diese Vergewaltigungen im heutigen Leben stattgefunden haben, gehen diesen meistens schon in früheren Leben andere Vergewaltigungen voraus.

In den Readings von Edgar Cayce wird bestätigt, dass die Männer im Durchschnitt in früheren Leben weniger Opfer waren als Frauen. Und dieser *„schlafende Prophet"* drückt all das, was ich in der Breite dem Leser darlege, in einigen Sätzen komprimiert aus: „Bei weitem waren es die Frauen, die in brutalster Weise zu sexuellen Opfern wurden. Sie wurden gebraucht, missbraucht, vergewaltigt, mit Drogen betäubt, geschlagen, auf Auktionen auf ein Brettergerüst gestellt und zum Kauf angeboten, sie wurden in die Prostitution gezwungen und als Beischläferinnen behandelt, die man wieder weggab, wenn man sie nicht mehr haben wollte. Wenn einmal die ganze Geschichte der Sexualität offen gelegt wird, breitet sich uns ein Panorama aus, das aus klinischer und dramatischer Sicht in der Literatur der Welt ihresgleichen sucht. Doch die Opfer müssen diese Vergewaltigungen selbst in einem noch früheren gewaltsamen Leben verursacht haben, als sie als Verbrecher Egoisten waren, deren Bewusstsein sich noch auf einem tierischen Niveau befand. Sie dienten damals dazu, den anderen ihr Karma auszugleichen, während sie ihr eigenes initiierten."[96]

Doch nicht alle Frauen lassen sich diese Schändungen oder diesen Missbrauch gefallen. Das Kindermädchen Agneta wird von dem Hausherren zum Beischlaf gedrängt. Doch nach dem fünften Missbrauch nimmt sie sich ein Herz und zertrümmert die Vase auf dessen Kopf und verlässt das Haus. Doch solches Abwehrverhalten ist äußerst selten. Sollte das Opfer jedoch im Tode noch voller Rachegefühle wider den Peiniger sein, werden diese letzten Programmierungen gespeichert und setzen sich meistens schon in einem Folgeleben um. So könnte eine vergewaltigte und dann zum Tode geführte Frau solch ein Gefühl der Rache in sich gegen den Mann oder die Männer im Allgemeinen aufgebaut haben, dass sie im nächsten Leben als Prostituierte inkarniert und eventuell als Domina mit Wonne die Männer auspeitscht.

Der keltischen Priesterin Kailach (Fall 15) fällt nach ihrer Vergewaltigung kein anderes Mittel ein, um Rache an ihrem Vergewaltiger zu nehmen, als ihn zu verfluchen. Und in schamanischen Gesellschaften würde sich nie ein Mann mit niederen sexuellen Absichten einer Schamanin nähern aus Angst vor deren Geistern der Rache. Doch im Jenseits wird Kailach von des Vergewaltigers Mutter darauf hingewiesen, dass sie durch diese Verfluchung etwas Unheilvolles für den *Verfluchten* und sich selbst angerichtet hat.

Die Programmierungen, die, wie wir sahen, vor oder kurz nach dem Tod formuliert werden, wirken sich oft über viele Leben hin noch aus. In einem ihrer früheren Leben war Sandra eine ägyptische Orakelpriesterin, der man das eigene Kind wegnahm. Ihr damaliger Satz (Fall 20) „Ich will nie wieder mit einem Mann schlafen", um nicht nochmals ein Kind zu gebären, das man ihr dann wegnehmen könnte, bewirkt noch nach über dreitausend Jahren, dass sie heute noch unter koitaler Anorgasmie leidet.

Ähnlich ergeht es auch Amanda (Fall 14), die nur selten mit dem Ehemann zum Orgasmus kommt und wenn, dann nur, indem sie auf ihm liegt oder sitzt. Denn sie ist in einem früheren Leben als junge Zigeunerin vergewaltigt worden und hat sich geschworen, nie wieder unter einem Mann zu liegen. „Ich will nie wieder vergewaltigt werden. ... Ich will nie wieder ohnmächtig gegenüber einem Mann sein." Und da dieser Mann viele Haare auf der Brust hatte, waren solche Männer für sie von vornherein abstoßend. Und natürlich geht auch diese Vergewaltigung auf ein Täterleben als Vergewaltiger zurück.

Lauras (Fall 11) heutige Abkehr von allen Männerbeziehungen geht auf die Programmierungen zweier Leben zurück. In dem einen beobachtet sie als Siebenjährige, wie Männer einen Mann ermorden. Sie wird entdeckt und als Zeugin von deren Pferden zertrampelt. Nach ihrem Tod sagt sie: „Ich will nie wieder allein in den Wald gehen, nie wieder etwas Grauenhaftes mit ansehen müssen, mich nie wieder von Männern anfassen lassen." Und diese Programmierung wird verstärkt durch eine ähnliche, die ihre Seele nach einer Vergewaltigung zur Zeit der Französischen Revolution ausspricht: „Ich will nie wieder vergewaltigt werden. Ich will mich nie wieder von Männern berühren lassen." Und tatsächlich darf sie kein Mann berühren, sodass sie mit achtundvierzig Jahren immer noch Jungfrau ist.

Sehr interessant ist es, die in Trance befindlichen Klienten in den Zustand nach ihrem jeweiligen früheren *Ableben* zu versetzen. Meistens sieht man unter sich den soeben verlassenen Erdenkörper und fühlt sich auf einmal ganz leicht. Wurde man vorher noch gequält, dann ist aller Schmerz auf einmal vorbei. So erging es auch der Seele von Ivonne (Fall 19), die im früheren Leben Louisa hieß. Sie hat gerade noch mitbekommen, wie die Flammen auf dem Scheiterhaufen an ihr hochzüngelten, während sie durch den Qualm erstickte. Dann auf einmal befindet sie sich außerhalb des Körpers und sieht das ganze Szenario samt ihrem brennenden Körper und dem Markt mit der auf ihre Verbrennung starrenden Menge. Und plötzlich entdeckt sie ihre verstorbene Mutter neben sich. Sie ist gekommen, um sie abzuholen. Dies ist für soeben Verstorbene, die nichts Genaueres über ein *Leben nach dem Tod* wissen, eine große Überraschung, dass einer ihrer Verstorbenen und in Liebe Verbundenen auf einmal wieder bei ihnen auftaucht. Dies hat seinen Grund darin, dass eine dem soeben Verschiedenen vertraute Person eine freudige Überraschung bereitet und ihn ablenkt von dem soeben Erlebten. Diese Vertrauensperson kann jetzt aufklärend wirken, indem sie erklärt, dass Ersterer gerade aus dem Erdenkörper herausgegangen ist, denn dieser sei nur wie ein Kleidungsstück, das man ablegt. Die Empfangsperson geleitet dann den seines Erdenkörpers Ledigen und im Astralkörper Befindlichen in die jenseitige Welt. Und so erlebt es auch Louisa. Denn ihre Mutter umarmt sie, küsst sie, nimmt sie an die Hand und schwebt mit ihr in ein sehr helles Licht hinein. Dort begegnen ihr verschiedene Wesen von unterschiedlicher Helligkeit.

Jene, die oft eine lange Bettlägrigkeit vor dem Tod auf Erden erleben mussten, werden meistens in ein jenseitiges Sanatorium gebracht, um sich an die neuen Schwingungen zu gewöhnen. Doch dann werden sie auch mit jenen zusammengebracht, die sie aus dem abgelegten Leben kannten. Marga (Fall 2) wollte einer Mutter bei der Geburt ihrer Zwillinge helfen. Doch alle drei fanden bei dieser dramatischen Geburt den Tod. Sie wird nun angeklagt, durch einen Fluch diese drei getötet zu haben. Um ein Geständnis zu bewirken, foltert und vergewaltigt man sie, bis sie an diesen Quälereien stirbt. Sie, nachdem ihre Seele aus dem Erdenkörper herausgeschwebt ist, wird auf einmal von Lichtwesen in Empfang genommen, die sie auf eine Wiese in der *jenseitigen Welt* bringen. Und dort zu ihrer Überraschung begegnet sie jener bei der Geburt verstorbenen Mutter wieder mit deren Zwillingen. Und alle drei begrüßen sie ganz erfreut. Wenn sich Marga vielleicht noch schuldig gefühlt hatte, dass sie dieser gebärenden Mutter nicht besser helfen konnte, so wird sie jetzt darüber erstaunt sein, dass alle drei ja gar nicht gestorben sind, sondern hier auf einer anderen Ebene des Daseins weiterleben. Auf einmal werden die Schuldgefühle aus ihrem Versagen, nicht geholfen haben zu können, wie ein Luftzug verfliegen. Und anstelle dieser Schuldgefühle stellt sich dann auf einmal ein Freudegefühl ein.

Auch Catherine (Fall 23), die sich wegen des Mordes an ihrem unehelichen und durch Vergewaltigung gezeugten Kind schuldig fühlte, begegnet nach ihrem Suizid auf einmal in der jenseitigen Welt ihrem Baby wieder. Es war also nicht wirklich gestorben. Somit konnte sie ja auch nicht eine wirkliche Mörderin sein. Und sie durfte nun ihr geliebtes Baby voller Freude in den Armen halten. Denn ihre Not, das Kind damals umgebracht zu haben, wird in der jenseitigen Welt ganz anders bewertet, als irdische Rechtsprechung ein solches Vergehen beurteilen würde. Immer ist das Maß der Liebe bei einer ausgeübten Tat ausschlaggebend für eine jenseitige Beurteilung. Und trotzdem muss sie in dem heutigen Leben noch die karmische Verschuldung an dem Tod ihres Kindes ausgleichen. Denn lange Zeit bekam sie zu ihrem Bedauern kein Kind, so sehr sie es sich auch wünschte. Dadurch musste sie den Wert eines Kindes durch die Sehnsucht nach einem solchen in sich erfahren.

Und jene Magd Irina (Fall 9), die beim Edelweißpflücken herunterfällt und mit gebrochenen Füßen und Bein von einem Almhirt in dessen Hütte sexuell belästigt worden ist, bis sie schließlich dort an ihren Verwundungen stirbt, wird von einem Engelwesen abgeholt. Im *Jenseits* begegnet ihr ein alter Mann, und dieser begrüßt sie mit den Worten: „Schön, dass du wieder da bist." Erst allmählich wird dem Neuankömmling bewusst, dass er ja vor seiner soeben beendeten Inkarnation schon hier gewesen war, weshalb nahezu alle ihn wie einen alten Bekannten begrüßen, obwohl er noch in seinem jetzigen vorläufigen Astralkörper die

Gestalt angenommen hat, die er in dem soeben abgelebten Leben besessen hatte, auch wenn er sich darin schnell auf sein Lieblingsalter hin (meist zwischen 25 und 30 Jahren) verjüngt. Für jemanden, der gerade ein schlimmes Opferleben hinter sich gebracht hat, mutet alles an wie ein Märchen. Alle haben freundliche Gesichter. Sie lachen, begrüßen einen. Alle scheinen vergnügt und großer Freude zu sein.

Valentina (Fall 10) war in einer ihrer früheren Inkarnationen ein Junge namens Jean, der mit acht Jahren von Vagabunden aus Spaß missbraucht und am Penis verstümmelt wurde. Und da er späterhin durch diese Verletzung mit keiner Frau schlafen konnte, verdingte er sich in England als Stricher. Nach seinem Tod im Jenseits begegnet er auch jenem Mann wieder, der ihm einst den Penis verstümmelt hatte. Dieser kommt auf ihn zu und bittet ihn um Vergebung mit der zusätzlichen Bemerkung: „Ich musste das tun." Und Jean erfährt nun, warum dieser Mann ihm diese Verletzung zufügen musste, hatte er doch selbst sich dieses leidvolle Geschehen vor seiner letzten Reinkarnation ausgesucht, da er in einem weit zurückliegenden Leben als römischer Sklavenhändler Mädchen und Knaben geschändet hatte. Somit kann er auch seinem Peiniger vergeben und diesen umarmen.

Wenn es nicht in der Rückführungstherapie gelingt, jemanden nach einem Opferleben in sein jenseitiges Dasein zu geleiten *(bei etwa 50 Prozent der in Trance Befindlichen gelingt es mühelos)*, dann können auch die inneren Zusammenhänge vor dem Wolkentor oder auf dem *Berg der Erkenntnis* durch Hinweise des Höheren Selbst geklärt werden. So erkennt Tina (Fall 31) nach dem Aufdecken und Wiedererleben einiger früherer Leben, dass sie sich den Missbrauch, den ihr heutiger Großvater über viele Jahre mit ihr als Kind und Jugendliche verübte, selbst für ihr heutiges Leben verordnet hatte. Denn es stand noch ein Ausgleichen aus einem römischen Leben aus, in welchem sie Kinder und Jugendliche missbraucht hatte. Wenn jemand in der Rückführung also erfährt, dass der Missbraucher – handele es sich dabei um einen Fremden, den Vater, den Bruder oder wie hier um den Großvater – dieses an einem verübte, da man es so und nicht anders wollte, dann verfliegt der ganze Hass gegen einen solchen. Sie wird diesem auf dem Berg der Erkenntnis den Kelch der Liebe bringen und ihm vergeben. Und danach ins Hier und Jetzt zurückgekehrt, wird sie diesem früheren Missbraucher auf einmal ganz liebevoll gegenübertreten können, was diesen verwundern wird. Und wenn sie ihm einen Brief schreibt, ihn anruft oder vor ihm steht und sagt: „Ich möchte dir vergeben", dann würden diesem sicherlich mit Schuldgefühlen schon lange belasteten Mann die Tränen kommen. Rückführungstherapien helfen, Harmonien wiederherzustellen.

Und dieses Karmagesetz erkennt auch Diane (Fall 12) auf dem Berg der Erkenntnis. Denn ihr wird klar, warum sie als Kirstin und dann in ihrem heutigen Leben als Achtzehnjährige vergewaltigt werden sollte. Als John Dunbar hatte sie ein Ähnliches mit jenem Lehrling Peter getrieben, dessen Seele sie nun in einem früheren Freund wiedererkennt. Und sobald man erfahren hat, dass selbst eine Vergewaltigung genau das Richtige war, was sie aufgrund von karmischer Eigenverschuldung über sich selbst als Ausgleichserlebnis verhängt hat, kann sie sich auch von ihrem Trauma, mit achtzehn vergewaltigt worden zu sein, verabschieden. Alle Schwere, die sich von damals in ihr aufgetürmt hatte, löst sich auf, und auch ihre Fettschichten, die sie sich in ihrer Depression als Schutzmantel gegen weitere sexuelle Belästigung angefressen hatte, können ebenfalls nun abgebaut werden. Die Rückführungstherapie – und ich wiederhole mich hier gerne – ist ein Zaubermittel, um sexuelle Störungen samt allen Begleiterscheinungen oft in kürzester Zeit aufzuheben. Sie ist ein Geschenk von oben an die Menschheit!

Das Jenseits ist für jeden, doch besonders für den, der gerade ein Opferleben hinter sich hat, eine paradiesische Erholung. Für jeden Rückführungstherapeuten wird es eine Freude sein, seine Klienten nach einem Opferleben durch die Schönheiten der jenseitigen Welt zu führen, berichten diese ihm doch gern, was sie alles erleben. Ein jeder kann durch das Kennenlernen dieser lichtvollen Ebenen und vor allem durch das von Liebe getragene Denken, Sprechen und Handeln seiner Bewohner viel für sich selbst entnehmen und möglicherweise für seine eigene Liebewerdung nützen.

Nachdem man im Jenseits seine Stammgruppe kennen gelernt und sich reichlich umgesehen hat, wird man sich dort auch nützlich betätigen wollen, wozu es viele Gelegenheiten gibt. Doch den Leser verweise ich auf die Bücher von *Anthony Borgia.* Man unterhält sich mit weisen Lehrern, die mit einem in der Gruppe oder in Einzelgesprächen das vergangene Erdenleben durchgehen, damit wir auch im Detail erkennen, worin wir in der Liebe gefehlt und wo wir richtig gehandelt hatten. Und irgendwann kommt in uns der Wunsch auf, wieder in dem, was wir inzwischen hinzugelernt hatten, auf Erden unter härteren Umständen und Tests uns zu beweisen. Auch wollen wir von dem, was von unserer Seele an Lieblosigkeiten aus früheren Leben noch nicht aufgelöst worden ist, nun Stück für Stück auflösen. Und wir lassen uns gerne von weisen Wissenden beraten. Sehr oft bitten wir eine uns vertraute Seele, die meist unserer jenseitigen Familie angehört, den nötigen Bösewicht für eine Karmaauflösung zu übernehmen. Nach einem heftigen Täterleben wollen wir, wie schon erwähnt, ein Leben in Buße oder Wiedergutmachung verbringen, indem wir ein karmisches Ausgleichsleben vorerst hinausschieben. Und nach einem heftigen Opferleben wollen wir verständlicherweise erst einmal ein Leben erleben, das im Wesentlichen sehr angenehm ist. Also, wir wollen nicht gleich nochmals ein Vergewaltigungsleben durchgehen müssen, auch wenn wir wissen, dass ein solches aufgrund der vielen noch anstehenden Ausgleichsgeschehen dieser Art bevorsteht, das also noch aufzulösen sein wird. Vielleicht verändern wir auch deshalb einmal die Geschlechtlichkeit und werden ein Mann, der ganz anderen Aufgaben nachgeht. Nur die ganz Übereifrigen wollen möglichst schnell ihre karmischen Altlasten loswerden und drängen darauf, gleich anschließend nochmals voll „ausgeschenkt“ zu bekommen.

Die Frau ist spirituell im Allgemeinen dem Mann voraus. Der Mann ist öfter der Täter, die Frau öfter das Opfer. Denn als Opfer hat sie ja schon die Täterschaft hinter sich, ist sozusagen schon weiter entwickelt. Und sie hilft nun dem Mann, indem sie sich ihm als Opfer zur Verfügung stellt, durch seine Täterrolle in den Kreislauf des Karmagesetzes aus Lerngründen verstrickt zu werden. Frauen sind daher für Spiritualität offener als Männer. Und wir Männer tun gut daran, uns nicht nur von unserem Denken, sondern vor allem auch von der Liebe der Frau lenken zu lassen.

Homosexualität

1897 wurde in Berlin die erste Vereinigung für die Interessen der Homosexuellen unter der Mitwirkung des bekannten Berliner Arztes *Dr. Magnus Hirschfeld* (1868-1935) gegründet. Diese Vereinigung trug den Namen *Wissenschaftlich-humanitäres Komitee*. Dessen Ziel war es, den § 175 des deutschen Reichsstrafgesetzbuches zu streichen, da dieser die Homosexualität immer noch unter Strafe stellte. Damals im Deutschen Reich hatten die Frauen noch kein Stimmrecht, und die Homosexuellen waren kirchlich und gesellschaftlich gebrandmarkt und wurden juristisch bestraft. Sie konnten wegen homoerotischen Verkehrs ins Gefängnis kommen, wie ja auch in England *Oscar Wilde* wegen gleicher „Vergehen gegen die Sittlichkeit" eingekerkert war.

Im Gedenken an dieses Berliner Ereignis fand im Sommer 1997 über mehrere Wochen hin in derselben Stadt eine Feier als internationales Symposion zum Thema *„Hundert Jahre Homosexualität"* statt. Ich wurde als Reinkarnationsexperte eingeladen, in der Akademie der Künste eine Gruppenrückführung zu leiten, wo es den Teilnehmern ermöglicht sein könnte, herauszufinden, warum sie im heutigen Leben schwul sind. Mehrere der Versammelten kamen vor Beginn der eigentlichen Rückführung auf die Bühne, um sich dort niederzulegen, während die meisten auf ihren Stühlen im Saal sitzen blieben. Auch die Presse war zugegen. Am Ende dieser etwa einstündigen Rückführung, in welcher zwei frühere Leben aufzusuchen waren, wurden verschiedene Beteiligte befragt, was sie als Ursache ihrer jetzigen Homosexualität herausgefunden hatten.

Mehrere der Befragten waren im vorausgegangenen Leben eine Frau. Dies würde Professor *Stevensons* Forschungsergebnis unterstützen, dass bei einem Geschlechterwechsel von dem einen zum andern Leben viele Merkmale und Verhaltensweisen des vorausgegangenen Geschlechts mit in die erneute Reinkarnation hineingenommen werden. Doch ich schätze, dass 25 Prozent der Zurückgeführten in einem früheren Leben dem geistlichen Stand als Priester oder Mönch angehört hatten, in welchem sie das Gelübde der Keuschheit ablegten, was in der Hauptsache bedeutete, weder mit Händen noch in Gedanken eine Frau zu berühren. Einer der Teilnehmer meldete sich und sagte, er sei eine Frau gewesen, die an der Kindsgeburt gestorben sei und sich geschworen habe: „Ich will nie wieder ein Kind zur Welt bringen. Ich will nie wieder eine Frau sein." Ein anderer war in einem früheren Leben als Frau vergewaltigt worden und hatte sich programmiert: „Ich will nie wieder Frau sein." Solche Programmierungen haben es verursacht, dass man sich heute in einem männlichen Körper und oftmals mit vermehrten weiblichen Seelenanteilen befindet. Ein anderer berichtete, im Jahre 1945 bei einem Fliegerangriff mit anderen Leuten im Keller Zuflucht gefunden zu haben, als das Haus von einer Bombe getroffen worden war. Auch der Keller stürzte ein. Er sei damals ein Mann gewesen, der sich mit einem anderen in einer Ecke retten konnte. Sie waren die einzig noch Überlebenden. Sie wussten, dass sie aus diesem Keller nie mehr lebend herauskommen würden, da alle Ausgangswege verschüttet waren. Sie hatten wahrscheinlich nur noch wenige Minuten zu leben. In dieser Situation öffneten sich die beiden einander Unbekannten die Hose und masturbierten gegenseitig. Es war für den Berichtenden damals das erste Mal, dass er mit einem Mann erotisch nahe gekommen war. In dem heutigen Leben sei der damals lebenslang unterdrückte Wunsch, homosexuelle Erlebnisse zu haben, endlich in Erfüllung gegangen. *(Oft sind die letzten Eindrücke, Wünsche und Aussagen maßgebend für eine Prägung im anschließenden Leben.)*

Nach dem Bericht der Zeitung über diese öffentliche Rückführung und nach einer Fernsehsendung zum gleichen Thema in Hamburg, in welche ich als Rückführungsexperte geladen worden war, meldeten sich verschiedene Schwule, die von mir in einer Einzelrückführung das Warum ihres Schwulseins ergründen wollten. Auch lud mich der bekannte Filmregisseur *Rosa von Praunheim* in seine Berliner Wohnung ein, wo er etwa zehn seiner Freunde versammelt hatte, die ich vor laufender Kamera zurückführte.

Die im Teil II dieses Buches beschriebenen ersten sechs Einzelrückführungen (Fälle 38-43) sind die von mir mitnotierten oder auch auf Kassette aufgenommenen zusammengefassten Berichte von jenen, die zu mir kamen, um die Herkunft ihres Schwulseins in früheren Leben auszuloten.

Über das Thema Homosexualität scheint innerhalb der Sexualität die am weitesten verbreitete Literatur zu existieren. Denn das Rätselraten seiner Existenz hält die Wissenschaft noch immer in Bann. In der Tierwelt kommt dieses Verhalten so gut wie gar nicht vor. Warum verhält sich also der Mensch hinsichtlich der Homosexualität „naturwidrig“?

Doch werfen wir zuerst einen ganz kurzen Blick auf die Geschichte der Homosexualität.

Für jüdische Männer, die homosexuell veranlagt sind, wird ihre Homosexualität zum großen Dilemma. Denn es heißt im dritten Buch Mose: „Wenn jemand bei einem Knaben schläft wie beim Weibe, die haben einen Gräuel getan und sollen beide des Todes sterben, ihr Blut sei auf ihnen.“ (Moses III,20,13) Darum haben viele jüdische Homosexuelle vor ihren Angehörigen ihr Anderssein verheimlicht, um nicht deren Zorn und den Zorn des Rabbis heraufzubeschwören. Doch sie hatten außerdem Schuldgefühle Gott gegenüber, dem man ja nichts verheimlichen konnte, der alles sah, auch die homoerotischen Praktiken, so er sich nicht mit Grauen von diesen abwandte. Viele in diesem Dilemma Verhaftete begannen Suizid, weil sie mit diesem nicht fertig wurden. Andere sagten sich vollkommen vom Judentum wie auch von allen anderen Religionen los und suchten ihre religiöse Zugehörigkeit in alternativen spirituellen Ausrichtungen oder fühlten sich zu spirituellen Gemeinschaften sextoleranter Gurus hingezogen, wie Osho einer war. Und die homosexuell feindlichen Ansichten des Alten Testaments hat dann auch die christliche Kirche übernommen.

Doch das Griechentum war ganz anders ausgerichtet. Der große griechische Orator *Demostenes* sagte, dass die Männer seiner Zeit Nebenfrauen für die tägliche Versorgung, Ehefrauen zur Erzeugung rechtmäßiger Kinder und Hetären zum Vergnügen hatten. Zu den Nebenfrauen zählte er bestimmt die Sklavinnen. Doch er vergisst bei dieser Aufzählung die Knaben, die den Männern – sogar denen von höchstem Ansehen – zur Sinnenlust verfügbar waren, ohne dass man darüber zu schweigen hatte. Knabenliebe war eine allgemein akzeptierte Tatsache. Allerdings war die praktizierte Homosexualität unter Erwachsenen verpönt, aber nicht verboten. Doch die Römer pervertierten oft noch die Gebräuche der Griechen, sodass sogar Kaiser Nero einen Homosexuellen öffentlich ehelichte. Und über *Caesar* verbreitete das Volk das Bonmot: „Caesar unterwarf sich Gallien, doch Nikodemus (sein Geliebter) unterwarf sich Caesar." Doch wie wir oben beschrieben haben, folgte dem Römertum das sexualfeindliche Christentum, das die Sexualität nur noch im Zusammenhang mit der ehelichen Kindererzeugung ausgeführt sehen wollte. Und der christliche Kaiser *Justinian* (527-565) verkündet, dass Homosexuelle sich dem Teufel verschrieben hätten, sodass sie nach ihrem Tode in der Hölle die schrecklichsten Qualen zu erleiden haben würden. Fortan wurde Homosexualität der Sodomie gleichgesetzt und mit dem Tod meist durch Verbrennen bestraft. Da Homosexualität ein Minderheitenverhalten ist, wurde gegen diese genauso oder ähnlich vorgegangen, wie man andere Minderheiten, die gegen den „mainstream" anschwammen, verfolgte, als da sind Ketzer, Hexen, Juden, Zigeuner.

Erst während der Französischen Revolution wurde in Preußen gesetzlich festgelegt, dass „Sodomiterei und dergleichen unnatürliche Sünden" nicht mehr mit dem Tod, sondern mit Zuchthaus bestraft werden sollten. Selbst die Nazis verfolgten noch Homosexuelle und steckten diese in die KZs, wo sie an Hunger, Seuchen und Entkräftung meist einem sehr raschen Tod entgegensahen. Erst 1969 wurde dieser Paragraph in Deutschland entkriminalisiert, indem Homosexualität unter Erwachsenen straffrei blieb, doch fand er weiterhin Gültigkeit, wenn ein Erwachsener mit Jugendlichen unter achtzehn Jahren Sexualität ausübte. Und auch in den USA wurde Homosexualität noch lange verfolgt. Bis gegen das letzte Drittel des zwanzigsten Jahrhunderts wurde Homosexualität oft noch als Krankheit angesehen. Und Prof. Albert Ellis schreibt, dass erst dann *Die Psychiatrische Gesellschaft Amerikas* Homosexualität von ihrer bisherigen Liste der Geisteskrankheiten strich.[97] Doch gegen Ende des zwanzigsten Jahrhunderts hat sich hinsichtlich der Toleranz gegenüber der männlichen und weiblichen Homosexualität Erstaunliches und in der Geschichte Unerhörtes ereignet. In Dänemark, Holland und einigen anderen europäischen Ländern dürfen homosexuelle Paare standesamtlich heiraten und einige Priester trauen sich sogar, diese vor dem Altar zu trauen. Und – man höre und staune – 2003 wurde *Gene Robinson*, ein anglikanischer Priester, der sich zur Homosexualität bekennt, in den Vereinigten Staaten zum Bischof geweiht. Doch sind im Augenblick, wo ich zu Beginn des Jahres 2004 diese Zeilen schreibe, die Bürgermeister der beiden größten Städte Deutschlands, Berlin und Hamburg, bekennende Homosexuelle. Und heute, am 15. Februar traute ich fast meinen Augen nicht, in Kathmandu in einer Zeitung[98] zu lesen, dass am Freitag, den 13.2., in San Franzisco 298 Heiratsurkunden für gleichgeschlechtliche Paare offiziell ausgestellt wurden. Und der Sprecher des Bürgermeisters versprach, dass die Stadt am bevorstehenden Valentinstag weitere Hunderte von Hochzeitszertifikaten ausstellen würde. Und einen Tag später war der gleichen Zeitung zu entnehmen, dass sich über das Wochenende 480 Homosexuelle offiziell trauen ließen. Einer indischen Zeitung zufolge waren es einige Tausend getraute Heiratswillige. Es geschehen immer noch Zeichen und Wunder!

Heute erleben wir ein weltweites „coming out" der Homosexualität. Und mir scheint es, dass viele sich für dieses Leben in Vorauskenntnis der allgemeinen Liberalität der Homosexualität gegenüber für ein Leben als Homosexuelle entschieden haben, um endlich solch ein Leben einmal ohne Diskriminierung, Angst vor Verfolgung und Strafe uneingeschränkt ausleben zu dürfen. Ein über die Kontinente sich erstreckendes Tolerieren der Homosexualität breitet sich immer mehr aus. Und auch die noch konservativen Bürger, die durch kirchliche Propaganda mit großen Vorurteilen gegen Homoerotiker eingestellt waren, werden in den Sog eines morphogenetisch sich ausbreitenden Toleranzfeldes gezogen. Sie *öffnen* sich skeptisch der Tatsache, dass Homosexuelle nicht von Gott Verdammte sind, sondern Menschen wie du und ich. So schreibt auch *Alexander Lowen* amüsiert, dass solche, welche die Homosexualität verabscheuen, trotzdem die New Yorker Homosexuellenkneipen als Schaulustige aufsuchen, um diese Homosexuellen-Atmosphäre in Augenschein zu nehmen. Und der Professor folgert, dass sich analytisch „beweisen“ ließe *(Wie will er das beweisen, ohne Trancerückführungen?)*, dass diese Angst aus einer Schicht latenter Homosexualität stammt.[99] Jetzt ist die Zeit gekommen, in der man ohne Versteckspiel seine Homosexualität ausleben kann. Es ist kein Wunder, dass bei vielen Bürgern noch eine quartäre Angsteinstellung durch Erziehung und Kirche tief in ihren Vorurteilen sitzt. Doch wird sich bei vielen von ihnen auch noch die Sekundäreinstellung bemerkbar machen. Sie hatten möglicherweise in früheren Leben selbst mit unterdrückten homosexuellen Gefühlen gelebt oder diese auch in Heimlichkeit umgesetzt und größte Ängste vor Entdeckung dabei ausgestanden, oder sie haben miterlebt, wie Homosexuelle öffentlich bestraft oder verbrannt worden waren.

Dr. Magnus Hirschfeld schätzte 1905 für Deutschland, dass 2,2 Prozent der Menschen homosexuell und 3,2 Prozent bisexuell ausgerichtet waren. *Alfred Kinseys* Untersuchungen zufolge waren 1948 etwa 4 Prozent aller männlichen Amerikaner homosexuell, während etwa 40 Prozent irgendwann einmal – meistens in der Adoleszenz – homoerotische Erfahrungen gemacht hatten. Und er meint, aufgrund seiner Untersuchungen behaupten zu können, dass 20 Prozent aller Frauen bis zu ihrer Lebensmitte in irgendeiner Art sich einmal oder mehrere Male homosexuell betätigt hatten. Damit ist nachdrücklich festgestellt worden, dass das Phänomen Homosexualität nicht ein Außenseiterproblem, sondern ein Ganzheitsproblem des Menschseins überhaupt ist. Das ist auch kein Wunder, stellt doch die Rückführungspraxis eindeutig fest, dass wir alle irgendeinmal zum anderen Geschlecht gehört hatten und unsere Gewohnheiten bezüglich des anderen Geschlechts oft noch in das neue Leben mit hineingebracht haben.

Diesen Nachweis, dass wir im vorausgegangenen Leben zum anderen Geschlecht gehört haben können, liefert kein geringerer als der Psychiater und Reinkarnationsforscher Professor *Ian Stevenson*. Wiedergeborene Kinder, die nun in dem anderen Geschlecht reinkarniert worden sind, zeigen noch die charakteristischen Merkmale ihres früheren Geschlechts, sei es in Kleidung, ihren Spielen oder sonstigen Verhaltensweisen. „Vergleichbar mit den Phobien verlieren sich diese Tendenzen mit zunehmendem Alter, und die Kinder entwickeln sich in jeder Hinsicht zu normalen Menschen. Einige jedoch können sich nicht anpassen, bleiben der Geschlechtsrolle des früheren Lebens verhaftet und werden Homosexuelle.“ [100]

So waren die befreundeten Singalesen Robert und Johnny als Kommunisten von der Polizei gefangen und zu Tode gebracht worden. Als Zwillingsschwestern wurden sie wiedergeboren. Und diese beiden hatten nicht nur die Erinnerung an alles, was sie früher als junge Männer erlebt hatten, sondern sie benahmen sich in vieler Hinsicht auch wie diese. Sie urinierten im Stehen, was für Frauen unerhört war. Oder sie rauchten, wie sie es früher getan hatten, was ebenfalls für Frauen damals ein Tabu war. Im Fall „Paulo", den Stevenson in Brasilien recherchierte, berichtet er, dass Paulo sich schon als kleines Kind als seine durch Selbsttod vor seiner Geburt verstorbene Schwester Emilia identifizierte, da er ihre Vorlieben und viele andere für sie ganz spezifische Eigenarten aufwies wie die für sie typische besondere Fähigkeit des Nähens, das der Vierjährige wie eine perfekte Näherin beherrschte. Doch Paulo wollte kein Junge sein. Er weigerte sich, Jungenkleider zu tragen und ließ sich bis ins fünfte Lebensjahr hinein kein männliches Kleidungsstück anziehen. Allmählich nahm er immer mehr männliche Züge an, doch waren seine femininen Eigenheiten auch als gereifter Mann nie zu übersehen. Seine verstorbene Schwester hatte alle Männerannäherungen strikt abgelehnt. Auch Paulo wollte sich keinem möglichen Partner öffnen. Und auch er nahm sich mit neununddreißig Jahren das Leben.[101]

Doch im Falle der Ma Tin Myo aus Burma bestand dieses Mädchen auch noch im Erwachsenenalter darauf, nur Männerkleidung zu tragen, konnte sie sich doch an ihr vorausgegangenes Leben als Mann gut erinnern. Schon als Kind bevorzugte sie Soldatenspiele und wollte immer als Junge behandelt und dementsprechend angeredet werden. Auch in ihrer sexuellen Orientierung blieb sie maskulin und wollte keinen Mann heiraten, wäre aber bereit, eine Frau zu ehelichen. Obwohl ihre Verwandten ihr zuliebe sie als Mann betrachteten und sie dementsprechend anredeten, blieb sie im Dasein unglücklich und sagte zu Stevenson und seinem Übersetzer, dass beide „ihn" nach einer beliebigen Methode umbringen könnten, wenn sie ihm garantierten, dass „er" im anschließenden Leben als Mann wiedergeboren werden würde.[102] Was müssen diese Menschen bei solch einer Geschlechtsverwirrung seelisch und sozial durchstehen! Für Ma Tin Myo war es ein Glück, in einem Volk wiedergeboren worden zu sein, in welchem man Reinkarnation allgemein als eine Tatsache betrachtet. Doch wenn nun diese Frau in unserer westlichen Gesellschaft aufgewachsen sein würde, wäre sie wohl vor Jahrzehnten noch auf völliges Unverständnis, ja Feindlichkeit gestoßen. Doch da es in unserer Gesellschaft heutzutage hinsichtlich der Homosexualität ein toleranteres Verhalten gibt, könnte diese lesbische Burmesin als wiedergeborene Amerikanerin oder Europäerin frei leben und ihren sexuellen Bedürfnissen nachkommen. Eventuell hätte sie dann keinen Todeswunsch mehr verspürt und wäre in der Partnerschaft mit einer Frau glücklich geworden, was in Burma/Myanmar damals noch nicht statthaft war. Hätte man über derartige Zusammenhänge schon in früheren Jahrhunderten Bescheid gewusst, wäre vielen Homosexuellen beiderlei Geschlechts sicherlich viel Leid erspart geblieben. Doch alles (!) hat seinen Sinn. Und das Bestreben dieses Buches besteht ja darin, dem Leser/ der Leserin mehr Verständnis für die Eigenheiten der Menschen bezüglich ihrer sexuellen Präferenzen und ihrer mitgebrachten Leidensmechanismen auf sexuellem Gebiet näher zu bringen.

In dem vorliegenden Buch (Fall 42) berichtet Frank über sein heutiges Leben, in welchem er sich als Kind wie ein Mädchen verhielt, das am liebsten mit Puppen spielte. Als er sich als Pubertierender einigen Mädchen sexuell nahte, blieben diese Begegnungen, wie er sagte, „desaströs". Erst mit achtzehn machte er seine ersten homoerotischen Erfahrungen. In dem diesem Leben vorausgegangenen Leben war er sicherlich ein Mädchen. Doch in dem davorliegenden Leben lebte er, wie wir sahen, als Mann in Chicago eine homoerotische Beziehung. Und vom Höheren Selbst erfährt er, dass er in weiteren fünf früheren Leben schwul gewesen war.

Das Geheimnis der Homosexualität liegt in der Liebe begründet. Denn die Liebe zu einer Seele bleibt ewig. Die Seelen, die sich lieben, werden aufgrund einer seelenspezifischen Schwingung automatisch wiedererkannt. Man liebt die Seele, auch wenn sie sich hin und wieder in dem Körper des eigenen Geschlechts befinden sollte. Das ist das eine.

Wenn man aber eine Seele des eigenen Geschlechts sexuell begehrt, dann hatte man selbst seine sexuelle Einstellung, die sich auf das andere Geschlecht richtete, mit in das heutige Leben gebracht, nur dass man jetzt selbst zu diesem Geschlecht gehört. Doch die sexuelle Präferenz des vormaligen anderen Geschlechts ist geblieben. Somit gehört man nun selbst dem vormals anderen an. Man befindet sich im Irrgarten der Liebe. Man erinnert sich unbewusst daran, dass man aus früherem Leben, wo man selbst zum anderen Geschlecht gehörte, immer noch die Tendenz haben konnte, jenen Körper zu begehren, den man vormals ebenfalls begehrt hatte. Die Tiere werden allein von der Primäreinstellung bestimmt, der Mensch jedoch auch von der Sekundär- und der Tertiäreinstellung. Dies ist ein wesentlicher Unterschied zwischen Tier und Mensch.

Wir müssen zwei Verhaltensunterschiede voneinander trennen. Einmal gibt es *Homosexualität aus Liebe*. Die Seele liebt. Sie hat kein Geschlecht. Doch in der Verkörperung nimmt sie ein Geschlecht an. Die Seele liebt die andere Seele. Dabei ist es ihr ganz egal, in welchem Körper sich diese andere Seele befindet. Und zum anderen gibt es die *Homosexualität aus sexueller Lust*. Die Seele wechselte den Körper, hat aber noch immer das sexuelle Begehren für das Geschlecht, das sie auch vordem bevorzugt hatte.

Und darum die folgenden *Grundregeln*:

1.) Hat man zu einer Seele einmal eine tiefe Liebe begründet, die sich über viele Leben hin allmählich aufgebaut hat, dann bleibt diese Liebe auch über den Tod hinaus bestehen. Begegnet man dieser großen Liebe in einer Erdinkarnation wieder, dann flammen diese Liebesgefühle unwillkürlich wieder auf, und zwar unabhängig davon, in welchem Geschlecht sich gerade die andere Seele befindet. War diese Liebe von heftiger Erotik begleitet, so können wiederum intensive erotische Gefühle für diese verkörperte Seele entstehen.

2.) Wenn eine Seele von einer Inkarnation zur anderen ihr Geschlecht wechselt, dann kann sie a.) ihre allgemeine Präferenz für das andere Geschlecht aus dem vorausgegangenen Leben mitgebracht haben, sodass sie heute Personen des eigenen Geschlechts als Sexualpartner bevorzugt, b.) sie kann aber auch eine komplette Umstellung auf das jeweils andere Geschlecht vollzogen haben, indem sie sich an andere frühere Leben erinnert, in welchen sie eben zu diesem Geschlecht selbst gehört hatte, oder 3.) sie ist a.) durch den erneuten Geschlechterwechsel verwirrt, hat ihre sexuelle Orientierung verloren und schwankt nun in ihrer sexuellen Präferenz zwischen beiden Geschlechtern, b.) probiert die Sexualität mit beiden Geschlechtern aus, wobei letztendlich die Präferenz jenes Geschlechtes siegt, die sich aus der Summe der früheren Leben als übergewichtig ergeben hat, c.) sie findet oft erst nach langem Suchen die aus früheren Leben geliebte Person im heutigen Leben wieder und bleibt ihr treu, ganz egal, in welchem Geschlecht sie sich nun befindet, d.) doch sollten beide Geschlechtserfahrungen in den früheren Verkörperungen in etwa ausgeglichen sein, bleibt die Ambivalenz in der Geschlechtspräferenz. Letztere sind der Bisexualität zuzuzählen.

Die Homosexualität dient als Reifebeweis, indem man beweisen kann, dass man die Liebe höher setzt als die Konvention! Somit wird Homosexualität zum Gradmesser der Liebe, ob man trotz Schmähung in der Gesellschaft den anderen dennoch so annimmt, wie er ist.

Die Primäreinstellung gibt dem Menschen den Auftrag, mit dem anderen Geschlecht die Vermehrung zu garantieren mittels Kopulation. Doch da der andere eine Seele ist, die von Leben zu Leben das Geschlecht wechseln kann, wir Menschen aber von der Seelenliebe mehr und mehr durchdrungen werden und uns entgegen der Primäreinstellung immer mehr von der Sekundär- und Tertiäreinstellung leiten lassen, kann es zu Homoerotik führen, denn die Seele liebt die Seele. Das Tier bleibt noch ganz von der Primäreinstellung geprägt. Jedoch der Mensch hat sich von dieser in vielem entfernt, und zwar durch Erfahrung aus früherem Leben (Sekundäreinstellung) und durch die eigene Entscheidung (Tertiäreinstellung).

Der männliche Anteil im homoerotischen Mann sucht im weiblichen Anteil des Mannes die Frau. Der weibliche Anteil im homoerotischen Mann sucht im männlichen Anteil des Mannes den Mann. Und auf das andere Geschlecht bezogen verhält es sich ebenso: Der weibliche Anteil in der homoerotischen Frau sucht im männlichen Anteil der Frau den Mann. Der männliche Anteil in der homoerotischen Frau sucht im weiblichen Anteil der Frau die Frau.

Oft haben sich die weiblichen Energien in einem männlichen Körper niedergelassen und umgekehrt. Diese wirken noch anziehend, besonders auf jene Seele, die aus dem vergangenen Leben noch mit diesen Energien eng zusammengekommen war. Die männlichen und weiblichen Hormone, von deren Verteilung die Wissenschaftler gerne die Existenz der sexuellen Präferenzen ableiten, gehen auf die Tertiäreinstellung zurück. Diese im Jenseits getroffene Entscheidung bewirkt die Verteilung der Hormone, die sich aus der entsprechenden Programmierung ergeben. Die Zuteilung der Hormone in der Tertiäreinstellung unter der eventuellen Berücksichtigung der Sekundäreinstellung bewirkt zusätzlich der Libidozuteilung die geschlechtsspezifische Ausrichtung samt den damit verbundenen Präferenzen. Da das Geschlecht schon vor Antritt einer Neuinkarnation bestimmt ist, ist es kein Zufall, dass im DNS-Code über die X und Y Chromosomverteilung die Entscheidung für einen weiblichen oder einen männlichen Körper getroffen wird. Denn diese Entscheidung ist schon vor der Existenz des individuellen Chromosomenstrangs gefällt worden und wird folgerichtig sich auch dementsprechend umsetzen. Darauf wird auf jenseitiger Ebene geachtet, damit sich keine Abweichungen von der Planung ergeben könnten. Somit ist also auch die geschlechtliche Appetenz nicht dem Zufall der Hormonproduktion unterworfen, denn *alles hat einen Sinn*. Denn wir selbst haben uns im Jenseits für die entsprechende Neigung entschieden.

Homosexualität ist also kein Fluch und keine Sünde. Doch sollte sich Homosexualität für den Betreffenden als nachteilig auswirken, dann hat das auch seinen höheren Sinn. Habe ich mich in früheren Leben gegen Homosexuelle negativ verhalten, mich lustig über sie gemacht oder sie gepeinigt, dann muss ich gemäß dem Karmagesetz eben solch eine Erfahrung erleben, wo ich negativ gleicherweise behandelt werde. Oft hebt man sich aber solch einen Ausgleich für spätere Leben auf, wenn man aus zusätzlichen Gründen homosexuell werden will. Alles wird kompakt für ein neues Erdenleben vorbereitet, um ein möglichst ergiebiges Inkarnationspensum zu erreichen. Doch nicht nur der oder die Homosexuelle lernt aus einer Reinkarnation, sondern auch die Menschen, die mit ihnen in Berührung kommen. Homosexuelle dienen den anderen als Gradmesser ihrer Liebewerdung. Verurteile ich solche, bin ich noch sehr weit entfernt von der Liebe zu meinem Nächsten, ganz egal, wer dieser und wie dieser nun ist. Und man wird als Seele getestet, inwieweit man in seiner Liebereifung schon gediehen ist, indem man mit homosexuellen Männern oder Frauen direkt oder indirekt konfrontiert wird. Einige Seelen haben noch keine Erfahrungen mit der Homosexualität in früheren Leben gemacht. Jetzt entscheiden sie sich möglicherweise einfach aus Erfahrungsgründen heraus, ein solches Leben zu erleben mit all den dazugehörigen Erfahrungen. Doch die meisten werden homosexuell aus karmischen Gründen.

92 Prozent der Lesbierinnen und Homos berichten, dass sie mit übler Nachrede bedacht oder gar aufgrund ihres Andersseins bedroht wurden. 24 Prozent sind sogar körperlich angegriffen worden.[103] Und man kann verstehen, dass viele Homosexuelle trotz aller heutigen sexuellen Freiheit dennoch unbewusst Angst vor ihrer Andersartigkeit haben, Angst, die sie auch noch aus früheren Leben in ihr gegenwärtiges Leben mitgebracht haben. Diese gilt es zu beheben, und zwar durch Rückführungstherapie. Sie scheint mir auf dem Gebiet der Homosexualität besonders erfolgreich zu sein. Denn es geht hierbei nicht darum, die Geschlechtspräferenz zu ändern, denn das würde neue und viel schwierigere Probleme heraufbeschwören, sondern es geht darum herauszufinden: Warum bin ich homosexuell? Denn in einer Rückführung entdeckt der Zurückgeführte genau die höheren Zusammenhänge und kann sie zumeist voll akzeptieren. Dadurch werden ihm auch alle Schuldgefühle genommen. Er kann danach aufatmend seine Homosexualität voll ausleben. Denn Lesbierinnen und Schwule stehen meistens sehr skeptisch den normalen Angeboten der Psychotherapie für ihre Probleme gegenüber. Und so drückt es ein Homosexueller in folgenden Worten aus: „Autoren, die über diese Themen schreiben und selbst Lesbierinnen oder Schwule sind, übersehen die psychoanalytischen Argumente, die sie über Homosexualität verfassen, oder sie weisen sie gänzlich zurück. Denn seit die Medizin und die Psychiatrie die Homosexualität selbst noch bis weit in das zwanzigste Jahrhundert hinein als Perversion und Krankheit hingestellt hatten, scheint die Psychoanalyse für die meisten Lesbierinnen und Schwulen ein zwanghafter Versuch zu sein, sie zu ‘kurieren’.“[104]

Männliche Homosexualität

Über die Hälfte der homosexuellen Männer befürworten die Homosexualität, ein Viertel bedauern sie. Die sie bedauern, geben als Grund an: 1.) Ablehnung in der Gesellschaft, 2.) keine Kinder zu haben, 3.) Einsamkeit. 28 Prozent der weißen und 50 Prozent der schwarzen Homosexuellen in den USA haben wegen ihrer Homosexualität Schuldgefühle. Die Hälfte der homosexuellen Männer sind nicht religiös. Doch in den letzten fünfundzwanzig Jahren seit Erscheinen dieses erweiterten Kinsey Reports (1978) hat sich viel verändert.[105]

Solche, die Homosexuelle lächerlich machen oder beschimpfen, wenn nicht gar ihnen Schaden zufügen, sind entweder solche, die 1.) Mitmacher und somit Angesteckte der öffentlichen Moral sind, die 2.) selbst in einem früheren Leben homosexuell waren und sich aufgrund der erlittenen Widerwärtigkeiten geschworen hatten, nie wieder homosexuell zu sein, die 3.) ihre eigenen homoerotischen Gefühle verdrängen, indem sie diese nach außen hin bekämpfen oder selbst für homoerotische Praktiken bestraft worden waren, und 4.) natürlich diejenigen, die für ihre Aggressivität ein Ventil suchen, um diese auszulassen an einer wehrlosen Minderheit. Ihnen kann es im Jenseits aufgebürdet werden, im Folgeleben selbst ein Homosexueller zu werden. Denn wer immer jemanden diffamiert aufgrund von Rasse, Nationalität, Glaube, Geschlecht, sexueller Ausrichtung muss dem Gesetz entsprechend selbst einmal in solch eine Gesellschaft hineingeboren werden, um ebenfalls die Diffamierung zu erleben. Und so sind auch im jetzigen Leben viele Homosexuelle solche, die in früheren Leben Homoerotiker mit Abscheu, Hass und Diffamierung oder gar mit Handgreiflichkeiten verfolgten und deswegen auch im heutigen Leben noch mit einem unerklärlichen Schuldgefühl belastet sind.

Zu *Edgar Cayce* kam ein zwanzigjähriger homosexueller Student, der wissen wollte, warum er sich sexuell nur zu Männern hingezogen fühlt. Und dieser bekam durch den in Trance Befindlichen zur Antwort, dass er als Zeichner sich über Homosexuelle am französischen Königshof lustig gemacht und sie dadurch diffamiert hatte. Und die Trancebotschaft schloss mit den Worten: „Verurteile niemanden, damit du nicht verurteilt wirst. Denn ... was du in einem anderen verurteilst, wirst du einst selbst erleben.“[106] Hier ist ganz klar das so genannte Bumerang-Karma angesprochen. Was wir anderen zufügen – im Guten wie im Bösen –, kommt auf uns zurück. Wenn ich einen anderen beleidige, verhöhne, bestehle, verunglimpfe, schikaniere, töte, hintergehe u.s.w. werde ich gemäß dem Gesetz des Karmas ein Gleiches erleben. Und ebenso, wenn ich einem anderen Gutes erweise, ihm helfe, Freude bringe, ihn lobe, liebe, beschenke, beglücke und auch sexuell beglücke u.s.w., wird mir ein Gleiches widerfahren. Denn diese mitmenschlichen Handlungen und Zuwendungen zum anderen werden in meinem Unterbewusstsein gespeichert samt den karmischen Auswirkungen. Und über die verschiedenen Inkarnationen hinweg lernt der Mensch durch diese Konditionierung, nur noch das mitmenschlich Gute auszuüben – auch in sexueller Hinsicht. Das Gute entspringt immer der Quelle der Liebe. Und wenn wir ganz Liebe geworden sind, uns durch viele Leben zur reinen Liebe hin konditioniert haben, dann haben wir die Schule des Lebens mit dem Hauptfach Liebe absolviert und brauchen nicht mehr zu inkarnieren.

Wenn wir in früheren Leben Homosexuelle verurteilt oder gar verfolgt haben, beruht das auf unserem Nichtverstehenkönnen ihrer sexuellen Präferenz. Also fehlt uns diese Erfahrung, die unsere Seele sicherlich irgendwann einmal nachholen wird, vielleicht schon im nächsten Leben.

Interessant ist der Umstand, dass man auch aus anderen karmischen Gründen homosexuell werden kann. *Dick Sutphen* fand bei seinen Untersuchungen, warum Männer homosexuell sind, heraus, dass einer in einem früheren Leben ein weißer Mann aus den Südstaaten war, der von Negern nur verachtend dachte. Er kam in dem Sezessionskrieg als Soldat ums Leben. In diesem Leben wollte er homosexuell sein, um Mitgefühl für Minderheiten zu erlernen, das er in früheren Leben nicht gekannt hatte. Denn als Homosexueller wurde er ebenfalls von vielen als etwas Minderwertiges mit Verachtung angesehen.[107]

Wie wir oben schon erfahren haben, gehen die meisten homosexuellen Ausrichtungen auf frühere Leben zurück, in denen wir dem anderen Geschlecht zugehört hatten. Der am zweithäufigsten vorkommende Grund für Homosexualität ist das kirchliche Gelübde, das wir in einem früheren Leben abgelegt haben. Das Kloster ist oft die Brutstätte der Homosexualität. Man wählt oft automatisch jenes Berufs- oder Lebensumfeld, wo man seiner Geschlechtlichkeit wegen am meisten mit den Menschen seiner Geschlechtspräferenz zusammenkommt. Homosexuelle Männer wählen gerne Klöster, Soldatenleben, Berufe als Lehrer, Priester und Erzieher in Jungeninternaten, denn allein schon der Umgang mit den Menschen der eigenen Geschlechtspräferenz erregt und stimuliert sie sexuell. Somit befindet man sich in einem sexuell „aufregenden“ Leben.

Unter unseren in diesem Buch aufgeführten Fällen sind mehrere Jugendliche durch frühen Kontakt zu Gleichaltrigen zur Homosexualität gekommen. So hat sich Guntram (Fall 46) mit Gleichaltrigen gerangelt und auch Homoerotik erlebt, Steffen (Fall 45) macht im Jugendheim seine ersten homoerotischen Erfahrungen, und der junge Daniel (Fall 47) beschaut sich gerne Jungen- und Männerkörper beim Sport. Mit vierzehn onaniert er zum ersten Mal, während er an den nackten Körper eines Gleichaltrigen denkt.

Guntram (Fall 46) liebt eine Frau namens Franka und würde sie auch gerne heiraten, aber er kommt von seiner Homosexualität nicht los. Er meinte mir gegenüber, dass er bisexuell sei, doch mehr zur Homosexualität neige. Und er sei bereit, seine homosexuellen Neigungen aufzugeben, um als treuer Ehemann mit Franka eine Familie zu gründen. Und warum kommt er von seiner Homosexualität nicht los? In der zweiten Hälfte des achtzehnten Jahrhunderts war er ein irischer Bauer, der den Tod seiner Frau durch rücksichtslose Sexualität verursacht hatte. Daraufhin erfolgte seine bis ins heutige Leben einwirkende Programmierung: Nie wieder Sex mit einer Frau! Von dem Höheren Selbst erfährt er auf dem Berg der Erkenntnis, dass jene frühere Ehefrau seine heutige Mutter sei. Diese wurde in seiner heutigen Jugend vom Vater heftig geschlagen, weshalb Guntram sich auf ihre Seite stellte und sie durch eine enge Mutterbindung immer noch beschützen will. *(Hier würden sich jetzt die Psychoanalytiker einschalten und den ödipalen Komplex zur Geltung bringen wollen.)* Seine Homosexualität ist also nicht aus einer ödipalen Konstellation zu verstehen, sondern aus jener früheren Programmierung, nie wieder Sex mit einer Frau haben zu wollen. Doch da seine Libido ihr Recht auf sexuelle Umsetzung fordert, bleibt ihm keine andere Wahl, als diese mit Menschen des gleichen Geschlechts auszuleben.

Die meisten der heutigen Homosexuellen waren offenbar schon in einem früheren Leben schwul gewesen, weshalb sich dieser Trieb wie von selbst wieder in dem heutigen Leben einstellt. Und Daniels (Fall 47) Homosexualität stammt aus einem Leben im Alten Griechenland, wo er als schwarzer Lustknabe den Herren zur Verfügung stehen musste, selbst aber auch Lustgefühle mit den Jungen seines Alters auslebte. Siegfried (Fall 41) benötigte einige Zeit, um sich zu seiner Homosexualität zu bekennen. Er war im siebzehnten Jahrhundert ein reicher Kaufmann, der sich mit einem jungen Maler zusammentat, mit dem er eine erotische Beziehung lebte. Und schließlich trifft er im heutigen Leben wieder diesen jungen Maler aus jenem Leben wieder, und ihr damaliges homosexuelles Zusammensein wird fortgesetzt. Wenn man aus einem früheren Leben die Seele wiedertrifft, die man schon im früheren Leben sexuell begehrt hatte, dann werden möglicherweise alle Widerstände beiseite geschoben, um diese Liebe zu erneuern. Tragisch könnte es dann allerdings werden, wenn einer dieser beiden Partner schon verheiratet ist, wie es Daniel (Fall 47) war, der dann in große Konflikte geriet.

Auch Karls (Fall 39) Homosexualität geht auf ein früheres Leben um 1800 zurück. Er war ein zwanzigjähriger Engländer namens Max, der von einem Mann, der sich zu ihm legte, mit dessen Hand zum Orgasmus stimuliert wurde. Fünf Jahre später treffen sie sich wieder und haben erfüllenden Analsex. Max erlebt seine schönsten sexuellen Glücksgefühle. Kein Wunder also, dass er im heutige Leben immer noch den Wunsch gehabt hatte, solche Gefühle höchsten Glücks erneut zu erleben. Denn die Seele sucht in einer neuen Inkarnation das wieder zu erleben, was sie in einem früheren Leben besonders mit Glück erfüllt hat. Wenn wir uns in einem früheren Leben sehr für Musik interessiert hatten oder gar mit Leidenschaft ein Instrument beherrschten, sucht die Seele in einem neuen Leben sich diese damals erlebten Glücksmomente wieder anzueignen oder sich zumindest ihnen zu nähern, indem sie im heutigen Leben wenn nicht gerade ein Instrument erlernt, so doch zu einem Liebhaber der klassischen Musik wird. Und ebenso verhält es sich mit der Erotik. Auch unsere spezifischen früheren erotischen Spiele und Stellungen mögen wir wieder erneuern wollen.

Für Julian (Fall 38) war das Leben als „Belle“ am französischen Königshof der vorrevolutionären Zeit das sexuell Aufregendste von allen seinen früheren Leben. Denn als begehrte Maitresse ging sie mit den vornehmen Adligen am Versailler Hof die verschiedensten erotischen Abenteuer ein. Leider musste sie auf Betreiben einer eifersüchtigen Ehefrau den Hof verlassen. Doch diese Jahre inmitten der vornehmen Adelswelt waren ihre aufregendste und erotisch erfüllendste Zeit gewesen. Und in diesem Leben, obwohl in einem männlichen Körper, möchte sie diesen Höhepunkt in ihrer ganzen Erotik, die sie als Seele in ihrem sexuellen Erleben früherer Leben gehabt hatte, weiterhin fortsetzen, um ebenso wie damals Männer zu verführen. Nur, Julians Leid besteht darin, wie wir schon bei der ausführlichen Darstellung seines Falles berichteten, dass er trotz allem homosexuellen Einsatz immer mit seinen wahren Gefühlen auf Heterosexuelle fixiert bleibt. Denn die wie er damals am Versailler Hofe lebten, waren ja Heteros. Und viele, viele Homosexuelle leben in dem Dilemma, in ihrer Erotik homosexuell zu sein, aber fast nur solche Männer zu lieben und auch zu begehren, die heterosexuell ausgerichtet sind. Spätere Forschungen auf diesem Gebiet werden die eigentlichen Gründe dafür herauszufinden wissen. Und vielleicht werden meine Vermutungen bestätigt, dass dieses *Julian-Dilemma*, als Homosexueller sich fast ausschließlich nur in Heteros zu verlieben, mit früheren Leben zusammenhängt, wo eben solch ein Julian eine Frau war, die Männer heiß begehrte und im heutigen Leben diesem auf Männer ausgerichteten Libidotrieb immer noch nachzukommen gezwungen ist.

Auch frühere Geschlechtskrankheiten mögen bei Männern die Programmierung bewirkt haben, nie wieder mit einer Frau zu schlafen, sodass diese Programmierung in heutige Homosexualität umschlägt. Eine gleiche Programmierung kann entstehen, wenn die Ehefrau bei der Geburt stirbt und man schwört, nie wieder ein Kind zu zeugen oder gar nie wieder eine Frau zu beschlafen. Im ersteren Fall kann zusätzlich noch Zeugungsunfähigkeit auftreten. Doch *Michael Gabriel* berichtet von einer anderen möglichen Begründung für eine heutige homosexuelle Ausrichtung. Einer seiner Klienten erlebte sich im heutigen Leben im Bauch seiner Mutter. Er bekam dort alles mit, was zwischen Vater und Mutter vor sich ging. Sein Vater war aggressiv und dominant. Doch war er das nur nach außen hin. In Wirklichkeit dominierte ihn seine Frau. Während nun der im Bauch befindliche Brian seinen Vater wegen seiner Eigenarten hasste, fürchtete er zugleich seine Mutter und dachte, dass alle Frauen so sein würden, mit denen er dann nichts zu tun haben wolle. Aber der Junge, den sein Vater sich wünschte, der so sein sollte, wie er selbst, der wollte er auch nicht sein. Doch die Mutter wollte unbedingt, dass ihre Leibesfrucht noch ein zweites Mädchen werde. Denn sie ist wütend auf alle Männer, und er sagt: „Ich fühle, dass meine Identität bedroht ist von meiner Mutter und allen Frauen." Dies waren die Gründe, warum er als heranwachsender Junge und Mann nichts mit Frauen zu tun haben und auch nicht der Sohn sein wollte, den sich sein Vater wünschte. Also wurde er homosexuell.[108]

Und erotische Beziehungen, die in früheren Leben begründet worden sind, aber nicht voll ausgelebt werden konnten, mögen sich nach einer ganzen Reihe von anderen Leben erst wieder manifestieren. Werner (Fall 43) wurde als Junge namens Pewil in Polen vor dreihundert Jahren von seinem Freund Sewan heftig geliebt, doch wandte er sich einem Mädchen zu, weshalb Sewan aus Eifersucht für ihn einen Todesunfall herbeiführte. Erst im heutigen Leben sind beide bereit, als Schwule wiedergeboren zu werden, um die damals unausgelebte Liebe nun voll ausleben zu können.

Kevin (Fall 17) ist als Fünfjähriger in einem früheren Leben in Holland von einem Mann missbraucht worden. Daher kommt seine Aversion gegen starke Männer. Doch da er auch eine Aversion gegen starke Frauen hat – auch seine Mutter ist für ihn eine starke Frau –, hat er nun sexuelle Hemmungen. In jenem früheren Leben schaffte er es nicht, seine Frau sexuell zu beglücken, da er eine Aversion gegen Sexualität durch das frühere Missbrauchserlebnis mit diesem Mann gehabt hatte. Deshalb programmierte er sich: „Ich will nie wieder mit einer Frau zusammen sein, weil ich sie nicht glücklich machen kann." Kevin befindet sich aufgrund seiner beiden Aversionen in einem Dilemma. Für welche geschlechtliche Präferenz wird er sich entscheiden? Oder wird er ganz abstinent leben und sich mit der Masturbation zufrieden geben? Ich könnte mir denken, dass eine behutsame, liebevolle, nicht übermächtige und eher zarte Person ihn in eine für ihn passende sexuelle Ausrichtung führen könnte. Eine Rückführungstherapie wird für ihn sicherlich von größter Hilfe sein, ihn aus diesem Kevin-Dilemma zu erlösen.

Es muss also nicht immer so sein, dass man durch eine frühere homosexuelle Erfahrung zum Homosexuellen wird. Da nichts zufällig ist, werden auch jene meist von älteren Homosexuellen, aber auch von Gleichaltrigen in die Homosexualität eingeführt, bei denen es so sein soll, da sich diese ihre jeweilige sexuelle Lebensart auszuleben schon im Jenseits ausgesucht hatten. Es gibt – wir werden es noch öfter betonen – keine Zufälle. Alles hat einen Sinn. Und es könnte gut sein, dass jeder Mensch irgendeinmal oder auch mehrere Male die Erfahrung, als männlicher oder weiblicher Homosexueller zu inkarnieren sich vorgenommen hat. Was wir oft an Homosexuellen angeprangert haben, hat eventuell mit unseren eigenen Schuldgefühlen aus früheren Leben zu tun, wo wir ebenfalls diese sexuellen Erfahrungen ausgelebt hatten, die wir jetzt verdrängen wollen, weil wir damals durch unsere Homosexualität zu Schaden gekommen waren. Und wir wollen als solche nicht wiedererkannt werden, weshalb es als Selbstschutz gut erscheint, sich öffentlich gegen Homosexuelle zu äußern oder auch gegen sie vorzugehen. Dieses Verhalten ist immer die beste Verbergungsmethode. Es gibt also zwei Verhaltensweisen aus früheren Leben als Homosexueller, entweder ich lehne sie ab, verdränge sie oder verfolge sie, oder zweitens, ich bekenne mich zu ihr und/oder ich verteidige solche, die homosexuell sind.

Es ist ein offenbares Phänomen, dass nach meiner Schätzung über die Hälfte aller homosexuellen Männer ein überbetont nahes Verhältnis zu ihrer Mutter haben. Professor *Alexander Lowen*, noch in psychoanalytische Fußstapfen tretend, erklärt die Homosexualität in Verbindung mit der Mutter folgendermaßen: Ein junger Mann namens John hatte eine liebevolle Mutter und einen oftmals betrunkenen Vater, der ihn häufig schlug. Die analytische Erfahrung lässt darauf schließen, so argumentiert er, dass die Kombination einer verführerisch ihren Sohn an sich bindenden Mutter *(wahrscheinlich als zusätzlichen Schutz gegen den grässlichen Vater)* und eines abgelehnten Vaters dafür verantwortlich ist, dass der Sohn homosexuell wird. Denn John fehle es an einem annehmbaren männlichen Vorbild, weshalb er sich übermäßig mit seiner Mutter identifiziere und sich unbewusst dadurch an sie sexuell binde. Daraus ergab sich eine Übertreibung der ödipalen Situation, sodass das Kind inzestuöse Gefühle bekam, deren es nicht mehr Herr werden konnte. *(Was würde jetzt ein Italiener sagen: „O, Mama mia!" Aber, abwarten, es kommt noch dicker.)* Und da Johns Mutter mit fünfzig an Krebs verstarb, werden ihm auch noch Schuldgefühle dafür angelastet, die seine sexuellen Gefühle herabsetzen, was seinen Körper abtötete. Doch der Körper benötigt dennoch ein Sicherheitsventil, das ihm nun in seinem erregten Genital zur Verfügung steht. Diese Sexualität wird nun dennoch aufgehoben, aber eine Kastration wird vermieden.[109] Mit solchen und ähnlichen Erklärungen des Phänomens Homosexualität wurde eine psychologisch interessierte Leserschaft jahrzehntelang berieselt. Nun wird es Zeit, durch Rückführungen die wirklichen Gründe herauszufinden zum Thema: Warum hat eine Mehrheit von Homosexuellen eine derart starke Mutterbindung? Einige Erklärungen haben wir in den beschriebenen Fällen aufdecken können. Doch gibt es bestimmt noch viele andere Verbindungsmöglichkeiten.

Guntram (Fall 46) wurde schon von klein auf von seiner Mutter eingetrichtert: „Ohne mich kannst du nichts machen." Die Eltern lebten in beständigem Streit. *(Solche Ehestreitereien haben meistens ihre Ursache in sexueller Disharmonie!)* Somit war er froh, ab dem zehnten Jahr diesem durch den Internatsaufenthalt weitestgehend entkommen zu können. In einem früheren Leben war er mit der Seele seiner heutigen Mutter verehelicht. Durch seine sexuellen Aggressionen erfuhr sie damals einen vorzeitigen Tod. Er hatte sie wohl in jenem früheren Leben ebenso grausam behandelt, wie es sein heutiger Vater ihr gegenüber ebenfalls getan hatte. Durch diese unbewusste und nun aufgefrischte Erinnerung daran hatte er sich entschlossen, seiner Mutter in allem beizustehen. Und aus seiner sekundären Einstellung heraus wollte er sicherlich alles an ihr wieder gutmachen, was er dieser Seele damals angetan hatte. Die Mutter hatte sich ihm für diesen Wiedergutmachungsprozess zur Verfügung gestellt. Und seine damalige Programmierung, keiner Frau mehr ein Leid zuzufügen, war, wie wir schon sagten, der eigentliche Grund für seine heutige Sexualität. Doch indirekt – nicht direkt, wie die Psychoanalytiker nun folgern würden – ist die Mutter die Ursache für seine homosexuelle Ausrichtung. Denn seine damalige Programmierung nach dem von ihm verschuldeten Tod an seiner ehemaligen Frau und heutigen Mutter verursachte seine heutige homoerotische Einstellung.

Das Verhältnis Siegfrieds (Fall 41) seiner Mutter gegenüber ist sehr eng. Er erfährt in der Rückführung, dass diese sein einstmals inzestuös mit der eigenen Schwester erzeugter Sohn war, zu dem er eine homoerotische Beziehung aufbaute, die lange andauerte und die, so sagt er, auch seinem Sohn gefallen habe. Beide, so scheint es, setzen im heutigen Leben ihre innige Liebesbeziehung fort, wenn auch ohne Inzest. Die Mutterbindung seitens des schwulen Siegfrieds kommt aus jenem früheren und vielleicht aus noch nicht aufgedeckten anderen früheren Leben.

Kevin (Fall 17) wurde im früheren Leben als Fünfjähriger von einem Mann missbraucht. Dieser Mann ist im heutigen Leben seine Mutter. Sie hatte bestimmt im Jenseits ihn gebeten, seine Mutter werden zu dürfen, um alles an ihm wieder gutzumachen, was sie an ihm an Schlimmem begangen hatte. Und er hatte zugestimmt, nicht wissend, dass er seinen Heuschnupfen mit in dieses Leben bringen würde, der sich aus jenem Missbrauch mit der Seele seines damaligen Sohnes und der jetzigen Mutter ergeben hatte, denn sobald er in die Nähe seiner Mutter kommt, macht sich sein Heuschnupfen durch Niesen unwillkürlich wieder bemerkbar, was ihn natürlich dazu anhält, räumliche Distanz zu seiner Mutter zu suchen. Auch hier sehen wir keinen ödipalen Bezug, sondern den Bezug zu früheren Leben.

Während die Mutter von Kevin an ihm wieder etwas gutmachen möchte, ist es im Falle von Gino (Fall 35) genau umgekehrt. Denn Gino hatte seine Mutter in einem früheren Leben als seine junge und schöne Ehefrau in flagranti mit einem Liebhaber entdeckt und sogleich mit dem Degen erstochen. Er hat also in diesem Leben ein Wiedergutmachungsprogramm zu erfüllen. Und seine Mutter hatte als dessen Ehefrau ihn in jenem früheren Leben mit einem anderen Mann betrogen und ihn auch über ihre Gefühle zu ihm hintergangen. Somit hat auch sie noch ein Wiedergutmachungsprogramm bei ihm zu erfüllen. Ihre gegenseitige enge Bindung ergibt sich also aus einem gegenseitigen Wiedergutmachungsprogramm, nicht aber aus einer ödipalen Konstellation.

Während ich diesen vierten Teil dieses Buch in Thailand schrieb und in Indien fortsetzte, gab ich in Goa ein Ausbildungsseminar für Rückführungstherapeuten. Unter den Teilnehmern befand sich ein Homosexueller, der behauptete, schon im zweiten Lebensjahr masturbiert zu haben, woran er sich gut erinnern könnte, habe er es doch seitdem täglich ein- oder sogar zweimal getan. Dies veranlasste mich, ihn – nennen wir ihn Dirk – in sein heutiges Leben zurückzuführen und zugleich nach weiteren Ursachen seiner Homosexualität zu forschen. Tatsächlich hatte er wenige Wochen vor seinem zweiten Geburtstag seinen ersten Orgasmus, ohne dass das Glied dabei erigierte. *(Später erzählte mir Dirk, dass er zwei homosexuelle Freunde kenne, die ebenfalls in der früheren Kindheit schon masturbiert hatten.)* Er schaute sich in der Kindheit gerne in illustrierten Magazinen die Bilder von Männern an. Auch konnte Dirk sich in der analen Phase deutlich an ein früheres Leben zurückerinnern, in welchem er, wie es sich aus der Beschreibung ergab, eine Zigeunerin war, die mit ihrem Mann ausgiebigst Sex erlebte. Sie befriedigte ihn auch oral, was sie besonders gern tat. Und im Vergleich zu den damals als Frau im Koitus erlebten Orgasmen und den im heutigen Leben als Kind masturbierend herbeigeführten Orgasmen gab er Letzteren den Vorzug. In diesen kindlichen Rückerinnerungen konnte er sich genau in diese Zigeunerin hineinversetzen und deren Orgasmen mitempfinden, wie der kleine Dirk auch die Haut des damaligen Ehemannes zu riechen vermeinte und dessen Penis in sich fühlte. Und dieser kleine Junge freute sich immer auf seinen Mittagsschlaf, denn dann masturbierte er. Mit elf Jahren erlebte er seine erste Erektion samt erstem Samenerguss. Seine Mutteer entdeckte die Flecken im Bett und schimpfte: „Das ist eine Schweinerei! Das macht man nicht!“ Und im Vergleich war dieser Orgasmus in Begleitung der Ejakulation genauso schön wie die vorangegangenen Orgasmen seit dem zweiten Lebensjahr. *Sigmund Freud* hätte an diesem Fall des Dirk seine Freude gehabt, wollte man diesem Psychologen doch lange Zeit nicht abnehmen, dass seine Behauptung, auch Kinder haben schon sexuelle Gefühle, stimmen könnte. Mit fünfzehn erlebte Dirk zum ersten Mal die gegenseitige Masturbation mit einem Schulfreund, den er auch einige Wochen später mittels der Fellatio befriedigte. Ihm kam diese erste Fellatio wie ein Orgasmus im Kopf vor. Dieser Freund kam zum Hausaufgabenmachen vier Jahre lang zu ihm. Doch als ein anderer Schulkamerad die Bemerkung machte, er wackele mit dem Hintern wie eine „schwule Sau“, bekam Dirk einen Schock. Auch führte er in gezierter Weise seine Tasse zum Mund, was ihm ebenfalls unzüchtige Bemerkungen einbrachte. Um diesen Makel abzulegen, ging er die Liebschaft mit einer jüngeren Freundin der Schwester ein, die sich in ihn verliebt hatte, doch wich er all ihren sexuellen Wünschen aus, indem er ihr sagte, dass beide damit noch warten sollten. Selbst ihre Küsse bewirken bei ihm kein erotisches Empfinden. Mit neunzehn besucht Dirk das erste Mal eine Schwulenkneipe, in welcher er einen etwas jüngeren Mann kennen lernt, mit dem er anschließend das erste Mal den Analsex erlebt. Doch auch in den weiteren Jahren bevorzugt Dirk die Fellatio, und er gesteht, dass er gern den Samen des Mannes herunterschluckt und dass Homosexualität ehrlicher sei als eine Kopulation, da man bei einer Frau nie wissen könne, ob sie wirklich zum Orgasmus gekommen sei oder ihn nur fingiere, während der Mann durch seine Ejakulation den Orgasmus nicht vortäuschen könne. Wie er durch Befragung seines Höheren Selbst erfahren konnte, war die Homosexualität für das gegenwärtige Leben im Jenseits von ihm erwünscht worden, weil diese ihm größere sexuelle Befriedigung verschaffen würde.

Neugierig geworden, was es denn wirklich mit jener in der Kindheit beschriebenen Rückerinnerung als Zigeunerin auf sich habe, führte ich ihn anschließend in dieses Leben zurück. Sie lebte im Jahre 1713 in Rumänien und hatte ihrem geliebten Mann schon einen Sohn geboren. Tatsächlich befriedigte sie ihn, wie in der heutigen Kindheit von Dirk erlebt, gern oral. Doch starb sie bei der Geburt des zweiten Kindes, woraus sich die Programmierung ergab: „Ich will nie wieder Frau sein." Vor dem Wolkentor bekommt Dirk auf dessen Fragen mitgeteilt, dass er im Ganzen etwa eintausendachthundert frühere Leben hatte, wovon seine Seele zirka eintausendzweihundert Male in einem männlichen Körper inkarnierte. Achtundsiebzig Mal war er homosexuell und neunmal lesbisch gewesen. Seine Vorliebe für Männer mit großen Füßen komme daher, wie er sich auf einmal inne wurde, weil der Mann der Zigeunerin große Füße gehabt habe. Und sein jetziger Freund sei dieser damalige geliebte Ehemann gewesen, und dieser habe ebenfalls im heutigen Leben wieder große Füße. Und auf die Frage, in welchem Leben, das dem heutigen am nächsten sei, er ebenfalls als Homosexueller gelebt habe, wurde Dirk in ein Leben als vierundzwanzigjähriger Mann namens Philipp ins Jahr 1944 zurückgeführt. Er studierte in Braunschweig und war wegen Problemen mit seiner Lunge kriegsuntauglich. In einer Scheune trifft er sich mit einem Vierzehnjährigen, der ihm gegen Geschenke und für Geld seinen Körper zur Verfügung stellt. Doch jemand hatte sie, die sich öfter heimlich dort trafen, belauscht und es der Gestapo berichtet. Und als beide sich dem Analverkehr hingaben, wurden sie überrascht. Während der Jüngere freigelassen wurde, brachte man ihn in eine Zelle, wo fünf Gestapomänner unter Beschimpfungen wie „Du Mistkerl, du bist es nicht wert, ein Deutscher zu sein!" ihn schlugen und zwischen die Beine traten. Drei Monate später gelang es seinem einflussreichen Vater, ihn aus dem Gefängnis herauszuholen. Drei Jahre darauf ist er an seinen Lungenproblemen gestorben. Und seine letzte Programmierung lautete: „Ich will nie wieder erwischt werden." *(Daher kommt im heutigen Leben seine besondere Vorsicht bei homoerotischem Austausch mit Partnern. Auch seine heutigen Hemmungen vor Analverkehr stammen aus jenem Ereignis, wo er mit dem Jüngeren erwischt wurde.)* Doch führte ihn sein Höheres Selbst auf seine Bitte hin in sein erstes homoerotisches Leben zurück. Er war dort ein griechischer sechzehnjähriger Hirtenjunge, der von einem Einundzwanzigjährigen namens Estratos in dessen Haus geführt wurde und diesem drei Jahre lang als dessen „Lustknabe" zur Verfügung stand. Er hatte weiterhin mit mehreren Männern, auch solchen, die beträchtlich älter als er waren, Geschlechtsverkehr, was ihn späterhin nicht davon abhielt, zu heiraten und Kinder zu haben. Das Alte Griechenland wurde, wie es mir scheint, eine Brutstätte der Homosexualität, sodass die Seelen diese Erfahrungen oft mit in ihre späteren Leben nahmen und sie hin und wieder in einigen Leben voll auskosten wollten.

Wenn erst einmal tausend Homosexuelle in die eigentlichen Ursachen ihrer geschlechtlichen Präferenz zurückgeführt worden sind, können wir genau feststellen, wieso man homosexuell ist. Es ist also eine lohnende Aufgabe für Diplomanden, mittels der Rückführung diese Forschungsergebnisse dann in ihren Arbeiten vorzustellen. Und solche Untersuchungen werden immer leichter durchzuführen sein, wird die Anzahl der sich bekennenden Homosexuellen weiterhin steigen samt der Bereitschaft, sich über die Herkunft ihrer Geschlechtspräferenz rückführen zu lassen. Die allgemeine heutige Toleranz der Homosexualität gegenüber wird es möglicherweise verursachen, dass viele Seelen schon geboren sind oder noch geboren werden, die diesen prosexuellen freiheitlichen Schub in der Menschheitsgeschichte ausnützen, um ihre Homosexualität ohne Angst mit allen Vorsichtsmaßnahmen gegen AIDS auszuleben. Und so wird es geschehen, dass bald nicht mehr nur sieben bis acht Prozent der Männer sich zur Homosexualität bekennen, sondern 10 bis 20 Prozent, wie auch der Prozentsatz der sich zur weiblichen Homosexualität bekennenden Frauen um das Doppelte steigen dürfte. Denn endlich darf man frei seine Sexualität ausleben, die für so viele Jahrhunderte unterdrückt gewesen war. Und wer als Seele noch nie eine homosexuelle Erfahrung gemacht hatte und diese als Erfahrungsbereicherung leben möchte, wird sich also in dieser Zeit gerne inkarnieren wollen.

Knabenliebe

Im Unterschied zur Pädophilie mit Knaben, die mit dem Missbrauch oder sogar mit Gewaltanwendung einhergeht, ist die *Päderastie* die freiwillige sexuelle Ergebenheit eines Knaben oder Jünglings an seinen Lehrer, Meister, Erzieher, die von den Eltern des Jugendlichen gestattet oder sogar erwünscht wird. In unseren Beispielen von Fällen, in denen von Knabenliebe gesprochen wurde, hatte sich diese ohne karmische Notwendigkeit ergeben. Für Antoine (Fall 44) war diese der Einstieg seiner Seele in die Homoerotik überhaupt. Man gab sich als Jugendlicher seinem verehrten Lehrer total hin. Was immer dieser von einem wollte, war immer richtig. Diese Verehrung durch bedingungslose Hingabe für einen Meister, für ein Vorbild, für ein Idol wird für viele Menschen, die ein solches Verehrungsgefühl nie gekannt haben, nicht nachvollziehbar sein. So suchten sogar junge Verehrerinnen von großen Idolen wie *Goethe*, *Wagner* oder *Picasso* die Nähe dieser Meister und ließen sich auf alle Intimitäten bedingungslos ein. *Osho*, der große spirituelle Meister Indiens, hatte Hunderttausende Fans in der ganzen Welt. Über die Hälfte von diesen, wenn nicht Zweidrittel, waren Frauen. Und die meisten von ihnen waren so tief in der Herzensliebe mit ihm verbunden, so tief von dem, was er sagte und schrieb im Innersten ergriffen, dass nahezu jede, wenn er irgendeine von ihnen in sein Privatgemach gerufen haben würde, es als Auszeichnung und höchsten Liebesbeweis angesehen hätte, mit ihm das Bett zu teilen, auch wenn er vierzig Jahre älter gewesen sein sollte. Diese totale Hingabe müssen wir verstehen, wenn wir von der Knaben- und Jüngerliebe der Griechen sprechen. *Agape* war der Ausdruck für die Herzensliebe, *eros* jedoch der für die körperliche Liebe. In der edelsten homoerotischen Form war agape die Grundlage. Nur wenn diese vorherrschte, dann war eros der zusätzliche Liebesbeweis.

Und dieses Band der damaligen Lehrer-Schüler-Beziehung hat sich im Falle von Jessica (Fall 16) bis ins heutige Leben erstreckt. Denn Jessica, die aufgrund karmischer Schicksale von Sexualität weitgehend Abstand nimmt, hat eine Agape-Beziehung – wir sprechen heute von *platonischer Liebesbeziehung* – mit einem älteren verheirateten Freund, den sie täglich zweimal anruft und der ihr gegenüber wiederum die Funktion eines spirituellen Lehrers übernommen hat. Dieser Freund hieß in ihrem Leben als griechischer Jüngling Saroniki, der ihn in der Rhetorik unterrichtete. Aus Verehrung dieses Meisters gab sie sich auch allen seinen erotischen Wünschen hin. Allerdings weckte diese bevorzugte Stellung den Neid der anderen Schüler, die ihn dann vergifteten. Es herrschte also Rivalität unter den Schülern, wer von ihnen zu den auserwählten Bettgenossen des verehrten Lehrers gehören durfte. Doch gehen wir noch etwas näher auf diese Knabenliebe ein, die eigentlich besser *Schüler-Lehrer-Liebe* genannt sein sollte.

Im Klassischen Griechenland war man der Knabenliebe beziehungsweise der Schüler-Lehrer-Liebe gegenüber im Allgemeinen sehr offen, auch wenn sich die Gesetze und Gebräuche in den verschiedensten Städten oft voneinander unterschieden. Als Vorbild galt Zeus, der sich den *Ganymed* als seinen Liebesknaben eroberte, oder auch der Held *Achilles*, der den Jugendfreund und Kriegskumpanen *Patroclos* in jeder Weise liebte. Von dem großen Tragödienschreiber *Sophokles* war allgemein bekannt, dass er die Knaben liebte, wovon er sogar in seiner Tragödie *Niobe* keinen Hehl machte. Ausführlich berichtet er über die Knabenliebe. Seiner Darstellung zufolge schienen Boeothier es als normal anzusehen, dass sich Männer Knaben zur sexuellen Lust hielten. Doch gab es auch gegen diesen fast überall verbreiteten Brauch auch Gegner, die sogar allein schon das Gespräch zwischen Homosexuellen und Knaben verhindern wollten. *Xeneophon* gibt die Einstellung des *Lycurgus* in folgenden Worten wieder: „Wenn ein reiner und aufrichtiger Mann die Seele eines Jungen bewundert und versucht, seine Zeit mit ihm zu verbringen, indem er ihn zu seinem Freund macht, ohne ihn dabei in Verruf zu bringen, dann stimme er einem solchen Verhältnis zu und bezeichne es als die edelste Form der Erziehung. Doch wenn andererseits der Mann nur nach der körperlichen Lust seines Jungen aus sei, dann bezeichne er dieses als das Allerverachtenswerteste. So sollten die Lakedaemonier ihre Hände nicht an die Knaben legen, und zwar in dergleichen Weise wie Eltern nicht ihre Hände an ihre eigenen Kinder legen sollten.“ („*If a man, who was decent and upright admired the soul of a boy and tried to spend time with him and to make him his friend without bringing blame on him, he approved this and called it the noblest form of education; if, on the other hand, someone seemed to lust after a boy's body, he laid down, that this was the most shameful of all things and that in Lacadeamon boy-lovers should keep their hands off boys just as parents do not lay hands on their own chidren...* "[110]) Und auch Athenaeus bestätigte, dass viele Männer die Knabenliebe der Fraueneliebe vorzogen, wobei sich die Kreter und die Chalkidonier auf Euboea besonders hervortaten.[111] Auch in *Platons* Schriften wird oft von der Knabenliebe in höchsten Tönen gesprochen. Schließlich gibt der liebende Mann seine ganze Weisheit dem ihm zur Erziehung anvertrauten geliebten Knaben und Schüler, weshalb ihm auch von diesem der gebührende Dank zustatten kommen solle, allen Wünschen der Älteren in jeder Weise zu entsprechen. „Wenn der ältere Liebhaber über gesunde Urteilskraft und moralische Integrität verfügt und wenn der Knabe begierig ist, dessen Einsatz als seiner Erziehung dienlich zu sehen, dann ist es auch für den Knaben angebracht, seinen Liebhaber (sexuell) zufrieden zu stellen. Nur unter solchen Bedingungen ist die Knabenliebe als statthaft zu akzeptieren."[112] Aus dieser Darstellung wird klar, dass die Erzieher und Philosophen sehr egoverhaftet waren, indem sie sich allein das Recht auf die Knabenliebe vorbehalten wollten unter der Ausrede, dass sie allein es vermögen, dem Knaben eine edle Erziehung zukommen zu lassen, während alle anderen Männer ihre Hände von Knaben lassen sollten.

Es scheint auch, dass die Philosophen die Knabenliebe zu retten versuchten, wurde sie doch von den Gesetzen immer mehr eingeengt. Zum Beispiel durfte die Knabenliebe nicht gegen Bezahlung ausgeübt werden, denn wurde man bei solcher Praxis überführt, drohte beiden Ausübenden eine Strafe. Und ein Gesetz schützte die Schüler während ihrer Zeit im Schulgebäude vor der Päderastie. Auch Sklaven durften sich nicht mit den Jungen der freien Bürgerklasse zusammentun. Und Professor *David Cohen* meint, dass wir das eigentliche Gesetz, das die genaue Homosexualität bestimmt, nicht mehr vorliegen haben. Aus diesem Grunde nimmt die Forschung eventuell fälschlicherweise an, dass es einfach kein solches Gesetz gegeben habe, weshalb es also erlaubt gewesen sein müsse, dass ein Erwachsener auch mit einem freigeborenen Knaben sexuelle Beziehungen eingehen könne, vorausgesetzt natürlich, dass keine Gewalt angewendet wird und keine Bezahlung erfolgt.[113]

Doch die Wirklichkeit dürfte wohl folgendermaßen ausgesehen haben: Sobald ein Junge seine Pubertät erreichte, war es in den besser gestellten Familien gebräuchlich, dass man ihn einem gereifteren, möglichst einem gelehrigen Mann übergab, der ihn betreute und auch in das Leben einführte. Daraus ergab sich öfter eine homoerotische Beziehung, die als etwas ganz Normales angesehen wurde und die meistens keinen der homoerotisch Aufgewachsenen daran hinderte, späterhin zu heiraten, um Kinder zu bekommen. Somit schlief er mit seiner Frau und pflegte möglicherweise weiteren sexuellen Kontakt mit Freunden oder Knaben, gab es jene doch besonders unter den jugendlichen Sklaven zur Genüge.

Durch Rückführungen können wir noch viele Einzelheiten der damaligen homoerotischen Szene in Erfahrung bringen, natürlich mit der gehörigen Skepsis gegenüber den Aussagen des in Trance Befindlichen.

Daniel (Fall 44), wie wir vorhin noch beschrieben haben, war im Klassischen Griechenland ein schwarzer Lustknabe, der den Herren für all ihre sexuellen Lüste zur Verfügung zu stehen hatte. Doch er hatte selbst mit Gleichaltrigen sexuellen Austausch, was ihm alles sehr behagt zu haben schien.

Siegfried (Fall 41) war im Jahre 271 v. Chr. ein sechzehnjähriger Römer namens Flavius. In dem ägyptischen Alexandria pflegte er eine homoerotische Beziehung mit dem von ihm verehrten Philosophen Patros. Aus dieser erotischen Liebe zu diesem älteren Mann entwickelte sich zudem eine wahre Herzensliebe, sodass Flavius, als sein älterer Freund nach zwanzigjährigem Zusammensein verstarb, selbst Gift nahm, um mit diesem Geliebten in einem Sarkophag armumschlungen bestattet zu werden. Solche Liebesbeweise einer Schüler-Lehrer-Liebe hielt man hoch in Ehren. Und auch in dem heutigen Leben begegnet Siegfried wieder diesem früheren Geliebten und Lehrer, der wiederum die Position eines von ihm sehr verehrten homoerotischen Lehrers einnimmt. Seit diesem homosexuellen Liebesleben mit Patros hatte die Seele von Siegfried eine ganze Reihe von früheren Leben, in welchen, wie wir schon sahen, Homoerotik ihren bedeutenden Platz eingenommen hatte. Fast scheint es so, dass viele der heutigen Homosexuellen in jenem römisch-griechischen Zeitalter eine „sanfte“ Einführung in die Homoerotik erhalten hatten, die ihnen – wie in späteren Zeiten – keine Schuldgefühle aufdrängte, ja wobei sie im Gegenteil diese Art der Sexualität sogar als etwas Besonderes und Anerkennenswertes erfahren durften. Die Seele dieses Flavius hat diese Schüler-Lehrer-Liebe wohl immer in sich unbewusst mit in andere Leben getragen. Denn in einer viel späteren Zeit wollte er seinem Sohn das vermitteln, was er als Flavius durch Patros erfahren hatte. Und er unterhielt mit ihm eine homoerotische Beziehung, die natürlich strikt geheim bleiben musste, befand man sich doch in einem christlichen Abendland, wo Inzest und Knabenliebe mit dem Tod bestraft wurden.

Die ausführlichste Beschreibung der damals auf dem Peleponnes und in Athen vorkommenden Homoerotik erhalten wir aus der Rückführung mit Antoine (Fall 44). Er heißt Nicäus und beschreibt, wie er mit sechzehn Jahren sich auf einem Gymnasium sportlich betätigt. Die Jünglinge betasten auch ganz ungeniert ihre nackten Körper und bestaunen die jeweilige Schönheit. Man betastet auch nach Gefallen das jeweilige Glied des anderen und reibt dieses am Körper des anderen. Doch die Kunst besteht darin, die erotische Spannung zu steigern, ohne dabei zum Orgasmus zu kommen, sondern möglichst lang in diesem vororgasmischen Taumel zu bleiben, ist doch mit der Ejakulation das prickelnde Gefühl vorbei und bleibt dadurch vorerst ausgeklammert von weiteren Bestastungen und körperlichen Aneinanderreibungen. Und Fellatio ist nur im intimen Kreis gestattet, nicht jedoch vor allen anderen. Sein Sportlehrer heißt Lukios. Er hat den Schülern nicht nur die Wertschätzung der Körperlichkeit und der erotischen Berührungen beizubringen, sondern ihnen auch zu demonstrieren, wie man seinen Orgasmus lange oder vorerst gänzlich zurückhalten kann. Und für jeden Schüler ist es eine Auszeichnung, von diesem Lehrer erotisch eingeführt zu werden oder mit ihm sogar ein engeres homoerotisches Verhältnis zu knüpfen, wodurch man trainiert wird, seine Lustgefühle bis ins Unermessliche zu steigern. Und es gibt so viele Mitschüler, aber auch andere Lehrer, mit welchen man das Erlernte ausprobieren oder Neues experimentieren kann. Somit wird das Gymnasium auch zu einer Lehrstätte zur

Steigerung sexueller Genüsse. Kein Wunder also, dass sich so viele Schüler für die Ausbildung an einem Gymnasium interessieren, wobei allerdings die unvorteilhaft Aussehenden keine Chance haben, dort angenommen zu werden.

Doch hat Nicäus von dem Athener *Sokrates* viel Rühmliches vernommen, weshalb es ihn mit zweiundzwanzig ebenfalls nach der Hauptstadt des Attischen Bundes treibt. Viele junge Männer begehrten, von Sokrates als seine Schüler aufgenommen zu werden. Und einigen gelang es sogar, seine höchste Gunsterweisung zu erhalten, indem sie mit ihm erotische Intimitäten austauschen durften. Zu Nicäus' Bedauern ist ihm diese Gunsterweisung wegen der vielen anderen schönen Jünglinge nie zuteil geworden. Doch er wurde ein eifriger Schüler der Lehren des großen Meisters. Die in seiner Jugend geförderte und dann auch weiterhin genossene Homosexualität bewirkte, dass Nicäus nie heiratete und auch späterhin mit Freunden die Homoerotik weiterhin auskostete. Ich habe den Verdacht, dass viele Männer es dem Sokrates neideten, dass er als gar nicht attraktiver Mann mit so vielen schönen Jünglingen Homoerotik pflegte. Und sie versuchten nun, ihm den Strick zu drehen, um ihn aus dem Weg zu räumen. Sie erfanden den Vorwand, dass er den Glauben an die griechischen Götter verfälsche und somit die Jugend zu einem entgötterten Glauben verführe. Und ihnen gelang es, dass schließlich Sokrates unter den Tränen seiner Jünger den Giftbecher nehmen musste. Auch für die Seele Antoines war dieses Leben als Nicäus eine Einweihung, wenn man so will, in die Homosexualität, und zwar in ihren schönsten Erlebnisweisen. Bis zu seinem heutigen Leben hat er in keiner Inkarnation außer in einem Leben als Lesbierin diese Homosexualität wieder gelebt. Denn seine Seele sollte andere Erfahrungsnahrung zu seiner Liebeserweiterung in sich aufnehmen. Und von seinem Höheren Selbst erfährt Antoine, dass jede Seele wenigstens einmal eine homoerotische Erfahrung als Mann oder als Frau durchleben wird. Dies ist nun eine erstaunliche Aussage. Wenn diese zutrifft, dann ist die Homosexualität etwas, das alle Menschenseelen angeht, etwas, was nicht auf einen kleinen Kreis von Außenseitern beschränkt ist, sondern jedem irgendwann einmal auf dem Weg seiner Seele durch die verschiedenen Leben begegnen wird. Somit ist die Homoerotik in der Schule des Lebens ein Lernmittel, das ebenfalls von allen Seelen mit den entsprechenden Aufgabenstellungen individuell gelöst werden muss. Denn alles dient der Liebeserweiterung der Seele, und die Homoerotik ist ein vortreffliches Mittel, jene Liebe in uns immer größer werden zu lassen.

Doch warum wird auf einmal der Erotik und vor allem der Homoerotik ein Riegel vorgeschoben durch das Trauma AIDS?

AIDS

1981 erschien der erste Hinweis auf eine vollkommen neue Krankheit, die erst 1984 als solche labortechnisch nachgewiesen und dann als AIDS-Krankheit (AIDS=HIV= human immunodeficiency virus) benannt und als solche auch publik gemacht wurde. Die mit der Angst spielende Presse *(Angstverbreitung ist das Schlachtross für Lesererfolg)* verbreitete sensationell aufgemachte Artikel, die einen möglichen allgemeinen Untergang der Menschheit heraufbeschworen. Und vorerst glaubte man, dass diese Krankheit allein auf Homosexuelle beschränkt sei. Gerade erst vor zwanzig Jahren hatte die Liberalisierung der Sexualität in den westlichen Industriestaaten begonnen, und die Homosexuellen beiderlei Geschlechts konnten sich immer mehr öffentlich zu ihrer sexuellen Ausrichtung bekennen, während schon die Jugendlichen der Sexualität freien Lauf ließen, weil ja die Pille die Fortpflanzung verhinderte, da traf sie alle diese Nachricht wie ein Donnerschlag. Durch Sex kann man sterben. Denn man wusste, dass noch vor einigen Jahrzehnten die Syphilis den davon Infizierten Geisteskrankheiten und auch den Tod bringen konnte. Aber dieser Krankheit nebst all den anderen Geschlechtskrankheiten hatte die Medizin schon erfolgreich den Kampf angesagt. Und auf einmal wird der Menschheit eine neue genitale Ansteckungskrankheit beschert, die alle bisherigen weit in den Schatten stellen sollte. Und da die ersten Opfer dieser Krankheit homosexuelle Männer waren, glaubte man, dass diese durch homoerotische Praktiken entstehen könnte, während alle Kirchengläubigen vermeinten, dass Gott, der im Alten Testament (3. Mose, 20,13) ohne Umschweife sagte, dass Homosexuelle zu töten seien, nun selbst diese Verteilung der Todesurteile in die Hand genommen hatte, da irdische Gerichte immer sanfter mit den Homosexuellen umgegangen seien. Gott wolle nun die bestrafen, die gegen seine Anordnungen gehandelt hatten.

Doch bald traten auch unter Frauen, vor allem verheirateten Frauen, die von ihren bisexuellen Männern angesteckt worden waren, die ersten an HIV Positiv erkrankten Opfer auf; weiterhin fand man auch unter den Neugeborenen Opfer dieser Krankheit, die sich wiederum von der Mutter angesteckt hatten. Und schließlich steckten sich Tausende Drogenabhängige durch gebrauchte und wiederverwendete Injektionsnadeln Infizierter an, sodass jedes Jahr die Zahl der Opfer drastisch anstieg. Und dann überschlugen sich die Horrormeldungen aus der ganzen Welt. Denn durch Prostitution und Promiskuität verbreitete sich diese teuflische Krankheit rasant. Besonders waren jene Länder betroffen, in welchen die Prostitution bisher ohne Präservative durchgeführt wurde. In Uganda lebten in einigen Landstrichen bald kaum noch sexuell aktive Menschen. Überall waren dort fast nur noch Kinder und alte Menschen zu finden. Die mittlere Generation war von der AIDS-Krankheit hinweggerafft worden. Weitere Schreckensmeldungen folgten aus anderen Ländern Afrikas; aber auch aus Asien, vor allem aus Thailand kamen auf AIDS bezogene Horrormeldungen. So dürften in den ersten fünfundzwanzig Jahren seit Auftauchen dieser Krankheit viele Millionen Menschen von AIDS hinweggerafft worden sein. Schon 1991 schätzte die Welt-Gesundheitsorganisation (WHO) die Zahl der an dem HIV-Virus Gestorbenen auf 1,5 Millionen, wovon ein Drittel Kinder waren.[114] Auf dem AIDS-Kongress OPDAS in Kigali wurden am 15. Februar 2004 die neuesten Ergebnisse der WHO-Schätzungen verkündet. Demnach sind in Afrika südlich der Sahara 26,6 Millionen von weltweit 40 Millionen Menschen mit dieser Krankheit behaftet. 2,3 Millionen Afrikaner starben 2003 an AIDS, während sich drei Millionen im selben Jahr neu angesteckt hatten.[115]

Die Bösewichter, die alles verursacht hatten, waren natürlich die Homosexuellen. Und die WHO tat alles, um dieser Geschlechtsseuche Herr zu werden. Man verteilte kostenlose

Präservative. Und selbst in Europa und Amerika war das Schlagwort „safer sex" ein Hinweis darauf, sich bei Kopulationen mit Neubekanntschaften durch ein Präservativ zu schützen. Unter Homosexuellen waren diese Vorsichtsmaßnahmen bald eine Selbstverständlichkeit geworden, wollte sich doch keiner anstecken lassen oder andere anstecken. Und schließlich, nach Jahren der Beobachtung, kam man zu der Feststellung, dass nur fünf bis zehn Prozent von allen HIV-Infizierten zehn und mehr Jahre überleben können.[116]

Wie gingen diese nun mit der angeblich von ihnen initiierten Krankheit um?

Der homoerotische Oral- und Analverkehr schien bis zum Aufkommen der Aids-Krankheit gegen Geschlechtskrankheiten aller Art sicherer zu sein als Vaginal- und Oralsex mit Frauen. Man benötigte auch keine Präservative. Nun aber war höchste Vorsicht geboten. 1981 benutzten nur zwei Prozent der Homosexuellen Präservative, 1987 jedoch schon 62 Prozent. Im männlichen Samen sah man die Gefahr der Übertragbarkeit dieser gefährlichen Krankheit, weshalb man diesen zu schlucken unter allen Umständen vermied. Und gingen 1984 noch 80 Prozent der Schwulen mehrere sexuelle Kurzbegegnungen oder befristete Partnerschaften ein, so reduzierten sich diese bis 1988 auf 50 Prozent. Die Mehrheit der Homosexuellen konzentrierte sich zunehmend nur noch auf wenige beziehungsweise auf einen Partner, von dem sie annahmen, dass er noch nicht HIV infiziert war.[117] Doch immer mehr von ihnen starben an dieser Krankheit, oft nach langem Siechtum, manchmal aber sehr rasch.

Dieses Virus schwächt das Immunsystem im Lauf der Zeit immer mehr, sodass ein ansonsten harmloser anderer Virus bei einem HIV-Infizierten schon zum Tode führen kann. Unter den HIV positiven Homosexuellen und Bisexuellen breitete sich Panik aus. Alles veränderte sich in ihrem Leben. Sie wussten nicht, wann sie bettlägerig werden würden, wie lange sie noch ihrer Arbeit nachgehen konnten, sie durften sich nun keiner weiteren Ansteckung aussetzen wie zum Beispiel einer Erkältung, sie mussten beim Sexverkehr, wenn dieser überhaupt noch stattfand, höchste Vorsicht walten lassen, um den Partner nicht anzustecken, so dieser nicht ebenfalls schon angesteckt war. Viele hatten den Familienmitgliedern gegenüber lange verheimlicht, dass sie homosexuell waren. Nun aber mussten sie alles offenbaren, auch ihre tödliche Krankheit. Viele von ihnen begingen Suizid, sodass 1992 die Suizidrate in New York City 36 Mal höher war als die der nicht an AIDS Erkrankten.[118] Viele bedauerten, homosexuell zu sein. Und sie hatten Schuldgefühle sich selbst und auch anderen gegenüber, die sie vielleicht angesteckt haben könnten. Andere versinken in Fatalismus. Und wiederum haben viele zu Gott gebetet und reumütig um Vergebung für den Übertritt seines Gebotes gebeten oder haben plötzlich einen spirituellen Weg eingeschlagen, sind in sich gegangen und haben ihr bisheriges Leben überdacht und bisher Unvollendetes noch vollendet.

Die eigentliche Entstehung der AIDS-Krankheit bleibt mysteriös. Man glaubt, dass sie von Affen aus Afrika auf den Menschen übertragen worden sein könnte. Doch man bedenkt nicht, dass ganz gleich, woher und wie der Entstehungsherd in die Welt gekommen sein sollte, diese Krankheit von höherer Hand initiiert worden war. Denn bevor der erste AIDS-Fall auf Erden auftrat, wusste die betreffende Seele schon, dass sie dieser Krankheit begegnen würde. Krankheiten werden im Jenseits erschaffen als Lernmittel für die Schule des Lebens, um karmische Zusammenhänge aufzulösen oder neue Dinge hinzuzulernen. Und selbst wenn die Medizin einst AIDS besiegt haben sollte, wird gegebenenfalls wieder eine neue Krankheit urplötzlich auftreten, damit sie genau die befällt, die – aus welchen Gründen auch immer – befallen werden sollen. Denn Krankheiten wie auch alle Geschlechtskrankheiten hat man nicht zufällig. Hinter allem waltet ein höherer Sinn. Weshalb der Kranke gut daran tut, herauszufinden, warum er krank ist. Und die Rückführungstherapie erweist sich darin als großartige Hilfe. Die meisten Erkrankungen wie auch AIDS gehen auf karmische Zusammenhänge zurück.

So führte der „Mister Reincarnation of America" *Dick Sutphen* einen Klienten zurück, der durch ihn mittels einer Rückführung herausfinden wollte, warum er AIDS bekommen hatte. Dieser sah sich in einem früheren Leben als ein Mann, der, obwohl er Syphilis hatte, trotzdem mit anderen Frauen ungeschützt schlief. Für dieses Leben hat er sich vorgenommen, behutsam mit seiner Ansteckungsgefahr umzugehen[119] und sicherlich auch aus karmischen Gründen nachzuempfinden, was jene damaligen Frauen, die er mit der meist tödlich endenden Syphilis angesteckt hatte, schmerzvoll erleiden mussten. Und dieses Schicksal hatte er sich schon im Jenseits ausgesucht. Wie wir sehen, haben sich wohl die meisten der HIV-Erkrankten ihr AIDS schon vor Eintritt in dieses Leben ausgesucht, um ganz bestimmte Erfahrungen zu machen, damit ihre Seele wachsen kann. Und ich könnte mir denken, dass ein großer Anteil der HIV-Infizierten im früheren Leben als Frau oder als Mann eine Geschlechtskrankheit hatte, die sie aus Rücksichtslosigkeit oder auch aus Rache anderen weitergaben. Jetzt müssen sie ein Gleiches erleben, was sie anderen einst zugefügt hatten. Doch weitere Rückführungen mit HIV-Infizierten werden in der Zukunft ganz klar darlegen können, warum man AIDS bekommen hat.

Der englische Psychologe *Alex Weeks* führte an der Universität London 1996 über fünfzig HIV-infizierte Männer in ihre früheren Leben zurück, um den Grund ihrer Krankheit aufzuspüren. Von diesen gaben 70 Prozent an, mittels dieser Krankheit noch negatives Karma aufzulösen. Einige berichteten von früheren Existenzen, in denen sie ebenfalls schon schwul gewesen waren, oder sie hatten als Mönche im Zölibat gelebt und vorher das Gelübde abgelegt, keine Frau anzufassen. Über die Hälfte waren in früheren Leben medial begabt und spirituell ausgerichtet.[120] Dieser letzte Hinweis legt uns nahe, zu überlegen, ob nicht eventuell diese Krankheit gleichzeitig ein Test für die Betroffenen sein könnte, ob sie als Seele mit Gleichmut ihrem Tode entgegenzusehen in der Lage sein würden. Denn möglicherweise ist mit dieser Krankheit auch ihr ganzer Reinkarnationszyklus beendet. Somit könnte auch AIDS das Sprungbrett in ein Never-come-back-to-earth sein. Und einige der Betroffenen scheinen das zu spüren, so auch Antoine (Fall 44), der zu mir kam, um die Ursachen seiner HIV Positiv-Krankheit zu erkunden.

Er erfährt von seinem Höheren Selbst, dass er in früheren Leben immer versucht habe, seinem Schicksal zu entgehen, also niemals bereit war, dieses als Gegebenheit anzunehmen. Doch für das jetzige Leben habe er sich diese Krankheit ausgesucht, um sie nun voll zu akzeptieren. Durch diese Akzeptanz seines AIDS-Schicksals sei er nun frei geworden. Er hänge jetzt nicht mehr an den Dingen des Lebens und begegne jedem Tag wie einem Geschenk.

Dies wiederum, so heißt es wörtlich, „ist die Voraussetzung für die innere Freiheit. AIDS macht frei. Es lehrt einen, über den Dingen zu stehen.“ Und, wie wir berichtet haben, fühlt sich Antoine mit jedem Jahr gesünder. Da er den Reifetest bestanden hat, muss er nicht verfrüht in die jenseitige Welt zurückkehren, um sich weiterhin lernend auf eine nächste Erdinkarnation vorzubereiten, sondern er darf nun das Erdenleben weiter genießen, um hier nach vielen Erdenleben seinen Erdenaufenthalt für immer zu beschließen. Und mit dem Bestehen des Abiturs auf Erden ist er befähigt, auf den Universitäten des Jenseits immer mehr über die göttlichen Gesetze und die alles zusammenhaltende Liebe zu lernen.

Auch ein anderer Pschotherapeut berichtet von der Heilung eines AIDS-Patienten. Dieser bekam acht Jahre nach seinem 1985 erfolgten HIV-positiv-Bescheid seine ersten Krankheitssymptome (cerebrale Toxoplasmose), die ihn für mehrere Wochen ans Bett fesselten. Doch durch sakralen Tanz, den er wie zufällig entdeckte, fand er wieder Lebensmut und hat dadurch seine Erkrankung überwunden. Und dieser Therapeut sagt: „So viele Menschen mit Aids hoffen auf Hilfe von außen (Medikamente, Ernährung, Psychoprogramme, Gurus), und ich habe immer den Eindruck, dass unsere Lebensqualität eher darunter leidet. Ich will nicht gegen Medikamente, Ernährung usw. sprechen, aber sie heilen nicht.“ Nino und Roy haben sich von Aids geheilt. „Sie sehen sich geheilt durch ihren Weg nach innen... Und verbunden mit der Suche und Hinwendung nach innen ist die Gotteserfahrung, das spirituelle Erleben, der Kontakt zum Höheren Selbst. ... Ich glaube, es gibt für jeden von uns einen anderen Weg, Wege, die sich ähneln können, aber nie ganz gleich sind.“ [121]

Es könnte sein, dass AIDS-Infizierte und dann Sterbende ihre karmischen Altlasten aus früheren Leben nun aufgelöst haben. Sie dürfen nun nach Hause gehen und sich erholen. Sie dienten mit ihrer Krankheit zugleich den Hinterbliebenen, die sich um sie kümmerten, als Test, um zu ermessen, inwieweit sie in ihrer Liebewerdung bereit waren, den sich auf den Sterbensgang Vorbereitenden zu helfen.

Und nochmals möchte ich auf den Satz zu sprechen kommen, den Antoine von seinem Höheren Selbst mitgeteilt bekam: „Jede Seele wird wenigstens einmal homoerotische Erfahrungen als Mann oder Frau durchleben.“

Diese Mitteilung, so sie tatsächlich zutrifft, ist für die ganze Menschheit eine große Offenbarung. Denn entweder war jede Seele mindestens schon einmal in einem Körper als homoerotische Frau oder Mann oder wird es irgendwann noch einmal sein. Wenn das wirklich aus höherer Sicht so geplant ist, dann brechen viele der bisherigen und in früheren Zeiten postulierten Glaubensvorstellungen zusammen. Denn selbst die größten Moralprediger, die am rigorosesten mit Worten oder auch mit Taten gegen die Homosexualität vorgegangen sind, müssen ebenfalls das an und mit sich erleben, was sie bei anderen verachteten oder bestraften. Wenn diese Wahrheit allgemeine Gültigkeit erlangen sollte, dann würde kein Mensch mehr auf Homoerotiker herabschauen, sondern sich fragen oder gar durch Rückführungen herauszubekommen versuchen, ob er oder sie schon homosexuell war. Man würde dann Homoerotik ebenso tolerieren wie man z.B. alte Menschen oder Kinder toleriert. Homosexualität würde als eine Variation des Menschseins und als etwas ganz Normales aufgefasst werden. Und Ehen von Gleichgeschlechtlichen würden ebenso Gültigkeit haben wie Ehegemeinschaften von Heterosexuellen. Und man wird dann auch begriffen haben, dass jeder die Seele eines anderen sucht und sie lieben möchte, ganz egal in welchem Körper sie sich gerade befindet.

Die Menschheit kommt immer mehr zum eigentlichen Wissen um ihre Bestimmung auf Erden, sei es im persönlichen oder im allgemeinen Bereich. Und die Rückführung ist ein wirkungsvolles Instrument, oder besser gesagt: ein Geschenk von „oben", die bisher oft noch verborgenen Wahrheiten ans Tageslicht zu befördern.

Weibliche Homosexualität

Frauen, die sich für ihre sexuellen Lüste fast ausschließlich mit Frauen zusammentun, sind ganz normale Menschen und haben nichts Krankhaftes, Perverses oder Degeneratives an sich. Sie suchen ebenso wie Heterosexuelle nach Lusterfüllung.

„Einige von ihnen sind in ihrer Sexualität kreativ, andere sind es nicht, einige wollen Sex jeden Tag, anderen reicht es einmal alle drei Monate, einige wollen überhaupt keinen Sex, einige werden durch Sex tief in ihren Gefühlen berührt, einige empfinden Sex als etwas sehr Kompliziertes, für andere ist es wieder eine ganz einfache Angelegenheit."[122] Also, Lesben sind genauso verschiedenartig in ihrem sexuellen Verhalten wie Heteros, nur dass sie als Partner das eigene Geschlecht bevorzugen.

Zwei Drittel der Lesben haben kein Problem mit ihrer Homosexualität. Doch das andere Drittel äußert sich folgendermaßen darüber: 1.) Die Gesellschaft akzeptiert uns nicht, 2.) wir können keine Kinder bekommen, 3.) bei Wohnungs- und Arbeitssuche kann es Schwierigkeiten geben. Nur ein Fünftel haben Schuldgefühle.[123] Doch nach dem großen coming out der Lesbenszene seit Ende der sechziger Jahre des zwanzigsten Jahrhunderts hat sich viel verändert. Kaum werden sie noch bei der Wohnungs- oder Arbeitssuche benachteiligt, und tatsächlich werden schon Lesbierinnen ebenso wie Schwule in einigen Ländern standesamtlich und auch kirchlich getraut. Es sieht so aus, dass es innerhalb der nächsten zwanzig Jahre eine allgemeine gesellschaftliche Toleranz hinsichtlich der sexuellen Präferenzen geben wird. Ja, es scheint jetzt schon so, dass man lesbischen Frauen eher Zimmer vermietet als Homosexuellen, da ihnen nicht das Stigma der AIDS-Übertragung anhaftet.

Wir wollen auch vorerst noch gar nicht darauf eingehen, was Psychoanalytiker über weibliche Homosexualität zu sagen haben, kommen sie doch über den ödipalen Komplex kaum hinaus und tappen somit weiterhin im Dunkeln. Psychoanalytiker – um ein analoges Beispiel zu wählen – suchen mit der leuchtenden Kerze in der Hand im dunklen (Menschen-)Wald nach der Ursache, warum die Bäume (Menschen) vorhanden sind und wie man sie gruppieren und voneinander unterscheiden kann und warum viele Bäume ganz anders sind als die anderen. Die Reinkarnation aber ist das Tageslicht. Alles liegt offen. Und man kann durch die Rückführungstherapie jeden Baum (Menschen) befragen, warum er so ist, wie er ist. Denn die Antworten sind in seinem Unterbewusstsein gespeichert. Somit wollen wir jetzt bei Tageslicht einmal betrachten, warum eine Frau sich sexuell nur für Frauen interessiert.

1.) Viele Lesbierinnen sind im heutigen oder vor allem auch in früheren Leben missbraucht oder vergewaltigt worden. Dies hat in ihnen eine Wut oder auch eine Angst auf und vor Männern und damit eine Abkehr von ihnen erzeugt.
2.) Sie können im heutigen Leben durch die widerwärtige Art ihres eigenen Vaters, wie er die Mutter oder sie selbst behandelte, eine Ablehnung gegen den Mann an sich bekommen haben.
3.) Die Frau kann in einem früheren Leben vergewaltigt worden sein und geht nun unbewusst den Männern aus dem Weg, um nicht nochmals ein Gleiches zu erleben. Oder sie weiß unbewusst, dass ihre Seele aus karmischen Gründen noch einer Vergewaltigung als Ausgleichsgeschehen entgegenzusehen hat, auch wenn dieses Ausgleichsgeschehen erst in einem der folgenden Leben umgesetzt werden wird. Somit entzieht sie sich Männerbegegnungen.
4.) Sie hat selbst in einem oder sogar in mehreren Leben als Mann Frauen misshandelt oder vergewaltigt, und ihre Seele schämt sich deswegen, weshalb sie den Mann, der sie damals selbst war, verachtet. Schuldgefühle mögen aus dem gleichen Grund solch eine Distanz zu allem Männlichen hin bewirken. Und es kann sein, dass solch ein Täterleben mit der Programmierung endete: „Ich will nie wieder ein Mann sein."
5.) Sie hat in einem oder mehreren früheren Leben schöne sexuelle Erlebnisse als Frau mit Frauen erlebt und möchte diese Erlebnisse erneut auskosten.
6.) Sie sucht im heutigen Leben nach der Seele, die sie im früheren Leben geliebt hatte. Nun entdeckt sie diese im selben Geschlecht, weshalb sie sich ihr auch sexuell hingibt.
7.) Sie hat in früheren Leben über Lesben gespottet oder sie diskriminiert. Nun will sie aus karmischen Gründen Ähnliches erleben.
8.) Sie hat in einem früheren Leben bei der Geburt eines Kindes den Tod erlitten. Nun will sie sich nie wieder von einem Mann schwängern lassen und lässt sich aus diesem Grund sexuell nur noch mit Frauen ein.
9.) Sie möchte einfach aus Erfahrungsgründen einmal ausprobieren, wie es ist, lesbisch zu sein. Denn sie hat im Jenseits auf ihre vergangenen Erdenleben zurückgeschaut und gemerkt, dass ihr diese Erfahrung zur Komplettierung ihres Menschseins noch fehlt. Dementsprechend hat sie sich als Tertiäreinstellung eine sexuelle Vorliebe für Frauen programmieren lassen.
10.) Auch kann ihr eine solche tertiäre Programmierung zuerteilt worden sein, im Falle sie sich im Jenseits mit einer Person – eventuell dem früheren Geliebten – abgesprochen hat, der eine gleiche lesbische Erfahrung machen möchte. Oder aber sie war früher Frau, und der damalige Geliebte möchte nun die lesbische Erfahrung erleben, während sie sich vorgenommen hat, dann seine Geliebte zu werden, um seine Erfahrungen so angenehm und schön wie möglich zu gestalten.

Sicherlich gibt es noch andere Gründe für die Bevorzugung der lesbischen Liebe. Und über solch einen anderen Grund berichtet *Dick Sutphen*. Eine Vierundzwanzigjährige hatte immer wieder versucht, mit Männern ins Bett zu gehen, aber sie landete immer wieder in den Betten von Frauen. Sie möchte eigentlich normal sein, um nicht vor Freunden oder Verwandten als Außenseiterin dazustehen, doch sie muss immer wieder ihren lesbischen Neigungen folgen. Im früheren Leben war sie in den Vereinigten Staaten als Frau Mitglied der streng christlich orientierten Quäkergemeinde. Vor ihr auf einer erhöhten Plattform war eine Frau gestellt, die den zornigen Blicken der ganzen Quäkergemeinde ausgesetzt war, denn ihr Vergehen bestand darin, dass sie mit einem verheirateten Mann ein heimliches Verhältnis angefangen hatte und nun schwanger war. Sie hatte Ehebruch begangen und sollte daher aus ihrer Gemeinde ausgestoßen werden, so keiner der Männer sie als Frau nehmen wollte. Niemand wagte, sich für diese Frau einzusetzen. Und während man das Urteil vorlas, dass sie in einem Wald ausgesetzt werden sollte, was ihr Todesurteil bedeutet haben könnte, rief auf einmal unsere Quäkerin: „Steinigt sie!“ *(Denn die Bibel schreibt für Ehebruch die Todessstrafe vor, 3. Mose, 20,10).* Und plötzlich warf sie den ersten Stein auf diese Frau. Dann wachte sie aus der Trance auf. Und ihr war nun klar, warum sie lesbisch war. Sie wollte ebenfalls erfahren, wie es ist, als Außenseiter der Gesellschaft zu leben, in welcher sie verachtend und verurteilend angesehen wurde. Sie brauchte diese Erfahrung, um Mitgefühl für die Ausgestoßenen zu empfinden, was sie damals als sehr bibeltreue Quäkerin vermissen ließ.[124]

Eine Ursache für weibliche Homosexualität in Zusammenhang mit Schuldgefühlen aus früherem Leben gibt Hans Tendam wieder. Er beschreibt den Fall einer Homoerotikerin, die im früheren Leben als Mann seine Frau unter schrecklichsten Qualen bei der Geburt des Kindes miterlebte und sie dann sterben sah. Er schwor sich, nie wieder eine Frau zu beschlafen. Und der Autor fügt hinzu, dass ein derartiges Erlebnis, so sie denn als Frau wiedergeboren werden wollte, entweder sie lesbisch werden lässt oder frigide.[125]

Doch können auch mehrere Gründe für die weibliche Homosexualität zusammentreffen.

Leonore (Fall 37) ist im heutigen Leben von ihrem Pflegevater missbraucht worden. Danach stand sie als Teenager auf Andringen der Mutter deren Arbeitgeber sexuell zur Verfügung, wobei sie in ihrer Ausweglosigkeit sogar Suizidversuche unternahm. Dieser Sexmissbrauch durch diesen Mann wie auch schon durch den Pflegevater widerte sie in ihrer ganzen Weiblichkeit an. Mit fünfzehn wusste sie, dass sie lesbisch war. Sie hat nie geheiratet und lebt seit neun Jahren in einer lesbischen Partnerschaft. Nun könnte man daraus schließen, dass dieser von zwei Männern an ihr verübte und oft praktizierte Missbrauch die eigentliche Ursache für ihre Homoerotik sei. Doch ergeben sich zusätzlich noch andere Gründe, die ihre Seele in früheren Leben an sich erfahren musste. Leonore hatte als Mann namens Hamabab in einem früheren Leben im Orient eine verheiratete Frau namens Sirikere geliebt, die ihn ebenfalls heftig liebte, doch schließlich, von den Drohungen ihres Gatten eingeschüchtert, ihm gegenüber vorgab, ihn doch nicht geliebt zu haben. Nun fühlte Hamabab sich in seiner Liebe betrogen und zog sich mit Bitternis in eine Höhle zurück. Und da die Seele von Leonore in ihrem weiteren Leben als Kosak nach vielen begangenen Vergewaltigungen die Programmierung formulierte: „Ich will nie wieder ein Mann sein“, war es für sie bestimmt, nun im heutigen Leben eine Frau zu werden. Und weil die Seele der vormaligen Sirikere durch ihre Liebe alles an der Seele von Leonore wieder gutmachen wollte, hatte auch sie sich im Jenseits entschlossen, Frau und als solche Lesbe zu werden, um eben ihrer jetzigen Partnerin, dem früheren Hamabab, ganz in Liebe zugetan zu sein. Somit bestimmt sich Leonores Homoerotik einmal aus jenem Leben als Hamabab durch die damalige Liebe zu Sirikere, dann weiterhin aus dem Leben als Kosak mit seiner Programmierung, nie wieder Mann zu sein, und drittens aus den zusätzlichen Missbrauchserlebnissen des heutigen Lebens.

Hinzu kommt noch ein viertes Moment. Als römischer Soldat hatte die Seele von Leonore viele Frauen vergewaltigt und sich geschworen, nie wieder Soldat zu sein. Doch wurde ihm in jenem Leben noch der Penis entfernt, wonach er eine Anstellung als Eunuch bekam. Von dem Höheren Selbst erfährt Leonore, dass sie diese Entmannung als karmischen Ausgleich für das, was sie damals als Soldat an Vergewaltigungen ausgeführt hatte, erleben musste. Nun könnte es also sein, dass Leonore sich für ihr heutiges Leben wiederum ein Leben ohne Penis ausgesucht hatte – quasi als nachträgliche Selbstbestrafung oder präventive Vorsichtsmaßnahme oder beides, um nicht wieder in Versuchung zu geraten, durch eine ungezügelte männliche Sexualität nochmals Schaden anzurichten.

Romy (Fall 36) war schon als Mädchen ein typischer Junge. Sie interessierte sich überhaupt nicht für Puppen, sondern hielt sich immer bei Jungen auf, mit denen sie raufte oder Fußball spielte, sodass sie auch heute noch in einer Damenfußballmannschaft spielt. Sie lebt seit fast zwanzig Jahren mit einer um dreizehn Jahre älteren Frau zusammen, doch haben sie seit vier Jahren nicht mehr miteinander geschlafen. Denn Romy hatte sich inzwischen in eine andere Frau, eine Wahrsagerin, verliebt, die aber ganz heterosexuell ausgerichtet ist und sich auch nicht von Romys vielen Geschenken betören lässt. In einem früheren Leben war Romy ein junger Edelmann, der sich in seine Halbschwester Anita, die heutige Wahrsagerin, verliebt hatte. Beider Liebe war so groß, dass sie diese auch körperlich voll auslebten, wobei sie entdeckt und überführt wurden. Die Halbschwester wurde sofort getötet, während man ihm den Penis abschnitt, woran er verblutete. Und seine Programmierung von damals lautete: „Ich will mich nie wieder mit einem Penis zur Sexgier hinreißen lassen." Diese Programmierung bewirkte, dass Romy heute als Mann ohne Penis geboren worden ist. Nun im Körper einer Frau mit wenig Brustansatz und keimendem Bartwuchs befindlich, kleidet sie sich auch sehr männlich, sodass man sie aus einiger Entfernung wirklich für einen Mann halten könnte. Sich als Mann fühlend zieht es sie verständlicherweise zu Frauen. Und dann begegnet Romys Seele im heutigen Leben der früheren Halbschwester Anita wieder, die ihrer beider Liebe wegen ebenfalls zu Tode kam. Ja, wenn Romy jetzt ein Mann sein könnte, dann könnte er diese frühere große Liebe zu dieser anderen Seele erneuern und gänzlich mit ihr diese damals nur kurz gelebte und so plötzlich unterbrochene Liebe ohne Gefahren zu Ende leben. Romy befindet sich also wie der oben erwähnte Julian in einem Dilemma. Sie liebt als Frau eine Frau, die jedoch nur auf heterosexuelle Liebschaften fixiert bleibt. Und es gibt abertausend Frauen, die unter diesem *Romy-Dilemma* zu leiden haben. Und wenn diese Wahrsagerin nun selbst lesbisch eingestellt wäre, hätte denn dann Romy eine Chance gehabt, ihre Liebe auch zu erringen? Denn die damalige Anita hatte ja durch diese Liebe zu ihrem Halbbruder ihr Leben verloren. Somit könnte unbewusst in ihr die Programmierung noch wirksam sein: „Diese Seele hat mir den Tod gebracht. Ich will mich nie wieder mit ihr einlassen. Denn vielleicht könnte dieses Liebesverhältnis mir wieder den Tod bedeuten. „ Oder aber in der wiedergeborenen Seele von Anita würde ihre frühere Liebe zu ihrem Halbbruder, der heutigen Romy, wieder übermächtig aufkeimen, sodass trotz jener Programmierung die Liebe alle Hindernisse überwunden haben könnte. Oder diese Frau würde von beiden Gefühlen hin und hergerissen sein und sich deswegen nur halbwegs in eine erneute Liebe mit Romy einlassen können.

Simone de Beauvoir gibt in ihrem berühmten Buch „*Das andere Geschlecht*" zwei Fälle der Sexualpsychologen *Havelock Ellis* (1858-1939) und *Wilhelm Stekel* wieder. In dem ersten Beispiel berichtet eine Lesbierin, dass sie schon als Kleinkind sich für Nägel und Hammer interessierte. Und immer mehr, je weiter sie heranwuchs, musste sie feststellen, dass alles, was sie liebte, schlecht für ein Mädchen war. Darüber war sie oft unglücklich und ergoss ihre Verzweiflung und auch ihren Zorn in Tränen. Und auch als sie späterhin zum reifen Mädchen wurde, blieb sie immer noch den Gedanken der jungen Männer verhaftet. Sie war voller Mitleid für die Frauen. Und sie beschloss, sich zu deren Freund und Helfer zu entwickeln.[126] Kann es für diese Aussagen einen triftigeren Hinweis geben als den, dass sie im früheren Leben ein Mann gewesen war, der Frauen misshandelt hatte und nun selbst als Frau inkarnierte, um ihnen zu helfen, wahrscheinlich auch dahingehend, sich gegen die Aggressivität der Männer zur Wehr zu setzen? Schuldgefühle aus früherem Leben ergeben meist in einem Folgeleben den Einsatz zur Wiedergutmachung. Und wie wir wissen, wird jeder Verstoß gegen die Liebe ausgeglichen werden müssen durch ein gleiches Maß an Lieblosigkeit, das man im früheren Leben verursacht hat. Und wo kann man es besser erlernen als in dem Geschlecht, gegen das man vormals verstoßen hatte?

In dem anderen Bericht einer lesbischen Frau, die *Wilhelm Stekel* als Transvestitin bezeichnet, lesen wir, dass sie mit sechs Jahren mit Überzeugung sagte, dass sie Leutnant werde und, so ihr Gott ein langes Leben schenke, es zu einem Feldherren bringen wolle.[127] Solche Aussagen deuten für mich ganz einfach auf die Tatsache hin, dass diese Frau im früheren Leben Leutnant war, der leider nicht mehr sein angestrebtes Ziel, Feldherr geworden zu sein, erreicht hatte. Vielleicht war das sein letzter Wunsch gewesen, bevor ihn an der Front eine Kugel traf. Und der Geschlechterwechsel bedeutet für diese Seele nicht, das sie sich jetzt in ihrer ganzen gedanklichen und seelischen Ausrichtung unbedingt verändert haben muss. Aussagen von Kindern über Wünsche, lieber im anderen Geschlecht geboren zu sein, deuten, so würde ich sagen, in 95 Prozent der Fälle auf ein vorangegangenes Leben im anderen Geschlecht hin.

In der Medizin und Psychologie führt man homoerotisches Verhalten beim Mann oder bei der Frau auf ein Zuviel des fehlangepassten *Hormons* zurück. Dies ist natürlich die einfachste Erklärung. Und man versucht, so der betreffende Homosexuelle einverstanden ist, diese Störungen durch Hinzufügung des geschlechtseigenen Hormons auszugleichen. Doch die meisten Homosexuellen weigern sich, eine solche Veränderung ihrer Körperlichkeit und ihres sexuellen Befindens vorzunehmen, es sei denn, dass sich jemand als Bisexueller für eine sexuelle Rückkopplung aus Liebe zu einem Partner entscheiden muss.

Sicherlich bewirken vordergründig die weiblichen oder männlichen Hormone die äußeren und eventuell auch inneren Geschlechtsausrichtungen. Aber hintergründig sind es die Programmierungen aus früheren Leben und die zusätzliche Tertiäreinstellung, die das Informationsfeld bilden, nach welchem sich die Beschaffenheit und die Mengenverteilung der Hormone ausrichtet. Nicht die Hormone sind die Befehlserteiler, sondern sie sind nur die Befehlsausführer. Und zu diesen Befehlserteilern gehören neben den Tertiäreinstellungen jene karmischen Programmierungen, die aus früheren Leben noch anstehen, ausgeführt zu werden.

Die Psychoanalytiker wie auch die meisten anderen Theoretiker der Homosexualität zeichnen sich dadurch aus, dass sie gedankliche Verrenkungen anstellen, wie die Homosexualität auch über die Hormondeplatzierung hinaus zu erklären sei. Dabei ist aus der Sicht des Reinkarnationsaxioms alles so logisch und einfach. Es wird gemutmaßt, dass die weibliche Homosexualität unter anderem der Versuch sei, ihre Autonomie mit der Passivität ihres Fleisches auszusöhnen. Andere Theoretiker nähern sich den Gedanken *Alfred Adlers*, dass die Lesbierin die Ausschließlichkeit der Vormachtstellung des Mannes ablehnt, indem sie sich diese nun anzueignen versucht. Alle diese Theorien werden wie ein Kartenhaus zusammenfallen, sobald man durch eigene Experimente die Reinkarnationsperspektive anerkennen muss. Mit Beginn des zwanzigsten Jahrhunderts erwarben sich die Frauen immer mehr gesellschaftliche Rechte (Wahlrecht) und befreiten sich immer mehr aus der Vormundschaft des Mannes. Frauenrechtlerinnen erstritten die soziale Gleichberechtigung. Waren die Frauen in den Jahrhunderten, ja in den Jahrtausenden davor, nur das „zweite" Geschlecht und als solches meist gänzlich von der Versorgung des Mannes abhängig, so bot schon im neunzehnten Jahrhundert die Industrialisierung den Frauen die Möglichkeit, durch den Erwerb eigenen Geldes immer unabhängiger vom Mann zu werden. Und das Buch von *Simone de Beauvoir „Das Andere Geschlecht"* gab vielen Frauen in der zweiten Hälfte des zwanzigsten Jahrhunderts das Bewusstsein und den Mut, die Unabhängigkeit vom Mann zu leben und für ihre eigene Geschlechtspräferenz einzustehen. Heutzutage ist das öffentliche Bekenntnis, Interesse am eigenen Geschlecht des anderen zu finden, allgemein anerkannt und in manchen sexuell fortschrittlich ausgerichteten Ländern legalisierte man schon die Ehe mit einem gleichgeschlechtlichen Partner. Hiermit wird der Liebe zum gleichgeschlechtlichen Partner Vorzug vor den bisher vorwaltenden geschlechtsspezifischen Vorurteilen gegeben. Dies ist ein Triumph in der Geschichte der Menschheit. Und auf die Frau bezogen heißt das auch, dass der Mann von seiner seit Jahrtausenden gehaltenen Vormachtstellung zurückweicht und der Frau die volle Gleichberechtigung zugesteht.

Lesbierinnen wird es wohl zu allen Zeiten gegeben haben, waren doch Frauen, die im Hause oder in dessen Nähe zu bleiben hatten, häufiger unter ihresgleichen, während der Mann meist tagsüber außer Hause oder als Soldat oder Krieger oft Monate, ja Jahre von seiner Familie entfernt war. Oft war aus Mangel an körperlicher Nähe und Zärtlichkeit seitens des männlichen Partners daher die Frau auf das eigene Geschlecht verwiesen. Männer, so ihnen in dieser Hinsicht trotz aller Geheimhaltung etwas über die erotischen Beziehungen der eigenen Frau mit Frauen hinterbracht wurde, sahen oft mit einem Achselzucken darüber hinweg. Man sprach einfach nicht darüber, als ob es so etwas gar nicht gäbe. Die weibliche Homosexualität blieb meistens im Unterschied zur männlichen Homosexualität vom gesellschaftlichen Stigma befreit. Und die Frage stellt sich: Gibt es heute mehr homoerotisch veranlagte Frauen als früher? Ich glaube ja. Denn viele Seelen haben sich für die jetzige Inkarnation vorgenommen, sich endlich zu ihrer gleichgeschlechtlichen sexuellen Präferenz auch öffentlich zu bekennen und sie auch ohne Angst vor Stigmatisierung zu leben. Sicherlich liegt auch dieser sexuellen Liberalisierung ein höherer Plan zugrunde. Es soll den Menschen demonstriert werden, dass es in der Schule des Lebens nicht auf Äußerlichkeit ankommen darf, sondern hauptsächlich auf innere Werte. Die Liebe zu einem anderen, in welchem Geschlecht sich dieser auch befinden mag, hat Vorrang vor allen moralischen Bedenken. Und die Liebe bezieht sich meistens auf den, welchen man schon in früheren Leben geliebt hat und nach dem man sich wieder sehnt. So man diesen Geliebten im eigenen Geschlecht wiedererkennt, darf man sich zu ihm bekennen und ihn mit allem, was er äußerlich und innerlich darstellt, lieben. Dies ist in der Seelenentwicklung der Menschheit die Errungenschaft des zwanzigsten Jahrhunderts und in ihrer Bedeutung gleichzusetzen mit der im selben Jahrhundert erfolgten Mondlandung. Und das einundzwanzigste Jahrhundert wird diesen Siegeszug der freien Liebe nicht aufhalten, sondern noch weiterhin fördern.

Zur Erklärung der Ursache der weiblichen Homoerotik greift *Simone de Beauvoir* auf einen Fall zurück, den der berühmte Sexualforscher *Richard von Krafft-Ebing* (1840-1902) schilderte. Eine Frau, die sich den männlichen Namen Sandor zulegt, wächst in ihrem Elternhaus als Knabe heran, was vom Vater geduldet wird. Er nimmt sie auf viele seiner Reisen mit, und wegen ihrer Knaben- und dann späteren Männerkleidung wird sie nicht als Mädchen oder Frau erkannt. Sie lehnt alle Weiblichkeit an sich ab und bekommt auch erst mit siebzehn ihre erste Menstruationsblutung, worüber sie sich sehr entsetzt. Mit dreizehn wurde sie in ein Mädchenpensionat gesteckt. Dort ging sie mit einem Mädchen sofort eine Liebesbeziehung ein, dem gegenüber sie sich als Junge erklärte. Ihre Vorliebe als Jugendliche für sexuelle Partnerschaften erstreckt sich vor allem auf Frauen, die älter sind als sie. Männer sind ihr zuwider. Da sie sich ganz als Mann fühlt, übernimmt sie in allem die dominierende Rolle. In einem Hotel entdeckt das Zimmermädchen in der Unterwäsche Sandors Blut. Durch das Schlüsselloch schauend erhält sie den Beweis, dass Sandor eine Frau ist. Dieses wird der Polizei gemeldet. Sie kommt ins Gefängnis. Das Schlimmste, was ihr dort widerfährt, ist die Behandlung als Frau und das Tragen von weiblicher Gefängnistracht. Und da die rechtlichen Grundlagen nicht eindeutig bezüglich der Bestrafung von weiblicher Homosexualität beziehungsweise Transvestismus sind, wird sie wieder freigesprochen. Nun ist interessant, wie die Psychoanalytiker – und *Simone de Beauvoir* reiht sich in diesem Falle unter sie ein – den eindeutigen Hang zur Homoerotik Sandors einstufen. Es wird konstruiert, dass Sandor gegenüber ihrer Mutter einem männlichen Ödipuskomplex unterliegt. Denn sie hatte die infantile Haltung eines kleinen Mädchens bewahrt, das als Kind mit der Mutter ein Paar bildete. Aus dieser Haltung heraus entsteht zum einen ein Schutzgefühl der Mutter, also auch dem Weiblichen gegenüber, und zum anderen ein Gefühl, die Mutter zu beherrschen. *(Doch dieser widersprüchlichen Argumentierung ist noch nicht genug getan. Jetzt kommt es noch dicker.)* Doch wenn ein Kind nicht genug mütterliche Zuwendung erfahren hat, kommt es vor, dass es sein ganzes Leben hindurch von der Sehnsucht nach dieser Zuwendung angetrieben wird, was schließlich darin mündet, dass man als Frau in anderen älteren Frauen die Liebe der Mutter sucht.[128] Diese Ursachenkonstruierung hinkt schon daran, dass Sandor einmal gesteht, dass sie sich zu Frauen zwischen vierundzwanzig und dreißig Jahren wie von einem Magneten hingezogen fühlt. Aller Wahrscheinlichkeit nach – und das ist meine Erklärung – sucht sie im Labyrinth des Liebens und Lebens nach ihrer Geliebten aus dem früheren Leben, die sie in jenem nämlichen Alter gekannt und geliebt hatte. Vielleicht hatten sie sich „ewige" Liebe geschworen. Und da Sandor „unbewusst wusste", dass diese Geliebte ihn nur als Mann lieben könnte, wollte sie unbedingt wieder ein Mann sein. Und ich bin davon überzeugt, dass die zukünftige Psychologieforschung mir Recht geben wird. Dieses Beispiel von der Lesbierin Sandor habe ich Ihnen, verehrte Leserin und verehrter Leser, vor Augen stellen wollen, um Ihnen die unterschiedlichen Ansatzpunkte der alten und der neuen Ursachenforschung zu verdeutlichen.

Kommt also eine homosexuelle Person zur Rückführungstherapie, wird sie bestimmte Dinge über ihre Vergangenheit herausfinden wollen, nicht zuletzt den Grund ihrer geschlechtlichen Präferenz. Und der bekannte Rückführungstherapeut *Dr. Jan Erik Sigdell* gibt auch auf die Frage, ob sich eine Frau oder ein Mann mittels einer Rückführungstherapie umpolen möchte, folgende Antwort: Mit einer Umpolung „ist nicht zu rechnen. Im Gegenteil wird es meist so kommen, wie es der (*jenseitige*) 'Helfer' *(Anmerkung: bei mir ist es das Höhere Selbst)* einmal einer lesbischen Frau sagte: 'Das sollst du akzeptieren. Das ist die Erfahrung, die du in diesem Leben zu machen hast. Kümmere dich nicht darum, was die Leute sagen. Sie können es einfach nicht verstehen und sind im Irrtum verhaftet, es sei krankhaft oder schlecht. Die Liebe ist rein, wenn sie echt ist, egal, ob sie einer Person vom gleichen oder vom anderen Geschlecht gilt.' Man lernt durch die Rückführung mitunter, mit seiner Veranlagung besser zu leben und sich aus der Intoleranz und Lieblosigkeit der Umwelt nichts zu machen."[129] Wie verhält es sich aber, wenn eine bisexuelle Person zur Rückführungstherapie kommt, um eine der beiden Geschlechtspräferenzen aufzugeben? Kann dann die Rückführungstherapie von Nutzen sein?

Bisexualität

Neuere Forschungen haben festgestellt, dass ein Fünftel der Frauen und ein Drittel der Männer in den westlichen Industrienationen bisexuell veranlagt sind.[130] *Alfred Kinsey* meinte ermittelt zu haben, dass die meisten bisexuellen Männer lieber Heteros sein wollten, da ihr Wunsch einer Ehe überwiegt. Andere Forscher widersprechen ihm. Und einer meint gar, dass die Bisexualität ein Betrug sei, denn „niemand kann auf zwei Hochzeiten zugleich tanzen. Die so genannten Bisexuellen sind in Wirklichkeit Homosexuelle mit einer gelegentlichen heterosexuellen Entschuldigung." [131]

Es gibt in der Bisexualität der Menschen oft Phasen, in denen man mehr zur Homoerotik, dann wieder eher zur Heteroerotik neigt. Bisexuelle haben wie wohl alle oftmals reinkarnierten Menschen in früheren Leben mit beiden Geschlechtern gute und/oder schlechte Erfahrungen gemacht. Denn alle Erfahrungen sind im Unterbewusstsein gespeichert und bestimmen unsere gegenwärtigen Präferenzen. Neigt man mehr zu der Sexualität mit Frauen hin, dann überwiegen die entsprechenden positiven Erfahrungen mit Frauen. Überwiegen aber die heutigen Neigungen zum männlichen Geschlecht als sexuelle Partner, dann sind diese vormaligen Begegnungen im Vergleich zu früheren weiblichen Partnern im Ganzen positiver gewesen. Doch bei vielen sind ihre aus früheren Leben sich ergebenden sexuellen Präferenzen samt den dazugehörigen Erfahrungen in etwa ausgeglichen. Doch durch die Tertiäreinstellung können wir trotz aller Sekundäreinstellungen aus den Erfahrungen der vergangenen Leben aus Lerngründen das Geschlecht und auch unsere sexuelle Präferenz ändern. Diejenigen Seelen, die eine bisexuelle Erfahrung machen wollen, haben meist im Jenseits eine Entscheidung für die ein oder andere Geschlechtspräferenz offen gelassen. Somit werden sie dadurch in Spannung gehalten zwischen beiden Geschlechtern. Und manchmal überwiegt die Zuneigung zu dem einen und manchmal zu dem anderen Geschlecht. Am liebsten würde man sich gar nicht für das eine oder das andere Geschlecht entscheiden müssen, sondern beiden sexuellen Neigungen nachkommen wollen. Aber meist sind es die jeweiligen Partner, welche an einer verkörperten Seele ziehen und diese für sich gewinnen wollen. Und diese sind es meistens, die den Ausschlag für eine vorübergehende oder lang anhaltende Geschlechtspräferenz geben. Doch eine solche kann durch die Begegnung mit einem neuen Partner wieder umgepolt werden. Dadurch entstehen große Probleme, die oft dramatisch enden können. Und diese Probleme zeigen sich ganz besonders drastisch im Fall von Daniel (Fall 47).

Allen Lesern, die dieses Buch von Anfang an gelesen haben, wird der HIV-positiv infizierte Daniel in Erinnerung geblieben sein, der als verheirateter Vater durch seine Liebe zu Gilbert in eine innere und äußere Zerreißprobe gestellt worden war, die er selbst nicht zu lösen vermochte, doch die sich von selbst mit dem Tod seines geliebten und ebenfalls an AIDS infizierten Freundes auflöste. Denn Daniel wollte seine schließlich ihm mit sechsundzwanzig Jahren selbst eingestandene und dann auch praktizierte Homosexualität seiner Frau gegenüber geheim halten. Als er einige Jahre später Gilbert traf und ihn mit aller Macht zu lieben begann, ihm heimlich immer öfter begegnete und ebenfalls mit ihm täglich telefonierte und SMS-Botschaften austauschte, da war er oftmals geneigt, sich für ein Zusammenleben mit seinem Freund zu entscheiden. Doch sobald er bei Gilbert im Fernsehen Kinder sah, nahm er von ihm sofort Abschied, um zu seiner Frau und vor allem zu seinen beiden Kindern zurückzukehren. Er befand sich also in einem großen Dilemma. *(Und wir könnten bei Personen, die in einem ähnlichen bisexuellen Dilemma vor der Entscheidung zwischen einer Frau und einem Mann beziehungsweise zwischen Familie und Geliebtem stehen, von einem Daniel-Dilemma sprechen.)* Als er seine Liebe zu Gilbert seiner Frau gebeichtet hatte, versprach er ihr, sich von seinem Freund völlig loszusagen, um wieder mit seiner Familie in Harmonie zu leben. Doch wurde er wieder rückfällig, denn die Liebe zu Gilbert wollte sich nicht verdrängen lassen. Denn, so lehrt es die Erfahrung der Rückführungsforschung: Liebe lässt sich nie verdrängen, sie wächst von Leben zu Leben mit der wiedergetroffenen Person.

Wie wir in den beiden Rückführungen feststellen konnten, war Daniel schon fünf Mal mit Gilbert in früheren Leben zusammengekommen. Daniel hatte sich in jenen Leben selbst immer als Mann erlebt, während Gilbert zweimal eine Frau gewesen war. Einmal waren sie verheiratet gewesen, ein andermal war die Seele von Gilbert in einer Prostituierten, die von der Seele Daniels sehr geliebt wurde, zu der er sich aber letztlich doch nicht bekannte. In einem Leben waren beide eng befreundete Landstreicher, in einem anderen war Daniel ein Magier und Gilbert dessen Lehrling. Doch ganz entscheidend für ihre heutige Beziehung war das gemeinsame Zusammensein in jenem dem heutigen Leben vorausgegangenen. Daniel war ein SS-Mann, der in Polen mit seinem polnischen Freund heimlichen erotischen Zusammenkünften nachkam. Beide wurden in flagranti entdeckt, wobei sein polnischer Freund sofort erschossen wurde, während sein Tod durch Erschießen sich etwas später anschloss. Nun wird auch verständlich, warum beide bei ihrer Wiederbegegnung sich ineinander verlieben mussten. Doch Daniel erfährt von seinem Höheren Selbst, dass er mit Gilbert fünf, mit seiner Frau Andrea aber schon sieben frühere Leben gehabt hatte. Wenn alle diese zwölf Leben von gleicher Liebesintensivität gewesen sein sollten, dann hätte sich Daniel sicherlich für seine geliebte Ehefrau entschieden, da zwischen diesen beiden sich eine höhere Liebesenergie gebildet haben könnte. Doch – und das ist eine entscheidende Erkenntnis – wirkt meistens das dem heutigen vorausgegangene Leben noch mächtiger auf das heutige ein, als die davor liegenden Leben. Wir Menschen sind Opfer unserer seelengespeicherten Liebe. Denn begegnen wir den Personen wieder, die wir in einem früheren Leben sehr geliebt haben, schlagen die Flammen schnell wieder hoch. Als Daniel seiner Frau Andrea im heutigen Leben wieder begegnete, verliebten sich beide gleich ineinander, denn ihre Seelen erkannten sich samt der vormals gelebten Liebe wieder. Doch als Daniel Gilbert begegnete, loderten die Flammen der Liebe mit Mächtigkeit wieder hoch. Keiner darf jemanden verurteilen, wenn ihn die Liebesflammen, die ihn in einem früheren Leben schon zu einer bestimmten Person erfasst hatten, bei der Wiederbegegnung mit derselben Seele, wenn auch in einem anderen Körper, wieder ergreifen. Verurteilen wir deswegen eine solche Person, könnte es sein, dass wir dadurch irgendwann in eine gleiche Situation geraten, die unsere eigene Seele ebenfalls Zerreißproben aussetzt, denen wir vielleicht nur durch Suizid uns entziehen zu können vermeinen. Und zugleich war Daniels Zerreißprobe auch für Andrea eine solche. Denn wie würde sie sich verhalten, nachdem sie erfahren hatte, dass ihr Mann in Wirklichkeit mehr der Homosexualität zuneigte und einen anderen Mann mehr liebte als sie? Sie hat sich nicht von ihm getrennt, sondern versucht, die inneren Nöte ihres Mannes zu verstehen, auch wenn sie ihn für sich zurückgewinnen wollte. Trotzdem hatte sie ihm sogar aus Liebe angeboten, dass er zu Gilbert ziehen könne. Und als er so leidend war, vertraute sie ihm an: „Ich liebe dich wie immer, vielleicht jetzt sogar noch mehr." Und wie ich meine, hat Andrea diesen Test mit Bravour bestanden, denn sie hielt zu ihm. Als Daniel am frühen Morgen nach durchwachter Nacht aus dem Krankenhaus zurückkehrte, nachdem er dort dem sterbenden Gilbert bis zum letzten Atemzug die Hand gehalten hatte, saß er weinend am Küchentisch. Und als Andrea hinzukam und erfuhr, was geschehen war, umarmte sie ihn und weinte mit ihm. Andrea ist vor eine große Liebesprobe gestellt worden. Liebte sie ihren Mann wirklich, das heißt seine Seele, oder war sie nur seinem inneren und äußeren Erscheinungsbild verhaftet? Und Daniel war ebenfalls wohl der größten Liebesprobe seiner ganzen bisherigen Leben unterworfen worden. Doch das Schicksal hatte jetzt die Entscheidung herbeigeführt. Denn Daniel und Andrea sind nun wieder ein harmonisches Ehepaar.

Daniel hatte sich damals in Frankreich als verheirateter Ehemann und Vater, als die Seele Gilberts eine Prostituierte namens Elisabeth war, in diese mit Vehemenz verliebt. Für ihn ergab sich damals schon die Zerreißprobe zwischen dieser Frau und seiner damaligen Ehefrau und den Kindern. Er entschied sich für Letztere, woraufhin Elisabeth den Freitod wählte. Und er hatte sein Leben lang bereut, nicht zu Elisabeth gestanden zu haben, was auch seine letzte Programmierung vor seinem Tod deutlich zum Ausdruck brachte: „Wenn ich nochmals Elisabeth begegne, dann will ich bedingungslos zu ihr stehen." Und in diesem Leben wurde Daniel getestet, ob er wirklich zu seiner Liebe stehen würde. Diesen Test hat er bestanden. In der Schule des Lebens werden wir immer wieder kleinen und großen Tests ausgesetzt, und manches Mal werden wir mit sehr, sehr großen Tests konfrontiert, die uns nicht nur Kopfzerbrechen, sondern auch Herz- und Liebesschmerzen bereiten.

Eine Frau bat den jenseitigen Lehrer, der durch ein Trancemedium sprach, ihr auf folgende Frage zu antworten: Kurz vor dem Tod habe ihr Mann ihr gebeichtet, dass er fünfundzwanzig Jahre lang verschiedene homosexuelle Beziehungen hatte. *(Im Jenseits werden sowieso alle Karten aufgedeckt. Nichts bleibt verborgen!)* Und sie frage nun, ob sie Schuld daran trüge, dass ihr Mann sich nebenbei für Männer interessierte. Die Antwort war folgende: „Kein Partner ist schuld daran, dass der andere homosexuell geworden sein könnte. Denn aus früheren Leben war diese Neigung schon in ihm. Doch eine Verweigerung von Sex kann ihm den Grund gegeben haben, noch woanders Sex zu finden – und sei es in der Homosexualität." [132] Sexualität und vor allem Liebe bindet den einen an den anderen Partner. Lässt aber beides nach, kann der ein oder der andere sich weiterhin nach anderen Partnern umschauen und könnte dann die andere Seite seiner Bisexualität entdecken, der er sich bisher vielleicht gar nicht so recht bewusst war.

Viele Menschen, die sich für einen Partner oder ein Geschlecht entschieden haben, leben ihre bisexuellen Tendenzen jedoch allein in ihren erotischen Gedanken aus, ohne es je oder selten zur angewandten Erotik und infolgedessen zur Geschlechteruntreue kommen zu lassen. Denn wir alle steckten als Seele oft viele Male schon in beiden Geschlechtern, sodass gerade bei erotischen Praktiken ehemals Erlebtes wieder in Erinnerung zurückgerufen werden kann. Deshalb dürfen wir uns keinerlei Gewissensbissen hingeben. Es ist im Grunde ganz normal, dass wir auch bisexuelle Gedanken haben oder sogar außergewöhnliche Praktiken anwenden. Wenn ein heterosexuelles Paar Gefallen am Analverkehr findet, kann es sein, dass beide in früheren Leben als Homosexuelle diesen mit Genuss vollzogen haben und im heutigen Leben wie selbstverständlich diesen wieder ausüben.

Der Grieche, so behaupten Forscher[133], war in seinem Wesen bisexuell ausgerichtet. Denn er begeisterte sich für die Schönheit eines Körpers, ganz egal ob Frau oder Mann, Mädchen oder Jüngling. Die Schönheit war ein Erkennungsmerkmal der Götter, und Schönheit zu berühren bedeutete, einen Gott oder eine Göttin zu berühren. Und wenn dieser Mensch, in welchem die Göttlichkeit sich durch seine Schönheit manifestierte, auch bereit war, sich körperlich betasten zu lassen oder gar sexuell sich ganz hinzugeben, dann war das für die Griechen ein besonderes Gottesgeschenk. Man hatte Ehrfurcht vor der Schönheit an sich. Und im Orgasmus mit einem schönen Menschen erlebte man stellvertretend die Vereinigung mit dem Gott oder der Göttin. Viele der heute Wiedergeborenen befanden sich möglicherweise in solchen Kulturen, in denen Bisexualität ganz normal gelebt werden durfte. Und manchmal gelingt es in Rückführungen, auf solche Kulturen zu stoßen, wobei man viele Einzelheiten, über welche die Forschung bisher nur wenig oder gar nichts weiß, ans Tageslicht fördern kann.

Einer der Seminarteilnehmer erforschte bei *Dick Sutphen* die Ursachen seiner heutigen Bisexualität, zu der er sich stolz bekennt und die er auch reichlich genießt. In seinem früheren Leben sah er sich als ein Fünfzehnjähriger, der sich im Klassischen Griechenland mit anderen seines Alters nackt im Bad des Gymnasiums tummelte. Man trocknete sich gegenseitig ab und ging armumschlungen davon. Auf einem Volksfest entdeckte er einen seiner Kameraden, wie er mit einer jungen Frau scherzte. Er gesellte sich dazu, und bald tanzten die drei miteinander, denn unter den vielen Tanzenden hatten sich auch Paarungen aus Heteros und Homos gefunden. Es war alles ganz ungezwungen. Dann nahm diese junge Frau ihren Freund an die Hand, der wiederum ergriff die Hand seines Freundes, und die drei schlängelten sich durch die Menge hindurch. Das Mädchen führte die beiden in das Haus ihrer Eltern. Und dort in ihrem Zimmer erlebte er mit beiden den schönsten Sex seines Lebens, der bis in die Nacht andauerte. Es war, wie er sagte „reinste Freude". Im heutigen Leben fühlt er sich endlich frei, diese schönen Erlebnisse wieder in sein heutiges Leben integrieren zu wollen.[134] Nähern wir uns möglicherweise wieder einem erotisch freien Zeitalter, wie es das Griechentum der klassischen Periode uns zu präsentieren scheint?

Steffen (Fall 45) kam zu mir, um sich von seiner Homosexualität und zugleich von seiner Angst vor Frauen durch eine Rückführungstherapie befreien zu lassen. Denn er lebt nun mit einer sechs Jahre älteren Frau zusammen und möchte diese Partnerschaft, ohne von homosexuellen Gedanken abgelenkt zu sein, leben. Er war verschiedentlich in seinem Leben sexuell ausgerichtete Männerfreundschaften eingegangen und hatte auch vor seiner Ehe zwei über einige Monate sich hinstreckende sexuelle Partnerschaften mit Frauen. Als Kind und Jugendlicher hatte er eine überstarke Pflegemutter, die ihn einschüchterte, und seine Frau Verena, die ihn unbedingt als Ehemann erobern wollte, wusste auch weiterhin, wie man ihn kommandieren musste. Doch Verena war in einem früheren Leben ebenfalls eine Frau, die unbedingt ihn, den damals Verheirateten, verführen wollte, was sie auch schließlich, wenn auch mit einem bitteren Ende, erreichte, doch hatte sie sich damals programmiert, ihn irgendwann noch einmal für sich ganz zu gewinnen, was ihr in diesem Leben auch gelungen war. Schon damals hatte er vor der sich ihm gegenüber hysterisch betragenden und ihn verfolgenden Frau Angst gehabt. Doch als jüdischer Jüngling wurde er vor einigen hundert Jahren in die Homoerotik eingeführt, was ihm seines Glaubens wegen größte Gewissensbisse bereitete, sodass er sich dann vornahm, nie wieder mit einem Mann zu schlafen. Doch dieses Versprechen hält nicht lange vor, fällt er doch noch im selben Leben in die Homosexualität zurück und bietet sich anderen sogar als Stricher an. Innerlich hatte er sich von seinem Glauben losgesagt, um weiterhin nicht vor Gott als Sünder dazustehen, den ein Todesurteil erwarten könnte. Aus diesem damaligen Leben, wie das Höhere Selbst ihm vermittelt, stammt noch sein Hang zur Homoerotik. Wie wir beschrieben haben, steckt er in den Kiefernzapfen seine Angst vor Frauen und seinen Hang zur Homosexualität.

In Steffen finden wir den Bisexuellen, der mit beiden Geschlechtern Probleme hat, denn sowohl bei Homosexuellen wie auch bei Frauen findet er keine sexuelle Beglückung. Er weiß nicht, welches Geschlecht er präferiert und glaubt nun, sich für eines dieser beiden entscheiden zu müssen.

Guntram (Fall 46) ist schon seit seiner Pubertät homosexuell ausgerichtet. Doch er liebt eine Frau und würde auch gerne mit ihr eine Familie gründen, wenn er doch bloß von seiner Homosexualität loskäme. Vordergründig betrachtet stuft er sich als bisexuell ein, doch im tiefsten Inneren weiß er, dass er mehr zur Homosexualität neigt. Er hatte in einem früheren Leben als ägyptischer Magier eine junge Frau geliebt, die sich ihm jedoch widersetzte, weshalb er ihren Kopf abtrennte und ihr Blut trank, um ihre Seele ganz in sich zu haben. Der Seele dieser Frau begegnet er in dem heutigen Leben als der von ihm geliebten Partnerin. Denn er möchte in diesem Leben all seine damaligen Verfehlungen an ihr wieder gutmachen, indem er ihr ein liebevoller und sie auch sexuell beglückender Partner sein kann. Hier haben wir den Fall einer inneren Verpflichtung aus früherem Leben gepaart mit einem Wiedergutmachungsprogramm, dessen Durchsetzung stärker sein soll als seine homosexuellen Neigungen. Sicherlich haben beide dieses Leben im Jenseits miteinander geplant samt seinem Vorsatz, sich zuerst von seiner Homosexualität zu befreien, bevor er sich seiner Geliebten ganz hinzugeben in der Lage sein könnte. Und deshalb war er auch bereit, sich am Schluss der Rückführung von seiner Homosexualität zu befreien.

Für viele hat sich die Bisexualität als Reifeprüfungsaufgabe gestellt, nur ihren Gefühlen der Liebe und nicht gesellschaftlichen Normen zu folgen. Aus diesem Grund ist es solchen inkarnierten Seelen unwesentlich, welches Geschlecht die andere von ihr geliebte Seele hat, der sie sich in jeder Hinsicht auch hingeben möchten. Und sicherlich werden jene bisexuell Ausgerichteten, wenn sie ihre Tests der Liebe auf der Erde bestanden haben, im Jenseits mit Gratulationen von ihrer dort weilenden Lerngruppe empfangen. Von ihnen können wir lernen, den Mut zu finden, ehrlich zu unseren sexuellen Präferenzen zu stehen und uns von der Liebe leiten zu lassen – und nicht von gesellschaftlichen Restriktionen. Denn das Hauptlernfach auf Erden heißt LIEBE.

Sexualität und Besessenheit

Wenn ein Mensch stirbt, wird seine Seele meistens sofort nach oben gehoben. Meist sieht er seinen Erdenkörper, aus dem er gerade entwichen ist, unter sich. Alle Schmerzen, die er noch vorher im Körper erleiden musste, sind beim irdischen Körper geblieben. Er ist somit aller physischen Schmerzen enthoben. Psychische und eingebildete Schmerzen hingegen bleiben. Doch im ersten Augenblick, wo er sich außerhalb des Körpers befindet, kommen ihm die neuen äußeren Bedingungen derart eigenartig vor, dass er sogar sein psychisches Leiden vergessen könnte. Auf seinen Erdenkörper herunterblickend, wird ihm wieder bewusst, was gerade geschehen ist. Vielleicht sieht er seine trauernden Verwandten, die sich um sein Bett versammelt haben, oder im Falle er als Hexe verbrannt wurde, entdeckt sie ihren Körper noch in den Flammen und überblickt die Verbrennungsstätte. Und plötzlich entdecken die meisten „Verschiedenen" um sich ein Licht und erkennen in diesem einen der sie abholenden Verwandten, zu dem sie eine innige Beziehung hatten. Oft ist es die Mutter, der Ehepartner, die Großmutter, manchmal auch ein Geistführer oder jemand, der ihnen wie ein Engelwesen erscheint. Dies löst immer ein großes Erstaunen aus. Und diese jenseitige Person klärt nun die soeben Verstorbene auf, was mit ihnen nun geschehen ist, dass sie nach ihrem Ausstieg aus dem Erdenkörper weiterleben, und führt sie dann in die jenseitige Welt. Meiner Schätzung nach werden etwa 80 Prozent aller Verstorbenen auf diese oder ähnliche Weise sehr bald oder unmittelbar nach ihrem irdischen Ableben ins Jenseits geholt.

Doch viele Seelen, die aus ihrem Erdenkörper durch einen Schock, zum Beispiel durch einen Unfall, herauskatapultiert wurden, sind noch zu sehr verwirrt, als dass sie einen Jenseitigen als solchen erkennen könnten. Sie verharren oft noch lange in oder außerhalb ihres toten Erdenkörpers und irren spätestens nach der Beerdigung als erdenkörperlose Wesen, die wir als Geister bezeichnen, in ihrem Ätherkörper herum. Für sie ist oft die Zeit stehen geblieben, und sie verharren in dem oft schmerzlichen letzten Moment ihrer Todesverursachung so, dass sie, sollten sie etwa an einer Kopfverletzung gestorben sein, diese noch andauernd zu spüren vermeinen. Sie können in die Aura oder sogar in den Körper eines Menschen hineingelangen, sich dort niederlassen und dann auch ihre mitgebrachten und nun eingebildeten Schmerzen an ihren Gastgeber übertragen. Auch lernen sie mit der Zeit, ihre Gedanken diesem in seinem Erdenkörper Lebenden zu vermitteln, ja sie mögen sogar ihn derart zu lenken wissen, dass er ihren Wünschen in allen oder doch in den meisten Dingen nachkommt. Wenn man mit solchen Besetzern spricht, was besonders gut im Alphazustand des Gastgebers gelingen kann, dann sprechen sie über diesen immer in der dritten Person. Manches Mal kann sogar ein Kind sich in einer Gastgeberin niedergelassen haben, das die Nähe der Gastgeberin als Ersatzmutti suchte.

Ist der Ehepartner verstorben, könnte es sein, dass er seinen zurückgelassenen geliebten Partner nicht verlassen will und eifersüchtig darüber wacht, dass keine andere Person sich diesem für Intimitäten nähert. Ist dieser Verstorbene und nun Erdgebundene ein Ehemann, möchte er weiterhin seine Frau allein besitzen. Sobald sich ihr ein möglicher und von ihr akzeptierter Liebhaber nähert, versucht er alles, um einen intimen Austausch zu verhindern. Er kann ihr Kopfschmerzen bereiten oder eingeben, dass sie müde sei oder Unlust habe, oder er flößt ihr Misstrauen zu diesem neuen Mann ein, gibt ihr in Gedanken zu verstehen, dass dieser ein Hallodri, ein Frauenbetrüger, kurzum ein gemeiner Kerl sei, vor dem sie sich besser fern zu halten habe. Deshalb können sich Witwen oft keinem neuen Mann gegenüber öffnen, da der verstorbene Ehegatte ganz von ihnen Besitz ergriffen hat. Aber genauso gut kann die verstorbene Ehefrau Anbahnungen von Liebschaften seitens ihres hinterbliebenen Mannes verhindern wollen. Sobald diese Erdgebundenen schließlich doch ins Jenseits gefunden haben, werden sie „mit der Zeit“ *(denn dort gibt es keine Zeit in unserem Sinne)* zu einsichtsvollen liebenden Seelen, die dem zurückgebliebenen Partner nun alles wünschen, was dieser sich selbst wünschen würde. Sie werden möglicherweise versuchen, dem zurück auf Erden Verbliebenen eine geeignete Person zum weiteren Zusammenleben zuzuführen. Denn im Jenseits ab einer gewissen Reifestufe kennt man keine Eifersucht mehr. Man sieht mit Augen der Liebe und handelt mit liebevollem Herzen. Auch bleiben diese verstorbenen Partner gern im Hause bei der oder dem Hinterbliebenen und finden sich gern mit diesen wieder im Bett ein, wo sie die gleiche Erotik wie vorher erleben wollen. Sie geben ihrem im Erdenkörper befindlichen Partner sexuelle Ideen ein, um ihn sich an die früher miteinander ausgeübte Erotik erinnern zu lassen, wobei sie den Orgasmus durch jenen mitvollziehen wollen, was nicht so leicht miterlebt werden kann, fehlt ihnen doch die körperliche Umsetzung.

Und es kann auch sein, dass sogar mehrere dieser erdgebundenen Besetzer sich in einem Menschen niedergelassen haben und jeder von ihnen seine Wünsche erfüllt haben will, sodass der sie bewirtende Gastgeber, der nichts von dem Vorhandensein seiner uneingeladenen Gäste weiß, von deren ihm eigenartig oder gar fremd anmutenden Wünschen dirigiert wird. Er mag auf einmal Gedanken nachgehen oder Handlungen ausführen, die seinem eigentlichen Denken, Wünschen, Handeln und seinen Gewohnheiten vollkommen widersprechen. Er kann dadurch derart in seinem Denken, Sprechen und Handeln durcheinander kommen, dass er gezwungen ist, psychiatrische Hilfe zu suchen oder sich sogar ganz in eine Anstalt für Geisteskranke zu begeben.

Manches Mal können solche *Erdgebundene* sehr lange bei einem Menschen bleiben, oft bis zu dessen Tod oder sogar darüber hinaus.[135] Manches Mal verlassen sie für eine gewisse Zeit den Körper ihres Gastgebers, und dann mögen sie zurückkehren. Sie können auch ihre Wirte wechseln und – wenn wir diesen Vergleich weiterhin ausbauen – ein „Gasthaus“ beziehungsweise einen Körper nach dem anderen aufsuchen, vorausgesetzt, sie finden die Tür, um hineinzukommen. Jene Irdischen haben jeweils die „Tür“ in ihrer Aura geöffnet, die sich in einem Schock oder in einem komatösen Zustand befindet, in welchem sie ihren eigenen Körper für einen Augenblick oder länger verlassen und somit die Eintrittstür offen gelassen haben. Doch ganz sicherlich öffnen diejenigen Menschen oft sehr weit ihre Tür, die sich im Alkohol- oder im Drogenrausch befinden.

Es gibt aber auch solche Menschen, die, nachdem sie gestorben sind und ein Jenseitiger sie abzuholen gekommen ist, nicht mit diesem gehen wollen, da sie noch von ihren irdischen Süchten und Gewohnheiten zu sehr in Anspruch genommen sind. Ein Trinker möchte weiterhin Alkohol genießen. Und da er durch ein Glas hindurchgreift und es nicht selbst zum Mund führen kann, braucht er einen Gastgeber, den er manipuliert, für ihn das gefüllte Glas zu heben, während er seinen Mund mit dem des Trinkenden vereint, um dann das Getränk zu genießen. Er wird also jemanden suchen, der seine Tür in die Aura vielleicht schon durch zu viel Alkoholgenuss geöffnet hat, denn das ist für ihn die bequemste Art, in einen Menschenkörper einzukehren.

Doch es gibt viele Menschen, die als Inkarnierte intensiv ihren sexuellen Gelüsten nachgingen und nun als Verstorbene auf keinen Fall von diesem Begehren Abstand nehmen wollen. Im Gegenteil bietet sich ihnen jetzt die Chance, als Unsichtbare allen intimen Sexszenen als Voyeure beizuwohnen. Und falls es ihnen gelingt, in den ein oder anderen Körper hineinzugehen, können sie diesen Sex direkt mitgenießen. Ist eine *Nymphomanin* nun ein unsichtbares erdgebundenes Wesen, möchte sie weiterhin mit Männern schlafen. Sie wird dann, so es ihr gelingt, in den Körper einer Frau einzudringen (oder gar einmal in den Körper der einen, dann in den einer anderen Frau zu wechseln), sie manipulieren, in eine Kneipe oder in ein Tanzlokal zu gehen, um sich von einem Mann ansprechen zu lassen, damit er mit ihr ein Bettabenteuer eingeht, was sie, die Unsichtbare, voller Gefühle mitgenießt. Sie könnte eine Frau oder sogar einen Teenager animieren, auf einmal sogar Männer anzusprechen und ihnen eindeutig zu verstehen geben, dass sie eine sexuelle Begegnung wünscht. Diese nun „besetzte" Frau mag sonst eher schüchtern gewesen sein. Doch auf einmal, zur Verwunderung ihrer Freundinnen, reißt sie einen Mann nach dem anderen auf und wird möglicherweise zu einer Nymphomanin. Und eine erdgebundene und nun unsichtbare Nymphomanin wird meistens versuchen, sich jene Frauen gefügig zu machen, die eine gleiche Veranlagung schon mit sich bringen, sodass die im Erdenkörper sich befindliche Nymphomanin nun doppelt engagiert nach Männern für Bettfreuden Ausschau hält.

Lesbierinnen wie auch *schwule Männer* werden oft von Erdgebundenen, die gleichen sexuellen Interessen im Erdenkörper nachgekommen waren, gern als Gastwirte in Beschlag genommen. Doch könnten solche unsichtbaren Gäste auch eine Person besetzen, die nicht homosexuell ausgerichtet war und nun auf einmal homosexuelle Gelüste entwickelt. Manche *bisexuelle Person* mag solch einen Besetzer haben, der ihn antreibt, auch dessen sexuellen Interessen nachzukommen.

Und manche Besetzer haben als Inkarnierte sehr unmoralische Dinge getan, sind pädophilen Gelüsten in der Tat oder auch nur in Gedanken nachgegangen, haben inzestuös gelebt oder haben sexuelle *Perversitäten* ausgeübt. Nun aber, als erdgebundene Desinkarnierte, möchten sie diesen Leidenschaften weiterhin nachkommen, jetzt also, wo sie keiner sehen kann, wo keiner sie für ihre moralischen Vergehen bestrafen könnte. Also suchen sie jemanden, der schon eine ähnliche Veranlagung hat oder jemanden, der ihnen leichten Zugang gewährt und dessen Wille schwach ist. So sind viele Vergewaltiger im Augenblick der Tat betrunken. Dieser Umstand wurde von den sie in Besitz Nehmenden ausgenützt, um ihre Vorhaben leichter ausführen zu können. Hier müssen wir unterscheiden zwischen Tätern, die schon lange von solchen unsichtbaren sie Dirigierenden besetzt sind und schon länger Vergewaltigungen planen, und solchen, die ganz plötzlich und spontan zu solch einer Tat getrieben werden. Letztere, nachdem sie nüchtern geworden sind, wissen kaum noch, was sie getan haben und können dann, wenn man ihnen die Tat nachweist, gar nicht begreifen, dass sie so etwas getan haben könnten, wie ja auch viele Mörder und Sexualmörder im Nachhinein nicht begreifen können, solch einen Mord begangen haben zu sollen. Ich glaube, dass die meisten Missbräuche, Vergewaltigungen und Spontanmorde auf Besetzungen zurückzuführen sind, wobei Alkohol- und Drogenkonsum die Abwehrmechanismen gegen solch eine Tat und gegen die Beeinflussung der Besetzer immunisieren.

Sie, liebe Leserinnen und liebe Leser, werden sich sicherlich an Adrian (Fall 33) erinnern, der ein zwanghafter Pädophile ist. Beständig beschäftigt sich sein Denken mit Annäherungen an Mädchen zwischen sechs und zwölf, denen er zwischen die Beine greift, während ihn dann Lustgefühle überkommen, die ihn zur Masturbation stimulieren. Danach ist er erst einmal für einige Stunden von diesem pädophilen Drang befreit. Doch oft muss er seinem Drang, seine Hand an den Schambereich eines Mädchens zu legen, auch wirklich nachkommen. Er lässt sich dabei allerlei Tricks einfallen, sodass er nicht nur die Freundschaft von Frauen sucht, die eine Tochter in dem von ihm gesuchten Alter haben und wo er über Nacht bleiben kann, sondern er geht auch nachts in einem Arztkittel in Kinderkliniken, um in den Zimmern kleinen Mädchen unter der Bettdecke zwischen die Beine zu greifen. Adrian kam zu mir, nachdem er schon mehrere Psychiater und Therapeuten aufgesucht hatte, um sich von seinem pädophilen Zwang durch eine Rückführungstherapie als „letztem Strohhalm" zu befreien. Wie ich vermutet hatte, konnten wir in ihm einen Ergebundenen namens René ausfindig machen, der durch und durch pädophil veranlagt und nun froh war, in Adrian einen gefügigen Vollstrecker seiner Wünsche, der aus Veranlagung seiner pädophilen Sucht auch entgegenkam, gefunden zu haben. Zusammen gingen sie also auf die Jagd nach jungen Mädchen, ohne je die Absicht dabei zu haben, ihnen in irgendeiner Weise Gewalt zuzufügen.

Ich versuchte, René klarzumachen, dass er als Verstorbener eigentlich nichts mehr auf dieser Welt zu suchen habe, und malte ihm die Vorzüge der jenseitigen Welt aus. Schließlich schien er sich von mir überzeugen zu lassen und den Körper Adrians verlassen zu wollen. Erst nach solch einer Befreiung hat es Sinn, den in Trance Befindlichen in seine eigenen früheren Leben zurückzuführen, da es sonst passieren könnte, dass einer der Besetzer sein früheres Leben berichtet oder etwas fingiert. Und – Sie werden sich daran erinnern – wir deckten eines seiner früheren Leben auf, wo er als Jugendlicher im Scheunenbrand seine noch vorpubertäre Geliebte verloren hatte, was sich als der eigentliche Grund für seinen heutigen pädophilen Zwang, die Nähe und sexuelle Berührung jugendlicher Mädchen zu suchen, darstellte. Und tatsächlich fühlte er sich nach der Rückführung vollkommen von diesem ihn nun jahrelang begleitenden pädophilen Zwang befreit. Doch dauerte dieses Befreiungsgefühl leider nur eine Woche. Denn René hatte sich nicht wirklich entfernt. Er ist zu Adrian zurückgekehrt und hat diesem, so kann ich mir denken, nun ausgeredet, nochmals zu mir zurückzukehren, um einem wiederholten Befreiungsversuch aus dem Wege zu gehen, fürchtet er sich doch vielleicht, für seine vielen Missetaten doch noch bestraft werden zu können, wenn er seinen erdgebundenen Zustand, in welchem er sich am besten zu verstecken vermeint, verlassen würde.

Es gibt auch desinkarnierte erdgebundene Seelen, die auch ohne einen Gastgeber ihren sexuellen Trieben weiterhin frönen. Sie begeben sich dann gerne in die Schlafzimmer und bestreicheln die sexuellen Partien der aufgesuchten und begehrten Person. Ist diese sehr sensibel beziehungsweise sensitiv, kann sie dieses Bestreicheln wahrnehmen und fühlt sich daher sehr unwohl, da ihr diese Art der sanften Berührungen nicht nur unheimlich und lästig, sondern auch widerlich ist. Suchen solche Menschen, meist Frauen, ärztliche oder gar psychiatrische Hilfe, wird man sie oft zu dem Glauben überzeugen wollen, dass es sich um taktile Halluzinationen handele. Außer der Verabreichung von Medikamenten, die ihre Körpergefühle immunisieren, wird man ihnen kaum helfen können, da man den eigentlichen Grund ihres Berührtwerdens ja gar nicht aufgedeckt hat. Solch ein Erdgebundener muss also nicht in den Körper eines Gastgebers eingekehrt sein. Er kann sich in der Aura der betreffenden Person aufhalten oder sich auch im Raum oder im Haus frei bewegen. Für die von diesen Unsichtbaren sexuell an den erogenen Zonen, besonders an den Brüsten oder noch öfter an den Schamlippen oder gar an der Klitoris stimulierten Personen wird das Leben oft zu einem Trauma. Die Psychiatrie und die Psychologie samt aller Therapie wird sich für die unsichtbaren Einflüsse zu öffnen haben, um solchen sexuellen Störphänomenen hilfreich zur Seite stehen zu können.

Ein Verstorbener kann, wie wir sahen, durch eine Sucht oder einen sexuellen Trieb erdgebunden bleiben. Aber alle diejenigen bleiben erdgebunden, die nicht bereit sind, von einer bestimmten irdischen Person, einer Leidenschaft oder einer Gemütsäußerung loszulassen. Geizige, Neider, Hasser, Rachsüchtige haben es schwer, sich in die jenseitige Welt führen zu lassen, da sie eventuell noch etwas unter den Menschen bewirken wollen. Wie wir im Fall Amanda (Fall 14) sahen, war sie in einem früheren Leben eine Zigeunerin, die von einem Kaufmann vergewaltigt wurde. An den Folgen ist sie verstorben. Nun hat sie auf diesen Mann einen solchen Hass, dass sie an ihn gebunden bleibt, durch den Wunsch, ihm noch so viel Schaden wie möglich zu bereiten. Sie erreicht es, dass sie zwei Männer im Dunkeln animiert, diesen Kaufmann zu erschlagen. Erst dann ist ihrem Hass Genüge getan, und sie ist bereit, in die jenseitige Welt hinüberzuwechseln. Und diese ausgeübte Rache einer ermordeten Person kann den Täter noch ereilen.

Der Besetzer kann sich sehr verabscheuungswürdig verhalten, bleibt er doch unentdeckt und muss sich auch nicht vor einem irdischen Gericht verantworten. Von einem *jenseitigen Gericht* jedoch weiß er noch nichts. Er kann auch ein richtiger Sadist sein und in jemanden hineingehen, der seinem Sadismus entgegenkommt. Wir erinnern uns vielleicht noch an Reuven (Fall 34), diesen folternden Sadisten, dem mehrere Voyeure bei seinen grausigen Vorführungen der von ihm sexuell missbrauchten und gequälten Kinder und Jugendlichen zusehen. Dieser mag ebenfalls von einem unsichtbaren Sadisten noch zusätzlich zu diesen Untaten angehalten worden sein. Aber viele Besetzer sind ihrem Gast auch sehr wohl wollend gewogen und helfen ihm, wo immer sie können. Und oft helfen sie ihm auch in sexueller Hinsicht. Denn ist der Gast ein Verführer oder ehemaliger Casanova, dann wird er seinem Gastgeber die richtigen Worte der Verführung eingeben, sodass dieser auf einmal einen Persönlichkeitswechsel erlebt.

Bei Schizophrenen kommt meist die Besetzung sehr deutlich zum Tragen. In der Psychiatrie spricht man von *Persönlichkeitsspaltung*. Aber nichts ist bei einer besetzten Persönlichkeit gespalten oder geteilt. Im Gegenteil, es handelt sich hierbei um eine Addierung der Gefühle und des Denkens, und zwar durch den oder die unsichtbaren Besetzer. Und Gastgeber, die ihre Türen oft sperrangelweit offen stehen lassen, müssen oft eine ganze Reihe von uneingeladenen Gästen beherbergen.

Deshalb kann es vorkommen, dass sich nicht nur eine einzige erdgebundene Persönlichkeit in einem Sexsüchtigen befindet, sondern manches Mal sogar eine ganze Anzahl. *Ian Wilson* gibt in seinem Buch *„Reincarnation? – The Claims investigated"* einige solche Beispiele, die von Psychiatern in wissenschaftlichen Abhandlungen beschrieben worden sind. Einer dieser Fälle ist jener von Billy Milligan, der schon als Junge von seinem Stiefvater, einem eifrigen Kirchengänger, anal missbraucht worden war. Der gewaltsame Sexualtäter Billy war, ohne es zu wissen, von neun Erdgebundenen im Alter von drei bis fünfundzwanzig Jahren besetzt. Jeder dieser Besetzer hatte seine eigene Persönlichkeit. Zwei von ihnen sprachen für die anderen, wobei einer von ihnen jeweils das Wort führte. Ragan war jener, der die Raubüberfälle plante und ausführte. Arthur aber organisierte die Planungen für Vergewaltigungen. Mit vorgehaltener Pistole wurde die jeweilige Frau von Billy aufgefordert, sich ans Steuer zu setzen und in ein Waldstück zu fahren. Doch dann übernahm Adalena, eine zweiundzwanzigjährige lesbische Erdgebundene die Leitung und führte den sexuellen Part durch. Billy wurde mehrere Male geschnappt und verbüßte Gefängnisstrafen, bis man ihn in eine geschlossene psychiatrische Anstalt steckte. Es gelang *Dr. George Harding* nach und nach, mit den einzelnen Wesenheiten zu sprechen und eine wissenschaftliche Abhandlung darüber zu verfassen.[136] Und *Ian Wilson* glaubt, dass viele so genannte frühere Leben von den multiplen Persönlichkeiten stammen könnten.[137]

Ich bin einigen Personen begegnet, die eine ganze Reihe von Besetzern in sich hatten. Einige haben keine Ahnung davon und befinden sich aber in ständigen Depressionen und Ängsten. Andere wissen, dass sie eine oder gar mehrere Besetzungen haben und suchen Hilfe, sich von diesen zu befreien. Aber es gibt auch solche, die wohl wissen, dass sie Besetzungen haben, aber sich von diesen gar nicht trennen wollen. Denn die Besetzer können auch sehr hilfreich sein. Sie können dem Betreffenden sagen, welche Person besonders sexy ist, oder sie können herausfinden, ob eine für sie sexuell interessante Person geschlechtskrank ist und ihr deshalb den Rat geben, diese Person nicht anzusprechen. Ich kenne eine Frau, die über hundert Besetzer mit sich herumträgt. Und diese leben alle in Harmonie miteinander, sodass jeder von ihnen hin und wieder seine besonderen Wünsche vorbringen kann, die dann diese Person, nennen wir sie Carolyne, auch erfüllt. Zum Beispiel hat diese Frau eine Besetzerin, die sich nur Madame P. nennt. Sie ist zuständig für Carolynes Sexualität. Früher stand Madame P. sehr im Vordergrund und hat ihre körperlichen bisexuellen Rechte eingefordert, denen dann Carolyne auch gemäß Anweisungen oder Gefühlsstimulationen nachkam.

Carolyne war früher selbst Prostituierte wie Madame P. und betätigte sich auch über Jahre als Zuhälterin, für welche drei Frauen auf den Strich gingen. Diese Unsichtbare half ihr erfolgreich bei der Beschaffung von Freiern oder Prostituierten, die sie ebenso erfolgreich manipulieren konnte. Carolyne will sich von keinem ihrer sie unsichtbar begleitenden Gäste befreien, denn wie sie meinte, werden sie alle durch ihr persönliches Interesse an Spiritualität zu höherem Wissen geführt und werden, sobald sie dafür bereit sind, den Wunsch von allein haben, in die jenseitige Welt hinüberzuwechseln.

Ian Wilson spricht von solchen Besetzern als „sub-personalities". *(Im Deutschen haben wir keine entsprechende Übersetzung. Man könnte in diesem Fall von Hintergrunds- oder Nebenpersönlichkeiten oder von Persönlichkeiten zweiten Grades sprechen.)* In seinem Buch gibt er einige Schriftzüge wieder, die von solchen Besetzern einer einzigen Person stammen. Diese Schriftzüge sind vollkommen voneinander verschieden und entsprechen auch nicht der Schrift des Gastgebers.[138] Wilson führt auch weiterhin aus, dass sich Zeitüberschneidungen ergeben mit den früheren Leben der besetzten Person, wenn die Besetzer ihre eigenen früheren Leben wiedererleben. *(Denn die Besetzer können in der Rückführung selbst mit in die Trance versetzt werden und dann ihre eigenen Leben derart plastisch erleben, wie der Besetzte es sonst auch könnte.)* In solchen Fällen des Zweifels kann das Höhere Selbst befragt werden. Doch eventuell kann auch das Höhere Selbst von einem der Besetzer fingiert werden. Sobald Zweifel entstehen, frage man: „Bist du wirklich mein Höheres Selbst? Dann schwöre es bei Gott." Hier werden dann eventuelle Täuschungen aufgedeckt.

Wenn ein Täter von einem Besetzer zu einem *Missbrauch* geführt worden ist, kann es sein, dass er entweder keine Chance hat, sich gegen diese starke Aufdringung und Manipulierung zu wehren, oder er hätte eigentlich noch die Kraft der Gegenwehr, ergibt sich jedoch diesem Besetzer, weil er ja eigentlich auch diese Tat ausführen möchte. Ganz allein hätte er nicht den Mut, die Verwegenheit oder die Kraft dazu gehabt.

Ein Besetzer wird aus karmischen Gründen in einen Körper gelassen, hatte man selbst einst als Erdgebundener andere manipuliert. Somit vollzieht sich hier ein gerechter Ausgleich. Hatte jedoch ein Besetzter keinerlei Chance, sich dem Besetzer zu widersetzen und musste eine Tat ausüben, so trifft ihn, aus höherer Sicht gesehen, keine Schuld, die er im Jenseits zu bereuen hätte. Ein karmischer Ausgleich wird also oft lanciert mittels einer erdgebundenen Wesenheit, sodass der inkarnierte Täter Opfer der Beeinflussung eines Unsichtbaren ist. Und es kann demzufolge sein, dass nicht der Sexualtäter der eigentliche Täter ist, sondern sein unsichtbarer Antreiber, der ihn zu dieser Tat gelenkt hatte.

Es könnte also sein, dass der angetrunkene Vater von Valentina (Fall 10), der sie als Achtjährige missbrauchen wollte, von einem verstorbenen Pädophilen besetzt war, der ihn zu dieser versuchten Tat angetrieben hatte. Somit würde aus höherer Perspektive diesen Vater keine Schuld treffen. Aber es könnte auch sein, dass Valentina von jemandem beschützt wurde, etwa von einer Besetzerin oder einem Besetzer, oder es handelte sich um einen höheren Eingriff, sodass sie bei allen diesbezüglichen Versuchen ihres Vaters entkommen konnte.

Es kann jedoch auch sein, dass es aus höherem Ermessen so vorgesehen ist, dass eine Person, die zu einer Inzesttat geführt werden sollte, gefasst werden und zu hohen Gefängnisstrafen verurteilt werden muss, da sie für Inzestvergehen aus früheren oder heutigem Leben noch nicht bestraft worden ist, sodass also eine Strafe noch nachvollzogen werden soll – oder dass diese Person diese Tat unwillkürlich und zwanghaft ausführte, damit sie ertappt und bestraft würde, da sie für irgendeine frühere Tat, auch unabhängig vom Inzest, eine Bestrafung herbeiführen will, um für noch nicht Gebüßtes endlich auch auf der irdischen Bühne noch nachträglich verurteilt und bestraft zu werden.

Auch können Kinder von einem anderen Kind besetzt sein. So kann ein Junge sich auf einmal wie ein Mädchen verhalten, da sein Besetzer ein Mädchen ist, das ihn zu Mädchenspielen oder Mädchenkleidung überredet. Umgekehrt kann ein Mädchen sich auf einmal wie ein Junge betragen. Es müssen in solchen Fällen also nicht immer frühere Leben vorliegen.

Sexuelle Schuldgefühle

Sexualität in Verbindung mit Schuldgefühlen ist ein häufig auftretendes Problem, das in den Rückführungstherapien aufgedeckt und dann auch gelöst werden kann. Wir müssen bei diesen Schuldkomplexen drei Grundtypen unterscheiden.

a.) Der Klient hat Schuldgefühle, die für ihn eindeutig auf dieses Leben zurückzuführen sind, deren eigentliche Ursachen jedoch mit seinen früheren Leben in Verbindung stehen.

b.) Der Klient trägt unbewusst Schuldgefühle mit sich herum, die aus einem Opferleben stammen.

c.) Die Schuldgefühle stammen aus einem oder mehreren Täterleben und sind unbewusst noch immer im heutigen Leben aktiv.

1.) Schuldgefühle aus dem heutigen Leben

Schuldgefühle aus dem heutigen Leben haben viele Frauen, die wie Barbara (Fall 15) ein Kind abgetrieben haben. Diese Schuldbelastungen mögen sie ein Leben lang begleiten. Barbara ging für eine Weile in ein Kloster, um für ihre Abtreibung Buße zu tun. Doch kann es sein, dass die im Bauch befindliche Seele, da sie die Ängste der Mutter mitbekommt, ihr eingibt, dass sie nicht zur Welt kommen will, sodass die Mutter schließlich diesen Eingebungen nachkommt und einen künstlichen Abortus herbeiführt beziehungsweise herbeiführen lässt. Demzufolge hat sie dem Wunsch der im Fötus sich befindenden Seele entsprochen. Doch weiß sie nicht, dass sie der Eingebung und dem Wunsch des noch Ungeborenen gefolgt war und gibt sich nun selbst die Schuld. Es kann aber auch sein, dass sie aus höherem Ermessen durch eine *Abtreibung* Schuld auf sich laden sollte, die ihr erst im Nachhinein bewusst werden soll. Vielleicht wird sie infolgedessen nie wieder ein Kind bekommen können und bereut nun ihre vorgenommene Abtreibung. Der Grund für solch eine karmische Maßnahme kann darin liegen, ihr den Wert eines Kindes bewusst zu machen, indem sie dessen Verlust beklagen muss. Vielleicht hatte sie im früheren Leben ein Kind weggegeben oder gar irgendwo ausgesetzt. Oder sie hatte sich in einem früheren Leben programmiert, ich will nie wieder ein Kind zur Welt bringen müssen, nachdem sie an einer Kindsgeburt gestorben war. Diese Programmierung samt der Angst vor einer Niederkunft bewirkt in ihr den zwingenden Gedanken, das Kind frühzeitig abzutreiben.

Schwangerschaftsabbrüche wie auch herbeigeführte Aborte in früheren Leben sind ein Grund für schwerwiegende Schuldgefühle. Ich kenne eine Frau, die zweimal abtreiben ließ und späterhin deswegen von großen Schuldgefühlen geplagt war. Während einer Séance *(Geisterkommunikation)* in Chesterfield/Indiana meldeten sich ihre beiden unausgetragenen

Kinder und sagten, dass sie sie liebten und sie wegen der Abtreibung keinerlei Schuldgefühle mehr haben müsse. Diese spiritistische Sitzung hatte ihr ihre verloren gegangene Lebensfreude zurückgebracht.

Es ist also ganz egal, ob im heutigen oder im früheren Leben ein Kind abgetrieben worden ist. Die eventuell daraus entstandenen Schuldgefühle wirken oft noch lange nach. Doch massive Schuldgefühle entstehen besonders dann, wenn das Kind im früheren Leben nach der Geburt aus Notgründen umgebracht worden war.

Nicole (Fall 30) hatte als Teenager mit dem Stiefvater eine sexuelle Beziehung, von welcher die Mutter nie etwas erfahren hatte. Einerseits hatte Nicole deswegen Schuldgefühle der Mutter gegenüber, auf der anderen Seite genoss sie diese über mehrere Jahre sich ausdehnende sexuelle Beziehung, in der auch sexuelle Perversitäten ausprobiert wurden. Manche Teenager mögen solch eine Situation ausnützen, um heimliche Rache der Mutter gegenüber, die sie hassen, auszuüben. Nicht aber war dies das Motiv bei Nicole. Doch ihre Schuldgefühle wurden relativiert durch das ihr unbewusste Gefühl, an dem kriegsinvaliden Stiefvater etwas wieder gutzumachen. Denn wie es sich in der Rückführungstherapie herausstellte, traf genau dieser Wiedergutmachungsmechanismus auf sie zu, da sie einst seinen Tod verursacht hatte. Somit hielten sich Schuldgefühle der Mutter gegenüber und das unbewusste Wiedergutmachungssyndrom die Waage.

Auch Dagmar (Fall 32) lebte im Inzest mit zwei ihrer Brüder. Und obwohl sie von Anfang an Schuldgefühle hatte, gab sie sich schon als Achtjährige ihrem ältesten und sieben Jahre älteren Bruder hin, während sie sich von dem Zweitältesten ebenfalls sexuell stimulieren ließ, ohne mit diesem zu schlafen. Als die Mutter einige Jahre später davon erfuhr, gab sie Dagmar auch noch die Schuld dafür. Diese Schuldgefühle wogen nun doppelt schwer in ihr, die sie ihr ganzes weiteres Leben belasteten, bis sie bei mir in der Rückführung die eigentlichen Gründe für diese inzestuösen Ausschreitungen erfuhr. Denn mit beiden Brüdern war sie in einem früheren Leben schon sexuell aktiv gewesen. Der älteste Bruder war ihr früherer Mann, den sie mit anderen Männern und einer Frau betrog und an dem sie nun ihre Untreue wieder gutmachen wollte durch ihre frühe Hingabe an ihn, während der zweite Bruder ihre geliebte frühere Zofe war, mit der sie im selben Leben außer ihren diversen heimlichen Männerbegegnungen ein ausgiebiges Liebesleben genoss. Bei Dagmar hielten sich bis zur Schuldzuweisung seitens der Mutter ihre Schuldgefühle ebenfalls die Waage zwischen Hingabe aus Wiedergutmachung samt früherer Liebesbeziehung und ihren Schuldgefühlen, denn sie wusste sofort als Achtjährige, dass sie etwas Verbotenes eingegangen war, zumal ihr Bruder ihr auch nachhaltig zu verstehen gab, niemandem gegenüber etwas darüber verlauten lassen zu dürfen.

Franziska (Fall 28) stellte in der Anamnese vor Beginn der Rückführung die Frage: „Warum sehne ich mich nach totaler Sexualität und habe doch zugleich dabei auch Schuldgefühle?“ Sie überkommen vor und beim Sex Schuldgefühle, ohne dass sie weiß, was die Gründe dafür sein könnten. In der Rückführung erlebt sie sich als Afrikaner, der seine bei der Niederkunft des Kindes sterbende Frau begleitete. Er fühlte sich damals schuldig, durch

Sex ein Kind erzeugt zu haben, das dann den Tod seiner geliebten Frau bewirkte. Dieses Schuldgefühl hat sich damals so tief in sein Unterbewusstsein eingeprägt, dass es Dagmar immer noch an jenes Ereignis samt den Schuldgefühlen erinnert. Diese unbewusste Erinnerung wurde noch bestärkt durch die Programmierungen der heutigen Mutter, die ihr vermittelte, dass Sex etwas Schmutziges, also etwas Unanständiges sei, für das man sich schuldig zu fühlen habe. Heutige zusätzliche Programmierungen haben bei ihr die ursprünglich aus früheren Leben stammenden Schuldgefühle noch intensiviert.

Auch Tina (Fall 31) hat beim Sex Schuldgefühle, verbunden mit ihrer totalen Abscheu vor Sexualität als solcher. In ihren Träumen tauchen immer wieder Bilder auf von am Boden liegenden gefesselten Frauen, denen man jeweils einen Penis in den Mund gesteckt hatte. *(Für solche Träume würde sich Freud sehr interessiert haben.)* Wie wir in der Rückführung aufdeckten, war sie als japanischer Soldat im Zweiten Weltkrieg dabei, wie seine Kameraden Frauen vergewaltigten und ihnen die abgeschnittenen Penisse ihrer ermordeten Männer in den Mund steckten. Obgleich er selbst nicht an den Vergewaltigungen teilnahm, hat er sich doch mit seinen Kriegskameraden identifiziert und wegen ihrer Taten Schuldgefühle entwickelt, sodass sie heute, obwohl sie selbst als Frau inkarniert ist, Sex als etwas Schuldbelastetes ansieht und Abscheu vor sexuellen Handlungen hat. Tina führt ihre Schuldgefühle auf die Sexualität als solche zurück, ohne geahnt zu haben, dass diese aus einem früheren Leben kommen. Und damit kommen wir schon zu solchen Menschen, die zwar nicht unbedingt der Sexualität ihre Schuldgefühle zuschieben, jedoch beim Sex unbewusst von Schuldgefühlen beschlichen werden.

2.) Schuldgefühle aus Opferleben

Schuldgefühle aus Opferleben sind im Vergleich zu denen aus dem Täterleben sehr selten.

Diane (Fall 12) konnte in diesem Leben bisher kein Kind bekommen. In einem früheren Leben war ihre Tochter bei einem Unglück, das die Seele von Diane als die frühere Schwedin verursacht hatte, verstorben, weshalb sie sich die ganze Schuld zusprach, die sich dann in der Programmierung mit den Worten niederschlug: „Ich will niemals mehr ein Kind haben." Dieser Unfall hatte damals damit zu tun, dass sie, als sie ihren Missbraucher plötzlich am Straßenrand sah, auf das Pferd panikartig einschlug, wodurch eben dieser Unfall verursacht wurde. Ihre heutige Abstinenz vor Sexualität geht zum einen auf ihre damaligen Schuldgefühle zurück, weiterhin auf eine Vergewaltigung aus dem heutigen Leben und jenen Missbrauch, den sie als englischer Schmied an seinem Lehrling praktiziert hatte. Kein Wunder, dass sie sich heute mit Schuldgefühlen und Minderwertigkeitskomplexen in ihre Wohnung zurückgezogen und sich vor dem Fernsehapparat durch Chips und Süßigkeiten einen Speckpanzer zugelegt hatte.

Barbara (Fall 15) ist in ihrem Leben als keltische Priesterin vergewaltigt worden. Sie gibt aber im Nachhinein nicht dem Vergewaltiger die Schuld, sondern sich selbst, da sie nicht mehr ihrer Göttin als ihrer Schutzpatronin gehuldigt und diese um Schutz gebeten hatte. „Meine Schuld ist, dass die Menschen die Göttin vergessen hatten." Doch nach dieser Tat hatte sie ihren Vergewaltiger verflucht. Dadurch lud sie sich ebenfalls wieder Schuldgefühle auf ihre Seele.

Larissa (Fall 18) hatte im neunzehnten Jahrhundert in Paris als Prostituierte gearbeitet. Nach ihrer Rückkehr ins Haus ihrer Eltern hatte sie mit ihrem Bruder ein inzestuöses Verhältnis. Ihn steckte sie mit Syphilis an, woraufhin er sich das Leben nahm. Für dieses Leben als Prostituierte und für das Verschulden des Todes an ihrem Bruder lud sie sich eine große Schuld auf. Unter anderem resultierten diese Schuldgefühle in einem Selbstbestrafungsmechanismus in Form von Migräne, die sich genau in jenem Alter des heutigen Lebens am schlimmsten einstellte, in dem sie damals als Prostituierte tätig war. Und auf dem Berg der Erkenntnis bemerkt sie: „Wenn ich mich in diesem Leben sexuell zurückhalte, dann kann ich keine Schuld mehr auf mich laden. Ich lasse die Sexualität dann lieber im Kopf ablaufen." Ihre damaligen Schuldgefühle sind Mitverursacher ihres sexuell abstinenten Lebens. Sie war selbst Opfer der Syphilis und steckte durch ihre Krankheit unwissend ihren Bruder an. Unschuldig schuldig gab sie sich doch allein die Schuld. Doch dieser in ihr bis ins heutige Leben hinein aufgebaute Berg an Schuld reicht noch tiefer in ihre früheren Leben als Täter zurück.

Als geschiedene Mutter von zwei Kindern leidet Sabine (Fall 13) unter Orgasmushemmung. Sie fühlt sich für alles schuldig. Seit Jahren geht sie allen sexuellen Männerbeziehungen aus dem Wege. In jenem dem heutigen vorausgegangenen Leben in Holland hieß sie Katinka und lebte in ihrem zwölften Lebensjahr mit ihrem Vater in einer heimlichen Inzestbeziehung. Und trotz ihrer Schuldgefühle der Mutter gegenüber spürte sie auch sexuelle Glücksgefühle. Doch dann entdeckte die Mutter beide in flagranti. Sie sagte zu ihrer Tochter in hartem Ton: „Verschwinde!" Und Katinka verließ das Elternhaus voller Scham und Schuldgefühle und stürzte sich vor ein Auto. Nach ihrem Tode formulierte sie ihre Programmierung: „Ich will nie wieder schöne Gefühle haben." Und diese Programmierung gekoppelt mit den aus jenem Leben stammenden Schuldgefühlen bewirkte in ihrer Pubertät eine Anorexia nervosa samt Anorgasmie. Doch vor diesem Leben war sie im Konzentrationslager von SS-Wachmannschaften vergewaltigt worden, sodass selbstverständlich auch noch dieses Opferleben ihrer Abwehr gegen Männer zuzurechnen ist. Im Jenseits erfährt Katinka, dass sich der Vater, nachdem er von ihrem Selbsttod erfahren hatte, ebenfalls das Leben nahm. Nun addieren sich ihre Schuldgefühle um die zusätzliche Schuld am Tod ihres Vaters, die sich ihre Seele im Jenseits noch nachträglich auflädt.

Einem ähnlichen Fall begegnen wir bei Bogan (Fall 1). Er hatte als Ritter eine Magd namens Maria vergewaltigt, woraufhin sie sich erhängte. Im Jenseits begegnet er ihr wieder. Sie bittet ihn um Vergebung für ihre Kurzschlussreaktion, da dadurch für ihn aller weitere Schaden entstanden ist, der auch zu seinem Tode führte. Schuldgefühle können für eine

Seele also auch noch im Jenseits durch Erkennen weiterer Zusammenhänge entstehen. Doch wenn man sich dort länger aufhält und mehr über die eigentlichen Zusammenhänge aus höherer Perspektive erfährt, dann lösen diese sich wieder auf.

Adrian (Fall 33) war in einem früheren Leben als Elfjähriger mit seiner etwa gleichaltrigen Freundin bei intimen Liebesspielen in der Scheune, als die Petroleumlampe umfiel und plötzlich alles in Flammen stand. Seine Geliebte verbrannte, während er überleben konnte und sich als Eremit sein ganzes weiteres Leben in die Einsamkeit der kanadischen Wälder zurückzog. Er gab sich für alles die alleinige Schuld. In diesem Leben wird er von seiner Pädophilie gezwungen, vorpubertären Mädchen nachzustellen, da er sich immer noch auf der Suche nach seiner früheren Geliebten befindet. Doch diese für seine perverse Abart ständig bewusst mit sich herumgetragenen Schuldgefühle werden vermehrt durch jene aus dem früheren Leben. Für ihn gibt es außer dem Berühren von jungen Mädchen in diesem Leben keine Freude. Denn seine aus früherem und heutigem Leben sich addierenden Schuldgefühle bewirken eine andauernde Depression.

Bei Catherine (Fall 23) fallen Opferleben und Täterleben in einem Leben zusammen. Sie wird im früheren Leben als Magd von einem Grafen vergewaltigt und wird durch das aus dieser Situation entstandene Kind in die Enge getrieben, ihre Anstellung zu verlieren oder das Kind zu töten. Sie entscheidet sich in ihrer Ausweglosigkeit für Letzteres. Dadurch lädt sie sich unerträgliche Schuld auf, die sie ständig plagt. Und wiederum befindet sie sich in einer ausweglosen Situation, indem sie als Angestellte von einem neuen Hausherren missbraucht wird. „Ich kann mich ja nicht wehren!“ Denn verweigert sie sich ihm, verliert sie ihre Anstellung. Schließlich nimmt sie sich das Leben. Die für sie ausweglosen Situationen machen sie zur Kinds- und Selbstmörderin. Und die aus jenem Leben noch in das heutige Leben hineinreichenden Schuldgefühle samt der Angst vor den nächtlichen Besuchen dieses Hausherren hatten sie damals schon nicht mehr ruhig schlafen lassen und lassen sie auch im heutigen Leben noch nicht friedlich schlafen.

3.) Schuldgefühle aus Täterleben

Schuldgefühle aus Täterleben, die auf die späteren Leben einwirken, sind die am häufigsten vorkommenden. Sie bewirken oft ein unmittelbar sich anschließendes gegenteiliges Leben. War man in einem Leben ein Mörder, mag man im Folgeleben ein Leben in Buße und Dienst am Nächsten eingehen. So hatte Jessica (Fall 16) im früheren Leben als Soldat große Schuld auf ihre Seele geladen, indem sie als Soldat viele Menschen tötete und Frauen vergewaltigte. Und im darauf folgenden Leben ist sie Nonne, um für all ihre vergangenen Sünden zu büßen, obwohl sie sich keiner Tat aus früheren Leben bewusst ist. Doch ich wage einmal zu behaupten, dass der größte Teil der Nonnen und Mönche und all derer, die ein Leben in Buße verrichten, unbewusst „wissen“, dass sie für etwas ihnen Unbekanntes

Buße leisten wollen. Selbst wenn sich eine Seele aufgrund von erlebten Vergewaltigungen ein anschließendes Leben als Nonne aussucht, um nicht mehr Männerbegegnungen ausgesetzt zu sein, gehen doch ihre Bußeleistungen auf das oder die Täterleben zurück, die vor dem oder den Opferleben gelegen haben. Die Klöster waren – und sind es noch heute – zum überwiegenden Teil Austragungsstätte der Buße für Sünden aus früheren Leben.

Doch irgendwann werden jene Verschuldungen aus früheren Leben trotz eines dazwischenliegenden Büßerlebens karmisch ausgeglichen werden müssen. Göran (Fall 7) hat größte sexuelle Probleme, da sein Glied, sobald eine Erektion erfolgt ist, Schmerzen bereitet und sich daraufhin sofort wieder in die Ausgangsstellung zurückzieht. Er war in einem Täterleben des Sultans Folterer, der einem Delinquenten auf Geheiß des Sultans das Glied zu verstümmeln hatte. In einem Ausgleichsleben wird sein Penis durch einen Knüppelschlag verletzt, sodass sich schon im darauffolgenden und in dem heutigen Leben diese Erektionsprobleme einstellten. Menschen, die mit solch einem Manko behaftet sind, mögen sich fragen, so kein Mediziner oder Psychologe ihnen eine akzeptable Erklärung geben kann, warum ausgerechnet sie dieses Problem haben. Viele fühlen sich automatisch für irgendetwas schuldig und mögen, so sie religiös sind, sich weiterhin fragen: Warum hat Gott mir diese Benachteiligung zukommen lassen? Für was werde ich bestraft? Worin habe ich Schuld aufgeladen? Manches Mal sickert wie eine Ahnung von dem Wissen etwas durch, was einem vor Beginn eines neuen Reinkarnationsantritts noch bewusst war.

Die meisten Beispiele, die ich im zweiten Teil aufgeführt habe, beinhalten Schuldgefühle, die sich aus einem Täterleben ergeben haben. Und diese Schuldgefühle haben sich über die ausgleichenden Opferleben oft bis in das heutige Leben gehalten. Ein typisches Beispiel, das für die meisten der geschilderten Fälle stehen könnte, ist der Fall Amanda (Fall 14). Sie war einst Pirat und hatte sich durch Vergewaltigungen und Ermordung von Frauen, die er nach Gebrauch über die Reling werfen ließ, hervorgetan. In einem Leben als Zigeunerin wurde sie derart schlimm vergewaltigt, dass sie an den Folgen verstarb. Im heutigen Leben leidet sie unter Orgasmushemmungen und duldet keinen Mann mehr, der sich auf ihren Körper legt. Wenn es zu einer Kopulation kommen sollte, dann will sie diejenige sein, die auf dem Mann liegt oder sitzt. Orgasmushemmungen resultieren zum einen immer aus den Schuldgefühlen, die sich spätestens nach dem Tod oder in den finsteren Bereichen der jenseitigen Welt als Reue einstellen und meistens in Programmierungen münden, wie: „Ich will nie wieder Frauen schänden“ oder „Ich will mich nie wieder von der Lust besiegen lassen“. Und zum anderen addieren sich zu diesen Schuldgefühlen die ausgleichenden, meist fürchterlichen Ereignisse aus den Opferleben.

Aber auch der vorzeitige Samenerguss geht auf Schuldgefühle aus dem Täterleben zurück. Im Fall von Ralph (Fall 8) haben wir gesehen, wie sich seine Schuldgefühle aus dem früheren Leben als buddhistischer Mönch heute noch als Angst vor Sexualität auswirken, indem sein Same zu schnell kommt, sodass er deswegen Hemmungen hat, sich überhaupt einer Partnerin zu nähern. Diese Schuldgefühle belasten ihn unbewusst sein ganzes Leben, hatte er sich doch vormals geschworen, nie wieder mit einer Frau und besonders mit keiner verheirateten Frau sexuell zu verkehren. Er hatte sich nun mit der Tatsache abgefunden, dass er eben aufgrund seines voreiligen Samenergusses ein Leben lang keine sexuelle Partnerschaft haben wird, kann er sich doch auch nicht für eine homosexuelle Ausrichtung entscheiden. Doch die Rückführungstherapie dürfte ihm nun geholfen haben, indem er sich vor allem von seinen Schuldgefühlen löste, damals einen Meineid geleistet zu haben, der zu der Hinrichtung des Ehemanns seiner Geliebten geführt hatte. Viele der sexuellen Probleme vor allem in der Partnerschaft gehen auf Schuldgefühle aus Täterleben zurück.

Im Fall von Leonore (Fall 37) haben wir eine wunderbare Darstellung, wie das Bewusstsein von Schuld dem Täter nach seinem Tod vermittelt wird. Viele Verstorbene und vor allem „klinisch Tote" erleben nach dem Austritt aus ihrem Körper, wie sie durch eine dunkle Röhre, an deren Ende sie Licht erblicken, diesem entgegengezogen werden. Und vielen wird auf diesem Weg nach oben auf einmal ihr ganzes bisheriges Leben nochmals vor Augen gestellt und vor allem das, was sie in jenem Leben Unrechtes getan haben. So werden auch dem Kosak Gorki die wichtigsten Szenen seines Lebens vor Augen gestellt. Vor allem muss er sich seine bösen Taten, seine Tötungen und seine Vergewaltigungen ansehen. Und plötzlich überkommt ihn ein furchtbares Schuldgefühl für all das, was er so lange unbedacht an Lieblosigkeit anderen Menschen gegenüber getan hatte. Und er sieht, wie sich schwarze geometrische Formen wie Steinblöcke zu einer Pyramide türmen. Im Jenseits erfährt er, dass diese schwarzen Steine jeweils Verstöße gegen die Liebe waren, die sich zusammen zu einer schwarzen Pyramide geformt hatten, die er wieder abzutragen hat. Und das Abtragen dieser schwarzen Pyramide geschieht einmal aus Lerngründen, indem man ein Gleiches erfährt, was man anderen angetan hatte, und zweitens durch ein Ausgleichen der begangenen Lieblosigkeit durch tätige Liebe am anderen.

Wir erinnern uns nochmals an Daniel (Fall 47), der als verheirateter Familienvater AIDS bekommen hat, unter welcher Krankheit auch sein homosexueller Freund gestorben war. Auch er hatte in früheren Leben viel Schuld durch Lieblosigkeiten auf sich geladen. Und er fühlt sich unbewusst für diese Untaten schuldig, sodass er seine Krankheit als selbst auferlegte Strafe empfindet. Denn er sagte: „Es ist, als ob Gott damals gefragt habe: Einer von euch muss AIDS bekommen. Wer meldet sich freiwillig? Und ich habe drei Mal laut gerufen: Hier! Hier! Hier!" Viele Menschen, die von einer schweren Krankheit heimgesucht worden sind, haben diese freiwillig auf sich genommen, um endlich ihre Schuldenlasten auszugleichen und somit sich von ihren Schuldgefühlen zu befreien. Viele Schuldgefühle gehen auf sexuelle Vergehen in Täterleben zurück.

Doch sobald viele schuldig gewordene Täter im Jenseits erfahren, dass ihre Vergehen durch Besetzer in ihnen verschuldet worden waren, die sie als Werkzeug benutzten, werden diese anfänglichen Schuldgefühle im Jenseits wieder gelöscht, sodass diese nicht in ein nächstes Leben einwirken können.

4.) Schuldgefühle von Homosexuellen

Und nun möchte ich noch etwas ausführlicher auf die Schuldgefühle von Homosexuellen – hauptsächlich von homosexuellen Männern – eingehen. Denn ein großer Teil von ihnen hat – wie wir oben berichteten – Schuldgefühle eine Zeitlang oder lebenslang mit sich herumgetragen. Es ist zum einen das Schuldgefühl sich selbst gegenüber, anders und dadurch abgesondert zu sein, das in Fragen mündet wie: Warum muss ausgerechnet ich schwul sein? Ist das eine Strafe? Wenn ja, woher kommt sie? Oder bedingt sich mein Schwulsein durch eine Hormoneinstellung, die sich zufällig bei mir eingestellt hat?

Hinzu kommt meist die Angst, die mit den Schuldgefühlen eine Symbiose bildet, die Angst, dass man als Hommosexueller als Andersartiger von anderen diffamiert oder gar belästigt und geschlagen werden könnte. Und zum anderen hat man ein Schuldgefühl seinen nächsten Verwandten und heterosexuellen Freunden gegenüber, dass sie über die Homosexualität eines ihrer Familienmitglieder oder eines Freundes entsetzt sein könnten und man ihnen dadurch seelisch weh tut. Es gilt also, das Schwulsein geheim zu halten, es zu verbergen. Und wenn man etwas geheim halten muss oder etwas Verborgenes tut, mischt sich immer ein Schuldgefühl mit ein. Viele Homosexuelle waren schon in früheren Leben schwul oder lesbisch gewesen. Sie haben die Ängste und die dort entstandenen Schuldgefühle oft mit in dieses Leben gebracht. Manche wissen noch, dass auf Schwulsein Gefängnisstrafe drohte. Und einige Homosexuelle haben noch das Gefühl, von irgendetwas verfolgt zu werden. Wenn sie Polizisten sehen, mögen sie unwillkürlich an ein Angstgefühl erinnert werden. Besonders schlimm werden Homosexuelle von hin und wieder sie überfallenden Schuld- und Angstgefühlen heimgesucht, wenn sie in einem ihrer früheren Leben aufgrund ihrer damaligen Homosexualität zu großem Schaden gekommen waren, wie zum Bespiel in Form von öffentlicher Anprangerung, Züchtigung oder gar Hinrichtung. Erst in jüngerer Geschichte wurden in Hitlers Reich Homosexuelle ins Konzentrationslager gesteckt, was einem Todesurteil gleichkam. Und die Ängste und Schuldgefühle aus früherem oder heutigem Leben als Schwule oder Lesben können noch bewirken, dass, wenn jemand ihnen direkt sie musternd in die Augen schaut, sie oft schuldbewusst ihre Augen niederschlagen. Doch Gott sei Dank ist die westliche Gesellschaft ihnen gegenüber offener geworden, sodass sich auch das Selbstbewusstsein der sexuell Andersausgerichteten steigert, wodurch keine neuen sexuell geprägten Schuldgefühle entstehen müssen, während sich alte Schuldgefühle langsam auflösen.

Karl (Fall 39) war in einem früheren Leben ein junger Engländer namens Max, der von einem Mann verführt wurde, mit dem er seinen ersten Orgasmus erlebte. Dieser Mann schärfte nun Max ein, nichts über dieses Ereignis der Mutter zu sagen, da es sonst zu großem Ärger kommen würde. Auf einmal überkommt ihn ein Schuldgefühl gepaart mit Angst. Das Gefühl, etwas Unrechtes, Falsches, Verbotenes und Sündiges getan zu haben, setzt sich wie eine Programmierung in ihm fest, so etwas nie wieder zuzulassen. Und trotzdem gelingt es diesem Mann bei einem Treffen fünf Jahre später, nachdem beide alkoholische Getränke zu sich genommen hatten, welche die Schuldgefühle von Max immunisierten, ihn nochmals durch Analsex zu einem Orgasmus kommen lassen zu können. Und obwohl sich Max auf eine solche Wiederbegegnung gefreut hatte, plagten ihn doch die Schuldgefühle. Diese hatten sich so tief in sein Unterbewusstsein eingekerbt, dass der heutige Karl, der sich schon früh für nackte Jungen und Männer heimlich interessierte, noch immer durch die aus jenem Leben als Max resultierenden Schuldgefühle derart eingeengt ist, dass er erst mit dreißig eine körperliche Annäherung mit einem Mann zulässt. Doch obwohl sein Glied straff wird, kommt er mit einem Partner zu keinem Orgasmus. Seine damals programmierten Schuldgefühle samt seiner von damals stammenden Angst, zu schnell zur Ejakulation zu gelangen und dadurch den Partner zu enttäuschen, sind, wie das Höheres Selbst ausführt, die Ursache für seine heutige partnerschaftliche Anorgasmie. Sexuelle Schuldgefühle aus früheren Leben können das heutige Leben noch gravierend beeinträchtigen. Deshalb sind solche schnellstmöglichst durch Rückführungstherapie aufzulösen, um angstfrei Homosexualität leben zu können.

Anton (Fall 40) hat sich im heutigen Leben von allen Schuldgefühlen endlich befreit. Mit achtzehn getraute er sich zum ersten Mal, homoerotischen Kontakt zuzulassen. Bis zu seinem dreißigsten Lebensjahr hat er über hundert sexuelle Begegnungen mit Schwulen gehabt. Ja, er wurde sogar von einer richtigen Sexgier getrieben, denn unbewusst wollte er alles nachholen, was er im früheren Leben versäumt hatte, da ihn die Schuldgefühle und die Angst des Entdecktwerdens damals daran hinderten, seine Homosexualität ausleben zu können. Denn in der Zeit der Französischen Revolution war er Familienvater. Der Sex mit seiner Frau war zur langweiligen Gewöhnung geworden, bis er eines Tages einen jungen Mann kennen lernte, mit dem er die erfüllendste Erotik seines Lebens erfahren durfte. Nun plagten ihn aber Schuldgefühle seiner Frau gegenüber. Auch wurde er von der Angst befallen, dass er für seine nun entdeckte homoerotische Neigung, so er ihr weiterhin nachgab, bestraft werden könnte. Er hasste die Gesellschaft, die solches verbot, vor allem hasste er die Kirche, die diese Verbote als Sünde vor Gott darstellte, dann hasste er schließlich seine Frau und seine Kinder, da diese ihn ja nicht frei sein lassen konnten, ein ungebundenes sexuelles Leben zu führen, und dann hasste er sich wohl auch selbst, dass er nicht den Mut hatte, seiner Lust voll nachzukommen. Und alles, worauf sich sein Hass bezog, bewirkte zugleich in ihm wiederum Schuldgefühle. Diese gepaart mit seinen Ängsten beließen es auch bei jener einmaligen homoerotischen Begegnung, was er sein weiteres Leben über tief bedauerte. Deshalb formulierte er auch am Ende seines Lebens: „Ich will nie wieder heiraten und Kinder haben. Denn eine Ehe hindert mich an der Möglichkeit, woanders Spaß zu haben."

Doch schon im darauffolgenden Leben ist er als Spanier zwar wieder verheiratet, doch bringt er den Mut auf, seiner Frau seine homoerotischen Neigungen zu gestehen. Sie, aus Liebe zu ihrem Mann, erlaubt ihm, dieser sexuellen Neigung nachzukommen, weshalb er, wenn auch nur sporadisch, homoerotische Kontakte pflegt. Doch all diese haben mit Heimlichkeit zu geschehen, war doch um 1870 die Homosexualität noch verboten. Zudem war er Rechtsanwalt und musste seinen Ruf in der Gesellschaft wahren. Und seine Programmierung auf dem Totenbett lautet: „Ich bereue, meine Sexualität nicht ausgelebt zu haben. Ich hätte gerne noch mehr erotische Begegnungen mit Männern gehabt.“ In jenem Leben brauchte er also keine Schuldgefühle seiner Frau gegenüber mehr zu haben. Doch seine Angst der Öffentlichkeit und der Kirche gegenüber blieb bestehen. Im heutigen Leben lebt nun Anton seine Homosexualität bewusst und mit Genuss aus, denn er hat sich aus der Sklaverei der Schuldgefühle wegen seiner Homosexualität weitgehendst befreit samt den damit verbundenen Ängsten. Und die Rückführungstherapie verhalf ihm auch dazu, sich von dem letzten Rest seiner Schuldgefühle zu befreien.

Viele Männer, die im früheren Leben Frauen vergewaltigt und sich dementsprechend am Ende ihres Lebens programmiert hatten, nie wieder eine Frau anzufassen, haben anschließend ein Klosterleben angetreten, um für ihre Sünden zu büßen. Da für sie nicht nur wegen der vorausgegangenen Programmierung, sondern aus dem klösterlichen Miteinander sowieso kein Sex mit dem anderen Geschlecht entstehen konnte, die sexuellen Gefühle aber trotzdem nicht zu unterdrücken waren, verstieg man sich oft aus nahe liegenden und praktischen Gründen in die Homoerotik, und zwar mit Schuldgefühlen, da man ja überhaupt keinen Sex haben durfte. Denn in manchen Klöstern wurde strenge Observanz geführt, um solchen sexuellen Sünden entgegenzuwirken. Jeder homosexuelle Mönch wurde automatisch mit Schuldgefühlen beladen, sah doch Gott alles, der durch *Mose* über Homosexualität die Todesstrafe verhängt hatte. Vor dem Abt konnte man seine praktizierte Homosexualität eventuell verbergen, doch vor Gott nicht. Und trotzdem war der Drang nach homoerotischer Partnerschaft so groß, dass man trotz Gottes Wissen darüber dieser wie einem Zwang nachkommen musste, wodurch, je öfter man diesem Drang nachkam, sich auch die Schuldgefühle dimensionierten. Homosexualität in den Klöstern musste als heterogener Sexersatz herhalten. Somit wurde für viele das Klosterleben zum ersten Einstieg in die Homosexualität, und zwar in Verbindung mit Schuldgefühlen. Den Hang zur Homoerotik hat man dann auch meistens mit in das nächste Leben genommen, wie auch die damals angesammelten Schuldgefühle, die sich an der Homosexualität wie Kletten festgesetzt hatten.

Hat man aber Homosexualität als karmischen Ausgleich zu erleben, da man in früheren Leben Homosexuelle diffamierte oder ihnen in irgendeiner Form schadete, dann wird man als karmischen Ausgleich nicht nur selbst einmal homosexuell werden müssen, sondern zusätzlich deren Ängste und Schuldgefühle ebenfalls zu durchleiden haben. Ängste und Schuldgefühle gehören also zum karmischen Ausgleichsgeschehen. Schuldgefühle haben unter anderem in Verbindung mit Homosexualität drei Funktionen, die sich hintereinander darstellen. Zum Ersten dienen sie dem karmischen Ausgleich. Als Zweites dienen sie in der Erdenschule dazu, sich zur Liebe zu bekennen, ganz egal, in welchem Geschlecht sich die geliebte Seele befindet, und zum Dritten dienen sie dazu, sich mit Mut von ihnen zu befreien. Warum so viele Seelen mit homosexuellen Neigungen sich das jetzige Leben zur Wiedergeburt ausgesucht haben, hat damit zu tun, dass sie in diesem neuen Jahrhundert endlich ihre Sexualität voll ausleben können und somit sich zugleich von allen angesammelten Schuldgefühlen aus früheren Leben befreien.

Homosexuelle, die dem Zwang unterliegen, sich auch durch körperliche Veränderungen dem anderen Geschlecht anzunähern, stecken oft in einem Strudel von Schuldgefühlen, bis diese körperlichen Veränderungen tatsächlich stattgefunden haben.

Leider hatte ich bisher noch nicht die Gelegenheit, einen Transvestiten oder Transsexuellen auf die Ursachen ihres Wunsches, sich als Frau zu kostümieren oder gar den Sexus zu verändern und ganz Frau zu werden, zurückführen zu können. Darum möchte ich etwas von den Resultaten eines bekannten Rückführungstherapeuten berichten. *Dr. Garrett Oppenheim* warnt vor der allzu schnellen Entscheidung, eine transsexuelle Operation vornehmen zu lassen, um das bisherige Geschlecht in das gegenteilige Geschlecht zu verwandeln. Denn zum Beispiel könnte ein homosexuell ausgerichteter Mann, um nicht weiterhin der Diffamierung als Homosexueller gebrandmarkt zu sein, den inneren Drang verspüren, äußerlich eine Frau zu werden, da er dann unter dem Deckmantel als Frau seiner Homosexualität ohne Diskriminierung nachgehen kann. Später von der unwiederbringlichen Geschlechtsveränderung gefangen, mag er ein Elendsleben führen und möglicherweise Hand an sich legen.

Eines Tages kam ein zweiunddreißigjähriger Lehrer namens Steve in Oppenheims Praxis. Er war glücklich verheiratet, fühlte sich aber als Mann nicht wohl und litt unter der für ihn schmerzlichen Vorstellung, Mann sein zu müssen. Deshalb wollte er sich nun mit der Einwilligung seiner Frau umoperieren lassen, um ebenfalls Frau zu werden. Doch die Gesetze gestatteten es damals einem Verheirateten nicht, solange er im Ehebündnis lebte, sich einer derartigen Operation zu unterziehen. Deshalb ließ sich das Ehepaar *pro forma* scheiden. Nach der gelungenen Operation lebten sie beide weiterhin als Unverheiratete glücklich miteinander. Doch er war endlich diesen Drang los, Mann sein zu müssen. Nun wurden in der Rückführungstherapie die Gründe für seinen Zwang, sein Geschlecht zu wechseln, offenbart. In dem einen Leben als Jennifer in England stieß sie ihr eigener Mann die Klippen hinunter *(im heutigen Leben hat sie Höhenangst)*. In einem weiteren Leben war sie um die Mitte des neunzehnten Jahrhunderts in Paris ein Barmädchen, dessen Liebhaber sie schlug und ihr vorwarf, dass sie es auch mit anderen Männern treibe, was nicht stimmte. Und ihre Programmierung nach solch einer körperlichen Gewaltanwendung war: „Männer sind alle Schweine! Ich hasse sie alle! Ich will nie wieder etwas mit einem Mann zu tun haben!" Und in ihrem nächsten Leben war sie ein vierzehnjähriger Junge namens Isaak, der lebendigen Leibes auf einen brennenden Scheiterhaufen in eine Grube gestoßen wurde, in welcher die Leichen und Halbtoten verbrannt wurden. Der Widerwille dieser Seele, auf keinen Fall mit Männern wieder etwas zu tun haben zu wollen und schon gar nicht Mann zu sein, entstammt den Erlebnissen dieser drei früheren Leben samt den dort verbal gefassten oder gedachten Programmierungen, da Männer zu ihr derart gemein waren.[139] Männer waren also in früheren Leben schuld daran, dass Steve mit keinem Mann wieder etwas zu tun haben wollte, ja er war von diesen so angewidert, dass er unter allen Umständen auch nicht zu solchen „Schweinen" gehören wollte.

Doch glaube ich aus meiner langjährigen Erfahrung, dass die ganze Wahrheit in diesem Fall noch nicht ans Tageslicht gekommen ist. Denn warum musste diese Seele solche drei Horrorerlebnisse durchleiden? Selbstverständlich muss diesen massiven Opferleben zumindest ein heftiges Täterleben vorausgegangen sein, in welchem die Ursachen für die karmischen Ausgleichsleben begründet liegen. Steves Hass auf die Männer ist eigentlich sein unbewusster Hass auf sich selbst, der in früheren Leben selbst Mann gewesen war und solcherlei grausame Leiden an anderen durchgeführt hatte. Es sind im Grunde die aus solchen Leben stammenden Schuldgefühle, die er verdrängt, indem er die Schuld den Männern als solchen gibt, die ihn in früheren Opferleben misshandelt oder getötet hatten.

Leider haben viele Rückführungstherapeuten immer noch nicht begriffen, dass, um eine komplette ganzheitliche Heilung herbeizuführen, unbedingt auch das Täterleben aufgedeckt werden muss, resultieren daraus doch die in der Seele über viele Leben mitgeschleppten Schuldgefühle, deren Programmierung uns unser Leben nie ganz frei genießen lassen kann. In solch einem oder mehreren Täterleben muss Steve damals Mann gewesen sein, der jemanden, wahrscheinlich eine Frau, die Klippen hinuntergeworfen hat und ein Gleiches wohl mit einer Person durchführte, die er lebendigen Leibes verbrennen ließ, wie er auch als gemeiner Kerl eine Frau in ärgster Weise misshandelt haben muss. Denn wie wir wissen, geschieht nichts ohne Grund. Alles hat seinen Sinn. Und dieser Täter wird (wahrscheinlich irgendwann nach seinem Tode) die Programmierung ausgesprochen haben: „Ich will nie wieder Mann sein!"

Die meisten *Homosexuellen* haben ihre sexuelle Veranlagung in dieses Leben aus früheren Leben mitgebracht. Somit trifft auch keinen Schwulen die Schuld, dass er so ist, wie er ist. Denn jeder ist so, wie er aufgrund seiner Erlebnisse und Erfahrungen in den Vergangenheiten – und lägen diese noch so weit zurück – geprägt worden ist. Und eines sollten wir alle bedenken: Wenn unsere Seele genau diejenigen Erlebnisse in früheren und in diesem Leben gehabt hätte, wären wir wohl genauso wie dieser Betreffende. Jedes Kritisieren, jedes Diskriminieren von solchen, die anders sind als die übrigen, ist somit Unwissenheit, da einem das höhere Verständnis für die wahren Zusammenhänge fehlt. Einen Satz sollte man daher immer bedenken: Wenn immer ich jemanden diffamiere aufgrund seines Andersseins, setze ich die Voraussetzung dafür, dass ich einmal ebenfalls in eine ähnliche Situation hineingeboren und hineinversetzt werde, wo mir ein Gleiches oder Ähnliches zustoßen wird, wo ich also aufgrund meines Andersseins ebenfalls diskriminiert werde. Doch solche Ausgleichserfahrungen können einige Leben auf sich warten lassen, bis sie sich erfüllen.

Ein anderer Punkt, der an dieser Stelle zu erörtern wäre, ist der, dass man häufig die Ursache für das Schwulsein damit in Zusammenhang bringt, dass der Betreffende von einem anderen, meist älteren Jungen oder Mann zur sexuellen Lust verführt worden ist. Scheint doch oft die erste sexuelle lustvolle Betätigung wegweisend für die ganze spätere sexuelle Ausrichtung zu sein. Es gibt jedoch im Leben keine Zufälle. Wenn eine solche Verführung geschehen sein sollte, dann war sie auch so vorhergesehen. Der Verführte wollte verführt werden, um in seine Homosexualität eingeführt zu werden. Hätte der eine ihn nicht verführt, dann hätte es ein anderer getan. Denn unsere geschlechtlichen Präferenzen waren schon vor unserer Geburt, ja vor dem Eindringen einer Seele in den Mutterleib festgesetzt worden, und zwar mit unserer Zustimmung. Jede Seele ist aufgrund ihrer Programmierung resonanzfähig in jene Richtung, aus welcher die gleiche Resonanz erfolgt. Der Schwule oder die Lesbierin brauchen also keine Schuldgefühle dafür zu tragen, dass sie schwul oder lesbisch sind, denn es war, aus welchen Gründen auch immer, so bestimmt, dass sie oder er dieses Lernprogramm in dem heutigen Leben zu absolvieren haben sollte.

Ein anderer gravierender Faktor für die Ansammlung von Schuldgefühlen ist AIDS. Auf diese Krankheit sind wir schon ausführlich eingegangen. Diese Schuldgefühle dimensionieren sich, wenn man glaubt oder auch weiß, einen anderen mit dieser Krankheit angesteckt zu haben. Da aber jeder genau das Schicksal und seine Lebensbestimmung samt Umfeld und Situationen zuerteilt bekommt, die er sich vor seiner Geburt ausgesucht hat oder mit seiner Zustimmung aussuchen ließ, muss er, wenn dieses Schicksal für ihn so vorgesehen ist, auch diese Krankheit bekommen, wobei es unerheblich sein kann, wer ihn damit ansteckt. Dass aber der Krankheitsvermittler sich deswegen schuldig fühlt, ist aus karmischen Gründen ebenfalls von Bedeutung. Doch wenn es für ihn so vorgesehen sein sollte, dass er in seinem gegenwärtigen Leben zu den Erkenntnissen der höheren Zusammenhänge gelangen darf, wozu die Rückführungstherapie ein ausgezeichnetes Mittel ist, dann darf er sich auch selbst von solch schweren Schuldzuweisungen befreien.

5.) Die Befreiung von Schuldgefühlen als Aufgabe

Schuldgefühlaufladungen sind wichtig im Konzept der Seelenentwicklung. Denn diese motivieren uns im Jenseits, aus eigener Entscheidung auf die Erde zurückzukehren, um das Verfehlte wieder gutzumachen und aus Erfahrungs- und Seelenbereicherungsgründen genau das selbst an unserer Seele zu erfahren, was wir anderen an Lieblosigkeit zugefügt hatten. Solange wir Schuldgefühle mit uns herumtragen, sind wir als bewusste oder unbewusste Schuldtragende nicht frei, grenzenlos lieben zu können. Denn alle Schuldgefühle engen ein, beschweren unser Gewissen und beschränken unsere Liebe. Schuldgefühle werden von der Angst bestimmt, etwas Verkehrtgemachtes noch nicht ausgeglichen zu haben. Und alle Angst steht der Liebe immer im Wege. Befreien wir uns von den Schuldgefühlen, befreien wir uns von Grundängsten, die unser Leben beschweren. Der Seelenkenner *Gerald Jampolski* hat diese Zusammenhänge in wunderbare Worte zusammengefasst: „Wir können nicht lieben, wenn wir uns schuldig fühlen. Wenn wir die angstbesetzte Vergangenheit loslassen und jedem vergeben, werden wir vollkommene Liebe und Einssein mit allen erfahren. ... Sich von der Vergangenheit befreien bedeutet, niemanden für schuldig zu erklären, auch nicht uns selbst. ... Indem ich vergebe und die Vergangenheit loslasse, befreie ich mich von der schmerzlichen Last, die ich bis in die Gegenwart getragen habe.“ [140] Und darum geht es vor allem in der Rückführungstherapie. Wir müssen dahin gelangen, dass wir alle Schuld, die unsere Seele vielleicht schon seit Jahrtausenden mit sich herumträgt, endlich abladen. Das ist eine der wichtigsten Aufgaben, die wir als Seele alle einmal erfüllen müssen. Doch dieses Abladen geschieht durch Rückschau, Erkennen und Vergeben. Und dabei ist es wichtig, nicht nur den anderen zu vergeben oder um Vergebung zu bitten, sondern vor allem uns selbst, das heißt unserer Seele zu vergeben für das, was wir an der Liebe verfehlt hatten. Wenn wir das geleistet haben, benötigen wir kein Rückschauen mehr. Wir können unsere Aufmerksamkeit dann ungehindert und von den Altlasten ganz befreit auf das Hier und Jetzt unseres jeweiligen Daseins richten, um mit Bewusstsein und Herzensfreude die göttliche Liebe durch uns wirken zu lassen als Seelen, die miteinander in liebevoller Weise umgehen und im Wissen, dass wir alle eins sind, eins mit der göttlichen Liebe.

Sexuelle Störungen und heutiges Verhalten aufgrund von sexuellem Geschehen in früheren Leben

1.) Sexuelle Störungen und Verhaltensweisen, die sich aus Täterleben ergeben

Männer, die in einem früheren Leben richtige Machos waren, sich aber keine großen Lieblosigkeiten Frauen gegenüber herausgenommen hatten, woraus massive Schuldgefühle oder rigoroses Karma hätten entstehen können, werden ihre Art, Frauen zu begegnen und sie zu behandeln wieder in ein neues Leben mitbringen. Und alle Machos werden natürlich irgendwann einmal wieder Frauen sein, die unter einem Macho zu leiden haben werden. Waren Männer in dem vorausgegangenen Leben gute Liebhaber, werden sie auch diese Eigenschaften wieder aufweisen. Und selbst solche Männer, die hin und wieder Lieblosigkeiten gegenüber Frauen begangen hatten und sich dadurch Karma aufluden, mögen trotz aller Schuldgefühle, so sie wieder Männer sein sollten, dennoch weiterhin ihre sexuellen Fähigkeiten und auch ihre guten Seiten zeigen können. Jedoch jene Männer, die im sexuellen Bereich sehr lieblos mit Frauen und Mädchen oder Männern und Jungen umgegangen sind und ihre Seele mit großer Schuld aufgeladen haben, werden spätestens im Jenseits zu der Erkenntnis ihrer üblen Vergehen gebracht. Daraus entstehen vor allem Schuldgefühle, die – wie wir bereits sahen – oft in der Folge ein Büßerleben nach sich ziehen. Doch diese über viele Leben hin bestehenden Schuldgefühle bewirken zusätzlich sehr oft einen Bestrafungsmechanismus, ein Helfersyndrom und einen Wiedergutmachungskomplex. Und im krassesten Fall kommen alle drei in einem Leben zusammen.

Wenden wir uns zuerst dem *Bestrafungsmechanismus* zu. Nach einem Täterleben als Vergewaltiger kann eine schuldbewusste Seele sich folgenderweise programmieren: „Ich will nie wieder eine Frau anfassen“, oder „Ich will nie wieder Verlangen nach Sex haben“. Die Auswirkungen im ersten Fall für die folgenden Leben können sein, dass er als Mann allen Frauenbeziehungen aus dem Wege geht und/oder homosexuell wird. Oder er zieht sich ganz als Einsiedler zurück oder vergräbt sich in die Wissenschaften, die dann seine ganze Leidenschaft werden. Oder er sucht sich nur noch Frauenleben aus. Im zweiten Fall, so er wieder als Mann reinkarniert, mag er ebenfalls ein einsiedlerisches Leben führen, oder er lebt in einer Partnergemeinschaft mit wenig Sex oder totaler sexueller Abstinenz. Doch sein Eros mag sich wiederum Ersatz auf anderen Interessengebieten suchen.

Doch viele üble Missetäter, deren Seelen vollgeladen sind mit Schuldgefühlen, suchen sich im Jenseits aus eigenem Ansporn ein Leben aus, in dem sie Bestrafungen erfahren wollen.

Sandra (Fall 20) hatte in Täterleben Frauen und Mädchen vergewaltigt. In diesem Leben wird sie im Internat von dem Leiter und Erzieher missbraucht. In ihren beiden Ehen gerät sie jeweils an einen Mann, der sie missbraucht und erniedrigt. Und als sie auf dem Berg der Erkenntnis gefragt wird, ob sie sich den Missbrauch im Internat und dann weiterhin die erniedrigenden Behandlungen ihrer Ehemänner ausgesucht hatte, um sich für ihre Taten aus früheren Leben zu bestrafen, antwortet sie mit einem spontanen Ja. Auch sie hatte sich nach einem Täterleben programmiert, nie wieder eine Frau anzufassen, weshalb sie nun bis zu einer Auflösung dieser Programmierung weiterhin Frauenleben haben dürfte. Auch bedingt diese Programmierung, dass sie nicht lesbisch werden kann, da sie ja keine Frau sexuell berühren will. Es sei denn, eine solche Programmierung wird durch eine Tertiäreinstellung für ein Leben aus einer bestimmten Absicht umprogrammiert.

Das Ausmaß an *Selbstbestrafungsmechanismen* ist groß. Sie reichen von Selbstverachtung, Verwahrlosung und Selbstverstümmelung bis dahin, keinen Partner mehr haben, nie wieder Liebe von anderen annehmen zu wollen, oder keine Freuden im Leben mehr genießen zu dürfen. Und es gibt solche ehemaligen Täter, die in dem heutigen Leben bewusst die Strafe oder die öffentliche Diffamierung suchen. Ja, sie begeben sich sogar oft törichterweise in Gefahren, damit sich dieser Bestrafungsmechanismus auswirken kann. So kann eine Frau, die unbewusst eine Bestrafung sucht, alleine in den Wald gehen oder durch einen dunklen Park. Oder wie wir schon erwähnt haben, begann der pädophile Adrian (Fall 33) mit fünf Jahren zu stehlen. Er wollte unbedingt gefasst und bestraft werden, was ihm auch verschiedentlich gelungen war, wodurch ihm Ermahnungen und Geldstrafen zu teil wurden. Und seine Pädophilie scheint zu einem wesentlichen Teil ebenfalls einem Selbstbestrafungsmechanismus zu unterliegen. Einerseits will er von seiner Pädophilie geheilt werden, aber andererseits unterliegt diese ja der Sucht nach Bestrafung. Und wir wissen, weshalb er sich bestrafen will, da er den Tod seiner jugendlichen Geliebten verschuldet hatte. Doch haben wir auch erfahren, dass er einen Besetzer in sich hat, was natürlich kein Zufall ist, hilft dieser ihm doch, seinem Bestrafungsmechanismus nachzukommen, bis er wirklich für lange Zeit eingesperrt wird.

Jessica (Fall 16) war in einem früheren Leben ein Wikingerkrieger, der viele böse Taten wie Morde und Vergewaltigung auf seine Seele vereinte. Nachdem er nach seinem Tod seine schweren Verfehlungen gegen die Liebe eingesehen und bereut hatte, suchte diese Seele sich ein Leben aus, in welchem sie Nonne war. Doch in diesem Benediktinerkloster wird sie von dem Abt mit einer Rute auf ihren nackten Körper geschlagen. Hier in einem Büßerleben kündigt sich schon der Wunsch nach Erniedrigung und Bestrafung für die Untaten aus dem Täterleben an. Doch andere Leben werden noch folgen, um ihre Verfehlungen karmisch auszugleichen.

Bei Saskia (Fall 22) erleben wir einen Selbstbestrafungsmechanismus der ausgeprägtesten Art. Sie hatte sich als französischer Soldat auf dem Russlandfeldzug Napoleons von der schrecklichsten Seite gezeigt, hatte geraubt, gemordet und vergewaltigt und mit einer Geschlechtskrankheit auch noch Frauen angesteckt. Im heutigen Leben gesteht sie, nebst einem ausgeprägten Helfersyndrom sich selbst zu hassen und von ständigen Schuldgefühlen geplagt zu sein. Doch hat sie sich zusätzlich in einen kräftigen Selbstbestrafungsmechanismus hineinbegeben. Denn schon als Vierjährige wurde sie sexuell missbraucht, was ihr nicht nur Schuldgefühle, psychische Belastungen und andauernde Rückenschmerzen eintrug. Und Schmerzen und Leid gehören meistens ebenfalls zu einem Bestrafungsmechanismus. Doch hat sie von diesem Ereignis und jenen Programmierungen aus dem früheren Erlebnis eine Abneigung gegen Sex behalten, den sie als „schmutzig" empfindet. Und obwohl sie keinerlei Sex haben will, wird sie von ihrem Mann als Hure behandelt, der auch seine Freunde sie beschlafen lässt. Ebenfalls zwingt ein Nachbar Saskia zum Beischlaf. Sie will sich in diesem Leben erniedrigen, sich als schmutzige Hure empfinden, die von anderen verachtet wird als Ausgleich für das, was sie in dem Täterleben an Gemeinheiten an anderen verübt hatte.

Oft ziehen sich die Selbstbestrafungsmechanismen, die aus den nachträglichen Programmierungen der Täterleben stammen, über viele Leben hin. So hatte einst Larissa (Fall 18) in einem früheren Leben als ägyptischer Magier Kinder missbraucht und getötet. Und in einem viel späteren Leben in Frankreich als Prostituierte hatte sie ihren Bruder mit Syphilis angesteckt. Neben den vielen karmischen Ausgleichsleben, die zugleich von Bestrafungsmechanismen gekennzeichnet sind, hat sie sich außer einer Migräne als Dauerbestrafung auch ein sexuell feindlich eingestelltes Leben ausgesucht. Denn sie will aus Bestrafung heraus in diesem Leben keine Freude an der Sexualität empfinden wollen. Freudlosigkeit an oder gar Abstinenz von Sexualität ist also nicht nur ein Resultat aus den Programmierungen aus Opferleben, sondern diese können zusätzlich auch aus Täterleben stammen.

Tina (Fall 31) leidet ebenfalls unter einem Selbstbestrafungsmechanismus. Aus karmischen Gründen wurde sie lange Zeit von ihrem Großvater sexuell missbraucht. Sie legte sich mittels Fettschichten einen Schutzpanzer zu, um hässlich zu sein. Dieser Hang, sich unattraktiv oder gar hässlich zu machen, ergibt sich sehr oft ebenfalls aus einem Selbstbestrafungsmechanismus. In ihrer ersten Ehe wird sie von ihrem Mann wie „Dreck" behandelt. Es ist also kein Zufall, dass sie sich zum Zweck der Selbstbestrafung einen solchen Ehepartner aussucht. Und außerdem plagen sie schreckliche Alpträume, in welchen sie in den Mündern von Frauen abgeschnittene Penisse sieht. Wir wissen durch die Rückführung, dass sie als japanischer Soldat genau diese Begebenheiten erlebt hatte. In jenem Leben hatte ihre Seele ebenfalls schlimmste Mordtaten begangen. Und es bleibt zu erforschen, ob Alpträume ebenfalls zum Selbstbestrafungsmechanismus gehören, was den Rahmen der Freudschen Traumdeutung völlig sprengen würde.

Menschen, die in einem Täterleben an einer anderen Seele sich in schlimmster Weise vergangen hatten, sind nach der Aufladung ihrer Schuldgefühle oft bestrebt, an dieser Person alles wieder gutzumachen, oft durch Selbstaufopferung oder sogar Gequältwerden seitens des früheren Opfers. Ein typisches Beispiel dafür bietet der Fall Gino (Fall 35). Gino ist aufgrund seiner vielen Schuldgefühle aus Täterleben sexuell zu einem *Masochisten* geworden, der sich, wie wir sahen, von Gina nackt auspeitschen lässt. Dieser Selbstbestrafungszwang begann schon in seiner kinderlosen siebenjährigen Ehe, in welcher beide Partner sich meist unter Alkoholeinfluss schlugen. Nach der Scheidung hatte seine Mutter wieder ihren

Gino voll unter Kontrolle. Denn sie hat ihn von klein auf tyrannisiert. Selbst heute, so er nicht den mehrmaligen von ihr eingeforderten täglichen Telefonanrufen nachkommt, gibt sie eine Vermisstenanzeige bei der Polizei auf, um nach ihm fahnden zu lassen. Natürlich ist sie gegen alle Verbindungen, die ihr Sohn mit Frauen eingehen könnte. Solch enge Mutterbindungen finden wir oft bei Homosexuellen vor. Doch Gino ist heterosexuell ausgerichtet, wenn auch auf seine masochistische Art. In einem früheren Leben war er ein französischer wohlhabender Adliger, der sich in eine junge sehr attraktive Adlige verliebte und sie heiratete. Doch nach der Hochzeit stellte er fest, dass diese Frau ihn auf Druck ihres Vaters nur seines Geldes wegen geheiratet hatte und keinerlei weiteres Interesse an ihm zeigte. Diesem Adligen gelang es nun, seine Frau in flagranti mit einem anderen Mann im Bett zu entdecken, was er ausnützte, beide sofort zu erstechen. Und diese Frau ist im heutigen Leben seine Mutter. Gino ist durch dieses damalige Leben ihr gegenüber in der Schuld. Er wird geradezu von einem *Wiedergutmachungskomplex* angetrieben, alles erdenklich Gute seiner Mutter zuzufügen, während sie durch ihr tyrannisches Gebaren sich an ihm immer noch rächt für das, was er ihr damals angetan hatte. Und diese an ihrem Sohn vollzogene Rache kommt wiederum Ginos masochistischer Leidenshaltung entgegen, will er sich doch für seinen damaligen Doppelmord weiterhin bestrafen lassen.

Bei Guntram (Fall 46) liegt ein ähnliches Problem mit seiner Mutter vor. Diese war in einem früheren Leben in Irland seine Frau, die er durch sein ungestümes sexuelles Vorgehen zu Tode brachte, obwohl er sie sehr geliebt hatte. Und aufgrund seiner damaligen Programmierung, dass er nie wieder mit einer Frau Sex haben wolle, ist er im heutigen Leben schwul. Er liebt seine Mutter über alles. Aus Wiedergutmachungsgründen und aus Liebe möchte er ihr jeden Wunsch erfüllen. In seiner Jugend war er oft von ihr geschlagen worden, und sie hatte ihm eingebläut, dass er ohne sie im Leben nichts verrichten könne. Sie nutzt ihn für sich in ihrem weiteren Leben aus Rache an dem damals Vorgefallenen aus, indem sie ihn an sich bindet. Dass er homosexuell ist, wird ihren Absichten sehr entgegenkommen, würde doch eine Ehefrau ihn von ihr nur abspenstig machen wollen.

Auch Nicole (Fall 30) unterliegt einem Wiedergutmachungskomplex, indem sie sich als Jugendliche ihrem einbeinigen Stiefvater heimlich als Geliebte zur Verfügung stellt. Natürlich weiß sie nichts darüber, was sie in einem früheren Leben dieser Seele angetan hatte, was ja erst durch die Rückführung ans Tageslicht aus den Tiefen ihres Unterbewusstseins hervorgeholt wurde. Denn sie hatte in einem früheren Leben als Arzt ihm, dem damaligen Medizinerkollegen, aus egoistischen Konkurrenzgründen eine Beinamputation ausgeredet, worauf er an dieser strafwürdigen Unterlassung verstorben war. Und unbewusst wird Nicole nicht nur durch das Zusammensein mit der Seele dieses ehemaligen Medizinerkollegen, sondern vor allem durch das amputierte Bein an ihr damaliges Vergehen erinnert, sodass die Schuldgefühle sie beständig auffordern, an ihrem Stiefvater alles wieder gutzumachen und seinen Wünschen in jeder Weise nachzukommen. Und hier wirkt ein anderes Prinzip aus dem Täterleben nach: *sexuelle Hingabe aus Wiedergutmachungsgründen*. Und in der Rückführungstherapie kann man aufdecken, ob eine sexuelle Hörigkeit und Hingabe auf Wiedergutmachungs- oder sogar auf Bestrafungsgründe zurückzuführen ist, oder ob sie Relikte aus Opferleben in Verbindung mit Ängsten sind, sich ja nie wieder gegen Sexualität zu wehren, da man dadurch in einem früheren Leben großen Schmerz oder gar den Tod erlitten hatte.

Leonore (Fall 37) ist aufgrund ihrer Programmierung „Ich will nie wieder ein Mann sein" aus dem Täterleben als der Kosak Gorki im heutigen Leben homosexuell, wenn auch ihre Libido sich seit fünf Jahren in keiner Weise noch mit ihrer Partnerin auslebt. Schon in dem Leben als Gorki nehmen seine Gewissensbisse nach all seinen Schreckenstaten an Frauen überhand, weshalb er bereit ist, sein Soldatendasein aufzugeben. In sein Gewissen hatte ihm ein weiser Mann geredet, der, auf Gorkis Frage hin, wie er all seine Untaten wieder gutmachen könne, antwortete, dass er sicherlich nicht alles wieder gutmachen könne, doch aber einen großen Teil, indem er den Armen helfe und ihnen alles verschenke. Gorki ist nicht mehr zu diesen Wiedergutmachungstaten gekommen, da er schon bald darauf den Tod fand. Doch wird diese Programmierung im heutigen Leben erfüllt. Leonore opfert sich, von unbekannten Schuldgefühlen getrieben, für alte Menschen auf. Sie arbeitet in einem Altersheim und bringt den alten Menschen große Liebe entgegen. Und ich könnte mir denken, da ich eine Ahnung von dem Wirken der jenseitigen Einflüsse habe, dass man ihr auch unter diesen alten Menschen so manche Seele zuführt, die sie als Gorki vergewaltigt oder getötet hatte, damit an ihnen ebenfalls gemäß ihres jenseitigen Wunsches eine Wiedergutmachung erfolgen kann.

Wiedergutmachungsprogramme aufgrund von Schuldgefühlen erstrecken sich meistens auf bestimmte Personen, denen man in einem früheren Leben Leidvolles angetan hatte, während sich *Helfersyndrome* auf mehrere Personen oder sogar auf die Allgemeinheit beziehen. Krankenschwestern, Ärzte, Therapeuten, Kindererzieher, Hebammen, Sanitäter, ja alle Berufsausübende, die ihre Hilfe anderen zukommen lassen, können mögliche frühere Täter sein, die sich durch ihre Hilfsbereitschaft an anderen von ihren Schuldgefühlen befreien wollen, und zwar durch Dienst am anderen. Sie sind oft mit einem Helfersyndrom ausgestattet.

Gero (Fall 6) ist Therapeut und er hat mit seiner Synergetiktherapie schon vielen Menschen helfen können. Doch er sucht immer weiter nach weiteren Methoden, um noch wirkungsvoller helfen zu können. Er hatte mit seiner Frau bis vor meiner Rückführungstherapie so gut wie keinen sexuellen Kontakt. Als junger Stiftsherr hatte er sich vor zwei Jahrhunderten im Stift in eine junge Gehilfin verliebt, die dann ein Kind bekam, während er sich schnell versetzen ließ, um allen weiteren Schwierigkeiten zu entgehen. Diese von damals aufgeladenen Schuldgefühle bewirken in seinem heutigen Leben, dass er an seiner Frau ein *Wiedergutmachungsprogramm* erfüllt, während sich bei ihm noch zusätzlich das Helfersyndrom zeigt.

Auch Valentina (Fall 10) wird von einem *Helfersyndrom* angetrieben, als Masseurin Menschen von ihren Muskelverkrampfungen zu befreien. Nun hat sie bei mir die Rückführungstherapie erlernt und kann nun noch erfolgreicher mit ihren Klienten arbeiten, indem sie oft eine vorbereitende Massage mit der anschließend erfolgenden Rückführungstherapie verbindet (vergleiche Fall 5). In einen früheren Leben war sie ein römischer Sklavenhändler, der nicht nur seine Ware von Jungen, Männern, Mädchen und Frauen betastete, sondern sich auch in unsittlichster Weise an ihnen vergriff. Für ihn waren die von den Soldaten zum Weiterverkauf erworbenen Sklaven nur Ware. Doch jetzt durch den Beruf als Masseurin macht sie an den Klienten stellvertretend für die damals von ihm Geschundenen und Missbrauchten das wieder gut, indem sie behutsam zur Linderung von Schmerzen und Verspannungen deren Körper massiert.

Es gibt zwei Arten von Menschen, die einem Helfersyndrom nachkommen: Einmal sind es solche wie Valentina und Gero, denen es eine große Freude ist, anderen helfen zu können. Und dann gibt es andere, die dem Helfersystem gemäß ihres Wunsches im Jenseits zwar nachkommen, aber ihren Dienst am Nächsten unwillig, ja freudlos ausüben. Denn in ihnen fehlt noch das Maß der Liebe, um mit Freude anderen zu helfen.

In Silvia (Fall 2) treffen einige aus zwei Täterleben stammende *Bestrafungsmechanismen* zusammen. Sie war als Wikinger und dann als deutscher Herrscher ein „Charakterschwein", da sie in beiden Leben viele Frauen und Mädchen missbrauchte oder vergewaltigte. Doch schon nach einem dieser Leben war sie eine Heilerin, um durch ihr *Helfersyndrom* wieder etwas von dem an anderen Menschen wieder gutzumachen, was sie an Üblem verübt hatte. Doch auch in jenem Leben als Heilerin erlebte sie als karmischen Ausgleich schlimmste Folterungen, wobei die Vergewaltigungen noch das Harmloseste an ihr Vollzogene waren, an deren Folgen sie verstarb. Der Folterer von damals ist in ihrem heutigen Leben ihr Partner Lucio. Er wird ihr gegenüber von einem Wiedergutmachungszwang geleitet, indem er ihr in liebevollster Weise beisteht. Auch er ist Therapeut, der seinem Helfersyndrom eifrigst nachkommt. Und Silvia ist im heutigen Leben von vielen Symptomen und sexuellen Problemen heimgesucht. Doch all das soll sie nicht abhalten, als Medium und Heilerin anderen bei der Bewältigung ihrer Probleme hilfreich zur Seite stehen zu wollen.

Sollte aber ein Täterleben ebenfalls als Opferleben geendet haben, dann kommen zusätzlich zu jenen Störungen auch diejenigen aus den Opferleben hinzu. Das Gleiche gilt auch, wenn nach dem Täterleben schon Opferleben erfolgt sind. Dann ergibt sich für das heutige Leben, so diese Störungen nicht schon aufgehoben sind, eine Addierung aus Programmierungen der Täterleben – besonders der Schuldgefühle – und jener der Opferleben. Letztere wollen wir nun ausführlicher darstellen.

2.) Sexuelle Störungen und Verhaltensweisen, die sich aus Opferleben ergeben

a.) Psychische Störungen

Einige negative sexuelle Verhaltensweisen und psychische Störungen können sowohl aus dem Täterleben als auch aus dem Opferleben resultieren und ähnlich behindernd in das heutige Leben eingreifen. Hierzu gehören *Depressionen*. Ich kann wegen großer sexueller Untaten mich heute noch derart schuldbewusst fühlen, dass sich von allem Bestrafungsmechanismus, Wiedergutmachungszwang und Helfersyndrom abgesehen eine depressive Grundhaltung einstellt. Ich verbiete mir das Lachen und Fröhlichsein. Ich kann mich nicht über Geschenke freuen, habe ich doch zu leiden. Und da ich mich selbst verachte, will ich mich klein machen und leide unter *Minderwertigkeitsgefühlen*. Ich bin „Dreck" (vgl. Saskia, Fall 22). Man zieht auch noch Situationen heran, die einem den Grund geben, depressiv sein zu müssen. Doch die meisten Depressionen – von Geisteskrankheiten und Besetzungen einmal abgesehen – stammen entweder aus dem heutigen Leben oder, was noch häufiger zutreffen wird, aus vergangenen Opferleben. Habe ich in einem früheren Leben eine Vergewaltigung an mir erlebt oder habe ich mit ansehen müssen, wie Soldaten meine Töchter vor meinen Augen vergewaltigten, dann können diese Eindrücke sich derart in mein Unterbewusstsein eingeprägt haben, dass ich im heutigen Leben keine Lust auf irgendetwas habe, dass ich in Lethargie, Trauergefühlen, Antriebsschwäche und sexuelle Gleichgültigkeit bis hin zur sexuellen Abstinenz verfalle. Ich kann auch eine Abscheu vor Männern generell entwickelt haben, und sollte ich ein Mann sein, kann ich mich selbst als Mann verachten, ohne zu wissen, woher eigentlich meine abweisenden und depressiven Verhaltensweisen kommen. Wenn durch eine Rückführung die Ursachen für eine Depression aufgedeckt und vor allem aufgelöst werden, dann kann sich manchmal sofort eine positive Verhaltensänderung einstellen.

Sexuelle *Minderwertigkeitsgefühle* können sowohl auf Täterleben als auch auf Opferleben zurückzuführen sein. War ich ein großer Vergewaltiger, mag ich mich unbewusst dafür noch schämen und mich aus einer Selbstbestrafung heraus klein machen wollen oder ein Umfeld aussuchen, in welchem ich gedemütigt werde. Doch oft haben die Ausgleichsleben für Täterleben als Folge, dass ich im heutigen Leben sexuell gestört oder gar impotent geworden bin. Dieses bewirkte wiederum ein Minderwertigkeitsgefühl, vor allem wenn Partner unter meiner sexuellen „Untauglichkeit" zu leiden hatten oder mich deswegen beschimpften. Diese Minderwertigkeitsgefühle kann ich in das gegenwärtige Leben mitgebracht haben, wenn nicht das heutige Leben ebenfalls noch ein Opferleben sein sollte.

Bin ich in einem früheren Leben eine Frau gewesen, die sexuell genötigt oder gar vergewaltigt worden war, kann ich einen *Hass auf Männer* generell oder auf solche Männer haben, die dem Vergewaltiger oder den Vergewaltigern gleich oder ähnlich sehen. Solch ein Hass kann sich auf alle Soldaten, Männer mit Schnurrbart, Geistliche, Männer einer bestimmten Hautfarbe, Religion oder Nation usw. beziehen. Ist eine Frau im heutigen oder im früheren Leben durch Versprechungen in ihrer Gutgläubigkeit in eine sexuelle Falle geraten, mag sie gegen alle Versprechungen seitens der Männer Misstrauen hegen. Ebenfalls kann man einen Argwohn gegenüber allen Geschenken seitens Unbekannter entwickeln, hatte man durch solche doch jemandem vertraut, was dann möglicherweise in einer sexuellen Ausnutzung mündete. Hat ein junges Mädchen wegen der Bonbons des Nachbarn sich diesem mit der Zeit anvertraut und ist dann von ihm im Keller missbraucht worden, könnte es neben einer Angst vor Männern eine bleibende Aversion gegen Bonbons von Fremden haben. So ist die viereinhalbjährige Saskia (Fall 22) von dem

Nachbarn durch Bonbons schließlich in den Keller gelockt und dort schmerzlichst missbraucht worden.

Viele in einem Opferleben Vergewaltigte – und auch das heutige Leben kann, wie wir sagten, ebenfalls noch ein Opferleben sein – entwickeln als Frau im heutigen Leben einen für sie unerklärlichen Hass auf Männer oder gar eine *Angst vor Männern*, die bis zur völligem Vermeidung von Männerbekanntschaften, ja sogar in aktiven Männerhass oder in eine passive Angst vor allen Männern führen kann. Aus diesem Grund sind viele Frauen heute lesbisch. Sollte aber eine Frau in einem Wald vergewaltigt worden sein, mag sie im heutigen Leben noch Angst haben, allein durch einen Wald zu gehen. Viele Ängste ergeben sich aus einer mit der Vergewaltigungstat verbundenen Situation oder Umgebung. Barbara (Fall 15) hat im heutigen Leben Angst, allein durch den Wald zu gehen, da sie damals im Wald als keltische Priesterin vergewaltigt worden war. Auch hat sie Angst von hinten erstochen zu werden, was in einem anderen Leben der Fall war, weshalb sie auch des Nachts mit dem Rücken zur Wand hin schläft. Ebenfalls war Ivonne (Fall 19) im früheren Leben von mehreren Männern im Wald vergewaltigt worden. Die Nachwirkungen bewirken in diesem Leben nicht nur eine Angst vor Männern im Allgemeinen, sondern auch eine Angst, allein durch den Wald zu gehen. Wenn es doch einmal sein musste, lief sie rückwärts, um nicht von hinten plötzlich von einem Mann angefallen zu werden. Auch schläft sie immer in einem fest verschnürten Schlafanzug, was ebenfalls noch von Ängsten zeugt, plötzlich von einem Mann während des Schlafes vergewaltigt zu werden.

Hat man in einem bestimmten Land gelebt, in welchem vormals eine Vergewaltigung oder ein anderes schlimmes Ereignis erfahren worden ist, dann kann auch eine Aversion gegen dieses Land über mehrere Jahrhunderte verbleiben. So erlebte Laura (Fall 11) in Frankreich eine Vergewaltigung mit anschließender Tötung. Dementsprechend lautete ihre Programmierung „Ich will nie wieder nach Frankreich". Weitere Ängste, die sich aus einem Vergewaltigungserlebnis ergeben können, sind *Angst vor Dunkelheit*, weshalb man immer bei eingeschaltetem Licht schlafen möchte. Auch die Angst, in einem nicht abgeschlossenen Raum zu schlafen, kann aus einem solchen Erlebnis herrühren. Solch eine Angst kann sich möglicherweise bis zu einer *Schlüsselphobie* steigern, sodass man in die Türe mehrere Schlösser einbauen lässt und zusätzliche Riegel benutzt. *Angst vor Alleinsein* kann ebenfalls ein Relikt aus solch einem Vergewaltigungserlebnis sein. Eine Frau will auf keinen Fall allein in einem Raum schlafen. Sie benötigt das Gefühl, jemanden für alle Sicherheitsfälle in der Nähe zu haben. Und um nicht allein zu leben, könnte man sich sogar an einen möglichst starken Mann binden, der sie möglicherweise ausnützt oder gar schlägt. Aber all dies wiegt nicht ihre Angst vor dem Alleinsein auf. Lieber mit einem garstigen Mann zusammen sein müssen, als allein zu leben.

Die am weitesten sich manifestierenden Nachwirkungen aus früherem Opferleben als Vergewaltigte sind die *Berührungsängste*. Silvia (Fall 2) hat vor allem gegen ihren Partner, wie wir oben ausgeführt haben, eine sexuelle Abwehr. Lucio hatte sie im früheren Leben vergewaltigt und zu Tode gefoltert. Sobald er sie nur an den Brüsten oder zwischen den Beinen berührt, erstarrt sie. Auch verkrampft sich ihre Vagina. Doch sobald er seine

Hände wieder zurückzieht, lösen sich allmählich Erstarrung und Verkrampfung. Doch von niemandem lässt sie sich am Hals anfassen. Diese *Halsphobie* stammt ebenfalls aus jenem Leben, wo sie während der Folter und den Vergewaltigungen eine Eisenmanschette an den Hals angelegt bekommen hatte, welche außer der Schmerzverursachung die Atmung behinderte. Und Folterknechte masturbierten in ihren Mund. Man kann sich denken, dass dann ein großer Ekel vor Samen oder dem Penis für viele weitere Leben programmiert sein kann.

Auch Laura (Fall 11) leidet unter einer Halsphobie, sodass niemand sie am Hals berühren darf. Diese stammt einmal aus einem Leben, in welchem sie sich aus Schuldgefühlen heraus erhängt hatte, und zum anderen, dem wichtigeren Grund, aus einem Leben, in welchem man sie erst vergewaltigte, während ihr dann der Hals durchschnitten wurde. Bei Leonore (Fall 37) geht diese Halsphobie sogar soweit, dass sie nicht einmal einen Rollkragenpullover tragen kann, wie sie auch alle Beengungen am Hals ablehnt. Wie das Höhere Selbst ihr erklärt, geht diese Halsphobie auf ihr römisches Leben als Gaius zurück, der von einem Mann im Orient erwürgt worden war. Er selbst hatte in jenem Leben als Soldat Frauen geschändet und – was allerdings nicht zur Sprache kam – möglicherweise jemanden erwürgt.

Über die *Aversionen gegen Sexualität* und völlige Abstinenz von Sex aufgrund von Vergewaltigungserlebnissen hatten wir schon gesprochen. Erinnert sei an Amanda (Fall 14), die aufgrund einer vormaligen Vergewaltigung durch einen Mann mit viel Haaren auf der Brust sich nun solchen brustbehaarten Männern gegenüber absolut abweisend verhält. Larissa (Fall 18) hat ihre sexfeindliche Einstellung, dass Sex nur etwas für Huren sei, aus ihrem früheren Leben als Prostituierte mitgebracht. Viele weitere Gründe für Aversionen gegen Sexualität haben wir schon beschrieben, weshalb wir nun zu den physischen Schäden kommen, die sich aus Opferleben herleiten lassen, in denen die betreffende Seele sexuelles Leid erfahren musste.

b.) Physische Störungen

Es gibt zwei Arten von Krankheiten und sexuellen Störungen, die auf sexuell bedingte Operleben zurückzuführen sind. Einmal sind es die *direkten somatischen Krankheiten*, die mit den sexuellen Organen und den weiblichen und männlichen Hormonen zusammenhängen. Diese wären beim Mann der Penis und sein Beckenbereich sowie die männlichen Hormone, während es sich bei der Frau um die Brüste und den ganzen Scham- und Beckenbereich sowie die weiblichen Hormone handelt. Neben diesen *direkten* somatischen Krankheiten gibt es die *indirekten somatischen Krankheiten* und sexuellen Störungen, die mit den Opferleben im Zusammenhang stehen und oft erst durch eine Rückführung ermittelt werden können. So können sich zum Beispiel Hämorrhoiden als eine Folge von Analverkehr erweisen.[141] Eine gleiche Rubrizierung kann man für die psychosomatischen und die psychischen Störungen vornehmen.

Weiterhin gibt es die *mit sexuellem Geschehen assoziierten* somatischen, psychosomatischen und psychischen *Störungen*. Hierzu sind alle die sich als Störung abzeichnenden Nebenwirkungen zu zählen, die im Zusammenhang mit sexuellem Missbrauch oder Vergewaltigung stehen. Ist eine Frau bei einer Vergewaltigung erwürgt worden, so mag sie im heutigen Leben oft ein Engegefühl am Hals haben, das sich bei einer Kopulation sehr verstärken kann. Sie mag plötzlich Schluckbeschwerden haben, und diese können möglicherweise sogar schon beim Thema Sex auftreten. Und es kann sein, dass sie als Wiedergeborene sich von keinem Mann am Hals anfassen lässt, ja noch nicht einmal einen Rollkragenpullover (Fall 37) tragen kann, da dieser unbewusst das frühere Gefühl des Erwürgtwerdens wieder zur Resonanz bringt. Solch eine Frau mag oft sagen: „Ich bekomme keine Luft" oder „Mir ist es eng am Hals". Sie mag auch Albträume haben, in welchen sie vergewaltigt und/oder auch erwürgt wird. Weiterhin mag sie möglicherweise auch durch keinen Wald alleine gehen, da sie im Wald früher das Entsetzliche erlebt hatte. Letzteres ist Barbara (Fall 15) im früheren Leben passiert. Als keltische Priesterin war sie im Wald vergewaltigt worden. In dem anderen Leben als germanische Schamanin wurde sie von fünf römischen Soldaten vergewaltigt, und anschließend rammten sie ihr Messer in ihren Bauch und Rücken und schnitten ihr die Kehle durch. Im heutigen Leben sind als Nachwirkungen dieses Lebens noch immer Rücken-, Bauch- und Halsschmerzen gegenwärtig. Und da sie situationsbedingt mit den vorausgegangenen Vergewaltigungen zusammenhängen, kann es sehr gut sein, dass diese Schmerzen besonders dann aktiviert wurden, als sie sich noch ihrem Mann sexuell hingegeben hatte.

Frigidität und *sexuelle Verweigerung* sind, wie wir sahen, ein häufig sich einstellendes Relikt aus einem ehemaligen Vergewaltigungserlebnis. So verweigerte sich Maria (Fall 20) über viele Jahre hin sexuell ihrem Mann.

Wohl die bei Frauen am häufigsten anzutreffende Nachwirkung von sexueller Nötigung ist die partielle oder die *totale Anorgasmie*. Letztere trifft auf Jessica (Fall 16) zu, die weder durch einen Partner noch durch eigene Masturbation zum Orgasmus gelangen kann. In zwei Opferleben war sie vergewaltigt worden, woraufhin sie sich jeweils das Leben nahm. Doch die *partielle Anorgasmie* betrifft das Aussetzen eines Orgasmus während einer Kopulation, und zwar sowohl des vaginalen, als auch des klitoralen Orgasmus. Auch Daniela (Fall 24) leidet unter der totalen Anorgasmie, da sie aufgrund ihrer Täter- und Opferleben – wie wir sahen – keinen dieser berauschenden Höhepunkte erleben konnte. Trotz schlimmster Vergewaltigungen in früheren Leben können aber viele Frauen den „kleinen" Orgasmus durch Masturbation bewirken. Hierzu gehören Jacqueline (Fall 13), Kerstin (Fall 29) und Sandra (Fall 20).

Doch eine Steigerung der Anorgasmie ist der *Vaginismus*, der *Scheidenkrampf*, der sich meist dann einstellt, wenn der Partner mit seinem Glied in die Scheide eindringen will. Dieses Verhalten haben wir bei Silvia (Fall 2) vorgefunden. Doch stellten sich diese Krämpfe nur bei ihrem Partner Lucio ein, war er es doch, der sie im früheren Leben gefoltert und vergewaltigt hatte. Selbst wenn er sie bei den Brüsten berührt, beginnt die Verkrampfung.

Außer Anorgasmie, Scheidenkrampf und verringertem Sexualverlangen können sich noch andere Nachwirkungen aus Vergewaltigungserlebnissen einstellen. Hierzu gehören die Abnahme oder das Ausbleiben von Vaginalfeuchtigkeit und überhaupt aller Verlust der Gefühlsempfindungen im Genitalbereich wie auch Schmerzen während des Verkehrs. Unter unregelmäßigen oder übermäßigen Blutungen außerhalb und während der Periode leiden viele Frauen. Und ich bin mir sicher, dass diese Abnormalitäten in den meisten Fällen auf vormals erlebtes sexuelles Horrorgeschehen zurückzuführen sind. Unter diesen Blutungen leidet etwa Kerstin (Fall 29). Außer ihrer partiellen Anorgasmie und ihren Vaginalkrämpfen während des Geschlechtsverkehrs stellen sich bei ihr unerträgliche *Menstruationsschmerzen* ein. Und, wie wir aufgezeigt haben, gehen diese ebenfalls auf Vergewaltigung in einem früheren Leben zurück. Sie war in drei früheren Leben zweimal als junges Mädchen und einmal als vierjähriger Bub sexuell missbraucht worden. In zwei dieser Leben musste sie Männer oral befriedigen. Aus diesen beiden Leben hat sie in ihr heutiges Leben einen *Ekel vor männlichem Samen* mitgebracht, sodass sich ihr Mund krampfartig verschließt, wenn dort ein Penis eindringen will. Selbst der Gedanke an das Eindringen des Penis in ihren Mund verursacht bei ihr sofort Übelkeit.

Bei vielen Frauen, die unter *Unterleibsreizungen oder -schmerzen* leiden, hat sich möglicherweise eine Geschlechtskrankheit eingeschlichen. Andere Symptome gehen auf Eierstockentzündungen, Myome oder gar Krebs zurück. Alle diese Störungen können von vormaligen Vergewaltigungen herrühren. Jessica (Fall 16) musste sich wegen ständig erneut auftretenden Myomen operieren lassen. Tina (Fall 31) leidet unter starken Unterleibsbeschwerden. Auch sie wurde einst als Frau vergewaltigt und von ihrem Großvater im heutigen Leben sexuell missbraucht. Manches Mal erstrecken sich ihre Blutungen über zwei Wochen. Ebenfalls wird Hilda (Fall 19) außer von Vaginalkrämpfen beim koitalen Verkehr von *Menstruationsschmerzen* heimgesucht. Wie nicht anders zu erwarten ist sie ebenfalls einem Mann im früheren Leben hilflos sexuell ausgeliefert gewesen. Solche Schmerzen, in welcher Art sie sich auch immer äußern mögen, weisen die betroffene Person darauf hin, dass an dieser Stelle noch etwas Schmerzliches nicht aufgelöst ist mit der insgeheimen Bitte: Schau doch einmal nach, was die Ursachen deiner Schmerzen, Ängste und Verweigerungen sind. Löse sie doch endlich auf! Die Rückführungstherapie bietet den Betroffenen die Möglichkeit, genau dieser Bitte nachzukommen. Die Erfolge einer solchen in die Tiefe der Vergangenheit eintauchenden Therapie sind, wie wir gesehen haben, überwältigend!

Eine andere Nachwirkung aus psychischer oder physischer sexueller Beschädigung aus früherem Leben sind *Hautausschläge*. Oft dienen sie dazu, gemäß Programmierungen, nie wieder attraktiv zu sein und somit keine Männer mehr auf den Gedanken kommen zu lassen, sie wieder sexuell zu belästigen. Vor allem ist *Neurodermitis* eine sich schon mit der Geburt, kurz danach oder im späteren Leben zeigende Warnung nach außen: „Fass mich nicht an!" Solch eine Krankheit kann durch eine Programmierung im früheren Leben nach einer sexuellen Verletzung entstanden sein, die gelautet haben könnte: „Ich will mich nie wieder (sexuell) berühren lassen." Oft sind auch die häufig auftretenden Pubertätspickel auf solche sexuellen Gewaltzufügungen in früheren Leben zurückzuführen, die manchmal zeitsynchron mit dem früheren Erlebnis übereinstimmen. Kerstin (Fall 29) litt lange unter einem Hautausschlag im Gesicht und unter den Achseln, um, wie sie selbst erkannte, „Männer wegzuhalten". Auch Jessica (Fall 16) ist oberhalb des Schambereichs bis hin zum Bauchnabel mit einer äußerst hässlichen *Schuppenflechte* behaftet, die jedem Mann den sexuellen Appetit verderben könnte. Daniela (Fall 24) litt schon als Schülerin unter einem Kratzzwang, der sich besonders auf der rechten Gesichtshälfte bemerkbar macht. In einem früheren Leben als Ausgleich für ein Täterleben, wo ihre Seele ein Mann war, der aus Eifersucht der von ihm missbrauchten Magd das Gesicht mit einem Degen verunstaltete, lebte sie in England als eine Frau, deren Gesicht mit hässlichen Beulen versehen war, die sie immer wieder aufkratzen musste. Und auch heute noch muss sie sich zwanghaft, wie sie sagt, immer wieder im Gesicht kratzen. Hier wird ganz deutlich, dass jener karmische Ausgleich in jenem Leben in England noch nicht ganz abgeschlossen war, sodass sie sich immer noch das Gesicht zerkratzen muss. Und wie wir erkennen, unterliegt sie noch einem mit Schuldgefühlen beladenen Bestrafungsmechanismus.

Wenn man aufgrund eines sexuellen Traumas sich programmiert haben sollte, nie wieder attraktiv zu sein oder ein schönes Gesicht zu haben, mag man außer äußerlicher Unattraktivität, möglichen Hautausschlägen, Brillentragen oder Zahnverwachsungen sich eine *Dickleibigkeit* zugelegt haben. Diane (Fall 12) hat dreißig Kilo zu viel auf dem Leib. In dem früheren Leben ist sie schon mit fünf Jahren missbraucht worden. Und als sie diesen Missbraucher als erwachsene Frau wiedersieht, gerät sie in Panik und verschuldet dadurch den Tod ihrer Tochter. Und auch in diesem Leben ist sie vergewaltigt worden. Ihre Programmierung ist, sich nie wieder von einem Mann anfassen lassen zu wollen. Und diese Programmierungen setzen sich dann oftmals in unattraktive Fettleibigkeit um, die zum Beispiel wie bei Diane durch übermäßiges Essen von Chips und Süßigkeiten entstehen kann. Denn Programmierungen finden immer einen Weg, sich zu verwirklichen – mit oder ohne eigenes Dazutun.

Es ist kein Wunder, dass Frauen häufiger mit sexuellen Störungen behaftet sind als Männer. Waren sie doch im Täterleben meistens Männer, die dann im Opferleben den Ausgleich erleben mussten, wobei das Opferleben auch noch im heutigen Leben stattfinden kann. Doch die meisten Frauen, die wegen sexuellen Problemen zum Therapeuten kommen, haben noch *Nachwirkungen aus* diesen *Opferleben*. Diese Nachwirkungen sind, wenn man so will, immer noch ausklingende Anteile von karmischem Ausgleichsgeschehen. Doch auch Männer leiden noch im heutigen Leben unter den karmischen Auswirkungen von Opferleben.

Görans Penis (Fall 7) wurde in zwei Opferleben als karmisches Ausgleichsgeschehen stark versehrt. Im heutigen Leben leidet er unter vorzeitigem Samenerguss, sodass er noch nie eine koitale Begegnung mit seiner Freundin erleben konnte, was ihm zusätzliche Komplexe bereitet. Und sobald sein Glied steif wird, beginnen wieder diese Schmerzen, die er durch die beiden Verstümmelungen in jenen zwei Leben erfahren hatte.

Wir haben anhand des Falles von Kevin (Fall 17) gezeigt, wie *Heuschnupfen* mit sexuellem Missbrauch in früheren Leben zusammenhängt. So können auch sexuelle Symptome gerade dann auftauchen, wenn eine bestimmte Person, die in den damaligen Missbrauch als Täter involviert war, in die Nähe kommt oder einen berührt. Bei Kevin ist es die Mutter als der vormalige Missbraucher, die den Heuschnupfen bei hm intensiviert. Bei Silvia (Fall 2) ist es ihr Partner, der bei ihr als ihr vormaliger Vergewaltiger sexuelle Abwehr samt Erstarrung des Körpers hervorruft.

Viele Menschen werden von *Albträumen* geplagt, in welchen physisches, meist gewaltsames Geschehen von der Seele erlebt wird. Oft handelt es sich dabei um Wiederholungsträume wie bei Tina (Fall 31). Sie sieht oft in Träumen die gleichen Bilder von abgeschnittenen Penissen, die in den Mündern von Frauen stecken. Als japanischer Soldat hatte er im Zweiten Weltkrieg, wie es sich bei der Rückführung herausstellte, genau diese Ereignisse erlebt. Sexuelle Schreckenseindrücke können noch nach Jahrhunderten die im Schlaf befindliche Seele heimsuchen und Ängste einjagen, die einen verschwitzt aus dem Schlaf reißen können. Auch diese Albträume dienen dazu, wie ich vermute, die Seele an etwas zu erinnern, was noch nicht aufgelöst ist. Ebenfalls hat Daniela (Fall 24) sexuelle *Albträume*. Sie träumt von Vergewaltigungen. In früheren Leben hat sie selbst im großen Stil vergewaltigt und wurde mehrere Male vergewaltigt. Diese Ängste können auch daher rühren, dass sie unbewusst weiß, dass aufgrund des Karmagesetzes ihr noch eine oder mehrere Vergewaltigungen bevorstehen, die sich auch erst in einem zukünftigen Leben ereignen können. Doch kann es auch sein, dass wir in den Träumen ebenfalls die Chance haben, negatives Karma aufzulösen.

Es gibt jedoch auch eine ganze Anzahl von Menschen, die unter *Schlaflosigkeit* leiden. Zu diesen zählt Sandra (Fall 20). Schon als Kind wachte sie jede Nacht gegen drei Uhr auf und begann entsetzlich zu schreien, sodas ihre Mutter sie am liebsten „gegen die Wand geklatscht hätte". Und auch als Jugendliche und Erwachsene kann sie nachts schlecht schlafen, wacht sie doch immer wieder auf, besonders gegen drei Uhr. In der Rückführungstherapie stellt sich heraus, dass sie als ägyptische Priesterin aus rituellen Gründen geschwängert wurde. Und sie wusste, dass ihr Kind bald nach der Geburt ihr weggenommen werden würde. So konnte sie damals nachts kaum schlafen, da sie immer befürchtete, dass man ihr das Kind wegnehmen würde. Und dann geschah es gegen drei Uhr nachts. Der Schmerz war für sie unerträglich groß. Und sie schwor sich, nie wieder mit einem Mann zu schlafen, um nicht wieder ein Kind zu gebären, das ihr weggenommen werden könnte. In ihrem heutigen Leben ist sie zwar Mutter zweier Kinder, doch zur Sexualität hat sie ein zwiespältiges Verhältnis.

Fernando (Fall 25) leidet ebenfalls unter Schlafstörungen, auch wenn diese ganz anderer Herkunft sind als jene von Sandra. Bis zur Auflösung seiner *Schlafprobleme* durch die Rückführungstherapie hat er nur wenige Stunden geschlafen. Er wachte meistens mit Unterleibsschmerzen auf, nach deren medizinischer Untersuchung keine triftige Diagnose außer psychischer Symptomatik getroffen werden konnte. Auch kann er beim Koitus nur ganz selten zum Orgasmus kommen. Doch je länger er diesen zurückhält, desto schlimmer werden die Unterleibsschmerzen. Denn seine heutigen Probleme hängen mit einem Leben in Schottland als Diener zusammen, dessen Herrin ihm zu verstehen gab, bei der gemeinsamen Kopulation keinen Samen zu verlieren. Somit haben sich jene Programmierungen „Ich darf beim Sex keinen Samen kommen lassen" und „Ich darf nicht masturbieren" tief in ihm eingeprägt, sodass sie selbst nach so vielen Jahren noch immer wirksam sind. Ebenfalls hängt sein Schlafproblem mit eben diesen Vorgängen zusammen, denn er wurde oft des Nachts mehrere Male aus dem Schlaf gerissen, um auf Verlangen der Herrin wieder in ihr Schlafzimmer zu kommen. Gott sei Dank hat ihn eine Eingebung zu mir kommen lassen, wo ich ihm mittels der Rückführungstherapie mit einer einzigen Behandlung von all seinen Unterleibsschmerzen samt der Schlafstörung Heilung vermitteln durfte.

Das Einsehen der höheren Gerechtigkeit

Viele Menschen irren oft im Leben von Schicksalen getrieben herum und wollen zum Beispiel wissen: „Warum passiert mir das? Warum nicht einem anderen? Warum muss ich immer leiden? Warum breche ich mir immer etwas? Warum die anderen nicht? Warum kann ich kein Kind bekommen, während alle meine früheren Schulfreundinnen schon Kinder haben? Warum muss gerade ich AIDS bekommen? Was habe ich verschuldet? Warum habe ich immer schmerzhafte und lang anhaltende Menstruationsbeschwerden, während alle anderen damit keine Probleme haben? Warum bekomme ich keinen Orgasmus bei einem Partner? Was mache ich falsch? Oder was stimmt bei mir nicht? Weshalb habe ich Angst vor Sex? Warum bin ich lesbisch? Warum muss ich mich ausgerechnet in meinen Schwager verlieben?" Die Menschen stellen viele Fragen, warum bei ihnen etwas anders ist als bei der Mehrheit. Sie unterhalten sich mit Freunden darüber, um ihre Ansichten darüber zu erfahren. Sie lesen Bücher, um ihre Fragen beantwortet zu bekommen. Sie gehen zu einem Psychologen, Eheberater, Arzt oder zu einem Psychiater und Therapeuten aus gleichem Grund, besonders dann, wenn ihr Problem sie gravierend belästigt. Doch viele geben sich mit den von anderen ihnen vorgestellten Erklärungen und Begründungen nicht zufrieden. Sie wissen, dass all die erhaltenen Antworten irgendwie unzureichend sind. Und einige suchen weiter nach den Antworten zu ihren Problemen. Sie gehen möglicherweise zu einer Wahrsagerin, Astrologin oder finden den Weg zu einem Medium, um sich aus höheren Quellen eine Antwort geben zu lassen, die sie manchmal zufrieden stellt, doch oft den Beigeschmack einer Fingierung hinterlässt.

Kommt man aber zu einem Rückführungstherapeuten, der den Klienten in Trance versetzt, sodass das Problem in seinen Ursachen aufgedeckt und dann mit Hilfe des Höheren Selbst vor dem Wolkentor oder auf dem Berg der Erkenntnis erklärt wird, dann werden auf einmal die Rätsel, nach denen man so lange gesucht hat, gelöst. Alles erscheint so logisch, durchsichtig. Endlich weiß man, warum man schwul ist, warum man als Kind missbraucht wurde, warum man Angst vor Sexualität hat. Und das Besondere dabei ist, dass nicht der Therapeut die Dinge erklärt und ins rechte Licht rückt, wie es bei den Nachgesprächen der anderen Therapien üblich ist, sondern dass durch das eigene wortlose Gespräch mit dem Höheren Selbst die Dinge aus höherer Perspektive dargestellt werden, die man dann an den begleitenden Therapeuten weitergibt. Für den Klienten sind das oft ganz neue Offenbarungen. Wenn er durch sein Schwulsein in seinem Leben viel zu leiden hatte und nun dafür die Gründe erfährt, dass er sich diese auf ihn zugekommenen Problematiken schon vor der Inkarnation selbst ausgesucht hatte, um bestimmte Erfahrungen zu machen, die er für seine Seele als notwendig ersah, dann wird er nicht mehr die Umwelt oder die Eltern, Mitschüler, Lehrer, die ihm das Leben zur Hölle gemacht hatten, weiterhin anklagen, sondern wissen, dass alles, was er an Beleidigungen, Schlägen und Diskriminierungen erfahren hat, genau richtig war. Er mag erfahren, warum er sich für dieses Leben die *Homosexualität* ausgesucht hatte. Vielleicht hatte er in einem früheren Leben homosexuelle Menschen verachtet oder ihnen Schaden zugefügt. Er hatte sich deshalb im Jenseits selbst dazu entschlossen, mittels eines Erfahrungsausgleichs gemäß dem Karmagesetz ebensolche Erniedrigungen und Diskriminierungen an sich zu erleben, die er anderen einst zukommen ließ. Jetzt sieht er sein Leben als gerecht an. Und eine solche auf dem Berg der Erkenntnis gewonnene Einsicht ist oft auch das Ende seiner langen Suche nach Antwort auf sein Problem. Denn er hat jetzt endlich die ganze Wahrheit erfahren. Und dieses Ende seiner Suche nach Antwort ist auch meistens das Ende des Leidens an seinem Problem.

Oder wählen wir ein anderes Beispiel, das diese Dinge noch besser verdeutlichen mag. Wenn eine Frau von ihrem Vater als Jugendliche missbraucht worden war und sie ihm deswegen ein Leben lang grollt, sich durch diese erfahrene sexuelle Ausnutzung beschmutzt und minderwertig fühlt, sich daher von weiteren sexuellen Beziehungen mit Männern fern hält und den Groll auf ihren Vater dann auf alle Männer, die sie als „Schweine" bezeichnet, überträgt, dann hat sie ihr Leben durch ihren Hass und ihre sexuelle Abneigung eingeengt. Ihre Lebensfreude ist reduziert, wenn nicht ganz zum Erliegen gekommen. „Warum musste mir das passieren? Warum habe ich solch einen abscheulichen Vater bekommen?" Wenn sie jetzt aber von ihrem Höheren Selbst auf dem *Berg der Erkenntnis* erfährt, dass sie in einem früheren Leben selbst ein Kind missbraucht hatte, weshalb sie sich aus karmischen Gründen im Jenseits nun vornahm, den seit langem noch anstehenden Ausgleich an ihrer Seele in einer Neuverkörperung zu erleben, dann wird sie wohl von nun an nicht mehr dem Vater die Schuld für ihr missratenes Leben geben. Besonders, so sie noch erfahren sollte, dass sich keiner im Jenseits bereit erklärte, ihr diesen Ausgleich zu verschaffen, obwohl sie eindringlich jeden der ihr dort Nahestehenden, der sich vor ihr als Mann inkarnieren wollte, darum gebeten hatte. Doch jeder hatte sich andere Ziele im Leben zu verfolgen vorgenommen, während schließlich eine Seele sich bereit erklärte, ihr diesen Ausgleich zu ermöglichen, indem sie ihr Vater sowieso noch aus anderen Gründen zu sein hatte. Wenn diese Klientin auf einmal erfährt, dass sie ja diesen Missbrauch selbst wollte und jene Seele, die jetzt ihr Vater ist, sich aus Liebe zu ihr bereit gestellt hatte, diesen Missbrauch an ihr zu vollziehen, damit sie sich endlich von ihrer karmischen Verschuldung lösen konnte, dann wird sich ihr ganzer bisheriger Hass auf ihren Vater auflösen. Nicht nur das, sie wird endlich in sich Frieden finden können, wird wieder mit Freude ihr Leben annehmen und sich neuen Dingen zuwenden, die sie so lange vernachlässigt hatte. Und, was natürlich Folge dieser neuen Erkenntnisse ist, sie wird ihrem Vater nicht nur vergeben, sondern ihn auch wissen lassen, dass sie wegen den damaligen Geschehnissen keinen Groll mehr gegen ihn hat, sodass er jetzt auch erleichtert aufatmen kann darüber, was er seiner Tochter angetan hatte.

Ich bin mir völlig im Klaren darüber, dass viele Leser und Leserinnen sich gegen diese von mir hier vorgelegten Gedanken sträuben werden. Doch wenn sie als Therapeuten einmal selbst diese Prozesse bei ihren Klienten, die mit dem Höheren Selbst auf dem Berg der Erkenntnis gesprochen haben, miterlebt und dann die Veränderung an ihnen festgestellt haben, dann werden sie sich auch in ihren Verurteilungen solcher hier geschilderten Gedanken aufgrund von Rückführungserfahrungen mäßigen.

Barbara (Fall 15) wird seit der Pubertät den Gedanken nicht los, dass ihr Vater sie missbraucht hatte. Dies hält sie auch für den Grund ihrer Angst vor Sexualität. In der

Rückführung wird aufgedeckt, dass ihre damals reinkarnierte Seele als Ägypter viele Frauen vergewaltigt hatte. Und ihr Höheres Selbst offenbart ihr, dass sie dafür im ganzen zehnmal selbst vergewaltigt werden musste. Ihr heutiger Vater war einer ihrer früheren Vergewaltiger, während er sich im heutigen Leben an ihr sexuell nichts zu schulden kommen ließ. Jetzt weiß sie, dass jene Vergewaltigung durch die Seele ihres heutigen Vaters ihr diesen damaligen karmischen Ausgleich zukommen lassen musste. Sie weiß jetzt auch, warum sie ihn im Verdacht hatte, sie als kleines Mädchen missbraucht zu haben, denn in ihr stieg unbewusst das vormals erfahrene Gefühl wie eine Ahnung wieder empor. Und das Wissen, dass ihr Vater sie im heutigen Leben nicht sexuell belästigt hatte, bedeutet für sie eine große Befreiung. Sie entlastet nun ihren Vater, sodass sie sich ihm nun wieder unbefangen zuwenden kann. Barbara hat auf dem Berg der Erkenntnis die Gerechtigkeit des Karmagesetzes, das in der Kette ihrer Leben waltet, erkannt, und sie weiß nun auch, dass sie nach jenem Leben als Vergewaltiger selbst erfahren wollte, wie es ist, als Frau vergewaltigt zu werden. Sie weiß jetzt, woher ihre Angst vor Sexualität stammt. Und diese Rückführung durfte ihr die lang ersehnte wesentliche Befreiung von ihren sexuellen Ängsten bringen. Denn als ich sie wieder traf, sagte sie, dass sie sich nun „super“ fühle und sich ihrem Mann voll hingeben könne.

Was an Erkenntnissen auf dem Berg der Erkenntnis gewonnen wird, kann auch schon im *Jenseits* nach einem Opferleben in einer Rückführungstherapie erfahren werden. Jacqueline (Fall 13) war im früheren Leben von ihrem Vater missbraucht worden, den sie aus Mitleid, wenn auch mit Widerwillen und Schuldgefühlen, gewähren ließ. Als die Mutter diesen *Inzest* entdeckt, bringt sich die Elfjährige um. Im Jenseits begegnet sie ihrem Vater wieder, der sich nach ihrem Suizid ebenfalls das Leben genommen hatte. Beide versöhnen sich und beschließen, im nächsten Leben, wenn auch nur für zwei Jahre, eine Partnerschaft zu führen. Ebenso wird es vielen Missbrauchten und Vergewaltigten nach ihrem Tod ergehen, dass sie den Tätern vergeben und dort erfahren, warum alles so sein musste, wie es geschehen war. Doch in der Rückführungstherapie kann man die Zusammenhänge schon im Erdenleben einsehen und eine Vergebung, die sonst im Jenseits erfolgt, hier vollziehen.

„Warum bin ich lesbisch?“, war die Frage, um die es sich bei der Rückführung mit Leonore (Fall 37) handelte. Sie selbst hatte als bisherige Antwort die offenbare Erklärung zur Hand, dass sie in dem heutigen Leben erst von dem Pflegevater und dann von dem alten Gärtnereibesitzer missbraucht worden war. Ihre Wut auf die Männer war also verständlich samt der Abneigung, sich mit irgendeinem Mann je wieder einzulassen. Fortan ging sie ihren *lesbischen Neigungen* nach und lebt seit mehreren Jahren mit einer Partnerin zusammen, wenn es auch in der Sexualität seit einigen Jahren nicht mehr klappt. Und ihr Höheres Selbst erklärt ihr, dass ihre Seele aufgrund von Vergewaltigungen in früheren Leben in dem heutigen Leben noch den karmischen Ausgleich erleben musste. Denn man darf nie mit einem anderen sexuell verkehren ohne dessen Einwilligung. Jeder Verstoß gegen diese Regel bedarf der eigenen gleichen Erfahrung. So will es das Karmagesetz. Ihr Lesbischsein ergibt sich nicht nur aus dem mannigfachen sexuellen Missbrauch in dem heutigen Leben, sondern auch durch ihre eigenen Verfehlungen in früheren Leben als Mann, weshalb sie, indem sie die Männer verachtet, im Grunde sich selbst von dem verachtend distanziert, was sie als Mann damals den Frauen angetan hatte. Ihr wird symbolisch eine schwarze Pyramide aus schwarzen Quadern gezeigt. Jeder von diesen ist eine Tat der Lieblosigkeit. Diese Pyramide gilt es, Stein für Stein wieder abzutragen. Und viele Steine hat sie in dem heutigen Leben durch den geschehenen Missbrauch abtragen können. Außerdem hat sie sich den Beruf erwählt, sich in Liebe den alten Menschen in Altersheimen zu widmen. Auch wird ihr erklärt, dass ihre Phobie, sich am Hals von niemandem anfassen zu lassen, aus dem Leben als Eunuch kommt, in welchem er im Streit erwürgt worden war. Und ihre Freundin, mit der sie nun zusammenlebt, war Leonores verheiratete Geliebte, die ihn als Mann über ihre damalige Liebe getäuscht hatte. Und das Höhere Selbst gibt ihr noch einen anderen Grund für ihr Lesbischsein. Als Kosak hatte sie viele Frauen vergewaltigt. Nach seinem Tod erfolgte die Programmierung: „Ich will nie wieder ein Mann sein." Welcher Psychiater, Psychologe oder Therapeut hätte ihr ohne Rückführungen all diese einleuchtenden Erklärungen geben können? Können Sie sich, liebe Leserin und lieber Leser, in Leonore hineinversetzen, die auf einmal so viele ihrer Fragen beantwortet bekommt, sodass sie jetzt ein viel klareres Bild über sich und ihr Leben gewonnen hat? Da sie nun weiß, worum es in diesem Leben geht, wird sie sich weiterhin bemühen, viele schwarze Steine von der Schuldenpyramide abzutragen, um nach ihrem Tod erfolgreich ins Jenseits zurückzukehren. Denn dort könnte ihr dann offenbart werden, dass ihre schwarze Pyramide klein geworden oder schon ganz abgetragen worden ist.

Auf dem *Berg der Erkenntnis* erkennt die Seele die Zusammenhänge ihrer früheren Leben in Verbindungen zu dem heutigen. Oft fallen einem durch solcherlei Offenbarungen Schuppen von den Augen. So verhält es sich auch bei Patricia (Fall 34). Sie erkennt die karmischen Auswirkungen ihres Lebens als Reuven, der viele vor allem Jugendliche missbraucht und gequält hatte. Doch stellt sie die Frage, warum, da sie doch so viele Ausgleichsleben dafür erleiden musste, und noch immer in diesem Leben so sehr die vielen Symptome wie Migräne, Neurodermitis, Asthma, Kurzsichtigkeit, Allergien mancherlei Art, Unterleibsprobleme und anderes zu erdulden hat. Und dann erkennt sie, dass wegen ihrer vielen aufgeladenen Vergehen diese früheren Ausgleichsleben nicht genügt hatten, sodass das heutige Leben immer noch als Ausgleichsgeschehen dient. Und ihr wird auch durch ihr masochistisches Verhalten klar, dass sie noch einem Bestrafungsmechanismus aufsitzt. Die Erkenntnisse, die eine zurückgeführte Seele auf dem Berg der Erkenntnis gewinnt, bewirken einen Erlösungsprozess, der oftmals in eine komplette Heilung übergeht. Und immer geht mit diesen Erkenntnissen eine Einsicht in die höhere Gerechtigkeit einher. Somit kann sich eine Seele mit ihrem Schicksal aussöhnen, und es, so das Höhere Selbst dem zustimmt, von weiteren Symptombelästigungen befreien.

Wir erinnern uns sicherlich an Sandra (Fall 20), auf die wir schon verschiedentlich zu sprechen gekommen waren. Das Thema ihrer Rückführungstherapie lautete: „Warum wurde ich von Männern so oft im heutigen Leben missbraucht?" Denn im Internat wurde sie vom Internatsleiter und dem Erzieher zusammen mit anderen Mädchen missbraucht. Und sie erlebt in der Therapie ein Leben, in welchem sie im Vorderen Orient als Soldat viele Frauen mutwillig genommen hatte. Sie erkennt das *Karmagesetz*, nachdem sich ihr heutiges

Missbrauchsschicksal als Ausgleichsgeschehen von jenem Täterleben genau abzeichnet. Denn sie wollte sich bestrafen für das damals von ihrer Seele Verursachte. Auf die Frage, ob sie einsehe, dass der an ihr vollzogene Missbrauch gerecht war, antwortet sie mit einem spontanen Ja. Sie erkennt nun auch, warum ihr heutiger Gatte, der sie gegen ihren Willen zum Sex zwang, ebenfalls zum Ausgleichsgeschehen für ihre damaligen Vergehen an Frauen der richtige Ehemann war. Und ihre Programmierung „Ich will nie wieder mit einem Mann schlafen", die sie in einem Opferleben als Priesterin nach dem Raub ihres Kindes ausgesprochen hatte, bewirkt in diesem Leben einen weiteren Grund für ihre sexuelle Abneigung.

Wenn man auf dem Berg der Erkenntnis nun die Zusammenhänge seiner Leben mit dem heutigen erkennt, relativiert sich die Einstellung zu den heutigen Horrorerlebnissen. Man weiß endlich, warum die Dinge geschehen mussten. Und man erfährt, dass nichts und niemand Schuld an den erfahrenen Ereignissen hat als man selbst. Alles war richtig, so wie es gekommen ist. Denn alles diente in der Schule des Lebens als Erfahrung, um entweder etwas Unausgeglichenes auszugleichen und daher Ungelerntes noch zu erlernen, oder aber um mit ganz neuem Lernstoff konfrontiert zu werden. Gleichzeitig sind solche Erkenntnisse eine Einweihung in höheres Verstehen. Denn wenn man über diese weiterhin nachdenkt, müssen notwendigerweise Korrekturen im Denken stattfinden oder gar ein Paradigmawechsel vorgenommen werden. Diese auf dem Berg der Erkenntnis gewonnenen Einblicke in den Gang seiner Seele durch die verschiedenen Leben samt den dort gesammelten Erfahrungen lassen die Seele manchmal zu dem Entschluss kommen, mit dieser Inkarnation ihr letztes Leben auf Erden angetreten haben zu wollen. Denn nun hat man endlich mittels der Rückführungstherapie einen Schlüssel gefunden, sich ganz von allem Ballast aus früheren Leben zu befreien.

Doch wenn der Mensch all seine karmischen negativen Lasten ausgeglichen und somit die Schule das Lebens absolviert hat, dann braucht er nicht weiterhin die Erdenschule zu besuchen, es sei denn, er möchte freiwillig zurückkehren.

Ist er jedoch ein leidenschaftlicher Reinkarnationsspieler geblieben, der die Erdenschule der Liebe schon absolviert hat, so wird er freiwillig oft wieder auf der Bühne des Erdenlebens mitzuspielen bereit sein. Vor allem wird er dann zur Verfügung stehen, wenn eine Rolle unbesetzt geblieben sein sollte. Und er würde aus höherem Verstehen heraus auch solche Rollen übernehmen, die vielleicht kein anderer übernehmen möchte. Eine solche Seele bleibt dann für ihre Taten karmafrei.

Erfolge der Rückführungstherapie

Wohl jeder seit längerer Zeit praktizierende Rückführungstherapeut könnte eine lange Liste der Spontanerfolge seiner Klienten zusammenstellen. Einige solcher Erfolge zum Thema Sexualität habe ich unter den aufgeführten Fällen schildern können, wovon wir an dieser Stelle das ein oder andere Erfolgserlebnis nochmals im Zusammenhang uns ansehen wollen. Alle diese Erfolge stellten sich nach einer einzigen Rückführungstherapie ein, was – bei rechtem Licht betrachtet – eine Sensation in der therapeutischen Arbeit bedeutet.

Ivonne (Fall 19) hat viele Probleme aus früheren Leben mit in das heutige gebracht. Hierzu zählen Atemprobleme bis hin zum Asthma, Angst vor mehreren Menschen frei zu sprechen, Abneigungen gegen Männer, *Angst vor Sexualität* und Ansammlung von Blut im Mund während einer Kopulation. Letzteres Phänomen war das Thema der Rückführungstherapie. In einem Täterleben war sie ein deutscher Tuchhändler, dessen Leidenschaft beziehungsweise Zwang darin bestand, Frauen, die er allein irgendwo vorfand, vergewaltigen zu müssen. In einem folgenden Opferleben wurde Ivonne schon als vierjähriges Mädchen von einem spitzbärtigen Mann missbraucht, der seine Finger schmerzhaft in ihre Scheide schob und dann genüsslich das Blut an seinen Fingern ableckte. Als sie siebzehn Jahre alt war, tauchte er wieder auf. Und sie wurde im dunklen Wald von ihm und seinen Leuten vergewaltigt. Dieser Mann beschuldigte sie späterhin, eine Hexe zu sein. Und er war auch derjenige, der als Henker ihren Scheiterhaufen anzündete. *(Totale Verbrennungen sind meist Ursache für spätere Atemprobleme. Angst, vor Menschen zu reden, kommt oft aus Leben, wo man vor den Augen der Leute bloßgestellt worden ist.)* Und ihre Befreiungsaffirmation lautete: „Ich befreie mich von Schuldgefühlen, von meiner Angst vor Dunkelheit, von meiner Abneigung gegen Männer, ich befreie mich von meiner Enge im Brustbereich, von meiner Hemmung, vor mehreren Menschen zu sprechen, ich befreie mich von der Entstehung von Blut in meinem Mund während des Sexualverkehrs, ich befeie mich von aller Angst vor Sexualität." Und nach Beendigung dieser Rückführungsdemonstration in der Ausbildung holt sie tief Luft und ruft erfreut: „Mein ganzer Druck auf meiner Brust ist auf einmal weg." Es ist für sie wie ein Wunder. Jahrelang war ihr Atemvolumen eingeschränkt. Jetzt ist ihr, als ob ein lange auf ihrer Brust spürbarer schwerer Druck von ihr genommen worden ist. Dieser Druck ist einmal auf die Schuldgefühle in ihrem Täterleben zurückzuführen und auf die Ängste aus dem Opferleben samt der Verbrennung. Solcherlei Spontanreaktionen zeigen sich oft am Ende einer Rückführungstherapie. Doch ist es wichtig, herauszufinden, was mit den aufgelösten Problemen späterhin geschehen ist. Sind sie alle oder nur zum Teil verschwunden? Sind diese nur vorübergehend aufgelöst oder tauchten sie gar nicht mehr auf? Deshalb sollte der Therapeut nach einigen Wochen oder Monaten nochmals seine/n KlientenIn anrufen, um den Effekt dieser Therapie zu überprüfen. Bei einer ersten zufälligen Begegnung nach einigen Wochen sagte Ivonne auf meine Fragen hin: „Ich habe keinerlei Probleme mehr." Und drei Jahre später beim Aufzeichnen ihres Falles für dieses Buch rief ich sie an, um nach den möglichen Veränderungen zu fragen. Sie hat nun keinen Ekel mehr vor Sexualität und auch keine

Abneigung mehr vor Männern, ja sie lebt jetzt glücklich in einer Partnerschaft, da sie nun ihre Weiblichkeit voll anzunehmen bereit ist, die sie vor unserer Therapie nicht annehmen konnte. Der Druck auf ihrer Brust nebst ihrem Asthma ist seitdem bis auf wenige Fälle in Stresssituationen verschwunden. Sie hat nun keine Mühe mehr, vor vielen Menschen frei zu sprechen. Sie kann jetzt auch wieder ohne Angst durch einen dunklen Wald gehen. Sie kann nun auch nackt schlafen, was vorher unmöglich für sie war. Und – man lese und staune – seit der Rückführung hat sie nie wieder bei der Kopulation Blut im Mund gehabt.

Solcherlei mannigfaltige Erfolge durch eine einzige Therapiesitzung sind für die ganze bisherige Schultherapie undenkbar! Aber diejenigen, die ebenfalls als Therapeuten mit der Rückführungstherapie arbeiten, werden sicherlich bald auch „undenkbare" Erfolge damit erzielen. Durch die Rückführungstherapie wird die ganze bisherige Therapie revolutioniert zum Segen der mit Symptomen und Problemen Belasteten.

Viele Frauen leiden unter unerträglichen *Menstruationsschmerzen*. Und diese können manchmal durch eine einzige Rückführungstherapie innerhalb von wenigen Stunden behoben werden, sodass sie nie wieder auftauchen. Kerstin (Fall 29) ist eine dieser von ihrer sehr schmerzhaften Periode Leidgeplagten. Außerdem lässt ihre Angst vor Sexualität sie bei einer Kopulation regelrecht erstarren. In einem Täterleben war sie ein Burgherr, der eine ganze Anzahl von Knaben sexuell missbrauchte, woraufhin diese Seele in einem Opferleben ihrerseits von einem Burgherrn missbraucht wurde. Ein weiteres Opferleben erlebte sie als Zehnjährige, die von einem Mann eingesperrt und über mehrere Tage hin missbraucht wurde. Als marokkanischer Pascha hundert Jahre später missbrauchte Kerstins verkörperte Seele wieder Knaben und Mädchen, wodurch für ihre Seele ein Opferleben als Ausgleich anstand, in welchem sie als vierjährige Vietnamesin Männer oral befriedigen musste. All diese Inkarnationen hatten in ihrem heutigen Leben Angst vor und Verweigerung von Sexualität bewirkt. Zu dieser Ablehnung von Sex kam noch hinzu, dass sie in dem heutigen Leben ihren Onkel über Jahre hin oral zu befriedigen hatte. Die Abwehr gegen Sexualität zeigte sie auch nach außen hin. Denn ihre Programmierung war „Männer wegzuhalten". Ein Hautausschlag im Gesicht mit Pickeln und ihre Brille wurden zu Abwehrmechanismen gegen Männer und deren sexuelle Wünsche. Auch kleidete sie sich unfraulich und lief mit einem Gesicht voller Ängste und Depressionen herum. Doch nach der Rückführungstherapie hatte sich vieles geändert. Als ich sie anrief, waren nur wenige Wochen seit dieser Rückführung vergangen. Ihre vorherigen Ängste vor Sexualität waren weg. Sie kleidet sich nun weiblich, während sie sich vorher fast wie ein Mann anzog. Sie zieht sich jetzt eng anliegende Oberbekleidung an, sodass man ihre vormals negierten Brüste darunter sich abzeichnen sieht. Sie benutzt nun ein Make-up, lässt ihr Haar wachsen und schaut jetzt Männern nach, ja sie flirtet nun zum ersten Mal in ihrem Leben. Sie ist zuversichtlich, bald den richtigen Freund zu finden. Und als ich sie fragte, wie es um ihre Menstruationsschmerzen nun bestellt sei, antwortete sie mit einem glücklichen Lachen: „Die sind weg."

Für jeden Therapeuten ist es eine nicht zu beschreibende Freude, von seinen Klienten solche Erfolgsmeldungen vernehmen zu dürfen. Denn diese geben ihm weiterhin den Impuls, so viel wie möglich anderen bei der Auflösung ihrer Probleme zu helfen.

Hilda (Fall 9) leidet ebenfalls unter heftigen *Menstruationskrämpfen*, die sich über den ganzen Bauchbereich ausbreiten. Diese begannen schon mit ihrer ersten Periode und dauern meistens drei bis vier Tage. Mit diesen Unterleibsbeschwerden befindet sie sich wie in einer Situation der Hilflosigkeit, vor der sie Ängste entwickelt hat. Ärztliche Hilfe blieb bei ihr ohne Erfolg. In einem Leben als ägyptische Priesterin schlief sie aus rituellen Gründen mit jungen Männern, von denen sie dann einen auswählte, der den Göttern geopfert wurde. Sie schnitt dann selbst den Opfern bei lebendigem Leib den Bauch auf. Späterhin im Weltkrieg wurde sie als Soldat im Bauch getroffen, aus welchem ebenfalls die Gedärme hervorquollen. In einem Leben vor demjenigen als Soldat war sie eine junge Frau, die beim Edelweißpflücken in den Alpen abstürzte und mit gebrochenen Gliedern von einem Almhirt gefunden, in dessen Hütte geschleppt und dort sexuell missbraucht wurde. Sie war vollkommen wehrlos dessen Missbrauch ausgesetzt. Nach dieser vor der auszubildenden Gruppe demonstrierten Therapie waren auf einmal ihre Menstruations- und Bauchschmerzen, deren augenblickliches Vorhandensein sie mir vorher verschwiegen hatte, zu ihrer größten Überraschung verschwunden. Kritiker können nun meinen, dass sie sich ja während der Therapie in Hypnose befand und diese Schmerzen nun wegsuggeriert worden seien, ohne sie wirklich aufgehoben zu haben. Doch traf ich Hilda mit ihrem Mann einige Monate später, und sie sagte mir voller Freude, dass ihre Menstruationskrämpfe und Unterleibsschmerzen seitdem nie mehr aufgetreten waren.

Ebenso wie Ivonne, Jessica und Hilda war auch Valentina (Fall 10) Teilnehmerin eines Ausbildungsseminars zum Rückführungstherapeuten. Da sie unter dem gleichen schmerzlichen Menstruationsproblem wie Hilda litt, deren Erfolgsergebnis sie mitverfolgen konnte, bat sie mich, sie ebenfalls mittels der Rückführungstherapie von ihrem Leiden zu befreien. Und nach der Aufdeckung ihrer früheren Leben und der Auflösung waren ihre Menstruationsschmerzen, die einen Tag vor dieser Rückführung begonnen hatten, auf einmal verschwunden. Acht Monate später rief ich sie an, und sie teilte mir ebenfalls wie Hilda mit, dass ihre Beschwerden seit der Rückführungstherapie nie wieder aufgetreten seien. Denn ihr Problem hatte auch keinen Grund mehr, sich bemerkbar zu machen, wollte dieses Valentina doch darauf hinweisen, dass sie noch etwas aufzulösen hatte. Und diese Auflösung geschah in der Rückführung. Anders als bei der Hypnotherapie, bei der im Nachhinein die Wirkung der hypnotischen Suggestionen aufgehört haben und ein Rückfall des Symptoms sich einstellen kann, kommen bei vollständigen Rückführungstherapien, in denen die Ursachen alle aufgedeckt und aufgelöst worden waren, keinerlei Rückfälle mehr vor. Komplette Rückführungen garantieren eine totale Auflösung des betreffenden Problems, vorausgesetzt, dass dieses mit Zustimmung des Höheren Selbst auch gänzlich aufgelöst werden darf.

Auch Barbara (Fall 15) konnte sich nach der Befreiung von ihren *sexuellen Ängsten* ihrem Mann nun im Bett voll hingeben. Und außerdem sagte sie: „Ich sehe jetzt alles leichter.“ Dies ist ein Nebeneffekt der Rückführungstherapie. Denn hat man einmal eine höhere Perspektive über die Dinge des Lebens eingenommen, was auf dem Berg der Erkenntnis geschieht, dann hat dieses Erlebnis auch Auswirkung auf viele andere Dinge des Lebens.

Man denkt jetzt darüber nach, woher wohl die Probleme des Menschen kommen können. Man weiß nun, dass hinter allem Geschehen auf Erden ein höherer Sinn waltet. Und man sieht die Dinge des Lebens nun aus einer höheren Perspektive. Man gewinnt eine Leichtigkeit des Lebens, denn man weiß, dass alles, was einem im Leben begegnet, im Grunde wichtig ist. Und man weiß auch, dass man alle seine Probleme durch Rückführungen aufdecken und zumeist sofort lösen kann. Auch klinisch Tote, nachdem ihre Seele im Jenseits geweilt hatte und dann in den Erdenkörper zurückgekehrt war, nehmen durch dieses Erlebnis eine neue Einstellung zum Leben ein. Alles wir nun lockerer betrachtet. Denn die Angst vor dem Tod ist verschwunden. Man hat ja erfahren, dass der Tod nicht das Ende ist. Ebenso erfahren die Zurückgeführten durch das Aufsuchen ihrer früheren Leben mit dem jeweiligen Weiterleben nach dem Tod, dass die Seele sich im Jenseits von den Strapazen des Erdenlebens erholt, um dann ausgeruht und gut vorbereitet eine neue Inkarnation anzutreten. Schon allein wegen solch einem Erlebnis sollte man einen Rückführungstherapeuten und Rückführungsleiter aufsuchen. Keine andere Therapie vermag dieses jenseitige Erlebnis einem Klienten so eindringlich zu vermitteln.

An dieser Stelle möchte ich auf eine Rückführung zu sprechen kommen, die ich in meinem Buch *Das große Handbuch der Reinkarnation* ausführlich beschrieben habe. Eine Frau kam zu mir, der man vor kurzem die linke Brust wegen Krebs amputiert und bescheinigt hatte, dass ihr wohl auch noch die andere Brust abgenommen werden müsste, da sich dort ebenfalls Knoten einstellten. Auch sagte man ihr aufgrund des Blutbildes, dass es sehr bedrohlich um ihr Leben stünde. In einem früheren Leben war sie ein Soldat, der seinen besten Freund erstach, nachdem er diesen mit seiner eigenen Verlobten im Bett überrascht hatte. In einem Folgeleben in Holland war sie eine Magd, die mit dem Bauern ein heimliches Verhältnis hatte, von dem seine Frau erfuhr. Diese überzeugte den Bauern, dass die Magd den Teufel im Leibe habe, weshalb er ihr verfallen sei. Diesen gelte es nun auszutreiben. Sie fesseln die Unglückselige und versengen ihr mit dem heißen Bügeleisen ihre Brüste. Dies, wie das Höhere Selbst aufzeigte, ist der Grund für ihren heutigen Brustkrebs. Sie steckte nun ihren *Brustkrebs* in den Kiefernzapfen, der in der Flamme der Verwandlung aufgelöst wurde, und sie sprach die entsprechenden Befreiungsaffirmationen. Als ich sie dann nach einigen Wochen anrief, hatte eine Nachuntersuchung ergeben, dass sie nun vollkommen krebsfrei war. Und als ich sie nach einigen Jahren wiederum telefonisch befragte, befand sie sich in bester Gesundheit. Die Rückführungstherapie, da sie zu den wirklichen Ursachen der Symptome vorstößt, kann oft selbst dort vollständige Heilung erzielen, wo andere Heilmittel und Therapien versagen.

Jessica (Fall 16), auf die wir schon verschiedentlich zu sprechen gekommen sind, leidet ebenfalls unter häufigen Zwischen- und auch *Dauerblutungen* seit ihrer ersten Menstruation. Zysten mussten bei ihr operativ entfernt werden. Und immer wieder fühlt sie einen Juckreiz in der Scheide. Häufig stellen sich Bauchkrämpfe ein und eine Psoriasis bedeckt den Unterleib, gegen die kein ausprobiertes Mittel hilfreich sein konnte. Nach der Aufdeckung der Ursachen ihrer Probleme und deren Auflösung ging ihre Zystenbildung zurück und die Psoriasis hatte sich vollkommen verflüchtigt. Diese Erfolge, die sie mir ein halbes Jahr später mitteilte, ermunterten sie, wiederum eine neue Rückführungstherapie bei mir durchführen zu lassen, um diesmal den Ursachen auf die Spur zu kommen, warum sie weder einen koitalen noch einen klitoralen Orgasmus bekommen könne und warum sie Hemmungen habe, sich sexuell voll ihrem Partner hinzugeben.

Marcel (Fall 4), der gut aussehende Pianist und Magnet für Frauen, scheut sich, mit einer solchen zu schlafen, da sein Glied sich, sobald es sich erigiert der Vagina naht, sofort zurückzieht. Dann lieber keinen Sex, als von Frauen als „Schlappschwanz" tituliert zu werden. Doch schon allein die Gedanken an Sex mit einer Frau lassen zwar das Glied stark erigieren, aber zugleich stellen sich oberhalb des Schambereiches unerträgliche Schmerzen ein, die sich erst wieder nach der Masturbation auflösen. Einer seiner Finger ist dermaßen steif geworden, dass er schon seit langem seine öffentlichen Auftritte als Pianist einstellen musste. In einem Täterleben war er ein chinesischer Henker, der die Delinquenten zu erwürgen hatte. In einem anderen Leben in Spanien ließ er sich als reicher Mann Jungfrauen bringen, die er vergewaltigte, so sie sich nicht freiwillig hergaben. Eine von diesen stieß ihm eine Schere in den Unterleib, und zwar genau an der Stelle, an welcher heute sich zugleich mit der Erektion seines Gliedes die unerträglichen Schmerzen einstellen. Und seine damals formulierte Programmierung lautete: „Ich will nie wieder Frauen etwas zu leide tun." In zwei derben Opferleben erfährt er den karmischen Ausgleich. In dem einen Leben wurde ihm mit der Sense das Glied verunstaltet und der Hodensack abgetrennt, sodass er als Eunuch eine Anstellung annehmen musste. In dem anderen war er eine Jugendliche, die von ihrem Vater missbraucht und geschwängert wurde, während der Vater das Totgeborene oder erwürgte Kind verscharrte. Sie nahm sich daraufhin das Leben. Die Aufdeckung der Ursachen seiner Probleme brachte Marcel vollen Erfolg. Und er kann auch wieder ohne Schmerzen Klavier spielen. Er kann endlich auch wieder richtig durchschlafen, was vorher seit langem nicht mehr geschehen war. Es waren die wichtigsten tausend Kilometer seines Lebens, die er zu meinem damaligen Aufenthaltsort zurückgelegt hatte. Und er fügt in seinem Gruß und Dank hinzu: „Ich bin endlich ich selbst." Dieser Satz ist bezeichnend für jene, die durch die Rückführungstherapie endlich erfolgreich aus dem Strudel der unliebsamen Symptome und Probleme herausgefunden haben. Endlich so sein zu können, wie man sein möchte, und nicht mehr verwickelt zu sein in alte unliebsame Programmierungen, die man aus früheren Leben mit in das heutige geschleppt hat.

Gero (Fall 6) ist mit Berta seit dreiunddreißig Jahren verheiratet. Doch schon in der Hochzeitsnacht fingen die Probleme an, da Berta sich ihm zu verweigern suchte. Nur manchmal, wenn sie beschwipst war, gelang es ihrem Mann, sie zur Kopulation zu bewegen. Und sie sagte mir vor der Rückführungstherapie: „Wenn ich mich ihm zuweilen hingab, dann tat ich es nur ihm zuliebe." Berta führte ich also zu der Ursache, warum sie sich ihrem Mann sexuell nicht hingeben wollte. In einem früheren Leben war sie ein Dienstmädchen in einem Stift für katholische junge Priester. Einer von diesen – es ist ihr heutiger Mann – begann mit ihr ein sexuelles Verhältnis unter dem Versprechen, so sie schwanger würde, sie zu ehelichen. Doch als sie schwanger wurde, ließ er sich versetzen. Sie musste mit Schimpf das Kloster verlassen. Die Seele von Berta hat diesem jungen Priester damals nicht vergeben können. Ihre heutige sexuelle Abwehr gegen ihren Mann geht auf seine Untreue zurück samt den Ängsten, die sie als Schwangere damals erleben musste. Durch ihre damalige sexuelle Hingabe an ihn geriet sie in größte äußere und innere Schwierigkeiten, weshalb sie aus ihr bisher unerklärlichen Gründen den Beischlaf mit demjenigen, der sie damals so sehr hintergangen hat, ablehnt. Und in der Rückführung, die er neben ihr liegend miterlebte, sagte sie zu ihm: „Ich vergebe dir, dass du mich damals verlassen und somit unsere Liebe verraten hattest." Und ihre Befreiungsaffirmation lautete: „Ich befreie mich von meiner sexuellen Abwehr Gero gegenüber und von aller Angst vor Sexualität." Mit dieser Vergebung und der Affirmation der Befreiung war auf einmal bei ihr der Bann gebrochen, sich sexuell ihrem Mann zu verweigern. Und ich möchte, obwohl schon im zweiten Teil zitiert, seine telefonischen Begeisterungsausbrüche an dieser Stelle nochmals wiedergeben, um zu zeigen, was Rückführungstherapien nicht nur für die Klienten, sondern auch für die ihnen Nahestehenden oder Mitbetroffenen bedeuten können – ich möchte es nochmals zitieren: „Ja, es ist ein Wunder passiert. Nachdem wir von jenem Abend bei dir zurückgekehrt waren, gingen wir ins Bett. Wir hatten den schönsten Sex seit dreiunddreißig Jahren. Ich weiß jetzt, warum meine Frau mich so lange sexuell abgelehnt hatte, denn ich war der Übeltäter, der sie damals als junger Geistlicher im Stich gelassen hatte. Das konnte sie mir nicht vergeben, bis eben in jener sensationellen Rückführung bei dir. Und seitdem haben wir jeden Tag erfüllenden Sex. Ich danke dir. Du hast mir den Lebenstraum erfüllt."

Die Rückführungstherapie erweist sich für sexuelle Störungen als vorzüglichstes Therapeutikum. Eigentlich sollte jeder Sexualtherapeut sich die Technik dieser Therapie sofort aneignen. Und alle diejenigen, die mit sexuellen Problemen behaftet sind, sollten diese so schnell wie möglich durch eine Rückführungstherapie aufzulösen versuchen, damit wir eine heilere Gesellschaft haben, in welcher es irgendwann keine sexuellen Probleme mehr geben könnte, sodass die Menschheit in hundert Jahren auf die heutige zurückblickend nur den Kopf schüttelt über all unsere sexuellen Probleme, die man dann nicht mehr kennen wird.

Jenseits von Sex

So mancher, der dieses Buch bisher gelesen hat, mag den Kopf schütteln über all die Probleme, die Menschen mit ihrer Sexualität haben. Denn dergleichen hat er vielleicht bei sich nie kennen gelernt. Er hatte in seiner Jugend und im Erwachsenenalter hin und wieder Sex, führte auch eine sexuell unproblematische Ehe, zeugte zwei Kinder und muss jetzt im Alter auf sein Leben zurückschauend sagen: „Ich habe meine Sexualität erfüllend gelebt. Ich hatte nie extreme oder gar perverse Wünsche. Ich war mit dem, was das Leben mir an Sexualität darbot, voll zufrieden. Nun bin ich sechzig. Meine Frau ist verstorben. Ich habe kein Verlangen mehr nach Sexualität. Auch habe ich schon seit Beginn meiner Ehe mich nicht mehr masturbierend befriedigt, denn der Sex mit meiner Frau erfüllte mich ganz. Nun nach ihrem Tod brauche ich keinen Sex mehr. Ich bin völlig ausgeglichen und zufrieden. Auch bin ich meinem Dasein überhaupt sehr dankbar. So es das Schicksal will und ich noch einmal mit einer Partnerin zusammenleben sollte, mag es sein, dass ich mich dann wieder sexuell betätige. Aber ich brauche keine Partnerin mehr. Mit meiner Ehefrau bin ich mehr als zufrieden gewesen. Wir haben uns innig geliebt, und ich weiß, dass wir uns wiedersehen werden, worauf ich mich jetzt schon freue." Ist solch ein Mensch nicht zu beneiden? Wie viele sexuell zufriedene Menschen gibt es, die nie Probleme mit ihrer Sexualität gehabt hatten? Vielleicht ein Drittel der Menschen in der westlichen Gesellschaft. Oder sind es gar viel weniger?

Wie können wir ebenfalls zu solch zufriedenen und mit ihrer Sexualität in voller Harmonie lebenden Menschen werden?

Die Sexualität, wie wir ausführten, ist ebenfalls ein Lehr- und Lernmittel in der Schule des Lebens. Führen wir Sexualität rücksichtslos gegenüber den Gefühlen der anderen aus, dann kommt eine gleiche Rücksichtslosigkeit auf uns zurück. Das Prinzip des Karmagesetzes ist einleuchtend und immer gerecht. Alle sexuellen Probleme haben ihren Ursprung in der sexuellen Rücksichtslosigkeit des Menschen. Dieser ist als egoistischer Täter meist ein Mann, der seine Libido ausleben will, wobei er sich das Recht herausnimmt, als das stärkere der zwei Geschlechter bei einer Nichtgefügigkeit des schwächeren Geschlechts dieses gefügig zu machen. Und gemäß dem Maß der Verursachung von körperlichen oder seelischen Schäden muss diesen Täterseelen als Opferseelen ein Gleiches zukommen, das sich, wie wir sahen, in einem einzigen oder über mehrere Leben verteilt auswirkt. Somit lernt die Seele über viele Leben hin, keine physische oder psychische Gewaltanwendung an einem anderen zu verüben. Sexuelle Schuldgefühle aus Täterleben und sexuelle Leiderfahrungen aus Opferleben ergeben als Resultat den jetzigen auf die Sexualität bezogenen geistigen, seelischen und körperlichen Zustand des Menschen. Die Aufforderung ist an ihn gestellt, alle sexuellen Unausgewogenheiten in Harmonie zu bringen. Hierzu bietet die Rückführungstherapie ein wirkungsvolles Hilfsinstrument. Denn haben wir alle sexuelle Disharmonie ausgeglichen, dann sind wir frei geworden von den Programmierungen der Vergangenheit, die uns bestimmten. Unseren Libidotrieb, ganz egal, wie mächtig er noch in uns wirkt, werden wir von nun an in rücksichtsvoller, ja in liebevoller Weise anwenden. Hierzu kommt uns auch die jetzige Zeit entgegen. Denn es fällt uns Menschen, die wir nun offener und ehrlicher mit unserer Sexualität umgehen, leichter, unserer Libido ohne Zwang und übermäßige Anstrengung nachzukommen. Homosexuelle werden nicht mehr diffamiert und freizügige Partnerschaften ermöglichen einen unkomplizierten sexuellen Austausch. Wer hinsichtlich der Sexualität in der Schule des Lebens endlich seinen Abschluss geschafft hat, ist ein liebevoller Mensch geworden. Jede sexuelle Gewaltanwendung und Nötigung ist ihm nun unmöglich. Jetzt kann er seiner Libido in liebevoller Weise nachkommen und seine Sexualität als reine Freude genießen. Keinen kirchlichen oder sonstigen moralischen Vorschriften braucht er mehr zu folgen, denn er hat die Wirkungen des Karmagesetzes an sich in vielen Leben erfahren, sodass er jetzt aus sich heraus weiß, wie er mit seiner Sexualität, ohne Schaden dem anderen oder sich selbst zu bereiten, umzugehen hat. Das Resultat seiner diesbezüglichen Erfahrungen ist für ihn maßgebliche moralische Instanz geworden. Er ist schließlich durch diese Erfahrungen zum reinen, liebenden Menschen herangereift, der seine Sexualität in liebender Weise anwendet, sei es mit Partnern oder mit sich selbst. Er kann nun ohne Zwang und Schuldgefühle seine Libido ausleben, ja er kann jetzt endlich auch das alles nachholen, was er in seinen vielen Leben versäumt hatte.

Und wenn er alles nachgeholt und ausgekostet hat, was die freie Sexualität ihm anzubieten hat, wird er auf seiner Suche nach seiner seelischen und geistigen Selbstverwirklichung und „Individuation“ *(C.G. Jung)* nach höherer Liebe streben, nachdem er die physische und auch die psychische Liebe in ihren Darbietungsmöglichkeiten kennen gelernt hat. Er wird sich allmählich immer mehr für die spirituellen Gesetze interessieren. In seiner Liebesentwicklung wird die Liebe zu geistiger Nahrung immer größer werden, während die körperlichen Bedürfnisse immer mehr in den Hintergrund treten. Letztere müssen dadurch nicht aufgehoben oder vernachlässigt werden. Vielmehr wird die Sexualität als ein göttliches Geschenk an die Menschen angesehen und dementsprechend gewürdigt oder sogar geheiligt.

Doch es ist in allen Menschenseelen das Gesetz der Auftriebkraft nach Liebe programmiert. Ebenso hat eine Blume erst dann ihre höchste Erfüllung erreicht, wenn sie in all ihrer Pracht zur vollen Blüte gelangt. Und wir finden als Mensch dann unsere höchste Erfüllung, wenn wir in unserem Denken, Sprechen und Handeln ganz Liebe geworden sind und wenn wir frei von allen Ängsten und Schuldgefühlen in Harmonie mit uns selbst unsere Sexualität in Liebe auszudrücken vermögen.

Alle sexuellen Schönheiten auf Erden sind nur ein Vorgeschmack auf die Liebeserfahrungen, die wir auf höheren Schwingungsebenen der Schöpfung erleben dürfen. Im Jenseits bedarf man nicht mehr der Geschlechtlichkeit, um orgiastische Gefühle zu haben. Umarmt man in voller Liebe eine andere wiederliebende Person, so wird man überflutet von Liebewallungen, die selbst die schönsten Liebesgefühle, derer man auf Erden inne werden durfte, weit übersteigen.[142] Die Sexualität ist eine Erfahrung in der Materie. In der Lichtwelt des Jenseits wird sie hinfällig angesichts erfüllenderer Liebesberauschungen. Je sublimierter unsere Liebesgefühle werden, umso mehr nähern wir uns dem Ursprung allen Seins, jenem göttlichen Innesein der unendlichen All-Liebe.

V. Überholtes und Neubeginn

Freud und (k)ein Ende

a.) Freud als Theoretiker

Eine gründliche Auseinandersetzung mit Freuds Theorien und seiner Psychoanalyse mit Bezug auf die Rückführungstheorie würde ein eigenes Buch erfordern. Deshalb will ich mich auf einige Aspekte beschränken, um die wesentlichen Unterschiede zwischen seinen Vorstellungen und Deutungen und den Ergebnissen aus Praxis und Schlüssen der Rückführungsforschung gegenüberzustellen.

Eine der bekanntesten Standardtheorien Freuds ist die Theorie des *Ichs*, das zwischen dem *Über-Ich* und dem *Es* steht. Das Ich ist die verkörperte Person mit ihrem Denken und Fühlen. Das Es sind die inneren Programmierungen des jetzigen Lebens samt seinem autoerotischen Libidodrang. Diese treiben das Individuum an, sich gemäß ihren Ausrichtungen zu verwirklichen. Doch dem steht das Über-Ich in Form von Eltern, Gesellschaft, Religion und deren Normen gegenüber, die das Ich mit seinen sich manifestierenden unbewussten Inhalten wie einen wild wachsen wollenden Baum beschneiden, disziplinieren, einengen. Das Ich wird nun von zwei Seiten angetrieben und kann dadurch in große Konflikte geraten.

Freud gilt allgemein als der Entdecker des Unbewussten, das sich hauptsächlich in Träumen und Neurosen äußert. Er nahm an, dass im Unbewussten die verdrängten Inhalte der Kindheit zu finden seien, neben der dort sich formierenden Libidoenergie und den anderen durch das Über-Ich bewirkten Einstellungen. Nach den psychoanalytischen Vorstellungen ist das *Unbewusste* der Bereich, der sich auf Ängste, Emotionen, Erinnerungen und Erlebnisse des jetzigen Lebens, also meist auf die Kindheit, bezieht, die der Verstand verdrängt, sodass wir kein Bewusstsein darüber haben beziehungsweise haben wollen.

Aus der Sicht der Rückführungsforschung setzt sich das Es aus jenen Programmierungen zusammen, die wir als Seele mit der Geburt in dieses Leben als „Gepäck“ mitbringen. Das Ich ist immer die neugeborene Seele, die von den Anforderungen der Familie, Gesellschaft und Umwelt beeinflusst wird. Es steht zwischen dem, was es als Gepäck mitgebracht hat und dem Lernfeld, in das es hineinversetzt worden ist. Dieses *Lernfeld* ist aus eigener Entscheidung im Jenseits gutgeheißen worden. Es ist das *Material*, das es zu bearbeiten gilt, während in dem Gepäck das *Werkzeug* ist, mit dem dieses Material zu bearbeiten ist. Intelligenz ist eines dieser Werkzeuge. Dummheit wäre z.B. ein stumpfes Beil. Man wird damit längst nicht so viel bewerkstelligen können wie jemand, der in seinem Gepäck ein scharfes Beil mitgebracht hat. Aber vielleicht werden an den Ersteren keine so großen Ansprüche gestellt wie an den

Letzteren. Doch für jeden gilt – ganz egal, mit welchem Werkzeug und bei welchem Material – die Aufforderung: immer das Beste zu geben.

Freud betonte die „Rolle des Unbewussten für das sexuelle Begehren. Jetzt wurde die Sexualität als eine treibende Kraft nicht nur in körperlicher, sondern auch in psychischer Hinsicht verstanden.“ [143] Das Unbewusste, wie wir es sehen, sind also die Programmierungen aus dem vorbewussten heutigen, dem jenseitigen und den früheren Leben und den Leben aus unseren vorhumanen Existenzen. Oder, in meiner Terminologie ausgedrückt, sind wir Produkte der Programmierungen aus der Primär-, Sekundär-, Tertiär- und der Quartäreinstellung. Diese vier wirken in unser Leben ein. Der Libidotrieb und der Überlebenstrieb kommen aus der Primäreinstellung, wobei die Intensität des Libidotriebes durch eine Tertiäreinstellung verändert werden kann. Doch die somatischen, psychosomatischen und psychischen wie auch die sexuellen Störungen ergeben sich aus karmischen Gründen zu 90 bis 95 Prozent aus den Sekundäreinstellungen, also aus den früheren Erdenleben *(oder gar aus Leben auf anderen Daseinsebenen)*. Schon *C.G. Jung* hat das Konzept Freuds als zu eng angesehen und erweiterte den Begriff des Unbewussten, indem er auch die ererbten, universellen und archaischen Vorstellungen mit einbezog. Doch sind aus meiner Sicht auch die Inhalte des so genannten *kollektiven Unbewussten* meist Erfahrungen des Individuums aus früheren Leben.

Dass die Libido entscheidend unser Ausgerichtetsein bestimmt und sexuelle Störungen auf einen fehlgeleiteten Libidotrieb zurückzuführen sind, da gebe ich Freud zu 100 Prozent Recht. Denn die meisten karmischen Ausgleichsgeschehen, die mit Sexualität zu tun haben, gehen auf sexuell bedingte Täterleben zurück, die dann in ihren Opferleben ihren Ausgleich finden und heute noch als Nachwirkung therapeutisch zu behandeln sind. Daher muss ich Freud gegen *Jung* in Schutz nehmen, der seinen Lehrer zu energisch auf seinem Libido-Ross daherreiten sah, was schließlich zum Bruch zwischen diesen beiden hervorragenden Pionieren der modernen Psychologie führte. „Die ganze Kraft der Freudschen Libidotheorie lag in der Überzeugung, dass jedes Kind das gegengeschlechtliche Elterteil sexuell begehrte. Freud zufolge handelte es sich weder um einen bloßen Wunsch noch um einen Tagtraum, sondern um ein höchst brisantes Gefühl. Jung hingegen war überzeugt, das Kind wünsche den Inzest nicht wirklich, sondern dieser sei vielmehr reine Einbildung.“ [144]

Freud hatte sich anlässlich der Niederschrift seines Traumbuches einer *Selbstanalyse* unterzogen. Er musste feststellen, dass er als Kind seinen Vater gehasst hatte, da dieser seine Mutter sexuell besaß. Es blieb ihm „nichts anderes übrig, als anzuerkennen, dass (er als) das Kind die Mutter sexuell begehrte“, samt verbotenen inzestuösen Wünschen und „einer triebhaften, verborgenen Sexualität“.[145]

Nach Freud ist das Kind im Grunde „polymorph pervers“, weil es in der oralen und analen Phase (später kommt zu seiner Theorie noch die phallische Phase hinzu) alles macht, was ihm gefällt, während es ihm später durch „moralische Vorschriften“ aberzogen wird. Es nimmt alles in den Mund, besudelt sich eventuell mit Kot oder Urin oder spielt ungeniert vor anderen mit seinem Geschlechtsteil, lässt sich oft gern nackt sehen und betrachtet nackte Körper. Und das Kind hat auch eine sadistische Tendenz zur Grausamkeit und

Zerstörung *(Ausreißen der Beine eines Käfers oder einer Puppe, Zertrümmern eines Spielautos, Schlagen oder Zwicken des kleinen Geschwisters usw.).* Da Freud nun versucht, alles vom normalen Abweichende mit dem Geschehen im heutigen Leben in Zusammenhang zu bringen – denn eine Präexistenz der Seele gibt es ja für ihn nicht –, müssen nun Neurotiker und Perverse ihre Eigenarten irgendwo in diesem Leben begründet haben. So ist auch die Neurose eine *Fixation* (Anhaftung) der infantilen Phase.[146] Irgendetwas muss bei ihnen nicht den normalen Entwicklungsverlauf genommen haben, weshalb diese infantilen Erlebnisse in ihnen noch nachwirken beziehungsweise wieder zum Ausbruch gelangen. Auch der Perverse wird auf die polymorphe Perversität des unartigen und zerstörungswütigen Kindes fixiert, die sich dann als Erwachsener in einer zerstörerischen oder selbstbestrafenden sexuellen Anwendung aktiv umsetzt.

Somit gibt es für Freud keine Neurose mit einer normalen *vita sexualis* (Sexualleben). Ein anormales Sexualleben ist also auf eine oder mehrere disharmonische Einwirkungen in der Kindheit zurückzuführen. Der *Neurotiker* führt seine Sexualität in Gedanken aus, der Pervertierte in der Praxis. Der Neurotiker hat psychische und emotionale Störungen, die sich hinsichtlich der Sexualität in Ängsten, Versagen und Ablehnung äußern. Während der Neurotiker diese Verhaltensstörungen passiv erlebt, setzt der *Perverse* seine sexuellen Störungen aktiv um. Der Neurotiker also, der seine Symptome im späteren Leben entwickelt hat, fällt mit seinen sexuellen Ängsten in das Kindheitsstadium zurück, wo diese Ängste begründet worden waren. Er ist an diese fixiert und lebt sie nun als Neurosen aus. Mit anderen Worten: Sexuelle Ängste und Verhaltensstörungen als Erwachsener sind in der frühen Kindheit durch einschneidende Disharmonien entstanden. Man kann sich vielleicht vorstellen, wie vehement Freuds Theorie über die infantile Sexualität abgelehnt werden musste und heute noch von vielen Psychologen abgelehnt wird. Denn er bestand darauf, dass das Kleinkind schon sexuelle Gefühle hat und diesen auch Ausdruck zu geben willens ist.

Aus Erfahrungen der Rückführungstherapie kann dazu Folgendes gesagt werden: Das Kind hat in den ersten fünf Jahren noch oft eine Erinnerung an sein dem heutigen vorausgegangenes früheres Leben, was Professor *Stevenson* beweisen konnte. In diesem, so er erwachsen gewesen ist, hatte es als Mann oder Frau seine Libido gelebt. Wenn jedoch diese Seele im früheren Leben schon als Kind verstorben war, dann wird es als heutiges Kind kaum libidinöse Anzeichen zeigen. War aber dieses Kind im vorausgegangenen Leben ein sexuell aktiver Erwachsener, dann wirken diese sexuellen Kräfte noch nach, sodass es die früheren diesbezüglichen Gewohnheiten in seiner nun beschränkten Form zum Ausdruck bringen kann. Einer meiner homosexuellen Klienten berichtete mir, dass er schon mit zwei Jahren ohne Erektionen masturbiert habe. Und dies habe er seitdem immer wieder getan, manchmal zweimal am Tag. Mit zwei Jahren habe er sich schon besonders für Abbildungen nackter Männer interessiert. Mit neun Jahren bekam er seinen ersten Samenerguss. Freud hat also darin Recht, dass Kleinkinder schon erotische und sexuelle Gefühle haben und auch zeigen, oder sogar, wie gerade beschrieben, umsetzen. Aber er hat Unrecht dahingehend, dass diese autoerotisch aus dem jetzigen Leben allein stammen sollen. Was aber die Ätiologie der Neurose angeht, so hat er meines Erachtens wohl zu 95 Prozent Unrecht. Denn die so genannten Neurotiker haben ihre „neurotischen" Probleme aus einem früheren Leben mit in das heutige gebracht. Diese zeigen sich meistens erst im reiferen Alter, weil oft eine *Zeitsynchronizität* besteht. Denn wenn man vormals mit fünfzehn oder mit dreißig Jahren vergewaltigt worden war, dann kann im heutigen Leben als Nachwirkung eine Neurose genau in dem betreffenden Zeitraum auftreten. Natürlich können bei vielen damals Vergewaltigten diese Neurosen sich schon vor dem betreffenden zeitsynchronen Alter bemerkbar machen. Und der Grund, warum so viele weibliche Personen stärker neurotisch und „hysterisch" belastet sind als Männer, geht auf den einfachen Grund zurück, dass Frauen eher vormals sexuell genötigt worden waren. Doch kann auch seit dem vorausgegangenen Leben eine Geschlechtsumwandlung stattgefunden haben, sodass die früher Vergewaltigte heute als Mann ebenfalls als Nachwirkung neurotische Symptome aufweist. Die Ätiologie dieser „neurotischen" Störungen kann weit in frühere Leben zurückgehen, sodass manche Störungen ihren Ursprung vor einigen hundert oder sogar tausend Jahren haben. Bei den meisten Neurotikern kann man mittels der Rückführungstherapie sicherlich schnell die eigentlichen Ursachen in früheren Leben aufdecken und jene womöglich mit einer einzigen Rückführungstherapie von ihren Ängsten oder sexuellen Problemen heilen.

Nach den kindlichen Frühphasen, die mit der ödipalen Phase im Alter von ungefähr fünf Jahren beendet sind, hat Freud richtig eine *Latenzphase* erkannt, die sich bis zur oder in die Pubertät hinein auswirkt. Hier ruhen die sexuell motivierten Störungen, es sei denn, sie würden schon vorher durch Fremdbeeinflussung aktiviert werden, zum Beispiel durch Missbrauch. Diese Latenzzeit ist aus der Reinkarnationsperspektive so zu verstehen, dass meist mit etwa dem sechsten Lebensjahr die Erinnerung an frühere Leben und somit die möglichen Erinnerungen an vormals gelebte Sexualität sich aufgelöst haben. Erst mit und nach der Pubertät wird die Libido immer aktiver und fordert ihre Anwendung. Mit der geschlechtlichen Herausforderung werden auch die Programme aus früheren Leben wieder mobilisiert, die sich noch karmisch auszuwirken haben. Somit hat Freud Recht, wenn er von einer Latenzzeit spricht, nur ist deren Begründung aus unserer Sicht unrichtig, da diese sich allein aus sexuellen Regungen der Kindheit ergeben soll. Sexuelle Ängste, so sie nicht durch Missbrauch in der heutigen Kindheit und im heranwachsenden Alter verstärkt oder begründet wurden, ergeben sich, wie die Rückführungstherapie eindeutig festzustellen vermag, aus den traumatischen sexuellen Begebenheiten aus früheren Leben und finden ihre Auswirkung meist erst aus zeitchronistischen und anderen Gründen im Erwachsenenalter. Der Psychiater *Brian Weiss* meint, dass die Rückführungstherapie auf dem Gebiet des Missbrauchs nur eine Erweiterung des psychoanalytischen Gedankens ist, weil jene sich auf ein größeres Gebiet begibt[147] – eben das der Reinkarnation.

Das Kind ist nach Freud *„polymorph"* beziehungsweise geschlechtlich neutral, das heißt, es hat von Natur aus die Tendenz, sich geschlechtlich zur Hetero- oder Homosexualität hin zu entwickeln. Die geschlechtliche Präferenz wird durch die Liebe der Eltern zu dem Kind geprägt, wie auch die Liebe an sich durch die Liebe der Mutter zum Kind erst entsteht. Das Kind als Seele ist also zunächst mit der Geburt als neutrales Wesen vorhanden. Freud ereifert sich auch gegen die Vererbungstheoretiker, die Eigenschaften des Kindes auf die Vererbung zurückzuführen, während er alles Verhalten und Adaptieren allein aus dem elterlichen und anderer Personen Einwirken heraus erklärt. Hierzu wäre Folgendes zu sagen: Die Seele ist wirklich „polymorph", da sie während ihres Durchlaufs durch die Kette der vielen Inkarnationen ihre Geschlechtlichkeit oft wechselt. Doch die bereits inkarnierte Seele kann nicht neutral polymorph sein, da sie ja schon für eine Geschlechtspräferenz auf Grund der Sekundär- oder Tertiäreinstellung programmiert ist.

Es ist immer wieder interessant zu bemerken, dass Freud richtige Ansätze in seinen Erklärungen darlegt, nur müssten diese einfach um die Reinkarnation erweitert werden. Jawohl, es gibt diese Latenzzeit, aber diese erstreckt sich über ein oder mehrere Leben, bis die ursprünglichen Programmierungen sich auswirken. Jawohl, die Seele ist sexuell polymorph, aber sie ist es nicht in einer speziellen Kindheit. Ihre sich entwickelnde sexuelle Präferenz kommt nicht aus der Kindererziehung, sondern sie ist schon als Veranlagung eingegeben. Freud meint auch, da das Kind polymorph ist, dass ein Knabe in der Latenzzeit durch einen ihn zu homoerotischen Praktiken verführenden Mann zu einem Homosexuellen geformt werden kann. Jedoch verhält es sich anders. Die Seele hat schon vor Antritt einer Reinkarnation entschieden, welche Geschlechtspräferenz sie annehmen will. Somit werden die Umstände herbeigeführt, die sie in die von ihr erwünschte Präferenz einführen. Durch die Rückführungstherapie gewinnen wir eine höhere Einsicht in die Zusammenhänge und Gesetze des Lebens, wobei notwendigerweise die bisherigen Erklärungen des Lebens, da sie nicht diese höhere Perspektive einnehmen, sich als zu eng beziehungsweise als erweiterungsbedürftig erweisen. Und auch Freuds Erfindung des Ödipuskomplexes muss notwendigerweise aus der Sicht der Reinkarnationsforschung ebenfalls revidiert werden.

Freud glaubte, dass der Mensch im Eigentlichen animalisch und im Grunde unmoralisch sei. Erst das Über-Ich formt ihn zu einem moralischen Menschen, vorausgesetzt, dass alles bei der Erziehung in geordneten Bahnen verläuft. Das Kind stößt beim Durchschreiten seiner Entwicklungsstadien auf ein mögliches Dilemma. Es handelt sich dabei um die ödipale Phase. Hier entwickelt das Kind, so es sich um einen Sohn handelt, einen sexuellen Wunsch nach der Mutter. Er fürchtet aber die Strafe des Vaters für seine inzestuösen Gedanken. Auch neidet er ihm das sexuelle Vorrecht an der Mutter. Hieraus entsteht der von Freud so benannte *Ödipuskomplex*. Normalerweise wird dieser Wunsch gelöst, indem der Sohn sich schließlich mit dem Vater identifiziert und somit symbolisch der Vater wird. Das weibliche Kind kann hingegen in Parallele dazu eine erotische Liebe zum Vater entwickeln. Diese Konstellation ist als *Elektrakomplex* bekannt geworden. Das Mädchen hat Gefühle für den Vater, fürchtet aber die Strafe der Mutter. Und schließlich identifiziert sie sich mit der Mutter. Das Kind erlebt eine Eifersuchts- und Abwehrreaktion auf den gleichgeschlechtlichen Elternteil, die seine Denk-, Gefühls- und Verhaltensweise beeinflussen. Diese Phase machen – so die Freudsche Lehre – alle Kinder durch.

Doch aus der Reinkarnationsperspektive ist dazu Folgendes zu bemerken: Dass Kinder bis zu ihrem sechsten Lebensjahr eine sexuelle Rückerinnerung an ihr vorausgegangenes Leben mitbringen und sie an jenem Elternteil demonstrieren, der ihrer Geschlechtspräferenz aus dem vergangenen Leben entspricht, davon haben wir schon gesprochen. Doch wenn der Sohn eine übermäßige Liebe zum Vater entwickelt und eine abweisende Haltung der Mutter gegenüber einnimmt, so kann es sich so verhalten, dass er erstens im vorausgegangenen Leben homosexuell veranlagt war oder zweitens eine besondere Zuneigung zur Seele des Vaters entwickelt hat, der vielleicht im früheren Lebens sein Geliebter oder seine Geliebte war, oder drittens, dass er, die Liebe bei seinen Eltern suchend, diese der Mutter nicht geben kann, weil er zu ihrer Seele aus früherem Leben eine negative Erfahrung in seinem Unterbewusstsein gespeichert hat. Beim Elektrakomplex verhält es sich in gleicher Weise. Freud hatte bestimmt bei seinen Recherchen die erotische Zuneigung einiger Kinder zu einem Elternteil entdeckt und gründete auf diese Beobachtungen hin seine Theorie. Aber sicherlich hat er diese infantile Sexualität nicht bei allen von ihm observierten Kindern erleben können, sondern nur bei einigen, bei denen, aus meiner Sicht, eben das oben Beschriebene zutraf. *Inzestverhältnisse* begründen sich jedoch meistens darin, dass ein Elternteil mit einem der Kinder in früherem Leben ein Liebesverhältnis hatte, das sie magnetisch wieder aneinander bindet, woraus eine sexuelle Intimität entsteht. In der Rückführungstherapie können solche Inzeste auf ihre Ursachen genau zurückgeführt werden. Somit wird sich eine vollkommen neue Sicht bei der juristischen Verurteilung von Inzestvergehen ergeben.

Freud hat auch vom *Penisneid* des kleinen Mädchens gesprochen, das anatomisch an dem Bruder etwas sieht, das es nicht hat. Ist der Penisneid nicht vielleicht bei jenen Mädchen nur oder besonders vorhanden, die unbewusst daran erinnert werden, dass sie früher einmal ein Mann waren, der nun in das andere Geschlecht „strafversetzt“ ist? *(In diesem Buch ist im Falle von Amanda (Fall 14) zu lesen, dass sie den Bruder darum beneidete, dass er einen Penis hatte und beim Urinieren stehen durfte und sie nicht. In einem Täterleben war sie ein Pirat.)* Ich könnte mir denken, dass jetzt so mancher Sexualwissenschaftler lächeln wird über diese meine anscheinend weit hergeholten Vermutungen. Doch Sigmund Freud hatte viele kühne Vermutungen, und die Psychoanalytiker haben mit ihren Methoden ihm dann doch Recht geben müssen (oder wollen). Aber meine Thesen können durch weitere Forschungen mittels der Rückführungstherapie späterhin überprüft werden. Man wird dann wahrscheinlich einiges anders sehen, als ich es jetzt sehen kann, doch wird man mir in den Hauptaspekten sicherlich Recht geben müssen. Ich glaube, dass mindestens 70 Prozent des Penisneids auf unbewusste Rückerinnerungen an frühere Leben zurückzuführen sind.

Freuds Vorstellung von der *Latenzzeit* zwischen der ödipalen Phase und der Pubertät, in welcher die Prägungen von der oralen, analen und ödipalen Phase ruhen und erst mit oder nach der Pubertät wieder regsam werden, kann man ebenfalls und richtiger auf die früheren Leben anwenden. Denn Programmierungen negativer Art können oft über verschiedene Leben hin ruhen, bis sie wieder ausbrechen und sich als Störsymptome zeigen. So ist bei einem Erwachsenen die Angst vor Dunkelheit nicht unbedingt in der frühen Kindheit entstanden, sondern sie stammt aus einem früheren Leben, in welchem dieser Seele damals bei Dunkelheit etwas Schreckliches zugestoßen war. Wenn also eine Frau beim Koitus immer darauf besteht, dass die Tür verschlossen ist, dann muss nicht in der Kindheit unversehens jemand ins Zimmer gekommen sein und sie beim Berühren ihrer Klitoris ertappt oder ausgeschimpft haben. Sondern viel eher ist daran zu denken, dass diese Seele in einem früheren Leben während des Beischlafs mit einem Mann von anderen Männern überrascht worden ist, die durch die unverschlossene Tür hereinstürzten und sie und/oder ihren Mann töteten. Oft brechen im Leben solche Verhaltensänderungen oder Ängste erst in jenem Alter auf, in welchem sie in früheren Leben entstanden sind. Solche Phänomene, auf welche ich schon hindeutete, nennen wir in der Rückführungsforschung *„zeitsynchrones Verhalten"*.

Homosexualität begründet Freud mit dem Fehlen des Elternteils des gleichen Geschlechts, da dem Kind dieser zur Identifizierung fehle. Also macht es sich später auf die Suche nach diesem. Außerdem können sexuelle Verführungen von einer anderen gleichgeschlechtlichen Person eine solche Geschlechtspräferenz herbeigeführt haben, was im Knabenalter und in der Pubertät geschehen könnte. Vor Freud wurden die Homosexuellen als krankhafte Menschen angesehen. Noch *Richard von Krafft-Ebing* (1840-1902) bescheinigte ihnen eine erbliche neuropathische Degeneration, während Masturbation ihren Zustand nur noch verschlimmere. Freud war meines Wissens der erste, der Homosexuelle von dem Makel des Krankhaften und Degenerativen befreite. Er untersucht mit den Augen eines Analytikers die sexuellen Konstitutionen des Menschen und deckt gesellschaftliche und wissenschaftliche Vorurteile als unrichtig auf. Doch trotz seiner Theorien vermutet er bei der Homosexualität eine mögliche konstitutionelle Prädisposition. In seiner ersten der *Drei Abhandlungen zur Sexualtheorie* schreibt er als Schlussfolgerung über die Invertierten (Homo- und Bisexuelle): „Wir sehen uns zwar außerstande, die Entstehung der Inversion aus dem bisher vorliegenden Material befriedigend aufzuklären, ..." Er hat also keine endgültige Erklärung für das Phänomen der *Homosexualität*. Ich habe in einem gesonderten Kapitel über die Homosexualität geschrieben und glaube, bei der Erklärung dieses Phänomens aufgrund von Trancerückführungen der Wahrheit ein ganzes Stück näher gekommen zu sein, als es dem großen Psychologen je möglich gewesen sein konnte. Freud hat sogar den Mut, die Pädophilen von dem Stempel der Geisteskrankheit zu befreien, seien doch diese Pädophilen meist unter normalen Menschen wie Lehrern und Kinderbetreuern anzutreffen.

Freud hatte einmal später von sich gesagt, dass es seine Lebensaufgabe war, das „Offenbare" entdeckt zu haben, nämlich, dass Kinder sexuelle Gefühle und dass Träume eine Bedeutung haben. Jedoch müssen nicht alle *Träume* einen sexuellen Hintergrund haben. Da für ihn das Leben erst mit der Geburt beginnt, in Wirklichkeit die Seele aber ihre Erfahrungen und Programmierungen aus vielen Leben gespeichert mit in das jetzige einbringt, stützt sich seine Theorie auf das, was sich in diesem Leben als gespeichertes Material für das heutige Leben umsetzt. Traumbezüge müssen nach Freud ihren Ursprung in diesem Leben haben. Träume zeigen demzufolge die ganze Welt der infantilen Sexualität auf, wenn auch in verkleideter Form. Denn die infantile Sexualität wurde unterdrückt und daher verdrängt. Diese kann oft durch die Traumforschung wieder aufgedeckt und durch die Traumdeutung interpretiert werden. Wenn also ein Turm oder Schlot in einem Traum auftaucht, deutet Freud dies als ein phallisches Symbol. In der Psychoanalyse geht man diesen Träumen nach, um etwas über die Erotik der Kindheitsphase herauszufinden, was auf das spätere neurotische Verhalten des Patienten schließen könnte. Freuds Schüler *C.G. Jung* hat den Träumen ganz andere symbolische Deutungen zugewiesen. Doch trotz aller Versuche, Träume symbolisch zu deuten, möchte ich als Rückführungstherapeut aus Erfahrung sagen, dass vor allem das traumatische Geschehen in Träumen oft auf Erlebnisse der früheren Leben zurückzuführen ist. Trotzdem bleiben Träume als Ganzes gesehen noch ein Rätsel, welches wahrscheinlich erst in einigen Jahrhunderten endgültig durch erweitertes Bewusstsein von uns in Erfahrung gebracht werden kann. Denn vielleicht sind Träume Geschehnisse aus Parallelleben, die wie Viren in unser Unterbewusstsein eindringen und sich mit den dortigen Inhalten vermischen.

Und nun ein Beispiel dafür, wie sehr eine Theorie ins Kraut schießen kann, wenn man unbedingt die sexuellen Störungen in ein theoretisches Kleid zwängen möchte. Freud wartete 1905 mit einer originellen *Orgasmustheorie* auf, die auch zur Erklärung der Frigidität der Frau führte. Es handelt sich dabei um die Gegenüberstellung von vaginalem und klitoralem Orgasmus. In *Drei Abhandlungen zur Sexualtheorie* führt er aus, dass beim weiblichen Kind die Klitoris die wichtigste erogene Zone sei. Doch in der Pubertät müsse nach einer Phase der sexuellen Anästhesie *(sexuelle Latenzzeit)* die libidinöse Erregung auf die Vagina übertragen werden. Im Laufe dieser Entwicklung wird das Mädchen zur Frau. Die vorpubertäre Phase der Anästhesie – so Freud wörtlich – „kann eine dauernde werden, wenn die Klitoriszone ihre Erregbarkeit abzugeben sich weigert". Wenn es also einer Frau im Verlaufe ihrer Pubertät nicht gelungen sein sollte, vom klitoralen zum vaginalen Orgasmus übergehen zu können, bleibt sie in ihrer sexuellen Entwicklung stehen. Aus diesem Grund wird das Ausbleiben des vaginalen, also des wirklichen Orgasmus neben dem totalen Ausbleiben desselben als *Frigidität* eingestuft. Diese Theorie faszinierte viele Freudianer. Sein Schüler *Wilhelm Stekel* theoretisierte auf diesen Ansatzpunkt weiterhin aufbauend, dass die „anästhetische Frau", die also in der Klitorisphase stecken geblieben war und nie zum richtigen Orgasmus gekommen sei, die Dirne spiele, um über die Männer zu triumphieren. Sie wird auf der Suche nach dem wirklichen Orgasmus zu einer frigiden *Nymphomanin*. Und *Otto Fenichel* als Freudianer ergänzte, dass die nymphomanische Patientin unablässig auf der Suche nach Geschlechtsverkehr sei, ohne je befriedigt werden zu können. Darum rieten auch Ärzte der Frau ab, zu masturbieren, da dieses den späteren vaginalen Orgasmus verhindere. Außerdem werde durch Masturbation die Nymphomanie gefördert. Es gibt eine breite Palette an Literatur, die auf Freuds Theorien aufbaut und ihn gar zu übertreffen versucht, indem die phantastischsten Analogien gefunden werden. Doch die wirklichen nicht auf Theorien, sondern auf Demoskopien fußenden Befunde über den Orgasmus wurden spätestens mit den Darstellungen von *Masters und Johnson* der Öffentlichkeit vorgestellt, womit die Freudsche Orgasmustheorie begraben werden musste.[148] Denn die beiden Autoren zeigen auf, dass der Orgasmus der Frau in ganz verschiedener Weise erlebt werden kann, ohne dass die Vagina oder die Klitoris überhaupt dabei stimuliert werden muss. Eine liebevolle Stimulierung der Brüste oder der Ohren kann einen Orgasmus auslösen. Ich selbst habe bei einer jungen Frau erlebt, dass das Küssen ihrer Schultern bei ihr einen Orgasmus auslöste. Dies mag damit zusammenhängen, dass sie überhaupt keine weiblichen Brüste hatte, sodass sich die Hormonverteilung unter anderem wohl in den Schultern platziert haben dürfte. Und *Dr. Ard* weiß von Frauen, „die ohne Körperberührung einen Orgasmus erleben können, indem sie sexuellen Gedanken nachgehen und voll auskosten, was ihnen diese sexuelle Lust bereitet".[149]

In mehreren Kapiteln dieses Buches habe ich die Gründe für Frigidität und Orgasmushemmung dargestellt. Sie haben, von ganz wenigen Ausnahmen abgesehen, eindeutig mit Vergewaltigungserlebnissen in früheren Leben zu tun, sei es, dass die betreffende Seele nach einem Täterleben als Bestrafungsmuster programmiert, sie wolle nie wieder Lust empfinden, oder nach einem Opferleben der Programmierung verfällt, nie wieder sich einem Mann hinzugeben oder nie wieder mit Sexualität zu tun haben zu wollen.

Eine andere von Freud vertretene Theorie ist, dass aufgrund des Ödipuskomplexes samt der Verliebtheit und dem sexuellen Begehren des gegengeschlechtlichen Elternteils, die oder der Erwachsene immer den *Partner* sucht, der diesem geliebten Elternteil am meisten entspricht, sodass auf einer unbewussten Ebene Sexualität zu einem inzestuösen Akt wird. Letzteres ausklammernd, muss ich Freud aus meiner Erfahrung Recht geben. Denn ich habe meine Mutter mit fünf Jahren verloren. Sie war und blieb für mich immer die schönste Frau überhaupt. Und jene Frauen wurden zu meinem Idol, die ihr ähnlich sahen, wie zum Beispiel eine Hollywood-Schauspielerin. Auch späterhin habe ich mich von solchen Frauen am meisten auch sexuell angesprochen gefühlt, die mich an meine erste Liebe – eben meine Mutter – erinnerten. Und Frauen, die ihren Vornamen trugen, waren mir meist sofort sympathisch. Freud als guter Beobachter hat oft wesentliche Wahrheiten ins Licht gestellt, auch wenn sie in der Verallgemeinerung nicht immer zutreffen. Doch hatte ich selbst in einer Rückführungstherapie erfahren, dass ich mit meiner Mutter in früheren Leben schon drei Mal verheiratet und in weiteren zwanzig Leben mit ihr verbunden war. Und echte Liebe hält über viele Leben an, ja sie wird immer intensiver, je öfter man als Liebende zusammengekommen ist. Liebende erkennen sich – ich wies schon darauf hin – an einer spezifischen an die Seele gebundenen Schwingung wieder.

Freud teilt den *Fetischismus* in personenbezogene fetischistische Objekte und in nicht personenbezogene Objekte ein. Ersterer stellt eine Verbindung mit einer geliebten oder sexuell begehrten Person dar (Strumpfband, Halstuch), während Letzterer als pathologisch anzusehen sei. Doch die nicht personenbezogenen Sexualobjekte stammen, wie die Rückführungstherapie nachweisen könnte, aus früheren Leben, wo sie ebenfalls personen- oder situationsbezogene Objekte der Liebeslust waren oder mit der begehrten Person in einem symbolischen oder realen Zusammenhang zu bringen sind. Auch Freud gibt zu, dass „die Wege dieser Verbindungen ... nicht immer mit Sicherheit nachzuweisen" seien. Doch da immer nach einer Begründung in diesem Leben gesucht wird, nimmt er an, dass zum Beispiel der Pelz als Fetisch wohl mit der Behaarung des *mons Veneris* (Venushügel) zu tun haben könnte.[150] Ich nehme an, dass der betreffende Pelzfetischist unbewusst eher an eine erotische Begegnung mit einer Dame im Pelz aus heutigem oder aus früheren Leben erinnert worden sein könnte, weshalb ihm der Pelz erotische Gefühle vermittelt und ihn zum Orgasmus kommen lässt.

Alle Phänomene der erotischen Lust oder der Unlust versucht Freud in das heutige Leben hineinzudrängen, soweit es ihm möglich ist. Und das Feld seiner Theorien bietet für viele Phänomene genügend Platz. Doch wo sie nicht in eines dieser Felder hineinzupassen scheinen, da gibt er auch offen zu, sie nicht einordnen zu können.

Freud hat sich immer wieder um die Rätsellösung des Begriffes *Liebe* bemüht. In einer Fußnote in seinen drei wichtigen *Abhandlungen zur Sexualtheorie* (1905) fügte er 1915 hinzu, dass die unzähligen Verschiedenheiten des erotischen Erlebens wie auch der zwanghafte Charakter sich zu verlieben ganz unverständlich seien, es sei denn, man führe ihre Entstehung auf die Kindheit zurück und betrachte sie als nachwirkende Kindheitseffekte. Hier zeigt sich das ganze Dilemma der Freudschen Theorie. Im Grunde ist es eine Ohnmachtserklärung, diese Phänomene nicht irgendwie anders einordnen zu können. Die Reinkarnationsforschung weiß hingegen ganz genau, warum sich jemand in eine andere Person, sprich Seele verliebt. *(Die äußerliche Liebe ist die Liebe zu einer körperlichen individuellen Gestalt. Die innere Liebe ist jene zu dessen Seele.)* Denn beide haben sich schon in einem oder gar mehreren Leben geliebt. Und je mehr man sich wieder in eine personifizierte Seele verliebt, desto intensiver war die frühere Liebe gewesen. Starke Liebe baut sich, wie schon gesagt, meistens über verschiedene Leben hin allmählich auf. Das Maß der Liebesintensität für eine bestimmte Person ist kennzeichnend für die addierten Liebesgefühle aus früheren Leben und jenen, die man im Jenseits füreinander begründet hatte. Ebenfalls, wie die Rückführungstherapie nachweisen kann, ist unser spezifisches sexuelles Interesse oder Desinteresse ein Relikt aus den Erfahrungen der früheren Leben, was in diesem Buch reichlich verdeutlicht worden sein dürfte.

Freud hat den Mut gehabt, seine Ansichten zu revidieren oder ehemals Gesagtes zu verwerfen. Er war also in seinem Denken beweglich, denn er beharrte nicht auf vormals Gesagtem, so er zu neuen Ansichten gekommen war. Dies zeugt von einem echten Forschergeist, der nicht auf alten Ansichten fest sitzen bleibt, sondern aus dem Forscherdrang heraus bereit ist, alte Positionen, die vielleicht schon sanktioniert waren, zu widerrufen. Und er ermunterte andere Sexualforscher, weiterhin auf dem Sektor der Sexualität zu forschen, selbst wenn dadurch seine Theorien in Frage gestellt werden könnten. Und ein Gleiches möchte ich auch vornehmen, indem ich Forscher bitte, mich zu widerlegen, wenn sich wissenschaftlich herausstellen sollte, dass meine reinkarnationsbezogenen Ansätze zu Sexualtheorien sich als ungenau oder unrichtig erweisen sollten. Aber ich bitte darum, dass man erst wirklich die früheren Leben mit den heutigen Sexualstörungen eingehend überprüft und nicht voreilig Schlüsse zieht, die auf zu wenig praktischer Erforschung beruhen.

Freud war nach außen hin ein sehr zurückhaltender oder – besser gesagt – ein konservativer Mann. Obwohl er einem amerikanischen Kollegen in einem Brief schrieb, dass er für ein freieres Sexualleben eintrete, selbst aber von dieser Möglichkeit nur wenig Gebrauch gemacht habe, hatte er sich zurückgehalten, Vorschläge für eine freiere Sexualität zu unterbreiten. Und seine eigenen Kinder hat er anscheinend auch nicht aufgeklärt, denn diese, wie

Dr. Fine schreibt, mussten die Tatsachen des Lebens durchs Schlüsselloch oder durch Straßengespräche erfahren.[151]

Über die Auswirkung der Freudschen Theorien schreibt *Dr. Fine*: „Die ausführliche Darstellung der psychosexuellen Entwicklung, die Notwendigkeit eines Liebesobjektes, die Bedeutung des Ödipuskomplexes, die Rückkehr und Fixierung auf die kindliche Sexualität als Aushängeschild der Neurose, die Verbindung zwischen Neurose und Kindheit – all dies und noch mehr wurde zum Bestandteil für den unerlässlichen theoretischen Überblick jedes klinischen Psychologen.“[152] Freud hatte seine Entdeckung des Ödipuskomplexes als die größte Leistung seines Forschens hingestellt. Doch schon 1943 schreibt *Sears*, dass dieser Ödipuskomplex eine Groteske sei, die Freuds Vorstellung entsprungen wäre.[153] Tatsächlich gehören seine Ödipustheorie und seine Neurosenlehre zu den heute am meisten angegriffenen Lehren. *Paul Kline* stellt eine Übersicht der Freudschen Theorien auf, die bisher untersucht und teilweise bewiesen werden konnten. Doch viele seiner Behauptungen kann man einfach empirisch nicht beweisen, wie etwa das Lustprinzip und den Todestrieb. Freuds Neurosenlehre wird allgemein abgelehnt, da nichts oder nur wenig dafür spricht, dass das Kind ein ausreichendes Sexualleben hat, das für die Bildung von Neurosen zuständig sein könnte.[154]

Freud ist ein großartiger Gedankenakrobat. Was es eigentlich an Erkenntnissen aus dem Nichtwissen über die Existenz einwirkender früherer Leben zu erdenken gab, hat er gedacht und damit die Basis für ein großes Heer von Psychologen, Sexualtherapeuten, Psychiatern und Therapeuten geschaffen, die fast ein ganzes Jahrhundert lang seinen grundsteinlegenden Gedankengängen folgten und weiterhin darauf aufbauten. Durch Freud ist die Psychologie zu einem selbstständigen Lehrfach an Universitäten geworden. Auf seinen Grundlagen, so unrichtig oder überholt sie auch oft sein mögen, haben viele andere Systeme aufgebaut. Er bildet das Fundament der modernen Psychologie, auch wenn es in seiner Fertigstellung anders aussieht, als er es sich damals vorstellte. Denn es wird immer noch an diesem Gebäude weitergebaut. Doch leider steht dieses Gebäude auf Sand und steht schon seit Jahren in einer Schieflage, obwohl man alles tut, dieses Gebäude zu stützen. Es neigt sich immer mehr auf die Seite und sackt dabei immer mehr in den Sand ein. Irgendwann werden höchstens noch Trümmer von diesem zu sehen sein. Und psychologische Archäologen werden in zehntausend Jahren noch Bruchstücke davon ausgraben und rätselnd den Kopf darüber schütteln, was damals sich ein „primitiver“ Mensch ausgedacht hatte, denn aus deren Sicht werden wir Heutigen alle als wenig weiterentwickelte Neandertaler betrachtet werden. Und vielleicht werden wir als Wiedergeborene zu diesen Archäologen gehören, die über sich als ehemalige dort inkarnierte Seelen dieses Urteil sprechen.

Es gilt also, ein neues Gebäude der Psychologie und der Sexologie zu errichten, das auf dem soliden Grund des Reinkarnationsaxioms aufgebaut wird.

Der Weg der sexuellen Störungen aus seiner Vergangenheit bis zu Freud war ein langer sich durch die Geschichte der Menschheit schlängelnder Weg des Unverständnisses, der Vorurteile und Gemeinheiten. Bis etwa 1750 hatte sich die Kirche dieser Gestörten angenommen, indem sie ihnen den Stempel der teuflischen Besetzung aufdrückte mit allen Konsequenzen, die sich für die Leidtragenden daraus ergaben. Mit der Zeit der Aufklärung und der Entteufelung nahmen sich die Mediziner im zunehmenden Maße der sexuell Gestörten an, sodass im neunzehnten Jahrhundert den vormals Gebrandmarkten das Etikett der Geisteskrankheiten zudiktiert wurde. Homosexuelle und andere sexuell Abartige waren eben geisteskrank. Es gehört mit zu den großen Leistungen Freuds, die sexuell Gestörten oder Anormalen von dieser Abseitsstellung und von der Diffamierung als Kranke befreit zu haben. Er versuchte ebenso wie andere seiner Zeitgenossen, den eigentlichen Ursachen dieser angeblichen Geisteskrankheiten auf den Grund zu gehen, und wartete mit Theorien auf, die sich teilweise aus seinen klinischen Erfahrungen ergaben oder ganz seinem analytischen Denken entstammten, die für viele Zeitgenossen schockierend waren, oft bekämpft und zurückgewiesen wurden, bis man ihnen mehr und mehr Beachtung schenkte, sodass Freud schließlich der Vordenker und Wegweiser für das Verstehen und Behandeln von Menschen wurde, die sich von der psychischen Normalität des Menschen entfernt hatten, vor allem was deren sexuelles Verhalten anging. Wenn man so will, kann man Freud als den Erretter der meisten psychisch Gestörten und sexuell Anormalen aus dem Ghetto der Geisteskrankheiten ansehen. Er hat sie aus dem Ghetto der Medizin in das für sie vorgesehene Neuland der Psychologie geführt. Man muss bewundernd seinem Fleiß, seiner wissenschaftlichen Vorgehensweise, seiner Präzision in der Darstellung seiner Beobachtungen und Theorien, sowie seiner wissenschaftlichen Ehrlichkeit und seiner Besessenheit, den wirklichen Ursachen der Anormalitäten des Menschen auf die Spur zu kommen, höchstes Lob zollen.

Freud hatte einmal selbst von sich behauptet, dass man ihn mit einem spanischen Eroberer vergleichen könne, der ohne Seekarten ans andere Ende des Ozeans segelt, nicht wirklich wissend, was er dort entdecken werde. Und dann wurde er sogar zum Columbus der Psychologie, denn er hat die neue Welt der Psychologie entdeckt, zuerst zwar nur einige Inseln, dann aber auch das Festland. Und seine Jünger haben dieses Festland nach Norden und Süden hin erforscht. Doch von der Existenz des Meeres, das hinter diesem neuen Festland lag, der Pazifische Ozean mit seinen ungeheuren Tiefen und Weiten, davon hat er noch keine Ahnung gehabt. Die Rückführungsforschung hat sich nun aufgemacht, dieses völlig neue Gebiet hinter diesem größeren Ozean zu erforschen, obwohl es schon seit langem einige Pioniere gab, die auf dieses Meer hinausgefahren waren wie *Edgar Cayce* und andere bis hin zu den Psychiatern der Neuzeit wie *Brian Weiss* und *Adrian Finkelstein*. Doch dieser Ozean ist noch gigantischer als der, den Freud überquerte. Was wird an seinem anderen Ende noch alles zu entdecken sein? Hat die Reinkarnations- und Rückführungsforschung schon das andere Ende erreicht, oder befindet diese sich noch irgendwo im Meer, entdeckt dort neue Inseln oder gar schon Australien, oder ist schon der eurasische Superkontinent in Sicht? Wir dürfen uns weiterhin überraschen lassen, welche Entdeckungen uns noch bei der Erforschung unbekannten Territoriums erwarten werden.

Freud hatte auch schon den richtigen Ansatz, dass im Unterbewusstsein des Betreffenden die Ursachen seiner heutigen Veranlagung zu finden sind. Der Betroffene ist die Quelle seines Befundes, die nur er zu eruieren weiß, wenn er zu dieser gelangt beziehungsweise geführt wird. Mittels der *Psychoanalyse* hoffte Freud, eine Möglichkeit zu finden, den Neurotiker selbst die Ursache seiner Störung und Abweichung von der Normalität ergründen lassen zu können. Nur wurde seine Suche nach der Ursache auf das heutige Leben beschränkt, weshalb sich falsche Erkenntnisse ergeben mussten. Und die psychoanalytisch ermittelten Resultate wurden in Theorien eingezwängt, die heute als zu eng und deshalb als veraltet und überholt anzusehen sind. Freuds Bemühung war der Kampf um Erkenntnis und Klarheit. Aber da er den neuen und größeren Ozean dahinter nicht erahnte, blieben seine Weltkarten der psychologischen Phänomene nur Stückwerk. Er konnte noch nicht erkennen, dass die psychologische Welt nicht eine überblickbare Scheibe, sondern ein runder Globus ist, der sich um die Achse der Reinkarnation dreht.

b.) Freud und seine Psychoanalyse

Ich möchte in diesem Kapitel zuerst zu Freuds 1904 gehaltenem Vortrag kommen, den er vor dem *Wiener medizinischen Doktorenkollegium* gehalten hatte und welcher im Januar 1905 unter dem Titel *Über Psychotherapie* veröffentlicht wurde. Alle Zitate dieses Kapitels sind diesem Vortrag entnommen, so nicht anderweitig angegeben. Nur einige Kernpunkte seiner darin vorgelegten Gedanken werde ich, um den Unterschied zur Rückführungstherapie herauszustellen, auswählen: „Ich darf behaupten, die analytische Methode der *Psychotherapie* ist diejenige, welche am eindringlichsten wirkt, am weitesten trägt, durch welche man die ausgiebigste Veränderung des Kranken erzielt. ... dass sie die interessanteste ist, uns allein etwas über die Entstehung und den Zusammenhang der Krankheitserscheinungen lehrt." Und das Gleiche könnte ich über die Rückführungstherapie sagen, nur dass anstelle von *die analytische Methode* es *die Rückführungsmethode* heißen müsste. Diese kühnen vor den Medizinern und Doktoranden verkündeten Sätze waren sehr eindringlich und ließen die Herren (Frauen gab es dort damals noch nicht) neugierig aufhorchen, was Dr. Freud weiterhin zu sagen haben würde.

Er berichtete den „Herren", dass er, obwohl er die Hypnose erlernt und mehrere Jahre angewendet hatte, wieder von ihr abgekommen sei, da sich nach vorübergehender Besserung des Patienten das Symptom bei diesem wieder unverändert meldete.

Freud hat grundsätzlich Recht darin, dass die in der *Hypnose* gegebenen Suggestionen – denn darum handelt es sich – mit unterschiedlicher und meist nicht längerer Dauer wirksam bleiben. Denn in allen schweren Fällen sah er „die daraufgelegte Suggestion wieder abbröckeln, und dann war die Krankheit oder ein dasselbe Ersetzendes wieder da". Aus meinen Erfahrungen kann ich dazu sagen, dass die Hypnose ein Überstülpen einer neuen Programmierung auf eine bereits aus der Vergangenheit existierende Programmierung ist. Diese neue suggestiv gegebene und aufgesetzte Programmierung versucht, das unter ihr befindliche Störsymptom in seiner Auswirkung zurückzudrängen. Um ein Beispiel zur Veranschaulichung zu geben: Leidet eine Frau bei der Kopulation unter Vaginismus, dann kann die in Hypnose gegebene Suggestion sie programmieren: „Bei der nächsten Kopulation mit deinem Mann bist du ganz entspannt. Deine Scheide ist ganz entspannt und kann sich dem Glied deines Mannes mit Freude öffnen", und so weiter. Diese Suggestionen werden viele Male wiederholt. Und so die Patientin sich dabei in tiefer Trance befunden hat, mag sie beim nächsten Beischlaf und vielleicht bei einigen folgenden wirklich frei von einem Scheidenkrampf sein. Doch irgendwann wird sich das alte Problem des Vaginismus wieder voll eingestellt haben, sodass es einer erneuten hypnotischen Suggestionstherapie bedarf. Die Rückführungstherapie hingegen führt zwar auch mit einer hypnotischen Induktion den Klienten in den Trancezustand (Alphazustand), hält sich aber vollkommen frei von Suggestionen, sobald es dem Klienten gelungen ist, das Terrain seiner früheren Leben zu betreten. Er selbst wird aufgefordert, die Ursache seines Problems in sich aufzudecken, da dort im Unterbewusstsein alles gespeichert ist, was immer er in früheren Zeiten erlebt hat. Auf die Patientin mit dem Vaginismus bezogen hieße das, dass sie wahrscheinlich zuerst in ein Opferleben gelangt, in welchem sie vergewaltigt worden war. Hier ist die eigentliche Ursache für ihr heutiges Problem zu finden. Dieses Problem will auf sich im heutigen Leben aufmerksam machen, es schreit praktisch um Hilfe nach Erlösung. Selbst wenn es der *Hypnotherapie* gelungen sein sollte, durch Suggestionen diese Patientin von ihrem Leiden ganz zu befreien – denn manchmal halten auch Heilsuggestionen ein Leben lang vor –, so ist das eigentliche Problem noch lange nicht gelöst und kann sich im nächsten Leben wieder unvermindert zeigen. Hypnotische Suggestionen reißen also nicht das eigentliche Problem bei seinen Wurzeln aus, sondern sie drücken es zurück. Doch meist sind die Programmierungen aus früherem Leben stärker als die aufgesetzten Suggestionen, sodass sie bald wieder ans Tageslicht hervortreten können.

Freud, obwohl er nichts von Reinkarnationstherapie wusste, hat aber den Mangel der Hypnotherapie klar erkannt. Denn für ihn gab sie überhaupt keine Aufschlüsse über die Herkunft und die Entstehungsweise des zu behandelnden Symptoms. Um diesen Mangel zu beheben, erfand er seine psychoanalytische Methode, auch analytische Psychotherapie oder späterhin allgemein nur *Psychoanalyse* genannt.

Wenn Freud und sein Kollege *Josef Breuer* nicht die Hypnose allein als Suggestiv angewandt hätten, sondern den in Trance Befindlichen aufgefordert hätten, zur Ursache seines Problems zu gehen, dann hätte theoretisch schon damals die Rückführungstherapie aus der Taufe gehoben werden können. Es kommt auf die *Fragetechnik* an. Selbst wenn Freud damals schon die Rückführungstechnik angewandt, diese aber allein auf das heutige Leben bezogen hätte, wäre er wohl zu keinem befriedigenden Ergebnis gekommen. Denn hätte er einer im Trancezustand befindlichen Patientin mit Vaginismus gesagt: „Jetzt gehe in deine Kindheit zurück und sehe nach, woher dein Problem kommt", würde sich kaum ein Ereignis gezeigt haben, da es dort wahrscheinlich nichts gab, was mit Sexualität zu tun hatte. Wenn man aber, wie es in der Rückführungstherapie nach der Tranceinduktion heißt, sagen würde: „Nun gehe dorthin zurück, wo die eigentliche Ursache für *(– sagen wir –)* deinen Ekel vor Samen herkommt", dann befindet sich diese Person auf einmal in einem früheren Leben. Eventuell – so könnte ich mir denken – hat auch die ein oder andere Person bei diesen hypnotischen Rückführungen Freuds einige Begebenheiten eines früheren Lebens erzählt, aber das war für Breuer und Freud zu abstrus, um diesen Berichten weiterhin

Beachtung zu schenken. Anders eben als *Jung*, der diesen Berichten volle Achtung zukommen ließ, diese allerdings in ein kollektives Unbewusstes umdeutete, da er auch bis wenige Jahre vor dem Tod die Reinkarnation als Faktum nicht anerkennen wollte oder bedingt durch sein analytisches wissenschaftliches Denken nicht anerkennen konnte. Doch wenn Freud oder auch *Jung* in ihrer Zeit mit der Reinkarnationsthese ihre psychologischen Erkenntnisse dargelegt hätten, hätte man diesen keine Beachtung geschenkt. Denn die Wissenschaft wie auch die Leser ihrer Darstellungen waren damals noch nicht vorbereitet, solch einen drastischen *Paradigmawechsel* im Denken zu vollziehen. Heute haben wir den Vorteil, die Reinkarnation durch *Stevenson* als bewiesen vorgelegt bekommen zu haben. Somit können wir jetzt die Dinge aus einem erweiterten Blickwinkel sehen. Aber es darf nun bei diesen Rückblicken oder Vergleichen mit den bisherigen Leistungen in der Psychologie keine Überheblichkeit, Verächtlichmachung und Diskreditierung entstehen. Denn wenn wir vor einigen Jahrzehnten gelebt haben würden, würden wir möglicherweise ebenfalls, so wir psychologisch interessiert gewesen sein sollten, die Bücher dieser Psychologen mit Interesse gelesen haben und deren Inhalte als schlüssig, beweiskräftig oder – wenn auch interessant – als zu verstiegen angesehen haben. Und vielleicht haben wir ja auch schon im zwanzigsten Jahrhundert gelebt und ein Interesse an der Psychologie bekundet. Jetzt sind wir erneut inkarniert, um unseren Bewusstseinsradius hinsichtlich der Ursachen menschlichen Verhaltens zu erweitern und einen solchen Paradigmawechsel mitzuvollziehen. Und ich bin mir sicher, dass die neue Generation diesen Integrationsschritt der Reinkarnationserkenntnisse mitgehen wird, während die beiden vorhergehenden Generationen verständlicherweise noch Schwierigkeiten damit haben werden. Aber alles verändert sich, auch das Denken samt seinen Inhalten. Und eines möchte ich an dieser Stelle sagen: Selbst die wahrheitsvollsten Erkenntnisse, die wir im jetzigen Leben erfassen oder erhalten können, werden eines Tages durch höhere Erkenntnisse wieder überholt werden. Auch die Erkenntnisse, die ich hier unterbreitet habe. Aber, wie ich glaube, werden sie für einige Jahrhunderte Gültigkeit behalten, bis neue Erkenntnisse *(zum Beispiel über gleichzeitig auf unsere Psyche einwirkende irdische oder außerirdische Parallelleben oder Leben in anderen Dimensionen)* diese erweitern oder gar dimensionieren werden. Man kannte natürlich schon seit langem die Reinkarnation als Idee oder als Glaube, und man sprach in der Wissenschaft von der '*Reinkarnationshypothese*'. Doch seitdem *Stevenson* die Reinkarnation als Faktum bewiesen hat, ist die Reinkarnation nicht mehr eine Vorstellung des Glaubens oder des Philosophierens, sondern sie ist ein Axiom, eine nicht zurückzuweisende Wahrheit.

Freud stellt nun dar, dass der auf der Couch liegende Patient durch die Technik der *freien Assoziation* von sich aus erzählen soll, was immer ihm einfällt. Wo immer er aber stockt, da erblickt Freud nun einen *Widerstand*, der eben auf etwas hinzudeuten scheint, das aus der Kindheit verdrängt worden ist. Hier sitzt also, um ein deutsches Sprichwort zu gebrauchen, der Hase im Pfeffer. Das, was unbewusst verschwiegen (später kommen auch die Versprecher hinzu) oder ausweichend dargestellt wird, muss also den Weg zur Ursache seiner Neurose zeigen. Denn von dem Aufdecken dieser in der Kindheit irgendwo in sich niedergelassenen Ursache erhofft er sich Besserung für den unter einem neurotischen oder hysterischen Symptom Leidenden. Freud hat, aus dem Blickwinkel der Rückführungstherapie gesehen, Recht darin, dass man die Ursache aufzudecken hat, um eine Heilung zu bewirken. Aber wie kann er zu der Ursache gelangen, wenn diese schon vor der Geburt und der pränatalen Phase in einer früheren Zeit angesiedelt ist? Hieran scheitert schon das ganze Konzept der psychoanalytischen Therapie.

Freud gibt zu, dass seine Methode an den Kranken und an den behandelnden Arzt „hohe Ansprüche" stellt. Außerdem sei sie zeitraubend, mühselig und kostspielig. Und wie verhält es sich mit der *Rückführungstherapie*? Oft benötigt man nur eine einzige Sitzung, um den Klienten von seinem Problem, handle es sich dabei um ein psychisches, psychosomatisches oder somatisches Symptom, zu befreien. Es fordert weder an den Therapeuten noch an den Patienten irgendwelche großen Ansprüche. Ersterer muss natürlich sein Handwerk gelernt haben, Letzterer sollte im normalen Zustand zu einer Therapiesitzung kommen. Es bedarf keiner weiteren Vorbereitung. Freud gibt seinem „mühevolleren und langwierigeren Verfahren" Vorrang vor den „kurzen und leichten" Verfahren, da er diesen nicht traut, so erfolgreich zu sein wie das Seinige, da sie auch nichts über die Ursachen aussagen, die es eben unbedingt trotz aller „Widerstände" und Zögerungen aufzufinden gilt. Er findet es aber ganz berechtigt, „dass man bequemere Heilmethoden in Anwendung bringt, solange man eben die Aussicht hat, mit diesen Letzteren etwas zu erreichen". Und gerade als eine solche erweist sich die Rückführungstherapie. Sie dauert nur kurz, benötigt gerademal ein paar Stunden, und der Erfolg ist oft überwältigend. Auch braucht der Therapeut keine langwierige Ausbildung, wie dies etwa bei einer Ausbildung zum therapierenden Psychoanalytiker vonnöten ist. Denn die Methode der Rückführungstherapie ist einfach, knapp, in sich geschlossen. Der Therapeut benötigt kein interpretatorisches Wissen, denn der Klient erfährt alles aus sich heraus und berichtet ihm. Der Therapeut führt ihn von einem Erlebnis zum anderen, bis die Ursache vollkommen vom Klienten im Opfer- und im Täterleben aufgedeckt worden ist.

Wilhelm Reich als Student von Freud berichtet über die Länge einer psychoanalytischen Behandlung: „Als ich begann, galten sechs Monate bereits als lang. 1923 war ein Jahr Behandlung bereits selbstverständlich. Die Anschauung griff um sich, dass zwei und mehr Jahre Behandlung gar nicht schlecht wären. Die Neurosen wären eben komplizierte und schwere Erkrankungen." Und er fügt hinzu, dass sich Freud sogar fünf Jahre lang um einen Fall bemüht habe.[155] *(Und ich habe Klienten in meiner Praxis gehabt, die vordem sich der Psychoanalyse fünf Jahre und länger unterzogen hatten.)* Hier kann ich nur die Hände über dem Kopf schütteln. Denn Neurosen, also hauptsächlich Ängste, Verhaltensstörungen und sexuelle Probleme mannigfachster Art, können, wie ich schon ausführte, in kürzester Zeit behoben werden. Ich fordere hiermit die Psychoanalytiker heraus, mir ihre neurotischen und nicht paranoiden zurückführbaren Patienten für ein paar Tage zur Verfügung zu stellen. Und ich werde beweisen, dass mittels der Rückführungstherapie diese in den meisten Fällen in kürzester Zeit geheilt werden können. Damit könnte ich sie am besten davon überzeugen, dass die Rückführungstherapie sich nicht wie die Psychoanalyse auf eine brüchige Theorie stützt, sondern auf handfeste Praxis. Die Neurosen sind meistes nicht kompliziert, denn sie gehen auf ganz einfache Vorgänge in den früheren Leben zurück. Kompliziert sind diese nur für solche Therapeuten, die im Grunde nicht wissen, wie man ihnen wirklich beikommen kann. Erkennt man das Symptom in seinem Ursprung und löst es auf, dann braucht es sich weiterhin nicht mehr im heutigen Leben bemerkbar zu machen, um darauf hinzuweisen, dass noch etwas aufgelöst werden muss. Denn es ist nun endlich aufgelöst.

Freud steckt nun auch den Radius der durch seine Methode Behandelbaren ab. Neuropathische Patienten kommen für diese nicht in Frage, wie auch alle Personen, die nicht aus eigener Entscheidung diese Therapie antreten wollen, sondern nur auf Drängen anderer sich einer analytischen Psychotherapie unterziehen. Sie sollen auch in einem Normalzustand, also nicht in einem psychotischen oder verworrenen Zustand zur Behandlung kommen. Auch spiele das Alter der Kranken „bei der Auswahl zur psychoanalytischen Behandlung insofern eine Rolle, als bei Personen an die oder über fünfzig Jahre einerseits die Plastizität der seelischen Vorgänge zu fehlen pflegt, auf welche die Theorie rechnet – alte Leute sind nicht mehr erziehbar –, und als andererseits das Material, welches durchzuarbeiten ist, die Behandlungsdauer ins Unabsehbare verlängert". Was Letzteres angeht, so hat Freud darin Recht, dass mit dem Alter bei vielen Menschen die „Plastizität" der Vorstellungskraft in Trancerückführungen zurückgehen kann, aber nicht muss. Es gibt Menschen über sechzig, die sich sehr leicht in frühere Leben zurückführen lassen, aber eben viel weniger, als solche, die jünger sind. Nach unten hin, so auch meine Erfahrungen, setzt Freud die Behandelbarkeit für Jugendliche schon in der vorpubertären Zeit an. Aus meinen Erfahrungen lassen sich Mädchen meist schon mit sieben und Jungen mit etwa neun gut zurückführen. Doch der Sohn von *Carol Bowman*, einer Autorin und Rückführungskollegin, wurde schon mit fünf Jahren erfolgreich zurückgeführt. Nur der kann gemäß Freud also einer psychoanalytischen Behandlung unterzogen werden, der der Technik der freien Assoziation folgen kann. Für die Rückführungstherapie eignen sich eigentlich alle Menschen, die, wie auch bei Freud, aus eigenem Antrieb die Hilfe dieser Therapie suchen. Geisteskranke, Mentalretardierte oder Besessene eignen sich nicht für die Rückführungstherapie. Auch solche Menschen werden damit wenig Erfolg haben, die ganz intellektuell ausgerichtet sind, oder auch einige Journalisten, die gewohnt sind, alles genauestens konstatieren zu müssen, und dementsprechend sich nicht in Trance versetzen lassen können.

Freud hat schon richtig erkannt, dass bei Neurotikern sexuelle Störungen am häufigsten anzutreffen sind. „Nirgends haben ja Kultur und Erziehung so großen Schaden gestiftet wie gerade hier, und hier sind auch ... die beherrschenden Ätiologien der Neurosen zu finden." Wohl alle in diesem Buch von mir dargestellten Fälle würden von Freud, was die sexuellen Ursachen und Auswirkungen betrifft, zu den Neurosen gezählt werden. Aber, wie ich an anderer Stelle bereits ausführte, ist die Mehrheit der Bevölkerung der westlichen Industrienationen in irgendeiner Weise sexuell gehemmt. Nahezu alle haben leichte bis schwere neurotische Störungen, die sich meistens jedoch aus früheren Leben herleiten und nichts beziehungsweise nur selten etwas mit unserer Kindheit zu tun haben. Sexuelle Hemmungen, Abneigungen oder Ängste zu haben ist – leider – etwas ganz Normales, denn wir sind ja durch die Mangel der kirchlichen Restriktionen in früheren Zeiten gedreht worden, sodass vieles davon noch in einigen Leben nachwirken dürfte. Freud unterstellt den *Neurotikern* mit Sexualabneigung die Unfähigkeit zu lieben und führt diese auf eine Verdrängung aus der Kindheit zurück. Doch wenn jemand in einem früheren Leben eine Person sehr geliebt hatte und er von ihr betrogen worden war, mag folgende Programmierung entstanden sein: „Ich will nie wieder lieben." Wird diese Programmierung in der Rückführungstherapie aufgelöst, mag sich diese Person auf einmal für eine liebevolle Beziehung öffnen. Summa summarum: Wir sind in unserem sexuellen Vermögen oder Unvermögen die Summe aller in früheren Leben erfahrenen Sexualität, wobei die negativen sexuellen Erlebnisse am lebhaftesten eine freie und unkomplizierte Sexualität einschränken.

Das Verhängnis der Psychoanalyse besteht darin, dass Zehntausende von Menschen mittels der Psychoanalyse behandelt worden sind, während diese sich auf ganz falsche Prämissen stützt, weshalb – gelinde gesagt – fast überhaupt nichts mit dieser Methode heilend erreicht worden ist. Wie könnte es auch anders sein? Denn die Ursachen für die meisten sexuellen Probleme liegen in früheren Leben, während Freud ihnen nur den augenblicklichen Lebensrahmen zudiktierte, wobei die Kindheit Brutstätte später ausbrechender sexueller Störungen zu sein hatte. Ich kann nur allen erfolglos sich in langwierigen Therapien abstrampelnden Klienten raten, sich bald einer Rückführungstherapie zu unterziehen, die mehr bringen dürfte, als alles sich über Jahre hinstreckende psychoanalytische Therapieren.

Es gibt beim Menschen die Prägungen aus dem heutigen Leben und jene aus dem früheren Leben. Die psychischen und auch die somatischen samt den sexuellen Beschwerden kommen nach meiner Schätzung zu 95 Prozent aus den früheren Leben. Freuds Verhängnis besteht darin, dass er diesen Großteil aus der Perspektive der gegenwärtigen Leben erklärt und notwendigerweise dadurch zu falschen Schlüssen kommen muss. Wenn jemand mit neunzehn plötzlich eine *Phobie vor Dunkelheit* entwickelt, dann geht diese meistens (!) auf ein entsetzliches Erlebnis in einem früheren Leben zurück. Diese Person ist möglicherweise genau in jenem Alter in einen dunklen Kerker geworfen worden und dort umgekommen. Oder sie hat sich in einer Höhle verirrt und ist dort gestorben. Oder sie ist bei einem Erdrutsch oder Erdbeben unter den Trümmern längere Zeit am Leben geblieben. Selbst, wenn sie nach einer Woche gerettet worden sein sollte, bleibt die Angst vor Dunkelheit als Programmierung bestehen. Natürlich wird wohl jedes Kind einmal in der Dunkelheit aufgewacht sein und dann sehr wahrscheinlich Angst gehabt und geschrien haben. Aber das ist nicht unbedingt der einzig wahre Grund für seine späterhin auftauchende Phobie vor Dunkelheit. Die Psychoanalyse bohrt so lange im Unterbewussten des Patienten, bis er irgendetwas berichtet, das in das System der psychoanalytischen Theorie passt. Und da der Patient nicht im Alphazustand ist und deswegen auch keinen eigentlichen Zugang zu seinem Unterbewusstsein hat, ist er ein Mitdenker, wenn überhaupt. Und von den tausend Aussagen während einer über Jahre sich hinstreckenden Analyse wird er sicherlich auch vieles vorbringen, was dem entgegenkommt, worauf man sich wiederum ein Bild des betreffenden Patientenproblems konstruieren kann. Oft weiß der „Patient" schon, was eigentlich der Psychoanalytiker hören will, und tut ihm den Gefallen, sodass dieser erleichtert aufatmen kann, jetzt den angeblichen Schlüssel gefunden zu haben. Denn der Patient ist ja meistens während der psychoanalytischen Therapie voll wach. Er denkt ja mit, wenn er nicht aus Frust über die hundertmal immer wieder gestellten Fragen (Doch der eingeschworene Psychoanalytiker alter Schule stellt ja überhaupt keine Fragen!) schon ganz abgeschaltet hat oder monoton das wieder von sich gibt, was er schon Hunderte Male erläutert hatte. Automatisch wird er „Widerstände" produzieren, die dem Analytiker den Impuls geben, gerade diesen wiederum auf die Spur kommen zu müssen. Und nicht nur ein Neurotiker wird bei solch einer Psychoanalyse Widerstände haben, sondern wohl jeder normale Mensch ebenfalls. Denn ein jeder hat noch aus früheren Leben irgendetwas zu verbergen, von dem er sich irgendwann einmal geschworen hat, nie darüber etwas verlauten zu lassen. Man könnte die Angst vor Dunkelheit mit anderen Symptomen desselben Patienten vergleichen. Denn eventuell hängen diese zusammen. Zum Beispiel die Angst vor Ratten. Im Kerker könnte er in der Dunkelheit von diesen belästigt oder gar angefressen worden sein. Oder bei dem Erdbeben könnte er noch einige Tage unter den Trümmern gelebt haben, während er allmählich verhungert ist, weshalb er heute Speckschichten als Vorrat angelegt hat oder, da er damals an Durst gelitten hat oder verdurstet war, heute ungeheuer viel trinkt.

Freud war davon überzeugt, dass seine analytische Psychotherapie bei *Tierphobien* besonders geeignet sei – übrigens ein Gebiet, auf dem die Verhaltenstherapie sehr große Erfolge zu verbuchen hat. Der fünfjährige Hans hat eine Pferdephobie. Freud erklärt sich diese so, dass der Junge wegen des glühenden sexuellen Verlangens nach seiner Mutter Angst hat, von seinem Vater deswegen kastriert werden zu können. Das Pferd wird somit zum Symbol der Verdrängung. Seine innere Angst sucht sich ein Objekt der Angst in Form eines Pferdes. Freud sprach mit diesem Jungen und klärte ihn über Sexualität auf, auch darüber, dass niemand ihm den Penis abschneiden würde. Und daraufhin verlor dieser Junge anscheinend seine Angst vor Pferden. Freud hatte also durch diese Kurztherapie dem Jungen helfen können, was im Grunde eine Gesprächstherapie war. Doch ordnete er dieses Ergebnis in die Bestätigung seines Theoriegebäudes ein. Und *Helen S. Kaplan* schreibt dazu: „Nach dieser Theorie sind *Verdrängung* des ödipalen Konflikts und *Verschiebung* der Angst auf das Objekt der Phobie die spezifischen, in der Pathogenese phobischer Störungen wirksamen Abwehrmechanismen. So wurde das Pferd anstelle des kastrierenden Vaters gemieden. In anderen Fällen wird die Schlange anstelle des Penis gemieden, Nahrung anstelle von Fellatio, Intimität mit der Frau anstelle der inzestuösen Nähe zur Mutter, und eine phobische Frau kann außerstande sein, sich nackt dem Mann zu zeigen, weil sie immer noch nicht die Schuld- und Schamgefühle verarbeitet hat, als Kind erfolglos versucht zu haben, den Vater zu verführen."[156] *(Kein weiterer Kommentar!)*

Tierphobien sind mittels der Rückführungstherapie sehr einfach und meistens in einer einzigen Sitzung zu beheben. Denn Hundephobien gehen zum Beispiel auf einschneidende oder den Tod verursachende Erlebnisse mit Hunden oder Wölfen zurück. Über *Spinnenphobie* habe ich ausführlich in meinem *Großen Handbuch der Reinkarnation* berichtet. Auch *Schlangenphobien* lassen sich eindeutig auf tödliche Bisse dieser giftigen Tiere in früheren Leben zurückführen. Sie alle haben überhaupt nichts mit Sexualität zu tun! Auch *Essstörungen* erweisen sich als Nachwirkungen früherer Leben oder Hinweis auf die Einwirkung von Besessenheit. Für Freud hat alles, was in der *oralen Phase* des ersten Kindesalters mit dem Mund und dem Essen zu tun hat, Folgen für das weitere Leben. Treten hier Probleme auf, können sich bei der oder dem Betreffenden späterhin Essstörungen, Alkoholismus und andere Süchte und sogar eine Präferenz für oralen Sex einstellen. Wir sehen, wie Freud alles in ein Erklärungskleid zu stecken versucht, was in Wirklichkeit meistens mit früheren Inkarnationen zu tun hat. Und in der anschließenden *analen Phase* gibt es Kämpfe mit den Eltern hinsichtlich der Darmentleerung. Hier wird oft durch das Über-Ich der Eltern Zwang auf den Zwei- bis Vierjährigen ausgeübt. Das Kind kann in dieser Phase Wut gegen die Eltern entwickeln. Wenn diese nicht wieder abgebaut wird, bleibt sie über die Latenzzeit hinweg in dem betreffenden Menschen, sodass diese aufgespeicherte Wut sich in Zwangs- und Angstneurosen und sadomasochistischen Auswüchsen wiederfindet. Im fünften Lebensjahr betritt das Kind die *ödipale Phase*, in welcher die Weichen für späteres sexuelles Verhalten aus der sexuellen Ausrichtung auf den gegengeschlechtlichen Elternteil gestellt werden samt allen sich daraus ergebenden sexuellen Problemen. Fast alles, was Freud in diese ersten fünf Jahre als Ursachen für späteres anormales sexuelles Verhalten steckt, lässt sich, wie ich meine, zu 95 Prozent auf frühere Leben zurückführen und meistens in kürzester Zeit durch die Rückführungstherapie beheben.

Heute wird kaum noch bezweifelt, dass das Unbewusste eine große Rolle in der Psychologie spielt. Auch die kindlichen Entwicklungsphasen hat man von Freud übernommen, wenn sie auch *Milton Erickson* mit anderen Schwerpunkten belegt. Der *Ödipuskomplex* wird heute noch am häufigsten als Erklärung für psychische Aberrationen zur Hilfe genommen. Er ist das Zirkuspferd im Zelt der Psychoanalytiker, deren 'Vorstellungen' immer noch Applaus finden, auch wenn der Zuschauerstrom nachlässt.

Man hat in den dreißiger Jahren des zwanzigsten Jahrhunderts versucht, den Geistesgestörten und sexuell Abwegigen mit Schockbehandlungen beizukommen. Dreißig Jahre später versuchte man es mit Gehirnoperationen. Und heute ist in den meisten Fällen, da man geistig Anormalen nicht anders beizukommen weiß, die Verabreichung von Tranquilizern üblich geworden. Und *Dr. Fine* kommentiert: „In der Praxis sieht es so aus, dass diese Vorgehensweisen zwar oft hilfreich sein mögen, theoretisch jedoch benötigt der Patient hauptsächlich psychologische Zuwendung.“ [157] Und das ist die Crux der heutigen medizinischen Psychotherapie. Der Patient erhält ihn ruhig stellende Mittel, aber er bleibt mit der Erklärung seines Problems und der Befreiung von diesem im Wesentlichen sich selbst überlassen, da man letztendlich nicht weiß, wie man sein Problem beheben kann, obwohl einige Therapieformen gelegentlich mit erstaunlichen Erfolgen aufzuwarten haben. Es sind meist Glückstreffer. Die Rückführungstherapie gewährt dem Klienten psychologische Zuwendung, denn sie erlöst ihn endlich von dem Nichtwissen darüber, warum er sein Problem hat. Sie deckt ihm detailliert die Ursachen für sein Problem auf und gibt ihm dazu die Möglichkeit, sich von diesem zu befreien. Und die Erfolgsquoten sprechen für sich selbst.

Die *Verhaltensforschung* wollte ihr Konzept allein auf ihre Befunde gerichtet sehen, weshalb Freuds Psychoanalyse für sie tabu war wie auch seine Bewusstseinsforschungen. Sie hat die spekulative Psychologie abgelehnt. Die mit demoskopischen Fakten aufwartende Sexualforschung hat die Freudschen Theorien und Behandlungsweisen ins Wanken gebracht, sodass „der Student gewöhnlich den irrigen Eindruck hat, dass die Psychoanalyse in irgendeiner Weise eine fanatische oder versponnene Theorie ist, die wenig mit wissenschaftlicher Psychologie zu tun hat".[158]

Man hat Freud vorgeworfen, die Psychoanalyse zwar erfunden und gelehrt zu haben, sich selbst aber außer einer dreijährigen selbst an sich durchgeführten Traumanalyse nie einer Pschoanalyse bei seinen Schülern unterworfen zu haben. Doch ich kann seine diesbezügliche Ablehnung gut verstehen. Denn wenn die Ergebnisse seiner an ihm vorgenommenen Psychoanalyse bekannt geworden wären, würden möglicherweise Peinlichkeiten – die in Wirklichkeit keine sind, aber als solche angesehen werden könnten – zu Tage kommen. Außerdem zweifle ich daran, ob Freud wohl zu den therapiefähigen Menschen gehört haben würde. Denn sein Verstand würde sich bei einer therapeutischen Analyse immer einmischen und alles kontrollieren, bevor er etwas verbal äußern würde. Somit wird dem sich preisgebenden Unterbewussten von vornherein ein Riegel vorgeschoben. Es würde sich dabei dann um einen Widerstand des Widerstandes handeln. Ich habe mich von den verschiedensten Rückführungstherapeuten zurückführen lassen, um selbst zu erforschen, woher gewisse Ängste oder Symptome stammen. Zum Beispiel hatte ich größte Angst, durch einen dunklen Wald zu gehen oder im tiefen Wasser zu schwimmen. Jeweils eine einzige Rückführungstherapie reichte, um solche Probleme zu beheben.

Der Begriff *Analyse* ist für die Therapie, die in der Tiefe des Unbewussten forschen und dort etwas bewirken will, überhaupt falsch. Denn das Analysieren ist ein Akt des Verstandes. Etwas wird verstandesmäßig entwickelt. Doch das Unterbewusstsein in Trance gibt bei der Rückführungstherapie die Tatsachen ungeschminkt wieder. Sie tischt sozusagen die Wahrheiten als nackte Fakten auf. Während solch eines Offenbarungsprozesses bedarf es keiner Analyse, denn diese würde nur die Fakten verdrehen. Das durch die Rückführung aufgedeckte Material spricht für sich selbst. Es ist aus sich heraus Beweis genug.

Den Freudschen Psychoanalytikern wird vorgeworfen, zu passiv in der Therapie zu sein, während andere Therapien aktiv eingreifen. In der Rückführungstherapie fordert man den Klienten auf, sobald er eine Begebenheit verbal wiedergegeben hat, zur nächsten wichtigen Begebenheit zu gehen, während man ihn nur dann unterbricht, und zwar verbal, wenn das ausagierende Element zu prominent werden sollte, was ganz, ganz selten nur passiert. In diesem Fall kann man ihn entweder zu einer vorausgegangenen Situation führen, in welcher er sich wohl gefühlt hatte, oder man lässt ihn die Situation von oben betrachten. Im Grunde ist die Rückführungstherapie eine Gesprächstherapie, denn der Klient liegt oder sitzt einige Stunden meist bewegungslos neben dem Therapeuten. Er mag weinen, selten schreien oder manuell agieren, und er kann auch zwischendurch einmal auf die Toilette gehen. Aber sonst leitet der Therapeut verbal den Wechsel von einer Situation zur anderen, ohne suggestiv einzugreifen, während der Klient seine erlebten inneren und äußeren Vorgänge aus dem früheren Leben wiedererlebend schildert. Wenn sich der Klient tief genug in Trance befindet, dann hat ein Realitätswechsel stattgefunden, indem er sich vollkommen in jenem Leben befindlich erlebt.

Dass die Frauen und die Psychoanalyse „geschworene Feinde“ sind, und dass „viele *Feministinnen* weiterhin Freud gegenüber feindlich eingestellt sind“, wird folgendermaßen begründet: Ihrer Meinung nach sind Freuds Theorien das Produkt eines typischen Mannes, weshalb diese phalluszentriert seien. Den Frauen dichtet er ein irrationales Wesen an, und er stellt unrechtmäßig seine Theorien als etwas für alle Menschen Gültiges dar.[159] Auch wehrt man sich gegen seine Darstellung der zwei Orgasmenarten. Denn wie man durch die demoskopischen Ermittlungen von *Masters und Johnson* festgestellt hat, erlebt ein Großteil der Frauen nur den klitoralen Orgasmus, ohne sich als eine Neurotikerin, eine Hysterikerin oder gar als eine Nymphomanin zu fühlen. Und *Frau Professor Kaplan* führt aus, dass ungefähr 75 Prozent aller normalen Frauen gezielte klitorale Stimulationen brauchen, um zum Orgasmus zu gelangen. „Ich betrachte die Versessenheit auf vaginalen Orgasmus als abnormes Verhalten der Frau und/oder ihres Partners.“ [160] Hier wird direkt Freuds These, dass das Ausbleiben des vaginalen Orgasmus als erwachsene Frau zu sexuellen Neurosen führt, in sein Gegenteil umgekehrt, denn der klitorale Orgasmus ist normal und der vaginale in der Minderheit. Würde jetzt weiterhin Freuds Meinung vertreten werden, dann wären die meisten Frauen, die keinen vaginalen Orgasmus bekämen, in irgendeiner Weise neurotisch gestört.

Auch Lesbierinnen und Schwule sind auf Psychoanalytiker schlecht zu sprechen, kein Wunder, hatte man doch insbesondere Ersteren, jener „krankhaften“ Minderheit, ödipales Fehlverhalten und Geistesverwirrung vorgeworfen. Diese „Krankhaften“ sehnen sich den Untergang des Flaggschiffes „Freud“ samt aller Psychoanalytiker herbei. Auf diesem Schiff gleich der Titanic befinden sich viele Besatzungsmitglieder und viele, viele Klienten. Dieses Schiff läuft nun mit vollem Kurs auf den Eisberg „Reinkarnation“. Daran wird es zerbrechen. Doch das Rettungsschiff „Rückführungstherapie“ wird viele der im Wasser Schwimmenden aufnehmen, viele Klienten also und auch einige Besatzungsmitglieder, so sie es nicht lieber vorziehen, mit ihrem Schiff in die Tiefe zu gehen.

Für die meisten Psychoanalytiker und deren Anhänger besteht die größte Hürde darin, einen *Paradigmawechsel* vorzunehmen, indem sie die Reinkarnation als Faktum annehmen. Um einen solchen Wechsel zu vollziehen, bedarf es einer neuen Generation. Denn die bisherigen Analytiker werden wohl kaum dazu bereit sein, einen Paradigmawechsel zu vollziehen. Zu sehr werden sie eine ablehnende Haltung gegenüber der Rückführungstherapie einnehmen und sie nach allen Seiten hin, wenn sie sich überhaupt mit ihr ernsthaft auseinander setzen wollen, abwertend analysieren. Ihrem Verstand wird der Vorrang vor der überzeugenden Praxis eingeräumt. Denn wer möchte, dass sein über viele Jahre zusammengetürmtes Kartengebäude auf einmal durch einen Windstoß umgeblasen wird? Wer würde dann noch bereit sein, wieder mit seinem Denken von vorn anzufangen, um sich eine neue Ansicht aufgrund von überzeugendem Material anzueignen? Dazu gehört Mut! Dazu gehört Respekt vor den neuen Erkenntnissen! Dazu gehört auch das Bekenntnis, eine neue Heilmethode, die den anderen weit überlegen ist, wegen ihrer

Effektivität anzuerkennen und selbst vorurteilslos auszuprobieren. Freud sagte schon in seiner oben erwähnten Rede: „Es gibt viele Arten und Wege der Psychotherapie. Alle sind gut, die zum Ziel der Heilung führen.“ Und sicherlich gibt es unter den auf Freud aufbauenden und modifizierten und unter den vielen anderen neueren Therapiemethoden Vortrefflichstes, was dem Patienten oder Klienten Hilfe oder Heilung bringt, auch wenn es dazu eines gewissen bis eines ungewissen Zeitraumes bedarf. Aber gibt es unter ihnen eine Methode, die nur annähernd mit der Rückführungstherapie konkurrieren könnte? Nein! Wie heißt es so schön? Wer heilt, hat Recht. Die Rückführungstherapie ist die Revolution der Psychotherapie. Und das Reinkarnationsaxiom wird die ganze Psychologie revolutionieren!

Freud ist zu verdanken, dass er, wenn auch nicht als Erster, den psychischen Problemen die Beachtung zukommen ließ, die ihnen gebührt. Er hatte den Mut gefunden, mit den ihm zur Verfügung stehenden Schlüsseln des Verstandes Türen zu öffnen, um dahinter in den dunklen Räumen nach den Ursachen dieser Probleme zu suchen. Doch seine Verstandesleuchte strahlte nur einige Meter weit aus. Hätte er eine viel stärkere Lampe gehabt, hätte er auch noch Dinge erkannt, die zehn oder zwanzig Meter weiter in der Dunkelheit zu entdecken gewesen wären. Einige seiner Schüler sind mit stärker leuchtenden Lampen in die gleichen Räume gegangen und haben sogar noch Nebenräume ausstrahlen können. Doch die Rückführungstherapie führt die Therapeuten zu dem Lichtschalter, der auf einmal die ganze Dunkelheit erhellt, sodass alles deutlich zu erkennen ist. Allerdings gibt es auch dort noch weiterführende Räume, für die ebenfalls noch der richtige Lichtschalter zu finden sein wird. Mit der Zeit wird der Mensch einen Lichtschalter nach dem anderen einschalten können. Doch wer den Schalter dort installiert hat, damit wir Licht bekommen können, und wer eigentlich das Licht erfunden hat, das werden wir, solange wir Irdische sind, nie herausfinden können. Und ich möchte mir noch einen anderen Vergleich erlauben, da wir gerade die Höhle erwähnt haben, obwohl ich weiß, dass Vergleiche oft zu wünschen übrig lassen, da sie nie das ganze zu Sagende umfassen können. Freuds Vorgehen erinnert mich an das Höhlengleichnis *Platons*. Er hat rückwärtsblickend nur die Schatten der eigentlichen psychologischen Wahrheiten erkannt und aus diesen Schatten seine Theorien entwickelt. Hätte er sich umgedreht, hätte er die wahren Bilder im Licht der Reinkarnation erkennen können, die bereits für Platon eine Selbstverständlichkeit waren.

Freud soll gegen Ende seines Lebens gesagt haben, dass er, so er wiedergeboren werden sollte, dann *Parapsychologie* studieren wolle. Wie interessant. Vielleicht wird sich sein Wunsch erfüllen. Und vielleicht wird er ein Rückführungstherapeut. Und vielleicht wird er auf diesem Gebiet wieder Pionierarbeit leisten. Und so gesehen, wird es auch noch kein Ende von Freud und Freude geben.

Der theoretische Neuansatz in der Sexualtherapie

Bei jeder Therapie steht man vor der Frage: „Wie kann eine echte Erleichterung eintreten, wenn das Urproblem nicht erkannt wird und die wirklichen Störungen damit nicht behoben werden?“ [161] *Freud* war überzeugt, dass man unbedingt die Ursache herausfinden müsse, um eine Heilung bewirken zu können. Und die meisten analytischen und tiefenpsychologisch ausgerichteten Therapien gehen ebenfalls von dieser Voraussetzung aus. Andere Therapien kümmern sich weniger um die Ursachen, sondern versuchen, das Problem eines Patienten einfach loszuwerden, sei es durch Schreien *(Janov)*, durch Ausagieren in der dynamischen Meditation oder durch eine Konfrontierung *(Osho)*, durch Psychodrama *(Moreno)*, durch Wutentladung und Schlagen mit einem Schlauch auf einen Berg von Telefonbüchern *(Kübler-Ross)*, wobei meist die somit symbolisch getroffene Bezugsperson des Hasses im heutigen Leben bekannt ist, sei es durch rescripting, durch Gespräche *(Rogers)*, durch Gestalttherapie *(Perls)*, durch symbolische Verbrennung des Problems oder wie bei der *Verhaltenstherapie* durch *Desensibilisierung*. Es gibt bestimmt Hunderte von Methoden, die auf ihre Weise sexuelle oder andere Probleme zu lösen versuchen, vielleicht sogar durch das Gebet, Wallfahrt, Teufelsaustreibung oder einfach durch das Wegreden *(Coué)*. Bei sexuellen Störungen empfiehlt Professor *Albert Ellis* [162] besonders die *kognitive Therapie*, die für ihn effektiver ist als die Psychoanalyse, weiterhin die *Gestalt- und Primärtherapie* nebst all den anderen Therapieangeboten. Schade, dass diese Ikone der Psychotherapie noch nichts von der Effektivität der Rückführungstherapie weiß, sonst hätte er sicherlich etwas anderes empfohlen. Andere benutzen zwar den Alphazustand, wie das *katathyme Bilderleben (Leuner)*, die *Synergetiktherapie (Joschko)* und die *Hypnotherapie (Erickson)*. Aber die eigentliche Ursache bleibt bei ihnen anders als bei der Rückführungstherapie unaufgedeckt. Somit gehört die Rückführungstherapie im wahrsten Sinne zum Bereich der *Tiefenpsychologie (Eugen Bleuler* prägte 1910 diese Terminologie*)*, da diese wie Freuds Psychoanalyse in die Tiefe geht, wo die eigentliche Ursache eines Symptoms angesiedelt ist. Und die Rückführungstherapie geht noch viel tiefer in die Tiefe als der Tiefenausloter *Freud* es je ermessen konnte.

Die *Sexologie* befindet sich heute in einer Sackgasse. Denn es gibt fast nichts mehr zu erforschen. Alles ist bereits viele Male gesagt. Man hat Betroffene in unzähligen Interviews befragt, ob es sich um Prostituierte, Sexualtäter, Vergewaltigte, Überlebende von Missbrauch, Frigide, Neurotiker, Nymphomaninnen, Heteros, Homos, Lesben usw. handelt, die man nach allen Ausrichtungen, Ängsten, Vorlieben und Abneigungen protokollarisch und statistisch erfasst hat. Was nun? Soll man die weiteren Forschungen auf dem Gebiet der Sexologie an den Nagel hängen? Auch in der Theorie gibt es kaum neue Ansätze. Freuds Theorien sind von der psychoanalytischen Kuh wieder und wieder wiedergekäut worden. Was nun?

Nun kommt zur rechten Zeit die Erweiterung der Psychologie und Sexologie auf ein völlig neues Territorium, das da heißt: *Reinkarnation*. Und dieses Forschungsgebiet ist um Dimensionen größer als das Gebiet, das sich bisher nur auf das jetzige Leben beschränkt hatte. Alle sexuellen Verhaltensstörungen beruhen auf negativen Erfahrungsprogrammierungen in früheren Leben und natürlich auch aus diesem Leben, wenn wirklich dort etwas vorgefunden werden kann.

Viele Psychiater haben schon längst zur Behebung von sexuellen Störungen ihrer Patienten zu *Medikamenten* Zuflucht genommen. *Prof. Helen Singer Kaplan* scheint mit der Mischung von Therapie und Medikamenten gute Erfolge erzielen zu können. Sie berichtet über einen Fall einer masturbationsfähigen Frau namens Rosa, die gegenüber ihrem Mann zu dessen Bedauern sexuell immer abweisender geworden ist und schließlich gar keine erotische Berührung mehr zulässt. Um ihre Aversion gegen jegliche Art von Intimität aufzulösen, begab sie sich zwei Jahre lang zweimal pro Woche in eine Psychotherapie. Doch außer dass sich ihre Depressionen etwas gelegt hatten, blieb ihr Hauptproblem jedoch unverändert vorhanden. Dann besuchte sie mit ihrem Mann ein verhaltensorientiertes Sexualtherapieprogramm, an dem sie über vier Monate hin einmal in der Woche teilnahmen. Diese Therapie verschlimmerte noch ihre sexuellen Ängste. Schließlich fand sie den Weg zur *psychodynamisch orientierten Therapie*, die es in dreißig wöchentlichen Sitzungen herbeiführte, dass ihr Problem letztendlich doch gelöst werden konnte, allerdings unter Zuhilfenahme von trizyclischer Medikation. Danach hatte sie mit ihrem Mann häufig und befriedigenden Sexaustausch.[163]

Ich bin immer erfreut, über Erfolge der herkömmlichen Therapie zu lesen, denn in meine Rückführungstherapie kommen oft Klienten, die jahrelang erfolglos eine oder mehrere Therapien aus dem schultherapeutischen oder alternativen Therapieangebot wahrgenommen hatten und nun zu mir als „letztem Strohhalm" kommen. Was würde *Frau Kaplan* gesagt haben, wenn ein Rückführungstherapeut ihre Patientin Rosa wahrscheinlich in einer einzigen Rückführungstherapie von ihren sexuellen Ängsten vollkommen geheilt haben könnte, so dieser bereit wäre, Rosas ganze Problematik in einer einzigen Sitzung von mehreren Stunden in ihren Ursachen samt der Auflösung des Problems beheben zu wollen? Doch ist Rosas Problem mit der Methode von *Frau Kaplan* wirklich gelöst? Vielleicht ist sie nur immunisiert oder das Problem verdrängt worden. Denn die Ursache bleibt ja weiterhin unaufgedeckt. Und Rosas Probleme treten möglicherweise wieder auf, wenn nicht in diesem, dann in einem Folgeleben.

Solange nicht die eigentlichen Ursachen in früheren Leben aufgedeckt und an ihren Wurzeln geheilt worden sind, wird es schwer sein, eine baldige oder gar kurzfristige Heilung oder wesentliche Besserung herzustellen. Eventuell liegt der sexuellen Angst Rosas ganz einfach eine im früheren Leben erlittene Vergewaltigung samt Mord zugrunde. Und immer wenn es im Bett mit ihrem Ehemann zu einer Kopulation kommen könnte, wird sie unbewusst an dieses frühere Geschehen erinnert, und sie erlebt die damaligen Panikgefühle, wenn auch sicherlich wesentlich abgeschwächt, wieder. Aus der Sicht der Rückführungstherapie sind viele der für die Psychologen und Therapeuten rätselhaften Fälle ganz logisch und bedürfen nur der Aufdeckung und Auflösung ihrer Verursachungen. Und das ist das Besondere an der Rückführungstherapie, dass sie, so bin ich überzeugt, das Problem für alle Zeit, das heißt auch für die zukünftigen Leben, aufgelöst hat und nicht nur eine überbrückende Auflösung für den Rest des heutigen Lebens bietet.

Professor Kaplan ordnet 25 Prozent aller sexuellen Angstsyndrome unter die Rubrik *Paniksyndrom* ein. Zu den nach ihr in diese Rubrik fallenden dreiundzwanzig Sexualphobien gehört die panische Angst vor den Genitalien des anderen Geschlechts *(sicherlich Vergewaltigung in Opferleben)*, dann diejenige vor den eigenen Genitalien *(Schuldgefühle, resultierend aus Täterleben)*, Penetrationsangst *(ebenfalls Vergewaltigung in Opferleben)*, Angst, selbst zu penetrieren *(als Vergewaltiger in Täterleben oder aber als Mann während der Penetration ermordet worden sein, also Opferleben)* u.s.w. Für einen Rückführungstherapeuten ist es in den meisten Fällen aus langjähriger Erfahrung sehr einfach, zu diesen sexuellen Aversionen die wirklich zugrunde liegenden Ursachen zu bestimmen. Und *Frau Kaplan* betont auch noch, dass eine Behandlung dieser sexuellen Phobien nur dann erfolgreich therapeutisch abgeschlossen werden kann, wenn das jeweilige Syndrom richtig diagnostiziert wird.[164] Diese Aussage möchte ich hundertprozentig unterstreichen. Doch wie will man eine richtige *Diagnose* stellen können, wenn man die Tatsache, dass es frühere Leben gibt, in denen die Ursachen für die auftretenden Symptome zu finden sind, noch nicht einmal zur Kenntnis genommen hat? Ich bin überzeugt, dass man schon in einigen Jahrzehnten die Rückführung derart in die Medizin und ihre Therapieformen integriert haben dürfte, dass die Diagnose gleich den vermuteten Hinweis auf die zeitliche Ursache derselben mit anführt, also: „Es handelt sich bei Frau X um ein Paniksyndrom bei unmittelbarer Penetration aus ihrer heutigen Kindheit, da ein Penetrations-Inzest seitens des Vaters vorliegt", oder „Es handelt sich bei Frau X um ein bei der Penetration auftretendes Paniksyndrom unbekannter Herkunft, vermutlich aus früheren Leben stammend", oder „Es handelt sich bei Frau X um ein Paniksyndrom bei Penetration aus ihrer heutigen Kindheit (vaginaler Missbrauch) und womöglich zusätzlich aus früheren Leben".

Die Integration der Rückführungstherapie wird für die zukünftige Medizin und Therapie etwas Selbstverständliches sein, und die vielen Hindernisse, die dieser Therapie noch in den Weg bis zu ihrer allgemeinen Durchsetzung gelegt werden, werden mit der Zeit versiegen. Denn was wirklich hilft und heilt, wird sich letztendlich immer durchsetzen.

Frau *Kaplan* stellt in Ausführlichkeit dar, welche *Medikamente* man den Patienten geben soll, die von sexuellen Panikzuständen heimgesucht werden. Aus ihrer Erfahrung haben sich trizyklische *Antidepressiva* am günstigsten dafür geeignet, da diese bei nicht zu hoher Dosierung die Angstzustände eingrenzen und die Sexualität nicht zusätzlich einschränken. Doch bei der Einnahme von Antidepressiva können Nebenwirkungen nicht ausgeschlossen werden. Und sie stützt ihr Vorgehen auf medizinische Untersuchungen, denen zufolge ein Mediziner in 85 Prozent aller Fälle von sexuellen Panikzuständen Antidepressiva empfiehlt.[165] Aus meiner Sicht ist dieser Rückgriff auf Medikamente eine Kapitulation vor dem sexuellen Angstsyndrom des Patienten. Denn im Grunde weiß man nicht, wie man ihm beizukommen hat, obwohl fast jede Therapieform, die sich mit Sexualität befasst, Hilfsprogramme in Aussicht stellt. Bei der Rückführungstherapie bedarf es keiner Medikamente mehr. Denn diese sind nur bei akuten Angstanfällen zulässig, in welchen der Klient sowieso nicht therapiefähig ist. Unterzieht man sich einer Rückführungstherapie, dann erspart man sich oft eine Operation, wenn sie nicht gerade zwingend ist und keinerlei Aufschub erlaubt. Zum Beispiel

Unterleibsprobleme, durch Zysten und Krebs verursacht, könnten durch die Rückführungstherapie verbessert oder ganz geheilt werden. Sie ersetzt oft viele radikale Eingriffe. Schon bald wird der Psychiater oder der Sexualtherapeut seinen Patienten zuerst zu einem Rückführungstherapeuten schicken, um zu sehen, was dieser durch seine Trancetherapie aus den Vergangenheiten ans Tageslicht bringen kann. Danach kann er weiterhin überlegen, was zu tun sei. Doch meistens wird eine weitere Therapiebehandlung oft schon nach einer einzigen Sitzung durch die Rückführungstherapie unnötig sein. Und die Verwendung von Medikamenten bei Sexualphobien wird bald zur Geschichte der Sexualmedizin zählen, denn die Rückführungstherapie benötigt dergleichen nicht. Natürlich kann diese Letztere nur dann ärztlich empfohlen oder verschrieben werden, wenn der Patient für diese Therapie im Zustand der Ansprechbarkeit und ohne Schmerzen ist. Für Letzteres könnten einfache Schmerzmittel ausreichend sein.

Bei einer *Langzeittherapie* ist der Klient dauernd mit dem Thema seines Problems in steigendem Maße konfrontiert. Viele steigen aus, weil sie dem Druck nicht standhalten können und laufen weiterhin mit dem ungelösten Problem herum. Oft gelangen sie dann in eine psychiatrische Klinik und werden dort mit Medikamenten vollgestopft. Das Problem ist nicht behoben, aber sie sind ruhig gestellt. Doch in einer kompletten Rückführungstherapie, die 3-6 Stunden dauern kann, wird das Problem meist in einem Durchgang behoben oder gebessert. Läuft eine Frau mit Depressionen, Wut und Hass auf ihren Vater herum, der sie in ihrer Vergangenheit *missbraucht* hatte, so wird in der gängigen Therapie dieses Problem über viele Sitzungen behandelt. Doch in einer Rückführungstherapie wird sie schnell erkennen können, dass sie in einem früheren Leben als Mann ein Gleiches einem anderen Menschen zugefügt hatte. Sie wird auch vom Höheren Selbst vermittelt bekommen, dass sie darum in diesem Leben diesen Ausgleich sich selbst ausgesucht hatte und dass der Vater nun ihr diesen Ausgleich verschaffen sollte. Und sofort wird ihr Verhalten dem Vater gegenüber sich verändern. Sie wird ihm vergeben können und zugleich selbst von ihrem Trauma samt den daraus entstandenen Depressionen befreit sein. Und eventuell schon bei ihrer nächsten Begegnung mit ihrem Vater kann sie diesem auch verbal vergeben und zugleich diesen von seinen großen Schuldgefühlen ihr gegenüber entlasten.

Frauen, die im heutigen Leben missbraucht oder vergewaltigt worden sind, sollten dringend eine Rückführungstherapie durchführen lassen. Denn sie können durch die vormaligen Geschehnisse Wut, Frust, Depressionen, Hass auf Männer, also alle die Lust am Leben zerstörenden Elemente in sich aufgesogen haben, die weiterhin selbstzerstörerisch an ihnen nagen und auch ihre Mitmenschen durch diese negative Ausstrahlung mit beeinflussen. Doch sobald diese Frau erfährt, warum sie in diesem Leben zu sexuellem Schaden gekommen ist, wird sie nicht nur dem Missbraucher und Vergewaltiger verzeihen können, sondern auch der Hass auf Männer und der eventuelle Hass auf sich selbst heben sich in den meisten Fällen sehr schnell auf. Damit einhergehend verändert sich die ganze Stimmungslage in sich selbst. Sie kann eventuell dann über das Vorgegangene lachen und ist endlich befreit von dem ihr zugefügten Trauma. Wir leiden als Menschen, weil wir unwissend darüber sind, was der eigentliche Grund für unser Leiden ist. Haben wir diesen erfahren, reduziert sich unser Leiden oder es hört gar ganz auf.

Betrachten wir uns einige weitere Fälle aus der Rückführungstherapie, an denen die Aufdeckung der Ursachen sexueller Symptome in Verbindung mit Vorkommnissen in früheren Leben ganz klar wird. *Roger Woolger* beschreibt den Fall einer seiner Klientinnen, die unter furchtbaren *prämenstruellen Krämpfen* litt. In einem früheren Leben in Afrika erlebte sie als Frau die Geburt eines Kindes, das nicht aus ihrem Bauch herauskommen konnte, obwohl der Ehemann sich alle Mühe dabei gab. Schließlich, um die Frau zu retten, schnitt er jenem Kind den Kopf ab. Dennoch verstarb sie. „Diese Erinnerung, die sich durch etliche Existenzen hindurch immer wieder in ihrer Gebärmutter manifestierte, wurde bei jeder Menstruation von neuem aktiviert.“ [166] Und wir haben am Beispiel von Saskia (Fall 22) aufdecken können, dass vormalige *Syphilis* wiederum maßgeblich für Unterleibsschmerzen im heutigen Leben sein kann.

Anders als bei den meisten Therapien, bei welchen der Klient oder die Klientin genötigt ist, wochen-, monate- oder gar jahrelang den Therapeuten immer wieder aufzusuchen, verkürzt sich die Dauer zur Behandlung eines Symptoms bei der Rückführungstherapie auf wenige Stunden. Somit kann anders als sonst üblich keinerlei Abhängigkeit vom Therapeuten entstehen. Auch das Problem einer Freudschen *Übertragung*, indem der Therapeut gegenüber seiner Klientin eine Vaterrolle oder sogar die Rolle eines imaginierten Liebhabers einnimmt, wird ebenso hinfällig wie wohl auch das einer ungewollt sich ergebenden Liebesbindung, die aus einer längeren Therapie entstehen könnte.[167] *Freud* ermahnt den Therapeuten, dass er das Verliebtsein einer Patientin in ihn nicht als wirkliche Liebe ansehen solle, denn dieses Verliebtsein oder Sichverlieben wird oft „durch die analytische Situation erzwungen“ und könne „nicht etwa den Vorzügen seiner Person“ zugeschrieben werden. „Und es ist immer gut, daran gemahnt zu werden.“ [168] Viele Psychotherapeuten, die vor allem eine Patientin durch viele Sitzungen, die sich manchmal über Monate und Jahre erstrecken, begleiteten, haben inzwischen alle ihre Geheimnisse, besonders jene ihrer Sexualität ausgebreitet bekommen, während alle neuen sexuellen Erlebnisse auch immer wieder zur Sprache gebracht werden. Aus diesen sexuellen Stimulationssituationen können sich spontane sexuelle Übergriffe oder sogar heimliche sexuelle Treffen außerhalb des Therapieraumes ergeben, die sogar von der Klientin gesucht werden und die sie stolz möglicherweise ihren Freundinnen weitererzählt mit den Worten: „Ich habe meinen Psychiater (oder Therapeuten) in mein Bett gekriegt.“ Selbst ein *Fritz Pearls* war gegen die Reize seiner Patientinnen nicht immer gefeit, heiratete er doch schließlich eine von ihnen. Und er lässt auch durchschauen, dass oft ein Streicheln über der Patientin Hüften und Brüste deren Kummer auf einmal beheben und die „Nasenflügel (dann) zum Beben statt zum Laufen“ [169] bringen kann. Er kümmert sich mit seiner *Gestalttherapie* mehr um den gegenwärtigen Menschen mit all seinen Ängsten als um dessen Vergangenheit in Kindheit und Jugend.

Viele Patienten kommen jede Woche gerne zur Therapie, nicht in der Hoffnung, von ihrem Problem befreit zu werden, denn diese Hoffnung haben viele schon längst aufgegeben, sondern um mit dem Therapeuten oder der Therapeutin, die den zu Therapierenden besser kennen als irgendjemand anderes, ihre Sorgen und alten oder neuen Ängste zu besprechen. Sie wollen sich eigentlich immer wieder Mut und Selbstvertrauen holen und ihre Sorgen abladen bis zur nächsten Sitzung. So schleppt man sich mühevoll von Woche zu Woche dahin. Und die Befreiung von ihrem eigentlichen Problem bleibt eine Fatamorgana. Die Rückführungstherapie dringt auf möglichst schnelle Heilung, womit keinerlei „Übertragung", Abhängigkeit und lang dauernde Anbindung an den Therapeuten entsteht. Und die Fatamorgana löst sich durch die erfolgreiche Behandlung von alleine auf.

Ein Störsymptom setzt sich aus vergangenen Ursachen zusammen. Nennen wir die Ursache im heutigen Leben x und die aus früheren Leben y, so ist in der Therapie x + y zu behandeln. Bisher hatte man in den herkömmlichen Therapien nur x aufzudecken und zu behandeln versucht, wobei die Ergebnisse meistens sehr dürftig ausgefallen sind. Jetzt aber ist die Zeit gekommen, auch und besonders y zu erforschen und damit die Therapieerfolge zu dimensionieren, da man ja jetzt zu den eigentlichen Verursachungen vorstoßen kann. Denn wirkliche und dauernde Heilung kann nur an den Wurzeln eines Symptoms geschehen.

Alexander Lowen sagt im Schlusskaptitel seines Buches *Liebe und Orgasmus*: „Ich kann kein einfaches Rezept für ein befriedigendes und gesundes Geschlechtsleben geben. Die *Krise der Sexualität*, vor der wir in dieser Zeit stehen, erfordert für ihre Lösung einige große Veränderungen im Denken und in der Einstellung." [170] Ja, genau das ist es. Wir bedürfen einer großen Veränderung in unserem Denken und in unserer Einstellung zu einer wirkungsvolleren Heilmethode, an die wir uns zum Wohle des Hilfe suchenden Menschen ohne Scheuklappen und Vorurteile heranwagen sollten. Und, wie ich meine, kommt die Rückführungstherapie genau zum richtigen Zeitpunkt, um diese Krise der Sexualität wie auch die Krise überhaupt in der Therapie zu beenden.

Das praktische Vorgehen für eine erfolgreiche Sexualtherapie

Anders als die Psychoanalyse, die durch die freie Assoziation eventuell *Widerstände* aufdeckt, hinter denen man möglicherweise auf eine Verursachung zu stoßen glaubt, steuert die Rückführungstherapie direkt auf das Hauptproblem im früheren Leben zu, sodass man nach der Anamnese und der Tranceinduktion innerhalb von zehn Minuten bei der *Hauptverursachung* angekommen ist. Es gibt darin selten Widerstände. Wenn diese auftauchen sollten, weiß der Therapeut, dass er bei des Klienten Rückkehr vor das Wolkentor das möglicherweise Verschwiegene vom Klienten mitgeteilt bekommt. Widerstände in der Rückführung, die sehr selten sind, können auftauchen, wenn die betreffende Seele in früheren Leben ein Gelübde abgegeben oder einen Schwur abgelegt haben sollte, nicht über bestimmte Dinge zu sprechen. So kann sich im heutigen Leben ein Stotterer im früheren Leben, nachdem man ihm wegen Verrates die Zunge herausgeschnitten hatte, geschworen haben, nie wieder Verbotenes von sich zu geben. Oder ein inzestuös missbrauchtes Kind musste bei Gott schwören, niemals etwas über das Verhältnis mit dem Vater verlauten zu lassen. Doch vor dem Wolkentor ist diese ins heutige Leben zurückgekehrte Person frei, über das Erlebte zu sprechen. Wir können als Therapeuten alles erfahren. Und ich mache eine Wette, dass eine einzige Rückführung mehr an symptombezogenen Inhalten hervorbringt als ein Jahr *Psychoanalyse* aufzubieten hätte, von dem Wahrheitscharakter in puncto Ursachennähe ganz zu schweigen. Da so viel Material verbal geliefert wird, muss der Therapeut in Stichworten oder sogar Abkürzungen alles schnell mitnotieren, um den Überblick weiterhin zu behalten. Sollte er viel zu schreiben haben, da der Klient ihm so viel berichtet, kann er diesen auffordern: „Sieh dir jetzt alles ganz gelassen an. Und erzähle mir erst wieder darüber, wenn ich danach frage." Jetzt kann er seine Notizen weiterführen und auch, wie in meinem Lehrbuch *Das Große Handbuch der Reinkarnation* beschrieben, einen *Berg der Erkenntnis* zeichnen, worunter er nochmals in Kürze das Wichtigste, also Namen und Begebenheiten, skizziert. Denn es kann notwendig sein, dass der Klient, um alle Ursachen seines Problems aufzusuchen, fünf oder gar mehr Leben aufzudecken hat. Später wird er in Begleitung seines Höheren Selbst auf diesen Berg geführt und sieht dann alle seine aufgedeckten Leben zusätzlich seines heutigen vor sich ausgebreitet. Diese benennt der Therapeut nochmals kurz, damit der Klient sich wieder an alles zurückerinnern kann, mag doch der Besuch des ersten Lebens schon drei Stunden zurückliegen, das er möglicherweise wieder vergessen haben könnte. Wichtig ist, dass nun der in Trance Befindliche die Zusammenhänge zwischen den früheren Leben untereinander und dem heutigen Leben möglichst allein erkennt. Der Therapeut darf nur Anstöße geben. Denn den *Erkennungsprozess* muss der Klient selbst leisten. Dies ist die sokratische hermeneutische Methode, dass der Betreffende die Antworten selbst findet, der Therapeut ihn jedoch auffordert, etwas mit dem einen und dem anderen zu vergleichen. Denn wenn der Therapeut, wie es in den berühmten Nachgesprächen der gängigen Therapien geschieht oder geschehen sollte, ihm die Zusammenhänge von sich aus erklärt, sind die bleibenden Bewusstseinsvorgänge meist nur vermindert tief verankert.

Der Therapeut bleibt also mit seinem Klienten im Dialog, und eine Kassette nimmt das Zwiegespräch auf. Sollte der Klient plötzlich heftig zu weinen beginnen, mag der Therapeut entscheiden, ob er ihn in diesem Zustand eine Weile belassen oder ihn zu dem nächsten Ereignis gehen lassen möchte. Doch er möge bedenken, dass es eine Erleichterung für den Zurückgeführten ist, seine Tränen fließen zu lassen, da dies ein Akt des Loslassens, ein Akt des Befreiens ist. Und späterhin, wenn der Klient die Besserung schon am Ende der Rückführung fühlt, dann fließen oft nochmals die Tränen der Freude. Wie heißt es so schön: eine Therapie ohne Tränen ist wie ein Bad ohne ... Ja sie wissen schon, was ich meine. Der Klient kann während des Aufsuchens eines leidvollen Geschehens körperliche *Schmerzen* empfinden, die aber nicht dem Ausmaß der wirklich in jenem Leben erlittenen Schmerzen entsprechen. Trotzdem nimmt er in seiner Vorstellung diese Schmerzen wahr. Diese werden durch die mehrmaligen Heilrituale bis zur Beendigung der Sitzung gänzlich verschwunden sein. Sollten diese jedoch nach der Rückführung noch bestehen, dann sind es noch nachträgliche Schwingungen dieser Erlebnisse, die aber meistens innerhalb von zehn Minuten ganz verschwunden sein werden. Man lege dem Klienten die Hände auf seine Aura, ohne diesen selbst zu berühren, sodass die zusätzlichen Heilkräfte ihm bald die völlige Wiederherstellung geben. Aber Nachwirkungen sind sehr, sehr selten. Meistens sind sogar die Schmerzen, die man anfangs mit in die Therapie gebracht hatte, plötzlich wie Zauberei verschwunden. So hatte auch Irina (Fall 9) sofort nach Beendigung ihrer Rückführung keinerlei Unterleibsschmerzen mehr, und bei Valentina (Fall 10) stellte sich sofort eine diesbezügliche Besserung ihrer Schmerzen her, sodass diese nach zwei Tagen ganz zurückgegangen waren – und seitdem bei beiden nie wieder aufgetreten sind.

Nach einer intensiven Rückführung kann man den Klienten noch einige Minuten im Wachzustand liegen bleiben lassen. Meistens sind die Erlebnisse so überwältigend für ihn, dass er noch gar nicht glauben kann, was alles geschehen ist. Er benötigt auch mindestens eine Woche, um alles zu verkraften oder im Geiste oder anhand der mitgegebenen und anzuhörenden Kassette alles nochmals zu durchdenken. Sollte es wiederum nötig sein, eine zweite Therapie anzuberaumen, dann möge der Therapeut ihm die Möglichkeit einer einwöchigen Pause geben. Doch in 50 Prozent der Fälle genügt eine einzige (!!) – ich wiederhole für die Ungläubigen nochmals – eine einzige (!!) Rückführungstherapiesitzung, um das ganze Problem gelöst zu haben. Und oft sind mit dem Hauptproblem, sagen wir Vaginalschmerzen, viele andere Symptome verbunden, die mit dessen Verursachung zusammenhängen. So könnte eine frühere Vergewaltigung mit einer Fellatio *(deshalb heute Ekel oder gar Horror vor Samen)* und einem anschließenden Erwürgen *(Schluck- und Halsbeschwerden)* zusammenhängen. Dieser Vergewaltigungsmord mag im Wald geschehen sein *(deshalb heute Angst, allein in den Wald zu gehen)*, während sie Pilze suchte *(deshalb heute ein Widerwille gegen Pilze)* usw. Im Täterleben hatte diese Seele als Mann ebenfalls eine Frau vergewaltigt *(deshalb im heutigen Leben Schuldgefühle)*, woraufhin er sich später programmierte: „Ich will nie wieder glücklich sein“ *(deshalb heute Minderwertigkeitsgefühle)*, „Ich will nie wieder Frauen nachstellen“ *(daher seine Scheu, Frauen anzusprechen)*, „Ich will alles wieder wieder gutmachen“ *(deshalb sein Wiedergutmachungszwang)*, „Ich will mich für meine Tat selbst bestrafen“ *(daher sein Selbstbestrafungsmechanismus)*. Der Therapeut hat nun bei der Befreiung darauf zu achten, dass der Zurückgeführte nachher alles (!), was im Zusammenhang mit dem Hauptproblem aufgedeckt wurde, in den Kiefernzapfen steckt. Falls der Klient das ein oder andere beim mehrmaligen Aufsagen vergisst, erinnert er ihn daran. Der Klient sagt also mit eventueller Unterstützung des Therapeuten: „Ich bin frei von meinen Vaginalschmerzen, ich bin frei von meinen Hals- und Schluckbeschwerden, ich bin frei von meiner Angst, allein durch den Wald zu gehen, ich bin frei von meinem Horror und Ekel vor Samen, ich bin frei von allen Schuldgefühlen, von allen Minderwertigkeitsgefühlen, ich bin frei von meiner Angst, Frauen anzusprechen, ich bin frei von meiner Angst, durch einen Wald allein zu gehen, ich bin frei von meiner Abneigung, Pilze zu essen, ich bin frei von meiner Selbstbestrafung, und ich bin frei von meinem Wiedergutmachungszwang.“ Und man höre und staune! Obwohl das Hauptproblem die Vaginalschmerzen waren, mögen zugleich mit dieser einen Rückführungstherapie alle anderen Symptome und Probleme ebenfalls ganz oder teilweise verschwunden sein – teilweise, insofern für diese Symptome noch andere Leben sicherlich aufzudecken wären, welche bei einer neu anzuberaumenden Sitzung ebenfalls ganz aufgelöst werden können. „Sexuelle Probleme sollte man nie ignorieren. Sie beschädigen unsere Selbstachtung, bereiten Frust in unseren Beziehungen und in einigen Fällen dienen sie als Warnung für ein bisher noch nicht diagnostiziertes medizinisches Problem. Aus diesen Gründen, so sich ein sexuelles Problem abzeichnet, sollte man nicht in Duldsamkeit leiden. Medizinische und psychologische Hilfe stehen zur Verfügung und sind im höchsten Maße wirksam. Wenn man Hilfe benötigt, dann sollte man auch Gebrauch davon machen.“[171] Natürlich ist es oberstes Gebot, bei einem dringenden Problem zuerst einen Arzt oder Psychiater aufzusuchen. Doch bei allen chronischen und nicht dringenden sexuellen Problemen rate ich, sich zuerst einer Rückführungstherapie zu unterziehen.

Sehen wir uns nun einmal andere Beispiele an. Will man den Gedanken von *Dethlefsen* und *Dahlke* folgen, dann hat die *Migräne* immer sexuelle Ursachen, indem die nicht gelebte Sexualität in den Kopf steigt, denn es handelt sich dabei um den Konflikt zwischen Trieb und Denken. Wenn man unten „zu“ ist, spielt sich die Sexualität im Kopf ab, wo sie eigentlich gar nicht hingehört. Öffnet man sich wieder nach unten hin und lässt die Sexualität zu, dann findet diese wieder ihren eigentlichen Platz und die Kopfbeschwerden hören auf.[172] Das klingt alles sehr überzeugend und trifft wohl in vielen Fällen genau zu. Aber meine vielen Migräneklienten haben immer Kopfverletzungen in früheren Leben gehabt. Und sobald wir die eigentliche Ursache dafür gefunden hatten, waren die Kopfschmerzen für immer weg, oder es trat zumindest eine bedeutende Besserung ein. Nur bei einer Klientin (Fall 18) stellte sich kein Erfolg ein, da ihr Schuldausgleich aus dem Täterleben karmisch noch nicht abgeschlossen werden durfte.

Eine befreundete Rückführungstherapeutin, *Dr. Edith Fiore*, in deren Haus in San Jose/Kalifornien ich Gast sein durfte, beschreibt in ihrem Bestseller *„You have been here before“* einen Fall einer zwanzigjährigen Frau namens Becky, die seit ihrem dreizehnten

Jahr unter heftiger *Migräne* litt. Zudem konnte sie ihrem Freund im Bett nicht genügen, hatte sie doch eine Abwehr gegen Sex und bekam auch keinen Orgasmus. In der Rückführung stellte sich heraus, dass sie um 1640 eine Sechzehnjährige in Irland war, die, da es zu Hause so langweilig war, freiwillig mit den englischen Soldaten, obwohl sie noch keinerlei sexuelle Erfahrungen hatte, ging und bei diesen mit anderen Frauen als Prostituierte sieben Jahre lang ein Leben führte, das zugleich angenehm und doch auch bedrückend war. Nach dieser Zeit suchte sie wieder ihr Elternhaus auf, aber niemand wohnte mehr in dem Dorf. Alle mussten wohl vertrieben worden sein. Plötzlich folgten ihr zwei Männer. Sie schlugen auf sie ein. Sie, obwohl sie große Angst hatte, wusste in dem Augenblick, jetzt kam ihre Bestrafung für ihr freiwilliges Mitgehen mit den Soldaten. Einer von diesen zwei schlug mit dem Gewehrrücken auf ihren Kopf. *(Immer dort, wo jemand am Kopf getroffen worden ist, können in späteren Leben Kopfschmerzen oder Migräne entstehen, sodass meistens Migräneschmerzen auf einer Seite des Kopfes beheimatet sind, weshalb die Mediziner sie auch Hemikranie nennen.)* Dann vergewaltigten sie die halbtote Bewegungslose. Ein dritter Mann kam hinzu, trennte ihre Glieder voneinander – sie sah jetzt alles von oben – und verging sich sexuell an der Leiche. Einer dieser Vergewaltiger ist ihr heutiger Vater, der sehr lieb zu ihr ist und alles für sie tut. Nun wusste sie, warum sie trotz seiner Liebe zu ihr ein gewisses Unwohlgefühl in seiner Nähe hatte. Er tat alles erdenklich Gute an ihr aus Wiedergutmachungsgründen. Nach dieser Rückführungstherapie brachte sie ihren Vater am nächsten Morgen mit zu *Dr. Fiore*, und dort erzählte die Tochter ihm, was er in jenem früheren Leben mit ihr angestellt hatte. Er begann zu weinen. Sie vergab ihm, beide umarmten sich. Von nun an war Beckys insgeheime Zurückhaltung vor ihrem Vater aufgelöst. Auch mit ihrem Freund klappte es auf einmal im Bett, und ihre Migräne war nach einer wiederholten Therapiesitzung vollkommen verschwunden.[173] Ich erzähle dieses Bespiel, um zu verdeutlichen, dass sie auch ohne jene damalige Vergewaltigung samt den vorangegangenen Bordelldiensten im heutigen Leben aufgrund der damaligen Kopfverletzungen Migräne haben würde. Migräne muss also, wie ich schon sagte, nicht immer an Sexualität gebunden sein, wie in diesem vorliegenden Fall.

Eine sexuelle Störung ist immer ein Komplex, der sich aus vergangenem leidbelastetem und die Seele verwundendem Geschehen – sei es aus diesem oder aus früheren Leben – zusammensetzt plus einer Verursachung, die den Ursachen meistens vorausgegangen sein muss im so genannten *Täterleben*. Nur selten wird es so sein, dass man aus verschiedenen Erwägungen heraus sich ein *Opferleben* aussucht, dem kein Täterleben vorausgegangen sein muss. Will man also als Therapeut einen Klienten von seiner sexuellen Störung – sagen wir eine Angst vor Sexualität – befreien, sollte man nicht nur nach den Ursachen in dem heutigen Leben suchen, sondern diese auch in früheren Leben aufzuspüren versuchen, wie auch in einem Täterleben den Ausgangspunkt, also die *Ur-Ursache*, aufdecken, von welcher alles seinen Anfang nahm. Oft sind solche sexuellen Komplexe mit anderen Komplexen verbunden, wie dem Minderwertigkeitskomplex und Angstkomplexen verschiedenster Ausrichtung. An solche Komplexe können wiederum andere Programmierungen gebunden sein, die sich im heutigen Leben als Symptome, Verhaltensstörungen und Eigenheiten verschiedenster Art zeigen. Deckt also ein Sexualtherapeut mittels der Rückführungstherapie die Ursache für eine sexuelle Störung auf und ist an diese zugleich eine andere Verursachung für ein sich im heutigen Leben zeigendes Symptom gebunden, so sollte dieses gleich unbedingt mit aufgelöst werden, wie wir es oben beschrieben haben, ganz egal, ob es direkt oder indirekt mit den sexuellen Ursachen in Verbindung steht. Denn die Chance, bei einer Ursachenaufdeckung ein anderes Störsymptom mit aufgedeckt zu haben und es gleicherweise wie die sexuelle Störung aufzulösen nicht zu nutzen, ist eine nahezu unverzeihliche Unterlassung. Wenn also der Sexualtherapeut mittels der Rückführungstherapie den sexuellen Ursachen auf den Grund geht und dabei andere damit verbundene Ursachen für heutige Störsymptome aufdeckt, sollten sie ebenfalls gleich mitaufgelöst werden, auch wenn sein vordringlichstes Ziel ist, den Ursachen sexueller Störungen nachzuforschen und für diese eine Befreiung zu bewirken.

Wenn beim Sex unbegründete *Rückenschmerzen* auftauchen sollten, dann ist nicht nach der Sexualität in erster Linie zu forschen, sondern nach den Ursachen dieser Rückenschmerzen im Zusammenhang mit der Sexualität. Anne (Fall 26) war mit sechs und sieben Jahren im jetzigen Leben von demselben Täter gewaltsam missbraucht worden. Der Vergewaltiger hatte ihr jeweils seine Fingerknöchel derart fest in den Rücken gepresst, dass sie dadurch größte Schmerzen nebst all den anderen Schmerzerfahrungen davontrug. Und jedes Mal, wenn ihr erster und ihr zweiter Mann mit ihr kopulierten, fühlte sie diese Schmerzen, weshalb sie nur ungern zu einer Kopulation zu bewegen war. *(Hier gleich ein Hinweis für Ehemänner: Sollte Ihre Frau im Bett ein abwehrendes oder sogar auf Schmerzen zurückzuführendes Verhalten nichtorganischer Art über längere Zeit hin immer wieder zeigen, dann schicken Sie diese bitte sofort zu einem Rückführungstherapeuten.)* Anne konnte sich nicht mehr an dieses Erlebnis zurückerinnern, da sie sich, wie die Rückführungstherapie aufdeckte, damals versprochen *(programmiert)* hatte: „Ich will nie wieder daran denken!" Und selbstverständlich gingen diese beiden Missbrauchserlebnisse auf ein Täterleben zurück. In der Rückführungstherapie hat also der Therapeut entweder, so er die Ursachen in diesem Leben vermutet, ein *Life scanning* durchzuführen (in meinem Buch *Das Große Handbuch der Reinkarnation – Heilung durch Rückführung* ist diese Vorgehensweise beschrieben), oder er lässt im Wolkenbett den Klienten sein Höheres Selbst bitten, ihn zu der Ursache seines entsprechenden Symptoms zu führen. Und wenn diese Ursache im heutigen Leben hauptsächlich oder allein fixiert ist, dann wird das Höhere Selbst den Klienten auch genau zu dem Ereignis des gegenwärtigen Lebens führen. Oft ist dieses in einer Zeit des vorbewussten Kindesalters angesiedelt, von dem man späterhin keinerlei Erinnerung mehr hat.

Hat ein Kind *Neurodermitis* und ist in einem Alter, in welchem es noch nicht zurückführbar ist, dann sollte unbedingt mit einem oder gar beiden Elternteilen separat eine Rückführung praktiziert werden. Denn meist hat diese entsetzliche Krankheit mit einem dieser beiden zu tun. Es könnte also sein, dass die Mutter oder der Vater im früheren Leben dieser Seele etwas zu Leide angetan haben, eine Tat, die mit Sexualität in Verbindung stehen könnte und dieser Seele damals größte Schmerzen oder gar den Tod gebracht hatte. Wenn die Neurodermitis schon mit der Geburt in dieses Leben gebracht worden war, dann geht diese Krankheit eindeutig auf das Konto der vormaligen Verkörperung der Mutter. Sobald in der Trancerückführung eines der Elternteile die Ursache der mutwilligen und verletzenden Gewaltausübung an der früheren Seele des heutigen Kindes aufgedeckt hat, könnte mit dem Vergebungsakt auch allmählich die Heilung der Neurodermitis des Kindes erfolgen.

Bei Schlaflosigkeit (vergleiche Fall 23 und Fall 25) oder sexuellen Albträumen oder nächtlichem Samenerguss ist das Höhere Selbst im Wolkenbett zu bitten, den Klienten in die betreffende Situation des früheren Verursachungserlebnisses zu führen. Die wirkungsvollsten Befreiungen von Symptomen finden immer in der Konfrontation mit diesen in ihrem Ursprung statt. Die nächtlichen *Vergewaltigungsträume* Danielas (Fall 24) haben eine vierfache Ursache. Einmal erlebt sie, wie sie vergewaltigt worden war, zum zweiten sind es ihre Schuldgefühle *(schlechtes Gewissen)*, die sie unbewusst aus ihren Leben als mehrmaliger Vergewaltiger mitgebracht hatte und die in ihrem Unterbewusstsein noch rumoren, und drittens sind es mögliche Ängste, dass ihr noch Vergewaltigungen aufgrund von noch nicht ausgeglichenen Täterleben als Vergewaltiger bevorstehen könnten, wobei diese Ausgleichsmaßnahmen nicht unbedingt noch im jetzigen Leben anzustehen haben. Das Unterbewusstsein weiß aber um diese noch möglichen ausstehenden Vergewaltigungen als Ausgleich. Und viertens mag es auch so sein, dass man in den Träumen selbst karmisches Geschehen ausgleichen kann, ohne dass man es im wirklichen Leben auszuleben hat. Doch kann solches Ausgleichsgeschehen sich im Traum fast ebenso dramatisch darstellen, wie ein Gleiches bei Tagesbewusstsein, wacht man doch manches Mal schreiend und in Schweiß gebadet auf, und es mag dann lange dauern, bis man sich wieder beruhigt. Es mag dann auch eine Angst entstehen, dass solche Träume immer wieder auftauchen könnten. Das Karma geht manchmal eigenartige Wege und wird dabei oft auch nicht die Schlafenden verschonen. Der Therapeut kann bei solchem Aufdecken von Trauminhalten mehr lernen als aus manchem Traumbuch. Ich schätze, dass höchstens ein Viertel der normalen Träume und die Hälfte der angstbesetzten Träume direkt oder indirekt mit früheren Leben zu tun haben. Der Therapeut lasse also den Klienten im Wolkenbett dessen Höheres Selbst bitten, ihn dorthin zu führen, wo (als Beispiel) die Ursache für seinen sexuellen Traum beziehungsweise Albtraum zu finden ist.

Frauen, die unter *Unfruchtbarkeit* leiden, wobei es egal ist, ob medizinische oder andere Umstände dafür sprechen, sollten ebenfalls mittels der Rückführungstherapie zu den Ursachen dafür geführt werden. Denn selbst Schwangerschaftsverhinderungen oder Aborte aufgrund von Vererbung – zum Beispiel könnten die Schwestern von einem der Elternteile und Schwestern von deren Eltern unfruchtbar geblieben sein – oder medizinisch begründete Ursachen gehen trotzdem auf Programmierungen aus früheren Leben oder Tertiäreinstellungen zurück. Hier ist bei der Aufdeckung der Ursachen das Höhere Selbst zu befragen, ob dieses Problem behoben werden dürfe, sodass die Schwangerschaft und die Austragung eines Kindes erfolgreich sein wird, oder ob man sich im Jenseits dafür entschieden habe, in diesem

Leben keine Kinder zu haben, weil man bestimmte Aufgaben angehen möchte, wobei das Aufziehen der Kinder nur hinderlich sein könnte. Doch meist liegt bei der Kinderlosigkeit eine Programmierung aus früherem Leben vor, die etwa geheißen haben könnte: „Ich will nie wieder ein Kind haben." Solche Programmierungen, wie wir sahen, werden oft nach Vergewaltigungserlebnissen, der Abtreibung oder Geburt eines unehelichen Kindes oder nach dem Tod eines Kindes ausgesprochen. Sollte medizinisch festgestellt werden, dass der Same des Mannes unfruchtbar ist, dann sollte dieser sich in eine Rückführungstherapie begeben. Denn es könnte sein, dass bei ihm eine Programmierung vorliegt, die aufgefunden und entprogrammiert werden muss, indem er sagt: „Ich befreie mich von meinem zeugungsunfähigen Samen." Und es könnte wirklich sein, dass er dann mit der Zeit zeugungsfähig wird. Die Rückführungstherapie verblüfft immer wieder mit Überraschungen.

Der Therapeut hat festzustellen, ob am Ende eines früheren Lebens oder danach ein *Nie-Wieder-Satz* geprägt worden ist. Denn dieser gibt oft die beste Diagnose für das heutige Störsymptom. Sätze wie „Ich will nie wieder heiraten, ... nie wieder ein Kind zur Welt bringen, ... nie wieder Frau sein, ... nie wieder einem Mann vertrauen, ... mich verlieben, ... sexuelle Lust verspüren, ... so abgrundtief lieben, ... erotische Körperlichkeit ausstrahlen" u.s.w. markieren deutlichst das im heutigen Leben sich noch darstellende Problem. Diese Sätze von früher sind rückgängig zu machen und positiv umzuformulieren. Wenn, wie es sich in der Anamnese ergibt, mehrere sexuelle Störsymptome vorliegen, wie zum Beispiel Angst vor Sexualität, Horror vor Nacktheit, totale Anorgasmie, Berührungsängste, Vaginismus, dann sollte sich der Therapeut, wenn die Dringlichkeit eines einzelnen Symptoms nicht sowieso im Vordergrund stehen sollte, sich auf die Aufdeckung nur eines Symptoms konzentrieren. Es könnte dann sein, dass bei dessen Aufdeckung einige der anderen oder gar alle in den aufzufindenden Leben sich in ihren Ursachen ebenfalls zeigen. Doch wenn einige von ihnen nicht mit in diesem sexuellen Komplex aufzufinden sind, muss für diese eine erneute Rückführungstherapie anberaumt werden. Es könnte aber sein, dass die Berührungsängste mit der Aufdeckung der Ursachen für den heutigen Vaginismus in einer früheren Vergewaltigung mitbegründet sind, jedoch noch andere Ursachen in anderen Leben haben. Somit müsste diesen in einer gesonderten Therapie nochmals nachgegangen werden, um sie ebenfalls zu beheben.

Der therapeutische Heilungsvorgang, wie in meinem Therapiebuch ausführlich beschrieben, setzt sich aus *sieben Stufen* zusammen. Nach dem Passieren des Wolkentors gilt es, in den verschiedenen früheren Leben – sowohl in den Opfer- als auch in dem Täterleben – die *Ursache* aufzufinden. Dies ist der erste Schritt. Als zweiter Schritt ist darauf zu achten, dass in den Opferleben auch die Emotionen möglichst herausgelassen werden, und dass sowohl in den Opfer- wie auch Täterleben am Schluss jeweils die *Nie-wieder-Programmierungen* wenn möglich ausgesprochen werden. Auf all das, wie auch auf das Folgende hat der Therapeut genauestens zu achten. Der dritte Schritt ist jener der Erkenntnis. Diese *Erkenntnisse* werden entweder nach dem Tod im Jenseits erfolgen oder vor dem Wolkentor und ganz gewiss in zusammenhängender Form auf dem Berg der Erkenntnis. Als vierter

Schritt schließt sich der *Akt der Vergebung* an, sodass in den Täterleben der goldene Kelch mit der Flüssigkeit der Vergebung, der Liebe und der Leid- und Schuldauflösung all denen gereicht wird, denen man Unrecht oder Leid angetan hat. Weiterhin hat er vor sich selbst zu stehen, der er damals gewesen war, und ihm den Kelch zu reichen, indem er ihm seine Untaten vergibt. Der Therapeut hat hier darauf zu achten, dass die richtigen Formulierungen gebraucht werden. Anschließend ist der Kelch in die Opferleben zu bringen, wo er diesen dem/n Übeltäter/n reicht und ihm/ihnen vergibt, wie er auch diesen Kelch jener Person reicht, die er selbst damals gewesen war, um diese von allen Leiderfahrungen und deren Folgen zu befreien. Zum Schluss geht der Klient mit diesem goldenen Kelch in sein heutiges Leben und zu allen Personen, die in den früheren Leben oder im heutigen Leben mit seinem Problem in Zusammenhang standen oder stehen, um ihnen entweder zu vergeben oder um Vergebung zu bitten. War im früheren Leben der heutige Vater der Vergewaltiger des Klienten oder der Klientin, dann wird ihm nicht nur im früheren Leben, sondern auch nochmals im heutigen Leben der Kelch mit der verbalen Vergebung gereicht.

Der fünfte Schritt ist die *De- und Reprogrammierung*. Bei der Deprogrammierung steckt der Klient alles, von dem er sich lösen will, in den Kiefernzapfen. Nach dem Hineinlegen des vollgestopften Kiefernzapfens in das Feuer der Verwandlung werden die positiven Affirmationen drei Mal gesprochen. Diese Befreiungsaffirmationen werden in der Folge bei der Rückkehr im Wolkenbett und bei der Rückkehr über die Wiese jeweils wiederholt. Der Therapeut hat darauf zu achten, dass nichts Wesentliches vergessen wird. So dies geschieht, macht er den Klienten darauf aufmerksam. Ersterer, wenn man ihn so bezeichnen will, ist der *supervisor* (Überwacher) des Rückführungsgeschehens, der darauf achtet, dass der Befreiungsprozess richtig durchgeführt wird. Auch ist er derjenige, der als sechsten Schritt den so genannten *„roten Teppich“* bereitet, indem er mit Beteiligung des Klienten dessen durch den bisherigen Befreiungsvorgang bewirkte positive Ausrichtung in Worten zusammenfasst. Als siebter Schritt sind alle die eingeschobenen Heilungsvorgänge und *Heilungsrituale* zu verstehen, die, von den Affirmationen abgesehen, zusätzlich in den Rückführungsvorgang eingebaut werden, also das Eingesponnenwerden in den Lichtkokon, die göttlichen Strahlen im Wolkenbett und die Heilquelle samt dem Bad im Heilwasser. Der Therapeut darf bei allem nicht zu schnell voranschreiten, sondern soll jede dieser eingebauten Stationen gründlich vom Klienten erleben lassen.

Viele Menschen, die ein sexuelles Problem haben, wagen ihren Angehörigen nicht zu sagen, dass sie zum Psychiater oder zum Sexualtherapeuten gehen, um nicht andere auf ihr Problem aufmerksam und neugierig zu machen. Doch könnte jeder einem anderen sagen, dass er zu einem *„Rückführungsleiter“* gehen möchte, um etwas über seine früheren Leben zu erfahren. Dem Rückführungstherapeuten kann man in der Therapiesitzung nun seine Probleme anvertrauen und seien es die intimsten. Dieser kann den Klienten nun mittels der Rückführungstherapie behandeln und dessen Problem aufzulösen versuchen. Wieder zu Hause angekommen, kann der oder die Behandelte den Neugierigen sagen, wo er oder sie in früheren Leben gewesen ist und was man erlebt hat, ohne über das Problem und die damit verbundenen Aufdeckungen sprechen zu müssen. Man ist bei einem

Rückführungstherapeuten wegen der Anonymität des eigentlichen Problems besser aufgehoben als bei einem „Psychiater“ oder „Sexualtherapeuten“, da der Besuch eines solchen leider oft vorurteilsbeladen stigmatisiert wird.

Ich warne alle Sexualforscher davor, auf eigene Faust Personen aus Neugier zurückführen zu wollen, um ohne Therapieanwendung die Ursachen von deren Symptomen auszuforschen. Denn höchstwahrscheinlich wird der Zurückgeführte in dramatische Situationen des früheren Lebens geraten, die sofort aufzulösen wären. Hat ein *Wissenschaftler* also die Neugier, bei einigen Patienten die Ursachen ihrer sexuellen Probleme zu erforschen, dann sollte er einen Rückführungstherapeuten zu sich bitten oder zu diesem mit seinen Patienten oder Versuchspersonen gehen, damit dieser die Betreffenden im Alphazustand in ihre früheren Leben versetzt. Dann kann der Wissenschaftler die im früheren Leben Befindlichen über alles, was er wissen will, selbst befragen. Doch der Therapeut hat anschließend, so Dramatisches auftaucht, die Befreiung der Patienten von ihren Problemen vorzunehmen. Auf diese Weise kann der Wissenschaftler sich viele genaue Informationen über die Ätiologie der Symptome seiner neurotischen Patienten einholen und sie wahrscheinlich zu 50 Prozent nach solch einer Rückführungstherapie als geheilt entlassen.

In der herkömmlichen Sexualtherapie gibt es natürlich besonders in der Verbindung von *Verhaltens-* und *Hypnotherapie* große Erfolge. Jedoch muss man bei den üblichen Schultherapien auch damit rechnen, dass sich trotz längerer Therapiezeit keinerlei Erfolge einstellen, ja, dass sich sogar bei 12 Prozent deren Befinden verschlechtert.[174] Prof. *Katchadourian* stellt in seinem Buch *Fundamentals of Human Sexuality* eine Übersicht über die Heilerfolge der Sexualtherapie zusammen. Nach *Arentewicz* und *Schmidt* (1983) hat man bei Orgasmusstörungen 19 Prozent, bei Vaginismus 67 Prozent, bei verhinderter Ejakulation 49 Prozent und bei vorzeitiger Ejakulation 14 Prozent Erfolge nach der Behandlung von einigen Wochen erzielen können, sodass man als Gesamtergebnis eine Erfolgsquote von 49 Prozent erzielen konnte. Diese Erfolgsquote bezieht sich jedoch nur auf Verbesserungen, denn nur acht Prozent der Patienten gaben an, eine dauernde Heilung dadurch erreicht zu haben. Und *Katchadourian* mit Verweis auf die Nachuntersuchungen von *DeAmicis* und anderen sagt: „Nachuntersuchungen ergaben, dass nach drei Jahren solche sexuellen Störungen wieder auftraten, obwohl die betreffenden Personen besser damit umgehen konnten. Sexuelle Störungen scheinen ganz besonders resistent gegen vorgenommene Veränderung zu sein.“[175] Und wir wollen es nochmals wiederholen, dass mittels der Rückführungstherapie meistens die sexuelle Störung für immer behoben werden kann, da diese eben bei ihren Wurzeln herausgerissen worden ist, während man bei den herkömmlichen Therapien oft nur einen Teil der Wurzeln – wenn überhaupt – herausreißt und diese dann nach einer gewissen Zeit wieder nachwachsen können.

Oft unterbrechen Patienten bei Verschlechterung den Therapieprozess oder treten aus diesem ganz aus. Diese Probleme gibt es bei der Rückführungstherapie wegen der Einmaligkeit oder einer einmaligen Wiederholung nicht. Wichtig ist für den Rückführungstherapeuten zu wissen, dass er nie einen Klienten, der sich in seinen früheren Leben befindet, plötzlich aus welchen Gründen auch immer herausholt und ihn einfach fortgehen lässt. Denn dann werden die traumatischen Erlebnisse unaufgelöst mit nach Hause genommen und agieren sich weiterhin aus mit der Gefahr, dass eine akute *Psychose* entstehen kann, welche die Einlieferung in eine Psychiatrie notwendig werden lassen könnte. Darum ist es oberstes Gebot, eine Rückführungstherapie mit allen Auflösungsvorgängen und Heilschritten zu beenden. Somit können auch nie Verschlechterungen, sondern nur Verbesserungen oder gar vollkommene Heilung bewirkt werden. Viele der herkömmlichen Therapeuten haben die Hoffnung aufgegeben, eine volle Heilung bei bestimmten Klienten erzielen zu können, sodass sie schon mit Teilerfolgen zufrieden sind. Wenn also aufgrund der mittels der Therapie gewonnenen Sicherheitsstrategien der Patient mit seinem Problem nun besser umgehen kann, dann wird das als Therapieerfolg gebucht. Sicherlich ist es ein Erfolg. Doch das Problem hat der Patient behalten. Denn dieses ist weiterhin nicht in seinen Ursachen aufgedeckt und gelöst worden. Die Rückführungstherapie benötigt nicht die hypnotischen Eingaben von Sicherheitsstrategien, denn durch die Aufdeckungen des Problems in seinen Ursachen samt der Auflösung werden solche Sicherheitsstrategien überflüssig. Trotzdem können sie in den so genannten „roten Teppich“ mit eingebaut werden. Und, wie ich schon an anderer Stelle versicherte, solche durch die Rückführungstherapie aufgelösten Probleme haben Langzeit- beziehungsweise Ewigkeitseffekt, so sie wirklich in allen ihren Ursachen aufgelöst worden sein sollten.

Immerhin schaffen es einige spezielle Sexualtherapien, die Erektionsprobleme von 75 Prozent der Patienten innerhalb von 10-20 Sitzungen beheben zu können, während Orgasmusprobleme bei 70-100 Prozent der Frauen behoben werden können, die noch nie einen Orgasmus erlebt hatten, die diesen aber innerhalb von acht bis fünfzehn Sitzungen durch Masturbation bewirken können, auch wenn nur ein kleinerer Teil diesen dann auch vaginal mit ihrem Partner erleben kann. Doch sind 25 Prozent der anfangs erfolgreichen Sexualtherapien leider nicht von Dauer.[176] In der Rückführungstherapie kann der Therapeut solche Probleme zu lösen versuchen, indem er die Klienten direkt zu den betreffenden Ursachen führt. Schon nach einer Sitzung können diese Probleme endgültig behoben sein.

Wenn einem Klienten nicht gleich beim ersten Mal das Eintauchen in den Alphazustand oder das Betreten eines früheren Lebens gelingt, könnte der Therapeut ihm eine zum Einüben geeignete CD mitgeben, die es ihm ermöglichen könnte, seine diesbezüglichen Blockaden allmählich zu lösen.[177] Und sobald dies geschehen ist, mag er erneut zur Rückführungstherapie kommen.

Ich rate jedem Therapeuten, einen seiner Klienten probeweise mittels der Rückführungstherapie zurückzuführen, wobei ich ihm empfehle, vorerst mit meinem Buch *Das Große Handbuch der Reinkarnation* zu beginnen. Vielleicht ergeht es ihr/ihm genauso wie meiner Kollegin *Dr. Edith Fiore*. Zu ihr als klinischer Psychologin und Psychotherapeutin, die sich zu Beginn mit der hypnotischen Rückführung noch zögernd beschäftigte, kam vor einigen Jahren ein Mann, der unter sexuellen Störungen litt. Als sie den in Hypnose Befindlichen nun bat, zu der Ursache seiner sexuellen Störungen zu gehen, befand dieser sich in einem Leben als katholischer Priester in Italien im sechzehnten Jahrhundert. Zuerst glaubte Frau *Fiore*, dass alles, was er so lebhaft erzählte, nur eingebildete Erlebnisse seien. Doch als sie ihn einige Wochen später wieder traf, erzählte er ihr, dass alle seine sexuellen Probleme nach dieser Rückführung sich aufgelöst hätten und es ihm nun auch im Allgemeinen besser ginge als je zuvor. Von da an beschloss sie, sich mehr und mehr der Rückführungstherapie zu öffnen. Späterhin wurde sie eine der renommiertesten und gefragtesten Rückführungstherapeutinnen Amerikas, die durch ihre Bestseller-Bücher vielen Tausenden das Interesse für diese Therapieform näher brachte.[178]

Jedem Sexologen, Psychotherapeuten und Psychiater würde ich empfehlen, nachdem er dieses Buch gelesen hat, einer Zusatzausbildung zum Rückführungstherapeuten nachzukommen oder sich soweit auf diesem Gebiet zu informieren und Bücher darüber zu lesen, dass er von nun an mit großem Erfolg Menschen von ihren sexuellen Problemen zu befreien vermag. Eine ganze Reihe von Medizinern und Therapeuten haben sich schon von mir ausbilden lassen. Der Therapeut, der eine Rückführungstherapie ausführt, braucht auch gar nicht an die *Reinkarnation* zu glauben. Doch sollte er vorbehaltlos diese Therapie durchführen. Auch sein Klient muss nicht an die Reinkarnation glauben. Das Eintauchen in seine früheren Leben wird trotzdem gelingen, vorausgesetzt, dass er zurückführbar ist. Die Überzeugung einer Präexistenz der Seele wird sich bei dem ungläubigen Therapeuten irgendwann durch die Gewalt seiner therapeutischen Erfolge von selbst einstellen. Und der Klient, der seine früheren Erleben eindrücklich erlebt hat, wird sowieso danach von der Reinkarnation überzeugt sein, wie ja auch einer, der ein todesnahes Erlebnis bei einem außerkörperlichen Vorgang gehabt hatte, nie wieder Angst vor dem Tode haben dürfte.

Am Ende einer Rückführungstherapie, auch wenn sie sich aufgrund der Komplexität der verschiedenen mentalen, psychischen und physischen Störungen über mehrere Rückführungssitzungen hinziehen sollte, steht *der freie Mensch*, der sich in einer kompletten Harmonie befindet, der liebend und wissend dieses Leben, wie es sich ihm präsentiert, annimmt und selbstbewusst aus diesem das Bestmögliche zu machen bereit ist.

Die Sexualität als Weg zur Liebe

Man könnte die Sexualität des Menschen mit einer Orgel vergleichen. Der Schöpfer dieses großen Klangwerkes hatte die Idee, es so zu bauen, dass das Großartigste mit herrlichem Klang darauf gespielt werden kann. Er dachte lange darüber nach, welches Holz, welche Pfeifen, welche Register, welche Finger- und Fußtasten er verwenden und wie er alles zusammensetzen könnte. Und er hatte lange, lange Zeit daran gearbeitet. Schließlich probierte er es aus und brachte diese seine Schöpfung zum vollen Erklingen. Und dann sagte er: „So, jetzt bin ich mit meiner Schöpfung zufrieden." Er brachte diese Schöpfung auf den Planeten Erde, indem jeder Seele eine Kopie dieses Instruments persönlich auf sie abgestimmt geschenkt wurde. Ein solches Wunderwerk ist die Sexualität jedes Menschen. Und nun wartet dieses Instrument, dass einer kommt und darauf spielt, möglichst so einer wie Gott, ein göttlicher Spieler. Dieses Instrument hat eine Ahnung behalten, wie es sein muss, wenn ein Tastenzauberer es voll zum Erklingen bringt. Und so lockt die Sexualität als Instrument Orgelspieler herbei. So einer sich zu ihr begibt und Kinderlieder darauf spielt, ist sie entzückt, hatte es doch bisher vielleicht auf Erden noch keine Klänge aus sich heraus vernommen. Doch die Ahnung der Seele, dass noch mehr aus diesem Instrument zu holen ist, bleibt bestehen. Noch erfreuter wird die Orgel sein, wenn ein anderer Spieler nun einen ganzen Choral auf ihr zum Ertönen bringt. Ihre Ahnungen von der Größe ihres Klangkörpers werden immer wacher. Und fassungslos vor Staunen dürfte diese Seele gar sein, wenn ein Johann Sebastian Bach käme und alle Register zu ziehen verstünde, sodass dieses Instrument ein Wunderwerk an Tönen erschallen ließe – zugleich ein Dankeschön an den Erbauer und Schöpfer dieses Prachtwerkes. Und dieser wird sich sicherlich darüber freuen, mithören zu können, dass sein Kunstwerk in seiner höchsten irdischen Fülle zum Ertönen gebracht wird. Denn das hat er sich immer gewünscht. Doch leider gibt es nur sehr wenige Tastenkünstler, da zu wenige sich wirklich für dieses Instrument ausbilden ließen, während einige ihre Begabungen aus früheren Leben mitbrachten. Und so wird man froh sein, einen Spieler zu finden, dessen Fingerfertigkeit einige wohltönende Melodien diesem Meisterwerk entlockt, auch wenn einige Register dabei unbenutzt bleiben sollten.

Dies alles bezieht sich natürlich auf ein Instrument, das gestimmt ist. Doch leider ist dieses bei vielen Menschen verstimmt. Ja, einige Orgelpfeifen sind sogar defekt und bedürften der dringenden Wiederherstellung. Und so ein Spieler sich an solch ein Instrument setzen würde, kämen Misstöne hervor, sodass er sehr bald seine Hände davon lassen würde. Manche Orgeln sind schon seit Jahrhunderten verstimmt, denn nie ist jemand gekommen, diese zu reparieren.

Man könnte diese Analogie nicht nur auf die Sexualität einer Person, sondern auf den ganzen Menschen beziehen. Doch bleiben wir bei dem Thema Sexualität. Die Rückführungstherapie vermag nun wie wohl kaum eine andere Therapie dieses Instrument zu reparieren und in Harmonie zu bringen. Es muss zuerst festgestellt werden, welche Tasten

Misstöne hervorbringen und dementsprechend, welche von den vielen Röhren erneuert werden müssen. Vielleicht hat der Blasebalg ein Loch, sodass Luft, die in Röhren gehen müsste, vorher entweicht. Manches Mal genügen geringfügige Reparaturen. Aber oft sind größere Reparaturen vonnöten, die auch längere Zeit in Anspruch nehmen. Das Recht jedes Menschen besteht darin, seine Sexualität als ein Geschenk Gottes voll in Anspruch nehmen zu dürfen – zum Ruhme Gottes und zur Freude seines Besitzers.

Die mit sich selbst und mit einem Partner, einer Partnerin in Harmonie ausgeübte Sexualität als Geschenk der Schöpfung an den Menschen sollte eine Seele in ihrem Fühlen und Denken zu dem Bekenntnis zur Schöpfung, zu Gott führen: „Ja, ich bin mit Deiner Schöpfung einverstanden. Und ich danke Dir, dass Du uns Menschen dieses herrliche Geschenk gegeben hast. Ich werde damit umgehen wie mit einem kostbaren Gut. Und jede Ausübung meiner Sexualität soll ein Dankeschön an Dich und Deine Schöpfung sein."

Osho, der große Lebenslehrer, sagte: „Hört auf, eure Sexualität abzuwerten und zu unterdrücken. Wenn ihr im Leben von Liebe überschüttet werden wollt, müsst ihr mit dem Kampf gegen den Sex aufhören. Habt Spaß am Sex; werdet euch seiner Heiligkeit bewusst. Nehmt ihn voller Dankbarkeit an und lasst euch immer tiefer davon erfassen. Ihr werdet euch wundern, dass Sex ein derart erhabenes Gefühl vermitteln kann. Sex offenbart seine Erhabenheit in gleichem Maße, wie ihr ihn akzeptieren könnt. Und Sex ist im gleichen Maße lasterhaft und unschön, wie eure Einstellung dazu lasterhaft und achtlos ist. Wenn sich ein Mann einer Frau nähert, sollte er ein erhabenes Gefühl haben, als würde er einen Tempel betreten. Und wenn die Frau zu ihrem Mann geht, sollte sie von Ehrfurcht erfüllt sein, als würde sie sich Gott nähern." [179]

Allerspätestens an dieser Stelle werden viele Geistliche dieses Buch zuklappen, denn was hier gesagt wird, widerspricht ihrer katholischen *Kirchenmoral* aufs Drastischste, ist ihnen doch indoktriniert worden, dass man nur dann gottgefällig handelt, wenn man seine Sexualität vollkommen zurückzuhalten oder gar zu leugnen versteht. Doch dieser Irrglaube ist eine Ohrfeige für den Schöpfer, ein verachtender Verrat an seinem genialen Schöpfertum. Diese falsche Moral diente lange als Zuchtmittel mittels Schuldzuweisung, um weltliche Hörigkeit unter dem Deckmantel der Heiligkeit zu erzeugen. Diese kirchliche Instanz war jedoch wieder aus höherer Sicht notwendig, um bei Verstößen gegen die Liebe ein durch die Kirche inszeniertes Schuldbewusstsein zu bekommen, das uns motiviert, in einem nächsten Leben alles wieder gutzumachen und karmisch auszugleichen. Wer also gegen diese Instanz geringschätzig urteilt, urteilt aus irdischer Sicht, da er die höhere Sicht und die Berechtigung dieser falschen Moral nicht erkannt hat. Erst wenn man dieses Spiel auf Erden durchschaut hat, ist man wirklich frei – frei von aller Verurteilung und Diskriminierung. Alles ist richtig so, wie es ist. Alles dient einem höheren Zweck, nämlich jede Seele zur totalen Liebe hinzuführen, indem sie in den vielen Inkarnationen mit zigtausend Erfahrungen des Erlernens konfrontiert wird. Dieses Erlernen geschieht durch das für die Seele des Menschen geschaffene und schon jahrtausendelang exerzierte Spiel: *Schuldaufladung – Schuldabladung*. Dieses wurde und wird auch weiterhin vom Karmagesetz geregelt. Und die karmischen Ausgleichsgeschehen werden schon vor der Geburt der jeweiligen

Seele vorbereitet, denn alles, was ihr begegnet, muss so kommen, wie es sie trifft. Doch wenn die Menschheit jetzt die Chance nützt, sich dieses Sachverhaltes bewusst zu werden und keiner mehr gegen die Gesetze der Liebe und Nächstenliebe verstößt, dann ist dieses ewige Spiel von Schuldaufladung und Schuldabladung vorbei. Dann nähern wir uns vielleicht dem „Goldenen Zeitalter", von welchem schon die Romantiker träumten.

Es gibt eine natürliche Moral, eine gesetzlich verordnete gesellschaftliche Moral, eine Kirchen- beziehungsweise Glaubensmoral, die oft weitgehend in die gesetzliche mit übernommen wird, und eine spirituelle Moral, mit der die Jenseitigen uns aus ihrer Sicht moralisch beurteilen. Für Freud begann der Mensch als zivilisiertes Wesen erst dann, als er den Inzestverbotsgedanken zu einer zu beachtenden moralischen Instanz erhob. Freie, in Liebe ausgeführte Sexualität unter Bewahrung der Gefühle und freien Entscheidung des anderen ist Voraussetzung für eine gesunde Gesellschaft. Eine einschränkende Sexualmoral verhindert die Aufrichtigkeit der Gefühle, da verstellter, verdrängter Sex zur allgemeinen Lüge verführt. *Falsche Sexmoral* bereitet den Boden für ein soziales Feld der Lüge. „Moral oder Unmoral ist nur das, was wir in einer betreffenden Zeit so benennen. Wenn die Kirche oder eine Gesellschaft sich darüber einigt, ein bestimmtes Verhalten unmoralisch zu nennen, heißt es noch nicht, dass dieses wirklich unmoralisch ist. Es ist Zeit, unsere sexuelle Zurückhaltung aufzugeben und alle die zurückgehaltenen sexuellen Wünsche auszuleben. Und dann ist es Zeit, sich zu fragen: ‚Ist das, was ich erlebe, für mich stimmig? Gibt das mir Liebe, Gesundheit, Freude, Lebendigkeit und Selbstverwirklichung?'" [180]

Die Aufgabe der *Kirche* war es, dem Menschen ein Trugbild vorzugaukeln, eine Lüge zu verbreiten, damit wir lernen, die Lüge nicht zu akzeptieren, sondern uns zur höheren Wahrheit durch Selbsterkenntnis zu bekennen. Eine neue Zeit wird endlich Erlösung durch Aufklärung bringen. Wir lösen uns von der Widernatürlichkeit, denn Sexualität ist Natürlichkeit. Und die Askese ist widernatürlich, jedoch als Bußelement für karmischen Ausgleich von Bedeutung. Die Kirche hat vieles auf den Kopf gestellt (im wahrsten Sinne des Wortes), was gegen die Natur war. Sie hat den Geist zum Fundament gemacht und nicht die Füße (Natur, das Bodenständige) und den Unterleib (Sexualität). Deshalb die *Verlogenheit*. In einer neuen Zeit werden wir wieder mit beiden Beinen auf dem Boden stehen und uns normal bewegen, wie Gott uns geschaffen hat, und unsere Sexualität in Würdigung und Verehrung dieses göttlichen Geschenkes genießen. Die Kirche hat die Sexfeindlichkeit mit der Naturfeindlichkeit verbunden. Nur der Geist soll zählen, nicht die irdischen Freuden. Diese halten nur vom „geistigen" Paradies ab. Ihre Devise: Zurück zu Gottes Liebe ohne Sex. Denn wer zu viel Sex lebt, entfernt sich von Gott.

Asketen und Selbstkasteier waren in ihren vorausgegangenen Leben oft das Gegenteil. Sie benutzen die Askese zur Selbstbestrafung, zum Ausgleichen ihrer früheren Vergehen.

Wer Sex nicht mit Liebe auszuüben gelernt hat, hat die Prüfung für höhere Liebe nicht absolviert. Denn die Sexualität ist ebenfalls eine der Prüfungen, die der Liebende zu meistern hat. Der *Partnerkörper* ist ein Lehrmittel und zugleich Lerninstrument – ebenso wie dessen Seele. Der Körper ist in vieler Hinsicht Stellvertreter für die Seele und kann in mancher

Hinsicht als deren Symbol angesehen werden. Und man könnte analog zu einem Aphorismus von *Goethe* sagen: „Sage mir, wie du mit dem Körper deines Partners umgehst, und ich sage dir, wie es mit deiner Liebesfähigkeit beschaffen ist." Am Körper führt als Prüfstein der Liebe kein Weg vorbei. Sexuelle Vollkommenheit heißt nicht, x Stellungen ausprobiert zu haben, sondern dem Partner und auch sich die höchsten für ihn möglichen Wonnen vermitteln zu können. Diese Wonnen sind symbolisch für *die höheren Wonnen*. Hier auf Erden üben wir im Kleinen, was einmal mit Meisterschaft im Großen gehandhabt werden muss. Sexuelles Beglücken heißt liebevolles Schenkenkönnen. Und jener oben erwähnte Orgelspieler muss auch durch eigenes Bemühen zu einem vortrefflichen Tastenkünstler werden. Jene so genannten Naturbegabungen bringen diese Fähigkeiten aus früheren Leben mit in das heutige. Andere müssen diese noch erlernen. Doch zuvor muss festgestellt werden, ob an ihrem Körper oder Geist und an ihrer Seele noch Unausgeglichenheiten bestehen. Möglicherweise ist ein chirurgischer Eingriff (Phimose, Zystenentfernung) vorzunehmen, und vor allem könnte sich die Notwendigkeit für rückführungstherapeutische Maßnahmen ergeben. Als Voraussetzung einer gesunden Sexualität bedarf es eines gesunden Körpers, eines gesunden Geistes und auch einer heilen Seele, die sich von allen Schlacken der sexuellen Negativprogrammierungen aus früheren Leben befreit hat. Hierbei bietet die Rückführungstherapie größte Hilfestellungen. Sie wird in einigen Jahren schon zur Anlaufstelle für Millionen von Menschen werden, die sich endlich von ihren unliebsamen sexuellen Altlasten befreien wollen. Selbst viele, die sich keines akuten sexuellen Problems bewusst sind, werden sich rückführungsmäßig durchchecken lassen, ob sie noch irgendetwas übersehen haben, was noch befreit werden kann.

Solange Sex nur ein Nehmen und kein Geben ist, bleibt er dem Ego verhaftet. Die volle Beglückung findet erst statt im Beschenken des anderen durch Sexualität. Durch die öffentlichen Medien und die Werbung wird ein gesundes, wenn auch ein oft oberflächliches Sexualleben propagiert. Dadurch wird der Mensch verunsichert. Jeder muss seinen Grad der Sexerfüllung finden. Wenn er wenig Sex braucht, ist das für ihn in Ordnung, solange er dadurch nicht in Zwist mit dem Partner gerät. Eventuell hatte er seine sexuelle Komponente schon in einem früheren Leben extrem ausgelebt und will jetzt anderen Ausrichtungen des Lebens den Vorzug geben.

Der *Orgasmus* vermittelt uns für wenige Sekunden ein Gefühl der Glückseligkeit. Dieses ist ein nostalgisches unbewusstes Gefühl der göttlichen Einheit, aus der wir in die Vorstellungen der Zeit und des Raumes hineingestellt worden waren. Immer, wenn wir einen Orgasmus haben, werden wir unbewusst an diese unser aller Heimat erinnert. Der Orgasmus lässt uns die Sehnsucht nach Rückkehr zu dieser eigentlichen Heimat wach erhalten, und umgekehrt treibt uns die Sehnsucht nach unserer göttlichen Heimat dazu, deren Innewerden für Sekunden durch den Orgasmus zu erleben. Denn im Orgasmus fühlen wir in etwa das, was wir als beständiges Glücksgefühl in der göttlichen Einheit immer fühlen durften. Somit wird der Orgasmus zum Wiedererinnerer urgöttlicher Einheitsgefühle und ist als solcher Verbindungselement zur göttlichen Einheit. Je sublimer und länger wir diese orgastischen Gefühle ausdehnen können, umso mehr tauchen wir in den Glücksstrudel unseres ureigenen göttlichen Seins hinein. Aus der rückwärtsgerichteten Nostalgie wird eine nach vorwärts gerichtete Sehnsucht nach Hause, zurück in die göttliche Heimat, in welcher wir der Verzückungen, die wir im Orgasmus als kurzzeitliches Erlebnis nur empfinden dürfen, als Ewigkeitszustand inne sind. „Sex ist ein schwacher Abglanz der göttlichen Schönheit, die uns erwartet. Aber er ist eben nur ein schwacher Abglanz.“ [181] Die rückwärtsgerichtete Nostalgie ist oft erfüllt von der Wut, diesen göttlichen Zustand verlassen haben zu müssen. Durch Gewaltakte der Lieblosigkeit mittels des Orgasmus wird dieser zur Rache an dem empfundenen „Hinauswurf“ aus der göttlichen Einheit, nicht wissend, dass wir Letzteren selbst gewollt haben. Doch wir dürfen uns der Heimat dann Stück für Stück wieder nähern, je ehrfurchtsvoller und mit mehr Liebe wir mit unserer Geschlechtlichkeit und dem Orgasmus umzugehen lernen. Und wem es durch Vermehrung seiner Liebesfülle gelingt, diese Gefühle aus seinem Geschlechtsteil in sein Herz und in seinem Geist zum Vibrieren zu bringen, der wird von einem Strudel anhaltender Glückseligkeit erfasst. Er braucht nicht mehr den geschlechtlichen Orgasmus, denn dieser reduziert diese göttlichen Gefühle nur auf kurze Augenblicke. Er befindet sich nun in einem andauernden Glücksrausch. Dieser ist oft gepaart mit dem Gefühl, seine letzte Erdeninkarnation erreicht zu haben. Es ist die Vorahnung zur Rückkehr in die göttliche Einheit.

Viele Menschen suchen nach Methoden, ihre Sexualität zu sublimieren. Manche haben von indischen Tantrameistern gehört, die eine Methode entwickelt haben, die zu dieser Verfeinerung, Erhöhung und Transformierung der Sexualität führen soll. Denn „das *Tantra* erlaubt Männern und Frauen, einen Partner zu haben, Sex zu genießen und zugleich oft geistige Erfüllung zu erfahren“, indem sie die feinstoffliche Energie vom ersten Wurzelchakra allmählich hochholen bis in das Kronenchakra, wo sie dann die Einheit oder die geistige Ekstase, genannt Ananda, erleben. „Wie uns die tantrischen Texte versichern, können wir alle diesen Zustand erreichen; sie bezeichnen ihn sogar als unser Geburtsrecht.“ Doch „dieses tantrische Ziel der Einheit zu erreichen erfordert allerdings oft ein lebenslanges Studium der Hingabe“.[182] Tantrameditationen und andere spirituelle und transformative Methoden, so schreibt Professor *Albert Ellis*, „können dein sexuelles Hochgefühl verlängern und können in einigen Fällen die gemeinsame Freude mit deinem Partner erhöhen. Aber das gilt nur für einige. Jedoch viele sehr sexuell ausgerichtete Menschen wie ich finden, dass das Erlernen dieser ‚spirituellen' Sexmethoden sehr zeitaufwendig und mühsam ist und diese nur wenig mehr bringen als der normale Sex. Tantra und andere ‚spirituelle' Arten des Sex können zu einem Zwang ausarten und viel Zeit in Anspruch nehmen, und sie können dich davon abhalten, den bodenständigen Sex zu genießen.“ [183] Und ich schließe mich gerne *Ellis* an. Doch jeder möge mit seiner Sexualität verfahren, wie er möchte oder dazu befähigt ist, solange er diese mit großer Liebe und Ehrfurcht und Dank ausübt. So könnte er sich nicht nur für eine in Liebe praktizierte Kopulation, sondern auch für jede Masturbation beim Schöpfer bedanken.

Ein liebender Mensch wird die *Sexualität mit Würde* ausführen, Hochachtung für den Partner und Bewunderung und Dank für den Schöpfer empfinden, der diese Sexualität samt ihren Organen geschaffen hat, um göttliche Gefühle erfahren zu dürfen. Wer liebt, benötigt keine Gesetze, um ihm zu sagen, bis wohin die Grenzen seiner Liebe zu setzen sind. Er würde nie eine Minderjährige sexuell belästigen oder überhaupt jemanden direkt oder indirekt zum Sex zwingen wollen. Je mehr sich die Liebe zueinander in der Welt vermehrt, desto weniger bedarf es reglementierender Gesetzgebung im Allgemeinen wie auch auf dem Sektor der Sexualität. Und jeder kann den anderen in seiner Liebesausführung tolerieren, solange er damit keinem anderen und auch sich selbst keinen Schaden zufügt. *Albert Ellis* tritt für eine Gesellschaft ein, die allen Menschen die Ausübung ihrer Sexualität in welcher Weise auch immer, ohne jemanden dadurch zu schädigen, zubilligt. „Alle Leute, ganz egal, warum sie existieren, sollten das Recht haben, so viel oder so wenig, so variationsreich oder so einfallslos, so intensiv oder so sanft, so ausdauernd oder so kurz ihre sexuellen Freuden leben zu dürfen, wie sie es bevorzugen unter der Voraussetzung, dass sie in der Durchführung dieser bevorzugten Arten ihrer Befriedigung die sexuellen und auch die nichtsexuellen Rechte der anderen nicht unnötig, gewalttätig oder in rücksichtsloser Art missachten. ... Dies heißt im Einzelnen, dass meiner Meinung nach die Gesellschaft nicht juristisch oder in einschränkender Weise gegen sexuelle Praktiken von Leuten vorgehen sollte, und zwar sogar gegen Leute, die eine gute Schulausbildung und Selbstverantwortung tragen, die weiterhin keinen Partner ohne dessen Zustimmung verletzen, die ihre Sexpraktiken im privaten Bereich durchführen, sodass kein anderer irgendetwas davon sieht oder zu hören bekommt.“ [184] Dieser letzte Satz bezieht sich nicht nur auf homosexuelle Menschen beiderlei Geschlechts, sondern auch auf diejenigen, die nur in sadomasochistischer Manier zu dem Geschlechtsgenuss gelangen können. Die moderne Gesellschaft wird sich immer für eine freie Sexualität unter Bewahrung der Rechte der freien Entscheidung des anderen öffnen müssen. Das heißt, dass jeder nach seiner Facon sexuell glücklich werden mag, vorausgesetzt dass er niemanden gegen dessen Willen zu seinem eigenen oder zu dem sexuellen Genuss des anderen zwingt, sei es durch Drohungen, Verlockungen, Versprechungen, berechnende Geschenke, Handgreiflichkeiten, verbale Äußerungen, Bestrafungsmechanismen oder durch bereits bestehende oder neu geschaffene Situationen der Abhängigkeit.

Wir verdrängen immer noch unsere erwobenen sexuellen Freiheiten, indem wir sie in Verbote für Jugend und Kindheit aussprechen. Wenn wir als Erwachsene zwar mit unserer Sexualität frei umgehen dürfen, haben wir weiterhin die Vorstellung, den Kindern gegenüber diese von uns gelebte Sexualität verbergen zu müssen. Wir sind noch immer verklemmt. Kinder könnten mit dem Wissen über Sexualverkehr genauso problemlos umgehen wie kleine Hunde, die sehen und mitbekommen, was und wie es die erwachsenen Hunde sexuell miteinander tun. Sie haben zwar noch keine Gefühle oder kein Verlangen nach dem Koitus, da ihr Geschlechtsinteresse dafür noch nicht ausgereift ist. Denn alles unterliegt einem natürlichen Vorgang. Doch wenn dann der Wunsch oder der Trieb in ihnen nach Geschlechtsaustausch aufkommt, dann werden sie mit oder nach der Pubertät auch diesem Drang nachkommen. Erst das ihnen von den Erwachsenen eingepflanzte Schuldgefühl bei kindlich ausgeübten Pseudosexspielen oder sexuellen Berührungen lässt bei ihnen Probleme mit dem Sexus entstehen. Kinder haben ihre Kinderspiele. Eltern haben ihre Erwachsenenspiele, zu welchen auch die Sexualität gehört. Ebenso wie wir Erwachsenen Kindern teilnahmslos zusehen können, wie sie mit Puppen oder Autos spielen, so könnten auch Kinder teilnahmslos den Eltern beim Kopulieren zusehen. Aus der Perspektive der Kinder sind das eben die „Spiele der Eltern, womit wir Kinder noch nichts zu tun haben". Und wenn man ihnen erklären würde, warum die Mutter stöhnt und beide Eltern möglicherweise einen Lustschrei beim Orgasmus von sich geben, dann werden sie das zur Kenntnis nehmen und brauchen nicht mehr an der Wand zu lauschen, was da der „böse Papi" mit Mutti im Bett macht, sodass sie „vor Schmerzen" stöhnt und schreit. Denn dadurch bekommen die Kinder Angst vor dem Papi und, wenn sie wissen, dass sie im Bett „Sex machen", auch Angst vor der Sexualität. Denn wenn man den Kindern nur vom Klapperstorch erzählt und sie auch späterhin nicht aufklärt, können viele Probleme entstehen. Ich weiß, dass ich mit diesen Gedanken die moralischen Vorstellungen in Bezug auf Kinder bei vielen Leser/Innen konfrontiere. Aber ihnen sei gesagt, dass ich nur auf Dinge hinweisen möchte, die einer Revision bedürfen. Und meine Gedanken mögen ja auch ketzerisch sein und sich als falsch erweisen. Aber sie sollen auch nur Anregungen geben, in einem neuen Zeitalter einmal über diese auf die Kinder angewandten Erziehungsmuster hinsichtlich der Sexualität nachzudenken.

Sexualität muss in Schulen unterrichtet werden. Ohne Scheu. Die Kinder sind heute offener, als die Erwachsenen in eben demselben Alter es sein durften und konnten. Nur die Meinung der Erwachsenen, man könnte Kinder mit solchen Darstellungen verängstigen oder verderben, nährt diese Angst, Kinder unbedingt von allen sexuellen Wahrheiten des Lebens bis zur Pubertät fern halten zu müssen. Es ist nicht das Problem der Kinder, sondern das Problem der Eltern und Erzieher. Sexualität sollte wie etwas Selbstverständliches den Kindern schon vor der beginnenden Pubertät beigebracht werden, nicht in der Praxis, aber doch durch Veranschaulichungen. Dann fällt auch die Heimlichtuerei und die Verlogenheit hinsichtlich der Sexualität weg. Wir werden dann eine offene Gesellschaft haben mit viel weniger Lügen. Denn dieses ewige Vertuschen und Verdrängen hat dazu geführt, das Ausmaß der *Lügen* zu verbreiten. Denn wenn Eltern ihre Kinder belügen, übernehmen diese das Lügen mit gleicher Selbstverständlichkeit. Wir müssen eine ehrlichere Gesellschaft haben, und dabei muss auch die Ehrlichkeit der Gesellschaft zu ihrer Sexualität Selbstverständlichkeit werden. Sex darf nicht mehr als etwas Verpöntes, Heimliches, Anstößiges angesehen werden, sondern als etwas Natürliches. Ein sexuell zufrieden gestellter Mann ist auch meistens ein freundlicher, liebenswerter Mann. Eine sexuell zufriedene Frau ist nicht frustig, schimpfend, sondern freundlich, glücklich, liebend.

Für viele bedeutet Sexualität einen Gegensatz zur *Spiritualität*. Sie meinen, dass das eine das andere ausschließe. In solch einem Zwiespalt befand sich „der Oberschullehrer Tony Kalamaris, der sich verzweifelt darum bemühte, seine Erotik mit seinen tiefen spirituellen Neigungen in Einklang zu bringen. (Er) erfuhr während der Rückführung in das Leben zwischen Tod und Wiedergeburt, welche karmischen Zusammenhänge zu diesem inneren Kampf geführt hatten. In seiner letzten Inkarnation hatte er sich sehr stark von seinen erotischen Trieben leiten lassen, und deshalb war es jetzt seine Aufgabe, die spirituelle und die erotische Seite seines Charakters miteinander zu versöhnen. Er berichtet: ‚Als ich (*durch Rückführungen)* beobachtete, wie ich in verschiedenen Leben von einem Extrem ins andere geworfen wurde, ärgerte ich mich darüber und rief aus: 'Was hat dieses physische Leben für einen Sinn!' Darauf sah ich plötzlich das unglaubliche lebendige Gesicht einer Frau, und zwar so deutlich, dass es mir einen Schock versetzte. Dieses Gesicht sagte mir, dass das erotische Element den Antrieb dafür liefere, das Gewissen, den Altruismus und die menschliche Güte in mir zu entwickeln. Die Erotik ist eine rudimentäre Kraft, welche die Menschen veranlasst, Beziehungen zueinander aufzunehmen und sich intensiv miteinander zu beschäftigen. Deshalb kann sie zu einer spirituellen Entwicklung anregen und sie fördern. Das muss ich lernen, denn bisher hatte ich geglaubt, Sexualität und Spiritualität seien Gegensätze. Und diese Erkenntnis muss ich jetzt in die Praxis umsetzen." [185] Dies ist meiner Meinung nach die Aufgabe für alle Menschen, die sich spirituell weiterentwickeln wollen. Es geht darum, den Ausgleich zwischen Spiritualität und Sexualität zu leben und sie nicht als Gegensätze anzusehen. Sexualität mit liebendem Herzen ausgeführt, wäre nun das zu erreichende Ziel. Es wäre nun genau das Gegenteil von der missbrauchten Sexualität als Vergewaltigungstäter. Denn die Sexualität ist eines der wichtigsten Lehr- und Lernmittel der Liebewerdung. Hat man in der Schule des Lebens nun seine Abschlussprüfung bestanden, benötigen wir keine Sexualität mehr, denn dann begeben wir uns auf höhere Ebenen der nicht physischen Existenzen.

„Indem man ein spirituell ausgerichtetes Leben führt", so sagt *Henry L. Bolduc*, „erstreckt sich dieses automatisch auf alle Bereiche des Lebens, einschließlich der Sexualität." Bolduc weist weiterhin darauf hin, dass die Ausübung einer künstlerischen Beschäftigung behilflich ist, der sexuellen Energie einen spirituellen Ausdruck zu verleihen. Und er fügt hinzu: „Je mehr wir unsere Sexualität verfeinern, desto stärker entwickelt sich unsere Spiritualität." [186] Die Verfeinerung der Sexualität ist zugleich ein Gradmesser für die Spiritualität.

„Der absolut falschen Vorstellungen wegen, die man uns eingeflößt hat, sieht kein Mensch die Notwendigkeit ein, sich zu seiner Sexualität zu bekennen, die Stadien der sexuellen Entwicklung zu durchlaufen, um sie dann transformieren zu können. Wie können wir etwas transformieren, das wir bekämpfen, gegen das wir uns unaufhörlich wehren? Man hat die Menschen dazu gezwungen, unentwegt gegen ihre eigene Energie zu kämpfen. Man hat dem Menschen beigebracht, ... sich gegen seinen sexuellen Drang zu wehren." [187] „Wenn ihr erkennen wollt, was Liebe ist, dann müsst ihr den Sex als heiligen Akt akzeptieren, müsst ihr ihn annehmen wie ein göttliches Geschenk, nämlich mit offenem Herzen. Und je vollständiger ihr den Sex mit offenem Geist und Herzen annehmen könnt, desto freier werdet ihr davon. Je länger ihr eure Sexualität unterdrückt, desto tiefer seid ihr in ihr verhaftet ... Das Maß eurer Hingabe ist das Maß eurer Befreiung. Nur eine bedingungslose, totale Annahme des Lebens und alles Natürlichen, alles Gottgegebenen, führt euch zu den höchsten Höhen der Göttlichkeit, zu erhabenen Höhen, die euch unbekannt sind. Dieses Akzeptieren nenne ich Gottgläubigkeit, Theismus. Und diese Art von Gottvertrauen ist die Tür zur Befreiung. ... Als Atheismus bezeichne ich alle Lehren, die die Menschen davon abhalten, alles zu akzeptieren, was im Leben und in der göttlichen Ordnung natürlich ist. ... In diesem Sinne sind alle diese Lehren gottlos, atheistisch. Alle, die Enthaltsamkeit und Entsagung predigen, sind Atheisten." [188] Wer sich gegen die Sexualität aus spirituellen und nicht neurotischen Gründen stemmt, wehrt sich, wie wir sahen, gegen die göttliche Schöpfung. Es gilt, diese erst voll ausgelebt und als Gottesgeschenk dankbar akzeptiert zu haben. „Man inkarniert, um seine Angst zu besiegen und das Bewusstsein dadurch zu erhöhen, indem man in Harmonie mit der physischen Welt lebt. Wenn man einen Aspekt der physischen Realität wie zum Beispiel den Sex zurückweist, leben wir nicht in der Fülle des Lebens. Solange man nicht ein Leben mit vollem Engagement leben kann, ohne sich dabei zu verschulden, solange bleibt man an die Erde gebunden.“ [189] Ein total Liebender kann sich nicht mehr verschulden. Er hat all seine Schulden aus früheren Leben ausgeglichen. Er hat die Fülle des Lebens samt der Sexualität voll gelebt und ist in seinem Denken, Sprechen und Handeln ganz Liebe geworden. Die Sehnsucht nach Hause in die totale Liebe wird in ihm übermächtig.

Osho meint, dass man durch Meditation allmählich zu immer höheren Ebenen des Bewusstseins gelangt. Irgendwann bleibt der Sex zurück, da dieser zur Erdverhaftung gehört. Doch mit der Erhöhung des Bewusstseins gelangt man zu höheren Entzückungen, die noch mächtiger die Seele beglücken als Sex. Dieses ist ein Prozess, der von selbst sich einstellt. Wenn wir die *Sexlosigkeit* erzwingen wollen, bleiben wir dem Sexus trotzdem verhaftet. Und wenn wir ihn verdrängen, kommt er durch irgendeine Hintertür wieder herein. Solange wir den Sex ausüben wollen und unser Lebendigsein mit diesem verbinden, ist er auch für uns wichtig. Also leben wir ihn. Doch durch Meditation, die uns in höhere Schwingungen des Daseins versetzt, hebt sich das Verlangen nach Sexualität auf. Und es ist ein falscher Gedanke, wenn man meint, die Lebendigkeit eines Menschen ist von seiner gelebten Sexualität abhängig. Man kann auch voll im Leben stehen, ohne sich sexuell zu engagieren. Dieses Gefühl, ohne oder mit wenig Sex sein Leben zu leben, kann jemanden schon in jungen Jahren treffen oder aber erst im vorgerückten Alter. Das Bewusstseinswachstum samt der *Transformation* in höhere Ebenen der Existenz ist unabhängig vom Alter des Körpers. Und – wie ich meine – können wir schon in früheren Leben die Bereitschaft zu höherem Bewusstsein in dieses Leben mitgebracht haben, um in dem gegenwärtigen Leben die Transformation von Sex zu höherem Bewusstsein zu erlangen.

Jene, die nicht durch den Vorhang der Liebe (der Liebe zum Partner) gegangen sind, bleiben vor dem Vorhang stehen und sehen den Partner – anfangs sehr reizvoll – als Sexobjekt. Doch wer nicht in die Liebe zum Partner als Seele gegangen ist, dem wird der äußere Reiz des anderen allmählich verloren gehen. Er sucht nach neuen Reizen am Körper derselben Person oder bei anderen. *(Dieses Problem wird in Roman Polanskis Film „Bitter Moon“ sehr gut dargestellt.)* Wer aber hinter den Vorhang in die Liebe zu einem anderen gegangen ist, dem offenbart sich der höhere Reiz: LIEBE.

Sexualität ist nicht nur zur Vermehrung, Freude und Anbahnung gedacht, sondern das Endziel der Sexualität ist es, über die Liebe zum anderen die göttliche Liebe in sich wach werden zu lassen. Nur der Liebende kann auch die Liebe zu Gottes Schöpfung, zu sich selbst als göttlicher Teil, zu Gott, zur All-Liebe empfinden. Sexualität ist der Weg, der zur Brücke der Liebe führt, die den Menschen mit dem Göttlichen verbindet.

Zum Schluss seines Buches *Sex Without Guilt in the Twenty-First Century* weist Professor *Ellis* auf die *„Erklärung der sexuellen Rechte“ (Declaration of Sexual Rights)* hin, die 1997 (ergänzt 1999) von der *Weltvereinigung der Sexologie (World Association of Sexuology)* in Valencia verabschiedet worden ist. Von den elf Punkten führt er die fünf wichtigsten an, die ich mir erlaube, hier wiedergeben zu dürfen, damit diese Satzungen sich weiterhin für das Bewusstsein einer zukünftigen Gesellschaft verbreiten, wobei die Zukunft jetzt schon begonnen haben sollte:

„Sexuelle Gesundheit ist das Ergebnis einer Gesellschaft, die diese folgenden sexuellen Rechte anerkennt, respektiert und ausübt:

1. Das *Recht auf sexuelle Freiheit.* Sexuelle Freiheit beinhaltet die Möglichkeit für jedes Individuum, seinem sexuellen Potenzial voll Ausdruck verleihen zu können. Jedoch schließt das alle Gewaltanwendung, Ausbeutung und allen Missbrauch zu jeder Zeit und in allen Situationen aus.
2. Das *Recht auf sexuelle Autonomie*, sexuelle Integrität und Sicherheit des Körpers. Dieses Recht beinhaltet die Fähigkeit, autonome Entscheidungen hinsichtlich seines Sexuallebens im Rahmen seiner persönlichen und sozialen Ethik zu treffen. Dies beinhaltet auch die Kontrolle und die Freude über unseren eigenen Körper, ohne ihn der Tortur, Verstümmelung und Gewaltanwendung auszusetzen.
3. Das *Recht auf sexuelle Privatsphäre*. Dies beinhaltet das Recht auf individuelle Entscheidungen und Verhaltensweisen hinsichtlich der Privatsphäre, solange nicht die sexuellen Rechte anderer verletzt werden.
4. Das *Recht auf sexuelle Gerechtigkeit*. Dies bezieht sich auf die Freiheit von aller Form der Diskriminierung hinsichtlich Sex, Geschlechtlichkeit, sexueller Vorlieben, Alter, Rasse, sozialem Stand, Religion oder körperlicher oder emotionaler Behinderung.
5. Das *Recht auf körperliche Freude*. Sexuelle Freude inklusive Eigenerotik ist eine Quelle des physischen, psychologischen, intellektuellen und spirituellen Wohlbefindens.“ [190]

Und in den letzten Sätzen seines oben erwähnten Buches ruft *Albert Ellis* den Leser/die Leserin mit folgenden Worten auf: „Du hast als Mensch das Recht, viele sexuelle Beziehungen einzugehen, ganz wie es deinem Geschmack, deinen Vorzügen, Neigungen und deinem Bedürfnis entspricht. Je mehr du dich dafür einsetzt und für diese Freiheit kämpfst und auch deine Partner und andere Leute dazu ermunterst, für diese sexuellen Freiheitsrechte zu kämpfen, desto eher wirst du sie herbeiführen und genießen können. Auf was wartest du noch?“

Jedoch möchte ich auf eine Gefahr hinweisen, die durch *allzu große sexuelle Freiheit,* die wir im Augenblick alle herbeisehnen, entstehen kann. Denn je feizügiger wir mit der Sexualität umgehen, desto mehr nimmt unser Interesse an Sex ab. Wenn wir alle nackt herumlaufen würden, würde kaum noch einer auf einen anderen schauen, weil wir fast alle gleich aussehen. Die Hageren sehen alle so aus wie die Hageren, und die Dicken sehen alle so aus wie die Dicken. Das Verbotene reizt, das Erlaubte ist nur halb so interessant. Wenn alles erlaubt ist und alles ausgekostet werden kann und dann auch reichlich ausgekostet worden ist, dann sind die normalen geschlechtlichen Reize bald uninteressant, denn man ist gesättigt oder man hält Ausschau nach noch nicht ausgekosteten Reizen, die in der Perversität eventuell gefunden werden können. Man mag dann die Grenzen der gegenseitigen Achtung verlieren und wird wieder zum Sextäter. Und dieser gemäß dem Karmagesetz muss wieder ein Gleiches erleben wie das, was er verursacht hat. Und er mag aufgrund seiner Programmierung „Ich will nie wieder etwas mit Sex zu tun haben" als ein Sexfeind wiedergeboren werden, der mit anderen seinesgleichen wieder die moralische Macht an sich reißen könnte, worauf sich wiederum ein Zeitalter der sexuellen Abstinenz anschließen könnte, wie es das Zeitalter der christlichen Kirche uns eintausendsechshundert Jahre lang demonstriert hatte.

In diesem Sinne sagt der Arzt und Rückführungstherapeut Dr. *Bruce Goldberg* aus Kalifornien: „Der Zyklus der karmischen Verschuldung dauert solange an, bis alle Lektionen gelernt sind und alle Negativität durch positive Taten ausgeglichen ist. Das Prinzip der Vergebung ist dabei behilflich, diesen Prozess zu beschleunigen." [191] Und hiermit spricht Dr. *Goldberg* die Rückführungstherapie an, die es dem in Trance befindlichen Klienten ermöglicht, zu den Ursachen seiner jetzigen Probleme in früheren Leben zurückzugehen und dort den Personen zu vergeben, die ihm Leid zugefügt haben, wie auch in die Täterleben zurückzugehen und dort jene Personen um Vergebung zu bitten, denen man einst selbst Leid zugefügt hatte. Solange wir nicht vergeben können, haben wir nicht das Maß der Liebe erreicht, die erforderlich ist, um das Endziel der Schulung auf Erden absolviert zu haben. Deshalb müssen wir so lange inkarnieren, bis wir dieses Maß an Liebe verinnerlicht haben. Ein Gütezeichen der absoluten Liebe ist die *Vergebung*. In der Rückführungstherapie erlangt der Klient oft eine hohe Liebesschwingung, die es ermöglicht, aus voller Liebe zu vergeben. Die Rückführungstherapie löst nicht nur alte unliebsame, lästige und lange in seiner Seele herumgeschleppte Programme auf, sie bietet auch dem Klienten die Möglichkeit, aus Liebe vergeben zu können.

Als *Buddha* von einem seiner Schüler gefragt wurde, ob es wahr wäre, dass ein Teil alles Lernens darauf gerichtet sei, unsere Liebe und unser Mitgefühl zu entwickeln, antwortet der Meister: „Nein, dies entspricht nicht der Wahrheit. Sondern die Wahrheit ist, dass a l l e s Lernen darauf gerichtet ist, dass wir unsere Liebe und unser Mitgefühl entwickeln."

Nicht durch aufgezwungene Enthaltsamkeit und Feindlichkeit dem Sex gegenüber erreichen wir Nirwana, die Rückkehr in die Einheit, sondern nur durch Liebe auf allen Ebenen. Und Sexualität ist eines der wichtigsten Lern- und Lehrmittel, unsere Liebe wachsen zu lassen.

Sex – wir betonen es noch einmal – ist ein göttliches Geschenk an den Menschen. Wer es zurückweist, weist Gottes persönliches Geschenk zurück. Ja, er beleidigt ihn – wenn er sich beleidigen ließe. Doch wer sich beleidigen lässt, hat noch Ego. Aber die All-Liebe kennt kein Ego, es kennt nur ein Wir. Wenn unsere Sexualität frei ist von allen Machtspielen, Ego-Ausnutzungen und zweckentfremdenden Nebenabsichten, dann sind wir frei, das Göttliche ganz zu erleben. Am Ende der Erdenschulung steht der harmonische Mensch, der die Balance gefunden hat, seine sexuelle Natürlichkeit frei von allen Einschränkungen mit seiner Liebe zu vereinen.

Fragen wir uns einmal selbst, ob wir dieses Ziel bereits erreicht haben oder doch diesem bereits nahe gekommen sind. Wer ist eigentlich ganz frei zu nennen von allen sexuellen Beeinträchtigungen, Zurückhaltungen, Ängsten? Frei von diesen Einschränkungen ist eine Frau, die zu ihrem Geliebten sagen kann: „Du kannst mit mir alles machen, was du in sexueller Hinsicht möchtest. Du kannst, wenn du willst, alle meine Körperöffnungen für deine Lust benutzen. Ich kann mich mit Lust in jeder Hinsicht hingeben, und ich freue mich darauf, mit dir die Lust zu teilen." Und frei von diesen Einschränkungen ist ein Mann, der zu seiner Geliebten sagen kann: „Du kannst mich nehmen, wie du möchtest. Ich habe keine Hemmung, alles zu tun in sexueller Hinsicht, was dir gefällt und dir Freude bereitet."

Und nun, verehrter Leser und verehrte Leserin, fragen Sie sich selbst: Sind Sie frei von allen sexuellen Einschränkungen? Wo halten Sie sich noch zurück? Was ist bei Ihnen noch aus früheren Leben oder diesem Leben vorhanden, von dem Sie sich befreien sollten?

Wenn zwei Menschen uneingeschränkt von alten Programmen in Freude sich sexuell hingeben können und ihre Sexualität als ein besonderes Gottesgeschenk der Schöpfung betrachten, dann sind sie wirklich frei.

Und was sagte *Hermann Hesse* in seinem Gedicht *„Stufen"*:

„Es wird vielleicht auch noch die Todesstunde
Uns neuen Räumen jung entgegensenden,
Des Lebens Ruf an uns wir niemals enden ...
Wohlan denn, Herz, nimm Abschied und gesunde!"

Ja, verabschieden wir uns durch Auflösung unserer alten Programme und gehen als gesunde Seelen frei von allen Lasten über jene Brücke der totalen Liebe, die uns dann loslöst von aller Gegensätzlichkeit, sodass wir, am anderen Ende angekommen, uns vereinen können mit der göttlichen Liebe.

VI. Nachwort und Zusammenfassung

Wir Menschenseelen müssen lernen, Sex als Gottes Geschenk aufzufassen – und ihn ohne schlechtes Gewissen zu praktizieren. Sex ist zugleich ein Lehr- und Lernmittel, Liebe zu üben, indem man bestrebt ist, dem anderen in liebevollster Weise die schönsten Gefühle der körperlichen Liebe zu schenken. Wir deuteten bereits darauf hin, dass Sex ein kleiner Vorgeschmack auf die unendlichen Liebesgefühle in der göttlichen Einheit ist. Wenn bei jemandem sexuelle Disharmonie irgendeiner Art, von der Sexgier bis hin zur sexuellen Abwehr besteht, dann sollte man die Harmonie, wenn möglich, noch in diesem Leben durch Ursachenaufdeckung, Erkenntnis und durch Aufräumen mittels der Rückführungstherapie herzustellen versuchen. Jeder soll gemäß seines in dieses Leben mitgebrachten Libidomaßes sexuell glücklich werden.

Im zwanzigsten Jahrhundert setzte sich immer mehr die *freie Sexualität* trotz aller noch eingreifenden kirchlichen Ermahnungen durch. Doch ist diese sexuelle Befreiung erst auf dem halben Weg angelangt. Zu Beginn des einundzwanzigsten Jahrhunderts bekannten sich, wie erwähnt, zwei Bürgermeister der beiden größten Städte in Deutschland (Berlin und Hamburg) zu ihrer praktizierten *Homosexualität*. Homoerotik bedeutete keinen Makel mehr, wegen dem man diese beiden Politiker nicht in ihr Amt gewählt haben würde. Und auch zwischen Homosexuellen und Lesben werden nun Ehen geschlossen, nicht nur vor dem Standesamtbeamten, sondern sogar vor dem Kirchenaltar einiger protestantischer Pfarrer, während die katholische Kirche ihren Priestern solchen Ehen Gottes Segen zu geben noch verbietet.

Jeder *Homosexuelle* kann zu einem gut ausgebildeten Rückführungstherapeuten gehen, um herauszufinden, weshalb er homosexuell ist. Er kann auch bei jedem sexuellen Problem durch eine Rückführung nach dem Warum forschen und dann versuchen, das in Disharmonie mit ihm befindliche Problem gleich aufzulösen. Die Rückführungstherapie ist zugleich *Ursachenaufdeckung* und *Auflösung* des Problems, Lokalisation und Löschung.

Es geht mir in diesem Buch nicht darum, meine eigenen therapeutischen Fähigkeiten (die kann sich jeder selbst durch eine Ausbildung aneignen) anzupreisen oder die Rückführungstherapie als *ultima ratio* in den Vordergrund zu stellen, sondern es geht mir allein darum, dem Leser und auch dem Therapeuten welcher Couleur auch immer von den Möglichkeiten der Rückführungstherapie und von deren Heilwirkungen eine Ahnung zu vermitteln – Heilungen, die sich bei somatischen, psychosomatischen und psychischen Störungen oder – worum es in diesem Buch im Besonderen geht – bei sexuellen Disharmonien oft sofort oder wenig später manifestieren.

Interessant ist das Faktum, dass sich mit dem Ausgang des zwanzigsten Jahrhunderts auch die Rückführungstherapie immer mehr durchsetzte. Und damit wurde auch die Erforschung des sexuellen Verhaltens und die Freudsche Limitierung auf das gegenwärtige Leben überschritten, um nun endlich zu den wirklichen Ursachen und Problemen sexuellen Verhaltens zu gelangen, die meist in den vorausgegangenen Jahrhunderten begründet liegen.

Diese sexuell stringenten vorausgegangenen Jahrhunderte, geprägt von christlichem Kirchendenken, waren notwendigerweise sexverklemmt, da sie ja die Grundlagen für karmischen Ausgleich in den so genannten Opferleben schufen, die sich aus den mit sexuellen Schuldgefühlen beladenen Täterleben ergaben, die meistens vor der christlichen Ära lagen und sehr oft auch noch während dieser verursacht wurden.

Ich glaube, dass die frühere Geheimnistuerei über sexuelle Belange sich nun ihrem Ende nähert und die Sexualität in ihrer Ausübung jedem Einzelnen ohne Diskriminierung überlassen sein wird, sofern eine Person einer anderen dadurch keine körperlichen und seelischen Schmerzen zufügt und deren freien Willen immer respektiert. Es könnte sich bald so verhalten, dass man die Sexualität wie die Ernährung als eine Selbstverständlichkeit des menschlichen Bedürfnisses ansieht, wobei es jedem freisteht, mit seiner sexuellen Auswahl samt seinem Appetit genauso umzugehen wie mit dem Essen, vorausgesetzt, dass der jeweilige Partner diesem vorbehaltlos zustimmt. Ebenso wie es jedem Einzelnen überlassen bleibt, wie er und was er essen möchte, so wird man ihm auch gestatten, über seine sexuellen Genüsse nach seinem Belieben oder seinen Möglichkeiten selbst zu entscheiden, ohne dass Verordnungen diese Freiheiten beschneiden.

Nachdem die Sexualität aus einer Tabuzone zu einer Normalzone geworden ist und man nicht mehr um die Freiheit dieser menschlichsten Angelegenheit zu kämpfen hat, wird man frei für ein anderes Thema mit der Überschrift: *Spiritualität*. Man wird sich in zunehmendem Maße um die eigentlichen Wahrheiten bemühen, die hinter den fünf Sinnen zu liegen scheinen, jedoch immer mehr ins Scheinwerferlicht unserer Gefühle und Gedanken gebracht werden. Mit anderen Worten, die Tabus, die uns in spiritueller Hinsicht der Intellekt oder manipulierte Glaubensinhalte auferlegten, werden durchbrochen werden. Die sexuelle Befreiung auf der körperlichen, seelischen und geistigen Ebene wird nun zusätzlich durch die sexuelle Befreiung auf der spirituellen Ebene bereichert werden. Darum ist es kein Zufall, dass dieses Buch am Ende der sexuellen Tabuisierung geschrieben wurde. Denn es bedeutet zugleich den Anfang der Enttabuisierung der Spiritualität, die von der intelligent ausgerichteten Gesellschaft eingeschränkt und oft lächerlich gemacht, von den doktrinären Religionen aber gefürchtet wird. Zu dieser Enttabuisierung gehört auch die vollkommene Akzeptanz der Reinkarnation einschließlich des Karmagesetzes als solches.

Ich glaube, dass die freie Sexualität und die Rückführungstherapie der Zukunft Hand in Hand gehen, indem alle, die noch sexuelle Probleme haben, sich mittels der Rückführungstherapie sich von diesen zu befreien versuchen. Wenn wir alle uns von unseren sexuellen unliebsamen Altlasten befreien würden, könnten wir in einer Gesellschaft leben, die selbst die des Alten Griechenlands, was die sexuelle Freiheit anbelangt, übertreffen würde.

Noch ist sehr viel Forschung auf dem Gebiet der Sexualität durchzuführen. Wir stehen damit noch ganz am Anfang. Dieses Buch soll nur einen ersten tieferen Einblick in die Ursachen sexuellen Verhaltens geben, wobei der Schwerpunkt auf den sexuellen Störungen in ihren Auswirkungen im heutigen Leben liegt. Weitergehende Forschungen werden diese von mir vorgestellten Zusammenhänge noch komplettieren müssen.

Dieses Buch dürfte auch dazu anregen, sich auch auf wissenschaftlicher Seite intensiver mit der Ursachenforschung zu beschäftigen, wobei die Ursachen in früheren Leben aufgedeckt werden müssen. Ich könnte mir denken, dass man in den nächsten Jahren selbst auch an den Universitäten sexuelle Ursachenforschung im Zusammenhang mit früheren Leben nicht mehr ausklammern kann, dass also die Reinkarnation als Axiom in der Wissenschaft angenommen wird. Es müsste an allen Universitäten sowohl in der medizinischen als auch in der psychologischen Fakultät jeweils ein Lehrstuhl (so beide Fachausrichtungen nicht noch in einer Fakultät zusammengefasst sind) für theoretische Ursachenforschung und einer für praktische Regressionstherapie institutionalisiert werden. Bis es jedoch so weit gekommen sein wird, sollte so mancher Arzt, Therapeut oder Psychologe den ein oder anderen seiner Patienten zum Rückführungstherapeuten schicken, um selbst ein klareres Bild über dessen Symptome in ihren Ursachen erhalten zu können.

Rückführungstherapie hat als Pflichtfach an Universitäten in der Medizin und in der Psychologie integriert zu werden. Allerdings wird diese Umstellung noch eine Zeit auf sich warten müssen, da erst eine neue Generation mit neuem Wissen die maßgeblichen Posten besetzen wird. Solange müssen viele Menschen leider noch unter ihren Symptomen und Problemen, von denen sie ansonsten schon befreit werden könnten, leiden. (Aber was sagten wir noch? Alles ist richtig so, wie es ist. Alles hat seine Zeit.)

Die einstweilige Nichtintegration der Rückführungstherapie in die Medizin und in der Psychologie ist ein Verstoß gegen das Gebot: „Mit den besten Mitteln zur Genesung des Menschen beitragen."

Wenn die medizinische Forschung alle Ursachen von Krankheitssymptomen im materiellen Bereich aufgedeckt haben sollte, beginnt meiner Meinung nach erst die eigentliche Forschung, die sich darum bemüht, die geistigen Informationsfelder zu erforschen, nach denen sich die Physis ausrichtet. Dann wird auch erforscht werden müssen, wer diese Informationsfelder geschaffen hat und welch höherer Zweck damit verbunden ist.

Jetzt nachdem *Professor Dr. med. Ian Stevenson* mit seinem Buch *Reincarnation and Biology* die Reinkarnation als Faktum bewiesen hat, kann man die Reinkarnationstheoretiker nicht mehr als „Schwachsinnige" abtun, sondern man muss sich nun eingehend mit den neuen Perspektiven abgeben, die ein ganz neues Blickfeld in Wissenschaft, Religion und Philosophie eröffnen. Wer sich diesem Paradigmawechsel versagt, wird schnell zum „alten Eisen" gehören, das Rost ansammelt und daher nicht mehr beachtet werden wird.

Und ich rufe nochmals alle Therapeuten auf, die Rückführungstherapie einige Male versuchsweise anzuwenden. Von den Erfolgen überrascht, wird man dann mit dieser Methode gerne weiterhin arbeiten. Denn die Erfolge sprechen sich herum, sodass man sich über weitere Klienten nicht zu sorgen hat. Viele Menschen mit Krankheitssymptomen und auch sexuellen Symptomen haben schon x Therapien versucht und keine Besserung oder gar

Heilung gefunden. Sie haben bereits aufgegeben, sich nach weiteren herkömmlichen Therapien umzusehen. Die Rückführungstherapie gibt ihnen aber wieder neue Hoffnung und oft spontane Heilung. Und was die sexuellen Störungen betrifft: Wer möchte nicht gerne von Orgasmushemmung, sexueller Unlust, Vaginalkrämpfen, Abscheu vor Männern, sexuellen Schuldgefühlen, den Folgen von erlebtem Missbrauch, Erektionsschwierigkeiten, den mannigfachen sexuellen Ängsten u.s.w. befreit sein, so er oder sie unter einem dieser Symptome oder sogar mehreren zu leiden hat? Ich kann mir denken, dass in den nächsten zwei Jahrzehnten überall neu ausgebildete Reinkarnationstherapeuten ihre Praxen eröffnen werden, denn die Nachfrage von Klienten wird rapide zunehmen.

Im heutigen Leben können wir uns auch schon für das nächste Erdenleben vorbereiten. Lösen wir in diesem Leben noch alle anstehenden sexuellen Probleme auf, dürfen wir gewiss sein, im nächsten Leben ohne sexuelle Behinderungen heranzuwachsen und unsere Sexualität als Jugendliche und Erwachsene uneingeschränkt genießen zu können. Genauso wie wir uns ökologisch engagieren sollten, um die Welt rein zu halten, da wir wieder in sie hineingeboren werden und diese dann nicht als Dreckhaufen vorfinden wollen, so sollten wir auch versuchen, uns im heutigen Leben sexuelle Harmonie in Körper, Psyche und Geist anzueignen. Denn wir können mittels der Rückführungstherapie alle unsere sexuellen Unausgewogenheiten aus früheren Leben ausgleichen und bereinigen, sodass wir im nächsten Erdenleben – wenn nicht schon in diesem – frei sind von allen sexuellen Komplexen und Ängsten.

Meine persönliche Botschaft an den Leser und die Leserin geht dahin, dass wir alle unsere vier Quadranten in Harmonie bringen, um in unserem Denken, Sprechen und Handeln ganz Liebe zu werden. Diese vier Quadranten bestehen aus dem körperlichen, dem seelischen, dem geistigen und dem spirituellen Teil. Die Sexualität ist dem körperlichen, aber auch dem seelischen Teil beigefügt. Diese vier Quadranten, aus welchen sich unsere verkörperte Seele zusammensetzt, könnte man sich als eine rotierende, frei schwebende Scheibe vorstellen. Sobald einer der Quadranten nicht in Harmonie ist, kann diese Scheibe nicht ebenmäßig rotieren. Also wollen wir bestrebt sein, unsere Seele in eine harmonische Schwingung zu versetzen.

Abschließen möchte ich den darstellenden Teil dieses Buches mit einer kurzen Zusammenfassung der Hauptergebnisse desselben, wobei ich eigene Einschätzungen angebe, die durch spätere Forschungen auf dem Gebiet der Regressionssexologie sicherlich korrigiert werden müssen. Trotzdem wage ich solche Schätzungen aufgrund meiner vieljährigen Erfahrungen anzuführen, um der Leserin und dem Leser eine ungefähre Vorstellung der prozentualen Verhältnisse hinsichtlich Tätern und Opfern und der Aufteilung sexueller Ursachen zu geben.

Die Reinkarnation ist von *Professor Stevenson* 1997 als Faktum bewiesen worden. Die Rückführungstherapie geht von diesem Reinkarnationsaxiom aus. Sobald eine Person in Trance zu der Ursache ihres Symptoms zurückgeführt wird, befindet sie sich in den meisten Fällen in einem früheren Leben. Die geschieht auch bei Leuten, die nicht an die Reinkarnation glauben, unter der Voraussetzung allerdings, dass sie rückführbar sind. Ausgehend von dem

Axiom des wirklichen Vorhandenseins der vielen Leben der sich inkarnierenden Seele können wir sagen, dass die eigentlichen Ursachen aller Symptome und inhärenten Probleme sich im Durchschnitt zu fünf Prozent allein auf das heutige und zu 95 Prozent auf frühere Leben zurückführen lassen. Jedoch können sich von diesen 95 Prozent der im früheren Leben verursachten Symptome etwa zehn Prozent durch zusätzliche Ursachen in der jetzigen Kindheit und Jugend vermehrt haben. Sie sind Nachwirkungen von Opferleben, die zu 98 Prozent aller Fälle auf Täterleben zurückgehen, in denen die Seele Akte der Lieblosigkeit begangen hatte. Schätzungsweise ein Drittel von allen Symptomen und inhärenten Problemen sind sexueller Natur. Angewandter Missbrauch und Vergewaltigung sowie auch andere sexuelle Gewaltanwendung sind in Täterleben der Beginn karmischer Verkettungen, die sich in Opferleben für dieselbe Seele in jeweils anderen Körpern als erlittener Missbrauch, erlittene Vergewaltigung und sexuelle Gewaltanwendung nachweisen lassen. Das heißt, dass beinahe alles, was Neurosen sind, auf sexuell motivierte Opferleben zurückgeht. Die Seele hat dies zu 97 Prozent in einem männlichen Körper vorher in zurückliegenden Leben als Täter verursacht, während nur zwei Prozent oder weniger auf Täterleben in einem weiblichen Körper zurückzuführen sein dürften. In über 80 Prozent der Fälle werden diese Täterleben als Frau oder Mädchen in Opferleben ausgeglichen, während etwa 15 Prozent der Seelen in einem männlichen Körper als Reinkarnierte den karmischen Ausgleich zu erleben haben.

Somit steht am Anfang eines sich heute zeigenden sexuellen Symptoms oder Problems in etwa 98 Prozent der Fälle ein Täterleben. Alles geschieht gemäß dem Karmagesetz, das da heißt: Was du einem anderen antust, wird auf dich in gleicher oder ähnlicher Weise zurückkommen. Denn jede Seele wird in gleicher oder in ähnlicher Weise das an sich erleben, was sie an Lieblosigkeit anderen zukommen ließ. Dieses Gesetz bezieht sich auf Gedanken, Worte und besonders Taten. Indem eine Seele durch liebloses Verhalten dem anderen gegenüber sich an der Liebe vergeht, muss sie ebenfalls jenes Maß an Lieblosigkeit als Seele erfahren, das sie ausgeteilt hatte. Durch die vielen irdischen Leben werden wir auf diese Weise mittels des Karmagesetzes zu liebenden Seelen konditioniert.

Die Rückführungstherapie ist ein Geschenk des ausgehenden zwanzigsten Jahrhunderts an die Menschheit der kommenden Jahrhunderte. Mit ihrer Hilfe ist es möglich, die Ursachen von allen Symptomen und Problemen aufzudecken und eine eventuelle Heilung durch den Akt der multiplen Vergebung sofort oder allmählich ganz oder teilweise zu bewirken. Sexuelle Ängste, Komplexe, Verhaltensstörungen eignen sich als Heilung vorzüglich für die Rückführungstherapie und können in den meisten Fällen mittels einer in Trance geführten Rückführungstherapie in ein bis drei Sitzungen wesentlich gebessert oder gar ganz behoben werden. Rückführbar sind 90 Prozent der Personen vom siebten (bei Mädchen) und vom neunten (bei Jungen) Lebensjahr aufwärts bis etwa zum sechzigsten Lebensjahr, wobei es viele Ausnahmen gibt, sodass auch viele Kinder und viele Menschen im Seniorenalter noch zurückgeführt werden können.

Bei erfolgreich Zurückgeführten verbessert oder löst sich nicht nur allein ihr Symptom oder Problem auf, sondern ihre ganze Lebensweise erhält eine neue Ausrichtung hinsichtlich der

Liebe zu anderen und zu sich selbst. Ebenso erweitert sich ihr geistiges Verstehen der höheren Zusammenhänge. Und durch die Vermehrung ihrer Herzensliebe zu sich selbst und anderen tragen sie dazu bei, dass immer mehr Liebe auf Erden entsteht. Die Rückführungstherapie ist zugleich ein Generator der Liebe.

Lexikon der Sexualität mit Bezug auf die Reinkarnation

Die Ursachen sexuellen Verhaltens von A bis Z

Vorbemerkung: Hier geht es nicht darum, eine umfassende und dabei kurze Darstellung aller verschiedenen Aspekte der Sexualität zu liefern, sondern es ist beabsichtigt, zu einigen Stichwörtern Stellung zu nehmen, um aufzuzeigen, was sich durch Rückführungen an neuen Sichtweisen auf dem Gebiet der Sexualität darstellt. Viele der hier vorgestellten neuen Erkenntnisse ergeben sich aus meiner Arbeit als Rückführungstherapeut. Doch bei einigen Aspekten der Sexualität muss ich vorerst mutmaßen, da mir noch die Beweise ausgeblieben sind. Diese werden jedoch sicherlich von anderen Forschern oder von mir noch geliefert werden können. Dieses vorerst kleine Lexikon der Sexualität soll zu weiteren Forschungen Ansporn geben. Unter fast jedem der unten aufgeführten Stichwörter könnte ich jeweils noch vieles in größerer Ausführlichkeit darstellen. Unter mancher Rubrik habe ich nur eine Möglichkeit von Ursachenverbindung genannt, während es dazu noch andere Variationen der möglichen Ursachen gibt. Also nicht jedes Stichwort wird erschöpfend behandelt. Es geht vielmehr darum, der Leserin, dem Leser eine Vorstellung oder eine Ahnung davon zu geben, inwiefern sexuelles Verhalten und Störungen des heutigen Lebens mit früheren Leben verknüpft sind. In einigen Jahrzehnten wird dieses Lexikon eventuell über tausend Seiten umfassen und unter den Stichwörtern genaue Hinweise auf die verschiedenen Ursachen geben können. Jetzt stehen wir noch ziemlich am Anfang der Ursachenforschung von sexuellen Symptomen und Verhaltensweisen in Verbindung mit früheren Leben.

Die **Abkürzungen** bedeuten: **FL** = früheres Leben, **HL** = heutiges Leben, **ZL** = zukünftiges Leben, **TL** = Täterleben, **OL** = Opferleben, **RT** = Rückführungstherapie

Abneigung Sexuelle A. hinsichtlich gewissen Personentypen ergibt sich aus Begegnungen mit Menschen des gleichen Typus in FL, durch deren Einwirken vormals eine sexuelle Abneigung bis zum Widerwillen entstanden ist. Hat man eine sexuelle Abneigung gegen dicke oder große Menschen, gegen rothaarige, schwarzhaarige, blonde, langhaarige, großfüßige, brilletragende, dickbusige, schmuckbeladene u.s.w. Menschen, dann hatte man durch eben so aussehende in FL ein aversives Verhalten entwickelt, das nicht immer mit Sexualität zu tun haben muss.

Man kann auch ein ablehnendes Verhalten hinsichtlich Sex als solchem und gegen Dinge entwickelt haben, die mit Sexualität zusammenhängen. Die generelle Abneigung gegen Sex bedingt sich vornehmlich aus OL, in welchen man negative Erfahrungen mit der Sexualität gemacht hatte. Je drastischer die Ablehnung, desto intensiver das einstmalige Erlebnis. Doch kann diese Abneigung auch noch aus dem TL stammen, nach welchem man sich aufgrund von Vergewaltigungstaten programmiert hatte: „Ich will mich nie wieder von sexueller Gier dahinreißen lassen." Abneigungen gegen Abbildungen von nackten oder halbnackten Körpern ergeben sich nicht nur aus den übertragenen Infiltrierungen prüder Eltern oder Erziehungspersonen, sondern können auf Schuldgefühle aus TL und auf Vergewaltigungserlebnisse in OL zurückgehen. Ablehnung und Aversion gegen das Vorhandensein von Bordellen oder Prostituierten gehen ebenfalls auf Schuldgefühle oder vormalige Erlebnisse im Prostituiertenmilieu zurück.

Abortus Früh- und Fehlgeburten gehen meist auf Programmierungen aus FL zurück, ganz egal, ob ein medizinischer oder organischer Grund vorliegt oder nicht. Solch eine Programmierung kann in FL gelautet haben: „Ich will nie wieder ein Kind gebären", da diese Seele als Frau bei einer Niederkunft ihr Leben verloren hatte. Auch kann es sein, dass ein geborenes Kind eine Missgeburt war, weshalb ebenfalls eine solche Programmierung ausgesprochen sein konnte. Wird die Ursache eines solchen Lebens aufgedeckt und diese Programmierung rückgängig gemacht, könnte diese Frau ein gesundes Kind austragen.

Abstinenz *Gewollte Abstinenz*: Ehepartner, die von einer Kopulation weitgehendst oder völlig Abstand nehmen und trotzdem zufrieden einander in Liebe zugetan sind, können in einem FL Geschwister oder nahe Verwandte gewesen sein. Die Rückerinnerung an diese Seele, mit der man asexuell gelebt hatte, bringt ein ähnliches Verhalten im HL zueinander hervor. Dennoch mag es sein, dass er oder sie fremdgeht und es geheim hält, um den Partner nicht zu verletzen. Weiterhin können beide Partner in einem FL Mönch oder Nonne gewesen sein. Und beide leben friedlich in Liebe miteinander ohne sexuelle Wünsche. Hatten sie damals doch für alle Zeit Gott gelobt, sexuell enthaltsam zu sein.

Ungewollte Abstinenz: Diese stellt sich ein, wenn man keinen Partner findet. Dies hat sicherlich karmische Gründe. Vielleicht ist es auch die Aufgabe der betreffenden Person, ihre Programmierung aus früheren Leben „Mich will sowieso keiner" aufzulösen und dadurch partnerschaftsfähig zu werden. Oder sie hat in einem früheren Leben den Wert und die Schönheit des Sexes nicht gewürdigt, hat „herumgehurt" und über die Frauen gelästert. So kann es sein, dass diese Seele heute als Mann oder Frau die Wertschätzung des Sex durch Entzug und Sehnsucht erst einmal leidvoll spüren muss.

Abtreibung Oft entscheidet sich eine im Fötus sich schon befindende Seele, doch nicht ausgetragen zu werden, und gibt der Mutter den Wunsch ein, den Körper abtreiben zu lassen. Ein anderer Grund ist darin zu finden, dass die schwangere Frau nach ihrer Abtreibung kein oder für lange Zeit kein Kind mehr bekommt. Die Schuldgefühle und die Reue mögen Teil ihres karmischen Ausgleiches sein, da sie unter Umständen in einem früheren Leben ihr Kind vernachlässigte, es weggab oder gar tötete. Durch diese Schuldgefühle wächst in ihr die Sehnsucht nach einem Kind und somit die Wertschätzung eines Kindes, an der sie es vormals fehlen ließ. Wird sie wiederum ein Kind in diesem oder im nächsten Leben erhalten, dann könnte sie dieses durch zu viel Liebevermittlung „überbemuttern“.

Adipositas A., auch Fettsucht genannt, ergibt sich in Bezug auf die Sexualität zum einen als Bestrafungsmechanismus aus einem Täterleben mit der Programmierung „Ich will mich durch Unattraktivität selbst bestrafen“ und zum anderen durch die Kombination aus dem karmisch sich bedingenden OL, in welchem man vergewaltigt oder missbraucht worden war, an das sich eine Programmierung angeschlossen haben könnte mit dem Wortlaut: „Ich will nie wieder für Männer begehrlich aussehen.“ Das OL kann sich aber auch noch in dem heutigen Leben als Kind, als Heranwachsende oder schon Erwachsene manifestieren. A. ist zugleich als Panzerung ein Schutzmechanismus, der sich aus einem sexuell bedingten OL ergeben kann mit der möglichen Programmierung: „Ich will mich nie wieder von einem Mann sexuell berühren lassen.“

Aids A. (= HIV positiv) ist die noch nicht besiegte Seuche unseres Zeitalters, an welcher schon mehrere Millionen von Menschen gestorben sind und noch sterben werden. Es gibt sicherlich keine Zufälle, wer nun A. bekommen hat. Vor allem wird es aus karmischen Gründen diejenigen Seelen treffen, die im FL andere mit einer Geschlechtskrankheit angesteckt hatten, wohl wissend oder vermutend, dass sie von dieser befallen waren. Aber warum müssen Millionen von Kindern der an A. erkrankten Mütter ebenfalls schon als Fötus mit A. infiziert werden und meist schon im frühen Kindesalter sterben? Vielleicht ist außer karmischen Gründen auch ein Grund darin zu sehen, dass sie den ihnen beistehenden Erwachsenen, die sich vormals selbst dem Schicksal von Kindern gegenüber gleichgültig oder verletzend verhalten hatten, nun die Chance geben wollen, an Kindern durch ihren Helfereinsatz einem Wiedergutmachungsprogramm nachzukommen.

Analerotik Aus der Primäreinstellung heraus ist dem Mann eingegeben, seinen Samen in die untere Öffnung der Frau einzuspritzen. Von hinten gesehen ähnelt bei männlicher A. der entgegengestreckte Hintern demjenigen einer Frau, weshalb der Trieb in Verwechslung der Geschlechtlichkeit des Partners den After als zweite Körperöffnung benutzt. Da der Anuseingang selbst eine erogene Zone ist, empfindet der passiv erlebende Partner die A. meist ebenfalls als lustfördernd. In früheren Jahrtausenden, als man keine oder nur bedingt Verhütungsmittel benutzte, hatten viele Männer den Analverkehr bevorzugt oder wurden von der Partnerin dazu aufgefordert, um eine mögliche Schwangerschaft zu verhindern. Aus dieser möglicherweise praktizierten Gewohnheit ergab sich für die Folgeleben in unbewusster Rückerinnerung die Anwendung von Analverkehr.

Männliche Homosexuelle waren irgendwann in FL und ganz gewiss in ihrer ersten Erdinkarnation als Mensch auch Heteros gewesen. Als solche waren sie gewohnt, mit dem Glied im Geschlechtsakt in die Vagina einer Frau einzudringen, wobei sie schöne Gefühle bekamen, die mit dem krönenden Orgasmus abgeschlossen wurden. Die unbewusste Erinnerung daran lässt den Homoerotiker wieder nach dieser unteren Öffnung beim Partner suchen, um dort mit seinem Glied einzudringen. Der Anus gilt als Ersatzvagina. Der

Analverkehr ist für den Homoerotiker daher die pseudonatürliche und zugleich symbolische Wiederherstellung eines Naturtriebes, der sich aus der vormenschlichen >*Primäreinstellung* der Schöpfung ergibt. Aber auch Frauen, die Analerotik mögen, haben diese meist schon als Mann oder als Frau ebenfalls genossen.

Androgynie A. bezieht sich auf einen Mann, der weibliche Geschlechtsmerkmale aufweist. Zum Beispiel könnte er einen Busen haben oder keinen Bartwuchs. Zum einen könnte die A. auf eine Unentschiedenheit der Seele zurückzuführen sein, die sich im Jenseits nicht für eine Geschlechtlichkeit entscheiden konnte. Es kann auch sein, dass sie sich als Sekundäreinstellung aufgrund von einschneidenden Erlebnissen programmiert hatte: „Ich will weder Frau noch Mann sein." Die RT könnte nun aufdecken, warum sie im FL diese Programmierung ausgesprochen hatte und ihr nahe legen, sich für eine Geschlechtsausrichtung nun zu entscheiden, wahrscheinlich für diejenige, die sich durch die unteren Geschlechtsmerkmale zweckbestimmend ergeben. Das Zuviel oder Zuwenig des ein oder anderen Geschlechtshormons ergibt sich aus jenen mentalen Programmierungen der >*Sekundäreinstellung* oder der hinzugekommenen >*Tertiäreinstellung*.

Angstträume Sexuelle A. gehen meist auf Ereignisse aus FL zurück, in welchen man mittels Sexualität Leid erfahren hatte oder sogar als Frau vergewaltigt worden war. Sollte man in Verbindung mit einer Vergewaltigung erwürgt oder erschlagen worden sein, dann wacht man oft schweißgebadet vor dem eigentlichen Tötungsvorgang wieder auf. Sexuelle A. können die davon betroffene Person derart in ihrer Sexualität einschränken, dass sie sich eventuell einer sexuellen >*Abstinenz* unterzieht. Die Ursachen solcher Albträume sollten unbedingt mittels einer RT aufzudecken versucht werden. *(>Sexuelle Träume)*

Angst vor Liebe A. vor Liebe haben diejenigen inkarnierten Seelen, die durch ihre Liebe hintergangen worden sind, sei es im HL oder in FL. Hat eine weibliche Seele in einem FL einen Mann sehr geliebt und wurde von diesem wegen einer anderen Frau oder aus anderen eigennützigen Erwägungen heraus verlassen, mag sie sich programmiert haben: „Ich will nie wieder lieben." Wegen dieser Programmierung geht diese Seele allen möglichen Liebesanbahnungen im HL aus dem Weg oder verhält sich äußerst vorsichtig, bevor sie sich wieder zögernd die Liebe zu einem anderen eingesteht. Sie kann auch im HL geringschätzig von der Liebe an sich sprechen oder auch von der Untreue der Männer im Allgemeinen. Was wie ein Vorurteil aussieht, ist in Wahrheit eine Erfahrung aus dem HL oder besonders aus dem FL.

Angst vor Nacktheit Diese kann aus mehreren Gründen bestehen. Hatte die Person in einem TL nackte Menschen misshandelt, dann können Fotos von nackten Menschen sie phobisch reagieren lassen. Das Gleiche kann aber auch passieren, wenn jemand zum Beispiel in einen OL in Auschwitz die nackten Leiber in die Öfen schieben musste. Es gibt auch viele Menschen, die Angst davor haben, sich anderen oder einem anderen nackt zu zeigen und handele es sich dabei um den eigenen Partner. Möglicherweise war man in einem früheren Leben nackt vor aller Augen als Hexe verbrannt worden. Vielleicht hatte man auch in einem FL durch die eigenen schönen Reize des nackten Körpers andere verführt und ihnen dann in irgendeiner Weise Schaden zugefügt. Daraus könnte sich die Programmierung ergeben haben: „Ich will nie wieder durch meinen nackten Körper andere Menschen ins Verderben führen."

Angst vor Sexualität Angst vor Sexualität ist aus schlimmen Erfahrungen mit der Sexualität entstanden. Mögen diese Ängste aus diesem Leben oder aus einem oder mehreren FL oder sowohl aus dem einen wie aus den anderen stammen. Wenn eine Frau oder ein Mann Angst vor Sexualität hat, dann könnte er z.B. einen Missbrauch im HL als Kind erfahren haben. Und die Psychoanalyse und andere Therapieformen versuchen im Vorbewusstsein der Person die Umstände dafür zu finden. Doch selbst wenn wirklich in der Kindheit ein solches die Psyche der Person schädigendes Erlebnis aufgedeckt werden kann, wird sich in einer Trancerückführung zeigen, dass in den meisten Fällen schon in einem oder sogar in mehreren FL eine angsteinflößende sexuelle Verwundung des Körpers und der Psyche stattgefunden hat. Hat man diese Person in einem FL vergewaltigt, sexuell misshandelt oder wegen Überschreitung sexueller Tabus bloßgestellt, bestraft oder getötet, dann wird ihrem Unterbewusstsein eine Programmierung eingraviert worden sein, die da heißt: „Hüte dich vor Sex. Du könntest wieder zu Schaden kommen."

Diese Angst vor Sexualität kann sich in den verschiedensten Arten im HL präsentieren und reicht von totaler sexueller >*Abstinenz* und Abwehr bis zur bedingungslosen passiven oder aktiven Hingabe an den Partner. Ist jemand in einem FL als Frau vergewaltigt worden und hat durch Gegenwehr den Vergewaltiger dadurch in die Situation gebracht, von einer tödlichen Waffe Gebrauch zu machen oder ihn zu erwürgen, dann wird diese vormals vergewaltigte und getötete Person zwar im HL Angst vor erneuten sexuellen Konfrontationen haben, sich aber dann beim Akt, auch wenn dieser ungewollt ist, nicht wehren aus Angst, wiederum der Gewaltanwendung des anderen unterliegen zu müssen. Und aus eben dieser Angst heraus kann der oder die Verängstlichte allen sexuellen Anforderungen auf Geheiß nachkommen, um nicht den Unwillen des anderen herauszufordern.

Diese Angst vor Sexualität kann über viele Leben bestehen bleiben. Sie kann durch gegenteilige Erfahrungen in den verschiedenen Folgeleben allmählich aufgelöst werden oder durch heute zur Verfügung stehende Therapien. „Am Grad der Nichtoffenheit deiner Sexualität beweist du den Grad deiner Angst." Entweder besiegt man diese Angst durch Konfrontation, z.B. durch Verhaltenstherapie, oder man geht mittels einer Rückführung zu den Ursachen dieser Ängste zurück und befreit sich von den dort entstandenen unliebsamen Programmierungen.

Askese Der sexuellen A. kommen solche inkarnierte Seelen nach, die das andere Extrem von rücksichtslos ausgelebtem Sex als Ausgleich durch Reue und Selbstbestrafungsmechanismus sich selbst im Jenseits für ihr Erdenleben ausgesucht haben. Im FL haben jetzige asexuell lebende Asketen meistens Vergewaltigungen ausgeführt und/oder Missbrauch betrieben. Ihren daraufhin erfolgten Programmierungen entsprechend, die gelautet haben mögen: „Ich will nie wieder meiner sexuellen Gier nachkommen", bestrafen sie sich selbst nicht nur durch ein oft allen angenehmen Lebensgewohnheiten entsagendes Verhalten, sondern auch in der totalen Unterdrückung sexueller Lust.

Attraktivität Die meisten Männer – aber vor allem Frauen – wollen attraktiv aussehen, um anderen zu gefallen oder überhaupt, um Aufmerksamkeit zu erregen. Unbewusst möchte man wieder so aussehen, wie man im FL ausgesehen hatte, als man das größte Liebesglück oder die größte Bewunderung erfahren hatte. Alles, was diesem ganz entgegengesetzt ist, mag man an sich nicht, sei es die Haarfarbe, das Körperprofil, die Augenfarbe, die Brüste. Und jene Frauen, die als Frauen wegen ihrer äußeren A. in FL in Unglück geraten sind, lehnen alles ab, was sie noch unbewusst an ihr früheres Aussehen erinnern könnte. Einem Mann erscheint eine Frau als sehr attraktiv oder gar sexy, die mit dem inneren Bild von einer Frau übereinstimmt, die er im FL als ebensolche erleben durfte. Wir Menschen unterliegen in unseren Vorlieben unbewusst Nostalgien, die uns an FL erinnern. Natürlich sind wir auch in unserem Bild von einer Frau durch die Programmierungen der öffentlichen Medien beeinflusst worden, sodass sich die Programmierungen aus FL mit jenen aus HL vermischen – und auch Unsicherheiten dadurch hervorrufen. Doch wenn ein Mann grundsätzlich nur blonde Frauen bevorzugt, dann bleibt er in seiner Vorstellung an einer blonden Frau als seinem Schönheitsideal haften, sei es an einer ihm bekannten oder verehrten Frau aus diesem Leben oder – was häufiger zuzutreffen scheint – an einer Frau aus FL, die ihn beglückt hat.

Äußere Schönheit ist nicht nur genetisch bedingt, sondern im Jenseits wird festgesetzt, wie das Äußere sein soll, um genau die Lektionen zu lernen, die es zu erlernen gilt. Jeder Mensch ist irgendwann einmal oder öfter attraktiv oder hässlich. Das bedingt sich aus dem jeweils zu Durchlebenden und neu zu Erlernenden.

Beschneidung Jene, die im FL aus Tradition die Beschneidung des männlichen Gliedes schmerzhaft bei Babys, Kindern oder Jugendlichen durchgeführt hatten und dabei rüde vorgegangen waren, werden auch in diesem Leben eine solche B. aus religiösen Gründen oder wegen einer Phimose ebenfalls schmerzlich erfahren müssen. Dasselbe bezieht sich auch auf das Herausschneiden der Klitoris bei Frauen. Dieses von Gott den Frauen angeborene Geschenk wegzuschneiden, ist eine Ohrfeige für Gott. Es ist allein aus chauvinistischem Kalkül sicherlich schon seit vielen Jahrhunderten in einigen Gegenden Afrikas praktiziert worden. Jene Männer, die auf eine solche B. gedrungen haben, müssen als Frauen wiedergeboren werden, um somit durch ein gleiches Geschehen den gerechten karmischen Ausgleich zu erfahren. Frauen, die in einem FL oder auch im HL solch eine B. erlebt haben, mögen einen tiefen Männerhass beibehalten haben, oder sie haben möglicherweise Empfindlichkeitsstörungen bei der Berührung ihrer Klitoris.

Besessenheit > *Femdbesetzung*

Berührungsängste Viele Frauen und verhältnismäßig wenig Männer haben B. Diese stammen in der Minderzahl aus dem HL, jedoch zum größten Teil aus FL. Sie gehen meistens auf sexuelle Gewaltanwendung zurück. Solche Ängste können durch die RT oft in einer einzigen Sitzung aufgelöst werden.

Bigamie Unter B. versteht man eigentlich eine Doppelehe in Unterscheidung zur >*Polygamie*, der Vielehe. In einigen gesellschaftlichen Kulturen ist diese gestattet, in christlichen Kulturen (außer in früheren Zeiten bei Mormonen) verboten. Bigamisten sind solche, die meist heimlich zwei Ehen oder eine Doppelbeziehung führen, die einer Ehegemeinschaft gleichkommt. Es könnte sein, dass diese Seele in FL mit beiden heutigen Partnern ein Liebesverhältnis oder eine Ehe eingegangen war und beide eventuell untereinander im Jenseits abgemacht hatten, in diesem Leben wieder verheiratet zu sein. Doch jener Heiratende hatte in FL zwei Seelen das Versprechen gegeben, ohne dabei bedacht zu haben, dass er durch solche Abmachungen in Schwierigkeiten kommen könnte. Sollten beide mit dieser Person „verheiratet" sein und von diesem Doppelleben des Partners oder der Partnerin samt der anderen Person wissen, ist es eine Lektion für sie, Verstehen und Toleranz zu üben oder aber den Mut zu finden, sich zu trennen. Doch erstere Entscheidung ist viel schwieriger als die zweite und erfordert ein höheres Maß an Liebe. Da unser Ziel auf Erden ist, immer mehr im Denken und Handeln Liebe zu sein, könnte dieses Dreiecksverhältnis von allen dreien im Jenseits verabredet worden sein.

Bisexualität Ein Großteil der Menschen macht vor allem in der >*Pubertät* bisexuelle Erfahrungen durch, teils aus Neugierde, teils als unbewusste Erinnerung an FL, in denen wir sowohl in dem einen als auch in dem anderen Geschlecht schon inkarniert waren. Die meisten Menschen besinnen sich jedoch dann auf ihre im Jenseits für das Erdenleben vorgenommene Geschlechtspräferenz. Doch trotz der Ausrichtung auf das gegenteilige Geschlecht könnten die sexuellen Präferenzen aus einem FL – vor allem aus dem vorausgegangenen Leben –, in welchem man im anderen Geschlecht gelebt hatte, derart mächtig werden, dass man trotzdem entweder zur >*Homosexualität* neigt oder aber zwischen dieser Neigung und der Ausrichtung durch die >*Tertiäreinstellung* im Jenseits zwischen Bestimmung und Neigung hin- und hergerissen ist, sodass man sowohl nicht dem einen als auch nicht dem anderen entsagen möchte. Viele Menschen, die sich in einem solchen sexuellen Zwiespalt befinden, werden von >*Ängsten* und von >*Schuldgefühlen* heimgesucht. Meistens werden sie, wenn auch erst durch viele schmerzliche Erfahrungen, zu einer Entscheidung für das eine oder andere Geschlecht gedrängt. Dann überfällt sie oft eine Trauer, dem jeweils anderen Geschlecht entsagt haben zu müssen. Wir Menschen müssen offen werden und den anderen auch das Geschlechtsleben leben lassen, das immer ihn erfüllen mag. Auch in Partnerschaften müssen wir zu größter Toleranz kommen, und zwar aus Verstehen und besonders aus Liebe zum Partner, der eben vielleicht bisexuell veranlagt ist. Natürlich kann sich auch jemand aus karmischen Gründen ein Leben ausgesucht haben, in dem er sich in solchen bisexuellen Spannungen befindet, um das als Ausgleich zu erfahren, was er in einem FL einem anderen in Gedanken oder in Taten untersagt hatte.

Computer Dating Da es keine Zufälle gibt, wird man auch durch die moderne Anbahnungsmethode des C.D. genau jenen Personen oder den sich daraus ergebenden Partnern zugeführt, die man treffen soll. Denn jede intensive Auseinandersetzung – und die nicht prostituierte Sexualität ist die intensivste Auseinandersetzung mit einer anderen Person – dient in der Schule des Lernens dazu, positive oder/und negative Erfahrungen miteinander zu erleben. Und man wird durch C.D. sehr häufig jenen Personen zugeführt, die man schon in einem FL gekannt und möglicherweise geliebt oder auch gehasst hatte. Im ersteren Fall gilt es, diese Liebe zu erweitern, im letzteren Fall geht es darum, den Hass aus dem FL in allmähliche Harmonie oder sogar Liebe überzuführen, auch wenn es dazu noch einiger weiterer Erdenleben bedürfen sollte.

Cunnilingus Das Berühren der Klitoris mit der Zunge zur Stimulierung der Lust und eventuellen Vorbereitung oder Durchführung des Orgasmus wird mit Vorliebe von denen durchgeführt, die selbst sehr erotisch veranlagt sind oder eine große Liebe zur Partnerin empfinden, die sie ihr die schönsten Gefühle schenken lässt. Doch wird der C. sicherlich auch von denen ausgeübt, die sich bewusst oder unbewusst an die Schönheit dieser erotischen Stimulanz erinnern. Eine Lesbierin weiß die Klitoris einer Partnerin besonders gut zu stimulieren, da sie aus eigener Erfahrung am besten weiß, wie man dabei vorzugehen hat. Der Mann, der einen C. anwendet, spürt, wie wohl sich seine Partnerin dabei fühlt, weshalb er diesen ja auch ausführt. Doch werden jene Männer den C. am ehesten anwenden, die zum einen keinen Ekel vor den benachbarten Ausscheidungsorganen haben und die sich unbewusst an FL als Frau erinnern, wo sie ebenfalls die Zungenstimulierung ihrer Klitoris genossen hatten. Jene, die diesen C. nicht durchführen, haben in dem jetzigen oder dem früheren Leben eine negative Erfahrung gemacht, z. B. durch Blut- oder Uringeschmack, oder sie waren schon über viele Leben hinweg keine Frau mehr gewesen bzw. keine Frau, die diesen C. an sich erleben durfte, weshalb keine oder eine zu geringe unbewusste Erinnerung im Unterbewusstsein noch vorhanden ist. Natürlich wird auch die Verweigerung des C. bei jenen Partnern vorzufinden sein, die ein zu großes Ego haben und nur an ihren Orgasmus denken. Ihnen fehlt oft die Liebe zum anderen.

Doch gibt es viele Frauen, die den C. vom Partner nicht haben wollen. Entweder haben sie eine zu große > *Scham*, die aus dem heutigen oder früheren Leben herrührt, ursprünglich verursacht durch eine Programmierung von außen („Das tut man nicht“ oder „Der liebe Gott will das nicht“, „Das ist des Teufels“ oder „Das ist Schweinerei“), oder sie haben ein generelles Problem mit ihrer Sexualität. In Bezug auf ihre Klitoris kann diese zu leicht überreizt sein, was wiederum durch eine negative Erfahrung aus FL verursacht sein kann, oder es liegen aus diesem oder vor allem aus FL negative Erlebnisse körperlicher oder mentaler Art vor. So könnte eine Frau in vergangenen Zeiten bei einem Volk beheimatet gewesen sein, wo man dem Mädchen die Klitoris herausgeschnitten hatte. *(>Beschneidung)* Auch könnte sie in irgendeiner Situation verletzt worden sein. Oder ein Mann, vielleicht sogar ein Vergewaltiger, sagte: „Da unten stinkst du.“ Aber für viele Frauen ist ihre Klitoris das Zentrum ihrer körperlichen Heiligkeit, weshalb sie nur jenen Partner dieses mit der Zunge berühren lassen, den sie aus Liebe dazu auch auserkoren haben. Somit kann der C. von einer Frau bei sich höher bewertet werden als die >*Penetration*. Es liegt also beim C. wie auch beim >*Oralverkehr* kein unbewusster psychoanalytisch gedeuteter Trieb vor, durch den

Muttermund der Frau in den Bauch zurückschlüpfen zu wollen, in jenen behüteten Zustand, den man vor der Geburt eingenommen hatte.

Domina Die D. ist eine Frau, die einem Mann hilft, seinem Bestrafungsmechanismus nachzukommen (auch bei einer Frau, jedoch viel seltener, möglich). Solche Männer hatten sich in TL an Frauen vergangen und suchen nun die „gerechte" Bestrafung für ihre Untaten. Unbewusst wissen sie, dass ihnen noch ein karmischer Ausgleich als Frau bevorsteht, in welchem sie ebenfalls vergewaltigt werden müssen. Durch ihren Bestrafungsmechanismus glauben sie irrigerweise, schon einen Teil dieses karmischen Ausgleichsgeschehens nivellieren zu können. Die D. ist eine Frau, die entweder einen Hass auf Männer hat, der auf Missbrauch oder Vergewaltigung im HL oder im FL zurückgeht, oder auch Mitleid mit Männern verspürt, die sich, um ihre sexuelle Befriedigung zu erlangen, mit der Peitsche oder sonstigen Gegenständen schlagen lassen müssen. Dieses sexuelle zwanghafte und oft sehr ernsthafte Bestrafungsspiel steht dem >*Sadomasochismus* nahe.

Donjuanismus Ein häufiges Wechseln von kurzlebigen sexuellen Bekanntschaften seitens des Mannes wird auch Donjuanismus genannt. Man mag einem solchen Don Juan vorrangig eine Sexgier und Eroberungslust zuschreiben wollen. Doch woher kommt diese Gier nach Beischlaf mit möglichst vielen Frauen? Das mag viele Gründe haben, die im FL geprägt worden sind. Von einem Fall weiß ich, dass der Betreffende im FL ein Zenmönch in Japan zum Ausgang des neunzehnten Jahrhunderts gewesen war. Er war mit vierzehn Jahren in einem Kloster aufgenommen worden und hatte nun bereits in seinem vierundsechzigsten Jahr die Stellung eines Priors inne. Einer seiner Mönche, mit dem er seit zwanzig Jahren eng befreundet war, packte eines Tages seinen Beutel zusammen, zog seinen schwarzen Rock aus und verließ das Kloster. Der Prior schaute hinter ihm her und sagte in Gedanken: „Dieser Mönch ist ehrlich. Er will ins Leben hinein, will mithandeln, will wirklich leben. Aber was mache ich? Ich meditiere die meiste Zeit, um dadurch die endgültige Befreiung von dem ewigen Rad der Wiedergeburt zu erreichen. Doch was sind meine wirklichen Wünsche? Ja, wenn ich wiedergeboren werden sollte, dann will ich alles nachholen, was ich in diesem Leben versäumt habe. Ich will viele Länder kennen lernen, mein Wissen auf vielen Gebieten erweitern und ich möchte mit so vielen Frauen wie möglich schlafen." Ein Donjuanismus entsteht sicherlich zum wesentlichen Teil aus Programmierungen, die aus einem Verzichtsleben entstanden sind. So könnte ein früherer Mann, der unglücklich in einer Heiratsfalle sitzt, einen Freund haben, der ihm, dem begierig Lauschenden, über seine vielen Frauenabenteuer zu erzählen weiß. Dieser Mann mag sich bewusst oder unbewusst programmieren: „Wenn ich nochmals leben werde, dann will ich ebenfalls viele Frauenabenteuer erleben." Und schon hat sich diese Programmierung in ihm festgesetzt und will erlebt werden, wenn nicht im folgenden, so doch in einem der Folgeleben.

Doch ein Don Juan, der Frauen in betrügerischer Absicht verführt und ihnen psychisches oder physisches Leid zufügt oder sie gar ins Unglück stürzt, muss gemäß dem Karmagesetz ein Gleiches als leidtragende Frau erleben. *(>Promiskuität, >Womanizer)*

Effemination Männer, die unter E. leiden, haben zumeist ihre frauenhaften Verhaltensweisen aus dem FL mitgebracht, in welchem sie Frau waren. Solche Männer neigen oft zur >*Homosexualität* oder werden auch fälschlicherweise für schwul gehalten. Es können aber auch karmische Gründe vorliegen, da man in einem FL Schwule oder effemine Männer diffamiert hatte. Im Gegensatz zu einem >*Hermaphrodit* hat der Mann keine weiblichen Organveränderungen, sondern nur weibliche Bewegungs- und andere Verhaltensweisen.

Eifersucht Sexuelle Eifersucht hat in sehr vielen Fällen mit FL zu tun. Die Tochter kann auf die Mutter schon eifersüchtig sein, wenn sie weiß, dass diese nun mit dem Vater ins Bett geht, oder gar wenn sie hört, wie sie im Schlafzimmer stöhnt. Das hat wenig oder gar nichts mit ödipaler Phase zu tun, sondern mag schlichtweg damit zusammenhängen, dass sie selbst einst die Geliebte ihres jetzigen Vaters in einem FL war. *(>Inzest)* Dass ein(e) frühere(r) Geliebte(r) jetzt eine(m)r anderen gehört, auf welche(n) man eifersüchtig ist, mag in allen Konstellationen menschlichen Miteinanders vorkommen.

Ist aber eine Person auf den eigenen Ehepartner ohne oben beschriebenen Grund eifersüchtig, mag das damit zusammenhängen, dass sie unbewusst weiß, dass dieser in einem FL ihr untreu gewesen war. Diese Erfahrung schwingt wieder in ihren heutigen Gefühlen mit und lässt sie nicht von dem Glauben abbringen, dass er sich wieder für andere Frauen interessieren könnte, auch wenn diesem gar nicht der Sinn oder die Handlungsbereitschaft danach steht. Daraus könnte sich auch ein Eifersuchtswahn entwickeln.

Doch es könnte auch sein, dass man selbst im FL untreu war und nun im anderen einen Spiegel sieht, der ein Gleiches einem selbst antun könnte. Eventuell ahnt man auch, dass einem das Fremdgehen des Partners (aus karmischen Gründen) bevorstehen muss, weil man doch selbst früher fremdgegangen ist und nun ein Gleiches durch seinen Partner zu erwarten haben könnte.

Ejakulation ist die Emission von Samen, meist verbunden mit einem Orgasmus. Bei der > *Ejaculatio praecox* kommt der Samen zu schnell und oft schon vor Eintritt in die Vagina, während bei der >*Ejaculatio retarda* der Samen gar nicht oder viel zu spät kommt. Bei der *Ejaculatio nocturna* kommt der Same ohne manuelles Dazutun während des Schlafes. Diese Art der E. ist auf >*sexuelle Träume* zurückzuführen, in welchen erotische Situationen aufgetaucht sind, die sich auf HL oder auf FL beziehen können, an die man aber nicht unbedingt beim Erwachen noch eine Erinnerung haben muss.

Ejaculatio praecox oder Präejakulation (verfrühter Samenerguss). Die E.p. geht zumeist auf Schuldgefühle aus FL zurück. Hat ein Mann in früheren Zeiten mit seinem Glied beim Sexualverkehr großes Unheil angerichtet, indem die betreffende Frau oder auch indirekt andere in großes Leid geraten sind, und hat er zusätzlich noch programmiert: „Ich will nie wieder mit einer Frau schlafen“, dann können große >*Schuldgefühle* entstanden sein, die aufgrund des Vergehens samt der Programmierung ihn daran hindern, sexuell mit einer Frau den natürlichen Beischlaf vollziehen zu können. So kann ein Mönch, der trotz seines Enthaltsamkeitsgelübdes hinsichtlich der Sexualität mit einem Mann oder einer Frau verkehrte, im Nachhinein von größter Reue für den Bruch seines vor „Gott“ geleisteten Schwures erfasst werden, sodass er sich ebenfalls aufgrund seiner Schuldgefühle eine sexfeindliche Programmierung auflädt, die eben genau das im HL verursacht, nämlich keine erfüllende Sexualität mit einem Partner erleben zu können, weil schon bei den ersten erotischen Berührungen der Same voreilig hervorfließt, sodass danach kein penetrierender Verkehr mehr möglich ist. Ein anderer Grund dafür kann darin bestehen, dass man im FL seiner geliebten Frau geschworen hat, mit keiner anderen Frau je sexuell verkehren zu wollen. Deshalb kommt der Same schon bei leisen Berührungen und der Penis ist dann nicht mehr in der Lage, in eine Scheide einzudringen. Wenn er aber seine Geliebte aus einem FL wieder als Frau entdecken und mit ihr sexuell verkehren sollte, könnte auf einmal dieses Problem behoben sein. Er muss sich also von seiner früheren Programmierung „Ich will nie mehr mit einer ‘anderen’ Frau schlafen“ trennen. Am besten und einfachsten geschieht das durch die RT. Die E. p. hat aber oft mit Schuldgefühlen aus einem TL zu tun, in welchem man sich programmiert hatte: „Ich will nie wieder meinen Penis in eine Scheide hineinstecken.“ *(>Orgasmushemmung, >Erektionsschwierigkeiten)*

Ejaculatio retarda (verhinderter Samenerguss) Der Betreffende kann in einem FL in einem Kloster als Nonne oder Mönch gelebt haben *(>Kirche und Sexualität)*. Das Verbot der *>Masturbation* musste strikt befolgt werden. Denn Gott sieht alles! Der frühere Schwur, nie einen Samenerguss entstehen zu lassen, hat im HL dazu geführt, die Ejakulation zu verhindern. Dieser betreffende Mann kann auch im FL bei der Masturbation direkt oder indirekt (Samenflecken im Betttuch) ertappt worden sein und eine hohe Strafe (vielleicht als Jugendlicher vom Vater) erhalten haben, woraus die Programmierung entstand, nie wieder sich durch Masturbation und vor allem nicht durch Samenerguss erwischen zu lassen. *(>Koitus interruptus)*

Ekel vor Geschlechtsteilen Dieser E. kommt von in HL oder vor allem auch in FL erfahrenem Missbrauch oder Vergewaltigung, die man als Kind, Jugendliche/r oder als Erwachsene/r erfahren hatte. Dieser E. kann aber auch aus einem TL stammen, in welchem man sich mit seinem Geschlechtsteil an Wehrlosen oder Hilflosen vergangen und sich aufgrund von einer nachträglichen Programmierung jegliche Geschlechtsausübung verboten hatte.

Ekel vor Samen Dieser Ekel kommt meistens von erlittener oder erzwungener *>Fellatio*, die sich im HL oder im FL ereignet hatte.

Elektrakomplex Der E. ist das Pendant zum Freudschen *>Ödipuskomplex*. Während sich Letzterer auf das Verhältnis Vater-Tochter bezieht, ist unter dem E. das meist nur in Gedanken als Wunsch ausgeübte Liebesverhältnis des Sohnes zur Mutter zu verstehen, worin es sich vom *>Inzest* unterscheidet. Kennt der Sohn die Seele der Mutter aus einem FL wieder und hatte mit ihr schon damals ein Liebesverhältnis, so kann eine Fixierung zur Seele der Mutter hin entstehen, sodass der Heranwachsende auch im reiferen Leben sich nach einer Frau sehnt, die der Mutter ähnlich sein könnte, oder überhaupt keine Beziehung zu einer

Frau aus Anhaftung und Treue an und zur Mutter eingeht, woraus oft >*Homosexualität* als Ersatz oder Notlösung entstehen kann.

Empfänglichkeit Stellt sich bei der vom Alter her geschlechtsreifen Frau ein verhinderter Eisprung oder eine anatomische Verengung oder Schieflage des Gebärmutterhalses ein, so geht dies wohl eindeutig auf eine Programmierung in einem FL zurück, wo diese Seele als Frau bei einer Geburt verstorben war und sich vorgenommen hatte: „Ich will nie wieder ein Kind zur Welt bringen müssen." Wird eine solche Programmierung durch die RT aufgedeckt und deprogrammiert, dann mag sich trotz medizinischer Aussagen plötzlich die Empfängnismöglichkeit wieder einstellen.

Ephebophilie Die E. ist die Vorliebe älterer Menschen für jüngere Sexualpartner. Die Epheben waren im Altertum 18-20 Jahre alt. In frühen Jahrhunderten hatte man,Ehen zwischen Männern und viel jüngeren Frauen geschlossen, wobei die zu Verheiratende von den Eltern oft nicht nach ihren Wünschen gefragt wurde, sondern allein das Sicherheitsdenken einer vorteilhaften Partie im Vordergrund stand. Diese Ehen müssen nicht immer eine Katastrophe für die viel jüngere Frau gewesen sein *(>Gerontophilie).* Und der ältere Ehemann hatte möglicherweise mit dieser eine sexuell erfüllende Ehe geführt, weshalb sich diese Seele aus Gewohnheit im HL wiederum nach einer viel jüngeren Frau als Geschlechts- oder Ehepartner sehnt. In Parallele dazu kann auch eine Frau sich nach viel jüngeren Männern als Partner umsehen.

Erektionsschwierigkeiten (erektile Dysfunktion) Für die E. gibt es sicherlich viele Gründe, von allen medizinischen Ursachen einmal abgesehen. Hat dieser Mann im HL oder, was in vielen Fällen sicherlich eher zutrifft, im FL ein grauenhaftes Schmerzempfinden bei der Beschneidung gehabt, so kann dieser Umstand auch im HL noch dazu beitragen, dass er beim erigierten Penis Schmerzen spürt, obwohl medizinisch kein Befund festzustellen ist. Natürlich kann auch eine andere schmerzhafte Verwundung oder Verstümmelung des Glieds in einem FL zu diesen heutigen Erektionsschwierigkeiten in Verbindung mit Schmerzen geführt haben.

Er kann jedoch in einem vergangenen Leben auch mit seinem Glied schwere Schuld auf sich geladen haben, für die er späterhin tiefe Reue empfand. Vielleicht hat er sein Glied verflucht, oder er hat es sich gar selbst abgeschnitten. Die heutigen Schmerzen beim Erigieren des Penis und eventuell auch sein sexuelles Versagen vor Eintritt in die Vagina mögen ihn an ein solches Geschehen unbewusst erinnern, sodass der Schmerz von damals (wenn auch meist in gemilderter Form) sich wieder einstellt. So kann auch schon der Anblick des entblößten Schambereiches der Frau den Penis wieder entkräftigen, da dieser Anblick unbewusst an früheres Schuldiggewordensein erinnert, indem bewusst oder unbewusst damals die Programmierung ausgesprochen oder gedacht wurde, „ich will nie wieder einer Frau Gewalt antun". Dieser Anblick kann aber auch ein Entsetzen und damit die Schwächung des Gliedes herbeiführen, so man in einer vergangenen Zeit bei der Entbindung als Mann oder Hebamme dabei war, als die Frau unter schlimmsten Qualen schrie, während die Leibesfrucht im

Geburtskanal stecken blieb und nicht herauskommen wollte. Oder auch der in einem FL gesehene verstümmelte oder mit Blut verschmierte Unterleib einer Frau mag automatisch dass Glied zu einer Verweigerung des Eindringens in die Vagina veranlassen.

So man aber eine Frau oder einen Mann zur >*Fellatio* gezwungen haben sollte und jene Person einem aus Verzweiflung, Abwehr oder Rache in den Penis biss oder gar ein Stück davon abbiss, wird das Glied sicherlich ebenfalls erschlaffen, wenn der oder die Partner(in) mit dem Mund dieses berühren sollte.

Erogene Zonen: Erogene Zonen befinden sich normalerweise an solchen Stellen des Körpers, die von der Schöpfung als erogen vorgesehen sind. Sind aber solche Zonen in FL in Mitleidenschaft gezogen worden, dann kann es sein, dass solch eine vormals erogene Zone nun zu einer immunen oder sogar zu einer Leidenszone geworden ist. Ist zum Beispiel in einem früheren Leben die Brust verunstaltet worden, kann eine Berührung derselben von anderer Seite her nicht nur Abwehr und Frust hervorrufen, sondern auch Berührungsschmerzen. Oder ist der Penis eines Mannes in einem FL versehrt worden, mag der Betreffende bei Erektionen Schmerzen empfinden. Wurden die Lippen in einem früheren Leben verbrannt oder verstümmelt, wird man das Küssen vermeiden oder unangenehme Gefühle dabei empfinden. Denn die Berührung einer erogenen Zone, die im FL großen Schmerz erfahren hat, wird den Betreffenden ungewollt und ihm unbewusst wieder an jene schrecklichen Ereignisse erinnern, die automatisch eine Abwehrreaktion bewirken können.

Weibliche oder männliche Hormone, die sich normalerweise auf die dafür vorgesehenen Stellen des Körpers verteilen, können jene Stellen auslassen, die im FL beschädigt worden waren. Dafür könnten sie sich bei gleichbleibendem Hormonhaushalt vermehrt an anderen Stellen niederlassen. Eine Frau mit ganz kleinen Brüsten könnte bei der Stimulierung ihrer Brustwarzen eventuell wenig Erotik empfinden, während das Küssen ihrer Schultern sie zum Orgasmus bringen könnte. Umverteilung von sexuellen Hormonen resultiert aus Programmierungen, die aufgrund von negativen Einwirkungen aus Vergangenheiten entstanden sind.

Später wird man einmal einen weiblichen Körper auf die Verteilung und die Intensität der erogenen Zonen untersuchen können und bei Abweichungen der normalen Verteilung derselben auf Leiderfahrungen in FL schließen können. Und eventuell wird man durch eine RT die anormale Hormonverteilung wieder an die von der Natur vorgesehenen Stellen des Körpers platzieren können.

Erotika E. ist Literatur, die sexuell stimuliert. Oft wird diese Bezeichnung auch auf erotische Artikel allgemein angewendet. Erotische Literatur wird gerne von jenen gelesen, die Mangel an Sexaustausch haben, ganz egal, ob sie in einem Ehe- oder Partnerschaftsverhältnis leben oder nicht. Im Gegensatz zur >*Pornographie* ist ihr Primärziel nicht der dadurch geförderte Orgasmus, sondern man findet Gefallen an den sich ergebenden erotischen Situationen aus Anbahnung und Umsetzung. Oft, so könnte es sein, ist man beim Lesen von E. auf der unbewussten Suche nach solchen Liebesabenteuern, die man in FL möglicherweise selbst erlebt hatte, wobei jene Romane bevorzugt werden können, deren Handlungen sich in historischen Zeiten ereigneten.

Erotische Ausstrahlung *(>Sex-Appeal, >Attraktivität)* Diese hat man sich für sein bevorstehendes Leben im Jenseits ausgesucht, um mit dieser genau das zu lernen, was man zu seiner seelischen Reifung benötigt. Eventuell ist man in einem FL mit seinem guten Aussehen eingebildet gewesen, hat die Partner gefügig gemacht und ausgenutzt und ist dementsprechend immer mehr in ein egoistisches und manipulatives Verhalten geraten, das sich letztendlich als Falle erwies. Nach dem Tode könnte es deshalb sein, dass diese Seele die Programmierung ausgesprochen hatte „Ich will nie wieder schön sein". Nachdem sie den Ausgleich in einem anschließenden Leben als unattraktiver Mensch erfahren hat, könnte sich jetzt eine Wiederholung eines Lebens als attraktiver Mensch anschließen, um zu sehen, ob sie wirklich aus erster Erfahrung mit ihrer erotischen Ausstrahlung gelernt hatte. Dies ist also ein erneutes Getestetwerden. Jede Seele macht wohl in ihrer Entwicklung durch die vielen Leben die Wechselbäder mit, „schön" und „weniger schön" oder gar „hässlich" zu sein. Wer über eine große sexuelle Ausstrahlung verfügt, sollte sich dessen bewusst sein, dass man leicht Fehler begehen kann, die man in einem späteren Leben auszugleichen hat, meist durch die Erfahrung des Gegenteils von dem, was man bei anderen durch sein Äußeres bewirkt hatte, und zudem mit einem unattraktiven Äußeren ausgestattet.

Erotomanie *>Nymphomanie*

Erotophobie E. ist bei solchen Leuten anzutreffen, die zugleich sexuelles Vergnügen suchen und dabei dennoch negative Gefühle, Schuld und Abwehr haben. Dieses widersprüchliche Verhalten von Begehren nach Sex und zugleich Angst vor Sex, eventuell vermischt mit Schuldgefühlen, ist eine Kombination von zwei oder mehreren FL. Im ersteren Fall möchte diese Seele einer Programmierung nachkommen, die sie in einem FL ausgesprochen oder gedacht hatte, die heißen könnte: „Ich will noch mehr Sex haben." Im zweiten Fall kommt ihre Angst aus einem OL, in welchem oder nach welchem sie programmiert hatte: „Ich will nie wieder Sex haben." Außerdem können die Schuldgefühle beim oder vor dem Sex aus einem TL stammen. Je nachdem, welches der FL überwiegt, desto mehr wird sich die stärkste Programmierung im HL umsetzen, während die beiden anderen ebenfalls auftauchen. Sind sie alle gleich stark, dann entsteht oft eine Entscheidungslosigkeit in Verbindung mit Depressionen.

Eunuch Ein E. war in früheren Zeiten ein Mann, dem man seine Hoden abgetrennt hatte. Dieser fand oft als Haremswärter eine Anstellung. Wiedergeborene Seelen, die in FL Eunuchen waren, können im HL sexuelle Probleme haben, vor allem wenn ihre damaligen Hoden auf eine Bestrafung hin aufgrund von sexuellen Verfehlungen abgeschnitten worden waren, woraus sich eine Programmierung ergeben haben könnte, die gelautet haben mag: „Ich will nie wieder meinen Penis in eine Frau stecken." Oft sind ehemalige Eunuchen im HL solche Männer (seltener Frauen), die der *>Homosexualität* nachgehen.

Exhibitionismus Exhibitionisten sind Menschen, die sich nackt zeigen oder auch mit jemandem öffentlich kopulieren. Das Anstoß erregende Verhalten von Exhibitionisten, die im Extremfall nackt durch die Straßen laufen, hat man verschiedentlich zu deuten versucht. Doch hier liegt meines Erachtens ein Bestrafungsmechanismus vor. Man will noch nachträglich für irgendetwas bestraft werden, was man in FL begangen hatte, wobei Sexualität sicherlich eine Rolle spielte, und für das man noch nicht in den Folgeleben bestraft worden war. Man sucht also zwanghaft nach Bestrafung, die sicherlich dann erfolgt, wenn man wegen „Erregung öffentlichen Ärgernisses" festgenommen und bestraft wird. Doch oft werden solche Bestrafte oder Ermahnte zu Wiederholungstätern, da ihnen diese Strafe für das Ausmaß ihres früher begangenen Unrechts nicht reicht. Bei Frauen ist Exhibitionismus nahezu unbekannt. Das erklärt sich daraus, dass diese als Frauen in FL sicherlich schon das ausgeglichen haben, was sie als Mann in vorausgegangenen TL an Untaten begangen hatten.

Fehlgeburt Chronische Fehlgeburten gehen meist auf Programmierungen aus einem FL zurück, in welchem sich eine Frau möglicherweise nach dem Tod ihres geborenen (eventuell auch unehelichen) Kindes oder ihres eigenen Todes bei der Niederkunft geschworen hat: „Ich will nie wieder ein Kind zur Welt bringen." Diese Programmierungen kann oft die RT in einer einzigen Sitzung auflösen, sodass ein gesundes Kind ausgetragen werden kann.

Fellatio F. ist die mit dem Mund am Glied bewirkte Lusterhöhung mit oder ohne Orgasmus seitens eines männlichen oder weiblichen Partners. Diejenigen Männer erfreuen sich daran, die aus dem heutigen oder früheren Leben große Lustbereicherungen dadurch erfahren haben. Da viele Ehefrauen einen Ekel vor dem Penis und dessen Samenerguss haben, gehen Männer gerne zu Prostituierten und lassen sich dieses Lustgefühl auf „Französisch" verpassen.

Bei Homosexuellen wird es nur sehr selten der Fall sein, dass sie nicht bei ihresgleichen zur Fellatio bereit sind. Doch Frauen, die im HL vielleicht schon als Mädchen oder in FL zur Fellatio gezwungen wurden, tragen diesen Widerwillen gegen diese Art von oraler Befriedigung des Mannes in sich. Und diejenigen, die sogar bei solch einer erzwungenen Fellatio auch noch den Samen schlucken mussten, haben einen Horror nicht nur vor diesem, sondern auch vor dem Glied an sich, also ein solches wieder in den Mund nehmen zu sollen, das diesen Samen hervorkommen lässt. Trotzdem, um dem Mann einen Gefallen zu tun und ihn nicht auf den Gedanken des Fremdgehens kommen zu lassen, führen sie manchmal eine F. mit Widerwillen durch.

Diejenigen Frauen, die gerne oder ohne Widerwillen den Penis in den Mund zu nehmen bereit sind, können sich vielleicht noch an FL als Mann erinnern, wo sie diese Art des Geschlechtsgenusses selbst erlebt haben. Und wer keinerlei Hemmungen vor einer Fellatio hat, wird sich der besonderen Zuneigung des betreffenden Partners gewiss sein, weiß er doch, dass nur relativ wenige mit F. freizügig umgehen können. Dies lässt wiederum darauf schließen, dass die meisten Frauen noch von vergangenen OL in ihrer Abwehr gegen die F. geprägt sind.

Fetischismus Die sexuelle Stimulation, die man durch einen Gegenstand erreicht, nennt man F. Damit kann ein Strumpfband, ein Büstenhalter, ein Handschuh, rote Stöckelschuhe, eine Perücke u.s.w. gemeint sein, deren Anblick oder Berühren den Erotiker zum Orgasmus bringen kann. Diese Utensilien lassen ihn sich bewusst oder unbewusst an damit verbundene erotische Situationen oder Personen erinnern, seien diese aus HL oder FL. Es gibt ***Substanz-Fetischisten*** und Form-Fetischisten. Mit Ersteren sind solche gemeint, die als stimulierende Gegenstände eine Substanz benötigen, z.B. Leder. So kann alles, was aus Leder hergestellt ist, sie „anturnen". Es kann aber sein, dass sie in einem FL als Frau mit einem Mann, der Lederkleidung trug, ein sexuelles Highlight erlebten, oder so sie Mann gewesen waren, mit einer Frau in Lederbekleidung (z.B. einer Indianerin) ein solches Erleben hatten.

Die ***Form-Fetischisten*** sind solche, die als sexuell aufputschende Stimulation eine Form benötigen, z.B. einen Stöckelschuh, eventuell von roter Farbe. Es könnte aber notfalls auch ein anderer Schuh sein, der Ähnlichkeit mit ersterem Gegenstand hat. Eventuell hat in einem FL diese Person eine Prostituierte mit roten Stöckelschuhen beschlafen und dabei ihr aufregendstes sexuelles Erlebnis gehabt. So erinnert ihn dieser Schuh unbewusst an dieses besondere sexuelle Ereignis. Fetischistisches Zubehör ist ebenfalls bei Sadomasochisten zu finden. >*Sadomasochismus* Pubertierende Jungen haben oft als Ersatz für wirkliche sexuelle Partnerschaft einen Fetisch wie ein Strumpfband, einen Büstenhalter oder eine Unterhose, die ihre sexuellen Phantasien vor und bei der abschließenden Onanie beflügeln. Und wiederum können diese Gegenstände mit unbewussten erotischen Begegnungen aus FL zusammenhängen. Doch sobald die ersten eigenen sexuellen Erlebnisse mit Partnerinnen beginnen, werden Letztere die Fetische in den Hintergrund drängen. Und diese Fetische mögen dann erst wieder bei der betreffenden Person im Alter sexuelle Bedeutung finden aus Mangel an sexueller Partnerschaft. So ist es in der Rückführung sehr einfach, den in Trance Befindlichen nach diesen Gegenständen in FL zu befragen. Und schon erhält man die treffende Antwort, oder aber er sagt, dass dieser Gegenstand erst in dem HL für ihn an Bedeutung gewann.

Flagellantismus (lat. flagello=Peitsche) F. ist eine Form der Selbstkasteiung. Sie hat mit Schuldgefühlen aus FL zu tun und gehört in den Bereich des Selbstbestrafungsmechanismus und >*Sadomasochismus*. Der oder die Betreffende will sich noch unbewusst für etwas bestrafen, für das er oder sie bisher noch keine oder eine nicht genügende Strafe empfangen hat. Die Ursachen der einstigen Verfehlung oder Versündigung waren oft Akte der Lieblosigkeit im sexuellen Bereich oder von Durchbrechungen irgendwelcher gegebenen Gelübde, die in den Augen der Kirche bzw. „Gottes" als Sünde gebrandmarkt wurden. *(>Masochismus)*

Fluch Ein in FL über eine inkarnierte Seele ausgesprochener F., der gelautet haben könnte: „Du sollst nie wieder zeugungsfähig sein", kann sich im HL auf diese wiedergeborene Seele als eine Behinderung in der Sexualität oder aber in der Zeugungsfähigkeit auswirken. Nach Aufdeckung solch eines Fluchs in FL mittels der RT sollte eine Loslösung desselben bewirkt werden, um wieder über normale Geschlechts- und Gebärfunktionen verfügen zu können.

Fremdbesetzung Besetzt ist man, wenn eine oder mehrere verstorbene Personen als unsichtbare Wesen von einem ganz oder teilweise Besitz genommen haben. Wird man von diesen total oder überwiegend bestimmt, kann man schizophren werden. In einem solchen Fall ist eine Befreiungstherapie dringendst angesagt. Viele Menschen haben, ohne es zu wissen, einen Besetzer oder eine Besetzerin in sich, die nicht nur unangenehm sein müssen, sondern in den meisten Fällen ihrem Gast auch Gutes zukommen lassen wollen. Ist ein Mann ein >*Womanizer* oder Don Juan *(>Donjuanismus)* gewesen, will er oft als körperlose Seele den gleichen Interessen nach seinem Tod nachkommen. Deshalb sucht er sich ganz gewiss niemanden aus, der sexuelle Abstinenz hält, sondern eben jemanden, der in gleicher Weise wie er disponiert ist. So kann also ein heutiger Womanizer oder Don Juan zusätzlich zu seiner Sexgier noch ein oder mehrere ehemalige Frauenhelden einsitzen haben, die ihn auch weiterhin antreiben, in seinem Bemühen, Frauen zu erobern und sie zu beschlafen, nicht anzuhalten. Diese Besetzer werden es auch ihren Gastgebern leicht machen, Frauen zu erobern, können sie den betreffenden Frauen doch eingeben, sich jenem Mann hinzugeben.

Ebenso werden Homosexuelle, Lesben, Pädophile *(>Pädophilie)* u.a. oft von jenen noch erdgebundenen Verstorbenen aus- und heimgesucht, um ihre sexuellen Freuden weiterhin mit ihresgleichen auszuleben. Die Gastgeber solcher Besetzer wissen oft nicht, dass sie besetzt sind. Sobald man aber den Zwang zu einer sexuellen Handlung fühlt, während man selbst nicht mehr dazu einwilligen möchte, wird die Besetzung zu einer unerwünschten oder gar bedrohenden Last, die zugleich in Angst umschlagen kann. Von dieser gilt es sich schnellstens zu befreien.

Fremdgehen *(>Donjuanismus, >Womanizer)* Egoismus und Angst sind die wesentlichen Verhaltensmuster in der Partnerschaft, wenn der andere einmal „fremdgeht". Angst davor, dass ein Partner „fremdgeht", ergibt sich oft aus FL, in welchen man ein oder mehrere Male einen Geliebten durch F. verloren hat. Diese Verhaltensmuster sind in unserem Unterbewusstsein tief eingekerbt und bestimmen unsere Gefühle, die von sich aufdrängenden Ahnungen genährt werden. Alles, was schmerzte, bleibt in unserem Unterbewusstsein besonders haften.

Wer fremdgeht, und zwar nicht aus erklärlichen Gründen wie Ehefrust oder wegen sexueller Zurückhaltung des Partners, hat meistens eine zu große Libidoladung *(>Libido)*. Diese versucht er bei anderen Frauen und, so nicht anders möglich, bei Prostituierten auszuleben.

Frigidität Von *Primärfrigidität* spricht man, wenn die Frau noch nie bei der Kopulation einen Orgasmus gehabt hatte, während bei der *Sekundärfrigidität* sich die F. erst späterhin einstellt. Mittels der Rückführung ergibt sich, dass F. meist auf vergangenes Erleben zurückgeht, in welchem man als Frau oder Kind Vergewaltigung oder Missbrauch erlebt hatte. Doch kann eine „frigide" Frau trotzdem erfolgreich masturbieren *(>Masturbation)*. Aber wie auch bei der >*Orgasmushemmung* gibt es sicherlich für eine sexuelle „Frigidität" mehrere Gründe, die alle noch auf ihre Erforschung warten. Hat eine Frau bei anderen Männern vor ihrer Ehe bei Kopulationen mit einem Partner Orgasmen gehabt, jedoch bei ihrem Ehemann nicht, dann hat dieser ihr in einem früheren Leben höchstwahrscheinlich etwas Furchtbares, eventuell sogar ein sexuelles Leid, zugefügt. Bei Primärfrigidität liegt meistens eine in einem OL formulierte Programmierung vor, wie z.B. „Ich will mich nie wieder schwängern lassen“ oder „Ich will mich nie wieder einem Mann hingeben“. Doch kann die Seele der „frigiden“ Frau in einem TL als Mann Frauen vergewaltigt oder Mädchen missbraucht haben. Aus diesem TL hat sie dann eine Programmierung mitgebracht, die lauten könnte: „Ich will nie wieder Lust empfinden.“

Geburtenkontrolle In früheren Jahrhunderten ergab sich eine G. durch den genau observierten Ablauf des Regelzyklus, um die befruchtungsfreie Zeit von den Tagen der Befruchtung auseinander zu halten. Auch verlassen sich heute noch viele Frauen auf diese natürliche Methode, vor allem wenn sie in FL sich ebenfalls mit Erfolg auf diese verlassen konnten. Doch jene Frauen, die in FL sich auf ihre unfruchtbaren Tage bei der freiwilligen Kopulation verlassen hatten und dennoch schwanger geworden waren, vor allem wenn man mit dem Partner keine Ehe eingegangen war und aus diesem Beischlaf sich eine Kindsgeburt einstellte, die für die Frau größte Peinlichkeit oder sozialen Schaden einbrachte, werden im HL sich nicht mehr auf die natürliche Geburtenkontrolle einlassen, sondern durch andere Methoden eine Schwangerschaft zu verhindern suchen. Sie können empfängnisverhütende Mittel anwenden oder einnehmen, oder sich erst sexuell dann öffnen, wenn sie verheiratet sein sollten.

Gerontophilie G. ist die Liebe zu und auch mögliche sexuelle Hingabe an einen beträchtlich älteren Menschen. Ist diese Liebe auf eine bestimmte Person bezogen, mag der Gerontophile diese Seele schon in einem FL geliebt haben, weshalb die heutige Hingabe aus Liebe eine Wiederholung des damals schon Gelebten ist, wobei es egal sein mag, welches Alter die geliebte Seele im heutigen Leben einnimmt. Doch wenn die heutige Frau in FL als Frau von Männern körperlich und seelisch Schlimmes erfahren hat, mag sie sich im HL zu einem älteren Mann oder älteren Männern hingezogen fühlen, bei dem oder bei denen sie sicher ist, dass er oder sie keine körperliche oder sexuelle Gefahr mehr für sie bedeutet. Auch mögen manche Frauen oder Männer in einem älteren Menschen eine bestimmte Person sehen oder aus einem FL wiedererkennen, die sie wegen ihrer Weisheit verehren oder verehrt hatten und bei der sie nun auch aus Verehrung bereit sind, deren Wünschen in welcher Richtung auch immer bereitwilligst nachzukommen. Auch kann eine Person in einem FL mit einem viel älteren Partner zusammengelebt haben und auch in der Sexualität voll erfüllt worden sein, während jüngere Männer ihr dieses Gefühl nie geben konnten. Somit mag man auch sexuell im gegenwärtigen Leben wieder die sexuelle Nähe zu älteren Menschen suchen. *(>Ephebophilie)*

Geschlechtskrankheiten Geschlechtskrankheiten kommen bei Tieren so gut wie gar nicht vor. Sie sind alle menschenspezifisch, und zwar in mehreren Variationen. Es scheint, als ob diese von höherer Hand den Menschen zuerteilt sind, um auf dem Weg ihrer Liebewerdung einen wichtigen Lernprozess zu bewirken. Denn nur der hat eine Geschlechtskrankheit, der in FL gegen die Liebe verstoßen hatte. Das heißt, wenn jemand in einem FL als Täter unter

Missachtung des freien Willens einer anderen Person diese sexuell genötigt hatte, wird er in späteren Leben als Erinnerung oder als karmischen Ausgleich eine Geschlechtskrankheit oder andere Unliebsamkeiten seelisch und körperlich zu spüren bekommen, bis diese früheren Lieblosigkeiten an anderen wieder ausgeglichen worden sind. Das heißt auch, dass Geschlechtskrankheiten karmischer Natur sind und nicht zufällig jemanden treffen, selbst wenn diese Person sich als Nonne beim Schwimmen im Schwimmbad einen Tripper oder Trichomonaden holen sollte. G. können auch auf Selbstbestrafungsmechanismen aus FL zurückgehen. Programmierungen wie „Ich will nie wieder mit einem Mann/einer Frau schlafen" können außer >*Vaginismus*, >*Unterleibsschmerzen* und Reizüberempfindlichkeiten G. oder sogar AIDS als Abwehrmechanismen hervorrufen, wobei es egal ist, auf welchem Wege solch eine Krankheit dann zu einem gelangen kann.

Gruppensex G. wurde im griechischen und römischen Altertum gerne nach Gelagen oder bei Orgien durchgeführt, wobei sich mehrere Männer bevorzugt der Prostituierten oder Sklavinnen als multipel austauschbarer Sexpartnerinnen bedienten. Bei solchen Orgien vermischten sich oft unter Alkohol- oder Drogengenuss Hetero- und Homosexualität. Menschen, die von G. „träumen" oder versuchen, an solch seltenen Gelegenheiten ähnlicher sexueller Gruppenkopulationen teilnehmen zu können, nähren solche Wünsche vielleicht schon seit vielen Leben, oder aber sie haben solchen G. in FL erlebt und ihn sehr genossen, wobei sie sich wieder nach ähnlichem G. sehnen.

Harem Frauen, die in einem H. mit mehreren Frauen, die einem Mann allein zur sexuellen Verfügung stehen, leben, haben in FL ebenfalls als Mann meistens einen H. unterhalten. Daraus ergaben sich für diese Seele viele karmisch auszugleichende Erfahrungen, die dann in einem OL als Frau zu erleben sind. Hatte in einem FL ein Haremsbesitzer seine Frauen unterschiedlich behandelt und die ein oder andere bevorzugt beschlafen und andere übergangen, so muss diese als Frau wiedergeborene Seele nun als sexuell benachteiligte Haremsdame den Neid auf andere Bevorzugte und den Schmerz über die eigene Zurückstellung in der Gunst ihres Gebieters nachvollziehen.

Heiratsangst Angst vor einer Ehe haben solche Seelen, die in FL durch eine Heirat, seien sie Mann oder Frau gewesen, zu großem materiellen, körperlichen, sexuellen oder seelischen Schaden kamen, aus dem sich möglicherweise eine Programmierung ergab, die gelautet haben könnte: „Ich will nie wieder heiraten."

Heiratsschwindler Auch einen solchen wird das Karma nicht verschonen. Auch er wird einmal als Frau von einem Heiratsschwindler betrogen und ins Unglück gestürzt werden. Und umgekehrt war eine Frau, die einem H. aufsitzt, selbst einmal in einem FL solch ein Mann, der eine Frau oder mehrere Frauen auf diese Art betrogen hatte.

Hermaphrodit Im Gegensatz zu einem Menschen mit einer deutlichen Haltung der >*Effimation* beim Mann oder androgyner Wesensmerkmale bei einer Frau hat der H. innere und äußere Körpermerkmale beider Geschlechter, die bei einem Mann durch ein Übergewicht von weiblichen Hormonen (Östrogenen) und bei der Frau durch ein Zuviel von männlichen Hormonen (Androgenen) entstehen können. Ein mit einem Penis Geborener kann späterhin einen Busen bekommen und das Gesicht kann bartlos bleiben, während sich bei einer Frau übermäßiger Bartwuchs, Muskelstärke und männliche Gesichtszüge zeigen können. Es kann sogar bei dem Mann oder bei der Frau der Wunsch nach einer Geschlechtsumwandlung entstehen *(>Transsexualität)*. Solche Menschen, die als „Zwitter" geboren sind, können aus karmischen Gründen sich das Leben als H. ausgesucht haben, um wieder wegen früherer Diffamierung von Hermaphroditen durch Eigenerfahrung etwas ausgleichen zu können. Doch die Sexualforschung wird in Zukunft sicherlich bei der Untersuchung dieser Zwitter ganz andere Ursachen auffinden. Möglicherweise liegen sich widersprechende Programmierungen vor, die auf Entscheidungslosigkeit zurückgehen. Diese können folgendermaßen gelautet haben: „Ich will nie wieder Frau sein – nein, ich will doch lieber nie wieder Mann sein."

Hetäre Eine H. war im griechischen und römischen Altertum eine kultivierte und oft an den Künsten interessierte Prostituierte bzw. *>Kurtisane*, die sich bevorzugt mit Männern von Geist, Kultur, Ansehen und natürlich Reichtum abgab. Der Hang einer Frau im HL nach ebensolchen Männern mag aus solchen Leben stammen, obwohl sicherlich zumeist andere Faktoren bei solch einer heutigen Präferenz im Vordergrund stehen werden, ohne dass man in FL eine H. gewesen war. Doch gibt es auch im HL Hetären, die sich jedoch nie so nennen würden, also Frauen, die sich für musische oder geistvolle Männer gerne sexuell zur Verfügung stellen, da sie möglicherweise in einem FL mit kulturell stupiden Männern auskommen mussten, woraus sich die Programmierung ergab: „Ich will mich nie wieder mit dummen und unkultivierten Männern sexuell vereinigen." Sie hatten in FL mit Männern „nur das eine" erlebt, das sie aber nicht erfüllte, während sie bei geistig und kulturell regen Partnern nicht nur sexuelle Erfüllung, sondern auch geistige und vielleicht auch spirituelle Anregungen erfahren hatten oder diese doch von solchen Männern erhofften. *(>Konkubinat, >Prostitution)*

Heterosexualität Der Großteil der Menschen ist geschlechtlich heterosexuell ausgerichtet. Übernehmen wir aus dem vorausgegangenen Leben wieder die gleiche geschlechtliche Ausrichtung, wechseln aber durchschnittlich nach jedem sechsten bis achten Leben unser Geschlecht, so ergibt sich eine genaue Aufteilung von heterosexueller und homosexueller Ausrichtung. Das heißt, dass etwa 70 Prozent der Menschen heterosexuell aus- bzw. eingestellt sind, während 20 Prozent bisexuelle Vorlieben und zehn Prozent homosexuelle Geschlechtspräferenzen aufweisen. *(>Bisexualität* und *>Homosexualität)*

Homophilismus Darunter wird verstanden, dass man wie bei der *>Homosexualität* nur erotisches Interesse an Menschen des eigenen Geschlechts hat. Meist ist der H. auf FL zurückzuführen oder auf eine *Tertiäreinstellung* und seltener auf eine – obwohl oft logisch erscheinende – *Quartäreinstellung*, die für diese Geschlechtspräferenz zuständig sind.

Homosexualität (Homoerotik) Wir Menschen nehmen mit einer erneuten Inkarnation meistens jene Geschlechtlichkeit samt unserer Geschlechtspräferenz an, die wir auch in dem vorausgegangenen Leben gehabt hatten, wobei Männer etwa drei Mal so sehr ihre H. nach außen hin zeigen oder auch leben wie Frauen. Etwa zehn Prozent der Männer sind homosexuell veranlagt und über die Hälfte von diesen bekennen sich auch in ihren Partnerschaften dazu, während etwa 40 Prozent von ihnen eine verdeckte H. leben. Doch etwa weitere 20 Prozent der Menschen sind bisexuell *(>Bisexualität)* eingestellt mit gelegentlichem Wechsel von Geschlechtspräferenzen.

Weibliche H. entsteht oft aufgrund von Programmierungen in FL. So könnte eine Seele in einem FL, in dem sie ein Vergewaltiger gewesen war, sich programmiert haben: „Ich will nie wieder ein Mann sein." Also wird sie aufgrund ihres freien Willens – denn eine Programmierung ist Ausdruck des freien Willens – eine Frau, die aber ihre Geschlechtspräferenz aus dem FL beibehalten hat und somit weiterhin sexuell auf Frauen ausgerichtet ist. Da diese Seele im FL ein Mann gewesen war, wird sie noch viele männliche Angewohnheiten aufweisen und in lesbischen Partnerschaften nach einer eher sehr femininen Partnerin suchen, während sie selbst in solch einer Partnerschaft der „Mann" bleibt. Die eher feminine Partnerin war eventuell im FL von einem Mann vergewaltigt worden und hat sich programmiert, nie wieder sich sexuell einem Mann anzuvertrauen. Sie sucht nun nicht im Mann den Partner, aber hat trotzdem den Wunsch nach einer starken pseudomännlichen Partnerin, sodass sie gemäß ihrer Programmierung zwar nicht mit einem Mann sexuell zusammenlebt, jedoch in der Partnerin den Mann sucht. Viele lesbisch eingestellte Frauen haben in einem FL als Nonnen das Gelübde abgelegt, nie mit einem Mann in sexuelle Berührung zu kommen. Diese Programmierungen wirken sich dann auch noch im gegenwärtigen Leben in der Bevorzugung des eigenen und in der Ablehnung des anderen Geschlechts aus.

Männliche H. wurde im Klassischen Altertum ziemlich offen gelebt, da sie zu einer allgemein akzeptierten Lebensweise gehörte. Viele Berühmtheiten der damaligen Zeit von Sokrates und Sophokles bis zu Caesar und Nero lebten ihre H. ungeniert. Die meisten Homosexuellen haben ihre sexuelle Präferenz aus den FL mitgebracht. Doch können andere Motive außer der *Tertiäreinstellung* einer homosexuellen Ausrichtung zugrunde liegen. Hat sich jemand in einer Ehe als Gefangener erlebt, der auch nicht sexuell zufriedengestellt werden konnte, wird er sich eventuell geschworen bzw. programmiert haben, nie wieder mit einer Frau zusammenzuleben. Interessant ist es, die Ursachen für eine erste H. aufzudecken. Viele heutige Schwule waren in FL Mönche oder Priester, die ein Gelübde abgelegt hatten, niemals eine Frau zu berühren. Diese Gelübde waren wie eine Langzeitprogrammierung, die sich über viele Leben hin erstrecken konnte und auch noch das HL mitbestimmen kann. Aber auch Frauen des FL, die zum Beispiel unter Männern zu leiden hatten oder bei der Kindsgeburt gestorben waren, mögen sich geschworen haben, nie wieder Frau sein zu wollen. Sie bilden im HL als Schwule meist den eher „weiblich" ausgerichteten Partner, wobei sie sich sogar zu Frauen hingezogen fühlen könnnen, jedoch nicht in sexueller Hinsicht, sondern hinsichtlich des Seelenaustausches, da sie einander bestens verstehen können, waren diese doch aufgrund ihres früheren Frauseins den heutigen Frauen seelen- oder geistesverwandt.

Impotenz Unter einer *primären I.* versteht man, dass das Glied von Anfang an nicht erektionsfähig ist. Selbst wenn ein medizinischer Defekt vorliegen sollte, ist dies kein Zufall, auch wenn man den Defekt operativ beheben kann. Doch in den meisten Fällen bezieht sich die Impotenz auf den Beischlaf mit einer Frau, wo dann die Manneskräfte versagen (vgl. *>Ejakulatio praecox)*. Diese primäre I. geht sicherlich in den meisten Fällen auf ein TL zurück. So kann man nach einer verübten Vergewaltigung derart im Nachhinein Gewissensbisse bekommen, dass man sich infolgedessen programmiert: „Ich will nie wieder mit meinem Glied kopulieren." Ein Gleiches kann aber auch nach einem OL programmiert worden sein, indem man bei einem unerlaubten Beischlaf mit einer einwilligenden Verheirateten ertappt und dahingehend bestraft worden ist, dass man die Hoden oder gar seinen Penis versehrt oder abgeschnitten bekommen hat.

Die *sekundäre I.* hat meistens entweder mit einem neuen Partner zu tun oder es liegt eine Zeitsynchronizität vor, indem im OL genau in dem betreffenden Alter eine Bestrafung, die mit einer Kopulation zusammenhing, stattgefunden hatte. Oder es liegt hier eine Überschneidung von Zeitsynchronisation und Partnerschaft vor. Wenn diese s. I. allein bei einem gewissen Partner oder bei einer Partnerin auftritt, dann ist zwischen dem Partner und dem an der s. I. Leidenden in FL etwas vorgefallen, woran bei der Kopulation oder *(>Fellatio)* oder beim Analverkehr *(>Analerotik)* unbewusst erinnert wird. Eine RT vermag nicht nur die eigentlichen Ursachen aufzudecken, sondern auch womöglich nach kürzester Zeit die Impotenz zu heilen. *(>Potenz, >Unfruchtbarkeit)*

Infantilismus Sexueller I. taucht dann auf, wenn man auch im Erwachsenenalter sich dem Partner gegenüber wie ein Kind verhält. Dieser I. geht zum einen sicherlich auf ein OL in FL oder HL zurück, in welchem man bei einem Inzest oder bei einem Missbrauch bedroht worden war, wie ein braves Kind stillzuhalten, da sonst Gewalt angewendet werden müsste. Es kann aber bei solch einem Missbrauch seitens des Kindes Widerstand zum Beispiel durch Schreien geleistet worden sein, woraufhin es geschlagen oder gar zu Tode gebracht worden war, woraus sich dann die Programmierung ergeben haben könnte: „Ich will mich beim Sex wie ein braves Kind verhalten und alles mit mir geschehen lassen." Der sexuelle I. kann aber auch auf ein TL zurückgeführt werden, in dem der Täter aus karmischen Gründen genau das erfahren möchte, was er einem Kind zugefügt hatte, das sich nicht wehrte. Der I. bezieht sich auf das Verhalten von Kleinstkindern.

Es kann aber auch dem I. eine Programmierung zugrunde liegen: „Ich will nie wieder ein Erwachsener werden. Ich will nie wieder groß werden", da diese Seele mit dem Großwerden in FL Schlimmes erlebt hatte. Es könnte aber auch eine Fremdbesetzung durch ein Kleinkind vorliegen, das seinem Gast seine eigene kindliche Haltung überträgt.

Instinktverhalten Wie das Tier, so hat auch der Mensch ein sexuelles Instinktverhalten, das ihm als Urprogrammierung wie mit einem unsichtbaren Chip eingegeben wurde, nach dem er sich in seinem Verhalten und in seiner Körperlichkeit ausrichtet. Mit dieser Ureinprogrammierung, auch *>Primäreinstellung* genannt, ist der Seele, als sie noch im Tierkörper war, der Trieb verankert worden, sich geschlechtlich zu vermehren. Dieser Urinstinkt ist allen

Menschen eingegeben. Somit wird die Sexualität zu einer Bestimmung zwecks Vermehrung und dadurch zwecks Erhaltung der Spezies Mensch. Menschen, die sich gegen diese Programmierung verhalten, haben andere Programmierungen aufgedrückt bekommen, die jene Primärprogrammierungen überlagern, ohne sie ganz verdrängen zu können. Solche Gegenprogrammierungen können von moralischen Institutionen, den Eltern oder Erziehern aufgedrückt worden sein *(>Quartäreinstellung)*. Je nachdem, wie willig der Betreffende diese Programmierungen in sich aufnimmt, halten sie auch an. Viele sind jedoch in FL durch Personen, Institutionen oder durch Erlebnisse derart in ihrer Sexualität negativ geprägt worden *(>Sekundäreinstellung)*, dass diese Prägungen noch in diesem Leben nachwirken. *(>Abstinenz)*

Inzest I. bedeutet „intrafamiliärer Missbrauch". Sex zwischen den engsten und erweiterten Familienmitgliedern (also auch zwischen Onkel und Nichte, Stiefvater und Stieftochter) ist nach dem Gesetz strafbar. Jedoch sind viele Seelen, die in FL Liebende waren, in einer heutigen Familie wieder als Bruder-Schwester, Mutter-Sohn, Vater-Tochter, Onkel-Nichte, Stiefvater-Stieftochter, Cousin-Cousine u.s.w. zusammengetroffen. Und so eine Liebesbeziehung in einem oder sogar in mehreren FL sehr intensiv war, kann diese zwischen den heutigen Familienmitgliedern wieder ausbrechen und sogar zum Inzest, also zum Geschlechtsverkehr führen. Alles muss natürlich ganz geheim vor sich gehen, um nicht von Familie, Gesellschaft oder vom Gesetz stigmatisiert zu werden. Wenn also ein Bruder seine Schwester sowohl seelisch als auch körperlich liebt, da sie im FL schon Geliebte oder Verheiratete waren, darf man sie dann gerichtlich bestrafen? Sind sie denn nicht eigentlich, was ihr intimes Miteinander angeht, heutige Opfer aus FL? Kann man denn dann nicht ihre wiederaufgekeimte Liebe aus vergangenen Zeiten verstehen und sie deswegen sogar beglückwünschen? Aber für ein solches gesellschaftliches Umdenken benötigt es noch viel Zeit. *(>Missbrauch)*

Jenseits Im J. gibt es keinen Sex und auch keine unteren Geschlechtsmerkmale wie auf der Erde, denn diese sind nur Spielzeug und Zeugungs- und Lernmittel für Inkarnierte. Hier gibt es keine Fortpflanzung. Jedoch ist eine innige Umarmung mit einer geliebten Person orgiastischer als ein irdischer Orgasmus. Im J. werden die Koordinaten auch im sexuellen Bereich für eine bevorstehende Inkarnation festgesetzt *(>Tertiäreinstellung)*. Die jeweilige Libidomenge wird gemäß den zu erfüllenden Aufgaben, Ausrichtungen und Erlebnissituationen zuerteilt.

Jungfräulichkeit In früheren Jahrhunderten und Jahrtausenden war es bei den meisten Völkern ein Gebot, dass die Jungfrau unbefleckt in die Ehe zu gehen habe, sodass diese Jungfräulichkeit erst in der Hochzeitsnacht ein Ende finden durfte. Dies geschah im Wesentlichen aus der Sicherheitsvorkehrung, dass das gezeugte Kind wirklich vom Ehegatten stammte, war es doch wichtig, die Erblinie abzusichern, da man meist glaubte, dass man nur im Fortbestand des Stammbaumes auch ewig weiterlebt. Diese Verpflichtung hat man als Frau unbewusst oft noch mit in dieses Leben genommen. In abnehmendem Maße, aber immer noch weit verbreitet, ist bei einer jungen Frau der Wille, dem Mann, den sie lieben und heiraten wird, ihre Jungfräulichkeit mit in die Ehe zu bringen. Dieser Wunsch kann auch aus einer Prägung aus FL entstanden sein, da man doch in früheren Zeiten immer darauf bedacht war und dahingehend ermahnt wurde, dass man jungfräulich in die Ehe zu gehen habe, würde man doch ansonsten auch nicht geheiratet werden. Aber dieser Wille der Frau, sich nur einem geliebten Mann hinzugeben, von dem man sicher ist, dass er sie heiratet, kann auch aus einem FL resultieren, in welchem sie von einem Geliebten, der ihr die Ehe versprochen hatte, dennoch sitzen gelassen worden war, als dieser merkte, dass sie einen dicken Bauch bekam. Daher könnte ihre damalige Programmierung gelautet haben: „Ich will mich nie wieder einem Mann vor einer Heirat hingeben."

Hat aber ein Mann in einem FL ebenso gehandelt, also hat er unter dem Versprechen der Ehe eine Jungfrau geschwängert und sie dann dennoch sitzen lassen, mag er aus karmischen Gründen im HL eine Jungfrau sein, die von einem Geliebten oder Verlobten geschwängert und dann sitzen gelassen wird. Oft trifft das, was man befürchtet, genau ein, da man unbewusst weiß, dass es aus karmischen Gründen so geschehen muss.

Kastrationsangst Nach Sigmund Freud hat der Knabe, der heimliches sexuelles Begehren für die Mutter hegt, Angst, vom Vater deswegen bestraft und seines Geschlechtsteils beraubt werden zu können *(>Ödipuskomplex)*. Eine K. kann nur dann bei einem Knaben entstehen, wenn er sich noch unbewusst daran erinnert, dass ihm in einem FL die Hoden abgenommen oder der Penis abgeschnitten oder versehrt worden war. Ein Kastratensänger aus früheren Jahrhunderten könnte im HL sicherlich wieder Angst bekommen, dass ihm wieder die Hoden entfernt werden könnten.

Kinderlosigkeit Frauen, die im FL vergewaltigt worden waren und ein Kind zur Welt brachten, es aber in ihrer seelischen Not nicht am Leben ließen oder weggeben mussten, könnten sich damals programmiert haben: „Ich will nie wieder ein Kind zur Welt bringen müssen!" Löst man eine Frau in der RT von dieser Programmierung, kann sie möglicherweise wieder befähigt sein, ein gesundes Kind auszutragen. Dies trifft auch auf Frauen zu, deren jeweilige Leibesfrucht vorzeitig abortiert. *(>Unfruchtbarkeit)*

Kindesmissbrauch Wer K. in FL betrieben hat, muss ein solches Vergehen ebenfalls an sich, das heißt an seiner inkarnierten Seele erleben. Dieser Ausgleich kann in früheren OL geschehen oder auch noch als Leidgeschehen im HL erlebt worden sein. Täter von Missbrauch in FL sind oft im HL solche Menschen, die sich mit aller Macht für Kinder einsetzen und auf besonders harten Strafen für Kindesmissbraucher bestehen. Die Strafen, die man anderen in harter Weise zugefügt sehen will, sind oft die Strafen, die man wegen eigener begangener übler Taten in TL noch auf sich selbst bezogen haben möchte.

Kirche und Sexualität Die Angst der Kirchen vor der Sexualität ist begründet. Denn die Sexualität ist eine dem Menschen gegebene Kraft, die über ihn Gewalt annehmen kann und stärker sein könnte, als moralische Einwirkungen. Der Mensch darf sich nicht von seinen

Trieben beherrschen lassen, sonst kann die Kirche ihn nicht beherrschen. Es ist im Mittelalter ein ewiges Kräftemessen zwischen Kirche und Sexualität. Schließlich hatte die Kirche im Verein mit dem Bürgertum des neunzehnten Jahrhunderts den Kampf nahezu gewonnen, wenn auch nur für relativ kurze Zeit. Denn seit der Hippiegeneration in den sechziger Jahren des zwanzigsten Jahrhunderts verliert die Kirche in den westlichen Industriestaaten immer mehr an Einfluss, und die Menschen treten in Scharen aus der Kirche aus, sodass diese immer weniger Mitglieder hat.

Jene, die noch mit aller Macht an der Kirche und ihren Wertvorstellungen festhalten, sind entweder solche, die – von allen noch Beharrenden auf das einstmals Eingetrichterte abgesehen – in FL der Kirche schon eng angehörten, oder solche, die im FL auf Einwirkung der Kirche hin zu Schaden oder zu Tode kamen und sich geschworen haben: „Ich will nie wieder etwas gegen die Kirche sagen. Ich will ihr von nun ab absolut gehorsam bleiben." Doch die meisten Menschen, die damals durch Einwirken der Kirchenmoral zu Schaden gekommen sind, waren oft im Folgeleben Antichristen und Kirchenhasser. Sie sind als solche gerade im zwanzigsten Jahrhundert, dem Jahrhundert der beiden Ideologien Sozialismus und Nationalismus, eifrige antichristliche Mitverfechter ihrer jeweiligen Führer gewesen.

Im Römertum herrschte eine relative Laszivität im sexuellen Bereich. Vergewaltigungen in den eroberten Gebieten und Versklavung der Frauen zur privaten oder allgemeinen Prostitution waren gebräuchlich. Jene sexuellen Täter im Römischen Reich hatten im Jenseits ihre Untaten bereut und sich vorgenommen, nie wieder ein Gleiches zu verüben. Um das Gegenteil ihrer sexuellen Ausschweifung zu erleben, passte die Doktrin des Christentums ganz genau. Hier wurde die nicht eheliche Sexualität als Hindernis, ins Paradies zu kommen, gebrandmarkt. Wenn man so will, ist das Christentum eine nicht nur gegen das Sexuelle gerichtete Antwort auf das sexuell „sündige" Römertum. Die sexuellen Moralvorstellungen ändern sich mit der Veränderung der Menschheit. Viele TL als Mann fanden in der Römerzeit statt und erlebten im christlichen Mittelalter als Frau ihre ausgleichenden OL, die oft von sexueller Gewaltanwendung gekennzeichnet waren.

Klitorisüberreizung Wenn eine Frau im HL unter einer Überreizung der Klitoris leidet, sodass schon die geringste Stimulierung derselben Schmerzen verursacht, dann kann es sein, dass ihr in einem FL diese, wie es leider noch heute bei einigen afrikanischen Stämmen Brauch ist (doch hoffentlich nicht mehr lang!), als Kind herausgeschnitten worden war. Jedoch gehen diese Klitorisverstümmelungen sicherlich auf FL zurück, wo diese Seele eine Frau oder ein Mann war, der eben solche Klitorisbeschneidungen bei Mädchen gewollt oder selbst vorgenommen hatte.

Koitus Neben all den anderen Wohl- oder Unwohlgefühlen ist das Eindringen des Penis in die Vagina für die Frau auch mit dem Gefühl verbunden, den Mann nun „eingefangen" zu haben und ihn schwach machen zu können in all seiner sonst über sie ausgeübten Überlegenheit und eventuellen Unterdrückung. Auch wenn dieses Gefühl nur Sekunden dauern könnte, ist es ein Triumph für sie. Denn im Augenblick des Ergusses hat sein Denken aufgehört, und keine Distanzierung kann von ihm ihr gegenüber mehr ausgeübt werden. Er muss sich nun in seiner Schwäche überwältigen lassen. Hier könnten auch alle die Gefühle der Rache sich unbewusst mitvereinen, die diese Frauenseele in vielen Leben von Männern erlitten haben könnte, jener Rache, die sich in dem Triumph ausweidet, ihn, den Mann, klein gemacht zu haben. Doch aus höherer Sicht bedeutet der Koitus für beide den Austausch der Energien und Vibrationen, was man gerne mit dem Verschmelzen ineinander bezeichnet.

Koitus interruptus Das vor der Ejakulation aus der Vagina Zurückziehen des Penis war vor dem Gebrauch von Verhütungsmitteln und vor allem der Pille eine bevorzugte Art des Mannes, eine mögliche Schwangerschaft zu verhindern. Diese vormals praktizierte Methode im FL kann aber auch zu der Programmierung geführt haben, beim Koitus nicht zu ejakulieren, woraus eine *>ejakulatio retarda* entstanden sein könnte.

Koketterie K. ist das vor allem den Frauen eigene Spiel mit ihren erotischen Reizen, um die Blicke der Männer auf sich zu ziehen, ohne diesen aber die Möglichkeit zu bieten, sich ihnen körperlich nähern zu können. Manchmal waren diese koketten Frauen in FL Prostituierte, die das sexuelle Begehren in Männern zu wecken und dieses dann in bezahlten Sex umzusetzen wussten. Im HL haben sie immer noch diese Gewohnheit der K. beibehalten, ohne der *>Prostitution* nachzugehen. Diese koketten Frauen sind meist Opfer ihrer Programmierungen aus solchen Prostituiertenleben, die gelautet haben könnten: „Ich will nie wieder meinen Körper den Männern preisgeben." Trotz ihrer K. samt ihrer die Begehrlichkeit der Männer gewinnenden Art stehen sie sich für intime Anbahnungen durch solche früher abgelegten Programmierungen selbst im Wege. Auf der einen Seite wollen sie sexuelle Intimität, auf der anderen Seite weisen sie diese zurück. Somit wird es für sie sehr schwer, eine intime Beziehung einzugehen. Eine RT könnte ihnen helfen, diese sie behindernde Programmierung aufzulösen.

Konkubinat Im K. leben solche Frauen, die als nicht Verheiratete einem meist verheirateten Mann als Beischläferin im oder außer Hause dienen. Sie haben nicht die gleichen Rechte wie die Ehefrauen, sind aber meist von ihrem „Herren" finanziell abhängig, der aber die sich aus diesem gelegentlichen Beischlaf entstehenden Kinder als die seinen akzeptiert. Aus karmischen Gründen kann eine Seele, die nun das Leben als eine zweitrangige Frau mit all seinen oft erniedrigenden Erlebnissen erfahren muss, in einem FL ebenfalls ein Mann gewesen sein, der seine expandierenden sexuellen Gelüste, welche die Ehefrau nicht befriedigen konnte, unter der Zulegung von einer oder mehreren Konkubinen ausleben wollte. *(>Hetäre, >Prostitution, >Kurtisane)*

Koprophagie ist das Essen von Kot und Unrat. Solche, die diese abartigen Eigenschaften selbstverständlich nur heimlich praktizieren, waren im FL Täter, die solcherlei Dinge zu tun ihren Gefangenen oder den in ihrer Abhängigkeit befindlichen Menschen aufgezwungen haben. Gemäß dem Gesetz, dass sie Gleiches durch Gleiches zu erfahren haben, muss ihnen auch ein solches geschehen. Da dieser Ausgleich an ihnen durch andere noch nicht vollzogen worden ist, vollziehen sie diesen Ausgleich an sich selbst. Sich von >*Schuldgefühlen* zu befreien, bedeutet oft auch Lustgewinn. Das Loslassen von lang mitgeschleppten Schuldgefühlen wird oft umgesetzt mit dem sexuellen Loslassen, d.h. durch herbeigeführten Orgasmus. Die K. oder die Koprolagnie (Umgang mit Kot, z.B. Körperteile damit zu bestreichen) hat also nichts mit der kindlichen Analphase zu tun, wie von Psychoanalytikern konstruiert wird.

Ebenso mag das Beschmieren mit Kot seines eigenen Körpers – auch durch jemand anderen veranlasst – ein unbewusstes Bedürfnis sein, sich als das ekelhafte Schwein aus einem FL zu brandmarken, das sich jetzt selbst als solches darstellen will. Es ist die Bestrafung seiner selbst in der perversesten Form für noch nicht bestrafte Untaten aus FL, die jetzt nachgeholt wird. „Ich will allen oder nur mir zeigen, was für ein Schwein ich gewesen bin. Ich bin nichts als nur Sch...“ Und mit diesem endlichen Eingestehen, was man selbst von sich hält, geht ein befreiendes und erlösendes Gefühl einher, das sich dann auch in der Masturbation entlädt.

Künstliche Befruchtung Frauen, die sich, obwohl sie organisch gebärfähig sind, künstlich befruchten lassen, können sich im FL geschworen haben, nie wieder Sex mit einem Mann auszuüben, und trotzdem haben sie den Wunsch eines Kindes beibehalten. K.B. werden oft bei homosexuellen Frauen vorgenommen. Man bekommt immer als Kind diejenige Seele, die sich für die betreffende Mutter aus den verschiedensten Motiven heraus entschieden hat, ganz egal, ob der Körper seine Entstehung einer künstlichen oder einer natürlichen Besamung zu verdanken hat.

Kurtisane Im Gegensatz zu jenen Frauen, die der >*Prostitution* nachgehen und sich um des Verdienstes willen nahezu jedem Freier hingeben oder hingeben müssen, steht die K. zwischen einer Prostituierten und einer Maitresse. Letztere wird von einem einzigen, meist sehr wohlhabenden oder machtvollen Mann als heimliche oder offizielle Geliebte gehalten. Die K. fühlt sich aufgrund ihrer hervorstechenden Schönheit als etwas Besonderes und lässt sich ihre Liebensdienste gut bezahlen, wobei sie ihre Freier meist selbst aussuchen kann. Eine K. kann in einem FL eine Frau gewesen sein, die sich aufgrund eines sexuell restriktiven Lebens geschworen haben könnte, im nächsten Leben so viel Männer wie möglich zu beschlafen. Bei ihr liegt meist kein Bestrafungsmechanismus wie bei einer normalen >*Prostituierten* vor, sondern die Erfüllung ihrer Programmierung, so viel sexuelle Begegnungen wie möglich zu haben. Sie kann sich aber auch nach einem vorausgegangenen unterdrückten Leben als Frau geschworen haben, jetzt ihre Macht über die Männer auszuspielen. Hier könnte ein Rachemotiv zugrunde liegen. *(>Hetäre)*

Latenzzeit Die von Sigmund Freud so bezeichnete L. ist das zeitliche Intervall zwischen phallischer und genitaler Phase, das heißt, zwischen zirka dem 5. Lebensjahr und der Pubertät. Hier ruht seiner Theorie zufolge das sexuelle Interesse des heranwachsenden Kindes. Durch Professor Stevenson wissen wir, dass Kinder bis zum 5. Lebensjahr sich oft noch an FL erinnern und auch darüber sprechen können, da ihnen in dieser Zeit die Erinnerungen an Erlebnisse des FL noch deutlich präsent sein können. Somit kann ein kleiner Junge sich zur Mutter als Vertreterin des Weiblichen auch sexuell hingezogen fühlen, da er in seinem vorausgegangenen Leben als Mann mit Frauen die Sexualität ausgeübt hatte. Ein Gleiches liegt bei dem kleinen Mädchen vor, das sich sexuell zum Vater hingezogen fühlen kann, da es im FL eine Frau war, die mit einem Mann oder Männern sexuell verkehrt hatte. Solange solche Erinnerungen oder Gewohnheiten aus dem vorausgegangenen Leben wieder hochsteigen, können sexuelle Regungen wieder lebendig werden. Doch mit dem allmählichen Verlust der Erinnerung an das FL ebben die sexuellen Regungen wieder ab und stellen sich erst wieder mit oder in der Pubertät durch die wach werdende Libido erneut ein. Die L. ist also die aus diesen Gegebenheiten resultierende Periode der sexuellen Unlust.

Lesbische Liebe Anscheinend muss jede Seele zumindest einmal in dem Zyklus der vielen Erdenleben sowohl als Mann die erotische Liebe zu einem anderen Mann und als Frau dieselbe zu einer anderen Frau erlebt haben. Diese Erfahrungen gehören wohl zum Lernprogramm in der Schule des Erdenlebens. Jedoch hat jede Seele eine eigene Entscheidung darüber zu treffen und könnte sich auch gegen eine solche Empfehlung zur Erlebnisbereicherung wehren. Doch solche Entscheidungen ergeben sich meist aus Programmierungen, die wir am Ende eines Lebens oder danach über uns aussprechen. Ist also eine Frau in einem FL vergewaltigt worden oder von einem Mann oder Männern geschlagen oder sonstwie erniedrigend behandelt worden, mag sie über ihre Seele die Programmierung ausgesprochen haben: „Ich will nie wieder in die Abhängigkeit von einem Mann gelangen“ oder „Ich will nie wieder einen Mann an meinen Körper heranlassen“. Solcherlei Entscheidungen können zu einer lesbischen Ausrichtung in dem Folgeleben beitragen. Viele lesbische Frauen haben aber als Nonnen in einem FL das Gelübde abgelegt, nie wieder einen Mann zu begehren. Dies ist einer der häufigsten Gründe für die L.L. Aber es gibt sicherlich noch viele andere Ursachen für die weibliche >*Homosexualität*, deren Erforschung mittels Trancerückführungen noch einige große Überraschungen ans Tageslicht befördern könnte. Auch könnte es sein, dass die Seele der Lesbierin deshalb den Männern ausweicht, weil sie unbewusst weiß, dass ihr noch eine Vergewaltigung als Karmaausgleich bevorsteht. Doch diese könnte auch erst in einigen Leben vollzogen werden. Und trotzdem ist diese Vorahnung bestimmend dafür, sich keiner männlichen Sexualität auszusetzen und sich deshalb der weiblichen Homosexualität hinzugeben.

Libido Die L. ist der Sexualtrieb. Dieser hat sich zumeist schon in FL gezeigt und ist somit eine Mitgift aus verflossenen Zeiten.

Oft ergeben sich in einem Leben Libidoschwankungen. Das kann mit FL zusammenhängen. Z.B. könnte man mit 25-30 Jahren in einem FL erfüllte Sexualität genossen haben, in einem anderen hat man mit 34-38 Jahren sexuellen Frust erlebt, mit 48 war man in einem anderen Leben wieder sexuell engagiert. Und nun könnte es sein, dass man im HL genau dann die Sexualität am meisten genießt, als man in FL diese ebenfalls genossen hatte. Doch mit 34 setzt auf einmal sexuelle Unlust ein, die sich aber wieder mit 38 auflöst.

Das Maß an Libido wird einem wohl im >*Jenseits* von einem selbst oder anderen zugemessen, damit es für das vorgenommene Programm des jeweils nächsten Lebens stimmig ist *(>Tertiäreinstellung)*. Wenn man eine Nonne werden möchte, wird man sich nur wenig Libidoenergie zuerteilen lassen. Soll aber eine Seele als ehemaliger Don Juan wiederum getestet werden, ob sie mit ihrem Sexus jetzt richtig und nicht wieder mit Frauen seelisch oder körperlich verletzend umgeht, dann wird sie einen Überschuss an Libidokraft bekommen müssen. *(>Womanizer, >Donjuanismus)*

Das sexuelle Engagement eines Menschen hängt im Wesentlichen von dem ihm zur Verfügung stehenden Maß an Libidoenergie ab. Hat ein Mann davon 90 Prozent erhalten, die Ehepartnerin aber nur 20 Prozent oder umgekehrt, so kann es sicherlich Probleme geben, wenn man nicht mit- und füreinander Verständnis zeigt und zu Kompromissen oder Lösungen kommt. Aber genau diese unausgeglichene Libidoverteilung bei Partnern ist ja ganz bewusst geschehen, damit man aus Liebe zum anderen verständnisvoll handelt. Sexualität wird hier wieder ganz deutlich als Lernmittel zur Liebe eingesetzt.

Liebe L. hat mit *>Sex* ihrem Ursprung nach nichts zu tun, wie man im Tierreich beobachten kann, von Ausnahmen abgesehen (z. B. Liebesenten und Liebesvögel). Während die Sexualität auf die *>Primäreinstellung* zurückgeht und somit dem tierischen Bereich zuzuordnen ist, ergibt sich die L. aus der *>Sekundäreinstellung*. Liebe gehört dem Bereich der Seele zu, während Sex zwar von beseelten Lebewesen ausgeführt wird, aber sich aus dem Naturtrieb der Vermehrung heraus ergibt. Liebe ist das Verhältnis von einander zugeneigten Seelen. Diese erwächst zuerst durch die L. zu den eigenen Kindern und dann in den Folgeleben zu erwachsenen Personen. Je größer die L. zu einer Seele ist, desto länger und öfter war man mit dieser Seele in FL und im Jenseits in L. eng verbunden gewesen. L. entsteht aus Seelenverbindung. Der Sex kann sich mit der L. vereinen, bleibt aber eine Parallelerscheinung. Doch vermag die L. die *>Sexualität* zu verfeinern, da sie sich zum Ziel macht, dem Partner die schönsten sexuellen Gefühle zu vermitteln. Die L. hat mit der Zunahme der Anzahl der Erdenleben die Tendenz, sich immer mehr zu erweitern. Sie kann schließlich so groß werden, dass sie nicht nur auf einen Menschen beschränkt bleibt, sondern sich – was ihr höchstes Ziel wäre – auf alle Menschen erstreckt, ja nicht nur auf Menschen, sondern auf alle belebte und „unbelebte" Natur. Je mehr L. wir in uns vereinen, in desto höhere Schwingungen geraten wir, in welchen die irdischen Schwingungen der Sexualität nicht mehr mitzuschwingen vermögen.

Liebeswahn Wie jeder Wahn hat auch der L. paranoide Züge. Ein L. kann entstehen, wenn eine Person eine andere aus einem FL wiedererkennt, in welche sie sich damals schon verliebt hatte. Liebe auf den ersten Blick könnte ein kurzer L. sein, der dann, wenn beide sich dieser Liebe ergeben, in eine erfüllte Liebe mündet. Übernatürliche Eifersucht ist eine andere Spielart des L. Doch der am meisten auftretende L. ist der, dass sich eine Person in eine andere wie in einem Liebesrausch versteift, ohne dabei als Liebende angenommen, stattdessen aber vielmehr zurückgewiesen zu werden. Es kann sich dann so verhalten, dass der im L. Befindliche das Liebesobjekt, also die geliebte Person, mit einer anderen aus einem FL verwechselt und dann nicht verstehen kann, warum diese Geliebte die Umwerbungen nicht annimmt, vielmehr sie als lästig empfindet und sogar die Polizei einschalten muss, um sich diese lästigen Aufdringlichkeiten vom Leibe zu halten. Doch derjenige, der von seinem L. angetrieben ist, kennt möglicherweise eine geliebte Person aus FL, die in etwa genauso aussieht, wie die nun Umworbene. Vielleicht hatte er dieser Person im FL ewige Liebe geschworen und sucht sie deshalb auch im gegenwärtigen Leben. Nur sitzt er einer falschen Identifikation auf.

Auch kann es sein, dass der vom L. Besessene einen unsichtbaren Besetzer *(>Fremdbesetzung)* als Gast in sich wohnen hat, welcher die Person, auf die sich die Liebe richtet, durch seinen Gastgeber, eben jenen dem L. Aufsitzenden, wieder an sich ziehen möchte. Um ein Beispiel zu geben: Ist ein Ehemann oder Geliebter durch seinen eigenen Tod für seine Frau oder Geliebte unsichtbar geworden und war nach seinem Tod aus Liebe zu seiner Hinterbliebenen nicht bereit, ins Jenseits hinüberzuwechseln, wird er alles versuchen, in der Nähe seiner Geliebten zu bleiben und diese auf sich durch alle möglichen Anstrengungen aufmerksam zu machen. Da er sie auch physisch lieben möchte, dieses aber nur durch einen anderen männlichen Körper erleben kann, schlüpft er in einen solchen und animiert diesen Mann, sich seiner Frau zu nähern, um mit ihr zu schlafen, was der „Verschiedene“ dann durch diesen anderen Körper sexuell miterlebt. Es kann nun so weit gehen, dass er den von ihm Besetzten drangsaliert, sich immer wieder seiner Frau oder Geliebten zu nähern, sodass jener wie unter einem Zwang wahnhaft dieser nun nachstellt. Durch eine Befreiungstherapie ist dem Besetzer klarzumachen, dass er von seiner Geliebten zu lassen hat, wird er dieser doch sowieso im Jenseits wieder begegnen und sicherlich bei gegenseitigem Einverständnis mit dieser noch andere Erdenleben erleben können.

Lustlosigkeit Fehlende Lust kann daher rühren, dass jemand im HL nach einem sexuell erfüllten Leben sich nun für spirituelle Dinge und nicht mehr für sexuelle Lusterfüllung interessiert. Eine solche Seele könnte auch ihr lustloses Verhalten hinsichtlich der Sexualität schon aus einem FL mitgebracht haben. Doch kann eine L. auch auf Programmierungen aus FL zurückgehen. In einem TL könnte diese Seele sich durch sexuelle Gewaltausübung späterhin, als Reue sie packte, geschworen haben, „ich will mich nie wieder der sexuellen Lust ergeben“. Diese Programmierung hält sie zwar von der Sexualität zurück, aber sie ist mit dieser nun sich auswirkenden Entscheidung aus dem FL nicht glücklich. Denn im Grunde möchte sie den Sex erleben, fühlt sich aber durch diese ihr unbewusste Programmierung gehindert, sodass sie, so sie sich in einem männlichen Körper befindet, eventuell *>Erektionsschwierigkeiten* bekommen könnte oder bei der *>Masturbation* Schmerzen im Glied oder im Unterleib verspürt.

Lustknaben L. waren im Klassischen Altertum bei Griechen und Römern nahezu institutionalisiert. Meistens hielten sich einflussreiche oder gelehrte Männer solche L., denen sie für deren Liebesdienste eine höhere Ausbildung zukommen ließen. Sokrates, Sophokles wie auch Caesar und andere Männer bedienten sich der Knaben, die jedoch schon meistens Pubertierende waren. Solche L. stritten sich auch manchmal um die Gunst eines besonderen Mannes, um mit ihm das Lager zu teilen. Oft wurden heutige Homosexuelle damals in ihre erste *>Homosexualität* überhaupt eingeführt, da es ihnen zu jener Geschichtsperiode leicht fiel, ohne öffentliche Nachteile dieser homoerotischen Lust nachzukommen. L. unterscheiden sich von *>Strichern*, indem sie mit ihrem Herren in einem andauernden Liebesverhältnis lebten, auch wenn Ersterer verheiratet war, während Letzterer zum Gelderwerb diesem Beruf, andere sexuell zu befriedigen, nachkommt. L. werden meist von ihren älteren Männern geliebt, und auch in den L. könnte so etwas wie eine Liebe zu ihnen aufkeimen, die über die Verehrung noch hinausgeht und sogar in Eifersucht übergehen könnte.

Magie Sexuelle M. ist oft in früheren Jahrhunderten oder sogar Jahrtausenden betrieben worden und kommt selbst in unserer Zeit nicht nur bei Naturvölkern, sondern auch in den westlichen Industriestaaten vor. Das Ziel der sexuellen M. ist es, einen Unwilligen für einen sexuellen Austausch willig zu machen. Oft hat ein Schwarzmagier unsichtbare Hilfsgeister, die er einzusetzen weiß, um den diesbezüglichen Wünschen seines ihn aufsuchenden und zahlungswilligen Klienten nachzukommen. Diese Hilfsgeister können die von dem Klienten erwünschte Person besetzen und in eine Situation leiten, in welcher der Klient die Erfüllung seiner Wünsche erreicht. Da dieser sich nun seine sexuelle Liebeserfüllung ohne den freiwilligen Konsens des Partners erzwungen hat, muss er in einem anderen Leben ebenfalls ein Opfer solcher magischen Beeinflussung werden. Es können sich nun Personen dem Sexverlangen anderer wie unter einem Zwang hingeben, ohne die geringste Zuneigung zu jenen zu haben, ja sogar Widerwillen zu empfinden, und trotzdem sich dem Beischlaf fügen. In einer RT wäre zu klären, woher dieser Gefügigkeitszwang kommt, ob es sich dabei um ausgeübte Magie handelt oder um andere Einwirkungen aus FL.

Mammalkoitus Der M. ist das Erreichen des männlichen Orgasmus durch Reiben an den weiblichen Brüsten. Handelt es sich bei einem solchen Mann um die einzige mit der Partnerin ausgeübte sexuelle Befriedigungsmöglichkeit, dann liegen sicherlich Programmierungen aus FL vor, die aus einem TL stammen könnten, in welchem er mit seinem Penis durch erzwungene Penetration großes Leid bewirkt hat (z. B. Gewaltanwendung oder Zeugung eines unehelichen Kindes), weshalb er sich geschworen haben könnte: „Ich will nie wieder mit meinem Glied in die Scheide einer Frau eindringen." Hat er jedoch in einem OL (oder TL) sich durch Eindringen in eine Scheide eine Geschlechtskrankheit zugezogen, kann eine ebensolche Programmierung entstanden sein, weshalb er im HL Opfer dieser Programmierungen ist und seinen Orgasmus allein durch Bruststimulierungen bei der Frau sucht.

Masochismus Der sexuell ausgerichtete M. ist die Kehrseite des sexuellen >*Sadismus.* Während der Sadist dem Masochisten körperliche Schmerzen und Erniedrigungen in vieler Weise zufügt, erduldet Ersterer diese Zufügungen und empfindet sogar Lust dabei. In einem FL war der Masochist ein Täter, der sich nun für seine vormaligen Untaten noch selbst bestrafen möchte, durch eine Strafe, die er noch nicht durch einen karmischen Ausgleich an sich erdulden musste. Er will möglicherweise diesem karmischen Ausgleich zuvorkommen in der unbewussten und irrigen Hoffnung, dann diesem entgehen zu können. *(>Sadomasochismus, >Flagellantismus)*

Masturbation *(>Selbstbefriedigung)* 1. *Selbstbefriedigung der Frau*: Gemäß *Masters und Johnson* kann eine Frau immer einen Orgasmus durch Selbststimulation erreichen, während sie diesen mit Instrumenten (Dildo, Vibrator ect.) nur zu 85 bis 90 Prozent bewirken kann. Doch beim Partnersex liegt die Orgasmusquote nur bei 50 Prozent. *(>Orgasmus)* Die Frau wird bei der Selbstbefriedigung nicht abgelenkt durch die Gegenwart eines Partners, der von ihr einen Orgasmus erwartet. Bei der M. kann sie sich deshalb fallen lassen, um ganz entspannt ohne zeitliche Einschränkung zu ihrem Höhepunkt zu kommen. Doch können auch bei der Frau während der Kopulation Gefühle aus FL auftreten, in welchen sie a.) vergewaltigt worden war, oder b.) in welchen sie ein Mann war, der vergewaltigte mit der lebensabschließenden Programmierung: „Ich will nie wieder eine Frau vergewaltigen.“ Die daraus in ihrem Unterbewusstsein festsitzenden Schuldgefühle bewirken, dass sie sich nicht ganz oder überhaupt nicht dem Sexgenuss mit einem Partner hingeben kann.

2. Selbstbefriedigung des Mannes (Onanie): Noch im 19. Jahrhundert galt die Onanie als unrein, ja als Sünde. Und die Mediziner unterstellten gar dem Onanierenden, dass er dadurch geistig gestört werden könne. Trotz all diesen Restriktionen einer sexuell verklemmten Gesellschaft haben wohl die meisten Männer damals, wenn auch heimlich, masturbiert. Doch viele haben sich auch durch ihre heimlichen Freudebereitungen Schuldgefühle aufgeladen. Eventuell hat man sie bei der Selbstbefriedigung entdeckt und bestraft oder bloßgestellt. Die daraus entstandenen psychischen Schäden können diese Seelen in das HL mitgebracht haben, sodass sie im Extremfall von jeglicher Masturbation absehen oder sie nur in Heimlichkeit begleitet von Schuldgefühlen durchführen, da doch der liebe und strafende Gott alles sieht.

Menarche (erste Menstruation) Die M. ist für die meisten Mädchen ein Schockerlebnis. Auf einmal sind sie Frau geworden. Früher wurde in moslemischen und afrikanischen Ländern die nun Pubertierende an einen Ehewilligen verkauft. Eine junge Frau, die die M. erlebt, kann dann unwillkürlich an sexuelle Erlebnisse aus FL unbewusst erinnert werden, die grauenhaft waren, da der Bräutigam ohne Einfühlungsvermögen den Sex herbeizwang. Somit kann die M. zugleich auch einen Wechsel von der sexuellen Unbekümmertheit in der Kindheit und der frühen Jugendzeit in sexuelle Bekümmerung und Ängste bedeuten. Die Ängste, die sich mit der M. zu Beginn der Pubertät einstellen, bedingen sich aus den Erlebnissen im gleichen Alter aus FL. Doch bei einigen kann die M. auch freudige Erinnerungen hervorrufen, ist man doch jetzt kein kleines Mädchen mehr, sondern endlich Frau geworden. Wenn man im FL nach der M. ein glücklicheres Leben an der Seite eines liebevollen Mannes geführt haben sollte, erweckt die M. dann dementsprechend ein glückliches Gefühl.

Menopause Die M. stellt sich bei Frauen ganz unterschiedlich im fortgeschrittenen Alter ein, doch dürfte das Durchschnittsalter bei fünfzig Jahren liegen. Die M. wird von Frauen ganz unterschiedlich wahrgenommen. Viele sind nun als Frau froh, die lästige blutige Regel samt den womöglich damit verbundenen Schmerzen und Unannehmlichkeiten los zu sein, während andere depressiv werden, da sie durch diese körperliche Zäsur nun gewiss sind, nicht mehr eine zeugungsfähige Frau sein zu können, sodass der Reiz des Lebens nun vorbei ist. Ihre Einstellungen resultieren oft aus den Erlebnissen mit der M. in FL. Wurde man in FL mit Beginn der M. als Frau nicht mehr geachtet, wird diese körperliche Zäsur im HL unbewusst als schmerzhaft empfunden. Hatte man die M. in FL als freudiges Erlebnis aufgefasst, wird man diese im HL ebenfalls als ein solches auffassen. Wir sind in unseren Einstellungen mehr mit den FL verbunden, als wir es uns vorstellen.

Menstruationsschmerzen Prämenstruelle und M. gehen auf Vergewaltigungserlebnisse aus FL zurück. Werden die Ursachen dafür durch die RT aufgedeckt und aufgelöst, können diese für immer behoben sein. Die M. wollen die Frau daran erinnern, dass es noch etwas aufzulösen gibt, was noch nicht erkannt und somit erlöst ist.

Missbrauch M. bezieht sich meist auf sexuellen Missbrauch vor der Pubertät. Im Vergleich zur >*Vergewaltigung*, bei welcher Gewalt angewandt oder angedroht wird, um den sexuellen Austausch zu erzwingen, wird beim Missbrauch meistens die kindliche Unschuld ausgenützt. Dieser M. wird oft von Drohhaltungen begleitet, etwa dass das missbrauchte Kind niemandem etwas von dem Vorgang sagen darf, ansonsten es bestraft werden würde. Es wird nahezu niemand als Kind missbraucht, der nicht ein Gleiches in einem FL ebenfalls ausgeführt hatte. Das Karmagesetz ist unerbittlich, doch dient es in der Schule des Lebens als eine Waage der Gerechtigkeit, um begangene Lieblosigkeit mit zu erfahrender Lieblosigkeit auszugleichen. *(>Inzest)*

Monogamie Die M. stammt aus der Gewohnheit monogamer Kulturen der letzten Jahrtausende, sodass man sich als Mann von vornherein mit dem Gedanken abgefunden haben dürfte, nur eine Ehefrau haben zu können. Doch solche Männer, die in FL >*Polygamie* gelebt haben, sehnen sich zumeist nach mehreren Ehefrauen.

Moralwärter Die Moralprediger sind meistens ängstliche und verklemmte Menschen. In einem früheren Leben waren sie wahrscheinlich solche, die über die moralischen Stränge geschlagen hatten. Aufgrund ihrer Bestrafungen oder der an ihnen vollzogenen Todesurteile hatten sie sich programmiert: „Ich will nie wieder etwas Unmoralisches oder Ungesetzliches tun." Und somit werden sie nun in einem Folgeleben zu Moralwärtern, denen die Sache an sich wichtiger ist, als die individuellen Schicksale derer, die sich in unmoralische Handlungen verstrickt haben.

Narzissmus Narzistische Menschen zeichnen sich durch Selbstliebe aus, die sich auch auf ihre Sexualität erstrecken kann. Vielleicht hatten sie in FL mit Partnern immer nur Unbefriedigendes empfunden, weshalb sie sich programmierten: „Ich will es nur noch mit mir alleine machen." So beschränken sie sich auf die Masturbation.

Nekrophilie Der ausgeführte Sex an Leichen mag darauf zurückzuführen sein, dass in FL bei einer ausgeübten Vergewaltigung die Vergewaltigte sich ihrem Vergewaltiger gegenüber dermaßen gewehrt hatte, dass es zu keinem von ihm erwünschten Koitus kam. Heute aber liegt die zu Vergewaltigende vielleicht plötzlich wehrlos und tot vor ihm, sodass er jetzt „endlich" unbehindert seinem Vergewaltigungszwang nachkommen kann. Auch könnte aus dieser vormaligen Gegenwehr für ihn selbst Schaden entstanden sein, indem die Vergewaltigte ihm eine Waffe entwandte und ihn damit tötete. Jetzt könnte er im HL an einem weiblichen Leichnam Rache an der einstmals noch nicht Vergewaltigten nehmen wollen. Über all diese Zusammenhänge wird die zukünftige Sexualforschung noch viel aufzudecken haben.

Nudismus Freikörperkultur begann in Deutschland um 1900. Siebzig Jahre später boten Strände abgezäunte Nacktbadebereiche an, die sich immer größerer Beliebtheit erfreuten. In Skandinavien gab es schon jahrhundertelang Familiensaunas, die man ohne Kleidungsstücke betrat, in welche auch Gäste eingeladen werden konnten. Die Freikörperkultur steht im krassen Widerspruch zur kirchlichen Moral. Auch das ganze neunzehnte Jahrhundert bis in das zwanzigste hinein wurde von Prüderie beherrscht. Im Jenseits durchschaut man auf sein Leben zurückblickend sein eigenes prüdes Verhalten aufgrund von kirchlicher und gesellschaftlicher Moral und nimmt sich für eine bevorstehende Inkarnation vor, sich nicht mehr von solchen Vorschriften in seiner Körpernatürlichkeit einschränken zu lassen und zumindest an solchen Plätzen sich ungeniert nackt zu zeigen, wo man nicht andere Menschen durch Nacktheit abschreckt.

Nymphomanie Die Sucht einer Frau nach möglichst vielen Männerbekanntschaften zum Sexualaustausch kommt seltener vor als umgekehrt die Sucht von Männern nach möglichst vielen Sexualpartnerinnen *(>Donjuanismus, >Promiskuität)*. War eine heutige Frau im früheren Leben eine Nonne oder ein Mönch, dem(r) jede Sexualität untersagt war, hatte sie/er aber dennoch die Sehnsucht nach dieser, so mag sie/er sich nach dem Tod programmiert haben: „Ich möchte einmal alles, was ich an Sex vermissen musste, reichlich nachholen." (In den meisten Fällen lautet, wie wir mannigfach in der RT erfahren haben, die als Nonne oder Mönch formulierte Programmierung zu Lebzeiten gegenteilig. Denn da man das Gelübde absoluter sexueller Enthaltung vor Gott geschworen, also auch verbal vor anderen geäußert hatte, bleiben diese Programmierungen oft über viele Leben lang weiterhin bestehen, so eben nicht nach dem Tod eine anderslautende Programmierung erfolgt war.)

Eine Nymphomanin kann aber auch auf der Suche nach dem bestimmten früheren Geliebten sein. Vielleicht glaubt sie, ihn in der Art der Sexualität, die mit diesem vormals einzigartig schön war, wiederzuerkennen. Sie kann sich aber auch im Jenseits für dieses Leben eine gesteigerte Portion Libido erwünscht haben, um endlich ihre Angst vor Männern abzulegen. Sie wird sich dann eventuell ein Umfeld für ihr nächstes Leben aussuchen, in welchem sie sich leicht von Männern ansprechen lassen kann, zum Beispiel bei Diskobesuchen, als Popmusikerin, Reiseleiterin, Kellnerin u.s.w.

Eine verheiratete Nymphomanin wird es schwer haben, in einer Ehe treu zu bleiben. Die aus FL und aus diesem Leben unbewussten oder bewussten Erinnerungen, d.h. auch erotischen Gefühle, treiben sie an, mehr Lust in der Abwechslung zu erleben. Und oft, wenn in FL lesbische Abenteuer eine wichtige Rolle gespielt haben sollten, dann wird sie um des berauschenden Liebesgefühls wegen auch mit einer Frau erfüllende Erotik suchen. Es darf eben nie Langeweile bei der Erotik auftreten. *Variatio delectat* – die Abwechslung und Verschiedenheit verschafft den Genuss, die Freude.

Sie kann weiterhin im FL in einer Ehe sexuellen Frust oder Langeweile gehabt haben und hat sich deshalb programmiert, „nie wieder so schnell in eine Ehe rutschen und erst viele Männer ausprobieren".

Ein weiteres Motiv ist eventuell eine Programmierung aus negativem Eheleben, die lautet, sich nie wieder an einen Mann zu binden. Sobald sie in dem heutigen Leben von einem Partner spürt, dass er sie an sich binden will, entweicht sie diesem gemäß ihrer Programmierung. Dies ist u.a. ein Motiv für viele der heute gelebten Partnerschaften ohne standesamtliche oder gar kirchliche Bindung.

Und schließlich kann eine Frau auch eine verstorbene Nymphomanin in und mit sich haben *(>Fremdbesetzung)*, die ihre sexuelle Sucht weiterhin ausleben möchte und nun froh ist, ein williges Opfer gefunden zu haben, das ihren Süchten nachkommt. *(>Sexhunger)*

Obszönität Obszönitäten, durch Worte, Bilder oder Gesten ausgedrückt, gehen zumeist auf eine Protestreaktion zurück. Sie wollen schockieren oder aber herausfordern. Sie stemmen sich, was den betont sexuellen Bereich anbelangt, gegen das konditionierte Verhalten, das durch eine verklemmte und rückständige Moral geprägt ist. Eventuell sind Menschen, die O. in Kunstwerken darstellen, und jene, die diese kaufen, solche, die in FL so viel sexuelle Unterdrückung erfahren haben, dass sich diese gestaute sexuelle Unterdrückung nun in einer sexuell großzügigeren Zeit unbedingt Luft machen will.

Ödipuskomplex Der Ö. ist eine Erfindung Sigmund Freuds. Er besagt, dass das Kind in der ödipalen Phase zwischen vier und fünf Jahren einen erotischen Bezug zum jeweils gegengeschlechtlichen Elternteil wünscht oder auch sucht. Der Sohn sucht die erotische Nähe zur Mutter, die Tochter sucht die erotische Nähe zum Vater. Dadurch entwickelt der Sohn eine Angst vor Bestrafung seitens des Vaters und die Tochter eine gleiche Angst vor der Bestrafung seitens der Mutter. Bei dem Sohn kann diese Angst vor dem Vater in eine >*Kastrationsangst* münden, indem er meint, als Bestrafung könne dieser ihm das Glied abtrennen. Obwohl noch immer die Psychoanalytiker das spätere sexuelle Verhalten hinsichtlich Partnerschaften auf die ödipale Phase zurückführen, haben sich doch viele Psychologen, Eheberater und Sexualtherapeuten von dieser Theorie abgewandt, suchen aber weiterhin allein in dem HL nach Begründungen für solche sexuell disharmonischen Partnerschaften.

Aus der Reinkarnationsperspektive ist dazu Folgendes zu sagen: Kinder können sich vor der mit etwa fünf Jahren beginnenden >*Latenzzeit* oft noch gut an ihr vorausgegangenes Leben erinnern. So sie damals Mann gewesen waren und nun im HL als Knaben leben, mögen sie in Erinnerungen an ihre damalige Geschlechtspraxis sich wie selbstverständlich zu einer weiblichen erwachsenen Person hingezogen fühlen, wobei sich ihnen als nächststehende Person die eigene Mutter anbietet. Und umgekehrt verhält es sich bei der Tochter in ihrem erotischen Begehren für ihren Vater ebenso. Hat aber einer der beiden Eltern in einem FL ein Liebesverhältnis mit der Seele eines ihrer Kinder gehabt, so kann sich daraus ein >*Inzest* ergeben.

Onanie >*Masturbation*

Oralverkehr Unter O. versteht man die Reizung der Klitoris mit den Lippen oder der Zunge *(>Cunnilingus)* oder die Stimulation des Penis mit dem Mund *(>Fellatio)*. Gewohnheiten aus FL werden gerne wieder im HL angewandt.

Orgasmus Im O. erlebt der Mensch für Sekunden ein ekstatisches Gefühl, das man mit dem göttlichen Seinszustand vergleichen könnte. Während es bei der Frau möglich ist, eine ganze Reihe von Orgasmen innerhalb relativ kurzer Zeit zu erleben, benötigt der Mann nach einem O. eine Erholungspause unterschiedlicher Länge. Bei der Frau unterscheidet man den vaginalen O. vom klitoralen. Ersterer wird durch das Eindringen des Penis oder eines Dildos bewirkt, Letzterer durch Stimulierung der Klitoris. Etwa 50 Prozent der Frauen erleben im Koitus keinen vaginalen O. Doch fast alle Frauen können den klitoralen O. durch Selbststimulation bewirken. Die Gründe für vaginale Anorgasmie liegen zum einen in der Erwartungshaltung des Mannes, welcher der Frau unbedingt einen O. beschaffen will. Doch unter Druck verweigert sich oft das Gefühl, sich fallen lassen und gänzlich entspannen zu können. Somit wird der O. oft dem Manne zuliebe fingiert. Aber für diese Anorgasmie können auch häufig Gründe aus FL sprechen, sei es aus TL oder OL. Ist man in einem OL vergewaltigt worden, mag man unbewusst an dieses Ereignis gefühlsmäßig zurückerinnert werden, sodass die damaligen Gefühle der Abwehr sich gegen die augenblickliche Penetration richten und somit auch keinen Entspannungszustand als Voraussetzung für einen O. zulassen. Männer bezeichnen gerne Frauen, die nicht zum O. kommen, als „frigide“, ohne zu wissen, dass der Mann es ja war, der in dem FL die *>Frigidität* als Nachwirkung im HL bewirkt hatte.

Orgasmushemmung Beim Mann hängt die O. mit einer Programmierung aus FL zusammen, die etwa gelautet haben könnte: „Nie wieder Kinder zeugen!“ Taucht dieses Problem jedoch nicht bei der Ehefrau, sondern nur bei Kopulationen mit außerehelichen Frauen auf, dann kann diese Programmierung gelautet haben: „Nie wieder uneheliche Kinder zeugen!“ Es kann aber auch umgekehrt sein, dass er bei anderen Frauen zum Orgasmus kommt, bei seiner Frau aber nicht. Dann mag es daran liegen, dass er sich in einem früheren Leben programmiert hatte, nie wieder mit dieser Seele ein Kind zu zeugen. Eventuell hatte seine Frau im FL ein Kind von ihm zur Welt gebracht und war bei der Geburt gestorben oder aufgrund einer unehelichen Schwangerschaft zu Schaden gekommen oder hatte sich selbst das Leben genommen. Die im Unterbewusstsein gelagerten Programmierungen wirken weiterhin ungeachtet der heutigen Realität, dass die meisten Frauen, so sie nicht in fester Partnerschaft leben, Verhütungsmittel einnehmen. *(>Ejakulatio praecox)*

Im Allgemeinen handelt es sich bei der Orgasmushemmung um das Problem des Loslassens. Das Ego, das Ich, das alles kontrollieren will, verhindert das Sichloslassen. Denn nur wenn wir uns völlig dieser kurzen rauschhaften Ekstase hingeben können, ohne zu denken oder uns zurückzuhalten, dann ist der Orgasmus möglich. Doch das Nichtloslassenkönnen ist nicht nur mit der Kopflastigkeit zu erklären. Hat im FL eine Frau Freude oder gar Gier nach Sex empfunden und ist daher leichtsinnig mit ihrer Sexualität umgegangen, sodass ihr daraus großer Schaden wie Verletzung oder Tod entstanden ist, dann kann ihre Programmierung gelautet haben: „Ich will nie wieder Lust auf Sex verspüren.“ Und schon kann für sie über mehrere Leben hin jede Orgasmusmöglichkeit verhindert sein. Gott sei Dank gibt es die RT, um solche die Lebensfreude einschränkenden Programmierungen eventuell schnellstens auflösen zu können. *(>Frigidität)*

Päderastie (Knabenliebe) Im Alten Testament stand auf P. die Todesstrafe (3. Mose, 20,13). Bei den Griechen und Römern war sie als sexuelle Erlebnisbereicherung gestattet. Das Christentum hat viele Ansichten des Alten Testaments integriert, weshalb *>Homosexualität* und mit dieser die P. als Todsünde angesehen wurde. Wenn Homosexuelle zeit ihres Lebens wegen geheim gehaltener Praktiken von irdischen Strafen nicht belangt werden konnten, waren sie doch oft aufgrund ihres Glaubens sicher, dass sie in der Hölle zu ewiger Pein verdammt waren. Durch diese „christlichen“ Ansichten haben viele, die vormals P. und Homosexualität betrieben, Ängste und Schuldgefühle aufgeladen, die sich im HL mit Wünschen der Schwulen nach dem sexuellen Austausch mit Knaben, Jugendlichen und auch mit erwachsenen Männern noch bemerkbar machen. Diese aus FL mitgebrachten *>Schuldgefühle* und Bestrafungsängste schaffen im HL sexuelle Komplexe, die sich nicht nur bei der Annäherung an Partner bemerkbar machen, sondern auch bei der sexuellen Praxis. Die RT kann diesbezüglich viele dieser Altlasten hinsichtlich der Schuldgefühle und Ängste auflösen, sodass eine angstfreie Sexualität gelebt werden kann. Allerdings sind nach den Jugendschutzgesetzen vieler Länder Jugendliche vor sexuellem Missbrauch durch Ältere geschützt, weshalb eine Knabenliebe, die auch die Pubertierenden unter diesem Begriff mit einschließt, wie sie im Alten Griechenland möglich war, heute nicht mehr ungestraft ausgeübt werden darf.

Homosexuelle, die ihre sexuellen Wünsche hinsichtlich der „Knabenliebe“ nur im Kopf und nicht in der Praxis durchführen können, waren oft solche schwule Männer in FL gewesen, die sich vormals schönsten Gefühlen mittels der P. hingegeben haben konnten. Ihre sich ihnen aufdrängenden Lustgedanken mit Knaben und Jugendlichen sind nostalgischer Art. Denn alle Erinnerungen aus FL sind in unserem Unterbewusstsein, diesem Seelengedächtnis, gespeichert. Und sobald im HL ähnliche Muster auftauchen, werden diese gespeicherten Erinnerungen aktiviert.

Pädophilie Pädophile Männer sind solche, die von einem Zwang verfolgt werden, vorpubertierende Mädchen – meist ab dem Alter von sechs bis acht Jahren – sexuell berühren zu müssen. Es gibt dabei solche, die Zwang und Gewalt anwenden, um bei einem widerspenstigen Mädchen ihre sexuelle Lust (meist *>Masturbation*, oft *>Fellatio*, seltener *>Koitus*) auszuleben, oder auch solche, die nur sanft mit der vorpubertierenden Minderjährigen umgehen wollen, ohne Zwang anzuwenden, sich dabei jedoch Wege ausdenken, um durch Verlockungen (Bonbons oder „Ich will dir was Schönes zeigen“) die Unschuld der Mädchen auszunützen. P. wird vom jeweiligen Gesetzgeber hart bestraft. Viele unter der P. leidenden Männer, die auch manchmal zum Therapeuten gehen, um bei ihrem sie belästigenden Zwang Hilfe zu bekommen, werden durch eine *>Fremdbesetzung* bestimmt. Bei Frauen ist die P. ein nur sehr selten vorkommendes Phänomen, während es bei Männern viel häufiger auftritt, wobei die Umsetzung der P. oft in Wunschgedanken ausgelebt und aus Furcht vor Bestrafung und aus moralischen Gründen nicht praktiziert wird. Wenn die Rückführungsforschung erst einmal einige Hundert Pädophile zu den Ursachen ihrer P. geführt haben wird, werden wir ein genaueres Bild über die Herkunft dieser sexuellen Eigenart bekommen können. Auf jeden Fall sollten Pädophile die Hilfe sowohl bei Rückführungstherapeuten als auch bei Befreiungstherapeuten suchen.

Pansexualismus Die freie ungehinderte Ausübung jeglicher Art von Sexualität, ohne dabei die Freiheit eines Partners einzuschränken oder diesem gegen dessen Willen weh zu tun, ist ein Wunsch, der sich in der heutigen Generation immer lauter kundtut. Viele, die im FL in ihren sexuellen Ausübungsweisen von Kirche und Gesellschaft zu ihrem großen Bedauern eingeschränkt waren, wollen das HL nützen, all das endlich in sexueller Hinsicht auszuleben, was früher verboten und deshalb auch mit Schuldgefühlen belastet war.

Paraphilie Die Vorlieben für irgendeine abartige Form der Sexualität sind nostalgische unbewusste Rückerinnerungen an sexuelle Praktiken, die in FL durchgeführt oder auch nur in Gedanken praktiziert worden waren. Die Ursache für eine P. kann aber auch von einer *>Fremdbesetzung* herrühren.

Partnertausch Um die Eintönigkeit beim sexuellen Einerlei von Partnern zu umgehen, kann sich ein Paar dahingehend einigen, mit einem anderen gleichgesinnten Paar zusammenzukommen, um ihre Partner für einmalige oder sich wiederholende sexuelle Begegnungen auszutauschen. Hier mögen ebenfalls alte Gebräuche aus FL bei den Wünschen und Durchführungen von P. mitschwingen, hatte man doch vielleicht in vorchristlichen Zeiten besonders gerne bei Gelagen seine Sklavinnen oder Konkubinen ausgetauscht. Diese Gebräuche könnten sich in einer in sexueller Hinsicht immer freier werdenden modernen Gesellschaft weiterhin ausbreiten, gibt es doch heute schon in jeder deutschen Stadt Swingerclubs, in welchen solche Anbahnungen von P. ermöglicht und eventuell an Ort und Stelle gleich umgesetzt werden können.

Passivität Sexuelle P. kann sich einmal aus in TL begründeten Schuldgefühlen ergeben, in welchen man durch sein sexuelles Draufgängertum große Schuld auf sich geladen haben könnte, wodurch sich die Programmierung ergab, nie wieder sexuell aktiv sein zu wollen, oder die sexuelle P. ist das Produkt aus einem OL, in welchem man sich gegen eine Vergewaltigung wehrte und dadurch größten Schaden oder gar den Tod erfahren musste, weshalb sich daraus ebenfalls die Programmierung ergab, sich beim Sex ganz passiv zu verhalten, um nicht wieder zu Schaden zu kommen.

Peeper Der P. ist ein Mensch, der ungesehen sexuelles Geschehen bei anderen heimlich beobachtet. Während der Voyeur *(>Voyeurismus)* aus Bequemlichkeit oder anderweitiger Behinderung und Einschränkung den von anderen ausgeübten Sex mit deren Mitwissen beobachtet, kommt beim P. der besondere erotische Kitzel hinzu, dass die heimlich Beobachteten höchst entrüstet wären, wüssten sie, dass sie beobachtet werden. Das passiv mitverfolgte Eintauchen in intime Sexualität anderer verschafft dem P. einen sexuellen Hochgenuss, der ihn zur gleichzeitigen oder nachträglichen Masturbation treibt. Diese Seele kann in einem FL schon ähnliche heimliche Belauschungen oder Beobachtungen vorgenommen haben, weshalb sie diesem sich ihr aufdrängenden Wunsch wieder nachkommt. Der P. erlebt wie der Voyeur den Sex als passiver Zuschauer, was darauf hindeutet, dass er oft selbst nicht in der Lage ist, aktiv mit einem Partner Sexualität zu leben, wobei Minderwertigkeitsgefühle und Ängste, die sich zumeist aus FL ergeben, seine sexuelle Passivität begründen.

Penetration Wird bei der Erstpenetration durch einen Penis das Jungfernhäutchen durchstoßen, kommt es außer zu Schmerzen auch zu leichten Blutungen. Bei dem Schmerzempfinden dieser Entjungferung kommen oft aus dem Unterbewusstsein aus FL noch die Empfindungen hinzu, die vormalige Penetrationen verursacht haben und möglicherweise auch noch Vergewaltigungserlebnisse, die mit der Erstpenetrierung oder der Penetration allgemein zusammenhängen. Frauen, die eine Angst vor der Penetration haben oder diese generell ablehnen, haben meistens in FL sehr schlimme Vergewaltigungserfahrungen hinnehmen müssen. Das Maß einer Aversion gegen eine Penetrierung ergibt sich aus der Summe und Intensität der Vergewaltigungserfahrungen in früheren oder aus dem momentanen Leben.

Penisneid Freuds Vorstellung von dem Mädchen, das als heranwachsendes Kind einen „Penisneid" verspürt, da ihr Bruder etwas hat, was sie nicht hat (denn ihren verkürzten Penis hat sie als Klitoris vielleicht noch nicht entdeckt oder noch nicht zu schätzen gelernt), könnte man aus der Sicht der Reinkarnationstherapie als Neid auslegen, Neid darüber, dass sie in diesem Leben nicht mehr wie vormals Mann ist, könnte sie doch in FL auf ihren Penis vielleicht sehr stolz gewesen sein.

Perversität (auch Aberration oder Devianz genannt) Wenn man beim Sex seine „perversen" Gedanken in die Tat umsetzt oder bei der Masturbation sich vorstellt, seine Partnerin oder seinen Partner oder irgendeine sonstige erwachsene Person oder ein Kind zu vergewaltigen oder zu missbrauchen, zu schlagen, zu demütigen, zu misshandeln, dann sind das noch Relikte aus TL, die hervorbrechen. Diese können zusätzlich von nicht ausgelebter Wut und Aggression aus diesem oder anderen FL mitverursacht sein. Denn solche Reminiszenzen aus TL müssen noch lange nicht durch erlittene OL für immer gelöscht sein. Sie sind nur überdeckt von jenen ausgleichenden Erfahrungen, die anscheinend noch nicht ausgereicht hatten, diesen perversen Drang vollkommen zu löschen oder unmöglich zu machen. Auch können in OL erlittene Folterungen oder perverse Misshandlungen noch eine verdrängte Wut erzeugt haben, die sich jetzt durch ein gleiches oder ähnliches Vorgehen austobt.

Sexuelle P. ist nicht eine Erkrankung oder Fehlleitung des Gehirns, wie man es noch am Ende des neunzehnten Jahrhunderts glauben wollte, sondern diese hat mit Programmierungen aus FL zu tun.

P. kann auch durch >*Fremdbesetzung* initiiert sein, indem erdgebundene Besetzer, die vormals ebenso veranlagt waren, jetzt, wo sie unsichtbar sind, mittels eines willig zu Leitenden das ausprobieren wollen, was vorher für sie zu erleben nicht möglich war. Diese sexuell perversen Vorlieben können natürlich auch aus dem HL stammen. Meistens aber lassen sich diese auf Programmierungen aufgrund von einschneidenden Erlebnissen aus FL zurückführen.

Platonische Liebe Die P.L. hieß bei den Griechen 'agape' und stand im Gegensatz zu 'eros', der sexuellen Liebe. Die P.L. ist Liebe von einer Seele zur anderen. Im Allgemeinen versteht man darunter die Liebe zu einem anderen Menschen unter Ausschluss körperlicher Liebe. Die P.L. muss das sexuelle Begehren nicht ausschließen, doch kommt es nicht zur Anwendung. Dies kann darauf zurückzuführen sein, dass die geliebte Person schon einem anderen Partner zugehört, oder dass man in FL dieser Seele mittels Sex Leid bereitet hatte mit der anschließenden Programmierung, sich dieser Seele nie wieder sexuell zu nähern, vielmehr durch Liebe alles an ihr wieder gutzumachen, was damals verschuldet worden war.

Polyandrie Bei der P. hat eine Frau mehrere Ehemänner. In Tibet war es bis in die jüngste Zeit hinein noch üblich, dass sich mehrere Brüder eine Frau kauften, da sie sich für jeden von ihnen keine Ehefrau leisten konnten. Eine Frau, die sich gleichzeitig mehrere Liebhaber hält und sie auch wirklich liebt, kann diese Seelen auch schon in FL geliebt oder sexuell begehrt haben, weshalb sie ihre Liebe nicht auf einen einzigen Partner vereinen kann und will.

Polygamie Im Unterschied zur >*Polyandrie*, die sich auf Frauen mit zwei oder mehreren Männern bezieht, bezeichnet die P. das eheliche Verhältnis eines Mannes mit mehreren ihm verheirateten Frauen, eine Sitte, die bei den moslemischen Völkern, bei afrikanischen Stämmen und sogar bei den christlichen Mormonen noch lange praktiziert worden war. In der Schule des Erdenlebens kann man durch solche vielschichtigen Eheverhältnisse viel lernen. Für den Mann steht eine gerechte Ausgewogenheit in der Behandlung seiner Frauen zu Gebot, während seine Frauen lernen können, aufeinander keinen Neid zu entwickeln oder auch von Intrigenspielen abzusehen. Ein Mann, der im FL sich an mehreren Ehefrauen erfreut hatte und durch den Wechsel der sexuellen Ehebettgenossinnen sich einer erhöhten Sexualität erfreute, wird sicherlich auch im HL diesen Wünschen noch nachgehen wollen und sich mehrere Freundinnen als Sexpartnerinnen zulegen *(>Promiskuität, >Donjuanismus, >Womanizer).* Und es könnte sich auch in einigen Jahrzehnten erweisen, dass es wieder gestattet sein könnte, sich mit mehr als einer Frau standesamtlich zu verehelichen. Die Lernmöglichkeiten, die sich aus solchen Seelenzusammenstellungen ergeben, sind immens und dienen der Erweiterung der Liebe.

Pornographie P. ist der billigste Weg, sich eine Frau oder einen Mann zu „kaufen" und seinen Libidozwang durch Masturbation loszuwerden. Zugleich ist P. eine Ersatzlösung für solche Männer, die eben keine Partnerin haben oder „nur" eine solche, die sie nicht voll zu befriedigen versteht. Pornos stimulieren den Mann, nicht sexuell abzustumpfen, sondern seinen Libidodrang auszuleben. Es gibt auch Männer, die nur ihre Geilheit loswerden wollen, ganz egal, wie diese Frau aussieht, Hauptsache, die Geschlechtsmerkmale und das wollüstige Verlangen der Abgebildeten werden deutlich hervorgekehrt. Mit dieser Masturbationsstimulierung vereinigt sich auch die unbewusste Erinnerung aus diesem oder FL nach sexueller Befriedigung durch den tatsächlich hergestellten Geschlechtsakt. Hier wirkt einmal der jetzige Libidotrieb plus jene unbewussten sexuellen Sehnsüchte aus vergangenen erfüllten koitalen Befriedigungen ein. Doch dieser direkte, einseitige Porno widert viele Ästhetiker an. Sie möchten sich erfreuen an der Schönheit des nackten Körpers. Damit verbunden dürfte auch die Sehnsucht nach Harmonie und Schönheit in ihrer reinsten Form sein. Mit dieser göttlichen Schönheit wollen sie gleichzeitig den göttlichen Orgasmus erleben. Und mit dem Blättern in diesen Pornoheften sucht man möglicherweise unbewusst nach jenen Partnern aus früheren Leben, da man an deren Schönheit und/oder an das erfüllte sexuelle Miteinander mit ihnen unbewusst erinnert wird oder wieder erinnert sein möchte.

Potenz P. ist im sexuellen Bereich die Fähigkeit, den Geschlechtsverkehr vollziehen zu können, was bedingt, dass der Mann eine >*Erektion* bekommen und sein Glied in die Vagina einführen kann, ohne vorzeitig zu ejakulieren *(>Ejakulatio praecox)*. Auch versteht man unter einem „potenten" Mann nicht nur die Ausführbarkeit des Beischlafes, sondern auch seine Fruchtbarkeit *(>Unfruchtbarkeit)* wie auch seine Ausdauer beim Koitus. Der „impotente" Mann kann entweder keine Kinder zeugen oder auch den Beischlaf nicht vollziehen. Er kann organisch, psychisch oder mental blockiert sein. In den meisten Fällen sind Geschehnisse und die sich daraus ergebenden Programmierungen aus TL und OL der Grund für diese Behinderung. Im Gegensatz dazu hat der potente Mann keine diesbezüglichen ihn behindernden Programmierungen mehr, hatte er solche doch schon durch andere FL aufgelöst. Er könnte sich aber als >*Tertiäreinstellung* eine besondere Portion an >*Libido* zugelegt haben, um als Aufgabe zu lernen, mit dieser in liebevoller Weise umzugehen.

Priapismus Der P. ergibt sich durch eine andauernde schmerzhafte Gliedversteifung, was durch ein Blutgerinsel verursacht worden sein könnte, weshalb eine sofortige ärztliche Behandlung erforderlich ist. Die Ursache dafür könnte sein, dass der Betreffende sich im FL über jemanden als Frau oder Mann lustig gemacht hatte, der unter einem P. gelitten hatte. Oder diese Seele könnte in einem TL den Penis eines anderen dermaßen verletzt haben, dass dieser ein Leben lang dort Schmerzen ertragen musste, weshalb er aus karmischen Gründen nun ebenfalls beständige Schmerzen an seinem Glied zu erleiden hat. Wenn die RT die Ursachen für den P. aufgedeckt hat, könnte es sogar sein, dass sich auf einmal das Blutgerinsel von alleine wieder auflöst.

Primäreinstellung Unter P. ist die aus höherer Planung vorgenommene Programmierung für Tiere und im Speziellen, was auch den Menschen betrifft, für Primaten zu verstehen, die den Überlebens- und Fortpflanzungstrieb sichern soll. (Siehe auch >*Sekundär-*, *Tertiär-* und *Quartäreinstellung*)

Promiskuität Die P. könnte man auch als Abenteuersex mit neuen oder Hin- und Wiederpartnern bezeichnen. Einige Menschen gehen echten Liebesbeziehungen aus vorausgegangenen Leiderfahrungen aus dem Weg. Sie könnten in FL in der Liebe hintergangen oder betrogen worden sein, woraufhin sie sich programmiert haben: „Nie wieder mich verlieben!" Nun sind sie Opfer dieser Programmierung und vermeiden jede Anbahnung von Liebesbeziehung. Somit suchen sie länger- oder kurzlebige Partnerschaften ohne Liebesengagement. Der gleichen Programmierung können solche Menschen aufsitzen, die im FL eine(n) Geliebte(n) verloren und sich geschworen haben: „Ich will nur dich ewig lieben und keine andere Frau/keinen anderen Mann!" Somit suchen jene im HL Wiedergeborene nach ihrer(m) ehemaligen Geliebten und bahnen meist flüchtige Bekanntschaften an, ohne sich liebend zu engagieren. Oder sie haben ganz aufgegeben, auf die Suche zu gehen. Letztere leiden oft unter größten Depressionen, ohne zu wissen, woher diese stammen.

Doch weiß ich von einem bereits erwähnten Mann, der im HL viele Frauen beschlafen hatte, dass er in einem FL ein japanischer Zenmönch war, der über vierzig Jahre in einem Kloster sich der Meditation hingegeben hatte und schließlich einsah, dass er damit ein ganzes Leben vergeudet hatte, woraus sich seine Programmierung ergab: „Ich will in meinem nächsten Leben alles, worauf ich verzichtete, in reichlichem Maße nachholen." Denn er hätte damals am liebsten viele Länder bereist und mit vielen Frauen geschlafen. Und somit lebte er im HL gemäß seiner damaligen Programmierung. *(>Polygamie, >Womanizer, >Donjunanismus)*

Prostituierte (für männliche P. siehe *>Stricher* und *>Lustknaben*, *>Homosexualität)* In der wissenschaftlichen Sexualliteratur werden viele Gründe angegeben, warum eine Frau schließlich zu einer P. wird. Diese Forschungsergebnisse basieren zumeist auf Aussagen der befragten P. selbst. Einige sind in der Kindheit und Jugend missbraucht oder gar vergewaltigt worden oder kommen allgemein aus milieugeschädigten Familien. Andere sind durch die Liebe zu einer Freundin oder zu einem Mann, der in diesem Gewerbe zu Hause war, dazu überredet worden. Einige haben sich früh deflorieren lassen und haben gelernt, wie man mit seinen weiblichen hervorgehobenen Vorzügen Männer manipulieren kann, was späterhin zur P. geführt hat. Als häufiger Grund wird die Armut und die Schwierigkeit bei der Arbeitssuche vor allem in den Ländern der Dritten Welt vorangestellt. Auch werden für die Ursache eines Einstiegs in die P. andere Menschen oder Situationen verantwortlich gemacht.

Doch bald wird man P. in Trance wissenschaftlich zu dem eigentlichen Grund für ihr „horizontales" Gewerbe befragen können. Dann werden ganz andere Gründe genannt werden, als die vordergründigen, die man bisher immer nur in diesem Leben zu erkennen glaubte. Einige P. werden dann in Trance bekennen, dass sie in FL P. diffamierten, weshalb sie nun in diesem Leben selbst erfahren wollten, wie es ist, als „Nutte" verachtend angesehen und entwürdigend behandelt zu werden. Andere werden vielleicht aussagen, dass sie Nonnen gewesen waren, die unter der Unterdrückung ihrer Sexualität gelitten und sich geschworen hatten, bei einer Wiedergeburt mit so vielen Männern wie möglich zu schlafen. Wie wir wissen, schwankt oft eine Seele durch die Erfahrungen ihrer vielen früheren Erdenleben von einem Extrem zum anderen. Eine weitere wird erkennen, dass sie sich diesen Beruf als Selbstbestrafung auferlegt hat für Vergehen gegen die Liebe in FL. Und eventuell wird eine andere sagen, dass sie sich nicht aus karmischen Gründen das Leben als P. ausgesucht hat, sondern um zu beweisen, dass sie trotz der ihr entgegengebrachten Verachtung sich nicht in die Gegenreaktion der Wiederverachtung fallen lassen wird, sondern versuchen, die Männer mit ihren sexuellen Nöten zu verstehen und ihnen gegenüber freundlich zu sein. Vielleicht war sie ja in einem FL schon einmal als P. tätig und hatte einen Hass auf alle Männer und sogar Selbsthass und auch Hass auf das Leben an sich gehabt. Nun möchte sie nochmals diesem Beruf nachkommen, um dieses Leben als P. zu akzeptieren und dadurch seelisch zu wachsen. Zukünftige Untersuchungen in Trance zur eigentlichen Ursachenbildung für Leben als P. werden noch viele andere Gründe aufführen können, warum man schließlich diesen Beruf erwählt hat.

Jede Frau, die diesem Gewerbe der Prostitution nachkommt, hat sich dieses schon vor ihrer Inkarnation ausgesucht. Dabei ist es eigentlich von geringerer Bedeutung, wie sie nun den Einstieg in dieses Milieu gefunden hatte. Denn sie musste diesen Weg einschlagen, er wäre so oder so von ihr beschritten worden. Niemand übt eine Beschäftigung ohne tieferen Grund aus, und wenn der Grund darin bestehen sollte, schließlich zu erkennen, dass man einer für sich unpassenden Tätigkeit nachkommt mit der Aufforderung, den Mut zu haben, sich nach einer anderen umzusehen.

Prostitution Der Mann sucht möglicherweise unbewusst in der Prostituierten seine früheren Frauen aus vergangenen Leben, vor allem solche, mit denen er ein erfülltes Sexerleben gehabt hatte. Dies ist ein Antriebsmotiv für seine Promiskuität und das Aufsuchen von käuflichen Frauen. Das zweite Antriebsmotiv ist die ihm eingegebene aus dem Animalbereich stammende >*Primäreinstellung*, seinen Samen dem weiblichen Geschlecht zukommen zu lassen, um Nachkommenschaft und Erhaltung der Spezies zu gewährleisten. Findet er also in der Partnerin nicht die Willige, die ihn je nach Veranlagung diesen Trieb befriedigen lässt, sucht er andere Frauen möglichst ohne Bezahlung. So Letztere nicht oder nur schwer zu finden sind, findet er Ersatz bei den für seine „Not" zur Verfügung stehenden Frauen, die der P. nachgehen. Als drittes Motiv für zwanghaftes Fremdgehen oder Aufsuchen von Prostituierten ist die Besetzung zu nennen. *(>Femdbesetzung)*

Verbietet man die P., nimmt man jenen, die als Prostituierte karmisch ein Verachtungssyndrom auf sich geladen haben, die Chance, ihr Karma aufzulösen. Was wäre die Welt ohne P.? Eine Welt voller Heuchler? Die Prostituierte stellt das Ventil dar, damit Männer ihre überschüssige Kraft und sexuellen Sehnsüchte loslassen können, die sie bei ihrer Ehefrau aus welchen Gründen auch immer nicht frei ergießen oder umsetzen können. Ohne die Prostituierten hätten wir eine Welt des Männerfrusts, der sich in vielerlei Weise kundgeben würde, worunter die ganze Gesellschaft in mannigfacher Weise zu leiden hätte. Man müsste den Prostituierten von Staats wegen das große Verdienstkreuz geben. Doch wohl dem, der es nicht nötig hat, käuflichem Sex nachkommen zu müssen. In einer zukünftigen sexuell freieren Gesellschaft wird die P. immer mehr abnehmen, da man mit dem Sexus zwischen Mann und Frau leichter umzugehen gewillt sein wird, gibt es doch dann kaum noch den erhobenen Finger moralisierender Institutionen.

Wenn man als Mann ins Bordell geht, lädt man sich eigentlich keine Schuld auf. Schuldzuschreibungen geschehen jedoch dann, wenn der Mann Gewissensbisse seiner Frau gegenüber hat, da diese sich verletzt fühlen und ihm ins Gewissen reden oder ihm gar den Ehebund aufkündigen könnte. Prostituierte kommen diesem Beruf zumeist aus karmischen Gründen nach und können auch nur ihr Karma durch diese Tätigkeit erfüllen, so auch ihnen Freier zur Verfügung stehen. Doch kann sich ein solcher dahingehend karmisch verschulden, wenn er ihnen gegenüber Verachtung zeigt oder sie schlägt oder betrügt. Das Gleiche gilt für einen Zuhälter.

Pseudoprostitution: Diese findet sehr häufig im sexuellen Miteinanderleben statt. Die wenig sexuell engagierte Frau könnte von ihrem Mann folgendes Angebot bekommen: „Wenn du dich beschlafen lässt, dann gebe ich dir mehr Haushaltsgeld, dann fahren wir im Sommer nach Florida, dann gehen wir in deine Lieblingsoper." Und schließlich gibt man als Frau nach, obwohl man keine Lust auf Sex hat, denn die Angebote sind wirklich verlockend. Und vielleicht ist es die Lernaufgabe dieser Frau, sich auch dann ihrem Mann im Bett hinzugeben, selbst wenn sie keine Lust dazu hat – eben nur aus Liebe zu ihrem Mann, der dieses dringende Bedürfnis der Kopulation verspürt. Denn das Kopulationsbedürfnis ist beim Mann eine >*Primäreinstellung* vormenschlicher Herkunft, der er unbewusst nachzukommen hat.

Doch kommt diese P. auch im >*Inzest* vor. Der Vater kann zu seiner nicht ihm sexwilligen Tochter sagen: „Ich kauf dir ein neues Kleid, du darfst am Wochenende länger ausgehen. Du willst doch, dass du immer Papas Liebling bist", u.s.w. Wenn es dann später zu einem Inzestprozess gegen den Vater kommen sollte, wird er sagen: „Aber sie hat doch zugestimmt. Sie wollte doch mit mir schlafen." Auch hier können Mechanismen des karmischen Ausgleichs mitspielen. Vielleicht wollte der Vater die Tochter dazu überreden, mit ihm zu schlafen, um später von ihr veranlasst deswegen vor Gericht zu kommen und bestraft zu werden. Denn aus karmischen Gründen war es so vorgesehen, dass er solch eine Strafe erhalten sollte, hatte er in FL doch vielleicht schon mutwillig einen Inzest begangen, für welchen er noch nicht „bestraft" worden war.

Prüderie Menschen, die sich durch P. auszeichnen, sind Opfer von Ängsten, die sich durch Programmierungen aus dem HL oder aus FL ergeben. Im HL können das Elternhaus, die Kirchenmoral oder die gesellschaftlichen Vorurteile eine Seele dermaßen verängstigt haben, dass das Thema Sex verdrängt und die Sexualität nur mit Verklemmung ausgeführt wird. Meistens aber geht die P. auf FL zurück. Entweder hatte man in einem TL etwas Schlimmes mit seiner Sexualität verübt und ist dadurch zu großem Schaden oder gar zu Tode gekommen, weshalb man im HL durch Sex nicht mehr in Versuchung geführt werden will, damit sich nicht ein Gleiches oder Ähnliches wiederholt, oder man hatte im OL in Verbindung mit Sex etwas Entsetzliches erlebt, weshalb man dieses Erlebnis verdrängt, um nicht wiederholt daran erinnert zu werden.

Pubertät Mit der P. beginnt die Geschlechtsreife des Menschen. Diejenigen Mädchen, die sich vor der P. fürchten, haben in FL eventuell bald danach ein uneheliches Kind bekommen, was ihnen Schmach oder Bestrafung erbracht hatte. Jene, die sich über diese eingetretene P. freuen, wissen unbewusst, dass auf dem Lebensprogramm Kindgeburten stehen. Somit läuft alles nach Plan. Es handelt sich hierbei um unbewusste Vorfreude. Bei Jungen, die zum ersten Mal eine Ejakulation in Verbindung mit dem >*Orgasmus* erleben, könnte sich zugleich unbewusst ein Schuldgefühl einstellen, da sie möglicherweise in einem TL durch einen Koitus großes Leid angerichtet haben, wobei sie eventuell selbst Schaden erlitten hatten.

Quartäreinstellung Eine Q. ergibt sich aus einem Erleben des gegenwärtigen Lebens. So kann ein sexueller Missbrauch als Kind zu Anorexie, Depressionen, Adipositas oder sexuellen Ängsten und Verhaltensstörungen führen. (siehe auch > *Primär-*, *Sekundär-*, *Tertiäreinstellung*)

Romantische Liebe Vor allem viele Mädchen träumen von einer R. L., wie sie von dieser in Romanen oder Boulevardblättern gelesen, sie in Filmen gesehen oder von anderen vernommen haben. Doch dürfte es sich oft auch um nostalgische Gefühle handeln, die aus FL stammen, in welchen sie wirklich eine R. L. erfahren hatten. Denn das Schöne, was wir in FL erfahren haben, wollen wir immer wiederholt erleben, während wir das Unschöne verdrängen oder vermeiden wollen.

Sadismus Der sexuelle S. hat sicherlich seine Ursachen in FL. Der Sadist könnte eine Frau in einem OL gewesen sein, die von einem Mann oder mehreren Männern aufs Furchtbarste gequält oder vergewaltigt worden war und sich deshalb programmiert hatte: „Ich will mich furchtbar an ihnen rächen. Ich möchte sie am liebsten alle auspeitschen." Dieses Ausüben von vormaligen Wut- und Rachegefühlen aus FL kann sich im S. zu einem sexuellen Rausch steigern. Man wird sexuell stimuliert, indem man dem anderen psychischen oder körperlichen Schmerz zufügt und ihn dadurch demütigt. Denn die Erfüllung von sexuell motivierten Programmierungen verschafft Lustgefühle. (> *Sadomasochismus)*

Sadomasochismus (auch umgangssprachlich „Sadomaso" genannt) Im S. haben sich zwei gegensätzliche Paarungen gefunden, die einander bedingen. Der Masochist will sich noch nachträglich für frühere meist sexuelle Untaten bestrafen, während der Sadist sich noch für sexuelles Leidgeschehen in einem OL rächen will. So ergibt sich eine optimale Konstellation. Die Erfüllung solcher Programmierung in Verbindung mit Sexualität bewirkt sexuelle Hochgefühle, denn endlich wird der eine bestraft und der andere darf seine gespeicherte Wut auslassen, womit sich beide allmählich von ihren Programmierungen lösen. Manches Mal wird dieses Spiel des S. sehr hart durchgeführt und verliert somit den Charakter eines Spiels. Denn der Gepeinigte mag viele Wunden empfangen. Und trotzdem wird er dem Sadisten dafür dankbar sein. Die Ausartung des S. hängt von der jeweiligen Intensität der vormals geprägten Programmierung ab. Es scheint kein Zufall zu sein, dass sich fast immer die richtigen Paarungen ergeben. Somit könnte man meinen, dass die Ausübung des S. im Jenseits miteinander verabredet war. *(>Sadismus*, *>Masochismus*, *>Flagellantismus)*

Satyriasis S. bezeichnet einen ungewöhnlich starken und unkontrollierbaren Sexdrang *(>Libido)* beim Mann. Er kann diesen sich als *>Tertiäreinstellung* ausgesucht haben, um sich selbst zu testen, ob er mit solch einer S. in einer erneuten Inkarnation bedachtsam umgeht oder sich wieder zu ungezügelten und verletzenden Taten hinreißen lässt.

Scham Das Schamgefühl gibt es beim Affen nicht. Das dem Menschen eigene Schamgefühl ist aus FL mit in das jeweils folgende Leben gebracht worden. Man „schämt“ sich unbewusst für etwas, ohne eigentlich zu wissen, wofür. Das Schamgefühl geht zurück auf Erleben, in welchen wir gegen moralische Gesetze verstoßen hatten. Sobald wir mit einer Situation verbunden sind, die etwas anspricht, gegen das wir damals uns verschuldet hatten, kommt dieses Gefühl der Verschuldung wieder hoch und lässt uns erröten, nervös werden oder uns auch abwenden. Scham ist ein Relikt eines Verdrängungsmechanismus. Doch dieses Schamgefühl kann zusätzlich durch Anerziehung in einem FL oder in dem HL verstärkt worden sein. *(>Tabuzonen)*

Scheinschwangerschaft Bei der S. deutet alles auf eine wirkliche Schwangerschaft hin, da die Menstruation aufhört, die Brüste anschwellen und sich auch die unangenehme Übelkeit einstellen kann. So sich die Frau schon auf ihr Kind gefreut hat und dann doch nach einer ärztlichen Untersuchung den Bescheid erhält, dass es sich nur um eine S. gehandelt hat, wird sie in ihren Hoffnungen und in der Vorfreude sehr getäuscht sein. Die darüber empfundene Trauer mag aus karmischen Gründen für ihre Seele als Lernschritt wichtig sein, hatte sie doch in einem FL eine Schwangerschaft verhindert oder ein neugeborenes Kind weggegeben, ohne den Wert eines solchen Kindes geschätzt haben zu können. Jetzt durch den Verlust eines Kindes in der Schwangerschaft oder durch die Erfahrung der S. wird ihre Wertschätzung für ein Kind verstärkt.

Eine Frau, die im HL noch nie schwanger gewesen war und sich unbedingt ein Kind von ihrem Partner wünscht, mag sich in ihren Wunsch derart verrennen, dass die im FL erlebten Schwangerschaftsgefühle und die damit verbundenen körperlichen Umstände wieder aktiviert werden können. Somit könnte es sich bei der S. um ein Nacherleben einer Schwangerschaft aus FL handeln.

Schuldgefühle S. sind meist das Resultat aus TL. Hat man sich in einem solchen als Mann zum Beispiel durch eine Vergewaltigung verschuldet, können diese S. noch im HL nachwirken und eine problemlose Sexualität verhindern. Es ist also ratsam, mittels einer RT sich von solchen S. schnellstens zu lösen. *(>Sexualität und Sünde)*

Schwangerschaft, Angst vor Eine Frau, die in einem FL eine Totgeburt erlebt oder selbst bei einer Entbindung verstorben war, wird im HL sicherlich Angst vor der S. und auch vor der Geburt des Kindes haben.

Sekundäreinstellung Die Sekundäreinstellungen sind die automatischen Verhaltensweisen, die wir als Erfahrungen aus FL mit in das gegenwärtige gebracht haben. Ist also eine Frau im FL vergewaltigt worden, mag sie im gegenwärtigen Leben Angst vor oder Wut auf Männer haben, oder sie mag aufgrund der S. lesbisch sein *(>Lesbische Liebe)*. Sekundäreinstellungen, die auf Vergewaltigungen zurückgehen, können auch Symptome bewirkt haben wie Berührungsängste oder Unterleibsschmerzen. (siehe auch >*Primär-*, *Tertiär-* und *Quartäreinstellung*)

Selbstbefriedigung *(>Masturbation)* Jemand, der nie mit einem anderen in sexuellem Austausch war und sich nur durch Masturbation selbst befriedigt, hat sicherlich unter einer massiven Programmierung zu leiden, die in FL folgenderweise gelautet haben mag: „Ich will nie wieder mit einer anderen Person sexuell verkehren." Denn eventuell hat ihn jemand zum Koitus verleitet mit dem Zweck, ihn von hinten ermorden zu lassen. Somit ist die geschlechtliche Vereinigung für ihn zu einer unbewussten lebensbedrohlichen Situation geworden, in welche er sich nicht mehr begeben möchte. Wiederum kommt das Hauptmotiv Angst aus FL. Er kann aber auch als Hetero-Mann oder sie als Hetero-Frau in FL mit einer Geschlechtskrankheit angesteckt worden sein und dann elendig daran gelitten haben und schließlich verstorben sein. Auch dann ist die Programmierung logisch: „Ich will nie wieder mit einer Frau/ einem Mann schlafen." Aus diesem Grund sind auch viele Männer und Frauen im HL homosexuell. *(>Homosexualität)*

Seitensprung Der S. ergibt sich meist aus dem Gefühl heraus, einmal etwas anderes mit einer anderen Person in sexueller Hinsicht erleben zu wollen als mit dem eigenen Partner. Mit ihm ist die sexuelle Neugier verbunden, die zum einen noch nicht befriedigt war, zum anderen aber auch mit verschiedenen FL zusammenhängt, in welchen man viele Partner gehabt hatte, worunter sicherlich auch solche waren, die einem die sexuelle Erfüllung gegeben hatten. Unbewusst sucht man noch in nostalgischen Erinnerungen nach diesen Begegnungen. Es kann aber auch sein, dass man im FL einer Seele versprochen hatte, ihr unbedingt wiederbegegnen zu wollen. Nun hatte man in dem jetzigen Partner aber mit der Zeit gemerkt, dass er doch nicht der Gesuchte ist, weshalb man sich wieder auf die Suche begibt.

Sex S. ist ein den Tieren und Menschen beigegebenes Element der Schöpfung, das sich aus der *>Primäreinstellung* ergibt mit dem Ziel der Arterhaltung. Diese Primäreinstellung bezog sich nur auf den sexuellen Akt durch die „Missionarsstellung" und durch die „Hundestellung". Alle weiteren Variationen des S. ergeben sich aus den Erfahrungen durch die *>Sekundäreinstellungen*. Alle Vorlieben oder Abneigungen, die über die beiden koitalen Grundpositionen hinausgehen, sind von den sexuellen Praktiken aus FL bestimmt. Ist eine Frau im FL an einer erzwungenen *>Fellatio* beinahe oder ganz erstickt, wird sie in den weiteren Leben eine Abscheu davor haben, den Penis des Partners in den Mund zu nehmen. Und hat eine Frau in FL die schönsten Orgasmen gehabt, während sie auf dem Partner saß, dann wird sie automatisch wieder dieser sexuellen Stellung nachkommen wollen. S. hat seinem Ursprung nach nichts mit *>Liebe* zu tun. Die Liebe entsteht durch den Austausch von Seele zu Seele, während S. als Austausch von Körper zu Körper anzusehen ist. Doch die Liebe kann sich um den Baum der Sexualität schlingen wie eine diesen umwindende und an ihm hochkletternde Schlingpflanze.

Sex mit anderweitig Verheirateten Viele Menschen geraten gewollt oder ungewollt immer wieder an bereits gebundene Partner und verlieben sich oft gerade in sie. Und meistens wissen sie auch, dass sie die Geliebte/den Geliebten nicht aus Familie und Ehe entwurzeln können. Sie leiden oft darunter. Manche haben aber immer noch die Hoffnung, dass die geliebte Person sich dennoch trennen wird. Hier wirken sich verschiedene Muster aus FL aus, die z. B. auf folgende Programmierungen zurückgehen können: „Ich will mich nie wieder binden. Ich will immer frei bleiben." Natürlich ist solch einer Programmierung drastisches Eheleben mit viel Leid und wahrscheinlich Gewaltanwendung vorausgegangen. Viele dieser derart Programmierten sind sich bewusst, ungebunden bleiben zu wollen. Doch andere wollen dennoch eine Bindung mit einem Partner, sitzen jedoch dieser Programmierung auf, sodass sie immer wieder an bereits Verheiratete oder Vergebene geraten und darunter zu leiden haben. Doch in diesem Fall kann auch wieder karmisches Geschehen einwirken. Man möchte sich an dem Partner des Geliebten oder Sexpartners rächen für von diesem an einem selbst geschehene vormalige Leid- und Schmerzzufügung. Oder man gerät immer wieder an solche Verheirateten, mit denen man schon in FL Liebe und Sexualität ausgetauscht hatte, da diese natürlicherweise magnetische Anziehungskraft haben, was dann von beiden Seiten gespürt wird. Und sicherlich gibt es noch viele andere Variationsmöglichkeiten. *(>Singles)*

Sex-Appeal *(>Attraktivität, >Erotische Ausstrahlung)* Eine Frau kann sich im Jenseits für das HL ein betont weibliches und die Sexualität der Männer stimulierendes Aussehen gewünscht haben, nachdem sie möglicherweise in dem vorausgegangenen Leben wegen Unattraktivität eher zu den übersehenen „Mauerblümchen" gehört hatte. Denn sie hat darum gebeten bzw. sich dazu entschlossen, in dem ZL alles das nun ausleben zu können, was sie in sexueller Hinsicht versäumt hatte.

Sexhunger Der S. bei der Frau wie auch beim Mann, der sie von einem erotischen Abenteuer zum anderen treibt, liegt oft darin begründet, dass sie in einem FL während eines sexuell erfüllten Liebeslebens oder eines Liebesaktes plötzlich durch eine äußere Einwirkung (Erbeben, Mord) unterbrochen worden sind. Wenn plötzlich etwas Schönes und noch nicht Abgeschlossenes unterbunden wird, hat man oft in einer neuen Inkarnation den Trieb, da wieder anzusetzen, wo man aufhören musste.

Der S. entspringt jedoch auch einem Nachholbedürfnis, da man in FL zu wenig Sex genossen hatte und nun bei einer erneuten Inkarnation das nachzuholen wünscht, was man vormals versäumt hatte. *(> Promiskuität, >Donjuanismus, >Womanizer, >Nymphomanie)*

Sexphantasien In den Gedanken ist der Mensch frei. Menschen, die eine überstarke Libido haben, benutzen S., um das als Vorstellung auszuleben, was ihnen in der Realität meist durchzuführen nicht möglich ist oder nicht möglich scheint. Man kann als Mann in Gedanken mit seiner Mutter oder Schwester schlafen, als Frau mit dem eigenen Vater oder Bruder oder als Homosexueller mit seinem Vater, als Lesbe mit der Mutter oder mit der Schwester, man kann in der Vorstellung den verbotenen Inzest durchführen, ohne bestraft zu werden. Gerade das ansonsten Verbotene reizt die sexuellen Vorstellungskräfte, Sex in allen Variationen durchzuführen. Doch da Gott auch alle Gedanken erspäht, werden Katholiken wegen ihrer „sündigen" Gedanken mit einem schlechten Gewissen beschwert sein. Man mag in Gedanken seinen Chef, die sexy Arbeitskollegin oder seinen Lehrer, den Professor oder die

Lehrerin, die Nachbarin im Bett nach allen Regeln der Kunst beschlafen, ja man mag an besonders attraktive Menschen denken, an Filmschauspielerinnen und Filmschauspieler und zusätzlich ihre Abbildungen in Magazinen benutzen, um mit ihnen im Bett alles auszuüben, was sonst unmöglich umzusetzen ist, wobei diese S. im Orgasmus vorerst ihre Sättigung finden. Viele von ihrer ungestillten >*Libido* angetriebenen Menschen gehen jeden Tag einige Minuten solchen S. nach, und man mag sie als Stimulation für die Masturbation benutzen und sogar beim Beischlaf mit seinem Partner/seiner Partnerin an einen anderen Menschen denken, um die Erotik der Situation zu erhöhen. In diesem sexuellen und von Freud als „Naturschutzpark" bezeichneten Szenarium ist alles erlaubt, was man sich in seinen S. immer ausdenken kann. Bei Frauen überwiegen Szenen der > *romantischen Liebe*, sich von einem leidenschaftlich Geliebten küssen und dann sich die sexuellen Wünsche von ihm als dem vorgestellten perfekten Liebhaber erfüllen zu lassen.

Und oft tauchen bei solchen S. sexuelle Situationen auf, die wir in FL erlebt hatten, nur dass wir die Gesichter und auch die Drapierung mit Menschen und Requisiten aus dem HL ausschmücken, um die Aktualität des Geschehens in den jetzigen Augenblick zu verlegen. Die heimlich geliebte oder begehrte Person wird zum Stellvertreter und Erfüller der Wünsche, die einst mit wirklichen Personen im FL erfahren worden waren.

Sexualität Während Sex die erwünschte oder erfüllte körperliche oder körperferne Libidotriebbefriedigung ist, bedeutet S. alles, was darüber hinaus mit dem Thema Sex zu tun hat – von der sexuellen Enthaltsamkeit bis hin zur Geilheit und Perversion. Sex ist auch im Sinne von „faire l'amour" und „to have sex" oder „ich bin sexuell gut drauf" zu verstehen. Sex ist Aktion, Sexualität Reaktion. Mit der Reaktion und den Abweichungen von der normalen Sexualität beschäftigen sich die Wissenschaftler verschiedener Disziplinen, wie Psychologie, Medizin, Psychiatrie, Soziologie, Theologie, Ethnologie, Soziologie (Sitte und Gesellschaft), und natürlich nebst allen Therapeuten auch die Jurisprudenz. Und zu diesen Wissenschaften gesellt sich nun die Reinkarnationsforschung samt der Rückführungstherapie. Wenn man so will, ist Sex der Atomkern, und die Sexualität besteht aus den Neutronen, die sich um diesen herum bewegen. Die S. ist ein Produkt der >*Sekundäreinstellungen* (>*Sex*).

Sexualität und Sünde Sexuelle Versündigungen ergeben sich aus dem jeweiligen Kanon gesellschaftlicher Moralvorstellungen. Diese können sich mit der Zeit ändern. Homosexualität galt noch vor wenigen Jahrzehnten als Sünde, und selbst die Masturbation wurde bis ins zwanzigste Jahrhundert hinein von der Kirche noch als etwas Sündhaftes gebrandmarkt. Doch sich vor seiner Seele versündigen kann nur der, welcher diese von außen sein Verhalten als etwas Sündhaftes hinstellend auch annimmt, so er noch nicht gelernt hat, auf die Moral seines inständigen Gewissens hören zu können. Vor allem in FL war man als Seele noch nicht mündig genug, seine eigene Moral zu begründen. Als Täter kopierte man oft das Verhalten der anderen, denn wo zum Beispiel alle anderen Soldaten vergewaltigten, wollte man nicht zurückstehen, oder man vergewaltigte auf eigene Faust, wohl wissend, dass man sich dabei versündigte, obwohl man versuchte, sein Gewissen zu verdrängen, was unter Alkoholeinfluss leichter zu bewerkstelligen war. Doch das Gewissen meldete sich immer wieder und plagte einen Sünder dann besonders, wenn es dem Ende seines Lebens zuging oder auch nach seinem physischen Tod, wenn er in den dunklen Sphären des >*Jenseits* über seine Schandtaten nachzudenken hatte. Irgendwann beginnt eine Seele zu bereuen. Aus dieser Reue entsteht der Wunsch der Wiedergutmachung aller Versündigungen an anderen, und man wird zu einem Helfer am Nächsten und Verfechter sündenfreier Moral. Aus einem Sünder wird ein Menschenfreund und Moralbewahrer. Doch seine vormals begangenen Versündigungen gegen die Gesetze der Nächstenliebe muss er selbst an sich erfahren. So will es das Karmagesetz. Er wird in einer erneuten Inkarnation in Situationen versetzt, wo er von einem Sündigen genau das erfährt, was er vormals als Sünder einem anderen zugefügt hatte. Der ehemalige Vergewaltiger wird nun zu einer Vergewaltigten. Der Sünder hat sich in einen Sühnenden verwandelt. Ungetilgte Versündigung schafft >*Schuldgefühle*. Getilgte Schuld hebt die Schuldgefühle auf. Jedoch hängt das Maß der Tilgung von dem Ausmaß der Versündigung ab. Doch wird dieses Maß aus jenseitiger Rechtsprechung zugeordnet, da irdisches Recht sich nur aus irdischen Rechtsvorstellungen ergibt, die sehr „kurzsichtig" und fehlerhaft sein können.

Sexualverbrecher Die S. werden meist von einem oder mehreren Besetzern *(>Fremdbesetzung)* zu solchen Taten getrieben. In ihnen wütet ein Trieb, dem sie nicht widerstehen können. Selbst nach langen Jahren hinter Gittern für einen Sexualmord werden sie oft wieder rückfällig, da diese Besetzer sich immer noch in ihnen aufhalten oder wieder zu ihnen zurückkehren. *(Darum ist es wichtig, diese im Gefängnis oder in der geschlossenen Psychiatrie aus ihren Gastgebern herauszuholen und sie womöglich ins Licht zu schicken. Doch für solche Aufgaben bedarf es eines ganz besonders gut ausgebildeten Fachpersonals.)* Ein Motiv für solche Sexualverbrechen ist darin zu sehen, dass diese Besetzer sich noch an den Frauen als solchen rächen wollen, da ihnen in ihrem Leben durch sie Schlimmes widerfahren war. Und sie suchen sich Gastgeber, also solche Menschen, in deren Körper sie hineingelangen können, aus, die meist für solche Untaten prädestiniert sind, da diese selbst ein gestörtes Verhältnis zu Frauen (Mutter, Ehefrau, Geliebte) haben oder hatten. Solche Sexualverbrechen werden – wie der Name es schon sagt – immer begleitet von sexuellen Handlungen, die meist vor der Ermordung oder aber auch nach dieser erst stattfinden *(>Nekrophilie)*. Eine Frau, die sich in einen überführten S. verliebt, hatte möglicherweise in einem FL ebenfalls als Mann ein Gleiches verübt und spürt nun intuitiv, dass ein solcher S. in seinem eigentlichen Kern ein guter Mensch ist, dass aber die Lebensumstände dieses Menschen ihn auf die schiefe Bahn brachten, sodass er an sich nicht schuld ist, sondern die sozialen Bedingungen, in denen er aufwuchs oder lebte. Oder – und dies scheint mir noch plausibler zu sein – sie hatte aus eigener Erfahrung in einem FL ein Gleiches oder Ähnliches getan und wusste, dass sie von unsichtbaren Kräften dazu verleitet worden war. Es findet bei ihr ein Identifizierungsprozess mit diesem S. statt, der in Mitleid und Mitgefühl übergeht, ja sogar in Liebe zu diesem Verurteilten münden kann. Sie kann aber auch selbst unter einem Bestrafungsmechanismus leiden und erkennt in dem S., dass dieser durch seinen ausgeübten Mord es endlich erreicht hatte, für andere schwere Verbrechen aus FL bestraft zu werden. *(>Verbrecherliebe)*

Sexuelle Träume Das Traumgeschehen in seiner Bedeutung trotz der vielen seit Freud geschriebenen Bücher über Träume bleibt noch immer ein Geheimnis. Doch viele Menschen träumen von sexuellen Begebenheiten, manches Mal sogar mit dem Träumenden bekannten Personen aus dem HL. Man glaubt, dass sich in Träumen unerfülltes Wunschgeschehen manifestiert oder dass Bilder und Szenen aus dem kollektiven Unbewussten hochsteigen und sich mit Personen oder Szenen des HL drapieren. Und ebenso gut – und das ist meine Hypothese – können Personen und sexuelle Szenen aus FL in den Träumen aktiviert sein, die sich ebenfalls mit sexuellen Begebenheiten aus der Realität oder aus unerfüllten Wünschen zusammensetzen. Ebenso können sich Samenerguss oder Orgasmus aus einem Traum ergeben haben, ohne dass man sich beim Erwachen noch daran erinnern könnte. In der Rückführung könnte man in dem Unbewussten nachforschen, was sich während dieser Traumphase in unseren Vorstellungen abspielte und was die Ursachen eines „wet dreams" waren. Trancerückführungen können dabei behilflich sein, den Geheimnissen des Traumgeschehens und seiner Deutung näher zu kommen. *(>Alpträume)*

Sexuelles Versagen Aufgrund der Forschungen mittels der RT darf man mit Sicherheit annehmen, dass S. V. in den meisten Fällen auf FL zurückzuführen ist, so nicht eindeutige Indizien für das HL vorliegen. S. V. hat meistens mit *>Schuldgefühlen* aus TL zu tun und resultiert aus deren Programmierungen. Hat ein Täter in einem FL eine Frau vergewaltigt, dann mag er sich noch in jenem oder nach jenem Leben als Verstorbener programmiert haben: „Ich will nie wieder eine Frau vergewaltigen." Sobald er seinen Penis in die Vagina einer Frau einführen will, drängt sich ihm unbewusst diese Programmierung auf und lässt entweder den Penis erschlaffen *(>Erektionsschwierigkeiten)* oder eine Ejakulation erfolgt frühzeitig, sodass er nicht mehr befähigt ist, mit seinem Penis in die Scheide einzudringen. *(>Ejaculatio praecox)*

Singles S. sind meist auf der Suche nach den passenden Partnern entweder für Ehe oder für Kommunikation und/oder Sexaustausch. Es gibt auch S., die immer S. bleiben wollen, da sie in FL schlimme Erfahrungen in Ehe oder Partnerschaften gehabt hatten oder weil sie jede Partnerschaft als Einengung empfinden. Ist eine Frau im FL von ihrem Ehemann in ihrer Freizügigkeit eingeengt worden, dann mag das der Grund einer Programmierung gewesen sein, die gelautet haben könnte: „Ich will nie wieder eine Ehegefangenschaft erleben müssen." S. gehen auch gerne sexuelle Verbindungen mit Verheirateten ein *(>Sex mit Verheirateten)*, da sie dann sicher sein können, dass dieser oder diese sie nicht heiratet und somit wieder einengen könnte.

Sodomie Früher fiel unter diese Bezeichnung auch die *>Analerotik.* Jetzt versteht man unter S. den Sex mit Tieren. Bei Schafhirten, die oft wochen- oder monatelang einsam in der Abgeschiedenheit die Schafe zu hüten haben, kann es verständlich erscheinen, wenn sie diese Tiere für ihre sexuelle Lustausübung benutzen. Doch es gibt auch Menschen, die trotz möglichem Sexaustausch mit Partnern sich mit Vorliebe dem Sex mit Tieren hingeben. Es bleibt noch zu erforschen, ob es sich bei der S. nicht noch um eine unbewusste

Rückerinnerung an den Zustand vor dem ersten Menschsein handelt, als die Seele noch in einem Tierkörper weilte und den sexuellen Trieben unterworfen war. Somit wirkt die >*Primäreinstellung* noch bei diesen Menschen nach. Der Rückgriff auf solche sexuellen Befriedigungsmöglichkeiten mag auch aus Enttäuschungen mit Partnern im HL und in FL stammen, während Tiere beim Sex keine oder keine allzu großen Widerstände leisten. Auch mögen bei Sodomisten für ihren Rückgriff auf Tiere sexuelle Ängste vor Menschen aus dem HL oder aus FL den Ausschlag geben.

Stricher/Strichjungen S. sind meist männliche Jugendliche *(>Lustknaben)* und junge Männer, die sich Geld mit ihren homosexuellen Angeboten verdienen, wobei die >*Fellatio* noch vor der >*Analerotik* zur häufigsten Anwendung kommt. S. waren sicherlich schon in ihren FL oft homosexuell ausgerichtet gewesen, sodass ihnen ihre männliche Prostitution kaum Hemmnisse bietet. Während >*Prostituierte* oftmals in die >*Prostitution* gezwungen wurden und ihre Tätigkeit oft von Hassgefühlen gegen ihre Freier bestimmt ist, gehen S. ihrer oft in kürzester Zeit viel Geld einbringenden Betätigung eher freiwillig nach, ohne Hassgefühle gegen ihre Kunden aufzubringen, mögen sie doch selbst gern die Fellatio an sich erleben, weshalb es auch zu kostenlosem Fellatioaustausch kommen kann.

Sublimierung Die S. der Sexualität ist für viele Menschen beiderlei Geschlechts ein anzustrebendes Ziel. Wenn eine Seele in FL und eventuell auch noch im HL so viel Sex gehabt hatte, dass für sie jeder diesbezügliche Wunsch zur Genüge Erfüllung gefunden hat, dann bietet der Sex immer weniger Anziehungskraft, und man strebt nach geistigen oder spirituellen Gütern. *Osho* sagte dazu, dass man nicht den Sex ablegt, sondern der Sex verlässt dann einen von selbst. Er preist die Meditation an, die einen in die Bereiche höheren Bewusstseins führt, wo es den Sex nicht mehr gibt, da man sich schließlich mit der „Essenz" wieder vereinigt, das heißt, wo der individualisierte Tropfen (die Seele des Menschen) wieder mit dem Meer eins wird. Sex ist somit nur ein Durchgangsstadium, um uns aus Lerngründen ins Erdenleben zu involvieren. Das höchste noch auf Erden zu erreichende Ziel ist, die von der Sexualität gesetzten Grenzen zu überqueren, um zu höheren Genüssen in der göttlichen Schöpfung zu gelangen.

Tabuzonen T. des Körpers ergeben sich aus der moralischen Anschauung der jeweiligen Gesellschaft. War es vor der christlichen Missionierung Afrikas üblich, dass die Frauen ihre Brüste unbedeckt trugen und dass bei einigen Stämmen die Männer sogar ihr „erigiertes" Glied mit künstlicher Schienung offen zur Schau trugen, so war im christlichen Abendland, aber auch in den Ländern des Islam und des Hinduismus ein enthülltes Tragen der körperlichen Schampartien verboten. Jedes heranwachsende Kind möchte sich so wieder verhüllt oder unverhüllt zeigen, wie es im vorausgegangenen Leben gewohnt war, sich körperlich zu präsentieren. Doch gerät es mit seiner erneuten Inkarnation in eine Kultur mit anderen Moralvorstellungen hinein, kann es zu Konflikten kommen. Dann kämpft das aus dem FL Gewohnte gegen die neuen Konditionierungen an, oder – mit S. Freuds Worten ausgedrückt – befindet sich das Ich im Konflikt zwischen dem Es und dem Über-Ich. *(>Scham)*

Telefonsex Viele Frauen, die T. anbieten, sind zumeist verheiratet oder sie sind unattraktiv, fett und haben in diesem Leben oft nicht die Möglichkeit gehabt, sich sexuell „auszutoben", was jetzt aber nachgeholt werden kann. Auch dürfen nun Schlüpfrigkeiten geäußert werden, die im Ehebett zu äußern man nie gewagt hätte. Ebenso kann man nun in Gedanken alles ausleben, was aus moralisch eingetrichterter Grundeinstellung heraus nie sexuell ausgelebt werden durfte oder konnte, vor allem, wenn man auch einen Partner gehabt hat oder noch haben sollte, der von gleicher oder ähnlicher sexueller Einstellung geprägt ist und ebenfalls noch hartnäckig an der anerzogenen Moral festhalten will.

T. bietet dem Anbieter die Möglichkeit, seine sexuellen Ängste ohne Direktkonfrontation „desensibilisierend" mit einem anonymen Partner aufzuheben. Man braucht keine Angst mehr vor Strafen oder Schlägen zu haben. Somit können Ängste vor Sexualität allmählich abgebaut werden, ja sogar ganz überwunden werden, bis man alles als ein Spiel betrachtet. Und sobald diese Ängste verflogen sind, könnte man auch eine direkte Konfrontation mit einem Sexpartner herbeiführen. Dieses ist eine Methode, um sich von sexuellen Ängsten aus diesem oder FL zu befreien. Doch wird die Rückführungstherapie einen schnelleren Befreiungsweg anbieten können.

Männer, die sich durch T. zum Orgasmus stimulieren lassen, finden diesen Weg zur sexuellen Befriedigung bequemer und billiger, als eine Prostituierte durch Telefonanruf zu sich zu bitten. Oft gerät man beim T. an eine Dame, deren Stimme man als sehr erotisch bzw. „aufgeilend" findet, weshalb man von dieser nun per Telefon abhängig werden kann und sie manchmal sogar einige Male am Tag bzw. in der Nacht anrufen möchte. Diese Stimme mag einen bewusst an eine Frau aus diesem Leben erinnern, mit der man guten Sex gehabt hat. Doch kann auch eine unbewusste Kopplung an ein FL stattfinden, in welchem man eine Frau gekannt hatte, die einen erotisch höchst zufrieden stellte. Das ist auch der Grund dafür, dass jemand bei einem anderen die Stimme sehr erotisch finden kann, während ein anderer dies überhaupt nicht so empfindet, ja vielleicht entgegengesetzter Meinung ist.

Tertiäreinstellung T. ist die Einstellung, die vor dem Eintritt einer Inkarnation im >*Jenseits* vorgenommen worden ist. Hier wurde die Geschlechtlichkeit und das Maß der Libido festgesetzt wie auch der Plan der zu erlebenden Ereignisse samt den Personen, mit denen man involviert sein wird, wie Eltern, Kinder, Partner. (siehe auch > *Primär-*, *Sekundär-*, und *Quartäreinstellung*)

Transsexualität Im Unterschied zum >*Transvestismus* begnügen sich jene Menschen, die den Hang haben, zum anderen Geschlecht gehören zu wollen, nicht mit der Ausstattung ihres Körpers mit Kleidungsstücken und Haartracht des gegenteiligen Geschlechts, sondern wollen, wie unter einem Zwang stehend, auch körperlich zu diesem gehören. Durch Hormonbehandlung wollen Männer ein feminines Aussehen erhalten und lassen sich sogar umoperieren, indem sie sich operativ mit Silikon ausgestopfte Brüste fertigen oder sogar den Penis abnehmen und eine künstliche Scheide einfügen lassen. Oder Frauen eignen sich durch Fitnesstraining Muskeln an, lassen sich die Brüste verkleinern und manches Mal sogar auch einen künstlichen Penis anpassen. In dem einem von Geburt an beschiedenen Geschlecht fühlt man sich mit der Zeit immer unwohler, ja man kommt sich vor, als ob man sich wie strafversetzt in einem fremden Körper befindet. Natürlich hat es einen Sinn, warum man in der spezifischen Geschlechtlichkeit geboren worden ist. Es könnte sein, dass diese Person in einem früheren Leben jemanden verspottet oder gar ihm Leid zugefügt hat, weil er sich mit der Kleidung des anderen Geschlechts zeigte und auch eventuell den Wunsch geäußert hatte, sich geschlechtlich am liebsten umwandeln zu wollen. Dann trifft auf Ersteren das Gesetz des Karma zu, indem er eben das an sich selbst erleben muss, was er früher in Lieblosigkeit am anderen verurteilt hatte. Doch die meisten Transsexuellen sehnen sich zurück nach jenem Körper, den sie vormals gehabt hatten. Sie sträuben sich gegen ihre von Geburt an zugeteilte Geschlechtlichkeit. Auch kann es sein, dass sie sich in einem FL geschworen haben: „Ich will nie wieder Frau (oder Mann) sein."

Viele Tausend Menschen, die diesen dringenden Wunsch der T. schon in FL gehabt haben, wollen in das HL geboren werden, da ihnen nun die Möglichkeit einer Umoperation offen steht. Sie haben diese Wünsche oft über Jahrhunderte mit sich herumgetragen. Nun endlich dürfen sie diesem transsexuellen Zwang nachkommen.

Transvestismus Transvestiten legen sich zumeist die Unterwäsche des anderen Geschlechts an, was sie sexuell erregt. Doch wie bei der >*Transsexualität* können die Männer oder Frauen sich jeweils mit Oberbekleidungsstücken des anderen Geschlechts ausstatten und sich darin auch öffentlich zeigen, da sie unbedingt zu diesem gehören wollen. Denn im FL gehörten sie dem anderen Geschlecht an. Und oft war es wohl so, dass sie sich damals darin sehr wohl gefühlt hatten und sexuell wahrscheinlich ein schönes und/oder sexuell ausschweifendes Leben genossen. Dieses damals Erlebte glauben sie nur dann wieder genießen zu können, wenn sie ebenfalls wieder die Blicke jener Menschen des anderen Geschlechts auf sich ziehen, die von ihnen damals so begehrt waren.

Doch meistens findet dieser T. im Verborgenen statt. Man zieht sich hauptsächlich Unterwäsche an, die für das andere Geschlecht bestimmt ist. Darin einherzugehen schenkt den Transvestiten ein Wohlgefühl und stimuliert ihre Erotik. Automatisch werden sie eventuell schon als Kind zu den Sachen des anderen Geschlechts greifen wollen und sie, falls die Erziehenden nichts dagegen haben, auch tragen. Denn bewusst will man wieder eine solche geschlechtsspezifische Person sein, die man meistens im unmittelbar vorausgegangenen Leben gewesen war.

Unattraktivität Körperliche Attraktion oder Unattraktivität gehören zum Lernfeld des Lebens. Jeder wird einmal ein attraktives Aussehen haben, um sich darin zu bewähren. Wird er übermütig, überheblich, stolz oder kokettiert mit seiner Schönheit, oder wird er etwa auf unattraktive Menschen herabschauen, so wird er/sie die Konsequenzen tragen müssen. Es kann deshalb schon im nächsten Leben ihm aus karmischen oder allgemeinen Erfahrungsgründen des Erlernens bestimmt sein, unattraktiv zu sein, um zu erfahren, wie man von anderen behandelt und angesehen wird. So können Brille, Pickel, Dicklichkeit, unausgewogener Körperwuchs, unangenehmer Geruch (Mund und Körper), schrille oder kratzende Stimme, disharmonische Gesichtszüge unbewusste Schreie sein nach Hilfe: „Helft mir doch, aus meiner Programmierungsverhaftung herauszukommen! Seht ihr denn nicht, in welcher furchtbaren Lage ich mich befinde?“ *(>Attraktivität, >Sex-Appeal, >Erotische Ausstrahlung)*

Unfruchtbarkeit U. geht meistens auf eine Nie-wieder-Programmierung aus OL zurück, nachdem man vergewaltigt und dadurch schwanger geworden war. U. kann aber auch in einem FL entstanden sein, in welchem man sehr viele Kinder zur Welt brachte und dadurch ein hartes, mühsames und kräfteraubendes Leben führen musste, das einen frühzeitigen Tod bewirkt haben könnte, woraus die Programmierung stammen könnte: „Ich will nie wieder fruchtbar sein.“ Solch eine Programmierung kann sich sowohl als U. auf den männlichen Samen als auch im Besonderen auf die Unfruchtbarkeit des Eis auswirken.

Die U. des Mannes deutet oft auf seine Angst vor Bindung und Verantwortung, die durch ein Kind entstehen könnte. Das Gleiche gilt natürlich auch für die Frau. Hat sich der Mann oder die Frau in einem FL programmiert, nie wieder ein Kind zur Welt zu bringen, so setzt sich oft solch eine Programmierung über Jahrhunderte fest, und die Hormonmengen, die Qualität des Samens oder die Größe der Plazenta verringern sich dementsprechend. Hat also eine Frau ein Kind zur Welt gebracht und ist bei der Geburt gestorben, dann kann der Mann programmiert haben: „Ich will nie wieder mit einer Frau ein Kind zeugen.“ Daraus ergeben sich für ihn u.a. mehrere Möglichkeiten: Entweder er wird in den Folgeleben homosexuell *(>Homosexualität)*, oder er zieht sich von allen Begegnungen mit Frauen zurück, oder sein Same wird unfruchtbar. Aber es können sich beim Mann auch *>Erektionsschwierigkeiten* und eine *>Ejakulatio preacox* einstellen. Hat sich eine Frau bei einer für sie todbringenden Geburt programmiert, „ich will nie wieder ein Kind zur Welt bringen“, dann kann bei ihr ebenfalls *>Angst vor Sexualität* entstehen, sie könnte ihre Weiblichkeit körperlich und seelisch verneinen (Magersucht), oder sie wird, um nie mehr von einem Mann geschwängert zu werden, lesbisch *(>Lesbische Liebe)*. Ihr Körper könnte dann anatomische Mängel zur Austragung eines Kindes aufweisen, sodass selbst bei gelungener Befruchtung der sich entwickelnde Fötus abgeht.

Unterleibsschmerzen (siehe auch *>Vaginismus*) Somatische U. und Jucken in der Vagina, sei es durch Pilze, Herpes, Trichomonaden oder andere unliebsame Einwirkungen, gehen oft auf Schuldgefühle in FL zurück, wo man als Täter meist Frauen vergewaltigt oder andere Schandtaten in deren Genitalbereich verübt hatte. Meistens sind die größten Teile dieser karmischen Verschuldungen durch OL schon ausgeglichen worden. Auch sind diese Schmerzen noch Überreste dieser damaligen Verschuldung, die einen daran gemahnen wollen, einmal im Buch des Lebens durch RT nachzublättern, weshalb sie eigentlich vorhanden sind, oder sich vom Höheren Selbst sagen zu lassen, welche Bewandtnis es mit diesen unliebsamen Störungen im Unterleib hat. *(>Zysten im Unterleib)*

Urolagnie U. ist das Trinken von und der Umgang mit Urin. Jene, die im FL andere angepinkelt haben oder ihnen Urin eingeflößt haben (z.B. Schwedentrunk) müssen ein Gleiches gemäß dem karmischen Gesetz erfahren. Da dieses in früherem oder in diesem Leben noch nicht geschehen ist, holen sie es selbst an sich oder durch andere, die man darum bittet, nach. Denn man will nicht länger mit dieser aus FL mitgebrachten Schuld herumlaufen. Man möchte endlich frei von diesem noch ausstehenden karmischen Ausgleichenmüssen sein. Hierbei handelt es sich wie bei der >*Koprophagie* um Selbstbestrafung. (Interessant wäre nachzuforschen, ob Urintrinker ebenfalls frühere Täter waren, die sich jedoch diesen Trank jetzt schmackhaft machen, indem sie diesen „ganz besonderen Saft" als Heilmittel zu sich nehmen. Auf jeden Fall ist jegliches Ausgleichen von karmischer Verschuldung heilungsfördernd!)

Vaginismus (Scheidenkrampf) Manchmal verkrampft sich bei einigen Frauen der Scheideneingang. V. ist eine Folge von >*Vergewaltigung*, die, wenn nicht in diesem Leben, so doch in FL erfolgt war. Die Muskulatur des Vaginalbereiches verkrampft sich, sodass sie keine Penetration zulässt. Diese Vergewaltigungen können auch mit einer Programmierung einhergegangen sein, die folgendermaßen gelautet haben könnte: „Ich will mich nie wieder einem Mann hingeben müssen" oder „Ich will nie wieder einen Penis in mir spüren". Die RT hat bei der Behebung dieses Problems sehr gute Erfolge aufzuweisen. *(>Unterleibsschmerzen)*

Verbrecherliebe Darunter verstehe ich die Liebe einer Frau zu einem Verbrecher oder umgekehrt *(>Sexualverbrecher)*. Eiskalte Mörder, die zu hohen Gefängnisstrafen, meist lebenslang, verurteilt worden sind, da sie einen oder mehrere Menschen in voller Absicht umbrachten, um sich entweder Vorteile zu verschaffen oder um einem Auftrag oder inneren Drang *(>Fremdbesetzung)* nachzukommen, erhalten oft Liebesbriefe von Frauen. Und diese sind bereit, so die Gefängnisinstanz es erlaubt, zu diesen zu gehen und mit ihnen sexuellen Austausch zu haben. Wie ich mir vorstellen könnte, waren solche Frauen in einem FL als Mann genauso grausame Mörder. Sie haben ihre daraus erfolgenden Ausgleichsleben als Opfer schon hinter sich. Es ist ihr Drang, durch Liebe diesen Verbrecher ebenfalls zur Liebe zu führen.

Andererseits kann auch bei einigen Frauen ein sadomasochistischer Wunsch vorliegen. *(>Sadomasochismus)* Es ist der Wunsch, für irgendetwas in einem FL Begangenes noch nachträglich bestraft zu werden. Durch solch einen Mörder – eventuell sogar Frauenmörder – erhofft man unbewusst, ein gleiches oder ähnliches Todesschicksal zu erfahren. Befindet sich aber dieser Verbrecher schon hinter Gittern, dann kann sie in der Vorstellung dieses Gequält- oder gar Ermordetwerden nachholen. Somit ist sie sicher, dass das nicht wirklich geschehen kann und trotzdem das Ausgleichsgeschehen gedanklich von ihr durchexerziert wird.

Vergewaltigung, ausgeübte Über 80 Prozent aller sexuellen Probleme gehen auf Missbrauch und vor allem auf Vergewaltigungen in OL zurück, die man meist als Mädchen, Junge oder besonders als junge oder ältere Frau erlitten hatte. Diese Vergewaltigungen in OL ergeben sich in über 95 Prozent der Fälle aus TL, in denen unsere Seele in einem männlichen Körper gesteckt hatte, in welchem sie sich mit Missbrauch oder Vergewaltigung belastet hatte, die es wieder in OL durch Eigenerfahrung auszugleichen gilt. Man kann also sagen: „Am Anfang aller sexuellen Probleme stand die Vergewaltigung."

Vergewaltigung, erlittene Das Verhalten der Frauen während einer Vergewaltigung ist sehr unterschiedlich. Ist es ein Erstgeschehen, wird man sich sicherlich heftig wehren und schreien in der Hoffnung, dass Hilfe kommt oder dass der Vergewaltiger davon abgeschreckt wird und flüchtet. Zeigt aber alles Abwehrverhalten keinen Erfolg, wird die Frau sich, da ihre Kräfte schon schwinden, schließlich ergeben, besonders wenn sie, je mehr sie sich wehrt, desto kräftiger gepackt, geschlagen oder gewürgt wird. Jene Frauen aber, die schon vorher irgendwann – und sei es vor vielen Jahrhunderten – eine Vergewaltigung über sich ergehen lassen mussten und durch die damalige Gegenwehr geschlagen worden waren oder gar zu Tode kamen, werden bei einer erneuten Vergewaltigung vor Entsetzen erstarren oder um Verschonung bitten oder vor sich hinweinen in der Hoffnung, dass nicht das Allerschlimmste, nämlich ein erneuter Mord, an ihnen geschieht.

Verhütungsmittel Obwohl die Frau nur während zweier Tage im Monat, von Ausnahmen abgesehen, befruchtet werden kann, möchte man kein Risiko eingehen, weshalb man sich schon zu aller Zeit überlegt hat, wie man Eventualfälle umgehen könnte. Seit den sechziger Jahren des zwanzigsten Jahrhunderts hat die Pille den Frauen den Segen gebracht, auch während der sonst fruchtbaren Tage nahezu unfruchtbar bleiben zu können. Aber eben „nahezu". Denn wenn aus karmischen oder anderen höheren Gründen trotzdem eine Befruchtung stattfinden sollte, wird diese auch geschehen. Denn jede Geburt ist aus höherer Verfügung vorgesehen. Doch Frauen, die in FL trotz Verhütungsmitteln schwanger geworden waren, werden auch trotz Einnahme der Pille mit ihrer sexuellen Bereitschaft sehr vorsichtig umgehen. Und es können sie immer noch Angstträume plagen, die aus jenem FL stammen, in dem unverhofft eine Schwangerschaft trotz aller Vorsichtsmaßnahmen eingetreten war. Wenn der vormalige Vater des Kindes auch der eigene Vater war und sich harte Konsequenzen für beide daraus ergeben hatten, ist die Angst dieser Frau heute entsprechend den früheren ausgestandenen Ängsten groß.

Verweigerung Sexuelle V. kann aus Kränkung, Abneigung, körperlichen Schmerzen, Unpässlichkeit oder als Manipulation erfolgen. In FL könnte der sich im HL verweigernden Person Schaden zugefügt worden sein. Jetzt möchte sie eigentlich, dass er/sie erst Abbitte tut. Solange dies nicht geschehen ist, verweigert sie sich. In einem solchen Fall sollte der/die Werbende eine Rückführung durchführen lassen, um festzustellen, warum diese Person sich ihm/ihr verweigert. Liegt dieser Person gegenüber eine Verletzung oder Kränkung im FL vor, dann wäre ihr der Kelch der Liebe zu reichen und um Vergebung zu bitten. Oft wird sich dann bei der umworbenen Person sehr schnell ein Gesinnungswandel einstellen.

Vorliebe Sexuelle Vorlieben ergeben sich meistens aus den Gewohnheiten aus FL. Hat jemand eine V. für dicke Partner, so mag er im FL einen dicken Partner oder eine dicke Partnerin gehabt haben, mit dem oder der er sich auch in sexuellen Belangen gut verstanden hatte, oder er mag in einer Kultur (im alten China) gelebt haben, in welcher dicke Menschen als begehrenswert angesehen waren. Aber nicht nur Menschen in ihren verschiedenen Äußerlichkeiten sind Gegenstand von besonderen sexuellen Vorlieben. Hatte man in

FL besonders gerne beim Sex eine rote Laterne angezündet, so mag man im HL wieder eine solche ins Schlafzimmer hängen oder aber beim Beischlaf rotes Licht einschalten. Wir sind in unseren >*Abneigungen* und Vorlieben oft noch sehr geprägt von unseren Erfahrungen aus FL.

Voyeurismus Der Voyeur wird oft mit dem >*Peeper* verwechselt. Doch während dieser heimlich den Sex oder die Intimität anderer beobachtet, begnügt sich der V. damit, Sex oder sexuelle Darstellungen (Sexmagazine) aus der Betrachterrolle zu genießen. Zum Beispiel kann er sich Striptease in Nachtlokalen ansehen. Der Peeper aber will das Beobachten von wirklich Stattfindendem, wobei die Ausübenden es ihm übel nehmen würden, so sie sich von ihm beobachtet wüssten. Doch bei den meisten ausschließlichen Voyeuren – von >*Impotenz* oder Alterseinwirkungen abgesehen – wird die Ursache für ihr Verhalten darin zu suchen sein, dass sie im FL für aktives sexuelles Fehlverhalten bestraft worden sind oder sich eine der >*Geschlechtskrankheiten* zugezogen hatten, weshalb sie im heutigen Leben aufgrund von Programmierungen wie „Ich will nie wieder eine Frau anfassen" von aktivem Sex mit einer Frau Abstand halten und den Sex passiv erleben.

Womanizer Im Gegensatz zum Don Juan (>*Donjuanismus*) ist der W. nicht zur Sexualität getrieben. Er hat zwar eine sehr große Portion Libido aus FL mitgebracht (oder sie ist ihm im >*Jenseits* für das HL mitgegeben worden) und ist den Frauen gegenüber warmherzig und ihren sexuellen Reizen sehr zugetan. Er ist auch nicht unbedingt ein Verführer. Doch die darauf ansprechenden Frauen fühlen seine Liebe zu Frauen und zur Sexualität und kommen ihm, soweit es ihnen gestattet ist oder sie es sich selbst gestatten, gerne entgegen. Meistens ist er ein erfahrener Liebhaber, sodass man sich an die mit ihm geteilten Bettfreuden gerne erinnern wird. Doch wird es ihm schwerfallen, nur bei einer Frau auszuhalten bzw. ihr treu zu sein, denn zu sehr strahlt seine Erotik auf andere Frauen aus und deren positive Reaktionen lassen ihn wieder schwach werden. Man muss als Frau, wenn man ihn als Partner halten will, damit rechnen, ihn mit anderen Frauen teilen zu müssen. Wenn man als Frau sein eigenes Ego samt Eifersucht besiegt hat und ihm seine gelegentlichen Seitensprünge zugesteht, wird man in ihm einen Musterehemann gefunden haben, um den einen alle anderen Frauen beneiden dürften. Und der W. wird aller Wahrscheinlichkeit nach seiner Frau für ihr großes Verständnis immer dankbar sein und sie auch nie verlassen wollen. Aus seinen verschiedenen FL bringt er seine ganzen sexuellen Erfahrungen in das HL ein. Auch möchte er durch die vielen Verfehlungen, die er in FL an Frauen verübt hatte, nun alles wieder gutmachen, indem er die Frauen einfach glücklich macht, und zwar in jeder Art, die ihm zur Verfügung steht.

Zölibat Mönche und Nonnen der christlichen Religionen haben den Schwur des Z. ablegen müssen, der nicht nur die sexuelle Enthaltsamkeit im Zusammensein mit anderen Menschen beiderlei Geschlechts beinhaltet, sondern auch die eigenerotischen Praktiken der Masturbation und anderer „unkeuscher" Körperberührungen. Seelen, die solche Schwüre vor „Gott" in FL abgelegt hatten, haben meistens in HL noch große sexuelle Komplexe, da sie unbewusst glauben, Sex sei etwas Sündiges, und sich dadurch oft bei ihnen unnötige Schuldgefühle hinzugesellen. *(>Kirche und Sexualität, >Homosexualität)*

Zuhälter Der Z. ist als Täter derjenige, der Frauen zur *>Prostitution* anhält, von deren Verdiensten er meist gut zu leben versteht. Er wird bestimmt in einem ZL ebenfalls einmal ein gleiches Schicksal erfahren müssen wie die von ihm betreuten *>Prostituierten.* War er ihnen gegenüber fair und gerecht, wird er in einem ZL ebenfalls mit solchen Bedingungen konfrontiert werden. War er aber ein liebloser und gemeiner Kerl, wird ihm ein gleiches Schicksal nicht erspart werden.

Zysten im Unterleib Solche unliebsamen Gewächse im Unterleib, die außer Schmerzen auch Blutungen bereiten und beim Sex schmerzende Behinderungen bewirken können, gehen meist auf Vergewaltigungserlebnisse aus FL zurück. Obwohl Zysten operativ entfernt werden können, könnten sie wieder nachwachsen, oder es könnten neue Zysten in der gleichen Gegend entstehen. Deshalb ist es wichtig, die Ursachen solcher Unterleibsirritationen aufzudecken und diese womöglich durch eine einzige RT allmählich sich wieder auflösen zu lassen. *(>Unterleibsschmerzen)*

Anmerkungen

Hinweis: Bei Zitaten aus Sigmund Freuds Werken wird auf die betreffende Schrift verwiesen ohne Seitenzahlangaben, da es zu viele verschiedene Ausgaben mit unterschiedlichen Seitenzahlen gibt. Doch bei meinen Zitaten beziehe ich mich meistens auf die deutsche revidierte Neuauflage von 1997, Frankfurt, S. Fischer Verlag.

(1) Zu erwähnen wären hier an erster Stelle die Professoren der Psychiatrie Brian Weiss und Adrian Finkelstein, deren Bücher im Literaturverzeichnis vermerkt sind.

(2) Ich verweise hier auf das umfangreichste Buch in zwei dickleibigen Bänden des Wissenschaftlers Prof. Ian Stevenson: *Reincarnation and Biology – a contribution to the Etiology of Birthmarks and Birth Defects,* Westport, CT 1997. Hiervon gibt es auf deutsch eine gekürzte Buchfassung unter dem Titel *Reinkarnationsbeweise*, 1998 erschienen. Diesem Buch ist eine ganze Reihe von Abbildungen zur Dokumentierung beigefügt.

(3) Ich habe zwei Bücher veröffentlicht mit den Titeln *Wiedergeburt – die Beweise* und *Reinkarnation Aktuell*, in welchen ich viele beweiserbringende Fälle aus der Literatur und aus eigenen Erkundigungen dargestellt habe und natürlich auch auf Professor Stevenson zu sprechen komme und von seinen erforschten Fällen einige darstelle. Dieser hochverdiente Mann müsste eigentlich den Nobelpreis für Medizin erhalten, denn er bringt nicht nur den Beweis für die Reinkarnation, sondern seine Forschungen beweisen auch, dass Geburtsmale und Geburtsdefekte Relikte sind, die durch Verletzungen oder gar Todeswunden aus dem jeweils vorausgegangenen Leben verursacht worden waren.

(4) Wer sich ausführlicher für eine Beschreibung der jenseitigen Welt interessiert, dem empfehle ich das Buch von *Anthony Borgia, Das Leben in der unsichtbaren Welt*, Neuwied 1985

(5) Wambach in *Leben vor dem Leben*, München 1980

(6) Garrett Oppenheim, S. 23

(7) Lehrer, bei denen man die Befreiungstherapie erlernen kann, vermittelt die IARRT in Kalifornien unter pastlife@empirenet.com; in Deutschland rolknaus@bluewin.de.

(8) Edith Fiore: *Besessenheit und Heilung*, Gülesheim, 1997; Carl Wickland: *Dreißig Jahre unter den Toten,* Darmstadt 1957; Irene Hickman: *Remote Depossession,* Kirksville, MO, 1994; Hazel Denning: True Hauntings, St. Paul, 1996

(9) Siehe Stevenson III, in *Reinkarnationsbeweise*, S. 26 und S. 244

(10) Mehr darüber ist im Teil IV in meinem *Das Große Karmahandbuch* zu lesen.

(11) Dieses Gebot (3. Mose, 20,13), das sich eigentlich nur auf Männer bezieht, die mit Knaben sexuell verkehren, wird aber von den Rabbis immer verschieden ausgelegt und meist auch so verstanden, dass es sich auf die Homosexualität als Ganzes bezieht.

(12) *Über den Tod und das Leben danach*, Güllesheim, 2004

(13) „Sex gibt es auch bei Tieren, weil Sex die Quelle des Lebens ist; aber Sexualität gibt es nur beim Menschen. Es gibt beim Tier keine Sexualität. Schaut einem Tier in die Augen; ihr werdet dort keine Lüsternheit finden." (Osho III, S. 104f.)

(14) Cerminara, S. 74

(15) Puryear, S. 128

(16) Cerminara, S. 72

(17) Wer sich für die Beschreibung des Jenseits interessiert, den verweise ich auf die beiden Bücher von Anthony Borgia *Das Leben in der unsichtbaren Welt* und *Begegnungen in der Unsichtbaren Welt* (Neuwied 1985). Diese Bücher basieren auf Durchgaben von einem Geistführer. Besonders für die jenseitigen Vorbereitungen auf ein bevorstehendes Erdenleben empfehle ich die beiden im Literaturverzeichnis angegebenen Bücher von Dr. Michael Newton. Seine wichtigen Erforschungen des Jenseits gehen auf Trancerückführungen mit Versuchspersonen zurück, denen es gelungen ist, die jenseitigen Erlebnisse nach ihrem vorausgegangenen Erdenleben klar zu beschreiben.

(18) Helen Wambach sagt aufgrund ihrer Recherchen, dass 76 Prozent aller Jenseitigen ihr Geschlecht für das bevorstehende Leben im Jenseits selbst festsetzen. (Tendam, S. 150)

(19) zitiert bei Tendam, S. 255

Bei dieser Forscherin erlebte ich 1982 in Kalifornien meine erste Einzelrückführung, in welcher ich im Jahre 1205 eine einundzwanzigjährige Frau in Südfrankreich war.

(20) Sutphen, S. 117

(21) Stevenson III, *Reinkarnationsbeweise*, S. 244. In seinem Buch *Wiedergeburt – Kinder erinnern sich an ihre früheren Erdenleben* (Stevenson II, 192ff.) gibt der Autor genauere Angaben wieder. Bei den Kutchin in Athabaskan fand er, dass 50 Prozent aller untersuchten Fälle von Kindern, die sich an frühere Leben erinnerten, einen Geschlechterwechsel vorgenommen haben. In Sri Lanka kommt dieser gemäß der von ihm untersuchten Fälle zu neun Prozent vor, in Indien zu drei Prozent, in Thailand zu 13 Prozent, in den USA (bei nicht indianischen Fällen) zu 15 Prozent und in Burma, wie erwähnt, zu 28 Prozent. Jedoch im Libanon bei den Drusen und bei einzelnen Stämmen Kanadas konnte er keinen Geschlechterwechsel bei wiedergeborenen Kindern feststellen. Die Drusen lachen sogar über die Vorstellung, dass ein Wiedergeborener im vorausgegangenen Leben zum anderen Geschlecht gehört haben könnte. Und Stevenson stellt die Frage, ob auch Vorstellungen aus dem früheren Leben – in diesem Falle die Unmöglichkeit, das Geschlecht von einem Leben auf das andere wechseln zu können – ebenfalls mitvererbt werden können, sodass diese Glaubensvorstellungen sich bei der Geschlechterbestimmung auswirken. Meiner Meinung nach trifft das nur indirekt zu. Man kann im Jenseits bestimmen, in welchem Geschlecht oder in welcher Religionszugehörigkeit man wiedergeboren werden möchte. Hat man den Wunsch, immer wieder bei den Jains wiedergeboren zu werden, so wird man sich nach deren Glaubensvorstellungen verhalten und immer wieder die vorausgegangene Glaubenszugehörigkeit auswählen. Möchte man immer wieder Mann und nicht Frau sein, so wird auch diesem Wunsch stattgegeben, so nicht wichtige Argumente dagegen sprechen sollten. Doch irgendwann in einer Seelenentwicklung kommt sicherlich der Wunsch, ganz andere Erfahrungen in ganz anderen Kulturen oder in dem anderen Geschlecht zu erleben und dementsprechend nach und nach die vormals gefassten Vorsätze zu ändern.

(22) Tendam, S. 254

(23) Ramster, S. 261

(24) Denning, S. 18

(25) Whitton, S. 66

(26) Sparrow, S. 26

(27) Osho III, S. 23 und S. 34

(28) Ard, S. 93

(29) 1. Korintherbrief 7,9

(30) Osho III, S. 66

(31) Nachzulesen in Taylor

(32) Rossmann, S. 132

(33) Haliczer, S. 154

(34) Katchadourian, S. 596f. In Masters II wird erwähnt, dass Anfang der sechziger Jahre, also noch vor Ausbruch des Bürgerkrieges, sich in New York 106 Bordelle befanden.

(35) Katchadourian, S. 598. Bei diesen Angaben stützt sich Katchadourian auf Kinseys Demoskopie von 1946.

(36) *Routledge International Encyclopedia*, S. 2043

(37) Diese Angaben folgen denen von Masters/Johnson II aus dem ersten Kapitel

(38) Sutphen, S. 136

(39) Ard, S. 175

(40) Sutphen, S. 110-112

(41) Rossetti, S. 139

(42) Byrne, S. 43

(43) Sutphen, S. 101-102

(44) Sutphen, S. 100

(45) Weiss, S. 106-107f.

(46) Osho III, S. 82f.

(47) Diese Dokumentation samt dem ganzen Karmaprozess gegen Trutz Hardo ist im Internet unter www.bhakti-yoga.ch (Stichwort *Hardo*) einzusehen.

(48) Rossetti, S. 144f.

(49) Mary T. Browne. Diese Aussage machte der sich in Trance verkündende Geistlehrer Lawrence.

(50) Diese Furcht vor dem Nichtsteifwerden des Penis ist laut Hite-Report (Hite, S. 399) nahezu allen Männern eigen.

(51) Ard, S. 70f. Dieser Autor beschreibt, wie man mit mentalen sexuellen Blockaden richtig umgeht, um sie möglichst schnell aufzuheben.

(52) Über die Angst vor sexuellem Versagen lese man das Buch von A. Lowen *Liebe und Orgasmus*

(53) Kaplan, S. 17ff.

(54) Woolger, S. 198

(55) Lucas II, S. 524ff.

(56) Osho I, S. 39-44

(57) Angaben bei Archer/Lloyd, S. 103

(58) Rossetti, S. 148

(59) Reuben, 7. Kapitel

(60) Goldberg I, S. 70ff.

(61) Lowen II, S. 273

(62) Hite II, S. 399

(63) Ellis, S. 103

(64) Foley/Kope/Sugrue, S. 265

(65) Reuben, S. 350. Mit diesen Passagen folgt er Alexander Lowen, der wortwörtlich die gleichen ödipalen Komplexversionen (in Lowen II) formulierte. Und Lowen hatte diese wieder von anderen Psychoanalytikern übernommen, die wieder anderen Vordenkern folgten. Und wenn nicht ein neuer Wind in die ganze Psychologie und Sexologie hineinbraust, werden wir solche Sätze auch noch in Zukunft zu lesen bekommen.

(66) Masters/Johnson II, S. 430

(67) Rossetti, S. 142

(68) Frigidität ist eine Zuordnung der Männer für nicht orgasmisch reagierende Frauen, um von ihrem möglicherweise eigenen Unvermögen abzulenken. Dabei kann die Frau in den meisten Fällen masturbierend einen Orgasmus bekommen.

(69) Siann, S. 170

(70) Masters/Johnson II, S. 449ff.

(71) Ich habe einen Roman mit dem Titel *MOLAR* in vier Bänden geschrieben, in welchem ich das Schicksal des deutschen Volkes im und nach dem Zweiten Weltkrieg beschreibe samt vielen geschichtlichen Hauptereignissen. Im Mittelpunkt steht mein eigener Vater, der Dichter und Pazifist „Molar". In diesem vierbändigen Farbroman *MOLAR* versuche ich u.a. darzustellen, wie die Jenseitigen uns mit ihren Augen sehen und bewerten.

(72) Katchadourian gibt auf S. 546 die Statistik der von 1960 bis 1987 in den USA gemeldeten Vergewaltigungsfälle wieder. Wurden 1960 noch 17.190 Fälle registriert, waren es 1986 schon 90.434. Dementsprechend wäre in den USA jede vierte Jugendliche gefährdet, vergewaltigt zu werden.

(73) C. Lechmann in Christmann, S. 209. Ich habe für die Angaben einen Mittelwert der dort wiedergegebenen Schätzungen ermittelt.

(74) Hansen, S. 7-10

(75) Masters/Johnson II, S. 424

(76) Masters/Johnson II, S. 461

(77) Aysan Sev'er in *Routledge International Encyclopedia,* S. 1130

(78) Weiss, S. 104. Seiner Aussage als Psychiater stehen demoskopische Befragungen entgegen. Vier Prozent aller befragten Frauen hatten demnach den Inzest seitens ihrer Brüder erlebt, nur 0,5 Prozent von ihnen geben an, eine Vater-Tochter-Inzest-Beziehung gehabt zu haben. (Masters/Johnson II, S. 460)

(79) Woolger, S. 199ff.

(80) Weiss, S. 102-104.

(81) C. Lechmann in Christmann, S. 211ff.

(82) Byrne, S. 363

(83) The Journal for Regression Therapy, Volume XII, Number 1, Dec. 1998, S. 105-106

(84) Weiss, S. 104

(85) Byrne, S. 376

(86) Pruett, S. 52

(87) Hite II, S. 795-796

(88) Paul H. Gebhard hat mit anderen Autoren ein Buch herausgegeben mit dem Titel *Sex offenders: An analysis of types,* New York 1965. Hierin werden sieben verschiedene Typen von Sexualtätern beschrieben, die Frauen vergewaltigt haben. Zusammenfassung bei Byrne, S. 357 ff. Bei Masters/Johnson II (S. 456 ff.) werden drei Sexualtätertypen ermittelt: 1. der impulsive, 2. der machtbesessene und 3. der sadistische Typ.

(89) Katchadourian, S. 544

(90) Masters/Johnson II, S. 455

(91) Hite I, S. 742

(92) Hite I, S. 757

(93) Randall J. Garland/ Michael J. Dougher in Feiermann, S. 499

(94) Elshtain, S. 131

(95) Masters/Johnson II, S. 453f.

(96) Cerminara, S. 74

(97) Ellis, S. 178 (Anfang der siebziger Jahre)

(98) So zu lesen in der Tageszeitung *The Rising Nepal* vom 15. Februar 2004.

(99) Lowen II, S. 88

(100) Stevenson, *Reinkarnationsbeweise*, S. 26

(101) Stevenson I, S. 221 ff.

(102) Stevenson II, S. 73ff.

(103) Green/Herek, S. 10

(104) Medhurst, (Christopher Lane, in *Lesbian and Gay studies,* S. 160)

(105) Bell/Weinberg, S. 141

(106) Puryear, S. 128

(107) Sutphen, S. 118

(108) Gabriel, S. 105-106

(109) Lowen II, S. 102 f.

(110) Hubbard, S. 68

(111) Hubbard, S. 76

(112) Hubbard, S. 187

(113) Cohen, S. 176-177

(114) Gulotta, S.18

(115) Diese Angaben entnahm ich der Tageszeitung *The Rising Nepal* vom 16. Februar 2004.

(116) Goldberg II, S. 72

(117) D'Augelli/Patterson, S. 351

(118) D'Augelli/Patterson, S. 363

(119) Sutphen, S. 126

(120) Diese Angaben habe ich der deutschen Zeitschrift Esotera, Ausgabe Mai 1996, S. 5 entnommen.

(121) Siems, S. 34f.

(122) JoAnn Loulan in *Routledge International Encyclopedia* S. 1212

(123) Bell/Weinberg, S. 141f.

(124) Sutphen, S. 121-123

(125) Tendam S. 239

(126) Beauvoir, S. 497f.

(127) Beauvoir, S. 498

(128) Beauvoir, S. 503f.

(129) Sigdell, S. 255

(130) D'Augelli/Patterson, S. 62

(131) D'Augelli/Patterson, S. 5

(132) Hasselmann S. 125f.

(133) Katchadourian, S. 573

(134) Sutphen, S. 123-25

(135) Edith Fiore in *Besessenheit und Heilung* hat herausgefunden, dass ein erdgebundener Geist sogar über Jahrhunderte auf der Erde verharren kann und den Körper einer anderen Seele, die er vormals besessen hatte, wieder in Besitz zu nehmen in der Lage ist, nachdem diese wieder inkarnierte, da sich Seelen gemäß ihrer spezifischen Schwingung wiedererkennen können.

(136) Wilson, S. 134 ff.

(137) Wilson, S. 151

(138) Wilson, S. 142

(139) Oppenheim, S. 120 ff

(140) Jampolski, S. 113f

(141) Ein solcher Fall wird in meinem Buch *Das Große Karmahandbuch* in dem Kapitel *Wenn das Karma an einen Auslöser gebunden ist* geschildert.

(142) In meinem Roman *Der blinde Dichter* habe ich versucht, diese hohen Liebesgefühle in der jenseitigen Welt zu beschreiben.

(143) Gronemann, S. 52

(144) Donn, S. 218: Jung hatte 1912 den Freudschen Libidogedanken in seiner New Yorker Rede zu Freuds Missvergnügen umgewandelt, denn er entkleidete bei dieser Neudefinition die Libido von „jeglicher sexuellen Bedeutung“ und sagte: „Libido soll der Name sein für die Energie, die sich im Lebensprozess manifestiert.“

(145) Donn, S. 92

(146) Dr. Fine nennt das den „Kern aller modernen Neurosentheorien“, Fine, S. 70

(147) Weiss, S. 107

(148) Carol Gronemann gibt einen sehr guten Überblick über die Entwicklung der Auslegungen der Frigidität im Zusammenhang mit der Nymphomanie. S. 56-60

(149) Ard, S. 104

(150) Freud in *Drei Abhandlungen zur Sexualtheorie,* I,2

(151) Fine, S. 73-74

(152) Fine, S. 77

(153) Kline, S. 435

(154) Kline, S. 432-434

(155) Reich, S. 37

(156) Kaplan, S. 36

(157) Fine, S. 251

(158) Fine, S. 154

(159) Margaret Whitford in *Routledge International Encyclopedia,* S. 1684-6

(160) Kaplan, S. 53

(161) Vallieres, S. 101

(162) Ellis, S. 196

(163) Kaplan, S. 2f.

(164) Kaplan, S. 9

(165) Kaplan, S. 76f

(166) Woolger, S. 188f

(167) Nach Lechmann (in F. Christmann, S. 219) haben 7-13 Prozent der Therapeuten sexuellen Kontakt zu einer Klientin, drei Prozent der Therapeutinnen zu einem Klienten.

(168) Freud in *Bemerkung über die Übertragungsliebe,* Gesammelte Werke Bd. 10, S. 308

(169) Zitiert in Pope/Sonne/Holroyd, S. 154

(170) Lowen II, S. 415

(171) Foley/Kope/Sugrue, S. 320

(172) Dethlefsen/Dahlke, S. 219 f.

(173) Fiore, S. 16ff.

(174) Vergleiche Christmann, S. 36f. Seine Angaben stützen sich auf die Untersuchungen von Bergin und Lambert 1978 und von Smith und Glass 1977.

(175) Katchadourian, S. 433

(176) Christmann, S. 37. Seine Angaben verweisen auf die Untersuchungen von Kilmann und Mills 1982 und von Goldberg und DeAmicis 1981.

(177) Ich habe einige solcher CDs besprochen, die unter www.silberschnur.de einzusehen sind und von dort oder durch den Buchhandel bezogen werden können.

(178) Fiore, S. 4f

(179) Osho III, S. 35

(180) Sutphen, S. 136

(181) Perkins, S. 147

(182) Muir, S. 41f.

(183) Ellis, S. 105

(184) Ellis, S. 219

(185) Whitton, S. 103

(186) Bolduc S. 154

(187) Osho III, S. 22

(188) Osho III, S. 37

(189) Sutphen, S. 132

(190) Ellis, S. 226

(191) Goldberg, S. 70

Literaturangaben

Vorbemerkung:

Die Literatur zum Thema Sexualität ist enorm. Sie erscheint wie ein kaum durchsichtiger Urwald von Bäumen und Sträuchern, wobei jedes Buch mit einem Baum und jeder wissenschaftliche Beitrag in einem Periodikum einem Strauch oder Buschwerk zu vergleichen ist. Zu den gigantischen Bäumen gehören jene Werke Sigmund Freuds, aber auch die Bücher von Kinsey, Masters/Johnson und Hite. Die hier vorgenommene Auswahl aus diesem Dschungel an Büchern und Beiträgen setzt sich aus dem Material zusammen, das ich für vorliegendes Buch benutzte.

Allgemeine Literatur zur Sexualität

Amann, Gabriele/ Wipplinger, Rudolf: *Sexueller Missbrauch*, Tübingen 1997

Archer, John/ Lloyd, Barbara: *Sex and Gender*, New York 1988

Art, Ben N.: *Treating Psychosexual Dysfunction*, New York 1974

Beauvoir, Simone de: *Das andere Geschlecht – Sitte und Sexus der Frau*, Reinbek 1951

Bell, Allan P./ Weinberg, Martin.S.: *The Kinsey Institut Report – Über weibliche und männliche Homosexualität*, München 1978

Byrne, Donn/ Bryne, Lois A.: *Exploring Human Sexuality*, New York 1977

Christmann, F. (Hrsg.): *Heterosexualität – Ein Leitfaden für Therapeuten*, Berlin 1988

Cohen, David: *Law, Sexuality, and Society – The Enforcement of Morals in Classical Athens*, New York 1991

Corbin, Alain: *Die sexuelle Gewalt in der Geschichte*, Berlin 1992

D'Augelli, A.R. & Patterson, Ch. P.: *Lesbian, Gay and Bisexual Identities Over the Lifespan*, New York 1995

Donn, Linda: *Freud und Jung – Biographie einer Auseinandersetzung*, Hamburg 1990

Dunde, Siegfried Rudolf (Hrsg.): *Handbuch Sexualität*, Weilheim 1992

Ellis, Albert: *Sex Without Guilt in the Twenty-First Century*, Fort Lee 2003

Elshtain, Jean Bethke: *Women and War*, New York 1987

Feierman, Jay, R. (Hrsg.): *Pedophilia*, New York 1990

Fine, Reuben: *The Development of Freud's Thoughts*, New York 1973

Foley, S./ Kope, S. A./ Sugrue, D. P.: *Sex Matters for woman – a Complete Guide to Taking Care of Your Sexual Self*, New York 2002

Freud, Sigmund: *Studienausgabe*, herausgegeben von Alexander Mitscherlich u.a. im Fischer Verlag, Frankfurt 1969-1975, revidierte Freud-Studienausgabe 1997

Greene, Beverly/ Herek, Gregory M.: *Lesbian and Gay Psychology*, Thousand Oaks, CA 1994

Groneman, Carol: *Nymphomanie – die Geschichte einer Obsession*, Frankfurt 2001

Gullotta, T. / Adams, G. / Montem., R.: *Adolescent Sexuality*, Newbury Park 1993

Haliczer, Stephen: *Sexuality in the Confessional*, New York 1996

Hansen, Paul A.: *Survivors and partners – Healing the Relationships of Sexual Abuse Survivors*, Longmont, CO 1991

Hite, Shere I: *Das sexuelle Erleben der Frau*, München 1987

Hite, Shere II: *Das sexuelle Erleben des Mannes*, München 1986

Hubbard, Thomas K.: *Homosexuality in Greece and Rome – A Sourcebook of Basic Documents*, Berkeley, CA 2003

Kaplan, Helen Singer I: *Sexuelle Aversion, sexuelle Phobien und Paniksyndrome*, Stuttgart 1988

Kaplan, Helen Singer II: *Hemmungen der Lust – Neue Konzepte der Psychosexualtherapie*, Stuttgart 1981

Katchadourian; Herant: *Fundamentals of Human Sexuality*, Fort Worth 1972

Kinsey, A.C. I: *Das sexuelle Verhalten des Mannes*, Frankfurt 1970

Kinsey, A.C. II: *Das sexuelle Verhalten der Frau*, Frankfurt 1976

Kline, Paul: *Fact and Fantasy in Freudian Theory*, New York 1981

Lowen, Alexander I: *Lust – Der kreative Weg zum Leben*, München 1979

Lowen, Alexander II: *Liebe und Orgasmus, Persönlichkeitserfahrung durch sexuelle Erfüllung*, München 1986

Masters, W. / Johnson, V., I: *Die sexuelle Reaktion*, Frankfurt 1980

Masters / Johnson / Kolodny : *Liebe und Sexualität*, Berlin 1987

Medhurst, Andy/Munt, Sally R.: *Lesbian and Gay Studies – A Critical Introduction*, London 1997

Pope, K. /Sonne, J. /Holroyd, J.: *Sexualität in der Psychotherapie*, Weinheim 1996

Pruett, Gordon E: *The Meaning and End of Suffering for Freud and the Buddhist tradition*, Boston 1987

Reich, Wilhelm: *Ausgewählte Schriften*, Köln 1976

Reuben, David: *Alles, was Sie schon immer über Sex wissen wollten*, München 1973

Rossmann, Eva: *Die Angst der Kirche vor den Frauen – Katholikinnen erzählen*, Wien 1996

Routledge International Encyclopedia of Women, New York 2000

Siann, Gerda: *Gender, Sex and Sexuality – Contemporary Psychological Perspective*, London 1994

Taylor, Gordon R.: *Kulturgeschichte der Sexualität*, Frankfurt 1977 (USA 1954)

Zschoch, Hellmut: *Liebe – Leben – Kirchenlehre*, Wuppertal 1998

Alternative Literatur zur Sexualität und Literatur zu Reinkarnation und Rückführungstherapie

Bolduc, Henry Leo: *Life Patterns – Soul Lessons and Forgiveness*, Chappel Hill, NC 1994

Brown, Mary T.: *Die Macht des Karma*, München 2003

Cerminara, Gina: *The World Within*, New York 1974

Denning, H. M.: *Life without Guilt*, St. Paul, MN 1998

Dethlefsen, Th. / Dahlke, R.: *Krankheit als Weg*, München 1989

Finkelstein, Adrian : *Your Past Lives and the Healing Process – A Psychiatrist Looks at Reincarnation and Spirituality*, Malibu 1996

Fiore, Edith I: *You have been here before*, New York 1979

Fiore, Edith II: *Besessenheit und Heilung*, Güllesheim 1999

Gabriel, Michael: *Remembering Your Life Before Birth*, Santa Rosa, CA 1995

Goldberg, Bruce I: *Past Lives, Futures Lives*, New York 1982

Goldberg, Bruce II: *Soul Healing*, St. Paul, MN 1997

Hasselmann, Varna: *Weisheit der Seele*, München 1996

Jampolski, Gerald G.: *Lieben heißt die Angst verlieren*, München 1981

Muir, Charles and Caroline: *Tantra – Die Kunst des bewussten Liebens*, Genf 1990

Lasch, Eli Erich: *Sie sind wieder da – Eine andere Sicht unserer Geschichte*, Singen 2004

Lucas, Winafred Blake: *Regresssion Therapy – a Handbook for Professionals*, Crest Park, CA 1993

Newton, Michael: *Der Weg der Seele*, Wettswil 2001

Newton, M.: *Die Abenteuer der Seele*, Wettswil 2001

Oppenheim, Garrett: *Who Where You Before You Were You?*, New York 1990

Osho (Bhagwan Shree Rajneesh) I: *Sexualität und Aids*, Köln 1986

Osho II: *And Now, and Here*, Saffron Walden, UK 1995

Osho III: *Vom Sex zum kosmischen Bewusstsein*, Zürich 1995

Perkins, James S.: *Experiencing Reincarnation*, Wheaton, Ill. 1979

Puryear, Herbert B.: *Sex and the Spiritual Path – Based on the Edgar Cayce Readings*, New York 1999

Ramster, Peter: *The Search for Lives Past*, Sydney 1990

Rossetti, F.: *Psycho Regression*, York Beach, Maine 1992

Schlotterbeck, K.: *Living Your Past Lives*, New York 1987

Siems, Martin R.: *Liebe, Lust, Ekstase*, Berlin 1995

Sigdell, Jan Erik: *Rückführungen in frühere Leben*, Bern 1998

Sparrow, Lynn Elwell: *Reincarnation – Claiming Your Past, Creating Your Future*, New York 1995

Stevenson, Ian I: *Reinkarnation*, Freiburg 1976

Stevenson, Ian II: *Wiedergeburt – Kinder erinnern sich an frühere Leben*, Grafing 1989

Stevenson, Ian III: *Reincarnation and Biology*, Westport, Connecticut 1997. Von diesem Buch ist auch eine Kurzfassung auf deutsch unter dem Titel *Reinkarnationsbeweise*, Grafing 1998 erschienen

Sutphen, Dick: *Radical Spirituality*, Malibu, CA 1995

Tendam, Hans: *Exploring Reincarnation*, London 1990

Vallieres, Ingrid: *Praxis der Reinkarnationstherapie*, Steimbke 1988

Weiss, Brian L.: *Heilung durch Rückführungstherapie*, München 1995

Wex, Jovana: *Seele und Sexualität*, Freiburg 2000

Wilson, Ian: *Reincarnation? – The claims investigated*, Harmondsworth, UK 1982

Whitton, J.L./Fisher, J.: *Das Leben zwischen den Leben*, München 1989

Woolger, Roger J.: *Die vielen Leben der Seele*, München 199

Index

Sachregister

Vorbemerkung: In diesem Index sind die immer wieder vorkommenden Begriffe wie Opfer- und Täterleben, Sexualität, Liebe, Symptome, Berg der Erkenntnis, Höheres Selbst, Jenseits u.s.w. nur dann erwähnt, wenn es sich um ausführlichere Darstellungen handelt. Wichtige Ausführungen zu bestimmten Stichworten sind in fetter Seitenzahl angegeben.

Personenregister

Über den Autor

Trutz Hardo führt jedes Jahr Ausbildungskurse zum Rückführungstherapeuten durch. Diese werden im Internet unter www.trutz-hardo.de ab November/Dezember eines jeden Jahres für das kommende Jahr einzusehen sein. Unter dieser homepage sind auch seine übrigen Seminare und Veröffentlichungen angezeigt.

Auf der homepage www.trutzhardo.com kann man Auszüge aus seinen Büchern lesen.

Um Kontakt mit Trutz Hardo aufzunehmen, benutze man bitte seine E-Mail: mail@trutzhardo.de.

ISBN 3-89845-047-3
480 Seiten, gebunden
€ [D] 29,90 / sFr 52,20

Trutz Hardo

Das große Handbuch der Reinkarnation

Heilung durch Rückführung

Die aus Amerika stammende Rückführungstherapie erweist sich als die wirkungsvollste Methode, um Menschen von den meisten Symptomen und psychischen Problemen oft in kürzester Zeit zu heilen. In Amerika wird sie von Psychiatern und Therapeuten mit größtem Erfolg eingesetzt. Trutz Hardo hat diese Therapie in Amerika erlernt und sich dort zum Rückführungstherapeuten ausbilden lassen. Dieses Buch beschreibt im ersten Teil das theoretische Modell der Rückführungstherapie, während der zweite Teil die praktische Umsetzung Schritt für Schritt aufzeigt, wie man den Klienten zu einer erfolgreichen Heilung führt. Der Klient wird in den Alphazustand versetzt und dann zu der Ursache seines Problems geführt, das entweder in dem jetzigen Leben, jedoch meistens in einem früheren Leben aufzufinden ist. Die Resultate sind erstaunlich, sodass oft nach einer einzigen drei- bis sechsstündigen Behandlung Migräne, Asthma, chronische Schmerzen, Allergien, Zwänge, Phobien aber auch Beziehungsprobleme behoben sind. Im Anhang sind drei komplette Rückführungstherapien beschrieben: Die erfolgreiche Heilungen von einer Spinnenphobie, von Migräne und von Brustkrebs.
Der Siegeszug der Rückführungstherapie schreitet immer mehr voran.
Sie ist die Therapie der Zukunft!

ISBN 3-89845-014-7
384 Seiten, gebunden
€ [D] 24,90 / sFr 43,70

Trutz Hardo

Das große Karmahandbuch

Wiedergeburt und Heilung

Deutschlands bekanntester Rückführungstherapeut Trutz Hardo legt hier ein umfassendes Grundlagenwerk vor, das sowohl die Allgemeinmedizin als auch die Psychotherapie mit einem neuen Heilansatz konfrontiert – und sie womöglich revolutioniert.
Neueste empirische Forschungsergebnisse aus der Rückführungstherapie zeigen, dass die meisten physischen und psychischen Krankheiten schon in früheren Leben verursacht wurden und sich im heutigen Folgeleben als Symptome manifestieren. Während einer Rückführung kann die Ursachensetzung in jenen früheren Leben aufgelöst werden und Heilung wird möglich – zahlreiche Beispiele belegen es!

ISBN 3-931652-59-9
216 Seiten, broschiert
€ [D] 15,90 / sFr 28,50

Trutz Hardo

Reinkarnation aktuell

Kinder beweisen ihre Wiedergeburt

In diesem Buch wird berichtet, wie Kinder in überzeugender Weise über ihr vorausgegangenes Erdenleben erzählen und wie Wissenschaftler – allen voran Professor Ian Stevenson – diesen Berichten nachgehen, sie wissenschaftlich überprüfen und zu der Überzeugung kommen, dass die Angaben der Kinder richtig sind. Besonders sind solche Fälle überzeugend, in denen Kinder mit fehlenden Gliedern zur Welt kommen, jedoch genau beschreiben können, wo und wann sie diese in einem früheren Leben verloren hatten, wer ihre Eltern und Verwandten waren und wo sie gewohnt hatten. Die dann wissenschaftlich vorgenommenen Überprüfungen bestätigen genau diese Angaben.

Doppel-CD-1, je 70 Minuten,
mit Anleitung
€ [D] 35,90 / sFr 61,90
ISBN 3-931 652-28-9

Zum ersten Mal gibt es nun Rückführungen in frühere Leben auf CDs. Mit diesen kann man sich gefahrlos von Trutz Hardos Stimme in die eigenen früheren Leben geleiten lassen, ohne Traumata oder schmerzliche Begebenheiten zu durchleiden.
Mit einer Count-Down-Entspannungsmethode (keine Hypnose!) wird der Hörer in den Alphazustand versetzt, in welchem es möglich ist, die im Unterbewusstsein gespeicherten Ereignisse aus früheren Leben wiederzuerleben und diese auch in seiner Erinnerung zu behalten.

Trutz Hardo

Erfahre Deine früheren Leben

Doppel-RückführungsCD

Auf der Doppel-CD ist eine Konzentrations- und Imaginationsübung zur Intensivierung der inneren Bilderproduktion vorangestellt, um in der anschließenden Rückführung in eines Ihrer bedeutsamen Leben bessere »Bildqualität« zu erhalten. Diese CD kann für viele Rückführungen in verschiedene frühere Leben immer wieder angehört werden.
Mit dem 2. Teil kann man die früheren Leben mit einer heute nahestehenden Person erleben. Das eigene Höhere Selbst erklärt auch die Bedeutung der jeweiligen Person früher und heute. Somit können viele Rätsel und oft auch Probleme gelöst werden.

CD-2, 79 Minuten, mit Anleitung
€ [D] 15,90 / sFr 28,50
ISBN 3-931652-60-2

Meine schönsten Leben *Rückführungs-CD*

Mit dieser CD werden Sie eingeladen, auf einfache Weise einige Ihrer angenehmen früheren Leben gefahrlos kennen zu lernen.
Sie können, wenn Sie wollen, sich jederzeit wieder aus dieser Rückführung vorzeitig herausholen, wenn Sie zu sich sagen: Ich zähle jetzt bis drei, dann befinde ich mich wieder mit meinem vollen Bewusstsein im Hier und Jetzt und fühle mich sehr wohl.

CD-3, 79 Minuten, mit Anleitung
€ [D] 15,90 / sFr 28,50
ISBN 3-931652-61-0

Meine Leben im anderen Geschlecht *Rückführungs-CD*

Mit dieser CD werden Sie eingeladen, auf einfache Weise einige Ihrer früheren Leben im anderen Geschlecht gefahrlos kennen zu lernen. Sicherlich haben Sie schon sehr viele Leben im anderen Geschlecht gehabt. Indem Sie sich diese Leben ansehen, werden Sie auch besser im heutigen Leben die Personen des anderen Geschlechts verstehen lernen.
Setzen oder legen Sie sich ungestört hin, nachdem Sie die CD eingestellt haben. Lassen Sie sich von der Stimme auf der CD führen. Schalten Sie alle anderen Gedanken ab.

CD-4, 79 Minuten, mit Anleitung
€ [D] 15,90 / sFr 28,50
ISBN 3-931 652-84-X

Meine spirituellen Leben *Rückführungs-CD*

Von Ihren vielen, vielen Leben werden sich sicherlich einige mit spirituellen Fragen beschäftigt haben. Vielleicht haben Sie ein Leben im Kloster verbracht, oder Sie haben einem Wunder beiwohnen können, oder wichtige spirituelle Begegnungen gehabt. Oder Sie waren selbst medial, haben geheilt, außerkörperliche Reisen unternommen, oder sich mit Magie beschäftigt oder geheimen Kontakt mit Geistern gehabt. Denn immer wieder kommt es in der Kette unserer vielen früheren Leben vor, dass wir uns spirituellen Dingen zuwenden. Nicht zufällig wollen Sie sich diese CD anhören. Denn sicherlich hatten Sie sich schon in einigen früheren Leben für eine Erweiterung Ihrer Spiritualität interessiert.

Ein dichterisches Mammutwerk ist vollendet: Esoterik und Belletristik sind in den Farben des Regenbogens vereint

Trutz Hardo

Sieben-Farben-Roman-Tetralogie

Mit der Vollendung des nun vorliegenden vierten Bandes MARIA der großen MOLAR-Reihe in 7 Farben ist der umfangreichste Roman der deutschen Literatur abgeschlossen. In diesen vier Bänden wird über das Schicksal des deutschen Volkes in den Jahren 1933-1949 berichtet – wobei die Ereignisse sowohl aus irdischer als auch aus höherer Sicht dargestellt werden. (Den dritten Band zu lesen ist in Deutschland verboten worden, da er das Karmagesetz auch auf die Opfer des Holocaust bezieht. www.bhakti-yoga.ch – stichwort *Hardo* eingeben)

Der ganze spannend geschriebene Roman ist kunstvoll auf der Zahl Sieben aufgebaut, Numerologie, Astrologie und Biokurven sind hineingewoben. Er ist zugleich eine Einweihung in höheres Verstehen der uns umgebenden Geheimnisse, das über die Schulweisheit weit hinausreicht.

In seinem Werk erzählt Trutz Hardo das bewegte Leben eines Dichters, verbindet dieses spannend und mit viel Einfühlungsvermögen mit den derzeitigen politischen Verhältnissen und fügt diesen die spirituelle Dimension hinzu.

Die sieben unterschiedlichen Farben, die Trutz Hardo in den Büchern benutzt, verschaffen uns zusätzlich Zugang zu unseren kreativen und intuitiven Bewusstseinsschichten. Seine Romane haben es endlich geschafft, der deutschen Vergangenheitsbewältigung eine sensible, in mehrfacher Hinsicht bewusstseinserweiternde und spirituelle Dimension hinzuzufügen.

An diesem Farbroman wird die künftige deutsche Literaturgeschichtsschreibung nicht vorbeigehen können, wenn auch die bisherige Literaturkritik gemäß ihres obersten Richters alles Esoterische sowie die Themen Leben nach dem Tod, Reinkarnation samt Karma als unseriös ablehnt.

Jedoch wird der für Esoterik offene Leser mit Freude die zu erhaltenden drei Bände lesen, sind sie doch zugleich eine Quelle für höhere Offenbarungen.

Jeder Band lässt sich unabhängig von den anderen lesen.

Weiterhin sind von Trutz Hardo erschienen:

Wiedergeburt – Die Beweise und **Entdecke Deine früheren Leben**

Molar (Band 1)

Sieben-Farben-Roman, gebunden, 274 Seiten
€ [D] 27,90 / sFr 48,80
Großformat, ISBN 3-923781-04-0

Lilia (Band 2)

Sieben-Farben-Roman, Großformat, 324 Seiten
LEINEN: € [D] 39,90 / sFr 69,40
ISBN 3-923781-70-9
BROSCHIERT: € [D] 24,90 / sFr 43,70
ISBN 3-923781-71-7

Maria (Band 4)

Sieben-Farben-Roman, Großformat, 370 Seiten
LEINEN: € [D] 49,00 / sFr 84,00
ISBN 3-89845-019-8
BROSCHIERT: € [D] 35,00 / sFr 60,50
ISBN 3-89845-018-X

ISBN 3-89845-033-3
16 Seiten, broschiert
€ [D] 6,95 / sFr 12,90

Elisabeth Kübler-Ross

Der Dougy-Brief

Worte an ein sterbendes Kind

Elisabeth schreibt an einen krebskranken Jungen einen Brief, in welchem sie ihm erklärt, warum es Gott so eingerichtet hat, dass wir Menschen auf Erden geboren werden und wieder sterben müssen. Diesen Brief hat sie mit Buntstiften geschrieben und mit Zeichnungen versehen.

ISBN 3-931652-10-6
112 Seiten, gebunden
€ [D] 19,90 / sFr 34,90

Über den Tod und das Leben danach
ISBN 3-923781-02-4
89 Seiten · broschiert · € [D] 11,90

Elisabeth Kübler-Ross

Über den Tod und das Leben danach

Sonderausgabe

Der Innenteil dieser hochwertigen Leinenausgabe wurde durch 11 ganzseitige, farbige, meditative Illustrationen des Künstlers Peter Dorn ergänzt. Das weltweit bekannte Buch mit seinen überzeugenden Beweisen für ein Leben nach dem Tod gilt mittlerweile als Klassiker zu diesem Thema.

ISBN 3-923781-66-0
64 Seiten, gebunden
16 Farbfotografien
€ [D] 13,90 / sFr 25,10

Elisabeth Kübler-Ross

Jedes Ende ist ein strahlender Beginn

Bildband mit Texten von E. Kübler-Ross und Fotos von Dr. G. Siebel

Dr. Gottfried Siebel ist katholischer Theologe und hat sich jahrelang der aktiven Sterbebegleitung gewidmet, wobei ihm die Bücher der Ärztin E. Kübler-Ross eine wichtige Stütze waren. Es war seine Idee, Schmetterlinge zu fotografieren und diese den aussagekräftigsten Sätzen von der bekannten Sterbeforscherin gegenüberzustellen, ist doch das Verwandlungsmotiv von der Raupe zum Schmetterling eine Parallele zu unserer eigenen Verwandlung. Ein wunderbares Geschenkbuch, welches zu begeistern weiß.

ISBN 3-89845-024-4
64 Seiten, durchg. farbig
gebunden, 15 x 15 cm
€ [D] 9,90 / sFr 18,10

Elisabeth Kübler-Ross

In Liebe leben

»In Liebe leben« ist die Essenz der Erfahrungen und Erkenntnisse der weltberühmten Ärztin und Sterbeforscherin Elisabeth Kübler-Ross. Durch ihr eigenes außerkörperliches Erlebnis und die Begleitung vieler Sterbenden konnte sie Millionen Menschen die Angst vor dem Tod nehmen und die Bedeutung unseres Erdenlebens vermitteln.
Ein lichtvolles, liebevoll illustriertes Geschenkbüchlein, das uns daran erinnert, was das Wichtigste in unserem Erdendasein ist: »In Liebe leben«.

ISBN 3-89845-060-0
288 Seiten, broschiert
€ [D] 8,95 / sFr 16,50

Elizabeth Clare Prophet & Patricia R. Spadaro

Karma in der Praxis

– Die Zukunft gestalten

»Karma in der Praxis« zeigt dem Leser anhand von praktischen Beispielen, wie Aktionen aus seinem früheren Leben – gute oder böse – mit seinem heutigen Leben zusammenhängen. Er lernt aber auch viel über Gruppenkarma und erfährt, was die großen Lehrer der westlichen und östlichen Welt, wie z. B. Jesus und Konfuzius, über Karma und Reinkarnation lehrten. Doch vor allem lernt der Leser, wie er karmische Begegnungen als große Chancen für seine Zukunft zu nutzen vermag.
Ein kleines Buch, das sowohl Einsteigern hilft, als auch für »Insider« neue Informationen bereit hält.

ISBN 3-89845-050-3
256 Seiten, broschiert
€ [D] 8,95 / sFr 16,50

Elizabeth Clare Prophet & Patricia R. Spadaro

Alchemie des Herzens

Wer mehr liebt, wird mehr geliebt

In einem Fünf-Punkte-Programm wird das Herz des Lesers allmählich in eine höhere Frequenz seiner Liebesfähigkeit geführt. Es wird gezeigt, wie er sein Herz für höhere Schwingungen öffnen kann, wie er es stärkt und heilt, wie er es weiterhin vor niedrigen Schwingungen schützt, bis er schließlich ganz in sein Herz eindringt, d. h. bis er ganz zu einer höheren Liebesschwingung gelangt, die ihn mit der göttlichen Liebe vereint. Meditationen und Affirmationen unterstützen den Leser, dieser Erhöhung der Liebesschwingungen immer näher zu kommen. Denn ist der Leser in den Tempel seines Herzens eingedrungen, kann er sich mit seinem inneren Lehrer, seinem höheren Selbst, in Verbindung setzen, um sich alle Fragen, die ihn bewegen, beantworten zu lassen.

ISBN 3-931652-79-3
160 Seiten, broschiert
€ [D] 12,50 / sFr 22,70

Albert Bodde

Karma & Reinkarnation

Auf der Suche nach Liebe und Logik in der Schöpfung

Albert Bodde erläutert, welche Hilfe die »Gesetze« von Karma und Wiedergeburt für alle diejenigen leisten, die ihrem Schicksal gegenüber ratlos fragen: »Warum passiert das gerade mir?« oder „Gibt es überhaupt eine höhere Gerechtigkeit?« und: »Was kann das Leben denn für einen Sinn haben?«. Der Autor widerlegt einleuchtend und mit stichhaltigen Argumenten die Behauptung, das Gesetz von Karma und Wiedergeburt lasse keinen Raum für die Liebe und die Gnade. Das Gegenteil ist der Fall!

ISBN 3-931652-08-4
224 Seiten, gebunden
€ [D] 15,90 / sFr 28,50

Edith Fiore

Besessenheit und Heilung

Die Befreiung der Seele

Depressionen, Phobien, Sucht und viele andere Erkrankungen werden oft durch Geister verursacht, die nach dem Tod als »erdgebundene Seelen« in der physischen Welt verbleiben und sich mit Lebenden verbinden. Die bekannte amerikanische Psychologin Edith Fiore beschreibt solche Fälle aus ihrer langjährigen praktischen Erfahrung und zeigt Behandlungsmöglichkeiten auf. Sie gibt praktische Anleitungen, wie wir Besessenheit bei uns selbst und anderen entdecken und uns vor fremden Wesenheiten schützen oder davon lösen können.